Jesusforschung in vier Jahrhunderten
De Gruyter Texte

Jesusforschung in vier Jahrhunderten

Texte von den Anfängen historischer Kritik bis zur „dritten Frage" nach dem historischen Jesus

Herausgegeben von
Werner Zager

DE GRUYTER

ISBN 978-3-11-031842-5
e-ISBN 978-3-11-031843-2

Library of Congress Cataloging-in-Publication Data
A CIP catalog record for this book has been applied for at the Library of Congress.

Bibliografische Information der Deutschen Nationalbibliothek
Die Deutsche Nationalbibliothek verzeichnet diese Publikation in der Deutschen
Nationalbibliografie; detaillierte bibliografische Daten sind im Internet
über http://dnb.dnb.de abrufbar.

© 2014 Walter de Gruyter GmbH, Berlin/Boston
Titelbildnachweise: rechts oben: Lucas Cranach d. Ä. „Christus und Maria oder
Maria Magdalena", © akg-images; links unten: Norbert Gerstenberger „Jesus",
© dieKLEINERT.de
Druck: CPI buch bücher.de GmbH, Birkach
♾ Gedruckt auf säurefreiem Papier
Printed in Germany

www.degruyter.com

Otto Merk zum 80. Geburtstag

Inhalt

Vorwort —— XIII

1 Impulse zur Jesusforschung aus den Anfängen historischer Kritik —— 1

Hermann Samuel Reimarus
1.1 Apologie oder Schutzschrift für die vernünftigen Verehrer Gottes, verfasst zwischen 1735 und 1767; Reinschrift 1767/68 —— 9

David Friedrich Strauß
1.2 Das Leben Jesu, kritisch bearbeitet, 1835 —— 27

Ferdinand Christian Baur
1.3 Das Christenthum und die christliche Kirche der drei ersten Jahrhunderte, 1860 —— 31

Ernest Renan
1.4 Das Leben Jesu, 1863 —— 39

David Friedrich Strauß
1.5 Das Leben Jesu für das deutsche Volk bearbeitet, 1864 —— 43

2 Die liberale Leben-Jesu-Forschung —— 59

Heinrich Julius Holtzmann
2.1 Die synoptischen Evangelien. Ihr Ursprung und ihr geschichtlicher Charakter, 1863 —— 67

Daniel Schenkel
2.2 Das Charakterbild Jesu. Ein biblischer Versuch, 1864 —— 73

Carl Weizsäcker
2.3 Untersuchungen über die evangelische Geschichte, ihre Quellen und den Gang ihrer Entwicklung, 1864 —— 85

Karl Hase
2.4 Geschichte Jesu. Nach akademischen Vorlesungen, 1876 —— 97

3 Das Ende der Leben-Jesu-Forschung —— 109

Martin Kähler
3.1 Der sogenannte historische Jesus und der geschichtliche, biblische Christus, 1892 —— 125

Johannes Weiß
3.2 Die Predigt Jesu vom Reiche Gottes, 1900 —— 139

Adolf von Harnack
3.3 Das Wesen des Christentums, 1900/1929 —— 141

Julius Wellhausen
3.4 Israelitische und jüdische Geschichte, 1901 —— 173

William Wrede
3.5 Das Messiasgeheimnis in den Evangelien, 1901 —— 187

Albert Kalthoff
3.6 Das Christus-Problem. Grundlinien zu einer Sozialtheologie, 1902 —— 197

Arthur Drews
3.7 Die Christusmythe, 1910 —— 209

Wilhelm Bousset
3.8 Die Bedeutung der Person Jesu für den Glauben. Historische und rationale Grundlagen des Glaubens, 1910 —— 221

Ernst Troeltsch
3.9 Die Bedeutung der Geschichtlichkeit Jesu für den Glauben, 1911 —— 237

Julius Wellhausen
3.10 Einleitung in die drei ersten Evangelien, 1911 —— 263

Albert Schweitzer
3.11 Geschichte der Leben-Jesu-Forschung, 1913 —— 275

Rudolf Bultmann
3.12 Jesus, 1926 —— 287

4   Die „neue Frage" nach dem historischen Jesus —— 295

Joseph Klausner
4.1   Jesus von Nazareth. Seine Zeit, sein Leben und seine Lehre, 1930 / 1952 —— 305

Ernst Käsemann
4.2   Das Problem des historischen Jesus, 1954 —— 313

Joachim Jeremias
4.3   Das Vater-Unser im Lichte der neueren Forschung, 1962 —— 327

Herbert Braun
4.4   Jesus – der Mann aus Nazareth und seine Zeit, 1969 —— 347

5   Die „dritte Frage" nach dem historischen Jesus —— 355

Geza Vermes
5.1   Jesus the Jew, 1974 —— 367

Luise Schottroff / Wolfgang Stegemann
5.2   Historischer Jesus oder älteste Jesustradition, 1978 —— 381

Richard A. Horsley
5.3   Abandoning the Unhistorical Quest for an Apolitical Jesus, 1987 —— 389

P. Maurice Casey
5.4   Son of Man, 1991 —— 405

John P. Meier
5.5   Criteria: How Do We Decide What Comes from Jesus?, 1991 —— 417

Hartmut Stegemann
5.6   Die Essener, Qumran, Johannes der Täufer und Jesus, 1993 / 2007 —— 443

John P. Meier
5.7   The Historicity of Jesus' Miracles: The Global Question, 1994 —— 473

Gerd Theißen / Annette Merz
5.8   Der historische Jesus. Ein Lehrbuch, 1996 —— 505

Werner Zager
5.9   Gottesherrschaft und Endgericht in der Verkündigung Jesu. Eine Untersuchung zur markinischen Jesusüberlieferung einschließlich der Q-Parallelen, 1996 —— 509

Helga Melzer-Keller
5.10   Jesus und die Frauen. Eine Verhältnisbestimmung nach den synoptischen Überlieferungen, 1997 —— 519

Gerd Lüdemann
5.11   Jesus nach 2000 Jahren. Was er wirklich sagte und tat, 2000 / 2012 —— 527

Gerd Theißen
5.12   Die politische Dimension des Wirkens Jesu, 2002 —— 535

John Dominic Crossan / Jonathan L. Reed
5.13   Die zehn wichtigsten Entdeckungen für das Ausgraben Jesu, 2003 —— 553

James D. G. Dunn
5.14   Christianity in the Making, Volume 1: Jesus Remembered, 2003 —— 559

Ingo Broer
5.15   Jesus und die Tora, 2004 —— 591

Sean Freyne
5.16   Jesus and the Ecology of Galilee, 2004 —— 647

Jens Schröter
5.17   Jesus von Nazaret. Jude aus Galiläa – Retter der Welt, 2006 —— 683

Jörg Frey / Jens Schröter
5.18   Jesus in apokryphen Evangelienüberlieferungen, 2010 —— 699

Ulrich B. Müller
5.19 Jesu Heilsverkündigung und das Problem der Gerichtsverzögerung, 2011 —— 709

Stellenregister —— 729

Autorenregister —— 751

Personen- und Sachregister —— 759

Vorwort

In seiner „Geschichte der Leben-Jesu-Forschung" bezeichnet Albert Schweitzer die Erforschung des Lebens Jesu als „die größte Tat der deutschen Theologie". 100 Jahre später trifft dieses Urteil noch immer zu, auch wenn die wissenschaftliche Rückfrage nach dem historischen Jesus längst international geworden ist.

Um sich in dieser weitgespannten Forschungslandschaft besser orientieren zu können, bietet das Studienbuch eine Auswahl von relevanten Beiträgen in deutscher und englischer Sprache von den Anfängen der historischen Kritik im 18. Jahrhundert bis zur Gegenwart. Damit gewinnt der Leser/die Leserin die Möglichkeit, die Entwicklungen der Jesusforschung nachzuvollziehen sowie sich mit deren Fragestellungen, Methoden und Ergebnissen eigenständig auseinanderzusetzen. Dazu dienen auch die Aufgaben, die sich an die jeweiligen Einführungen zu den verschiedenen Phasen der Jesusforschung anschließen.

Für die Aufnahme des vorliegenden Bandes in die Reihe „de Gruyter Texte" danke ich Dr. Albrecht Döhnert, ebenso für die angenehme Zusammenarbeit. Mein Dank gilt ferner den Verlagen, die den Nachdrucken der bei ihnen erschienenen Arbeiten ihre Zustimmung gegeben haben. Meinem Mainzer Kollegen Prof. Dr. Albrecht Scriba habe ich für fachliche Hinweise zu danken. Schließlich danke ich herzlich meinem Sohn stud. theol. Raphael Zager für die elektronische Erfassung der Texte.

Frankfurt am Main, im Oktober 2013　　　　　　　　　　　　　　　Werner Zager

(100 Jahre nach dem Erscheinen der maßgeblichen 2. Auflage
der „Geschichte der Leben-Jesu-Forschung" von Albert Schweitzer)

1 Impulse zur Jesusforschung aus den Anfängen historischer Kritik

Während rund 1700 Jahre lang innerhalb von Theologie und Kirche das biblische Christusbild als authentisches Zeugnis der geschichtlichen Person Jesu galt, sollte sich dies mit dem Zeitalter der Aufklärung grundlegend ändern:

> „Das kirchliche Dogma wird von den gebildeten Zeitgenossen des 18. Jahrhunderts zunehmend als Verstehenshindernis der christlichen Religion empfunden. Die Besinnung auf den historischen Jesus erscheint als eine Möglichkeit, den religiösen und moralischen Gehalt des Christentums unter den Bedingungen der Gegenwart zur Geltung zu bringen."[1]

Die Suche nach dem historischen Jesus vollzog sich in der historischen Kritik der biblischen Texte.

HERMANN SAMUEL REIMARUS (1694–1768), Professor für Hebräisch und orientalische Sprachen am Akademischen Gymnasium in Hamburg, kommt das Verdienst zu, als einer der Ersten klar zu unterscheiden zwischen der Verkündigung Jesu und der nachösterlichen Christusbotschaft. Eine solche Unterscheidung nahm er in seiner „Apologie oder Schutzschrift für die vernünftigen Verehrer Gottes" vor – einer Schrift, an der er bis zu seinem Lebensende arbeitete und aus der GOTTHOLD EPHRAIM LESSING posthum zwischen 1774 und 1778 sieben Texte ohne Nennung des Verfassers veröffentlichte, während eine Gesamtedition erst 1972 erschien[2]. REIMARUS hatte sich die Zufälligkeit der eigenen Religionszugehörigkeit bewusst gemacht und den Entschluss gefasst, die eigene christliche Religion „reiflich und mit einer gleichgültigen Wahrheits-Liebe zu untersuchen, das Endurtheil mögte auch ausfallen, wie es wollte"[3]. Jedoch gab er dem Drängen einiger eingeweihter Freunde, die Apologie als ganze zu veröffentlichen, nicht nach, da er die Zeit für einen Pluralismus der Meinungen noch nicht für reif hielt und Hass und Verfolgung unbedingt vermeiden wollte.[4]

Während Reimarus, der rationalistischen Aufklärungsphilosophie CHRISTIAN WOLFFS verpflichtet, eine „natürliche" Religion gemäß den Regeln der Vernunft

---

1 CHRISTIAN DANZ, Grundprobleme der Christologie (UTB 3911), Tübingen 2013, S. 14.
2 HERMANN SAMUEL REIMARUS, Apologie oder Schutzschrift für die vernünftigen Verehrer Gottes, hg.v. Gerhard Alexander, 2 Bde., Frankfurt a.M. 1972. Lessing edierte folgende sieben „Fragmente eines Ungenannten": 1. „Von Duldung der Deisten" (1774); 2. „Von Verschreiung der Vernunft auf den Kanzeln" (1777); 3. „Unmöglichkeit einer Offenbarung, die alle Menschen auf eine gegründete Art glauben können" (1777); 4. „Durchgang der Israeliten durchs Rote Meer" (1777); 5. „Daß die Bücher des AT nicht geschrieben wurden, eine Religion zu offenbaren" (1777); 6. „Über die Auferstehungsgeschichte" (1777); 7. „Von dem Zwecke Jesu und seiner Jünger" (1778). – Vgl. auch DIETRICH KLEIN, Hermann Samuel Reimarus (1694–1768). Das theologische Werk (BHTh 145), Tübingen 2009.
3 H. S. REIMARUS, Apologie, Bd. I, S. 53 (Vorbericht).
4 Vgl. a.a.O., Bd. I, S. 56f.

anerkannte, lehnte er jegliche übernatürliche Offenbarung ab. So schätzte er die „natürliche, vernünftige und allgemein praktische Religion"[5] in der Lehre Jesu, deren jüdischen Teil dagegen wertete er ab. Dazu rechnete er die Verkündigung des nahe herbeigekommenen Reiches Gottes, das er mit dem von den Juden erhofften Messiasreich gleichsetzte, in dem der Messias sein Volk mit Recht und Gerechtigkeit regieren und die Weltherrschaft ausüben werde.[6] Damit hatte Reimarus Jesus konsequent als geschichtliche Person verstanden und ihn ins zeitgenössische Judentum eingeordnet.

Als mit der Hinrichtung Jesu der messianischen Hoffnung der Jünger der Boden entzogen schien, hätten sie ihr bisheriges Lehrsystem durch ein neues ersetzt, indem sie Jesu Leichnam heimlich beiseite schafften und nach einigen Wochen Jesus als leidenden, die Schuld der ganzen Welt büßenden, nach vollbrachtem Versöhnungstod auferstandenen und gen Himmel gefahrenen Welterlöser verkündigten, der noch zu Lebzeiten ihrer Generation zu einem universalen Gericht über Lebende und Tote kommen und sein Messiasreich auf Erden aufrichten werde.[7]

Mag sich auch die Betrugshypothese des Reimarus als unhaltbar erweisen, ändert dies nichts an der herausragenden historisch-kritischen Leistung jener Schrift. Hat doch der Autor „zuerst die Vorstellungswelt Jesu historisch, d. h. als eschatologische Weltanschauung erfaßt"[8]. Nach dem Urteil ALBERT SCHWEITZERS in seiner „Geschichte der Leben-Jesu-Forschung" war REIMARUS „der erste, der nach achtzehn Jahrhunderten wieder ahnte, was Eschatologie sei; dann verlor die Theologie sie aus den Augen, um sie erst mehr denn hundert Jahre nachher in ihrer wahren Form, soweit sie historisch bestimmbar ist, zu erkennen [...]."[9] Wie auch immer die Frage nach Jesu messianischem Selbstverständnis zu beantworten ist, dass Jesu Reich-Gottes-Botschaft historisch sachgemäß nur im Horizont frühjüdischer Eschatologie und Naherwartung verstanden werden kann, hat Reimarus klar gezeigt. Damit war bereits der Boden bereitet für die Jesusforschung von JOHANNES WEISS und ALBERT SCHWEITZER.

Zwar beurteilte DAVID FRIEDRICH STRAUSS (1808–1874) REIMARUS' „Behauptung eines politischen Messiasplans Jesu als einen überwundenen Stand-

---

5 A.a.O., Bd. II, S. 40 (s.u. S. 10).
6 Vgl. a.a.O., Bd. II, S. 41–44. 121–123. 135f. 139.
7 Vgl. a.a.O., Bd. II, S. 180f. 276–278. 292f. 312. 344. 424f.
8 ALBERT SCHWEITZER, Geschichte der Leben-Jesu-Forschung (UTB 1302), Tübingen ⁹1984 (mit Text der 2. Aufl. von 1913 u. der neuen Vorrede des Verfassers zur 6. Aufl. von 1951), S. 65.
9 A.a.O., S. 65f.

punkt"¹⁰ und lehnte die von Reimarus vertretene Auffassung ab, das Christentum sei aufgrund eines Jüngerbetrugs entstanden;¹¹ stattdessen gab er eine psychologische Erklärung der Ostervisionen.¹² Zugleich aber war er der Meinung, „der Standpunkt von Reimarus sei in dem der heutigen Religionswissenschaft aufgehoben"¹³ – und zwar im HEGEL'schen Sinne. Mit dem Hamburger Orientalisten teilte nämlich STRAUSS die Einsicht in die Notwendigkeit, zwischen dem historischen Jesus und dem Christus der Kirche zu unterscheiden. Beide Forscher verbindet das Streben nach Erkenntnis der geschichtlichen Wahrheit, ohne sich dabei von dogmatischen Bindungen beeinträchtigen zu lassen. Selbst den „mythischen Standpunkt", den Strauß in seinem 1835 erschienenen Werk „Das Leben Jesu, kritisch bearbeitet" bei der Analyse der Evangelientexte zur Geltung brachte, sah er durch Reimarus vorbereitet.¹⁴

Im Blick auf die Jesusforschung besteht das Hauptverdienst von Strauß in der Anwendung des in der alttestamentlichen Forschung seiner Zeit bereits geläufigen Mythosbegriffs auf die Evangelien.¹⁵ „Mythus" war für Strauß identisch mit „Sage", die aus einem mündlichen Überlieferungsprozess hervorgeht; und so verstand er „unter neutestamentlichen Mythen nichts Anderes, als geschichtsartige Einkleidungen urchristlicher Ideen, gebildet in der absichtslos dichtenden Sage"¹⁶. Die ersten Christen hätten dem Alten Testament reichen Stoff für die mythische Ausgestaltung der Jesusüberlieferung entnommen. Strauß wörtlich:

„Jesus als der größte Prophet mußte in seinem Leben und seinen Thaten Alles vereinigt und überboten haben, was die alten Propheten, von welchen das A.T. erzählt, gethan und erlebt hatten; er als der Erneuerer der hebräischen Religion durfte hinter dem ersten Gesezgeber in keinem Stücke zurückgeblieben sein; an ihm, dem Messias, endlich mußte Alles, was im A.T. Messianisches geweissagt war, in Erfüllung gegangen sein [...]."¹⁷

---

10 DAVID FRIEDRICH STRAUSS, Hermann Samuel Reimarus und seine Schutzschrift für die vernünftigen Verehrer Gottes (1862), in: GS von David Friedrich Strauß, hg.v. Eduard Zeller, Bd. V, Bonn 1877, S. (229–409) 354.
11 Vgl. a.a.O., S. 401–407.
12 Vgl. DAVID FRIEDRICH STRAUSS, Das Leben Jesu, kritisch bearbeitet. Mit einer Einleitung von Werner Zager, 2 Bde., Darmstadt 2012 (Tübingen 1835), Bd. II, S. 656–663.
13 D. F. STRAUSS, Reimarus (s. Anm. 10), S. 407.
14 Vgl. a.a.O., S. 408.
15 Zu Strauß' Mythosbegriff vgl. DIETZ LANGE, Historischer Jesus oder mythischer Christus. Untersuchungen zu dem Gegensatz zwischen Friedrich Schleiermacher und David Friedrich Strauß, Gütersloh 1975, S. 233–267.
16 D. F. STRAUSS, Leben Jesu (s. Anm. 12), Bd. I, S. 75.
17 A.a.O., S. 72f.

Hatte man bisher in der Exegese den Mythosbegriff auf die Jesusgeschichte nur partiell angewandt (Geburt, Kindheit, Versuchung, Himmelfahrt), vertrat Strauß die Auffassung, dass „das Mythische auf allen Punkten der Lebensgeschichte Jesu zum Vorschein kommt"[18].

Mittels des synoptischen Vergleichs erbrachte Strauß den Nachweis, dass das Johannesevangelium in weit höherem Maß als die synoptischen Evangelien von theologischen Vorgaben bestimmt ist und daher historisch weniger zuverlässige Überlieferung enthält. So beurteilte er die johanneischen Reden Jesu im Ganzen als „freie Compositionen des Evangelisten"[19].

Hatte sich Strauß mit seinem ersten „Leben Jesu" an die theologische Fachwelt gewandt und dabei ein regelrechtes Erdbeben ausgelöst, veröffentlichte er 29 Jahre später sein zweites „Leben Jesu"[20] speziell für Nichttheologen. Als Adressaten stellte sich Strauß Menschen vor, die sich von religiösen Vorurteilen freigemacht haben und Wert auf eigenständiges Denken legen. Die historische Forschung bedeutete für ihn keinen Selbstzweck, sondern diente zur Befreiung von überholten Glaubensvorstellungen. Gültigkeit kann Strauß zufolge nur beanspruchen, was sich durch Vernunft und Erfahrung als wahr erweisen lässt. Zwar war Strauß durchaus der Meinung, dass man einzelne Logien Jesu als authentisch beurteilen könne, während es wesentlich schwieriger, wenn nicht unmöglich sei, ihm begründet bestimmte Verhaltensweisen zuzuschreiben. Die Heilsereignisse, auf die sich der Kirchenglaube bezieht – wie Menschwerdung, Auferstehung und Himmelfahrt –, beurteilte Strauß als zweifelhaft bzw. als nicht historisch.

Unter Berufung auf SPINOZA und KANT unterschied STRAUSS zwischen dem historischen Jesus und einem idealen Christus als dem „Urbild menschlicher Vollkommenheit"[21]. Bei der „Fortbildung der Christusreligion zur Humanitätsreligion"[22] maß Strauß dem Menschen Jesus eine besondere Bedeutung zu, insofern dieser das sittliche Menschenideal vertieft habe, wenngleich die Entwicklung weitergegangen und die Vollendung des Humanitätsideals Aufgabe der ganzen Menschheit sei.[23]

Folgen wir ALBERT SCHWEITZERS Analyse der „Geschichte der Leben-Jesu-Forschung", dann hat STRAUSS die Forschung vor das erste Entweder-oder gestellt: „entweder rein geschichtlich oder rein übernatürlich", während die Tü-

---

[18] A.a.O., S. 71.
[19] A.a.O., S. 675.
[20] DAVID FRIEDRICH STRAUSS, Das Leben Jesu für das deutsche Volk bearbeitet. Volks-Ausgabe in unverkürzter Form, 2 Bde., Stuttgart 1864.
[21] A.a.O., Bd. 2, S. 160 (s.u. S. 55).
[22] Ebd. (s.u. S. 55).
[23] Vgl. a.a.O., S. 160f. (s.u. S. 55–57).

binger – und hier ist vor allem FERDINAND CHRISTIAN BAUR (1792–1860) zu nennen – und HEINRICH JULIUS HOLTZMANN das zweite: „entweder synoptisch oder johanneisch" „durchgekämpft" hätten,[24] das bereits bei STRAUSS begegnet. So vertrat BAUR in seiner Untersuchung „Über die Komposition und den Charakter des Johanneischen Evangeliums"[25] die Auffassung, dass das Johannesevangelium nach den Synoptikern und Paulus „die dritte Stufe in der Entwicklung des christlich-religiösen Bewußtseins"[26] repräsentiere.

Baur wandte sich daher gegen die Annahme, dass die vier neutestamentlichen Evangelien „harmonisch zusammenstimmen"[27]. Dies hätte nämlich zur Folge, dass die johanneische Christologie von der Menschwerdung des ewigen Logos das Menschliche in Jesu Person verschwinden ließe und die Unterschiede zwischen den synoptischen Evangelien einerseits und dem Johannesevangelium andererseits nivelliert würden.[28] Jüngstes Ergebnis einer solchen harmonisierenden bzw. kanonischen Exegese – so die Charakterisierung durch den Verfasser selbst – ist die Jesusdarstellung von JOSEPH RATZINGER.[29] Wenn auch die Lösung des synoptischen Problems durch den Begründer der Tübinger Schule – Abhängigkeit des Markusevangeliums von den beiden anderen Evangelien, Lukasevangelium als paulinisches Evangelium und das Matthäusevangelium als wertvollste historische Quelle – überholt ist, ändert dies nichts daran, dass BAUR die synoptischen Evangelien als Hauptquellen für die Beantwortung der Frage nach dem historischen Jesus zu Recht herausgestellt hat. Auch darin darf Baur als wegweisend für die weitere Forschung gelten, wenn er der Wortüberlieferung gegenüber der geschichtlichen Erzählung einen höheren Stellenwert zumaß.

Wie der Osterglaube entstanden war, ließ Baur offen – auch eine psychologische Erklärung wie die von STRAUSS schloss er nicht aus. Für das sich herausbildende Christentum sei es allein auf den Glauben an die Auferstehung Jesu angekommen.[30]

---

24 Siehe A. SCHWEITZER, Geschichte der Leben-Jesu-Forschung (s. Anm. 8), S. 254.
25 FERDINAND CHRISTIAN BAUR, Über die Composition und den Charakter des johanneischen Evangeliums, Tübingen 1844.
26 KLAUS SCHOLDER, Art. Baur, Ferdinand Christian, in: TRE 5, Berlin / New York 1980, S. (352–359) 355.
27 FERDINAND CHRISTIAN BAUR, Das Christenthum und die christliche Kirche der drei ersten Jahrhunderte, Tübingen 1860, S. 24 (s.u. S. 33).
28 Vgl. ebd. (s.u. S. 33).
29 JOSEPH RATZINGER / BENEDIKT XVI., Jesus von Nazareth, Teil I: Von der Taufe im Jordan bis zur Verklärung; Teil II: Vom Einzug in Jerusalem bis zur Auferstehung; Prolog – Die Kindheitsgeschichten, Freiburg i.Br. 2007/2011/2012. – Vgl. dazu WERNER ZAGER, Wer war Jesus wirklich? Die Menschlichkeit Jesu ernst nehmen, in: DtPfrBl 107 (2007), S. 649–651.
30 Vgl. F. C. BAUR, Christenthum (s. Anm. 27), S. 39f. (s.u. S. 38).

War die historische Jesusforschung anfangs weithin eine protestantische Angelegenheit, so brachte ERNEST RENAN (1823–1892), der STRAUSS' „Leben Jesu, kritisch bearbeitet" zustimmend rezipierte, 1863 das „erste Leben-Jesu für die katholische Welt"[31] heraus: „Vie de Jésus" als ersten Band der „Histoire des origines du Christianisme" (7 Bde., 1863–1883). Dieses in einem Vierteljahr acht Auflagen erlebende Buch bedeutete nach dem Urteil SCHWEITZERS darüber hinaus „ein Ereignis in der Weltliteratur":

> Renan „legte das Problem, das bisher nur die Theologen beschäftigt hatte, der ganzen gebildeten Welt vor. Aber nicht als Problem, sondern als eine Frage, die er durch Wissenschaft und ästhetisches Nachempfinden für sie gelöst hatte. Er bot ihnen einen Jesus dar, der lebte, den er als Künstler unter dem blauen Himmel Galiläas getroffen und mit begeistertem Griffel festgehalten hatte."[32]

Für Renan ist Jesus kein Schöpfer von Glaubenssätzen, sondern einer, der der Welt einen „neuen Geist" erschlossen hat, der Begründer der ewigen Religion des reinen Gefühls und des vollkommenen Idealismus.[33]

Aufgaben:

1. Welche Einsichten von Hermann Samuel Reimarus konnten sich in der Jesusforschung bis heute behaupten?
2. Inwiefern führen die beiden „Leben Jesu" von David Friedrich Strauß methodisch und inhaltlich über die „Apologie" von Reimarus hinaus?
3. Welche Bedeutung hat der historische Jesus für die christliche Religion aus der Perspektive von Reimarus, Strauß, Ferdinand Christian Baur und Ernest Renan?

---

31 A. SCHWEITZER, Geschichte der Leben-Jesu-Forschung (s. Anm. 8), S. 208.
32 Ebd.
33 Vgl. ERN[E]ST RENAN, Das Leben Jesu, Berlin 1863 [franz. Originalausgabe: Vie de Jésus, Paris 1863], S. 434–437 (s.u. S. 39–41).

Hermann Samuel Reimarus
1.1 Apologie oder Schutzschrift für die vernünftigen Verehrer Gottes, verfasst zwischen 1735 und 1767; Reinschrift 1767/68

Zweytes Capittel. Untersuchung ob Jesus, bey seiner Reformation des Jüdischen Aberglaubens, ausser der vernünftigen Religion, auch übernatürliche Geheimnisse eingeführt habe?

§ 1.
Ein Theil der Christenheit steht in den Gedanken, daß alle Glaubens-Artikel, welche zur eigentlichen Offenbarung gehören, nämlich die man aus der bloßen gesunden Vernunft nicht wissen kann, nach den Hauptstücken, schon im A.T. wären bekannt gemacht und geglaubt worden. Diese meynen also, daß das Geheimniß der Dreyfaltigkeit göttlicher Personen in einem Wesen, die Sendung des Sohns Gottes in der Menschwerdung von einer Jungfrau, sein königlich, prophetisches und hoherpriesterliches Amt, sein Leyden und Tod für die Sünde der Welt, seine Auferstehung, Himmelfahrt und Wiederkunft zum Gericht, nebst der Auferstehung der Todten, obwohl nicht so umständlich, jedoch klar genug, von den Propheten des A.T. wäre verkündiget, und von Jesu selbst noch deutlicher offenbart worden. Diese Meynung gründet sich bloß auf eine Hypothese, daß die Gläubigen, von Adam an, eine und dieselbe Heils-Ordnung gehabt; welche Paulus nach seinem Sinn angenommen, und nun ein jeder nach seinem Catechismo erklärt. In solcher Hypothese wird man denn auf die vorgelegte Frage antworten, daß Jesus diese Geheimnisse nicht zuerst eingeführt, sondern daß er sie nur, da sie allen Ertzvätern und frommen Israeliten zum Mittel ihrer Seligkeit gedient, aber von den letzteren Juden verdunkelt, vergessen und verdorben worden, wieder erneuert und in den Schriften Mosis und der Propheten angewiesen habe. Allein hier wird schon vorausgesetzt, daß Jesus diese Geheimnisse in seiner Lehre vorgetragen habe, welches noch nicht erwiesen ist; ich will nicht sagen, daß man dieselben auf eine sehr gezwungene Weise schon vor Jesu in den Schrifften /40/ A. T. sucht. Andere, die auch Christen seyn wollen, verfahren etwas aufrichtiger. Sie gestehen erstlich, daß den Gläubigen A.T. fast nichts von allen diesen Artikeln bekannt gewesen; behaupten aber ferner, daß weder Jesus noch die Apostel solche Geheimnisse, als die heutigen Catechismi enthalten, zur Heils-Ordnung gestellet hätten. Unterdessen bemühen sie sich doch, eine Mittelstraße zwischen der bloß

natürlichen Religion und dem nachmaligen Christenthum zu halten, und mildern darnach den Verstand der Worte Jesu und der Apostel. Diesen Weg sind die Arrianer und Socinianer eingeschlagen, welche sich oft winden und drehen müssen, ihr System mit den Worten des N.T. zu harmoniren, weil sie den gantzen Plan und Ursprung des Christenthums nicht ohne Verwirrung und Vorurtheilen eingesehen haben. Diese unpartheyische Wahrheit erfordert, nicht allein die Lehrer vor Jesu, von diesem, und Jesum selbst von seinen Aposteln, als Selbstlehrern, zu unterscheyden; sondern auch in Jesu eigenen Lehre das was alle Menschen angeht, mit dem, was die Jüdische positive Religion betrifft, nicht zu vermengen. Ich habe in dem ersten Theile gezeigt, daß die Propheten A.T. von allen diesen Geheimnissen des Christenthums nichts gewust, und auch keinen andern Messias, als einen zeitlichen und besonderen Erretter des Jüdischen Volks verkündiget haben, Ich habe in dem ersten Capittel dieses zweyten Theils angefangen zu zeigen, daß das System der Apostel nach dem Tode Jesu, von ihrem eigenen vorigen System, und sodann auch von dem System Jesu, und der meisten Juden abweiche. Es wird auch offenbar seyn, daß der Theil der Lehre Jesu, welcher bisher in Betrachtung genommen ist, nichts weiter als eine natürliche, vernünftige und allgemeine praktische Religion enthalte, zu welcher Jesus, bey seiner Reformation, auch die positive Jüdische zu lenken gesucht, ohne sie aufheben zu wollen. Der andere Theil der Lehre Jesu gehöret also für das Judenthum ins besondere, davon andere Völker nichts wusten und verstunden. Er ist von einem Juden, denen übrigen Juden, mit Jüdischen Redensarten vorgetragen, und setzet die damals herrschende Meynungen und Gewohnheiten der Juden voraus. Man muß sich also gantz in das damalige Judenthum, /41/ und dessen eingeführte Ausdrücke, hineinbegeben, und alle Ideen, die unser Catechismus mit gewissen Worten verknüpffet, solange aus dem Sinn schlagen, wenn man den wahren Verstand der hiehergehörigen Worte Jesu erreichen, und von der vorgelegten Frage richtig urtheilen will.

Das zweyte Buch von dem Zweck des Himmelreichs Jesu.

1tes Capittel von der Zweydeutigkeit der wahren Absichten Jesu.

§ 1.
Wir haben nun bisher gesehen, daß in Jesu eigenen Reden, so ferne er die allgemeinen Wahrheiten und Pflichten der Menschen einschärffen, und den Verfall des Pharisäischen Judenthums darnach bessern wollte, nichts als eine vernünftige praktische Religion, die aller Hochachtung würdig ist, liege; und daß er ausser derselben weder den Juden noch dem gantzen menschlichen Geschlechte unverständliche Glaubens-Geheimnisse oder neue Vorschrifften, als Mittel zur Se-

ligkeit, aufzubürden gesucht habe. Es war alles in zweyen Worten enthalten: *Bekehret euch.* Nun aber tritt er der besondern positiven Religion der Juden näher, und läst ihnen, und zwar ihnen allein, nicht Heyden noch Samaritern, verkündigen: *Das Himmelreich ist nahe herbey kommen.* Es ist schon oben beyläuffig bemerkt worden, daß weder Johannes der Täuffer, noch Jesus, wenn er seine Jünger zur Verkündigung des nahen Himmelreichs durch gantz Judäa ausschickt, eine Erklärung geben, was man sich unter diesem Worte des Himmelreichs vorstellen solle. Daraus ist zu schliessen, daß es eine bekannte Redensart unter den Juden gewesen sey, womit ein jeder auch vom gemeinen Mann wenigstens einen klaren Begriff zu verbinden pflegte, so daß es schon für sich verständlich war, und keiner Erklärung brauchte. Wenn auch Jesus zu dem Volke gleichnißweise von dem Himmelreiche spricht, daß es einem Säemann, einem Senfkorn, einem Sauertaige, einem verborgenen Schatze u.s.w. gleich sey: so würden die Zuhörer wohl kein sonderlich Licht von dem Himmelreiche daraus geschöpfft haben, wenn sie nicht sonst schon einen allgemeinen Begriff von demselben aus der üblichen Redensart mitgebracht hätten. Wir müssen demnach die Bedeutung dieses Ausdrucks bey den Juden suchen, und so lange alle andere, welche das Wort etwa bey den Christen hat, oder vor sich /122/ anzeigen könnte, aus dem Sinn schlagen. Nun lehren uns, ausser dem Neuen Testament, auch andere Jüdische Schrifften, daß die Juden darunter überhaupt dasjenige Reich verstunden, welches Gott im Volke Israel durch Mosen in seinem Gesetze aufgerichtet. Wenn daher ein Heyde durch die Beschneydung, Tauffe und Opfer, sich zur Verehrung des einen Jehovah, und zur Beobachtung seines Gesetzes verbindlich gemacht hatte, mit einem Worte ein völliger Judengenosse geworden war: so hieß es bey ihnen, er habe das Himmelreich auf sich genommen. Weil sie sich aber vorstelleten, daß Gott seine Theocratie in Israel noch viel herrlicher unter dem verheissenen Messias offenbaren würde: so hieß das Himmelreich, besonders und ausnehmend, das Reich, welches Gott in seinem Volke unter dem Messias würde aufrichten. Man sehe nur das Targum, oder die Chaldäische Übersetzung von dem Orte des Propheten Micha,[1] da in den letzten Tagen (d. i. nach der Juden Meynung, zu den Zeiten des Messias) alle Heyden zu dem Gott Israels nach Jerusalem kommen sollen, und der Herr König über sie seyn will auf dem Berge Zion ewiglich. Da heist es bey dem Targumisten: *Es wird ihnen das Himmelreich offenbar werden auf dem Berge Zion.* Imgleichen erklärt das Jalkut Schimoni einen andern Ort des Propheten Zarachariä, welchen die Juden gleichfals von den Zeiten des Messias verstehen, *daß allsdenn die Zeit kommen wird, da das Himmelreich wird offenbar werden.*[2] Die

---

[1] Mich. IV. 7.
[2] Jalkut f. 178. 1. Zach. XIV. 9.

Propheten, besonders Daniel, stellen dies Reich des Messias als ein Reich vor, das Gott über alle Reiche erheben werde, das er einem der Nachkommen Davids bestimmet, der zu Jerusalem auf dessen Thron sitzen solle, und herrschen von einem Meer bis zum andern; das Daniel, im Gesichte, einem Sohn des Menschen von dem Altbetagten in den Wolken des Himmels geschenket sieht, und nicht zerstöhret werden solle, besonders aber das Volk Gottes, als seine Heiligen, angehe.[3] Weil denn Gott diesen Gesalbten zum Könige einsetzen würde, und selbst der höchste König darin seyn: so hieß dies Himmel- /123/ reich auch das Reich Gottes; beides *Malcuth Schamajim, Himmelreich*, und *Malcuth Elohim, Reich Gottes*, bedeuten ein und dasselbe Reich des Messiä. Denn in der That wird Himmel bey den Juden für Gott, der im Himmel wohnt, gesetzt. Und so finden wir im N.T. Himmel für Gott gesagt in Jesu Frage: *war die Tauffe Johannis vom Himmel*, d. i. Gott, *oder war sie vom Menschen?*[4] Daher, was sonst Johannes und Jesus selbst so ausgedrückt, *das Himmelreich ist nahe herbey kommen*, das lautet ein ander mal so: *das Reich Gottes ist herzukommen*.[5] Beym Matthäo giebt Jesus seinen Jüngern Befehl: *Gehet hin und sprecht: Das Himmelreich ist nahe herbey kommen*. Bey dem Luca heist es: *er sandte sie aus zu predigen das Reich Gottes*.[6] Die Gläubigen, welche *auf das Reich Gottes warteten*,[7] waren eben diejenigen, welche *auf den Trost Israels*, oder *auf die Erlösung Israels warteten*;[8] nämlich auf die Zukunft des Messias, und sein Reich unter Gott, darin sie von aller Dienstbarkeit würden befreyet werden. Jesus nennt es auch *das Reich seines Vaters*.[9] Jacobus und Johannes, die Söhne Zebedäi, nennen es auch das Reich Jesu, wenn sie baten, daß einer von ihnen sitzen mögte zur Rechten, der andere zur Linken *in seinem Reich*, oder wie es sonst heist, *in seiner Herrlichkeit*.[10] Viele der Juden meynten auch, wie diese Jünger, *das Reich Gottes sollte alsobald erscheinen*.[11] So verstunden die Juden Johannem den Täuffer, verstunden Jesum, verstunden seine Jünger, ohne weitere Erklärung, wenn sie verkündigten, das Himmelreich, oder das Reich Gottes, sey nahe herbeygekommen: daß es so viel hiesse als der erwartete Messias würde nun nächstens erscheinen und sein herrlich Reich anfangen. Das war denn für die Juden, welche so lange und so sehnlich auf das Reich des Messias gewartet hatten, eine fröhlige Botschaft, ein

---

3 Dan. VII. 13. 14.
4 Matth. XXI. 25. Marc. XI. 30. Luc. XX. 4.
5 Marc. I. 15. 16. Matth. IV. 17.
6 Matth. X. 7. Luc. IX. 2.
7 Marc. XV. 43. Luc. XXIII. 51.
8 Luc. II. 25. 26. 38.
9 Matth. XXVI. 29.
10 Matth. XX. 20. sqq. Marc. X. 35. sqq.
11 Luc. XIX. 11. XVII. 20.

Evangelium. Folglich heist /124/ die Redensart, *Gläubet dem Evangelio*, nichts anders, als, Glaubet, daß die Zukunft des Messias nahe sey. *Bekehret euch und glaubet dem Evangelio*[12] ist dasselbe in Jesu Munde, was Johannes gesagt hatte, Bekehret euch, und glaubet daß das Himmelreich nahe herbeykommen sey.

Beschluß.
Vernünftige Menschen! Es war so leicht nicht, in dieser Geschichte, die mit vieler Kunst verstellt ist, das Wahre vom Falschen zu unterscheyden, als es uns im Alten Testament gewesen, da die Schreiber selbst noch so wenig Begriffe von Gott und der Tugend hatten, daß sie uns ihre Helden mit den gröbsten Lastern und Schandthaten aufführen, und dadurch das Ungöttliche des gantzen Judenthums sogleich verrahten. In dieser Geschichte ist aber viel gutes, heilsames, ja gläntzendes und liebreiches, besonders was die praktischen Lehren betrifft, enthalten. Und wenn gleich dieses und jenes Anstössige unterläufft; so ist es doch nicht eines jeden Sache den wahren Zusammenhang und Grund des gantzen Unternehmens zu entdecken. Nun ich aber einmahl den Weg dazu durch alle Hindernisse gebahnt habe: so wird es keinem viele Mühe kosten demselben nachzugehen. Und damit ein jeder gleichsam zurücksehen könne, wie er geführt sey: so will ich zum Beschluß nochmals aller Welt vor Augen legen, nach welchen Regeln ich einhergegangen bin.

Die Haupt-Wahrheit, welche allen andern ein Licht giebt, ist diese: daß die Jünger Jesu insgesamt, bis an den letzten Oden seines Lebens, gehoffet haben, er sollte Israel, unter dem Namen des verheissenen Messias, auf eine zeitliche Weise erlösen; und daß sie erst nach Jesu Tode dieses System verlassen, und statt dessen einen bloß geistlichen leydenden Erlöser aus ihm gemacht haben. Nun ist gar nicht glaublich, daß Jünger, denen Jesus die Geheimnisse des Reichs Gottes anvertraut hatte, seine wahre Meynung und Absicht in drey Jahren noch nicht sollten begriffen, sondern sich noch in dem ersten Grund-Artikel, insgesamt und beständig, geirret haben. Sie müssen also in Jesu Reden und Handlungen, bis an seinen Tod, immerfort, zu ihrer unwandelbaren Hoffnung eines weltlichen Messias Gründe gefunden haben. Da nun Jesus die Vorstellung seiner Jünger von dem Reiche des Messias kannte, und sie doch in gantz Judäa als Herolde dieses nahe bevor- /172/ stehenden Reichs herumsendet, an Leute die gleichfals keine andere als weltliche Idee davon hatten: so ist auch sein Wille und Vorsatz gewesen, alle Juden mit dieser zeitlichen Hoffnung zu erfüllen, und sie wo möglich wahr zu

---

[12] Matth. IV. 23. Marc. I. 15. 16.

machen; als wozu auch sein letzter Auftritt in Jerusalem einen unzeitigen Versuch zeiget.

Die andere Wahrheit ist damit verknüpfft: Wenn die Jünger Jesu seine Geschichte kurz vor seinem Ende hätten beschreiben sollen, als sie noch beständig in der Hoffnung eines weltlichen Erlösers stunden; so würde ihre Geschichte auch die Gründe ihres weltlichen Systems, das auf ihres Meisters Reden und Handlungen gebauet war, erzehlt haben; und die so vielfältige, deutliche, dürre und geschärfte Verkündigungen, daß er nach dem Willen seines Vaters gekommen sey zu leyden, zu sterben und am dritten Tage wieder lebendig aufzustehen, könnten in ihrer Geschichte keinen Platz gefunden haben, weil sie der zeitlichen Hofnung von einem weltlichen Reiche gantz zuwider waren. Sie konnten in demselben Augenblick nicht hinschreiben, was diese Vorstellung gantz aus dem Sinn schlüge, und doch in der Vorstellung seyn und bleiben.

Die dritte Wahrheit: Die Geschichte Jesu würde folglich, bey der alten Meynung der Apostel, nicht so ausgesehen haben, wie sie jetzt aussiehet, nun die Apostel ein gegenseitiges System ergriffen haben. Jetzt ist vieles heraus geblieben, was sonst hineingekommen wäre, und vieles hineingekommen, was sonst keinen Platz darin hätte haben können. Folglich richtet sich das neuerliche System der Apostel nicht nach den Factis, sondern die Erzehlung der Factorum muß sich nach ihrem geänderten System richten. Mithin muß man alles dasjenige in ihrer Geschichte, was einen Strich von der Apostel ihrem späteren System hat, weglassen, und Jesu nicht beymessen, wenn man desselben wahre Meynung und Absicht zu wissen verlangt.

Die vierte Wahrheit: Die Apostel sind nach dem Tode Jesu, und folglich nach der Annehmung ihres neuen Systems, auch in mehreren wesentlichen Stücken, von ihres Meisters Meynung und Willen abgegangen. Jesus wollte sein Himmelreich /173/ bloß den verlornen Schaafen des Hauses Israel angetragen wissen: die Apostel hergegen predigten das Evangelium aller Creatur, allen Völkern des Erdbodens, und verliessen die Juden bald. Jesus wollte das gantze Gesetz, mit allen Levitischen Ceremonien, bis auf die geringsten Gebote, in seinem Reiche beybehalten: die Apostel hingegen suchten alles, was Levitisch war, nachgerade abzuschaffen. Jesus begehrte nur der Trost Israels, ein Erlöser der Juden zu seyn, und deren verdorbene Religion und Zustand zu verbessern: die Apostel hingegen machten aus ihm einen Heiland des gantzen menschlichen Geschlechts, und aus der positiven Religion, welche der Jüdischen folgen sollte, eine allgemeine Religion. etc.

Die fünfte Wahrheit: Man muß also das System und die Absicht Jesu von dem System und der Absicht, welche die Jünger nach seinem Tode gehabt haben, gäntzlich absondern, und Jesum aus seinen eigenen Worten und Handlungen beurtheilen. Die Apostel sind selbst nachmals Lehrer geworden, und soferne für sich zu betrachten. Ein Discipel bleibt ja nicht allemal bey seines Lehrers Vorschrifften, wenn er selbst eine Schule anfängt; und hier ist es offenbar, daß die Apostel ihr voriges System verändert haben, und von ihres Meisters Lehre in vielen Stücken abgewichen sind. Da aber eben diese Jünger Jesu Reden und Thaten aufgezeichnet haben, nachdem sie selbst schon ein ander System ergriffen hatten: so ist alle Vorsicht zu gebrauchen, ob auch die Erzehlung einen Strich von der Jünger veränderten System bekommen habe.

Die sechste Wahrheit: In der Lehre Jesu ist das, was allen Menschen ersprießlich ist, von dem, was allein die Juden anging, wohl zu unterscheyden. Das *bekehret euch*, gehört für alle Menschen, und zur allgemeinen Religion; *das Himmelreich ist nahe herbeykommen*, war für die, so auf den Trost und die Erlösung Israels warteten, und gehört also zur positiven Religion der Juden, denen ihre Propheten einen mächtigen König zu Jerusalem aus dem Geschlechte Davids verheissen hatten, welcher sie von aller Unterdrückung fremder Völker erretten sollte. Jene Lehren der allgemeinen Religion fassen lauter Vorschriften der Tugend und Änderung des Sinnes in sich, welche die gesunde Vernunft zur Vollkommen-/174/heit und zur Besserung der Menschen überhaupt vorschlagen kann: und diese schärfte Jesus auch den Juden, als eine Vorbereitung zu dem Reiche des Messias ein, zumal da sie, über den Eiffer in äusserlichen Ceremonien, die vernünftige praktische Religion gantz verabsäumet und verdorben hatten. Er selbst bekannte sich für den Messias, oder denjenigen, der von Gott gesandt wäre, das Himmelreich, die Theocratie, das Reich Gottes, unter ihnen aufzurichten.

Die siebende Wahrheit: In den Vorschriften Jesu zur Bekehrung, oder zur vernünftigen und allgemeinen praktischen Religion, ist alles unvergleichlich und jedem Menschen heilsam. Man kann auch nicht sagen, daß er weder die allgemeine noch positive Religion mit neuen unbegreiflichen Glaubens-Geheimnissen, oder mit ungewohnten Ceremonien, beschweret habe, wenn man nur die Jüdische Redensarten und Gebräuche recht verstehet und kennet. Aber was er zum Beweise seines Messias-Amtes gesagt und gethan hat, darin findet man viel anstössiges und zweydeutiges.

Die achte Wahrheit: Es ist offenbar genug, daß Jesus kein leydender Erlöser, weder der Juden noch des menschlichen Geschlechts, hat werden, sondern in der Gestalt eines Propheten und Wunderthäters zu der Würde eines Königes der Juden steigen wollen, wenn ihm sein Vorsatz gelungen wäre. Denn er vermied vom Anfange seines Lehr-Amtes die Nachstellungen der Hohenpriester, Pharisäer und Schriftgelehrten, wenn sie ihn greiffen wollten, und entwich alsdenn in entfernte wüste Gegenden; zog auch von einem Orte unstett zum andern, in Galiläa, jenseits des Meeres und Jordans, herum, und viel Volks aus allen Orten lief denn seiner Lehre und dem Gerüchte seiner Wunder nach. Auf den großen Festen hatte er sich wohl zuweilen sehen lassen; aber sobald er Unraht merkte, war er wieder weg.

Selbst, wie er sein Vorhaben durch einen königlichen Einritt und Zuruf seiner Jünger entdeckt hatte, und sich wegen seines Ungestühms im Tempel, und wegen der aufrührischen Rede gegen den hohen Raht nichts Gutes versahe, hielte er sich des Nachts ausser der Stadt aus Furcht verborgen; und wie die Geschichte sagt, betete er zu verschiedenen malen, daß doch der Straf-Kelch /175/ vorüber gehen mögte; ja er klagte zuletzt am Kreutze, daß Gott ihn verlassen hätte.

Die neunte Wahrheit: Daß Jesus ein solcher Messias werden wollte als die Juden erwarteten d. i. ein weltlicher offenbaret sich schon durch die erste Ankündigung. Denn er ließ es solchen, die durchgängig in dem Vorurtheile stunden, durch solche, die ebenfals damit behaftet, und dazu seine Jünger waren, kund machen, ohne ihnen einen andern Begriff davon zu geben.

Die zehnte Wahrheit: Er bediente sich solcher Mittel dazu, die alle mit einander zweydeutig und verdächtig waren. a) Johannes, sein naher Vetter, muste ihn zuerst in den Ruf bringen, und sich doch stellen, als hätte er ihn vorher nicht gekannt, sondern es erst durch eine Stimme vom Himmel, (die doch keiner der Umstehenden hörte) und durch ein Gesichte, (das doch niemand sonst sahe) erfahren; und beide lobten sich hernach einander vor dem Volke. Das ließ vollkommen, als hätten sich die beiden Herrn Vettern mit einander beredet ein solch Schauspiel zu machen. b) Die Schrifftörter, welche er als Weissagungen von seiner Person und Begebenheiten deutet, und seine Jünger deuten lehret, sind alle unrichtig auf ihn gezogen, und handeln von gantz andern Personen, Zeiten und Begebenheiten. Das ist eben kein Merkmaal einer guten reinen Sache; dazu braucht man keine falschen Beweise. c) Die Wunder, welche man von ihm berichtet, sind grösten Theils so beschaffen, daß sie verdächtig werden müssen: weil sie in der Heilung solcher Personen bestunden, die sich ihm zu willen blind, taub, stumm, lahm, krank, unsinnig stellen konnten; weil sie einen Aberglauben damaliger Zeit zum Grunde hatten, als ob die Krankheiten von bösen Geistern entstünden, und durch deren Austreibung aus den Besessenen weichen müsten; weil ferner seine eigene Brüder und Mitbürger, so wie auch die Obersten der Juden nichts davon glaubten; und weil er in deren Gegenwart, und auf derselben Verlangen, kein eintziges Wunder thun konnte. Ein eintziges überzeugliches Wunder zum Beweise seiner Sendung vor dem hohen Rath und Eltesten wäre genug gewesen den Unglauben zu wehren. d) Warum hing er sich /176/ an das Volk, und an den hie und da zusammengelauffenen Pöbel? Warum setzte er schon seine zwölf Apostel zu Richtern der zwölf Stämme Israel in seinem künftigen Reiche? warum wehlte er noch andere 70 Jünger, als ein künftiges neues Synedrium? warum schimpfte er so heftig auf seine jetzige Obrigkeit? Wozu diente der öffentliche Einzug in Jerusalem, und der abgeredete Zuruf seiner Jünger, als einem Könige Israels? Was sollte die gewaltthätige Austreibung der Käuffer und Verkäuffer aus dem Tempel, und die dadurch verursachte Stöhrung des öffentlichen Gottesdienstes, vorstellen? Was anders, als daß er noch mehr ungestühme Weiterungen im Sinne hatte, wenn ihm diese gelungen wären?

Die eilfte Wahrheit: Wer alle die Data der Betragens Jesu zusammen nimmt, welche die Evangelisten theils nicht verschweigen können, theils durch den Anstrich ihres neuen Systems zu verdunkeln geglaubt haben, der muß erkennen, daß der hohe Raht nicht hat umhin können, so mit Jesu zu verfahren, wie er gethan hat, und daß dieser nicht unschuldig, sondern um seines eigenen Verbrechens willen gelitten hat. Woraus zunächst folgt, daß Jesus nicht für anderer Menschen, geschweige für der gantzen Welt Sünde gelitten habe, und daß sein Tod niemanden zur Tilgung seiner Sünde helffen könne.

Die zwölfte Wahrheit: Es ist zu bedauern, daß Jesus seine übrigen Verdienste um die thätige Religion der Menschen, durch die Absicht ein Messias der Juden zu werden, und durch die verdächtige und aufrührische Maaßregeln dazu, so sehr befleckt und verdunkelt habe. Aber darum müssen wir nicht aufhören seine allgemeine Vorschriften der Gottesfurcht, Menschenliebe, und inneren Besserung des Hertzens, wie sie es wehrt sind, hochzuschätzen, und zu unserm Besten anzuwenden. Wer aber der Welt das Leyden Jesu als ein Heilsmittel aufdringt, der quält vernünftige Menschen nur mit Wiedersprüchen, und verleitet die übrigen desto getroster zu sündigen.

Das III^{te} Buch von dem Apostolischen System eines geistlichen Erlösers.

Das 1ste Capitel.
Es kommt auf das Factum der Auferstehung Jesu an.

§ 1.
Wir müssen, in Betrachtung unsers heutigen Christenthums, hauptsächlich auf die Jünger Jesu sehen, als welche nach Jesu Tode die Stifter desselben geworden sind, und solches auf ihr neues System gegründet haben. Beides Meister und Jünger hatten, bis an das fatale Ende vor dem Osterfeste, ihre Gedanken auf eine zeitliche Erlösung Israels gerichtet gehabt. Allein Jesus beschloß sein Leben mit den Worten: *Mein Gott! mein Gott! warum hastu mich verlassen?* Das war ein Geständniß, welches sich ohne offenbaren Zwang der Worte nicht anders deuten läst, als daß ihm Gott zu seinem Zweck und Vorhaben nicht geholffen, wie er gehoffet hatte. Es war demnach sein Zweck nicht gewesen, daß er leyden und sterben wollte; denn dazu hatte ihn ja das Verhängniß geholfen; sondern daß er ein weltlich Reich aufrichten und die Juden von ihrer Unterdrückung befreyen mögte. Darin war er von Gott verlassen worden. So klagten auch die Jünger nach seinem

Tode über ihre jetzt vereitelte Hofnung: *Wir hoffeten er sollte Israel erlösen*. Damals musten sie also noch ihr neues System, von einer geistlichen Erlösung Jesu, nicht gefasset haben. Denn nach demselben wäre ja die Erlösung Israels, ja der gantzen Welt, durch seinen Tod vollbracht, und ihre Hofnung erfüllt; welches ihrer Klage gantz entgegen ist. Sie hatten sich vorgestellt, Jesus, als ein Prophet, mächtig von Thaten und Worten, würde (nicht die gantze Welt, sondern) Israel, und zwar auf eine zeitliche Weise, erlösen; und dazu war nun alle Hofnung verloren. Vor wenig Tagen hatten sie noch gemeynt, sein Reich sollte nun gleich angehen, darin sie als Richter neben ihm sitzen, und was sie etwa seinetwegen an zeitlichen Gütern verlassen hätten, hundertfältig wieder bekommen sollten. Deswegen hatten sie seinen feyerlichen Einzug in Jerusalem befördert, und eif- /180/ rigst dabey gerufen; Gelobet sey der da kommt als König in dem Namen des Herrn! Diese hohe Gedanken waren ihnen gar bald durch die Inhaftierung Jesu verrückt worden. Als das Volk nicht so allgemein in den Zuruf einstimmen und zum Aufstande schreiten wollte, wie Jesus ihnen mit der ungestühmen Stöhrung des Gottesdienstes und der aufrührischen Rede wieder den hohen Raht vorgegangen war, ward ihr neuererklärter König selbst kleinmühtig, und hielte sich des Nachts ausser der Stadt verborgen; ward aber doch von seinem eigenen Jünger Juda verrahten und gefangen vor Gericht geführt. Siehe, da verliessen sie ihn alle und flohen; und nun nach der Kreutzigung war ihre zeitliche Hofnung vollends dahin. Diesen unerwarteten Zustand ihres Gemühts geben die beiden Jünger, welche nach Emmaus gingen, zu erkennen, und er ist aus ihrem vorigen Betragen leicht zu ermessen. Es ist auch schon in dem vorigen Buche gezeigt worden, daß diese beyde Jünger nicht von sich allein, sondern von allen übrigen Jüngern reden: *Wir* hoffeten, – haben *uns* erschreckt etliche Weiber der *Unsern*; – etliche unter *uns* gingen hin. Demnach hatten alle Jünger Jesu ihre vorige Hofnung verloren gegeben, und die Hofnung war auf ein weltlich Reich gestellt gewesen. Woher kommt denn nun bey diesen Jüngern so schleunig, und in ein Paar Tagen, ein gantz anderes dem vorigen gerade entgegen gesetztes System, woran sie nimmer gedacht haben?

§ 2.
Wenn wir das, was im vorigen Buche abgehandelt ist, hier als bewiesen annehmen wollen: so ist die Auflösung der Frage bald geschehen. Das vorige System der Apostel, Jesus sey zur zeitlichen Erlösung des Volkes Israel, und zur Aufrichtung einer neuen Theokratie gesandt, war in der That das wahre System ihres Meisters. Da es aber übel ausfiel: so ist das neue System der Apostel aus Noht, wegen ihrer fehlgeschlagenen Hofnung, von ihnen ertichtet worden. Es bestand darin, daß Jesus eben dazu gekommen sey, daß er leyden und sterben sollte, um die Sünde der gantzen Welt zu büssen; er sey aber nach vollbrachtem Versühnungs-Amte

/181/ vom Tode wieder lebendig auferstanden, und nach 40 Tagen gen Himmel gefahren, von wannen er bald in den Wolken kommen werde, Gericht zu halten und dann sein herrlich Reich anzufangen. [...]

Das II^te Capittel.
Beweis der Auferstehung Jesu aus der Wache Pilati.

[...]

§ 6.
Last uns nur die Beschaffenheit des Grabes mit allen Umständen unpartheyisch betrachten: so werden wir sehen, es sey nicht allein möglich, sondern auch wahrscheinlich, daß einige von den Jüngern Jesu seinen Körper des Nachts aus dem Grabe genommen und an einem unbekannten Ort verscharrt haben. Das Grab, welches in einen Fels gehauen war, gehörte dem Joseph von Arimathia, einem heimlichen Anhänger Jesu, und der Zugang zu dem Grabe war in dem Gehege seines Gartens, welcher an den Fels schloß. Denn die Alten liebten dergleichen Grabmaale in Gärten und unter grünen Bäumen. Eben der Joseph hatte sich den Leichnam Jesu aus eigener Bewegung von Pilato ausgebeten, und ihn in sein eigenes Grab gelegt. Maria Magdalena und andere Weiber waren dabey gewesen, wie der Körper hinein gelegt ward, und alle Apostel wusten den Ort.[13] Diese Weiber hatten von dem Eigenthümer des Gartens und Grabes eine ungehinderte Freyheit erhalten zum Grabe zu kommen, und hinein zu gehen. Denn sie brachten am Sonntage eine Menge Spezereyen mit sich, um den Körper, welcher vor dem Feste nur eilfertig eingewickelt war, ordentlich zu balsamiren, so wie es bey den Juden gebräuchlich war. Das konnten sie nicht thun, wenn es ihnen nicht wäre erlaubt oder gar aufgetragen worden. Dabey äussern sie folglich keine Besorgniß wie sie die Wächter oder den Gärtner überreden wollten sie hineinzulassen, sondern nur, wie sie den großen Stein von der Thür des Grabes abweltzen mögten.[14] Es konnten also keine Wächter ums Grab gestellet seyn; denn sonst hätten sie es, als eine Sache, die viel Aufsehens in der Stadt gemacht, wissen, und als das gröste Hinderniß ihres Vorhabens ansehen müssen. Oder, wenn sie es von andern nicht erfahren hätten, so würden sie es doch von den beiden Mitgliedern des Rahts, Josepho und /199/ Nicodemo, erfahren haben. Denn die musten ja wissen

---

[13] Luc. XXIII. 50–56. Joh. XIX. 38–42.
[14] Marc. XVI. 1. sqq. Luc. XXIV. 1. sqq. Joh. XX. 1. sqq.

was am vorigen Tage im Rahte beschlossen und besorgt war, und Nicodemus hatte noch am Abend vorher, wie die Weiber des andern Morgens hinaus wollten, selbst Spezereyen zu der Balsamirung eingekaufft. Würden sie denn nicht theils selbst von diesem Vorhaben abgestanden seyn, theils zugleich die Weiber davon abzustehen beredet haben? Würde es nicht geheissen haben: Gute Frauen, spahret nur jetzt euren letzten Liebesdienst; ihr werdet nicht in das Grab hinein kommen; es ist gestern eine Römische Soldatenwache davor gesetzt, die wird euch nicht hinein lassen, wenn gleich der Gärtner Befehl hat euch den Zugang zu verstatten. Die Weiber wissen von diesen Begebenheiten nichts; und also kann auch keine Wache vor dem Grabe gewesen seyn. Noch mehr! der Gärtner konnte bey Tage und bey Nacht ins Grab kommen, und mit dem Körper machen was er wollte, oder einem andern solches zu thun erlauben. Maria Magdalena sagt es uns beides gantz deutlich. Da sie den Körper nicht mehr im Grabe findet, spricht sie: *Sie haben meinen Herrn weggenommen, und wir wissen nicht wo sie ihn hingelegt haben.* Und da sie den Gärtner vor sich zu haben meynet, spricht sie zu ihm: *Herr, hastu ihn weggenommen, so sage mir, wo hastu ihn hingelegt, so will ich ihn holen.*[15] Sie setzen also voraus, daß ein jedweder, besonders der Gärtner, habe zum Grabe kommen, und den Körper anders wohin bringen können, und daß dieses seit vorgestern müsse von jemand geschehen seyn. Also war es, nach der Rede dieser Weiber, gar wohl möglich, daß die Jünger Jesu, mit Vorbewust des Gärtners, den Körper des Nachts aus dem Grabe gestohlen, und anderwerts hingebracht hätten, wie ihnen die Juden schuld gaben.

§ 7.

Ich sage aber, die Beschuldigung hatte nicht allein eine Möglichkeit sondern auch große Wahrscheinlichkeit vor sich: weil alle Umstände mit der Hypothese übereinstimmen; dagegen das Vorgeben von der Auferstehung lauter Wieder- /200/ sprüche giebt. Das Corpus delicti war nach 40 Tagen nicht mehr zu finden. Quaeritur: Ihr Jünger, und du Gärtner, habt ihn doch in eure Verwahrung genommen; wo habt ihr ihn gelassen? Die Juden, und zwar die Vornehmsten, sagen, ihr habt ihn des Nachts weggestohlen; ihr hingegen sprecht, er ist auferstanden. Wir wollen jetzt beides als Hypothesen ansehen; welche ist aber wahrscheinlicher? Dazu zeigen auf der einen Seite die Wiedersprüche, auf der andern die Übereinstimmung aller Umstände. Einen Körper, den man in seiner Macht und Verwahrung hat, wo anders hinbringen und verbergen, ist eine natürliche Handlung: aber vom Tode auferstehen oder erweckt werden, ist übernatürlich.

---

15 Joh. XX. 2. 13. 15.

Was von beiden hat so ferne an sich mehr Wahrscheinlichkeit? ohne Zweiffel das Natürliche. Wie? wenn ein vergrabener Schatz weggekommen wäre, welcher in jemandes Verwahrung gewesen: man spräche zu diesem, ihr müst ihn heimlich weggebracht haben; er hingegen, der Teufel hat ihn geholt: welches von beiden ist wahrscheinlicher? Da sind tausend ja hunderttausend Fälle und Exempel gegen eins, oder vielmehr gegen keines das genugsam erwiesen wäre. Desto stärkere Beweise wird man billig von dem Übernatürlichen fordern; und, wenn die nicht da sind, so bekommt die Wahrscheinlichkeit des Natürlichen ein unendliches Übergewicht. Wo sind nun solche Beweise von der Auferstehung Jesu? Alles, was vorgebracht wird, ist voller Wiederspruch. 1. Die Wache Pilati ist ein Gedichte, das durch das Stillschweigen aller übrigen Evangelisten und Apostel, wo sie diesen Beweis unumgänglich nöthig gehabt hätten, widerlegt wird. Es wiederspricht ihm der freye Zugang der Weiber und Jünger zum Grabe; der Vorsatz der Weiber und des Nicodemi, den Körper noch am dritten Tage durch Balsamierung zu seiner ewigen Ruhe zu bereiten; die Muthmassung eben der Weiber, daß der Körper durch Menschen Hände aus dem Grabe weggebracht sey; die Thorheit der Erfindung, ob sollte der hohe Rath am ersten heiligsten Feyertage, und am Sabbath in Procession zu Pilato, und von dem mit Römischen Soldaten zum Thor hinausgegangen seyn, und sich an dem Grabe verunreiniget haben; ob wären alle Mitglieder Schelme gewesen, und hätten die /201/ Soldaten durch Bestechung zur Lüge verleiten wollen; und dabey so albern, daß sie ihnen ein Bekenntniß ihres tieffen Schlafes, und ein Stillschweigen von der Wahrheit angemuhtet hätten, da jenes ihnen zum Schimpf und zur Strafe gereichen würde, und beides an sich eine unmögliche Sache supponirte. 2. Wie hängt ferner das zusammen? Der hohe Rath weis und denkt daran, daß dieser Verführer sprach da er noch lebte: ich will nach dreyen Tagen wieder auferstehen: und seine Jünger hingegen, wie Johannes sagt, *wusten die Schrifft noch nicht, daß er von den Todten auferstehen müste*,[16] dachten auch bis dahin nicht daran, daß Jesus es ihnen so oft vorher gesagt hatte. Eins von beyden muß falsch seyn. 3. Wie geht das zu, daß die Rede bey den Juden allgemein wird, die Jünger Jesu hätten seinen Leichnam des Nachts gestohlen, und gäben nun vor er sey auferstanden und gen Himmel gefahren; daß hingegen von der Wache Pilati, von deren Aussage, und von des Synedrii Betruge, kein eintzig Wort, ausser bey dem Matthäo, zu hören ist? 4. Wie ist es möglich, daß die Jünger Jesu, nach allen diesen Geschichten, noch nicht an die verheissene Auferstehung zurück denken, ja, da sie ihnen von den ihrigen schon berichtet ist, da sie ihn selbst schon gesehen hatten, noch nicht glauben wollen, sondern fortfahren daran zu zweiffeln?[17] 5. Wie

---

16 Joh. XX. 9.
17 Marc. XVI. 11. 13. Luc. XXIV. 37–41. Joh. XX. 24. sqq.

ist es zu begreiffen, daß die Apostel, wenn sie anders für glaubwürdige Zeugen der Auferstehung Jesu wollten gehalten seyn, mit deren öffentlichen Verkündigung so lange zurück halten, als er noch nach seiner Auferstehung auf Erden gewandelt haben soll, und nicht eher damit hervor treten, bis sie sagen konnten, Er ist nicht mehr sichtbar, er ist aufgefahren gen Himmel? 6. Woher berufen sie sich, alsdenn auch nicht einmal, auf irgend eines andern ehrlichen und unpartheyischen Menschen Zeugniß, sondern bloß auf ihr eigenes? Wer hat ihn sonst gesehen ausser sie allein? Er war; wodenn? bald bey den Zwölfen in verschlossenen Zimmern, und war mitten unter sie getreten, ohne daß eine Thür aufgegangen war, ohne daß ihn eine lebendige Seele im Hause hatte sehen /202/ kommen oder weggehen. Bald war er auf dem Felde und Wege nach Emmaus, bald in Galiläa am Meere, bald auf dem Berge; allenthalben allein mit seinen Jüngern, ohne fremde Zeugen, recht als wenn er sich der Wissenschaft der gantzen Welt in dem Zustande hätte entziehen wollen. 7. Wollte Gott Jesum, zum Wunder, und zur Bevestigung des Glaubens der Menschen an ihren Versöhner, vom Tode erwecken: warum sollte er es nicht bey hellem Tage, vor aller Augen, zu einer gesetzten Stunde, nach vorgängiger Einladung aller Ungläubigen, besonders des hohen Rahts und der Eltesten der Juden, gethan haben? Er war ja hauptsächlich gesandt zu den verlornen Schaafen Israel: warum sollten die ihn in seiner armseligen Gestalt, und zuletzt öffentlich am Kreutze hängen und sterben sehen, damit sie sich an ihm ärgerten und ungläubig würden? nun aber in seiner glorreichen Gestalt, lebendig, verklärt, und zu ihrem Heil von den Todten auferstanden, nicht auch öffentlich herum wandeln und zuletzt gen Himmel fahren sehen, damit sie sich wieder bekehrten und selig würden? War das ein Zustand, darin er sich verbergen, incognito leben, incognito zum Himmel fahren müste, damit die gantze Nachwelt ewiglich in Ungewißheit von seiner Auferstehung bliebe, oder all ihr Glaube eitel würde? 8. Noch mehr! wie reimt es sich mit der Verheissung, daß er drey Tage und drey Nächte im Grabe seyn würde; da er nur eine Nacht über 24 Stunden darin gewesen? Das würde ja nach biblischer Rechnung heissen: da ward aus Abend und Morgen der erste Tag, und wiederum ein Abend, d. i. eine Nacht, Wo bleiben die andern beiden Tage und die dritte Nacht? Sahe das wohl anders aus, als wenn er vor der bestimmten Zeit heimlich aus dem Grabe gestohlen wäre, indem ein jeder, der sich zu rechter Zeit zum Anschauen dieses Wunders hätte einfinden wollen, um anderthalb Tage zu spät gekommen wäre und nichts gesehen hätte?

§ 8.

Wenn wir hergegen, statt einer wirklichen Auferstehung, eine nächtliche Entwendung des Körpers zur Hypothese annehmen: so fallen alle obige Widersprüche weg, und alle /203/ Umstände stimmen damit überein. Muß denn nicht dies letztere ein grosses Übergewigt der Wahrscheinlichkeit erhalten, und der Gewißheit nahe kommen, woferne man nach den Regeln der Logik urtheilen will? Die Jünger Jesu hatten nämlich, solange er noch lebte, auf ein weltlich Reich gehoffet, darin sie mit regieren sollten. Nun war mit seinem Tode alle ihre Hofnung dahin, wofern sie nicht ein ander System ergriffen; davon denn die Auferstehung Jesu die Grundveste war. Wenn dies System und Factum nur einiger Maaßen möglich und leydlich lassen sollte: so muste das Corpus Delicti mit dem ehesten bey Seite geschafft werden; und dieses muste heimlich in der Nacht geschehen, wenn alle andere Leute schlieffen; welches auszurichten ihnen der freye Zutritt zum Grabe in Josephs Garten verstattete. Es durfte ja wohl auch nicht länger als bis auf die Nacht vor dem dritten Tage, von der Kreutzigung an, ausgesetzt werden. Denn hätte es noch eine 24 Stunden länger gedauret: so würde der Körper, wegen der zeitigen Verwesung in den heissen Morgenländern, nicht mehr zu handhaben gewesen seyn; und ich glaube, es konnte damals bereits, wie von dem Lazarus, heissen: er stinket schon. Die Apostel hätten nun seit der Wegschaffung des todten Körpers, d. i. seit dem dritten Tage, dieses Vorgeben von der Auferstehung Jesu schon öffentlich bekannt machen können, und hätten es thun müssen, weil es der menschlichen Natur gemäß ist, eine ausnehmende Freude sogleich ausbrechen zu lassen, daferne uns nicht eine wichtigere Ursache zurück hält, die Begebenheit, wo sie anders wahr ist, mit Fleiß zu verhelen. Hier konnte aber nichts als die Unwahrheit des Facti Ursache seyn, die Verkündigung desselben 40 Tage und länger aufzuschieben. Denn man würde sie alsobald befragt haben: Wo ist er? Zeigt uns ihn lebendig; sonst halten wir euch für Lügner und Betrüger. Und dann hätten sie keinen solchen sinnlichen Beweis geben können; oder man wäre gar auf die Spuhr des so kürtzlich betriebenen Betruges gekommen. Sie unterdrücken also ihr System, um den Grund desselben, 6 Wochen lang, bis die Geschichte in Vergessenheit gekommen ist, und bis sie desto dreister sagen können, Er ist so und so oft bey uns gewesen, /204/ und nun schon gen Himmel gefahren. Der Entwurf ihres neuen an sich unwahrscheinlichen Systems mogte auch noch nicht sobald zur Reiffe gekommen seyn. Darum musten sie sich in der Zeit, als sie sich noch, aus Furcht vor den Juden, heimlich und einmühtig zusammen hielten, mit einander bereden, was sie ihrem Vorgeben solches Facti für einen Schein geben, und welches System sie darauf bauen wollten. Aber der Aufschub ihres öffentlichen Vorgangs machte die Sache desto verdächtiger, dieweil sie den auferstandenen Jesum wehrend der Zeit, daß er noch sichtbar gewesen wäre, gar mit keinem Worte verkündiget hatten, auch hernach niemand fremdes angeben konnten, der ihn gesehen oder gesprochen hätte, sondern sich allein auf ihr eigen Zeugniß berieffen, als ob es darum schon nach dem Gesetze glaubwürdig wäre, weil das Zeugniß von zwey oder drey Personen vor Gerichte für Wahrheit pflegte erkannt zu werden. Allein, man sahe den Unterschied gemeiner menschlicher Factorum, die durch unverdächtige Zeugen gerichtlich auszumachen sind, und übernatürlicher Factorum eines schon verurtheilten Mannes, welche der Religion mit Neuerungen droheten, und dem Betruge seiner Anhänger vorzüglich unterworfen waren, genugsam ein. Hier fehlte alles, was zur Überführung von der Wahrheit des Facti hätte geschehen können und müssen; nämlich die Erfahrung und das Anschauen solcher Personen, welche zur Untersuchung der Sache berechtigt waren; und das Zeugniß vieler andern Menschen, die keine Anhänger der Parthey gewesen waren, und denen es doch hätte müssen zu Gesichte kommen. Dagegen stimmte alles in dem Betragen der Apostel mit einem Betruge überein: das lange Stillschweigen von der Begebenheit; der gäntzliche Mangel aller fremden unpartheyischen Zeugen; die angenommene Verstellung, als ob sie selbst an die Auferstehung Jesu nicht vorher gedacht hätten, gantz bestürzt über die Nachricht gewesen wären, und sie lange nicht hätten glauben können. Sie musten also die allgemeine Nachrede der Juden leyden, daß sie den Körper des Nachts heimlich aus dem Grabe entwandt hätten, und nun seine Auferstehung verkündigten. Was antworteten sie zu ihrer Vertheydigung darauf? Nichts: sie konnten kei- /205/ nen eintzigen gültigen Beweis ihres Vorgebens darlegen; sie musten es hinnehmen. Denn die Wächter des Pilati, welche Matthäus als Zeugen dieser Auferstehung vor das Grab hinstellet, sind so schlecht ausgedacht, daß sich alle andern Evangelisten und Apostel dieser Erfindung schämen, und lieber gar nichts, als dieses, was auf alle Weise wiedersprechend und ungereimt ist, auf die Beschuldigung antworten. Da nun die Beschuldigung, in Ermangelung aller gültigen Wiederlegung, wie an sich möglich, so auch in den Umständen glaublich war, und die Hauptsache betraf: so war das Stillschweigen der sämtlichen Apostel auf einen so nachtheiligen Vorwurf nichts besser, als wenn sie ihre gantze Sache aufgegeben hätten.

§ 9.

Zum Überfluß des Beweises, daß Matthäi Wächter vor dem Grabe bloß erdichtet sind, ist zu bemerken, daß er alle die Umstände der Auferstehung, welche von den übrigen Evangelisten berichtet werden, aber die seiner Wache wiedersprechen, gantz geflissentlich wegläßt oder ändert, nur damit seine Wache bestehen könne. So redet er sehr behutsam von den Weibern, daß sie am Sonntag frühe hinausgegangen wären, *das Grab zu besehen*. Das konnten sie etwa noch von ferne thun, ohne daß es ihnen die Wache wehren konnte. Aber die andern Evangelisten schreiben ihnen den Vorsatz zu, sie hätten in das Grab hineingehen und den Körper balsamiren wollen. Das konnten sie nicht für möglich halten, wenn sie wusten daß eine Römische Wache vor dem Grabe stünde. Matthäus giebt daher seinen Weibern keine Spezereyen mit auf den Weg; aber die andern Evangelisten rüsten sie aus mit Myrrhen und Aloen an die hundert Pfunden, welche sie getragen hätten. Matthäus stellt die Weiber nicht vor, daß sie ins Grab hätten hineingehen wollen, und nur um die Abwältzung des Steins von der Thür wären bekümmert gewesen. Denn diese Bekümmerniß wäre zu früh gewesen, wenn noch eine Wache vor des Grabes Thüre stand. Aber bey den andern Evangelisten denken die Weiber an nichts, als an die Abwältzung des Steins, damit sie ungehindert ins Grab hineinkämen. Folglich haben auch die übrigen Geschichtschrei- /206/ ber keine Wache in ihren Gedanken gehabt: sonst hätten sie die Anmerkung hinzugesetzt: *Sie wusten aber nicht, daß Wächter um das Grab gestellet waren.* Nach Matthäi Erzehlung heist es: Als die Weiber hingegangen waren das Grab zu besehen: siehe da entstand ein groß Erdbeben; der Engel des Herrn kam vom Himmel herab, weltzte den Stein von der Thür des Grabes, und setzte sich darauf; die Hüter aber erschracken für Furcht, und wurden als wären sie todt. Aber zu den Weibern sagte der Engel: Fürchtet euch nicht etc. Nämlich Matthäus muste die hingestellte Wache erst wegbringen: so muste sich Himmel und Erde bewegen um das auszurichten. Die Eröfnung des Grabes geschieht durch einen Engel, mit einem Erdbeben, im Angesicht der Weiber und Soldaten-Wache, und die Weiber finden die Wächter, wie sie näher hinzukommen, noch halb todt und erstarret daselbst vor. Allein, wie lautet dagegen die Erzehlung bey den andern Evangelisten? Wie die Weiber mit einander sprechen: wer weltzet uns den Stein von des Grabes Thür, und noch unterwegs von ferne dahin sehen: *so werden sie gewahr, daß der Stein abgewelzt sey; sie funden den Stein abgewelzt von dem Grabe, und sie gingen hinein; Maria Magdalena siehet, daß der Stein von dem Grabe hinweg war.*[18] Da ist kein Erdbeben, kein Engel der vom Himmel fährt, keine halb todte Wache; sondern wie sie von ferne dahin sehen, so ist der Stein schon abgewelzt; die Wächter verschwinden, und haben in dieser Evangelisten Gedanken keinen Platz; besonders, da Johannes die Maria zu dreyen malen sagen läst: Sie haben meinen Herrn weggenommen; und zu dem vermeynten Gärtner: Herr, hastu ihn weggenommen, so sage mir, wo hastu ihn hingelegt.

Hermann Samuel Reimarus, APOLOGIE oder Schutzschrift für die vernünftigen Verehrer Gottes. Im Auftrag der Joachim-Jungius-Gesellschaft der Wissenschaften Hamburg hg. v. Gerhard Alexander, Bd. II, Frankfurt am Main: Insel Verlag 1972, S. 39–41, 121–124, 171–181, 198–206.

---

18 Marc. XVI. 4. Luc. XXIV. 2. 3. Joh. XX. 1.

David Friedrich Strauß
1.2 Das Leben Jesu, kritisch bearbeitet, 1835

Vorrede.

Dem Verfasser des Werkes, dessen erste Hälfte hiermit in die Hände des Publikums gelangt, schien es Zeit zu sein, an die Stelle der veralteten supranaturalen und natürlichen Betrachtungsweise der Geschichte Jesu eine neue zu setzen. Dass sie veraltet sei, wird in unsern Tagen von der zweiten eher als von der ersteren Ansicht zugegeben werden. Denn während das Interesse an den Wundererklärungen und dem Pragmatismus der Rationalisten längst erkaltet ist, sind die gelesensten Evangeliencommentare jetzt diejenigen, welche die supranaturalistische Auffassung der heiligen Geschichte für /IV/ den neueren Geschmack zuzubereiten wissen. Dennoch hat sich die orthodoxe Ansicht von dieser Geschichte in der That schon früher als die rationalistische überlebt gehabt, da nur, weil die erstere der fortschreitenden Bildung nicht mehr genügte, die leztere ausgebildet wurde; die neueren Versuche aber, mit Hülfe einer mystischen Philosophie sich wieder in die supranaturale Anschauungsweise unserer Vorfahren zurückzuversetzen, verrathen schon durch die gesteigerte Stimmung, in welcher sie sich halten, dass sie lezte, verzweifelte Unternehmungen sind, das Vergangene gegenwärtig, das Undenkbare denkbar zu machen.

Der neue Standpunkt, der an die Stelle der bezeichneten treten soll, ist der mythische. Er tritt in gegenwärtigem Buche nicht zum erstenmal in Berührung mit der evangelischen Geschichte. Längst hat man ihn auf einzelne Theile derselben angewendet, und er soll jezt nur an ihrem ganzen Verlaufe durchgeführt werden. Das heisst keineswegs, dass die ganze Geschichte Jesu für mythisch /V/ ausgegeben werden soll, sondern nur Alles in ihr kritisch darauf angesehen, ob es nicht Mythisches an sich habe. Wenn die altkirchliche Exegese von der doppelten Voraussetzung ausgieng, dass in den Evangelien erstlich Geschichte, und zwar zweitens eine übernatürliche, enthalten sei, wenn hierauf der Rationalismus die zweite dieser Voraussetzungen wegwarf, doch nur um desto fester an der ersten zu halten, dass in jenen Büchern lautere, wenngleich natürliche, Geschichte sich finde: so kann auf diesem halben Wege die Wissenschaft nicht stehen bleiben, sondern es muss auch die andere Voraussetzung fallen gelassen, und erst untersucht werden, ob und wie weit wir überhaupt in den Evangelien auf historischem Grund und Boden stehen. Diess ist der natürliche Gang der Sache, und insofern die Erscheinung eines Werkes wie das gegenwärtige nicht bloss gerechtfertigt, sondern selbst nothwendig.

Damit ist freilich noch nicht erwiesen, dass gerade der Verfasser desselben Beruf hatte, in dieser Stellung hervorzutreten. Dessen ist er sich lebhaft /VI/ bewusst, dass viele Andere ein solches Werk ungleich gelehrter auszustatten im Stande gewesen waren, als er. Doch glaubt er andrerseits wenigstens Eine Eigenschaft zu besitzen, welche ihn zur Übernahme dieses Geschäftes vor Andern befähigte. Den gelehrtesten und scharfsinnigsten Theologen fehlt in unsrer Zeit meistens noch das Grunderforderniss einer solchen Arbeit, ohne welches, mit aller Gelehrsamkeit auf kritischem Gebiete nichts auszurichten ist: die innere Befreiung des Gemüths und Denkens von gewissen religiösen und dogmatischen Voraussetzungen, und diese ist dem Verfasser durch philosophische Studien frühe zu Theil geworden. Mögen die Theologen diese Voraussetzungslosigkeit seines Werkes unchristlich finden: er findet die gläubigen Voraussetzungen der ihrigen unwissenschaftlich. So sehr in dieser Hinsicht der Ton dieser Arbeit gegen den andächtig-erbaulichen oder mystisch-begeisterten neuerer Bücher über ähnliche Gegenstände absticht, so wird man doch nirgends den Ernst der Wissenschaft vermissen, oder Frivolität finden können: dass ebenso die Beurtheilungen im wissenschaft- /VII/ lichen Gebiete sich halten, und nicht Ketzereifer und Fanatismus einmischen mögen, scheint eine billige Forderung zu sein.

Den inneren Kern des christlichen Glaubens weiss der Verfasser von seinen kritischen Untersuchungen völlig unabhängig. Christi übernatürliche Geburt, seine Wunder, seine Auferstehung und Himmelfahrt, bleiben ewige Wahrheiten, so sehr ihre Wirklichkeit als historischer Fakta angezweifelt werden mag. Nur die Gewissheit davon kann unsrer Kritik Ruhe und Würde geben, und sie von der naturalistischen voriger Jahrhunderte unterscheiden, welche mit dem geschichtlichen Faktum auch die religiöse Wahrheit umzustürzen meinte, und daher nothwendig frivol sich verhalten musste. Den dogmatischen Gehalt des Lebens Jesu wird eine Abhandlung am Schlusse des Werkes als unversehrt aufzeigen: inzwischen möge die Ruhe und Kaltblütigkeit, mit welcher im Verlaufe desselben die Kritik scheinbar gefährliche Operationen vornimmt, eben nur aus der Sicherheit der Überzeugung erklärt werden, dass al- /VIII/ les das den christlichen Glauben nicht verletzt. Desswegen könnten übrigens doch durch Untersuchungen dieser Art Individuen in ihrem Glauben sich verletzt finden. Sollte diess bei Theologen der Fall sein, so haben diese in ihrer Wissenschaft das Heilmittel für dergleichen Verwundungen, welche ihnen, sofern sie hinter der Entwicklung unsrer Zeit nicht zurückbleiben wollen, unmöglich zu ersparen sind; für Nichttheologen allerdings ist die Sache noch nicht gehörig vorbereitet, und desswegen die gegenwärtige Schrift so eingerichtet worden, dass wenigstens die Ungelehrten unter denselben bald und oft zu merken bekommen, die Schrift sei nicht für sie bestimmt, und, lassen sie aus Fürwiz oder Verketzerungssucht sich dessen ungeachtet mit derselben ein, so tragen sie dann doch, wie SCHLEIERMACHER bei ähnlicher Gelegenheit sagt, die Strafe in ihrem Gewissen mit sich, indem sich ihnen das Gefühl recht aufdringt, dass sie das nicht verstehen, worüber sie doch reden möchten.

Einer neuen Ansicht, die sich an die Stelle von /IX/ älteren setzen will, gebührt es, sich mit diesen vollständig auseinanderzusetzen. Daher ist hier der Weg zur mythischen Ansicht für jeden einzelnen Punkt durch die supranaturalistische und rationalistische und deren respektive Widerlegung genommen worden, so jedoch, dass, wie es der ächten Widerlegung geziemt, aus den bekämpften Ansichten ihr Wahres anerkennend herausgezogen, und dem neuen Standpunkt einverleibt wurde. Hiedurch ist zugleich der äussere Vortheil erreicht worden, dass das Werk nun als Repertorium der vornehmsten Ansichten und Verhandlungen über alle Theile der evangelischen Geschichte dienen kann. Dabei ist jedoch keineswegs Vollständigkeit der Literatur angestrebt, sondern, wo es sich thun liess, an den Hauptwerken der verschiedenen Richtungen festgehalten worden. Für die rationalistische Richtung bleiben die PAULUS'schen Schriften classisch, und sind daher vorzugsweise berücksichtigt; für die orthodoxe war der Commentar von OLSHAUSEN besonders wichtig, als der neueste und beliebteste Versuch, die wundergläubige Auslegung philosophisch und modern zu machen; /X/ für eine kritische Bearbeitung des Lebens Jesu aber sind die Commentare von FRITZSCHE die trefflichste Vorarbeit, indem sie neben der ungemeinen philologischen Gelehrsamkeit zugleich diejenige Unbefangenheit und wissenschaftliche Gleichgültigkeit gegen Resultate und Consequenzen zeigen, welche die erste Bedingung eines Fortschritts auf diesem Gebiete ist.

Der zweite Band, welcher mit einer ausführlichen Untersuchung über die Wunder Jesu sich eröffnen, und das ganze Werk schliessen wird, ist bereits ausgearbeitet, und kommt mit der Vollendung dieses ersten unter die Presse.

Tübingen den 24. Mai 1835.   Der Verfasser.

David Friedrich Strauß, Das Leben Jesu, kritisch bearbeitet, Bd. 1, Tübingen: C. F. Osiander 1835, S. III-X.

Ferdinand Christian Baur
1.3 Das Christenthum und die christliche Kirche der drei ersten Jahrhunderte, 1860

So laufen dennoch alle diese verschiedenen, von so verschiedenen Punkten ausgehenden Richtungen immer wieder in demselben Hauptpunkte zusammen, und das Christenthum erscheint, in seinen weltgeschichtlichen Zusammenhang hineingestellt, als die natürliche Einheit aller dieser Elemente, die bei aller Verschiedenheit und Mannigfaltigkeit einem und demselben Entwicklungsgange angehören, welcher, je weiter er allmählig fortschreitet, und immer schärfer alles von sich ausscheidet, was nur das Gepräge des Particulären und Subjectiven an sich trägt, zuletzt seinen Ausgangspunkt nur da haben kann, wo der Ursprung des Christenthums liegt. Wie sollte also das Christenthum selbst nur als eine rein übernatürliche Erscheinung anzusehen sein, als ein schlechthiniges Wunder, das ohne alle natürliche Vermittlung in die Weltgeschichte /22/ hereingekommen ist, und eben desswegen aus keinem geschichtlichen Zusammenhang begriffen werden kann, wenn uns doch überall, wohin wir uns auch wenden, so viele Anknüpfungs- und Berührungspunkte begegnen, in welchen es mit der ganzen Entwicklungsgeschichte der Menschheit aufs Innigste zusammenhängt? Es enthält nichts, was nicht auch durch eine ihm vorangehende Reihe von Ursachen und Wirkungen bedingt wäre, nichts, was nicht längst auf verschiedenen Wegen vorbereitet und der Stufe der Entwicklung entgegen geführt worden ist, auf welcher es uns im Christenthum erscheint, nichts, was nicht, sei es in dieser oder jener Form, auch zuvor schon als ein Resultat des vernünftigen Denkens, als ein Bedürfniss des menschlichen Herzens, als eine Forderung des sittlichen Bewusstseins sich geltend gemacht hätte. Wie kann man sich demnach wundern, dass das, was längst auf so verschiedene Weise das Ziel alles vernünftigen Strebens war, und dem mehr und mehr sich entwickelnden Bewusstsein der Menschheit als sein wesentlichster Inhalt mit innerer Nothwendigkeit sich aufdrang, endlich auch in der Form, in welcher es im Christenthum hervortrat, seinen einfachsten, reinsten natürlichsten Ausdruck gefunden hat?

Allein am Christenthum selbst sind ja sehr verschiedene Seiten seines Wesens zu unterscheiden, die nicht unter denselben Gesichtspunkt gestellt werden können. Es fragt sich daher, ob das Gesagte von dem Christenthum in seinem ganzen Umfang gilt, oder nur von einer bestimmten Seite desselben, ob gerade von demjenigen, was wir als den eigentlichen Kern und substanziellen Mittelpunkt desselben betrachten müssen. Betrachtet man das Christenthum aus dem bisher erörterten Gesichtspunkt, so versteht sich freilich von selbst, dass man sich vor allem an diejenige Seite desselben hält, auf welcher alle jene Anknüpfungs- und Berührungspunkte liegen, die es in eine so nahe und innige Beziehung zu der ganzen vorangehenden Entwicklungsgeschichte der Menschheit setzen. Aber macht denn das, was auf dieser Seite liegt, auch das ursprüngliche und substanzielle Wesen des Christenthums aus, ist es nicht das blos Secundäre und Untergeordnete? Kann man überhaupt von dem Wesen und Inhalt des Christenthums reden, ohne zum Hauptgegenstand der Betrachtung vor allem die Person seines Stifters zu machen, und den eigenthümlichen Charakter des Christenthums eben darin zu erken- /23/ nen, dass es alles, was es ist, einzig nur durch die Person seines Stifters ist, so dass es demnach sehr gleichgültig wäre, das Christenthum seinem Wesen und Inhalt nach aus dem Gesichtspunkt seines weltgeschichtlichen Zusammenhangs aufzufassen, da ja seine ganze Bedeutung durch die Persönlichkeit seines Stifters so bedingt ist, dass die geschichtliche Betrachtung nur von ihr ausgehen kann?

Diese Frage führt uns auf die Quellen der evangelischen Geschichte zurück, und auf den Unterschied, welcher den neuesten kritischen Untersuchungen zufolge unter ihnen gemacht werden muss[1]. Die Quellen der evangelischen Geschichte sind die vier Evangelien; aber die grosse Frage ist, in welches Verhältniss man das vierte zu den drei ersten setzt. Man darf es sich nicht verbergen, dass die ganze Auffassungsweise des Christenthums eine wesentlich verschiedene ist, je nachdem man entweder die durchgängige Uebereinstimmung der vier Evangelien voraussetzt, oder die Differenzen, welche zwischen dem johanneischen Evangelium und den drei synoptischen stattfinden, als einen Widerspruch anerkennt, welcher auf dem geschichtlichen Wege nicht gelöst werden kann[2]. /24/

---

[1] Man vergleiche meine Schrift: Kritische Untersuchungen über die kanonischen Evangelien. Tüb[ingen] 1847. KÖSTLIN, der Ursprung und die Composition der synoptischen Evangelien, Stuttg[art] 1853. HILGENFELD, die Evangelien nach ihrer Entstehung und geschichtlichen Bedeutung. Leipz[ig] 1854.

[2] Die Hauptfrage, um welche es sich hier handelt, ist nicht die Authentie des johanneischen Evangeliums; wer auch das Evangelium geschrieben haben mag, der Apostel Johannes oder ein Anderer, es lässt sich die evidente Thatsache nicht läugnen, dass die evangelische Geschichte selbst im vierten Evangelium eine wesentlich andere ist, als in den drei ersten. Da man nur die Wahl hat, diese geschichtliche Differenz entweder anzuerkennen oder zu läugnen, so ist hier der Punkt, von welchem zwei so wesentlich verschiedene Richtungen ausgehen, dass sich ihre Divergenz auf die ganze Auffassung der Kirchengeschichte erstreckt. Wer über jene Differenz dogmatisch hinwegsieht, wird auch die Geschichte der Kirche im Ganzen mit ganz andern Augen betrachten, als wer ohne ein solches Interesse überhaupt den Grundsatz hat, das geschichtlich Gegebene aus dem rein geschichtlichen Gesichtspunkt zu betrachten. Was übrigens die Frage über den Verfasser betrifft, so fahre man nur fort, das bekannte kritische Dilemma in Betreff des

Nimmt man an, dass die vier Evangelien harmonisch zusammenstimmen, so ist die absolute Bedeutung, welche das johanneische Evangelium der Person Jesu gibt, so schlechthin bestimmend für die ganze Auffassung der evangelischen Geschichte, dass man im Christenthum, als der Thatsache der Menschwerdung des ewigen Logos, nur ein Wunder im höchsten absoluten Sinne sehen kann; das Menschliche verschwindet im Göttlichen, das Natürliche im Uebernatürlichen, und bei allen Differenzen zwischen den drei ersten Evangelien und dem vierten kann die entscheidende Auctorität nur auf die Seite des letztern fallen. Hiemit ist nun aber die geschichtliche Auffassung der evangelischen Geschichte aufgegeben, das Wunder ist so überwiegend und übergreifend, dass man in ihr nirgends auf einem festen historischen Boden steht; dazu kommt, dass, um nur dem Einen Evangelium das Recht seines absoluten Wunders zu lassen, die historische Glaubwürdigkeit der drei andern Evangelien so herabgesetzt werden muss, dass sie im Grunde gar nicht mehr als historische Quelle gelten können. Aus allen diesen Schwierigkeiten ist nur dadurch herauszukommen, dass man sich überzeugt, das johanneische Evangelium stehe überhaupt in einem ganz andern Verhältniss zu den drei andern, als man gewöhnlich annimmt. Kann ein Evangelium, wie das johanneische in seinem Unterschied von den synoptischen und seinem ganzen Geist und Charakter nach ist, unmöglich für eine rein geschichtliche Darstellung auch nur in dem Sinne gehalten werden, in welchem es die synoptischen Evangelien sind, so kann man sich bei allen Differenzen der evangelischen Geschichte nur auf die Seite der letztern stellen. Dadurch erhält man erst, während die Gleichstellung des Johannes mit den Synoptikern nur dazu dienen kann, durch den von der einen Seite wie von der andern mit demselben Recht erhobenen Widerspruch das Ganze der evangelischen Geschichte in Frage zu stellen, eine festere geschichtliche Basis, nur muss auch auf ihr der Kreis der kritischen Geschichtsbetrachtung noch enger gezogen werden. Nach den Ergebnissen der neuesten Untersuchungen über das Verhältniss der Evangelien zu einander können auch die Synoptiker nicht schlechthin einander gleichgestellt werden. Da das Markusevangelium in einem /25/ solchen Abhängigkeits-Verhältniss zu den beiden andern steht, dass wir in ihm keine selbstständige Quelle

---

johanneischen Ursprungs des Evangeliums und der Apokalypse in der Weise zu schärfen, wie diess von Lücke in der zweiten Auflage seiner Einleitung in die Offenbarung des Johannes 1852. S. 659–744. mit allem Recht geschehen ist, so wird keine Sophistik es hindern können, dass nicht bei unbefangener Abwägung der äussern Zeugnisse für den johanneischen Ursprung der beiden Schriften das entschiedene Uebergewicht auf die Seite der Apokalypse fällt.

annehmen können[3], dem Lukasevangelium aber der Paulinismus seines Verfassers gleichfalls das Gepräge einer eigenthümlichen Darstellung aufgedrückt hat, so ist es nur das Matthäusevangelium, auf das wir als die relativ ächteste und glaubwürdigste Quelle der evangelischen Geschichte zurückgeführt werden. Fassen wir aber den Inhalt des Matthäusevangeliums selbst näher in's Auge, so können wir auch in ihm wieder verschiedene Bestandtheile unterscheiden, den Lehrinhalt und die rein geschichtliche Erzählung. Wie schon die alte Tradition von Matthäus meldet, er habe die λόγια, die Aussprüche und Reden Jesu, den Hebräern in hebräischer Sprache schriftlich verfasst, so machen auch in unserem griechischen Matthäusevangelium die Lehrvorträge und Reden Jesu, wie vor allem schon an der die ganze öffentliche Wirksamkeit Jesu so bedeutungsvoll eröffnenden Bergrede zu sehen ist, so sehr den überwiegenden Inhalt, die eigentliche Substanz des Evangeliums aus, dass wir daraus mit Recht schliessen können, welches Gewicht von Anfang an darauf gelegt wurde, das Leben und die ganze Erscheinung Jesu unter diesem Gesichtspunkt aufzufassen. Und der Inhalt dieser Ansprüche und Reden ist nicht zunächst das, was eine andere ihrem ganzen Charakter nach als wesentlich verschieden erscheinende Darstellung zur principiellen Voraussetzung auch der Lehre macht, die Person Jesu selbst und ihre übermenschliche Würde, sondern das menschlich Nahe, das das sittlich religiöse Bewusstsein unmittelbar Ansprechende, die einfache Antwort auf die zuerst sich aufdringende Frage, wie der Mensch gesinnt sein muss, und was er zu thun hat, um in das Reich Gottes zu kommen. [...]

In dem sittlichen Bewusstsein spricht sich demnach der absolute Inhalt des christlichen Princips aus. Was dem Menschen seinen höchsten sittlichen Werth gibt, ist nur die Reinheit einer über das Endliche, Particuläre, rein Subjective sich erhebenden ächt sittlichen Gesinnung. Das Sittliche der Gesinnung ist aber auch der bestimmende Maasstab für das Verhältniss des Menschen zu Gott. Dasselbe, was ihm seinen höchsten sittlichen Werth gibt, setzt ihn auch in das adäquate, der Idee Gottes entsprechende Verhältniss zu Gott. Die höchste Aufgabe des sittlichen Bewusstseins wird, wenn der Mensch in seinem Verhältniss zu Gott betrachtet wird, zu der Forderung, vollkommen zu sein wie Gott vollkommen ist, Matth. 5, 48. In dieser Forderung ist das Absolute des christlichen Princips am unmittelbarsten ausgesprochen. Das Christenthum hat für die Vollkommenheit des Menschen keinen andern Maasstab als den absoluten der Vollkommenheit Gottes. Ist der Mensch so vollkommen wie Gott, so steht er in dieser absoluten Vollkommenheit

---

3 Vgl. meine Schrift: das Markusevangelium nach seinem Ursprung und Charakter. Tüb[ingen] 1851. Theol[ogische] Jahrb[ücher] 1853. S. 54. f. KÖSTLIN a.a.O. [Der Ursprung und die Composition der synoptischen Evangelien, Stuttgart 1853] S. 310 f.

in dem adäquaten Verhältniss zu Gott, das durch den Begriff der Gerechtigkeit bezeichnet wird. Die Gerechtigkeit in diesem Sinne ist die absolute Bedingung, um in das Reich Gottes zu kommen. In dem Zusammenhang, in welchem in der Bergrede von der Gerechtigkeit die Rede ist, kann unter ihr nur die vollkommene Erfüllung des Gesetzes verstanden werden, aber freilich nur in dem Sinne, in welchem Jesus überhaupt von der fortdauernden Gültigkeit des Gesetzes spricht. Fragt man, wie der Mensch diese Gerechtigkeit erlangen kann, so ist das Eigenthümliche der Lehre Jesu, dass sie einfach voraussetzt, das Gesetz könne erfüllt, der Wille Gottes auf der Erde wie im Himmel vollbracht und dadurch die Gerechtigkeit erlangt werden, die den Menschen in das adäquate Verhältniss zu Gott setzt. Dass aber dazu wesentlich auch eine Vergebung von Seiten Gottes gehört, durch welche das Mangelhafte des menschlichen Thuns ausgeglichen und ergänzt wird, erhellt schon aus dem Gebet des Herrn, in welchem die Vergebung der Schuld Gegenstand einer eigenen Bitte ist. Ohne dass also dem Menschen auch Fehler und Sünden vergeben werden, kann er nicht in das dem Willen Gottes entsprechende Verhältniss kommen, und wenn überhaupt die Lehre Jesu ihrem Princip zufolge den sittlichen Werth des Menschen nicht nach dem äussern Thun, sondern nur nach der Gesinnung bestimmt, so kann sie auch die Gerechtigkeit, in welcher das dem Willen /33/ Gottes adäquate Verhalten besteht, nur in die Gesinnung setzen, mit welcher er seines eigenen Willens sich völlig entäussert und sich unbedingt dem Willen Gottes hingibt. Darauf bezieht sich die hauptsächlich in den Parabeln enthaltene Lehre vom Reiche Gottes.

In dem Reiche Gottes wird der Wille Gottes, dessen Erfüllung die absolute Forderung für jeden Einzelnen ist, die gemeinsame Aufgabe einer bestimmten Gemeinschaft, in welcher alle zusammen, je enger sie unter sich verbunden sind, den durch den Willen Gottes gesetzten Zweck um so vollkommener in sich verwirklichen sollen. Das Gemeinsame, das zum Wesen der Religion gehört, ist auch das Wesentliche bei dem Reiche Gottes. [...]

Sehen wir alles diess, wovon bisher die Rede war, als den ursprünglichsten und unmittelbarsten Inhalt der Lehre Jesu an, so enthält sie nichts, was nicht eine rein sittliche Tendenz hätte, und nur darauf hinzielte, den Menschen auf sein eigenes sittlich-religiöses Bewusstsein zurückzuweisen. Er darf sich nur dessen bewusst werden, was sich in seinem eigenen Bewusstsein als seine höchste sittliche Aufgabe ausspricht, so kann er sie auch durch sich selbst verwirklichen. Das Christenthum ist, so betrachtet, in den ursprünglichsten Elementen seines Wesens eine rein sittliche Religion, sein höchster eigenthümlichster Vorzug ist eben diess, dass es einen durchaus sittlichen, in dem sittlichen Bewusstsein des Menschen wurzelnden Charakter an sich trägt. Selbst der Glaube an die Person Jesu tritt hier noch nicht als die wesentliche Bedingung des neuen Verhältnisses, in das der Mensch durch Jesus zu Gott kommen soll, in dem Sinne hervor, in welchem er im johanneischen Evangelium zur Grundvoraussetzung von allem Andern gemacht wird. In welches Verhältniss man auch alles Andere, was zum Charakter und Inhalt des Christenthums gehört, zu jenem Ursprünglichen und Unmittelbaren setzen mag, gewiss ist doch, dass das rein Sittliche, von welchem es ausgieng, die unwandelbare substanzielle Grundlage geblieben ist, welcher es nie entrückt werden konnte, ohne seinen wahrsten und eigentlichsten Charakter zu verläugnen, auf welche man daher auch immer wieder aus allen Verirrungen eines überspannten Dogmatismus zurückgehen musste, wenn so oft die aus ihm gezogenen Consequenzen den innersten Grund des sittlich-religiösen Lebens unterwühlt hatten. Was gleich anfangs in seiner principiellen Bedeutung erscheint, unter allen Veränderungen sich gleich bleibt, und den Grund seiner Wahrheit in sich selbst hat, kann auch nur für das eigentlich Substanzielle gehalten werden.

Und doch was wäre das Christenthum, und was wäre aus ihm geworden, wenn es nichts weiter wäre, als eine Religions- und Sittenlehre in dem bisher entwickelten Sinne? Mag es auch als solche der Inbegriff der reinsten und unmittelbarsten Wahrheiten sein, die im sittlich-religiösen Bewusstsein sich aussprechen, und sie in der einfachsten und populärsten Weise dem allgemeinen Bewusstsein der Menschheit zugänglich gemacht haben, es fehlte noch die Form zu einer concreten Gestaltung des religiösen Lebens, der feste Mittelpunkt, von welchem aus der Kreis seiner Bekenner zu einer die /36/ Herrschaft über die Welt gewinnenden Gemeinschaft sich zusammenschliessen konnte. Betrachtet man den Entwicklungsgang des Christenthums, so ist es doch nur die Person seines Stifters, an welcher seine ganze geschichtliche Bedeutung hängt. Wie bald wäre alles, was das Christenthum wahres und bedeutungsvolles lehrte, auch nur in die Reihe der längst verklungenen Aussprüche der edlen Menschenfreunde und der denkenden Weisen des Alterthums zurückgestellt worden, wenn seine Lehren nicht im Munde seines Stifters zu Worten des ewigen Lebens geworden wären? Aber auch in Betreff der Person Jesu selbst fragt sich, was wir als die eigentliche Grundlage ihrer weltgeschichtlichen Bedeutung anzusehen haben. So grosses Gewicht wir auch auf den ganzen Eindruck der Persönlichkeit Jesu legen müssen, so konnte doch auch sie nur von einem schon gegebenen bestimmten Punkte aus auf das Bewusstsein der Zeit so wirken, dass aus ihrer individuellen Erscheinung eine weltgeschichtliche Entwicklung von solchem Umfang und Inhalt hervorgieng. Hier ist daher der Ort, wo Christenthum und Judenthum so eng in einander eingreifen, dass das erstere nur aus seinem Zusammenhang mit dem letzteren begriffen werden kann. Hätte mit einem Worte nicht die nationalste Idee des Judenthums, die Messiasidee, mit der Person Jesu sich so identificirt, dass man in ihm die Erfüllung der alten Verheissung, den zum Heile des Volks erschienenen Messias anschaute, wie hätte der Glaube an ihn zu einer weltgeschichtlichen Macht von solcher Bedeutung werden können? Durch die Messiasidee erhielt erst der geistige Inhalt des Christenthums die concrete Form, in welcher er in die Bahn seiner geschichtlichen Entwicklung eintreten, das Bewusstsein Jesu durch die Vermittlung des nationalen Bewusstseins zum allgemeinen Weltbewusstsein sich erweitern konnte. [...]

Den unzweideutigsten Beweis seines messianischen Bewusstseins gibt jedoch, auch abgesehen von der Scene des Einzugs, sein Auftreten in Jerusalem. Wenn er nach längerem ununterbrochenem Wirken in Galiläa[4], nach allen Erfahrungen, welche er über die Aufnahme seiner Lehre bei dem Volke, und den Widerstand gegen sie bei den Gegnern, mit welchen er schon damals in Berührung kam, gemacht hatte, den Entschluss fasste, sich aus Galiläa nach Judäa zu begeben und in der Hauptstadt selbst zu erscheinen, am Sitze der Machthaber, zu deren herrschendem System seine ganze bisherige Wirksamkeit in dem entschiedensten Gegensatz stand, so kann dieser so folgenreiche Schritt nur aus der Ueberzeugung der Nothwendigkeit hervorgegangen sein, dass seine zur Entscheidung reife Sache sich jetzt auch wirklich entscheiden müsse, durch die Annahme oder Verwerfung /39/ seiner Lehre und Person, die thatsächliche Erklärung der ganzen Nation, ob sie bei ihrem traditionellen, das sinnliche Gepräge des jüdischen Particularismus an sich tragenden Messiasglaubens bleiben, oder einen solchen Messias anerkennen wolle, wie er war und durch sein ganzes Leben und Wirken bethätigt hatte. Diess war die Frage, auf welche nur die Antwort folgen konnte, die er längst sich selbst mit aller Selbstgewissheit seines Bewusstseins gegeben hatte.

Noch nie war, was der äussern Erscheinung nach nur Untergang und Vernichtung zu sein schien, so sehr der entscheidungsvollste Sieg und Durchbruch zum Leben, wie im Tode Jesu. War bisher noch die Möglichkeit vorhanden, dass der Glaube an den Messias das vermittelnde Band zwischen ihm und dem Volke wurde, das Volk ihn als den anerkannte, welcher als der Gegenstand der nationalen Erwartung kommen sollte, und der Widerspruch zwischen seiner Messiasidee und dem jüdischen Messiasglauben auf friedlichem Wege sich ausglich, so war jetzt sein Tod der vollendete Bruch zwischen ihm und dem Judenthum. Ein

---

4 Die Dauer dieser Wirksamkeit gehört auch unter die ungewissen Punkte des in seinen äussern Umrissen so wenig bekannten Lebens Jesu. Die gewöhnliche Annahme einer dreijährigen Lehrthätigkeit gründet sich nur auf die Zahl der johanneischen Festreisen und hängt somit mit der johanneischen Frage zusammen. Nach der weit überwiegenden Tradition der alten Kirche lehrte Jesus nur ein Jahr, aber dieses Eine Jahr ist der ἐνιαυτὸς κυρίου δεκτός des Propheten Es. 61, 2. vgl. Luk. 4, 19., also ohne Zweifel nur eine dogmatische Voraussetzung, wie es ja auch an sich keineswegs wahrscheinlich ist, dass die öffentliche Wirksamkeit Jesu nur so kurze Zeit gedauert habe. Vgl. HILGENFELD, die clementinischen Recognitionen und Homilien. 1848. S. 160 f. Kritische Untersuchungen über die Evangelien Justin's. 1850. S. 337. Meine kritischen Untersuchungen über die kanonischen Evangelien S. 363 f.

Tod, wie der seinige, machte es für den Juden, so lange er Jude blieb, zur Unmöglichkeit, an ihn als seinen Messias zu glauben. Wer nach einem solchen Tode an ihn als den Messias glaubte, musste schon seiner Messiasvorstellung alles abgestreift haben, was sie noch jüdisch-fleischliches an sich hatte, ein Messias, dessen Tod alles vernichtete, was der Jude von seinem Messias hoffte, ein dem Leben im Fleische abgestorbener Messias war nicht mehr ein Χριστὸς κατὰ σάρκα (2 Cor. 5, 16.), wie der Messias des jüdischen Nationalglaubens. Was konnte aber überhaupt ein dem Tode anheimgefallener Messias selbst dem treuesten Anhänger der Sache Jesu noch sein? Es war hier nur entweder das Eine oder das Andere möglich, entweder musste in seinem Tode auch der Glaube an ihn erlöschen, oder es musste dieser Glaube, wenn er fest und stark genug war, nothwendig auch die Schranke des Todes durchbrechen und vom Tode zum Leben hindurchdringen. Nur das Wunder der Auferstehung konnte die Zweifel zerstreuen, welche den Glauben selbst in die ewige Nacht des Todes verstossen zu müssen schienen. Was die Auferstehung an sich ist, liegt ausserhalb des Kreises der geschichtlichen Untersuchung. Die geschichtliche Betrachtung hat sich nur daran zu halten, dass für den Glauben der Jünger die Auferstehung Jesu zur festesten und unumstösslichsten Gewissheit geworden ist. In diesem Glauben hat erst das /40/ Christenthum den festen Grund seiner geschichtlichen Entwicklung gewonnen. Was für die Geschichte die nothwendige Voraussetzung für alles Folgende ist, ist nicht sowohl das Factische der Auferstehung Jesu selbst als vielmehr der Glaube an dasselbe. Wie man auch die Auferstehung Jesu betrachten mag, als ein objectiv geschehenes Wunder, oder als ein subjectiv psychologisches, sofern, wenn man auch die Möglichkeit eines solchen voraussetzt, doch keine psychologische Analyse in den innern geistigen Prozess eindringen kann, durch welchen im Bewusstsein der Jünger ihr Unglaube bei dem Tode Jesu zu dem Glauben an seine Auferstehung geworden ist: wir können doch immer nur durch das Bewusstsein der Jünger hindurch zu dem gelangen, was für sie Gegenstand ihres Glaubens war, und können somit auch nur dabei stehen bleiben, dass für sie, was auch das Vermittelnde dabei gewesen sein mag, die Auferstehung Jesu eine Thatsache ihres Bewusstseins geworden ist, und alle Realität einer geschichtlichen Thatsache für sie hatte.

Ferdinand Christian Baur, Das Christenthum und die christliche Kirche der drei ersten Jahrhunderte, Tübingen: L. Fr. Fues ²1860, S. 21–25, 32–33, 35–36, 38–40.

Ernest Renan
1.4 Das Leben Jesu, 1863

Wesentlicher Charakter des Werkes Jesu

Jesus trat, wie man sieht, durch seine Wirksamkeit nie über den jüdischen Kreis hinaus. Obgleich sein Mitgefühl für alle von der Orthodoxie Ausgestoßenen ihn geneigt machte, die Heiden in das Reich Gottes aufzunehmen, obwohl er mehr als einmal auf heidnischem Boden geweilt und man ihn in wohlwollenden Beziehungen zu Ungläubigen findet[1], so kann man doch sagen, daß sein ganzes Leben in der kleinen, sehr abgeschlossenen Welt verlief, worin er geboren war. Die griechischen und römischen Länder hörten nicht von ihm sprechen; in den profanen Schriftstellern erscheint sein Name erst Jahrhunderte später, und noch dazu auf indirecte Weise, bei Gelegenheit der durch seine Lehre hervorgerufenen aufrührerischen Bewegungen oder der Verfolgungen seiner Jünger[2]. Im Schooße des Heidenthums selbst machte Jesus keinen dauernden Eindruck. Philo, der um 50 starb, hat keine Ahnung von ihm. Josephus, der 31 geboren wurde und in den letzten Jahren des Jahrhunderts schrieb, erwähnt in einigen Zeilen[3] seine Hinrichtung als ein Ereigniß von untergeordneter /434/ Wichtigkeit; bei Aufzählung der Sekten seiner Zeit übergeht er die Christen[4]. Andererseits zeigt die Mischna keine Spur der neuen Schule; die Stellen der beiden Gemaren, wo der Gründer des Christenthums genannt wird, gehen nicht über das vierte oder fünfte Jahrhundert hinaus[5]. Das wesentliche Werk Jesu war, sich mit einem Kreise von Jüngern zu umgeben, denen er unbedingte Anhänglichkeit einflößte und in deren Schooß er den Keim seiner Lehre niederlegte. „Sich in dem Maaße lieben zu lassen, daß man nach seinem Tode nicht aufhörte, ihn zu lieben", das war das Meisterstück Jesu[6], was auf seine Zeitgenossen den tiefsten Eindruck machte. Seine Lehre war so

---

1 Matth. VIII, 5 u. flg.; Luc. VII, 1 u. flg.; Joh. XII, 20 u. flg.; vergl. Jos. Ant. XVIII, III, 3.
2 Tacit. Ann. XV, 45; Sult., Claud. 25.
3 Ant. XVIII, III, 3. Diese Stelle ist durch eine christliche Hand geändert worden.
4 Ant. XVIII, 1; J. B. II, VIII; Vita, 2.
5 Talm. v. Jerus. Sanhedrin, XIV, 16; Aboda, zara, II, 2; Schabbath, XIV, 4; Bab. Talm., Sanhedrin, 43a und 67a; Schabbath 104b, 116b; vergl. Chagiga, 4b. Die beiden Gemaren entnehmen die meisten ihrer Angaben über Christus einer burlesken und obscuren Legende, welche von den Gegnern des Christenthums erfunden worden, und welche keinen historischen Werth hat.
6 Jos. Ant. XVIII, III, 3.

wenig dogmatischer Art, daß er nie daran dachte, sie aufzuschreiben oder aufschreiben zu lassen. Man war nicht sein Schüler, indem man dieses oder jenes glaubte, sondern indem man seiner Person anhing oder ihm folgte. Einige bald aus der Erinnerung gesammelte Denksprüche, besonders aber sein moralisches Vorbild und der von ihm hinterlassene Eindruck bildeten das Bleibende von ihm. Jesus ist nicht ein Gründer von Dogmen oder Verfertiger von Symbolen, vielmehr hat er die Welt einem neuen Geiste eröffnet. Die am wenigsten christlichen Menschen waren einerseits die Doktoren der griechischen Kirche, welche das Christenthum seit dem vierten Jahrhundert in eine Bahn kindischer metaphysischer Erörterungen leiteten, und andererseits die Scholastiker des lateinischen Mittelalters, welche aus dem Evangelium die tausende von Ar- /435/ tikeln einer riesigen „Summa" ziehen wollten. Jesus im Hinblicke auf das Reich Gottes anhängen, das heißt zuerst Christ sein.

So begreift man, wie durch eine ausnahmsweise Schickung das Christenthum noch nach achtzehn Jahrhunderten mit dem Charakter einer allgemeinen und ewigen Religion da steht. In der That ist die Religion Jesu in manchen Beziehungen die ewige Religion. Das Christenthum, welches die Frucht einer durchaus freien geistigen Bewegung war, sich von seiner Geburt an von jedem dogmatischen Zwange freigemacht hatte und drei Jahrhunderte für die Gewissensfreiheit kämpfte, erntete trotz der folgenden zahlreichen Abfälle noch die Früchte dieses vortrefflichen Ursprungs. Um sich zu erneuern, braucht es nur zum Evangelium zurückzukehren. Das Reich Gottes, wie wir es fassen, unterscheidet sich wesentlich von der übernatürlichen Erscheinung, welche die ersten Christen aus den Wolken hervortreten zu sehen hofften. Aber das Gefühl, das Jesus in die Welt gebracht hat, ist allerdings das unserige. Sein vollkommener Idealismus ist die höchste Regel tugendhaften Lebens. Er hat den Himmel der reinen Seelen geschaffen, wo man das findet, was man vergeblich auf Erden sucht, den vollkommenen Adel der Kinder Gottes, die völlige Reinheit, die gänzliche Abstraktion vom Schmutze dieser Welt, die Freiheit endlich, welche die wirkliche Gesellschaft als eine Unmöglichkeit ausschließt, und welche nur im Reiche der Gedanken ihre Erfüllung findet. Der große Meister derjenigen, welche sich in das ideale Reich Gottes flüchten, ist immer noch Jesus. Zuerst hat er das Reich des Geistes verkündet, zuerst hat er, wenigstens durch seine Handlungen, gesagt: „Mein Reich ist nicht von dieser Welt." Die Gründung der wahren Religion ist sein Werk. Nach ihm ist nur noch zu entwickeln und zu befruchten.

Christenthum ist gleichbedeutend mit Religion geworden. Alles, was außerhalb dieser großen und guten christlichen Tra- /436/ dition geschieht, wird unfruchtbar sein. Jesus hat die Religion in der Menschheit gegründet, wie Sokrates in derselben die Philosophie und Aristoteles die Wissenschaft gegründet haben. Auch vor Sokrates gab es Philosophie und vor Aristoteles Wissenschaft. Von beiden an haben aber Philosophie und Wissenschaft ungeheure Fortschritte gemacht, und deren ganzer Bau ruht auf ihrer Grundlage. So hatte auch der religiöse Gedanke vor Jesus viele Revolutionen durchgemacht; seit Jesus hat er große Eroberungen gemacht, indeß ist man nicht über die wesentliche von Jesus aufgestellte Anschauung hinausgekommen und wird es nicht; er hat für immer die Idee des reinen Gottesdienstes festgestellt. In diesem Sinne ist die Religion Jesu nicht begrenzt. Die Kirche hat ihre Epochen und ihre Phasen gehabt; sie hat sich hinter Symbolen verschanzt, die nur eine Zeit gehabt haben und haben werden; Jesus hat die unbedingte Religion gegründet, welche nichts ausschließt und außer dem Gefühle nichts bestimmt. Ihre Symbole sind nicht feste Dogmen, sondern Bilder, die einer unendlichen Deutung fähig sind. Vergeblich würde man im Evangelium einen theologischen Satz suchen. Alle Glaubensbekenntnisse sind Entstellungen der Idee Jesu, etwa wie die mittelalterliche Scholastik, die Aristoteles als den einzigen Meister vollendeter Wissenschaft hinstellte, seine Gedanken fälschte. Wäre Aristoteles Zeuge der Erörterungen der Schule gewesen, so würde er diese engherzige Doktrin von sich gewiesen haben; er würde der fortschreitenden Wissenschaft gegen den sich mit seiner Autorität deckenden Schlendrian beigetreten sein; er würde sich zu seinen Gegnern bekannt haben. Ebenso würde Jesus, wenn er unter uns zurückkehrte, nicht diejenigen als Schüler anerkennen, welche ihn gänzlich in einigen Katechismussätzen zu besitzen glauben, sondern diejenigen, die ihn fortzusetzen suchen. Der ewige Ruhm besteht auf jedem Gebiete darin, den Grundstein gelegt zu haben. Vielleicht findet man in der Physik /437/ und Metereologie der neuern Zeit kein Wort mehr von den Abhandlungen des Aristoteles, die diesen Namen führen; darum bleibt er aber nichts desto weniger der Begründer der Naturwissenschaften. Welche Umwandlungen auch das Dogma erleiden mag, Jesus bleibt in der Religion der Schöpfer des reinen Gefühls; die Bergpredigt wird nie übertroffen werden. Keine Revolution wird bewirken, dass wir in der Religion nicht dem großen intellektuellen und moralischen Zuge folgen, an dessen Spitze der Name Jesu glänzt. In diesem Sinne sind wir Christen, selbst wenn wir in fast allen Punkten von der vorausgegangenen christlichen Tradition abweichen. [...]

Ern[e]st Renan, Das Leben Jesu, Berlin: H. Müller's Verlag 1863 [franz. Originalausgabe: Vie de Jésus, Paris 1863], S. 433–437.

David Friedrich Strauß
1.5 Das Leben Jesu für das deutsche Volk bearbeitet, 1864

Vorrede zur ersten und zweiten Auflage.

Als ich vor bald neunundzwanzig Jahren die Vorrede zu der ersten Ausgabe meines Leben Jesu schrieb, erklärte ich ausdrücklich, das Werk sei nur für Theologen bestimmt, für Nichttheologen sei die Sache noch nicht gehörig vorbereitet, und daher das Buch absichtlich so eingerichtet worden, daß sie es nicht im Zusammenhang verstehen können. Dieß Mal habe ich umgekehrt für Nichttheologen geschrieben und mich bemüht, keinem Gebildeten und Denkfähigen darunter auch nur in einem Satze unverständlich zu bleiben: ob auch die Theologen (ich meine die zünftigen) mich lesen wollen oder nicht, gilt mir gleich.

So haben sich unterdessen die Zeiten geändert. Auf der einen Seite kann jetzt auch das größere Publikum für dergleichen Fragen nicht mehr wie damals unvorbereitet heißen. Ohne mein Zuthun, durch meine bittersten Widersacher, dieselben die mir zumutheten, ich hätte wenigstens lateinisch schreiben sollen, sind, weil sie doch das Schreien nicht lassen konnten, diese Fragen zuerst unter die Menge geworfen, nachher von Andern, die weniger Scheu als ich trugen, in gemeinverständlicher Form, nicht immer zu meiner Zufriedenheit, behandelt worden, bis zuletzt das politische Erwachen des deutschen Volkes auch für die religiösen Angelegenheiten einen freieren Sprechsaal eröffnet hat. Dadurch sind viele Gemüther in ihrer Anhänglichkeit an das Alte erschüttert, zu eigenem Nachdenken über die Gegenstände des Glaubens angeregt worden; während zugleich eine Menge von Vorbegriffen, auf deren Vorhandensein bei dem ersten Erscheinen meines Werkes noch nicht zu rechnen war, in allgemeinen Umlauf gekommen ist. Und schließlich ist es doch nur ein Zunftvorurtheil, daß zur eigenen Einsicht in diese Dinge nur der Theolog, überhaupt nur der Gelehrte, befähigt sei. Im Gegentheil ist das, worauf es dabei in letzter Beziehung ankommt, so einfach, daß ein jeder, dem Kopf und Herz am rechten Flecke sitzen, kecklich annehmen darf, was ihm nach reifem Nachdenken und Benützung der jedem zugänglichen Hilfsmittel noch unverständlich bleibt, darauf komme es auch nicht an.

Auf der andern Seite hat sich in der Zwischenzeit herausgestellt, daß gerade die Theologen am wenigsten diejenigen sind, von denen ein unbefangenes Urtheil in dieser Sache zu erwarten ist. Sie sind ja Richter und Partei zugleich. Mit der bisherigen Ansicht von den Gegenständen des christlichen Glaubens, insbesondere der Grundlage desselben, der evangelischen Geschichte, sehen sie ihre eigene bisherige Geltung als geistlicher Stand in Frage gestellt. Ob mit Recht oder Unrecht, ist gleichgültig; sie glauben es einmal. Für jeden Stand aber ist sein eigenes Bestehen oberste Voraussetzung. Es werden immer nur wenige seiner Mitglieder sein, die einer Neuerung auch auf die Gefahr hin zustimmen, daß sie jenes Bestehen aufhebe oder schmälere. Und soviel ist jedenfalls sicher, wenn das Christenthum aufhört ein Wunder zu sein, so können auch die Geistlichen nicht mehr die Wundermänner bleiben, als die sie sich bis dahin so gerne gebärdeten. Sie werden nicht mehr Segen sprechen, sondern nur noch Belehrung ertheilen können; davon ist aber bekanntlich das Letztere ein ebenso schweres und undankbares als das Erstere ein leichtes und lohnendes Geschäft.

Wollen wir also in religiösen Dingen weiter kommen, so müssen solche Theologen, die über den Vorurtheilen und Interessen der Zunft stehen, um die Mehrheit ihrer Zunftgenossen unbekümmert, den Denkenden in der Gemeinde die Hand reichen. Wir müssen zum Volke reden, da die Theologen ihrer Mehrheit nach uns doch kein Gehör geben; wie der Apostel Paulus sich an die Heiden wandte, da die Juden sein Evangelium von sich stießen. Sind nur erst die Besten im Volke so weit, daß sie sich das nicht mehr bieten lassen, was ihnen jetzt die Geistlichen großentheils noch geben, so werden sich diese schon eines Bessern besinnen. Aber ein Druck muß auf sie ausgeübt werden, wie auf die Juristen vom alten Schlag ein Druck von Seiten der öffentlichen Meinung ausgeübt werden mußte, um sie für Geschwornengerichte und ähnliche Reformen in ihrem Fache zu stimmen. Ich weiß, gewisse Herren werden hier von verlaufenen Theologen reden, die nun die geistlichen Demagogen spielen wollen. Meinetwegen; Mirabeau ist auch ein verlaufener Adliger gewesen, der dem Volke die Hand gereicht hat, und wahrhaftig, die Handreichung ist nicht ohne Folgen geblieben. Bin ich mir auch der Gaben eines Mirabeau nicht bewußt, so kann ich dafür mit reinerem Bewußtsein auf meine Vergangenheit und auf die That zurücksehen, die mir den Bann meiner ehemaligen Zunft zuwege gebracht hat. /IV/

Diese Bestimmung für das Volk ist der eine von den Gründen, warum ich statt einer neuen Auflage meiner kritischen Bearbeitung des Lebens Jesu ein neues Buch gebe, worin von dem alten außer den Grundgedanken nichts anzutreffen ist. Aber auch ein anderer Umstand wirkte in gleicher Richtung. Längst war es mein Wunsch, bei Gelegenheit einer neuen Auflage jenes Werk mit demjenigen, was seit seinem letztmaligen Erscheinen auf demselben Gebiete geleistet worden, auszugleichen, seinen Standpunkt ebenso gegen neuere Einwürfe zu vertreten, wie seine Ergebnisse aus dem Ertrage weiterer Forschungen, fremder wie eigener, zu berichtigen und zu ergänzen. Allein dadurch wäre, wie sich mir bald ergab, das frühere Werk, dessen Bedeutung eben darin liegt, daß es diesen Forschungen vorangegangen ist, in seiner Eigenthümlichkeit aufgehoben, ja geradezu zerstört worden, und das wäre Schade gewesen. Denn es ist nicht allein das geschichtliche Denkmal eines Wendepunkts in der Entwicklung der neuern Theologie, sondern wird auch vermöge seiner Anlage noch langehin ein brauchbares Bildungsmittel für die Lernenden sein. Also bleibe das alte Leben Jesu wie es ist, und sollte sich je einmal eine neue Auflage des vergriffenen Buchs als Bedürfniß herausstellen, so werde diese (das will ich letztwillig verordnet haben) nach der ersten, mit Zuziehung weniger Verbesserungen der vierten Auflage, veranstaltet.

Die Auseinandersetzung mit den neueren Forschungen mußte dann eben, so gut es ging, dem populären Werke einverleibt werden. Und es ging, wenn auf das gelehrte Detail verzichtet wurde. Das war freilich ein Verlust; dafür war es aber ein Gewinn, daß dadurch von vorneherein auch jeder gelehrte Vorbehalt abgeschnitten war. Ein solcher ist die Versicherung, auf die man in den wissenschaftlichen Werken freidenkender Theologen so oft stößt, daß ihren Untersuchungen ein lediglich historisches Interesse zum Grunde liegt. Alle Achtung vor dem Worte der gelehrten Herren, allein ich halte es für etwas Unmögliches, was sie versichern, und würde es für nichts Löbliches halten, wenn es auch möglich wäre. Ja, wer über die Herrscher von Ninive oder die ägyptischen Pharaonen schreibt, der mag dabei ein rein historisches Interesse haben; das Christenthum dagegen ist eine so lebendige Macht, und die Frage, wie es bei seiner Entstehung zugegangen, schließt so eingreifende Consequenzen für die unmittelbare Gegenwart in sich, daß der Forscher ein stumpfsinniger sein müßte, um bei der Entscheidung jener Frage eben nur historisch interessirt zu sein.

Aber soviel ist richtig: wem an der jetzigen Kirche und Theologie das unerträglich ist, daß wir das Christenthum fort und fort als eine übernatürliche Offenbarung, den Stifter desselben als den Gottmenschen, sein Leben als eine Kette von Wundern ansehen sollen, dem bietet sich als das sicherste Mittel, seinen Zweck zu erreichen, dessen was ihn drückt loszuwerden, eben die geschichtliche Forschung dar. Denn da er der Ueberzeugung lebt, daß Alles, was geschehen, natürlich geschehen, daß auch der ausgezeichnetste Mensch doch immer nur Mensch gewesen ist, daß es folglich auch mit allem dem, was in der Urgeschichte des Christenthums jetzt als vermeintliches Wunder die Augen blendet, in der Wirklichkeit nur natürlich zugegangen sein kann, so muß er hoffen, je genauer er dem wirklichen geschichtlichen Hergang auf die Spur kommt, desto mehr auch die Natürlichkeit desselben an den Tag zu bringen, d. h. er findet sich durch seine Tendenz selbst zu emsiger historischer Forschung, aber freilich auch zu strenger historischer Kritik angewiesen. Insoweit bin ich mit jenen Gelehrten einverstanden, und sie, wenn sie ihren Bestrebungen auf den Grund sehen, wohl auch mit mir: unser Zweck ist nicht, eine vergangene Geschichte zu ermitteln, vielmehr dem menschlichen Geiste zu künftiger Befreiung von einem drückenden Glaubensjoche behülflich zu sein; aber als das beste Mittel zu diesem Zweck erkenne ich mit ihnen, neben philosophischer Aufklärung der Begriffe, die geschichtliche Forschung an.

Mit dem Vorbehalt eines blos historischen Interesses hängt dann gerne der Rückhalt zusammen, daß man die Untersuchung nicht bis zu ihrem eigentlichen Zielpunkte fortführt, den gelehrten Wald nicht bis dahin lichtet, wo man die Aussicht ins Freie gewinnt. Man fragt nicht, was Jesus wirklich gesagt oder gethan haben möge, sondern nur, was die Berichterstatter ihn thun und reden lassen; nicht, was an und für sich an einer evangelischen Erzählung sei, sondern was der Erzähler auf seinem Standpunkte, bei seinen besondern Zwecken, mit derselben gemeint und gewollt habe. So macht man sich mit den Evangelisten zu thun, und läßt den Herrn aus dem Spiele, wie man sich nach der constitutionellen Fiction an die Regierung hält, und die Krone aus dem Spiele läßt. Auch das ist klug gethan, um sich den Fanatismus vom Leibe zu halten, und auch wohlgethan ist es, mit so wichtigen Vorfragen sich recht eingehend zu beschäftigen; aber genug gethan ist es nicht. Was wir eigentlich wissen wollen, ist, ob die evangelische Geschichte im Ganzen und Einzelnen wahr ist oder nicht, und nur nach Maßgabe des Zusammenhangs mit dieser Hauptfrage können jene Vorfragen auf ein allgemeineres Interesse Anspruch machen. In dieser Hinsicht ist die Evangelienkritik während der letzten /V/ zwanzig Jahre unläugbar etwas in's Kraut geschossen. Die neuen Hypothesen besonders über die drei ersten Evangelien, ihre Quellen, ihre Zwecke, ihre Composition und ihr Verhältnis zu einander drängen sich, werden mit einem Eifer sowohl begründet wie bekämpft, als ob es sich um nichts weiter handelte, und der darüber geführte Streit läßt sich so weitaussehend an, daß man bange werden muß, jemals über die Hauptfrage in's Klare zu kommen, wenn wirklich ihre Lösung bis zum Austrage dieses Streites vertagt werden soll.

So schlimm steht es indessen glücklicherweise bei Weitem nicht. Ueber Johannes freilich und sein Verhältniß zu den Uebrigen muß man im Klaren sein, ehe man ein Wort in diesen Dingen mitsprechen darf; dagegen können wir über viele gerade der wesentlichsten Punkte in der evangelischen Geschichte gar wohl in's Reine kommen, wenn wir auch noch lange nicht darüber im Reinen sind, ob Matthäus hebräisch oder griechisch, eine Spruchsammlung oder ein Evangelium geschrieben, ob Lucas den Marcus und Matthäus, oder Marcus den Matthäus und Lucas vor sich gehabt hat. Das vor Allem läßt sich unabhängig von diesen und ähnlichen Fragen erkennen, wie wir uns die evangelische Geschichte nicht vorzustellen haben. Und dieses Negative ist für unsern nicht blos historischen, überhaupt nicht rückwärts, sondern vorwärts gerichteten Zweck gerade eine – um nicht zu sagen die – Hauptsache. Es besteht aber darin, daß in der Person und dem Werke Jesu nichts Uebernatürliches, nichts von der Art gewesen ist, das nun mit dem Bleigewicht einer unverbrüchlichen, blinden Glauben heischenden Auctorität auf der Menschheit liegen bleiben müßte. Ueber dieses Negative, sage ich, können wir lange vor der Entscheidung aller jener endlosen kritischen Fragen in's Reine kommen; denn so viel können wir unsern Evangelien bald absehen, daß weder alle noch ein einzelnes unter ihnen die zwingende historische Glaubwürdigkeit aufweisen, welche nöthig wäre, um unsere Vernunft bis zur Annahme des Wunders gefangen zu nehmen.

Das Positive zu diesem Negativen ist dann, wie wir uns die Person, die Zwecke und Schicksale Jesu auf der einen, die Entstehung des Ungeschichtlichen in den evangelischen Nachrichten von ihm auf der andern Seite zu denken haben. Um diese Fragen endgültig beantworten zu können, müßten wir freilich wissen, was an dem Christusbilde jedes einzelnen Evangelisten seine Zuthat und woher diese genommen ist, und dieß wird sich mit völliger Sicherheit nicht angeben lassen, ehe die äußern wie innern Bedingungen ihrer Schriftstellerei, ihre Zwecke und ihre Mittel, genau erforscht sind. So weit sind wir allerdings noch lange nicht; immerhin jedoch muß es erlaubt, ja wünschenswerth sein, daß dann und wann Abrechnung gehalten und gefragt wird, was denn nun nach dem dermaligen Stande der Forschung, das in Rechnung genommen, was sich mit überwiegender Wahrscheinlichkeit festgestellt hat, das bei Seite gelassen, was erst unsichere Vermuthung ist, über jene Hauptfragen sich aussagen läßt. Alle Betheiligten werden hierdurch an das erinnert, um was es sich eigentlich handelt, und solche Erinnerung, solches Zurückrufen aus dem Umkreis in den Mittelpunkt, ist der Wissenschaft allemal ersprießlich gewesen.

Was mich betrifft, so behaupte ich nur meine von Anfang an eingenommene Stellung, wenn ich die seitherigen Forschungen über die Evangelien für die Frage nach der evangelischen Geschichte zu verwerthen suche. Zu diesem Zwecke habe ich von allen, die sich seit dem ersten Erscheinen meines Leben Jesu in der Evangelienkritik hervorgethan haben, zu lernen gestrebt, und die Sünde des *Pilatismus literarius* (wie die Schweizer Gottsched's eigensinniges Beharren auf dem einmal geschriebenen Worte nannten) wird mir Niemand zur Last legen können. Am meisten Belehrung verdanke ich allerdings Baur und den Männern, die in seinem Sinne weiter geforscht haben; konnte ich auch nicht mit allen ihren Ergebnissen einverstanden sein, so war ich es doch um so mehr mit dem Geist und der Art ihrer Forschung: während ich auf der Gegenseite umgekehrt wohl einmal ein einzelnes Ergebniß brauchbar, die Richtung im Ganzen aber nach Zweck und Mitteln wie immer verwerflich fand. Die Kritiker der ersteren Art werden hoffentlich darin, daß ich in einem Werke von der Bestimmung des vorliegenden zu mancher der von ihnen verhandelten Fragen mich indifferent verhalte, keine Mißachtung ihrer Forschungen sehen; wie die Theologen der andern Art mein Buch aufnehmen werden, weiß ich zum Voraus, und bin auf Alles, vom hochmüthigen Schweigen und verächtlichen Reden bis zur Anklage auf Schändung des Heiligen gefaßt. Und da ich mein Buch dem deutschen Volke bestimme, so kann ich mir auch die Proteste schon denken, die im Namen dieses deutschen Volkes von Solchen, die es gewiß nicht dazu berufen haben wird, dagegen werden erhoben werden.

Ich fasse das deutsche Volk als das Volk der Reformation, diese aber denke ich mir nicht als ein fertiges, sondern als ein Werk, das fortgesetzt sein will. Zu einer solchen Fortsetzung der Reformation drängen gerade im gegenwärtigen Augenblick die Bildungsverhältnisse ebenso unabweisbar hin, als sie vor vierthalbhundert Jahren zum Beginne derselben gedrängt haben. Auch wir leben in einer Krisis, die das Peinliche hat, daß uns wie den damals Lebenden ein /VI/ Theil des geltenden Christenthums ebenso unerträglich geworden, als ein anderer unentbehrlich geblieben ist. Dabei hatte das Reformationszeitalter den Vortheil, daß, was ihm unerträglich geworden war, lediglich auf Seiten der Lehre und Praxis der Kirche lag; wogegen es in der Lehre der Bibel und einer nach deren Vorschriften vereinfachten Kirchenverfassung noch immer seine Befriedigung fand. Hier machte sich die Ausscheidung verhältnismäßig leicht, und da dem Volke die Bibel als unangetastetes Ganzes göttlicher Offenbarungen und Heilslehren verblieb, so war die Krisis, wenn auch erschütternd, doch ungefährlich. Jetzt hingegen ist auch das, was dem Protestanten damals noch geblieben war, die Bibel mit ihrer Geschichte und Lehre, von dem Zweifel in Anspruch genommen, in ihr selbst soll eine Scheidung vorgenommen werden zwischen dem, was für alle Zeitung wahr und verbindlich, und dem, was nur in vorübergehenden Zeitvorstellungen und Zeitverhältnissen begründet, für uns unbrauchbar, ja unannehmbar geworden ist. Und auch jenes für uns noch Gültige und Verpflichtende wird als solches nicht mehr deßwegen anerkannt, weil es als göttliche Offenbarung durch wunderbar beglaubigte Gesandte verkündigt worden, sondern weil es von der Vernunft und Erfahrung als an sich wahr, als begründet in den Gesetzen des menschlichen Wesens und Denkens erkannt wird.

Unentbehrlich, aber auch unverlierbar, bleibt uns von dem Christenthum dasjenige, wodurch es die Menschheit aus der sinnlichen Religion der Griechen auf der einen Seite, der jüdischen Gesetzesreligion auf der andern, herausgehoben hat; also nach jener Seite hin der Glaube, daß es eine geistige und sittliche Macht ist, welche die Welt beherrscht, nach dieser die Einsicht, daß der Dienst dieser Macht, in den wir uns zu stellen haben, wie sie selbst, nur ein geistiger und sittlicher, ein Dienst des Herzens und der Gesinnung, sein kann. Schon von der letztern Einsicht übrigens läßt sich eigentlich nicht sagen, daß sie uns aus dem bisherigen Christenthum bleibe; denn sie ist, in ihrer Reinheit wenigstens, noch gar nicht zur Geltung gebracht. An einer Reihe von Handlungen hängt selbst noch die protestantische Christenheit, die nicht besser als die altjüdischen Ceremonien sind, und doch für wesentlich zur Seligkeit gehalten werden. Und forscht man nach, woran es liegt, daß sich dergleichen Fremdartiges in die Religion Jesu eindrängen und in ihr erhalten konnte, so erkennt man als die Ursache dasselbe, was für unsere Zeit mit Recht den Hauptanstoß an dem ganzen alten Religionswesen bildet, nämlich den Wunderwahn. So lange das Christenthum als etwas der Menschheit von außen her Gegebenes, Christus als ein vom Himmel Gekommener, seine Kirche als eine Anstalt zur Entsündigung der Menschen durch sein Blut betrachtet wird, ist die Geistesreligion selbst ungeistig, das Christenthum jüdisch gefaßt. Erst wenn erkannt wird, daß im Christenthum die Menschheit, nur ihrer selbst tiefer als bis dahin sich bewußt geworden, daß Jesus nur derjenige Mensch ist, in welchem dieses tiefere Bewußtsein zuerst als eine sein ganzes Leben und Wesen bestimmende Macht aufgegangen ist, daß Entsündigung eben nur im Eingehen in diese Gesinnung, ihrer Aufnahme gleichsam in das eigene Blut zu finden ist, erst dann ist das Christenthum wirklich christlich verstanden.

Die Einsicht, daß nur dieß das Wahre und Bleibende am Christenthum, alles Andere nur verwesliche und schon halb verweste Hülle sei, liegt in unserer Zeit als Ahnung in den Gemüthern. Man findet die einfachsten Menschen der untersten Volksschichten ihr oft ebenso nahe, als freilich Viele in den obersten Gesellschaftsklassen ihr, wie noch manchem andern Guten und Schönen, verschlossen. Man findet aber auch bei der engen Verbindung, worin in unsern heiligen Schriften beide Bestandtheile des Christenthums miteinander stehen, manche Gemüther in Gefahr, mit der Schale zugleich den Kern zu verlieren, oder doch einem aufreibenden Kampf und Ringen, einem bedenklichen Schwanken zwischen ausgelassenem Unglauben und krankhaftem Glauben, zwischen Freigeisterei und Frömmelei, preisgegeben. Dieser Rathlosigkeit zu Hülfe zu kommen, ist die Pflicht eines Jeden, der dazu sich im Stande fühlt. Es kann aber nicht anders geschehen, als dadurch, daß die Grenzlinie erkennbar gemacht wird, welche die bleibenden Bestandtheile des Christenthums von den vergänglichen, die ächten Heilswahrheiten von den bloßen Zeitmeinungen scheidet. Dieser Riß geht nun freilich mitten durch die heilige Schrift, d. h. manchem redlichen Christen und besonders Protestanten mitten durch's Herz. Indeß solches Herzbrechen wurde ja sonst zu den christlichen Bußwerken gerechnet, und dießmal läuft es überdieß nur auf ein wenig Kopfbrechen, auf das Annehmen von etwas Vernunft hinaus. Wem nur einmal ein Begriff davon beigebracht ist, daß die Menschheit und Alles in ihr, auch die Religion nicht ausgenommen, sich geschichtlich entwickelt, dem muß auch einleuchten, daß auf keinem Punkte innerhalb dieser Entwicklung ein schlechthin Höchstes gegeben sein kann, daß der Vorstellungskreis von Religionsurkunden, die vor mehr als anderthalbtausend Jahren unter äußerst ungünstigen Bildungsverhältnissen entstanden sind, nicht mehr ohne Weiteres der unsrige sein kann, sondern daß, wenn er für uns noch eine Geltung haben soll, erst eine Scheidung des Wesentlichen vom Unwesentlichen vorgenommen werden muß. /VII/

Diese Scheidung vorzunehmen, ist die nächste Aufgabe des Protestantismus, und sofern das deutsche Volk die Aufgabe der Fortbildung des Protestantismus hat, des deutschen Volkes. Dazu kann man die Bemühungen um eine freiere Gestaltung des Kirchenregiments, die sich jetzt da und dort in Deutschland regen, höchstens als Vorarbeiten gelten lassen. In diesem Sinne mag man sich ihrer freuen; aber die Meinung, als wäre es damit gethan, ja als beträfen sie überhaupt schon die Sache selbst, wäre ein verderblicher Wahn, und die Behauptung, die man von dorther wohl zu hören bekommt, in unserer Zeit handle es sich nicht mehr um das Dogma, sondern um das kirchliche Leben, nicht mehr um den Gegensatz des Rationalismus und Supranaturalismus, sondern um den der Gemeindekirche und der Geistlichenkirche, ist ein kurzsichtiges oder ein zweideutiges Gerede. Denn die Kichenverfassung ist ja doch immer nur die Form, worin ihr den Gehalt des Christenthums bewahret; schon um zu wissen, welche Form dazu die geeignetste ist, müsset ihr wissen, was ihr denn am Christenthum habt, etwas Natürliches oder etwas Uebernatürliches; und diese Frage könnet ihr um so weniger unentschieden lassen, als eine übernatürliche Religion mit Geheimnissen und Gnadenmitteln folgerichtig auch einen Stand über der Gemeinde stehender Priester mit sich bringt. *Wer die Pfaffen aus der Kirche schaffen will, der muß erst das Wunder aus der Religion schaffen.*

Indem ich das deutsche Volk zur Uebernahme dieser Geistesarbeit ermuntere, rufe ich es nicht von seiner politischen Aufgabe ab, sondern weise es nur an, zur Lösung derselben erst den sichern Grund zu legen. So gewiß es die Reformation ist, die aus der tiefsten Eigenthümlichkeit unseres Volkes entsprungen, demselben für alle Zeiten ihr Gepräge aufgedrückt hat, so gewiß kann diesem nichts gelingen, was nicht an sie anknüpft, nicht auf dem Boden innerer Geistes- und Herzensbildung erwachsen ist: wir Deutsche können politisch nur in dem Maße frei werden, als wir uns geistig, religiös und sittlich frei gemacht haben. Und was ist denn in der Regel, wenn unser Volk einen Anlauf nimmt, sich als Einheit zusammenzufassen, das sich hindernd in den Weg stellt, das den Zwiespalt zwischen Nord und Süd, der an sich schon mißlich genug ist, vollends vergiftet, als die Zweiheit der Confessionen, als der leidige Umstand, daß der im schönsten Fortgang begriffene Proceß der Reformation gewaltsam gehemmt, diese der Hälfte des deutschen Volkes und Landes vorenthalten, oder vielmehr, da sie fast überall schon festen Fuß gefaßt hatte, freventlich wieder geraubt worden ist? Und nun sollten doch beide Theile längst so viel begriffen haben, daß so wie jetzt die Sachen liegen, es keinem mehr gelingen wird, den andern zu sich hinüberzuziehen, sondern daß, wenn eine Wiedervereinigung möglich sein soll, diese *nur* in einem dritten Standpunkt über den streitenden Parteien gefunden werden kann. Diesem höheren vereinigenden Standpunkt aber kann das deutsche Volk nicht anders entgegengehoben werden, als indem es in das Innere der Religion eingeführt und von dem äußern Beiwerke, worin auch die confessionellen Unterscheidungslehren ihre Wurzeln haben, losgemacht wird. Dazu waren von katholischer Seite der Deutschkatholicismus, von protestantischer die Genossenschaft der Lichtfreunde, die sich beide bereits in freireligiösen Gemeinden zu verschmelzen anfangen, beachtenswerthe praktische Versuche; dazu soll das vorliegende Werk von wissenschaftlicher Seite her einen Beitrag geben.

In dieser Hinsicht reicht es dem französischen von Renan über den Rhein hinüber die Hand. Man mag an diesem schnell berühmt gewordenen Buche aussetzen so viel man will: ein Buch, das, kaum hervorgetreten, bereits von ich weiß nicht wie viel Bischöfen und von der römischen Curie selbst verdammt worden ist, muß nothwendig ein Buch von Verdienst sein. Es hat seine Fehler, aber nur Einen Grundfehler; und von diesem gebe ich die Hoffnung nicht auf, daß der geistvolle Verfasser ihn noch erkennen und darnach seine Arbeit verbessern werde. Was uns außerdem als Fehler erscheinen mag, sind zum Theil Eigenschaften, die dem Buch in seiner Heimath als Vorzüge angerechnet werden und seiner Wirksamkeit Vorschub thun; wie umgekehrt Manches, wodurch der Verfasser des gegenwärtigen Werkes die Zufriedenheit seiner Landsleute zu verdienen hofft, jenseits des Rheins mißfallen oder doch langweilen würde. Ich habe das Leben Jesu von Renan, das erschien wie das meinige nahezu vollendet war, als ein Zeichen des allerwärts sich regenden gleichen Bedürfnisses mit Freude begrüßt und bei näherer Ansicht mit Achtung aufgenommen; von meinem Wege abbringen konnte es mich nicht; aber ein Buch für Deutsche geschrieben zu haben in dem vollen Sinne, wie er eines für Franzosen geschrieben hat, ist Alles was ich wünsche.

Heilbronn, im Januar 1864.   Der Verfasser.

Schlußbetrachtung.

99.

Diese Einsicht [sc. Lessings, dass zufällige Geschichtswahrheiten nie den Beweis für notwendige Vernunftwahrheiten bilden können; W. Z.] kommt uns eben an dieser Stelle um so gelegener, je gründlicher sich uns am Schlusse unseres kritischen Geschäfts die Ueberzeugung aufdringt, wie mangelhaft und unsicher unsere historische Kunde von Jesus ist. Nachdem wir die Masse von mythischen Schlinggewächsen verschiedener Art, die sich an dem Baume hinaufgerankt, entfernt haben, sehen wir, daß, was wir bisher für Aeste, Belaubung, Farbe und Gestalt des Baumes selber hielten, großentheils vielmehr jenen Schlinggewächsen angehörte; und statt daß uns nun nach Wegräumung derselben der Baum in seinem wahren Bestand und Aussehen wiedergegeben wäre, finden wir vielmehr, wie die Schmarotzer ihm die eigenen Blätter abgetrieben, den Saft ausgesogen, Zweige und Aeste verkümmert haben, seine ursprüngliche Figur mithin gar nicht mehr vorhanden ist. Jeder mythische Zug, der zu dem Bilde Jesu hinzukam, hat nicht nur einen geschichtlichen verdeckt, so daß mit der Wegräumung des ersteren der letztere wieder zum Vorschein käme, sondern gar viele sind auch von den darüber gelagerten mythischen Gebilden gänzlich aufgezehrt worden und verloren gegangen.

Man hörte es nicht gern, und glaubt es darum auch nicht, wer sich aber einmal ernstlich mit dem Gegenstande beschäftigt hat und aufrichtig sein will, der weiß es so gut wie wir, daß wir über wenige große Männer der Geschichte so ungenügend wie über Jesus unterrichtet sind. Wie ohne alle Vergleichung deutlicher ist uns die um vierhundert Jahre ältere Gestalt des Sokrates. Zwar von seiner Jugend- und Bildungsgeschichte wissen wir gleichfalls wenig; was er aber in seinen reifen Jahren gewesen ist, was er gewollt und gewirkt hat, wissen wir genau, die Gestalten seiner Schüler und Freunde stehen mit geschichtlicher Deutlichkeit vor uns, über die Ursachen und den Verlauf seiner Verurtheilung und seines Todes sind wir vollständig unterrichtet. Hauptsächlich aber ist sein Leben, wenn auch einzelne anekdotenhafte Ansätze nicht fehlen, von dem mythischen Beiwerke verschont geblieben, in welchem die geschichtlichen Figuren mancher älterer griechischen Philosophen, z. B. des Pythagoras, in ähnlicher Art wie die Gestalt Jesu, nahezu untergegangen sind. Diese Erhaltung seines /159/ Bildes verdankt Sokrates dem Umstande, daß er in der gebildetsten Stadt Griechenlands in einer Zeit der hellsten Verstandesaufklärung und der höchsten Blüthe der Schriftstellerei lebte, wie denn mehrere seiner Schüler ausgezeichnete Schriftsteller waren und zum Theil gerade ihren Lehrer zum Gegenstand ihrer Darstellungen machten.

Xenophon und Plato – wem fällt dabei nicht Matthäus und Johannes ein, aber wie ungünstig für die beiden letzteren fällt die Vergleichung aus. Für's Erste waren die Verfasser der sokratischen Denkwürdigkeiten, der beiden Gastmahle, des Phädon u. s. f. wirkliche Schüler des Sokrates; die Verfasser des ersten und vierten Evangeliums hingegen keine unmittelbaren Schüler von Jesus. Ueber die genannten Schriften der beiden Attiker dürften uns gar keine äußeren Zeugnisse aufbehalten sein, wir würden sie doch an jedem Zug als Werke von Zeitgenossen und persönlichen Bekannten des Sokrates erkennen; bei den beiden Evangelien möchten die Zeugnisse für ihre apostolische Abfassung noch so alt und einstimmig sein, wir würden ihnen doch keinen Glauben schenken, weil der Augenschein widerspricht. Für's Andere geht das Bestreben der beiden Schriftsteller über Sokrates durchaus dahin, uns seine Eigenthümlichkeit und seinen Werth als Mensch, als Staatsbürger, als Denker und Jugendbildner, anschaulich zu machen.

Das thun nun zwar unsere beiden Evangelisten in ihrer Art auch. Aber es ist ihnen nicht genug. Ihr Jesus soll ja mehr als Mensch, er soll ein gottgezeugter Wundermann, ja nach dem einen von ihnen gar das eingefleischte göttliche Schöpferwort gewesen sein. Daher geht in ihrer Darstellung nicht blos neben der Lehrthätigkeit Jesu eine Reihe von Wunderthaten und Wunderschicksalen her, sondern in die Lehre selbst, die sie ihm in den Mund legen, mischt sich dieses Wunderelement ein, so daß sie Jesum Dinge von sich aussagen lassen, die ein Mensch von gesunden Sinnen unmöglich von sich ausgesagt haben kann. Für's Dritte stimmen Plato und Xenophon in allem Wesentlichen, was sie von Sokrates erzählen, überein. Manches berichten sie gleichlautend; einzelne Züge, die dem einen eigenthümlich sind, gehen doch mit denen, die der andere an die Hand gibt, auf's Beste in ein Bild zusammen: und wenn Xenophon, was die philosophische Bedeutung des Sokrates betrifft, ebenso oft unter seinem Gegenstande bleibt, als Plato sich freischöpferisch über denselben hinausschwingt und seinem Sokrates platonische Speculationen in den Mund legt, so berichtigt sich beides durch die Vergleichung beider Schriftsteller leicht, und ist nicht blos auf Seiten Xenophon's als unwillkürliche Unzulänglichkeit, sondern auch auf Seiten Plato's deßwegen unverfänglich, weil er mit seinen sokratischen Dialogen den Anspruch eines historischen Schriftstellers gar nicht macht. Wie unvereinbar dagegen der matthäische und johanneische Christus sind, und wie angelegentlich gleichwohl namentlich der Verfasser des vierten Evangeliums die Wahrheit seiner Berichte betheuert, haben wir gesehen. Seine Wurzel aber hat Alles, wodurch sich die auf uns gekommenen Nachrichten über Jesus von denen über Sokrates in Absicht auf historische Zuverlässigkeit zu ihrem Nachtheil unterscheiden, in dem Unterschiede der Zeitalter und der Volksthümlichkeiten. Der reinen Luft und dem hellen Licht attischer Bildung und Aufklärung, worin uns das Bild des Sokrates so deutlich erscheint, steht der dicke trübe Nebel jüdischen Wahns und Aberglaubens und alexandrinischer Schwärmerei gegenüber, woraus uns die Gestalt Jesu kaum noch als menschliche erkennbar entgegenblickt.

Man könnte sagen und hat oft gesagt, das Ungenügende der evangelischen Lebensnachrichten über Jesum ergänze sich reichlich dadurch, daß wir sein Werk, die christliche Kirche, noch vor uns haben, und nun von diesem auf seinen Urheber zurückschließen können. So wissen wir ja z. B. auch von Shakespeare wenig Geschichtliches, und manches Fabelhafte wird ihm nachgesagt; wir lassen uns das aber wenig anfechten, da seine Dichtungen uns in den Stand setzen, uns das Bild seiner Persönlichkeit in voller Deutlichkeit herzustellen. Die Vergleichung wäre treffend, wenn wir das Werk des galiläischen Propheten ebenso aus der ersten Hand hätten, wie die Werke des britischen Dichters. Aber jenes Werk ist durch gar viele Hände hindurchgegangen, die sich aus Einschiebungen, Auslassungen und Umänderungen aller Art kein Gewissen gemacht haben; die christliche Kirche ist schon in ihrer frühesten Gestalt, wie sie im Neuen Testament erscheint, bereits durch so viele andere Factoren, als die Persönlichkeit Jesu mitbestimmt, daß der Rückschluß von ihr auf ihn ein höchst unsicherer ist. Schon der auferstandene Christus, auf welchen die Kirche gegründet wurde, ist ja ein anderer, als der Mensch Jesus gewesen war, und von hier aus bildete sich dann die Vorstellung von ihm und seinem Erdenleben, wie die Gemeinde selbst, in einer Weise um, daß sehr die Frage ist, wenn Jesus etwa um die Zeit der Zerstörung Jerusalems wiedergekommen wäre, ob er in dem Christus, den man damals in der Gemeinde predigte, sich wieder erkannt haben würde.

Ich glaube nicht, daß es so schlimm steht, wie schon behauptet worden ist, daß wir von keinem einzigen der Aussprüche, die in den Evangelien /160/ Jesu in den Mund gelegt werden, gewiß wissen können, ob er denselben wirklich gethan hat. Ich glaube, daß es deren gibt, die wir mit aller der Wahrscheinlichkeit, über welche ja in geschichtlichen Dingen ohnehin nicht hinauszukommen ist, Jesu zuschreiben dürfen, und habe ohne die Zeichen bemerklich zu machen gesucht, woran wir solche erkennen können. Aber sehr weit erstreckt sich diese der Gewissheit nahekommende Wahrscheinlichkeit nicht, und mit den Thaten und Begebenheiten des Lebens Jesu sieht es, seine Reise nach Jerusalem und seinen Tod ausgenommen, noch übler aus. Weniges steht fest, und gerade von demjenigen, woran der Kirchenglaube sich vorzugsweise knüpft, dem Wunderbaren und Uebermenschlichen in den Thaten und Schicksalen Jesu, steht vielmehr fest, daß es nicht geschehen ist. Daß nun aber von dem Glauben an Dinge, von denen zum Theil gewiß ist, daß sie nicht geschehen sind, zum Theil ungewiß, ob sie geschehen sind, und nur zum geringsten Theil außer Zweifel, daß sie geschehen sind, daß von dem Glauben an dergleichen Dinge des Menschen Seligkeit abhängen sollte, ist so ungereimt, daß es heutzutage keiner Widerlegung mehr bedarf.

100.

Nein, die Seligkeit des Menschen, oder verständiger gesprochen, die Möglichkeit, daß er seine Bestimmung erfülle, die ihm eingepflanzten Kräfte entwickle, und damit auch des entsprechenden Maßes von Wohlsein theilhaftig werde, sie kann – darin behält der alte Reimarus ewig Recht – unmöglich an der Anerkenntniß von Thatsachen hängen, über welche unter Tausenden kaum Einer eine gründliche Untersuchung anzustellen, und schließlich auch dieser zu keinem sichern Ergebniß zu kommen im Stande ist. Sondern, so gewiß die menschliche Bestimmung eine allgemeine und jedem erreichbare ist, müssen auch die Bedingungen, sie zu erreichen, d.h. außer und vor dem Willen, der sich nach dem Ziel in Bewegung setzt, die Erkenntniß dieses Zieles selbst, jedem Menschen gegeben, sie darf nicht eine zufällige, von außen kommende Geschichtskenntniß, sondern muß eine nothwendige Vernunfterkenntniß sein, die jeder in sich selber finden kann. Das will jener tiefsinnige Ausspruch von Spinoza sagen, zur Seligkeit sei es nicht in allewege nöthig, Christum nach dem Fleisch zu kennen; aber mit jenem ewigen Sohn Gottes, nämlich der göttlichen Weisheit, die in allen Dingen, besonders im menschlichen Gemüthe zur Erscheinung komme, und in ausgezeichneter Weise in Jesus Christus zur Erscheinung gekommen sei, verhalte es sich anders: ohne diese könne allerdings Niemand zur Seligkeit gelangen, weil sie allein lehre, was wahr und falsch, gut und böse sei. Wie Spinoza, so unterschied auch Kant von der geschichtlichen Person Jesu das in der menschlichen Vernunft liegende Ideal der gottwohlgefälligen Menschheit, oder der sittlichen Gesinnung in ihrer ganzen Lauterkeit, wie sie in einem von Bedürfnissen und Neigungen abhängigen Weltwesen möglich ist. Zu diesem Ideale sich zu erheben, sei allgemeine Menschenpflicht; allein, obwohl wir uns dasselbe nicht anders vorstellen können, als unter dem Bilde eines vollkommenen Menschen, und obwohl, daß ein solcher Mensch einmal gelebt habe, nicht unmöglich sei, da wir ja alle jenem Ideale gleichen sollten, so komme es doch nicht darauf an, daß wir von der Existenz eines solchen Menschen wissen oder daran glauben, sondern lediglich darauf, daß wir jenes Ideal uns vorhalten, es als für uns verpflichtend anerkennen, und uns ihm ähnlich zu machen streben.

Diese Unterscheidung des historischen Christus von dem idealen, d. h. dem in der menschlichen Vernunft liegenden Urbilde des Menschen, wie er sein soll, und die Uebertragung des seligmachenden Glaubens von dem ersteren auf das letztere, ist das unabweisliche Ergebniß der neueren Geistesentwicklung; es ist die Fortbildung der Christusreligion zur Humanitätsreligion, worauf alle edleren Bestrebungen dieser Zeit gerichtet sind. Daß man darin so vielfach einen Abfall vom Christenthum, eine Verläugnung Christi sieht, beruht auf einem Mißverstand, an welchem die Ausdrucksweise, vielleicht auch die Denkart der Philosophen, die jene Unterscheidung gemacht haben, nicht ohne Schuld ist. Sie sprechen nämlich so, als wäre das Urbild menschlicher Vollkommenheit, nach dem sich der Einzelne zu richten hat, in der Vernunft ein für allemal gegeben: wodurch es den Schein gewinnt, als könnte dieses Urbild, d. h. der ideale Christus, in uns ganz ebenso wie jetzt vorhanden sein, wenn auch niemals ein historischer Christus gelebt und gewirkt hätte. So steht es aber in der Wirklichkeit keineswegs. Die Idee menschlicher Vollkommenheit ist, wie andere Ideen, dem menschlichen Geiste zunächst nur als Anlage mitgegeben, die durch Erfahrung allmählig ihre Ausbildung erhält. Sie zeigt bei verschiedenen Völkern, nach Maßgabe ihrer Naturbeschaffenheit, ihrer klimatischen und geschichtlichen Verhältnisse, eine verschiedene Gestaltung, und läßt uns im Verlauf der Geschichte einen Fortschritt bemerken. Der Römer dachte sich den Menschen, wie er sein soll, anders als der Grieche, der Jude anders als beide, der Grieche nach Sokrates anders und unstreitig vollkommener als vorher. Jeder sittlich hervorragende Mensch, jeder große Denker, der das handelnde Wesen des Menschen /161/ zum Gegenstande seines Forschens machte, hat in engeren oder weiteren Kreisen geholfen, jene Idee zu berichtigen, zu ergänzen, weiter zu bilden. Und unter diesen Fortbildnern des Menschenideals steht in jedem Falle Jesus in erster Linie. Er hat Züge in dasselbe eingeführt, die ihm vorher fehlten, oder doch unentwickelt geblieben waren; andere beschränkt, die seiner allgemeinen Gültigkeit im Wege standen; hat demselben durch die religiöse Fassung, die er ihm gab, eine höhere Weihe, durch die Verkörperung in seiner eigenen Person die lebendigste Wärme gegeben; während die Religionsgesellschaft, die von ihm ausging, diesem Ideale die weiteste Verbreitung unter der Menschheit verschaffte. Freilich ging die Religionsgesellschaft von ganz andern Dingen als von der sittlichen Bedeutung ihres Stifters aus, und brachte diese daher zunächst nichts weniger als rein zu Darstellung – in der einzigen Schrift unseres Neuen Testaments, die vielleicht von einem unmittelbaren Schüler Jesu herrührt, der Offenbarung Johannis, lebt ein Christus, von dem für das Ideal der Menschheit wenig zu gewinnen ist; aber die Züge der Duldung, der Milde und Menschenliebe, die Jesus zu den herrschenden in jenem Bilde gemacht hat, blieben der Menschheit doch unverloren, und sind es eben gewesen, aus denen alles das, was wir jetzt Humanität nennen, hervorkeimen konnte.

Indeß, so hoch immer Jesus unter denjenigen steht, welche die Menschheit das, was sie sein soll, reiner und deutlicher vorgebildet haben, so war er doch hierin weder der erste noch der letzte, sondern, wie er in Israel und Hellas, am Ganges und Oxus, Vorgänger gehabt hat, so ist er auch nicht ohne Nachfolger geblieben, vielmehr ist auch nach ihm jenes Vorbild noch weiter entwickelt, allseitiger ausgebildet, seine verschiedenen Züge mehr in's Gleichgewicht gegen einander gebracht worden. Es ist nicht zu verkennen, daß in dem Muster, wie es Jesus in Lehre und Leben darstellte, neben der vollen Ausgestaltung einiger Seiten, andere nur schwach umrissen, oder auch gar nicht angedeutet sind. Voll entwickelt findet sich Alles, was sich auf Gottes- und Nächstenliebe, auf Reinheit des Herzens und Lebens der Einzelnen bezieht: aber schon das Leben des Menschen in der Familie tritt bei dem selbst familienlosen Lehrer in den Hintergrund, dem Staate gegenüber erscheint sein Verhältniß als ein lediglich passives; dem Erwerb ist er nicht blos für sich, seines Berufs wegen, abgewendet, sondern auch sichtbar abgeneigt, und Alles vollends, was Kunst und schönen Lebensgenuß betrifft, bleibt völlig außerhalb seines Gesichtskreises. Daß dieß wesentliche Lücken sind, daß hier eine Einseitigkeit vorliegt, die theils in der jüdischen Volksthümlichkeit, theils in den Zeitverhältnissen, theils in den besonderen Lebensverhältnissen Jesu ihren Grund hat, sollte man nicht läugnen wollen, da man es nicht läugnen kann. Und die Lücken sind nicht etwa der Art, daß nur die vollständige Durchführung fehlte, während der regelnde Grundsatz gegeben wäre; sondern für den Staat insbesondere, den Erwerb und die Kunst fehlt von voneherein der rechte Begriff, und es ist ein vergebliches Unternehmen, die Thätigkeit des Menschen als Staatsbürger, das Bemühen um Bereicherung und Verschönerung des Lebens durch Gewerbe und Kunst, nach den Vorschriften oder dem Vorbilde Jesu bestimmen zu wollen. Sondern hier war eine Ergänzung, sowohl aus andern Volksthümlichkeiten, als aus andern Zeit-, Staats- und Bildungsverhältnissen heraus erforderlich, wie sie zum Theil schon rückwärts in demjenigen lag, was Griechen und Römer in dieser Hinsicht vor sich gebracht hatten, zum Theil aber der weiteren Entwicklung der Menschheit und ihrer Geschichte vorbehalten blieb.

Doch schließen sich alle diese Ergänzungen an das von Jesu Gegebene auf's beste an, wenn man nur erst dieses selbst als eine menschliche, mithin der Fortbildung so fähige als bedürftige Errungenschaft begriffen hat. Faßt man hingegen Jesum als den Gottmenschen, als das von Gott in die Menschheit hereingestellte, allgemein und ausschließlich gültige Musterbild auf, so muß man natürlich jede Ergänzung dieses Musters von sich weisen, seine Einseitigkeit und Unvollständigkeit zur Regel machen, und gegen alle diejenigen Seiten menschlicher Thätigkeit, die in demselben nicht vertreten sind, ablehnend oder doch nur äußerlich regulirend sich verhalten. Ja, indem neben und über dem von Jesu dargestellten sittlichen Musterbilde er selbst als der Gottmensch stehen bleibt, an welchen zu glauben noch außer und vor der Anerkennung jenes Musterbildes Pflicht des Menschen und Bedingung seiner Seligkeit sei, so wird dadurch das, worauf eben Alles ankommt, in zweite Linie zurückgedrängt, die sittliche Größe Jesu in ihrer vollen Wirksamkeit verkümmert, auch die sittlichen Pflichten, die ihre Geltung nur daher haben können, daß sie in der Natur des menschlichen Wesens liegen, in das falsche Licht positiver göttlicher Gebote gestellt. Darum lebt der Kritiker der Ueberzeugung, keinen Frevel an dem Heiligen zu begehen, vielmehr ein gutes nothwendiges Werk zu thun, wenn er alles dasjenige, was Jesum zu einem übermenschlichen Wesen macht, als wohlgemeinten und zunächst vielleicht auch wohlthätigen, in die Länge aber schädlichen /162/ und jetzt geradezu verderblichen Wahn hinwegräumt, das Bild des geschichtlichen Jesus in seinen schlicht menschlichen Zügen, so gut es sich noch thun läßt, wiederherstellt, für ihr Seelenheil aber die Menschheit an den idealen Christus, auf jenes sittliche Musterbild verweist, an welchem der geschichtliche Jesus zwar mehrere Hauptzüge zuerst in's Licht gesetzt hat, das aber als Anlage ebenso zur allgemeinen Mitgift unserer Gattung gehört, wie seine Weiterbildung und Vollendung nur die Aufgabe und das Werk der gesammten Menschheit sein kann.

David Friedrich Strauß, Das Leben Jesu für das deutsche Volk bearbeitet. Volks-Ausgabe in unverkürzter Form, Stuttgart: Emil Strauß 1864, Erster Theil, S. III-VII; Zweiter Theil, S. 158–162.

2 Die liberale Leben-Jesu-Forschung

Die liberale Leben-Jesu-Forschung verfolgte ein zweifaches Anliegen: Zum einen suchte sie die radikale Kritik der Evangelienüberlieferung durch DAVID FRIEDRICH STRAUSS sowie die Tübinger Tendenzkritik mit Hilfe einer neuen literarkritischen Lösung des synoptischen Problems zu überwinden; zum anderen wollte sie das als nicht mehr tragfähig beurteilte Christusdogma durch eine „historisch-kritische Rekonstruktion der autoritativen Persönlichkeit Jesu und seiner Geschichte"[1] ersetzen.

Acht Jahre nach dem Erscheinen des „Leben Jesu, kritisch bearbeitet" von Strauß zeigten CHRISTIAN GOTTLOB WILKE (1786–1854)[2] und CHRISTIAN HERMANN WEISSE (1801–1866)[3] unabhängig voneinander auf, dass das Markusevangelium die gemeinsame Quelle für das Matthäus- und Lukasevangelium sei und darüber hinaus Matthäus und Lukas eine Sammlung von Jesusworten verwendet hätten. Die Grundgestalt der Zwei-Quellen-Theorie war damit entwickelt.

1863 begründete dann HEINRICH JULIUS HOLTZMANN (1832–1910) „in seinem die ganze bisherige Forschung souverän zusammenfassenden Werk" über „Die synoptischen Evangelien"[4] die Zwei-Quellen-Theorie so sorgfältig, „daß die Jesusforschung von da an diesen festen Boden nicht mehr aufgeben konnte"[5].

> „Am folgenreichsten aber war, daß Holtzmann im Anschluß an Weiße den von ihm als den ältesten erwiesenen Markusbericht und ebenso die Nachrichten der zweiten Quelle in der Anordnung bei Lukas als übereinstimmende zuverlässige Wiedergabe des geschichtlichen Ablaufs betrachtete und nun auf Grund dieser Anschauung ein Bild des geschichtlichen Jesus zeichnete, das mit einer fortschreitenden Entwicklung des in der Taufe Jesus zuerst berührenden Messiasgedankens und ebenso in einer fortschreitenden Offenbarung dieses Messiasgedankens gegenüber den Jüngern rechnete bis zum Messiasbekenntnis von Cäsarea Philippi, von wo an sich das Wirken Jesu dem tragischen Ende zuwendet. Mit dieser These von den zwei Stadien in der Wirksamkeit Jesu verband sich aber nun bei Holtzmann eine völlige Leugnung der Erwartung der baldigen Wiederkunft und eines sichtbaren Eintritts der Gottesherrschaft durch Jesus, Jesus habe vielmehr ein Gottesreich im idealen Sinne gründen wollen [...]."[6]

---

1 GERD THEISSEN / ANNETTE MERZ, Der historische Jesus. Ein Lehrbuch, Göttingen ⁴2011, S. 24.
2 CHRISTIAN GOTTLOB WILKE, Der Urevangelist, oder exegetisch-kritische Untersuchung über das Verwandtschaftsverhältnis der drei ersten Evangelien, Dresden / Leipzig 1838.
3 CHRISTIAN HERMANN WEISSE, Die evangelische Geschichte kritisch und philosophisch bearbeitet, 2 Bde., Leipzig 1838.
4 HEINRICH JULIUS HOLTZMANN, Die synoptischen Evangelien. Ihr Ursprung und ihr geschichtlicher Charakter, Leipzig 1863.
5 WERNER GEORG KÜMMEL, Das Neue Testament. Geschichte der Erforschung seiner Probleme (OA III/3), Freiburg i.Br. / München 1970, S. 185.
6 A.a.O., S. 186.

Damit wurde „die von D. F. Strauß erkannte Bedeutung der Enderwartung für Jesus […] von dieser spiritualisierenden Geschichtsdeutung aus geleugnet"[7]. Ein solches „liberale[s] Jesusbild hat in der verschiedensten Form fast vier Jahrzehnte die Forschung beherrscht und behindert. Doch mindert das nicht Holtzmanns Verdienst, für die weitere Jesusforschung die sichere Quellengrundlage geschaffen zu haben."[8]

Vom Standpunkt des Markusevangeliums aus konzipierte DANIEL SCHENKEL (1813–1885) sein 1864 erschienenes „Charakterbild Jesu"[9]. Er wollte damit dem Bedürfnis seiner Zeit „nach einer ächt menschlichen, wirklich geschichtlichen, Darstellung des Lebensbildes Jesu" entgegenkommen[10], unter Abkehr von der Zwei-Naturen-Lehre. Auf der Basis der synoptischen Quellenkritik unternahm Schenkel den Versuch, die entscheidenden Entwicklungen im Lebensweg Jesu nachzuzeichnen sowie das Besondere seines Lebens und Werks herauszuarbeiten. Wegen des Mangels an geeigneten Quellen verzichtete er aber auf eine Biographie im modernen Sinne. Darüber hinaus wollte er mit diesem Buch insbesondere diejenigen für die „evangelische Wahrheit" gewinnen, „welche, zum großen Theile durch die Schuld einer verblendeten hierarchisch gesinnten Reaktionspartei, der Kirche und ihren Interessen aufs unheilvollste entfremdet worden sind"[11]. Schenkel beschränkte sich daher nicht auf eine rein historische Darstellung, ging es ihm doch darum, seinen Lesern den lebendigen Christus nahezubringen, „der nicht nur vor Jahrhunderten leiblich in Galiläa gelehrt und in Jerusalem gelitten hat, sondern fort und fort *lebt* in allen Denen, in welchen sein Wort Geist und Leben geworden ist, durch die Freiheit des Gedankens und die Wahrheit des Glaubens und der Liebe"[12]. Schenkels zu Beginn gegebener instruktiver Überblick über die christologische Lehrentwicklung und die Anfänge der Jesusforschung[13] mündet in die kritische Besprechung der „Leben Jesu" von FRIEDRICH SCHLEIERMACHER (1768–1834)[14] und DAVID FRIEDRICH STRAUSS. An deren Stelle sollte nun sein „Charakterbild Jesu" treten, erarbeitet anhand zuverlässiger Urkunden.

---

7 Ebd.
8 Ebd.
9 DANIEL SCHENKEL, Das Charakterbild Jesu. Ein biblischer Versuch, Wiesbaden ²1864.
10 Siehe a.a.O., S. IV.
11 A.a.O., S. VI.
12 A.a.O., S. 234.
13 A.a.O., S. 1–10 (s.u. S. 73–84).
14 FRIEDRICH SCHLEIERMACHER, Das Leben Jesu. Vorlesungen an der Universität zu Berlin im Jahr 1832. Aus Schleiermacher's handschriftlichem Nachlasse und Nachschriften seiner Zuhörer, hg.v. Karl August Rütenik, Berlin 1864.

Freilich wurde dieses Buch in kirchlichen Kreisen als so anstößig empfunden, dass man die badische Kirchenbehörde aufforderte, Schenkel als Direktor des Predigerseminars abzusetzen.[15] Die massiven Proteste erreichten allerdings ihr Ziel nicht. STRAUSS schaltete sich mit dem Artikel „Der Schenkel'sche Handel in Baden"[16], der am 21.9.1864 in der National-Zeitung erschien, in die Auseinandersetzungen ein. Darin rühmte er zwar den Sieg der Lehrfreiheit, was ihn aber nicht davon abhielt, SCHENKELS Opus scharf zu kritisieren:

> „Unter den Ergebnissen des Buchs, an denen man Anstoß nahm, ist kaum Eines neu und dem Verfasser eigen, fast alle sind längst von anderen deutschen Theologen vorgetragen worden; insbesondere könnte man sagen, sie seien von Tübingen den Neckar nach Heidelberg getrieben, dort von Herrn Schenkel an's Land gezogen und – freilich in etwas aufgeweichtem und verwässertem Zustande – seinem Bauwesen einverleibt worden."[17]

CARL WEIZSÄCKER (1822–1899), Schüler und Nachfolger BAURS auf dessen Tübinger Lehrstuhl, kritisierte an SCHENKELS „Charakterbild Jesu", dass dieses ganz auf dem Markusevangelium aufgebaut sei[18]. Hielt doch WEIZSÄCKER nicht nur wie sein Lehrer an der Matthäuspriorität fest, sondern vertrat auch die Auffassung, dass mittels historischer Kritik sich zu allen vier kanonischen Evangelien ein „Lebensbild Jesu" rekonstruieren lasse.[19] Als einen entscheidenden Fortschritt in der Jesusforschung bewertete er deren Konzentration auf das „religiöse Bewußtsein Jesu", während die Thematisierung der Wunderfrage zurückgetreten sei.[20] Für die Kritiker könne es sich dabei aber nur um ein menschliches Bewusstsein handeln, das allerdings in einer „eigenthümlichen realen Beziehung" zu Gott gestanden habe[21].

---

15 Vgl. ANGELIKA DÖRFLER-DIERKEN / JÖRG DIERKEN, Einleitung, in: David Friedrich Strauß, Der Christus des Glaubens und der Jesus der Geschichte. Eine Kritik des Schleiermacher'schen Lebens Jesu (Berlin 1865), neu hg. u. eingel. v. Angelika Dörfler-Dierken u. Jörg Dierken (ThST 10), Waltrop 2000, S. (5–45) 41 f.
16 D. F. STRAUSS, Der Schenkel'sche Handel in Baden. (Verbesserter Abdruck aus Nr. 441 der National-Zeitung vom 21. September 1864), in: ders., Der Christus des Glaubens und der Jesus der Geschichte, a.a.O., S. 224–240.
17 A.a.O., S. 229.
18 Vgl. CARL WEIZSÄCKER, Untersuchungen über die evangelische Geschichte, ihre Quellen und den Gang ihrer Entwicklung, Gotha 1864, S. VI (s.u. S. 88).
19 Vgl. a.a.O., S. V. VII (s.u. S. 86. 88).
20 S. a.a.O., S. X (s.u. S. 91).
21 S. a.a.O., S. XI (s.u. S. 92).

In seinem 1876 publizierten Lehrbuch „Geschichte Jesu"[22] konnte sein Verfasser, der Jenaer Kirchenhistoriker KARL VON HASE (1800–1890), auf ein halbes Jahrhundert Leben-Jesu-Forschung zurückblicken. Nachdem SCHLEIERMACHER im Jahr 1819 durch seine Vorlesungen über das Leben Jesu diese Thematik als Gegenstand theologischer Forschung und Lehre eingeführt hatte, hielt HASE solche Vorlesungen erstmals 1823/24 in Tübingen und später 1828 in Leipzig. 1829 veröffentliche er lediglich ein daraus hervorgegangenes kleines Kompendium[23], während der seit 1830 in Jena lehrende Theologe erst rund ein halbes Jahrhundert später sein umfangreiches Lehrbuch herausbrachte. In diesen Zeitraum fielen das Erscheinen von STRAUSS' „Das Leben Jesu, kritisch bearbeitet" und die damit einsetzenden kontroversen Debatten. In seiner „Geschichte Jesu" bemerkte dazu HASE: „Eine wissenschaftliche Darstellung des Lebens Jesu kann sich jetzt nur in fortwährender Rücksicht auf die Behauptungen von Strauß und seiner Nachfolger entwickeln. Man muß sie anerkennen oder widerlegen."[24]

An der Bestimmung der Aufgabe habe sich entsprechend dem Urteil Hases über die Jahrhunderte hin von der Sache her nichts geändert: „Die Geschichte Jesu hat das Räthsel eines großen Menschenlebens zu lösen, indem sie darstellt, wie Jesus von Nazaret nach göttlicher Bestimmung durch die freie That seines Geistes in der Veranlassung seines Zeitalters Weltheiland geworden ist."[25] Was die Quellenbasis für die Rekonstruktion des Lebens Jesu betrifft, ging Hase davon aus, dass mit den neutestamentlichen Evangelien „vier im Ganzen glaubwürdige Erzählungen" vorliegen, wobei im Einzelnen die historische Kritik zu prüfen habe, was geschichtlich oder ungeschichtlich sei.[26]

Gegenüber der orthodoxen Zwei-Naturen-Lehre wandte Hase ein, dass in einem Individuum nicht eine göttliche und eine menschliche Natur zusammenkommen können, ohne dass das Menschliche aufgehoben würde.[27] Vielmehr begreife das wahrhaft Menschliche das Göttliche in sich. Jesus kommt daher Hase zufolge nur als ein „religiöser Genius"[28] in Betracht. So sah Hase Jesus „im vollen

---

22 KARL HASE, Geschichte Jesu. Nach akademischen Vorlesungen, Leipzig 1876 (VIII + 612 S.). – Vgl. auch MAGDALENA HERBST, Karl von Hase als Kirchenhistoriker (BHTh 167), Tübingen 2012; KURT NOWAK, Karl von Hase. Liberales Christentum zwischen Jena und Rom, in: Zs. für Thüringische Gesch. 55 (2001), S. 229–259.
23 KARL HASE, Das Leben Jesu. Ein Lehrbuch zunächst für akademische Vorlesungen, Leipzig 1829 (X + 205 S.); ²1835 (XVI + 275 S.); ³1840 (XVI + 222 S.); ⁴1854 (XIV + 233 S.); ⁵1865 (XVI + 284 S.).
24 K. HASE, Geschichte Jesu (s. Anm. 22), S. 1.
25 A.a.O., S. 2f.
26 S. a.a.O., S. 63f.
27 Vgl. a.a.O., S. 100 (s.u. S. 99).
28 A.a.O., S. 101 (s.u. S. 101).

Gleichgewichte von Religion und Sittlichkeit, jene der mütterliche Boden, aus welchem diese aufwuchs"[29]. Und damit verbindet sich wiederum das für die liberale Theologie kennzeichnende ethische Reich-Gottes-Verständnis. Hase wörtlich: „Die Bestimmung Jesu war nicht zunächst die Verkündigung einer Lehre, sondern einen Geist zu wecken, der als heiliger Gemeingeist ein Reich religiöser Gemeinschaft begründete."[30]

In seiner „Geschichte Jesu" setzte sich Hase auch mit der Frage der Auferstehung Jesu auseinander. Nach einem detaillierten Vergleich der neutestamentlichen Ostertexte kam er zu dem Ergebnis, dass es aus der Sicht der Wissenschaft prinzipiell zwei Verstehensmöglichkeiten des Ostergeschehens gibt: „entweder mehr nach Paulus, Matthäus und Markus eine Geistererscheinung, die sich im visionären Zustande auflöst, oder nach Lukas und Johannes die leibhaftige Wiederbelebung des Gekreuzigten"[31]. Welche die historisch zutreffendere sei, müsse offenbleiben. Wie vor ihm bereits STRAUSS[32] erklärte HASE im Rahmen der ersten Verstehensmöglichkeit die Erscheinungen des Auferstandenen als Visionen, wobei er auf kirchengeschichtliche Parallelen von Erscheinungen gewaltsam Getöteter wie Thomas Becket und Girolamo Savonarola hinwies.[33] Für den Fall, dass es sich bei den Ostererscheinungen nicht um (subjektive) Visionen gehandelt hat, plädierte Hase für die Scheintodhypothese, gemäß der der vom Kreuz abgenommene Jesus nur scheinbar tot gewesen und zu neuem Leben erwacht sei[34].

Mag hier auch vieles unsicher bleiben, für Hase besagt Auferstehung Jesu, „daß alles, was Christus während seines Lebens als sein eignes Selbst in die Apostel eingepflanzt hat, zur freudigen Thatkraft erweckt wurde, und sie durch den Hinblick auf seinen Erlösungstod wie auf die göttliche Lösung desselben wirksamer als er selbst im irdischen Dasein das Evangelium des Gottesreichs verkünden"[35].

---

[29] A.a.O., S. 404.
[30] A.a.O., S. 403.
[31] A.a.O., S. 598.
[32] Vgl. dazu WERNER ZAGER, Die Auferstehung Jesu in historisch-kritischer und psychologischer Perspektive, in: ders., Jesus und die frühchristliche Verkündigung. Historische Rückfragen nach den Anfängen, Neukirchen-Vluyn 1999, S. (63–87) 71–75.
[33] Vgl. K. HASE, Geschichte Jesu (s. Anm. 22), S. 593–597.
[34] Vgl. a.a.O., S. 600–603 (s.u. S. 104–108)
[35] A.a.O., S. 599f.

Aufgaben:

1. Inwiefern ist die altkirchliche Christologie nach dem Urteil von Daniel Schenkel überholt?
2. Wie wirkte sich die Zwei-Quellen-Theorie in der liberalen Leben-Jesu-Forschung aus?
3. Welche theologischen Implikationen sind Karl Hase zufolge mit der Leben-Jesu-Forschung verbunden?

Heinrich Julius Holtzmann
2.1 Die synoptischen Evangelien. Ihr Ursprung und ihr geschichtlicher Charakter, 1863

Vorliegende Untersuchungen werden – das verhehlen wir uns nicht – auf manche *theologische* Leser den Eindruck eines, allen religiösen Interessen ferne liegenden, ja auf mehr als einem Punkt denselben sogar feindselig gegenüber tretenden, Rechenexempels machen, aus dessen Behandlung und Lösung, abgesehen von einer, zweifelhaften Werth besitzenden, Uebung des Scharfsinns, kein weiterer Gewinn davonzutragen wäre. Und doch sind wir überzeugt, dass nur auf dem hier beschrittenen Wege es möglich sein wird, über die geschichtlichen Anfänge des Christenthums eine Auseinandersetzung herbeizuführen, die nicht mehr so unvermeidlich, wie dies seit dem *Strauss*'schen Werk gewöhnlich der Fall war, gleich beim ersten Schritt auf Discussionen allgemeineren Inhalts und auf ein Gebiet führen muss, das der Verständigung über den geschichtlichen Gegenstand als solchen fast unübersteigliche Schwierigkeiten entgegenstellt.

Für uns nämlich handelt es sich hier einfach um *die* Frage, ob es dermalen noch möglich sei, die *geschichtliche* Gestalt Dessen, auf den das Christenthum nicht blos seinen Namen und Bestand zurückführt, sondern dessen Person es auch zum Mittelpunkt seiner eigenthümlichen religiösen Weltanschauung gemacht hat, in einer Weise nachzuzeichnen, die allen gerechten Ansprüchen der fortgeschrittenen historisch-kritischen Wissenschaften genügt; ob es möglich sein werde, Das, was der Stifter unserer Religion an sich war, also das ächte und naturgetreue Bild seines Wesens, herauszustellen unter Anwendung der allein legitimen Mittel einer gewissenhaften, historischen Kritik – oder ob wir ein für allemal auf die Erreichung eines derartigen Zieles zu verzichten haben. [...]

Die gemeinsame Anlage ist es [...], die immer eine Hauptinstanz gegen die unmittelbare Zurückführung aller drei Synoptiker auf eine mündliche Quelle bilden wird, ganz davon abgesehen, dass die mündliche Quelle ja aramäisch floss, und nicht griechisch, und dass der Modus des Uebergangs aus der armamäischen Tradition in eine, ebenso stereotypen Charakter tragende griechische, Form *niemals* vorstellbar gemacht werden kann.[1]

---

1 [Christian Gottlob] *Wilke*, [Der Urevangelist oder exegetisch kritische Untersuchung über das Verwandtschaftsverhältniß der drei ersten Evangelisten, Dresden / Leipzig 1838], S. 151 ff.

Nachdem wir aber so die Unhaltbarkeit der [Urevangeliums-]Hypothese in der concreten Gestalt, in welcher sie Existenz und Namen gewonnen hat, dargethan, muss um so entschiedener die allgemeine Wahrheit, die ihr zu Grunde liegt, betont werden. Beides steht fest, sowohl dass der gesammte Inhalt unserer Evangelien zuerst nur mündlich fortgepflanzt worden ist, als auch das Andere, dass einzelne Bruchstücke unserer Synoptiker unmittelbar dieser Quelle entstammen. So werden wir denn [...] es wenigstens als an sich möglich hinstellen dürfen, wenn zunächst das ganze zweite Evangelium sich als auf mündlicher Tradition ruhend herausstellen sollte, wenn aber auch eine Reihe von Eigenthümlichkeiten des Matthäus auf der einen, des Lucas auf der andern Seite aus derselben Quelle erklärt werden, die selbst damals noch frisch floss, als ihr Hauptinhalt bereits schriftlich fixirt worden war. [...]

Darüber kann kein Zweifel sein, dass Matthäus sowohl, als Lucas diejenigen Bestandtheile, welche ihren beiderseitigen Reden gemeinsam sind, schon bei einem schriftstellerischen Vorgänger gefunden haben müssen, und zwar bei einem Vorgänger, der nicht blos Redestücke zusammengereiht hat, sondern der Thatsachen erzählte [...].

Aber nicht blos im Verhältnisse zu Matthäus, auch gegenüber Lucas erweist sich A Marcus als ein wohlzusammenhängendes, durch keine Einschaltung derangirtes Ganzes. [...]

Das allerschlagendste Zeugniss für Glaubwürdigkeit beider Quellen liegt aber in der ungesucht sich ergebenden Congruenz des substanziellen Inhalts der Reden Jesu. [...]

Schließlich muss auch darauf noch aufmerksam gemacht werden, wie beide Quellen sich so vollkommen homogen verhalten bezüglich des Materials, das sie eingehenderen Bestimmungsversuchen des sittlichen Charakters Jesu überhaupt bieten. Hier wie dort wird ein harmonisch angelegtes Geistesbild entfaltet, dessen Grundzug in der Kräftigkeit des allezeit und allerorts präsenten Gottesbewusstseins besteht; eine vielseitig fortschreitende Lebensentwicklung, deren treibendes Princip der /459/ religiös-sittliche Faktor bildet, welcher mit einer Macht arbeitet, dass mit gänzlicher Abstreifung aller theologischen Zänkereien und Schulmeinungen der Zeit, ja auch mit Vermeidung alles Strebens nach wissenschaftlich formulirbarer Erkenntnis stets lauter ewige sittliche Wahrheit producirt wird, der historischen Beschränktheit in einem solchen Grade bar und ledig, wie Niemand ein zweites Beispiel in der Geschichte des fortschreitenden Gottesbewusstseins mehr wird nachweisen wollen. [...]

Wir dürfen es vielleicht als den schätzbarsten Gewinn unserer Untersuchungen bezeichnen, dass wir durch sie in Stand gesetzt sind, ein irgendwie bestimmtes Bild von dem historischen Charakter der Person Jesu und des, seinen Lebensrahmen erfüllenden, Inhaltes zu geben. Darin erblicken wir zugleich den entschiedensten Fortschritt, womit wir, ohne zu den abgestumpften Waffen einer, auf dogmatischen Voraussetzungen ruhenden, Apologetik greifen zu müssen, die Resultate der Tübinger Schule ein für allemal hinter uns liegen lassen. [...]

Unleugbar ist uns nun aber in A, respective Marcus, die Person des Herrn noch um ein Merkliches näher gerückt, als im Matthäus oder Lucas. Das geschichtlich Bedingte, das menschlich Individuelle tritt hier am wenigsten zurück vor dem Allgemeinen und Göttlichen. Vielmehr bieten sich dem forschenden Auge der feiner angelegten, mit den Erdfarben zeitlicher und localer, ja individueller Bedingtheiten gemalten Züge so viele dar, dass wir sagen können: nirgends tritt, was *der Mensch Jesus* als solcher war, so erkennbar hervor, als in A, respective im Evangelium des Marcus. [...] /476/

Dagegen beginnt bei Marcus das Einzigartige, Ausserordentliche im Leben Jesu mit dem Taufacte, wo der heilige Geist, zu welchem Jesus also nicht in ursprünglichem Verhältnisse gedacht ist, „auf ihn herabkommt" (1, 10). So wenig das, was eigentlich geschehen ist, aus der Darstellung des Marcus von dem wunderbaren Gesichte (1, 10) und der göttlichen Ansprache (1, 11) mehr deutlich zu erkennen ist, so ist diese, vielleicht auf einem originalen Ausdruck Jesu selbst ruhende,[2] Darstellung dennoch für die ursprünglichere zu halten den beiden andern Synoptikern gegenüber, die den Vorgang mehr oder weniger in's Objective umbilden. Jedenfalls ist es Ansicht des Quellenbuchs, dass mit jener Thatsache eine eigenthümliche Steigerung im Selbstbewusstsein Jesu eingetreten ist; eine „gewaltig in ihm aufgehende Klarheit über seinen göttlichen Beruf, die wie ein Lichtstrom vom Himmel das Auge, wie eine göttliche Stimme das Ohr seines Geistes traf".[3] Denn von nun an hat sein ganzes Wesen und Sein wenigstens nach einer bestimmten Richtung hin etwas über unsere Erfahrungen Hinausliegendes. Es macht sich eine Kraft geltend, zu deren Verständnis uns keine Vergleichung gewöhnlicher Beobachtungen den Schlüssel bietet. Es findet nämlich vom Augenblick der Taufe an unserm Berichterstatter zufolge eine gewaltig drängende Einwirkung des Geistes statt, die dem Träger des Geistes keine Ruhe lässt, bis sein Werk im vollen Gange ist.[4] [...]

Fragen wir nun aber nach den Umrissen, mit denen der äussere Verlauf dieses, so energisch in Gang gebrachten, öffentlichen Auftretens gezeichnet wird, so finden sich solche unter allen Synoptikern nur in unserem zweiten Evangelium.

---

2 [Christian Hermann] *Weisse:* Evangelische Geschichte [kritisch und philosophisch bearbeitet, Bd.] I, [Leipzig 1838,] S. 474. Vgl. Lc. 10, 18.
3 [Christian Hermann] *Weisse:* [Die] Evangelienfrage [in ihrem gegenwärtigen Stadium, Leipzig 1856], S. 188.
4 [Heinrich] *Ewald:* [Die drei ersten] Evangelien [und die Apostelgeschichte, Göttingen 1871/1872], S. 161.

Während im dritten eine allgemeine /479/ chronologische und geographische Unordnung wenigstens für die grosse Einschaltung 9, 51–18, 14 fast allgemein zugegeben wird, leidet in dieser Beziehung auch das erste nicht blos an den [...] Mängeln, dass Jesus schon in der Bergrede als Messias spricht, und doch fortwährend mit seiner Messianität zurückhält, dass schon 14, 33 die Jünger ihn als Sohn Gottes begrüssen, während doch erst 16, 16 dem Petrus dieses Wissen aufgeht u. s. w., sondern es lassen sich auch auf keiner Karte die Schritte und Tritte dieses, gleichsam allgegenwärtigen, Messias nachzeichnen, während man im zweiten Evangelium fast immer die Station kennt, auf der man sich befindet, weil ganz allmälig und bewusst die Kreise, die der Herr auf seinen Reisen beschreibt, sich erweitern. Es waltet in diesem äusserlichen Theil der Darstellung derselbe Fortschritt, wie in der innern Entwicklung und dem allmäligen Hervordrängen des Messiasgedankens. [...] Die öffentliche Wirksamkeit aber [...] theilt sich in sieben, stets weiter ausgedehnte Kreise [sc. 1. Mk 1; 2. Mk 2, 1–3, 6; 3. Mk 3, 7–19; 4. Mk 3, 19–4, 34; 5. Mk 4, 35–6, 6; 6. Mk 6,7–7, 37; 7. Mk 8, 1–9, 50], die ganz bestimmt gezogen werden können, ohne dass der Uebergang dem Schriftsteller immer braucht in's Bewusstsein gefallen zu sein. [...]

Blicken wir auf diese sieben Stufen des öffentlichen Lebens Jesu zurück, so bestätigt sich uns das Resultat, dass nur allmälig, und klar erst fast ganz am Ende, die Jünger mit aller Entschiedenheit in Jesu, der ihnen diese Ueberzeugung nicht aufnöthigte, den Messias erkannt haben. Damit verträgt es sich recht wohl, wenn ein bestimmtes Minimum von Vertrauen, in ihm den Verheissenen gefunden zu haben, schon von Anfang an in ihrem Herzen vorhanden war, wie denn andererseits auch das Misstrauen, womit die Pharisäer dem werdenden Messias folgten, sich schon dadurch hinlänglich zu erkennen gibt, dass sie ihn auch in Galiläa, wohin sie ihm folgen, sorgsamst überwachen und seine Wirksamkeit zu hemmen suchen (2, 6. 3, 6. 22). [...] Schnell reift daher in den Gegnern der Entschluss, ihn vom Leben zum Tode zu bringen (3, 6).

So neigte sich die Laufbahn Jesu rasch ihrem tragischen Ende zu, einem Ende, welches von Jesus selbst mit immer steigender Klarheit als das allein mögliche, aber auch als das allein seiner würdige, als das göttlich nothwendige vorausgesehen und vorausgesagt worden war. Der Hass der Pharisäer und die Indolenz des Volkes liessen von Anfang an keine andere Aussicht. Jener konnte sich nur im höchsten Maasse herausgefordert fühlen durch die rücksichtslose Strenge, womit Jesus Alles aufdeckte, was in und an ihnen war, das lieblose Herz, die im Innersten durchlöcherte und zerfetzte Sittlichkeit, den äusseren Tugendschein, den heuchlerischen Hochmuth. Zwischen der so gearteten unbeugsamen Opposition eines Mannes, der allem Anscheine nach darauf ausging, die messianischen Hoffnungen des Volkes für sich in Anspruch zu nehmen, und der zähesten, empfindlichsten Hierarchie, die je da war, musste es rasch zum unheilbaren

Bruche kommen. Leicht aber war vorauszusehen, dass auch in Galiläa nur der kleinere Theil des Volkes es mit ihm wagen würde auf die Gefahr eines solchen Bruches hin. Denn nur ein Umstand hätte dem, schon früh feststehenden, Todesurtheil die Spitze abbrechen können: eine Reihe unmissverständlicher, energischer Demonstrationen des Volkes. Um solche aber hervorzurufen, hätte Jesus, wenn auch nur vorübergehend, die volksthümlichen, triebkräftigen, rasch entzündbaren Messiasgedanken in Dienst nehmen, oder /486/ vielmehr sich ihnen in Dienst geben müssen. Dass er diese, aller sonst geltenden menschlichen Politik zufolge unverfänglichen, weil allein gangbaren, Geleise mit keinem Schritt und Tritt betreten hat, ist, bei den ausserordentlichen Mitteln, die ihm zu Gebote standen, allein der ausreichende, Alles erklärende Grund seines Unterganges geworden. [...]

Das so vorbereitete letzte Geschick stellt dann das zweite Evangelium von 10, 1 an dar in einem, ganz aus *einem* Gusse gefertigten, Stücke. Abgesehen von etlichen Specialitäten haben daher auch die anderen Synoptiker hier den Gang des Marcus innegehalten. Nur trägt bei ihm die Leidensgeschichte jenes, den meisten Partien eignende, Gepräge der Ursprünglichkeit in ganz besonders deutlichem Grade. Man darf nur die Berichte über das Zittern in Gethsemane, über das unwillige und schmerzliche Schweigen vor geistlichem und weltlichem Gericht, über den heftigen Kampf am Kreuz vergleichen, um zu der Ueberzeugung zu gelangen, dass mehr die Vollständigkeit, als die intensive Lebensfülle des Bildes Jesu durch die späteren Berichte gewonnen hat.

Heinrich Julius Holtzmann, Die synoptischen Evangelien. Ihr Ursprung und geschichtlicher Charakter, Leipzig: Wilhelm Engelmann 1863, S. 1, 52, 75, 437, 458 f., 468, 475 f., 478 f., 485 f.

Daniel Schenkel
2.2 Das Charakterbild Jesu. Ein biblischer Versuch, 1864

Die Bedeutung der Person Jesu und ihre bisherigen Darstellungen

1. Keine Religion hat ihre Schicksale und Erfolge so eng mit der Person ihres Stifters verknüpft wie die christliche. Die inneren Entwicklungskämpfe und die äußere Weltstellung des Christenthums sind von dem Namen Jesu Christi unzertrennlich. Das schimpfliche Marterwerkzeug, an dem er starb, ist durch diesen Namen das erhabenste Sinnbild menschlicher Aufopferung, Ehre und Tugend geworden. Die christliche Lehre hat ihre wichtigsten Sätze aus der Reihe von Vorstellungen gebildet, welche über die Person Jesu in der christlichen Gemeinschaft allmälig Eingang und Ansehen gewonnen haben. Schon innerhalb der apostolischen Kirche gruppirten die verschiedenen Richtungen sich nach den Ueberzeugungen, welche in ihrer Mitte über den Stifter der christlichen Religion sich Geltung verschafft hatten. Der tiefgreifende Gegensatz zwischen Judenthum und Heidenthum fand in den widersprechenden Ansichten über das Wesen, die Bedeutung und Würde Jesu seinen schärfsten Ausdruck. War es doch den correct denkenden Juden eben so unmöglich, *neben* dem einen wahren unsichtbaren Gott noch ein anderes diesem ebenbürtiges göttliches Wesen anzunehmen, als es einem geborenen Heiden leicht fiel, sich eine bunte Reihe von göttlichen Personen vorzustellen, welche sämmtlich in gleicher, oder doch in nur wenig verschiedener Weise an der einheitlichen Fülle des göttlichen Wesens Antheil hatten. So entzündete sich denn insbesondere an diesem *einen* Punkte jener jahrhundertelange Kampf, der die christliche Kirche in verschiedene Richtungen und Bekenntnisse spaltete. Es giebt keine kirchliche Lehrstreitigkeit, welche in ihren tiefsten Wurzeln und letzten Ausgangspunkten sich nicht auf eine Verschiedenheit der Grundvorstellung von der Person Jesu zurückführen ließe.

Lange bevor es eine *katholische*, d. h. eine herrschende Kirche gab, trennten sich die christlichen Denker in zwei Hauptrichtungen, von denen eine durch die andere, freilich nur allmälig, aber immer unwiderstehlicher erdrückt ward. Die streng judenchristliche Richtung betrachtete Jesus als einen *bloßen Menschen*, einen hoch zu verehrenden Reformator des Judenthums, der das alttestamentliche Gesetz verbessert und gereinigt, die prophetische Weissagung erfüllt und verwirklicht hatte. Die heidenchristliche Richtung erblickte in ihm dagegen *eine mit göttlicher Kraft und Würde ausgerüstete Person*, welche bis ins vierte Jahr- /2/ hundert dem höchsten Gott und Schöpfer der Welt meist noch untergeordnet gedacht wurde, wogegen im Verlaufe der weiteren Streitigkeiten die Ueberzeugung siegte, daß dieselbe mit dem höchsten Gott und Schöpfer der Welt vollkommen gleichen Wesens, selbst wahrer und höchster Gott, und daß ihre wahre Menschheit kein Hinderniß für sie sei, um alle Eigenschaften der wahren Gottheit in sich zu vereinigen.

Bis in das siebente Jahrhundert hinein rafft die überwundene judenchristliche Richtung ihre letzten Kräfte zusammen, um wenigstens die völlige Gleichstellung der Person Christi mit der Persönlichkeit des einen höchsten Gottes zu verhindern. Erfolglos. Die Lehre von der unbedingten Gottheit Jesu Christi wird zum unverbrüchlichen Staatsgesetz erhoben und in der kirchlichen Dreieinigkeitslehre mit allen Stützen scheinbarer Wissenschaft als unwidersprechlich festgestellt. Auch die Reformatoren haben die in dieser Richtung aufgestellten Grundlagen der kirchlichen Lehrsätze nicht anzutasten gewagt, so unfolgerichtig es war, ein neues Lehrgebäude aufzuführen auf einem alten, im Laufe der Zeiten morsch gewordenen Lehrgrunde.

Daß durch denjenigen Vorstellungskreis von der Person Jesu, welcher durch die christliche Staatskirche im Laufe der Zeit gesetzlich festgestellt und auch in die protestantischen Bekenntnißschriften und öffentlichen Lehrbücher, als selbstverständlich und keiner Verbesserung bedürftig, aufgenommen worden ist, sich ein unauflöslicher innerer Widerspruch hindurchzieht, das wird gegenwärtig von keinem unbefangenen Forscher geläugnet. Es gehört vor Allem zum Begriffe einer Person, daß sie im Kerne ihres Wesens eine Einheit bildet; nur unter dieser Voraussetzung läßt sie sich geschichtlich begreifen. Diese Einheit wird durch die herkömmliche Lehre in der Person des Welterlösers aufgehoben. Jesus Christus wird in der kirchlichen Glaubenslehre als ein Doppel-Wesen dargestellt, als die persönliche Vereinigung zweier Wesenheiten, die *an sich* nichts mit einander gemein haben, sich vielmehr schlechthin widersprechen und nur vermöge eines alle Begriffe übersteigenden Wunders in die engste und unauflöslichste Verbindung mit einander gebracht worden sind. *Er ist demzufolge Mensch und Gott in einer und derselben Person.* Die kirchlichen Theologen haben große Anstrengungen gemacht, um die unauflösliche Verbindung von Gott und Mensch in einer Person als begreiflich und möglich darzustellen; sie haben sich aber zuletzt doch immer wieder zu dem Geständniß genöthigt gesehen, daß die Sache unbegreiflich sei, und daß ein undurchdringliches Geheimniß über dem Personleben Jesu Christi schwebe. Allein eine solche Berufung auf Geheimnisse und Wunder ist, wo es auf die Erklärung einer geschichtlichen Thatsache ankommt, für die Wissenschaft ohne allen Werth; sie offenbart uns die Unfähigkeit des theologischen

Denkens, das in sich Widersprechende vorstellbar, das geschichtlich Unbegreifliche denkbar zu machen.

Daß Jesus Christus als „wahrer Mensch und wahrer Gott" unter den Menschen gelebt habe und über den Menschen gegenwärtig noch fortlebe, das ist eine Behauptung, welche die ernstesten Bedenken herausfordert. Wie kann denn eine Person, welche die unbeschränkten Eigenschaften Gottes besitzt und jeden Augenblick zu offenbaren vermag, gleichzeitig jenen Beschränkungen unterworfen sein, welche das eigenthümliche Wesen des Menschen bilden? Der Mensch als solcher ist *nicht* allmächtig, seine Macht ist vielmehr sehr bemessen; *nicht* allwissend, er weiß im Verhältnisse zu der Gesamtsumme alles Wissenswürdigen, auch bei großer geistiger Begabung und sittlicher Anstrengung, nur sehr wenig; *nicht* allgegenwärtig, er vermag zu derselben Zeit nur an einem einzigen Punkte /3/ des Weltalls anwesend zu sein. Wird nun von Jesus Christus gelehrt, daß er allmächtig, allwissend, allgegenwärtig gewesen sei und noch sei, so ist doch die unausweichliche Folge hiervon, daß ihm die Eigenschaften eines Menschen im vollen und wahren Sinne dieses Wortes mit Unrecht beigelegt werden. In der That vermag auch die herkömmliche Lehre in keiner Weise deutlich zu machen, wie Jesus Christus, als eine mit sämmtlichen Eigenschaften des göttlichen Wesens ausgerüstete Persönlichkeit, ein wahrhaft endliches und beschränktes, dem Schmerze, der Krankheit und dem Tode unterworfenes Menschenleben geführt habe. Behauptungen wie die, daß er sich in seiner göttlichen Machtfülle selbst beschränkt, von seinen göttlichen Eigenschaften keinen, oder doch nur einen theilweisen Gebrauch gemacht, dieselben während seines irdischen Lebens abgelegt oder nicht besessen habe, sind nicht nur leere und gedankenlose Ausflüchte, sondern auch eine Herabwürdigung der Würde und Herrlichkeit Gottes. Ein Gott, der sich selbst beschränkt, ist ein Gott, der aufhört, Gott zu sein; denn zu dem Wesen Gottes gehört vor Allem, daß er unbeschränkt ist. Die christliche Theologie sinkt mit dergleichen Behauptungen wieder auf die Stufe der heidnischen Vorstellungen von Gott zurück. Diesen zufolge ist Gott ein veränderliches und theilbares Wesen, d. h. er ist eine bloße Personwerdung geschöpflicher Kräfte und Mächte. Ein Standpunkt, welcher in solcher Weise von Gott lehrt, hat sich grundsätzlich bereits selbst aufgegeben; er glaubt nicht mehr aufrichtig an seine eigene Berechtigung.

2. Das alles mag für die theologische Wissenschaft seine große Bedeutung haben; allein sollte es denn für das kirchliche Leben so wichtig sein, wie man über die Beschaffenheit der Person Jesu Christi denkt? Man kann, wie uns scheint, die Wirkung, welche die Lehre von der Person Christi in dem kirchlichen Leben ausübt, nicht hoch genug anschlagen. Es ist eine nicht zu bestreitende Thatsache, daß mit der Ausbildung dieser Lehre auch die Kirche selbst ausgebildet worden ist, und daß in demselben Maße, in welchem diese Lehre von der Wahrheit abgewi-

chen ist, auch das kirchliche Leben eine, mit den ursprünglichen Absichten Christi im vollen Widerspruche stehende Gestalt angenommen hat. Ist die Person Christi in der That so wunderbar gebildet, wie die kirchliche Theologie dies festgestellt hat, und ist es so durchaus unbegreiflich, wie eine solche Person jemals geschichtlich gelebt haben kann und in jenseitiger Verklärung noch lebt: so muß es nun auch ein besonders großes Verdienst sein, seinen Verstand so ganz und bis auf den tiefsten Grund zu verläugnen, daß man sich von diesem Wunderbaren und Unbegreiflichen für überzeugt hält, oder vielmehr, daß man daran *glaubt*, ohne sich davon zu überzeugen. Was die herkömmliche Kirchenlehre *Glauben* nennt, das steht mit der vorhin entwickelten Vorstellung von der Beschaffenheit der Person Christi im engsten Zusammenhange. Es hat innerhalb streng kirchlicher Kreise, auf dem Standpunkte der lehrgerechten Theologie, immer als die erste Bedingung ächter christlicher Frömmigkeit gegolten, in Betreff der Person Christi das Widerspruchvollste für möglich, das Begriffswidrigste für wirklich zu halten. So wurde Verstand und Vernunft außer Verhältniß zum Christenthum gesetzt und der Frömmigkeit eine grundsätzlich feindselige Stellung zur Geistesbildung und Culturentwicklung der Völker angewiesen.

Etwas an sich Wahres wurde auf diesem Wege zum Zerrbilde. Wohl ist die Frömmigkeit ein *unmittelbares* Verhältniß des menschlichen Geistes zum Unendlichen und Ewigen; wohl ist das Ewige und Göttliche *als solches* unbegreif- /4/ lich und der Mensch in seinem Geistesgrunde schlechterdings abhängig von Gott. Aber wo die Denkthätigkeit über den Inhalt und die Erlebnisse der Frömmigkeit beginnt, da handelt es sich nicht mehr um ein unmittelbares und ursprüngliches Verhältniß zum Ewigen und Unendlichen; da ereignet sich nicht mehr ein *religiöser* Vorgang; da sind wir bereits bei der *endlichen* ideenbildenden Thätigkeit der Vernunft und bei der *nach*denkenden Arbeit des Verstandes angelangt; und es ist daher in der That vernunftwidrig und unverständig, wenn gerade auf dem Gebiete der Vernunft und dem Verstande Schweigen auferlegt werden soll, auf welchem dieselben *allein* berechtigt sind. Jeder kirchliche Lehrsatz ist eine Wirkung der Vernunft- und Verstandesthätigkeit; Vernunft und Verstand der Kirchenmänner und Theologen haben die kirchliche Lehre von der Person Christi zu Stande gebracht. Wie kann man nun der Vernunft und dem Verstande untersagen, die vernünftige und geschichtliche Berechtigung der Lehrsätze zu untersuchen, die von ihnen selbst, und möglicherweise von einem falschen oder ungenügenden Gebrauche derselben, ausgegangen sind? Wie kann man von denselben fordern, vor ihrem eigenen, vielleicht sehr mangelhaften Werke eine unbedingte Hochachtung zu hegen, vor demselben wie vor einer unfehlbaren Gottes-Offenbarung blindlings sich zu beugen? Und doch war die kirchliche Lehre von der Person des Erlösers nur unter der Bedingung aufrecht zu erhalten, daß Vernunft und Verstand zum Schweigen gebracht und ein blinder Glaube an dieselbe gefordert, auch je nach Umständen erzwungen ward. Die Folge war, daß man von jetzt an eine doppelte Art von Wahrheiten unterschied: *Vernunft*-Wahrheiten auf dem Gebiete der weltlichen Wissenschaften, *Glaubens*-Wahrheiten auf dem Gebiete der Theologie. Dort forschte man, hier unterwarf man sich, insonderheit so lange, als der geringste Widerspruch gegen die herrschende Lehre mit Feuer und Schwert gebüßt wurde. Man verwundert sich, daß das katholische Lehrgebäude so lange Zeit unerschüttert blieb. Die Ketzergeschichte des Mittelalters löst dieses Räthsel. Durch die rücksichtslosesten Mittel der Gewalt, durch ein unerhört grausames System der Unterdrückung ist es möglich, jeden Irrthum zu verewigen.

Nachdem einmal durch die Lehre von Christus eine Spaltung zwischen Wissen und Glauben, Vernunft und Frömmigkeit, Weltweisheit und Kirchendogma bewirkt war: so war es nur eine unausweichliche weitere Folge, wenn diese Spaltung allmälig alle Lebensverhältnisse durchdrang, wenn die Kirche von dem Staate, der Klerus von dem Volke, die Laien von den Theologen sich schieden, wenn das *geistliche* Element dem *weltlichen* durchgängig den Vorrang abgewann, das mönchische Leben heiliger als das eheliche, das Papstthum herrlicher als das Kaiserthum erschien. Wie die Gottheit in der Person Christi *unendlich* mehr bedeutete als die Menschheit, so bedeuteten auch die kirchlichen Glaubenswahrheiten unendlich mehr als die weltlichen Vernunftwahrheiten. Das weltliche, staatliche und volkliche Wesen erschien an und für sich als werthlos und nicht bedeutend; es war als solches ohne ewigen Inhalt. Wahren Werth und wirklichen Anspruch auf Geltung konnte es erst erlangen durch seine Verbindung mit dem Göttlichen, und, um diese zu bewirken, dazu waren die Träger der kirchlichen Glaubenswahrheiten und Gnadenschätze, die *Priester,* unentbehrlich, welche aus der Fülle der ihnen ausschließlich anvertrauten himmlischen Güter und Segnungen nur unter der Bedingung die kirchlichen Gnadenmittel spendeten, daß sie mit *Glauben,* d. h. mit völliger Verzichtleistung auf Selbstdenken und Selbstwollen, entgegengenommen wurden. Der entschiedene Bruch der Kirche mit den Ansprüchen der Vernunft, den Ergebnissen /5/ der wissenschaftlichen Forschung und den Fortschritten geistiger Bildung, fand in der Lehre von der Messe, oder der fortgesetzten leiblichen Opferung Christi durch das Priesterthum zur Sühnung der Gemeinde, seinen bezeichnendsten Ausdruck. In der Messe wurde dem Laien-Verstande der „Glaube" zugemuthet, daß eine Sache ihr *Wesen* verwandeln könne ohne Veränderung ihrer Eigenschaften, und der Laien-Verstand ließ sich den „Glauben" gefallen, nachdem der Widerspruch dagegen für diejenigen, welche ihn gewagt, die schlimmsten Folgen nach sich gezogen hatte. Die Kirche aber, welche in *diesem* Punkte gegenüber dem Laien-Verstande im Vortheil geblieben war, durfte nun gegen die Laien Alles wagen; ein Gefühl von schrankenloser Allgewalt mußte sie bald auf die schwindelnde Höhe der Selbstüberhebung treiben.

3. Die Reformatoren hatten, wie bereits bemerkt, nicht gewagt, die überlieferte Lehre von der Person Christi einer prüfenden Durchsicht zu unterwerfen; doch mußte der innerste Punkt, von dem sie ausgingen, mit der Zeit von selbst auf eine gründliche Erneuerung derselben hinführen. Der römische Katholicismus hatte die eigene Thätigkeit der Laien auf dem Gebiete der Frömmigkeit stille gestellt; er hatte dieselben gleichzeitig belästigender Selbstverantwortlichkeit überhoben; alle Sorge und alle Arbeit für das Heil der Seelen hatte die stellvertretende Kirche den Laien abgenommen. Die katholische Frömmigkeit ist aus diesem Grunde *wesentlich kirchlich*, der katholische Glaube ist selbstverzichtende Hingabe des Einzelnen an die kirchliche Autorität. Der Protestantismus dagegen hatte die Gewissensrechte und die Gewissensfreiheit der „Laien" auf dem Gebiete der Frömmigkeit anerkannt; nach seinen Grundvoraussetzungen hat jeder Christ auf seine persönliche Verantwortung hin sein Heil selbst zu schaffen; die Sorge und Arbeit für die Kirche ist aber der Gemeinde selbst und damit jedem Mitgliede innerhalb derselben übertragen. Die protestantische Frömmigkeit ist darum *wesentlich sittlich*; der protestantische Glaube ist persönliche religiös-sittliche Selbstbildung des Einzelnen in seinem unmittelbaren Verhältnisse zu Gott.

Der römische Katholicismus, weil er wesentlich kirchlich ist, ruht darum auch wesentlich auf der *Ueberlieferung*. Er ist an diese, d. h. an ihre Satzungen und Einrichtungen, wie mit ehernen Banden geschmiedet; würde er von seiner Ueberlieferung lassen, so würde er seine wesentlichen Grundlagen verlassen. Schon aus diesem Grunde ist die Hoffnung, daß der ächte, der römische Katholicismus sich jemals zur Reform entschließen werde, ein eitler Traum. Die Stunde seiner Reform wäre die seiner Selbstvernichtung.

Der Protestantismus, weil er wesentlich sittlicher Natur ist, ruht darum auch wesentlich auf *freier Forschung*. Er hat durchaus kein Interesse daran, überlieferte und gegebene Zustände um jeden Preis zu erhalten; er hat sich von den Satzungen und Einrichtungen der Vergangenheit mit dem Aufwande aller Kraft vielmehr losgerungen. Er ist nicht die Religion der kirchlichen oder politischen Interessen, sondern die Religion des sittlichen und ewigen Bedürfnisses im Menschen, die Religion des Gewissens, der aus dem Gewissen erneuerten Vernunft und des durch die erleuchtete Vernunft geheiligten Willens. Darum begnügt er sich nicht mit dem gewohnheitsmäßigen Herkommen, sobald dieses nur den Zwecken der Selbstsucht und des Eigennutzes dient, sondern es treibt und drängt ihn stets, anzuklopfen an den Pforten der *Wahrheit* und nicht zu ruhen, bis er /6/ zu den letzten Ursachen und Kräften vorgedrungen, durch welche der religiös-sittliche Entwicklungsproceß der Menschheit bedingt und vermittelt ist.

Wenn der Protestantismus die mittelalterlich-katholische Lehre von der Person Christi ohne weitere Durchsicht und Prüfung in sein Bekenntniß und seinen Lehrbegriff aufgenommen hat, so war dies noch ein *römisch*-katholisches Verfahren. Er machte aus Furcht vor den Folgen von seinen Grundsätzen in Betreff dieser Lehre keinen Gebrauch. Aber die Strafe für ein grundsatzwidriges Verhalten läßt in der Regel nicht lange auf sich warten. Wie wir vorhin bemerkt, so ist die christliche Lehre vom Glauben durch die Lehre von der Person Christi wesentlich bedingt. Hatten die Reformatoren die in sich widerspruchsvollen Sätze des römisch-katholischen Lehrbegriffes von der Person Christi stehen gelassen, so folgte nothwendig daraus, daß sie auch den Begriff des „Glaubens" in einer Weise feststellen mußten, welche die wissenschaftliche Prüfung des Glaubensinhalts ausschloß. In der That fordern die protestantischen Bekenntnißschriften, namentlich lutherischerseits, in der Regel einen Glauben, der auf die freie Bewegung des Gedankens verzichtet, jede Einmischung der Vernunft in die Bildung der Kirchenlehre ablehnt und sich der kirchlichen Lehrüberlieferung auf Gnade und Ungnade unterwirft. Es ist dies im Grunde doch nur wieder der katholische Glaubensbegriff; ihm mangelt der sittliche Lebensnerv, der Stachel des Gewissens, der unauslöschliche Reiz des Wahrheitstriebes. Der Protestantismus verläugnete damit seinen Ursprung, seine Bestimmung, den ihn bewegenden Grundtrieb. Er vergaß, daß die aus der katholischen Kirche überkommenen Lehrsätze von der Person Christi doch ebenfalls aus menschlicher Vernunft- und Verstandesthätigkeit entsprungen sind. Während er sich rühmte, mit dem Banne der Menschensatzungen gebrochen zu haben, was er im Grundsatze allerdings gethan, pflanzte er, ohne alle Gewissensregung, selbst mit äußerer Gewaltanwendung, die Satzungen alter Kirchenversammlungen und die Lehrformeln römischer Theologen fort und zwang die Geister schonungslos unter die Fessel eines veralteten Buchstabens.

Man hat sich seit längerer Zeit daran gewöhnt, den sogenannten Rationalismus mit einer gewissen souveränen Verachtung zu behandeln, und doch ist derselbe nur ein nothwendiger Schritt auf dem Wege der Selbstbesinnung und Selbstbefreiung des mit sich selbst im Widerspruche liegenden Protestantismus gewesen, und erst in Folge dieses Schrittes hat der letztere sich von seinem herkömmlichen Zusammenhange mit dem römischen Katholicismus aufrichtig und entschieden gelöst. Der Schlüssel zum Verständnisse des Rationalismus liegt in der überlieferten Lehre von der Person Christi. Er hat freilich den Knoten nicht sorgfältig entwirrt, sondern mit einem ziemlich plumpen Schwerthiebe zerhauen. Gleichwohl hat er für die Erneuerung der Lehre von der Person Christi ein bleibendes nicht zu bestreitendes Verdienst. Er hat das widerspruchsvolle Doppelwesen, welchem die herkömmliche Kirchenlehre den Namen „Christus" beilegte, auf eine einfache Vorstellung zurückgeführt; er hat die Person Christi *menschlich* zu begreifen versucht. Freilich ist er der Erhabenheit und Einzigkeit des Charakterbildes Jesu weder religiös noch geschichtlich gerecht geworden. Das Christenthum ist eine Religion; der Rationalismus ist ein Schulbegriff. Der römische

Katholicismus hat sein Christusbild nach seinen kirchlichen Interessen entworfen, der Rationalismus das seinige nach philosophischen Voraussetzungen, die – wir läugnen es nicht – sehr dürftig und unbefriedigend waren. Nicht nur läßt das rationalistische Christusbild das Gefühl kalt, die Phantasie leer, das Gemüth gleichgültig, sondern auch der /7/ tiefer dringende Verstand begreift nicht, wie dieser weise Rabbi von Nazareth, dieser aufgeklärte und zur Strafe für seinen Aufklärungstrieb aus Priesterhaß und Beamtenneid gekreuzigte Jude dazu gekommen ist, eine Weltreligion zu stiften und auf Jahrhunderte hinaus den Stromwellen der gesammten Culturentwicklung ihre Bahnen vorzuschreiben? Hätte man doch – nach den Voraussetzungen der rationalistischen Theologie – weit eher die Gründung eines Illuminatenordens als die Stiftung einer Weltkirche von Christus erwarten müssen. Es ist eigentlich auch nicht recht möglich, an den rationalistischen Christus zu *glauben*. Seine Person ist für den Verstand ganz durchsichtig und begreiflich; man begreift nur nicht seine Wirkung. Um diese zu begreifen, dazu fehlt der Person die ursprüngliche Gemeinschaft mit dem Göttlichen, dem Unendlichen; das Göttliche erscheint in ihr nicht als gegenwärtig. Es ist lediglich überweltlich, darum ist auch mit Christus keine neue Offenbarung eingetreten, kein neuer schöpferischer Ausgangspunkt in der Weltgeschichte gesetzt. Weil er auf dem Standpunkte des Rationalismus der lediglich menschliche Träger einer religiös-sittlichen Erkenntnißstufe ist, so fehlt jenem nicht nur der Begriff der Kirche, sondern noch weit mehr die Thatsache der Gemeinde. Die Kanzel wird da zum Lehrstuhle, die Gemeinde zum Auditorium.

4. Aber der Rationalismus hatte immerhin die hergebrachten, die Person Christi widerspruchsvoll beschreibenden Lehrformeln aufgelöst; er hatte den Erlöser den Menschen menschlich näher gerückt; er hatte ein Bedürfniß geweckt, welches nur in persönlich-sittlicher Gemeinschaft mit Christus seine wahre Befriedigung finden konnte.

Einen wesentlichen Schritt über den Rationalismus hinaus bezeichnet *Schleiermacher's* Christuslehre. Das Bild, welches dieser große Theologe von dem Erlöser entwarf, war nach dem Bedürfnisse des menschlichen Herzens gezeichnet, welches in unmittelbarer Gemeinschaft mit Gott zu leben, des Ewigen und Heiligen in persönlichem Besitze gewiß zu werden, den unauslöschlichen Trieb hat. In der Person Christi ist, nach Schleiermacher, dem Menschen das Ewige und Heilige selbst menschlich gegenwärtig; die Lebensgemeinschaft mit Christus ist die Gemeinschaft des Menschen mit dem göttlichen Leben selbst. Das spröde Metall der alten kirchlichen Lehrformeln wurde von Schleiermacher in den warmen Fluß des modernen frommen Gefühls umgeschmolzen; die Wunderhülle fiel in dem Schmelzofen als Schlacke nieder, die sittliche Gestalt des Erlösers ging als verklärtes Gold daraus hervor. Das Christusbild, als *sittliches* Ideal des Menschenherzens, ist der Tiefpunkt der Schleiermacher'schen Theologie. Eine der wohlthätigsten Folgen davon war, daß sie auch den Glauben, als persönlich-freie Hingabe an die in der Person Christi verwirklichte heilige Idee, *sittlich* zu würdigen verstand.

So bahnbrechend von diesem Punkte aus die Schleiermacher'sche Lehre von Christus wirkte, so vermochte sie gleichwohl nicht, das moderne christliche Bewußtsein in seinem innersten Grunde und seinen tiefsten Bedürfnissen zu befriedigen. In dem gegen Schleiermacher so oft wiederholten Vorwurfe, daß sein Christusbild einem lediglich persönlichen Gemüthsbedürfnisse seine Entstehung verdanke, liegt eine gewichtige Wahrheit. Schleiermacher ist von der Philosophie seiner Zeit viel zu unbedingt beherrscht, als daß es ihm hätte gelingen, ja nur daran gelegen sein können, ein urkundlich *geschichtliches* Bild von dem Erlöser zu entwerfen. Nicht der unbedingte Wahrheitstrieb, nicht das rücksichtslose Verlangen, den Erlöser so, /8/ und nicht anders zu schauen, als wie sich derselbe der Welt thatsächlich geoffenbart hatte, hat ihn bei der Aufstellung seines Christusbildes vorzugsweise geleitet und bestimmt. Er entwarf das Bild eines Christus, wie er dessen für *sein religiöses Bedürfniß* bedurfte. Nur solche, welche sein Bedürfniß theilten, konnten sich daher durch seine Darstellung völlig befriedigt fühlen. An diesem vorzugsweise persönlichen Entstehungsgrunde des Schleiermacher'schen Christusbildes liegt es auch, weßhalb eigentlich doch nur eine theologische Schule (gegen seinen Willen) von ihm ausgegangen ist, weßhalb er eine erneuerte Volkskirche, worauf die ganze Zeit so dringend hinweist, nicht ins Leben zu rufen vermocht hat. Dazu fehlte ihm der unbefangen geschichtliche, von philosophischen Voraussetzungen freie Sinn. Der Schleiermacher'sche Christus ist mehr die kunstreiche Schöpfung der edelsten und reinsten modern-religiösen Empfindung, als das aus den Quellen gearbeitete Charakterbild Jesu von Nazareth, wie derselbe *unter dem Volke* gewandelt, gelehrt, gekämpft, wie er *für das Volk* gelitten hat und in den Tod gegangen ist.

Darum war auch die Schleiermacher'sche Schule den Angriffen nicht gewachsen, welche in dem Leben Jesu von *D. F. Strauß* gegen sämmtliche bisherige Darstellungen von der Person Christi ausgeführt wurden. Während die kleinere, folgerichtiger und schärfer denkende Zahl seiner Schüler sich dem Standpunkte des Tübinger Kritikers näherte, zeigte sich die weitaus größere, von Schrecken ergriffen, zu den weitgehendsten Zugeständnissen gegen die verlebten altkirchlichen Anschauungen, freilich auch mit mancherlei Einräumungen gegen das moderne Weltbewußtsein, bereit. Unstreitig hat diese falsche Vermittlung ohne feste wissenschaftliche Grundlagen, ohne die Kraft und Folgerichtigkeit des altkirchlichen Glaubens, der in seiner Abgeschlossenheit immer noch einige Widerstandsfähigkeit besitzt, nur dazu gedient, den Auflösungsproceß des herkömmlichen Lehrbegriffs zu beschleunigen. Seitdem in dem Werke von *D. F. Strauß* das von dem Evangelium überlieferte Bild des Erlösers in eine bunte Reihe von halb bewußtlosen Dichtungen des urchristlichen Gemeindebewußtseins aufgelöst worden ist, giebt es für die christliche Wissenschaft keine höhere Aufgabe, als, statt dieses überwiegend verneinenden und schon deßhalb unbefriedigenden Ergebnisses, aus den vorhandenen Quellenschriften ein wirkliches Christusbild von ächt geschichtlicher Wahrheit und urkundlicher Treue zu gewinnen. Diese Aufgabe steht mit den, einer Lösung entgegenharrenden Zeitfragen in engem Zusammenhange. Handelt es sich doch gegenwärtig in der Kirche vor allem Anderen um eine neue und lebendige Durchdringung des gesammten Volkslebens mit den geistigen und sittlichen Kräften des Christenthums. Die überlieferten Formen und Formeln, in welchen die christliche Gemeinschaft ihr religiöses Bewußtsein seit Jahrhunderten auszudrücken gewohnt war, haben sich mehr oder weniger ausgelebt; liegt doch auch denselben eine Voraussetzung in Betreff der Person Christi zu Grunde, welche von vornherein einen Widerspruch in sich trug und die freie persönliche Aneignung hinderte. Der dunkle Schauer vor dem schlechthin Uebernatürlichen, wie ihn die Kirche des Mittelalters durch ihre Satzungen und Einrichtungen eingepflanzt und verbreitet hat; die knechtische Furcht vor dem die kirchliche Macht schirmenden bürgerlichen Strafgesetze; die Hoffnung auf jenseitige Belohnung und der Schrecken vor jenseitiger Qual: diese herkömmlichen Stützen des Christenthums haben ihre Dienste geleistet und sind morsch geworden. Der Glaube an den Welterlöser muß auf festeren Grundlagen ruhen als auf denen des Aberglaubens, der Priesterherrschaft und einer mit heiteren oder schreckenden Bildern angefüllten Phantasie. Das Vertrauen, die Liebe, die freiwillige Hingabe /9/ der Gemeindemitglieder müssen die Säulen und Pfeiler werden, worauf jener Glaube in Zukunft ruhen wird. Er muß getragen werden von der *allgemeinen Ueberzeugung*, von dem geistigen und sittlichen *Bedürfnisse* der Völker, von den Bildungselementen der ganzen Zeit; durch ihn muß die Cultur erst ihre Weihe, die Civilisation ihre Tiefe erlangen.

Aber eben darum darf der Glaube an das Höchste und Heiligste, was es für den Christen giebt, den culturhistorischen Aufgaben sich nicht als ein Hinderniß in den Weg legen. Weit entfernt, die reiche Entwicklung der menschlichen Gaben und Kräfte zu hemmen, die Fülle der im Volksgeiste liegenden Anlagen zu ersticken, muß der Glaube an Christus vielmehr die höchste und edelste Triebkraft werden, durch welche alles wahrhaft Menschenwürdige, im Staate alles Gemeinnützliche, in der Gesellschaft alles Culturfördernde, im öffentlichen Leben alles Gute, Edle und Schöne erst zur vollendeten Frucht heranreift.

5. Allerdings müssen wir auf die Hoffnung verzichten, ein „Leben Jesu" im strengen Sinne des Wortes zur Darstellung zu bringen. Wir bedürfen auch eines solchen nicht; uns genügt ein *Charakterbild* von dem Erlöser. Gerade ein solches liegt den kirchlichen Lehrsätzen über seine Person durchaus nicht zu Grunde. Wie kann denn eine Persönlichkeit eigenthümlich-geschichtliche Charakterzüge an

sich tragen, welche niemals wirklich entstanden, sich niemals in der Zeit entwickelt, durch den Kampf der Versuchung niemals ernstlich hindurchgegangen, von Anfang an im Grunde schon gewesen ist, wozu sie sich schließlich vollendet hat? Der Christus der Kirchenlehre ist an und für sich unveränderlich, und eben darum fehlt seinem Lebensbilde das spannende Interesse eigenthümlicher Bewegung und charaktervoller Entwicklung. Auch die Leiden, welche diesen Christus treffen, der Widerstand, den er findet, das zermalmende Schicksal, dem er schließlich unterliegt – was hat das Alles der Majestät der Gottheit gegenüber zu bedeuten, die den Donnerkeil ihrer Allmacht, welcher den Gegner jeden Augenblick zerschmettern kann, freiwillig nur zurückhält, für Leiden und Schmerzen schlechterdings unempfänglich, über Vergänglichkeit und Tod durchaus erhaben ist? Seit dem Erscheinen des „Lebens Jesu" von D. F. Strauß ist zur Herstellung eines nach den Urkunden gezeichneten Lebensbildes Jesu unstreitig Manches geschehen. Wenn der öffentliche Glaube der Kirche dadurch noch sehr wenig fortgebildet worden ist: so liegt die Ursache davon großentheils wohl darin, daß, mit Ausnahme von *Hase, Ewald, Baumgarten* und *Keim*[1], die Darsteller zur Schilderung des *Charakters* Jesu nur ungenügende Beiträge geliefert haben. Aber auch nach den trefflichen Leistungen der vorhin genannten Theologen bleibt auf diesem Gebiete noch Vieles zu leisten übrig. Stehen wir hier doch überhaupt vor einer so schwierigen und unerschöpflichen Aufgabe, daß wir niemals hoffen dürfen, sie ganz befriedigend zu lösen. Soll doch aus dem engsten geschichtlichen Rahmen und mit den nothdürftigsten Quellenmitteln die unbedingt erhabenste und folgenreichste Erscheinung der Weltgeschichte zur würdigsten Darstellung gebracht werden! Daß hier zuletzt immer noch ein unbegriffener Rest zurückbleibt, daß unbekannte Größen in dem Lebens- /10/ werke des Erlösers mitgewirkt haben, denen nachzurechnen keinem menschlichen Scharfsinne jemals gelingen wird, das unterliegt keinem Zweifel. Aber die Wissenschaft hat nun einmal die Aufgabe, auch das Größte annähernd zu begreifen; Gott selbst ist Gegenstand und Ziel ihrer Forschung; ist auch die göttliche Wahrheit unendlich, so hat sie doch die Bestimmung, einer endlichen Welt zu dienen. Nur vor der Täuschung hat die Wissenschaft sich zu hüten, daß die Vorstellung von einer Thatsache diese Thatsache selbst, daß das endliche Spiegelbild der ewigen Wahrheit die Sonne der Wahrheit selbst sei. Die Aufgabe, welche wir uns hier gestellt haben, besteht nicht darin, das „Leben Jesu" darzustellen. Unsere Absicht geht nicht weiter, als ein Bild von dem *Charakter Jesu* zu entwerfen, soweit dies nach zuverlässigen Urkunden möglich

---

[1] Der neueste Versuch *E. Renans*, das „Leben Jesu" darzustellen (Ernest Renan, Vie de Jésus, Paris, 1863.) erneuert in vieler Beziehung die Fehler der rationalistischen Periode. Vgl. die von mir herausgegebene *Allgemeine Kirchliche Zeitschrift*, 1863, Heft 10, S. 620 ff.

ist. Wie Jesus das geworden, was er gewesen; unter welchen Bedingungen, Anfechtungen, Kämpfen er sich entwickelt und zur Vollendung hindurchgerungen; was er gewollt, erstrebt, vollbracht, und in welcher besondern Weise; worin die bestimmte Eigenthümlichkeit seines Lebens und Strebens, seiner Person und seines Werkes sich ausgeprägt: das nach bestem Vermögen zu zeigen, haben wir versucht. Bei diesem Versuche schwebt uns allerdings nicht nur eine Aufgabe der Wissenschaft, sondern auch *ein Bedürfniß der Gemeinde vor Augen.* Wir sind von der Ueberzeugung tief durchdrungen, daß die umfassende und tiefgreifende kirchliche Erneuerung, an welcher unser ganzes Zeitalter arbeitet, nur durchgeführt werden kann in Gemeinschaft mit einem erneuerten Glauben an den wahrhaft geschichtlichen und in der Weltgeschichte lebendigen Christus.

Daniel Schenkel, Das Charakterbild Jesu. Ein biblischer Versuch, Wiesbaden: C. W. Kreidel 1864, S. 1–10.

Carl Weizsäcker
2.3 Untersuchungen über die evangelische Geschichte, ihre Quellen und den Gang ihrer Entwicklung, 1864

Die gegenwärtige Schrift schließt sich zunächst an einige Abhandlungen in den Jahrbüchern für deutsche Theologie an, in welchen ich Beiträge zu der Kritik des johanneischen Evangeliums und zugleich zu der geschichtlichen Erkenntniß Jesu zu geben versucht habe.[1] In einer derselben ist die Untersuchung ausdrücklich über den Kreis jenes Evangeliums ausgedehnt; indem ich das Bild, welches uns dasselbe von dem Entwicklungsgange Jesu gibt, mit dem der synoptischen Evangelien verglichen habe.[2]

In der gleichen Richtung sind nun auch diese umfassenderen Untersuchungen gearbeitet: das heißt, sie wollen die Geschichte Jesu ganz nur durch Erörterung und Vergleichung der ersten Quellen beleuchten, aber auch andererseits die Erkenntniß der Quellen durch die geschichtliche Frage selbst fördern. So ergaben sich von selbst die beiden Theile, deren erster es mit den Quellen, der zweite mit den wichtigsten Problemen der Geschichte Jesu zu thun hat. Beides nebeneinanderzustellen schien nach dem jetzigen Stande der Dinge rathsam, obwohl hiebei in der Verweisung vom einen zum andern auch die Wiederholung nicht ganz zu vermeiden war.

Wenn ich von Anfang an der Ansicht war, daß nur durch Verbindung der literarischen Kritik mit der historischen Realkritik die beiderseitigen Aufgaben der Lösung näher gebracht werden können, so konnten mich die neueren Erscheinungen in der Literatur dieses Gegenstandes in dieser Ueberzeugung nur bestärken. Das Bedeutendste, was nach dem Erlöschen des Streites über das frühere Leben Jesu von Strauß geschrieben worden ist, die Geschichte Christus' im fünften Bande der Geschichte des Volkes Israel von Ewald, hat seine Stärke darin, daß die geschichtliche Darstellung auf einer ganz bestimmten und selbstständigen Ansicht von den Quellen beruht, und ist eben da- /IV/ durch bahnbrechend geworden. So hat neuerdings auch Holtzmann gezeigt, wie eine wirklich eingehende und unbefangene Quellenuntersuchung sofort der Erkenntniß des Lebensbildes

---
[1] Das Selbstzeugniß des johanneischen Christus. 1857. S. 154 ff. Beiträge zur Charakteristik des johanneischen Evangeliums. 1859. S. 685 ff. Die johanneische Logoslehre. 1862. S. 619 ff.
[2] a.a.O. 1859. S. 716 ff.

Jesu näher führt, und dieß zur Probe jener Untersuchung dient. Dagegen ist es der stärkste Vorwurf gegen Renan geblieben, daß es seinem Entwurfe an einer solchen Grundlage fehle; das Mißtrauen, welches hieraus erwuchs, hat in Deutschland dahin geführt, daß man auch gegen die glücklichen Blicke, welche er dennoch gethan hat, nicht gerecht wurde, und sein Werk als ein Blendwerk für die Massen, ohne wissenschaftlichen Charakter, ansehen zu dürfen meinte. Aber auch Strauß hat eben deßwegen einen wesentlichen Fortschritt über sein früheres Werk nicht gemacht, weil er in der Quellenkritik theils an veralteten Sätzen festhielt, theils es für unmöglich hielt auf den Grund zu kommen, obwohl er in seiner positiven Darstellung der Geschichte Jesu sich genöthigt sah, Ansätze dazu zu machen. Aber weil er bei solchen es bewenden ließ, so schwebt doch eben diese Darstellung, so manches Beachtenswerthe sie enthält, im Ganzen in der Luft.

Jedermann weiß, wie tief die Frage über den Ursprung des johanneischen Evangeliums in die Auffassung der geschichtlichen Person Jesu eingreift. Je inniger das kirchliche Dogma mit dem johanneischen Christusbilde zusammenhängt, desto mehr muß für alle, welche von der Voraussetzung jenes Dogma's ausgehen, die Aechtheit dieses Bildes Axiom sein. Für die Gegner ist es aber ebensosehr Axiom, daß die Uebernatürlichkeit desselben es als eine spätere Phantasie ohne geschichtlichen Werth charakterisiere. Beide Theile haben es sich zu leicht gemacht: die ersteren schon darum, weil eine unmittelbare Vereinigung jenes Bildes mit dem synoptischen Bilde unmöglich ist; die anderen, weil es ebenso unmöglich bisher war und immer sein wird, die Entstehung jenes Evangeliums in späterer Zeit zu erklären. Ich habe bisher eine mittlere Ansicht vertreten, und halte dieselbe auch nach allen erfahrenen Einwendungen noch für eine Nothwendigkeit. Wir besitzen in diesem Evangelium ursprüngliche, apostolische Erinnerungen, so gut als in irgend einem Theile der drei ersten Evangelien, aber diese Erinnerungen sind durch die Entwicklung ihres ersten Trägers zu einer großartigen Mystik, und durch die Einflüsse einer hier zum erstenmale so mit dem Evangelium einsgewordenen Philosophie hindurchgegangen, sie können daher nur kritisch erkannt werden; und die große geschichtliche Wahrheit dieses Evangeliums darf deßhalb nicht ängstlich an seinem Buchstaben gemessen werden. Daß aber dasselbe /V/ auf jene Eigenschaft ein Recht hat, ergibt sich nicht bloß aus jeder sorgfältigen Prüfung seines Inhaltes, sondern auch daraus, daß die Geschichte Jesu ohne diese Anerkennung in ihren tiefsten Beziehungen und großen Wirkungen ein Räthsel bleibt.

Minder eingreifend für die geschichtliche Frage scheint auf den ersten Blick die Untersuchung der synoptischen Evangelien, ihres Verhältnisses und ihres Ursprunges, da dieselben doch immer im Ganzen ein in sich übereinstimmendes Bild geben. Aber es ist dieß nur Schein. Zunächst handelt es sich darum: haben wir hier überhaupt nur noch ein Aggregat von Erinnerungen, auf dessen einzelne

Theile bald die Sage, bald die Vorurtheile des apostolischen Zeitalters ihren Einfluß geübt haben, so daß der Historiker dieselben nur als Rohmaterial benützen kann, welches er ganz nach seinem Gutdünken verwendet, um ein Bild, das er selbst entworfen, zu belegen? Oder sind wir noch im Stande, die älteren Theile von später Hinzugekommenen zu unterscheiden, und haben wir in den ältesten Quellen noch die sicheren Fingerzeige, welche uns den wirklichen Gang der Dinge, den Verlauf der Entwicklung mindestens in seinen Hauptwendungen an die Hand geben? In ersterem Sinne hat es Renan angesehen. Die deutsche Wissenschaft hält das Letztere fest, und ist eben jetzt darin begriffen, es zu begründen, nachdem sie längere Zeit einseitig die Evangelienkritik bloß literarisch getrieben hatte, und auf diesem Wege dahin gekommen war, den geschichtlichen Anfang des Christenthums selbst in völliges Dunkel zu versetzen.

Auf diesem synoptischen Gebiete gehen die Ansichten kaum weniger auseinander als in der johanneischen Frage. Einige Sätze sind zwar allmählich zum Gemeingute geworden. Die Kritik ist fast einig darüber, daß die drei ersten Evangelien sämmtlich nicht ursprüngliche Schriften, sondern schon Verarbeitungen solcher sind. Niemand verkennt insbesondere mehr, daß wir im Lukasevangelium wohl die letzte dieser Bildungen haben. Ob aber unter allen dreien das Matthäusevangelium das relativ ursprünglichste und das des Markus von ihm abhängig, oder ob das letztere in relativer Selbstständigkeit den Schlüssel für den Ursprung beider enthalte, diese Frage scheidet noch zwei Heerlager. Was ich zu Gunsten der letzteren Ansicht, und im Zusammenhange damit über die Quellen der synoptischen Evangelien überhaupt beigebracht, kann bei den zahlreichen und eingehenden Untersuchungen, die uns hierüber jetzt vorliegen, der Natur der Sache nach nur wenig Neues bieten; der Sachkundige findet das Eigenthümliche von selbst. /VI/ Jedem Anderen muß in diesen Dingen Vieles den Eindruck willkürlicher Aufstellung geben. Nur wer sich lange und vielfach damit beschäftigt, vermag die Ergebnisse wirklicher Untersuchung, ob er sie billigt oder nicht, als solche von augenblicklichen Einfällen zu unterscheiden.

Auch diese Frage hängt mit der Ansicht, die wir von Jesu selbst haben oder gewinnen, an entscheidenden Punkten zusammen. Man hatte sich lange daran gewöhnt, dem urapostolischen Christenthume eine ziemlich engherzige und beschränkte jüdische Färbung zuzuschreiben, viel enger als der Standpunkt der alten Prophetie gewesen war, welchen doch sicher das Christenthum in seinen Anfängen nicht nur erneut, sondern übertroffen haben muß. So konnte man auch Jesus selbst kaum höher stellen, und dazu bot unter allen Evangelien das des Matthäus noch die meisten Stützpunkte. Kein Wunder, daß man auch bei der Erkenntniß der verschiedenen Schichten in diesem Evangelium doch die Grundlage nicht durch Vergleichung des Markus erkennen wollte, sondern lieber von einer durchaus judaistischen Urschrift phantasierte, und dieselbe wohl gar durch so offenbar abhängige Bildungen, wie die Evangelienbearbeitungen der späteren judenchristlichen Sekten, wahrscheinlich zu machen suchte. Strauß hat mit richtigem Blicke erkannt, daß es geschichtlich unmöglich sei, in Jesus einen beschränkten Juden und Eiferer für das Gesetz zu sehen; er ist soweit gegangen, was im ersten Evangelium darauf hinzuführen scheint, als späteren Zusatz auszuscheiden. Aber dieses Urtheil muß weiter ausgedehnt und auf die ganze synoptische Frage angewendet werden. In jedem Falle zeigt sich an diesem einen Verhältnisse hinreichend, wie kein Schritt auf dem Gebiete der Geschichte Jesu möglich ist ohne die sorgfältigste Behandlung der Quellenfrage, und wie diese und die eigentlich geschichtliche überall ineinandergreifen.

Unter den neuesten Arbeiten ist es das Charakterbild Jesu von Schenkel[3], welches die Geschichte Jesu ganz auf eine Ansicht der synoptischen Kritik, und zwar thatsächlich auf das Markusevangelium aufzubauen unternommen hat.[4] Es ist dieß wohl eine einseitige Anwendung des Princips, und eine solche, die dem oberflächlichen Zuschauer um so willkürlicher scheinen kann, als die kritische Voraussetzung nicht umfassend entwickelt ist. Aber Niemand kann bestreiten, daß eine solche Unternehmung nach dem jetzigen Stande der Wissenschaft ihr Recht hat. /VII/

Wenn man aber einer solchen Schrift zum Vorwurfe gemacht hat, daß der Verfasser in der heiligen Schrift nach seiner Willkür anerkenne was ihm zusagt, und verwerfe was ihm mißfällt, daß er hiedurch diese Schrift in eine Reihe mit den übrigen menschlichen Schriftwerken stelle: so liegt darin eine bedenkliche Verkennung des Rechtes der evangelischen Schriftforschung. Was ganz besonders die Evangelienfrage betrifft, so weiß Jeder, der sich je mit derselben beschäftigt hat, daß wir nicht Alles in den Evangelien gleichmäßig festhalten können. Wollte man auch jede kritische Aufstellung hierüber in der evangelischen Kirche und Theologie zum Schweigen bringen, so würde der Buchstabe der Schrift selbst reden. Es ist eine unschätzbare Fügung dessen, dem wir diese Schriften danken, daß wir das höchste Erbe der Kirche, das Evangelium selbst in mehreren so verschiedenen, und menschlich eigenthümlichen Schriften besitzen, daß wir beinahe keine Nachricht, beinahe kein Wort Jesu haben, welches darin nicht seine mehrfache Ausprägung gefunden hätte. Die Gefahr ist allerdings immer vorhanden, daß Einige sagen: wenn die Theologen selbst dieß und das als unächt oder unsicher aufgeben, so steht offenbar gar Nichts fest. Um diese aber werden wir nicht dann erst zu klagen haben. Es ist nicht der Glaube, der auf diese Weise sich selbst aufgibt. Wohl aber sind unter den Nichttheologen, welchen das Evangelium ein

---

3 Daniel Schenkel, Das Charakterbild Jesu. Ein biblischer Versuch, Wiesbaden ³1864.
4 Vgl. Jahrb[ücher] f[ür] d[eutsche] Th[eologie] 1864. S. 764ff.

Heiligthum ist, gar Viele, die selbst von den Fragen unserer Kritik bewegt werden, und kein Vertrauen zu den Theologen haben, die ihnen einreden möchten, daß diese Schwierigkeiten gar nicht vorhanden seien.

Die Wahrheit allein darf uns leiten. Die Augen gegen sie verschließen und damit die Kritik abweisen, heißt das Evangelium selbst aufgeben. Uebrigens beweisen unsere neueren Erfahrungen, daß wir dem Gange unserer Wissenschaft ruhig zusehen können, wenn wir nur Geduld und Fleiß haben. Wohin hat denn die so gefürchtete und geschmähte Evangelienkritik geführt? Dahin, daß wir allmählich einen viel festeren gewisseren Boden gewonnen haben und immer mehr gewinnen, auf welchem wir das Lebensbild Jesu erkennen, und seine geschichtliche Größe und Herrlichkeit sehen. Gerade die Kritik, welche so willkürlich mit den Denkmälern seines Lebens und Wirkens umzugehen scheint, Alles zerreißt und überall das Messer anlegt, führt immer mehr dahin, daß wir mit sicherer Begründung nachweisen können, was Jesus gesprochen, was er gethan. Sie zeigt uns als die wesentlichsten Bestandtheile unserer Evangelien Quellen, welche schon der Zeit ihres Ursprunges nach der wirklichen Geschichte viel näher /VIII/ liegen, als man früher zu hoffen gewagt. Sie vergegenwärtigt uns in denselben die wichtigsten Momente jener Geschichte mit einer Klarheit, welche beweist, wie sehr die Erinnerung hier unwiderstehlich von Thatsachen beherrscht ist. Wie jede Geschichtsforschung beginnt sie mit Verlusten, welche zuerst befremden, aber ihnen folgt der Gewinn, daß die Vergangenheit lebendig und wahr vor uns aufersteht. Irrthümer sind auf diesem Wege unvermeidlich, Uebereilungen erklärlich. Aber die Wissenschaft, welche sie erzeugt, berichtigt sie wieder. Im Großen kann sie nur der Wahrheit näher kommen, je mehr sie ihren großen Gegenstand selbst frei in das Auge faßt.

Was von der Evangelienkritik gilt, dürfen wir auch auf die Bearbeitungen der Geschichte Jesu selbst anwenden, und ich nehme keinen Anstand mich zu der Ueberzeugung zu bekennen, daß die Wissenschaft über diesen Gegenstand durch die Arbeiten, in welchen man so oft bloß Angriff und Zerstörung sieht, gewonnen hat. Das Lebensbild, welches Strauß[5] von Jesus jetzt entwirft, ist ein sehr dürftiges. Es ist wenig, was er als sicheres Wissen von ihm geben zu können glaubt, und in dem Wenigen sind einige nicht aufgeklärte Punkte von großem Belange.[6] Er kann nicht ernstlich bestreiten, daß Jesus seiner Person Dinge, wie die Aufrichtung des künftigen Reiches der Vollendung zugeeignet hat, und weiß doch keine Erklärung, wie sich diese Schwärmerei mit seinem übrigen sittlich sowohl als der Erkenntniß nach so hohen Charakter vereinigen lasse. Aber er hat doch gründlich dagegen

---

5 [David Friedrich Strauß, Das Leben Jesu für das deutsche Volk bearbeitet, Leipzig 1864.]
6 Vgl. Jahrb[ücher] f[ür] deutsche Theol[ogie] 1864, IV. 769 ff.

gestritten, daß Jesus nichts als der Gegner des Pharisäismus und im Uebrigen ein nicht weniger beschränkter Jude gewesen wäre. Er hat ihm die ganze Größe freier Sittlichkeit und reiner Menschlichkeit, einer geistigen Religion, ihres Glaubens und ihrer Kraft, zugesprochen. Das haben Rationalisten früherer Zeiten auch gethan. Aber es ist nicht das Nämliche, wenn es jetzt nur von dieser Seite geschieht. Die Gänge, welche dazwischen liegen, machen diese Anerkennung zu einer Errungenschaft, welche jetzt größeren Werth hat. Es ist jetzt ein abgenöthigtes Bekenntniß der Geschichtsforschung, was früher eine Vorstellung nach eigener Einbildung war.

Fast höher noch wird die Förderung durch Renan[7] anzuschlagen sein.[8] Er hat allerdings nach seiner Ansicht von den Quellen mit dem geschichtlichen Stoffe ziemlich frei gespielt, und in vielen Stücken /IX/ bloß ein Phantasiegebilde geschaffen. Er hat auch in auffallender Weise zum Theile die altrationalistische Bahn der natürlichen Wundererklärung wieder betreten, und dadurch am meisten verletzt, daß er sich nicht scheute, Jesus wenigstens als Mitwisser zweideutiger Handlungen erscheinen zu lassen, überhaupt in den Charakter Jesu ein desselben nicht würdiges und geschichtlich nicht begründetes Schwanken zu legen. Es war ihm endlich sehr leicht nachzuweisen, daß er an die Stelle des übernatürlichen Wunders die moralische Unbegreiflichkeit setze wenn er sich Jesus stufenweise von einem staren und reinen Gottesglauben aus in die Rolle des Messias bis zuletzt zur Vorstellung von seiner Person als einem göttlichen Mittelwesen einleben ließ. Nichtsdestoweniger liegt gerade hier die Stärke seiner Schrift. In der Wissenschaft ist die Aufstellung eines Problemes selbst mit verfehlter Lösung häufig von nicht geringerem Verdienst, als die eines richtigen Satzes. Renan hat seine Darstellung gegeben in der vollen Erkenntniß davon, was es überhaupt heiße, daß Jesus sich vor seinem Volke als den Messias erklärt habe, und was dieß insbesondere gegenüber den Lehren und Meinungen, welche seine Zeit über den Messias hatte, zu bedeuten habe. Sicher ist ihm die Erklärung, wie dieß möglich gewesen sei, nicht gelungen, aber er hat uns in den Brennpunkt der geschichtlichen Aufgabe hineingestellt, und selbst der Mißgriff ist eine fruchtbare Lehre von größter Tragweite.

Die früheren Verhandlungen über die Geschichte Jesu haben sich großentheils auf einem wenig fruchtbaren Boden bewegt. Die Hauptsache schienen die Wunder, die Untersuchung der Berichte über sie, der Streit über ihre Glaubwürdigkeit und Möglichkeit. Einen unverhältnißmäßig großen Raum nahmen die unsichersten Gebiete der evangelischen Geschichte, so die Kindheitsgeschichte,

---

7 [Ernest Renan, Vie de Jésus (Histoire des origines du christianisme, Paris 1863; dt.: Das Leben Jesu (Geschichte der Anfänge des Christenthums, Bd. 1), Berlin 1864.]
8 Vgl. ebendas. 1864, I. S. 180 ff.

die Vorgeschichte überhaupt, ein. Die Kritik, welche nur überhaupt den Glauben an die biblischen Berichte erschüttern wollte, hatte sich diese Dinge zum vorzugsweisen Gegenstand ihres Angriffes ausersehen, die Vertheidigung ließ sich durch diese Taktik beherrschen, und schwächte dadurch von vorneherein selbst ihre Stellung. Darum ist so wenig eigentliches Ergebniß erzielt, der christliche Glaube nicht von der Seite, wo er am sichersten steht, der Seite des geistigen Lebens, der geistigen Stellung Jesu aus, gerechtfertigt worden.

Die Verhandlungen der Gegenwart zeigen den großen Fortschritt, daß sie sich eben auf diese Hauptfrage beziehen, und die Aufgabe sich hier concentrirt. Die Kritik selbst ist eine positive geworden. Der /X/ Mann, der einst gegen Strauß nicht als Theologe, sondern als Orientalist, den Vorwurf erhoben hatte, daß das Verfahren desselben zu wenig historisch sei, hat sich selbst dem Unternehmen unterzogen, diesen Fehler zu verbessern; er hat uns eine Geschichte Jesu[9] geliefert, welche denselben aller Welt als Menschen verständlich machen, aber auch seine große religiöse Leistung erklären sollte. Strauß selbst hat gleichzeitig in seiner Neubearbeitung des Lebens Jesu zwar die alte Mythenauflösung in aller Breite erneuert, aber doch ebenfalls zu zeigen versucht, wie es mit dem religiösen Bewußtsein Jesu sich in der Wirklichkeit verhalten habe, wie er sich mit demselben zu seiner Zeit gestellt habe.

Die Sachlage ist hiedurch eine ganz andere geworden. Eben dieses „religiöse Bewußtsein Jesu", welches jetzt mit Recht zur Hauptfrage geworden, läßt sich nicht so leicht fertig machen, wie die Kindheitsgeschichte, die Auferstehungsberichte und eine Reihe von Wundererzählungen. Hier steht ein großes Problem, das nicht die Theologie, nicht der Kirchenglaube geschaffen hat, sondern das die Geschichte selbst darbietet, und mit welchem sie sich nicht abweisen läßt. Es ist die Frage, was derjenige gewesen sein muß, welcher auch der modernen Sittlichkeit und Humanität als ein Ideal erscheint, und welcher zugleich im Stande war, sich seiner Nation als den verheißenen Messias, der Welt als ihren Erlöser anzukündigen. Renan hat versucht uns dieses geschichtlich durch einen Fortschritt zu erklären, der doch im Grunde nichts als eine Kette von steigenden Selbsttäuschungen wäre. Strauß ist über die geschichtliche Aufgabe ziemlich leicht durch die nichts erklärende Wendung hinweggegangen, daß wir in ihm die höhere Einheit von Hellenismus und Judaismus sehen müssen. So lange uns nicht bessere Erklärungen geboten werden, haben wir gewiß das Recht zu der Annahme, daß Jesus derjenige war, als den er sich ausgegeben, oder daß uns die Geschichte

---

[9] [Heinrich Ewald, Geschichte Christus' und seiner Zeit (Geschichte des Volkes Israel bis Christus, Bd. 5), Göttingen ¹1855; ²1857.]

selbst hier auf eine ganz außerordentliche Person, ein ursprüngliches höheres Selbstbewußtsein hinweist, welches allein den Schlüssel zu jenem Auftreten gibt.

Aber wir dürfen es nicht hiebei bewenden lassen, wir haben die bestimmten Gänge näher zu untersuchen, an welchen sich diese Annahme bewahrheitet, die Entwicklung, welche unter jener Voraussetzung ächt menschlich sich vollzogen hat. Meine Ansicht über die Grundlage habe ich in den obenerwähnten Abhandlungen ausgesprochen, und ich wollte in dieser Schrift nicht in alles dort Erörterte in ausführlicher Wiederholung eingehen, die Aufgabe, welche ich mir hier gestellt habe, war vielmehr: den Verlauf der Geschichte, wie er sich aus den ältesten /XI/ Quellen ergibt, in seinen Hauptwendungen so zu zeichnen, daß durch denselben die Forderung eines solchen außerordentlichen Selbstbewußtseins oder wenn man lieber will religiösen Bewußtseins Jesu als der Grundlage für alle Stufen und Wendungen seines Auftretens sich ergebe. Ich habe deßhalb kein Leben Jesu geschrieben, sondern eine theologische Abhandlung zur Beleuchtung seiner Geschichte in dieser Hauptfrage, wenn ich auch dabei den ganzen Umriß seines öffentlichen Lebens und Wirkens hineinziehen mußte. Aber nicht nur des Geschichtlichen Manches mußte hiebei zur Seite liegen bleiben, sondern auch des eigentlich Dogmatischen habe ich mich möglichst enthalten. Ich bin überzeugt, daß man die Person Jesu nur mit Hilfe allgemeiner Begriffe von Religion und Offenbarung ganz erkennen kann. Die Geschichte aber hat eben nur bis dahin zu führen, wo diese Erklärung einzutreten hat; sie beweist aus den vollbeglaubigten Thatsachen, daß eine solche Person gelebt hat; die begriffliche Zurechtstellung ist nicht ihre Sache.

Auf Eines aber kann die Geschichte nicht führen, wie ihr von der Theologie noch oft genug zugemuthet wird, nämlich auf eine Person, deren Bewußtsein kein menschliches, sondern ein göttliches, kein irdisches, sondern ein vor- und überzeitliches wäre. Hier bekenne ich offen, wie schon bisher in der Frage über den johanneischen Christus, daß ich auch, was in den Berichten dafür Sprechendes vorliegt, nicht als geschichtlich ansehen kann. Ein solches Bewußtsein ist für die Geschichte nicht vorhanden, so wenig in der Darstellung, wie in der Wirklichkeit. Will die Dogmatik davon nicht lassen, so muß sie auf den geschichtlichen Nachweis ihres Glaubens verzichten. In der That aber scheint mir doch, daß unsere ganze Theologie, soweit sie Wissenschaft ist, von der Erkenntniß getragen wird, daß wir die Persönlichkeit Jesu in seiner menschlichen Natur, und nicht in einer göttlichen zu suchen haben, daß die Gottheit dieser Person vielmehr in der eigenthümlichen realen Beziehung, in welcher er zu Gott stand, zu finden ist. Auf was sonst beruht jene zahlreich vertretene Richtung, welche sich das menschliche Leben des Sohnes Gottes nur dadurch erklären zu können glaubt, daß er sein göttliches in dasselbe verwandelt habe? Doch hüten wir uns vor Vorstellungen, welche mehr Phantasiegebilde, als Begriffe sind. Halten wir aber mit ganzem Ernste daran, daß wir, um den Christus, der die Welt erlöst hat, zu behalten, ihn in seiner menschlichen Lebenswahrheit erkennen müssen.

In der That trifft in diesem Punkte die Forderung des lebendigen /XII/ Glaubens ganz mit dem Gesetze der Geschichte und ihrer Wissenschaft zusammen. Nicht ebenso scheint sich dieß bei einem anderen Gegenstande, nämlich in der Wunderfrage, zu verhalten. Es ist ein oft ausgesprochener, ebenso oft freilich angegriffener und verdächtiger Satz, daß es keinen geschichtlichen Beweis für ein Wunder geben kann, weil keine Häufung von Wahrnehmungen und Zeugnissen derselben im Stande ist, eine solche Sicherheit zu geben, wie sie erforderlich wäre, um eine Ausnahme von den allgemeinen Gesetzen des Geschehens anzuerkennen. Indem dieses Nichtzureichen jeder Erfahrung und geschichtlichen Bezeugung zum Beweise eines Wunders zuletzt auf dem Widerspruche des gesetzmäßigen Wahrnehmens und des sich dem Gesetze entziehenden Gegenstandes beruht, ist es nur ein anderer Ausdruck für die Antinomie, welche im Begriffe des Wunders selbst liegt, die Antinomie der Erfahrung und des absoluten Aktes selbst. Kann aber die Geschichtsforschung als solche das Wunder in diesem dogmatischen Sinne nicht beweisen oder nicht als bewiesen anerkennen, so scheint es für sie überhaupt nicht vorhanden zu sein. Dagegen gilt dasselbe in der Regel als etwas dem religiösen Glauben unentbehrliches, wesentlich insbesondere zu der Person und Geschichte Jesu gehöriges. In der That verhält es sich hiermit anders als mit manchen Bestandtheilen der evangelischen Geschichte, welche wir durch die Kritik unserer Quellen berechtigt sind, in den Hintergrund zu stellen. Wie man diese als Sage oder Mythus erklären mag, in jedem Falle ist der spätere Ursprung eines Berichtes Grund genug, seinen Inhalt nicht zu den sicher beglaubigten Stoffen der evangelischen Geschichte zu zählen. Dieß trifft nun aber keineswegs zu für die Wunder überhaupt und insbesondere die Heilungswunder, aber auch die anderen Naturwunder. Denn sie sind ein Element auch der ältesten Quellen, und so gut bezeugt als irgend ein Wort Jesu. Und doch sind unter denselben Thaten und Begebenheiten begriffen, welche nicht aus allgemeinen philosophischen oder kritischen Gründen, sondern um ihrer besonderen Natur willen auch der entschiedenste Apologet heutzutage kaum mehr buchstäblich festzuhalten wagt. Hier dürfen wir daher das Bekenntniß nicht scheuen, daß unsere Art diese Dinge anzusehen eine andere geworden ist, als die der ursprünglichen Zeugen der Geschichte Jesu, und zwar deßwegen, weil wir die Natur und das Geschehen in derselben überhaupt anders ansehen gelernt haben. So gewiß daher die ersten Zeugen schon großentheils die Dinge so angesehen haben mögen, wie sie uns berichtet sind, so wenig können wir durchweg an ihre Auf- /XIII/ fassung gebunden sein, noch können dieselben in dem gleichen Sinne wie für sie, auch für uns noch wesentliche Bestandtheile unseres Glaubens an Jesus sein. Wohl aber müssen wir zugeben, daß der Unterschied zwischen ihnen und uns keineswegs bloß ein Unterschied der Vorstellung ist, sondern ebensosehr des wirklichen Lebens. Gerade im Zusammenhange mit jenen Vorstellungen des Alterthums sind sicher und ganz besonders im Gebiete der Krankheiten und Heilungen auch in der Wirklichkeit damals Thaten geschehen, welche uns fremd geworden sind, welche wir ebendaher mit Recht Wunder nennen dürfen, ohne sie unter den abstracten Schulbegriff des Wunders zu stellen, welchen ohnehin die Zeugen der evangelischen Geschichte nicht gehabt haben. Die Grenze für diese Möglichkeit aber sind wir zu ziehen nicht im Stande, und wir müssen uns daher, indem wir auf die Ergründung des Thatsächlichen im Einzelnen verzichten, darauf beschränken, auch in diesen Dingen das allgemeine Zeugniß der gewaltigsten, hierin aber gemäß der Zeit gearteten Geistesbewegung zu erkennen. Andrerseits haben wir um so mehr Recht und Freiheit, die einzelnen Berichte kritisch anzusehen.

Halten wir diese Gesichtspunkte fest, so werden wir nicht in Gefahr sein, um dieser Elemente willen die Erzählungen, welche mit Wundern verbunden sind, überhaupt als solche, deren geschichtlicher Inhalt sich nicht mehr bestimmen lasse, in Frage zu stellen. Wir müßten aus diesem Grunde nicht bloß einzelne Geschichten, wir müßten die ganze evangelische Geschichte, ja die beglaubigtste Geschichte der apostolischen Zeit aufgeben. In der That aber haben wir hiezu kein Recht, wenn sich doch die Wunderüberzeugung bei den ersten Erzählern keineswegs bezweifeln läßt. Und im Gegentheile sind die wunderbarsten Berichte zum Theil mit solchen Momenten verbunden, welche in ihrer Natur und Bedeutung das vollste Siegel der geschichtlichen Beglaubigung an sich tragen.

Aber auch nach anderer Seite hin werden wir sagen dürfen, daß die Freigebung der Naturwunder an die Kritik keine Gefahr im Gefolge hat für die Anerkennung des großen Geisteswunders in der Person Jesu, und des Außerordentlichen und Uebernatürlichen auf geistigem Gebiete, was mit demselben zusammenhängt. Das Gesetz des geistigen Lebens ist ein anderes, als das der Natur; es ist das Gesetz der Freiheit. Was wir hier Wunder nennen, ist die Bedingung, unter welcher wir überhaupt nur ein reales Leben der Religion, ein reales Verhältniß des Menschen zu Gott denken können. Wenn wir daher /XIV/ auch durch die geschichtliche Kritik die äußeren Wunder in der evangelischen Geschichte alle verlieren könnten, so wäre damit das Wunder seiner Person noch keineswegs gefährdet; er wäre darum noch nicht vom Welterlöser zum Ideale der Menschheit, oder zu einem ihrer edleren Geister herabgerückt. Im Gegentheile, je freier wir über das äußere Wunder denken, desto freier, das heißt reiner werden wir auch jenes Geisteswunder zu erkennen im Stande sein. Wer das erstere jetzt noch im dogmatischen Sinne rechtfertigen kann oder zu können glaubt, soll darum nicht angefochten sein; aber wir alle sollten in der Erkenntniß einig sein, daß weder die Herrlichkeit Christi noch die Wahrheit seines Evangeliums davon abhängig ist.

Je mehr der Gegenstand dieser geschichtlichen Untersuchung zugleich der höchste des christlichen Glaubens ist, desto mehr müssen sich hier die Gegensätze in aller Schärfe gegenüberstehen, und es begreift sich leicht, daß man geneigt ist, dieselben auf das Für und Wider in gewissen Formeln zurückzuführen. Diejenigen, welche das Christenthum für ein Erzeugniß des menschlichen Geistes aus sich selber und darum auch für eine vorübergehende Erscheinung ansehen, geben hiebei gerne den Ton an, den Glauben oder die Verwerfung des sinnlichen Wunders als Unterscheidungszeichen aufzustellen, und finden damit auf der Gegenseite nur zu leicht Anklang. Wir sollten aber vielmehr das Für und Wider darin erkennen, ob der Person Jesu selbst eine einzige und darum immerwährende Stellung zu Gott sowie zur Menschheit zuerkannt wird oder nicht. Hierin liegt die Frage, ob das Christenthum etwas Vergängliches oder etwas Bleibendes sei, die Frage aber auch, welche die Theologie, unbeirrt von Naturwissenschaft und Philosophie, auf dem Boden der Geschichte und der religiösen Erfahrung sowie vom Wesen der Religion aus entscheiden kann.

Die folgenden Blätter haben keine andere Absicht, als hiezu einen Beitrag auf dem Boden der Geschichte zu geben. Möge es Anderen besser gelingen, den Charakter der Offenbarung in der menschlichen Entwicklung dieser Geschichte nachzuweisen. Der Gegenstand ist so groß, daß jeder für seinen Theil zufrieden sein muß, wenn er nur einigen Anlaß zum Fortschritte gegeben hätte. Keine Betrachtung vermag die Größe dieser Offenbarung darzustellen; wohl aber dürfen wir trachten, sie uns auch durch unser Forschen lebendiger anzueignen.

Tübingen, im September 1864.

Carl Weizsäcker, Untersuchungen über die evangelische Geschichte, ihre Quellen und den Gang ihrer Entwicklung, Gotha: Rudolf Besser 1864, S. III-XIV (Vorwort).

Karl Hase
2.4 Geschichte Jesu. Nach akademischen Vorlesungen, 1876

§ 14 Idee des Lebens Jesu.

Als die beiden personificirten Ideale des Judenthums, des palästinischen und des alexandrinischen, der Messias und der göttliche Logos einander gefunden hatten, um im Tiefsinn des Paulus und in der Liebesfülle des Johannes die Herrlichkeit Jesu auszusprechen, ist auf dem Grunde einer monotheistischen Religion, die als solche den ganzen Götterhimmel /98/ entleerte, doch in naturgemäßer Entwicklung der Glaube an einen neuen Gott entstanden, der zugleich als Mensch, und beides gleich vollkommen, die Berechtigung der christlichen Religion zur Weltherrschaft in sich trug, und siegreich über alle Gegensätze sie derselben entgegenführte, so lange die Wahrheit im Purpurgewande der Phantasie durch die Völker wandelte. Dieser heilbringende Gottmensch ist die Idee, welche von Seiten der Kirche einer Geschichte Jesu als gläubige Voraussetzung geboten wird.

Jede Voraussetzung scheint der Voraussetzungslosigkeit zu widersprechen, wie Strauß sie forderte. Neander hat dem entgegnet:[1] „Wir sollen uns von den Voraussetzungen nicht frei machen wollen, welche durch eine höhere, von dem ewigen Gesetze des Schöpfers herrührende, in der sittlichen Weltordnung begründete Nothwendigkeit unserer Natur zum Grunde liegen." In Bezug auf das Leben Jesu sei es diese Voraussetzung: „daß Jesus ist der Sohn Gottes in einem Sinne, in welchem dies von keinem Menschen ausgesagt werden kann, daß in ihm die Quelle des göttlichen Lebens selbst in der Menschheit erschienen, daß durch ihn die Idee der Menschheit verwirklicht worden." Obwohl das Dogma der Kirche hierdurch sehr unbestimmt und abgeschwächt ausgesprochen ist, mag der Zweifel wohl erlaubt sein, ob die Nothwendigkeit dieser Voraussetzung in der menschlichen Natur gegründet sei. Strauß dagegen versicherte: dies sei nicht die Art der Idee ihre ganze Fülle in ein Exemplar auszuschütten, der Gottmensch sei nur die Menschheit. Also auch er hebt an mit einer Voraussetzung, nur mit einer verneinenden. Es geht auch nicht ohne Voraussetzung und ist nur ein Gerede, wenn man versichert, sich bloß an die H[eilige] Schrift halten zu wollen, möge ein Gott

---

[1] [August Neander, Das] Leben Jesu [in seinem geschichtlichen Zusammenhange und seiner geschichtlichen Entwickelung dargestellt, Hamburg] [1837] S. 1 f.

oder ein Mensch herauskommen. Denn wer eine Geschichte Jesu zustande bringen will und nicht bloß äußerliche unverstandene Thatsachen nacherzählen, muß für den Glauben der Kirche, daß Jesus der Gottmensch sei, ein Ja oder Nein haben. Dies als seiner Möglichkeit nach jenseits der geschichtlichen Urkunden ist für die Geschichtsforschung eine Voraussetzung.

Die kirchliche Voraussetzung, wie dieselbe aus den paulinischen und johanneischen Schriften sich im schweren innern Kampfe der ersten 5 Jahrhunderte entwickelt, dann länger als ein Jahrtausend mächtig bestanden hat, ist: daß die Gottheit, obwohl eins in ihrem Wesen sich doch von Ewigkeit her in drei gleich absolute Personen entfalte, und daß solch eine Person der Trinität, welche die Welt erschaffen hat und erhält, als besondres Individuum auf Erden erschienen sei, indem sie sich eine vollkommen menschliche Natur aneignete und mit ihr zu *einer* Persönlichkeit einigte. Wird dieses ernsthaft genommen, ernsthafter als Neander es nahm, so kann von einem innern Werden und Sichentwickeln Jesu nicht die Rede sein, dieser Persönlichkeit kommt vom Anfange an Allmacht und Allwissenheit zu. Wenn Jesus nach etwas fragt, ist's bloß scheinbar, wie auch die Kirchenväter annahmen; wenn er den Judas als Apostel zuläßt, so weiß er in ihm seinen Verräther, wie selbst Johannes annimmt; wenn er unter dem Kreuze zusammensinkt und am Kreuze stirbt, so ist's ein freies Nachgeben der Schwäche seiner menschlichen Natur, es stünde bei ihm vom Kreuze herabzusteigen, wie seine /99/ Feinde höhnend meinten, und sie und ganz Jerusalem mit seinen Blitzen niederzuschmettern. Jesus rein menschlich betrachtet, ist es eine der schwersten und schönsten Aufgaben historisch und psychologisch darzuthun, wie er dazu gekommen sei Messias seines Volks und Heiland der Welt zu werden. Ist er der Gott selbst, der sich gesandt hat, der die Weltgeschichte von Ewigkeit her überblickte und sie wollte wie sie ist: so erscheint solche Untersuchung ebenso unnütz als sinnlos. Man muß sich also entscheiden, und jede Geschichte Jesu, welche für die Kirche eine Bedeutung haben soll, hebt mit der Voraussetzung an, ob hier das Leben eines Gottes oder eines Menschen erzählt werde. Darin hat Neander Recht, obwohl er sich nicht entschieden hat, nicht wahrhaft entscheidend.

Dennoch eine Voraussetzung, die als solche verharrt, ist in der Wissenschaft ganz unzulässig, nichts als eine zufällig aufgegriffene Meinung, die wahr oder falsch sein kann. Der Tibetaner sezt voraus, daß der Dalailama Gott sei, der orthodoxe Christ, daß Christus es sei: es fragt sich nur, welcher von beiden berechtigt sei, oder ob einer von beiden?

Die Voraussetzung muß daher als solche aufgehoben werden, indem sie als Wahrheit gewußt d. h. aus einem unabänderlichen Gesetze des Geistes erkannt wird, zunächst wiefern die Idee eines Gottmenschen nur möglich sei. Da seine beiden Bestandtheile, die Menschheit und die Gottheit, als Ideen im menschlichen Geiste entstanden sind, muß auch ein sicheres Urtheil über ihre mögliche Einigung zu *einem* Individuum zu finden sein, noch abgesehn von aller Erfahrung, rein im Begriffe. Aber ein gründliches Urtheil kann erst geschöpft werden, nachdem die Idee des Menschen in Bezug auf Gott, und die Idee Gottes in Bezug auf den Menschen klar entwickelt ist. Das ist eine große Aufgabe, die fast das ganze Gebiet der Dogmatik umfaßt, soweit sie Religionsphilosophie ist. Daher scheint angemessen, da meine Vorlesungen ein organisches Ganze bilden, diese Untersuchung der Dogmatik, der sie nothwendig ist, anheimzustellen, und hier nur das Resultat in einigen einfachen Sätzen auszusprechen.

1. Die Gottheit, welche der Mensch erkennt und anbetet, ist dasjenige in absoluter Vollkommenheit, nach was der Mensch immer nur strebt, oder die Humanität in unbedingter Vollendung. Wir achten die Gottheit für gerecht, für weise, weil Gerechtigkeit und Weisheit zum rechten Menschen gehört, und so sind alle ethische und intellectuelle Momente unsrer Gottesidee nur ins Absolute erhobene menschliche Attribute.
2. Das menschliche Leben in seinem Streben nach Vollkommenheit ist also ein göttliches Leben, wiefern sich dieses in beschränkter Weise darstellt.
3. Es gibt keine andre Darstellung des Göttlichen in der Menschenwelt als diese rein menschliche, die rechte Menschwerdung ist daher auch eine Gottwerdung in diesem beschränkten ethischen Sinne.
4. Dennoch zwischen der Gottheit und der Menschheit liegt eine unübersteigliche Kluft, weil jene das Vollkommne ist, diese nur darnach strebt; der rechte Mensch wird weise, Gott ist allweise, dieses All, das Absolute, ist der Abgrund. Aber Gott und Mensch können eins werden in der Liebe, welche dasjenige einigt was zugleich ein verschiednes bleibt, und diese Liebe ist die Religion. /100/
5. Hieraus folgt über den Begriff eines Gottmenschen, negativ: das Zusammenkommen einer absolut göttlichen und einer menschlichen Natur in *einem* Individuum ist undenkbar, denn es könnte nur geschehn gerade durch die Aufhebung dessen, wodurch sie allein verschieden sind; aber positiv: wenn ein Mensch das Menschliche rein von der Natur empfangen und vollkommen ausgebildet hätte, und durch seine fromme Liebe ethisch eins geworden wäre mit der Gottheit, so würde ein solcher Mensch das Göttliche in der Menschheit wahrhaft und in eminenter Weise darstellen.

Ob für ihn der Namen des Gottmenschen paßte? Betrachten wir die Menschheit nach ihrer Idee, wie sie sein sollte, so paßt er nicht, denn im wahrhaft Menschlichen ist das Göttliche schon einbegriffen, es versteht sich von selbst. Betrachten wir aber unser Geschlecht, wie es vor unsern Augen wandelt in seiner verkümmerten Wirklichkeit, die Millionen die mit ihrem nur auf das tägliche Bedürfnis gerichteten Blick fast Thiermenschen genannt werden könnten, und auch die

Besseren, meist nur Glücklicheren, weit abgefallen von jener Idee, der Sünde verfallen: so wird der Eine, der etwa der Menschheit vorangeschritten als der Vollendete, in welchem das Göttliche wahrhaft und unverkümmert Mensch geworden ist, im schönen Sinnbilde, bezeichnend daß das rechte menschliche Leben immer ein göttliches Leben ist, ein Gottmensch genannt werden. Ist ein solcher Mensch eben nur die Blüthe unsers Geschlechts, so muß es irgendeinmal sein oder gewesen sein; wär' er noch nicht gewesen, wir würden weißsagen, er wird irgendeinmal sein, denn er muß sein.

Dies unsre Voraussetzung, daß Jesus in diesem Sinne der Gottmensch gewesen sei. Sie entspricht keineswegs dem kirchlichen Dogma, aber sie bewahrt das Wesentliche, was in allen Vorstellungen, welche in der Kirche irgendeinmal Bedeutung erlangt haben über jenen hohen geheimnißvollen Fremdling auf Erden, enthalten ist: zweierlei, wie dumpf und verworren es auch zum Begriff und zum Dogma gefaßt worden, einestheils daß ein wahrhaft Göttliches in Christo zur Erscheinung gekommen sei, anderntheils daß es zugleich ein wahrhaft Menschliches war, obwohl die eine Seite der Betrachtung lange Zeit so überwog, die göttliche, daß die andre kaum noch in Betracht kam. Was wir als ursprüngliche Einheit und allmäliche Entwicklung erkennen, das ist im kirchlichen Dogma vorgestellt als ein Zusammenkommen des ursprünglich Verschiednen, einer absolut göttlichen und einer beschränkt menschlichen Natur, zwar durch eine subtile Auffassung als Glaubensgeheimniß innerhalb des Monotheismus festgehalten, doch an den Polytheismus anstreifend im Sinne des griechischen Alterthums als das Herabkommen eines Gottes, der menschliche Gestalt angenommen hat; die mythische Auffassung der religiösen Idee.

Unsre Voraussetzung als Idee des Lebens Jesu ist hiernach wohl eigenthümlich gefaßt, aber durch den Glauben der ganzen Christenheit gegeben, das Leben Jesu als das Leben eines Gottmenschen. Soweit die Gottheit sich in der Menschheit offenbaren kann, hat sie sich offenbart, ist sie menschlich geworden in Christo. Aber dieses Göttliche ist nicht etwas seiner und unsrer Menschlichkeit Fremdes, es ist seine vollkommne Menschheit selbst.

Also doch eine Voraussetzung! Aber noch einmal, eine bloße Voraus- /101/ setzung hat kein Recht in der Wissenschaft. Höchstens gälte sie unter Gläubigen, jenseit[s] dieses Kreises wäre sie nicht bloß nicht anerkannt, sondern auch nicht berechtigt. Man darf zugestehn, wenn ein Fremder außerhalb der Christenheit die Geschichte Jesu aufgrund der Evangelien beschriebe, etwa ein gelehrter Brahmine, er würde ihn neben die Besten seines Geschlechtes stellen, schwerlich an die Spitze desselben als den Einzigen, Unvergleichlichen; so achtete Mohammed den Sohn der Maria für einen Propheten neben andern Propheten, Alexander Severus stellte das Bild Jesu in seine Hauscapelle neben Orpheus, Numa, Sokrates.

Wenn wir also diesen allgemein menschlichen Standpunkt kennen, aber nicht einnehmen, scheint es doch eine Voraussetzung, ein Vorurtheil.

Aber kaum wäre Abgeschmackteres zu denken, als wenn wir uns absichtlich mystificirten, ohne weiteres voraussetzend: Jesus der vollkommne urbildliche Mensch, und nun alles darauf anlegten, ihn als solchen darzustellen; etwa alles in den Evangelien für ungeschichtlich haltend, was solcher Anschauung widerspräche. Die Idee des Lebens Jesu muß also etwas anderes bedeuten als solch eine wohlgemeinte abergläubische Voraussetzung.

Will jemand das Leben Rafaels beschreiben, so wird ihm eine gewisse Idee vorschweben, die aus der Anschauung von Rafaels Bildern, wohl auch aus der Verehrung, mit der die ganze gebildete Welt diesen Genius verherrlicht hat, entsprungen ist, nehmlich die Idee, daß es das Leben eines großen, vielleicht des größten christlichen Malers sei. Diese Idee wird die Grundlage seiner Geschichte werden, er wird darauf merken, wie dieser künstlerische Geist sich entwickelt, in welchen unsterblichen Thaten der Kunst er sich geäußert habe. Ist er aber ein rechter gewissenhafter Geschichtschreiber, so wird er auch die Irrthümer seines Helden im Leben und in der Kunst nicht bergen, er wird vielmehr überall zusehn, ob dieses oder jenes Bild, das nach Rafael getauft ist, des hohen Namens werth sei, er wird mancherlei bemerken, was Rafael nur flüchtig hingeworfen hat, oder wo nur der Gedanke sein, die Ausführung von den Schülern verdorben ist.

So ist auch Christus ein religiöser Genius. Wir gehn an die Darstellung seines Lebens mit dem Gedanken, daß hier eine religiöse Vollendung vorliege. Das ist aber nicht Anlaß ein Auge zuzudrücken, vielmehr um so schärfer aufzumerken, ob alles, was zuverlässig über ihn berichtet ist, diese vollendete Frömmigkeit bezeuge. Die vorschwebende Idee soll unser Urtheil nicht bestimmen, sondern schärfen, auf bestimmte Gesichtspunkte hinrichten; handwerksmäßig ausgedrückt, nicht ein Leisten, aber ein Richtmaß sein.

Ist es ein Bestandtheil des christlichen Glaubens, die sittlich religiöse Vollkommenheit an Christus zu verehren, so hat die Geschichte Jesu zu erforschen, ob sich dieses wirklich so verhalte und wie? Nur diese Geschichte kann der thatsächliche Erweis für diesen Bestandtheil des Glaubens sein. Aber ist es Ernst mit solchem Beweise, so muß auch die Möglichkeit des Gegentheils gegeben sein: es muß erlaubt sein alles in Frage zu stellen und ohne alle Scheu, woraus das Gegentheil erwiesen werden könnte; und eine solche Untersuchung ist sicher mehr im Geiste dessen, der sich einen König der Wahrheit nannte, als ein Vertuschen und Beschönigen aus Scheu vor etwaigem Ärgerniß. /102/

Die Voraussetzung ist also nur dasjenige, womit angehoben wird, die ganze geschichtliche Darstellung ist die Aufhebung der Voraussetzung als solcher: sie wird entweder als wahr erkannt, oder das Gegentheil; in beiden Fällen hat die Voraussetzung als solche ein Ende. Dennoch nur auf christlichem Standpunkt, in liebevoller Betrachtung und Aneignung der Eigenthümlichkeit Jesu ist die rechte Erkenntniß seines Lebens zu erwarten. Es gilt da die Paradoxie Pascals: Göttliches muß man zuerst lieben um es zu erkennen. Was unter oder neben mir steht, läßt sich übersehn und schildern ohne besondre Neigung. Was hoch über uns, zu dem gibt es schwerlich ein Erheben ohne von der Liebe emporgetragen. Erst wenn Christus in unserm Innern etwas geworden, oder indem er's wird, ist eine tiefe Einsicht in sein Leben zu gewinnen. Das christliche Leben ist vor Alters als eine Aufnahme Christi angesehn worden, daß er eine Gestalt in uns erlange durch die Aufnahme und das Fortleben des von ihm ausgehenden Geistes in unserm Geiste. Hiernach könnte nur derjenige hoffen das Leben Jesu würdig darzustellen, der es innerlich in sich erlebt hätte, also daß er sich rühmen könnte ein vollkommner Christ zu sein. Man hört dies zuweilen sagen. Allein wie fest auch Leben und Theorie zusammenhängt, immer noch liegt eine Kluft zwischen beiden. Der, in welchem Jesus wirklich fortlebt, vermag deshalb noch nicht das Leben desselben wissenschaftlich darzustellen. Ein anderer, minder gefördert im christlichen Leben vermag's vielleicht, weil er überhaupt geübt ist, sein Inneres in Wort und Begriff zu fassen. Nehmlich so weit muß er auf christlichem Standpunkte stehn, daß er sich irgendeinmal hineingedacht hat in Jesu Gedankenwelt, mit seiner Phantasie sich hineingelebt; das ist der Rede Sinn, daß Christus eine Gestalt gewonnen haben müsse mindestens in der Vorstellung.

Aber nur ein menschliches Leben ist ein geschichtlicher Gegenstand. Geschichte ist die Darstellung und Entwicklung freier Kräfte durch die Anregung und im Kampfe des Schicksals. Nur als solche, sei sie geschehn in Gottes oder in des Dichters Welt, spricht sie menschliche Theilnahme an, die etwas Menschliches werden, einen Entschluß fassen, dafür streiten, leiden, sterben sieht, und ergriffen von dem Gefühl: das ist Fleisch von meinem Fleische und Geist von meinem Geiste, mitfühlt und mitkämpft, mitstirbt und aufersteht in der Unsterblichkeit der Idee, im Ruhme der Nachwelt, in diesem Mitgefühl selbst.

Denken wir dagegen irgendeinen Moment des Lebens Jesu recht klar nach dem orthodox mythischen Dogma, und die Wahrheit jener Behauptung wird sofort einleuchten. Ist eine harmlose Kindheit möglich, deren Welt noch allein die Mutterbrust und das Mutterauge ist, von der Jesus in der Erinnerung an sie sprach, daß ihr das Himmelreich gehöre; kann die aus den Träumen der Kindheit hervorwachsende Jugend erfolgen in einem Kinde, in welchem persönlich die Gottheit wohnt, die Himmel und Erde geschaffen! Ein solches Kind könnte in der Wiege zur Mutter sprechen: Ich bin der Sohn Gottes, der Logos. Die Apokryphen haben dergleichen vernommen, auch der Koran. Ein solches Selbstbewußtsein Christi wäre nach dem kirchlichen Dogma sogar nothwendig. Aus solchem Kinde könnte eine menschliche Entwicklung zum Jüngling und Mann nicht stattfinden. Es wären /103/ nur einzelne Facta und Mirakel zu erzählen, in denen es dem ewig sich selbst gleichen Gott gefallen hätte die Maske seiner menschlichen Erscheinung ein wenig abzunehmen.

Die Wahrheit aber pflegt sich durch eine Inconsequenz geltend zu machen. So hat die Kirche immer eine menschliche Entwicklung Jesu angenommen, sie hat immer mit Lukas gelehrt: er nahm zu an Weisheit und Alter und Gnade bei Gott und den Menschen. Als sei dies möglich an einem Kinde, das *ein* Individuum ist mit dem Weltschöpfer! Wie das orthodoxe Dogma folgerecht zum Aufzehren des Menschlichen führt, so die evangelische Geschichte in ihrer vollen Menschlichkeit zur unwillkürlichen Anerkennung desselben. Daher wenigstens auf vermeintlich orthodoxem Standpunkte solche, die nur ernst auf die Geschichte Jesu eingingen, wie Reinhard[2] und Neander, wenn auch im Widerspruche mit sich selbst, seine rein menschliche Entwicklung annehmen.

Ebendahin gedrängt meinte die modernste Orthodoxie dafür eine bestimmte Berechtigung erfunden zu haben in der Annahme, der Sohn Gottes in seinem vorirdischen Dasein habe den Entschluß gefaßt, nicht nur seine Allmacht, sondern auch sein göttliches Selbstbewußtsein aufgebend durch Herabsetzung des göttlichen Logos zu einer Kinderseele wahrhaft Mensch zu werden. In Bezug auf die Geschichte Jesu können wir uns diese Annahme wohl gefallen lassen. Aber hat Christus auf Erden sich selbst nicht als Gott gekannt, oder doch erst in allmälich aufzuckenden Blitzen der Erinnerung, woher sollen wir ihn als solchen erkennen? Es ist die abentheuerlichste Heterodoxie: in der trinitarischen Weltregierung soll die zweite Person ein dreißig Jahre lang ausgefallen sein und der Allwissende soll Lethe getrunken haben! Doch stimmt unsre Idee der Geschichte Jesu mit der orthodoxen und mit jeder Ansicht, welche dafürhält, daß sich Göttliches in Christo offenbart und in rein menschlicher Form entwickelt habe. Nur diejenige Lehre weisen wir unbedingt zurück, einerseits, welche diese menschliche Entwicklung ausschließt oder unterbrochen denkt, also etwa schon im Kinde das Bewußtsein seines Berufs und seines Todes; andererseits auch die als dem hohen Gegenstande nicht gewachsen, welche die Menschheit nur in ihren irdischen Schranken betrachtend, losgerissen von ihrem göttlichen Ursprunge und ihrer göttlichen Tendenz, in diesem schlechten Sinne Jesus für einen bloßen Menschen ansieht. – Dies sei von dem, was ich im Sinne habe, die offne Rechenschaft.

---

2 [Franz Volkmar Reinhard, Versuch über den Plan, welchen der Stifter der christlichen Religion zum Besten der Menschheit entwarf. Ein Beytrag zu den Beweisen für die Wahrheit dieser Religion, Wittenberg ¹1781; ⁴1798.]

§ 112 Die leibhafte Auferstehung

Die Wiederbelebung des begrabenen Leibes Jesu hat sich uns als die eine geschichtliche Möglichkeit ergeben: da sie als solche, nicht als ein Wunder, aber als eine geschichtliche Thatsache anzusehn wäre, entsteht auch für uns die Frage, durch welche Mittel und Kräfte sie geschehn sein würde.

Eine sonst schon verlautete Ansicht ist durch *Gfrörer*[3] ausgebildet worden: Joseph von Arimathia und Nikodemus, als sie auf geradem Wege ihren Freund nicht retten konnten, versuchten sie's durch eine Bestechung, sei's des Pilatus, dessen Widerwille gegen die Verurtheilung kein Geheimniß war, oder der römischen Wache, damit nicht die Beine des Gekreuzigten zerschlagen würden, da dies durch die frühe Abnahme vom Kreuze wegen des anbrechenden Festtags zu erwarten war. Auch der gebotene Trank als völlig betäubend konnte dann beabsichtigt sein. Jesus war unkundig, die Weiber wurden fern gehalten. So viele Spezereien wurden mit einer gewissen Ostentation herbeigebracht, damit das umstehende Volk meinte, man sei mit nichts beschäftigt als mit dem Einbalsamiren eines Todten. Kein Vernünftiger tadle die edlen Frauen von Hugo Grotius und von Lavalette, welche durch List den Kerker ihrer Gatten öffneten: jene wohlwollenden Schriftgelehrten hätten nicht anders gehandelt. Es mußte der gefährlichen Natur der Sache nach immer geheim bleiben, auch den Aposteln.

Am scheinbarsten spricht dafür: die Juden, also Mitglieder des Hohenraths, bitten wegen des nahenden Festes um Abnahme von den Kreuzen und um Zerschlagen der Gebeine. Pilatus ist einverstanden, dennoch wird Jesus anders behandelt als die andern. Bei der einfachen Bestimmtheit solcher Befehle, bei der Pünktlichkeit, mit der unter allen Völkern die einmal üblichen Gebräuche der Hinrichtung vollzogen werden und bei der Strenge römischer Kriegszucht, ist allerdings unerwartet, daß hier ein Unterschied gemacht werden durfte. War zweifelhaft, ob noch Leben in Jesu sei, was kam für diese Soldaten darauf an, ob sie einem Leichnam oder einem Ster- /601/ benden die Beine zerschlugen! Der Lanzenstoß in die Seite sieht aus wie ein Ersatz wegen der Umstehenden.

Das Ereigniß ist auch denkbar ohne List und Bestechung, wenn Nikodemus und Joseph von Arimathia einmal im Besitze des Leichnams waren, nach so kurzer Kreuzigung, daß sie an demselben den Umständen nach dasselbe insgeheim versuchten, was ein Menschenalter nachher jener andre Josephus öffentlich an gekreuzigten Freunden versucht hat. Jene mit ihrer Menschenklugheit oder Menschenfreundlichkeit wären doch nur Diener im Rathe der Vorsehung gewesen,

---

[3] [August Friedrich Gfrörer, Kritische Geschichte des Urchristenthums, 2 Bde., Stuttgart ¹1831 (²1835) / 1838.]

und Jesus, unter ihren Händen erwacht, würde auch darin den Rathschluß seines himmlischen Vaters erkannt haben.

Es ist ein Versuch, das Unerwartete zu erklären, der seiner Natur nach einen geschichtlichen Beweis gar nicht zuläßt. Denn das Umgehn des Zerbrechens der Beine kann auch andre Veranlassung haben. Etwa eine gewisse Hochachtung von Seiten des kommandierenden Officiers, die er nach den Synoptikern so stark ausgesprochen hat.[4] Einen Jesus sterben zu sehn, mag für jeden nicht befangenen Menschen etwas Ergreifendes gehabt haben. Seine frühere Wirksamkeit wurde damals gewiß auch unter Römern besprochen. Gerade Leute, welche insgemein mit gemeinen Verbrechern zu thun haben, wenn einer von anderm Schlag einmal durch unglückliches Geschick in ihre Hände fällt, behandeln diesen mit besonderem Respecte, wenn sie auch sonst an ihm thun, was ihres Amtes ist. In solcher Stimmung, da es unnöthig schien, mochte man vermeiden, den Leichnam zu entstellen.

Viele Todtgeglaubte sind von selbst erwacht. Valerius Maximus in seiner Geschichte merkwürdiger Ereignisse[5] erzählt von einem seit zwei Tagen Gestorbenen, der auf dem Rogus, als die Flammen aufschlugen, laut aufschrie. Wie mancher Unglückselige ist im Grab erwacht! *Schubert* in seiner Geschichte der Seele[6] zählt eine Menge Fälle auf von solchen, die an Krankheit oder an Wunden als gestorben galten. Das Erwachen ist meist durch einen Zufall bedingt, etwa durch Fallenlassen des Sargs, oder das Strohlager, auf dem die Leiche liegt, wird vom Feuer ergriffen. Schubert, ohne alle Rücksicht auf Jesu Auferstehung, und dieser fromme Naturforscher würde am wenigsten Luft gehabt haben, das Wunder derselben zu verkleinern, bemerkt doch, daß gewöhnlich der dritte Tag kritisch sei für den Mittelzustand, wo es sich zum Wiederaufleben oder zum Verwesen entscheide; zugleich nennt er den Scheintod, noch mehr als den Schlaf, eine schmerzstillende, heilende Macht.

Freilich unberechenbare Zufälligkeiten mußten zusammentreffen, wenn nach dem gewöhnlichen Naturlauf am Kreuze und im Grabe ein Lebensfunke bewahrt bleiben sollte, an dessen Wiederaufleben die Zukunft des menschlichen Geschlechtes hing. Doch ist es nur die Schwäche unsers Glaubens an die Vorsehung, daß sie nicht mit den Mitteln, durch welche sie die Welt regiert nach uralten ewigen Gesetzen, das gänzliche Ersterben hätte verhindern, das Wiederaufleben

---

4 Mt. 27, 54. Mk. 15, 39. Lk. 23, 47.
5 [Valerius Maximus, Sammlung merkwürdiger Ereignisse und Thaten (Factorum et dictorum memorabilia, dt.), übers. v. Friedrich Hoffmann, Stuttgart 1829,] I, 8, 12.
6 [Gotthilf Heinrich von Schubert, Die Geschichte der Seele, Stuttgart / Tübingen] 2. Ausg[abe] [1833], S. 324 ff.

herbeiführen können. Zwei Anknüpfungspunkte bieten sich dar, um das Gesetz einer innern Nothwendigkeit im scheinbar Zufälligen zu erkennen.

Vorerst, der Tod, wie jetzt das Todesurtheil über uns alle gesprochen, /602/ ist etwas so unnatürliches und schauerliches, daß er kaum ohne Zusammenhang mit der sittlichen Schuld zu denken. Gott hat diesen Tod für ihrer selbst bewußte und einander liebende Wesen nicht geschaffen, er ist nichts ursprüngliches, nichts, das da sein sollte. So die alttestamentlich altkirchliche Ansicht. Nur ist sie nicht abenteuerlich aufzufassen, daß ohne den Sündenfall Adam noch großväterlich unter uns sitzen würde, als wodurch wir den Naturkundigen zum Gespötte werden; unsre Organe werden nothwendig abgenutzt, und zerfallen. Aber eine andre mildere Weise des Scheidens mit klarem Bewußtsein wäre denkbar wie zu einer Wanderschaft in ein schöneres Land, dessen Frühling früher kommt; nach dem Bild eines Rabbinen, ein Scheiden durch den Kuß des Ewigen. Nach diesem Gesetz wäre Christus als sündlos jenem Tode nicht verfallen, oder doch nur seiner vorübergehenden Erscheinung. Aber diese mögliche Erklärung liegt außerhalb aller Erfahrung. Auch stand Jesus doch mindestens im leiblichen Zusammenhange mit einem sündigen Geschlecht, sündlos etwa wie ein neugeborenes Kind, das doch gar leicht am Tage seiner Geburt sich wieder davon macht.

Das zweite ist historisch sicher: die wunderbare Heilkraft Jesu. War ihr Ursprung aus seinem Geiste, so war sie doch auch leiblich bedingt. Der so viele Kranke durch sein mächtiges Wort oder durch Berührung seiner Hand geheilt, der den Lazarus aus den Banden des Todes oder des Scheintodes erlöst hat, man möchte fragen wie die Juden: konnte der sich selbst nicht helfen? Zwar diese Heilkraft ist wohl nicht zu denken als bewußtlos wirkend. Aber mag aus einer Ohnmacht, die unter tausend ähnlichen Fällen in den Tod übergegangen wäre, sich ein dämmerndes Bewußtsein erhoben haben, oder dieses nie ganz erloschen sein, während der Körper starr und todt erschien; am Kreuz wird Jesus seine Kraft nicht angestrengt haben, das Leben zu erhalten, denn hier war's ihm ein göttliches Geschick zu sterben, und das Leben hätte nur zu längerer Qual geführt. Aber sobald im Grabe dieses Bewußtsein wieder aufging, und das war durch die Beschaffenheit eines solchen Grabes, horizontal in den Felsen getrieben, nur mit vorgewälztem Stein, also nicht luftdicht verschlossen, wenigstens möglich; auch der Lanzenstich konnte durch Öffnung einiger Adern diesem Wiederaufkommen des Bewußtseins förderlich sein: dann wird er die ganze Energie seiner heiligen Willens- und Heilkraft gebraucht haben, um sich wahrhaftes Leben und Gesundheit wiederzuschaffen. Dieser Kraft wird es auch bedurft haben, um mit durchbohrten Händen den Stein abzuwälzen, und mit den wahrscheinlich durchbohrten Füßen umherzugehn.

Man kann den vorangehenden Zustand Tod oder Scheintod nennen, das Wiederaufleben aus demselben natürlich oder übernatürlich: durch gemeinen

Menschenwitz und Menschenwillen ist Jesus dem Tode nicht entrissen worden, und seine Wunderkraft war nichts Gemeinnatürliches, aber etwas Geschichtliches. Die Gläubigen nehmen Anstoß am Namen des Scheintodes, wiefern darunter nur ein Stillstand der Functionen des Lebens verstanden wird, das sich in das Innerste zurückgezogen hat, daher von selbst oder durch eine zufällige Hülfe wieder aufkommen kann. Aber es gibt auch einen ernsthaften Scheintod, der ein Übergang ist zum vollen, wenn man will ewigen Tode, ein wirkliches Erstorbensein, das nur Scheintod genannt wird, wiefern durch irgendeine außerordentliche Vermittlung das erstorbene Leben /603/ wieder erweckt worden ist. In diesem Sinne haben vereinsamt unter den freien christlichen Denkern Schleiermacher und Bunsen mit mir den Tod Jesu und die Auferstehung desselben angesehn. Wenn ohne Zerstörung eines zum Leben nothwendigen Organs, nur durch Entziehung einer nothwendigen Bedingung des Lebens, etwa der Wärme, der Luft, des Kohlenstoffs, oder der Nahrung, individuelles Leben erstorben ist, kann es durch angemeßnes Wiedereintreten jener Bedingung wieder aufleben. Aufmerksam durch die Waizenkörner an Mumien der Pyramiden, die nach tausendjähriger Vertrocknung wieder Ähren trugen, hat die neuste Naturforschung dieses Gesetz an Pflanzen, Eiern und Thieren, allerdings niederer Ordnung, nachgewiesen, und hiernach einen wesentlichen Unterschied festgestellt zwischen dem Scheintod, der das Leben noch in sich trägt, nur vom Scheine des Todes verhüllt, und dem Leblossein, das doch lebensfähig ist [anabiotisch]; zugleich mit dem Bekenntniß:[7] „die Frage nach lebensfähig und lebensunfähig [todt] behält stets einen transscentalen Charakter." Jener Unterschied könnte auch dem Gekreuzigten gelten: er wäre nicht scheintodt, aber leblos bestattet worden.

Strauß hat gegen diese Ansicht des einen möglichen Verlaufs eingewandt: „Ein halbtodt aus dem Grabe Hervorgekrochner, siech Umherschleichender, der ärztlichen Pflege, des Verbandes, der Stärkung und Schonung Bedürftiger und am Ende doch den Leiden Erliegender konnte auf die Jünger unmöglich den Eindruck des Siegers über Tod und Grab, des Lebensfürsten machen, der ihrem spätern Auftreten zu Grunde lag." Das ist Straußische Tendenz-Malerei. Der Gekreuzigte, der lebend, wenn auch bleich und noch krankhaft, den Aposteln entgegengetreten wäre, mit seinen Worten ewigen Lebens, würde ihnen dennoch als der unsterbliche Messias erschienen und nach seinem nahen wirklichen Verschwinden in ihrer Erinnerung zum Fürsten des Lebens geworden sein. Aber ich nannte auch so eben die Kraft, durch welche der Auferstandene nicht als ein sich Umherschleichender zu denken wäre, die heilende Kraft, die so mächtige Wirkung an andern geübt hat. Er wäre der Arzt, der sich selber geholfen.

---

7 [Thierry] W[illiam] Preyer, [Ueber] die Erforschung d[es] Lebens. Jena [1]873.

Das Christenthum, nicht seinem Wesen nach als die vollkommene und an sich wahre Religion, aber seiner Erscheinung nach als geschichtliche Weltmacht, ruht auf der Auferstehung, d.h. das Christenthum ist siegreich eingeführt und die Kirche gegründet worden über dem Grabe des Auferstandenen. *Olshausen* hat dies als volle Wahrheit anerkennend es mir selbst entgegengehalten:[8] „freilich aber ist nicht einzusehn, wie der genannte Gelehrte auch in dem Falle der Auferstehung diese Bedeutung geben kann, wenn sie ein bloßes Erwachen aus einem Scheintod ist." Olshausen bedarf meiner Antwort längst nicht mehr, doch darf ich in Bezug auf seinen Vorwurf immer noch antworten: weil auch ein solches Erwachen eine offenbare Fügung Gottes, ein providentielles Werk wäre; und weil aus den geschichtlichen Denkmalen erhellt, daß durch die Begeisterung, die vom Glauben der Apostel an die Auferstehung des Herrn, also vom Grabe des Auferstandenen ausging, die Kirche gegründet worden ist.

Hiermit ist die Geschichte des Lebens Jesu bis zu den Gränzen ihres geschichtlichen Inhalts gelangt.

Karl Hase, Geschichte Jesu. Nach akademischen Vorlesungen, Leipzig: Breitkopf und Härtel 1876, S. 97–103, 600–603.

---

[8] [Hermann Olshausen, Biblischer Commentar über sämmtliche Schriften des Neuen Testaments, Bd. II: Das Evangelium des Johannes, die Leidensgeschichte und die Apostelgeschichte] Ev[angelischer] Commentar, B. II. [Königsberg 1832,] S. 509.

3 Das Ende der Leben-Jesu-Forschung

Hatte sich bereits SCHENKEL aufgrund der Quellenfrage darauf beschränkt, ein Charakterbild Jesu zu zeichnen, unterzog MARTIN KÄHLER (1835–1912)[1], Professor für Neues Testament und Systematische Theologie in Halle, in seiner Schrift „Der sogenannte historische Jesus und der geschichtliche, biblische Christus" von 1892 die Leben-Jesu-Forschung einer grundlegenden Kritik, die eine nachhaltige Wirkung bis hin zu RUDOLF BULTMANN[2] zeitigte. Gegenüber den „Leben Jesu" erhob KÄHLER den Vorwurf, dass sie den lebendigen Christus verdecken, wie er in den biblischen Evangelien begegne. Kähler zufolge ist es unmöglich, eine wissenschaftlich fundierte Biographie Jesu zu schreiben, da hierfür die erforderlichen zuverlässigen und ausreichenden Quellen fehlten. Theologisch aber argumentierte Kähler gegen ein solches „Leben Jesu" damit, dass es sich bei den Überlieferungen des Neuen Testaments durchweg um Glaubenszeugnisse handele. Christlicher Glaube sei nicht an den Lebensumständen Jesu interessiert, vielmehr richte er sich auf den zur Sühne für unsere Sünden gekreuzigten und zu unserem Heil auferstandenen Herrn. Wenn somit Kähler den geschichtlichen bzw. wirklichen Jesus mit dem gepredigten bzw. geglaubten Jesus gleichsetzt, hat dies zur Konsequenz, dass er die historische Jesusforschung mittels „der quellenprüfenden und historisch-analogisch konstruierenden Kritik"[3] als theologisch illegitim ablehnt.

Im gleichen Jahr wie die Kähler'sche Fundamentalkritik der historischen Jesusforschung erschien eine in der ersten Auflage lediglich 67 Seiten umfassende Untersuchung „Die Predigt Jesu vom Reiche Gottes"[4] von JOHANNES WEISS (1863–

---

1 Vgl. HEINRICH LEIPOLD, Offenbarung und Geschichte als Problem des Verstehens. Eine Untersuchung zur Theologie Martin Kählers, Gütersloh 1962; HANS-GEORG LINK, Geschichte Jesu und Bild Christi. Die Entwicklung der Christologie Martin Kählers in Auseinandersetzung mit der Leben-Jesu-Theologie und der Ritschl-Schule, Neukirchen-Vluyn 1975; FRIEDRICH MILDENBERGER, Martin Kähler, in: GK 9/2, Stuttgart 1985, S. 278–288.
2 Vgl. RUDOLF BULTMANN, Die Bedeutung des geschichtlichen Jesus für die Theologie des Paulus (1929), in: ders., Glauben und Verstehen. GAufs., Bd. I, Tübingen ⁸1980, S. (188–213) 208: „*Jesus Christus begegnet dem Menschen nirgends anders als im Kerygma*, so wie er denn Paulus selbst begegnet ist und ihn zur Entscheidung zwang. [...] Man darf also nicht hinter das Kerygma zurückgehen, es als „Quelle" benutzend, um einen „historischen Jesus" mit seinem „Messiasbewußtsein", seiner „Innerlichkeit" oder seinem „Heroismus" zu rekonstruieren. Das wäre gerade der Χριστὸς κατὰ σάρκα, der vergangen ist. Nicht der historische Jesus, sondern Jesus Christus, der Gepredigte, ist der Herr."
3 MARTIN KÄHLER, Der sogenannte historische Jesus und der geschichtliche, biblische Christus, neu hg.v. Ernst Wolf (ThB 2), München ⁴1969, S. 37; vgl. a.a.O., S. 44 (s.u. S. 135f.).
4 JOHANNES WEISS, Die Predigt Jesu vom Reiche Gottes, Göttingen ¹1892; ²1900; ³1964, hg.v. Ferdinand Hahn. Mit einem Geleitwort von Rudolf Bultmann.

1914)[5], die für das Verständnis der Verkündigung Jesu einen entscheidenden Fortschritt brachte. Treffend charakterisierte ALBERT SCHWEITZER die Bedeutung dieser Schrift:

> „Wie der Wanderer, der nach mühseliger Wanderung durch wogendes Riedgras endlich den Wald betritt, statt Sumpf guten Boden unter sich und statt biegsamen Schilfes unverrückbare Bäume um sich hat: also der Leser, der [...] zu Johannes Weiß kommt. Zu Ende die Theologie der Einschränkungen, der ‚trotzdem', der ‚andererseits', der ‚nichtsdestoweniger'! [...] Er stellt das dritte große Entweder-Oder in der Leben-Jesu-Forschung. Das erste hatte Strauß gestellt: entweder rein geschichtlich oder rein übernatürlich; das zweite hatten die Tübinger und Holtzmann durchgekämpft: entweder synoptisch oder johanneisch; nun das dritte: entweder eschatologisch oder uneschatologisch!"[6]

In der Erstauflage seiner Schrift leitete WEISS das Anliegen, den Unterschied zwischen dem Gedanken des Reiches Gottes in der Theologie seines Schwiegervaters ALBRECHT RITSCHL und der Bedeutung dieses Begriffs in der Verkündigung Jesu „scharf und energisch hervorzuheben"[7]. WEISS setzte sich als Aufgabe, den „ursprünglichen geschichtlichen Sinn, den Jesus mit den Worten ‚Reich Gottes' verband", zu eruieren – und zwar „mit besondrer Aufmerksamkeit darauf, dass wir nicht Gedanken hineintragen, die modern oder jedenfalls dem Anschauungskreise Jesu fremd sind"[8].

Weiß' entscheidende These lautet, dass das von Jesus verkündigte Reich Gottes im eschatologisch-apokalyptischen Sinne zu verstehen sei.[9] Es stelle nämlich eine „schlechthin übernatürliche Grösse" dar, „die zu dieser Welt in ausschliessendem Gegensatze steht"[10]. Jesus könne daher nicht an eine innerweltliche Entwicklung des Reiches Gottes gedacht haben.[11] An dem „durchaus transcendentalen, apokalyptischen Charakter der Reich-Gottesidee Jesu" partizipiere auch dessen Messiasbewusstsein, wie es sich in den auf Jesus selbst zurückzuführenden Menschensohn-Worten[12] zeige.[13] Weiß zufolge hat Jesus als Er-

---

5 Vgl. BERTHOLD LANNERT, Die Wiederentdeckung der neutestamentlichen Eschatologie durch Johannes Weiß (TANZ 2), Tübingen 1989; KLAUS-GUNTHER WESSELING, Art. Weiß, Johannes, in: BBKL 13, Herzberg 1998, Sp. 659–666.
6 ALBERT SCHWEITZER, Geschichte der Leben-Jesu-Forschung (UTB 1302), Tübingen [9]1984 ([2]1913), S. 254.
7 J. WEISS, Die Predigt Jesu vom Reiche Gottes (s. Anm. 4), [3]1964, S. XI (Vorwort zur 2. Aufl.).
8 J. WEISS, Die Predigt Jesu vom Reiche Gottes, [1]1892, S. 7.
9 Vgl. a.a.O., S. 50.
10 A.a.O., S. 49.
11 Vgl. a.a.O., S. 49f.
12 „Eine Gruppe von Aussprüchen (Mark. 2,10.28) ist nur von den Evangelisten fälschlich so gedeutet, als ob Jesus sich hier als Messias bezeichne, während das Wort ursprünglich nur den

wählter seines himmlischen Vaters gehofft, zum Messias erhöht zu werden[14]: „Ein Prophet *ist* er vor aller Augen, der Menschensohn soll er *werden*, sei es bei seinen Lebzeiten, oder wie ihm immer gewisser wurde, nachdem er durch den Tod hindurch gegangen."[15]

Aus der Entdeckung des eschatologischen Charakters von Jesu Verkündigung resultierte für die Theologie das Problem, ob und gegebenenfalls wie es möglich ist, an Jesu Predigt anzuknüpfen und diese für Glaube und Lehre fruchtbar zu machen. Dieser Herausforderung stellte sich der Berliner Kirchenhistoriker ADOLF VON HARNACK (1851–1930)[16] mit seinem Buch „Das Wesen des Christentums"[17], das aus einer Vorlesung für Hörer aller Fakultäten im Wintersemester 1899/1900 hervorgegangen war. Treffend urteilt TRUTZ RENDTORFF:

„‚Das Wesen des Christentums' ist kein wissenschaftliches Werk im engeren Sinne. Aber der Autor galt zum Zeitpunkt der Veröffentlichung als der wohl bedeutendste Repräsentant der wissenschaftlichen Theologie des deutschen Protestantismus. ‚Wissenschaftliche Theologie' war zu Harnacks Lebzeiten der Inbegriff für eine Theologie, die den Wahrheitsanspruch des christlichen Glaubens im Medium historischer Forschung zu überprüfen und unter gewandelten Bedingungen des Wahrheitsbewußtseins neu zur Geltung zu bringen unternahm."[18]

‚Menschen' bedeutete. In einer zweiten Gruppe haben die Evangelisten anstatt der ersten Person Sing. den geläufigen Namen Menschensohn eingesetzt, so dass diesen Stellen über die Bedeutung, welche Jesus ihm beilegte, nichts zu entnehmen ist (Matth. 11,19. 16,13). Die 3. und 4. Gruppe umfassen die Leidens- und Parusie-Aussagen. In ihnen bezeichnet sich Jesus indirect und objectiv als denjenigen, welchem das Messias-Prädicat ‚Menschensohn' zukommt." (J. WEISS, Die Predigt Jesu vom Reiche Gottes, ^{1}1892, S. 59)

In der zweiten Auflage kommt Weiß im Blick auf die Leidensankündigungen in Mk 8,31; 9,31; 10,33f. (mit den jeweiligen Parallelen) zu dem Ergebnis, dass hier Dubletten vorliegen und diese Logien z.T. stark ex eventu ausgestaltet worden sind. Am ehesten ließe sich Lk 9,44 oder auch Mk 9,31 auf Jesus zurückführen (vgl. J. WEISS, Die Predigt Jesu vom Reiche Gottes, ^{2}1900, S. 171f.).

13 Siehe J. WEISS, Die Predigt Jesu vom Reiche Gottes, ^{1}1892, S. 61.
14 Vgl. J. WEISS, Die Predigt Jesu vom Reiche Gottes, ^{2}1900, S. 165f.
15 J. WEISS, Die Predigt Jesu vom Reiche Gottes, ^{1}1892, S. 54.
16 Vgl. AGNES VON ZAHN-HARNACK, Adolf von Harnack, Berlin ^{2}1951; KURT NOWACK / GERHARD OEXLE (Hg.), Adolf von Harnack. Theologe, Historiker, Wissenschaftspolitiker, Göttingen 2001.
17 ADOLF VON HARNACK, Das Wesen des Christentums. Sechzehn Vorlesungen vor Studierenden aller Fakultäten im Wintersemester 1899/1900 an der Universität Berlin, Berlin 72. Tsd. 1929 (^{1}1900).
18 TRUTZ RENDTORFF, „Immer Gültiges in geschichtlich wechselnden Formen". Einleitung zu Harnacks „Wesen des Christentums", in: Adolf von Harnack, Das Wesen des Christentums, hg. u. kommentiert v. Trutz Rendtorff, Gütersloh 1999, S. (7–35) 11.

Entsprechend dieser Intention stellte HARNACK zuerst das „Evangelium Jesu Christi" dar – für ihn gleichbedeutend mit der Verkündigung Jesu –, sodann zeigte er auf, wie Jesus selbst und seine Predigt auf die erste Generation seiner Jünger gewirkt haben, um schließlich die „Hauptanwendungen des Christlichen in der Geschichte" vor Augen zu führen.[19]

Gemäß Harnacks Sicht lässt sich Jesu Predigt in drei Themenkreisen darstellen, wobei jeder einzelne das Ganze umfasst: 1. „das Reich Gottes und sein Kommen", 2. „Gott der Vater und der unendliche Wert der Menschenseele", 3. „die bessere Gerechtigkeit und das Gebot der Liebe"[20]. Indem Harnack die Verkündigung Jesu in ihrer ganzen Breite in den Blick nahm und sich argumentativ mit verschiedenen Interpretationsmöglichkeiten auseinandersetzte, lassen sich seine Ausführungen als Übersicht über die bisher erzielten Ergebnisse der historischen Jesusforschung begreifen.

So hat Harnack klar erkannt, dass in der Verkündigung Jesu das Reich Gottes einerseits als eine zukünftige und andererseits als eine gegenwärtige Größe begegnet.[21] Weil Jesus das futurische Reich-Gottes-Verständnis mit seinen jüdischen Zeitgenossen geteilt habe, beurteilte Harnack die präsentischen Reich-Gottes-Aussagen als für Jesus charakteristisch.[22] Ist die weitere Forschung hier Harnacks Beurteilung weitgehend gefolgt, an einem Punkt erfolgte jedoch eine wichtige Korrektur: Unter Berufung auf Lk 17,21 – und zwar in der Übersetzung der Lutherbibel – hatte Harnack Reich Gottes als „Herrschaft des heiligen Gottes in den einzelnen Herzen"[23] interpretiert. Mit Hilfe dieser Interpretation, für die er sich auch auf Jesu Gleichnisse, dessen Sündenvergebung und Heilungen berief[24], gelang es Harnack, die kosmisch-futurische Reich-Gottes-Erwartung als bloß von Jesus übernommenes Traditionsgut abzuschwächen.[25] Und so erweist sich gerade das Bemühen Harnacks, in Jesu Predigt das auch für die eigene Zeit gültige „Wesen des Christentums" auszumachen, als das seine Interpretation steuernde Movens. Dies zeigt sich auch darin, wenn Harnack bemerkt: „Unmittelbar und deutlich läßt sich für unser heutiges Vorstellen und Empfinden die Predigt Christi in dem Kreise der Gedanken erfassen, der durch Gott *den Vater* und durch die Verkündigung vom unendlichen Wert der Menschenseele bezeichnet ist."[26]

---

19 Siehe A. VON HARNACK, Das Wesen des Christentums (s. Anm. 17), S. 9.
20 A.a.O., S. 33 (s.u. S. 144).
21 Vgl. a.a.O., S. 34f. (s.u. S. 144f.).
22 Vgl. a.a.O., S. 35 (s.u. S. 145).
23 A.a.O., S. 36 (s.u. S. 146).
24 Vgl. a.a.O., S. 36. 39 (s.u. S. 146f.).
25 Vgl. a.a.O., S. 36 (s.u. S. 146).
26 A.a.O., S. 41 (s.u. S. 148).

Harnacks Näherbestimmung der Ethik Jesu ist nach wie vor diskutabel, wenn er herausstellt, dass Jesus die Ethik vom Kultus losgelöst, deren Verwurzelung in der Gesinnung aufgedeckt, auf das Motiv der Liebe zurückgeführt und in der Demut Religion und Moral miteinander verknüpft habe.[27] Ob Jesus sich selbst für den Messias gehalten und so auch bezeichnet hat – wie Harnack meint[28] –, wird hingegen in der Jesusforschung bis in die unmittelbare Gegenwart kontrovers diskutiert.

So wurde von dem Alttestamentler und Arabisten JULIUS WELLHAUSEN (1844 – 1918)[29] für den Beginn des Auftretens Jesu ein messianisches Selbstverständnis bestritten: „Er verkündete nicht, dass das Reich mit ihm gekommen sei, sondern dass es bald kommen werde. Er trat damit nicht als Messias auf, als Erfüller der Weissagung, sondern als Prophet; seine Botschaft war anfänglich selber Weissagung."[30]

Jedoch sei Jesus über die mit Johannes dem Täufer gemeinsame Verkündigung hinausgeschritten und habe den Anbruch des Reiches Gottes in der Gegenwart angesagt. Nach Wellhausen ist das bereits vorhandene und zukünftig zu vollendende Reich Gottes gleichbedeutend mit der „Gemeinschaft der nach der Gerechtigkeit Gottes trachtenden Seelen"[31]. Damit steht in Verbindung, dass Jesus sich seinen Jüngern nicht als König der jüdischen Theokratie, sondern als Messias höherer Ordnung kundgegeben habe.[32]

Während HARNACK noch unbefangen vom Evangelium im Sinne der Predigt Jesu sprechen konnte, stellte WELLHAUSEN heraus, dass Jesus Christus nicht Träger, sondern Gegenstand des Evangeliums sei – und zwar als Gekreuzigter, Auferstandener und Erhöhter.[33] Mit Wellhausens Beweisführung, dass Jesus sich nicht Menschensohn im titularen Sinne genannt haben könne,[34] geht die Einsicht

---

27 Vgl. a.a.O., S. 45–47 (s.u. S. 153–155).
28 Vgl. a.a.O., S. 79–92.
29 Vgl. EDUARD SCHWARTZ, Rede auf Julius Wellhausen, gehalten in der öffentlichen Sitzung der Königlichen Gesellschaft der Wissenschaften zu Göttingen am 11. Mai 1918, in: Nachrichten von der Königlichen Gesellschaft der Wissenschaften zu Göttingen. Geschäftliche Mitteilungen aus dem Jahre 1918, Berlin 1918, S. 43–70 = ders., Vergangene Gegenwärtigkeiten (GS 1), Berlin 1938 (^{2}1963), S. 326–361; FRIEDEMANN BOSCHWITZ, Julius Wellhausen. Motive und Maßstäbe seiner Geschichtsschreibung, Marburg 1938, Nachdr. Darmstadt 1968 (Libelli, Bd. 238); REINHARD G. KRATZ, Art. Wellhausen, Julius, in: TRE 35, Berlin / New York 2003, S. 527–536.
30 JULIUS WELLHAUSEN, Israelitische und jüdische Geschichte, Berlin 1901, S. 380 (s.u. S. 173).
31 A.a.O., S. 386 (s.u. S. 178).
32 Vgl. a.a.O., S. 387 (s.u. S. 178 f.).
33 Vgl. JULIUS WELLHAUSEN, Einleitung in die ersten drei Evangelien, Berlin ^{2}1911, S. 147 (s.u. S. 269).
34 Vgl. a.a.O., S. 123–130 (s.u. S. 263–269).

einher, dass sich die Parusiehoffnung dem Glauben an Jesu Erhöhung zum himmlischen Messias verdanke³⁵: „Wenn nun diese Überzeugung *erst in den Jüngern* entstand (durch die Visionen des Auferstandenen), so auch jene Hoffnung. Bei Lebzeiten hat Jesus sie ihnen nicht eingepflanzt."³⁶

Dass wir über die Evangelien keinen direkten Zugang zum historischen Jesus haben, hat Wellhausen prägnant zur Sprache gebracht, wenn er schreibt: Die religiöse Persönlichkeit Jesu „erscheint jedoch immer nur im Reflex, gebrochen durch das Medium des christlichen Glaubens"³⁷.

In seiner Untersuchung „Das Messiasgeheimnis in den Evangelien"³⁸ von 1901 hat WILLIAM WREDE (1859–1906)³⁹ sich vorbehaltlos dem methodischen Problem gestellt, wie wir in der Überlieferung der Evangelien zu „scheiden" vermögen, „was Jesus zukommt, von dem, was der ältesten Gemeinde angehört"⁴⁰. Hatte sich die Leben-Jesu-Forschung seiner Zeit für die Rekonstruktion der Vita Jesu meist auf die Darstellung des Markusevangeliums gegründet, konnte Wrede zeigen, dass Markus „keine wirkliche Anschauung mehr vom geschichtlichen Leben Jesu" hat.⁴¹ Damit war der Leben-Jesu-Forschung in einem erheblichen Maß der Boden unter den Füßen entzogen. Außerdem erhob Wrede ihr gegenüber den Vorwurf, dass sie mit „willkürlichen psychologischen Interpretationen von Fakten, Worten, Zusammenhängen der Evangelien" eine „Art des historischen Ratens" betreibe.⁴²

Die im Markusevangelium begegnende „Messiasgeheimnis"-Theorie⁴³ beurteilte Wrede als eine Anschauung der christlichen Gemeinde, die ihren Glauben an den durch die Auferstehung zum zukünftigen Messias eingesetzten Jesus (vgl. Act

---

35 Vgl. a.a.O., S. 152 (s.u. S. 273).
36 Ebd. (s.u. S. 273).
37 A.a.O., S. 104.
38 WILLIAM WREDE, Das Messiasgeheimnis in den Evangelien, Göttingen 1901 (⁴1969).
39 Vgl. HANS ROLLMANN, The Historical Methodology of William Wrede, Diss. masch., Hamilton, Ontario 1979; DERS. / WERNER ZAGER (Hg.), Unveröffentlichte Briefe William Wredes zur Problematisierung des messianischen Selbstverständnisses Jesu, in: ZNThG / JHMTh 8 (2001), S. 274–322; WERNER ZAGER, Art. Wrede, William, in: TRE 36, Berlin / New York 2004, S. 337–343.
40 W. WREDE, Das Messiasgeheimnis in den Evangelien (s. Anm. 38), S. 1 (s.u. S. 187).
41 A.a.O., S. 129 (s.u. S. 190).
42 S. a.a.O., S. 3 (s.u. S. 189).
43 Diese machte Wrede an folgenden Phänomenen fest: 1) die „Messiaserkenntnis" der Dämonen und die Schweigegebote an sie, 2) Jesu Verbote, seine Krankenheilungen bekanntzumachen, 3) die Schweigegebote an die Jünger, 4) Jesu „Absicht, das Inkognito zu wahren", 5) Jüngerunverständnis und esoterische Jüngerunterweisung, 6) die Parabeltheorie (Mk 4,10–13). Die einzelnen Motive betrachtete Wrede als Teile eines zusammengehörigen Ganzen, das Markus bereits vorgegeben war, von ihm dann weiter ausgebaut wurde und dessen Verständnis sich von Mk 9,9 her erschließt, wonach Jesu Messianität während seines Erdenlebens Geheimnis bleibt, bis mit der Auferstehung die Entschleierung beginnt (vgl. a.a.O., S. 67).

2,36; Röm 1,4; Phil 2,9–11) in das Leben Jesu zurückprojiziert, zugleich aber als einen Ausgleich mit der ursprünglichen unmessianischen Überlieferung. Der historische Jesus könne für sich allenfalls eine proleptische Messianität beansprucht haben – eine Möglichkeit, die Wrede 1894 in seinen Vorträgen über die „Predigt Jesu vom Reiche Gottes"[44] vertrat, die er aber in seinem Buch über das Messiasgeheimnis problematisierte, ohne sie jedoch völlig auszuschließen.[45] Wrede wollte dieser Untersuchung noch einen weiteren Band zur Messiasfrage folgen lassen – wozu es allerdings aufgrund seines frühen Todes nicht mehr kam –, der u. a. in erweiterter Fassung seinen Vortrag „Jesus als Davidssohn"[46] von 1904 enthalten sollte. In dieser Abhandlung konnte Wrede wahrscheinlich machen, „daß die davidische Abstammung Jesu ein theologischer Gedanke, keine geschichtliche Tradition ist"[47].

Nachdem bereits BRUNO BAUER (1809–1882)[48] in seiner „Kritik der Evangelien und Geschichte ihres Ursprungs"[49] von 1850/51 bestritten hatte, dass es eine historische Persönlichkeit Jesu gegeben habe, machte sich ALBERT KALTHOFF (1850–1906)[50] 1902 in seinem Buch „Das Christus-Problem" die Position zu eigen, „daß das theologische Unternehmen, aus den vorhandenen Quellen den historischen Jesus zu rekonstruieren, auf der ganzen Linie gescheitert sei"[51]. Kalthoff, seit 1888 Pastor an St. Martini in Bremen und Mitbegründer des „Bremer Radikalismus", verstand, die marxistische Geschichtsbetrachtung übernehmend, „das Urchristentum als die unabhängig von einem historischen Jesus eingetretene ‚Humanisierungsphase des antiken Klassenkampfs'"[52]:

---

44 WILLIAM WREDE, Die Predigt Jesu vom Reiche Gottes. Vorträge beim Ferienkurs in Breslau am 9., 10. und 11. Oktober 1894, in: ders., Vorträge und Studien, hg.v. Adolf Wrede, Tübingen 1907, S. 84–126.
45 Vgl. W. WREDE, Das Messiasgeheimnis in den Evangelien (s. Anm. 38), S. 219–222.
46 WILLIAM WREDE, Jesus als Davidssohn, in: ders., Vorträge und Studien (s. Anm. 44), S. 147–177.
47 A.a.O., S. 165.
48 Vgl. A. SCHWEITZER, Geschichte der Leben-Jesu-Forschung (s. Anm. 6), S. 171–190; GODWIN LÄMMERMANN, Kritische Theologie und Theologiekritik. Die Genese der Religions- und Selbstbewußtseinstheorie Bruno Bauers (BEvTh 84), München 1979; JOACHIM MEHLHAUSEN, Art. Bauer, Bruno, in: TRE 5, Berlin / New York 1980, S. 314–317.
49 BRUNO BAUER, Kritik der Evangelien und Geschichte ihres Ursprungs, Berlin 1850/1851.
50 Vgl. GERHARD SCHMOLZE, Art. Kalthoff, Albert, in: NDB 11, Berlin 1977, S. 74f.; KLAUS-GUNTHER WESSELING, Art. Kalthoff, Albert, in: BBKL 3, Herzberg 1992, Sp. 987–990.
51 ALBERT KALTHOFF, Das Christus-Problem. Grundlinien zu einer Sozialtheologie, Leipzig 1902, S. 75.
52 G. SCHMOLZE, Art. Kalthoff, Albert (s. Anm. 50), S. 74.

„Entscheidet aber für die Geschichte des Christentums nicht das irgendwie vorhanden gewesene unbekannte X, welches etwa als historisches Individuum Modell gesessen zu den Christusdarstellungen der Evangelien, sondern das Gemeinschaftsbewußtsein, welches sich in diesen Darstellungen objektiviert, personifiziert hat, dann muß dieses Gemeinschaftsbewußtsein auch durchaus soziologisch verstanden und gewertet werden, mit anderen Worten: wenn nach Kant der Antagonismus der Gesellschaft, den Marx als Klassenkampf bezeichnet, jede historische Entwickelung hervorgerufen hat, dann muß auch in der Entstehung der christlichen Gesellschaft dasselbe historische Lebensgesetz gegolten haben, und die religiöse Moral, welche das Urchristentum in der Gestalt seines Christus veranschaulicht hat, bezeichnet die Waffe, mit der die werdende christliche Gesellschaft sich selbst behauptet, ihren Sieg über die feindlichen Mächte der alten Gesellschaft errungen hat."[53]

Ähnlich wie Kalthoff machte der Karlsruher Philosoph ARTHUR DREWS (1865–1935)[54] der liberalen Theologie den „fundamentale[n] Irrtum" zum Vorwurf, „zu meinen, die Entwicklung der christlichen Kirche habe von einem historischen Individuum, dem Menschen Jesus, ihren Ausgang genommen"[55], auch wenn er Kalthoffs Versuch, die christliche Religion „auf Grund der marxistischen Geschichtsbetrachtung rein aus sozialen Beweggründen zu erklären und Christus für das bloße Spiegelbild der christlichen Gemeinde und ihrer Erfahrungen auszugeben", als „einseitig und unzulänglich" beurteilte.[56] Mit seinen von WILLIAM BENJAMIN SMITH (1850–1934)[57] inspirierten Untersuchungen zum vorchristlichen Jesus und seiner kritischen Auseinandersetzung mit der historischen Jesusforschung glaubte DREWS den Nachweis dafür erbracht zu haben, „daß ein historischer Jesus, wie die Evangelien ihn schildern und wie er in den Köpfen der liberalen Theologen von heute lebt, überhaupt nicht existiert"[58]. Dieses Urteil wiederum stand im Einklang mit der von Drews propagierten monistischen Religion, in der der „Glaube an die geschichtliche Wirklichkeit einer ‚einzigartigen', vorbildlichen und unübertrefflichen Erlöserpersönlichkeit"[59] keinen Platz hat.

---

53 A. KALTHOFF, Das Christus-Problem (s. Anm. 51), S. 78f.
54 Vgl. A. SCHWEITZER, Geschichte der Leben-Jesu-Forschung (s. Anm. 6), S. 486–499; HERMANN LÜBBE, Art. Drews, Christian Heinrich Arthur, in: NDB 4, Berlin 1959, S. 117; FRIEDRICH-WILHELM BAUTZ, Art. Drews, Arthur, in: BBKL 1, Hamm 1975, Sp. 1381f.; ECKART PILICK, Arthur Drews, in: Lexikon freireligiöser Personen, hg.v. Eckhart Pilick, Rohrbach/Pfalz 1997, S. 41–44.
55 ARTHUR DREWS, Die Christusmythe, Jena ²1910, S. 217 (s.u. S. 209).
56 A.a.O., S. 171f.
57 WILLIAM BENJAMIN SMITH, Der vorchristliche Jesus nebst weiteren Vorstudien zur Entstehungsgeschichte des Urchristentums. Aus dem Englischen, Jena 1906; s. auch DERS., Ecce deus. Die urchristliche Lehre des rein göttlichen Jesu, Jena 1911.
58 A. DREWS, Die Christusmythe (s. Anm. 55), S. 217 (s.u. S. 209).
59 A.a.O., S. 230 (s.u. S. 218f.).

Als führendes Mitglied der sogenannten „Religionsgeschichtlichen Schule", einer „Gruppe von deutschen protestantischen, zumeist neutestamentlichen Theologen des ausgehenden Wilhelminischen Kaiserreichs", deren „Hauptüberzeugung war, daß Religion nichts Feststehendes, sondern etwas sich Entwickelndes, der menschlichen Geschichte Unterworfenes sei"[60], wies WILHELM BOUSSET (1865–1920)[61] „die Behauptung von der Nicht-Existenz der Person Jesu und dem ausschließlich mythologischen Charakter unserer Evangelienliteratur"[62] als sich bald erledigende Tagesfrage zurück. Gleichwohl sah er sich durch diese Diskussion veranlasst, die Art und Weise zu problematisieren, wie man weithin in der liberalen Theologie „die Religion des Christentums auf die geschichtliche Erscheinung Jesu von Nazareth gründet"[63]. Unter Berufung auf WELLHAUSEN und WREDE erklärte BOUSSET, dass von Jesu Leben nur wenig Gesichertes bekannt sei, seine Predigt sich nicht von der Gemeindetradition lösen lasse und sein Selbstbewusstsein durch das Dogma der Gemeinde überschattet werde.[64] Da es Bousset zufolge der Religion aber um eine letzte Wahrheit und Wirklichkeit gehe, die nur hinter Symbolen und Bildern erahnt und tastend empfunden werden könne, näherte er sich der Position KÄHLERS an, wenn er erklärte, „daß das Bild Jesu, wie seine unmittelbare Gemeinde es in den Evangelien zeichnete, als Dichtung und Wahrheit wirksamer bleibt und bleiben wird, als alle historische noch so genaue Rekonstruktionsversuche"[65]. Und selbst wenn die historische Forschung zu dem Ergebnis kommen sollte, dass Jesus nicht existiert habe, war BOUSSET überzeugt davon, dass der christliche Glaube nicht verloren gehen könne, „denn er ruht auf seinen eigenen ewigen Fundamenten, und überdies würde das Bild Jesu in den Evangelien dennoch stehen bleiben, und wenn auch nur als eine große Dichtung, so doch als Dichtung von ewiger symbolischer Bedeutung"[66].

---

60 GERD LÜDEMANN / ALF ÖZEN, Art. Religionsgeschichtliche Schule, in: TRE 28, Berlin / New York 1997, S. (618–624) 618.
61 Vgl. ANTHONIE F. VERHEULE, Wilhelm Bousset. Leben und Werk. Ein theologiegeschichtlicher Versuch, Amsterdam 1973; JOHANN MICHAEL SCHMIDT, Art. Bousset, Wilhelm, in: TRE 7, Berlin / New York 1981, S. 97–101; OTTO MERK, Wilhelm Bousset (1865–1920) / Theologe, in: ders., Wissenschaftsgeschichte und Exegese, hg.v. Roland Gebauer, Martin Karrer u. Martin Meiser (BZNW 95), Berlin / New York 1988, S. 159–174.
62 WILHELM BOUSSET, Die Bedeutung der Person Jesu für den Glauben. Historische und rationale Grundlagen des Glaubens (Sonderausgabe aus dem Protokoll des 5. Weltkongresses für Freies Christentum und Religiösen Fortschritt, Berlin 1910), Berlin-Schöneberg 1910, S. 3 (s.u. S. 221).
63 A.a.O., S. 4 (s.u. S. 221).
64 Vgl. ebd. (s.u. S. 222).
65 A.a.O., S. 17 (s.u. S. 234).
66 Ebd. (s.u. S. 234).

Auch wenn ERNST TROELTSCH (1865–1923)[67], der systematische Theologe der Religionsgeschichtlichen Schule, die historische Jesusforschung in keiner Weise eingeschränkt wissen wollte, so hielt er doch an der Verbindung des christlichen Glaubens mit der historischen Person Jesu als konstitutiv fest. Denn nur wenn sich die Grundzüge der geschichtlichen Erscheinung Jesu, seiner Predigt und seiner religiösen Persönlichkeit mit historisch-kritischer Methodik rekonstruieren ließen, könne das Christentum in der Moderne fortbestehen.[68] Die Bedeutung Jesu für die „religiöse Gemeinschaft" erkannte Troeltsch in dem „Bild einer lebendigen Persönlichkeit, deren innerste Lebensrichtung es in sich aufzunehmen gilt und aus der in voller Freiheit der Anwendung jedesmal die Gestaltung der gegenwärtig religiös-sittlichen Aufgaben herausgeholt werden kann"[69].

In seinem 1906 in erster Auflage unter dem Titel „Von Reimarus zu Wrede", ab der zweiten Auflage von 1913 mit „Geschichte der Leben-Jesu-Forschung" überschriebenen Werk legte ALBERT SCHWEITZER (1875–1965)[70] einen glänzend geschriebenen Forschungsbericht über 150 Jahre Jesusforschung vor. Meist erblickt man darin den Abgesang auf die gescheiterte Leben-Jesu-Forschung. Dabei kann man sich durchaus auf Schweitzer berufen, hat er doch in seiner „Schlußbetrachtung" selbst vom negativen Ertrag der Leben-Jesu-Forschung gesprochen, insofern die vom Rationalismus entworfene, vom Liberalismus belebte und von der modernen Theologie in ein geschichtliches Gewand gekleidete Gestalt Jesu sich als Phantasieprodukt erwiesen habe.[71] Jedoch hat er keineswegs behauptet, man könne über den historischen Jesus kein sicheres Wissen erlangen.[72] Vielmehr präsentierte er die „Lösung der konsequenten Eschatologie" als gültige Antwort auf die von der bisherigen Jesusforschung aufgeworfenen Probleme. Danach sind – über JOHANNES WEISS hinausgehend – nicht nur Jesu Predigt und Selbstverständnis, sondern auch seine gesamte öffentliche Wirksamkeit im Lichte der Eschatologie zu begreifen. Indem sich Jesu Naherwartung nicht erfüllt habe, habe

---

67 Vgl. HANS-GEORG DRESCHER, Ernst Troeltsch. Leben und Werk, Göttingen 1991; TRUTZ RENDTORFF, Art. Troeltsch, Ernst, in: TRE 34, Berlin / New York 2002, S. 130–143.
68 Vgl. ERNST TROELTSCH, Die Bedeutung der Geschichtlichkeit Jesu, Tübingen 1911, S. 33. 40 (s. u. S. 252. 255f.).
69 A.a.O., S. 43 (s.u. S. 257).
70 Vgl. ERICH GRÄSSER, Albert Schweitzer als Theologe (BHTh 60), Tübingen 1979; NILS OLE OERMANN, Albert Schweitzer 1875–1965. Eine Biographie, München 2009; WERNER ZAGER, Albert Schweitzer als liberaler Theologe. Studien zu einem theologischen und philosophischen Denker (Beiträge zur Albert-Schweitzer-Forschung, Bd. 11), Berlin 2009.
71 Vgl. A. SCHWEITZER, Geschichte der Leben-Jesu-Forschung (s. Anm. 6), S. 620 (s.u. S. 275).
72 Vgl. KLAUS WENGST, Der wirkliche Jesus? Eine Streitschrift über die historisch wenig ergiebige und theologisch sinnlose Suche nach dem „historischen" Jesus, Stuttgart 2013, S. 129–154.

sich die apokalyptische Eschatologie als Irrtum erwiesen. Oder mit SCHWEITZERS eigenen Worten:

> „Jene Tat des Selbstbewußtseins Jesu, da er sich in seiner irdischen Existenz als den zukünftigen Messias erkannte, ist die Tat der größten Selbstbejahung der Eschatologie, zugleich aber auch, da sie das Kommende geistig in die unveränderte Gegenwart dieses Aeons hineinzog, der Eschatologie Ende, ihre ‚Vergeistigung'; eine Vergeistigung, deren letzte Konsequenz darauf führen würde, alles ‚Uebersinnliche' nur in der gegenwärtigen irdischen Geistigkeit als real zu erleben und alles, was als transzendent-übersinnlich bejaht wird, als die stehengebliebenen Trümmer einer eschatologischen Weltanschauung. [...] Bei dem letzten Schrei am Kreuz ist die ganze eschatologisch-übersinnliche Welt in sich zusammengestürzt, und als reale geistige Welt blieb nur die diesseitige, an die Sinnlichkeit gebundene, die Jesus mit seinem allmächtigen Wort in der Welt, die er verneinte, erschaffen hatte. Sein letzter Ruf, mit dem verzweifelten Aufgeben der eschatologischen Zukunft, ist seine Weltbejahung. Der ‚Menschensohn' ward begraben in den Trümmern der zusammenstürzenden eschatologischen Welt; lebendig blieb nur Jesus ‚der Mensch'."[73]

Die moderne christliche Ethik konnte Schweitzer als legitime Fortführung der Verkündigung Jesu verstehen, sofern die Verknüpfung von ethischer Aktivität und erhoffter Vollendung durchgehalten wird. Dabei dient als Brücke zwischen dem historischen Jesus und dem aufgeklärten Menschen ein „Verstehen von Wille zu Wille"[74]:

> „Unser Verhältnis zum historischen Jesus muß zugleich ein wahrhaftiges und ein freies sein. Wir geben der Geschichte ihr Recht und machen uns von seinem Vorstellungsmaterial frei. Aber unter den dahinter stehenden gewaltigen Willen beugen wir uns und suchen ihm in unserer Zeit zu dienen, daß er in dem unsrigen zu neuem Leben und Wirken geboren werde und an unserer und der Welt Vollendung arbeite."[75]

Hatte KARL LUDWIG SCHMIDT (1891–1956)[76] den Nachweis dafür erbracht, dass der „Rahmen der Geschichte Jesu" durch Markus erst sekundär geschaffen sei, zeigten MARTIN DIBELIUS (1883–1947)[77] und RUDOLF BULTMANN (1884–1976)[78] überein-

---

73 ALBERT SCHWEITZER, Von Reimarus zu Wrede. Eine Geschichte der Leben-Jesu-Forschung, Tübingen 1906, S. 281 f.
74 A. SCHWEITZER, Geschichte der Leben-Jesu-Forschung (s. Anm. 6), S. 627 (s.u. S. 282).
75 A.a.O., S. 628 (s.u. S. 283).
76 KARL LUDWIG SCHMIDT, Der Rahmen der Geschichte Jesu. Literarkritische Untersuchungen zur ältesten Jesusüberlieferung, Berlin 1919. – Vgl. ANDREAS MÜHLING, Karl Ludwig Schmidt: „und Wissenschaft ist Leben" (AKG 66), Berlin / New York 1997.
77 MARTIN DIBELIUS, Die Formgeschichte des Evangeliums, Tübingen ⁶1971 (²1933). – Vgl. WERNER GEORG KÜMMEL, Martin Dibelius als Theologe (1949), in: ders., Heilsgeschehen und Geschichte, [Bd. 1:] GAufs. 1933–1964, hg.v. Erich Gräßer, Otto Merk u. Adolf Fritz (MThSt 3),

stimmend in ihren formgeschichtlichen Arbeiten, dass die Jesusüberlieferung ursprünglich aus kleinen Einheiten bestand. Somit entfiel die Möglichkeit, eine Entwicklung der Persönlichkeit Jesu zu rekonstruieren bzw. ein Leben Jesu zu schreiben. Damit war jedoch die historische Jesusforschung nicht unmöglich geworden. Freilich konzentrierte sie sich nun auf die Verkündigung Jesu. Bester Beleg dafür ist Bultmanns 1926 in erster Auflage erschienenes Jesusbuch[79]. Dabei lässt er offen, ob die Worte der von ihm rekonstruierten ältesten Überlieferungsschicht „wirklich von Jesus gesprochen sind"[80].

Innerhalb der Bultmann-Schule ist dann allerdings über Jahrzehnte ein Erliegen der historischen Jesusforschung festzustellen. Dies dürfte damit zu erklären sein, dass für Bultmann die Verkündigung Jesu lediglich zu den geschichtlichen Voraussetzungen der Theologie des Neuen Testaments gehört, während das „theologische Denken" erst mit dem „Kerygma" beginne, „das Jesus Christus als Gottes eschatologische Heilstat verkündigt, und zwar Jesus Christus, den Gekreuzigten und Auferstandenen"[81]. Nicht die Inhalte der Verkündigung Jesu seien theologisch von Belang, sondern allein das Dass seiner Verkündigung, ebensowenig seine Persönlichkeit, sondern vielmehr seine Person „als die Tat Gottes, die die neue Welt heraufführt"[82]. In seinem Vortrag „Die liberale Theologie und die jüngste theologische Bewegung" ließ Bultmann die historische Jesusforschung mit der Frage enden, ob der historische Jesus für uns überhaupt noch erkennbar sei.[83] Unter Berufung auf KARL BARTH identifizierte er den historischen Jesus mit dem „Christus nach dem Fleische" (2Kor 5,16), den wir nicht mehr kennen.[84] Für den Marburger Neutestamentler ist der historische Jesus damit „eine Erscheinung unter anderen, keine absolute Größe"[85]. Nicht historische Kritik, sondern allein der Glaube vermöge Christus zu erfassen.[86]

Marburg 1965, S. 192–206; DERS., Art. Dibelius, Martin, in: TRE 8, Berlin / New York 1981, S. 726–729.
78 RUDOLF BULTMANN, Die Geschichte der synoptischen Tradition (FRLANT 29), Göttingen ^{10}1995 (^{2}1931). – Vgl. KONRAD HAMMANN, Rudolf Bultmann. Eine Biographie, Tübingen 2009.
79 RUDOLF BULTMANN, Jesus (UTB 1272), Tübingen 1983 (1. Aufl. in: Die Unsterblichen. Die geistigen Heroen der Menschheit in ihrem Leben und Wirken, Bd. 1, Berlin 1926).
80 A.a.O., S. 13 (s.u. S. 292).
81 RUDOLF BULTMANN, Theologie des Neuen Testaments, durchg. u. erg. v. Otto Merk, Tübingen ^{9}1984, S. 2.
82 RUDOLF BULTMANN, Die Christologie des Neuen Testaments, in: ders., Glauben und Verstehen. GAufs., Bd. 1, Tübingen ^{8}1980 (^{1}1933), S. (245–267) 266.
83 Vgl. RUDOLF BULTMANN, Die liberale Theologie und die jüngste theologische Bewegung (1924), in: ders., Glauben und Verstehen. GAufs., Bd. 1, a.a.O., S. (1–25) 3.
84 Vgl. a.a.O., S. 4.
85 Ebd.

Aufgaben:

1. Worin besteht die theologische und hermeneutische Problematik von Martin Kählers Schrift „Der sogenannte historische Jesus und der geschichtliche, biblische Christus"?
2. Welche Konsequenzen hat es für die Christologie, wenn Verkündigung und Wirken Jesu durch die eschatologische Naherwartung bestimmt waren?
3. Inwiefern erweist sich Adolf von Harnacks Darstellung der Verkündigung Jesu als „von bibelkritischen Bedenken wenig gestört" (Wolfgang Trillhaas)?
4. Welche Kritik übte William Wrede an der Leben-Jesu-Forschung seiner Zeit?
5. Welche Argumente wurden für die Behauptung der Nicht-Existenz Jesu verwendet? Setzen Sie sich mit diesen kritisch auseinander.
6. Wie verhalten sich bei der historischen Rückfrage nach Jesus die hermeneutischen Ansätze von Albert Schweitzer und Rudolf Bultmann zueinander?

---

86 Vgl. ebd.

Martin Kähler
3.1 Der sogenannte historische Jesus und der geschichtliche, biblische Christus, 1892

Mein Thema ist ein Paradoxon, denn es stellt zwei Aussagen einander entgegen, von denen es scheinen könnte, als ob sie genau dasselbe besagten. Es soll eben in möglichster Schärfe einer überaus bestrickenden Verwechslung zweier grundverschiedener Dinge entgegentreten. Je schwerer es mir selbst geworden ist, hier zur Klarheit durchzudringen, um so lebhafter ist mein Anliegen, meine vermeintliche Einsicht andern zur Prüfung, zur Zustimmung oder zur Warnung mitzuteilen. Und ich danke Ihnen für Anlaß und Gelegenheit dazu.

Meinen Mahnruf kann und will ich recht auffallend in das Urteil zusammenfassen: *Der historische Jesus der modernen Schriftsteller verdeckt uns den lebendigen Christus.* Der Jesus der „Leben Jesu" ist nur eine moderne Abart von Erzeugnissen menschlicher erfindender Kunst, nicht besser als der verrufene dogmatische Christus der byzantinischen Christologie; sie stehen beide gleich weit von dem wirklichen Christus. Der Historizismus ist an diesem Punkte ebenso willkürlich, ebenso menschlich-hoffärtig, ebenso vorwitzig und so „glaubenslos-gnostisch" wie der seiner Zeit auch moderne Dogmatismus. Das gilt von beiden als „Ismen", und gilt so wenig heute wie damals mit Notwendigkeit von den Trägern dieser irregehenden Anschauungen.

Ich beginne mit der Frage: *was heißt „historischer Jesus"*? Diese Bezeichnung hat eine Geschichte nicht minder als die philosophischen Termini; und die Jungen ahnen großenteils gar nicht mehr, was er in den früheren Schriften bedeutet.[1] Zu allererst hat er den biblischen Christus dem dogmatischen entgegenstellen wollen, nämlich den lebensvollen, an- /17/ schaulichen Menschensohn in seinem Tun, Reden und Erleben jener Zeichnung in Begriffen, welche in dünnen Umrissen die dem Denken so schwer vereinbaren Grundlagen dieses einzigen Lebens aufzeigen sollte. Später schob sich an die Stelle der orthodoxen Dogmatik die allwissende Spekulation Hegels und bot für den dogmatischen Christus den idealen dar. Noch

---

1 *Zu allererst hat er den biblischen Christus dem dogmatischen entgegenstellen wollen; der lebensvolle, anschauliche Menschensohn in seinem Tun, Reden und Erleben, wie ihn die Evangelien abzeichnen und die Briefe verkündigen, sollte hervortreten hinter jener Zeichnung in Begriffen, welche sich mühte, in dünnen Umrissen die dem Denken so schwer vereinbaren Grundlagen dieses einzigen Lebens aufzuzeigen (Kähler II* [Martin Kähler, Der sogenannte historische Jesus und der geschichtliche, biblische Christus, Leipzig ²1896] *44).*

lange nachher hat Dorner den geschichtlichen Christus gegen Herm[ann] Schultz verteidigt, weil dieser es jeder Zeit anheimgeben wollte, sich ihr Christus-Ideal selbst zurechtzumachen, das heißt: sich selbst und ihren Inhalt in dem entworfenen Christusbilde zu idealisieren[2]. Der Anstoß trieb weiter; vielleicht ohne es recht zu wissen, geriet man zurück auf die Bahnen eines Semler und seiner Genossen. Geschichte und Dogmatik schien sich in die Bibel zurück verfolgen zu lassen. Die Apostel haben schon an Christum geglaubt, als sie von ihm schrieben; ihr Zeugnis ist mithin bereits Dogmatik. So muß man von ihrer Predigt auf die Berichte zurückgehen, um den geschichtlichen Jesus zu finden. Und da der vierte Evangelist ihn als das ewige Wort bekennt, so wird man eigentliche Berichte nur bei den sogenannten Synoptikern zu suchen haben. Allein, alsbald fand sich die Einsicht, daß auch hier schriftstellerische Absicht, fromm umgestaltende Sage, unwillkürliche Entstellung gewirkt habe, und nun blieb nichts andres übrig, man mußte auf die Suche nach dem historischen Jesus ausziehen, der hinter den urchristlichen Berichten, ja hinter dem Ur-Evangelium steht, undeutlich durchscheinend.[3] Das ist nun /18/ eifrig getan;[4] manchem aber will es scheinen: obwohl man mit Spießen und Stangen ausgezogen ist, „er ging hinaus, mitten durch sie hinstreichend". Wenn er aber unter sie tritt mit seinem „ich bin's", wer wird nicht erschüttert zusammenbrechen?!

Meine Aufgabe ist nun die doppelte, an diesem Verfahren in seiner Ausartung ablehnende Kritik zu üben und den Ersatz nachzuweisen; das letzte ist das wichtigere.

---

2 Beide i. d. Jahrbüch. f. deutsche Theol. 1874. 1875.

3 Vgl. [Willibald] *Beyschlag*[, Das Leben Jesu. Erster, untersuchender Theil, Halle a.S. 1885,] V: Seit ich als 21-jähriger Candidat der Theologie das Strauß'sche Leben Jesu mit seiner in den Mitteln so überlegenen und doch im Ergebnis so unbefriedigenden Kritik auf mich wirken ließ, ist es mein innerer Trieb gewesen, die in diesen Flammen anscheinend versinkende Welt des Glaubens mir auf neue, probehaltige Weise wissenschaftlich wieder aufzubauen.

4 *Wenn man die Gruppen der Forschenden mustert, so spürt man den einen wohl den liebevollen Sinn einer Magdalene an; sie mußte jedoch bei aller ihrer Anhänglichkeit die Abweisung vernehmen: „rühre mich nicht an". Im Blick auf andre aber will es manchen scheinen ... – Dazu die Anm.: Die letzte Schilderung hat verletzt, wenn man an die etwa mit Neander anhebende Linie der Bearbeiter des Leben Jesu dachte; ihnen meinte ich in den folgenden Absätzen gerecht geworden zu sein. Trotzdem muß ich den Eindruck aussprechen, daß man den Christus, welcher den Sitz zur Rechten Gottes für sich in Anspruch nimmt (Mark. 14, 62), nur verstehen kann, wenn man die Betrachtungsweise unserer Evangelien billigt und sein irdisches Leben von seiner Vollendung aus auffaßt. Was man auf andrem Wege aus den „von der Übermalung befreiten" Stoffen unsrer Evangelien zusammenstoppelt, hat wenig mit dem Christus zu tun, vor dem sich Jahrhunderte gebeugt haben. Vollends Schilderungen wie die – leider selbst von deutschen Theologen ernst genommenen – eines Renan oder auch von Strauß usw. sind für seine Gläubigen eine das Innerste verletzende Herabwürdigung. (Kähler II, 45 u. Anm. 2.)*

Wider die Leben Jesu

1. Ich sehe diese ganze „*Leben-Jesu-Bewegung*"[5] für einen Holzweg an. Ein Holzweg pflegt seine Reize zu haben, sonst verfolgt man ihn nicht; er ist auch gewöhnlich zunächst ein Stück des richtigen Weges, sonst gerät man gar nicht auf ihn. Mit andern Worten: *wir können diese Bewegung nicht ablehnen, ohne sie in ihrer Berechtigung zu verstehen.*

Sie ist durchaus im Rechte, sofern sie Bibel wider abstrakten Dogmatismus setzt; sie verliert ihr gutes Recht, sobald sie /19/ beginnt, an der Bibel herum zu schneiden und zu reißen, ohne sich über die besondere Sachlage an diesem Punkte und über die eigentümliche Bedeutung der Schrift für diese Erkenntnis völlig klar geworden zu sein. Denn es handelt sich hier garnicht einfach um ein geschichtliches Problem, wie in andern Fällen. Ihr Recht läßt sich in Luthers Wort hineinfassen, daß man Gottes Sohn gar nicht tief genug in unser Fleisch, in die Menschheit hineinziehen könne[6]. Unter dem Gesichtspunkte steht seit Johannes 1 und 1. Johannes 1, 1 f. alle echt evangelische Bewegung in dem Sinnen über unsern Heiland. Aber dies Wort hat ja nur dann einen Sinn, wenn dieser Christus mehr ist als ein Mensch. Es hat gar keinen Sinn für alle diejenigen, welche behaupten und nachweisen wollen, uns liege an ihm nicht mehr, als an irgend einem andern wirksamen Menschen der Vergangenheit. Das war Luthers Meinung nicht, und kann unsre Meinung nicht sein, solange wir mit dem Apostel urteilen „wenn du mit dem Munde Jesum bekennst, daß er der Herr sei, wirst du errettet" (Röm 10, 10). Glaubt man nun mit der Dogmatik an den Christum, der mehr ist als bloßer Mensch, mehr seinem Wesen nach, mehr seiner gegenwärtigen Stellung nach, also an den *übergeschichtlichen*[7] Heiland, – *dann* bekommt der geschichtliche Jesus jenen unvergleichlichen Wert, so daß wir vor seinem Bilde bekennen: „meine Seele soll sich daran nähren, meine Ohren nie was Liebers hören". Jeder Zug, den man von ihm erfahren kann, wird uns teuer und bedeutsam. Die Überlieferung von ihm /20/ kann gar nicht emsig und treu genug ausgeschöpft werden. Nun versenkt

---

5 Ein Ausdruck aus Fr[iedrich] Nippolds neuester Kirchengeschichte [Handbuch der neuesten Kirchengeschichte] B. 3[: Geschichte des Protestantismus seit dem deutschen Befreiungskriege. Erstes Buch: Geschichte der deutschen Theologie, Berlin ³1890,] § 16.

6 [Isaak August] Dorner, Entwickelungsgesch[ichte der Lehre von der Person Christi von den ältesten Zeiten bis auf die neueste dargestellt, Theil] 2. [Berlin ²1853,] S. 544.

7 *Dieser Ausdruck ist gebildet, um das zu bezeichnen, „was zwar ohne die Geschichte gar nicht vorhanden wäre, aber dessen Bedeutung nicht aufgeht in die eines Gliedes in der Kette geschichtlicher Wirkungen oder auch eines geschichtlichen Ansatzes, weil in ihm sich das Allgemeingültige mit dem Geschichtlichen zu einem Wirksam-Gegenwärtigen zusammenschließt".* Vgl. m[eine] *Wissenschaft d[er] christl[ichen] Lehre* [von dem christlichen Grundartikel aus,] 2. A. [Leipzig 1893,] § 13, vgl. *8f., 365, 397, 404f. (Kähler II, 48, Anm. 1.)*

man sich in sein Tun und Lassen; man sucht es zu verstehen; man verfolgt es in seine Voraussetzungen; man versenkt sich in sein Bewußtsein; in sein Werden, ehe er hervortrat – man geleitet den jugendlichen Jesus durch die Klüfte und Felder, an der Mutter Schoß, in des Vaters Werkstatt und in die Synagoge – – und man ist eben auf dem Holzwege.

Denn die erste Tugend echter Geschichtsforschung ist die Bescheidenheit; Bescheidenheit kommt von Bescheid wissen; und wer Bescheid weiß mit geschichtlichen Tatsachen und Quellen, der lernt Bescheidenheit sowohl im Wissen als im Verstehen. Aber diese Bescheidenheit ist bei vielen nicht beliebt, weil die Phantasie, welcher das Feld der Spekulation verleidet ist, sich jetzt auf ein andres Feld geworfen hat, auf die grüne Weide angeblicher Wirklichkeit, auf das Geschäft der vermutenden Geschichtsschreibung oder der sogenannten positiven Kritik[8]. Und auf diesem Felde wildert und bildert man mit derselben Neubegier und Selbstzuversicht umher, wie es ehedem irgend die philosophische oder theosophische Spekulation getan hat, mit Rothe der guten Zuversicht, das fromme Denken könne Gott sezieren wie der Anatom einen Frosch. Und was dieses Treiben angeht, so vermag ich vielmals keinen Unterschied zu erkennen zwischen den Positiven und den Negativen, wie man sie zu nennen pflegt.

Zur Begründung dieses ablehnenden Urteiles sind nun einige wissenschaftliche Eingeständnisse abzulegen, die auf den /21/ ersten Blick stutzig machen mögen. Wir besitzen keine Quellen für ein Leben Jesu, welche ein Geschichtsforscher als zuverlässige und ausreichende gelten lassen kann. Ich betone: für eine Biographie Jesu von Nazareth von dem Maßstabe heutiger geschichtlicher Wissenschaft. Ein glaubwürdiges Bild des Heilandes für Gläubige ist ein sehr andres Ding, und davon ist nachher die Rede. Unsre Quellen, das heißt die sogenannten Evangelien stehen erstens so vereinsamt da, daß man ohne sie garnichts von Jesu wissen würde, obwohl seine Zeit und der Schauplatz seines Lebens sonst durchaus geschichtlich deutlich sind; er könnte für ein Phantasiebild der Gemeinde um das Jahr 100 gelten. Diese Quellen sind ferner nicht mit Sicherheit auf Augenzeugen zurückzuführen. Sie berichten überdem nur von dem kürzesten letzten Abschnitt seines Lebens. Und endlich verlaufen diese Berichte in zwei Grundformen, deren Verschiedenheit bei der Nähe ihrer angeblichen oder vermutlichen Entstehungszeit ein großes Mißtrauen gegen die Treue der Erinnerung

---

8 Vgl. *Kähler* II, 112: Es scheint mir eine gefährliche Täuschung, sich und andern zu sagen: wir wollen das herkömmliche Ansehen der Bibel ruhig fallen lassen; es bedarf gar keiner Glaubensstellung zu der Überlieferung; wenn wir sie mit der jetzt gewonnenen historischen Kunst behandeln, dann können wir alles Erforderliche beweisen und durch geschichtliche Forschung ein jedermann überzeugendes Bild Jesu bis in die kleinsten Züge hinein mit Sicherheit entwerfen.

erwecken muß⁹. Demzufolge sieht sich der /22/ „vorurteilsfreie" Kritiker vor einem großen Trümmerfelde von einzelnen Überlieferungen. Er ist berufen, aus den einzelnen Stücken ein neues Gebilde hervorzuzaubern, wenn er die Aufgabe angreift, von dieser aus dem Nebel aufragenden Gestalt eine Biographie nach modernen Forderungen zu entwerfen. Schon allein die Feststellung des äußeren Verlaufes bietet nicht geringe Schwierigkeiten und führt vielfach nicht über Wahrscheinlichkeiten hinaus[10]. Aber der Biograph stellt sich andre Aufgaben. Nicht jeder versagt sich die Verhandlung solcher Fragen, welche die Neugier

---

9 Diese Zusammenfassung wird kaum auf eine ernstliche Beanstandung stoßen. Die Ausschließlichkeit, mit der man auf christliche Quellen gewiesen ist, muß *außerhalb des christlichen Gesichtskreises* gewiß bedenklich machen. Wie man mit dem Stoff der Evangelien verfahren würde, wenn wir irgend andre Quellen besäßen, darauf läßt unter anderm das Schicksal der kanonischen Apostelgeschichte in der „zeitgeschichtlichen" Behandlung des Urchristentums schließen. Man hat den ersten David Strauß mit seiner Mythologie über Baur schier vergessen; aber bereits meldet sich seine Anschauung wieder – sehr erklärlicher Weise. – Die Einzigkeit der Quellen will ja nun freilich danach geschätzt werden, wie man diese Quellen im übrigen beschaffen findet. Hier ist für Verläßlichkeit der Berichte überhaupt vor allem das Verhältnis zwischen dem 4. Evangelium und den Synoptikern wichtig. Ich meine recht nachdrücklich an P[aul] *Ewalds* Arbeit über das Hauptproblem der Evangelienfrage (1890) erinnern zu sollen. Der Hinweis auf die unverkennbare Einseitigkeit des synoptischen Berichtes S. 5f., vgl. S. 50f., ist durchaus berechtigt; das Rätsel ist durch einfaches Schweigen über die Schwierigkeit nicht gelöst. Jedenfalls hindert diese Einsicht daran, daß man bei dem bequemen Verfahren bleibe, das günstige Vorurteil für die Synoptiker zum Grundsatze der Geschichtsbehandlung zu machen und in den Rahmen ihrer Erzählung nach Wahl einzelnes oder vieles aus dem 4. Evangelium einzufügen; oder gar den Rahmen aus dem 4. Evangelium zu entlehnen und dann doch im übrigen die Darstellung der Synoptiker für maßgebend und ausreichend zu achten. – Es liegt auf der Hand, daß ein Vortrag nicht den Einzelbeleg für diese Behauptungen liefern kann; er scheint mir aber auch entbehrlich, denn die Tatsachen liegen ja für jeden einigermaßen theologisch Gebildeten deutlich vor und außer Zweifel; nur über Beurteilung und Verwertung geht man auseinander.

10 Man denke an die Frage nach dem Monatstage der Kreuzigung. Allein von solchen Nebensachen abgesehen, wie wenig Aussicht bietet eine Harmonisierung auch nur rücksichtlich der Passionsgeschichte, selbst beim Verzicht auf den 4. Evangelisten. – Freilich wenn man die Unbefangenheit und Sachlichkeit der Berichte im allgemeinen voraussetzt, dann sind die Fragen nicht sehr peinlich; die Stoffe vertragen sich im großen; den Verlauf im einzelnen kann man eben nicht mehr erkennen. Ebenso muß man sich in der Geschichtsschreibung auch sonst vielfach bescheiden. Indes hier liegt doch ein besonderes Bedenken vor. Jene letzte Woche ist der am reichsten bezeugte Abschnitt dieses Lebens; trotzdem hat sich ihr Verlauf den Augenzeugen mit so geringer Bestimmtheit eingeprägt, daß der Nacherzähler sich immer wieder vergeblich am Zusammenpassen der einzelnen Vorgänge und Berichte müht und fast jeder es anders macht als sein Vorläufer. Das erweckt doch kein günstiges Vorurteil für eine solche Beschaffenheit des erhaltenen Stoffes, dergemäß sich aus ihm mit Zuversicht auch weitere Schlüsse über solches ziehen lassen, das gar nicht berichtet ist.

kitzeln, während ihre Beantwortung doch ohne Wert für die Hauptsache bleibt; als solche erscheinen die Erörterungen über Jesu Schönheit oder Häßlichkeit; über sein früheres Familien- und Arbeitsleben; mir fällt auch /23/ die Untersuchung über sein Temperament oder seine Individualität unter diesen Gesichtspunkt; es wäre noch andres zu nennen. Indes, der Schriftsteller mag auf solche mißliche Untersuchungen verzichten; die neuere Biographie sucht ihre Stärke in der psychologischen Analyse, in dem Aufweise der Fülle und Kette von Ursachen, aus welchen die Erscheinung und Leistung des geschilderten Menschen entsprungen ist; so fordert denn die echte Menschheit dieses Jesus jedenfalls, daß man sein Werden verstehe, die langsame Entwicklung seiner religiösen Genialität, das Durchbrechen seiner sittlichen Selbständigkeit, das Aufdämmern und Aufleuchten seines messianischen Bewußtseins. Die Quellen aber enthalten von dem allem nichts, auch garnichts.[11] [...]

2. Fassen wir die Sache recht scharf ins Auge: wonach sucht diese Arbeit? Hinter dem Jesus Christus, wie ihn die kirchliche Überlieferung schildert, das heißt eben auch hinter /31/ dem Bilde, welches das N[eue] Testament darbietet, will sie den *wirklichen* Jesus herausholen, wie er leibte und lebte,[12] in allen Beziehungen, die allen oder jedem einzelnen wichtig oder unentbehrlich, oft auch nur erwünscht oder ergötzlich („interessant"!) erscheinen[13]. Die aufgedeckten Schwie-

---

11 *Als Bericht kann höchstens die kleine Erzählung von dem zwölfjährigen Jesus gelten; litterarkritisch ist es nun bloße Willkür, sie von der Kindheitsgeschichte des 3. Evangeliums zu trennen;* (Kähler II, 51).

12 Vgl. [Otto] *Ritschl*, [Der historische Christus, der christliche Glaube und die theologische Wissenschaft, in: ZThK 3 (1893), S. (371–426)] 403: Wenn aber ein sicherer Bestand geschichtlichen Wissens von Christus durch methodische Forschung festgestellt wird, mag er auch vorläufig noch so gering sein, so hat das den Wert, daß hiergegen auch kein geschichtlicher Zweifel mehr möglich ist, und daß den Empfänglichen unter unseren Zeitgenossen, die noch durch solche Bedenken bedrückt waren, diese nun kein wirkliches Hindernis mehr sein können, die göttliche Liebe in Christus im Glauben zu ergreifen. – Dazu *Kähler* II, 122: O. Ritschl z. B. erwartet von den geschichtlichen Untersuchungen eine gewinnende Wirkung auf die von der Vorliebe der Zeit für geschichtliche Auffassung Beseelten, welche ihren Glauben nicht bewußt auf Christum beziehen; dabei hat er augenscheinlich jene historisch-kritische Abrechnung im Sinn, die vorerst von dem Christusglauben absieht; ... Bei diesem Unternehmen ist zweifelsohne ein in der Tat gesichertes Minimum mehr wert, um den Ausgang für die Verhandlungen zu bieten, als ein dem Zweifel und vorgängiger Bestreitung ausgesetztes Maximum.

13 Hat sich doch ein ernster Theologe dahin verirren können, sich in den Verkehr der Maria mit Jesu rücksichtlich seiner Wäsche hineinzudichten! Da man hier nicht wie etwa bei Schiller von dem jeweiligen Vermögensstande, den man aus den Taschenbuchnotizen bemißt, auf die Antriebe zu öffentlicher Leistung oder die Seelenstimmung zu schließen wünscht, so ist das nach andrer Seite das volle Seitenstück zu Herrnhutischer spielender Vertraulichkeit mit dem Erlöser. Diese Geschmacklosigkeit ist nicht nur unter dem Gesichtspunkte der Ästhetik eine solche. Es

rigkeiten, auf welche die Befriedigung dieser Anliegen stößt, geben gewichtigen Anlaß, nach der Berechtigung derselben zu fragen. Die Antwort wird dann gefunden sein, wenn der eigentliche und letzte Beweggrund des Unternehmens erkannt ist, sich Jesu geschichtliche Gestalt in voller Lebendigkeit vor die innere Anschauung zu stellen.

Und dabei sind wir bei dem springenden Punkte; *weshalb* suchen wir Bekanntschaft mit der Gestalt dieses Jesus? Ich denke doch: *wir*, weil wir ihm glauben, wenn er spricht: /32/ „wer mich siehet, der hat eben damit den Vater gesehen" (Joh. 14, 9); weil er uns die Offenbarung des unsichtbaren Gottes ist. Wenn nun das Wort in ihm Fleisch ward, – *ist das Fleisch an ihm die Offenbarung oder das Wort?*[14] Ist das Wichtige an ihm für uns, worin er uns gleich war, oder das, worin er uns völlig ungleich war und ist? Das was er uns zubringt, nicht aus dem unsern, sondern aus dem Herzen des lebendigen Gottes? – Ich will nicht mißverstanden sein. *Daß* er uns gleich war, ist freilich unvergleichlich wichtig für uns, und es ist unser Schatz – das hebt auch die Schrift immer hervor; freilich, wo sie es tut, kaum je ohne zu bemerken: „sonder Sünde", „aus Gnade", „aus Demut und in vollkommenem Gehorsam" usw. (Hebr. 4, 15; 7, 26. 27; 2. Kor. 8, 9; Phil. 2, 6 f.). *Wie* er uns gleich war, das versteht sich von selbst: es ergibt sich auch gelegentlich von selbst, weshalb sich die sachlichen Belege wohl auf jeder Seite der Evangelien finden lassen. Und doch, wie muß man suchen, um einen biblischen Beleg aus geflissentlich hervorhebenden Äußerungen zu führen. Wäre dem nicht so, man könnte es nicht als eine biblisch-theologische Besonderheit des Hebräerbriefes aufführen, daß er die sittliche Arbeit Jesu betone; wo aber tut er das? 2, 17. 18; 4, 15; 5, 7 f., etwa noch 12, 2. 3. Wer sich vollends selbst fragt, was er *sucht*, wenn er die Evangelien liest, der wird sich gestehen: ich suche nicht meinesgleichen, sondern mein Gegenstück, meine Ergänzung, meinen Heiland. Wer sich überlegt, was er *findet*, wenn er die Evangelien liest, wird sagen: so hat noch nie kein Mensch geredet, so hat noch nie kein Mensch gehandelt, so ist keiner gewesen. Nicht: *das* hat noch nie einer geredet – er hat manches wiederholt aus Schrift und Mund der Frommen vor ihm; aber es wird /33/ ein andres in seinem Munde[15]. Nicht: alles, was er tut, ist unvergleichlich – er steht in einer Reihe mit der Wolke von Zeugen.

---

gibt aber auch einen Mangel an Zartheit im Anfassen heiliger Dinge bei höchster ästhetischer Virtuosität.
14 Der Bibelkundige wird nicht antworten: das Fleisch das Offenbarende, das Wort das Geoffenbarte; denn Wort *ist* eben Offenbarung.
15 Man vergleiche beispielsweise das Unservater mit den jüdischen Gebeten, an die es in der Tat anklingt. Man beachte seine Benützung der Schrift.

Und doch, *wie* er es tut, ist etwas ganz Unvergleichliches, denn so ist keiner *gewesen*[16].

Ja, weshalb im letzten Grunde treiben wir mit dem Jesus unsrer Evangelien Verkehr? Was haben wir an unserm Jesus? „Die Erlösung durch sein Blut, die Vergebung der Sünden" (Ephes. 1, 7)[17]. Was brauche ich denn mehr von ihm zu wissen, als was Paulus den Korinthern „zuvörderst gegeben hat, welches er auch empfangen hat, daß Christus gestorben sei für unsre Sünden nach der Schrift und daß er begraben sei und daß er auferstanden sei am dritten Tage nach der Schrift und daß er gesehen worden ist" (1. Kor. 15, 3 f.)?! Das ist frohe Kunde im Auftrage Gottes (1. Kor. 15, 12f.; Röm. 1, 1f.; 2. Kor. 5, 18f.; Gal. 1, 6f.), das ist Zeugnis und Bekenntnis des Glaubens, der die Welt überwunden *hat* (1. Joh. 5, 4.). Dazu brauche ich keine genaue Kenntnis von den Lebensumständen des Gekreuzigten.[18] /34/

Aber wozu dann die Evangelien? weshalb dann jene Predigt, deren Inhalt so oft sein Tun und sein Lehren bildet? Wir haben die Erlösung *an ihm*. „Wer will verdammen? Christus der gestorbene, *vielmehr* auch auferweckte, welcher auch ist zur Rechten Gottes, *welcher uns auch vertritt?*" „Wir haben einen Beistand beim Vater, Jesum Christum, den Gerechten". „Wir haben nicht einen Hohepriester, der nicht könnte Mitleid haben mit unsern Sünden, sondern der versucht ist allenthalben gleich wie wir, doch sonder Sünde" (Röm. 8, 34; 1. Joh. 2, 1; Hebr. 4, 15). Wir brauchen und glauben und haben den lebendigen Christum; und wir glauben ihn,

---

16 Was hiermit gemeint ist, wurde zu einem Teile oben angedeutet, wo von seiner Einzigartigkeit die Rede war; auf andres kommt die Erörterung gegen ihren Schluß.

17 Es versteht sich wohl von selbst, daß diese Zusammenfassung an dieser Bibelstelle nur ihren Ausdruck, nicht ihren zureichenden Beleg gesucht hat; eines solchen bedarf es schwerlich; das neue Testament wie die Katechismen sind in diesem Betrachte wohl deutlich genug.

18 Vgl. *Beyschlag* XVI f.: Gerade diese Stelle, 1. Kor. 15, 3 zusammengehalten mit 11, 23 zeigt uns ja, daß die Apostel da, wo sie Gemeinden gründeten und Glauben erweckten, mit viel reichlicheren evangelistischen Mitteilungen begonnen haben, als in ihren an bereits gewordenen Christen gerichteten Briefen zum Vorschein kommt. ... Hätten sie das nicht getan, hätten sie, wie Kähler will, lediglich den für uns Gekreuzigten und Auferstandenen, den Erhöht-Lebendigen gepredigt, so hätten sie ja ein X als Heiland gepredigt und den Glauben ihrer Hörer lediglich auf die Autorität ihres Jüngerzeugnisses gegründet. Und noch heute, wenn der historische Jesus an der Entstehung unseres Glaubens unbeteiligt wäre und dieselbe lediglich durch Glaube und Predigt der Apostel von dem Vollendeten geschähe, wäre der Christusglaube in seinem Ursprung – und damit in seinem Wesen – Autoritätsglaube, Fürwahrhalten dessen, was die Apostel von ihm sagten, nicht aber das unmittelbare Erzeugnis des Eindrucks, den Jesus der Christ selbst auf uns machte. – Dazu *Kähler* II, 112: Der von Aposteln gepredigte Christus bietet sich uns dar, um von ihm aus das Verständnis für die Erinnerungen an Jesum zu gewinnen und mit diesem Verständnis und unter dem verständnisvollen Umgang mit ihnen zugleich die Vergewisserung, daß sie uns den „historischen Jesus" zeigen, weil wir in ihnen den wirksamen Christus wieder finden.

weil wir ihn kennen; wir haben ihn, *wie* wir ihn kennen; wir kennen ihn, weil er unter uns gewohnet hat, voll Gnade und Treue, und sich seine Zeugen erwählet hat, durch deren Wort wir an ihn glauben sollten (Joh. 1, 13. 14 vgl. 1. Joh. 1, 1 f.; Joh. 15, 27; 17, 20).

Also deshalb treiben wir Verkehr mit dem Jesus unsrer Evangelien, weil wir da eben den Jesus kennen lernen, den unser Glaubensauge und unser Gebetswort zur Rechten Gottes antrifft; weil wir es mit Luther wissen, daß Gott sich nicht will finden lassen als in seinem lieben Sohne[19], weil er uns die Offenbarung ist; richtiger /35/ und ausdrücklich: weil er uns das Fleisch gewordene Wort, das Bild des unsichtbaren Gottes, *weil er uns der offenbare Gott ist.*[20]

Das sucht der Glaubende. Das feiert die Gemeinde.

[...]

Der auferstandene Herr ist nicht der historische Jesus *hinter* den Evangelien, sondern der Christus der apostolischen Predigt, des ganzen Neuen Testamentes.[21]

---

19 Th[eodosius] Harnack, Luthers Theol[ogie mit besonderer Beziehung auf seine Versöhnungs- und Erlösungslehre, Bd.] 2[: Luthers Lehre von dem Erlöser und der Erlösung, Erlangen 1886,] S. 81 f., vgl. auch ebd. 1 S. 111 f. [Gottfried] Thomasius, Christi Person [und Werk. Darstellung der evangelisch-lutherischen Dogmatik vom Mittelpunkte der Christologie aus], 2. A. [Bd.] 2[: Das Werk des Mittlers, Erlangen 1857,] S. 210 f. [Julius] Köstlin, Luth[erische] Theol[ogie in ihrer geschichtlichen Entwicklung und ihrem inneren Zusammenhange dargestellt, Bd.] 2[, Stuttgart ²1883,] S. 155. 300 f. 383.

20 Vgl. *Beyschlag* XIX: Aber wir fragen weiter: wieso ist denn der erhöhte Christus im Unterschiede von dem historischen „der offenbare Gott"? er offenbart ja nichts, als was er durch sein geschichtliches Leben, Sterben und Auferstehen bereits offenbart hat. „Jesus Christus, gestern, heute und in Ewigkeit derselbe": danach wird der Weg zur Erkenntnis des erhöhten Christus doch wohl durch die Erkenntnis des historischen Christus gehen, denn der Erhöhte ist ja nichts anderes als der Geschichtliche in seiner Vollendung. Und nun gibt es zu diesem geschichtlichen und erhöhten Christus gewiß einen anderen Weg als den durch unsere Leben-Jesu-Literatur: der einfache Christenmensch geht ihn, indem er geradezu in unsre vier Evangelien eintritt ... Aber der Prediger, der andern die Evangelien auslegen ... soll, der Gebildete, der über den Inhalt der h[eiligen] Schrift reflektiert und ihre Schwierigkeiten peinlich empfindet ... – die bedürfen es, daß man ihnen den Gegenstand der evangelischen Geschichte auch geschichtswissenschaftlich behandle und als einen auch im Feuer der historischen Kritik probehaltigen erweise. – Dazu *Kähler* II, 113: Diese angeratene Bescheidung, welche sich *vorerst* auf die unanfechtbare geschichtliche Größe beschränkt, trägt auch noch weitere Vorteile ein. Sie erlaubt nämlich für die genauere Beschäftigung mit Jesu den geschichtswissenschaftlichen Weg von dem theologischen zu unterscheiden. Auf dem ersten sucht man urkundlich nachweisbare Wirklichkeiten und kommt dabei in Verlegenheiten, welche maßvolle Skepsis abnötigen oder ein Anlehnen bei künstlerischer Phantasie.

21 Vgl. *Ritschl*, 378: Wir kommen also in keiner Weise um die selbstständige Rücksicht auf das irdische Leben Christi herum, und daß dieses notwendig als mindestens gleichwertig neben der Offenbarung von seiner Auferstehung in Betracht gezogen werden muß, das lehrt auch der Blick

– Und wenn dieser Herr Christus (Messias) heißt, so liegt darin das Bekenntnis zu seiner geschichtlichen Aufgabe oder, wie man heut sagt: zu seinem Berufe, und wie unsre Alten mit demselben sachlichen Werte des Ausdrucks sagten: zu seinem dreifachen Amte; das heißt: das Bekenntnis zu seiner einzigartigen, übergeschichtlichen Bedeutung für die ganze Menschheit. Dieser /42/ seiner Messianität oder Christuswürde sind sie aber gewiß geworden im Widerspruche mit der öffentlichen Meinung, sowohl über die „Idee" des Messias, d.h. darüber, wie man sich einen Messias dachte und was man von ihm forderte, als auch über die Person dieses Jesus von Nazareth – damals gerade so wie heute. Und wenn man hinterher, in Briefen und Evangelien und zu allererst in Predigten daran ging, diese Messianität glaubhaft zu machen, so waren es immer zwei Beweistümer, deren man sich bediente: persönliche Bezeugung seiner Auferstehung aus Erfahrung und – *Schrift*. Er als der lebendige ist ihnen der Messias des alten Bundes.

Und darum sprechen auch wir von dem *geschichtlichen Christus der Bibel*.[22] So gewiß *nicht* der historische Jesus, wie er leibte und lebte, seinen Jüngern den zeugniskräftigen Glauben an ihn selbst, sondern nur eine sehr schwankende, flucht- und verleugnungsfähige Anhänglichkeit abgewonnen hat,[23] so gewiß sie

---

auf die Gründe des christlichen Glaubens, soweit diese für uns wahrnehmbar sind. – Dazu *Kähler*, II, 185: Durchaus gewiß bin ich mir, nicht nur einen individuellen Glaubensgedanken, meinetwegen von Millionen, auszusprechen, wenn ich behaupte, gerade die Gottestat der Auferweckung Christi verleihe dem Christentume die überführende Überlegenheit über allen ohnmächtigen Idealismus und mysticisierenden Subjektivismus. Selbstverständlich leistet das nicht die vereinzelte Wundertatsache an einem Individuum oder gar der geschichtliche Vorgang der Erscheinungen für sich. So unentbehrlich diese Erscheinungen als „Zeichen" für die ersten Jünger gewesen sind, sie sind nicht die Tatsache; und das Zeichen, welches auf diese übernatürliche Tatsache für alle Folgezeit hinweist, besteht vielmehr in der sich vor unsern Augen vollziehenden Erfüllung des Gebotes, das Zeugnis von dem Gekreuzigten und Auferstandenen durch alle Lande zu tragen.

22 Vgl. *Kähler*, II, 5: Der „*biblische*" Christus – darin sind wir alle eins, die wir mit den Reformatoren in der kirchlichen Linie und damit im Zusammenhange mit den theologischen Vertretern der Gottheit Christi bleiben wollen... denn Gottheit Christi heißt uns seine Beschaffenheit, der zufolge er Gegenstand des Glaubens wird, ohne daß doch dieser Glaube mit dem ersten Gebot in Widerstreit gerät, ohne daß er Kreaturvergötterung wird, ... Das Hauptwort in jener Bezeichnung „der biblische Christus" hebt das Beiwort aus aller Genossenschaft heraus. Soweit Jesus von Nazareth als der Christus von jedem bloßen Stifter einer geschichtlichen Religion absteht, ebensoweit steht seine Bibel, d.h. die Bibel, deren Inhalt es ist, von jedem frommen Buch ab, welches nichts auf die Nachwelt bringt als die redlichen Bekenntnisse lebhafter Religiosität ...

23 Vgl. *Beyschlag*, XVIII f.: Diesen Tatsachen gegenüber macht es einen peinlichen Eindruck, Kähler von einem „*sogenannten* historischen Jesus" reden und demselben lediglich den „Christus der apostolischen Predigt" als „geschichtlichen Christus" entgegenstellen zu sehen ... Meines Wissens hat der historische Jesus, wie er leibte und lebte, dem Petrus jenen Glauben

alle mit Petrus zu einer leben- /43/ digen Hoffnung wiedergeboren wurden erst durch die Auferstehung Jesu von den Toten (1. Petri. 1, 3); so gewiß sie der Erinnerung des Geistes bedurft haben, um zu verstehen, was er ihnen bereits gegeben hatte, und zu fassen, was sie damals nicht tragen konnten (Joh. 14, 26. 16, 12. 13); so gewiß sie nachher nicht herausgetreten sind, um ihn durch Verbreitung seiner Lehre zum Schulhaupte zu machen, sondern um seine Person und ihre unvergängliche Bedeutung für einen jeden Menschen zu bezeugen; ebenso gewiß waren sie auch erst dann imstande, sein Sein und Behaben, sein Tun und sein Wort als die Darbietung der Gnade und Treue Gottes zu erfassen, da er vollendet vor sie trat, er selbst die Frucht und der ewige Träger seines Werkes von allumfassender unvergänglicher Bedeutung; und zwar jenes Werkes, dessen schwer- /44/ stes und entscheidendes Stück des historischen Jesus *Ende* war. Ob wir auch den Messias nach dem Fleische gekannt haben, so kennen wir ihn nun doch nicht mehr (2. Kor. 5, 16).

Das ist der erste Zug seiner Wirksamkeit, daß er seinen Jüngern den Glauben abgewann. Und der zweite Zug ist und bleibt, daß dieser *Glaube bekannt* wird. Daran hängt seine Verheißung (Röm. 10, 9. 10); daran hängt für uns die Entscheidung; daran hängt die Geschichte der Christenheit. Der wirkliche, d. h. der wirksame Christus, der durch die Geschichte der Völker schreitet, mit dem die

---

abgewonnen, den er bei Caesarea Philippi mit einem „Selig bist du ..." begrüßte und den er für so zeugniskräftig hielt, um seinen Jünger daraufhin als den Felsen zu bezeichnen, auf den er seine Gemeinde bauen wollte. Gewiß, daß dieser Glaube mit der Vollendung dessen, dem er galt, auch sich seinerseits noch weiter zu vollenden hatte; aber wenn auch klein wie ein Senfkorn, – ein lebendiger, aus Gott geborener Glaube an Jesum den Christ, den Gottessohn, war er schon jetzt. Hat nun „der historische Jesus, wie er leibte und lebte", solchen Glauben erzeugen können, so wird auch heute das Unternehmen, denselben so, wie er leibte und lebte, anschaulich vor die Seele zu stellen, d. h. das moderne Unternehmen des „Lebens Jesu", für die Erweckung und Stärkung des Christenglaubens nicht so ohne Wert sein, wie D. Kähler meint. – Dazu *Kähler*, II, 105 f.: Nicht ihr, (scl. der Jünger) keim- und zeugniskräftiger und nur zu vollendender Glaube ... sondern lediglich er selbst hat sie über diese Kluft gehoben ...: indem er sich ihnen lebendig bezeugte; und daß er eben dieses gewirkt hat, das gehört mit zu der geschichtlichen Größe, die wir Jesus den Christ heißen. Diese seine persönliche Wirkung hat erst alles, was sie an und von ihm geschaut und getastet und gehört hatten, und was dem Saulus überliefert worden, zum Inhalt eines „zeugniskräftigen" Glaubens und zu einer Anschauung von ihm gemacht, die sie sich anzueignen, zu zeichnen und weiterzugeben vermochten. Und ohne das wüßten wir überhaupt nichts von ihm. Man hat nichts von ihm wissen *sollen*, außer durch die Vermittlung eines Glaubens, der vor ihm niederfiel, seinen Namen für wirkungskräftig achtete und zu ihm rief. In der Tat gilt das doch selbst von den angeblich allgemein zugestandenen äußeren Tatsachen, denn die andern Zeitgenossen verschweigen sie. Übrigens hätte die Geschichtswissenschaft mit ihnen nichts gewonnen als eine Reihe von bruta facta, die als totes Gestein am Beginne der Entwicklung des Christentums lägen.

Millionen Verkehr gehalten haben in kindlichem Glauben, mit dem die großen Glaubenszeugen ringend, nehmend, siegend und weitergebend Verkehr gehalten haben – *der wirkliche Christus ist der gepredigte Christus*.[24] Der gepredigte Christus, das ist aber eben der geglaubte [...].

[...]

Man könnte sich jenes Wort aneignen: der Christus der Evangelien ist „das Transparent des Logos", nur daß dieses durchlässige Mittel nicht eine nebelhafte Legende ist, sondern ein greifbares Mannesleben, reich und bestimmt, wenn auch kurz und knapp bemessen. Das ist freilich zu wenig für eine vollständige Biographie Jesu von Nazareth; aber es ist genug für Predigt und Dogmatik, und zwar für eine Dogmatik gerade dann, wenn sie die dornigen Fragen der Christologie zurückstellt und dafür eine klare und lebensvolle Soteriologie pflegt, eine Glaubenskunde von der Person des Heilandes[25].

Ist und bleibt doch das Entscheidende für alle biblischen Schilderungen der doppelseitige Ausgang dieses Lebens; dasjenige, was unsre Väter sonderlich und wohl in zu toter Absonderung das Werk unsers Herrn nannten. Wir können und sollen vom neuen Testamente lernen, Person und Werk zusammenzufassen. Sein Werk ist seine Person in ihrer geschichtlich-übergeschichtlichen Wirkung; in betreff seiner bedarf man keiner Überführung durch die Mittel der geschichtforschenden Kunst. Es liegt einem jeden vor in der durch die Jahrhunderte hin-

---

24 Vgl. *Ritschl*, 374: Aber so richtig auch Kähler's Bemerkungen gegen die biographischen Bemühungen um das Leben Jesu sind, so fragt sich doch, ob man wirklich noch ein Recht hat, von dem *geschichtlichen* Christus zu reden, wenn man in den wichtigsten Quellen für sein Leben und Wirken nicht mehr einen der geschichtlichen Forschung faßbaren Kern von treuen und zuverlässigen Nachrichten anerkennen will, sondern sie insgesamt für lediglich bekennende Verkündigung der Jünger ausgibt. – Ferner [Wilhelm] *Herrmann*, [Der geschichtliche Christus der Grund unseres Glaubens, in: ZThK 2 (1892), (232–273)] 253: Nun wird uns aber im Neuen Testament Christus so verkündigt, wie er dem Glauben erscheint. Folglich kann uns diese Verkündigung, wenn wir uns ihr überlassen, allein nicht gegen den Zweifel schützen, daß wir unsern Glauben auf etwas gründen wollen, was vielleicht garnicht geschichtliche Tatsache, sondern Erzeugnis des Glaubens ist. – Dazu *Kähler*, II, 109: Zu dieser geschichtlichen Größe gehört nun aber zweifellos noch ein weiteres. Es ist von ihr eine unvergleichlich umfassende Wirkung bis heute ausgegangen und dieselbe hat sich bloß durch die Predigt seiner Anhänger vollzogen. Diese erste Predigt kennt man, und sie hat das Eigentümliche, daß sie nicht die Lehre Jesu, sondern die Bedeutung seiner Person für alle Menschen verkündigt; die ersten Boten glaubten nicht mit Jesu an eine Idee von Gott und an ein Sittengesetz, sondern sie glaubten an Christum. Sie haben ihre Erkenntnis Gottes und ihre Sittlichkeit nie von dem trennen können und wollen, was ihnen die Person des Heilands war ... Und so gehört in der Tat das „Gepredigtwerden" durchaus mit zu der hier verhandelten geschichtlichen Größe.

25 Es sei gestattet, hier auf meine „Wissenschaft der christlichen Lehre" S. 351f. (Soteriologie 1. St.) zu verweisen.

durchschreitenden Kirche, in dem bekennenden Wort und Leben der Brüder, in dem eignen wirkungskräftigen Glauben, den eben Er ihm abgewonnen hat. Das lebensvoll erfaßte Dogma vom Heiland gewährleistet dergestalt die Zuverlässigkeit des Bildes, das uns die biblische Predigt von Jesu dem Christ entgegenträgt.[26] /79/

Und brauchen wir mehr? Und ist die Erkenntnis je einen andern Weg gegangen?

Wir fassen die Summe unsers Glaubens, die Summe der neutestamentlichen Offenbarung gern in das Wort zusammen: „Gott ist Liebe". Wann hat man das bekennen gelernt? Nicht durch die Predigt, welche vom Berge am See erscholl und von den Boten durch die Städte Israels getragen wurde, durch die Predigt vom Reiche Gottes, so viel in ihr auch davon enthalten ist; jenes dunkle Bildwort sollte erst durch Christi Tun und Erleben seine volle Deutung erhalten. „Darum preiset Gott seine Liebe gegen uns, daß Christus für uns gestorben ist" (Röm. 5, 8 vgl. 8, 32–39), erinnert Paulus. Und woher Johannes jene Erkenntnis gewonnen, sagt er sehr deutlich: „Darinnen stehet die Liebe: nicht daß wir Gott geliebet haben, sondern daß er uns geliebet hat und gesandt seinen Sohn zur Sühne für unsre Sünden. Daran haben wir erkannt die Liebe, daß er sein Leben für uns gelassen hat" (1. Joh. 4, 10; 3, 16)[27].

In dem geschichtlichen Gehalt des Paulinischen Symbolum 1. Kor. 15, 3. 4, in dem Lebensgange Jesu hat Gott in einer Tatensprache geredet, die unverwischlich geblieben ist. Diese Tatsachen bedürfen keiner Urkunden, um unvergessen zu bleiben, denn das dankbare Bekenntnis trägt sie durch die Jahrtausende. Ja, für diese Tatsachen, nämlich für ihren eigentlichen Gehalt, für ihren bleibenden Wert *kann* es gar keine /80/ geschichtlichen Urkunden geben, sondern nur Zeugnis und Glauben.[28]

---

[26] Vgl. *Kähler*, II, 201 f.: Daß nun die Predigt oder das Wort Gottes innerhalb der Christenheit und wo nach *christlicher* Gewißheit gefragt wird, ihre Geltung sich nicht erst von der Wissenschaft braucht bezeugen zu lassen; daß hier ein solches sturmfreies Gebiet erkannt werden möge, wurde oben zu zeigen versucht ... Das Überzeugende liegt in der Möglichkeit, daß die Vergangenheit jedem lebenzeugende Wirklichkeit werde; und diese Möglichkeit vermittelt die Heilige Schrift. Gerade sie ist die geeignete Vermittlung, um aus dem Autoritätsglauben selbsteignen, in innerem Erleben angewachsenen Glauben werden zu lassen. Das sturmfreie Gebiet bleibt uns darum der biblische geschichtliche Christus.

[27] Und eben das sagt uns der ergreifende Eingang der Leidensgeschichte Joh. 13, 1, wenn man ihn liest im Blick auf 15, 13; 18, 8. 9. – – Es ist auch mit andern Zügen ebenso. Den Gehorsam, der unsers Heiles Wurzel ist (Röm. 5, 19), mißt Paulus an dem „bis zum Tode am Kreuz"; daß das jener gottgefällige Gehorsam sei, dafür findet er den Beleg in der Erhöhung und ihrem Bekenntnis (Phil. 2, 5–11).

[28] Vgl. *Kähler*, II, 26: Als Kerygma, als Ausrichtung des göttlichen Auftrages an seine Herolde und Abgesandten, gewinnt das uralte Schriftwort seine Bedeutung in der Kirche; ... In der

Und darum: unsern Glauben an den Heiland weckt und trägt die kurze und bündige apostolische Verkündigung von dem erhöhten Gekreuzigten. Zum gläubigen Verkehr aber mit *unserm* Heilande hilft uns die Erinnerung seiner Jünger, die sich im Glauben ihnen einprägte, die sein Geist in ihnen erneute und klärte, die sie als den höchsten Schatz ihres Lebens vererbten.[29] Und im Verkehre mit ihm durch sein biblisches Bild werden wir zur Freiheit der Kinder Gottes erzogen, deren Herzblatt das beschämte, zaghafte und doch aufrichtige Bekenntnis bleibt: „Herr, du weißt alle Dinge; du weißt, daß ich dich lieb habe".

Martin Kähler, Der sogenannte historische Jesus und der geschichtliche, biblische Christus, neu hg. v. Ernst Wolf (Theologische Bücherei. Neudrucke und Berichte aus dem 20. Jahrhundert, Bd. 2), München: Christian Kaiser ⁴1969, S. 16 – 23, 30 – 35, 41 – 44, 78 – 80 [Nachdruck der 1. Auflage von 1892 mit Angabe wesentlicher Umformulierungen der 2. Auflage von 1896].

Mission vernimmt man diesen gebieterischen Ton des Offenbarungswortes und darum sind auch wieder Mission und Bibel schon seit alters ganz unzertrennlich ...

29 *Kähler, II, 95 schaltet ein: Aus diesem Verkehr zieht der Glaube die Spannkraft, um alle Anfechtungen zu überstehen, und auch die Mittel zum Widerstand in allen Lagen und Fällen (Hebr. 4, 15. 16). In diesem Verkehre verwachsen wir zu jener unlöslichen Einheit mit ihm (Röm. 6, 5 vgl. V. 17; Gal. 3, 1; Phil. 3, 10. 11), welche jede Lockerung als einen Angriff auf den eignen Lebensbestand empfinden läßt.*

Johannes Weiß
3.2 Die Predigt Jesu vom Reiche Gottes, 1900

Wir stehen am Schlusse. Die Verkündigung Jesu von der Nähe des Reiches Gottes hat uns auf das messianische Selbstbewusstsein Jesu zurückgeführt. Beides hängt auf das Innigste zusammen oder besser: beides läuft parallel. Wie in /176/ der Verkündigung des Reiches Gottes ein stark eschatologisches Moment, eine noch ungelöste Spannung enthalten ist, so dass der ganze Schwerpunkt auf die Zukunft gelegt wird, so ist auch der Messiasglaube Jesu nur zum Teil Gegenwartsbesitz, zum Teil auch Glaube an die Zukunft. Er hat sich getrieben gefühlt, der Welt das Heil und das Gericht anzusagen, weil er die Nähe des Reiches Gottes mit Sicherheit voraus empfand und weil er sich in besonderer Weise als der Vertraute und Beauftragte Gottes wusste. Aber wie er doch nur auf einzelnen vorübergehenden Höhepunkten der Stimmung die Herrschaft Gottes bereits angebrochen schaute, im Uebrigen aber auf das zukünftige Eingreifen Gottes hoffte, so hat er auch in bezug auf seine Erhöhung zum Messias das letzte entscheidende Wort seinem Vater im Himmel überlassen. Er wird an ihm thun, was er verheissen hat. – Indem wir diese eigenartige Form seines Bewusstseins aus den Quellen erschlossen haben, stossen wir auf einen Punkt, der unserem weiteren Vordringen Halt gebietet. Wie für den Naturforscher die Thatsache des Lebens, für den Kunstkenner die künstlerische Inspiration, für den politischen Historiker die unbezwingliche Energie grosser Staatsmänner und Völker letzte Daten bilden, die man nicht weiter erklären kann, sondern einfach hinnehmen muss – so steht der Religionsforscher vor diesem eigenartigen religiösen Bewusstsein Jesu als vor etwas schlechthin Gegebenem, das er anzuerkennen hat. Es ist nicht weiter zu analysieren oder zu verstehen, höchstens kann man es, wenn auch in sehr unzureichender Weise „nachempfinden", man darf es aber auch nicht meistern oder weginterpretieren wollen. Hier muss sich zeigen, ob der Theologe den geschichtlichen Sinn hat, der unter Aufopferung von modernen Stimmungen und Vorurteilen sich dem Wirklichen in seiner besondern Gestalt beugt.

Schon das älteste Christentum hat hier eine Umbiegung und Verschiebung eintreten lassen. Neben die aus der Verkündigung Jesu übernommene eschatologische Vorstellung vom Reiche Gottes tritt schon bei Paulus die Idee des Reiches Christi (Kol 1,13. IKor 15,25 f.), welches in der Gemeinde verwirklicht ist. Auch bei den Evangelisten haben wir Keime der Anschauung, dass das Reich Gottes nicht blos etwas Zukünftiges, sondern in gewisser Weise schon von Christus „be- /177/ gründet" ist, eben in der Kirche. Wer will es der modernen Theologie verdenken, wenn sie auf den Spuren dieser Interpretation das nachträgliche Werturteil zur

Grundlage ihres Systemes macht, dass durch die Thätigkeit Jesu das Reich Gottes in die Welt eingeführt sei, als eine Gemeinschaft der Menschen, die an Gott als Vater und König glauben und in Liebe unter einander verbunden sind? Gegen diese Betrachtungsweise ist nichts einzuwenden, so lange sie sich in ihren Schranken hält und als eine religiöse Schätzung des Lebenswerkes Christi auftritt. Protestieren müssen wir nur dagegen, dass man diese nachträglich gewonnene Anschauung auch in die Worte und in den Glauben Jesu hineininterpretiert. Ebenso liegt es auf dem Gebiete der Christologie. Wenn die älteste Christenheit auf die „Ankunft" (παρουσία – nicht die „Wiederkunft") des Messias eigentlich immer noch wartet, so finden sich doch schon früh andere Stimmungen. Der Sehnsucht nach der Offenbarung des Messias wird immer mehr ein Gegengewicht gehalten durch den Glauben und die Liebe, welche sich auf den erhöhten und der Gemeinde gegenwärtigen Herrn richten. Immer mehr gestaltet sich das Erinnerungsbild so, dass die Züge himmlischer Herrlichkeit schon an dem auf Erden wandelnden Jesus hervortreten. Der Höhepunkt dieser Entwickelung ist im Johannes-Evangelium erreicht. Der Glaube dieses Evangelisten schaut in dem geschichtlichen Jesus schon alles das, was die älteste Christenheit erst von der Parusie erwartet hat. Da bedarf es kaum noch der endgültigen Offenbarung seiner Messiasherrlichkeit am Ende der Dinge, denn schon in dem Bilde des Fleischgewordenen ist ja die volle δόξα Gottes erschienen. Die moderne Theologie ist, in weit höherem Masse als sie es sich gestehen will, von dieser Auffassung des Johannes-Evangeliums beeinflusst. Das gereicht ihr zum Schutz und zur Rechtfertigung. Hat sie doch, gerade wie das Johannes-Evangelium, die Absicht und die Aufgabe, der Gemeinde die Gestalt Jesu nach ihrer übergeschichtlichen und ewigen Bedeutung zu erläutern. Wenn sie also das religiöse Glaubensurteil fällt, dass Jesus von Nazareth die höchste und endgültige Offenbarung des Göttlichen in menschlicher Gestalt sei, so hat sie dazu ein aus ihrer praktischen und religiösen Aufgabe fliessendes Recht. Aber auch hier darf sie ihre Grenze /178/ nicht überschreiten. Etwas anderes ist die nachträgliche religiöse Beurteilung des Wertes einer geschichtlichen Erscheinung, etwas anderes die geschichtliche Erforschung ihrer Lebensanschauungen, ihrer Absichten, ihrer Selbstbeurteilung. Und diese geschichtliche Untersuchung lehrt, dass Jesus für seine Person ebenso wie für sein Werk die entscheidende Wendung erst von der Zukunft erhoffte. Er wird für uns nicht kleiner, sondern nach dem von ihm uns gegebenen Massstab grösser, wenn wir erkennen, dass er in seiner Demut die Vollendung nicht von seinem eigenen Thun, sondern erst von dem Eingreifen seines himmlischen Vaters erwartet hat.

Johannes Weiß, Die Predigt Jesu vom Reiche Gottes, hg. v. Ferdinand Hahn. Mit einem Geleitwort von Rudolf Bultmann, Göttingen: Vandenhoeck & Ruprecht ³1964 (durchges. Nachdr. der 2., neubearb. Aufl. von 1900), S. 175–178.

Adolf von Harnack
3.3 Das Wesen des Christentums, 1900/1929

Unsere Evangelien erzählen uns bekanntlich keine Entwicklungs- /20/ geschichte Jesu; sie berichten nur von seiner öffentlichen Wirksamkeit. Zwei Evangelien enthalten allerdings eine Vorgeschichte (Geburtsgeschichte)[1], aber wir dürfen sie unbeachtet lassen; denn selbst wenn sie Glaubwürdigeres enthielte als sie wirklich enthält, wäre sie für unsere Zwecke so gut wie bedeutungslos. Die Evangelisten selbst nämlich weisen niemals auf sie zurück oder lassen Jesum selbst sich auf jene Vorgänge zurückbeziehen. Im Gegenteil – sie erzählen, daß die Mutter und Geschwister Jesu von seinem Auftreten völlig überrascht gewesen seien und sich nicht in dasselbe zu finden vermocht haben.[2] Auch Paulus schweigt, so daß wir gewiß sein können, daß die älteste Überlieferung die Geburtsgeschichten nicht gekannt hat.

Wir wissen nichts von der Geschichte Jesu in den ersten dreißig Jahren seines Lebens. Ist das nicht eine schreckliche Ungewißheit? Was bleibt uns, wenn wir unsere Aufgabe mit dem Eingeständnis beginnen müssen, daß wir kein Leben Jesu zu schreiben vermögen? Wie können wir aber die Geschichte eines Mannes schreiben, von dessen Entwickelung wir gar nichts wissen, und von dessen Leben uns nur ein oder zwei Jahre bekannt sind? Nun, so gewiß unsre Quellen für eine „Biographie" nicht ausreichen, so inhaltsreich sind sie doch in anderer Beziehung, und auch ihr Schweigen über die ersten dreißig Jahre lehrt uns etwas. Inhaltsreich sind sie, weil sie uns über drei wichtige Punkte Aufschluß geben; *denn sie bieten uns erstlich ein anschauliches Bild von der Predigt Jesu, sowohl in Hinsicht der Grundzüge als der Anwendung im einzelnen; sie berichten zweitens den Ausgang seines Lebens im Dienste seines Berufs, und sie schildern uns drittens den Eindruck, den er auf seine Jünger gemacht hat, und den sie fortgepflanzt haben.*

Das sind in der That drei bedeutende, ja es sind die entscheidenden Punkte. Weil wir hier klar sehen, ist es möglich, ein Charakterbild Jesu zu zeichnen oder – bescheidener gesprochen: der Versuch ist nicht aussichtslos, zu erkennen, was er gewollt hat, wie er gewesen ist und was er uns bedeutet.

Was aber jene dreißig Jahre des Schweigens betrifft, so entnehmen wir unseren Evangelien, daß Jesus nicht für nötig befunden hat, seinen Jüngern darüber etwas mitzuteilen. Aber negativ vermögen wir hier doch manches zu sagen.

---

[1] [Mt 1,18–25; Lk 2,1–21.]
[2] [Mk 3,21.]

Erstlich, es ist sehr unwahrscheinlich, daß er durch die Schulen der Rabbinen gegangen /21/ ist; nirgendwo spricht er wie einer, der sich technisch-theologische Bildung und die Kunst gelehrter Exegese angeeignet hat. Wie deutlich erkennt man dagegen aus den Briefen des Apostels Paulus, daß er zu den Füßen theologischer Lehrer gesessen![3] Bei Jesus finden wir nichts hiervon, es machte daher Aufsehen, daß er überhaupt in den Schulen auftrat und lehrte[4]. In der heiligen Schrift lebte und webte er, aber nicht wie ein berufsmäßiger Lehrer.

Ferner, zu den Essenern, einem merkwürdigen jüdischen Mönchsorden, kann er keine Beziehungen gehabt haben. Hätte er ja welche besessen, so wäre er einer jener Schüler gewesen, die die Abhängigkeit von ihren Meistern dadurch bewährten, daß sie das Gegenteil von dem verkündigen und thun, was sie gelernt haben. Die Essener hielten auf gesetzliche Reinheit bis zum Äußersten und schlossen sich strenge nicht nur gegen die Unreinen, sondern auch gegen die Laxeren ab. Ihre peinliche Absonderung, das Wohnen in bestimmten Ortschaften, ihre täglichen zahlreichen Waschungen lassen sich nur von hier aus verstehen. Bei Jesus finden wir den vollen Gegensatz zu dieser Lebensweise: er sucht die Sünder auf und ißt mit ihnen.[5] Schon dieser fundamentale Unterschied macht es sicher, daß er den Essenern ganz fern gestanden hat. In den Zielen und Mitteln ist er von ihnen geschieden. Wenn er in manchen Einzelanweisungen an seine Jünger mit ihnen zusammenzutreffen scheint, so sind das zufällige Berührungen; denn die Motive waren völlig andere.

Weiter, wenn nicht alles trügt, liegen hinter der uns offenbaren Zeit des Lebens Jesu keine gewaltigen Krisen und Stürme, kein Bruch mit seiner Vergangenheit. Nirgendwo in seinen Sprüchen und Reden, mag er drohen und strafen oder freundlich locken und rufen, mag er von seinem Verhältnis zum Vater oder zur Welt sprechen, bemerkt man überstandene innere Umwälzungen oder die Narben eines furchtbaren Kampfes. Wie selbstverständlich, als könnte es nicht anders sein, strömt alles bei ihm hervor – so bricht der Quell aus den Tiefen der Erde, klar und ungehemmt. Nun zeige man uns den Menschen, der mit dreißig Jahren so sprechen kann, wenn er heiße Kämpfe hinter sich hat, Seelenkämpfe, in denen er schließlich das verbrannt hat, was er einst angebetet, und das angebetet, was er verbrannt hat! Man zeige uns den Menschen, der mit seiner Vergangenheit gebrochen hat, um dann auch die anderen zur Buße zu rufen, der aber dabei von seiner /22/ eigenen Buße niemals spricht! Diese Beobachtung schließt es aus, daß

---

3 [Vgl. Apg 22,3.]
4 [Vgl. Mt 4,23.]
5 [Vgl. Mt 9,10.]

sein Leben in inneren Kontrasten verlaufen ist, mag es auch an tiefen Bewegungen, an Versuchungen und Zweifeln nicht gefehlt haben.

Endlich noch eines – das Lebensbild und die Reden Jesu zeigen kein Verhältnis zum Griechentum. Fast muß man sich darüber wundern; denn Galiläa war voll von Griechen, und griechisch wurde damals in vielen seiner Städte gesprochen, etwa wie heute in Finnland schwedisch. Griechische Lehrer und Philosophen gab es daselbst, und es ist kaum denkbar, daß Jesus ihrer Sprache ganz unkundig gewesen ist. Aber daß er irgendwie von ihnen beeinflußt worden, daß die Gedanken Plato's oder der Stoa, sei es auch nur in irgend welcher populären Umbildung, an ihn gekommen sind, läßt sich schlechterdings nicht behaupten. Freilich, wenn der religiöse Individualismus, Gott und die Seele, die Seele und ihr Gott, wenn der Subjektivismus, wenn die volle Selbstverantwortlichkeit des einzelnen, wenn die Loslösung des Religiösen von dem Politischen – wenn das alles nur griechisch ist, dann steht auch Jesus in dem Zusammenhang der griechischen Entwicklung, dann hat auch er reine griechische Luft geatmet und aus den Quellen der Griechen getrunken. Aber es läßt sich nicht nachweisen, daß nur auf dieser Linie, nur im Volke der Hellenen, diese Entwicklung stattgefunden hat; das Gegenteil läßt sich vielmehr zeigen: auch andere Nationen sind zu ähnlichen Erkenntnissen und Stimmungen fortgeschritten – fortgeschritten allerdings in der Regel erst, nachdem Alexander der Große die Schlagbäume und Zäune, welche die Völker trennten, niedergerissen hatte. Das griechische Element ist gewiß in der Mehrzahl der Fälle der befreiende und fördernde Faktor auch für sie gewesen. Aber ich glaube nicht, daß der Psalmist, der die Worte gesprochen hat: „Herr, wenn ich nur Dich habe, frage ich nicht nach Himmel und Erde"[6] – je etwas von Sokrates oder von Plato gehört hat.

Genug, aus dem Schweigen über die dreißig ersten Jahre Jesu und aus dem, was die Evangelien von der Zeit seiner Berufswirksamkeit *nicht* berichten, läßt sich Wichtiges lernen.

Er lebte in der Religion, und sie war ihm Atmen in der Furcht Gottes; sein ganzes Leben, all sein Fühlen und Denken, war in das Verhältnis zu Gott aufgenommen, und doch – er hat nicht /23/ gesprochen wie ein Schwärmer und Fanatiker, der nur *einen* rotglühenden Punkt sieht und dem die Welt und alles, was in ihr ist, deshalb verschwindet. Er hat seine Predigten gesprochen und in die Welt geschaut mit dem frischen und hellen Auge für das große und kleine Leben, das ihn umgab.

[...]

---

6 [Ps 73,25.]

Überschauen wir aber die Predigt Jesu, so können wir drei Kreise aus ihr gestalten. Jeder Kreis ist so geartet, daß er die *ganze* Verkündigung enthält; in jedem kann sie daher vollständig zur Darstellung gebracht werden:

> Erstlich, das Reich Gottes und sein Kommen,
> Zweitens, Gott der Vater und der unendliche Wert der Menschenseele,
> Drittens, die bessere Gerechtigkeit und das Gebot der Liebe.

Die Größe und Kraft der Predigt Jesu ist darin beschlossen, daß sie so einfach und wiederum so reich ist – so einfach, daß sie sich in jedem Hauptgedanken, den er angeschlagen, erschöpft, und so reich, daß jeder dieser Gedanken unerschöpflich erscheint und wir die Sprüche und Gleichnisse niemals auslernen. Aber darüber hinaus – hinter jedem Spruch steht er selbst. Durch die Jahrhunderte hindurch reden sie zu uns mit der Frische der Gegenwart. Hier bewahrheitet sich das tiefe Wort wirklich: „Sprich, daß ich dich sehe."[7]

Wir werden in dem Folgenden so verfahren, daß wir jene drei Kreise kennen zu lernen suchen und die Gedanken, die zu ihnen gehören, zusammen ordnen. In ihnen sind die Grundzüge der Predigt Jesu enthalten. Dann werden wir versuchen, das Evan- /34/ gelium in seinen Beziehungen zu einzelnen großen Fragen des Lebens zu verstehen.

1. Das Reich Gottes und sein Kommen.

Die Predigt Jesu vom Reiche Gottes durchläuft alle Aussagen und Formen von der alttestamentlich gefärbten, prophetischen Ankündigung des Gerichtstages und der zukünftigen sichtbar eintretenden Gottesherrschaft bis zu dem Gedanken eines jetzt beginnenden, mit der Botschaft Jesu anhebenden innerlichen Kommens des Reiches[8]. Seine Verkündigung umfaßt diese beiden Pole, zwischen denen manche Stufen und Nuancen liegen. An dem einen Pole erscheint das Kommen des Reichs als ein rein zukünftiges, und das Reich selbst als eine äußere Herrschaft Gottes; an dem anderen erscheint es als etwas Innerliches und es ist schon vorhanden, hält bereits in der Gegenwart seinen Einzug. Sie sehen also: weder der Begriff „Reich Gottes" noch die Vorstellung von seinem Kommen ist eindeutig. Jesus hat sie der religiösen Überlieferung seines Volkes entnommen, in der sie

---

7 [Johann Georg Hamann, Aesthetica in nuce. Eine Rhapsodie in Kabbalistischer Prose, in: ders., Sämtliche Werke. Historisch-kritische Ausgabe, hg. v. Josef Nadler, Bd. 2: Schriften über Philosophie, Philologie, Kritik. 1758–1763, Wien 1951, S. (195–218) 198.]
8 [Vgl. Lk 17,21b.]

bereits im Vordergrunde gestanden haben, und er hat verschiedene Stufen gelten lassen, in denen der Begriff lebendig war, und hat neue hinzugefügt. Abgeschnitten hat er nur die irdischen, politisch-eudämonistischen Hoffnungen.

Auch Jesus ist, wie alle in seinem Volke, die es ernst und tief meinten, durchdrungen gewesen von dem großen Gegensatz des Gottesreiches und des Weltreiches, in welchem er das Böse und den Bösen regieren sah. Das war keine blasse Vorstellung, kein bloßer Gedanke, sondern lebendigste Anschauung und Empfindung. Darum war ihm auch gewiß, daß dieses Reich vernichtet werden und untergehen müsse. Dies aber kann nicht anders geschehen als durch einen Kampf. Kampf und Sieg stehen in dramatischer Schärfe und in großen, sicheren Zügen vor seiner Seele, in jenen Zügen, in denen sie die Propheten geschaut hatten. Am Schlusse des Dramas sieht er sich selbst zu Rechten seines Vaters und seine zwölf Jünger auf Thronen sitzen und richten die zwölf Stämme Israels;[9] so anschaulich, so ganz in den Vorstellungen seiner Zeit stand das alles vor ihm. Man kann nun so verfahren – und nicht wenige unter uns verfahren so – daß sie diese dramatischen Bilder mit ihren harten Farben und Kontrasten für die Hauptsache erklären und für die Grundform der Verkündigung Jesu, der alle übrigen Aussagen einfach unterzuordnen seien; diese seien mehr oder /35/ weniger unerhebliche Varianten – vielleicht auch erst durch die späteren Berichterstatter herbeigeführt; maßgebend sei allein die dramatische Zukunftserwartung. Ich vermag mich dieser Betrachtung nicht anzuschließen. Es gilt doch auch in ähnlichen Fällen für verkehrt, hervorragende, wahrhaft epochemachende Persönlichkeiten in erster Linie danach zu beurteilen, was sie mit ihren Zeitgenossen geteilt haben, dagegen das in den Hintergrund zu rücken, was eigentümlich und groß an ihnen war. Die Neigung, möglichst zu nivellieren und das Besondere zu verwischen, mag bei einigen einem anerkennenswerten Wahrheitssinn entspringen, aber er ist mißleitet. Noch häufiger aber waltet hier, bewußt oder unbewußt, das Bestreben, das Große überhaupt nicht gelten zu lassen und das Erhabene zu stürzen. Darüber kann kein Zweifel sein, jene Vorstellung von den zwei Reichen, dem Gottesreich und dem Teufelsreich, von ihren Kämpfen und von dem zukünftigen letzten Kampf, in welchem der Teufel, nachdem er längst aus dem Himmel ausgewiesen, nun auch auf der Erde besiegt wird – diese Vorstellung teilte Jesus einfach mit seinen Zeitgenossen. Er hat sie nicht heraufgeführt, sondern er ist in ihr groß geworden und hat sie beibehalten. Die andere Anschauung aber, daß das Reich Gottes nicht „mit äußerlichen Gebärden"[10] kommt, daß es schon da ist, sie war sein wirkliches Eigentum.

---

9 [Mt 19,28.]
10 [Lk 17,20b.]

Für uns, meine Herren, sind das heute schwer zu vereinigende, ja fast unüberbrückbare Gegensätze, das Reich Gottes einerseits so dramatisch und zukünftig zu fassen und dann doch wieder zu verkündigen: „es ist mitten unter euch"[11], es ist eine stille, mächtige Gotteskraft in den Herzen. Aber wir sollen darüber nachdenken und uns in die Geschichte versenken, um zu erkennen, warum unter anderen geschichtlichen Überlieferungen und in anderen Bildungsformen hier keine Gegensätze empfunden wurden, beides vielmehr nebeneinander bestehen konnte. Ich meine, nach einigen hundert Jahren wird man auch in den Gedankengebilden, die wir zurückgelassen haben, viel Widerspruchsvolles entdecken und wird sich wundern, daß wir uns dabei beruhigt haben. Man wird an dem, was wir für den Kern der Dinge hielten, noch manche harte und spröde Schale finden, man wird es nicht begreifen, daß wir so kurzsichtig sein konnten und das Wesentliche nicht rein zu erfassen und auszuscheiden vermochten. Auch dort, wo wir heute noch nicht den geringsten Antrieb zur Sonderung verspüren, wird man einst /36/ das Messer ansetzen und scheiden. Hoffen wir, dann billige Richter zu finden, die unsere Gedanken nicht nach dem beurteilen, was wir unwissentlich aus der Überlieferung übernommen und zu kontrollieren nicht die Kraft oder den Beruf besessen haben, sondern nach dem, was unserem Eigensten entstammt ist, wo wir das Überlieferte und gemeinhin Herrschende umgebildet oder verbessert haben.

Gewiß, die Aufgabe des Historikers ist schwer und verantwortungsvoll, zwischen Überliefertem und Eigenem, Kern und Schale in der Predigt Jesu vom Reiche Gottes zu scheiden. Wie weit dürfen wir gehen? Wir wollen dieser Predigt doch nicht ihre eingeborene Art und Farbe nehmen, wir wollen sie doch nicht in ein blasses moralisches Schema verwandeln! Aber anderseits – wir wollen ihre Eigenart und Kraft auch nicht verlieren, indem wir denen beitreten, die sie in die allgemeinen Zeitvorstellungen auflösen! Schon die Art, wie Jesus unter ihnen unterschieden hat – er hat keine beiseite gelassen, in der noch ein Funke sittlicher Kraft lag, und er hat keine aufgenommen, welche die eigensüchtigen Erwartungen seines Volkes verstärkte, – schon diese Unterscheidung lehrt, daß er aus einer tieferen Erkenntnis heraus gesprochen und gepredigt hat. Aber wir besitzen viel schlagendere Zeugnisse. Wer wissen will, was das Reich Gottes und das Kommen dieses Reiches in der Verkündigung Jesu bedeuten, der muß seine Gleichnisse lesen und überdenken. Da wird ihm aufgehen, um was es sich handelt. Das Reich Gottes kommt, indem es zu den *einzelnen* kommt, Einzug in ihre *Seele* hält, und sie es ergreifen. Das Reich Gottes ist Gottes*herrschaft*, gewiß – aber es ist die Herrschaft des heiligen Gottes in den einzelnen Herzen, es ist *Gott selbst mit seiner*

---

11 [Lk 17,21b.]

Kraft. Alles Dramatische im äußeren, weltgeschichtlichen Sinn ist hier verschwunden, versunken ist auch die ganze äußerliche Zukunftshoffnung. Nehmen Sie welches Gleichnis Sie wollen, vom Säemann,[12] von der köstlichen Perle,[13] vom Schatz im Acker[14] – das Wort Gottes, Er selbst ist das Reich, und nicht um Engel und Teufel, nicht um Throne und Fürstentümer handelt es sich, sondern um Gott und die Seele, um die Seele und ihren Gott.

[...]

Aber noch ist nicht das Letzte gesagt. Das Gottesreich kommt, indem er heilt; es kommt vor allem, indem er Sünde vergibt. Hier erst ist der volle Übergang zum Begriff des Reiches Gottes als der innerlich wirkenden Kraft gegeben. Wie er die Kranken und Armen zu sich ruft, so ruft er auch die Sünder; dieser Ruf ist der entscheidende. „Der Menschensohn ist gekommen zu suchen und selig zu machen, was verloren ist."[15] Nun erst erscheint alles Äußerliche und blos Zukünftige abgestreift: das Individuum wird erlöst, nicht das Volk oder der Staat; *neue Menschen sollen werden*, und das Gottesreich ist Kraft und Ziel zugleich. Sie suchen den verborgenen Schatz im Acker[16] und finden ihn; sie verkaufen alles und kaufen die köstliche Perle[17]; sie kehren um und werden wie die Kinder[18], aber eben dadurch sind sie erlöst und werden Gotteskinder, Gotteshelden.

In diesem Zusammenhang hat Jesus von dem Reiche Gottes gesprochen, in welches man mit Gewalt eindringt[19], und wiederum von dem Reiche Gottes, welches so sicher und so still aufwächst wie ein Samenkorn und Frucht bringt[20]. Es hat die Natur einer geistigen Größe, einer Macht, die in das Innere eingesenkt wird und nur von dem Innern zu erfassen ist. So kann er von diesem Reiche, obgleich es auch im Himmel ist, obgleich es mit dem Gerichtstage Gottes kommen wird, doch sagen: „Es ist nicht hier oder dort; es ist inwendig in euch."[21] /40/

Die Betrachtung des Reiches, nach der es im Heilandswirken Jesu bereits gekommen ist und kommt, ist in der Folgezeit von den Jüngern Jesu nicht festgehalten worden: man fuhr vielmehr fort, von dem Reiche als von etwas lediglich Zukünftigem zu sprechen. Aber die *Sache* blieb in Kraft; man stellte sie nur unter einen anderen Titel. Es ist hier ähnlich gegangen wie mit dem Begriff des „Mes-

---

12 [Mt 13,1–9.]
13 [Mt 13,45f.]
14 [Mt 13,44.]
15 [Lk 19,10.]
16 [Mt 13,44.]
17 [Mt 13,45f.]
18 [Mt 18,3.]
19 [Mt 11,12.]
20 [Mt 13,31f.]
21 [Lk 17,21.]

sias". Kaum Einer hat sich, wie wir später noch sehen werden, in der Heidenkirche die Bedeutung Jesu dadurch klar gemacht, daß er ihn als „Messias" faßte. Aber die Sache ist nicht untergegangen.

Das, was den Kern in der Predigt vom Reiche gebildet hat, blieb bestehen. Es handelt sich um ein Dreifaches. Erstlich, daß dieses Reich etwas Überweltliches ist, eine Gabe von Oben, nicht ein Produkt des natürlichen Lebens; zweitens, daß es ein rein religiöses Gut ist – der innere Zusammenschluß mit dem lebendigen Gott; drittens, daß es das Wichtigste, ja das Entscheidende ist, was der Mensch erleben kann, daß es die ganze Sphäre seines Daseins durchdringt und beherrscht, weil die Sünde vergeben und das Elend gebrochen ist.

Dieses Reich, welches zu den Demütigen kommt[22] und sie zu neuen, freudigen Menschen macht, erschließt erst den Sinn und den Zweck des Lebens: so hat es Jesus selbst, so haben es seine Jünger empfunden. Der Sinn des Lebens geht immer nur an einem Überweltlichen auf; denn das Ende des natürlichen Daseins ist der Tod. Ein dem Tode verhaftetes Leben aber ist sinnlos; nur durch Sophismen vermag man sich über diese Thatsache hinwegzutäuschen. Hier aber ist das Reich Gottes, das Ewige, in die Zeit eingetreten. „Das ew'ge Licht geht da herein, giebt der Welt einen neuen Schein".[23] Das ist Jesu Predigt vom Reiche Gottes. Man kann alles mit ihr in Verbindung setzen, was er sonst verkündigt hat; man vermag seine ganze „Lehre" als Reichspredigt zu fassen. Aber noch sicherer erkennen wir sie und das *Gut*, welches er meint, wenn wir uns dem zweiten Kreise zuwenden, den wir in der vorigen Vorlesung bezeichnet haben, um an ihm die Grundzüge der Predigt Jesu fortschreitend kennen zu lernen.

2. Gott der Vater und der unendliche Wert der Menschenseele.

Unmittelbar und deutlich läßt sich für unser heutiges Vorstellen und Empfinden die Predigt Christi in dem Kreise der Ge- /41/ danken erfassen, der durch Gott *den Vater* und durch die Verkündigung vom unendlichen Wert der Menschenseele bezeichnet ist. Hier kommen die Elemente zum Ausdruck, die ich als die ruhenden und die Ruhe gebenden in der Verkündigung Jesu bezeichnen möchte, und die zusammengehalten sind durch den Gedanken der Gotteskindschaft. Ich nenne sie die *ruhenden* im Unterschied von den impulsiven und zündenden Elementen, obgleich gerade ihnen eine besonders mächtige Kraft innewohnt. Indem man aber

---

22 [1Petr 5,5.]
23 [Martin Luther, Gelobet seist, du Jesu Christ, in: Evangelisches Gesangbuch, Nr. 23, Strophe 4.]

die ganze Verkündigung Jesu auf diese beiden Stücke zurückführen kann – Gott als der Vater, und die menschliche Seele so geadelt, daß sie sich mit ihm zusammenzuschließen vermag und zusammenschließt –, zeigt es sich, daß das Evangelium überhaupt keine positive Religion ist wie die anderen, daß es nichts Statutarisches und Partikularistisches hat, *daß es also die Religion selbst ist.* Es ist erhaben über allen Gegensätzen und Spannungen von Diesseits und Jenseits, Vernunft und Ekstase, Arbeit und Weltflucht, Jüdischem und Griechischem. In allen kann es regieren, und in keinem irdischen Element ist es eingeschlossen oder notwendig mit ihm behaftet. Wir wollen uns aber das Wesen der Gotteskindschaft im Sinne Jesu deutlicher machen, indem wir vier Spruchgruppen bezw. Sprüche von ihm kurz betrachten, nämlich 1. das Vater-Unser,[24] 2. jenes Wort: „Freuet euch nicht, daß euch die Geister unterthan sind, freuet euch aber, daß eure Namen im Himmel angeschrieben sind",[25] 3. den Spruch: „Kauft man nicht zwei Sperlinge um einen Pfennig, und doch fällt derselben keiner auf die Erde ohne euren Vater; also sind auch eure Haare auf dem Haupte gezählt",[26] 4. das Wort: „Was hülfe es dem Menschen, so er die ganze Welt gewönne und nähme doch Schaden an seiner Seele"[27].

Zuerst das Vater-Unser. Es ist in einer besonders feierlichen Stunde von Jesus seinen Jüngern mitgeteilt worden. Sie hatten ihn aufgefordert, er möge sie beten lehren, wie Johannes seine Jünger beten gelehrt habe[28]. Hierauf hat er das Vater-Unser gesprochen. Für die höheren Religionen sind die Gebete das Entscheidende. Dieses aber – das empfindet Jeder, der es nicht gedankenlos an seiner Seele vorüberziehen läßt – ist gesprochen von Einem, der alle innere Unruhe überwunden hat oder sie in dem Augenblicke überwindet, da er vor Gott tritt. Schon die Anrede „Vater" zeigt die Sicherheit des Mannes, der sich in Gott geborgen weiß, und spricht die Gewißheit der Erhörung aus. Er /42/ betet nicht, um stürmische Wünsche gen Himmel zu senden oder um dieses oder jenes irdische Gut zu erlangen, sondern er betet, um sich die Kraft zu erhalten, die er schon besitzt, und die Einheit mit Gott zu sichern, in der er lebt. Dieses Gebet kann daher nur gesprochen werden in tiefster Sammlung des Gemütes und bei vollkommenster Konzentrierung des Geistes auf das innere Verhältnis, auf das Verhältnis zu Gott. Alle anderen Gebete sind „leichter"; denn sie enthalten Particulares oder sind so zusammengesetzt, daß sie die sinnliche Phantasie irgendwie mitbewegen – dieses Gebet führt aus Allem heraus und auf jene Höhe, auf der die Seele mit ihrem Gott

---

24 [Mt 6,9–13.]
25 [Lk 10,20.]
26 [Mt 10,29f.]
27 [Mt 16,26.]
28 [Lk 11,1.]

allein ist. Und doch verschwindet das Irdische nicht, die ganze zweite Hälfte des Gebetes bezieht sich auf irdische Verhältnisse. Aber sie stehen im Lichte des Ewigen. Alles Bitten um besondere Gnadengaben, um besondere Güter, auch geistliche, sucht man vergebens. „Solches wird euch Alles zufallen."[29] Der Name, der Wille, das Reich Gottes – diese ruhenden und stetigen Elemente sind ausgebreitet auch über die irdischen Verhältnisse. Sie schmelzen alles Eigensüchtige und Kleine hinweg und lassen nur vier Stücke bestehen, derentwegen es sich lohnt zu bitten: Das tägliche Brot, die tägliche Schuld, die täglichen Versuchungen und das Böse des Lebens. Es giebt nichts in den Evangelien, was uns sicherer sagt, was Evangelium ist, und welche Gesinnung und Stimmung es erzeugt, als das „Vater-Unser". Auch soll man allen, die das Evangelium heruntersetzen, indem sie es für etwas Asketisches oder Ekstatisches oder Sociologisches ausgeben, das Vater-Unser vorhalten. Nach diesem Gebet ist das Evangelium Gotteskindschaft, ausgedehnt über das ganze Leben, ein innerer Zusammenschluß mit Gottes Willen und Gottes Reich und eine freudige Gewißheit im Besitz ewiger Güter und in Bezug auf den Schutz vor dem Übel.

Und der zweite Spruch – wenn Jesus sagt: „Freuet euch nicht, daß euch die Geister unterthan sind, freuet euch aber, daß eure Namen im Himmel angeschrieben sind,"[30] so ist auch hier mit besonderer Kräftigkeit der Gedanke hervorgehoben, daß das Bewußtsein, in Gott geborgen zu sein, in dieser Religion das Entscheidende ist. Selbst die größten Thaten, sogar die Werke, die in der Kraft dieser Religion gethan werden, reichen nicht heran an die demütige und stolze Zuversicht, für Zeit und Ewigkeit unter dem väterlichen Schutze Gottes zu stehen. Noch mehr – die Echtheit, /43/ ja die Wirklichkeit des religiösen Erlebnisses ist weder an der Überschwenglichkeit des Gefühls noch an sichtbaren Großthaten zu messen, sondern an der Freude und an dem Frieden, die über die Seele ausgegossen sind, welche zu sprechen vermag: „Mein Vater."[31]

Welchen Umfang hat Jesus diesem Gedanken von der väterlichen Vorsehung Gottes gegeben? Hier tritt der dritte Spruch ein: „Kauft man nicht zwei Sperlinge um einen Pfennig? Doch fällt derselben keiner auf die Erde ohne euren Vater. Nun aber sind auch eure Haare auf dem Haupte alle gezählet."[32] Soweit sich die Furcht, ja soweit sich das Leben erstreckt – das Leben bis in seine letzten kleinen Äußerungen im Naturlauf – soweit soll sich die Zuversicht erstrecken: Gott sitzt im Regimente[33]. Die Sprüche von den Sperlingen[34] und von den Blumen des Feldes[35]

---

29 [Mt 6,33.]
30 [Lk 10,20.]
31 [Mt 26,39.42.]
32 [Mt 10,29.]
33 [Paul Gerhardt, Befiehl du deine Wege, in: Evangelisches Gesangbuch, Nr. 361, Strophe 7.]

hat Er seinen Jüngern zugerufen, um ihnen die Furcht vor dem Übel und das Furchtbare des Todes zu benehmen; sie werden es lernen, die Hand des *lebendigen* Gottes überall im Leben und auch im Tode zu erkennen.

Endlich – und dies Wort wird uns nun nicht mehr überraschen – er hat das Höchste in Bezug auf den Wert des Menschen gesagt, indem er gesprochen: „Was hülfe es dem Menschen, so er die ganze Welt gewönne und nähme doch Schaden an seiner Seele?"[36] Wer zu dem Wesen, das Himmel und Erde regiert, mein Vater sagen darf, der ist damit über Himmel und Erde erhoben und hat selbst einen Wert, der höher ist als das Gefüge der Welt. Aber diese herrliche Zusage ist in den Ernst einer Ermahnung eingekleidet. Gabe und Aufgabe in Einem. Wie anders lehrten darüber die Griechen. Gewiß, das hohe Lied des Geistes hat schon Plato gesungen, ihn von der gesamten Welt der Erscheinung unterschieden und seinen ewigen Ursprung behauptet. Aber er meinte den erkennenden Geist, stellte ihn der stumpfen und blinden Materie gegenüber, und seine Botschaft galt den Wissenden. Jesus Christus ruft jeder armen Seele, Er ruft Allen, die Menschenantlitz tragen, zu: Ihr seid Kinder des lebendigen Gottes und nicht nur besser als viele Sperlinge,[37] sondern wertvoller als die ganze Welt. Ich habe jüngst das Wort gelesen, der Wert des wahrhaft großen Mannes bestehe darin, daß er den Wert der ganzen Menschheit steigere. In der That, das ist die höchste Bedeutung großer Männer, sie haben den Wert der Menschheit – jener Menschheit, die aus dem dumpfen Grunde der Natur aufgestiegen ist – gesteigert, /44/ d. h. fortschreitend in Kraft gesetzt. Aber erst durch Jesus Christus ist der Wert jeder einzelnen Menschenseele in die Erscheinung getreten, und das kann Niemand mehr ungeschehen machen. Man mag zu ihm selbst stehen, wie man will, die Anerkennung, daß er in der Geschichte die Menschheit auf diese Höhe gestellt hat, kann ihm Niemand versagen.

Eine Umwertung der Werte liegt dieser höchsten Wertschätzung zu Grunde. Dem, der sich seiner Güter rühmt, ruft er zu: „Du Narr."[38] Allen aber hält er vor: „Nur wer sein Leben verliert, wird es gewinnen."[39] Er kann sogar sagen: „Nur wer seine Seele haßt, wird sie bewahren."[40] Das ist die Umwertung der Werte, die vor ihm manche geahnt, deren Wahrheit sie wie durch einen Schleier geschaut, deren erlösende Kraft – ein beseligendes Geheimnis – sie vorempfunden haben. Er

---

34 [Mt 10,29.]
35 [Mt 6,28.]
36 [Mt 16,26.]
37 [Mt 10,31.]
38 [Lk 12,20.]
39 [Mt 10,39.]
40 [Joh 12,25b.]

zuerst hat es ruhig, einfach und sicher ausgesprochen, wie wenn das eine Wahrheit wäre, die man von den Sträuchern pflücken kann. Das ist ja das Siegel seiner Eigenart, daß er das Tiefste und Entscheidende in vollkommener Einfachheit ausgesprochen hat, als könne es nicht anders sein, als sage er etwas Selbstverständliches, als rufe er nur zurück, was alle wissen, weil es im Grunde ihrer Seele lebt.

In dem Gefüge: Gott der Vater, die Vorsehung, die Kindschaft, der unendliche Wert der Menschenseele, spricht sich das ganze Evangelium aus. Wir müssen uns aber klar machen, wie paradox dies alles ist, ja, daß die Paradoxie der Religion erst hier zu ihrem vollen Ausdruck kommt. Alles Religiöse – nicht nur die Religionen – ist, gemessen an der sinnlichen Erfahrung und dem exakten Wissen, paradox; es wird hier ein Element eingeführt und für das wichtigste erklärt, welches den Sinnen gar nicht erscheint und dem Thatbestande der Dinge ins Gesicht schlägt. Aber alle andern Religionen sind irgendwie mit dem Weltlichen so verflochten, daß sie ein irdisch einleuchtendes Moment in sich tragen, bezw. dem geistigen Zustand einer bestimmten Epoche stofflich verwandt sind. Was aber kann weniger einleuchtend sein als die Rede: Eure Haare auf dem Haupte sind gezählet[41]; ihr habt einen überweltlichen Wert, ihr könnt euch in die Hände eines Wesens befehlen, das Niemand geschaut hat. Entweder ist das eine sinnlose Rede, oder die Religion ist hier zu Ende geführt; sie ist nun nicht mehr blos eine Begleiterscheinung des sinnlichen Lebens, ein Coeffizient, eine Verklärung bestimmter Teile desselben, sondern /45/ sie tritt hier auf mit dem souveränen Anspruch, daß erst sie und sie allein den Urgrund und Sinn des Lebens enthüllt; sie unterwirft sich die gesamte bunte Welt der Erscheinung und trotzt ihr, wenn sie sich als die allein wirkliche behaupten will. Sie bringt nur *eine* Erfahrung, aber läßt in ihr ein neues Weltbild entstehen: das Ewige tritt ein, das Zeitliche wird Mittel zum Zweck, der Mensch gehört auf die Seite des Ewigen. Dies ist jedenfalls Jesu Meinung gewesen; ihr irgend etwas abziehen, heißt sie bereits zerstören. Indem er den Vorsehungs-Gedanken lückenlos über Menschheit und Welt ausbreitet, indem er die Wurzeln jener in die Ewigkeit zurückführt, indem er die Gotteskindschaft als Gabe und Aufgabe verkündigt, hat er die tastenden und stammelnden Versuche der Religion in Kraft gefaßt und zum Abschluß gebracht. Noch einmal sei es gesagt: Man mag sich zu ihm, man mag sich zu seiner Botschaft stellen wie man will, gewiß ist, daß sich von nun an der Wert unseres Geschlechts gesteigert hat; Menschenleben, wir selbst sind einer dem andern teurer geworden. Wirkliche Ehrfurcht vor dem Menschlichen ist, ob sie's weiß oder nicht, die praktische Anerkennung Gottes als des Vaters.

---

41 [Mt 10,30.]

3. Die bessere Gerechtigkeit und das Gebot der Liebe –

dies ist der dritte Kreis und das ganze Evangelium kann in diesen Ring gefaßt werden; man kann es als eine ethische Botschaft darstellen, ohne es zu entwerten. In seinem Volke fand Jesus eine reiche und tiefe Ethik vor. Es ist nicht richtig, die pharisäische Moral lediglich nach kasuistischen und läppischen Erscheinungen zu beurteilen, die sie aufweist. Durch die Verflechtung mit dem Kultus und die Versteinerung im Ritual war die Moral der Heiligkeit gewiß geradezu in ihr Gegenteil verwandelt, aber noch war nicht alles hart und tot geworden, noch war in der Tiefe des Systems etwas Lebendiges vorhanden. Den Fragenden konnte Jesus antworten: „Ihr habt das Gesetz, haltet es; ihr wißt selbst am besten, was ihr zu thun habt, die Hauptsumme des Gesetzes ist, wie ihr selbst sagt, die Gottes- und die Nächstenliebe."[42] Dennoch kann man das Evangelium Jesu in einem ihm eigentümlichen Kreise ethischer Gedanken zum Ausdruck bringen. Wir wollen uns das an vier Punkten klar machen.

Erstlich, Jesus löste mit scharfem Schnitte die Verbindung der Ethik mit dem äußeren Kultus und den technisch-religiösen Übungen. Er wollte von dem tendenziösen und eigensüchtigen Betriebe „guter /46/ Werke" in Verflechtung mit dem gottesdienstlichen Ritual schlechterdings nichts mehr wissen. Entrüsteten Spott hat er für diejenigen, die den Nächsten, ja ihre Eltern darben lassen, aber dafür an den Tempel Geschenke schicken.[43] Hier kennt er keinen Kompromiß. Die Liebe, die Barmherzigkeit hat ihren Zweck in sich; sie wird entwertet und geschändet, wenn sie etwas anderes als Dienst am Nächsten sein soll.

Zweitens, er geht überall in den sittlichen Fragen auf die Wurzel, d. h. auf die Gesinnung zurück. Das, was er „bessere Gerechtigkeit"[44] nennt, ist lediglich von hier aus zu verstehen. Die „bessere" Gerechtigkeit ist die Gerechtigkeit, welche bestehen bleibt, auch wenn man den Maßstab in die Tiefe des Herzens senkt. Wieder scheinbar etwas sehr Einfaches, Selbstverständliches. Dennoch hat er diese Wahrheit in die scharfe Form gekleidet: „Zu den Alten ist gesagt worden ... Ich aber sage euch."[45] Also war es doch ein Neues; also wußte er, daß es mit solcher Konsequenz und Souveränetät noch nicht ausgesprochen worden war. Einen großen Teil der sogenannten Bergpredigt nimmt jene Verkündigung ein, in welcher er die einzelnen großen Gebiete menschlicher Beziehungen und menschlicher Verfehlungen durchgeht, um überall die *Gesinnung* aufzudecken, die Werke nach ihr zu beurteilen und Himmel und Hölle an sie zu knüpfen.

---

42 [Vgl. Mt 22,34–40.]
43 [Vgl. Mt 15,3–6.]
44 [Mt 5,20.]
45 [Mt 5,21f. 27f. 33f.]

Drittens, er führt Alles, was er aus der Verflechtung mit dem Eigensüchtigen und Rituellen befreit und als das Sittliche erkannt hat, auf *eine* Wurzel und auf *ein* Motiv zurück, – die Liebe. Ein anderes kennt er nicht, und die Liebe ist selbst nur eine, mag sie als Nächsten-[46] oder Samariter-[47] oder Feindesliebe[48] erscheinen. Sie soll die Seele ganz erfüllen; sie ist das, was bleibt, wenn die Seele sich selber stirbt. In diesem Sinne ist die Liebe bereits das neue Leben. Immer aber ist es die Liebe, die da *dient*[49]; nur in dieser Funktion ist sie vorhanden und lebendig.

Viertens, wir haben gesehen, Jesus hat das Sittliche herausgeführt aus allen ihm fremden Verbindungen, selbst aus der Verknüpfung mit der öffentlichen Religion. Die haben ihn also nicht mißverstanden, die da erklärten, es handle sich im Evangelium um die gemeine Moral. Und doch – *einen* entscheidenden Punkt giebt es, an welchem er die Religion und die Moral zusammenbindet. Dieser Punkt will empfunden sein; er läßt sich viel- /47/ leicht am besten als die *Demut* bezeichnen: Demut und Liebe hat Jesus in ein Eins gesetzt. Demut ist keine einzelne Tugend, sondern sie ist reine Empfänglichkeit, Ausdruck innerer Bedürftigkeit, Bitte um Gottes Gnade und Vergebung, also Aufgeschlossenheit gegenüber Gott. Von dieser Demut, welche die Gottesliebe ist, die *wir* zu leisten vermögen, meint Jesus – denken Sie an das Gleichnis vom Pharisäer und Zöllner[50] –, daß sie die stetige Stimmung des Guten ist, und daß aus ihr alles Gute quillt und wächst. „Vergieb uns unsere Schulden, wie wir vergeben unsern Schuldigern"[51], das ist das Gebet der Demut und der Liebe zugleich. Also hat auch die Liebe zum Nächsten hier ihren Quellpunkt; die Geistlich-Armen[52] und die Hungernden und Dürstenden[53] sind auch die Friedfertigen und Barmherzigen[54].

In diesem Sinne ist Moral und Religion durch Jesus verknüpft worden; in diesem Sinne kann man die Religion die Seele der Moral und die Moral den Körper der Religion nennen. Von hier aus versteht man, wie Jesus Gottes- und Nächstenliebe bis zur Identifizierung aneinanderrücken konnte: die Nächstenliebe ist auf Erden die einzige Bethätigung der in der Demut lebendigen Gottesliebe.

Indem Jesus seine Predigt von der besseren Gerechtigkeit und dem neuen Gebot der Liebe in diesen vier Hauptgedanken zum Ausdruck gebracht hat, hat er

---

46 [Mt 19,19.]
47 [Lk 10,27.36 f.]
48 [Mt 5,44.]
49 [Gal 5,13.]
50 [Lk 18,9–14.]
51 [Mt 6,12.]
52 [Mt 5,3.]
53 [Mt 5,6.]
54 [Mt 5,7.9.]

den Kreis des Ethischen in einer Weise umschrieben, wie ihn noch Niemand vor ihm umschrieben hatte. Wenn sich uns aber zu verdunkeln droht, was er gemeint hat, so wollen wir uns immer wieder in die Seligpreisungen der Bergpredigt versenken. Sie enthalten seine Ethik und seine Religion, in der Wurzel verbunden und von allem Äußerlichen und Partikularen befreit.

[...]

Aber ist das Evangelium nicht wirklich weltverneinend? Es sind sehr bekannte Stellen, auf die man sich beruft und die eine /52/ andere Deutung nicht zuzulassen scheinen: „Ärgert dich dein Auge, so reiß es aus und wirf es von dir; ärgert dich deine Hand, so haue sie ab,"[55] oder die Antwort an den reichen Jüngling: „Gehe hin und verkaufe alles, was du hast, so wirst du einen Schatz im Himmel haben,"[56] oder das Wort von denen, die sich um des Himmelreichs willen selbst verschnitten haben[57], oder der Spruch: „So jemand zu mir kommt und hasset nicht seinen Vater, Mutter, Weib, Kinder, Brüder, Schwestern, auch dazu sein eigenes Leben, der kann nicht mein Jünger sein."[58] Nach diesen Worten und anderen scheint es ausgemacht, daß das Evangelium durchaus weltflüchtig und asketisch ist. Aber ich stelle dieser These drei Betrachtungen gegenüber, die in eine andere Richtung führen. Die erste ist aus der Art des Auftretens Jesu und aus seiner Lebensführung und -anweisung gewonnen; die zweite gründet sich auf den Eindruck, den seine Jünger von ihm gehabt und in ihrem eigenen Leben wiedergegeben haben; die dritte endlich wurzelt in dem, was wir über die „Grundzüge" des Evangeliums ausgeführt haben.

1. In unseren Evangelien finden wir ein merkwürdiges Wort Jesu; es lautet: „Johannes ist gekommen, aß nicht und trank nicht; so sagen sie: Er hat den Teufel. Des Menschen Sohn ist gekommen, isset und trinket; so sagen sie: Siehe wie ist der Mensch ein Fresser und ein Weinsäufer."[59] Also einen Fresser und Weinsäufer hat man ihn genannt neben den anderen Schmähnamen, die man ihm gab. Hieraus geht deutlich hervor, daß er in seiner ganzen Haltung und Lebensweise einen anderen Eindruck gemacht hat als der große Bußprediger am Jordan. Unbefangen muß er den Gebieten, auf denen herkömmlich Askese getrieben wurde, gegenüber gestanden haben. Wir sehen ihn in den Häusern der Reichen und der Armen, bei Mahlzeiten[60], bei Frauen[61] und unter Kindern[62], nach der Überlieferung auch auf

---

55 [Mt 5,29.]
56 [Mt 19,21.]
57 [Mt 19,12.]
58 [Lk 14,26.]
59 [Lk 7,33f.]
60 [Vgl. Mt 9,10 u.a.]
61 [Vgl. Lk 8,1–3 u.a.]

einer Hochzeit[63]. Er läßt sich die Füße waschen und das Haupt salben[64]. Weiter, er kehrt gern bei Maria und Martha ein und verlangt nicht[65], daß sie ihr Haus verlassen. Auch diejenigen, bei denen er freudig einen starken Glauben findet, läßt er in ihrem Beruf und Stand.[66] Wir hören nicht, daß er ihnen zuruft: Gebt alles preis und folgt mir nach. Augenscheinlich hält er es für möglich, ja für angemessen, daß sie ihres Glaubens an der Stelle leben, an die sie Gott gestellt hat. Sein Jüngerkreis erschöpft sich nicht in den wenigen, die er zu direkter Nachfolge aufgerufen hat. Gotteskinder findet er überall; sie in der Ver- /53/ borgenheit zu entdecken und ihnen ein Wort der Kraft sagen zu dürfen, ist ihm die höchste Freude. Aber auch seine Jünger hat er nicht als einen Mönchsorden organisiert: was sie zu thun und zu lassen haben im Leben des Tages, darüber hat er ihnen keine Vorschriften gegeben. Wer die Evangelien unbefangen liest und nicht Silben sticht, der muß erkennen, daß man diesen freien und lebendigen Geist nicht unter das Joch der Askese gebeugt findet, und daß daher die Worte, die in diese Richtung weisen, nicht versteift und verallgemeinert werden dürfen, sondern in einem weiteren Zusammenhange und von einer höheren Warte aus zu beurteilen sind.

2. Es ist gewiß, daß die Jünger Jesu ihren Meister nicht als weltflüchtigen Asketen verstanden haben. Wir werden später sehen, welche Opfer sie für das Evangelium gebracht und in welchem Sinne sie auf die Welt verzichtet haben – aber offenbar ist, sie haben nicht asketische Übungen in den Vordergrund gestellt; sie haben die Regel aufrecht erhalten, daß ein Arbeiter seines Lohnes wert sei[67]; sie haben ihre Frauen nicht fortgeschickt. Von Petrus wird uns zufällig erzählt, daß ihn sein Weib auf seinen Missionsreisen begleitet hat.[68] Wenn wir von dem Berichte über den Versuch in der Gemeinde zu Jerusalem absehen, eine Art von Kommunismus herzustellen[69] – und wir dürfen ihn bei Seite lassen, da er unzuverlässig ist und der Versuch außerdem nicht asketischen Charakter getragen hat –, so finden wir im apostolischen Zeitalter nichts, was auf eine Gemeinschaft prinzipieller Asketen hindeutet, dagegen überall die Überzeugung als die herrschende, daß man in seinem Beruf und Stand, innerhalb der gegebenen Verhältnisse, ein Christ sein soll. Wie anders ist dem gegenüber von Anfang an im Buddhismus die Entwicklung verlaufen!

---

62 [Mt 19,13–15.]
63 [Joh 2,1–11.]
64 [Lk 7,38.]
65 [Lk 10,38–42.]
66 [Mt 8,13.]
67 [Lk 10,7.]
68 [1Kor 9,5.]
69 [Apg 4,32.]

3. – das ist das Entscheidende –: ich erinnere Sie an das, was wir in Bezug auf die leitenden Gedanken Jesu ausgeführt haben. In den Ring, der durch Gottvertrauen, Demut, Sündenvergebung und Nächstenliebe bezeichnet ist, kann keine andere Maxime, am wenigsten eine gesetzliche, eingeschoben werden, und Jesus macht es zugleich offenbar, in welchem Sinne das Gottesreich die „Welt" zu ihrem Gegensatze hat. Wer den Worten: „Sorget nicht"[70], „Seid barmherzig wie euer Vater im Himmel barmherzig ist"[71], etc. etwas Asketisches mit dem Anspruch auf gleiche Wertschätzung zuordnet, der versteht den Sinn und die Hoheit dieser /54/ Sprüche nicht, der hat das Gefühl dafür verloren oder noch nicht gewonnen, daß es einen Zusammenschluß mit Gott giebt, der alle Fragen der Weltflucht und Askese hinter sich läßt.

Aus diesen Gründen müssen wir es ablehnen, das Evangelium als eine Botschaft der Weltverneinung zu verstehen.

Aber Jesus spricht von drei Feinden, und ihnen gegenüber giebt er nicht die Losung aus, sie zu fliehen, sondern er befiehlt, sie zu *vernichten*. Diese drei Feinde sind der *Mammon*, die *Sorge* und die *Selbstsucht*. Beachten Sie wohl, von Flucht oder Verneinung ist hier nicht die Rede, sondern von einem Kampfe, der bis zur Vernichtung geführt werden soll; jene finstern Mächte sollen niedergerungen werden. Unter *Mammon* versteht er irdisches Geld und Gut im weitesten Sinn des Worts, irdisches Geld und Gut, welches sich zum Herrn über uns und uns zu Tyrannen über andere machen will; denn Geld ist „geronnene Gewalt". Wie von einer Person redet daher Jesus von diesem Feinde, wie wenn es sich um einen gewappneten Ritter oder um einen König, ja wie wenn es sich um den Teufel selbst handelte. Ihm gegenüber gilt das Wort: „Ihr könnet nicht zweien Herrn dienen."[72] Wo nur immer irgend etwas aus dem Gebiete dieses Mammons einem Menschen so wertvoll wird, daß er sein Herz daran hängt[73], daß er vor dem Verluste zittert, daß er nicht mehr bereit ist, es willig preiszugeben[74], da ist er schon in Banden geschlagen. Deshalb soll der Christ, wenn er diese Gefahr für sich fühlt, nicht paktieren, sondern kämpfen, und nicht nur kämpfen, sondern den Mammon abthun. Gewiß, wenn Christus heute unter uns predigte, er würde da nicht allgemein reden und *allen* zurufen: „Gebt alles weg," aber zu Tausenden unter uns würde er so sprechen, und daß kaum Einer sich findet, der jene Sprüche des Evangeliums auf sich beziehen zu müssen meint, soll uns wohl bedenklich machen.

---

70 [Mt 6,25.]
71 [Lk 6,36.]
72 [Mt 6,24.]
73 [Vgl. Mt 6,21.]
74 [Vgl. Mt 19,22.]

Und das Zweite ist die *Sorge*. Es mag uns auf den ersten Blick befremdlich erscheinen, daß sie von Jesus als ein so furchtbarer Feind bezeichnet wird. Er rechnet sie zum „Heidentum"[75]. Zwar hat auch er im Vaterunser beten gelehrt: „Unser Brot für den morgenden Tag gieb uns Tag um Tag"[76]; aber solche zuversichtliche Bitte nennt er nicht Sorge. Er meint jene Sorge, die uns zu furchtsamen Sklaven des Tages und der Dinge macht, jene Sorge, durch welche wir stückweise an die Welt verfallen. Sie ist /55/ ihm ein Attentat Gott gegenüber, der die Sperlinge auf dem Dache erhält[77]; sie zerstört die Grundbeziehung zum himmlischen Vater, das kindliche Vertrauen, und vernichtet so unser inneres Wesen. Auch in diesem Punkte, wie in Bezug auf den Mammon, müssen wir bekennen, nicht ernst und tief genug zu empfinden, um der Predigt Jesu in vollem Umfang Recht zu geben. Aber es fragt sich, wer recht hat – Er mit dem unerbittlichen „Sorget nicht"[78] oder wir mit unseren Abschwächungen –, und etwas davon fühlen wir wohl, daß ein Mensch dann erst wirklich frei, kräftig und unüberwindlich ist, wenn er alle seine Sorge abgestreift und auf Gott geworfen hat[79]. Was könnten wir ausrichten und welche Macht würden wir besitzen, wenn wir nicht sorgten!

Und endlich drittens: die *Selbstsucht*. Selbstverleugnung, nicht Askese ist es, was Jesus hier verlangt, Selbstverleugnung bis zur Selbstentäußerung. „Ärgert dich dein Auge, so reiß es aus; ärgert dich deine Hand, so haue sie ab."[80] Wo nur immer ein sinnlicher Trieb in dir übermächtig wird, so daß du gemein wirst oder dir ein neuer Herr in deiner Eigenlust entsteht, da sollst du ihn vernichten – nicht, weil die Verstümmelten gottwohlgefällig sind, sondern weil du dein besseres Teil anders nicht zu bewahren vermagst. Das ist ein hartes Wort. Es wird auch nicht erfüllt durch eine generelle Verzichtleistung, wie die Mönche sie üben – nach ihr kann alles beim alten bleiben –, sondern nur durch einen Kampf und die entschlossene Entäußerung am entscheidenden Punkte.

Allein diesen Feinden, dem Mammon, der Sorge und der Selbstsucht, gegenüber gilt es, *Selbstverleugnung* zu üben, und damit ist das Verhältnis zur Askese bestimmt. Diese behauptet den Unwert aller irdischen Güter *an sich*. Dürfte man aus dem Evangelium eine Theorie entwickeln, so würde man nicht auf diese Lehre geführt; denn „die Erde ist des Herrn, und was darinnen ist"[81]. Aber nach dem Evangelium soll man fragen: Können und dürfen *mir* Besitz und Ehre, Freunde

---

[75] [Mt 6,32.]
[76] [Mt 6,11.]
[77] [Mt 10,29.]
[78] [Mt 6,25.]
[79] [1Petr 5,7.]
[80] [Mt 5,29f.]
[81] [Ps 24,1; zit. in: 1Kor 10,26.]

und Verwandte Güter sein, oder habe ich sie abzuthun? Wenn einige Sprüche Jesu uns hier in genereller Fassung überliefert und wohl auch so gesprochen sind, so sind sie nach dem Gesamtinhalt der Reden zu begrenzen. Heilige Selbstprüfung, ernste Wachsamkeit und Vernichtung des Gegners verlangt das Evangelium. Darüber aber kann kein Zweifel sein, daß Jesus in viel größerem Umfange, als wir es /56/ gern wahr haben wollen, Selbstverleugnung und Entäußerung verlangt hat.

Fassen wir zusammen: Asketisch im prinzipiellen Sinn des Worts ist das Evangelium nicht; denn es ist eine Botschaft von dem Gottvertrauen, der Demut, der Sündenvergebung und der Barmherzigkeit: an diese Höhe reicht nichts anderes heran, und in diesen Ring kann sich nichts anderes eindrängen. Weiter, die irdischen Güter sind nicht des Teufels, sondern Gottes – „Euer himmlischer Vater weiß, daß ihr dies alles bedürft; er kleidet die Lilien und ernährt die Vögel unter dem Himmel."[82] Askese hat überhaupt keine Stelle im Evangelium, es verlangt aber einen Kampf, den Kampf gegen den Mammon, die Sorge und die Selbstsucht, und es verlangt und entbindet *die Liebe, die da dient*[83] *und sich opfert*[84]. Jener Kampf und diese Liebe sind die „Askese" im evangelischen Sinn, und wer dem Evangelium Jesu eine andere aufbürdet, der verkennt es. Er verkennt seine Hoheit und seinen Ernst; denn es giebt noch etwas Ernsteres als „seinen Leib brennen lassen und seine Habe den Armen geben"[85], nämlich Selbstverleugnung[86] und Liebe. [...]

5. Das Evangelium und der Gottessohn, oder die Frage der Christologie.

Wir treten jetzt aus dem Kreise der Fragen, die wir bisher behandelt haben, heraus. Jene vier[87] hingen alle aufs engste untereinander zusammen. Überall, wo man die richtige Antwort verfehlt hat, lag der Grund darin, daß man das Evangelium nicht hoch genug genommen, daß man es doch irgendwie auf das Niveau irdischer Fragen herabgezogen und mit ihnen verflochten hat. Oder anders ausgedrückt: Die

---

82 [Vgl. Mt 6,26.28.]
83 [Vgl. Gal 5,13.]
84 [Hebr 13,16.]
85 [1 Kor 13,3.]
86 [Vgl. Mt 16,24.]
87 [„1. Das Evangelium und die Welt, oder die Frage der Askese, 2. Das Evangelium und die Armut, oder die soziale Frage, 3. Das Evangelium und das Recht, oder die Frage nach den irdischen Ordnungen, 4. Das Evangelium und die Arbeit, oder die Frage nach der Kultur".]

Kräfte des Evangeliums beziehen sich auf die tiefsten Grundlagen menschlichen Wesens und nur auf sie; lediglich hier setzen sie den Hebel an. Wer daher nicht auf die Wurzeln der Menschheit zurückzugehen vermag, wer sie nicht empfindet und erkennt, der wird das Evangelium nicht verstehen, wird es zu profanieren versuchen oder sich über seine Unbrauchbarkeit beklagen.

Nun aber treten wir an ein ganz neues Problem heran: welche Stellung hat sich Jesus selbst, indem er das Evangelium verkündete, zu dieser seiner Botschaft gegeben, und wie wollte er selbst aufgenommen sein? Wir sprechen noch nicht davon, wie ihn seine Jünger erfaßt, ins Herz geschlossen und beurteilt haben, sondern lediglich von seinem Selbstzeugnis. Aber auch schon mit dieser Untersuchung treten wir in den großen und viel umstrittenen Kreis von Fragen, die die Kirchengeschichte seit dem ersten Jahrhundert bis zur Gegenwart bedecken. Um einer Nuance willen kündigte man sich hier die brüderliche Gemeinschaft und sind Tausende geschmäht, verworfen, in Ketten gelegt und hingemordet worden. Es ist eine schaurige Geschichte. Auf dem Boden der „Christologie" haben die Menschen ihre religiösen Lehren zu furchtbaren Waffen geschmiedet und Furcht und Schrecken verbreitet. Diese Haltung dauert noch immer fort, die Christologie wird behandelt, als böte das Evangelium keine andere Frage, und der Fanatismus, der sie begleitet, ist auch heute noch lebendig. Daß das Problem von einer solchen Last der Geschichte bedrückt und den Parteien ausgeliefert, verdunkelt ist – wer sollte sich darüber wundern? Und doch, wer mit unbefangenem Blick in unsere Evangelien schaut, für den ist die Frage des Selbstzeugnisses Jesu keine unlösbare. Was aber in ihr dem Verstand dunkel und geheimnisvoll bleibt, das sollte im Sinne Jesu und nach der Natur des Problems so bleiben und kann nur in Bildern von /80/ uns zur Aussage gebracht werden. „Es giebt Erscheinungen, die in den Vorstellungskomplex des Verstandes gar nicht ohne Symbol eingereiht werden können."[88]

Zwei Hauptpunkte sind zunächst festzustellen, bevor wir das Selbstzeugnis Jesu untersuchen: *Erstlich*, er wollte keinen anderen Glauben an seine Person und keinen anderen Anschluß an sie als den, der in dem Halten seiner Gebote beschlossen liegt. Selbst im vierten Evangelium, in welchem die Person Jesu oftmals über den Inhalt des Evangeliums hinausgehoben erscheint, ist doch der Gedanke noch scharf formuliert: „Liebet ihr mich, so haltet meine Gebote."[89] Er hatte schon selbst während seines Wirkens erfahren müssen, daß Etliche ihn verehrten, ja ihm vertrauten, aber sich um den Inhalt seiner Predigt nicht kümmerten. Ihnen hat er

---

88 Von wem dieses Wort stammt, ist mir entfallen. [Das Zitat stammt aus: Houston Stewart Chamberlain, Die Grundlagen des Neunzehnten Jahrhunderts, I. Hälfte, München 1899, S. 211.]
89 [Joh 14,15.]

das strafende Wort zugerufen: „Es werden nicht alle, die zu mir ‚Herr, Herr' sagen, in das Himmelreich kommen, sondern nur die, welche den Willen meines Vaters thun."[90] Also lag es ganz außer seinem Gesichtskreise, unabhängig von seinem Evangelium eine „Lehre" über seine Person und seine Würde zu geben. *Zweitens*, den Herrn Himmels und der Erde hat er als seinen Gott und Vater, als den Größeren, als den allein Guten[91] bezeichnet. Er ist gewiß, alles, was er hat und was er ausrichten soll, von diesem Vater zu haben. Zu ihm betet er, seinem Willen ordnet er sich unter: in heißem Ringen sucht er ihn zu erforschen und zu erfüllen. Ziel, Kraft, Einsicht, Erfolg und das harte Müssen – alles kommt ihm vom Vater. So steht es in den Evangelien; da ist nichts zu drehen und zu deuten. Dies empfindende, betende, handelnde, ringende und leidende Ich ist ein Mensch, der sich auch seinem Gott gegenüber mit anderen Menschen zusammenschließt.

Diese beiden Erkenntnisse ziehen gleichsam die Grenzlinien, um das Gebiet richtig zu umschreiben, auf welchem das Selbstzeugnis Jesu liegt. Positiv ist für dasselbe freilich noch nichts gewonnen. Wir fassen es aber alsbald in seinem innersten Kerne, wenn wir die beiden Selbstbezeichnungen Jesu näher betrachten: *Sohn Gottes* und *Messias* (Davidssohn, Menschensohn).

Jene Bezeichnung, mag sie auch ursprünglich messianisch gedacht sein, liegt heute unserem Verständnis sehr viel näher als diese; denn Jesus selbst hat dem Begriff „Gottessohn" einen Inhalt gegeben, durch den er fast aus dem messianischen Schema herausfällt oder doch zu seinem Verständnis dieses Schemas nicht notwendig /81/ bedarf. Dagegen ist uns die Bezeichnung „Messias", wenn wir uns nicht mit einem toten Wort begnügen wollen, zunächst ganz fremd. Wir verstehen nicht ohne weiteres, ja wir verstehen als Nicht-Juden überhaupt nicht, was diese Würde besagen soll und welchen Umfang und welche Höhe sie hat. Erst wenn wir ihren Sinn durch geschichtliche Untersuchungen ermittelt haben, können wir fragen, ob dem Wort eine Bedeutung zukommt, die irgendwie bestehen bleibt, auch nachdem die jüdisch-politische Form und Schale zerbrochen ist.

Betrachten wir zunächst die Bezeichnung „Sohn Gottes". Jesus hat es uns in einer seiner Reden besonders deutlich gemacht, warum und in welchem Sinne er sich den „Sohn Gottes" genannt hat. Bei Matthäus, nicht etwa bei Johannes, steht das Wort: „Niemand kennet den Sohn, denn nur der Vater, und niemand kennet den Vater, denn nur der Sohn, und wem es der Sohn will offenbaren."[92] Die *Gotteserkenntnis* ist die Sphäre der Gottessohnschaft. Eben in dieser Gotteserkenntnis hat er das heilige Wesen, welches Himmel und Erde regiert, als Vater, als

---

90 [Mt 7,21.]
91 [Vgl. Mk 10,18.]
92 [Mt 11,27.]

seinen Vater kennen gelernt. Sein Bewußtsein, *der Sohn Gottes* zu sein, ist darum nichts anderes als die praktische Folge der Erkenntnis Gottes als des Vaters und seines Vaters. Recht verstanden ist die Gotteserkenntnis der ganze Inhalt des Sohnesnamens. Aber ein Doppeltes ist hinzuzufügen: Jesus ist überzeugt, Gott so zu kennen, wie keiner vor ihm, und er weiß, daß er den Beruf hat, allen anderen diese Gotteserkenntnis – und damit die Gotteskindschaft – durch Wort und That mitzuteilen. In diesem Bewußtsein weiß er sich als der berufene und von Gott eingesetzte Sohn, als *der* Sohn Gottes, und darum kann er sprechen: *Mein* Gott und *mein* Vater, und er legt in diese Anrufung etwas hinein, was nur ihm zusteht. Wie er zu diesem Bewußtsein der Einzigartigkeit seines Sohnesverhältnisses gekommen ist, wie er zu dem Bewußtsein seiner Kraft gelangt ist und der Verpflichtung und Aufgabe, die in dieser Kraft liegen, das ist sein Geheimnis und keine Psychologie wird es erforschen. Die Zuversicht, in der ihn Johannes zum Vater sprechen läßt: „Du hast mich geliebt, ehe denn die Welt gegründet war"[93], ist sicherlich der eigenen Gewißheit Jesu abgelauscht. Hier hat alle Forschung stille zu halten. Auch das vermögen wir nicht zu sagen, seit wann er sich als der *Sohn* gewußt und ob er sich dann ganz und gar mit diesem Begriff identifiziert hat, ob sein Ich mit demselben verschmolzen war oder ob hier noch eine Spannung und innere Auf-/82/ gabe für ihn bestanden hat. Ergründen könnte hier nur einer etwas, der eine annähernde Erfahrung gemacht hat. Ein Prophet mag versuchen, den Schleier zu heben; wir aber müssen uns begnügen, festzustellen, daß dieser Jesus, der Selbsterkenntnis und Demut gelehrt, doch sich und sich allein den *Sohn Gottes* genannt hat. Er weiß, daß er den Vater kennt, daß er diese Erkenntnis allen bringen soll, und daß er damit das Werk Gottes selber treibt. Es ist das größte unter allen Werken Gottes, Ziel und Ende seiner Schöpfung. Ihm ist es übertragen, und er wird es in Gottes Kraft durchführen. Aus diesem Kraftgefühl heraus und im Ausblick auf den Sieg hat er das Wort gesprochen: „Alle Dinge sind mir übergeben von meinem Vater."[94] Je und je sind in der Menschheit Männer Gottes aufgetreten mit dem sicheren Bewußtsein, eine göttliche Botschaft zu besitzen und sie, wollend oder nicht wollend, verkündigen zu müssen. Aber immer war die Botschaft unvollkommen, an dieser oder jener Stelle brüchig, mit Politischem und mit Partikularem verflochten, auf einen augenblicklichen Zustand berechnet, und der Prophet bestand sehr oft die Probe nicht, selbst das Exempel seiner Botschaft zu sein. Hier aber wird die tiefste und umfassendste Botschaft gebracht, die den Menschen an seinen Wurzeln faßt und, im Rahmen des jüdischen Volks, sich an die ganze Menschheit richtet – die Botschaft von Gott dem Vater. Sie ist nicht

---

93 [Joh 17,24.]
94 [Mt 11,27.]

brüchig, und ihr eigentlicher Inhalt löst sich leicht aus den notwendigen Hüllen zeitgeschichtlicher Formen. Sie ist nicht veraltet, sondern triumphiert noch heute stark und lebendig über alles Geschehen. Und der sie verkündigt hat, hat noch keinem seine Stelle abgetreten, und giebt noch heute dem Leben der Menschen einen Sinn und das Ziel – *er, der Sohn Gottes.*

Damit sind wir bereits zu der anderen Selbstbezeichnung Jesu übergegangen: *Messias.* Bevor ich sie kurz zu erläutern versuche, ist es mir Pflicht zu erwähnen, daß bedeutende Gelehrte – unter ihnen *Wellhausen* – es bezweifelt haben, daß Jesus sich selbst als Messias bezeichnet hat. Ich vermag dem aber nicht beizustimmen, ja ich finde, daß man unsere evangelischen Berichte aus den Angeln heben muß, um das Gewünschte zu erreichen. Bereits der Ausdruck „Menschensohn" scheint mir nur messianisch verstanden werden zu können – daß ihn aber Jesus selbst gebraucht hat, ist nicht zu bezweifeln –, und, um von anderem zu schweigen, eine Geschichte wie die des Einzugs Christi in Jerusalem müßte man /83/ einfach streichen, um die These durchzuführen, er habe sich nicht für den verheißenen Messias gehalten und auch nicht dafür gelten wollen. Dazu kommt, daß die Formen, in denen Jesus sein Selbstbewußtsein und seinen Beruf zum Ausdruck gebracht hat, ganz unverständlich werden, wenn sie nicht durch die messianische Idee bestimmt gewesen sind. Endlich, da die positiven Gründe, die man für jene Ansicht beibringt, sehr schwache bezw. höchst fragwürdige sind, so dürfen wir zuversichtlich bei der Annahme bleiben, daß Jesus sich selbst den Messias genannt hat.

Das Messiasbild und die messianischen Vorstellungen, wie sie im Zeitalter Jesu lebendig waren, hatten sich auf zwei kombinierten Linien entwickelt, auf der Linie des Königs und auf der des Propheten; dazu hatte noch manches Fremdartige eingewirkt, und verklärt wurde alles durch die uralte Erwartung, daß Gott selbst sichtbar die Herrschaft über sein Volk antreten werde. Die Hauptzüge des Messiasbildes waren dem israelitischen Königtum entnommen, wie es in idealem Glanze strahlte, nachdem es untergegangen war. Aber die Erinnerungen an Moses und die großen Propheten spielten hinein. Wie sich die messianischen Erwartungen bis zum Zeitalter *Jesu* ausgeprägt hatten, und wie er sie aufgenommen und umgebildet hat, werden wir in der folgenden Vorlesung in Kürze darstellen. /84/

Achte Vorlesung.

Die messianischen Lehren im jüdischen Volke im Zeitalter Jesu waren keine „Dogmatik", auch waren sie nicht mit den streng ausgebildeten gesetzlichen Vorschriften verknüpft, sondern sie bildeten einen wesentlichen Bestandteil der religiösen und politischen Zukunftshoffnungen des Volkes. Nur in allgemeinen

Grundlinien standen sie fest; darüber hinaus herrschten große Verschiedenheiten. Die alten Propheten hatten in eine herrliche Zukunft ausgeblickt, in welcher Gott selbst erscheinen, die Feinde Israels vernichten und Gerechtigkeit, Friede und Freude schaffen werde. Gleichzeitig hatten sie aber auch das Auftreten eines weisen und mächtigen Königs aus David's Hause verheißen, der den herrlichen Zustand heraufführen werde. Endlich hatten sie das Volk Israel selbst als den aus der Völkerwelt erwählten Sohn Gottes bezeichnet. Diese drei Momente sind für die Ausbildung der messianischen Ideen in der Folgezeit maßgebend geworden. Die Hoffnung auf eine herrliche Zukunft des Volkes Israel blieb der Rahmen für alle Erwartungen, aber folgendes trat in den beiden Jahrhunderten vor Christus noch hinzu: 1. Mit der Erweiterung des geschichtlichen Horizontes wurde das Interesse der Juden für die Völkerwelt immer lebendiger, die Idee der gesamten „Menschheit" stellt sich ein, und das Ende, also auch das Wirken des Messias wird auf sie bezogen; das Gericht wird Weltgericht und der Messias Weltherrscher und -richter. 2. An eine sittliche Läuterung des Volkes hatte man schon früher im Hinblick auf die herrliche Zukunft gedacht; aber die Vernichtung der Feinde Israels erschien doch als die Hauptsache; nun aber wurde in vielen das Gefühl der sittlichen Verantwortlichkeit und die Er- /85/ kenntnis Gottes als des Heiligen lebendiger; die messianische Zeit verlangt ein heiliges Volk, und das Gericht wird daher notwendig auch ein Gericht über einen Teil von Israel selbst sein müssen. 3. Der Individualismus wurde kräftiger, und demgemäß trat die Beziehung Gottes auf den einzelnen in den Vordergrund: der einzelne Israelit empfindet sich inmitten seines Volkes, und er beginnt sein Volk als eine Summe von einzelnen zu beurteilen; der individuelle Vorsehungsglaube tritt neben den politischen, verbindet sich mit dem Wert- und Verantwortungsgefühl, und es dämmert die Hoffnung auf ein ewiges Leben und die Furcht vor ewiger Strafe im Zusammenhang mit den endgeschichtlichen Erwartungen auf – das persönliche Heilsinteresse und der *Auferstehungsglaube* sind die Ergebnisse dieser inneren Entwicklung, und das geschärfte Gewissen vermag bei der offenbaren Unheiligkeit des Volkes und der Macht der Sünde auf eine herrliche Zukunft für alle nicht mehr zu hoffen; nur ein Rest wird gerettet; 4. die Zukunftserwartungen werden immer mehr transcendent; sie werden immer stärker ins Übernatürliche und Überweltliche umgesetzt; vom Himmel kommt etwas ganz Neues auf die Erde, und ein völlig neuer Weltlauf löst den alten ab; ja selbst die verklärte Erde ist nicht mehr das letzte Ziel; die Idee einer absoluten Seligkeit, deren Stätte nur der Himmel selbst sein kann, taucht auf; die Persönlichkeit des erwarteten Messias grenzt sich schärfer wie gegen die Idee eines irdischen Königs, so gegen die des Volkes als ganzen gegen die Gottes ab: der Messias behält kaum noch irdische Züge, obgleich er als Mensch unter Menschen erscheint: seit den Tagen der Urzeit ist er bei Gott, kommt vom Himmel hernieder und richtet mit übermenschlichen Mitteln sein Werk aus; die sittlichen Züge in seinem Bilde treten hervor: er ist der vollkommene Gerechte, der alle Gebote erfüllt, ja selbst die Vorstellung dringt ein, daß seine Verdienste den andern zu gute kommen; allein die Idee eines leidenden Messias – durch Jesaias 53, wie man denken sollte, nahe gelegt – wird nicht gewonnen.

Alle diese Spekulationen vermochten aber die älteren einfacheren Auffassungen nicht zu verdrängen und den ursprünglichen patriotisch-politischen Orientierungspunkt bei der großen Mehrzahl des Volkes nicht zu verrücken. Gott selbst nimmt das Scepter in die Hand, vernichtet seine Gegner und begründet das israelitische Weltreich; er bedient sich dazu eines königlichen Helden; man sitzt unter /86/ seinem Feigenbaum und seinem Weinstock[95] und genießt den Frieden, indem man den Fuß auf den Nacken seiner Feinde hält – das war doch wohl noch immer die populärste Vorstellung, und sie wurde auch von solchen festgehalten, die daneben höheren Anschauungen nachgingen. Aber in einem Teil des Volkes war unzweifelhaft der Sinn dafür geweckt, daß das Reich Gottes eine entsprechende *sittliche* Verfassung voraussetze, und daß es nur zu einem *gerechten* Volke kommen könne. Die einen suchten diese Gerechtigkeit auf dem Wege der pünktlichsten Gesetzesbeobachtung zu erwerben und konnten sich in dem Eifer um sie nicht genug thun, andere, von tieferer Selbsterkenntnis bewegt, begannen etwas davon zu ahnen, daß jene heiß ersehnte Gerechtigkeit selbst nur aus Gottes Hand kommen könne, daß man göttlicher Hülfe, göttlicher Gnade und Barmherzigkeit bedürfe, um die Last der *Sünde* – denn ein inneres Sündengefühl wurde in ihnen qualvoll lebendig – los zu werden.

So wogten im Zeitalter Christi sowohl ganz disparate Stimmungen als konträre theoretische Vorstellungen, auf *einen* Punkt bezogen, wild durcheinander. Vielleicht niemals in der Geschichte wieder und bei keinem anderen Volke lagen die äußersten Gegensätze, von der Religion zusammengehalten, so nahe bei einander. Bald erscheint der Horizont so eng wie der Kreis der Berge, die Jerusalem umgeben[96], bald umfaßt er die ganze Menschheit. Hier ist alles auf die Höhe einer geistigen und sittlichen Anschauung erhoben, und dort, dicht daneben, scheint das ganze Drama mit einem politischen Siege des Volkes schließen zu sollen. Hier entbinden sich alle Kräfte des Gottvertrauens, der Zuversicht, und der Fromme ringt sich zu einem heiligen „Dennoch" durch, dort hält ein sittlich stumpfer patriotischer Fanatismus jede religiöse Regung nieder.

Das Bild, welches man sich vom Messias machte, mußte so widerspruchsvoll sein wie die Hoffnungen, denen es entsprechen sollte. Nicht nur die formalen Vorstellungen von ihm schwankten unsicher hin und her – wie wird seine Natur

---

95 [1Kön 5,5.]
96 [Ps 125,2.]

beschaffen sein? –, sondern vor allem sein inneres Wesen und sein Beruf erschienen in ganz verschiedenem Lichte. Aber bei allen denen, in welchen die sittlichen und wahrhaft religiösen Elemente die Oberhand zu gewinnen begannen, mußte das Bild des politischen und des kriegerischen Königs zurückweichen und das Bild des *Propheten*, welches immer schon leise auf die Vorstellungen eingewirkt hatte, an die Stelle treten. Daß der Messias Gott nahe bringen, daß er irgendwie /87/ Gerechtigkeit schaffen, daß er von den quälenden inneren Lasten befreien werde, wurde erhofft. Daß es im jüdischen Volke damals Gläubige gegeben hat, die einen solchen Messias erwarteten oder doch nicht von vornherein ablehnten, zeigt uns bereits die Geschichte Johannes' des Täufers, wie wir sie in unseren Evangelien lesen. Wir erfahren aus ihr, daß einige geneigt gewesen sind, diesen Johannes für den Messias zu halten. Wie elastisch müssen die messianischen Vorstellungen gewesen sein und wie stark müssen sie sich in gewissen Kreisen von ihren Ursprüngen entfernt haben, wenn man diesen ganz unköniglichen Bußprediger im Mantel von Kamelshaaren, ihn, der dem entarteten Volke lediglich das nahe Gericht ankündigte[97], für den Messias selbst halten konnte! Und wenn wir weiter in den Evangelien lesen, daß nicht wenige im Volke Jesus für den Messias gehalten haben, nur weil er gewaltig predigte[98] und durch Wunderthaten heilte – wie gründlich erscheint da das messianische Bild geändert! Freilich, sie sahen in diesem Heilandswirken nur den Anfang, sie erwarteten, daß dieser Wunderthäter nun bald die letzte Hülle abwerfen und „das Reich aufrichten"[99] werde; aber schon dies genügt hier, daß sie einen Mann, dessen Herkunft und bisheriges Leben sie kannten und der doch noch nichts gethan hatte als Buße zu predigen, die Nähe des Himmelreichs zu verkündigen und zu heilen, als den Verheißenen zu begrüßen vermochten. Niemals werden wir ergründen, durch welche innere Entwicklung Jesus von der Gewißheit, der Sohn Gottes zu sein, übergegangen ist zu der anderen, der verheißene Messias zu sein. Aber die Einsicht, daß damals auch bei anderen die Vorstellung vom Messias durch eine langsame Umwandlung ganz neue Züge erhalten hatte und sich aus einer politisch-religiösen Idee in eine geistig-religiöse umsetzte – diese Einsicht befreit doch das Problem aus seiner völligen Isolierung. Daß Johannes der Täufer, daß die zwölf Jünger Jesus als den Messias anerkannt haben, daß sie nicht diese Form für die absolute Wertschätzung seiner Person verworfen, sondern sie sich vielmehr in eben dieser Form fixiert haben, ist ein Beweis dafür, wie beweglich die messianische Idee damals gewesen ist, und erklärt es daher auch, daß Jesus selbst sie

---

97 [Mt 3,7–10.]
98 [Lk 4,32.]
99 [Vgl. Apg 1,6.]

aufnehmen konnte. Robur in infirmitate perficitur:[100] daß es eine göttliche Kraft und Herrlichkeit giebt, die keiner irdischen Macht und keines irdischen Glanzes bedarf, ja sie ausschließt, daß es eine Majestät des Heiligen und der Liebe giebt, die diejenigen, welche sie /88/ ergreift, rettet und beseligt – das hat der gewußt, der sich trotz seiner Niedrigkeit den Messias genannt hat, und das müssen die empfunden haben, die ihn als den von Gott gesalbten König Israels anerkannten.

Wie Jesus zu dem Bewußtsein, der Messias zu sein, gelangt ist, das vermögen wir nicht zu ergründen, aber einiges, was im Zusammenhang mit dieser Frage steht, können wir doch feststellen. Die älteste Überlieferung sah in einem inneren Erlebnis Jesu bei der Taufe die Grundlegung seines messianischen Bewußtseins. Wir können das nicht kontrollieren, aber wir sind noch weniger imstande zu widersprechen; es ist vielmehr durchaus wahrscheinlich, daß er, als er öffentlich auftrat, bereits in sich abgeschlossen war. Die Evangelien stellen eine merkwürdige Versuchungsgeschichte Jesu[101] vor den Beginn seines öffentlichen Wirkens. Sie setzt voraus, daß er sich bereits als der Sohn Gottes und als der mit dem entscheidenden Werke für das Volk Gottes Betraute gewußt und die Versuchungen bestanden hat, die an dieses Bewußtsein geknüpft waren. Als Johannes aus dem Gefängnis ihn fragen läßt: „Bist du, der da kommen soll, oder sollen wir eines anderen warten"[102], da antwortet er so, daß der Fragende verstehen mußte: Er ist der Messias, daß er aber zugleich erfuhr, *wie Jesus das messianische Amt auffaßte*. Dann kam der Tag von Cäsarea Philippi, an welchem ihn Petrus als den erwarteten Christus anerkannte und Jesus es ihm freudig bestätigte.[103] Dann folgte die Frage an die Pharisäer: „Wie dünket euch um Christo, wes Sohn ist er?" jene Scene, die mit der neuen Frage schloß: „So David den Messias einen Herrn nennt, wie ist er denn sein Sohn?"[104] Es folgte endlich der Einzug in Jerusalem vor allem Volk samt der Tempelreinigung; sie kamen der öffentlichen Erklärung gleich, daß er der Messias sei. Aber seine erste unzweideutige messianische Handlung war auch seine letzte – die Dornenkrone und das Kreuz folgten ihr.

Wir haben gesagt, es sei wahrscheinlich, daß Jesus, als er öffentlich auftrat, bereits in sich abgeschlossen und darum auch über seine Mission klar gewesen ist. Aber damit ist nicht behauptet, daß ihm selbst jene Mission nichts mehr gebracht hätte. Nicht nur zu leiden hat er lernen müssen und dem Kreuze mit Gottvertrauen entgegenzusehen – das Bewußtsein seiner Sohnschaft hatte sich nun zu bewähren, und die Erkenntnis des „Werkes", mit dem ihn der Vater erst betraut hatte,

---

100 [Vgl. 2Kor 12,9 in der Fassung der Vulgata: „virtus in infirmitate perficitur".]
101 [Mt 4,1–11.]
102 [Mt 11,3.]
103 [Mt 16,16.]
104 [Mt 22,45.]

konnte sich erst in der Arbeit und in der /89/ Besiegung jeglichen Widerstandes entwickeln. Welch eine Stunde muß es gewesen sein, in der er sich als den erkannte, von dem die Propheten geredet hatten, als er die ganze Geschichte seines Volkes von Abraham und Moses an im Lichte seiner eigenen Sendung sah, als er der Erkenntnis nicht mehr auszuweichen vermochte, er sei der verheißene Messias! Nicht mehr auszuweichen vermochte – denn wie läßt es sich anders vorstellen, als daß diese Erkenntnis zunächst als die furchtbarste Last von ihm empfunden werden mußte? Doch, wir sind schon zu weit gegangen: wir vermögen nichts mehr zu sagen. Nur das verstehen wir von hier aus, daß Johannes recht hat, wenn er Jesus immer wieder bezeugen läßt: „Ich habe nicht von mir selber geredet, sondern der Vater, der mich gesandt hat, hat mir ein Gebot gegeben, was ich thun und reden soll,"[105] und: „Ich bin nicht allein; denn der Vater ist bei mir."[106]

Wie wir immer über den Begriff „Messias" denken mögen – er war doch die schlechthin notwendige Voraussetzung, *damit der innerlich Berufene innerhalb der jüdischen Religionsgeschichte* – der tiefsten und reifsten, die ein Volk erlebt hat, ja wie die Zukunft zeigen sollte, der eigentlichen Religionsgeschichte der Menschheit – *die absolute Anerkennung zu gewinnen vermochte*. Diese Idee ist das Mittel geworden, um den, der sich als den Sohn Gottes wußte und das Werk Gottes trieb, wirklich auf den Thron der Geschichte, zunächst für die Gläubigen seines Volkes, zu setzen. Aber eben darin, daß sie dies leistete, war auch ihre Aufgabe erschöpft. Der „Messias" war Jesus und war es nicht, und zwar deshalb nicht, weil er diesen Begriff weit hinter sich ließ, weil er ihn mit einem Inhalt erfüllt hatte, der ihn sprengte. Wohl vermögen wir heute noch an diesem uns so fremden Begriff einzelnes nachzuempfinden – eine Idee, die ein ganzes Volk Jahrhunderte lang gefesselt und in der es alle seine Ideale niedergelegt hat, kann nicht ganz unverständlich sein. Wir erkennen in dem Ausblick auf die messianische Zeit die alte Hoffnung auf ein goldenes Zeitalter wieder, jene Hoffnung, die, versittlicht, das Ziel jeder kräftigen Lebensbewegung sein muß und ein unveräußerliches Stück jeder religiösen Geschichtsbetrachtung bildet; wir sehen in der Erwartung eines persönlichen Messias den Ausdruck der Erkenntnis, daß das Heil in der Geschichte in den *Personen* liegt und daß, wenn eine Einheit der Menschheit in der Übereinstimmung ihrer /90/ tiefsten Kräfte und höchsten Ziele zustande kommen soll, eben diese Menschheit in der Anerkennung *eines* Herrn und Meisters geeinigt sein muß. Aber darüber hinaus vermögen wir der messianischen Idee einen Sinn und eine Geltung nicht mehr zu geben; Jesus selbst hat sie ihr genommen.

---

105 [Joh 12,49.]
106 [Joh 16,32.]

In der Anerkennung Jesu als des Messias war für jeden gläubigen Juden die innigste Verbindung der Botschaft Jesu mit seiner *Person* gegeben: in dem Wirken des Messias kommt Gott selbst zu seinem Volke; dem Messias, der Gottes Werk treibt und der zur Rechten Gottes auf den Wolken des Himmels sitzt[107], gebührt Anbetung. Aber wie hat sich Jesus selbst zu seinem Evangelium gestellt; nimmt er eine Stellung in ihm ein? Wir haben hier eine negative und eine positive Antwort zu geben.

1. Das Evangelium ist in den Merkmalen, die wir in den früheren Vorlesungen angegeben haben, erschöpft, und nichts Fremdes soll sich eindrängen: Gott und die Seele, die Seele und ihr Gott. Jesus hat darüber keinen Zweifel gelassen, daß Gott im Gesetz und den Propheten gefunden werden kann und gefunden worden ist. „Es ist dir gesagt, Mensch, was dir gut ist und was dein Gott von dir fordert, nämlich Gottes Wort halten und Liebe üben und demütig sein vor deinem Gott."[108] Der Zöllner im Tempel[109], das Weib am Gotteskasten[110], der verlorene Sohn[111] sind seine Paradigmen; sie alle wissen nichts von einer „Christologie", und doch hat der Zöllner die Demut gewonnen, der die Gerechtsprechung folgt. Wer daran dreht und deutelt, der verwundet die Schlichtheit und Größe der Predigt Jesu an einer ihrer wichtigsten Stellen. Es ist eine verzweifelte Annahme, zu behaupten, im Sinne Jesu sei seine ganze Predigt nur etwas Vorläufiges gewesen, alles in ihr müsse nach seinem Tode und seiner Auferstehung anders verstanden, ja einiges gleichsam als ungültig beseitigt werden. Nein – diese Verkündigung ist einfacher, als die Kirchen es wahr haben wollten, einfacher, aber darum auch universaler und ernster. Man kann ihr nicht mit der Ausflucht entrinnen: Ich vermag mich in die „Christologie" nicht zu finden; darum ist diese Predigt nicht für mich. Jesus hat den Menschen die großen Fragen nahe gebracht, Gottes Gnade und Barmherzigkeit verheißen und eine Entscheidung verlangt: Gott oder der Mammon, ewiges oder irdisches Leben, Seele oder Leib, Demut oder Selbstgerechtigkeit, Liebe oder Selbstsucht, Wahrheit oder Lüge. In /91/ dem Ring dieser Fragen ist alles beschlossen; der einzelne soll die frohe Botschaft von der Barmherzigkeit und der Kindschaft hören und sich entscheiden, ob er auf die Seite Gottes und der Ewigkeit tritt oder auf die Seite der Welt und der Zeit. Es ist keine Paradoxie und wiederum auch nicht „Rationalismus", sondern der einfache Ausdruck des Thatbestandes, wie er in den Evangelien vorliegt: *Nicht der Sohn, sondern allein der Vater gehört in das Evangelium, wie es Jesus verkündigt hat, hinein.*

---

107 [Mt 26,64.]
108 [Mi 6,8.]
109 [Lk 18,9–14.]
110 [Mk 12,41–44.]
111 [Lk 15,11–32.]

2. Aber so, wie er den Vater kennt, hat ihn noch niemand erkannt, und er bringt den andern diese Erkenntnis; er leistet damit „den vielen"[112] einen unvergleichlichen Dienst. Er führt sie zu Gott, nicht nur durch sein Wort, sondern noch mehr durch das, was er ist und thut, und letztlich durch das, was er leidet. In diesem Sinn hat er sowohl das Wort gesprochen: „Kommet her zu mir alle, die ihr mühselig und beladen seid; ich will euch erquicken"[113], als auch das andere: „Des Menschen Sohn ist nicht gekommen, daß er sich dienen lasse, sondern daß er diene und gebe sein Leben zur Lösung für viele."[114] Er weiß, daß eine neue Zeit jetzt durch ihn beginnt, in der die „Kleinsten" durch ihre Gotteserkenntnis größer sein werden als die Größten der Vorzeit;[115] er weiß, daß Tausende an ihm den Vater finden und das Leben gewinnen werden – eben die Mühseligen und Beladenen[116] –; er weiß sich als den Säemann, der den guten Samen streut: sein ist das Ackerfeld, sein der Same, sein die Frucht.[117] Das sind keine dogmatischen Lehren, noch weniger Transformationen des Evangeliums selbst oder gar drückende Forderungen – es ist die Aussprache eines *Thatbestandes*, den er schon werden sieht und mit prophetischer Sicherheit vorausschaut. Die Blinden sehen, die Lahmen gehen, die Tauben hören, den Armen wird das Evangelium gepredigt[118] – *durch Ihn:* an dieser Erfahrung geht ihm unter der furchtbaren Last seines Berufs, mitten im Kampfe, die Herrlichkeit auf, die ihm der Vater gegeben hat. Und was er jetzt persönlich leistet, wird durch sein mit dem Tode gekröntes Leben eine entscheidende, fortwirkende Thatsache bleiben auch für die Zukunft: *Er ist der Weg zum Vater*[119], *und er ist, als der vom Vater Eingesetzte, auch der Richter.*

Hat er sich geirrt? Weder die nächste Folgezeit noch die Geschichte hat ihm unrecht gegeben. Nicht wie *ein* Bestandteil gehört er in das Evangelium hinein, sondern *er ist die persönliche Verwirklichung und die Kraft des Evangeliums gewesen und* /92/ *wird noch immer als solche empfunden.* Feuer entzündet sich nur an Feuer, persönliches Leben nur an persönlichen Kräften. Wir lassen alles dogmatische Klügeln beiseite und überlassen es andern, exklusive Urteile zu fällen; das Evangelium behauptet nicht, daß Gottes Barmherzigkeit auf die Sendung Jesu beschränkt sei; das aber lehrt die Geschichte: die Mühseligen und Beladenen führt

---

112 [Vgl. Mt 20,28.]
113 [Mt 11,28.]
114 [Mt 20,28.]
115 [Vgl. Mt 11,11.]
116 [Mt 11,28.]
117 [Vgl. Mt 13,1–9.]
118 [Vgl. Mt 11,5.]
119 [Vgl. Joh 14,6.]

Er zu Gott, und wiederum – die Menschheit hat Er auf die neue Stufe gehoben, und seine Predigt ist noch immer das kritische Zeichen: sie beseligt und richtet.

Der Satz: „Ich bin der Sohn Gottes"[120], ist von Jesus selbst nicht in sein Evangelium eingerückt worden, und wer ihn als einen Satz neben anderen dort einstellt, fügt dem Evangelium etwas hinzu. Aber wer dieses aufnimmt und den zu erkennen strebt, der es gebracht hat, wird bezeugen, daß hier das Göttliche so rein erschienen ist, wie es auf Erden nur erscheinen kann, und wird empfinden, daß Jesus selbst für die Seinen die Kraft des Evangeliums gewesen ist. Was sie aber an ihm erlebt und erkannt haben, das haben sie verkündigt, und diese Verkündigung ist noch lebendig.

Adolf von Harnack, Das Wesen des Christentums. Sechzehn Vorlesungen vor Studierenden aller Fakultäten im Wintersemester 1899/1900 an der Universität Berlin, Berlin: J. C. Hinrichs 72. Tsd. 1929 ([1]1900), S. 19–23, 33–36, 39–47, 51–56, 79–92.

---

120 [Mt 27, 43.]

Julius Wellhausen
3.4 Israelitische und jüdische Geschichte, 1901

Vierundzwanzigstes Kapitel.

Das Evangelium.

1. Es war gegen Ende der Regierung des Kaisers Tiberius, als noch Pilatus Landpfleger in Judäa und Antipas Vierfürst von Galiläa war. Da ging ein Sämann aus, zu säen seinen Samen; sein Same war das Wort, sein Acker die Zeit.

Jesus begann seine Wirksamkeit mit der Verkündigung, dass die Ankunft des Reiches Gottes nahe bevorstehe; das war der ursprüngliche Inhalt des Evangeliums, d. h. der Botschaft, die er auszurichten hatte. Er hätte auch sagen können: der Tag des Herrn, das Gericht stehe nahe bevor; aber der andere Ausdruck war den Zeitgenossen geläufiger. Er verkündete nicht, dass das Reich mit ihm gekommen sei, sondern dass es bald kommen werde. Er trat damit nicht als Messias auf, als Erfüller der Weissagung, sondern als Prophet; seine Botschaft war anfänglich selber Weissagung.

Daran schloss sich die Aufforderung: also kehrt um von eurem bisherigen Wege! Den Juden lag eine andere Folgerung näher: also freut euch, dass ihr nun endlich am Ziel seid! Sie zweifelten nicht, dass sie auf dem richtigen Wege wären und dass das Reich Gottes ihnen zum Triumph verhelfen würde. Dem trat Jesus entgegen. Er benutzte die Botschaft vom Reich um Busse zu predigen; er wendete die drohende Kehrseite der messianischen Hoffnung heraus. Das selbe hatte vor ihm Johannes der Täufer getan. „Glaubt nur nicht als Kinder Abrahams vor dem nahenden Zorne sicher zu sein. Gott kann dem Abraham aus diesen Steinen Kinder erwecken, er sieht nicht auf den Stamm, sondern auf die Früchte." Die Juden erwarteten, das Gericht werde ihnen, als Juden, Recht schaffen gegen die Heiden; Johannes sagte, es werde sie selber, sofern sie weiter nichts seien als Juden, vernichten.

Wie kam es, dass diese beiden Männer gleichzeitig mit der selben Ankündigung auftraten? Es geschah in einer gespannten, schwülen Zeit, in einer Zeit grosser politischer und religiöser Erregung. Seit zwei Jahrhunderten hatten sich die Ereignisse gedrängt: die Religionsverfolgung unter Antiochus Epiphanes, die makkabäische Erhebung, die Gründung des hasmonäischen Reiches, seine Erschütterung durch erbitterte Parteifehden und sein Sturz /381/ durch die Römer, die Wiederkehr der Fremdherrschaft, die vergeblichen und doch nie aufgegebenen Versuche sie abzuschütteln, und zuletzt die atemschnürende Tyrannis des grossen

Herodes. Das Stillleben, worauf die gesetzliche Theokratie eigentlich angelegt war, hatte aufgehört; die Juden waren durch die Makkabäerkriege aus ihrer Bahn geraten und liessen sich nicht wieder hineindrängen. Sie trieben dem Zusammenstoss mit den Römern entgegen; die Frage war, was das Ergebnis sein würde. Es war die selbe Frage, die dem Amos und dem Jeremias vorgelegen hatte, als der Conflict mit den Assyrern und mit den Chaldäern drohte; Johannes und Jesus beantworteten sie ebenso wie jene beiden alten Propheten. Sie empfanden die Notwendigkeit des Untergangs der Theokratie voraus; das war auch bei ihnen der nächste Anlass, der sie aus ihrem Kreise herausriss und in die Öffentlichkeit trieb. Die Weissagung von der bevorstehenden Ankunft des Reiches Gottes fällt zusammen mit der Weissagung von der bevorstehenden Zerstörung des Tempels und der heiligen Stadt. Das Reich Gottes hat andere Grundlagen als den Tempel, die heilige Stadt und das jüdische Volk; die Zugehörigkeit dazu ist an individuelle Bedingungen geknüpft.

2. Durch die vorzugsweise Betonung dieser individuellen Bedingungen schritt Jesus über den Täufer fort; sie wurden ihm so sehr zur Hauptsache, dass sein Evangelium darüber den Charakter der Prophetie verlor, da die Erfüllung der Bedingungen schon in der Gegenwart möglich war und dadurch auch das Reich Gottes in die Gegenwart hineinreichte. Er blieb nicht stehn bei der Drohung des zukünftigen Zornes und bei der Aufforderung ihm zu entrinnen, er lehrte positiv, wie das Reich Gottes innerlich beschaffen sei. Er legte die Gerechtigkeit Gottes dar, und zwar tat er das im Gegensatz gegen die herrschende jüdische Richtung.

Dabei durfte er die Sadducäer ignoriren, weil sie ohne Einfluss waren und religiös nichts zu bedeuten hatten. Sein Gegensatz war von Anfang an gegen die Schriftgelehrten und die Pharisäer gerichtet. Darin zwar ist er mit ihnen einverstanden, dass das Bekenntnis zu Gott abgelegt wird nicht durch das Sagen, sondern durch das Tun, das Tun seines Willens. Aber ihren toten Werken setzt er die Gesinnung entgegen, ihrer vielgeschäftigen Gesetzlichkeit die höchste sittliche Idealität. Er weist den Anspruch des Lohnes zurück: Sklaven haben kein Recht auf Lohn /382/ für die Arbeit, die sie zu tun schuldig sind. Er atmet in der Furcht des Richters, der Treue im Geringsten verlangt und Rechenschaft fordert von einem jeglichen nichtsnutzigen Worte. „Niemand kann Knecht zweier Herren sein; ihr könnt nicht Gott dienen und dem Mammon; wo euer Schatz ist, da ist euer Herz." Das ist der wahre Monotheismus, der das Herz und den ganzen Menschen fordert, der Zwiespältigkeit und Heuchelei unmöglich macht. Die Gerechtigkeit vor Gott ist ein Ziel, zu hoch für die Methode der Schule. Wir straucheln alle auf dem Wege, der Pharisäer hat vor dem frommen Zöllner nichts voraus, und auch dem Besten bleibt nichts übrig als die Bitte: Gott sei mir Sünder gnädig! Jesus hat einen heiligen Zorn auf die Anmaassung der Separatisten, auf ihre Neigung zu richten, auf ihre Scheu vor Berührung mit den Sündern. Kein Gebot schärft er so nachdrücklich ein wie das, Andern die Schuld zu vergeben so wie man für sich selber Vergebung im

Himmel hofft. Er fordert Sympathie mit Leiden und Sünde und er bewährt sie selber. Er fühlt sich als Arzt, er will gesund und lebendig machen. Er spottet der Tugend, die sich selber genügt und der Gnade Gottes entraten kann. Er schämt sich der Sünder nicht, weil er die Sünde nicht bloss in ihnen entdeckt. Aber von schwächlicher Nachsicht gegen sie lässt er nichts spüren. Von Philanthropie gegen Verbrecher ist er entfernt, er setzt die bürgerliche Gerechtigkeit voraus, die menschliche Ordnung und die Obrigkeit erkennt er in ihrem Bereich an.

Auch in ihrem Inhalte ist die Gerechtigkeit Jesu verschieden von der der Schriftgelehrten und Pharisäer. Sie wollen nicht Gutes tun, sondern sich vor Sünde hüten; ihre Beobachtung conventioneller Satzungen kommt niemand zu gut und erfreut weder Götter noch Menschen. Jesus spottet über ihre vorgeschriebenen und mit Ostentation verrichteten Werke der Heiligkeit, über ihre Art Almosen zu geben, zu fasten und zu beten, ihr ewiges Waschen von Händen und Geräten, ihr Verzehnten von Dill und Kümmel, ihre Ängstlichkeit im Halten des Sabbaths, ihr Mückenseihen und Kamelverschlucken. Er weiss einen besseren Gottesdienst als die unfruchtbare Selbstheiligung: den Dienst des Nächsten. Er verwirft die sublime Güte, welche der Witwen Häuser frisst und lange Gebete vorwendet, welche zu Vater und Mutter spricht: ich werfe in den Gotteskasten was ich euch etwa geben könnte. Die Ascese /383/ verbietet er zwar nicht, macht aber kein Gebot daraus und schreibt ihr kein Verdienst zu; im Unterschiede von Johannes dem Täufer isst und trinkt er und ist fröhlich mit den Fröhlichen. Er bezeichnet als das Schwerste im Gesetz die gemeine Moral, Billigkeit und Treue und Güte (Matth. 23, 23). Eben diese natürliche Moral nennt er das Gebot Gottes; jene übernatürliche, welche sie überbieten will, ist ihm willkürliche Satzung. Um des Menschen willen sind die Gebote gegeben; was dem Nächsten angetan wird, sieht Gott an, als sei es ihm getan. Wer der Nächste ist, welches die nächstliegende Pflicht, das weiss im gegebenen Falle auch der Schriftgelehrte, welcher sich stellt, als wüsste er es nicht. Damit hört nun die Frömmigkeit auf, eine Domäne der Virtuosen zu sein. Es gehört keine Kunst, keine verschmitzte Gelehrsamkeit der Rabbinen dazu, sondern ein einfacher, offener Sinn. Die Armen im Geist, die Kinder im Gemüt verstehn mehr davon als die Klugen und Weisen, die daraus ein Gewerbe machen. Von dieser Seite wird der Protest Jesu gegen den Hochmut der Pharisäer und Schriftgelehrten zu einem Protest gegen ihren Bildungsdünkel, durch den sie sich über das gemeine Volk überheben und von demselben abscheiden. Es jammert ihn der Heerde, die der Leitung so sehr bedürfte, aber von den berufenen Hirten im Stich gelassen wird[1].

---

[1] In sehr auffallendem Gegensatz zu Paulus (und Johannes) redet Jesus in den synoptischen Evangelien fast nie von der *Liebe* zu Gott und zu den Menschen. Bei Markus tut er es nur einmal

3. Die Moral besteht in aufopfernder Dienstwilligkeit gegen den Nächsten, in entsagender Geduld, in treuer Arbeit. Die Selbstverleugnung ist die Sinnesart, welche notwendig ist um in das Reich Gottes zu kommen. Sowol die Anerkennung der Forderung als ihre Erfüllung ist eine Wirkung Gottes, ein religiöser Vorgang, der wie die Religion überhaupt nicht begriffen und nicht zergliedert werden kann. Auf diese Weise, indem er die Welt daran gibt, /384/ gewinnt der Mensch seine Seele. Wer sein Leben sucht, verliert es; nur wer es einsetzt, gewinnt es. Er ist geborgen bei Gott, emporgehoben über Furcht und über Sorge. Er hat Glauben, d. h. Mut und Vertrauen: von diesem überirdischen Standtpunkte aus kann er Berge versetzen und die Welt aus den Angeln heben, gewinnt er Kraft auch zu erfolgloser Aufopferung und zu resignirtem Gehorsam auf Erden. Er vertraut der Vorsehung Gottes und ergibt sich in seinen Willen. Er fühlt sich als Kind des himmlischen Vater[s]. In keinem anderen Sinn als in diesem nennt und fühlt Jesus sich auch selber so; nicht weil er einzigartiger Natur ist[2]. Selbst die Vollmacht, den Sabbath zu brechen und Sünde zu vergeben, für die die Gegner einen Ausweis verlangen, nimmt er in Anspruch, obwol er Mensch ist, wie er ausdrücklich bei dieser Gelegenheit hervorhebt. Was ihn auszeichnet ist nur, dass er sich des Kindesverhältnisses zu Gott *bewusst* gewesen ist und die Frömmigkeit *genossen* hat, wie vor ihm Niemand. Der Übergang von der Ekstase zur Religiosität, den die Propheten, vor allen Jeremias, eingeleitet und die Frommen nach ihnen weitergeführt haben, wird durch Jesus vollendet[3]. Doch finden sich auch bei ihm Höhen und Tiefen der Stimmung.

Er kennt auf Erden ein seliges Leben, aber er kennt auch Anfechtungen und Versuchungen, er weiss, dass der Geist willig und das Fleisch schwach ist. Er lehrt die Geplagten ihr Joch auf sich nehmen, aber er lehrt nicht, dass das Kreuz süss und die Krankheit gesund sei. Im Hintergrunde seiner Weltanschauung steht überall die künftige Vollendung des Guten und die künftige Vernichtung des Bösen, die Verwandlung der Schwachheit in Kraft und Herrlichkeit. Darin scheint er mit den Juden vollkommen einverstanden. Er erwartet wie sie die Herabkunft

---

(12, 28–34) und da nur in einem deuteronomischen Citat, das nicht er, sondern ein anderer vorgebracht hat. Auch Matth. 5, 43. 19, 19 sind Citate. Die Stellen Matth. 5, 44. 6, 24, Marc. 10, 21 kommen natürlich nicht in Betracht. Es bleiben dann nur übrig Matth. 24, 12 und Luc. 11, 42 (dagegen Matth. 23, 23). „Tam altissimus quam pretiosissimus est amor Dei quod nunquam deberet nisi raro et in magna necessitate et cum multa reverentia nominari", sagt Franz von Assisi. Darum behält freilich Paulus 1. Cor. 13 doch Recht.

2 Der Unterschied zwischen *der Vater* und *mein Vater* ist erst griechisch. Jesus hat *Abba* gesagt, was sowol *der Vater* als *mein Vater* bedeutet und im Vokativ ausschliesslich gebraucht wird; wie denn für *Vater unser* im Himmel noch jetzt bei Lucas einfach *Vater* im Himmel steht. Er hat also wenn er Abba sagte, damit nicht sein specifisches Sohnesverhältnis betonen können.

3 Vgl. p. 147 s. 221 s.

des Himmelreichs auf die Erde, die Ankündigung davon ist ja der ursprüngliche Inhalt seines Evangeliums. Aber wie wir gesehen haben, bedeutet ihm das Himmelreich nicht die triumphirende Theokratie; /385/ die „Kinder des Reiches", d. h. die Juden, sind nicht dessen geborene Erben. Das Gericht ist nicht das Mittel, durch die Vernichtung der Heidenmacht die Herrschaft der Heiligen des Höchsten herzustellen; es ergeht über die Juden selber und vollzieht sich durch die Zerstörung ihrer Stadt und ihres Gemeinwesens. Und daneben ist von einem *jenseitigen* Gericht über jeden Einzelnen die Rede. Am jüngsten Tage erscheinen nicht bloss die Lebenden vor Gott, sondern die Menschen aller Generationen werden aus den Gräbern erweckt, um den für die Ewigkeit entscheidenden Urteilsspruch über sich zu empfangen. Die Erde verschwindet, sie scheidet sich in Himmel und Hölle. Himmel und Hölle sind jedoch auch schon gegenwärtig vorhanden; und anderswo findet sich die Vorstellung, dass das Gericht über den Einzelnen nicht erst am jüngsten Tage eintritt, sondern mit seinem Tode zusammenfällt. Der arme Lazarus und der Schächer am Kreuz kommen sofort nach ihrem Tode in Abrahams Schooss oder in das Paradis, der reiche Mann sofort an den Ort der Qual; die Auferstehung des Leibes erscheint nicht als unerlässliche Vorbedingung des neuen Lebens. Die Vorstellungen schwanken[4], sind mitten in der Entwicklung begriffen und offenbar höchst lebendig und wirksam. Sie treten freilich überall als selbstverständlich und gegeben auf. Aber es weht doch ein neuer Geist darin; sie stellen die Religion auf eine ganz andere, völlig individualistische Grundlage; sie stehn im stärksten Widerspruch mit der Anschauung, die das Alte Testament von Anfang bis zu Ende durchzieht. Sie lassen sich vor dem Neuen Testamente nicht nachweisen, sie müssen also erst spät, etwa im ersten vorchristlichen Jahrhundert, bei den Juden ein- und durchgedrungen sein. Sie haben bei ihnen auch niemals eine so centrale Bedeutung erlangt wie im Christentum. Das Evangelium stellt sich von vornherein auf diesen Boden: das hat es vor dem Judentum voraus, welches in einem ganz anderen Boden wurzelt. Der nationale Gegensatz zwischen Jüdisch und Heidnisch verbleicht und der moralische tritt an die Stelle. Dieser wird ausserordentlich verschärft. Gut und Böse sind zwei verschiedene Welten, der Satan ist der Fürst der Welt und der Hölle. Auf die moralische /386/ Verantwortlichkeit fällt der höchste Nachdruck; das Gericht gewinnt dadurch einen ganz anderen Sinn und eine ganz andere Wirkung, dass es die persönliche Rechenschaftsablage vor Gott bedeutet. Die Auferstehung wird verallgemeinert, und dadurch eigentlich überflüssig gemacht, dass es nicht blos ein diesseitiges, sondern auch ein ewiges Leben gibt, an dem man teilnehmen kann ohne auferweckt

---

[4] Bei der Niederfahrt Jesu zur Hölle ist die Hölle ursprünglich noch ganz altertümlich neutral gedacht, als Hades.

zu sein: doch dringt diese Vorstellung nicht durch. Die Eschatologie bekommt statt des historisch-nationalen ein allgemein menschliches und ein überirdisches Gepräge. Von Gnosis und Phantastik findet sich nichts; es wird nur eine moralische Metaphysik ausgestaltet, voll ernster Einfachheit. Aber von einer natürlichen Unvergänglichkeit des Geistes, im Sinne der griechischen Philosophie, ist kaum die Rede.

Bei den Juden kommt das Reich Gottes wie ein glücklicher Zufall, die Gesetzeserfüllung bereitet es nicht vor, steht überhaupt in keiner ursächlichen Beziehung dazu, sondern ist nur eine statutarische condicio sine qua non. Es besteht keine innere Verbindung zwischen dem Guten und dem Gute, das Tun der Hände und das Trachten des Herzens fällt auseinander. Das fromme Handeln hat gar keinen irdischen Zweck, aber die Hoffnung ist desto weltlicher; die unerspriessliche Pedanterei der gottseligen Übungen und die schlecht verhohlene Gier der frommen Wünsche stehn neben einander. Jesus dagegen stellt das Reich Gottes als Ziel des Strebens auf; vollendet wird es allerdings erst in der Zukunft durch Gott, aber angefangen wird es schon in der Gegenwart. Er selbst weissagt es nicht bloss, sondern pflanzt seinen Keim auf Erden. Die neue Zeit bricht mit ihm bereits an: die Blinden sehen und die Tauben hören, es rauscht in den morschen Gebeinen, die Toten stehn auf. Diese Anschauung liegt den Gleichnissen vom Samenkorn und vom Sauerteige zu Grunde; sie wird am offensten ausgesprochen in dem sicherlich authentischen Worte: das Reich Gottes kommt nicht dadurch, dass man darauf wartet, es ist inwendig in euch. Es stimmt dazu, wenn es im Evangelium Johannis heisst, auch das Gericht sei schon hinieden in der Menschenseele innerlich vollzogen. Was ist denn aber nun das bereits vorhandene und in der Zukunft nur zu vollendende Reich Gottes? Es kann nichts anders sein als die Gemeinschaft der nach der Gerechtigkeit Gottes trachtenden Seelen. Die Selbstverleugnung ist das Mittel und die Gemeinschaft der Seelen in Gott ist der Erfolg. /387/

Damit sagt sich Jesus von der Hoffnung seines Volkes vollkommen los. Das Ansinnen als Messias aufzutreten, weist er entschieden zurück; das ist eine Versuchung, die er gleich zu Beginn seiner Laufbahn ein für allemal überwunden hat (Matth. 4, 1 ss.). Er will nichts wissen von der Anrede Sohn Davids oder Sohn Gottes, die ihm entgegengebracht wird[5]. Dennoch hat er sich bei seiner letzten

---

5 Dass *des Menschen Sohn* kein authentischer Name ist, habe ich Skizzen [und Vorarbeiten] 6, [Berlin 1899,] 187 ss. zu zeigen gesucht. Die älteste evangelische Überlieferung hat sich gescheut, die Erwartung der Parusie Jesu, welche die Gemeinde seit Anfang hegte, von ihm selber aussprechen zu lassen. Zuerst ist ihm nur die Danielstelle in den Mund gelegt „des Menschen Sohn wird in den Wolken des Himmels erscheinen", wobei es in der Schwebe bleibt und der Interpretation überlassen wird, wer mit des Menschen Sohn gemeint sei. Dann ist die Sitte entstanden, auch in anderen Jesu selber zugeschriebenen Aussagen über seine Wiederkunft das Ich

Wallfahrt seinen Jüngern als Messias kund gegeben und bei seinem Einzuge in Jerusalem, wie es heisst, sogar die jauchzenden Huldigungszurufe des Volkes angenommen. Nach der Inschrift am Kreuz ist er deswegen mit dem Tode bestraft. Aber er kann nicht die Absicht gehegt haben, sich für den König der Theokratie zu erklären und die Fremdherrschaft zu stürzen; er sah ja seinen Tod voraus und verkündete Jerusalem den Untergang. Das Reich, das er im Auge hatte, war nicht das, worauf die Juden hofften. Er erfüllte ihre Hoffnung und Sehnsucht über ihr Bitten und Verstehn, indem er dieselbe auf ein anderes Ideal, höherer Ordnung, richtete. Nur in diesem Sinn kann er sich den Messias genannt haben: sie sollten keines anderen warten. Er war nicht derjenige, den sie wünschten, aber er war der wahre, den sie wünschen *sollten*. Wenn man also, wie man doch eigentlich muss, dem Worte die Bedeutung lässt, in der es allgemein verstanden wurde, so ist Jesus nicht der Messias gewesen /388/ und hat es auch nicht sein wollen. Sein Reich war nicht von dieser Welt; d. h. er setzte etwas total Anderes an die Stelle der Messiashoffnung. In Matth. 11 ist das deutlich ausgesprochen.

4. Jesus wollte nicht auflösen, sondern erfüllen, d. h. den Intentionen zum vollen Ausdruck verhelfen. In Wahrheit hat er damit sowol das Gesetz als auch die Hoffnung der Juden aufgehoben und die Theokratie selber innerlich überwunden. Nach einigen Spuren ist er wol auch äusserlich schroffer und rücksichtsloser gegen den jüdischen Cultus, gegen den Tempel und gegen das Gesetz selber aufgetreten, als es nach den Evangelien im Ganzen scheint. Aber er war doch kein Woller, kein Umstürzer und Gründer. Er vergleicht sich einem Menschen, der Samen aufs Land wirft, und schläft und steht auf Nacht und Tag, und der Same geht auf und wächst, ohne dass er es weiss – denn die Erde bringt von selbst erst die Halme, dann die Ähren, zuletzt den vollen Weizen in den Ähren. Er liess dem Sauerteige Zeit zu wirken. Er fand überall für seine Seele Raum und fühlte sich durch das Kleine nicht beengt, so sehr er den Wert des Grossen hervorhob: dies sollte man tun und jenes nicht lassen. Und wie er nicht das Bedürfnis hatte Bilder zu zerbrechen, so wollte er auch das Unkraut neben dem Weizen stehn lassen, indem er die Ernte und die Worfelung Gott überliess. Er hat nicht daran gedacht,

---

zu vermeiden und dafür des Menschen Sohn einzusetzen. Schliesslich ist dieser Ausdruck zum einfachen Äquivalent für die erste Person Sing. im Munde Jesu geworden, auch ausserhalb der Eschatologie.

Bei Marcus wird er aber erst seit dem Petrusbekenntnis gebraucht und stets in Weissagungen, in denen Jesus zum Teil seinen Tod und seine Auferstehung, zum Teil seine Wiederkunft ankündigt; also einerseits für den latenten Messias der Gegenwart, der erst durch Leiden zur Herrlichkeit eingeht, andrerseits für den offenbaren Messias der Zukunft. An den beiden Stellen Marc. 2, 10. 27 ist des Menschen Sohn nicht speciell Jesus, sondern allgemein der Mensch.

die jüdische Kirche zu zerstören und die christliche an die Stelle zu setzen. Auch sein Ideal war zwar die Gemeinschaft, wie sie immer und überall das menschliche Ideal ist; aber es war eine Gemeinschaft der Geister in der göttlichen Gesinnung. Jesus organisirte nicht, sondern nachdem er seine eigene Seele gewonnen hatte, gewann er andere; auf diese Weise ward er das erste Glied einer neuen Geisterreihe.

Er sammelte einen kleinen Kreis von Jüngern um sich, mit denen er ass und trank, die während seiner kurzen Wirksamkeit seine ständige Begleitung bildeten, sahen wie er mit den Menschen verkehrte, und hörten was er zu ihnen sagte. Er schulte sie nicht; er wirkte und empfand vor ihren Augen und regte sie dadurch an, ebenso zu wirken und zu empfinden. Er stellte seine Person zwar nicht bewusst in den Mittelpunkt, er redete nicht über die Bedeutung seines Lebens und Leidens. Aber tatsächlich ging der Eindruck seiner Person über den Eindruck seiner Lehre hinaus. Er war mehr als ein Prophet, in ihm war das Wort Fleisch ge- /389/ worden. Die Evangelien machen den Versuch, nicht bloss seine Lehre, sondern sein Wesen in der Erinnerung festzuhalten. Er lebt sorglos in den einfachen und offenen Verhältnissen, in der Poesie des Südens, nicht in Not und niedriger Armut. Seine Milde ist mit Ernst gepaart, er kann auch zürnen; die Gegner lässt er ironisch seine Überlegenheit fühlen und gegen die Jünger zeigt er sich zuweilen ungeduldig. Er freut sich an den Kindern, an den Vögeln, an den Blumen. Alles lehrt ihn, er sieht in der Natur die Geheimnisse des Himmelreichs, er liest in seinem eigenen Herzen und in den Herzen Anderer. Studirt hat er nicht; er kann die Schrift ohne sie gelernt zu haben, er predigt wie ein Berufener und nicht wie die Schriftgelehrten. Er braucht nicht lange nachzudenken und nicht auf höhere Eingebung zu lauschen. Der Geist steht ihm zu Gebote, die Empfindungen und die Worte stellen sich ungesucht ein, und in jeder Äusserung steckt der ganze Mensch. Seine Rede ist nicht die aufgeregte der Propheten, sondern die ruhige der jüdischen Weisen. Er gibt nur dem Ausdruck, was jede aufrichtige Seele fühlen muss. Was er sagt, ist nicht absonderlich, sondern evident, nach seiner Überzeugung nichts anderes als was bei Moses und den Propheten steht[6]. Aber die hinreissende Einfachheit unterscheidet ihn von Moses und den Propheten, und himmelweit von den Rabbinen. Die historische Belastung, unter der die Juden erliegen, hat ihm nichts an; er trauert nicht in ihrem Gefängnis und erstickt nicht in dem Geruch ihrer alten Kleider. Er findet tief unter dem Schutt die Quelle, die sich aus dem Niederschlag der geistigen Erfahrung von Jahrhunderten gebildet hat. Er stösst das Zufällige,

---

[6] Alles was zur Seligkeit nütz und nötig ist, haben Moses und die Propheten gesagt. „Glauben sie denen nicht, so werden sie auch nicht glauben, ob einer von den Toten auferstünde." In Mich. 6, 6–8. Ps. 73, 23–28 steht in der Tat das Evangelium.

Karikirte, Abgestorbene ab und sammelt das Ewiggiltige, das Menschlich-Göttliche, in dem Brennspiegel seiner Seele. „Ecce homo" – ein göttliches Wunder in dieser Zeit und in dieser Umgebung[7]. /390/

Das sind gewiss Züge, die ein richtiges Bild geben. Sie sind jedoch überwuchert von andern, die das Bild zu verzerren geeignet sind. Wenn Jesus auch Zeichen und Wunder verrichtete, so erhellt doch aus seinen eigenen Äusserungen, dass er darauf kein Gewicht legte. In den drei ersten Evangelien erscheint er beinah als Thaumaturg: das hat er sicherlich nicht sein wollen. Die Erinnerungen an ihn sind einseitig und dürftig, nur die letzten Tage seines Lebens sind unvergesslich geblieben. Aber der Geist lebt nicht im Gedächtnis fort, sondern in seinen Wirkungen; der Funke brennt in dem Feuer, das er entzündet. Jesus wirkte so tief und so nachhaltig auf die Jünger, dass sein Wesen sich mit ihnen verwob und ihr neues, besseres Ich wurde. Sie schrieben ihm Alles zu, was er in ihnen veranlasste, in der Überzeugung, dass nichts Gutes in ihnen sei, was nicht von ihm stamme. Sie brauchten sich gar nicht ängstlich nach seinem Beispiel zu richten; er lebte ja in ihnen und sein Geist führte sie in alle Wahrheit. Das Leben, das sie von ihm empfangen hatten, pflanzten sie auf Andere fort, und so ward der Geist Jesu die Einheit vieler Geister. Es ist das grösste Beispiel von der zeugenden Kraft der Seele. Vorschreiben, Mahnen, Schelten tut es nicht auf diesem Gebiete; Vorleben ist die Sache. Was das Gesetz nicht bewirkt, bewirkt der individuelle Typus. Das Wesen Gottes lässt sich nicht in Begriffe fassen, die Männer Gottes sind seine Offenbarung, dadurch was sie sagen und tun, dadurch wie sie geniessen und leiden.

5. Auf den Tod Jesu waren die Jünger in keiner Weise vorbereitet, sie zerstreuten sich voller Angst und flohen von Jerusalem nach Galiläa. Es schien mit ihm und seinem Werke aus zu sein. Aber die Liebenden bestanden die schmerzliche Prüfung. In kürzester Frist überzeugten sie sich, dass der Meister lebe; so ausserordentlich war der Eindruck, den er auf sie gemacht hatte, so innig die Gemeinschaft, in der sie mit ihm standen. Er erschien dem Petrus, dann fünfhundert Brüdern auf einmal, dann dem Jacobus und allen Aposteln, zuletzt nach Allen dem Paulus. Er /391/ liess die Seinen nicht los, er war bei ihnen alle Tage, sein Geist wirkte in ihnen fort. Sein Tod, anfänglich ein Anstoss, worüber sie strauchelten, gestaltete sich zum Beweise, dass kein Tod ihn töten konnte. Mit einem solchen Ende war ein solches Leben unmöglich aus. Die Niederlage wurde

---

[7] Jüdische Gelehrte wünschen den Unterschied, richtiger ausgedrückt den zornigen Gegensatz, in dem Jesus zu den Pharisäern stand, aus der Welt zu schaffen; sie meinen, Alles was er gesagt habe, stehe auch im Thalmud. Ja, Alles und *noch viel mehr*. Πλέον ἥμισυ παντός. Jesu Originalität besteht darin, dass er aus chaotischem Wuste das Wahre und Ewige heraus empfunden und mit grösstem Nachdruck hervorgehoben hat. Wie nahe und wie fern das Judentum ihm stand, zeigt einerseits Marc. 12, 28–34, andrerseits das Buch Esther.

in den Sieg verschlungen; in Verbindung mit der Auferstehung bekam das Kreuz Sinn. Der Glaube behielt Recht gegen alle Zweifel, die Gemeinschaft mit Gott war unauflöslich und verbürgte ein unvergängliches Leben.

Die neue freudige Erfahrung hatte weitreichende Folgen. Sie stellte das Wesen Jesu in ein anderes Licht und ergänzte sein Evangelium in den wichtigsten Punkten, sie begründete eigentlich erst das Christentum. Die Hoffnung bekam eine Intensität, wodurch sie mehr wurde als blosse Hoffnung. Die allgemeine Auferstehung am jüngsten Tage wurde zwar so wie so in Bälde erwartet; aber mit der Auferstehung Jesu aus dem Grabe, mit seinem Ausbruch aus der Hölle, hatte sie im Princip bereits *begonnen*. Die Seinen fassten durch ihn schon Fuss im himmlischen Leben und bestrebten sich es moralisch auf Erden zu antecipiren; der zukünftige Äon ragte mit ihm als seiner Spitze schon in die Gegenwart hinein. Er erschien durch seine Auferstehung als der Anfänger und Erstling, als der Adam der neuen Welt. Durch seine Auferstehung erwies er sich andrerseits auch erst wahrhaft als den Sohn Gottes, d. i. den Christus oder den Messias, als den er sich bei Lebzeiten nicht gezeigt hatte[8]. Einstweilen noch im Himmel aufgehoben, sollte er von dannen wiederkommen auf die Erde, um das Reich Gottes in Kraft und Herrlichkeit zu verwirklichen. Seine Person wurde nach Dan. 7 mit der Eschatologie in Verbindung gebracht, so dass seine eigentliche Wirksamkeit auf Erden nicht in der Vergangenheit, sondern in der Zukunft lag. Jesus war tot; Christus, der Auferstandene, lebte.

Den von Jesus berufenen Aposteln trat Paulus zur Seite, der Apostel des himmlischen Herrn, der der Geist ist und als solcher /392/ in den Seinen wirkt. Er verkündet nur den Verklärten, den Gekreuzigten und Auferstandenen. Erst durch den Tod hatte ihm Christus das rechte Leben gewonnen. Dem Fleische war er abgestorben und damit auch dem Gesetze. Paulus kannte Jesum nicht, aber er merkte, dass in seiner Gemeinde ein Geist herrschte, der das Judentum sprengen musste. Als eifriger Jude verfolgte er darum zuerst die Gemeinde; aber auf die Dauer vermochte er nicht gegen den Stachel zu löken. Seine Bekehrung fiel mit seiner Berufung zum Apostel der Heiden zusammen. Er zerschnitt das Band zwischen Evangelium und Gesetz und verfocht sein Leben lang das Recht dieses Schnittes. Er stellte das Christentum auf den Boden, der ihm entsprach. Denn es ist mit dem Occident geistesverwandt; auf dem orientalischen Boden, auf dem seine Ursprünge liegen, ist es überall verkümmert.

---

[8] Act. 2, 36: Gott hat diesen Jesum, den ihr gekreuzigt habt, zum Herrn und Christ erhöht. Rom. 1, 4 (vgl. Luc. 20, 36): Jesus ist durch die Auferstehung zum Sohne Gottes erklärt. Der Anfang der Messianität, der Sohnschaft durch den heiligen Geist, wird dann immer weiter zurückgeschoben, erst auf die Verklärung, welche ein Vorspiel seines Todes ist (Luc. 9, 31), dann auf die Taufe (Marc. 1, 1. 11), endlich auf die Geburt (Matth. 1).

Von der schriftgelehrten Kunst der Rabbinen hat sich Paulus nicht los machen können. Er wendet sie in der Beweisführung an, namentlich bei der Rechtfertigungslehre. Aber das innere Wesen seiner religiösen Überzeugung ist davon doch unberührt geblieben. Trotz allen Resten, die ihm anhaften, ist der Mann, der die Corinther-Briefe geschrieben hat, in Wahrheit derjenige gewesen, der den Meister verstanden und sein Werk fortgesetzt hat. Durch ihn besonders hat sich das Evangelium vom Reich in das Evangelium von Jesu Christo verwandelt, so dass es nicht mehr die Weissagung des Reichs, sondern die durch Jesus Christus geschehene Erfüllung dieser Weissagung ist. Entsprechend ist ihm auch die Erlösung aus etwas Zukünftigem etwas bereits Geschehenes und Gegenwärtiges geworden. Er betont weit mehr den Glauben und die Liebe als die Hoffnung[9], er empfindet die zukünftige Seligkeit voraus in der Freude der gegenwärtigen Kindschaft, er überwindet den Tod und führt das neue Leben schon hienieden. Er preist die Kraft, die in den Schwachen mächtig ist; die Gnade Gottes genügt ihm und er weiss, dass keine gegenwärtige noch zukünftige Gewalt ihn seinen Armen entreissen kann, dass denen die Gott lieben alle Dinge zum Besten dienen. Die Ascese, die Abtötung des Fleisches, überhaupt der Gegensatz von Fleisch und /393/ Geist, tritt allerdings bei ihm stärker hervor als bei Jesus. Das hängt indessen zusammen mit seiner strengen Aufrichtigkeit gegen sich selber. Er bleibt stets eingedenk, dass das göttliche Leben auf Erden ein schwerer Kampf ist und der Sieg nur im Glauben vorweg genommen wird. Er bildet sich nicht ein schon am Ziel zu sein; er streckt sich nur darnach und wird nicht müde in den Schranken zu laufen.

Christus verkörperte sich in der Gemeinde, die sich seinen Leib nannte. Sein Geist wurde der heilige Geist, der heilige Geist wurde zum Geist der Kirche und schwebte über den Concilien, mitunter in Gestalt einer Eule oder einer Fledermaus. Die Kirche, durch die alle Einzelgemeinden, wenigstens in der Idee, von Anfang an zusammengehalten wurden, ist die Fortsetzung der jüdischen Theokratie, von der sie den Namen entlehnte und als deren Nachfolgerin sie sich betrachtete, eine weltumfassende religiöse Gemeinschaft, die im Gegensatz zu dem politischen Weltreich steht. Der Gegensatz ist ursprünglich stark ausgeprägt. Begrifflich aber ist er nicht scharf; denn jede Organisation hat Macht und die mächtigste hat die Macht, d. h. die politische Herrschaft, auch wenn sie, wie z. B. der Islam, von der Religion ausgegangen ist. Nach einigen Jahrhunderten eroberte die Kirche die Welt, durchdrang sie und wurde von ihr durchdrungen. Aus einer geistigen Gemeinschaft wurde sie eine natürliche, man gelangte nicht durch die Wiedergeburt hinein, sondern durch die Geburt, welcher darum die Taufe auf dem

---

9 Trotz Rom. 8, 27. Paulus ist der eigentliche Apostel nicht nur des Glaubens, sondern auch der Liebe; Johannes ist ihm nur gefolgt. Vgl. die Note p. 383 [s.o. S. 175f.].

Flecke folgte. Die christliche Religion kam nun also im Grossen und Ganzen wieder auf dem alten ethnischen Standpunkte an, auf dem die israelitische gestanden und den auch die jüdische nicht überwunden hatte. Sie verschmolz mit der Cultur, mit der Gesellschaft, mit den Völkern.

Der Jahvismus und der Islam lehren, welchen gewaltigen Einfluss die Religion auf die Cultur ausüben kann; das selbe lehrt die katholische Kirche des Mittelalters, die den Rest vom Erbe des Altertums auf die germanischen Völker übertrug. Man ist gegenwärtig geneigt, nach diesem Einfluss, sei er heilsam sei er schädlich, die Religion zu beurteilen. Der Blick ist auf die Gattung gerichtet und auf die Wirksamkeit unpersönlicher, epidemischer Mächte. Die Geschichte ist Geschichte des Staats und der Gesellschaft, der Verfassung und des Rechtes, der Wirtschaft, der herrschenden Ideen, der Moralität, der Kunst und Wissenschaft. Ganz /394/ erklärlich; denn nur dies Gebiet unterliegt der Entwicklung, nur da lässt sich ein Fortschritt und eine gewisse Gesetzmässigkeit erkennen, nur da kann man einigermaassen berechnen und sogar die Statistik anwenden. Es ist ja auch nicht zu verkennen, dass nur auf dem Boden der Cultur das Individuum gedeiht. In Schmutz und Not und Barbarei versunken kann der Mensch nicht an seine Seele denken, und ehe die Gerechtigkeit vor Gott an die Reihe kommt, muss die iustitia civilis fest stehn. Das Höhere wird zum Stein, wenn man es statt des Brodes bietet. Aber der Mensch lebt nicht vom Brod allein, die Mittel sind nicht der Zweck. Alle Cultur ist unausstehlich, wenn sie das Individuum und sein Geheimnis nicht anerkennt. Der Fortschritt der Gattung ist, über eine gewisse Grenze hinaus, kein Fortschritt des Individuums, glücklicher Weise nicht. Ich bin nicht bloss ein Teil der Masse, ein Erzeugnis meiner Zeit und meiner Umgebung, wie die Wissenschaft in einem Tone verkündet als ob Grund wäre darüber zu triumphiren. In meinem Kern berühre ich mich mit der Ewigkeit. Freilich muss ich diesen Kern mir selber gewinnen und ausgestalten. Vor Allem muss ich daran *glauben*; glauben dass ich nicht aufgehe in der Mühle in der ich umgetrieben und zermalmt werde; glauben dass *Gott* hinter und über dem Mechanismus der Welt steht, dass er auf meine Seele wirken, sie zu sich hinaufziehen und ihr zu ihrem eigenen Selbst verhelfen kann, dass er das Band einer unsichtbaren und ewigen Gemeinschaft der Geister ist. Man does not live by demonstration, but by faith. Der Glaube an die Freiheit und der Glaube an Gott ist das selbe, eins nicht ohne das andere. Beide sind nur dem Glauben vorhanden, aber der Glaube braucht nicht erquält zu werden, sondern ist Gewissheit.

Die Stufen der Religion, wie die Stufen der Geschichte überhaupt, bleiben neben einander bestehn. Die öffentliche Religion braucht nicht aufzuhören. Aber Jesus hat die Kirche nicht gestiftet, der jüdischen Theokratie hat er das Urteil gesprochen. Das Evangelium ist nur das Salz der Erde; wo es mehr sein will, ist es weniger. Es predigt den edelsten Individualismus, die Freiheit der Kinder Gottes.

Julius Wellhausen, Israelitische und jüdische Geschichte, Berlin: Georg Reimer 1901,
    S. 380–394.

William Wrede
3.5 Das Messiasgeheimnis in den Evangelien, 1901

Die historische Kritik hat eine überaus mühevolle Arbeit an den literarischen Quellen der Geschichte Jesu gethan. Und sie ist sicher nicht unbelohnt geblieben. So wenig alles erledigt sein mag, die Fortschritte etwa seit dem Leben Jesu von Strauss sind gross und unverkennbar.

Minder gross erscheint der Gewinn, der für die Hauptaufgabe, die historische Verwertung der Quellen, seither zu verzeichnen ist.

Im Einzelnen freilich haben gerade die letzten Jahrzehnte mit ihren mancherlei frischen Impulsen den wissenschaftlichen Besitz reichlich gemehrt. So mancher überlieferte Spruch Jesu ist unserem Verständnis wesentlich näher gerückt, so manche die Evangelien beherrschende Anschauung ist durch die Erkenntnis des geschichtlichen Hintergrundes uns besser erschlossen worden.

Allein die entscheidenden Fragen bleiben immer die beiden: was wissen wir vom Leben Jesu? und – auch dies eine Frage von *selbständiger* Bedeutung –: was wissen wir von der Geschichte der ältesten Anschauungen und Vorstellungen vom Leben Jesu? Man kann auch beide Fragen in die eine fassen: wie vollziehen wir in der Überlieferung der Evangelien nach den zwei Richtungen die Sonderung, wie scheiden wir, was Jesus zukommt, von dem, was der ältesten Gemeinde angehört?

Tritt man mit diesen Fragen an die neuere Literatur über das Leben Jesu (im weitesten Sinne) heran, so stellt sich ein Gefühl der Enttäuschung ein. Näher besehen ist dieser Eindruck zu einem Teile die Folge der aussergewöhnlichen Schwierigkeiten, die dem Gegenstande selber unvermeidlich anhaften; zu einem Teile darf man ihn der Thatsache zuschreiben, dass die rein literarische Arbeit an den Quellen die Vorherrschaft gehabt und das Bewusstsein um die letzten und höchsten Auf- /2/ gaben der Forschung oft in den Hintergrund gedrängt hat; aber zu einem wesentlichen Teile ist er auch die Folge eines mangelhaften kritischen Verfahrens.

Es scheint mir namentlich an drei Punkten zu Tage zu treten.

Erstens ist es zwar ein selbstverständlicher Satz für die gesamte historische Kritik dass das, was uns wirklich vorliegt, nur die Auffassung eines späteren Erzählers vom Leben Jesu ist, und dass diese Auffassung nicht identisch ist mit der Sache selbst. Aber dieser Satz *übt eine viel zu geringe Wirkung*. Man erinnert sich seiner in der Regel nur da, wo man sich durch bestimmte Dinge gestossen fühlt; d. h. im Wesentlichen 1) bei strikt wunderhaften Zügen, 2) bei offenen Widersprüchen derselben Quelle, 3) wo ein Bericht den andern schlägt. Allein wo solche Stösse ausbleiben, da fühlt man sich ohne viel Untersuchung auf dem Boden des Lebens Jesu selbst, man hält die Kritik für beendet, wenn man durch Quellenoperationen und sachliche Reflexionen den ältesten Bericht ermittelt hat.

Das ist keine Klarheit des Prinzips. Das Bewusstsein, dass ich Darstellungen vor mir habe, deren Autoren spätere – wenn auch noch so frühe – Christen sind, Christen, die das Leben Jesu nur mit den Augen ihrer Zeit ansehen konnten, die es aus dem Glauben der Gemeinde, mit allen Anschauungen der Gemeinde, für die Bedürfnisse der Gemeinde beschrieben – dies Bewusstsein darf mich keinen Augenblick verlassen. Denn ein sicheres Mittel, den Anteil der späteren Auffassung, manchmal einer Auffassung verschiedener Schichten, bei den Berichten *ohne Weiteres* zu bestimmen, giebt es nicht.

Ein *Zweites* hängt hiermit aufs Engste zusammen. *Man verlässt vorschnell den Boden des evangelischen Berichts*. Man hat Eile ihn für die Geschichte Jesu selbst zu verwerten. Um ihn verwerten zu können, schneidet man unglaubliche Züge aus und legt den Sinn so zurecht, dass er historisch brauchbar wird; d. h. man *substituiert dem Berichte etwas, woran der Schriftsteller nicht gedacht hat, und giebt dies für seinen geschichtlichen Inhalt aus*. Die starke Unsicherheit, die mit diesem Verfahren gegeben ist, wird äusserst wenig empfunden, vor allem aber fragt man nicht danach, ob damit nicht das eigentümliche Leben des Berichtes selbst vernichtet wird. Die erste Aufgabe kann stets nur /3/ sein, die Berichte aus ihrem eigenen Geiste gründlich zu beleuchten, zu fragen, was der Erzähler in seiner Zeit seinen Lesern sagen wollte, und diese Arbeit muss *zu Ende geführt* und zur Grundlage der Kritik gemacht werden.

Drittens kommt die Psychologie in Frage. Ich will hier keineswegs nur von Forschern reden – es giebt in verschiedenen Lagern solche –, die bei jeder evangelischen Geschichte eine so genaue Kenntnis der geschichtlichen Umstände, namentlich eine solche Intimität mit dem Seelenleben Jesu verraten, dass man zweifeln möchte, ob man einen Vertrauten Jesu reden hört oder aber einen Roman liest. Ich denke auch an die zum Glück zahlreichen Gelehrten, die hierin mehr Takt und Zurückhaltung beweisen.

Die Psychologie in allen Ehren! – wenn sie zwischen festen Punkten die notwendige Verbindung herstellt, oder wenn sie Pfadfinderdienste leistet, indem sie mit Strenge die Möglichkeiten und Notwendigkeiten kontrolliert, die von sicheren oder meinetwegen auch gedachten Thatsachen aus vorhanden sind. Allein sie verliert wissenschaftlich das Überzeugende, wenn die entscheidenden Punkte selbst nicht festliegen, wenn etwas vielleicht Denkbares leichthin als das Wirkliche angeboten wird.

Und dies ist das Gebrechen, auf das hier hinzuweisen ist, – beschönigen wir es nicht mit dem edlen Namen der historischen Phantasie. *Die Wissenschaft vom*

Leben Jesu krankt an der psychologischen Vermutung, und diese ist eine Art des historischen Ratens. Deshalb blühen die Geschmacksurteile. Die Zahl der willkürlichen psychologischen Interpretationen von Fakten, Worten, Zusammenhängen der Evangelien in der Literatur ist Legion. Und es handelt sich nicht blos um unschädliche Überflüssigkeiten. Diese Interpretationen bilden mit die Grundlage für wichtige Konstruktionen. Und wie oft glaubt man, die kritische Aufgabe schon damit erledigt zu haben, dass man auf ein Datum eine psychologische Melodie erfunden hat!

Ich behaupte keineswegs, dass alle Arbeit in dieser Richtung ganz ohne Nutzen gewesen ist. Aber es scheint mir dringend nötig, dass wir hier aus den Subjektivitäten herauskommen. Wir dürfen Thatsachen erst dann psychologisch verarbeiten, wenn wir wissen, dass es Thatsachen sind. Und auch dann noch müssen /4/ wir eine Vermutung eine Vermutung nennen. Andernfalls wird das Gefühl abgestumpft, dass es in der Wissenschaft nicht stimmungsvolle Schilderungen gilt, die dem Leser Genuss bereiten, sondern Strenge und Sicherheit des Erkennens, dass wir nach ihnen wenigstens immer *streben* müssen, und dass wenige wirkliche Erkenntnisse, seien sie nun positiv oder nur „negativ", besser sind als eine Menge Scheinwissen. –

Diese Betrachtungen werden dem geneigten und noch mehr dem ungeneigten Leser etwas anmassend erscheinen, da ich nichts gethan habe, diese Gebrechen der Kritik nachzuweisen; sie werden zwecklos scheinen, so lange ich nicht sage, auf Grund welcher Beobachtungen ich meine Urteile ausspreche.

Nun, man verstehe sie als eine Art Motto, das ich den folgenden Untersuchungen vorsetzen möchte. Diejenigen, die sie lesen, werden zwar hier lange nicht alles finden, was ich an Belegen glaube geben zu können, aber sie werden hoffentlich an einer Reihe von Beispielen sehen, was ich meine, und diejenigen, die der Untersuchung im Wesentlichen zustimmen, werden hoffentlich das Motto billigen.

[...]

Markus als Schriftsteller.

Die heutige Evangelienforschung geht durchweg davon aus, dass Markus bei seiner Geschichtserzählung die wirklichen Verhältnisse des Lebens Jesu annähernd deutlich, wenn auch nicht lückenlos, vor Augen habe. Sie setzt voraus, dass er *aus dem Leben Jesu heraus denke*, die einzelnen Züge seiner Geschichte nach den realen Umständen dieses Lebens, nach den realen Gedanken und Empfindungen Jesu motiviere und die Ereignisse, die er schildert, im geschichtlich-psychologischen Sinne verkette.

Hiernach interpretiert und hiernach kritisiert sie das Evangelium im Einzelnen. Sie nimmt wohl chronologische Verschiebungen, sachliche Ungenauigkeiten, Änderungen im Wortlaut der Jesu zugeschriebenen Aussprüche, auch einen Zusatz späterer dogmatischer Auffassung an. Aber sie operiert doch überall mit den psychologischen Notwendigkeiten und Wahrscheinlichkeiten, die für die handelnden Personen in den angegebenen Situationen bestanden, sie motiviert hiernach, ergänzt die Nachrichten durch die Konsequenzen, die sich nach natürlicher Rechnung aus ihnen ergeben, und bekleidet so das Gerippe dürrer Daten mit Fleisch.

Diese Ansicht und dies Verfahren muss prinzipiell als falsch anerkannt werden. Es muss offen gesagt werden: *Markus hat keine wirkliche Anschauung mehr vom geschichtlichen Leben Jesu.*

Ich will damit keineswegs über den geschichtlichen Charakter der Stoffe absprechen, die ich nicht untersucht habe. Von diesen Stoffen kann hier ganz abgesehen werden. Was wir näher geprüft haben, reicht aus, das Urteil zu begründen.

Es versteht sich von selbst, dass Markus eine ganze Reihe geschichtlicher oder geschichtlich gearteter Vorstellungen besitzt. /130/

Jesus ist als Lehrer aufgetreten, zuerst und hauptsächlich in Galilaea. Er ist von einem Kreise von Jüngern umgeben, zieht mit ihnen umher und giebt ihnen Unterweisung. Unter ihnen sind einige seine besonderen Vertrauten. Eine grössere Menge schliesst sich manchmal an die Jünger an. Gern redet er in Parabeln. Neben dem Lehren steht sein Wunderthun. Es erregt Aufsehen, er wird überlaufen. Besonders hat er es mit den dämonischen Kranken zu thun. Soweit er dem Volke begegnet, verschmäht er nicht die Gemeinschaft von Zöllnern und Sündern. Dem Gesetze gegenüber nimmt er eine freiere Stellung ein. Er stösst auf die Gegnerschaft der Pharisäer und der jüdischen Obrigkeit. Sie stellen ihm nach und suchen ihn zu Falle zu bringen. Schliesslich gelingt es ihnen, nachdem er nicht nur den Boden Judäas, sondern Jerusalem selbst betreten hat. Er leidet und wird zum Tode verurteilt. Die römische Obrigkeit wirkt dabei mit.

Dies etwa werden die Hauptsachen sein. Dazu kommt ja nun manches Detail für die Wunder, die Reden, das Lokale. Man mag daraus Züge von Bedeutung abstrahieren können. Aber für die *Anschauung* des Markus und damit für seine Gesamtdarstellung ist es nicht von Bedeutung. Denn es handelt sich bei diesem Detail nicht um eigentliche Faktoren, um beherrschende, charakteristische Züge der Geschichte. Soweit diese in Frage kommen, sind fast alle Vorstellungen ganz allgemein und unbestimmt. Ein konkretes Bild eines Lebens ist mit ihnen in keiner Weise gegeben, nur der äussere Rahmen oder meinetwegen ein paar dürftige Umrisslinien.

Das Gewebe der Darstellung, wie sie ist, entsteht nun aber erst, indem zu dem Aufzug dieser allgemeinen geschichtlichen Vorstellungen ein starker Einschlag von dogmatisch gearteten Gedanken kommt.[1] Zum Teil verschmelzen sie sich mit den geschichtlichen Momenten, zum Teil stehen sie neben und zwischen ihnen.

Dogmatisch gedacht ist die Person Jesu, sie ist Träger einer bestimmten gottverliehenen Würde, oder was damit zusammenfällt, sie ist ein höheres, übermenschliches Wesen. Jesus handelt /131/ mit göttlicher Macht, die Zukunft weiss er voraus. Die Beweggründe seines Handelns ergeben sich nicht aus menschlicher Eigenart, menschlichen Zielen und Notwendigkeiten. Das eine, durchgreifende Motiv bildet vielmehr ein über dem menschlichen Verstehen liegender göttlicher Ratschluss. Ihn sucht er zu verwirklichen, handelnd und leidend. Die Lehre Jesu ist demgemäss übernatürlich. Er hat das Wissen, das kein Mensch von sich aus besitzen kann. Allein er verbirgt es, verbirgt sein eigenes Wesen, weil er von Anfang an den Blick schon auf den Zielpunkt der ganzen Geschichte richtet, auf die Auferstehung, die das Geheime erst offenbar machen soll – für die Menschen. Denn in der jenseitigen Welt ist er bekannt. Und mit ihr steht er auf Erden schon in Verbindung, indem er an den Geistern seine Kraft beweist oder den Himmel offen sieht.

Aber auch die andern Hauptfaktoren der Geschichte sind theologisch oder dogmatisch gedacht. Die Jünger ihrem Wesen nach Empfänger höchster Offenbarung, freilich verständnislose und zwar nach höherer Notwendigkeit verständnislose; das Volk seinem Wesen nach Nicht-Empfänger der Offenbarung; die eigentlichen Feinde Jesu von Anfang an, gewissermassen essentiell, voll der Bosheit und des Widerspruchs, die, soweit die Menschen im Spiele sind, das Ende, aber damit die Herrlichkeit heraufführen.

Diese Momente, und nicht die geschichtlichen an sich, stellen das eigentlich Bewegende und Bestimmende in der Erzählung des Markus dar. Sie geben die Farbe. An ihnen hängt natürlich das Interesse, auf sie richtet sich das eigentliche Denken des Schriftstellers. Deshalb bleibt es wahr: als Gesamtdarstellung bietet das Evangelium keine historische *Anschauung* mehr vom wirklichen Leben Jesu. Nur blasse Reste einer solchen sind in eine übergeschichtliche Glaubensauffassung übergegangen. Das Markusevangelium gehört in diesem Sinne in die Dogmengeschichte. [...]

---

1 Vgl. auch S. 71 ff.

Der geheime und der zukünftige Messias.

[...]

Die Auffassung, nach der Jesus erst nach seinem Tode zum Messias wird, ist sicher nicht blos alt, sondern die älteste, von der wir wissen. Wäre von Anfang an das irdische Leben Jesu als eigentliches Leben des Messias angesehen worden, so wäre man schwerlich nachträglich darauf verfallen, die Auferweckung als den formellen Beginn der Messianität, die Erscheinung in Herrlichkeit als das *eine* Kommen des Messias zu betrachten. Eine andere Erwägung kommt hinzu. Wer konnte nach jüdischen Begriffen im irdischen Leben Jesu das Wesen der Messianität auch nur zum Teil verwirklicht finden? So dehnbar waren denn doch diese Begriffe schwerlich[2], dass man einen umherziehen- /217/ den Lehrer und Krankenheiler, dessen Leben von Herrschaft und Herrlichkeit nichts aufwies, als wirklichen Messias ansehen konnte. Denkbar scheint nur, dass Wirksamkeit oder Persönlichkeit Jesu schon zu seinen Lebzeiten die Frage, die Ahnung, die Hoffnung, vielleicht den Glauben erweckt hätte, er sei zum Messias von Gott ausersehen. Das hiesse aber eben wieder nur, dass er es noch nicht war. Wer das Petrusbekenntnis für ein geschichtliches Faktum hält, muss auch schon daraus den gleichen Schluss ziehen. Denn es beweist dann jedenfalls, dass das Volk bis dahin trotz aller vorhergegangenen Wunderwirksamkeit nichts in Jesus fand, was auf seine Messianität zwingend hinwies; und selbst für die Jünger müsste trotz aller Verehrung für den Meister die längste Zeit dasselbe gegolten haben.

Diese älteste Auffassung der Messianität Jesu hat nun mehr und mehr eine Verschiebung erfahren. Das Entscheidende ist dabei nicht, dass man den irdischen Jesus den Messias *nannte*, oder dass man sagte, Gott *habe* den Messias gesandt; das würde immer noch heissen können: der ist dagewesen, den wir nun als Messias erwarten dürfen. Vielmehr kommt alles darauf an, dass die Thatsachen des vergangenen Lebens Jesu ein neues Gewicht und ein anderes Ansehen erhielten.

Das nächstliegende Beispiel ist hier der Tod Jesu, ursprünglich ein Ereignis, das den schneidendsten Gegensatz zu jeder auf Jesus gerichteten Hoffnung darstellen musste. Wer ihn als Erlösungstod betrachtete, erkannte damit an, dass das Vergangene, das Geschehene nicht blos eine Anwartschaft gab für das Künftige, sondern wirklich schon etwas Wesentliches gebracht hatte. Das ist trotz des oben Gesagten bereits bei Paulus der Fall. Es ist zwar nicht richtig, dass bei Paulus die

---

2 An eine Elastizität, wie sie *Harnack*, Das Wesen des Christentums S. 86 f. hier annimmt, vermag ich nicht zu glauben. Es fragt sich eben, was die evangelischen Daten wert sind, auf die er sich stützt.

Sehnsucht nach der Zukunft zurückträte hinter der Empfindung der schon erfahrenen Erlösung, und man sollte nicht sagen, er betone den Glauben mehr als die Hoffnung[3]. Denn dass der Glaube betont wird, hat andere Gründe, und es lässt sich zeigen, dass alle Aussagen des Paulus über die bereits vollzogene Erlösung in sich den Hinweis auf die Zukunft tragen. Aber soviel ist richtig: so sehr auch bei ihm alle Gedanken auf /218/ das Ende hindrängen, so sehr ruht seine Hoffnung allerdings schon auf dem, was Gott in Christus gethan *hat*, auf der Thatsache der Vergangenheit, dass er gestorben *ist*.

Allein neben dem Tode wurde vieles Andere im Erdenleben Jesu bedeutungsvoll, notwendig, unentbehrlich, ob es nun erst hinzuwuchs zur Erinnerung oder schon ursprünglich in ihr enthalten war. Nicht blos die Begabung mit dem Geiste und die übernatürliche Geburt gehören dahin, sondern schliesslich auch die Wunder[4], als die Zeichen und Zeugnisse seiner Macht und Herrlichkeit, sowie alles, was bewies, dass sich die Weissagung an ihm erfüllt habe. Denn die blosse Thatsache, dass ein Zug seines Lebens, auch ein untergeordneter, geweissagt war, verwandelte seine Qualität.

Einigermassen parallel mit dieser wachsenden Bedeutung des Lebens Jesu gieng ein Verblassen der ersten Hoffnung, das Zurücktreten nicht des Glaubens an die Parusie, aber an die unmittelbar bevorstehende Parusie.

So gewann das Urteil: Jesus *ist* der Messias *gewesen*, mehr und mehr einen eigenen Inhalt und eine selbständige Bedeutung. Es entstand ein neuer, ein *spezifisch christlicher* Messiasbegriff, der nicht bestimmt genug von dem älteren unterschieden werden kann, ein Begriff von sehr komplexer Art. Er war zum guten Teile dadurch zu Stande gekommen, dass eine Fülle von neuen Prädikaten zum überkommenen Begriff des Messias hinzutrat, wodurch auch die alten ein neues Gesicht bekamen, oder dadurch, dass alles Wesentliche, was man von *Jesu* Leben wusste und zu wissen meinte, zum Begriff des Messias selber geschlagen wurde.

[...]

Es bleibt also schwerlich eine andere Möglichkeit, als dass die Anschauung vom Geheimnis in einem Momente entstand, wo man von einem messianischen Anspruche Jesu auf Erden noch nichts wusste, und das heisst eben, in einem Momente, wo man als den Beginn der Messianität die Auferstehung dachte.

In diesem Momente muss dann allerdings der Titel Messias wirklich noch einen – vom Leben Jesu aus gerechnet – futurischen Sinn gehabt haben. Sonst

---

3 So *Wellhausen*, Israel. u. jüd. Gesch.[1] S. 319. Die 4. Ausg. S. 392 fügt zum Glauben die Liebe hinzu.

4 Auch wenn sie schon zu Jesu Lebzeiten den Gedanken an seine messianische Bestimmung erweckt haben sollten, würden sie doch nachher noch in einem anderen Sinne messianisch gewertet worden sein.

könnte die geheime Messianität nicht aus der künftigen hervorgegangen sein. Und das ist sie. Sie ist nicht blos *nach* ihr entstanden, sondern *aus* ihr.

Freilich erst zu einer Zeit, als sachlich die ursprüngliche Auffassung schon im Weichen war, d. h. als im Leben Jesu bereits Hinweise auf seine künftige Stellung, Kennzeichen und Äusserungen seiner Messianität gefunden wurden. Denn dies ist eine weitere notwendige Voraussetzung, die sich aus dem Gedanken des Geheimnisses selbst unmittelbar ergiebt. Das Verbergen schliesst ein, dass etwas zu verbergen war.

Das Zurücktragen der Messianität ins Leben Jesu war ein sehr natürlicher Vorgang. Jesus musste doch selbst den Moment der Verherrlichung erwartet, er musste auf ihn hin gelebt haben. Er musste auch in seinem Wirken schon etwas von der künf- /228/ tigen Grösse verraten haben, in gewissem Sinne also der Messias gewesen sein. Gerade dies war das Interesse, mit dem man vorwiegend sein Leben betrachten musste, wenn wirklich das Auferstehungserlebnis der Mittelpunkt der Gedanken war, und das war es. Das vorangehende Leben war nur dann des Ostertages würdig, wenn der Glanz dieses Tages selbst darauf zurückstrahlte. Allein man wusste noch deutlich, dass er der Messias doch erst geworden war. Mochte man daher im Blick auf sein Leben sagen: er war der Messias, man hatte doch ebensoviel Anlass, das halb zurückzunehmen. Die Spannung beider Gedanken aber war gelöst, wenn man behauptete: er war es zwar eigentlich schon auf Erden, er wusste es natürlich auch, aber er sagte es noch nicht, er wollte es noch nicht sein; und wenn sein Handeln ganz dazu angethan war, den Glauben an seine Messianität zu wecken, so that er doch alles, um sich nicht zu verraten. Denn die Offenbarung sollte nun einmal erst die Zukunft bringen.

Es kann hierbei von Bedeutung gewesen sein, dass die Auferstehung nicht blos als die Herstellung der Würde durch Gott betrachtet wurde, sondern zugleich als die offene Kundgebung darüber, sie war die φανέρωσις der δόξα[5]. Der *Offenbarung* gieng dann naturgemäss das Geheimnis, das Verbergen vorher. Doch lässt sich hierüber nichts Sicheres sagen. Jedenfalls wird man aber in Anschlag bringen, dass der Gedanke des Geheimnisses und des geheimen Wissens damals in der Religion in den verschiedensten Beziehungen eine Rolle spielte. In einer solchen Zeit begreift man die Bildung unserer Vorstellung doppelt leicht.

Dies ist m. E. der Ursprung der Idee, die wir bei Markus nachgewiesen haben. Sie ist s[o] z[u] s[agen] eine Übergangsvorstellung, und sie *lässt sich bezeichnen als die Nachwirkung der Anschauung, dass die Auferstehung der Anfang der Messianität ist, zu einer Zeit, wo man sachlich das Leben Jesu bereits mit messianischem Gehalte erfüllt.* Oder sie ist hervorgegangen aus dem Triebe, das irdische Leben

---

5 Joh. 21 1.14, Mr. 16 14.

Jesu messianisch zu machen, aber aus dem durch die ältere, noch kräftige Anschauung gehemmten Triebe. /229/

Vielleicht findet man eine Schwierigkeit darin, dass Markus sich nicht mit der Angabe begnügt, Jesus habe von seiner Würde geschwiegen, vielmehr berichtet, er habe das Reden darüber geflissentlich und streng verboten und eigens Massregeln getroffen, die Offenbarung zu verhüten. Indessen, wenn man einmal glaubt, dass Jesus diese Offenbarung nicht wollte, so hat diese kräftige Ausprägung des Gedankens nichts Befremdendes. Überdies pflegt in der Vorstellung des μυστήριον der Reiz zu liegen, das Mysteriöse hervorzukehren. Möglich ist, dass die erste Vorstellung war: Jesus war als Messias unbekannt, und erst die zweite: er wollte unbekannt sein.

Man betrachte diese Erörterungen als einen Versuch. Ich behaupte nicht, dass ich einen Beweis geführt habe, der jede Dunkelheit beseitigte. Vielleicht urteilt man, dass dies ganze Vorstellungsgebiet zu wenig durch urkundliche Nachrichten erhellt ist, um ganz sichere Schritte zu thun. Vermögen wir überhaupt nur zu sagen, dass wir die möglichen Wege der Erklärung sämtlich übersehen? Ich nehme es nicht leicht mit dieser Frage, aber ich meine, der Versuch hat eine gute, solide Grundlage an der starken Ähnlichkeit der beiden verglichenen Vorstellungen.

Ist meine Ableitung richtig, so ist sie für die Beurteilung des geschichtlichen Lebens Jesu selber von Bedeutung. Konnte unsere Anschauung nur entstehen, wenn man von einem offenen messianischen Anspruche Jesu nichts wusste, so scheinen wir in ihr *ein positives geschichtliches Zeugnis dafür zu haben, dass sich Jesus thatsächlich nicht für den Messias ausgegeben hat.* Diese Frage ist hier jedoch nicht zum Abschluss zu bringen.

William Wrede, Das Messiasgeheimnis in den Evangelien, Göttingen: Vandenhoeck & Ruprecht
    [4]1969 (= [1]1901), S. 1–4, 129–131, 216–218, 227–229.

Albert Kalthoff
3.6 Das Christus-Problem.
Grundlinien zu einer Sozialtheologie, 1902

Die bisherige kritische Forschung wurde, oft genug vielleicht unbewußt, von einem bestimmten theologischen Interesse geleitet: von dem Gegensatz gegen die Theologie der römisch-katholischen Kirche. Es sollte eine Quelle aufgesucht werden für die geschichtliche Persönlichkeit Jesu, um auf Grund dieser Quelle zu beweisen, daß die protestantische Auffassung vom Christentum die einzig richtige, die katholische also eine Trübung und Entartung des Christentums darstelle. Man suchte, und sucht auch heute noch nach echten und ursprünglichen Jesusworten, oder nach dem echten und ursprünglichen Sinn, den Jesus mit seinen Worten verbunden haben sollte, und will damit ein Argument für das eigene und gegen das anders geartete Kirchentum und seine konfessionelle Ausprägung gefunden /13/ haben. Der historische Jesus ist deshalb der Strohhalm, an den das Autoritätsbedürfnis sich anklammert, von welchem die liberale Theologie doch nicht loskommt. Im Verfolg des Lessingschen Wortes, daß die Religion nicht wahr sei, weil die Evangelisten und Apostel sie lehrten, sondern daß diese Männer sie gelehrt hätten, weil sie wahr sei, machte die protestantische Theologie doch vor dem historischen Jesus Halt. Sie wagte nicht, die Religion durchaus auf ihre innere Kraft und Wahrheit zu gründen, sie mußte für dieselbe ein historisches Argument haben, und ist damit dem Schicksal aller nach rückwärts gewandten Geistesrichtungen verfallen: sie ist reaktionär geworden! An diesem historischen Jesus hängt deshalb die innere Unfreiheit des kirchlichen Freisinns. Er braucht eine Autorität für sich, weil er kein Vertrauen hat zu den in der Volksseele pulsierenden Lebenskräften und deshalb das Fundament seines Glaubens, statt in der Gegenwart, in der Vergangenheit sucht. An dem historischen Jesus hängt aber auch der nicht unbedeutende Rest hierarchischen Bewußtseins, von dem die liberalen Kirchenmänner sich nicht frei machen können. Indem der freisinnige Pfarrer seine eigene Theologie im Namen des historischen Jesus verkündigt, fällt auf ihn selber noch ein Strahl des kirchlichen Nimbus, mit dem der Fromme alten Stils seinen Christus umgeben hat. „Christus ist groß, und ich bin sein Prophet" – so lautet kurz und bündig das Argument, auf welches hin der liberale Pfarrer um Gläubige für seinen Jesus wirbt. Die der freisinnigen Theologie von Hause aus inne wohnende Tendenz hat dieselbe zu einer rein wissenschaftlichen, objektiv historischen Betrachtungsweise ihres Problems nicht kommen lassen. Wer von der Voraussetzung ausgeht, daß unsre gegenwärtige christliche Kultur an der Person eines gewissen Jesus hänge, der wird jeden Versuch, /14/ zu dem echten und ursprünglichen, d. h. dem historischen Jesus vorzudringen, als eine das Christentum rettende That betrachten. Aber es ist eine Selbsttäuschung, wenn die kritische Theologie für ihre Leben-Jesu-Darstellungen eine mehr als temporäre Bedeutung beansprucht. Diese Theologie mag sich selbst mit ihrem historischen Jesus in dem Bestand des modernen Kulturlebens den Platz für eine freisinnige Kirche sichern wollen, aber es wäre um das historische Verständnis und den historischen Wert der christlichen Kultur schlecht bestellt, wenn wir für dieselbe kein anderes Fundament auffinden könnten als den Christus, mit dem der theologische Freisinn die Welt beschenkt, von dem die ganze patristische Litteratur, das ganze christliche Mittelalter, ja noch das Zeitalter der Reformation nichts gewußt. Gegen diesen liberalen Christus, der im Grunde nichts ist als ein rationalisierter Jude, bleibt selbst die Orthodoxie im Recht, wenn sie statt eines willkürlichen Excerptes aus den Evangelien den ganzen Christus der Evangelien haben und behalten will. Dieser excerpierte Christus hat zudem dem kirchlichen Christus gegenüber nicht einmal die Präsumption des besseren und solideren wissenschaftlichen Fundamentes für sich. Die zahlreichen Stellen in den Evangelien, die von dieser Theologie bei Seite geschoben, für ihren historischen Jesus gestrichen werden müssen, stehen litterarisch genau auf einer Linie mit denjenigen Stellen, aus denen die Theologie ihren historischen Jesus zusammensetzt, sie beanspruchen also auch den gleichen historischen Wert wie diese. Der synoptische Christus, in dem die moderne Theologie durchweg die Züge des historischen Jesus zu haben meint, steht einer wirklich menschlichen Auffassung des Christentums nicht um ein Haar breit näher als der Christus des vierten Evangeliums. Der Jungfrauen-Sohn, der Auferstandene und gen Himmel Gefahrene /15/ ist als historische Persönlichkeit genau so unvorstellbar wie der johannische Christus, und was die Epigonen der freisinnigen Theologie aus diesem synoptischen Christus als historischen Extrakt glauben herausdestillieren zu können, das hat historischen Wert nur als Denkmal der virtuosen Sophistik, die unter dem Namen der theologischen Wissenschaft ihre üppigsten Schößlinge getrieben.

Die meisten Vertreter der sogenannten modernen Theologie brauchen bei ihren Excerpten die Schere nach der von David Strauß beliebten kritischen Methode: das Mythische in den Evangelien wird weggeschnitten, was übrig bleibt, soll der historische Kern sein. Aber dieser Kern ist den Theologen schließlich selber unter den Händen zu dünn geworden. Ein jüdischer Rabbi, der nach Schleiermachers Ausdruck einige artige Gleichnisse und Gnomen vorgetragen, schien doch zu wenig, um das leidenschaftliche Interesse zu rechtfertigen, das diesem Jesus auch heute noch von Anhängern und Gegnern entgegengebracht wird. Und wenn nur der Sinn der Gleichnisse und Sprüche nach dem Wortlaut der Evangelien über jeden Zweifel erhaben wären [sic]! Aber auch hier finden sich so bedeutsame Abweichungen, daß es unmöglich erscheint, im Einzelnen festzustellen, welche Fassung auf Jesus zurückzuführen sei, welchen Sinn Jesus mit seinen Worten ursprünglich verbunden habe. Wenn z. B. Matthäus von den Armen *im Geiste*, den nach *Gerechtigkeit* Hungernden redet, so spricht Lukas von den Armen und den Hungernden im allgemeinen, also im ökonomischen Sinne. Wenn Jesus bei Matthäus sagt, man könne nicht zween Herren dienen, nicht Gott und dem Mammon, so fordert er bei Lukas von seinen Jüngern, daß sie sich mit dem ungerechten Mammon abfinden und mit demselben sich Freunde machen sollen. Zeigt sich nun endlich, /16/ daß die grundlegendsten Gedanken dieser Jesusworte, der Glaube an Gott als den Vater der Menschen, die Bruderliebe und Feindesliebe, die individuelle Wertschätzung des Menschen, die Befreiung der Religion von der Last statutarischer Bestimmungen, die Zurückführung der Moral auf die Gesinnung, beim Ausgang der alten Zeit längst vorbereitet, daß sie sogar schon feste Bestandteile der damaligen geistigen Kultur geworden waren, Produkte sowohl der aus dem prophetischen Judentum hervorgegangenen religiösen Entwickelung, wie der durch den Weltverkehr und die philosophischen Schulen bewirkten Humanisierung der Gottesidee, so kommt die Theologie immer mehr in Verlegenheit, wenn sie für ihren historischen Jesus immer noch an der alten liberalen Vorstellung eines bahnbrechenden Genius und Religionsstifters festhalten will. Man hat geglaubt, dem Rabbi Jesus dadurch etwas nachhelfen zu können, daß ihm wenigstens die Heilung der Dämonischen als historisch reserviert wurde. Es sollte feststehen, daß Jesus als ein wandernder Therapeut solche Nervenkranke geheilt, die nach den Anschauungen der Zeit als von einem Dämon besessen betrachtet wurden. Allein derartige Heilungen, in denen die Pharisäer zudem ihm arge Konkurrenz gemacht haben würden, wären, auch wenn dieselben noch so sehr zu geistigen Kraftwirkungen aufgebauscht würden, doch jedenfalls keine bahnbrechenden Thaten, die über Jahrtausende hinweg ihrem Vollbringer einen Namen in der Geistesgeschichte der Menschheit zu sichern im stande wären, zumal die Massenhaftigkeit, in der diese Dämonischen überall, in den Städten wie in den Dörfern auftreten, doch einigen Verdacht gegen die vulgäre Annahme, daß unter denselben einfach nervöse Menschen zu verstehen seien, erregen muß. Es bleibt noch der Kreuzestod Jesu, von dem freilich die theologische Kritik wieder alles /17/ abstreicht, was irgendwie an das Mirakulöse erinnert, d. h. alles das, was nach den Evangelien eigentlich den besonderen Eindruck bei demselben gemacht haben soll. Aber Gekreuzigte gab es in den Zeiten der Evangelien nur allzuviele, denn das Kreuz war der Galgen der Sklaven, und am Kreuze haben es damals Tausende gebüßt, daß sie es gewagt, aus ihren Sklavenketten eine Erlösung zu hoffen oder gar das an ihnen und ihren Schicksalsgenossen verübte Unrecht beim rechten Namen zu nennen. Unter diesen Gekreuzigten wird sicher auch mancher Jesus gewesen sein, der im Geiste prophetischer Frömmigkeit sein armes Märtyrerleben beschlossen und von dem die römische Soldateska bei ihrem Henkerdienste doch bekennen mußte: „wahrlich, dieser ist ein frommer Mann gewesen!"

In Ermangelung jeder historischen Bestimmtheit ist dann der Name Jesus für die protestantische Theologie ein leeres Gefäß geworden, in welches jeder Theologe seinen eigenen Gedankeninhalt hineingießt. So macht der eine aus diesem Jesus einen modernen Spinozisten, der andre einen Sozialisten, während die offizielle Kathedertheologie ihn naturgemäß in der religiösen Beleuchtung des modernen Staats betrachtet, ja ihn neuerdings immer durchsichtiger als den religiösen Repräsentanten aller derjenigen Bestrebungen darstellt, die heute in der großpreußischen Staatstheologie eine führende Stellung beanspruchen. Es ist die berüchtigte Kunst der alten Alexandriner gewesen, historische Typen aus der Vergangenheit für die Bedürfnisse der eigenen Zeit zurechtzudeuten und sich dann einzureden, diese Deutung geschehe im Interesse der historischen Forschung. Alexandrinismus ist allemal das Ende jeder Geistesrichtung, die keine Kraft in sich fühlt, sich offen zum Werdenden zu bekennen und den schaffenden Geistern der Zeit sich zu vermählen, sich /18/ aber doch den Mächten einer neuen Kultur nicht völlig zu verschließen im stande ist. So ist auch die Methode, durch welche die protestantische Theologie ihren historischen Jesus zu stande bringt, im Grunde noch ganz und gar alexandrinisch, und an dem Maßstabe wirklicher Wissenschaft gemessen ist der Jesus, auf den das moderne „Wesen des Christentums" gegründet werden soll, ebenso historisch, wie der Moses, den Philo, der Meister in Alexandrien, als Weltenheiland feiert. Da kommt es vor allen Dingen darauf an, einen Jesus zu konstruieren, der für die herrschenden politischen Strömungen völlig ungefährlich ist, und der doch den auseinanderstrebenden Tendenzen der Zeit möglichst weit entgegenkommt, um dieselben zusammenhalten zu können. Dieser Jesus ist so elastisch, daß er Konservative und Liberale unter seiner Fahne vereinigen könnte: er ist nach *Harnack* kein Wunderthäter und hat doch Wunder gethan, er ist nicht auferstanden und doch auferstanden, er ist kein Messias und doch der Messias! Jesus erscheint in diesem „Wesen" des Christentums durchweg als die einzige Ausnahme von der allgemeinen Regel des Philosophen, daß der Mensch ein politisches Wesen sei. Er ist so ganz „innerlich" in seinem Glauben, so ganz unpolitisch und weltentrückt in seinem Denken, daß alle seine konkreten Ausdrücke nur abstrakt, geistig gemeint sein können, und er wirklich in dieser Welt nur als ein großes Kind erscheint, mit den Kindesaugen nach den Sternen schauend, ein geborener Metaphysiker. Auch die Moral dieses Jesus wird so „geistig", so kryptogam, daß die christliche Welt vollständig gerechtfertigt erscheint, wenn in der harten Wirklichkeit des Lebens nichts von derselben zu merken ist. Höchstens bekommen die „wohllebenden Pfarrer" einen Spruch ins Stammbuch, daß sie wenigstens, als berufsmäßige Diener Jesu, besser thäten, jene Regel des Herrn, die /19/ den Dienern am Worte Besitzlosigkeit vorschreibe, zu befolgen, oder sich doch um den Besitz und irdische Güter nur so weit zu bekümmern, daß sie selbst nicht andren zur Last fielen, darüber hinaus aber sich ihrer zu entäußern – eine Exegese, die sicher in den Kreisen des wohllebenden protestantischen *Bürgertums* durchaus beifällig aufgenommen werden wird. Da doch aber einige hervorstechende revolutionäre Züge in dem Christusbilde der Evangelien nun einmal unverkennbar sind, so statuiert das „Wesen des Christentums" eine doppelte Obrigkeit: „In jedem Volke etabliert sich neben der befugten Obrigkeit eine unberufene, oder vielmehr zwei unberufene. Das ist die politische Kirche und das sind die politischen Parteien." Natürlich hat sich dann Jesus nur gegen den Terrorismus der „unberufenen" Obrigkeit aufgelehnt, während wir bisher geglaubt hatten, die rational-jüdische Obrigkeit, die Ältesten, das Synedrium, Herodes, seien in Palästina die „berufene", und die usurpatorische der römischen Cäsaren sei die „unberufene" Obrigkeit gewesen. Unverhüllter kann das „Wesen" *dieses* Christentums nicht hervortreten, als es in dieser Stellungnahme Harnacks zur Frage der Obrigkeit geschieht: es ist der Kultus des absoluten Staates, dem dieses Christentum huldigt. Wahrlich, der Weltgeschichte müßte hier einmal ein großartiges Versehen passiert sein, wenn sie aus diesem so ganz und gar unpolitischen, dem absoluten Staat auf den Leib zugeschnittenen Jesus, das reine Gegenstück dieses Staates, die politische, absolute Kirche geschaffen hätte! Die Theologen der alten und mittelalterlichen Kirche müßten arg unwissende oder ebenso böswillige Menschen gewesen sein, wenn sie ihren Gläubigen beständig von einem Jesus gepredigt, der gerade das Gegenteil von dem gewesen wäre, was jetzt als das Wesentliche an ihm entdeckt worden! Ein protestantisch-/20/ liberaler Christus wäre ins Grab gelegt worden, und ein katholischer Christus wäre aus demselben auferstanden!

Diese historische Theologie ist deshalb so ganz und gar unhistorisch, weil sie die neutestamentliche Litteratur nicht aus den treibenden Kräften ihrer Zeit, der werdenden katholischen Kirche, der werdenden mittelalterlichen Gesellschaft, sondern aus der Bildungsperspektive der Gegenwart erklärt, also vom Standpunkte der heutigen bürgerlichen, verstaatlichten Gesellschaftsform aus beurteilt.

So hat sich der orthodoxe Liberalismus bei der Christusfrage in eine theologische Sackgasse festgerannt. Dieser Ausgang ist nicht durch einzelne Irrtümer oder Unvollkommenheiten der Forschung zustande gekommen, er ist von vornherein durch einen Grundirrtum notwendig geworden. Um aus dem *Menschen* Jesus – und ein bloßer Mensch soll ja dieser Jesus unter allen Umständen bleiben – eine weltgeschichtliche Erscheinung wie das Christentum abzuleiten, mußte die liberale Theologie sich von der Methode der modernen Geschichtsforschung, von ihren sichersten Ergebnissen und elementarsten Gesetzen vollständig unberührt erhalten, sie mußte in dem alten liberalen Heroenkultus weiterleben, in dem Glauben an die auf sich selbst gestellten Individuen als die treibenden Faktoren der Weltgeschichte, während die Wissenschaft wie überall, so auch in dem Entwicklungsgange der Geschichte die inneren Zusammenhänge aussucht und auch die Individuen nicht als vom Himmel gefallene Wunder, sondern als natürliche Wirkungen natürlicher, namentlich soziologischer Ursachen betrachtet. Der Glaube an den isolierten Heros, dieser Todfeind jeder wissenschaftlichen Geschichtsauffassung, lebt in der Theologie noch fort als der Rest des Glaubens an den dogmatischen Gottmenschen. Nachdem die liberale Theologie nicht mehr /21/ den Mut hat, sich zu dem dogmatischen Glauben zu bekennen, soll der Heros Jesus im Bewußtsein der Kirche dieselbe Stelle einnehmen wie einst der Gottmensch. Diese Unterschiebung eines modern-liberalen Menschenbildes unter einen ganz anders gearteten Begriff ist der Fundamentalirrtum der liberalen Theologie, der durch alle Verwickelungen der Evangelienforschung und alle Verlegenheiten der Leben-Jesu-Darstellungen nur sich selbst offenbart. Um aus dem Menschen Jesus das Christentum abzuleiten, bleibt nur eine doppelte Möglichkeit: entweder hat dieser Jesus selber ein Religionsstifter sein wollen, er hat sich für den Messias, den Begründer eines Weltreiches und einer Weltreligion, eben des Christentums, gehalten. Dann ist er als *Mensch* ein Schwärmer gewesen, der höchstens noch ein pathologisches Interesse beanspruchen kann, aber sein *Werk* ist dann die *katholische* Kirche, nicht die protestantische. Oder dieser Jesus war wirklich der, als den die liberale Theologie ihn beschreibt, dann hat aber sein „Wesen" etwas lange Zeit gebraucht, um bekannt zu werden: fast neunzehn Jahrhunderte! Achtzehn Jahrhunderte christlicher Kirchengeschichte wären verstrichen in dem Glauben, daß der Messianismus wesentlich zum Christentum gehöre, bis endlich erkannt wäre, daß dieser Messianismus bei dem ersten christlichen Bekenner desselben entweder gar nicht vorhanden oder nur eine unwesentliche Schale gewesen wäre, ja daß die heutigen Theologen Jesum viel besser verständen als ihn seine Jünger verstanden, denen diese abstrakte, transcendente Auffassung des Messiasgedankens bei ihrem Meister so vollständig entgangen wäre, daß sie gerade die allerkonkreteste weltliche Anwendung von demselben hätten machen können!

Das aussichtslose Dilemma, in dem die liberale Theologie sich befindet, wird am deutlichsten bei dem Auferstehungs- /22/ glauben, der als das Bindeglied zwischen dem Messianismus der Jünger und dem wie auch immer gearteten Messianismus Jesu gelten soll. Die *psychologische* Voraussetzung dieses Auferstehungsglaubens wäre unter allen Umständen der pharisäisch-rabbinische Messiasgedanke, nicht eine nebensächliche Begleiterscheinung, sondern das eigentlich konstitutive Element dieses Glaubens, ohne welches derselbe schlechterdings keinen Sinn haben würde. Die physiologische Realität dieses Glaubens müßte dann die Vision sein, so daß wir also ein Christentum bekämen, dessen Lebensfähigkeit von Hause aus nur in der Selbstzersetzung seiner ursprünglichen

Bestandteile gelegen hätte, und welches heute, um Christentum zu sein, alles das negieren müßte, was es in seinen Ursprüngen bejaht und umgekehrt. Die Illusion des Messianismus hätte die Vision von der Auferstehung des Gekreuzigten hervorgerufen, durch die Verkündigung dieser Vision wären immer mehr Leute in den Bannkreis der messianischen Illusion gezogen worden, und so wäre die erste christliche Gemeinde in Jerusalem entstanden, mit ihr der Grundstein gelegt zur christlichen Kirche, zum Christentum überhaupt. Daß die christliche Orthodoxie einen solchen Ursprung des Christentums aus den denkbar trübsten und krankhaftesten Erscheinungen des menschlichen Geisteslebens ablehnt, ist wohl zu begreifen. Die Visionshypothese, die wissenschaftlich hier allein in Betracht kommen könnte, ist zudem für die Erklärung großer historischer Realitäten völlig unbrauchbar. Visionen mögen spiritistische Klubs schaffen, die solange zusammenhalten, als der Glaube an die Medien derselben dauert. Neue soziale Gebilde, wie das christliche Mittelalter in seinen kirchlichen Organisationen aufzeigt, bauen sich nicht auf Visionen auf, sie bedürfen eines solideren Bodens für ihre Entwicklung. Die /23/ realistische Geschichtsbetrachtung weist uns aber auch einen wesentlich anderen Weg zu den Ursprüngen des Christentums.

[...]

Das „Evangelium", das nur als der technische Ausdruck für die gesamte kirchliche Lehrentwicklung gebraucht wird, hat durchaus seine Basis an der Kirche, wie Augustin bekennt, er würde dem Evangelium nicht glauben, wenn ihn nicht die Autorität der Kirche dazu bewöge. Evangelium im Sinne der alten Kirche ist nie das von der Reformation angeblich wieder entdeckte und auf den Leuchter der protestantischen Theologie gestellte, sondern immer das *katholische* Evangelium, wie schon im ersten Korintherbriefe des Clemens als der Anfang des Evangeliums die Warnung vor der Spaltung, die Mahnung zur Einheit mit den kirch- /26/ lichen Oberen bezeichnet wird (V-VII). Dieses „Evangelium" ist es auch, das in den neutestamentlichen Evangelienschriften seine prägnante litterarische Ausprägung gefunden hat.

Dabei kann nun gar kein Zweifel darüber bestehen, daß in den Schriften der apostolischen Väter Christus, oder wie er noch öfter genannt wird, „der Herr" kein historisches Individuum, sondern die personifizierte Idee, das transcendente Prinzip der Kirche bedeutet. Wie die Kirche sich als den wahren Erben des alten Testaments betrachtet, so ist es nach dem Barnabasbrief überall der „Herr", es ist Jesus Christus, der im Gesetz und den Propheten der Juden schon zu den Menschen geredet. Im ersten Korintherbrief des Clemens ist „der Herr Jesus Christus" der Urheber aller kirchlichen Ordnungen, selbst derjenigen, die sich auf die äußeren Umstände, auf Zeit und Ort des Kultus beziehen. Es ist schon eine Abirrung von der Disziplin Christi, wenn jemand sagt, er werde nur das glauben, was er in den alten Schriften, d. h. dem Evangelium finde. Einem solchen antwortet Pseudo-Ignatius im

Philipperbriefe, daß ihm Jesus Christus an Stelle der alten Schriften stehe. Jesus Christus ist in der katholischen Kirche gegenwärtig, er stellt sich dar in der Jurisdiktion der Bischöfe und dem mit dem Bischofe zusammenhängenden Klerus. Deshalb ist der Gehorsam gegen Christus eben der Gehorsam gegen den Bischof, eine Trennung vom Bischof ist eine Trennung von Christus. Wie im Johannesevangelium von Christus gesagt wird, er sei vor aller Welt gewesen und alle Dinge seien durch ihn geschaffen, so wird im Pastor Hermae ganz dasselbe von der Kirche gesagt. Besonders lehrreich ist auch die erste kirchliche Polemik gegen die doketische Ketzerei, also gegen die Lehre, daß Christus nicht reelles Fleisch gehabt habe. Gegen diese Doketen eifert Pseudo-Ignatius im Brief an die Gemeinde /27/ zu Smyrna, indem er bekennt, daß Christus *noch immer im Fleische* sei. Das kann gar nichts anders heißen, als daß die Realität und Sichtbarkeit der Kirche, die durch die Doketen in Frage gestellt war, behauptet wird. Die Frage, ob ein Individuum Christus, das vor etwa zwei Jahrhunderten gelebt haben sollte, wirkliches Fleisch gehabt, hätte ganz und gar außerhalb des Gedankenkreises der Väter gelegen, wogegen eine doketische Auffassung der *Kirche*, die ihre irdische Wirklichkeit und Machtfülle in Frage stellte, das Fundament des Katholizismus untergraben mußte, so daß die Energie begreiflich wird, mit der nicht nur hier am Anfang, sondern Jahrhunderte hindurch die doketische Ketzerei bekämpft wurde. Christus wahrer Gott: das bedeutet bei den Vätern durchgängig die göttliche Absolutheit und Machtvollkommenheit der Kirche. Christus wahrer Mensch – das heißt, daß diese Absolutheit der Kirche nicht für den Himmel, sondern für die Erde gilt, daß sie nicht metaphysisch, sondern durchaus real, für die Sichtbarkeit wirksam aufgefaßt werden soll. Wenn deshalb in der protestantischen Schultheologie die Dogmatiker noch darüber streiten, wie die vielumstrittene Lehre von den zwei Naturen in Christus, der göttlichen und menschlichen, zu verstehen sei, so haben sie den historischen Sinn dieser Lehre noch gar nicht erfaßt, die Sprache der Kirche noch nicht verstanden. Die zwei Naturen in Christus sind nichts als der dogmatische Ausdruck für die Doppelnatur der Kirche, die in dieser Lehre ihren eigenen göttlichen Charakter, ihre Absolutheit behauptet, und doch zugleich dieser Absolutheit volle irdische Realität beigelegt wissen will. – Aber auch in einzelnen Büchern des neuen Testaments ist Christus ganz unzweifelhaft die werdende Kirche. Im ersten Johannesbriefe wird die Salbung in der Kirche als Kraft und Grund aller Lehr- /28/ erkenntnis bezeichnet. Durch die Salbung, das Chrisma, bleibt der Gesalbte, der Christus, in ihr, daß sie nicht nötig hat, sich von jemand belehren zu lassen, sondern durch die Salbung über alles belehrt wird, und was gemäß dieser Salbung gelehrt wird, das ist wahr. Im Epheserbrief wird die ganze hierarchische Organisation der Kirche auf den „Christus" den Einen Herrn zurückgeführt, wie später Eyseb. I, 1 ausführt, daß Christus den apostolischen Episkopat geregelt, oder III, 5, daß Christus für Jerusalem als seinen unmittelbaren Nachfolger im Bischofsamt den

3.6 Das Christus-Problem. Grundlinien zu einer Sozialtheologie, 1902 — 205

Jakobus eingesetzt habe. Aber auch in den Korintherbriefen des neuen Testaments ist Christus das Einheitsprinzip der Kirche. Christus darf nicht zerteilt werden, das heißt: es darf in der Gemeinde keine Spaltungen geben. Christus ist der Leib, der aus vielen Gliedern besteht, das heißt: es giebt in der Einen Gemeinschaft viele geistliche Beamtungen und Begabungen. Ja die Gemeinde wird im Kolosserbrief kurzweg der Leib Christi genannt: sie ist die wahre Realität, die Sichtbarkeit, die Menschwerdung des transcendenten kirchlichen Einheitsgedankens.

Steht es aber fest, daß die ganze altchristliche Litteratur, bis hin zu den Episteln des neuen Testaments, in der Person Christi die Idee der werdenden Kirche darstellt, so dürfte der Schritt kaum noch gewagt erscheinen, auch den Christus der Evangelien unter dem gleichen Gesichtspunkte anzuschauen. Zunächst steht auch für die Evangelien das Eine fest, daß in ihnen Jesus gar nichts bedeutet ohne den Christus. Die Evangelien lassen darüber gar keinen Zweifel, daß sie nicht geschrieben sind, um von einem Jesus zu erzählen, sondern um einen, d. h. ihren kanonischen Christus zu schildern. Damit aber reihen sich diese Evangelien ein in die Erzeugnisse /29/ der messianischen Litteratur, wenn sie auch ein eigenartiges Genre derselben darstellen. Die litterarischen Produkte eines Zeitalters lassen ja immer ihre gemeinsame Physiognomie wieder erkennen, und wenn die Darstellungsform einer bestimmten Gruppe dieser Produkte klar geworden ist, so lassen sich die gewonnenen Einsichten für alle einzelnen Glieder dieser Gruppe verwerten. Wer z. B. die Natur der utopistischen Staatsromane des 17. u. 18. Jahrhunderts an einigen Beispielen derselben verstanden hat, wird ohne große Schwierigkeit auch die übrigen Werke dieses litterarischen Genres verstehen. Die typische Form der messianischen Litteratur aber war die Apokalyptik, die durch den Gang der politischen Ereignisse zu Stande gekommene Metamorphose der älteren Propheten. Die Propheten von Amos bis Jesaja hatten aus der Jahwe-Religion die Forderung einer sittlichen und sozialen Wiedergeburt des Volkes abgeleitet. Den Unterdrückten sollte Recht geschaffen, der Ausbeutung der Schwachen durch die geistlichen und weltlichen Machthaber sollte ein Ende bereitet werden. Dann versuchte die unter dem Namen Mosis eingeführte deuteronomistische Gesetzgebung die prophetischen Forderungen in einem bürgerlichen Gesetzbuche zu kodifizieren und damit den Versuch einer praktischen Sozialreform einzuleiten. Endlich aber schuf der Widerspruch zwischen der historischen Wirklichkeit und dem in der prophetischen Gesetzgebung niedergelegten ethisch-sozialen Programm die messianische Apokalyptik, eine religiöse Betrachtungsweise der Dinge, bei welcher die einzelnen Zeitverhältnisse in das Licht der durch die prophetische Gesetzgebung geschaffenen, durch griechisch-römische Bildungselemente beeinflußten Gedankenwelt gerückt wurden. Die hervorstechendsten Merkmale dieser jüdischen Apokalyptik, die ihre bekanntesten litterarischen Denkmäler im Danielbuch, den /30/ Orakeln der Sibylle, dem

Henochbuche und der Apokalypse des Esra gefunden, sind durch den Gedanken eines Endgerichts bestimmt, in welchem die durch die prophetische Gesetzgebung geschaffenen Ideen ihre zeitgeschichtliche Erfüllung finden sollen. Die Katastrophe in diesem Endgericht erfolgt als eine Allmachtsthat Gottes von weltgeschichtlicher Bedeutung, deshalb bildet eine himmlische Welt die Umrahmung für alles irdische Geschehen. In visionären Erscheinungen werden die bezüglichen Offenbarungen den Sterblichen durch Engel kund gethan und das Gericht selbst wird durch den Auserwählten Gottes vollzogen, durch den Messias, der entweder als das Jahwe treu gebliebene Volk, oder, was nur eine andere Darstellung desselben Gedankens bedeutet, als der in den Wolken des Himmels kommende Menschensohn gedacht wird. Dabei liebt es die Apokalyptik, die ihr zu Grunde liegenden Zeitverhältnisse rückwärts zu datieren, oder auch in eine anders geartete geographische Umgebung zu verlegen. Das Danielbuch führt den Leser aus der Zeit der Syrerherrschaft, die mit ihren makkabäischen Freiheitskriegen das Signal zu dieser apokalyptischen Schreibweise gegeben, in diejenige des Nebukadnezar und verpflanzt seine Visionen nach Babylon, Henoch kündigt sich sogar an als ein Zeitgenosse Noahs, der angebliche Esra versetzt uns in die Ausgangszeiten des babylonischen Exils. Aber immer dient die fremdländische Scenerie zur Veranschaulichung messianischer Erwartungen, die, wie Hilgenfeld an den Orakeln der Sibylle nachweist, je weiter sie schon vom Danielbuch abliegen, ihre gespannte Überweltlichkeit, welche uns im Daniel entgegentritt, mildern und mehr Anknüpfung in der Wirklichkeit finden. Daß auch die christliche Aera ihre Apokalyptik besessen, wird ohne weiteres durch die Offenbarung Johannis, die wir wahrscheinlich als eine Überarbeitung einer jüdischen Apokalypse /31/ zu betrachten haben, erwiesen. Aber auch die Briefe des neuen Testament sind ganz und gar eingetaucht in die apokalyptische Gedankenwelt, und in gewissem Sinne kann sogar die Hauptschrift Augustins über den Gottesstaat noch zu dieser Litteraturgattung gerechnet werden, freilich als der letzte kirchliche Abschluß derselben, in dem dann die Apokalyptik vorläufig zur Ruhe kommt. Von diesem Ende der Apokalyptik fällt dann ein sehr bedeutsames Licht auf die ganze Entwickelung, die zu diesem Ende hingedrängt hat. Das Ende ist die konsolidierte Kirche geworden. Die ursprünglich noch ganz verschleierte realistische Tendenz der Apokalyptik ist hier völlig zum Durchbruch gekommen. Wir sehen, wie unter dem Spiegel der Jenseitigkeitsvorstellung sich eine durchaus praktische soziale Wirksamkeit verbirgt, die die Apokalyptik als Erbe ihres prophetischen Ursprunges bewahrt hat. Ihr Messianismus zielt auf ein politisches Gebilde, dessen Reichsgrundgesetz der prophetische Rechtsgedanke in seiner allseitigen Ausbildung und völligen Durchbildung sein soll. In der civitas dei ist nun der christliche Messianismus katholische Kirche geworden, das apokalyptische Jenseitigkeitsideal ist mit dem sozialen Wirklichkeitsgedanken der Propheten zusammengeschlossen.

Die civitas dei hat sich im Gegensatz gegen die civitas hujus saeculi, die römische Weltmonarchie, konstituiert, sie ist mit den höchsten Attributen eines menschlichen Lebensideals ausgestattet, in ihr ist alles geistig, himmlisch, ihr göttlicher Ursprung ist Christus, ihr Werk die Vermittelung der Beseligung für die zum Heil erwählten Menschen. Aber diese himmlische civitas ist doch zugleich etwas sehr reelles, nämlich die in der Einheit der Lehre und des Bischofsamtes beschlossene, den Glauben mit unbedingter Notwendigkeit gebietende und in ihren kanonischen Ordnungen das Leben heiligende, katholische /32/ Kirche, die gottmenschliche Einheit der himmlischen und der irdischen civitas.

Es kann nur die Nachwirkung scholastischer Überlieferungen sein, wenn die Theologen Bedenken tragen, die neutestamentlichen Evangelienschriften in die Litteratur der messianischen Apokalyptik einzugliedern und damit das doch von vornherein fast selbstverständliche Argument für das Verständnis dieser Schriften anzuwenden, daß die litterarischen Kräfte, welche bei der Abfassung der Evangelien thätig gewesen sind, nur im Zusammenhange mit der ganzen kulturgeschichtlichen Lage des Zeitalters erfaßt werden können. Die altchristlichen Schriftsteller haben das Schreiben in der jüdischen Synagoge gelernt. In den litterarischen Produkten der Synagoge aber war es gang und gäbe, Personifikationen zu schaffen, die als Träger der rabbinischen Gedankenwelt erscheinen. Der ganze alttestamentliche Kanon hat durch diese litterarische Eigentümlichkeit der Synagoge sein Gepräge erhalten. Stammesgeschichte und Volkssage wird erzählt in der Form der Einzelgeschichte, vor allen Dingen ist die Idee der Synagoge selbst personifiziert in der Gestalt und der Geschichte Mosis. Wie der leidende Knecht Jahwes im zweiten Teil des Jesajas, der für den Glauben der Kirche geradezu typisch geworden ist, eine Personifikation der frommen israelitischen Volksgemeinde darstellt, so läßt auch das Messiasbild des späteren Judentums unter der individuellen Hülle leicht den nationalen und politischen Kern erkennen. Dieser Mensch, der bei Gott verborgen war, ehe die Welt geschaffen wurde, ist eben kein Mensch, kein Individuum, sowenig wie der König, der eine immerwährende Herrschaft über die Völker der Erde ausübt, ein individueller König ist. Deutlich tritt dieser Sinn des Messias in einer Partie des Henochbuches hervor, von der noch nicht feststeht, wie weit dieselbe /33/ von späteren christlichen Gedanken beeinflußt ist. Hier hat der Messias, der Menschensohn, ehe er aus seiner Verborgenheit bei Gott heraustritt, bereits eine Gemeindeversammlung von Gläubigen auf der Erde, der Auserwählte ist das Haupt einer Gemeinde von Auserwählten, der auf Erden erschienene Menschensohn ist nur durch die Gründung einer Gemeinde das Licht der Völker. (Hilgenfeld, jüdische Apokalyptik[1] 157). Dieser Eigentüm-

---

1 [Adolf Hilgenfeld, Die jüdische Apokalyptik in ihrer geschichtlichen Entwickelung. Ein Beitrag

lichkeit jüdischer Schreib- und Redeweise verdanken verschiedene außerkirchliche Gemeindebildungen ihre persönlichen Repräsentanten: Ebjon für die Sekte der Armen, der Ebjoniten, Elksai für die Elksaiten. Besonders aber ist der Magier Simon zu nennen als Personifikation aller widerkirchlichen Sektenbildungen, als Vater aller Häresie. So mußten die treibenden Kräfte der Zeit von selbst dahin drängen, die Idee der neuen Synagoge, als welche doch die altchristliche Gemeinde sich betrachtete, ebenfalls zu personifizieren: Christus, der größere Moses, der in der Welt erscheint, um ihr das Evangelium, eben die frohe Botschaft von dem werdenden Gottesstaate zu bringen. Diese Darstellungsweise der Synagoge ermöglicht dann der Apokalyptik, in ihren messianischen Personifikationen ein Stück Sozialgeschichte zu schreiben.

Mit dieser Apokalyptik teilen die Evangelien nicht nur die Form, sondern auch die Tendenz der Darstellung. Engelerscheinungen umrahmen die Erzählungen der Evangelien, die Geschichte des messianischen Menschensohnes soll gegeben werden, bei der die apokalyptische Jenseitigkeitsperspektive des Endgerichts zusammengeht mit dem Wirklichkeitsdrang prophetischer Lebensbetrachtung, und die civitas dei, der Gottesstaat, tritt schon deutlich genug als das Ziel hervor, zu dem die in den Evangelien dokumentierte Entwickelung hindrängt; denn der als die Königsherrschaft Gottes aufgefaßte Gottesstaat ist der /34/ Mittelpunkt, um den sich in den Evangelien alles dreht. Und diese Königsherrschaft ist gar nicht das, wozu die Theologen der protestantischen Kirche sie „vergeistigt", d. h. verflüchtigt haben, nicht „das Reich Gottes", dieses abstrakte Gedankending, das vollständig außerhalb des Gesichtskreises eines Schriftstellers der werdenden Kirche gelegen haben würde, sie ist auch in den Evangelien schon das, wenn auch als Keim, als werdendes, was sie später geworden ist: der Riesenbaum der Weltkirche, in dessen Zweigen die Völker der Erde wohnen sollen. Dieser Gottesstaat und Christus gehören zusammen wie Erscheinung und Idee, wie Wirklichkeit und Prinzip, und der Christus der Evangelien verbirgt unter dem Schleier einer apokalyptischen Darstellungsweise ein Stück Geschichte aus der zum Gottesstaate auswachsenden Bewegung, zu der die ersten Anfänge in der von den Propheten angestrebten Sozialreform zu suchen sind.

Albert Kalthoff, Das Christus-Problem. Grundlinien zu einer Sozialtheologie, Leipzig: Eugen
    Diederichs 1902, S. 12 – 23, 25 – 34.

---

zur Vorgeschichte des Christenthums nebst einem Anhange über das gnostische System des Basilides, Jena 1857.]

Arthur Drews
3.7 Die Christusmythe, 1910

Das religiöse Problem der Gegenwart

Nach Ansicht der liberalen Theologie bildet nicht der Gott, sondern vielmehr gerade der Mensch Jesus den wertvollen religiösen Kern des Christentums.[1] Sie behauptet damit nichts weniger, als daß das gesamte Christentum bis auf den heutigen Tag, d.h. bis zum Auftreten eines Harnack, Bousset, Wernle und ihrer Gesinnungsgenossen, sich über sich selbst im Irrtum befunden und sein wahres Wesen nicht erkannt habe. Denn dieses hat, wie die vorliegende Darstellung zeigt, von Anfang an den Gott Jesus oder vielmehr den Gottmenschen, den fleischgewordenen, mit den Menschen leidenden und für die Menschheit sich opfernden Gotterlöser in den Mittelpunkt seiner Anschauung gestellt, wohingegen die Behauptung der wahren Menschheit Jesu nur eine nachträgliche Anbequemung dieser Religion an die äußeren Verhältnisse darstellt, ihr nur hinterher von gegnerischer Seite abgerungen und nur deshalb von ihr so nachdrücklich vertreten worden ist, weil /217/ sie die unumgängliche Bedingung ihres geschichtlichen Bestandes und ihrer praktischen Erfolge gewesen ist. Nur der Gott, nicht der Mensch Jesus kann demnach auch als der „Begründer" der christlichen Religion bezeichnet werden.

Es ist in der Tat der fundamentale Irrtum der liberalen Theologie, zu meinen, die Entwicklung der christlichen Kirche habe von einem historischen Individuum, dem Menschen Jesus, ihren Ausgang genommen. Die Stimmen mehren sich, wie gesagt, die einräumen, daß die unter Jesu Namen gehende urchristliche Bewegung eine bedeutungslose und vorübergehende Bewegung innerhalb des Judentums geblieben wäre ohne Paulus, der ihr erst durch seine Erlösungsmetaphysik eine religiöse Weltanschauung übermittelt und durch den Bruch mit dem jüdischen Gesetz die neue Religion begründet hat. Nicht lange, und man wird sich zu dem weiteren Zugeständnisse entschließen müssen, *daß ein historischer Jesus, wie die Evangelien ihn schildern und wie er in den Köpfen der liberalen Theologen von heute lebt, überhaupt nicht existiert, also auch nicht einmal die gänzlich bedeutungslose*

---

[1] Vgl. Arnold Meyer: Was uns Jesus heute ist. Rel[igionsgeschichtliche] Volksb[ücher, V/4], [Tübingen] 1907 – eine besonders eindringliche Darlegung des liberal-protestantischen Standpunktes; ferner [Heinrich] Weinel: Jesus im 19. Jahrhundert[, 8.–10. Tsd. Tübingen 1907].

kleine Messiasgemeinde zu Jerusalem begründet hat, sondern daß der Christusglaube ganz unabhängig von irgendwelchen uns bekannten historischen Persönlichkeiten entstanden ist, daß er in diesem Sinne allerdings ein Erzeugnis des religiösen „Massengeistes" darstellt und von Paulus mit entsprechender Umdeutung und Weiterbildung nur in den Mittelpunkt der von ihm begründeten Gemeinschaften gestellt worden ist. Der „historische" Jesus ist nicht früher, sondern später als Paulus und hat als solcher stets nur als Idee, als fromme Dichtung in den Köpfen der Gemeindeglieder gelebt, und *nicht das Neue Testament mit seinen vier Evangelien ist der Kirche gegenüber das Frühere, sondern die Kirche ist das Ursprüngliche, die Evangelien hingegen sind das Abgeleitete,* stehen daher auch in allen ihren Teilen im Dienste der kirchlichen /218/ Propaganda und können in *keinem Sinne* auf historische Bedeutung Anspruch machen.

Überhaupt ist, wie Kalthoff mit Recht hervorhebt, mit der durchaus modernen Anschauung, daß die Religion ein ganz persönliches Leben und Empfinden sei, dem Verständnis des Christentum[s] nichts abzugewinnen. „Die Religion ist dieses persönliche Leben erst in einem Zeitalter, das sich zu Persönlichkeiten differenziert hat; sie ist es nur insoweit, als solche Differenzierung sich bereits vollzogen. Von Hause aus erscheint die Religion als eine gesellschaftliche Lebenserscheinung, sie ist Stammesreligion, Volksreligion, Staatsreligion, und dieser gesellschaftliche Charakter geht naturgemäß auf die freien Genossenschaften über, welche sich innerhalb des Volks- und Staatsverbandes bilden. *Deshalb ist das liberale Gerede von der Persönlichkeit als dem Träger alles religiösen Lebens im Hinblick auf den Ursprung des Christentums so sinnlos, so unhistorisch, weil dieses Christentum noch ganz und gar in der religiösen Genossenschaft, der Gemeinde, wurzelt.* Aus dieser genossenschaftlichen Religion hat sich die persönliche Religion erst in jahrhundertelanger Geschichte entwickeln können, sie hat sich gegen ihre wesentlich ältere Lebensform erst in gewaltigen Kämpfen durchsetzen können. *Was der heutige Fromme Christentum nennt, eine Religion des Individuums, ein persönliches Heilsprinzip, das ist dem ganzen alten Christentum ein Ärgernis und eine Torheit gewesen, es war ihm die Sünde wider den Geist,* die nicht vergeben werden sollte, denn der heilige Geist war der Geist der kirchlichen Einheit, des religiösen Gemeindezusammenhangs, der absoluten Unterordnung der Herde unter den Hirten. Deshalb gab es auch im alten Christentum individuelle Religion schlechterdings nur durch Vermittlung der Genossenschaft, der Gemeinde, der Kirche. Eine Regung der individuellen Religion auf eigene Faust war Häresie, Trennung vom Leibe Christi."[2] /219/

---

[2] [Albert Kalthoff, Die] Entstehung d[es] Chr[istentums. Neue Beiträge zum Christusproblem, Leipzig 1904,] 98 f.

Man kann der „katholischen" Kirche, sowohl der römischen wie der griechischen, das Zugeständnis nicht versagen, daß sie auch in dieser Beziehung den Geist des ursprünglichen Christentums noch am getreuesten bewahrt hat. Sie allein ist auch heute noch, was das Christentum seinem Wesen nach einmal war: Gemeinschaftsreligion in dem angeführten Sinne. Sie beruft sich hierbei mit Recht für die Wahrheit ihrer religiösen Weltanschauung und die Berechtigung ihrer hierarchischen Ansprüche auf die „Tradition", nur daß sie freilich selbst diese „Tradition" im eigenen Interesse erst gemacht hat, sie also zwar einen „geschichtlichen" Jesus lehrt, aber freilich nur einen traditionell geschichtlichen, womit über dessen wirkliche geschichtliche Existenz noch nicht das geringste ausgemacht ist. Der Protestantismus hingegen ist *ganz unhistorisch*, wenn er die Evangelien für das Ursprüngliche, für die „geoffenbarte" Unterlage des Glaubens an Christus ausgibt, als ob sie unabhängig von der Kirche entstanden wären und die wahren Anfänge des Christentums darstellten. Man kann konsequenterweise seinen religiösen Glauben nicht auf das Evangelium stützen und dabei außerhalb derjenigen Gemeinschaft stehen wollen, als deren Lebensausdruck die Schriften des Neuen Testaments allein zu gelten haben. Man kann nicht Christ im Sinne Jesu, d. h. der ursprünglichen Gemeinde, sein, ohne auf die eigene Persönlichkeit zu verzichten und sich als dienendes Glied dem „Leibe Christi", d. h. der Kirche, einzugliedern. Der Geist des Gehorsams und der Demut, den Christus von seinen Anhängern fordert, ist eben gar kein anderer als der Geist der Unterordnung unter das System von Verhaltungsregeln der unter seinem Namen bestehenden Kultgemeinschaft. Christentum im ursprünglichen Sinne ist nur – „katholisches" Christentum, und dieses ist der Glaube der Kirche an das Erlösungswerk des Gottmenschen Christus in seiner Kirche und durch den von seinem „Geist" beseelten Gemeindeorganismus.

Aus rein religiösen Gründen könnte der mit Unrecht so genannte „Katholizismus" die Fiktion eines historischen Jesus /220/ recht wohl entbehren und sich auf den Standpunkt des Paulus vor Entstehung der Evangelien zurückziehen, falls er nur mit seiner mythologischen Annahme des sich selbst für die Menschen opfernden Gottes ohne jene Fiktion heute noch Glauben fände. Als Kirche jedoch in ihrer gegenwärtigen Gestalt *steht und fällt* er mit dem Glauben an die Geschichtlichkeit des Gotterlösers, weil alle hierarchischen Ansprüche und Machtbefugnisse der Kirche sich darauf gründen, daß ein historischer Jesus ihr durch die Vermittlung der Apostel diese Machtbefugnisse übertragen habe. Der „Katholizismus" stützt sich hierbei, wie gesagt, auf die „Tradition". Aber er selbst hat diese Tradition ins Leben gerufen, genau wie die Priester zu Jerusalem die Tradition eines geschichtlichen Moses geschaffen haben, um ihre eigenen Machtansprüche auf ihn zurückzuführen. Es ist die „Ironie der Weltgeschichte", daß eben jene Tradition die Kirche schon sehr bald in den Zustand versetzt hat, um des Widerspruches ihrer äußeren Machtstellung gegen den traditionellen Christus willen den Inhalt der Tradition vor der Menge zu verschleiern und den Laien die Lektüre der Evangelien zu verbieten. Noch widerspruchsvoller aber und verzweifelter als die Lage der „katholischen" Kirche mit der Einsicht in die fiktive Beschaffenheit der Evangelien wird, gestaltet sich diejenige des Protestantismus. Denn dieser hat gar kein anderes Mittel zur Begründung seiner religiösen Metaphysik als die Geschichte; diese aber führt, unbefangen angesehen, gerade von den Wurzeln des Christentums weg, denen er zustrebt, statt zu ihnen hin.

Gilt dies schon von der protestantischen Orthodoxie, so gilt es erst recht von derjenigen Form des Protestantismus, die das Christentum, abgelöst von seiner metaphysischen Erlösungslehre, meint, aufrecht erhalten zu können, weil diese „nicht mehr zeitgemäß" sei, d. h. vom liberalen Protestantismus. Der liberale Protestantismus ist und will nichts anderes sein als ein bloßer Glaube an die historische Persönlichkeit eines Menschen, der vor neunzehnhundert Jahren in Palästina geboren, durch sein vorbildliches Leben Begründer einer neuen Sekte /221/ geworden und im Konflikt mit den herrschenden Gewalten zu Jerusalem gekreuzigt und gestorben sein soll, um alsdann im Bewußtsein seiner überspannten Anhänger zu einem Gott emporphantasiert zu werden; ein Glaube an den „liebenden Vatergott", weil Jesus an ihn geglaubt haben, an eine persönliche Unsterblichkeit des Menschen, weil diese die Voraussetzung von Jesu Auftreten und Lehre gewesen sein soll, an die „unübertreffliche" Güte moralischer Verhaltensmaßregeln, weil diese in einem Buche stehen, das unter dem unmittelbaren Einfluß der „einzigartigen" Persönlichkeit des Propheten von Nazareth zustandegekommen sein soll. Er stützt die Sittlichkeit dadurch, daß Jesus ein so guter Mensch gewesen und es deshalb Pflicht eines jeden Menschen sei, den Aufforderungen Jesu nachzukommen. Den Glauben an Jesus aber gründet er einzig und allein auf die geschichtliche Bedeutung der Evangelien, obwohl er sich bei genauerer Überlegung nicht verhehlen kann, daß die Annahme ihrer Geschichtlichkeit auf äußerst schwachen Füßen ruht und wir im Grunde nichts von jenem Jesus wissen, nicht einmal, daß er überhaupt gelebt hat, und in jedem Falle *nichts, was für uns von maßgebender religiöser Bedeutung sein könnte, und was wir nicht ebenso gut und besser aus anderen, weniger zweifelhaften Quellen schöpfen könnten.* Er ist nicht, wie der Katholizismus, bloß als Kirche, sondern seinem Wesen nach, als Religion, mit der Leugnung der historischen Persönlichkeit Jesu ins Herz getroffen und besteht seinem wirklich religiösen Kerne nach nur aus ein paar schönklingenden Redensarten, einigen verwehten Anklängen an eine Metaphysik, die einmal lebendig war, jetzt aber zum bloßen Dekorationsstück für anspruchslose Gemüter herabgesunken ist, und hinterläßt nach Ausschaltung seiner vermeintlichen Geschichtlichkeit nur einen trüben schwälenden Qualm von „heimatlos gewordenen Gefühlen", die zu jeder Art von religiösem Glauben passen. Der liberale Protestantismus gibt sich selbst für das spezifisch „moderne" Christentum aus. Er legt gegenüber dem metaphysikscheuen Geiste unserer Zeit Gewicht darauf, keine /222/ Metaphysik zu haben, verwirft, womöglich mit Berufung auf Kant, da dies „modern" ist, alle religiöse Spekulation als „Mythus", ohne zu bemerken, daß er selbst mit seinem „historischen" Jesus am tiefsten in der Mythologie darinsteckt, und glaubt, mit seiner ausschließlichen Verehrung des Menschen Jesus das Christentum auf die „Höhe der gegenwärtigen Kultur" gebracht zu haben. Indessen sagt Steudel mit Recht: „Von der ganzen apologetischen Kunst, mit der die moderne Jesustheologie das Christentum für unsere Zeit zu retten übernimmt, ist zu urteilen, daß es überhaupt keine geschichtliche Religion gibt, die sich, unter Anwendung derselben Methode, nicht ebenso gut in Einklang mit dem modernen Bewußtsein bringen ließe, wie die des Neuen Testaments."[3] Den völligen Zusammenbruch einer solchen „Religion" zu bedauern, haben wir keinerlei Veranlassung. Diese Form des Christentums ist schon durch Hartmann in ihrer ganzen religiösen Wertlosigkeit gekennzeichnet worden,[4] und es ist nur ein Beweis für die bezaubernde Macht der Phrase, die traurige Zerfahrenheit unserer gesamten religiösen Zustände und die Gedankenlosigkeit der großen Menge in religiösen Dingen, daß sie noch immer „lebt", ja, unter der Führung der sog. kritischen Theologie sich für das echte, erst jetzt erkennbare Christentum ausgeben darf und hiermit Anklang findet. Dieses unsystematische Aggregat von willkürlich aus der gesamten Welt- und Lebensanschauung der Evangelien herausgegriffenen Gedanken, die noch dazu erst phraseologisch aufgebauscht und künstlich zurechtgestutzt werden müssen, um sie den Heutigen genießbar zu machen, diese unspekulative Erlösungslehre, die im Grunde an sich selbst nicht glaubt, dieser sentimentale, ästhetisch angehauchte Jesuskultus eines Harnack, Bousset usw., über den W[ilhelm] v. Schnehen so schonungslos den Stab gebrochen hat,[5] dieses ganze sog. Christentum schöngeistiger Pastoren und erlösungsbedürftiger Laien würde schon /223/ längst an seiner Gedankenarmut, Süßlichkeit und Fadenscheinigkeit zugrunde gegangen sein, wenn man nur das Christentum nicht um jeden Preis, und wäre es auch denjenigen der völligen Entleerung an geistigem Gehalt, meinte aufrecht erhalten zu müssen. Daß der „historische" Jesus überhaupt *gar kein religiöses*, sondern *nur noch ein historisches* Interesse hat, daß er als solcher höchstens die Geschichtsforscher und die Phi-

---

3 [Friedrich Steudel, Das Christusproblem und die Zukunft des Protestantismus, Zürich / Leipzig 1909,] 39.
4 Vgl. E[duard] v. Hartmann: Die Selbstzersetzung des Christentums und die Religion der Zukunft, 2. Aufl. [Berlin] 1874, insb. Kap. 6 u. 7.
5 Vgl. W[ilhelm] v. Schnehen: Der moderne Jesuskultus, 2. Aufl. [Frankfurt a.M.] 1906; ferner: [Friedrich] Naumann vor dem Bankrott des Christentums, [Leipzig] 1907.

lologen angeht, diese Erkenntnis fängt zwar gegenwärtig an, sich in immer weiteren Kreisen Bahn zu brechen.[6] Wenn man nur einen Ausweg aus den Schwierigkeiten wüßte! Wenn man sich nur nicht scheuen müßte, offen Farbe zu bekennen, weil man damit möglicherweise im Verfolge seiner Gedanken aus der bestehenden Religion überhaupt hinausgedrängt werden könnte, wie dies das Beispiel Kalthoffs gezeigt hat! Wenn man nur nicht einen so furchtbaren Respekt vor der Vergangenheit und ein so zartes „historisches Gewissen" und eine so ungeheure Achtung vor den „geschichtlichen Grundlagen" des gegenwärtigen religiösen Daseins hätte! Aber die Berufung auf die Geschichte und die sog. „historische Kontinuität der religiösen Entwicklung" ist ja offensichtlich nur eine Verlegenheitsausflucht und ein anderer Ausdruck dafür, daß man einfach nicht gewillt ist, die Konsequenzen seiner Voraussetzungen zu ziehen. Als ob von „geschichtlichen Grundlagen" noch die Rede sein könnte, wo überhaupt keine Geschichte, sondern bloßer Mythus vorliegt! Als ob die „Bewahrung der historischen Kontinuität" darin bestehen könnte, mythische Fiktionen, weil sie bisher für historische Wahrheit gegolten haben, auch dann noch als Geschichte festzuhalten, wenn man ihren rein fiktiven und unwirklichen Charakter durchschaut hat! Als ob die Schwierigkeit der Erlösung der gegenwärtigen Kulturmenschheit von dem ganzen Wust von Aberglauben, gesellschaftlicher Verlogenheit, Feigheit und intellektueller Knechtschaft, der sich heute an den Namen des Christentums knüpft, auf rein geistigem Gebiete und nicht vielmehr in der Sphäre des Ge- /224/ fühls, einer schlaffen Pietät, in dem Schwergewicht uralter Tradition, vor allem aber den fast unübersehbaren ökonomischen, sozialen und praktischen Beziehungen begründet läge, die unsere kirchliche Gegenwart mit der Vergangenheit verknüpfen! So fährt man denn einstweilen fort, bei seinem Glauben an die Zukunft des Christentums nicht sowohl auf die überzeugende innere Wahrheit seiner Gedankenwelt, als vielmehr auf den angeborenen religiösen Sinn der Gemeindemitglieder zu bauen, auf die kirchliche Erziehung in Schule und Haus und den hiermit überkommenen Schatz von metaphysischen und ethischen Ideen, auf den Schutz des Staates und – das Trägheitsgesetz im geistigen Leben der großen Masse. Im übrigen bedient man sich in der Kanzelsprache, in „Gemeindeblättern" und im öffentlichen Leben einer Ausdrucksweise, die von derjenigen der Orthodoxie nicht wesentlich verschieden, aber so eingerichtet ist, daß jeder sich bei ihr denken kann, was ihm gut dünkt, und nennt dies im strahlenden Bewußtsein, auf diese Weise das steuerlose Schiff des Protestantismus noch eine Weile über Wasser

---

6 Vgl. mein Werk: Die Religion als Selbst-Bewußtsein Gottes[. Eine philosophische Untersuchung über das Wesen der Religion, Jena / Leipzig] 1906, 199 ff.

halten zu können und den Glauben mit dem modernen Kulturbewußtsein „versöhnt" zu haben, – die „Weiterentwicklung des Christentums!"

Und so wären denn neunzehnhundert Jahre religiöser Entwicklung vollkommen in die Irre gegangen? So bliebe uns nichts anderes übrig als der gänzliche Bruch mit der christlichen Erlösungslehre? Aber diese Erlösungslehre – das war das Resultat unserer vorangegangenen Darlegung – ist ja als solche unabhängig von der Annahme eines historischen Jesus. Ihr Schwerpunkt liegt in dem Gedanken des „fleischgewordenen" Gottes, der in der Welt leidet, aber schließlich über dies Leide Herr wird, und durch die Vereinigung mit welchem auch die Menschen die „Welt überwinden" und ein neues Leben auf erhöhter Daseinsstufe gewinnen. Daß die Gestalt dieses göttlichen Welterlösers im Bewußtsein der christlichen Gemeinde mit derjenigen eines Menschen Jesus zusammengeflossen und die Erlösungstat infolge hiervon zeitlich fixiert und auf eine bestimmte Örtlichkeit beschränkt ist, das ist nur /225/ die Folge der zufälligen Verhältnisse, unter denen die neue Religion hervorgetreten ist. Es kann daher auch an und für sich nur eine vorübergehende praktische, aber keine eigentliche religiöse Bedeutung für sich in Anspruch nehmen, während es auf der andern Seite dem Christentume zum Verhängnis geworden ist und gerade diese seine Vergeschichtlichung des Erlösungsprinzips es uns unmöglich macht, uns noch zu dieser Religion zu bekennen. Aber dann kann die Wahrung der historischen Kontinuität oder die „Weiterentwicklung" des Christentums im eigentlichen Sinne doch wohl nicht darin bestehen, diese zufällige historische Seite an der christlichen Erlösungslehre aus dem Zusammenhange der gesamten christlichen Weltanschauung herauszulösen und für sich hinzustellen, sondern nur darin, *auf den wesentlichen Grundgedanken der christlichen Religion zurückzugehen und seine metaphysische Erlösungslehre in einer dem heutigen Bewußtsein entsprechenden Weise näher durchzubilden.*

Aus der Vorstellung eines persönlichen Gotterlösers entsprang die Möglichkeit, einen Menschen an Gottes Statt zu opfern und den göttlichen Idealmenschen, d. h. die Idee des Menschen, in einem wirklichen Menschen anzuschauen. Aus den Machtfragen der werdenden Kirche, dem Gegensatze gegen die gnostische Phantastik, ihre intellektualistische Verflüchtigung des religiös-sittlichen Kerns der paulinischen Erlösungslehre und dem Wunsche, den historischen Zusammenhang mit dem Judentume aus opportunistischen Gründen nicht aufzugeben, ergab sich die Notwendigkeit, das gottmenschliche Sühnopfer in das Opfer einer geschichtlichen, aus dem Judentume hervorgegangenen Persönlichkeit umzudeuten. Alle diese verschiedenen Gründe, die zur Entstehung des Glaubens an einen „historischen" Jesus geführt haben, fallen für uns hinweg, zumal nachdem sich herausgestellt hat, daß die Persönlichkeit des Erlösungsprinzips, diese Grundvoraussetzung der evangelischen „Geschichte", an allen Widersprüchen und Unzulänglichkeiten jener Religion letzten Endes schuld ist. Die christliche

Erlösungslehre auf /226/ ihren wahren Kern zurückführen, kann somit gar nichts anderes heißen, als *die Idee der Gottmenschheit, wie sie jener Lehre zugrunde liegt, durch Abstreifung der mythischen Persönlichkeit des Logos in den Mittelpunkt der religiösen Weltanschauung stellen.*

Gott muß Mensch werden, damit der Mensch „Gott werden", d. h. von den Schranken der Endlichkeit erlöst werden kann. Die in der Welt verwirklichte Idee der Menschheit muß selbst eine göttliche Idee, eine Idee der Gottheit und also Gott die gemeinschaftliche Wurzel und das Wesen aller einzelnen Menschen und Dinge sein: nur dann vermag der Mensch sein Wesen in Gott und durch dies Bewußtsein seiner überweltlichen göttlichen Wesenheit die Freiheit von der Welt zu erlangen. Das Bewußtsein des Menschen von seinem Selbst, von seinem wahren Wesen muß selbst ein göttliches Bewußtsein, der Mensch, und zwar jeder Mensch, eine bloße endliche Erscheinung, eine individuelle Einschränkung, eine Vermenschlichung Gottes und sonach wenigstens der Möglichkeit nach ein Gottmensch sein, um durch sittliche Arbeit an sich selbst, als wirklicher Gottmensch „wiedergeboren" und dadurch mit Gott wahrhaft eins zu werden: in diesem Gedanken heben sich alle Widersprüche der christlichen Dogmatik auf und bleibt der Kern seiner Erlösungslehre gewahrt, ohne durch die Hereinziehung mythischer Phantastik oder historischer Zufälligkeiten seines wahren Sinnes entkleidet zu werden, wie dies im Christentum der Fall ist. Will man im Anschluß an die bisherige Bezeichnungsweise auch so noch fortfahren, die göttliche Wesenheit des Menschen, die immanente Gottheit „Christus" zu nennen, so kann folglich aller Fortschritt der Religion nur in der Pflege und Herausarbeitung dieses „inneren Christus", d. h. der den Menschen innewohnenden geistig-sittlichen Tendenzen in der Rückbeziehung auf ihren absoluten göttlichen Grund, bestehen, nicht aber in der historischen Veräußerlichung dieses inneren menschlichen Wesenskernes. Alle Wirklichkeit des Gottmenschen beruht sonach in der Wirksamkeit des „Christus" im Menschen, in der Betätigung seines „wahren Selbst", des /227/ geistigen Wesens seiner Persönlichkeit, in der Selbsterziehung zur Persönlichkeit auf Grund der göttlichen Wesenheit des Menschen, nicht aber in dem magischen Hineinwirken einer ihm fremden göttlichen Persönlichkeit in ihn, die doch im Grunde nichts anderes ist, als das auf eine geschichtliche Gestalt hinausprojizierte religiöse Ideal des Menschen, um sich dadurch der „Wirklichkeit" dieses Ideales zu versichern. Es ist nicht wahr, daß es dem religiösen Bewußtsein „wesentlich" ist, sein Ideal in vermenschlichter Gestalt aus sich hinauszuschauen, und darum der historische Jesus für das religiöse Leben unentbehrlich ist. Wäre es wahr, so wäre die Religion grundsätzlich außerstande, sich über die mythische Sphäre der Äußerlichkeit und sinnlichen Anschaulichkeit ihrer Götter zu erheben, wovon sie ausgeht, und die zu überwinden und immer mehr in die eigene Innerlichkeit hereinzuarbeiten, gerade das Wesen der religiösen Entwicklung ausmacht, so würde die Religion immer nur eine niedrige Provinz im menschlichen Geistesleben einnehmen und wäre sie in demselben Augenblicke überwunden, wo das Fiktive jener Projektion und Verselbständigung des eigensten wahren Selbst durchschaut wäre. Nur dem Christentum ist es wesentlich, den Gott im Menschen in einen Gott *außerhalb* des Menschen, in die „einzigartige" Persönlichkeit eines historischen Gottmenschen umzudeuten, und zwar weil es noch mit einem Fuße im religiösen Naturalismus und der Mythologie darinsteckt und die geschichtlichen Umstände es seinerzeit dazu veranlaßt haben, jene Umdeutung und Verfälschung des Begriffes der Gottmenschheit vorzunehmen.

Das Leben der Welt als Gottes Leben; die kampferfüllte und leidvolle Entwicklung der Menschheit als göttliche Kampfes- und Passionsgeschichte; der Weltprozeß als der Prozeß eines Gottes, der in jedem einzelnen Geschöpfe ringt, leidet, siegt und stirbt, um im religiösen Bewußtsein des Menschen die Schranken der Endlichkeit zu überwinden und seinen dereinstigen Triumph über das gesamte Weltleid vorwegzunehmen: das ist die Wahrheit /228/ *der christlichen Erlösungslehre.* In diesem Sinne den Grundgedanken erneuern, aus dem das Christentum hervorgegangen, und der unabhängig ist von aller geschichtlichen Beziehung, das heißt wirklich auf den „Ausgangspunkt" dieser Religion zurückgehen. Der Protestantismus hingegen, der die Religion des Paulus verwirft und die Evangelien zur Grundlage seines Glaubens erhebt, geht damit nicht hinter die Entwicklung des Christentums zur Kirche, auf den Ursprung des Christentums zurück, sondern bleibt innerhalb dieser Entwicklung stehen und täuscht sich selbst, wenn er meint, vom Standpunkte des Evangeliums aus die Kirche überwinden zu können.[7]

Bei einer solchen Umdeutung und Weiterbildung des christlichen Erlösungsgedankens wird die „historische Kontinuität" ebenso entschieden gewahrt, wie bei der einseitigen Vergeschichtlichung jenes Gedankens von seiten des liberalen Protestantismus. Was ihr entgegensteht, das ist einerseits der ganz unhistorische Glaube an einen historischen Jesus und andererseits das Vorurteil gegen den „immanenten Gott", d. h. gegen den Pantheismus. Allein dieses Vorurteil gründet sich ja selbst nur auf jene Fiktion eines historischen „Mittlers" und die darin enthaltene Voraussetzung einer dualistischen Getrenntheit der Welt und Gottes. Wenn die Vertreter des monistischen Gedankens, die vor kurzem sich zu organisieren angefangen haben, sich über die Bedeutung jenes Gedankens erst einmal klarer geworden sein werden, als sie es gegenwärtig meist noch sind, wenn sie dahin gelangt sein werden, einzusehen, daß die wahre Einheitslehre nur Alleinheitslehre, ein idealistischer Monismus im Gegensatze zu dem heute noch

---

[7] Vgl. mein Werk: Die Religion als Selbst-Bewußtsein Gottes, in welchem der Versuch gemacht ist, die gesamte religiöse Weltanschauung in dem angeführten Sinne durchzubilden.

überwiegenden naturalistischen Monismus im Sinne eines Haeckel sein kann, ein Monismus, der die Existenz eines Gottes nicht aus-, sondern einschließt, wenn damit ihre gegenwärtige unfruchtbare Verneinung aller Religion sich zu einer positiven, auch religiös vollgültigen /229/ Weltanschauung vertieft haben wird, *dann, aber auch erst dann* werden sie der Kirche wirklich Abbruch tun und wird die heute noch in ihren Kinderschuhen steckende monistische Bewegung zu einer inneren Gesundung und Erneuerung unseres gesamten geistigen Lebens führen können. Es gehört wahrlich viel Kurzsichtigkeit von seiten der Vertreter eines rein geschichtlichen Christentums dazu, um zu wähnen, der geistentleerte, dürftige Glaube an den persönlichen oder, wie man sich heute lieber vorsichtiger ausdrückt, den „lebendigen" Gott, an Freiheit und Unsterblichkeit, gestützt auf die Autorität der „einzigartigen" Persönlichkeit eines vor zweitausend Jahren gestorbenen Menschen Jesus, werde imstande sein, das religiöse Bedürfnis auf die Dauer zu befriedigen, auch dann noch, wenn der heute noch überall mit hineinspielende Gedanke an die einstige Erlösungsmetaphysik und die hierauf sich gründende fromme Stimmung erst einmal gänzlich ausgeschaltet sein werden. Je früher die Christen durch Verzicht auf ihren Aberglauben an einen historischen Jesus und die Monisten durch die Preisgabe ihres ebenso verhängnisvollen Aberglaubens an die alleinige Realität des Stoffes und die alleinseligmachende Wahrheit des naturwissenschaftlichen Mechanismus zu einer gegenseitigen Versöhnung reif sein werden, desto besser wird es für beide sein, desto eher ist zu hoffen, daß die drohende völlige Versandung des religiösen Bewußtseins noch rechtzeitig abgewendet werden und damit die europäische Kulturgemeinschaft vor dem Verluste ihres geistigen Schwergewichtes bewahrt bleiben wird, dem sie heute von allen Seiten scheinbar unaufhaltsam zusteuert. *Es gibt gegenwärtig gar keine andere Möglichkeit, als entweder ruhig zuzusehen, wie die täglich immer mächtiger anschwellende naturalistische Flutwelle auch die letzten Reste einer religiösen Denkweise hinwegschwemmt, oder aber das verglimmende Feuer der Religion auf den Boden des Pantheismus, in eine von aller kirchlichen Bevormundung unabhängige Religion hinüberzuretten.* Die Zeit des dualistischen Theismus ist ab- /230/ gelaufen. In dem Streben nach Monismus begegnen sich gegenwärtig alle fortgeschrittenen Geister auf allen verschiedenen Gebieten. Dies Streben ist so tief begründet und so wohlberechtigt, daß die Kirche zu allerletzt imstande sein wird, es auf die Dauer zu unterdrücken.[8] Das Haupthindernis einer monistischen Religion und Weltanschauung aber ist der mit keiner Vernunft und Geschichte

---

8 Vgl.: Der Monismus, dargestellt in Beiträgen seiner Vertreter[, hg.v. Arthur Drews]. 2 Bde.[, Jena] 1908.

vereinbare Glaube an die geschichtliche Wirklichkeit einer „einzigartigen", vorbildlichen und unübertrefflichen Erlöserpersönlichkeit.

Arthur Drews, Die Christusmythe, Jena: Eugen Diederichs ²1910, S. 216–230.

Wilhelm Bousset
3.8 Die Bedeutung der Person Jesu für den Glauben. Historische und rationale Grundlagen des Glaubens, 1910

Das die Veranstaltung des Kongresses vorbereitende Komitee hat mich aufgefordert, die modernen Anschauungen von Jesus in einem Vortrag zu behandeln. Das wäre nun ein Thema von unerschöpflicher Fülle und Mannigfaltigkeit. Ich ziehe es daher vor, aus dieser Fülle des Stoffes das Zentralproblem, mit dem sich die einander widerstreitenden Anschauungen vornehmlich beschäftigen, herauszugreifen: die Bedeutung der Person Jesu für den Glauben. Es ist aber bekanntlich dieses Problem gerade jetzt in Deutschland in den Mittelpunkt des Interesses getreten, seitdem die Behauptung von der Nicht-Existenz der Person Jesu und dem ausschließlich mythologischen Charakter unserer Evangelienliteratur in weite Kreise hinausgetragen ist und diese in lebhafte Unruhe und Bewegung versetzt hat. Ja wenn diese zur Mode gewordene Tagesfrage längst wieder von der Debatte abgesetzt sein und man es müde geworden sein wird, Aufstellungen zu machen und zu widerlegen, die auch nicht bis zu einem annähernden Grade wahrscheinlich gemacht sind, wird hoffentlich das durch jene Behauptung indirekt berührte Problem und die Überzeugung, daß wir hier vor der Notwendigkeit einer gewissen Revision unserer Grundanschauungen stehen, nicht so bald verschwinden. – Denn mit völligem Recht hat Johannes Weiß (Jesus von Nazareth 1910 S. 6) geurteilt: „Und darum ist dieser Kampf eine ernste Mahnung, ob man nicht gut tut, den Glauben des einzelnen und die Theologie auf eine breitere Basis zu stellen. Es taucht hier das oft zurückgedrängte, aber immer wieder eine Lösung heischende Problem auf: Religion und Geschichte."

Man macht sich den Ernst dieses Problems nicht klar, wenn man in diesem Kampf bei dessen vorläufigem, scheinbar beruhigendem Resultat stehen bleibt, daß der Versuch, die Gestalt Jesu von Nazareth als ungeschichtlich zu erweisen, mit den Mitteln der Wissenschaft als Utopie abgeschlagen sei. Ganz abgesehen von der Möglichkeit daß ja ein solcher Versuch einmal mit noch stärkeren Mitteln wiederholt werden könnte, würde schon eine andere und besonnenere Fragestellung genügen, /4/ um das Problematische der Art, wie man in weiten Kreisen auch der liberalen Theologie die Religion des Christentums auf die geschichtliche Erscheinung Jesu von Nazareth gründet, hervortreten zu lassen. Und diese

Fragestellung würde lauten: Zugegeben auch, was zugestanden werden muß, die Person Jesu habe gelebt – was wissen wir *historisch Gesichertes* von diesem Jesus von Nazareth, seinem Leben, seiner Lehre und seiner Person? Was wir vom pragmatischen Zusammenhang seines Lebens wissen, ist so wenig, daß es auf einem Blättchen Papier Raum fände. Die Predigt oder das Evangelium Jesu ist ein oft unlösliches Gewebe von Gemeindetradition und eventuell echten Worten des Meisters. Was unsere Evangelien von dem eigenartigen Selbstbewußtsein Jesu und dessen Formen, damit auch von dem Innenleben seiner Persönlichkeit überliefern, ist überschattet von dem Dogma der Gemeinde. Und wo es sich um diese skeptische Grundhaltung gegenüber der Überlieferung des Lebens Jesu handelt, haben wir es nicht mehr mit Dilettanten und Schreiern auf dem Markt zu tun, sondern mit ernsten Forschern anerkannten Ranges, ich nenne von vielen nur Wellhausen und Wrede. Und wenn man Grund zu haben meint, Forschungsmethode und Resultat dieser Männer in vielem einzelnen oder im ganzen abzulehnen, ist man denn wirklich überzeugt, daß diese Ablehnung eine so sicher begründete sei, daß man von ihr Sein oder Nichtsein der fundamentalen Begründung unserer Religion abhängig machen könnte? Es handelt sich hier ja um mehr, als um die Widerlegung der gegnerischen Angriffe, es handelt sich um Wiedereroberung des unbedingten Zutrauens zur evangelischen Tradition im großen und ganzen, die notwendig wäre, um in der weithin ausgeübten Weise die Sicherheit und Art unseres Glaubens auf die geschichtliche Erscheinung Jesu von Nazareth zu gründen. Es handelt sich um die Frage, ob man diese Sicherheit dem Kampf der hin und her wogenden historischen Forschung anvertrauen will.

Es muß auch zugestanden werden: weniger ist augenblicklich die sog. positive (orthodoxe) Theologie von diesen neuen Fragestellungen getroffen. Freilich, getroffen wäre auch sie von der radikalen Leugnung der Existenz Jesu. Denn allerdings steht und fällt ihr Glaube mit der Realität des Gottmenschen und Erlösers Jesu von Nazareth. Aber weniger berührt wird sie von der Frage, wie wenig oder wie viel wir von dem Leben des historischen Jesus wissen. Und würden ihr nur die Daten des Todes und der Auferstehung, eventuell des wunderbaren Anfanges dieses Lebens gelassen, sie könnte sich allenfalls dabei beruhigen. Das hat mit Scharfsinn seiner Zeit vor allem der Hallenser Theologe Kähler vorgetragen und bewiesen. Freilich geben sie damit auch zu, daß sie die Wahrheit ihres ganzen Systems, die Form ihres Glaubens gründen /5/ auf eine phantasievoll-mythisch-dogmatische Deutung des Lebens Jesu von seiten des Paulus, eine Deutung, deren Wurzeln durchaus im zeitlich bedingten Vorstellungsmaterial eines vergangenen Zeitalters liegen. Aber darauf kommt es in diesem Zusammenhang nicht weiter an.

Getroffen oder doch tatsächlich auf das stärkste beunruhigt durch den gegenwärtigen Gang historischer Forschung wird eine weithin herrschende Form der liberalen, modernen Theologie. Charakterisiert ist diese Theologie durch ihren geschichtlich bedingten Anti-Rationalismus. Man empfindet hier lebhaft den direkten Widerspruch zu Lessings berühmtem Satz: „daß zufällige Geschichtswahrheiten nie der Beweis von notwendigen Vernunftwahrheiten werden können" und etwa zu Kants Satz: „das Historische dient nur zur Illustration, nicht zur Demonstration". Man ist über diesen veralteten Rationalismus zur Tagesordnung übergegangen. Man sucht und findet im Historischen die fundamentale Grundlage, wie für alle höheren geistigen Anliegen der Menschheit, so für die Religion. Man faßt die Geschichte als den Schauplatz grundlegender, prinzipiell neuer Offenbarungen. Und indem man mit diesen allgemeinen Gedanken mehr oder minder entschlossen eine prinzipiell supranatural orientierte Weltanschauung verbindet, beurteilt man die Religion des Alten und Neuen Testaments und speziell das in und mit der Person Jesu gegebene Evangelium als eine in den Lauf der natürlichen Zusammenhänge eintretende, an einem Punkt der Geschichte gegebene, auf göttlicher Offenbarung beruhende Neuschöpfung, von der aller Glaube in seinem Fundament abhänge.

Die Theologie folgte hier dem Strome der allgemeinen Geistesentwicklung des 19. Jahrhunderts. Mit Recht darf man dieses 19. Jahrhundert das Zeitalter der Historie nennen. Ein ganzer Komplex seiner geistigen Eigentümlichkeit hängt mit diesem seinem Grundcharakter zusammen: das Zurücktreten großer beherrschender Weltanschauungssysteme, das erneute Anschwellen der Macht und der Autorität der kirchlichen Gebilde, das Vordringen des Konservatismus auf allen Gebieten, – auf der anderen Seite die weitreichende Herrschaft der Skepsis, des Relativismus, des Agnostizismus, die Begeisterung für die Wissenschaft der Psychologie, die Feinfühligkeit und Sensibilität für alle, auch die krausesten und buntesten Erscheinungen des menschlichen Geisteslebens, der sich selbst verzehrende, irrationale Individualismus usw. – Parallele Strömungen beobachten wir auf verschiedenen Gebieten des Geisteslebens, so vor allem der Jurisprudenz: die zum Teil natürlich berechtigte Bekämpfung des Naturrechts, die einseitige Richtung der wissenschaftlichen Arbeit auf das konkrete, positiv geltende Recht bis zur Ablehnung jener Rechtsphilosophie usw.

Der Anfänger dieser Geistesrichtung in der Theologie ist hier wie /6/ in allen anderen wesentlichen Punkten kein anderer als Schleiermacher. Und in charakteristischer Weise hängt die Auffassung, die Schleiermacher von der zentralen Bedeutung der Person Jesu für den Glauben hatte, mit seiner Anschauung von Religion zusammen. Entsprechend seiner Grundauffassung der letzten Wirklichkeit als der Indifferenz von Natur und Geist, der gegenüber Anschauung und Begriff versagen, fand er bekanntlich (deutlicher noch in der zweiten als in der ersten Auflage seiner Reden) das Zentrum aller Religion in dem unmittelbaren, auf keine weitere Formel zu bringenden Gefühl ohne alle positive Bestimmtheit. Den

Weg vom Gefühl zur Bestimmtheit der allgemeinen religiösen Idee hat Schleiermacher von hier aus niemals finden können. Wollte er zu bestimmterer Erfassung des religiösen Lebens, so bot sich ihm das konkrete Leben der Geschichte. So wurde ihm das Christentum diejenige Religion, in der alles bezogen sei auf die Person Jesu von Nazareth, von der er noch ein getreues Bild im vierten Evangelium zu besitzen meinte. So stellte Schleiermacher nicht die Idee, sondern das undefinierbare persönliche Leben in den Mittelpunkt seiner Betrachtungen.

Auf dem Boden, den Schleiermacher bereitete, baute im wesentlichen die moderne Theologie des 19. Jahrhunderts. Nur mit dem einen wesentlichen Unterschied, daß der Immanenzstandpunkt des großen Theologen mehr oder minder entschieden, wie bereits angedeutet, zugunsten einer supranaturalen Auffassung verlassen wurde. Religion wird hier etwas, das durch den Vorgang der geschichtlichen Offenbarung sich erst in die Menschenwelt einsenkt, nicht sich etwa aus dem Menschenwesen heraus in der Geschichte entfaltet. Und so konnte man hier über das Zeitalter des Rationalismus und Idealismus bis zu einem gewissen Grade dem altkirchlichen Supranaturalismus verstohlen die Hand reichen.

In diesem Zusammenhang soll an diesem Punkte nun nicht die Auseinandersetzung auf der ganzen Linie aufgenommen werden. Es soll vor allem gezeigt werden, wie die durch die intensive historische Arbeit verschärfte Situation der gegenwärtigen theologischen Lage gerade diese weitverbreitete Grundauffassung mit unerträglichen Schwierigkeiten belastet. Die Historie, wenn sie entschlossen bis zum Ende durchwandert wird, weist notwendig über sich selbst hinaus.

Es soll versucht werden, den Nachweis im einzelnen zu führen. Die Fundamentierung des christlichen Glaubens in der historischen Person Jesu kann nämlich auf vielfach verschiedene Weise erfolgen. Man kann dabei mehr von der Lehre oder dem Evangelium Jesu ausgehen und Jesus als den Offenbarer betrachten, der seine Lehre irgendwie mit der Autorität seiner Person deckt, oder man kann seinen Ausgangspunkt nehmen von der Person Jesu, ihrem anschaulichen Bilde, oder dem Impuls, der von ihr ausgeht. /7/

Ein namhafter Theologe hat einmal den Satz ausgesprochen, daß es darauf ankommen müsse, die echten, sittlichen und religiösen Weisungen Jesu wissenschaftlich festzustellen und dann, nachdem dies geschehen sei, sich nach ihnen als einer unverbrüchlichen Autorität zu richten. Hier tritt der historisierende Standpunkt in seiner vollendeten Einseitigkeit und damit auch in seiner Unmöglichkeit rein heraus. Man sieht ganz deutlich, daß hier der Glaube seinem Inhalt und seiner Gewißheit nach von einer niemals zu Ende zu bringenden, beständig schwankenden, wissenschaftlich-historischen Arbeit abhängig gemacht wird.

Aber so grob und unverhüllt pflegt der Historizismus selten geltend gemacht zu werden. Man wird sich gewöhnlich auf die in die Augen springenden, greifbaren Hauptdaten der Lehre Jesu beschränken. So faßte Albrecht Ritschl Jesus als den Verkündiger und Stifter des Reiches Gottes. Nach ihm beruht die spezifische Würdestellung Jesu auf der Tatsache, daß er den Zweckgedanken Gottes mit der Welt, das Reich Gottes offenbart hat, und ruht die Geltung des Reichsgottesgedankens auf der supranaturalen Autorität der Person Jesu. Also die Hauptsache in der Verkündigung Jesu soll gelten. Aber hier erhebt sich das vom Standpunkt des Historismus aus unlösbare Problem, was denn als Hauptsache zu gelten habe, und wo die Norm und der Maßstab sei, nach denen diese Frage zu entscheiden sei. Sollen wir unseren Standpunkt in der Verkündigung Jesu selbst nehmen und von hier aus urteilen, so ergibt sich noch so manches andere als wesentlich, etwa die Erwartung der Nähe der großen Weltverwandlung, oder die Formen des messianischen Bewußtseins Jesu. Man sieht nicht recht ein, welches Recht man haben sollte, diese Dinge, die einen so breiten Raum in urchristlicher Überzeugung einnehmen, einfach abzusetzen. Lehnt man es aber ab, in der Verkündigung Jesu selbst seinen Standpunkt zu nehmen, so muß der Historismus vergebens nach einem Maßstab, den man von außen anlegen könnte, suchen, da doch die geschichtliche Offenbarung selbst die letzte Autorität sein soll. – Außerdem kommt hinzu, daß uns die exakte historische Forschung gelehrt hat, Jesus und seine Predigt mehr und mehr in ihrer konkreten Bedingtheit und in ihrer weiten Entfernung zu sehen; man hat vielfach gewahren müssen, daß, was wir als Hauptsache in der Predigt Jesu ansahen, erst von uns aus hinein getragene Gedanken waren. Z. B. hat die moderne Forschung mit der Erkenntnis, daß der Reichsgottesgedanke Jesu und der Urgemeinde wesentlich eschatologisch sei und von der immanenten Auffassung der Ritschlschen Theologie so gut wie nichts enthalte, jene ganze Konstruktion auf das bedenklichste erschüttert. Zweifellos enthält die Predigt Jesu neben so vielem zeitlich Bedingtem, Fremdartigem im Kern Ewiges, /8/ die Zeitlichkeit Überragendes. Aber dem Historismus fehlt es, um es noch einmal zusammenzufassen, an Maßstab und Mittel, dieses Ewige überzeugend herauszuarbeiten.

So verzichtet man ganz darauf, irgendwie auf die näher bestimmbare Lehre oder das Evangelium zu rekurrieren. Man zieht sich auf das Letzte, Feinste und Ungreifbarste zurück: die in Formeln nicht faßbare Person Jesu selbst. Und hier sind wieder zwei Möglichkeiten gegeben. Entweder man betont das Personenbild Jesu, wie es uns durch die lebendige Anschauung gegeben wird. Diese Anschauung des Personenbildes Jesu soll unmittelbar Religion, religiöse Andacht und Verehrung erwecken. In Christus sollen wir das Ebenbild Gottes sehen, in ihm soll uns das Personenleben Gottes greifbar, gegenwärtig entgegentreten. Wir wollen auch diese Anschauung wieder nur von der Seite der sie belastenden historischen Schwierigkeiten betrachten. Dieses Bild Jesu kann doch nicht, so oft das auch betont wird, unabhängig von der Geschichte und der Geschichtsforschung sein. Ist es wirklich das Fundament unseres Glaubens, so muß die historische Wahrheitsfrage hier eine eminente Rolle spielen. Die neuesten Kontroversen haben uns wieder lebhaft ins Gedächtnis gerufen, daß diese Auffassung jedenfalls von der Behauptung der Nichtexistenz Jesu tödlich getroffen wird. Aber auch die auftauchende Möglichkeit, daß wir vielleicht sehr wenig vom Personenleben Jesu wissen, so wenig, daß es zu einem eindrucksvollen anschaulichen Bilde nicht reicht, muß jene Auffassung auf das Ernstlichste bedrohen. Und wenn es hier vor allem auf das persönliche Innenleben Jesu ankommt, dieses Innenleben aber doch seine greifbare Form gewinnt an dem messianischen Selbstbewußtsein Jesu, so lehrt uns die neueste Forschung, daß gerade auf diesem Gebiet des Selbstbewußtseins Jesu Gemeinde-Auffassung und Dogma mit dem ursprünglich Historischen ein unlösbares und unentwirrbares Gebilde darstellen, so daß wir hier keinen Schritt tun können, ohne ins Ungewisse zu geraten. – Wenn man aber diesen Schwierigkeiten gegenüber betont, daß es keineswegs auf den rein historischen Jesus ankomme, sondern auf das Glaubensbild, das sich die Gemeinde und der Einzelne erst schaffe, so enthält dieser Hinweis zwar etwas durchaus Richtiges; aber man soll dann auch zugeben, daß man den Boden einer historischen Objektivierung und Fundamentierung der Religion prinzipiell verläßt. Und es wäre dann die Frage zu beantworten, aus welchen Quellen die schöpferische Tätigkeit des subjektiven Glaubens stammt, nach welchen Gesetzen und mit welchem Recht sie arbeitet.

So bleibt noch die andere Möglichkeit der Betrachtung übrig. Man gibt auch das gegenständliche anschauliche Jesusbild auf und faßt nur den von Jesus ausgehenden persönlichen Impuls ins Auge. Man faßt /9/ Jesu[s], so wie etwa Schleiermacher es tat, entschlossen als das erste schöpferische Subjekt unserer Religion auf. Und insofern man damit nur behaupten will, daß von der Person Jesu der erste schöpferische Impuls innerhalb der Geschichte zur Formierung der Religion in der Gestalt des Christentums ausgegangen ist, ist man bei einem Satz angelangt, den vorsichtige Geschichtsforschung kaum wird bestreiten können. Damit wäre dann aber der Versuch einer unmittelbaren und im frommen Bewußtsein nachweisbaren Fundamentierung des Glaubens auf die Person Jesu, resp. auf die Historie aufgegeben. Was hier übrigbleibt, ist ein historischer Satz, der gar keine unmittelbare Beziehung zum Glaubensleben zu haben braucht. Anders freilich meinte es Schleiermacher, der das eigentümliche Leben des christlichen Glaubens in seiner beständigen psychologischen Beziehung auf die Reinheit und Kräftigkeit des Gottesbewußtseins Jesu erblickte. Aber auch dazu bedarf es einer lebendigen und farbenreichen Anschaulichkeit des inneren Personenlebens Jesu, das eben die heutige moderne Historie in Frage stellt, oder doch ganz wesentlich erschwert. Man darf nicht vergessen, daß Schleiermacher in dem Jesusbild des vierten Evangeliums historische Wahrheit im eigentlichen Sinne des Wortes sah.

So hat sich die Operationsbasis für die historisierende Betrachtung mehr und mehr eingeengt. Es ist verständlich, wenn man die Empfindung hatte, daß man eine breitere Basis als Fundament der Religion suchen müsse. Und man versuchte es nunmehr mit der Behauptung, daß die Sicherheit und Gewißheit der christlichen Religion auf der Gesamtheit der Offenbarungswirkung beruhe, die sich in der Geschichte des Christentums in ihrer Totalität darstelle. Diese Geschichte, die mit Jesus von Nazareth als ihrem schöpferischen Anfangspunkt beginne und mit uns und unserem Zeitalter keineswegs aufgehört habe, sei als eine zusammenhängende Offenbarungs-Totalität zu betrachten, deren Grundwesen und Grundgesetze in einer über das Ganze gehenden Betrachtung allmählich zu erkennen und festzulegen seien, so daß dann von dieser Gesamtkenntnis aus der Maßstab an das Einzelne, auch an die Anfänge unserer Religion gelegt werden könnte. Dabei denkt man nicht daran, diesem Offenbarungs-Ganzen eine spezifische Dignität vor anderen Offenbarungs-Ganzen in der Religionsgeschichte zu geben. Vielmehr wird die gesamte Geschichte als ein Gewebe gesetzmäßigen Geschehens und neu einströmender Offenbarungen betrachtet. Man vereinerlei das Supranaturale mit dem für uns unauflöslich Individuellen, setzt in dies Individuelle die Offenbarung und gewinnt auf diesem Wege letztlich ein Mittel, sich mit dem altkirchlichen Supranaturalismus, wenn auch nur sehr von weitem, zu begegnen. Aber auch hier befindet man sich mit alledem in einer starken Abhängigkeit von der Geschichte. /10/ Ist die historische Person Jesu hier nicht das allein Entscheidende, so kommt sie doch als der prinzipielle Anfangspunkt der Geschichte in Betracht, aus welcher sich uns die Gesetze und das Wesen der bisher höchsten und relativ vollendeten Religion entwickeln sollen. So steht man denn auch hier der modernen geschichtlichen Arbeit am Leben Jesu und der Beobachtung, daß sie vielleicht mehr und mehr ins Unsichere und Ungewisse hinaus führ[t], mit äußerstem Mißbehagen gegenüber. Und der Hauptvertreter dieser Anschauung[1] richtet einen beweglichen Appell an die Historiker, diesem Zustand der Ungewißheit und quälenden Unsicherheit endlich einmal ein Ende zu machen. Ein Appell, der leider nicht so unbedingt erfüllbar ist. Eher könnte doch wohl der Historiker vom Systematiker verlangen, daß er ihn über sich selbst hinaus auf ein sturmfreies Gebiet der Sicherheit und Gewißheit führe.

---

[1] Zeitschr[ift] f[ür] wissenschaftl[iche] Theol[ogie] N. F. XVI 2 [(1909), S. 97–135]: E[rnst] Troeltsch, Rückblick auf ein halbes Jahrhundert der theolog[ischen] Wissenschaft.

Also sind alle diese Versuche, erkenntnisgemäß die Sicherheit und den Inhalt unseres Glaubens rein im Historischen zu begründen, von eigentümlichen Schwierigkeiten bedrückt. So weist die Historie, ernst und nachhaltend betrieben, über sich selbst hinüber und zwingt uns, ein anderes Fundament außerhalb ihrer zu suchen, und das wäre – – die Ratio.

Gegenüber allem einseitigen Historismus richten wir also den Grundsatz auf: Religion sei etwas dem menschlichen Wesen ureigenes, aus der Notwendigkeit seiner Vernunft-Anlage zu begreifendes; Religion sei nichts von außen an den Menschen heran getragenes, von oben durch Offenbarung hinein geworfenes und ruhe nicht auf supranaturaler Offenbarung im eigentlichen Sinne des Wortes. An diesem Punkte können wir noch bei Schleiermacher einsetzen. Er ist es, der der Religion eine Provinz im menschlichen Geistesleben eroberte; nach seiner Auffassung kann es heißen: Schau in dich selbst hinein, in die Tiefe deines eigenen Wesens, dort findest du Religion; nicht als Willkür und Laune und persönliche Einfälle, sondern als das zentrale Grundgesetz deines Lebens.

Von hier aus ergibt sich sofort eine eigentümliche Auffassung der Geschichte. Es wird sich darum handeln, einen Bruch mit jedem historischen Supranaturalismus zu vollziehen. Religionsgeschichte ist nicht der Ort und das Gebiet, auf welchem übernatürliche Offenbarung absolut neue Anfänge setzt. Es findet in der Religionsgeschichte auch keine Entwicklung aus kleinsten und aberkleinsten Anfängen fremdartiger Natur statt, etwa nach dem angenommenen Gesetz der Heterogonie der Zwecke (Wundt). Jeden derartig verfeinerten oder gröberen Supranaturalismus lehnen wir ab. Religion ist ein ursprüngliches Vermögen /11/ des Menschen, das sich in der Geschichte immer nur entfaltet, aus dumpfen ersten Anfängen zu immer größerer Klarheit gestaltet. Aber die Geschichte entwickelt nur, was uranfänglich vorhanden war. Was uranfänglich vorhanden war, soll sich durch die Reflexion hindurch zu steigender Klarheit vor dem Bewußtsein entfalten. Und dabei handelt es sich doch um einen wirklichen Fortschritt. Geschichte ist nicht bloß ein Spiel und ein gleichgültiges Geschehen oder gar das Verderbnis ursprünglicher Anlage, sie ist eine Tat: denn Religion liegt in der Tiefe menschlichen Bewußtseins, und diese Tiefe bewußt zu ergreifen und zu bejahen ist harte, saure Arbeit, die in der Geschichte getan wird.

Es muß aber von hier aus weiter behauptet werden, daß die Religion als ein wesentlicher Bestand menschlicher Vernunft ein bestimmt überschaubares, in klaren Ideen umschreibbares Ganze sein müsse. Und an diesem Punkt ist der Fortschritt über Schleiermacher hinaus geboten. Es kann nicht sein Bewenden haben bei den undefinierbaren, in Worten nicht zu fassenden Gefühlen, das sich in einzelnen autoritativen Persönlichkeiten gestaltet und formiert. Von diesem Gefühl muß der Weg gefunden werden zu klarer Selbsterfassung und Selbstbestimmung in Ideen, d. h. das religiöse Bewußtsein muß zur Klarheit über sich selbst kommen. Nicht als ob es sich hier um angeborene Ideen handelte, die von selbst den Menschen in der Anschauung zugänglich werden, es sind Ideen, die erst allmählich im Laufe der Geschichte bei genügender Entfaltung des religiösen Lebens vor dem Bewußtsein auftauchen.

Und von diesen Ideen gelten nun die oben zitierten Worte Lessings und Kants: sie leuchten mit selbsteigener Gewißheit, sie stehen der Zentralsonne gleich im Mittelpunkt des menschlichen geistigen Lebens. Sie bedürfen nicht der Autorität der Geschichte, ja sie sind vielmehr der Maßstab, an dem wir bewußt oder unbewußt die einzelnen geschichtlichen Erscheinungen messen, nach dem wir bewußt oder unbewußt auch in der Person Jesu von Nazareth Zeitliches und Ewiges scheiden. Ja, es wird nötig sein, an diesem Punkt der Sicherstellung der Ideen selbst den Altmeister Kant noch zu überbieten. Kant gründete die Ideen der Religion auf den Impuls der praktischen Vernunft und auf den kategorischen Imperativ und stellte darum die Religion in absolute Abhängigkeit von der Moral. Über Kant hinaus wird es sich, indem wir Kants bedeutendstem Schüler, Jakob Friedrich Fries, folgen, erweisen lassen, daß die Ideen gelten aus reiner Vernunft, und in ihr einen ebenso sicheren und notwendigen Bestand bilden, wie die Kategorien des reinen Verstandes und wie die Aussagen der unmittelbaren Wahrnehmung. Denn auch bei diesen ist nur eine Aufweisung möglich als von etwas Notwendigem, innerhalb des menschlichen Geistes Gegebenem. Niemals kann ihre „Objektivität" durch einen Vergleich mit der Wirklichkeit /12/ selbst, auf die sie sich beziehen, und die ja niemals für sich, sondern nur in unserem Geist gegeben ist, erhärtet werden. Somit hätten also unmittelbare Wahrnehmung und Verstandes-Kategorien nichts voraus vor den mit gleicher Notwendigkeit im menschlichen Geistesleben gegebenen höchsten Vernunftideen, denen ja freilich empirische Wahrnehmung und Beobachtung niemals entsprechen kann.

Ist nun von diesem Standpunkt des Rationalismus und von der Behauptung der Selbständigkeit der Ideenwelt aus das Urteil erlaubt, die Geschichte bedeute nichts für die Religion, die Ratio alles? Die Geschichte sei höchstens nur eine Krücke, mit der man sich zu den Ideen erhebe und die man dann wegwerfen könne! Das wäre etwa der Standpunkt des alten Rationalismus. Aber diese Behauptung besteht nur unter einer Bedingung zu Recht: wenn wir nämlich den in seiner Notwendigkeit betonten Rationalismus in der Auffassung der Religion im logizistischen Sinn mißverstehen, als sollte auf diesem Wege mit rein logischen Mitteln der Beweis für die Wahrheit der Religion aus einem obersten Prinzip geführt werden. Das wäre etwa die Meinung der nach Kant einsetzenden großen idealistischen Systeme. Sie versuchten Weltanschauung, Metaphysik heraus zu spinnen aus reiner Logik, etwa aus dem obersten Grundsatz der Identität und des Widerspruchs. Das war auch der Fehler mancher neu-rationalistischen theologischen Systeme. Damit näherte man sich wieder der Meinung des alten Rationalismus, der die Religion in das Gebiet der verstandesgemäßen, wissenschaftlichen Beweises stellte. Dann allerdings wäre die Bedeutung der Geschichte für die Religion auf Null reduziert. Wissenschaftlich bewiesene Wahrheiten, wie wir deren in der Naturwissenschaft und der Mathematik haben, bedürfen der Geschichte und der geschichtlichen Anschauung überhaupt nicht mehr.

Aber darum handelt es sich hier auch nicht. Religiöse Ideen sind keine Sätze der *Wissenschaft*, logisch deduzierbar und beweisbar. Sie sind letzte Wahrheiten, die man nur als notwendigen Bestandteil unserer Vernunft aufweisen, aber niemals beweisen kann, Äußerungen eines Grundvermögens, das aller rationalen Zergliederung spottet. Die Reflexion kann dieses Vermögen nicht schaffen durch den Beweis, kann uns vielmehr nur sein Vorhandensein und seine Eigentümlichkeit vor das Bewußtsein bringen. Religion wird nicht lebendig durch verstandesgemäße Reflexion, war vielmehr lange vor ihr vorhanden. Wir versuchen für diese Jenseitigkeit der Ideen gegenüber aller wissenschaftlichen Beweisbarkeit den Nachweis im einzelnen zu führen.

Alle Religion geht auf die Idee von Sinn und Wert des Daseins; solche Kategorien wie Sinn, Wert und Zweck existieren in der Wissenschaft überhaupt nicht. Die Naturwissenschaft, wie man vor allem seit Darwin /13/ erkannt hat, hat auf alle Teleologie rundweg zu verzichten; sie hat es nur mit Ursachen und nicht mit Zwecken zu tun; und auch die Geschichtswissenschaft kennt den Gedanken eines Zweckes und eines Sinnes nur so weit, als menschliche Generationen Zweck und Sinn in der Geschichte selbst hinein gelegt haben. Gedanken darüber hinaus von einer allgemeinen, über den Menschen waltenden Zweckbestimmung, von einer Erziehung des Menschengeschlechts nach einem göttlichen Plan, lehnt die strenge Geschichtswissenschaft als unbefugte Einmischung der Phantasie ab. – Religion geht auf die Ideen der Einheit und Totalität der Welt-Wirklichkeit. Denn nur, was in einheitlicher Abgeschlossenheit sich bietet, hat Sinn und Wert. Die Wissenschaft aber zeigt uns eine prinzipiell unabgeschlossene, im Unendlichen sich dehnende Welt in Zeit und Raum, im Großen und im Kleinen, in Zahl und Maß. – Religion geht auf die Idee einer höchsten wesenhaften Notwendigkeit und kann sich nicht bei der Annahme eines letzten Zufalls beruhigen. Auch die Wissenschaft strebt nach der Idee der Notwendigkeit und sucht sie in der gesetzmäßigen Betrachtung zu erreichen, aber sie muß prinzipiell darauf verzichten, das Konkrete, Individuelle, Einzelne aus dem Ganzen abzuleiten, und bleibt daher stehen bei letzten Zufälligkeiten. – Die Religion besagt, daß die letzte Wirklichkeit in irgend einem Sinn unserem Wesen verständlich und kommensurabel sei, daher Geist sei und in der Richtung des Geistes liege. Die Wissenschaft ist auf das gestellt, was man messen, wägen, zählen kann, letzte Wirklichkeit ist für sie Substanz, das in Raum und Zeit Beharrende, der Geist kann vor ihrem Forum höchstens als Akzidenz erscheinen. – Religion geht auf letzte schöpferische Ursächlichkeit der Freiheit, die Wissenschaft läßt uns stecken in der endlosen Kette der Kausalität. – –

So stehen die religiösen Ideen sogar in einer gewissen Gegensätzlichkeit zur Wissenschaft und überflügeln deren Gebiet weit. Für den, der Wissenschaft und Erkenntnis der Welt-Wirklichkeit in eins setzt, gilt Religion überhaupt nicht und kann nicht gelten. Vielmehr muß gegen den Versuch wissenschaftlicher Alleinherrschaft das Urvermögen und tiefste Empfinden unserer Gesamt-Vernunft zu Hilfe gerufen werden, vor deren Forum dann die wissenschaftliche Weltanschauung in ihrer Beschränktheit und Bedingtheit erscheint.

Auf dieser schweren subjektiven Erfaßbarkeit der religiösen Ideen beruht nun die Bedeutung der Geschichte für die Religion. Ideen sind freilich für die Erkenntnis die letzten religiösen Fundamente, die alles religiöse Leben tragen, aber davon zu unterscheiden ist die Frage: wie wird Religion praktisch lebendig? Und da ist dieses sicher: der praktische Glaube lebt nicht unmittelbar von diesen Ideen, deren sich die Reflexion erst mühsam bemächtigt; erst recht nicht allerdings vom verstandes- /14/ gemäßen Beweis; er lebt vom Bild und Symbol und im Gefühl für das Gleichnis und Bild. Die nackten Ideen sind unfaßbare, ungreifbare Schemata, sie bedürfen der Umhüllung und Symbolisierung. Die Welt der Ewigkeit kann nur greifbar und gegenständlich werden, wenn sie durch die Welt des Endlichen transparentartig hindurch schimmert: Ewiges im Endlichen. Das Dichterwort: „Alles Vergängliche ist nur ein Gleichnis" hat tiefste Wahrheit.

Darauf beruht die enge Verwand[t]schaft zwischen den religiösen Gefühlen und den rein ästhetischen für das Schöne und Erhabene, zwischen Religion und Kunst. Wir können sagen: was in aller Kunst und in allen rein ästhetischen Gefühlen mehr oder minder unbewußt geschieht, das Ergreifen des Ewigen im Endlichen, geschieht in der Religion mit bewußter Beziehung auf die letzte Wirklichkeit.

Wir wollen uns das an einzelnen Beispielen klar machen. Will Jesus die Güte und Allmacht des himmlischen Vaters klar machen, so spricht er: Schauet die Lilien auf dem Felde! Also wird ihm die einfache Blume zum Symbol aus der ewigen Welt. Hier ist Einheit und Abgeschlossenheit, die wir in der Wissenschaft vergeblich suchen. Hier ist Schönheit und Harmonie in Freiheit, hier erhalten wir den Eindruck, daß ein Ding Zweck in sich selbst ist, hier ahnen wir etwas von Sinn und Wert und Geistigkeit der Welt-Wirklichkeit. Wenn der alttestamentliche Sänger die Erhabenheit und Allmacht Gottes über Zeit und Raum verdeutlichen will, so singt er: Ehe denn die Berge und die Welt und die Erde geschaffen wurden, bist du Gott von Ewigkeit zu Ewigkeit. So sprechen wir vom „ewigen Meere"; und beim Aufruhr und tobenden Sturm der Elemente der Natur finden wir im Gefühl des Erhabenen die Ideen einer absolut erhabenen, über uns waltenden Macht. Höher hinauf als die naturhaften Symbole greifen die Symbole und Bilder aus dem geistigen Leben. Die Geschichtswissenschaft, sagten wir, kennt keinen allgemeinen Sinn und Zweck des menschlichen Daseins, aber wo uns auf einzelnen Teilstrecken menschlichen Geschehens die Blüte und harmonische Entfaltung eines Volkslebens, die Größe und der heroische Adel einer Nation, den sie im Untergang noch bewahrt, entgegentritt, ahnen wir etwas von Sinn und Wert und Zweck gottgeleiteten menschlichen Daseins. – Die höher hinaufsteigenden und ihr Wesen entfaltenden Religionen leben von der Offenbarung Gottes in der Geschichte. Und das höchste Symbol einer ewigen Welt wird uns die einzelne menschliche Persönlichkeit, sei es die schöne Seele, sei es der Führer und Heros – „nichts Heiligeres hat der Mensch als Helden und Helden-Verehrung" (Carlyle).

Hier liegt also die Bedeutung und der Sinn der Geschichte für die Ideenwelt. In ihr weben sich die Hüllen und die Symbole für die reli- /15/ giösen Ideen. Zunächst erwacht die Religion in dem ganz dumpfen Gefühl des Grausens und in dem Trieb der unbedingten Hingabe, und ihre Gefühle entwickeln sich planlos und oft sinnlos an jedem beliebigen Gegenstand. Dann erfolgt ihre allmähliche Gestaltung; der Fortschritt in der Religion richtet sich nach den Symbolen, die sich die Andacht wählt. Erst sind es dem Menschen ganz nahestehende irdische Mächte, dann die hohen Naturkräfte und Himmelsmächte, dann findet man das Walten der Götter in der Geschichte, endlich sucht man die Gottheit in den Werten menschlichen Gemeinschaftslebens, in den großen führenden Persönlichkeiten.

Und hier nun wird die Vergangenheit und die Geschichte in ganz anderem Maße bedeutsam als z. B. in der Geschichte der Wissenschaft oder auf dem Gebiet des technischen Könnens. Im Wissen und Können strebt die Menschheit, solange keine äußeren Katastrophen hindernd dazwischen treten, geradlinig vorwärts, die Vergangenheit liegt immer hinter ihr in wesenlosem Schein, sie ist immer das prinzipiell Überbotene, Dünger nur für die Zukunft. Ganz anders ist das auf dem Gebiet der Kunst und des religiösen Lebens. Die Vergangenheit bleibt hier gegenwärtig, lebendig für die Gegenwart. Auf dem Gebiet des Symbolischen gibt es keinen geradlinigen Fortschritt. Hier waltet die Unberechenbarkeit des Individuums, des Genius und des Heros. Hier werden im Sturm oft Höhen erreicht, die niemals wieder überstiegen werden; plötzlich und über Nacht kann es wie ein Aufblitzen aus der Dunkelheit kommen, und dann enthüllt menschliches Leben sich in seinen ungeahnten Tiefen, und Gestaltungen werden geschaffen, zu denen die folgenden Generationen wieder und wieder zurückkehren als zu unmittelbarer lebendiger Gegenwart.

Träger der Entfaltung des religiösen Lebens sind die großen religiösen Persönlichkeiten. Sie leuchten mit ihrer Fackel dem Menschen in die tiefsten Tiefen seines Wesens hinein, ziehen ihm auf dem Weg, der zur Eroberung dieser Tiefen führt, voraus. Sie wirken mit einer ganz besonderen, eigenartigen Wucht aus weiter Vergangenheit in die Gegenwart. Wieder kann ein Vergleich das klar machen. Wer denkt, wenn er sich des Telegraphen bedient, noch etwa der Persönlichkeiten von Gauß und Weber? So mechanisiert die Wissenschaft und die Technik alles persönliche Leben, das einmal auch in ihr lebendig pulsierte. Ganz anders verhält es sich in der Kunst und der Religion; der große Künstler, die große künstlerische Persönlichkeit wirkt als Individuum, als große Persönlichkeit weiter. Kunst haben wir nur in den großen Werken der Künstler, und wenn auch die Persönlichkeit des Künstlers vergessen wäre, in jedem Werk des Künstlers steckt in ganz anderer Unmittelbarkeit persönliches Leben, mehr noch aber und wirksamer als die Werke /16/ des Künstlers ist da, wo sie erreichbar ist, die Totalität seiner Person (Goethe). Ganz besonders aber haben wir diese Erscheinung auf dem Gebiet des religiösen Lebens, dies Fortleben der Großen und ganz Großen, herüber aus ferner Vergangenheit in die Gegenwart. Hier findet auch kein Verstecken der Person hinter den Werken statt. Hinter der Gemeinde taucht wieder und wieder die Person des Stifters auf in lebendig fortwirkender Kraft. Die große religiöse Persönlichkeit wirkt als Ganzes in der Gesamtheit ihres Personenlebens weiter.

Und wiederum hier welche unbegreifliche Fülle der Entwicklung! Vom Zauberer, Fetisch- und Medizin-Mann zum Priester, Wahrsager und Seher, zum Gesetzgeber und Propheten, und schließlich zum Religions-Stifter! Und hier auf der höchsten Stufe vollzieht sich noch einmal ein merkwürdiger Umschwung und Umschlag. Die große religiöse Persönlichkeit *schafft* nicht nur die Symbole des Glaubens, sie wird einer gläubigen Gemeinde *selbst zum Symbol*. So faßt sich der Glaube des Judentums in der Person des Moses zusammen, so wird Zarathustra die Inkorporation der zum Monotheismus strebenden eranischen Religion. So findet der Chinese in Kongtse sein persönliches ethisches Ideal. So siegte der Buddhismus über den Brahmanismus infolge der Konzentration seines Wesens in einem persönlichen Stifter. So hat Jesus nicht nur die Symbolik des Evangeliums in seinen Grundlagen geschaffen, sondern ward selbst Symbol. Um eines Hauptes Länge und mehr noch ragt seine Gestalt über alle Größen, die auf dem Wege der Religion das Menschheitsgeschlecht aufwärts geführt haben. Und Symbol wurde er für die Religion der Völker und Kulturen, die mit ihrem Wesen den Erdball zu beherrschen beginnen.

Das ist aber auch das Höchste, was wir aussagen dürfen: Bilder und Symbole, Symbole einer tieferen, ewigen Wirklichkeit und Wahrheit, die wir als bleibendes und festes Fundament hinter den Symbolen ahnend und tastend empfinden. Symbole und Bilder, aber nicht die letzte Wahrheit selbst. Dieses bildlichen Charakters unserer Schätzungsweise sollten wir uns jederzeit bewußt bleiben. Wir dürfen dann ruhig mit Bezug auf die Person Jesu (wie in geringerem Grade mit Bezug auf manchen anderen Heros der Religionsgeschichte) von Gegenwart und Nähe Gottes und Bild Gottes sprechen. Aber es bleiben Symbole, sobald wir diese wissenschaftlich greifen und erweisen wollen, sobald wir versuchen das Symbol zum Dogma auszugestalten, so wird alles verkehrt und zerrinnt unter den Händen.

Dafür aber überhebt uns diese symbolische Auffassung auch aller Schwierigkeiten, welche bei den oben charakterisierten Auffassungen der Person Jesu gerade von Seiten der exakten Geschichtsforschung sich ergaben. Die Frage nach der Existenz und nach der historischen /17/ Erkennbarkeit spielt hier keine alles beherrschende Rolle mehr, denn wir brauchen zunächst nun nicht ängstlich mehr abzugrenzen, was etwa an dem Bild Jesu Zutat und Schöpfung der Gemeinde sei, und was Wirklichkeit im engeren geschichtlichen Sinn. Wir brauchen das mögliche Resultat historischer Forschung, daß uns diese Wirklichkeit im engeren Sinn an vielen Punkten unerkennbar, unrettbar verloren bleibt, nicht mehr zu fürchten. Es kommt auf das Symbol und das Bild selbst an, an diesem Punkt also nicht auf letzte Wahrheit und Wirklichkeit. Die ruht hinter den Symbolen, in den unverrückbaren, gottgegebenen Tiefen menschlicher Vernunft und in den ewigen Werten und Ideen. Das Symbol dient zur Illustration, nicht zur Demonstration. Daher wir auch die merkwürdige Beobachtung machen, daß das Bild Jesu, wie seine unmittelbare Gemeinde es in den Evangelien zeichnete, als Dichtung und Wahrheit wirksamer bleibt und bleiben wird, als alle historische noch so genaue Rekonstruktionsversuche. Denn dieser Glaube fragt nicht nach der geschichtlichen Wirklichkeit im engeren Sinn, sondern nach dem Religiösen und sittlich Brauchbaren, er bleibt bewußt oder unbewußt beim Bilde stehen. Worte Jesu, Gleichnisse und Geschichten, deren geschichtliche Wahrheit noch so stark umstritten ist, können doch von ewiger Bedeutung bleiben. Das vierte Evangelium wird bei aller seiner Widerlegung durch die Geschichte seine religiöse Wirksamkeit niemals einbüßen. Und wenn die Wissenschaft das äußerste Verdikt spräche, daß Jesus nicht existiert habe, der Glaube kann nicht verloren gehen, denn er ruht auf seinen eigenen ewigen Fundamenten, und überdies würde das Bild Jesu in den Evangelien dennoch stehen bleiben, und wenn auch nur als eine große Dichtung, so doch als Dichtung von ewiger symbolischer Bedeutung.

Aber hier wäre nur ein Grenzfall gesetzt, dessen Wirklichkeit nach wie vor ausgeschlossen bleibt: die Existenz Jesu von Nazareth wird nach wie vor auch der schärfsten Kritik gegenüber stehen bleiben, wir dürfen Jesu[s] von Nazareth als den schöpferischen Genius verehren, der uns die grundlegenden Symbole unseres Glaubens schuf und selbst in seiner Person, wie sie uns in den Evangelien in einem unauflöslichen Gewebe von Dichtung der Gemeinde und historischer Wahrheit entgegentritt, das andauernd wirkungskräftigste Symbol unseres Glaubens wird. Aber hinter dem Symbol und durch das Bild hindurch schimmern und leuchten die ewigen Wahrheiten des Glaubens. Und wenn wir es nicht als dogmatisches Bekenntnis nehmen, sondern als Erzeugnis dichterischer Phantasie, so können wir uns das Wort aneignen: der Logos ward Fleisch und wir sahen seine Herrlichkeit.

Wilhelm Bousset, Die Bedeutung der Person Jesu für den Glauben. Historische und rationale Grundlagen des Glaubens (Sonderausgabe aus dem Protokoll des 5. Weltkongresses für Freies Christentum und Religiösen Fortschritt, Berlin 1910), Berlin-Schöneberg: Protestantischer Schriftenvertrieb 1910.

Ernst Troeltsch
3.9 Die Bedeutung der Geschichtlichkeit Jesu für den Glauben, 1911

I.

Seit der endgültigen Zersetzung des von der Urkirche gebildeten christlichen Dogmas, seit der Auflösung der christlichen Einheitskultur und seit dem Beginn der historischen Bibelkritik ist eine der Hauptfragen für das christlich-religiöse Denken die Wirkung der geschichtlichen Kritik auf den Christusglauben. Welche Bedeutung kann ein der historischen Kritik ausgesetztes und von ihr gestaltetes Jesusbild für den Glauben haben, der doch seinem Wesen nach auf das Ewige, Zeitlose, Unbedingte und Uebergeschichtliche gerichtet ist? Die urchristliche religiöse Ideenbildung hatte schon im ersten Anfang der Gemeindebildung Jesus der Geschichte entnommen und ihn zu einem in geschichtlicher Gestalt uns erscheinenden ewigen Christus, Logos und Gott gemacht, der mit der ewigen Gottheit wesensverwandt ist und daher sehr wohl Gegenstand des Glaubens sein kann. Die in einer von der Kirche nicht mehr beherrschten Welt aufkommende geschichtliche Kritik hat ihn nun aber heute der Geschichte, der Endlichkeit und Bedingtheit, zurückgegeben. Ist da von einer inneren, wesentlichen /2/ Bedeutung Jesu für den Glauben überhaupt noch zu reden möglich? Die Krisis begann mit der Einführung der Kritik und historischen Psychologie in die Evangelienforschung und hat heute ihren schärfsten Ausdruck gefunden in der törichten Frage, die heute weite Kreise beschäftigt, ob Jesus überhaupt existiert habe, oder in dem begründeteren Bedenken, ob das sichere Wissen über ihn überhaupt ausreiche zu einem geschichtlichen Verständnis der Entstehung des Christentums, geschweige denn zur Anknüpfung religiöser Glaubensüberzeugungen an die geschichtliche Tatsache. Die Entwickelung auf diese radikale Fragestellung hin ist klar zu beobachten. Erst glaubte man noch an eine sichere historische Erforschung des Lebens und der Persönlichkeit Jesu aus kritischer Behandlung der Quellen heraus und fand damit das Lebensbild Jesu nur menschlich näher gebracht und wirkungsvoller geworden. Aber man empfand doch zugleich schon peinlich die Belastung von Glaubensüberzeugungen mit wissenschaftlich-kritischen Einzelfragen. Grundstürzende Beantwortungen der letzteren waren seit den Deisten und Reimarus nicht ausgeschlossen, und es bedurfte einer zunehmenden historisch-kritischen Apologetik, die die Bedenklichkeit einer Anknüpfung religiöser Ueberzeugungen an kritisch-wissenschaftlich festzustellende Geschichtstatsachen sehr früh empfindlich machte. Eine weiter fortschreitende Kritik entdeckte die völlig andersartige religiöse und ethische Grundhaltung der Urgemeinde und jedenfalls auch Jesu selbst, die /3/ Gebundenheit an das antik-populäre Weltbild, an jüdisch-orientalische Verhältnisse und an apokalyptisch-eschatologische Ideale. Das „Christentum Christi" war etwas völlig anderes, als das mit der Wissenschaft und der unentbehrlichen weltlichen Moral des Staats-, Rechts-, und Wirtschaftslebens seine Kompromisse schließende Christentum der Kirche. In dem letztern schienen platonische, stoische und modern-wissenschaftliche Einflüsse mitenthalten und vor allem die radikale Kluft von Welt und Gottesreich, Diesseits und Jenseits, gründlich verringert. So entstand die Fragestellung, ob der geschichtliche Christus, sein Bild Gottes und der Dinge und vor allem sein Ethos „noch" das der Gegenwart sein könne. Die bejahenden Antworten bedurften so sehr eines „richtigen" Verständnisses Jesu gegenüber dem einfachen Wortlaut und so reichlicher Abzüge der zeitgeschichtlich bedingten Züge von der „bleibenden Bedeutung", daß ein einfaches religiöses Verhältnis zu ihm kaum mehr möglich schien. Schließlich nahm die Kritik angesichts der wachsenden Kompliziertheit in der Quellenuntersuchung und unter Einwirkung semitischer und klassischer Philologen so radikale Wendungen, daß die Sicherheit der geschichtlichen Erkenntnis völlig bedroht, ja unmöglich gemacht schien. Seit Straussens Leben Jesu hat diese Kritik im Grunde sich immer nur verschärft, und ihre heutigen Radikalismen sind bekannt. Die Philologen warfen die konservierende Aengstlichkeit und religiöse Gebundenheit auch der /4/ kritischsten Theologen beiseite und behaupteten die fast völlige Unerkennbarkeit der evangelischen Geschichte. Man gab das ganze Problem eines Lebens Jesu als unlösbar preis und beschränkte sich auf die Darstellung der Predigt Jesu. Man zweifelte schließlich auch an der Erkennbarkeit der letzteren, an der Möglichkeit, sie von den aus dem Gemeindeglauben rückwärts eingetragenen Bestandteilen zu säubern, und so war einem religiösen Anschluß an geschichtliche Tatsachen jeder Boden entzogen.

Es ist hier nicht notwendig, zu den radikalsten Behauptungen kritisch Stellung zu nehmen. Die Behauptung der Nichtexistenz Jesu ist zweifellos eine Ungeheuerlichkeit, und auch die Behauptung der Nichterkennbarkeit der Grundzüge seiner Predigt ist eine starke Uebertreibung. Allein solche Folgerungen liegen doch im Zuge einer historisch-kritischen Forschung, und ihre Möglichkeit, ja die Notwendigkeit, solche Fragen überhaupt zu stellen, beleuchtet allerdings mit vollkommener Klarheit das Problem. Kann bei einem Verhalten zum Gegenstand, wo jedenfalls solche Fragestellungen nicht ausgeschlossen sind und nicht ausgeschlossen werden können, überhaupt noch von einem religiösen Verhältnis zu Jesus, von einer inneren wesentlichen Bedeutung der Neutestamentlichen Urgeschichte für die christliche Lebens- und Ideenwelt die Rede sein? Muß diese selbst nicht vielmehr innerlich unabhängig gemacht werden von jeder wesentlichen Beziehung auf historische Elemente, die unter allen Umständen /5/ der Wissenschaft unterliegen und die, bei wissenschaftlicher Erforschung, ein von dem heutigen religiösen Leben so weit abliegendes Bild zeigen? Das ist in der Tat die Frage, die für den Christen der Gegenwart von hier aus entsteht.

II.

Die Frage hat einen Sinn nur unter einer bestimmten Voraussetzung. Gegenüber dem altkirchlichen Christentum des Dogmas vom Gottmenschen, der Kirchen- und Sakramentsstiftung durch Christus und der Gott versöhnenden Erlösungswirkung seines Heilswerkes: da wäre die Frage sinnlos. Denn all das steht und fällt mit der Ueberzeugung von der Realität der geschichtlichen Person Christi und seines Kirche und Heil überhaupt erst real bewirkenden Werkes. Von diesem Standpunkt aus wäre schon die ganze Frage die Ausstellung eines einfachen Totenscheins für das ganze Christentum. Sie hat Sinn nur unter der Voraussetzung, daß das Christentum nicht der Glaube an ein Gott versöhnendes, dadurch die Menschen von den Folgen der Vergiftung durch die Erbsünde befreiendes Heilswerk und an die Einstiftung dieses Heilswerkes in die Heilsanstalt der Kirche sei. Sie setzt voraus, daß das Christentum in erster Linie als ein in jedem Moment neuer lebendiger Glaube an Gott und daß die Erlösung als ein immer neues Werk Gottes an der Seele durch die Wirkung des Gottesglaubens verstanden werde. Oder /6/ anders ausgedrückt: sie setzt voraus, daß das Christentum ein bestimmter Gottesglaube, eine eigentümliche Gotteserkenntnis mit ihr entsprechender praktischer Lebenshaltung, oder, wie man sagt, eine religiöse Idee oder ein religiöses Prinzip sei. Das braucht nicht intellektualistisch und philosophisch verstanden und braucht nicht von einer allgemeinen Weltidee hergeleitet zu werden. Es kann rein praktisch als eine Glaubensidee von Gott und seinem Verhältnis zu Welt und Mensch, als ethisch-religiöse Lebensrichtung verstanden und kann für die Begründung rein auf Empfindung, Gefühl und inneres Erlebnis verwiesen werden. Aber es bleibt dann doch auch so eine völlige Verwandelung der Erlösungsidee. Die Erlösung geschieht hier durch Gott, indem er in uns den Glauben an sich wirkt als an den heiligen sündenvergebenden Willen. Die Erlösung ist nicht etwas ein für allemal im Werke Christi vollzogenes und den Einzelnen dann erst Zuzueignendes, sondern ist ein jedesmal neuer, in der Wirkung Gottes auf die Seele durch Erkenntnis Gottes sich vollziehender Vorgang. Dann bedarf es keines historischen Heilswerkes. Ebenso ist die Kirche hier nicht eine Anstaltsstiftung, in welcher mit der Bibel und den Sakramenten die Kraft des Heilswerkes dem Einzelnen objektiv übermittelt wird durch einen von Christus, dem Gottmenschen, gestifteten Wunderzusammenhang, und in welcher das Wunder des Gottmenschen sich fortsetzt in der Gottmenschlichkeit der Bibel und der kirchlichen Heils- /7/ anstalt. Die Kirche ist vielmehr die Gemeinschaft des Glaubens oder der christlichen Gotteserkenntnis, die sich zur Pflege und Fortpflanzung dieses Glaubens jede beliebige Form und Organisation geben mag und hierbei immer nur im Rahmen rein menschlicher, vielfältiger und verschiedenartiger Organisationen gefaßt ist oder solcher auch ganz entbehren mag. Dann bedarf es keines geschichtlichen Christus als Stifters der Kirche und Verleihers der der Kirche und den Sakramenten eignenden Wunderkräfte. Schließlich: die Begründung dieser Gotteserkenntnis liegt in einem persönlichen Erleben und Erfahren, in persönlicher Eigengewißheit, in der Verwandelung überkommener religiöser Erkenntnis zu eigenem Gefühl göttlicher Offenbarung. Da bedarf es keiner Beglaubigung der Sendung Christi und seiner Lehre durch die geschichtlichen Wunder seines Lebens, keiner äußeren Autorität und keiner verbürgenden Tatsachen. In all diesen Richtungen ist bei solchen Voraussetzungen das Christentum umgeformt aus einer Erlösung der sündig vergifteten Menschheit durch ein Gott umstimmendes und die Kirche mit der Kraft der Entgiftung ausrüstendes Wunder zu einer Erlösung durch die praktische Erkenntnis des wahren innersten Willenwesens Gottes. Bei solcher Umwandelung bedarf es nicht innerlich notwendig der Berufung auf eine geschichtliche Tatsache und bedarf es nicht von vornherein notwendig der geschichtlichen Persönlichkeit Jesu und ihres Heilswerkes. Bei solcher Voraussetzung kann die /8/ oben bezeichnete Frage gestellt werden, ohne von vornherein sinnlos zu werden.

In der Tat besteht nun diese Voraussetzung für einen großen Teil der heutigen Christen zu Recht. Sie ist die eigentliche Umwandelung, welche das Christentum seit seiner großen welthistorischen Krisis im 17. Jahrhundert erlebt hat. Bereits innerhalb der alten und der mittelalterlichen Kirche bisweilen angedeutet, wo man nach einer inneren und nicht bloß faktischen Begründung des christlichen Gottesglaubens strebte, von den Spiritualisten des Protestantismus klar und scharf formuliert, ist das heute die heimliche Religion des modernen gebildeten Menschen geworden, sofern er einen inneren Zusammenhang mit dem Christentum behauptet. Wie weit ein solcher Zusammenhang in der heutigen deutschen Welt wirklich gewollt und festgehalten wird, ist hier nicht zu untersuchen. Genug, daß es weite Kreise gibt, die ihn behaupten wollen und die doch dem kirchlichen Dogma völlig entrückt sind. Für sie allein sind die folgenden Betrachtungen gemeint, und eben bei ihnen liegt jene Entwickelung zu einem christlichen Erlösungsglauben vor, der wie der Glaube des Meister Eckart oder Sebastian Franks ein wirklich religiöser Glaube ist, aber seine Beziehung zum alten, die Geschichte vergöttlichenden, Erlösungsglauben gelöst hat. Auch hier sind die Stufen deutlich erkennbar, auf denen sich diese Umwandelung vorwärts bewegt hat bis zu ihrer klaren und grundsätzlichen Formulierung. Die be- /9/ ginnende moderne Kritik stieß sich seit den Humanisten, Sozinianern und Spiritualisten an der realistischen Erlösungslehre, an der Lehre von einer wunderbaren Entgiftung der vergifteten Welt in einem bestimmten historischen Vorgang und zog sich auf die christliche Gottesidee und ihre ethischen Auswirkungen zurück. Die Notwendigkeit des Historischen blieb nur insofern, als die geschichtlichen Wunder Jesu die Wahrheit dieser Lehre mitteilen und beglaubigen mußten. So dachte man von Erasmus und den Sozzini bis auf Locke und Leibniz. Dann stieß man sich an der Aeußerlichkeit solcher Begründung und sah in Jesus und der christlichen Geschichte nur mehr das Mittel, die christliche Idee einzuführen in die Geschichte. Sie selbst sollte, einmal eingeführt, auf eigener innerer Kraft beruhen und nur durch sie sich durchsetzen, von der Klarheit des sittlichen Bewußtseins aus gefordert und bei der nötigen Vereinfachung auf einen die Kraft des Guten erzeugenden Theismus keines weiteren wissenschaftlichen Beweises fähig und bedürftig. So dachten Lessing und Kant als die Führer der deutschen Bildung, der ethisch und religiös auf einen konservativen Fortschritt gerichteten Idealisten. Nur „zur Illustration und nicht zur Demonstration" dienten die historischen Tatsachen und konnten unter dieser Bedingung der wissenschaftlichen Kritik übergeben werden. Zur schärfsten Formulierung gelangte der Gedanke gerade in der durch und durch historisch denkenden /10/ Hegel'schen Schule, die es gleichmäßig als Forderung der Idee und der richtig verstandenen Geschichte bezeichnete, daß der religiöse Glaube zwar aus der Geschichte erwächst, aber nicht in seiner inneren Wahrheit und Geltung auf sie begründet ist. Auf den berühmtesten Ausdruck ist diese Auffassung gebracht worden durch David Friedrich Strauß in seiner christlichen Periode, wo er das Prinzip des Christentums (d. h. die Erkenntnis der Einheit von Gott und Mensch) und die Person Christi (d. h. den geschichtlichen Ausgangspunkt der Durchsetzung des Prinzips) unterschied. Man kann das christliche Prinzip inhaltlich auch anders fassen als Strauß und auf die sicher unhistorische Ableitung des Gottmenschheitsdogmas von einer Zurücktragung des die Menschheit betreffenden Gottmenschheitsideals auf die vereinzelte Person des Stifters verzichten. Aber die Problemstellung bleibt die gleiche. Sie ist dann äußerst klar bestimmt worden von Biedermann, den Tübingern und Pfleiderer. Sie erfährt heute Unterstützung von Kantianern, Neu-Friesianern und Neu-Hegelianern. Und auch, wer von aller Religionsphilosophie und Theologie gar nichts weiß, bewegt sich am leichtesten in diesem Gedankenzuge, wie eine Menge populärer religiöser Literatur beweist.

Freilich gibt es auch Mischformen, in denen diese Scheidung von Person und Prinzip, Persönlichkeit und Idee nicht mit dieser Schärfe, sondern mit einer Ermäßigung durchgeführt ist, die eine /11/ wenigstens relative innere Notwendigkeit der geschichtlichen Person und der Selbstbeziehung auf sie für den erlösenden christlichen Gottesglauben behauptet. Auch sie teilen den Grundwandel, den das Christentum der modernen Welt vollzogen hat, die Verwandelung des in einem geschichtlichen Akt bewirkten realen Erlösungswunders in die immer neue Erlösung durch die Glaubenserkenntnis Gottes. Allein sie binden diese erlösende Glaubenserkenntnis an die Kenntnis und Vergegenwärtigung der geschichtlichen Persönlichkeit Jesu, die hierbei weder mit ihren Wundern noch mit ihren Einzelworten, sondern mit der Gesamtwirkung der religiösen Persönlichkeit in Betracht kommt. Es ist die von dem späteren, kirchlichen Schleiermacher begründete Anschauung, die heute am nachdrücklichsten von Ritschl und Herrmann fortgesetzt worden ist. Für Schleiermacher ist es die suggestive Kraft der Persönlichkeit, die, durch die Vermittelung seiner Gemeinde fortwirkend und in dem Bilde der Evangelien anschaulich, die überall außerhalb der Eindruckssphäre Jesu unüberwindliche religiöse Unkraft überwindet und die Kräftigkeit, Gewißheit, Freudigkeit und Ausdauer der Gotteserkenntnis schafft. Was ohne den Glauben schaffenden Eindruck Christi bloße Idee und Ahnung bleibt, das wird durch diesen in der Gemeinde fortgeleiteten persönlichen Eindruck zur siegreichen und wirksamen Kraft. Bei Ritschl ist der gleiche Gedanke weniger auf die suggestive Macht der Persönlichkeit als auf die die Sündenver- /12/ gebungsgewißheit bewirkende Autorität Jesu bezogen. Christus macht sich durch diese Autorität zum Herrn und König des Gottesreiches oder des Reiches der gottvertrauenden Lebenstüchtigkeit und ist durch die von der Gemeinde vermittelte Kunde über ihn die Gewißmachung, ohne welche der sündige Mensch an Gottes sündenvergebende Gnade nicht zu glauben wagte und auch nicht zu glauben wagen dürfte. Bei Herrmann ist die niederbeugende und aufrichtende Tatsache der Persönlichkeit Christi eine geschichtliche Realität, die nur der böse und unbußfertige Wille leugnen kann, ebenso wie sie nur der gläubige, gottsehnende und sündengeängstigte Wille sieht. Diese Tatsache erst gibt den Mut, an Gott als sündenvergebende Gnade zu glauben, und damit die helle Freudigkeit und Kraft zu allem gewissensmäßigen Guten, während derjenige, der nicht an dieser Tatsache Gottes gewiß werden kann, in Verzweiflung untergeht oder in Skepsis sich beruhigt und religiöser Bedürfnisse entwöhnt. Es ist klar, daß in all diesen Fällen das Christentum Gottesgedanke, eine Idee, eine Glaubenserkenntnis des wahren Wesens der Dinge ist. Jeder Gedanke an ein einmaliges historisches Erlösungswunder und an die Stiftung einer es verwaltenden Gnadenanstalt fehlt. Aber die Idee ist doch in ihrer Wirkungsfähigkeit an die historische Persönlichkeit Christi gebunden, die ihr erst Kraft oder erst Gewißheit verleiht und die so gekräftigte Idee zum Eigentum einer in der Vergegenwärtigung Christi geeinigten Gemeinschaft /13/ macht. Die Voraussetzung für eine solche Denkweise ist außer der stillschweigenden Annahme der Erkennbarkeit der religiösen Persönlichkeit Jesu und ihrer Wirkungsfähigkeit durch die Vermittelung der Ueberlieferung und Gemeinde hindurch die wesentliche Unfähigkeit des Christus nicht kennenden Menschen zu freudigem Gottesglauben. „Ohne Christus wäre ich Atheist", das ist die ausdrückliche oder stillschweigende Notwendigkeit, die hier von dem Christus nicht kennenden Menschen angenommen wird. Der Voraussetzung, die das Christentum gegen die außerchristliche Menschheit schlechthin in Gegensatz stellt, entspricht die Folgerung. Das Gottesreich oder die christliche Gemeinde oder die Kirche als Glaubensgegenstand oder der von Christus ausgehende Erlösungszusammenhang: das ist der einzige Bereich der Erlösung und die notwendige, ewig dauernde Zusammenfassung der Erlösten in dem Reiche Christi. Es wird dauern bis zum Ende der Menschheit und bis in die Ewigkeit hinein sich erstrecken als die Zusammenfassung der Menschheit in der durch Christus ermöglichten religiösen Gemeinschaft absoluten Heils und absoluter Wahrheit.

Allein Voraussetzung wie Folgerung sind für den modernen Menschen nichts weniger als einleuchtend und selbstverständlich. Sie standen schon bei Schleiermacher in empfindlichem Gegensatz zu seiner Gesamtansicht, wie sie seine größte und eigentlichste Gedankenschöpfung, die Ethik, entwickelt. Sie ist noch unerträglicher geworden in /14/ den harten Formulierungen Ritschls und den ungreifbaren Herrmanns. Es ist nichts weniger als selbstverständlich, daß die religiöse Persönlichkeit des geschichtlichen Jesus zu einer vollen, klaren Erkennbarkeit und zu einer unmittelbaren persönlichen Wirkung gebracht werden könne, wie der unmittelbar ergreifende Einfluß von Mensch zu Mensch. Eine solche Erfassung Jesu hat in der Tat die moderne Kritik sicherlich unmöglich gemacht, wenn sie überhaupt je möglich war. Betont man aber die Vermittelung durch die Gemeinde und die lebendige Wirkung vermittelst der weiteren christlichen Persönlichkeiten, so hat man es nicht mehr mit der geschichtlichen Tatsache, sondern mit ihren unendlich abgeänderten und bereicherten Fortwirkungen zu tun, wo nicht sicher zu sagen ist, was Jesus angehört und was der Folgezeit und der Gegenwart. Auch wenn man die Grundzüge der Predigt Jesu für voll erkennbar hält, so ist das doch keine Berührung von Mensch zu Mensch und muß gerade sehr viel Fremdartiges überwunden werden. Ebensowenig aber besteht die Annahme zu Recht, daß lediglich die Anerkennung Jesu als göttlicher Autorität und Gewißmachung getroste Glaubensfreudigkeit gebe. Solche hat es ehemals und heute auch ohne Kenntnis oder ohne besonders nachdrückliche Selbstbeziehung auf Jesus gegeben, ja die Belastung mit geschichtlichen Jesusproblemen erschüttert erfahrungsgemäß mehr den Glauben als sie ihn schützt. Es ist mehr die innere Ueberwindung unserer Seelen /15/ durch die Größe des prophetisch-christlichen Gottesglaubens, die die Anerkennung Jesu bewirkt, als umgekehrt. Jeder Schritt weiter vorwärts in religionsgeschichtlicher Erforschung der Entstehung des Christentums zeigt uns das Zusammenfließen so vieler verwandter und doch selbständig entstandener religiös-ethischer Kräfte, daß eine unbedingte Sonderstellung des Christusglaubens überhaupt ganz unmöglich ist. Das Christentum ist gar nicht allein die Hervorbringung Jesu, an ihm sind Plato und die Stoa und unmeßbare populäre religiöse Kräfte der antiken Welt mitbeteiligt. So erscheint auch die Folgerung als unmöglich, die die christliche Gemeinde als das ewige absolute Zentrum des Heils für die gesamte Dauer der Menschheit bezeichnet. Darüber ist natürlich Sicheres nicht zu sagen, aber es ist nicht wahrscheinlich. Das Alter der Menschheit auf der Erde beträgt einige hunderttausend Jahre oder mehr. Ihre Zukunft mag noch mehrere Jahrhunderttausende betragen. Es ist schwer vorzustellen, einen einzigen Punkt der Geschichte auf diese Zeitlänge hin – und zwar gerade den Mittelpunkt unserer eigenen religiösen Geschichte – als alleiniges Zentrum aller Menschheit zu denken. Das sieht doch allzustark aus nach Verabsolutierung unseres zufälligen eigenen Lebenskreises. Das ist in der Religion das, was in der Kosmologie und Metaphysik Geozentrismus und Anthropozentrismus sind. Zu diesen beiden Zentrismen gehört auch der Christozentrismus seiner ganzen logischen Natur nach. /16/ Wir brauchen nur an die vergangenen und vermutlich wiederkehrenden Eiszeiten, die Folgen kleinster Polschwankungen, und an den Auf- und Niedergang großer Kultursysteme zu denken, um eine solche absolute und ewige Zentralstellung für unwahrscheinlich zu halten. Sie paßt zu der idyllischen Kleinheit und Enge des antiken und mittelalterlichen Weltbildes mit seinen paar tausend Jahren Menschheitsgeschichte und seiner Erwartung der Wiederkunft Christi als Abschluß der Weltgeschichte. Aber sie ist dem heutigen Menschen fremdartig und unverständlich, weil seine allgemeinen instinktiven Voraussetzungen dazu nicht passen.

So hat sich denn gegen diese Mischformen eine steigende Abneigung vor allem der Laien- und Nicht-Theologen gekehrt. Die religionsgeschichtliche Einstellung des Christentums in den Werdeprozeß des europäischen religiösen Lebens und die Ausdehnung des Blickes auf die Unermeßlichkeiten menschlicher Geschichtszeiträume in Vergangenheit und Zukunft; die Abneigung, das unermeßliche Alleben, das doch sonst überall durch die Breite des Ganzen flutet, hier an einem einzigen Ort zu konzentrieren; all das hat die heutige Gegenströmung gegen diese Mischformen hervorgebracht. Die Gegenwart kehrt sich wieder zu den Gedanken der alten Mystiker und Spiritualisten, welche das Christentum in der inneren ewig fortschreitenden Wirkung Gottes an den Seelen fanden und es nicht innerlich und notwendig an die Anerkennung und Kenntnis der ge- /17/ schichtlichen Persönlichkeit Jesu banden. Es ist nicht nötig, das an den Bewegungen der Gegenwart näher zu veranschaulichen. Auch die sensationellen Behauptungen von der Nichtexistenz Jesu sollten im wesentlichen nur diesem Kampfe gegen die Bindung der Idee an geschichtliche, stets unsichere und zugleich die Entwicklung hemmende Tatsachen dienen. Es sind nicht wenige, welche in der Scheu vor

Belastung des Glaubens mit historischen Forschungen, die Fragen des Lebens und der Predigt Jesu rein der Wissenschaft anheimgeben und ihren Glauben an den lebendigen Gott von einer innerlich notwendigen Beziehung auf Jesus unabhängig halten. Jesus wird ihnen dann der historische Ausgangspunkt der christlichen Lebenswelt, sein Bild pädagogisch bedeutsam oder zum Symbol des Christentums, aber eine innerlich begrifflich notwendige Beziehung der christlichen Idee auf die Persönlichkeit Jesu findet bei Unzähligen nicht mehr statt. Und die Zahl derer, die so denken, wird – außerhalb der eigentlich theologischen Kreise – in der deutschen Bildung beständig zunehmen, wenn nicht alles täuscht.

III.

Damit sind wir zu der eigentlichen Formulierung und dem Sinne des Problems gelangt. Es ist sinnlos für denjenigen, dem die Uebermenschlichkeit Christi feststeht und der nur die Aufgabe sieht, sie gegen die von der Hoffart der Vernunft Geblen- /18/ deten zu verteidigen oder an diesem Punkt inkorrekte Geistliche abzusetzen. Es ist aber auch sinnlos für denjenigen, dem das Christentum eine reale Entschuldung und Befreiung der Menschheit aus dem Bann von Sünde, Leid und Tod durch eine auf Gott gerichtete Versöhnungstat Christi ist. Sie hat einen Sinn nur für denjenigen, dem die evangelische Geschichte ein Gegenstand vorbehaltloser historischer Kritik und Untersuchung ist und dem zugleich das Christentum die Erlösung durch die immer neue persönliche Glaubenserkenntnis Gottes ist. Beide Voraussetzungen fallen nicht notwendig zusammen, wenn sie auch miteinander geboren sind und ursprünglich sich gegenseitig bedingten. Sie gelten nur für den, der in allem Wirrwarr modernen Denkens die prophetische und christliche Gotteserkenntnis für die einzige Quelle zugleich tiefer und gesundtätiger Gotteserkenntnis hält und der zugleich dem Rechte einer restlosen historisch-kritischen Anschauung menschlicher Dinge sich nicht verschließt. Mit einem Worte: sie gelten nur für denjenigen, der das moderne Denken anerkennt und zugleich im Christentum unaufgebliche religiöse Kräfte erkennt. Der Schreiber dieser Zeiten stellt sich mit Freuden und Entschiedenheit in diese Reihe.

Hier erhebt sich nun allerdings die Frage immer deutlicher und deutlicher: Welches ist die von der Gegenwart zu denkende Beziehung des christlichen Gottesglaubens auf die Person Jesu? Ist sie eine zufällige, rein historisch-faktische, eine pädagogisch /19/ und symbolisch schwer entbehrliche, aber doch von der Idee selbst nicht geforderte? Oder ist sie eine im Wesen der christlichen Idee unabänderlich und ewig eingeschlossene? Im ersteren Falle werden wir wesentlich unabhängig von der historischen Kritik, im zweiten werden wir wesentlich abhängig von ihr.

Hierzu ist in voller Klarheit und Bestimmtheit zu sagen, daß eine wirkliche innere Notwendigkeit der geschichtlichen Person Christi für das Heil nur bei der altkirchlich rechtgläubigen Erlösungs-, Autoritäts- und Kirchenidee besteht. Eine Erlösung, die eine Befreiung der durch den Sündenfall in Leid und Tod verstrickten Schöpfung durch eine Wirkung Christi auf Gott ist; eine Glaubensautorität, die auf der übermenschlich-göttlichen Würde Jesu unfehlbar beruht; eine christliche Heilsanstalt, die das geschichtliche Urwunder fortleitet in den Wunderwirkungen der Kirche und des göttlichen Schriftwortes: das verlangt natürlich die Geschichtlichkeit der Person Christi unbedingt. Aber auch nur eine solche Idee verlangt unbedingt diese Geschichtlichkeit, deren Anerkennung dann ja auch nicht auf geschichtlicher Forschung, sondern auf Beugung unter die übernatürlichen Autoritäten der Kirche und der Bibel beruht. Hier ist alles völlig klar.

Weniger klar ist die Sachlage bei dem Schleiermacher-Ritschl-Herrmannschen Vermittelungstypus. Er ist, wie schon bemerkt, gegen die Einwirkungen der historischen Kritik nicht zu schützen, da hier /20/ auf eine äußere Bibelautorität verzichtet wird und auch die innere Erfahrung nicht, wie bei der modernen Orthodoxie, wesentlich zur Sicherstellung der Bibelautorität, ihrer Heilslehre und ihres Weltbildes, verwendet wird, sondern im Grunde nur die Gewißmachung über Gott als den sündenvergebenden und heiligenden Liebeswillen mitten in den Kämpfen und Schmerzen des Lebens und vor allem des Gewissens ist. Hier hat schon David Friedrich Strauß an Schleiermachers Leben Jesu und dem Verhältnis von Schleiermachers geschichtlicher Kritik zu dem Jesusglauben seiner Glaubenslehre eine unvergeßliche, gerade deshalb aber meist ignorierte Kritik geübt. Diese Strauß'sche Kritik Schleiermachers hat ihre volle Analogie an der Entwickelung der Ritschl'schen Schule gefunden, indem gerade aus dieser die sogenannte religionsgeschichtliche Schule entsprungen ist, die sich aus der schroffen Spannung von Ritschls Christusbild gegen die doch von ihm anerkannte historisch-kritische Forschung vor allem erklärt. Es ist die naturgemäße Reaktion gegen die Gewaltsamkeit Ritschls. Und auch Herrmanns Rede von „der Tatsache Christus", die doch nicht wie andere Tatsachen festgestellt, sondern nur vom Glauben gesehen werden kann, ist ein dunkler und mystischer Ausdruck für die gleiche Gewaltsamkeit und für einen historisch-kritisch denkenden Menschen nahezu unverständlich. Die ganze Position ist gegenüber der historischen Kritik nicht durchzuhalten, wie denn auch in der Entwicklung der Bibelforschung sie so /21/ gut wie gar keine Rolle spielt, sondern der Dogmatik vorbehalten bleibt. Diese letztere aber ist eine Wissenschaft, die heute nur in engsten theologischen Kreisen existiert und auch da kaum wirklich vorhanden ist. Aber begibt man sich einmal auf den Boden dieser dogmatisch-systematischen Erwägungen, so ist leicht erkennbar, daß die innere Notwendigkeit der Verbindung hier doch nur eine sehr relative ist. Sie beschränkt sich einmal auf die geschichtliche Einführung oder In-

Bewegung-Setzung der christlichen Lebenswelt durch Jesus, was aber die Möglichkeit ihrer Fortwirkung aus eigener innerer Kraft nicht ausschließen würde. Daher fügt sie das zweite hinzu, die entscheidende Kräftigung oder Autorisierung der christlichen Lebenswelt, die bei dem an sich unkräftigen oder verzweifelnden Menschen ohne den erhebenden oder suggestiven Eindruck der Person Jesu nicht möglich wäre. Das sind nun aber offenbar Reste der alten Erbsündenlehre. Die Funktion der Erbsündenlehre im kirchlichen System seit Paulus ist die, alle Lichter neben dem Christusglauben auszulöschen und alle Kräfte neben der Christuskraft zu verneinen, um die alleinige Erlösungskraft des der Christusgemeinde eignenden Wunders der Gottesversöhnung ebenso einfach als radikal einleuchtend zu machen. Eine solche Erbsündenlehre bedarf dann aber auch des Mutes ihrer Voraussetzung, die ursprüngliche Vollkommenheit von der Weltvergiftung durch die Sünde der Protoplasten zu behaupten; sie muß eben- /22/ so auch die notwendige Folgerung entwickeln, die in einer realen Erlösung und Entgiftung bestehen muß. Die Lehre aber, daß die menschliche Entwickelung in und außer Christus nicht Kraft und Gewißheit finden kann und erst und lediglich durch Christus auf die höhere Entwickelungsstufe des gekräftigten Gottesbewußtseins oder der alle Zweifel überwindenden Gewißheit gehoben werde, ist lediglich eine Ablassung des alten Erbsünden- und des alten Erlösungsgedankens. Sie hat offenkundig lediglich das Motiv, die alte Stellung Christi als Erlöser und Glaubensgegenstand zu wahren und doch den neuen Erlösungsgedanken im Wesen der Sache durchzuführen. Auf dieser relativen Annäherungsmöglichkeit an die alte Lehre beruht auch ihre starke Wirkung auf die Theologie. Auf dem inneren Widerspruch der hier vereinigten Interessen und dem Widerspruch gegen die allem modernen Denken zu Grunde liegende Idee einer in verschiedenen Knotenpunkten aus der Tiefe des göttlichen Lebens aufsteigenden Geistesentwickelung und einer nie zum voraus auszumessenden Möglichkeit der Zukunftsentwickelungen beruht aber anderseits ihre Wirkungslosigkeit gegenüber dem allgemeinen modernen Denken. Der Versuch, alle Zukunftsentwickelung des religiösen Lebens durch diesen Rest der Erbsündenlehre und die darauf begründete Behauptung, daß Kraft und Gewißheit des religiösen Lebens niemals ohne Selbstunterstellung unter die Wirkung Christi gewonnen werden könne, ist das dem gan- /23/ zen heutigen Denken Unerträgliche. Und es bedarf nur des Hinzukommens der historisch-kritischen Evangelienforschung zu diesen religiösphilosophischen Bedenken, um die ganze Lehre trotz der hohen geistigen und religiösen Bedeutung ihrer Urheber in alle Winde zu zerstreuen.

So bliebe also nichts als eine rein historisch-faktische und eine pädagogisch-symbolische Bedeutung der Person Jesu für die christliche Idee! Wir kämen auf Lessings Satz von dem dritten Evangelium oder auf Ibsens Satz vom dritten Reich zurück, wo der religiöse Glaube ohne historische Stützen rein durch die eigene reinigende und erlösende Macht sich behauptet und fortpflanzt und im Zusammenhang des Gesamtlebens sich frei aus dessen inneren Tiefen fortentwickeln würde!

Das scheint in der Tat die Folge von allem zu sein. Aber man wird nicht leugnen können, daß von einer solchen Fortentwicklung unter uns wenig zu sehen ist, daß man ehrlicherweise ihr schwerlich eine besondere Zukunft weissagen kann, daß in Wahrheit fast alle heutige Religiosität von Umwandelungen der in den Kirchen fortgepflanzten und in ihr allein starken religiösen Schätze lebt, daß einem bei der Vorstellung solcher Fortentwicklung ein leises Frösteln anwandelt. Das alles muß einen Grund in dem inneren Wesen der Sache haben. Es hat ihn auch in der Tat. Die rein der innern Ueberzeugungskraft überlassene Fortbildung der christlichen Idee sieht ab von jedem Gedanken /24/ einer religiösen Gemeinschaft, von jedem Gedanken eines Kultus. Sie kann freilich von einer gemeinsamen Bindung aller Frommen an geschichtliche Urbilder und Autoritäten absehen und aller historischen Problematik sich entschlagen, um nur im Persönlich-Gegenwärtigen zu leben. Aber sie verzichtet eben damit bewußt oder unbewußt auf jede Gemeinschaft, die auf dem Boden einer geistig-ethischen Religion ja nicht in Riten und Zauber, sondern nur in der Vergegenwärtigung eines geistigen Besitzes bestehen kann und diese Vergegenwärtigung nicht ohne persönlich-lebendige Darstellung ihres Besitzes in einem maßgebenden Urbild vollziehen kann. Sie verzichtet auf jeden Kultus oder jede Verehrung und Anbetung Gottes mit der Rückwirkung auf eine im Glauben an Gott sich darstellende Gemeinde, weil für das Christentum ein Kult im Sinne der Magie und der Erlösungsmysterien nicht möglich ist und weil das, was allein ihm als Kultus übrig bleibt, die Scharung um das Haupt der Gemeinde und die Nährung aus seinem Geist und Leben, die Anbetung Gottes in einer Gott bestimmt und konkret sich vergegenwärtigenden Gemeinde, durch die Ausschaltung des Historischen beseitigt ist. Die persönliche einsame Andacht und Meditation, die anarchische und zufällige Aeußerung persönlicher Enthusiasmen oder mehr oder minder verstandesmäßige religiöse Lehrvorträge treten an die Stelle des Kultus und der Gemeinschaft, die sich um die Anbetung und Vergegenwärtigung Gottes in /25/ dem unendlich konkreten und doch unendlich vieldeutigen Christusbilde schart. Diese Gemeinschafts- und Kultlosigkeit ist die eigentliche Krankheit des modernen Christentums und der modernen Religiosität überhaupt. Sie bekommt dadurch das Zerfließende und Chaotische, das Zufällig-Persönliche, Enthusiastische und Amateurhafte, das Intellektualistische und Weltanschauungsmäßige. Sie hat keinen beherrschenden Mittelpunkt, aus dem sie sich nährte, sondern ebensoviel Zentren als es fühlende und suchende Individuen gibt. Aber nicht bloß chaotisch und unbestimmt ist die moderne Religion geworden. Sie ist auch schwächlich und matt geworden, weil ihr die Rückwirkung des Gesamtgeistes und der Gemeinschaft auf das Individuum, die hebende und tragende, steigernde und vervielfältigende, vor allem auch praktische Gemeinsamkeitsziele stellende Kraft der Gemeinschaft und des Gemeinsinns fehlt.

Nun aber ist es eines der klarsten Ergebnisse aller Religionsgeschichte und Religionspsychologie, daß das Wesentliche in aller Religion nicht Dogma und Idee, sondern Kultus und Gemeinschaft ist, der lebendige Verkehr mit der Gottheit, und zwar als ein Verkehr der Gesamtheit, die ihre Lebenswurzeln überhaupt im Religiösen und ihre letzte die Individuen verbindende Kraft im Gottesglauben hat. Auch wo der Verkehr stellvertretend durch ein Priestertum vollzogen wird, ist es immer ein mit seinen Wirkungen auf die Gesamtheit zurück- /26/ flutender Verkehr. Das ist auf dem Boden der Naturreligionen selbstverständlich. Aber es gilt auch auf dem Boden der Geistesreligion, die den Verkehr nicht durch Opfer und Riten, sondern durch Gebet und Erbauung vollzieht. Das ist der Grund, warum Platonismus und Stoizismus, in denen bereits die Geistesreligion sich zu regen begann, vom Christentum aufgezehrt wurden, und das ist der Grund, weshalb das Christentum sofort mit seiner Lösung vom Judentum zum Christuskult wurde. Es ist nicht die Verehrung eines neuen Gottes, sondern die Verehrung des alten Gottes Israels und aller Vernunft in seiner lebendigen und konkreten Höchstoffenbarung. Der Gottesglaube der Christusgläubigen hatte zunächst kein Dogma und keine Lehre, er hatte nur die Darstellung alles Religiösen in dem durch den Auferstehungsglauben verklärten Jesus. Er hatte keine Opfer und Riten, keine Magie und keine Mysterien, sondern nur die Anbetung Gottes in Christo und die Lebenseinigung mit Christus in dem Herrenmahl. Was auch immer nachher aus dieser Urgestaltung der christlichen Gemeinschaft als Christuskult geworden ist, das ursprüngliche Motiv ist klar. Gemeinschaftsbedürfnis und Kultbedürfnis hatten kein anderes Mittel als die Sammlung um die Verehrung Christi als Offenbarung Gottes, und das aus diesem Christuskult entstandene Christusdogma sollte ja immer nur den einen und ewigen Gott in Christus anschaubar und zugänglich machen, um eine neue Gemeinde zu schaffen, die /27/ sich als neue und als feste Gemeinde nur durch einen eigenen Kult erweisen konnte. Was Mythologie und Mysterien, heidnische und gnostische Analogien beigesteuert haben mögen, sie haben nur einen Vorgang umkleidet und dem antiken Bewußtsein verständlich gemacht, der in der inneren Logik der Sache lag.

Was aber das ursprüngliche Motiv für die Entstehung des Christusglaubens und für die Bindung des neuen Gottesglaubens an den Christuskult gewesen ist, das ist es unter anderen Formen und Bedingungen auch heute. Es ist ein sozialpsychologisches Gesetz, daß nirgends auf die Dauer lediglich parallel empfindende und denkende Individuen, wie sie überhaupt erst eine sehr verfeinerte und individualisierte Kultur erzeugt, ohne Wechselwirkung und Zusammenhang nebeneinander bestehen können, sondern daß sich aus den tausendfachen Beziehungen überall Gemeinschaftskreise mit Ueber- und Unterordnungen erzeugen, die sämtlich eines konkreten Mittelpunktes bedürfen. Es ist ein Gesetz, das auch für das religiöse Leben gilt. Daher entstehen hier überall solche Kreise mit bestimmten Ueber- und Unterordnungen, festen Zentren, Fortpflanzungsmitteln und Kräftezentren, aus denen die Macht des religiösen Denkens immer erneuert wird. In den Naturreligionen sind die Gliederungen durch die von Natur oder Gesellschaft geschaffenen Gemeinschaften gegeben und ist der Beziehungspunkt die alte kultische Tradition. In den Geistesreligionen sind es /28/ die Propheten und die Stifterpersönlichkeiten, die als Urbilder, Autoritäten, Kraftquellen, Sammelpunkte dienen und als Bilder persönlich konkreten Lebens jener unendlich beweglichen und anpassenden Deutung fähig sind, die keine bloße Lehre und kein bloßes Dogma hat, die zugleich eine Anschaulichkeit und Plastik besitzen, welche sich nicht an Theorie und Verstand, sondern an Phantasie und Gefühl wendet. Daher sind alle großen Geistesreligionen religiöse Verehrungen ihrer Stifter und Propheten, wie das schon für die religiösen Philosophenschulen des Platonismus, der Stoa und dann später für die christlichen Orden und Sekten gilt. Die Vergegenwärtigung der Propheten, auf dem Gipfel ihre göttliche Verehrung als Ausdruck der allgemeinen göttlichen Wahrheit, nicht als Bereicherung eines Pantheons: das ist überall für Gemeinschaft und Kultus grundlegend. Es ist auch äußerst unwahrscheinlich, daß das jemals anders werde. Eine wirkliche neue Religion wäre sicherlich nicht eine rein individuelle Fortentwickelung persönlich-religiöser Ueberzeugungen, sondern eine neue Prophetenreligion, die wie die alte, nur so lange Kraft, Wirkungs- und Fortpflanzungsfähigkeit behielte, als sie diese ihre Grundlage in einem gemeinsamen Kult lebendig halten könne. Das dritte Reich, wo in der Religion alle auf sich selber stehen und der Geist völlig frei und isoliert in den Individuen sich entwickelt, wird vermutlich niemals kommen, sowenig wie der Staat und die Wirtschaft, die ledig- /29/ lich auf dem naturnotwendigen Zusammenfallen der individuellen Interessen und Vernünfte beruhen.

So wird es auch keine kräftige Wirklichkeit der christlichen Idee geben ohne Gemeinschaft und Kult. Ob die bestehenden Kirchen zu diesem Leben zu erwecken sind, ist eine Frage für sich. Möglich, daß sie bei einer Aenderung unserer allgemeinen politischen Verhältnisse gezwungen werden, sich auf die Kreise zurückzuziehen, die dem altkirchlichen Dogma noch anhängen. Möglich aber auch, daß sie angesichts einer solchen Entwickelung sich als breite Volkskirchen gestalten lernen, in denen die Vielgestaltigkeit des heutigen protestantisch religiösen Denkens zum Ausdruck kommen darf. Aber was auch immer kommen mag, eine Gewißheit und Kraft der erlösenden Gotteserkenntnis wird man ohne Gemeinschaft und Kult sich nicht denken dürfen. Ein von der christlichen Idee erleuchteter Kultus wird daher stets zum Zentrum haben müssen die Sammlung der Gemeinde um ihr Haupt, die Nährung und Kräftigung der Gemeinde durch die

Versenkung in die in dem Christusbilde enthaltene Gottesoffenbarung, die Fortpflanzung nicht durch Dogmen, Lehren und Philosophien, sondern durch die Ueberlieferung und Lebendighaltung des Christusbildes, die Anbetung Gottes in Christo. Solange es ein Christentum in irgend einem Sinne überhaupt geben wird, wird es mit der kultischen Zentralstellung Christi verbunden sein. Es wird nur so sein oder es wird nicht sein. Das beruht auf sozialpsycho- /30/ logischen Gesetzen, die ganz die gleiche Erscheinung auch auf anderen Religionsgebieten hervorgebracht haben und sie im Kleinen tausendfach wiederholen bis heute, die den ganzen Gedanken einer lediglich aus jedem Innenleben quellenden und doch übereinstimmenden, der Wechselwirkung nicht bedürfenden und doch lebendig kräftigen Frömmigkeit als Utopie erscheinen lassen. Dieser sozialpsychologische Gesichtspunkt ist daher auch derjenige, unter dem unser Problem vor allem gesehen werden muß. Die Verbindung der christlichen Idee mit der Zentralstellung Christi in Kult und Lehre ist keine begriffliche aus dem Begriff des Heils folgende Notwendigkeit. Denn auch wenn man mit Recht auf das Anlehnungs- und Stärkungsbedürfnis der durchschnittlichen Frömmigkeit hinweisen kann, so braucht man dazu nicht gerade schlechterdings die Person Jesu, mit der ein wirklich persönlicher Verkehr ja gar nicht möglich ist. Sie ist aber auch keine rein historische, lediglich den Entstehungsvorgang erleuchtende und dann nicht mehr wesentliche Tatsache. Sie ist sozialpsychologisch für Kult, Wirkungskraft und Fortpflanzung unentbehrlich, und das mag genügen, um die Verbindung zu rechtfertigen und zu behaupten. Ohne sie ist eine Fortentwicklung der christlichen Idee nicht zu denken. Eine neue Religion würde ein neuer Kult eines historischen Propheten sein müssen, und die Hoffnung auf eine kultlose, rein persönlich-individuelle Ueberzeugungs- und Erkenntnisreligion /31/ ist ein bloßer Wahn. Bedürfen wir aber des Kultus und der Gemeinschaft, so bedürfen wir auch Christi als des Hauptes und Sammelpunktes der Gemeinde. Denn ein anderes Einigungs- und Veranschaulichungsmittel hat die christliche Gotteserkenntnis überhaupt nicht, und religionsphilosophische Lehrvorträge werden eine wirkliche Religion niemals bilden und niemals ersetzen.

Steht die Sache aber so, dann ist freilich eine wirkliche und grundsätzliche Gleichgültigkeit auch gegen die historisch-kritischen Fragen nicht möglich. Freilich ist in diesem Sinne Jesus das Symbol des christlichen Glaubens überhaupt. Aber diejenigen, welche meinen, daß für ein solches Symbol die Wurzelung in geschichtlicher Tatsächlichkeit gleichgültig sei und daß gerade die mythische Verkörperung von Ideen das große Werk der Religionsgeschichte sei, sind für ihre Person selbst weit entfernt, in einen religiösen Glaubenskreis einzutreten und sich ihm innerlich mit Begeisterung oder praktischer Arbeit hinzugeben, dessen Idee durch dieses mythische Symbol verkörpert ist. Sie muten nur den Gläubigen zu, daß sie bei geringerer Beschränktheit mit einem mythischen Symbol völlig zufrieden sein könnten. Solche Zumutungen, wie sie z. B. Samuel Lublinski stellt, sind nichts anderes als Beispiele des heute so häufigen ästhetisierenden Spiels mit den Realitäten, wo der Aesthet de[m] Gläubigen zumutet, seinen Lebenshunger an einem mythischen Symbol zu befriedigen, weil er selbst /32/ gar nicht daran denkt, einen wirklichen Ueberzeugungs- und Gewißheitshunger, sondern nur ein spielendes Bedürfnis der Phantasie zu stillen. Für einen wirklich der christlichen Lebenswelt innerlich Angehörigen ist es unmöglich, das Zentrum und Haupt der Gemeinde, den Beziehungspunkt alles Kultus und aller Gottesanschauung lediglich für einen, wenn auch noch so schönen, Mythos zu halten. Wie ihm Gott nicht Gedanke und Möglichkeit, sondern heilige Realität ist, so will er mit diesem seinem Symbol Gottes auch auf dem festen Grunde wirklichen Lebens stehen. Es ist für ihn von wahrer Bedeutung, daß ein wirklicher Mensch so gelebt, gekämpft, geglaubt und gesiegt hat und daß von diesem wirklichen Leben her ein Strom der Kraft und der Gewißheit sich bis auf ihn ergießt. Das Symbol ist ihm wirkliches Symbol nur dadurch, daß hinter ihm die Größe eines überlegenen wirklichen religiösen Propheten steht, an dem er sich Gott nicht nur veranschaulicht, sondern an dem er sich auch in eigener Unsicherheit aufrichten und stärken kann, wie er auch sonst des Haltes an überlegener persönlich-religiöser Autorität bedarf und solche im Leben vielfach erfährt. Das ist das Berechtigte an der Herrmann'schen Rede von der „Tatsache Christus". Es handelt sich nur nicht darum, daß die Heilsgewißheit des Individuums erst durch die Gewißwerdung an Jesus gewonnen werden könne, sondern darum, daß es keinen tragenden und stärkenden Lebenszusammenhang des /33/ christlichen Geistes ohne Sammlung um Jesus geben kann und eine Sammlung um Jesus auch auf ein reales lebendiges Leben zurückgehen muß, wenn sie innere Kraft und Wahrhaftigkeit haben soll.

Unter diesen Umständen ist dann freilich ein Absehen von der historisch-kritischen Forschung nicht möglich. Die „Tatsache" kann, wie alle anderen historischen Tatsachen, die zunächst nur in der Gestalt von Berichten gegeben sind, lediglich durch historische Forschung festgestellt werden. Der Glaube kann Tatsachen deuten, aber nicht feststellen. Darüber sollte es nicht nötig sein, irgend ein Wort zu verlieren, obwohl gerade an diesem Punkte die Theologie mit den verwirrendsten Methoden zu arbeiten pflegt. Es handelt sich nicht um Einzelheiten, aber um die Tatsächlichkeiten der ganzen Erscheinung Jesu und um die Grundzüge seiner Predigt und seiner religiösen Persönlichkeit. Diese müssen als geschichtliche Wirklichkeit mit historisch-kritischen Mitteln festgestellt werden können, wenn das „Symbol Christus" einen festen und starken inneren Grund in der „Tatsache" Jesus haben soll. Dessen bedurfte freilich eine unhistorisch denkende Welt nicht, und so hat man bis zum 18. Jahrhundert an diese Probleme nicht gedacht. Aber innerhalb einer grundsätzlich historischen Denkweise, wie es die der Gegenwart ist, kann sich der Glaube dieser Einmischung der historisch-wissenschaftlichen Denkweise nicht entziehen, sondern muß ihr Stand halten und ihr ge- /34/ genüber sich die geschichtlichen Grundlagen seiner Gemeinschaft und seines Kultus sichern, soweit die geschichtlichen Fragen hierfür von Bedeutung sind. Da gibt es kein Ausweichen und auch kein Ignorieren. Der Kampf muß ausgefochten werden, und, wäre er zu Ungunsten der Geschichtlichkeit oder überhaupt der Erkennbarkeit Jesu entschieden, so wäre das in der Tat der Anfang vom Ende des Christussymbols in den Schichten des wissenschaftlich gebildeten Volkes. Und von da würden Zweifel und Auflösung bald in die Unterschichten herabsinken, soweit sie bei deren sozialreformerischen und antikirchlichen Neigungen dort nicht schon lange zu Hause sind. Es ist bloß eine Redensart, sich an das christliche Prinzip halten und die geschichtlichen Fragen ganz sich selbst überlassen zu wollen. Das ist ein praktischer Ausweg für einzelne in schwierigen Unklarheiten, aber unmöglich für eine religiöse und kultische Gemeinschaft. Es ist aber auch ebenso eine bloße Redensart, wenn man sagt, der schlichte Glaube dürfe nicht von Gelehrten und Professoren abhängig gemacht werden. Auch das ist richtig für den einzelnen Fall, wo einer sich den Umschlingungen des wissenschaftlichen Getriebes mit starkem Instinkt entwindet. Aber es ist unmöglich, historische Tatsachen im allgemeinen und im Prinzip der wissenschaftlichen Kritik entziehen zu wollen. In dieser Hinsicht bleibt, wenn man es so ausdrücken will, in der Tat eine Abhängigkeit von Gelehrten und Professoren, oder besser gesagt, von dem allgemei- /35/ nen Gefühl historischer Zuverlässigkeit, das durch den Eindruck der wissenschaftlichen Forschung sich erzeugt.

Darüber darf man sich nicht beklagen. Es ist das doch nicht eine auf die historischen Probleme des Glaubens sich beschränkende Schwierigkeit. Der Glaube innerhalb einer wissenschaftlich gebildeten Welt ist nie unabhängig gewesen von den Einwirkungen der Wissenschaft. Er stand Jahrhunderte lang unter den Einwirkungen der antiken Philosophie; er mußte sich dann messen und ausgleichen mit der die antike und christliche Philosophie von Grund aus verwandelnden Naturwissenschaft; heute kommt dazu die Historisierung und Psychologisierung unser[er] ganzen Anschauung vom Menschen und seinem irdischen Dasein. Es ist ein Wahn, daß der Glaube Auseinandersetzung, Anpassung und Gegensatz gegenüber den jeweils als wissenschaftliche Erkenntnis sich darbietenden Anschauungen vermeiden und daß er sich unter Einziehung aller ihn in Gegensatz bringenden Positionen rein auf sich selber zurückziehen könne. In den ersten enthusiastischen Anfängen und in der praktisch-sozialen Herrschaft über wissenschaftlich gleichgültige Volksschichten kann er das, aber nicht innerhalb einer von wissenschaftlicher Bildung und Denkweise erfüllten Welt. Die Rettung durch Preisgabe aller der Wissenschaft ausgesetzten Elemente ist der Verzicht auf Inhalt, Bestimmtheit, Kraft und Gemeinschaftsbildung. Damit hat freilich schon /36/ Kant begonnen, der eben daher auch Christus für eine Allegorie des christlichen Prinzips erklärte und der nur durch eine wunderliche Gewaltsamkeit zum Patron eines um Metaphysik und Naturwissenschaft unbekümmerten, aber auf die „Tatsache Christus" sich stützenden Erlösungsglaubens geworden ist. Soweit Kant jedoch in seiner theologisch-idealistischen Geschichtsauffassung und seiner dualistischen Moralphilosophie und seinem Unsterblichkeitsglauben Elemente konkreter Christlichkeit festhielt, hat sich ja auch weiter hiergegen die Wissenschaft gewendet. Kampf und Anpassung ihr gegenüber hört erst auf, wenn die Religionsphilosophie sich völlig auf die bloße Tatsächlichkeit und Zuständlichkeit religiöser Stimmungen zurückzieht, die das Leben der Seele durchfärben und durchwachsen, die aber immer erst die Illusion zu konkreten Inhalten und Anschauungen von einer diese Stimmungen bewirkenden, von der bloßen Seelengegebenheit der religiösen Zustände sich unterscheidenden Gottheit macht. Damit ist dann allerdings jeder Konflikt mit der Wissenschaft vermieden, aber auch jede praktische Lösung und Gemeinschaftsbildung der Religion ausgeschlossen, von der völligen Preisgabe jeder Christlichkeit zu geschweigen. Das aber ist eine Kapitulation des Glaubens vor dem Intellekt, ein Verzicht auf jede praktische Bedeutung und Gemeinschaft, die gerade an der Anschauung einer konkreten verpflichtenden und das praktische Gemeinschaftsleben bestimmenden /37/ Gottesidee hängt. Diese aber wiederum hängt in ihrer Konkretheit an der Anerkennung der großen Prophetenpersönlichkeiten als Führer und Bürgen. So wird eine aus jener Umklammerung und Mediatisierung sich befreiende Gläubigkeit auf all diese Auseinandersetzungen mit der Wissenschaft hingewiesen, damit auch zur Klarwerdung über die Tatsächlichkeit der historischen Grundlagen genötigt. Gegen diese Notwendigkeit ist kein Kraut gewachsen. Wie viele immer, davon unberührt, bloß ihrem religiösen Trieb und Gefühl folgen mögen, für die Selbstverständlichkeit und Möglichkeit ihres rein praktischen Daseins ist eine Atmosphäre und Stimmung der Zuversicht zur Zuverlässigkeit der historischen Grundlagen nötig, die unter den Verhältnissen der Gegenwart nur die wissenschaftliche Forschung bewirken kann. All die Schwierigkeiten, Nöte und Schwankungen, auch die Abhängigkeiten von der Gelehrsamkeit, die damit verbunden sind, müssen in den Kauf genommen werden. Es geht nicht ohne sie, und man darf hier nicht wehleidig sein, freilich auch nicht eine Unbekümmertheit zur Schau tragen, die in Wahrheit unmöglich ist.

Nur das wird man sagen können, daß ein Teil der geschichtlichen Forschungen allerdings gleichgültig ist für den religiösen Zweck. Damit ergibt sich dann aber doch eine gewisse Einschränkung der religiös bedeutsamen wissenschaftlichen Forschung. Nicht um alle Einzelheiten und Kleinigkeiten historisch-theologischer Forschung, sondern /38/ um die grundlegenden Tatsachen handelt es sich, um die entscheidende Bedeutung der Persönlichkeit Jesu für die Entstehung und Bildung des Christusglaubens, um den religiös-ethischen Grundcharakter der Predigt Jesu und um die Wandelungen, die seine Predigt in den ältesten christlichen Gemeinden des Christuskultes erfahren hat. Hier sind die entscheidenden Haupttatsachen trotz aller noch offener Fragen meines Erachtens in der Tat mit Sicherheit festzustellen.

Das genügt für den eigentlich religiösen Zweck, für die Anerkennung der Geschichtlichkeit Jesu und für die religiöse Deutung seiner Lehre. Es bedarf nur eines grundsätzlichen Gesamtbildes. Das würde freilich nicht genügen, wäre die geschichtliche Person Jesu die einzige Quelle christlicher Glaubenserkenntnisse und Lebenskräfte. Allein sie steht ja in einem großen Zusammenhang geschichtlicher Vorbereitungen und Auswirkungen. Sie ist nicht zu verstehen ohne die Vorbereitung der Propheten und Psalmen, ohne die Auswirkung im paulinischen Christusglauben und der Fülle christlicher Persönlichkeiten bis auf Luther und Schleiermacher. Wo sie wesentlich in ihrer sozialpsychologischen Bedeutung und nicht als die einzige der Erbsünde entgegengesetzte Autorität und Kraftquelle betrachtet wird, da hindert nichts, sie beständig in diesem Zusammenhang geschichtlichen Lebens zu sehen und Vorbereitung und Auswirkung in sie hineinzusehen und hineinzudeuten. Für die Predigt und /39/ das Gemeindeleben kommt es ja nicht auf die philologische Genauigkeit des Einzelbildes Jesu an, wo man dann freilich von einem Kritiker zum anderen irren könnte, sondern auf die Ausdeutung des Christusbildes aus der ganzen vorausgehenden und folgenden Geschichte. Nur muß diese Ausdeutung mit dem Bewußtsein verbunden sein, wahrhaftig und ehrlich Jesus als Zentrum dieser Lebenswelt betrachten zu dürfen. Sie darf nicht Gefühl oder Angst haben, daß sie einen gegenstandslosen, des Wirklichkeitsgrundes entbehrenden Mythus zur Verkörperung einer aus tausend Quellen zusammenfließenden Idee dichte. Unter dieser Voraussetzung kann sie in der praktischen Verkündigung sehr frei und beweglich das Bild Christi deuten aus allem, was in ihm zusammenströmte und aus allem, was in ihn hineingelebt und hineingeliebt worden ist im Laufe der Jahrtausende. Auch wird sie nicht alles in Jesus konzentrieren. Jesus wird ihr nicht die einzige für unsern Glauben bedeutsame geschichtliche Tatsache sein. Sie wird neben ihm die andern geschichtlichen Persönlichkeiten zu ihrem Rechte kommen lassen, die neben ihm in irgend einem Sinne als anschauliche Symbole und kraftstärkende Bürgschaften des Glaubens betrachtet werden können. Auch hat sie keinen Anlaß dabei bloß bis zum Reformationszeitalter zu gehen, sie wird solche geschichtlichen Tatsachen finden bis zur Gegenwart. Die Christlichkeit und damit überhaupt die Bestimmtheit des Prinzips wird sie dadurch wahren, /40/ daß sie alles das doch immer wieder bezieht auf den einen Sammelpunkt, auf die Persönlichkeit Jesu.

Somit müssen wir im Kampf der wissenschaftlichen Meinungen uns allerdings auch mit den Mitteln der historischen Wissenschaft der Tatsächlichkeit und Erkennbarkeit Jesu versichern, wenn es einen Fortbestand des Christentums geben soll. Die Antwort darauf ist von der Wissenschaft des Urchristentums trotz aller verbleibenden Lücken im wesentlichen gegeben, und die sensationellen Leugnungen werden verschwinden, wenn man sachlich an diesen Dingen arbeitet. Eine Einschränkung der Wichtigkeit der geschichtlichen Forschung ergibt sich nur insofern, als praktisch bedeutsam eine solche sich nur auf die Hauptsache der Person und Predigt Jesu und der Entstehung der ältesten Gemeinde erstreckt, sowie daraus, daß diese historische Tatsache durch zahlreiche andere sich verstärkt und nicht allein alles zu tragen hat. Das ist eine Bemeisterung und Einschränkung des Problems, wie sie von dem oben geschilderten Standpunkte aus möglich ist, während beides für die rechtgläubige Theologie natürlich sinnlos und überflüssig ist.

IV.

Es möchte scheinen, als ob diese Lösung dem früher geschilderten Vermittlungstypus der Schleiermacher-Ritschl-Herrmannschen Schule im Grunde doch sehr nahe stände. Das ist auch mehr als ein Schein. Es ist wirklich so. Die Ergebnisse für die /41/ praktische Verkündigung sind einigermaßen ähnlich, und auch der wichtige Gedanke eines Haltes für die religiöse Subjektivität an der durch alle geschichtliche Vermittelung hindurch noch spürbaren religiösen Größe und Kraft einer wirklichen Persönlichkeit ist von hier aus in seiner vollen Bedeutung erkannt. Ueber eine solche Berührung kann man sich nur freuen. Denn es kommt nicht darauf an, daß wir unsere Denkweisen fortwährend gegen einander abgrenzen und an den Tischtüchern schneiden. Das wirkt nur abstoßend oder lächerlich. Man muß vielmehr in unserem Wirrsal nachdrücklich die Berührungspunkte suchen.

Gleichwohl ist doch Sinn und Begründung des Gedankens und damit der Gedanke selbst ein nicht unerheblich verschiedener, eine Verschiedenheit, deren Bedeutung nicht auf der Liebhaberei für die scholastischen Knifflichkeiten und Schulgegensätze theologischer Systembereitungen, sondern auf einem praktischen Unterschied in Stimmung und Gefühl, in der religiösen Gesamthaltung, beruht. Die von mir gegebene Begründung ist eine allgemein sozial-psychologische, die für das Christentum so gut gilt wie für jeden andern geistig-ethischen, nicht an die natürliche Gesellschaftsgliederung gebundenen und nicht im magischen Kult sich bewegenden, religiösen Glauben. Es ist nicht die Erbsünde, die alle außerchristliche Gottesgewißheit und Gotteskraft unmöglich macht. Es ist nicht der Sondervorzug des Christentums, das allein über eine gewißmachende /42/ historische Tatsache verfügte. Es ist vielmehr ein allgemeines, alle menschlichen Dinge durchdringendes, bei der Religion und insbesondere der geistig-ethischen

Religion sich nur besonders bestimmendes Gesetz, das mit der Erbsünde und der Unfähigkeit der außerchristlichen Menschen zum wahren Gottesglauben so wenig zu tun hat wie Tod und Leiden, Kampf und Dasein und Zweckwidrigkeit des Naturgeschehens mit der Sündenstrafe. Alle diese Dinge hat die alte Lehre von der Erbsünde, der Störung der vollkommenen Urwelt durch die Sünde Adams und Evas oder der Dämonen und Teufel, hergeleitet. Aber wie wir heute alle diese Dinge aus der inneren und notwendigen Verfassung der Natur verstehen, so verstehen wir auch jenes sozialpsychologische Gesetz nicht als einen Ausfluß der Ursünde, sondern als eine Eigentümlichkeit des Menschentums in seinem rätselvollen Verhältnis von Einzelwesen und Gemeinschaft. Das Christentum hat in der Zentralstellung der Persönlichkeit Jesu nicht eine es von allen andern Religionen unterscheidende und ihm allein erst die Erlösung ermöglichende Sondereigentümlichkeit, sondern erfüllt hierin nur ein allgemeines Gesetz des menschlichen Geisteslebens auf eine ihm eigentümliche Weise.

Entscheidend für die Würdigung der Bedeutung Jesu ist daher nicht die außerchristliche Erlösungsunfähigkeit, sondern das Bedürfnis der religiösen Gemeinschaft nach einem Halt, Zentrum und Symbol ihres religiösen Lebens. Das Große ist, daß dann /43/ nicht ein starres Dogma und nicht ein ebenso starres Moralgesetz das Zentrum und Symbol bildet, sondern das Bild einer lebendigen, vielseitigen und zugleich erhebenden und stärkenden Persönlichkeit, deren innerste Lebensrichtung es in sich aufzunehmen gilt und aus der in voller Freiheit der Anwendung jedesmal die Gestaltung der gegenwärtigen religiös-sittlichen Aufgaben herausgeholt werden kann. Auch ist wiederum diese Persönlichkeit nichts Vereinzeltes, sondern steht im Zusammenhang eines reichen weiteren geschichtlichen Lebens, das neben und mit ihr zur Bestimmtheit der christlichen Idee und zur Erfüllung mit lebendiger Kraft unbefangen verwertet werden kann. Es hat ja freilich nie an Versuchen gefehlt, die Person Jesu in ein Dogma zu verwandeln oder aus ihr ein Sittengesetz zu machen. Aber die lebendige Grundlage eines undefinierbaren persönlichen Lebens hat hier doch immer wieder durchgeschlagen, und darauf beruht geradezu die immer neue Vereinfachungs- und Verjüngungsfähigkeit des Christentums. Auch daran hat es nie gefehlt, daß man Jesus isolierte gegen die ganze Geschichte vor ihm und nach ihm und ihn zum einzigen Halt und Grund des Glaubens machen wollte. Auch in der neuesten Christuslehre fehlt es nicht daran. Aber das wird stets von neuem unmöglich infolge der ganz unverkennbaren Gebundenheit der Vorstellungswelt und des Ethos Jesu durch die ganz bestimmte Lage des Spätjudentums und infolge der schroffen Einseitigkeit des rein religiösen Propheten, /44/ der eine neue Welt und Menschheit unter neuen, rein vom religiösen Ideal bestimmten Bedingungen in seiner Gottes-Reich-Predigt vorausnimmt und in Bälde erwartet. Demgegenüber hat schon der Glaube der Urgemeinde den Geist Christi befreit von der historischen

Erscheinung Christi und als ein entwicklungsfähiges Prinzip betrachtet. Nur liegt aber diese Entwickelung nicht sowohl in ideellen Folgen und systematischen Lebensauffassungen als in einer weiteren Reihe starker religiöser Persönlichkeiten, die aus ihm geschöpft haben und neues aus seinem Geiste hervorgebracht haben, gerade so wie in Jesus der Geist der Propheten liegt und neues Wachstum in ihm aus diesem prophetischen Samen aufgeht. So ist es nicht die absolute Einzigkeit des Erlösers, auf die es ankommt, sondern das Zentrum, um das sich alle Vorbereitungen und Auswirkungen der christlich-prophetischen Gläubigkeit sammeln und von dem aus sie eine einheitliche Deutung erfahren.

Liegt alles Schwergewicht auf sozialpsychologischen Notwendigkeiten, so entspringt von da aus auch ein starker Druck auf die Ideen der Gemeinschaft und des Kultus. Die Notwendigkeit der Gemeinschaft und des Kultus haben die Zentralstellung der Christuspersönlichkeit geschaffen. Sie bewirken auch dauernd diese Zentralstellung. Wo die Gemeinschaft sich auflöst in freie, isolierte Ueberzeugungsreligion des Individuums und der Kultus sich verwandelt in Stimmung oder Beschaulichkeit, da wird auch die Beziehung auf Jesus zurücktreten; /45/ und wenn in Worten der Zusammenhang mit ihm gewahrt werden soll, da wird an seine Stelle der innere Christus oder die freie mystische Gegenwart Gottes in den Seelen treten. Wo man aber von solcher Zersplitterung und Ermattung zu Gemeinschaft und Kult zurückkehrt, da wird immer wieder die Bedeutung der geschichtlichen Persönlichkeit Jesu hervortreten. Das ist ganz deutlich an Schleiermacher zu verfolgen. In seinen Reden, die nur der Unverstand für exoterisch halten kann, tritt die Bedeutung des Historischen stark zurück, während sie in den gleichzeitigen Predigten stärker hervortritt. Vor allem aber seit seiner Beteiligung an kirchlichen Aufgaben und seinem Entwurf einer kirchlichen Glaubenslehre wurde die Person Jesu der Zentralgegenstand der ganzen Betrachtung als Symbol und Kraftquelle des christlichen Glaubens und Mittelpunkt der Predigt und des Kultus. Nur die bewußte Begründung ist von ihm nicht sozialpsychologisch gefaßt, während das Motiv zu dieser Wendung es zweifellos ist. Seine dogmatische Begründung dagegen arbeitet mit der Unkräftigkeit des außerchristlichen Gottesbewußtseins und mit der Eröffnung einer neuen Menschheitsperiode durch den zweiten Adam oder den Bringer der Kräftigkeit des sonst unkräftigen Gottesbewußtseins, eine Auffassung, die Schleiermachers sonstigem entwickelungsgeschichtlichen Denken grob widerspricht und wohl überhaupt ein wenig Anpassung an die herrschende biblisch-kirchliche Sprache ist. Noch mehr ist das /46/ sozialpsychologische Motiv verhüllt bei Ritschl und Herrmann, wo das erlösende Wunder der Autorität Christi der entscheidende Gedanke ist. Aber tatsächlich steht doch auch bei ihnen die Bildung der Gemeinschaft und der Kultus in Verbindung mit der Hervorhebung der geschichtlichen Persönlichkeit. Wenige haben so stark wie Ritschl und Herrmann die Bedeutung des Christusglaubens für Gemeinde, Kultus und Gottesreich betont.

Es ist nur notwendig, dies tatsächlich beherrschende Motiv auch als den sachlichen Grund und die innere Notwendigkeit der Jesus-Verehrung erscheinen zu lassen. Bei Schleiermacher finden sich in seinen Reden, wo er die um überlegenen Zentren sich sammelnden, aber fließenden Gruppenbildungen schildert, die ersten Ansätze zu einer solchen Begründung. Er hat sie leider nicht weiter verfolgt, sondern die endgültig eingesetzte Begründung nach Möglichkeit der kirchlichen Ausdrucksweise angenähert. In der Sache aber haben sie alle zweifellos recht. Damit stehen wir freilich im Gegensatz gegen religiöse Lieblingsstimmungen der Zeit, die wohl dem kult- und geschichtslosen Idealismus der Mystik und der protestantischen Spiritualisten sich verwandt fühlt, aber mit Gemeinschaft, Kirche, Kult und Predigt nichts anzufangen weiß. Es ist hier schwer zu sagen, wo die Ursache in diesem Wechselzusammenhang liegt, ob die Gemeinschaftsidee verfiel wegen der Auflösung des Christusglaubens oder ob der letztere sich verflüchtigt wegen Zersetzung der ersteren. Wie dem auch sei, jeden- /47/ falls wird es unmöglich sein, auf dem Gebiet der Religion einen Individualismus festzuhalten, den man auf dem Gebiete aller andern Lebensinteressen wieder zu überwinden gezwungen worden ist. Unter seiner Einwirkung werden die Kräfte der Religion zersplittern, verdampfen und ermatten, und es wird wieder ein starker Durchbruch des Bedürfnisses nach Gemeinschaft und Kult erfolgen. Ob innerhalb unserer gegenwärtigen Kirchen oder neben ihnen, das ist eine Frage für sich, die erst die Zukunft entscheiden kann. Aber eine solche Umkehr wird erfolgen und mit ihr wird auch die Bedeutung der Geschichtlichkeit Jesu wieder besser begriffen werden. So wie es ist, kann das religiöse Chaos und das religiöse Elend nicht dauern. Eine andere Religiosität als die christliche, die das Ergebnis und die Grundlage der westasiatisch-europäisch-amerikanischen Geistesgeschichte ist, wird man innerhalb unseres Kulturkreises nicht erwarten können und dürfen. Erhebt sich innerhalb unserer Kultur das religiöse Leben überhaupt wieder, so wird es in allem Wesentlichen aus dem Christentum strömen und sein Symbol in der Person Jesu haben.

Damit stehen wir dann auch bei dem letzten Unterschiede gegenüber der Lehre des hier besprochenen Vermittelungstypus. Wie der Sinn und die Begründung, so ist auch die Folgerung eine andere. Und hier wird der Unterschied vor allem deutlich. Begründet man die Zentralstellung Jesu mit dem Wunder einer alle erbsündige Schwäche und Glau- /48/ bensunfähigkeit überwindenden Kraft und Gewißmachung, dann wird die Religion der Menschheit immer das Christentum bleiben müssen und wird alle religiöse Gemeinschaft in alle Ewigkeit um das Zentrum der Person Jesu kreisen müssen. Dann wird man mit Schleiermacher Christus als den zweiten Adam oder mit Ritschl ihn und seine Gemeinde als den mit dem Weltzweck identischen Wesenszweck Gottes bezeichnen und vom einen wie vom anderen eine Brücke zur alten Christologie von Nicaea und Chalcedon schlagen können. Begründet man sie aber auf allgemeine sozialpsychologische Notwendigkeiten, dann kann man daraus nur folgern: solange die eigentümliche christlich-prophetische, Stoa und Platonismus und so manches andere zugleich in sich tragende Frömmigkeit besteht, wird alle Möglichkeit einer Gemeinschaft und eines Kultus, damit alle wirkliche Kraft und Fortpflanzung der Gläubigkeit, an die Zentralstellung Christi im Glauben gebunden sein. Eine andere Frage ist, ob das Christentum selber ewig bis ans Ende die Religion der Menschheit bleiben wird, ob es das durch die Mission in nichtchristlichen Ländern und Völkern für alle Ewigkeit werden wird. Das ist eine Frage, die natürlich überhaupt nicht mit Sicherheit zu beantworten ist, deren Aufwerfung selber aber schon sehr wichtig ist für die ganze Auffassung unseres religiösen Wesens. Solange unsere den Mittelmeerländern wesentlich entsprungene Kultur dauert, ist es schwerlich wahrscheinlich, daß aus ihr eine /49/ neue, an Beweglichkeit, Tiefe und Größe dem Christentum vergleichbare Religion entspringe. Unser religiöses Leben hat wohl in ihm für immer sein Bett und seine Triebkräfte erhalten. Die modernen Surrogate des Christentums und die wissenschaftlichen Religionen sind nur stark in der Kritik, aber überaus schwach in der erbauenden, religiösen Kraft und verwechseln oft Wissenschaft, Kunst oder Moral mit Religion. Aber ob diese Kultur selbst ewig dauern und auf die gesamte Welt sich ausdehnen wird, das ist eine Frage, die niemand beantworten kann. So kann man auch die Frage nach einer ewigen Dauer des Christentums und der Bindung von Gemeinschaft und Kult an die geschichtliche Persönlichkeit Jesu nicht bejahen und nicht verneinen. Man kann an die Möglichkeiten von vielen Jahrhunderttausenden menschlicher Zukunft denken, und man wird sich scheuen, irgend eine Bindung der Zukunft an Gegenwärtiges auszusprechen. Das aber entwertet nicht das Gegenwärtige. Was in ihm wahr ist und Leben ist, wird erhalten bleiben oder wiederkehren und wird nicht zur Unwahrheit durch irgend etwas, was kommen wird. Wir können nur die religiösen Kräfte der Gegenwart zusammenhalten und fortbilden und gewiß sein, darin das von der Gegenwart Verlangte zu tun und in der inneren Bewegung des göttlichen Lebens zu stehen. Was in unserem heutigen Glauben wahr, groß und tief ist, wird es auch in zwei Jahrhunderttausenden, wenn auch vielleicht in völlig anderer Form, sein. Da wir aber /50/ diese unsere religiösen Gegenwartskräfte nur im Zusammenhange mit der Vergegenwärtigung und Verehrung der Person Christi haben, so schaaren wir uns um sie, unbekümmert darum, ob in hunderttausend Jahren die Frömmigkeit sich noch aus Jesus nähren wird oder ein anderes Zentrum haben wird. Unbestimmte Zukunftsmöglichkeiten entwerten nicht das, was an gefühlter Kraft und Wahrheit die Gegenwart besitzt. Diese gespenstische Sorge eines mit der großen Zahl spielenden Relativismus muß man sich aus dem Kopfe schlagen und entschlossen das Göttliche so ergreifen, wie es in der Gegenwart sich darbietet. In der Gegenwart aber bietet es sich nicht dar ohne Geschichte und ohne

Bindung der religiösen Einzelsubjektivität an die Substanz eines übergeordneten geschichtlichen Gesamtlebens, das seinerseits seine wichtigste Kraft und Gewißheit aus der geschichtlichen Person Jesu empfing. „Gott in Christo" kann für uns nur heißen, daß wir in Jesus die höchste uns zugängliche Gottesoffenbarung verehren und daß wir das Bild Jesu zum Sammelpunkt aller in unserem Lebenskreise sich findenden Selbstbezeugungen Gottes machen. Und wir verzichten am besten überhaupt darauf, diesen Sinn in die – freilich sehr dehnbaren – christologischen Dogmen von Nicaea und Chalcedon überhaupt hineinzudeuten. Man braucht jene Seite des Gedankens nicht in den Vordergrund zu rücken. In Predigt, Andacht, Katechismus hat sie nichts zu suchen, und auch im akademisch-theologischen Unterricht kann man sie zu- /51/ rückstellen. Aber wo es sich um die Klarstellung des prinzipiellen Gedankens handelt, darf sie nicht verschwiegen werden. Andererseits wäre es für die Praxis gut, wenn sie nicht gerade die ewige Bindung noch ungeborener Millionen an die Person Jesu vor allem betonte und lieber die eigene Bindung der Gegenwart an sie praktisch lebendig machte. Die Leute, die ihres eigenen Glaubens nur froh werden können, wenn sie alle kommenden Jahrmillionen daran binden, wissen nichts von der eigentlichen Freiheit und Größe des Glaubens.

Das ist entscheidend und muß die religiöse Arbeit der Gegenwart bestimmen. Diese hat darum allerdings ein Interesse an der Geschichtlichkeit Jesu und würde, ohne diese voraussetzen zu dürfen, völlig neue Bahnen einschlagen müssen, mindestens in allem, was Gemeinschaft und Kultus betrifft. Das aber wäre überhaupt eine völlige Auflösung. Insofern steht sehr viel in der ganzen Frage auf dem Spiel. Die Entscheidung kann in der Tat nur die strenge geschichtliche Wissenschaft bringen. Aber es ist außer Zweifel, daß sie einen Kern der Tatsachen uns gibt, auf den wir unsere gemeinsame Deutung und Schätzung Jesu als Verkörperung des Glaubens begründen können. Mehr aber bedürfen wir nicht, wenn es sich nicht um das kirchliche Christusdogma, sondern um die erlösende Wahrheit der christlichen Gotteserkenntnis handelt und um die Sammlung einer Gemeinde, von der diese Wahrheit fortgepflanzt und wirksam gemacht wird.

Ernst Troeltsch, Die Bedeutung der Geschichtlichkeit Jesu für den Glauben [Vortrag, gehalten vor der Schweizer christlichen Studentenkonferenz in Aarau], Tübingen: J.C.B. Mohr (Paul Siebeck) 1911.

Julius Wellhausen
3.10 Einleitung in die drei ersten Evangelien, 1911

§ 13. Der Menschensohn.

1. Nach dem Vorgange von Eerdmans hat Hans Lietzmann geleugnet, daß Jesus sich selber den Menschensohn genannt habe, und behauptet, daß der Ausdruck ihm erst hernach in den Mund gelegt sei. Ich habe mich seiner Ansicht angeschlossen, nachdem ich früher mich angestrengt hatte, auf halbem Wege stehn zu bleiben.

Wie kommt Jesus dazu, sich mit dem Ausdruck Menschensohn als Messias zu bezeichnen? Er hat aramäisch gesprochen. Bei den Aramäern ist aber Menschensohn, *barnascha*, nichts besonderes, sondern das gewöhnliche Individualwort für Mensch[1]. Sie haben für den Begriff Mensch ursprünglich nur ein Gattungswort *nascha*; um das einzelne Exemplar zu bezeichnen, setzen sie *bar* d. i. Sohn daran. So sagen sie auch *bar chere* (Sohn des Adelsstandes) für den Adlichen, *bar çabbâe* (υἱὸν βαφέων = jom-baphaeus bei Assemani B. O. 1, 185) für den Färber, *bar chadôre* (Land Anecd. 2, 83) für den Bettler, *bar 'amodâje* für den Taucher, *bar ginnâje* für den Gärtner. Ebenso die Hebräer ben adam, ben baqar; ähnlich bne nebîim. bne raqqâchim. /124/

Dalman behauptet nun freilich, *barnascha* für Mensch sei nur im mesopotamischen Dialekt des Aramäischen gebräuchlich, nicht in dem palästinischen, den Jesus redete. Nun mag jenes Kompositum wohl in dem einen Dialekt beliebter gewesen sein als in dem anderen; im Mandäischen z. B. hat es das Simplex völlig verdrängt. Aber wenn Dalman meint, dem Jüdisch-palästinischen sei es überhaupt fremd, so irrt er. Als Beweis führt er nach seiner bereits früher gewürdigten Gewohnheit an, daß es bei den Rabbinen, wenigstens im Singular, nicht vorkomme, sondern dafür im gleichen Sinne nasch und nascha ohne bar. Aber nasch und nascha sind unter sich verschieden, und keins von beiden deckt sich mit bar nascha. *Nasch* hat indefiniten Sinn (quidam) und wird im Daniel stets mit kol oder la verbunden (jeder, keiner). Und *nascha* ist dem Sinne nach nicht singularisch,

---

[1] Vgl. die Naqâid des Garir und Farazdaq ed. Bevan 134, 2.

sondern pluralisch. So nicht bloß im palästinischen Aramäisch der Christen, sondern auch bei Daniel. Wenn es in der rabbinischen Literatur singularisch gebraucht und als Plural davon *inâschaija* oder *inâsche* gebildet wird, so beruht das auf Verwilderung der Sprache und ist für die Zeit Jesu nicht maßgebend. Es kann dadurch der im ganzen Bereich des Aramäischen klar vorliegende Tatbestand nicht umgestoßen werden, daß *nascha* das Generale ist und daß daraus das Individuale durch Vorsetzung von *bar* abgeleitet wird. Dalman bemerkt selber, daß es niemals *háu nascha* heiße, sondern nur *háu gabra* – ohne den Grund zu ahnen, daß nämlich der Gattungsname nicht mit einem Demonstrativ verbunden werden kann, wenigstens nicht mit einem singularischen. Hätte er gesagt, das gewöhnliche Individuale sei nicht barnascha, sondern gabra, so hätte er eher Recht; im offiziellen Targum ist gabra allerdings besonders deshalb vorgezogen, weil im Hebräischen isch entspricht, da ben adam dort bloß poetisch ist. Lag jedoch ein Bedürfnis vor für den allgemeinen und ungeschlechtlichen Ausdruck Mensch, so sagte man überall im Aramäischen, und nicht bloß im Plural, barnasch und barnascha. So auch in Palästina, wie aus Daniel, aus der Syropalästina, und teilweise auch aus der rabbinischen Literatur erhellt[2]. Dalman ignoriert oder bemängelt diese Zeugnisse aus /125/ tendenziösem Grunde, weil es ihm nicht paßt, daß ὁ υἱὸς τοῦ ἀνθρώπου in Jesu Munde *der Mensch* bedeutet und nicht *der Sohn des Menschen*. Wenn in der Peschita dafür nicht barnascha, sondern genau nach dem Griechischen b'reh d'nascha gesagt wird, so ist das ein theologischer Barbarismus; es müßte eigentlich heißen b'reh d'barnascha wie in der Syropalästina. Älter ist b'reh d'gabra. Das wurde später korrigiert, denn es konnte nicht bloß Menschensohn bedeuten, sondern auch Mannessohn, was Jesus nicht sein sollte. Es hat sich nur restweise in der Syra Sinaitica und Curetoniana erhalten[3].

2. Manche Neutestamentliche Forscher haben die Entdeckung Dalmans mit Freuden begrüßt, aus dem selben Motiv, welches ihn darauf geführt hat; für die Blößen, die er sich gibt, haben sie kein Auge. Sie suchen sich eine Autorität aus, die ihnen zusagt; oder sie konstatieren mit Vergnügen, daß die Gelehrten nicht einig seien, und halten es inzwischen, wie es sie lüstet. Für jeden, der sich die Mühe gibt, die sprachlichen Argumente zu prüfen, muß es fest stehn, daß der

---

[2] Ebenso aus 4 Esdrae. Denn in Kap. 13 ist *homo* deutlich *barnascha*, weil es auf Daniel beruht. Wäre der Ausdruck vereinzelt gewesen, so würde filius hominis übersetzt sein; aber er unterschied sich nicht von dem überall gebrauchten einfachen Ausdruck für Mensch. Das Original war also jüdisch-aramäisch, wie das des Henoch. Gunkels hebräische Rückübersetzung von 8,23 taugt nicht, weil sich von עמד in den Versionen keine Spur findet, und weil *als Zeuge aufstehn* nicht biblisch ist. Das *filius homo* 8,44 läßt sich nicht als Misverständnis von *filius hominis* begreifen. In 6,1 ist der Menschensohn christlicher Einschub (Syra, Aethiops).

[3] Merkwürdig ist *bar naschin* bei Aphraates 84, 8. 9. 96, 18. 99, 14.

Menschensohn auf aramäisch nichts anderes bedeutet als der Mensch. An zwei oder drei Stellen des Markus hat der Ausdruck noch wirklich diese einfache Bedeutung. Storr[4] und nach ihm H. E. G. Paulus wollten sie auch für die weit zahlreicheren Fälle festhalten, wo Jesus sich selbst damit meint: er habe nach bescheidener morgenländischer Sitte das Ich vermieden und in dritter Person von sich geredet. Sie berufen sich auf rabbinische Analogien, wie sie z. B. in Dalmans Dialektproben S. 18. 26 ss. vorkommen; indessen heißt es da immer *jener Mensch* und nicht *der Mensch*[5]. /126/ In anderer Weise glaubte Lagarde, frei nach Schleiermacher, dem Menschensohne auch als Selbstbezeichnung Jesu den allgemeinen appellativen Sinn belassen zu können: Jesus habe sich im Gegensatz zum Messias und zu der national verknöcherten jüdischen Religion als den Menschen bezeichnet, um damit zu sagen, daß ihm nichts Menschliches fremd sei und daß er die Idee des Menschentums erfülle. Dem kann man ebenso wenig zustimmen; denn Jesus war kein griechischer Philosoph und kein moderner Humanist, und er redete nicht zu Philosophen und Humanisten.

Es kann kein Zweifel sein, daß der Ausdruck in Jesu Munde den Messias bedeuten soll. Den Anlaß dazu hat das Buch Daniel gegeben, wo vom Messias[6] gesagt wird: „siehe mit den Wolken des Himmels kam einer wie ein Mensch (barnasch)". Im Bilde eines Menschen erscheint er hier im Gegensatz zu den tierischen Repräsentanten der heidnischen Weltreiche. Aber er heißt nicht *der Mensch*, sondern sieht nur aus wie ein Mensch[7]. Darüber kommen auch die Apokalypsen Henochs und Ezras nicht hinaus, die an Daniel anknüpfen.

Henoch sagt: „Ich sah einen, dessen Erscheinung *wie das Aussehen eines Menschen* war, und ich fragte einen Engel nach jenem Menschensohn, und er antwortete mir: dies ist der Menschensohn, bei dem die Gerechtigkeit wohnt, und dieser Menschensohn, den du gesehen hast, wird die Könige und Mächtigen aufspringen machen." Nachdem zu anfang genau mit den Worten Daniels gesagt ist „einer der wie ein Mensch (= Menschensohn) aussah", kann es nicht misverstanden werden, wenn hernach die Bezeichnung abgekürzt und nicht immer der Quasimensch gesagt wird, sondern einfach der Menschensohn (= Mensch). Daß die Abkürzung ihren Sinn nur aus der Rückbeziehung auf den danielischen

---

[4] Observationes ad analogiam et syntaxin hebraicam pertinentes (Tubingae 1779) p. 106 s.
[5] Das Er für Ich in dem durch eine Bedingungspartikel eingeleiteten arabischen Schwursatze paßt auch nicht. In dem Falle Tabari 1, 1804 redet Muhammed von sich als von einem gewissen Menschen; er verschleiert sich aber absichtlich und wird von dem Publikum nicht verstanden. Ein ander mal (Tab 1, 1150 s.) ist er deprimiert und sagt „der Verworfene" statt Ich; das gehört erst recht nicht her.
[6] Eigentlich vom jüdischen Volk, aber darauf kommt hier nichts an.
[7] Vgl. Apoc Joa 1, 13.

Ausdruck bekommt, zeigt sich darin, daß in der Regel das rückweisende Demonstrativ hinzugefügt wird: *jener* Menschensohn, *dieser* Menschensohn. Das wäre ungerechtfertigt, wenn der Menschensohn hier ein fester Titel wäre, unter dem der Messias bekannt war und der nur ihm zukam. Das Demonstrativ hat nur bei einem Appellativum Sinn, nicht bei einem Eigennamen. /127/

Ezra sagt: „Ventus ascendere fecit de corde maris *quasi similitudinem hominis*; et convolabat ille homo cum nubibus caeli ... Et congregabatur multitudo hominum, ut debellarent hominem qui ascenderat de mari." Voran steht *quasi similitudo hominis*, dann folgt *ille homo*, zuletzt heißt es einfach *homo*, jedoch meist nicht ohne charakterisierendes Attribut. *Der Mensch* – so wird immer gesagt und nicht der Menschensohn – ist also auch hier noch kein zu einer Art Eigennamen erstarrter Titel des Messias, sondern nur eine Abkürzung des zu anfang gebrauchten eigentlichen und vollen Ausdrucks: *das Wesen das einem Menschen glich*, der wörtlich aus Daniel entlehnt ist. Es wäre unbequem gewesen, diesen weitläufigen Ausdruck jedesmal zu wiederholen; die Abkürzung genügt. Sie ist aber weiter nichts als ein Rückweis und empfängt Sinn und Inhalt aus dem Zusammenhang, in welchem sie steht.

Aus diesen literarischen Zeugnissen folgt also wohl, daß der danielische Quasimensch zur Zeit Jesu für den Messias galt und daß daran die eschatologische Hoffnung anknüpfte. Es folgt aber nicht, daß barnascha, der Mensch, schlechthin und ohne weiteres eine Bezeichnung des Messias war[8]; der Terminus empfängt vielmehr diesen spezifischen Sinn immer nur aus der ausdrücklichen Verbindung mit der Danielstelle, die ihr Licht darauf wirft. Erst in den Evangelien reißt er sich von der Wurzel los. Da heißt es nie *dieser Mensch*, sondern immer einfach *der Mensch*. Der Name ist absolut geworden, er wird nicht durch den Zusammenhang vorbereitet und eingeleitet, sondern erscheint ganz uneingeführt in isolierten Aussprüchen. Das wäre vielleicht da unanstößig, wo ein hinzugefügtes Prädikat keinen Zweifel läßt, daß der danielische Mensch gemeint sei, z. B. Mc 13, 26. 14, 62. 8, 31: der Mensch kommt in den Wolken des Himmels, in der Herrlichkeit des Vaters. Indessen diese Fälle sind in der Minderheit. Gewöhnlich wird das Subjekt den jüdischen Zuhörern durch seine Prädikate keineswegs kenntlich gemacht. Es entsteht somit die Schwierigkeit: Jesus hat den Gebrauch des allgemeinsten Namens *Mensch* in einer ganz exochischen Bedeutung bei den Juden nicht vorgefunden, verwendet ihn /128/ jedoch als kurrente Münze und meint sich selbst damit. Er setzt voraus, daß derselbe in dieser Bedeutung seinen jüdischen Zuhörern – auch seine Jünger waren Juden – bekannt und geläufig sei. Und sie verstehn ihn auch und fragen nicht: was willst du eigentlich damit sagen? Es findet

---

[8] Bei den Rabbinen heißt der Messias der Davidssohn und nie der Menschensohn.

sich keine Spur, daß der Name ihnen ein Rätsel aufgab. Dabei waren sie doch nicht in der Lage wie wir, den Sinn desselben durch Vergleichung der verschiedenen Stellen, wo er gebraucht wurde, heraus zu finden. Sie konnten auch nicht schon aus seiner Form schließen, daß er etwas Besonderes bedeuten sollte; denn in der aramäischen Sprache hörten sie nur „der Mensch" und nicht „der Menschensohn".

3. Da nun Jesus seinen Zuhörern verständlich sein wollte, so kann er sich nicht selber bei Lebzeiten den Menschensohn genannt haben. Auch die Aussagen, welche an diesen befremdlichen Namen angeknüpft werden, bestätigen das; sie lassen vermuten, daß derselbe ihm erst später von den Christen beigelegt wurde[9]. Es sind bei Markus lauter Weissagungen Jesu, vorzugsweise über seinen Tod und seine Auferstehung. Er richtet sie fast ausschließlich an seine Jünger und eröffnet ihnen darin insgeheim seine Metamorphose zum christlichen Messias. Diese war ihnen aber in Wirklichkeit nicht zum voraus bekannt, sondern sie vollzog sich in ihnen erst ex post durch die Begebenheiten. Die Kreuzigung des Meisters erschütterte ihnen zunächst den Glauben, daß er der Messias sei, aber sie begriffen sie durch die Auferstehung, indem sie an die Stelle des jüdischen Messias einen ganz anderen setzten. In der Folge ließen sie dann die Umwandlung des Begriffs, auf der das Christentum oder das Evangelium beruhte, schon von Jesus selber vollziehen, und zwar eben in den Weissagungen über den Menschensohn. Der Name sollte nicht bloß, als mysteriös, in den Weissagungsstil passen und es vermeidlich machen, daß Jesus gradezu sagte: Ich werde gekreuzigt werden und auferstehn. Sondern er sollte vor allem den jüdischen Messiasbegriff korrigieren. Er tritt bei Markus zuerst auf nach dem Petrusbekenntnis. Jesus lehnt zwar den Christus, den Petrus ihm anträgt, nicht ab, bezeichnet sich aber doch selber nie so, um nicht /129/ falsche Vorstellungen über sein Wesen zu erwecken. Er setzt vielmehr stillschweigend den Menschensohn an die Stelle. Der Ausdruck hat antithetische Bedeutung, nicht bloß in diesem Falle, sondern auch sonst. Er bezeichnet den himmlischen Messias der Christen im Gegensatz zu dem irdischen der Juden. Das entspricht der Danielstelle, denn darnach wird der Menschensohn von der Erde in den Himmel aufgenommen.

Daraus erklärt sich freilich noch nicht ganz, daß Jesus den Menschensohn einfach für Ich gebrauchte. Ihm selbst ist solche Redeweise auch darum nicht zuzutrauen, weil er sich nicht in den Nimbus eines alten Sehers einhüllte und nicht aus einer anderen Person heraus sprach. Wie kamen aber die Christen darauf, ihm

---

9 Bei Paulus findet sich der Ausdruck nicht. Freilich kommt er auch in den Evangelien nur als Selbstbezeichnung Jesu vor, und daher, kann man sagen, hatte Paulus keinen Anlaß ihn zu verwenden. Aber befremdlich bleibt die Sache doch.

diesen wunderlichen Ersatz für Ich in den Mund zu legen? Der Anlaß dazu läßt sich möglicher weise finden in den beiden bekannten Stellen Mc 2, 10: der Menschensohn hat Befugnis auf Erden Sünden zu vergeben, und Mc 2, 28: der Menschensohn ist Herr auch über den Sabbat. Aus dem Zusammenhang ergibt sich mit voller Deutlichkeit, daß der Menschensohn hier den gewöhnlichen Sinn von barnascha hat und nichts weiteres als „der Mensch" bedeutet. Jedoch schon früh ist darin eine Selbstbezeichnung Jesu erblickt, da barnascha nicht mit ὁ ἄνθρωπος, sondern mit ὁ υἱὸς τοῦ ἀνθρώπου übertragen wird – nach der naheliegenden Erwägung, daß nur der Messias Sünden vergeben und den Sabbat brechen dürfe. Von da aus konnte also eine Gewohnheit Jesu, an stelle von Ich den Menschensohn d. h. den Messias zu setzen, erschlossen und davon ein weiterer Gebrauch gemacht werden.

Es läßt sich in den Evangelien noch verfolgen, wie dieser Gebrauch sich immer mehr ausdehnte. Bei Markus hält er sich in weit engeren Grenzen als bei Matthäus und Lukas. In der ersten Hälfte des zweiten Evangeliums kommt der Menschensohn überhaupt nicht vor, wenn man von den beiden so eben besprochenen Stellen absieht. Seinen Hauptsitz hat er in dem Präludium zur Passion nach dem Petrusbekenntnis, in den esoterischen Reden Jesu an die Jünger, in denen er das Evangelium und die Kirche vorweg nimmt und zwar nur in Weissagungen. Da findet er sich sieben mal, gewöhnlich in Aussagen über die Kreuzigung und die Auferstehung, und einmal (8, 38) in einer Aussage über die Parusie. In der Passion noch vier mal, darunter zwei mal in Aussagen über die Parusie. Bei Matthäus kehren /130/ diese Markusstellen sämtlich wieder, bei Lukas zum größten Teil (ausgenommen Mc 9, 9. 12. 10, 45. 14, 41). Aber diese beide Evangelisten haben außerdem eine Menge von Stellen, wo Jesus sich den Menschensohn nennt, vor Markus voraus. Nur in fünf Stellen treffen sie dabei zusammen: Mt 8, 20. 11, 19. 12, 32. 40. 24, 44 = Lc 9, 58. 7, 34. 12, 10. 11, 30. 12, 40. Jeder für sich allein führen sie den Menschensohn an sechzehn Stellen ein: Mt 10, 23. 13, 37. 41. 19, 28. 25, 31. 26, 2; Lc 6, 22. 17, 22. 24. 26. 30. 18, 8. 19, 10. 21, 36. 22, 48. 24, 7. Dabei ist zweierlei bemerkenswert. Erstens wird die von Markus eingehaltene Grenze (das Petrusbekenntnis) überschritten; von vorn herein redet Jesus von sich als dem Menschensohn, nicht bloß vor den Jüngern und in Weissagungen, sondern in Aussagen beliebigen Inhalts mit beliebiger Adresse. Dies geschieht ebenso wohl an Stellen, die Matthäus und Lukas gemein haben (Mt 8,20. 11, 19. 12, 32 = Lc 9, 58. 7, 34. 12, 10) als in anderen (Mt 10, 23. 13, 37. Lc 6, 22). Zweitens ist das überwiegende Prädikat des Menschensohns nicht wie bei Markus das Leiden, Sterben und Auferstehn, sondern das Weltrichten: so fast in allen Stellen, die allein bei Matthäus oder allein bei Lukas vorkommen, also in den jüngsten. Zuweilen ist der Menschensohn gesetzt, wo ursprünglich Ich stand; nämlich einmal bei Matthäus (10, 33) gegen Markus und Lukas (Mc 8, 38. Lc 9, 26. 12, 8) und einmal bei Lukas (6,

22) gegen Matthäus (5, 11); in den Handschriften findet sich das noch öfter. Also ein Crescendo, das seinen Höhepunkt in dem Sondergut bei Matthäus und Lukas erreicht. Es zeigt sich auch schon bei Markus; die vier Stellen in der Passion, wo der Menschensohn auftritt, gehören nicht zum Grundstock[10]. Daß aber der Menschensohn erst im Griechischen zu seiner messianischen Bedeutung gekommen sei, bezweifle ich, obgleich es in dieser Sprache leichter war, ihn vom Menschen zu unterscheiden als im Aramäischen. Denn damit gerät man in eine zu späte Zeit, und aus Mc 2, 10. 28 folgt es nicht. Schon die jerusalemischen Christen werden das spezifische barnascha von dem gewöhnlichen barnascha unterschieden haben.

§ 17. Das Evangelium und das Christentum.

1. Das Evangelium ist seiner Wortbedeutung nach Heilsbotschaft. So im zweiten Teil des Jesaias die Ankündigung eines bestimmten Ereignisses, des Wendepunktes der Weltgeschichte, wodurch Sion gerettet und Babel gerichtet wird. Entsprechend im Neuen Testament die Ankündigung, daß Jesus, obgleich von den Juden verworfen und gekreuzigt, dennoch der Christus sei, durch die Auferstehung von Gott bestätigt und im Himmel wirksam gegenwärtig; nur darauf richtet sich auch ursprünglich der Schriftbeweis. Jesus Christus ist der Gegenstand der Botschaft und nicht ihr Träger. In den Reden, die bei Markus auf das Petrusbekenntnis folgen, offenbart er sich zwar selber den Jüngern als den Menschensohn, der durch den Tod zu seiner Herrlichkeit eingehn werde, antezipiert damit aber nur weissagend den Inhalt des Evangeliums, dessen Verkündigung er erst für die Zukunft in Aussicht nimmt. In Wirklichkeit sind erst die Apostel nach dem Tode Jesu die Boten des Evangeliums. Es ist entstanden in dem Augenblick, wo Petrus den Auferstandenen sah, kurz nachdem er den zum Tode Verurteilten verleugnet hatte. Dadurch wurde Petrus der Fels, auf den das Christentum, der Glaube an den lebendigen Christus, und die Kirche sich gründeten. Nach der Apostelgeschichte sind auch die übrigen Zwölf als Zeugen der Auferstehung zur Verkündigung des Evangeliums berufen, deshalb weil Jesus sich auch ihnen nach seinem Tode lebendig erwies, nicht deshalb weil sie ihm während seiner irdischen Wirksamkeit gefolgt waren[11]. Gleicherweise ist Paulus dadurch zum Evangelium berufen worden, daß der Auferstandene ihm erschien. Wie hätte er die Unabhängigkeit /148/ seines Evangeliums von jeder Überlieferung behaupten können, wenn es in

---

10 Vgl. meine Noten zu Mc 13, 26. 14, 21. 41. 62.
11 Man kann vergleichen, daß die Propheten des Alten Testaments durch Theophanien berufen werden. In Act 1, 21. 22 befremdet es, daß man dadurch, daß man mit Jesus auf Erden gewandelt ist, Zeuge der Auferstehung wird.

der Überlieferung von dem irdischen Jesus bestand! wie hätte er sich dann mit denjenigen Aposteln, die mit Jesus gewandelt waren, gleich setzen können, ohne sich zu belügen und lächerlich zu machen! Aber er war durch die Offenbarung bei Damaskus gewürdigt, den lebendigen himmlischen Christus mit eigenen Augen zu schauen, und dadurch von höchster Stelle zur Verkündigung des Evangeliums autorisiert – später als andere, jedoch in gleicher Weise wie diese.

Das Evangelium ist verschieden von den sogenannten Evangelien, und Strauß hat nicht mit Unrecht gegen Steudel bemerkt, daß seine Kritik der Tradition als mythisch die eigentliche Grundlage des Christentums gar nicht treffe. Das ursprüngliche Evangelium ist keine Tradition; der traditionelle Stoff, der in den Evangelienbüchern steht, ist erst nachträglich hinzugekommen, wenngleich als notwendige Ergänzung. Die Verkündigung, daß der Gekreuzigte zum himmlischen Christus erhöht sei, genügte für die, die ihn gekannt hatten. Indessen löschte doch der himmlische Christus das Bild des irdischen nicht aus, und bei denen, die ihn nicht gekannt hatten, erwachte ein historisches Interesse, welches um so mehr nach Befriedigung drängte, da begreiflich gemacht werden mußte, warum ein solches Leben nicht mit einem solchen Tode enden konnte. So schloß sich also an das eigentliche Evangelium ein historisches an, wie aus Mc 14, 9 zu ersehen ist.

Nur ist ein solches nicht schon von den ältesten Aposteln zusammengestellt, als mündliche oder schriftliche Grundlage und Norm der Verkündigung; diese Meinung Lessings und seiner Nachfolger ist von Schleiermacher und namentlich von Wilke gründlich widerlegt. Die Apostel haben auch nicht so das Evangelium verkündet, wie Papias es sich vorzustellen scheint, daß sie einzelne Abschnitte der evangelischen Geschichte als Texte ihrer Predigt zu grunde legten, wenngleich sie wohl gelegentlich Züge aus dem Bilde des Meisters mitteilten, das sie im Herzen trugen. Sie haben keine Sorge dafür getragen, daß die Erinnerungen an das Leben Jesu vollständig und rein erhalten blieben und daß die Späteren darüber unterrichtet wurden; sie hatten etwas anderes zu tun. Die mündliche Überlieferung, auf der unsere Evangelien beruhen, ist ohne direktes Zutun der Apostel in der jerusalemischen Gemeinde entstanden, zur Erbauung und Unterrichtung des christlichen Nachwuchses. Aufgezeichnet wurde /149/ sie durchaus privatim, vermutlich als sie teils abzusterben, teils zu entarten drohte. Man schließt zuweilen aus dem Eingang des Evangeliums Lucae, daß sich gleich anfangs viele Federn dazu in Bewegung setzten. Aber die Aussage des Lukas gilt erst für eine sehr späte Zeit. Die Juden waren nicht geneigt, mündlich Überliefertes, namentlich Historisches, schriftlich zu fixieren. Es war also ein Wagnis, Memorabilia Jesu zu Buch zu bringen, und nicht Viele zugleich werden damit angefangen haben.

2. Das Christentum ist nicht erst hernach durch den Mythus getrübt worden, wie die Rede geht, sondern es hat sich von anfang an auf den Mythus gegründet, wenn man es wagen will, das Wort in einer ungewöhnlichen Bedeutung zu ge-

brauchen und die Auferstehung so zu nennen. Es handelt sich dabei nicht um eine stufenweise Idealisierung, sondern um eine plötzliche Metamorphose Jesu. Durch seine Kreuzigung als irdischer Messias abgetan, erstand er als himmlischer aus dem Grabe. Der Glaube, daß er durch den Tod zum himmlischen Christus erhöht sei, ward in einem Moment geboren, und zwar aus ekstatischem Schauen[12]. Die Ekstase steckte an. Nachdem der Herr zuerst dem Petrus erschienen war, erschien er auch den anderen Jüngern; sie nahmen nicht bloß das Zeugnis des Petrus an, sondern erlebten sein Erlebnis ihm nach. Alsbald nach dem Hingang ihres Meisters, als sie voll Verzweiflung waren, kam der Geist über sie; es war ursprünglich ein Geist des Enthusiasmus und er äußerte sich in den Christophanien. Mit Recht hat Weiße es in Verbindung gebracht, daß nach 1 Cor 15 fünfhundert Jünger zugleich den Herrn sahen und daß nach Act 2 der Geist auf einmal die ganze jerusalemische Jüngerschaft in Ekstase versetzte. Was sie geschaut hatten, verkündeten dann die Zeugen der Auferstehung den Anderen; so entstand das Evangelium. Hernach trat zu dem Glauben an die Auferstehung Jesu die Hoffnung auf seine Parusie hinzu. Das geschah sehr bald und wurde sehr wichtig. Die Kirche war die Gemeinschaft der zukünftigen Bürger des Gottesreichs, die aus dem Gericht gerettet und durch das Gericht erlöst werden sollten. Der Begriff ist also ursprünglich eschatologisch bestimmt, freilich setzt er nicht notwendig die Parusie Jesu voraus. Er ist auch schon jüdisch und entspricht dem messianischen Rest, den Entronnenen oder Erlösten. /150/

Der Enthusiasmus hat das Christentum gezeugt. Aber es war der Enthusiasmus der Jünger, nicht der Enthusiasmus Jesu. Nach der Meinung mancher nichts weniger als orthodoxen Gelehrten soll freilich Jesus selber der Schwärmer gewesen sein und seine eigene Parusie mit Nachdruck in Aussicht gestellt haben – was etwas ganz anderes ist als daß er die eschatologische Weltanschauung der frommen Juden geteilt und ebenso wie Johannes der Täufer das Gericht in Bälde erwartet hat. Zu dem Sichersten, was wir von ihm wissen, rechnet Strauß im Alten und Neuen Glauben, daß er erwartete in allernächster Zeit in den Wolken des Himmels zu erscheinen. Ähnlich spricht er sich in seinem ersten Leben Jesu und in der christlichen Glaubenslehre aus[13]. In der letzteren wendet er sich gegen die

---

[12] Es ist eine der größten Torheiten, solche momentan wirkenden Ursachen aus der Geschichte der Religionen ausschließen zu wollen.

[13] Dazwischen war er freilich im Leben Jesu für das deutsche Volk von sich abgefallen. Vgl. den Brief an Käferle vom 15. Juni 1862: „Hat man die orthodoxe Ansicht über Jesus aufgegeben, so steht zunächst der Schwärmer vor einem, aber ein so arger Schwärmer, daß es schwer fällt, sich so viel Schwärmerei mit so viel Vernunft zusammen zu denken." Desgleichen der Brief an Lang vom 16. Oktober 1864: „Daß wir unsere occidentalische Vorstellungsart nie in die Orientalenwelt hineintragen dürfen, habe auch ich mir beständig vorgesagt; aber der Brocken mit der Wie-

Rationalisten, welche Jesu den abstrakten und ungeschichtlichen Zweck unterlegen, eine Universalreligion zu stiften, die unabhängig von allen besonderen Zeit- und Volksvorstellungen den religiösen Bedürfnissen der ganzen Menschheit entspräche und daher für jeden Menschen von gesunder Vernunft gleich einleuchtend wäre. Mehr findet er sich von Reimarus' Ansicht angesprochen, daß Jesus ein Agitator gewesen sei, der zur politischen Erhebung seiner Nation den Messias habe spielen wollen, aber in der Durchführung seines Plans verunglückt sei; hier sehe man doch historische und psychologische Möglichkeit. Er tritt jedoch auch dem nicht bei. Nach allen Spuren habe Jesus keinen Volksaufstand erregen oder andere praktische Mittel zur Herbeiführung eines Umschwungs anwenden wollen. Er habe vielmehr der Hoffnung gelebt, Gott werde ihm, dem Messias, eines Tages seine Engellegionen vom Himmel senden, um den Thron Davids wieder aufzurichten. Als aber diese Katastrophe immer nicht eintreten wollte, habe er der Sache die Wendung gegeben, daß er /151/ das, was ihm bei seiner ersten Anwesenheit nicht gelungen, bei einer einstigen Wiederkunft vom Himmel um so glänzender durchführen werde. In die Fußstapfen von Strauß ist neuerdings Albert Schweitzer getreten, wenngleich ihn die Schwärmerei Jesu nicht abstößt wie jenen, sondern anzieht. Auch er geht aus vom Gegensatz gegen den Rationalismus, der den Anspruch Jesu, der Messias zu sein, zurückdrängt oder umdeutet, sieht ebenfalls in Reimarus, der ihn von diesem Anspruch aus begreift, den Anfänger einer wahrhaft historischen Auffassung, und verwirft nur noch entschiedener dessen profane und politische Betrachtungsweise, indem er an deren Stelle mit beredte[m] Pathos die rein religiöse, nämlich die konsequent eschatologische setzt[14].

---

derkunft war mir zu arg, ich konnte ihn nicht herunterbringen. Zellers Vergleichung mit dem Unsterblichkeitsglauben unserer Zeit kann ich nicht gelten lassen, es handelt sich um die ungeheure *Ausnahme*, die in der Wiederkunftsidee liegt. Jene Idee steht in meinen Augen dem Wahnsinn ganz nahe."

[14] Albert Schweitzer, Von Reimarus zu Wrede, eine Geschichte der Leben-Jesu-Forschung (Tübingen 1906). Aus Bescheidenheit ersetzt der Autor seinen eigenen Namen durch den seines Antipoden, der es leugnet, daß Jesus sich überhaupt bei Lebzeiten für den Messias gegeben habe und bei Lebzeiten dafür gehalten sei. Der Titel müßte eigentlich lauten: von Reimarus bis *Schweitzer*; denn dieser ist das Ziel, auf welches die Leben-Jesu-Forschung ausläuft. Der jugendliche Verfasser, dessen Zeit durch anderweitige Obliegenheiten sehr beschränkt war, hat den wüsten Stoff mit unverdrossener Lust und Liebe durchgearbeitet und dargestellt. Er versteht aber besser zu bewundern oder geringzuschätzen, als zu referieren. Sein Urteil bestimmt sich durch das Axiom: die Aussprüche Jesu, in denen er seine eigene Wiederkunft ankündigt oder voraussetzt, müssen authentisch sein. Die dem widersprechende Kritik entspringt aus rationalistischer Tendenz, aus Mangel an historischem Sinn. Sie ist jetzt abgetan. „Johannes Weiß hat Christian Hermann Weiße überwunden."

Es ist schon früher in den Kapiteln über die Eschatologie und über den Menschensohn (§ 9. 13) vorgebracht, was gegen diese Meinung einzuwenden ist. Hier sei nur hinzugefügt, daß ihre Vertreter hinter der Parusie die Auferstehung zurücktreten lassen und nicht davon reden, daß Jesus auch sie zum Gegenstand seiner Verkündigung gemacht habe; sie messen ihr keine selbständige Bedeutung bei. Aber bei Markus verkündet Jesus, in der Vorausnahme des Evangeliums welche auf das Bekenntnis des Petrus erfolgt, seine Passion und Auferstehung *ohne* seine Wiederkunft. Und auch innere Gründe lassen vermuten, daß nicht die Parusiehoffnung, sondern der Auferstehungsglaube das psychologische Prius war; nur dieser beruhte auf einem epochemachenden, einschneidenden Erlebnis, nicht jene. Nicht die Hoffnung, sondern der Glaube bewirkte den plötzlichen /152/ Umschwung in der Stimmung der Jünger, riß sie aus der Verzweiflung und erfüllte sie mit freudigem Mut. Er war das Panier, um das sie sich wieder sammelten, machte sie zu Zeugen und Märtyrern, führte sie zum Siege über den Tod und über die Welt. Er bildete das unterscheidende Merkmal des Christentums; als Religion des Wartens auf die künftige Erlösung war es eine sublimierte Fortsetzung des Judentums. Die Hoffnung auf die Wiederkunft Jesu war das Posterius und nur die Folge der Überzeugung, daß er durch den Tod zum himmlischen Messias erhöht sei. Wenn nun diese Überzeugung *erst in den Jüngern* entstand (durch die Visionen des Auferstandenen), so auch jene Hoffnung. Bei Lebzeiten hat Jesus sie ihnen nicht eingepflanzt. Es wird ja auch zugegeben, daß sie seine angeblichen Vorhersagungen, so deutlich sie sind, erst nach seinem Tode begriffen.

3. Der Glaube an den Auferstandenen hat indessen zwar das Christentum begründet, aber doch nicht dessen alleinigen Gehalt ausgemacht. Die stillen Wasser Siloahs gingen nicht unter in dem rauschenden Strom der Begeisterung. Die Erinnerung an ihren Meister, an dessen Worte und Wandel, losch in den Herzen der Jünger nicht aus; sein Geist trat als moralisches Prinzip des inneren Lebens der Gemeinde neben den nicht moralischen Geist des Enthusiasmus, der sie geschaffen hatte, und moderierte ihn. Indem man nun diese tatsächlich von dem historischen Jesus ausgehende Wirkung in Anschlag bringt, glaubt man sich berechtigt, ein Evangelium Jesu neben das Evangelium der Apostel über den Christus zu stellen und es als den wahren Anfang des Christentums zu bewerten.

Für die Befugnis, die „Religion Jesu" als sein Evangelium zu bezeichnen, beruft man sich auf das *Evangelium vom Reich*, welches er nach Matthäus selber verkündet haben soll. Man nimmt mit Recht an, daß das hier gemeinte Reich nicht das zukünftige sei, das mit einem Schlage vom Himmel herabkommt, sondern ein schon gegenwärtig auf Erden sich anbahnendes. Dies gegenwärtige Reich ist nun aber nichts anderes als die Kirche, und zwar nicht bloß die unsichtbare im Sinne des Dr. Martin Luther. Jesus legt mit seiner Predigt die Grundlage zur Kirche, er zeichnet den Jüngern, aus denen sie erwachsen soll, ihr Ideal vor und auch die entgegenstehenden äußeren Gefahren und inneren Hindernisse. Die Parabel vom Säemann handelt von dem Mysterium der (annoch nicht erschienenen) Kirche; Jesus streut nicht ohne Rücksicht auf den /153/ Erfolg den Samen aus, sondern er pflanzt mit bewußter Absicht die Kirche. Die vielen anderen Parabeln des Matthäus, deren Gegenstand das Himmelreich ist, gehn ebenfalls auf die Kirche und nehmen deutlich Beziehung auf Zustände und Erscheinungen, die sich in ihrer Geschichte zeigen. Dazu stimmt es, daß Jesus auch direkt in die kirchliche Organisation eingreift, Bestimmungen über die Exkommunikation trifft, das Amt der Schlüssel begründet, von den christlichen Lehrern als Schriftgelehrten des Himmelreichs redet.

Wenn nun das Reich so verstanden werden muß, so kann Jesus das Evangelium vom Reich so wenig verkündet haben wie das apostolische Evangelium; daß er sich selbst als himmlischen Messias geweissagt hat, ist nicht unhistorischer, als daß er schon gegenwärtig auf Erden seine messianische Aufgabe durch Grundlegung der Kirche gelöst hat[15]. Das gegenwärtige Reich ist nur ein Contrafactum des zukünftigen, welches nicht bloß den Juden, sondern auch dem Paulus und Markus allein bekannt ist. Als der Gekreuzigte, Auferstandene und Wiederkommende ist Jesus der christliche Messias, nicht als Religionslehrer. Das apostolische Evangelium, welches den Glauben an den Christus predigt, ist das eigentliche, und nicht das Evangelium Jesu, welches der Kirche ihre Moral vorschreibt. Die Duplizität, das Schillern der Begriffe kann nicht von Anfang an bestanden haben. Und der angeblich von Harnack getane Ausspruch: „nicht der Sohn, sondern nur der Vater gehört ins Evangelium" ist grundfalsch, wenn damit ein Faktum behauptet und nicht nur ein Postulat ausgesprochen werden soll.

Julius Wellhausen, Einleitung in die drei ersten Evangelien, Berlin: Georg Reimer ²1911, S. 123–130, 147–153.

---

15 Um die Authentie des Evangeliums vom Reich als des Evangeliums Jesu zu retten und es gegen das apostolische Evangelium auszuspielen, bestreben sich protestantische Theologen, das gegenwärtige Reich Gottes von der Kirche zu unterscheiden. Daß dies Bemühen vergeblich sei, habe ich in den Noten zu den Parabeln des Matthäus dargelegt. Nur das läßt sich einräumen, daß die Kirche durch den Namen des Reichs idealisiert wird, damit ihre Prolepse weniger auffalle. Zweimal nimmt Jesus bei Matthäus freilich doch geradezu die ἐκκλησία in den Mund. – Halbwegs richtig äußert Renan seine Verwunderung darüber, daß Jesus auf eine übernatürliche Erfüllung rechne und zugleich mit seltener Sicherheit des Blicks die Basis für eine dauerhafte Kirche schaffe.

Albert Schweitzer
3.11 Geschichte der Leben-Jesu-Forschung, 1913

25 Schlußbetrachtung

Diejenigen, welche gerne von negativer Theologie reden, haben es im Hinblick auf den Ertrag der Leben-Jesu-Forschung nicht schwer. Er ist negativ.

Der Jesus von Nazareth, der als Messias auftrat, die Sittlichkeit des Gottesreiches verkündete, das Himmelreich auf Erden gründete und starb, um seinem Werke die Weihe zu geben, hat nie existiert. Er ist eine Gestalt, die vom Rationalismus entworfen, vom Liberalismus belebt und von der modernen Theologie in ein geschichtliches Gewand gekleidet wurde.

Dieses Bild ist nicht von außen zerstört worden, sondern in sich selbst zusammengefallen, erschüttert und gespalten durch die tatsächlichen historischen Probleme, die eines nach dem andern auftauchten und sich trotz aller darauf verwandten List, Kunst, Künstlichkeit und Gewalt in die Gesamtanschauung, die den Jesus der Theologie der letzten hundertundfünfzig Jahre hervorgebracht hatte, nicht einebnen lassen wollten und jedesmal, kaum begraben, in neuer Form auferstanden.

Welches auch die definitive Lösung sein mag: der historische Jesus, den die Forschung auf Grund der erkannten und eingestandenen Probleme zeichnen wird, kann der modernen Theologie nicht mehr die Dienste leisten, die sie von dem ihren, halb historischen, halb modernen, in Anspruch nahm. Er wird nicht mehr der Jesus Christus sein, dem unsere religiöse Zeit nach altgewohnter Weise ihre Anschauungen und Erkenntnisse in den Mund legen kann, wie sie es bei dem ihrigen tat. Er ist auch keine Gestalt, die sie dem Volk in den Einzelheiten historisch so allgemein verständlich nahebringen kann, wie sie es mit dem ihrigen tun zu können glaubte. In der besonderen Bestimmtheit seiner Vorstellungen und seines Handelns erkannt, wird er für unsere Zeit immer etwas Fremdes und Rätselhaftes behalten.

Es ist der Leben-Jesu-Forschung merkwürdig ergangen. Sie zog aus, um den historischen Jesus zu finden, und meinte, sie könnte ihn dann, wie er ist, als Lehrer und Heiland in unsere Zeit hineinstellen. Sie löste die Bande, mit denen er seit Jahrhunderten an den Felsen der Kirchenlehre gefesselt war, und freute sich, als wieder Leben und Bewegung in die Gestalt kam und sie den historischen Menschen Jesus auf sich zukommen sah. Aber er blieb nicht stehen, sondern ging an unserer Zeit vorüber und kehrte in die seinige zurück. Das eben befremdete und erschreckte die Theologie der letzten Jahrzehnte, daß sie ihn mit allem Deuteln und aller Gewalttat in unserer Zeit nicht festhalten konnte, sondern ihn ziehen lassen mußte. Er kehrte in die seine zurück mit derselben Notwendigkeit, /621/ mit der das befreite Pendel sich in seine ursprüngliche Lage zurückbewegt.

Das historische Fundament des Christentums, wie es die rationalistische, die liberale und die moderne Theologie aufgeführt haben, existiert nicht mehr, was aber nicht heißen will, daß das Christentum deshalb sein historisches Fundament verloren hat. Die Arbeit, welche die historische Theologie durchführen zu müssen glaubte, und die sie in dem Augenblick, wo sie der Vollendung nahe ist, zusammenbrechen sieht, ist nur die Backsteinumkleidung des wahren, unerschütterlichen, historischen Fundaments, das von jeder geschichtlichen Erkenntnis und Rechtfertigung unabhängig ist, weil es eben da ist.

Jesus ist unserer Welt etwas, weil eine gewaltige geistige Strömung von ihm ausgegangen ist und auch unsere Zeit durchflutet. Diese Tatsache wird durch eine historische Erkenntnis weder erschüttert noch gefestigt.

Nur daß man meinte, er könne unserer Zeit mehr werden dadurch, daß er lebendig als ein Mensch unserer Menschheit in sie hineintritt. Das aber ist nicht möglich. Einmal, weil dieser Jesus so nie existiert hat. Dann aber, weil geschichtliche Erkenntnis wohl Klärung vorhandenen geistigen Lebens bringen, aber nie Leben wecken kann. Sie vermag Gegenwart mit Vergangenheit zu versöhnen, Gegenwart bis zu einem gewissen Grade in Vergangenheit hineinzulegen: aber Gegenwart aufzubauen ist ihr nicht gegeben.

Man kann es nicht hoch genug anschlagen, was die Leben-Jesu-Forschung geleistet hat. Sie bedeutet eine einzigartig große Wahrhaftigkeitstat, eines der bedeutendsten Ereignisse in dem gesamten Geistesleben der Menschheit. Was die modern liberale und die popularisierende Forschung trotz aller ihrer Fehler für die jetzige und die kommende Religiosität getan haben, ermißt man erst, wenn man in die romanische Kultur und Literatur hineinschaut, die von dem Wirken dieser Geister kaum oder gar nicht berührt sind.

Und doch muß das Irrewerden kommen. Wir modernen Theologen sind zu stolz auf unsere Geschichtlichkeit, zu stolz auf unseren geschichtlichen Jesus, zu zuversichtlich in unserem Glauben an das, was unsere Geschichtstheologie der Welt geistig bringen kann. Der Gedanke, daß wir mit geschichtlicher Erkenntnis ein neues lebenskräftiges Christentum aufbauen und geistige Kräfte in der Welt entbinden können, beherrscht uns wie eine fixe Idee und läßt uns nicht einsehen, daß wir damit nur eine der großen religiösen Aufgabe vorgelagerte Kulturaufgabe in Angriff genommen haben und sie, so gut es geht, lösen wollen. Wir meinten, wir müßten unsere Zeit den Umweg über den historischen Jesus, wie wir ihn verstanden, machen lassen, damit sie zum Jesus käme, der in der Gegenwart geistige Kraft ist. Der Umweg ist nun durch die wahre Geschichte versperrt. /622/

Es war Gefahr, daß wir uns zwischen die Menschen und die Evangelien stellten und den Einzelnen nicht mehr mit den Sprüchen Jesu allein ließen.

Es war auch Gefahr, daß wir ihnen einen Jesus boten, der zu klein war, weil wir ihn in Menschenmaß und Menschenpsychologie hineingezwängt hatten. Man lese die Leben-Jesu seit den sechziger Jahren durch und schaue, was sie aus den Imperatorenworten unseres Herrn gemacht haben, wie sie seine gebieterischen, weltverneinenden Forderungen an den Einzelnen heruntergeschraubt haben, damit er nicht wider unsere Kulturideale stritte und mit seiner Weltverneinung in unsere Weltbejahung einginge. Manche der größten Worte findet man in einem Winkel liegend, ein Haufen entladener Sprenggeschosse. Wir ließen Jesus eine andere Sprache mit unserer Zeit reden, als sie ihm über die Lippen kam.

Dabei wurden wir selber kraftlos und nahmen unsern eigenen Gedanken die Energie, indem wir sie in die Geschichte zurücktrugen und aus der Vorzeit reden ließen. Es ist geradezu ein Verhängnis der modernen Theologie, daß sie alles mit Geschichte vermischt vorträgt und zuletzt noch auf die Virtuosität stolz ist, mit der sie ihre eigenen Gedanken in der Vergangenheit wiederfindet.

Darum bedeutet es etwas, daß sie in der Leben-Jesu-Forschung, mag sie sich noch so lange sträuben und immer neue Auswege suchen, zuletzt durch die wahre Geschichte an der gemachten, auf die sie unsere Religion gründen will, irre werden muß, und von den Tatsachen, die nach W. Wredes schönem Wort selber manchmal am radikalsten sind, überwältigt werden wird.

Was ist uns der geschichtliche Jesus, wenn wir ihn von aller falschen Zurechtlegung der Vergangenheit für die Gegenwart frei halten? Wir haben das unmittelbare Empfinden, daß seine Persönlichkeit, trotz alles Fremdartigen und Rätselhaften, allen Zeiten, so lange die Welt steht, mögen sich die Anschauungen und Erkenntnisse noch so sehr wandeln, etwas Großes zu sagen hat und darum eine weitgehende Bereicherung auch unserer Religion bedeutet. Dieses elementare Gefühl gilt es auf einen klaren Ausdruck zu bringen, damit es sich nicht in dogmatische Behauptungen und Phrasen versteige und die historische Forschung nicht immer aufs neue zu dem aussichtslosen Versuch verleite, Jesum zu modernisieren und das zeitlich Bedingte in seiner Verkündigung abzuschwächen und umzudeuten, als ob er uns dadurch mehr würde.

Die ganze Leben-Jesu-Forschung hat zuletzt nur den einen Zweck, die natürliche und unbefangene Auffassung der ältesten Berichte sicher zu stellen. Um Jesus zu kennen und zu erfassen, braucht es keiner gelehrten Bevormundung. Es ist auch nicht erforderlich, daß der Betreffende die Einzelheiten der öffentlichen Wirksamkeit Jesu begreifen und sie sich zu einem „Leben Jesu" zusammenstellen könne. Sein Wesen und das, was /623/ er ist und will, drängt sich ihm schon aus einigen lapidaren Aussprüchen auf. Er kennt ihn, ohne viel von ihm zu wissen und erfaßt das Eschatologische, auch wenn er über die Einzelheiten nicht ins klare kommt. Denn dies ist das Charakteristische an Jesus, daß er über die Vollendung und Seligkeit des Einzelnen hinaus auf eine Vollendung und Seligkeit der Welt und einer erwählten Menschheit ausschaut. Er ist von dem Wollen und Hoffen auf das Reich Gottes hin erfüllt und bestimmt.

In jeder Weltanschauung sind zeitlich Bedingtes und zeitlich Unbedingtes in- und nebeneinander, weil sie darin besteht, daß ein Wille das Vorstellungsmaterial durchdringt und gestaltet. Das letztere ist Wandlungen unterworfen. Darum gibt es keine Weltanschauung, so groß und tief sie sei, die nicht Vergängliches enthält. Aber der Wille selbst ist zeitlos. Er offenbart das unergründliche und primäre Wesen einer Persönlichkeit und bedingt auch die letzte und grundlegende Bestimmtheit ihrer Weltanschauung. Mag das Vorstellungsmaterial sich noch so sehr wandeln und eine dementsprechende weitgehende Verschiedenheit alter und neuer Weltanschauungen zur Folge haben, so liegen diese in Wirklichkeit doch nur so weit auseinander, als die sie konstituierenden Willensrichtungen auseinandergehen. Die durch den Wandel in dem Vorstellungsmaterial bedingten Differenzen sind letztlich sekundärer Art, ob sie sich auch noch so stark bemerkbar machen, da derselbe Wille, mag er sich in noch so verschiedenem Vorstellungsmaterial manifestieren, immer Weltanschauungen schafft, die sich ihrem Wesen nach entsprechen und decken.

Seitdem die Voraussetzungen einer Erfassung und Beurteilung der Dinge, die in unserem Sinne als Weltanschauung gelten kann, erreicht sind, d. h. seitdem das Individuum die Totalität des Seins, die Welt überhaupt, in Betracht zieht, und als erkennendes und wollendes Subjekt über die Wechselbeziehungen leidender und tätiger Art zwischen dem All und sich selbst reflektiert, hat im Geistesleben der Menschheit eigentlich keine weitgehende Entwicklung mehr stattgefunden. In der modernsten Philosophie kehren die Probleme der griechischen wieder. Der heutige Skeptizismus ist im wesentlichen derselbe, wie der, der im antiken Denken zu Worte kam.

Die primitive, spätjüdische Metaphysik, in der Jesus seine Weltanschauung ausspricht, erschwert die Übersetzung seiner Ideen in die Formeln unserer Zeit in außerordentlicher Weise. Die Aufgabe ist überhaupt unlösbar, solange man darauf ausgeht, im einzelnen zwischen Bleibendem und Vergänglichem zu scheiden. Und was sich bei diesem Verfahren als Resultat ergibt, ermangelt so sehr der Größe und Geschlossenheit, daß es unsere Religiosität mehr scheinbar als wirklich bereichert.

In Wahrheit kann es sich nicht um eine Scheidung zwischen Vergänglichem und Bleibendem, sondern nur um eine Übertragung des Urgedankens jener Weltanschauung in unsere Begriffe handeln. Wie würde der in /624/ seiner Unmittelbarkeit und Bestimmtheit und in seinem ganzen Umfang erfaßte Wille Jesu sich in unserem Vorstellungsmaterial ausleben und aus ihm eine Weltanschauung so sittlicher und so gewaltiger Art gestalten, daß sie als das moderne Äquivalent derjenigen gelten könnte, die er in der spätjüdischen Metaphysik und Eschatologie geschaffen hat?

Wenn man, wie bisher fast durchweg geschehen, die Weltanschauung Jesu mit der unsern, so gut es geht, auszugleichen sucht, was nur durch Abschwächung des Charakteristischen geschehen kann, so wird durch dieses Verfahren auch der in jenen Vorstellungen sich manifestierende Wille betroffen. Er verliert seine Ursprünglichkeit und vermag nicht mehr elementar auf uns zu wirken. Darum ist der Jesus der modernen Theologie so merkwürdig unlebendig. In seiner eschatologischen Welt belassen ist er größer und wirkt, bei aller Fremdheit, elementarer und gewaltiger als der andere.

Die Tat Jesu besteht darin, daß seine natürliche und tiefe Sittlichkeit von der spätjüdischen Eschatologie Besitz ergreift und so dem Hoffen und Wollen einer ethischen Weltvollendung in dem Vorstellungsmaterial jener Zeit Ausdruck gibt. Alle Versuche, von der Gesamtheit dieser Weltanschauung abzusehen und die Bedeutung Jesu für uns in seiner Offenbarung des „Vatergottes", der Gotteskindschaft der Menschen und dergleichen bestehen zu lassen, mußten daher notwendig zu einer engen und eigentümlich matten Auffassung seiner Religion führen. In Wirklichkeit vermag er für uns nicht eine Autorität der Erkenntnis, sondern nur eine des Willens zu sein. Seine Bestimmung kann nur darin liegen, daß er als ein gewaltiger Geist Motive des Wollens und Hoffens, die wir und unsere Umgebung in uns tragen und bewegen, auf eine Höhe und zu einer Klärung bringt, die sie, wenn wir auf uns allein angewiesen wären und nicht unter dem Eindruck seiner Persönlichkeit ständen, nicht erzielen würden, und daß er so unsere Weltanschauung, trotz aller Verschiedenheit des Vorstellungsmaterials, dem Wesen nach der seinen gleichgestaltet und die Energien wachruft, die in der seinigen wirksam sind.

Das letzte und tiefste Wissen von den Dingen kommt aus dem Willen. Darum wird das Denken, das die letzten Synthesen der Beobachtungen und Erkenntnisse zu ziehen sucht, um zu einer Weltanschauung zu gelangen, in seiner Richtung durch den Willen bestimmt, der das primäre und weiter nicht erklärliche Wesen der betreffenden Persönlichkeiten und Zeiten ausmacht.

Wenn unsere Zeit und unsere Religion die Größe Jesu nicht erfaßt haben und vor dem Eschatologischen in seinen Gedanken zurückschreckten, so lag dies nur zum Teil daran, daß sie sich mit dem damit gegebenen Fremdartigen nicht abzufinden vermochten. Der entscheidende Grund war ein anderer. Es fehlte ihnen die starke Ausprägung des Wollens und Hoffens auf die sittliche Endvollendung der Welt, die für Jesus und seine /625/ Weltanschauung entscheidend sind. Die Eschatologie im allgemeinsten und weitesten Sinne kam bei ihnen zu kurz. Sie fanden in sich selbst keine Äquivalente der Gedanken Jesu und waren daher außerstande, seine Weltanschauung aus den spätjüdischen in ihre Erkenntnisse zu übertragen.

Es fehlte die Resonanz. Darum mußte ihnen der geschichtliche Jesus nicht nur seinem Vorstellungsmaterial, sondern auch seinem Wesen nach in weitgehender Weise fremd bleiben. Sein ethischer Enthusiasmus und das Unmittelbare und Gewaltige seiner Denkweise blieben ihnen unerschwinglich, weil sie nichts Entsprechendes dachten und erlebten. So waren sie fort und fort bestrebt, aus dem „Schwärmer" einen in allem Maß und Ziel beobachtenden modernen Menschen und Theologen zu machen. Die konservative Dogmatik vermochte, wie die alte, auf die sie zurückgeht, mit dem historischen Jesus nichts anzufangen, weil sie die großen sittlichen Ideale, die in seiner Eschatologie nach Leben und Tat ringen, ebenfalls viel zu wenig zur Geltung kommen ließ.

Es war also der Mangel an innerlicher Gleichgestimmtheit des Wollens, Hoffens und Sehnens, der eine wirkliche Erkenntnis des historischen Jesus und eine umfassende religiöse Beziehung auf ihn unmöglich machte. Zwischen ihm und einem Geschlecht, dem alle Unmittelbarkeit und aller auf die letzten Ziele der Menschheit und des Seins gerichtete Enthusiasmus abging, konnte keine weitgehende und lebendige Gemeinschaft gegeben sein. Bei allen Fortschritten historischer Einsicht blieb er ihm eigentlich fremder als dem Rationalismus des achtzehnten und des beginnenden neunzehnten Jahrhunderts, der ihm durch seinen begeisterten Glauben an einen sich bald verwirklichenden sittlichen Fortschritt der Menschheit nahe gekommen war.

Liest man die Darstellungen des christlichen Glaubens und der christlichen Ethik durch, die in den letzten Jahrzehnten veröffentlicht worden sind, so ist man überrascht zu sehen, wie schwach der elementare sittliche Gedanke der zu erreichenden allgemeinen Vollendung der Menschheit in den meisten von ihnen vertreten ist. Er nimmt sich fast aus wie ein Ton, der verklingend nachhallt, wo er doch das gewaltige Grundmotiv jeder wahrhaft ethischen Weltanschauung abgeben sollte.

Darum blieb das eigentliche Wesen Jesu unwirksam. Aus einem lebendigen Menschen wurde er ein „Offenbarer" und ein „Symbol". In Drews' von der griechisch-orientalischen Dekadenz beeinflußter Auffassung der Religion sind die ethischen und die eschatologischen Energien so gering, daß für den historischen Jesus überhaupt kein Platz mehr ist.

Eine Zeit hat also nur so viel wirkliche und lebendige Beziehung zu Jesus, als sie in dem Material ihrer Vorstellungen ethisch-eschatologisch denkt und in ihrer Weltanschauung die Äquivalente des bei ihm im Vordergrunde stehenden Wollens und Hoffens aufzuweisen hat, d. h. von den /626/ Gedanken beherrscht ist, die denen entsprechen, die sich in Jesu Begriff des Reiches Gottes zusammenfinden.

Wenn die Zeichen nicht trügen, gehen wir einer solchen Zeit entgegen. Trotz aller Fortschritte des Wissens erleben wir in den letzten Jahrzehnten einen Stillstand unserer Kultur, der sich auf allen Gebieten bemerklich macht. Selbst Erscheinungen, die auf einen wirklichen Rückgang schließen lassen, sind in nicht geringer Zahl zu beobachten. Diese Entwicklung, so mannigfaltig sie sich auch äußern mag, geht auf die eine Tatsache zurück, daß in unserer Kultur, die Religion mitinbegriffen, nicht genug ethische Energien und Ideale vorhanden sind. Sie hat das große Ziel einer sittlichen Endvollendung der gesamten Menschheit verloren und bewegt sich innerhalb der Parkmauern nationaler und konfessioneller Ideale, statt den Blick auf die Welt gerichtet zu halten. Darum werden in ihr Größen und Güter selbständig, die der Erreichung der allgemeinen sittlichen Vollendung, die man in Anlehnung an die Verkündigung Jesu als Reich Gottes bezeichnen kann, dienstbar sein sollen, und nur in dem Maße, als sie es tun, wirklichen ethischen Wert besitzen.

Dieses Aufgeben des kraftvollen und zielbewußten Strebens nach Weltvollendung bringt eine Schwächung unserer Ethik und Religion mit sich und hat zur Folge, daß es unserer Weltanschauung sowohl in der Beurteilung der Geschehnisse und Verhältnisse als auch in bezug auf die in Angriff zu nehmenden Aufgaben an einer großen Orientierung fehlt, die den Völkern und den Einzelnen die Richtung des nach vorwärts führenden Weges weist und ihnen ihre höchsten Pflichten jederzeit vorhält.

Dieses Preisgeben der ethischen Eschatologie rächt sich. Statt für den Triumph des sittlichen Gottesgeistes zu kämpfen, bei dem der Einzelne, die Völker und die Konfessionen von einer sie aufrechterhaltenden Begeisterung getragen wären, ist unsere Menschheit im Begriff, die Welt an die Herrschaft der Geister der Gedankenlosigkeit auszuliefern, sich mit dem Stillstand und dem Rückschritt der Kultur abzufinden und darauf zu verzichten, alles was Mensch heißt, auf die Höhe wahrer Humanität zu erheben. Diejenigen, die sehen, wohin wir treiben und sich nicht abstumpfen lassen, sondern die Angst und das Weh um die Zukunft der Welt immer wieder von neuem erleben, sind bereitet, den historischen Jesus zu begreifen und zu verstehen, was er bei aller Fremdheit seiner Sprache uns zu sagen hat. Sie erfassen mit ihm, der in der Erkenntnisweise seiner Zeit ähnliche Angst und ähnliches Weh erlebt hat, daß wir uns aus den gegenwärtigen Zuständen durch ein gewaltiges, den Dingen, wie wir sie sehen, Hohn bietendes Hoffen und Wollen des Reiches Gottes erlösen, in dem Glauben an die unüberwindliche Macht des sittlichen Geistes Halt, Freiheit und Frieden finden, diesen Glauben und die ihm entsprechende tätige Gesinnung um uns herum verbreiten, in dem Reich Gottes das höchste Gut finden und dafür leben müssen. /627/

Das Entscheidende ist das Enthusiastische und Heroische der Weltanschauung, das aus dem Wollen des Reiches Gottes und dem Glauben an dasselbe kommt und durch die hemmenden Zustände nicht vermindert, sondern gesteigert wird. In einer Religion ist so viel Verstehen des historischen Jesus, als sie starken und leidenschaftlichen Glauben an das Reich Gottes besitzt. Die Beziehungen, die sie darüber hinaus zwischen ihm und sich herstellen möchte, sind unwirklich und existieren nur in Worten und Formeln. Wir besitzen nur so viel von ihm, als wir ihn uns das Reich Gottes predigen lassen. Die Unterschiede der Metaphysik und des Vorstellungsmaterials können dabei ganz zurücktreten. Nur darauf kommt es an, daß die Bedeutung des Gedankens des Reiches Gottes für die Weltanschauung bei uns dieselbe ist wie für ihn und wir die Wucht und das Zwingende desselben in der gleichen Stärke erleben wie er.

Es handelt sich um ein Verstehen von Wille zu Wille, bei dem das Wesentliche der Weltanschauung unmittelbar gegeben ist. Ein ins Kleine gehendes Scheiden zwischen Vergänglichem und Bleibendem in seiner Erscheinung und seiner Verkündigung ist unnötig. Wie von selbst übersetzen sich seine Worte in die Form, die sie in unserem Vorstellungsmaterial annehmen müssen. Viele, die auf den ersten Blick fremd anmuten, werden in einem tiefen und ewigen Sinne auch für uns wahr, wenn man der Gewalt des Geistes, der aus ihnen redet, nicht Eintrag zu tun sucht. Fast möchte man gegen die Sorgen, wie seine Verkündigung für moderne Menschen verständlich und lebendig gemacht werden könnte, sein Wort „Trachtet am ersten nach dem Reiche Gottes und nach seiner Gerechtigkeit, so wird euch dies alles zufallen" in Erinnerung bringen.

Daß er eine übernatürlich sich realisierende Endvollendung erwartet, während wir sie nur als Resultat der sittlichen Arbeit begreifen können, ist mit dem Wandel in dem Vorstellungsmaterial gegeben. Man versuche nicht, durch Künste der Auslegung unseren „Entwicklungsgedanken" in Jesu Worten angedeutet zu finden. Nur darauf kommt es an, daß wir den Gedanken des durch sittliche Arbeit zu schaffenden Reiches mit derselben Vehemenz denken, mit der er den von göttlicher Intervention zu erwartenden in sich bewegte, und miteinander wissen, daß wir imstande sein müssen, alles dafür dahinzugeben.

Auch das, was das moderne Empfinden gemeinhin an ihm als anstößig empfindet, stört nicht mehr, wenn er von Wille zu Wille erkannt ist. Er hat Arbeit, Besitz und sonst noch manches, was uns als ethisches Gut gilt, nicht als solches zu werten vermocht, weil es für ihn außerhalb der Baufluent des Reiches Gottes lag. Für uns haben sich die Verhältnisse verschoben, so daß ins Licht rückt, was im Schatten lag. Also stellen wir sie in den Dienst des Reiches Gottes und bleiben in Übereinstimmung mit ihm, weil wir das letztere als Maß aller sittlichen Werte betrachten.

Jesu spätjüdisches Vorstellungsmaterial bringt es mit sich, daß er prä- /628/ destinatianisch denkt und für seine Wirksamkeit nationale Schranken voraussetzt. An der Tatsache ist nicht zu deuteln. Auch sonst ist noch gar manches

Fremdartige und Anstößige anzuerkennen. Aber immer liegt es am zeitlich bedingten Vorstellungsmaterial und wird hinfällig, sobald sich der Wille Jesu als solcher in unsere Anschauungswelt übersetzt.

Die eschatologische Auffassung Jesu ist also nicht, wie man so oft annimmt, eine Erschwerung seiner Verkündigung an unsere Zeit. Wenn wir nur das Zwingende in seiner Person und seiner Predigt vom Reich Gottes zu Worte kommen lassen, so kann das Fremdartige und Anstößige ruhig festgestellt werden. Es erledigt sich von selbst, sobald seine Bedingtheit durch das ihm vorliegende Vorstellungsmaterial erkannt ist. Dazu bedarf es weder langer Reden noch großer vorauszusetzender Kenntnisse. Tatsächlich ist der wirkliche Jesus leichter zu verkünden als der modernisierte, wenn man nur das Elementare an ihm zu uns reden läßt, damit er wirklich auch für uns der ist, der gewaltiglich predigt und nicht wie die Schriftgelehrten.

Auch die Tatsache, daß der geschichtliche Jesus das Reich Gottes als eine übersittliche Größe ansieht und darum nur „Interimsethik" verkündet, ist für das, was er uns zu sagen hat, belanglos, weil sie durch die Übertragung seiner Predigt in unsere Metaphysik aufgehoben wird. Seine gewaltige Individualethik lehrt uns, daß, wer am Reich Gottes mit Hand anlegen will, nur etwas ausrichten kann, wenn er sich fort und fort innerlich läutert und von der Welt frei macht.

Unser Verhältnis zum historischen Jesus muß zugleich ein wahrhaftiges und ein freies sein. Wir geben der Geschichte ihr Recht und machen uns von seinem Vorstellungsmaterial frei. Aber unter den dahinter stehenden gewaltigen Willen beugen wir uns und suchen ihm in unserer Zeit zu dienen, daß er in dem unsrigen zu neuem Leben und Wirken geboren werde und an unserer und der Welt Vollendung arbeite. Darin finden wir das Eins-Sein mit dem unendlichen sittlichen Weltwillen und werden Kinder des Reiches Gottes.

Es ist aber nicht so, daß wir die Idee der sittlichen Weltvollendung und dessen, was wir in unserer Zeit müssen, besitzen, weil wir sie durch historische Offenbarung von ihm bezogen haben. Sie liegt in uns und ist mit dem sittlichen Willen gegeben. Weil Jesus sie, in der Nachfolge der Großen unter den Propheten, in ihrer ganzen Wahrheit und Unmittelbarkeit erfaßt und seinen Willen und seine große Persönlichkeit in sie hineingelegt hat, hilft er dazu mit, daß sie auch in uns zur Herrschaft gelange und wir sittliche Kräfte für unsere Zeit werden.

Diese Auffassung der Religion und der Person Jesu wird gewöhnlich als einseitig moralistisch und rationalistisch abgetan. Darauf ist zu erwidern, daß sie, wenn sie wirklich lebendig und groß ist, die ganze Religion in sich begreift. Denn alles, was man Wirkliches über Erlösung /629/ aussagen kann, geht zuletzt darauf zurück, daß wir in der Willensgemeinschaft mit Jesus von der Welt und uns selbst frei werden und Kraft und Frieden und Mut zum Leben finden. Jesus selber ist, man vergesse es nicht, seinem Wesen nach ein Moralist und Rationalist, der in der spätjüdischen Metaphysik lebte.

Im letzten Grunde ist unser Verhältnis zu Jesus mystischer Art. Keine Persönlichkeit der Vergangenheit kann durch geschichtliche Betrachtung oder durch Erwägungen über ihre autoritative Bedeutung lebendig in die Gegenwart hineingestellt werden. Eine Beziehung zu ihr gewinnen wir erst, wenn wir in der Erkenntnis eines gemeinsamen Wollens mit ihr zusammengeführt werden, eine Klärung, Bereicherung und Belebung unseres Willens in dem ihrigen erfahren und uns selbst in ihr wiederfinden. In diesem Sinne ist überhaupt jedes tiefere Verhältnis zwischen Menschen mystischer Art. Unsere Religion, insoweit sie sich als spezifisch christlich erweist, ist also nicht so sehr Jesuskult als Jesusmystik.

Nur so schafft Jesus auch Gemeinschaft unter uns. Er tut es nicht als Symbol oder irgend etwas derartiges. Sofern wir untereinander und mit ihm eines Willens sind, das Reich Gottes über alles zu stellen, um diesem Glauben und Hoffen zu dienen, ist Gemeinschaft zwischen ihm und uns und den Menschen aller Geschlechter, die in demselben Gedanken lebten und leben.

Daraus wird auch offenbar, auf welchem Wege die freie und die gebundene Religiosität, die jetzt nebeneinander einhergehen, sich zur Einheit zusammenfinden werden. Die falschen Kompromisse nützen nichts. Alle Konzessionen, in denen die freiheitliche Auffassung der gebundenen entgegenzukommen sucht, können immer nur den Erfolg haben, daß sie sich in Unklarheiten und Inkonsequenzen schwächt. Die Unterschiede liegen in dem beiderseits vorausgesetzten Vorstellungsmaterial. Alle Verständigungsversuche auf diesem Gebiete sind aussichtslos. Sie machen sich so stark bemerkbar, weil es an elementarer und lebendiger Religiosität fehlt. Zwei dünne Wasseradern winden sich nebeneinander durch das Geröll und den Kies eines großen Strombettes. Es hilft nichts, daß man hie und da die Massen, die zwischen ihnen aufgetürmt sind, aus dem Wege zu räumen sucht, damit sie in einem Bette dahinfließen. Aber wenn die Wasser steigen und das Geröll überfluten, finden sie sich von selbst zusammen. So werden die gebundene und die freie Religiosität zueinander kommen, wenn das Wollen und Hoffen des Reiches Gottes und die Gemeinschaft des Geistes Jesu in ihnen wieder etwas Elementares und Gewaltiges wird und sie dadurch im Wesen der Weltanschauung und der Religion sich einander so nähern, daß die Unterschiede des Vorstellungsmaterials zwar bestehen bleiben, aber darin untergehen, wie das Geröll des Strombettes von den steigenden Fluten bedeckt wird und zuletzt nur noch aus der Tiefe heraufscheint. /630/

Die Namen, mit denen man Jesum im spätjüdischen Vorstellungsmaterial als Messias, Menschensohn und Gottessohn bezeichnete, sind für uns zu historischen Gleichnissen geworden. Wenn er selbst diese Titel auf sich bezog, so war dies ein zeitlich bedingter Ausdruck dafür, daß er sich als einen Gebieter und Herrscher erfaßte. Wir finden keine Bezeichnung, die sein Wesen für uns ausdrückte.

Als ein Unbekannter und Namenloser kommt er zu uns, wie er am Gestade des Sees an jene Männer, die nicht wußten, wer er war, herantrat. Er sagt dasselbe Wort: Du aber folge mir nach! und stellt uns vor die Aufgaben, die er in unserer Zeit lösen muß. Er gebietet. Und denjenigen, welche ihm gehorchen, Weisen und Unweisen, wird er sich offenbaren in dem, was sie in seiner Gemeinschaft an Frieden, Wirken, Kämpfen und Leiden erleben dürfen, und als ein unaussprechliches Geheimnis werden sie erfahren, wer er ist. ...

Albert Schweitzer, Geschichte der Leben-Jesu-Forschung (UTB 1302), Tübingen: © J.C.B. Mohr (Paul Siebeck) ^{9}1984 (^{2}1913), S. 620–630.

Rudolf Bultmann
3.12 Jesus, 1926

Die Art der Betrachtung

Eigentlich sollte ich nicht von der Art der „Betrachtung" reden. Denn eine Grundvoraussetzung der folgenden Darstellung ist die, daß man die Geschichte, wenn man ihr Wesentliches erfassen will, nicht „betrachten" kann, so wie der Mensch seine Umwelt, die Natur betrachtet und sich betrachtend über sie orientiert. Das Verhältnis des Menschen zur Geschichte ist ein anderes als das zur Natur. Von der Natur unterscheidet er sich, wenn er sich in seinem eigentlichen Sein erfaßt. Wendet er sich betrachtend zur Natur, so konstatiert er dort nur ein Vorhandenes, das er nicht selbst ist. Wendet er sich dagegen zur Geschichte, so muß er sich sagen, daß er ja selbst ein Stück der Geschichte ist und sich also einem Zusammenhang („Wirkungszusammenhang") zuwendet, in den er selbst mit seinem Sein verflochten ist. Er kann also diesen Zusammenhang nicht einfach so als ein Vorhandenes betrachten wie die Natur, sondern er sagt mit jedem Wort über die Geschichte in gewisser Weise zugleich etwas über sich selbst. Es kann also nicht in *dem* Sinne objektive Geschichtsbetrachtung geben, wie es objektive Naturbetrachtung gibt. Soll deshalb die folgende Darstellung mehr sein als eine Orientierung über interessante Dinge der Vergangenheit, mehr als ein Gang durch eine Antiquitätensammlung, soll sie wirklich dazu führen, Jesus als ein Stück der Geschichte zu sehen, in der auch wir unsere Existenz haben oder in kritischer Auseinandersetzung gewinnen, so kann die Darstellung nur ein beständiger Dialog mit der Geschichte sein. Aber wohlverstanden: der Dialog kommt nicht hinterher, etwa als eine „Wertung", nachdem man vorher erst die Geschichte in ihrem objektiven Bestande erkannt hat. Vielmehr vollzieht sich die wirkliche Begegnung der Geschichte von vornherein nur im Dialog. Nur wenn man sich selbst bewegt weiß von den geschichtlichen Mächten, nicht als neutraler Beobachter, und nur wenn man bereit ist, den Anspruch der Geschichte zu hören, versteht man überhaupt, worum es sich in der Geschichte handelt. Dieser Dialog ist aber deshalb nicht ein geistreiches Spiel der Subjektivität des Betrachters, sondern ein wirkliches Befragen der Geschichte, bei dem der Geschichtsschreiber gerade seine Subjektivität in Frage stellt und bereit ist, die Geschichte als Autorität zu hören. Und diese Ge- /8/ schichtsbefragung endet deshalb nicht in einem völligen Relativismus, als ob nun das Geschichtsbild ganz dem relativen Standpunkt des Betrachters preisgegeben sei. Denn gerade hier soll ja das, was am

Betrachter das Relative ist, nämlich all die Voraussetzungen, die er aus seiner Zeit und seiner Schulung und seiner individuellen Haltung in ihnen mitbringt, preisgegeben werden, und die Geschichte soll wirklich reden. Sie redet aber nicht, wenn man sich die Ohren zustopft, d. h. wenn man eine Neutralität ihr gegenüber beansprucht, sondern wenn man bewegt durch Fragen zu ihr kommt und aus ihr lernen will. Nur bei dieser Haltung der Geschichte gegenüber kann und muß sich herausstellen, ob in der Geschichte wirklich etwas „Objektives" vorliegt, ob die Geschichte uns etwas zu sagen hat.

Eine andere Geschichtsbetrachtung, die ihre Objektivität durch ihre Methode zu erreichen versucht, gelangt zwar wohl im besten Falle über die Subjektivität des einzelnen Betrachters hinaus, bleibt aber dafür gänzlich in der Subjektivität der Methode, d. h. sie sieht die Geschichte nur in der Perspektive, die durch die Zugehörigkeit des Betrachters zu einer bestimmten Epoche oder Schule gegeben ist, also höchst relativ. Zur Erfassung dessen in der Geschichte, was methodisch objektiv erfaßt werden kann, nämlich zur Orientierung über die chronologisch fixierbaren Vorgänge des Gewesenen, bringt solche Geschichtsbetrachtung es wohl; und insofern ist sie immer unentbehrlich. Aber wenn sie sich darauf beschränkt, verfehlt sie das eigentliche Wesen der Geschichte, da sie immer nur auf Grund bestimmter Voraussetzungen – eben der Methode – die Geschichte befragt und also wohl quantitativ viel Neues aus der Geschichte lernt, dagegen eigentlich nichts Neues über den Menschen und seine Geschichte. Sie sieht in der Geschichte immer nur so wenig oder so viel vom Menschen und von der Menschheit, als sie schon – ausgesprochen oder unausgesprochen – weiß: sie sieht damit so richtig oder so falsch, wie es eben damit gegeben ist.

Das ist z. B. ganz deutlich, wenn sich ein Geschichtsschreiber das Ziel steckt, eine geschichtliche Erscheinung oder eine geschichtliche Persönlichkeit „psychologisch verständlich" zu machen. Schon dieser Ausdruck zeigt ja, daß ein solcher Historiker über die Möglichkeiten des psychischen Lebens in seiner Betrachtung verfügt; er ist ja bestrebt, alles an der betreffenden Erscheinung oder Persönlichkeit auf solche Möglichkeiten zu reduzieren. Eben das nennt man „verständlich machen", zurückführen auf das, worüber man in seinem Wis- /9/ sen verfügt. Man versteht damit alles Individuelle als einzelne Fälle allgemeiner Gesetze, und diese Gesetze meint man zu kennen. Von da aus wird dann auch Kritik an der Überlieferung getrieben, indem man das, was sich nicht so verstehen läßt, als ungeschichtlich erklärt. Sofern man nun psychische Fakten der Vergangenheit zum Objekt der Betrachtung macht, ist solche Methode natürlich ganz im Recht. Es fragt sich nur, ob solche Betrachtung und damit solche Methode das Wesen der Geschichte erschließt, der Geschichte wirklich begegnet. Wer des Glaubens ist, über die Möglichkeiten seiner Existenz erst durch die Geschichte Aufschluß zu erhalten, wird deshalb die psychologische Betrachtungsweise, so berechtigt sie an ihrem Platze sein mag, ablehnen, wenn es sich darum handelt, die Geschichte wirklich zu verstehen. Und dieses Glaubens ist auch die folgende Darstellung, der also schlechterdings nichts daran gelegen ist, das geschichtliche Phänomen Jesus psychologisch verständlich zu machen, und die sich deshalb auf das eigentliche Biographische, von einem kurzen orientierenden Abschnitt abgesehen, überhaupt nicht einläßt.

Also zu einer Geschichts-„Betrachtung" will ich den Leser im Grunde nicht führen, sondern zu einer höchst persönlichen Begegnung mit der Geschichte. Aber weil die folgende Darstellung für den Leser natürlich nicht ohne weiteres eine Begegnung mit der Geschichte sein kann, sondern zunächst nur – im besten Falle – eine Orientierung über *meine* Begegnung mit der Geschichte, stellt sich für ihn die ganze Darstellung zunächst nur als Betrachtung dar, über deren Art ich ihn orientieren muß. Ob er bei der Betrachtung stehen bleibt, ist seine Sache.

Kann nun die folgende Darstellung nicht in dem üblichen Sinne auf Objektivität Anspruch machen, so ist sie in einem anderen Sinne um so mehr objektiv. Sie verzichtet nämlich darauf, Prädikate zu erteilen. Im Erteilen von Prädikaten sind sonst „objektive" Historiker oft freigebig und bringen dadurch ein Moment der Subjektivität in die Darstellung, das mir nun nicht berechtigt vorkommt. Es beruht nämlich auf einer Anschauung, die man an die Geschichte heranbringt und an der man die geschichtlichen Erscheinungen mißt, sofern es sich nicht um lediglich formale Wertungen der Bedeutung einer Erscheinung oder Persönlichkeit für den geschichtlichen Zusammenhang handelt. Solche sind natürlich notwendig. Dagegen werden die Zensuren, die manche Geschichtsschreiber erteilen, und zwar gute wie schlechte Zensuren, von einem Standpunkt jenseits /10/ der Geschichte gegeben. Demgegenüber handelt es sich mir darum, jedes Jenseits der Geschichte gegenüber zu vermeiden und innerhalb der Geschichte Platz zu finden. Deshalb unterbleiben auch solche Wertungen, die auf der Unterscheidung von Geschichtlichem und Übergeschichtlichem in der Geschichte beruhen. Versteht man freilich unter dem geschichtlichen Geschehen nur die chronologisch fixierbaren Erscheinungen und Begebenheiten („das, was passiert ist"), so hat man schon Anlaß, nach etwas Übergeschichtlichem in der Geschichte zu fragen, das das Interesse an der Geschichte überhaupt zu motivieren vermag. Doch ist dann der Verdacht am allerdringendsten, daß das Wesentliche der Geschichte verfehlt ist; denn dies ist in der Tat nichts *Über*geschichtliches, sondern zeitliches Geschehen. Es fehlen demgemäß in der folgenden Darstellung sämtliche Wendungen, in denen von Jesus als großem Mann, Genie oder Heros die Rede ist; er erscheint weder als dämonisch noch als faszinierend, seine Worte werden nicht als tief, sein Glaube nicht als gewaltig, sein Wesen nicht als kindlich bezeichnet. Aber es ist auch nicht von den ewigen Werten seiner Botschaft, von seiner Entdeckung der zeitlosen Tiefen der Menschenseele oder dergleichen die Rede, sondern der

Blick ist einzig auf das gerichtet, was er gewollt hat und was deshalb als Forderung seiner geschichtlichen Existenz Gegenwart werden kann.

Auch aus diesem Grunde ist das Interesse an der „Persönlichkeit" Jesu ausgeschaltet. Nicht etwa, weil ich aus der Not eine Tugend machen wollte. Denn freilich bin ich der Meinung, daß wir vom Leben und von der Persönlichkeit Jesu so gut wie nichts mehr wissen können, da die christlichen Quellen sich dafür nicht interessiert haben, außerdem sehr fragmentarisch und von der Legende überwuchert sind, und da andere Quellen über Jesus nicht existieren. Was seit etwa anderthalb Jahrhunderten über das Leben Jesu, seine Persönlichkeit, seine innere Entwicklung und dergleichen geschrieben ist, ist – soweit es nicht kritische Untersuchungen sind – phantastisch und romanhaft. Man erhält davon einen starken Eindruck, wenn man z. B. die von Albert Schweitzer glänzend beschriebene Geschichte der Leben-Jesu-Forschung (2. Auflage 1913) liest oder wenn man sich die verschiedenen Urteile der Forscher über das messianische Bewußtsein Jesu vergegenwärtigt. Bedenkt man, wie sehr die Urteile darüber auseinandergehen, ob Jesus sich für den Messias gehalten hat oder nicht, und wenn, in welchem Sinne er es getan hat, seit wann usw., und bedenkt man weiter, daß es doch wahrhaftig /11/ keine Kleinigkeit wäre, sich für den Messias zu halten, daß vielmehr der, der sich dafür hielt, in seinem ganzen Wesen entscheidend dadurch bestimmt gewesen sein muß, so muß man doch gestehen: wenn über diesen Punkt Dunkel herrscht, so bedeutet das eben, daß wir so gut wie nichts über seine Persönlichkeit wissen. Ich persönlich bin der Meinung, daß Jesus sich nicht für den Messias gehalten hat, bilde mir aber nicht ein, um deswillen ein deutlicheres Bild von seiner Persönlichkeit zu haben. Ich habe aber in der folgenden Darstellung diese Frage überhaupt nicht berücksichtigt, und zwar im letzten Grunde nicht deshalb, weil sich darüber nichts Sicheres sagen läßt, sondern weil ich die Frage für nebensächlich halte.

Denn mag es auch gute Gründe geben, aus denen man sich für die Persönlichkeit bedeutsamer geschichtlicher Gestalten interessiert, sei es Platon oder Jesus, Dante oder Luther, Napoleon oder Goethe, so trifft dieses Interesse jedenfalls nicht das, woran all diesen Personen gelegen war, denn *ihr* Interesse war nicht ihre Persönlichkeit, sondern ihr Werk. Und zwar ihr Werk nicht, sofern es als Ausdruck ihrer Persönlichkeit „verständlich" ist, oder sofern im Werke die Persönlichkeit „Gestalt" gewonnen hat, sondern sofern ihr Werk eine Sache ist, für die sie sich einsetzten. Das „Werk" ist also auch nicht gemeint als das, was dabei herausgekommen ist, als die Summe der geschichtlichen Wirkungen; denn auf dies konnte sich der Blick jener Personen ja gar nicht richten. Vielmehr ist das „Werk" von ihrem Blickpunkt aus gemeint als das, was sie eigentlich gewollt haben. Und in dieser Hinsicht sind sie der eigentliche Gegenstand der geschichtlichen Forschung, wenn anders die Befragung der Geschichte keine neutrale Orientierung über objektiv feststellbare Vorgänge in der Vergangenheit ist, sondern von der Frage bewegt ist, wie wir selbst, die wir in der Bewegung der Geschichte stehen, zur Erfassung unserer eigenen Existenz gelangen können, d. h. Klarheit gewinnen können über die Möglichkeiten und Notwendigkeiten unseres eigenen Wollens.

Bei den Personen nun, die wie Jesus durch das Wort gewirkt haben, läßt sich das, was sie gewollt haben, ja nur reproduzieren als ein Zusammenhang von Sätzen, von Gedanken, als Lehre. Wenn man nun, wie das der modernen Auffassung naheliegt, hinter die Lehre zurückgehen will auf die psychische Verfassung oder auf die Persönlichkeit Jesu, so verfehlt man aus den oben entwickelten Gründen das, was er gewollt hat. Man kann dies in der Tat zunächst nur als seine Lehre erfassen. Aber freilich liegt nun das Mißver- /12/ ständnis nahe, als sei solche Lehre ein System allgemeiner Wahrheiten, ein System von Sätzen, die ihre Gültigkeit haben, abgesehen von der konkreten Lebenssituation, in der der Sprechende steht. Dann ergäbe sich weiter die Folgerung, daß die Wahrheit solcher Sätze zu bemessen sei an einem idealen allgemeingültigen System von Wahrheiten, von ewig gültigen Sätzen. Und sofern oder soweit Jesu Gedanken einem solchen idealen System entsprechen würden, könnte man vom Übergeschichtlichen in Jesu Verkündigung reden. Daran aber würde wieder klarwerden, daß man auf das Wesentliche in der Geschichte verzichtet hat, daß man eigentlich Neuem in der Geschichte nicht begegnet ist. Denn dies ideale System wäre ja nicht aus der Geschichte gewonnen, da es vielmehr ein Jenseits gegenüber der Geschichte bezeichnet, an der die einzelnen geschichtlichen Erscheinungen gemessen würden. Die Geschichtsbetrachtung würde dann im besten Falle darin bestehen, sich dies vorherbestehende ideale System an der Anschauung konkreter „Fälle" zum Bewußtsein zu bringen; die Geschichtsforschung würde eine Arbeit der „Erinnerung" im platonischen Sinne sein, ein Sichklarwerden über das, was man im Grunde schon hat. Solche Geschichtsbetrachtung wäre im Grunde rationalistisch; die Geschichte als zeitliches Geschehen wäre ausgeschaltet.

Wenn also von Jesu Lehre oder Jesu Gedanken die Rede ist, so liegt dem nicht die Vorstellung von einem allgemeingültigen idealen Gedankensystem zugrunde, das für jedermann einleuchtend gemacht werden kann. Sondern die Gedanken sind als das verstanden, was sie in der konkreten Situation eines in der Zeit lebenden Menschen sind: als die Auslegung der eigenen, in der Bewegung, in der Ungesichertheit, in der Entscheidung befindlichen Existenz; als der Ausdruck für eine Möglichkeit, diese Existenz zu erfassen; als der Versuch, über die Möglichkeiten und Notwendigkeiten des eigenen Daseins klarzuwerden. Begegnen uns also in der Geschichte Jesu Worte, so sollen sie nicht von einem philosophischen System aus in bezug auf ihre rationale Gültigkeit beurteilt werden, sondern sie begegnen uns als Fragen, wie wir selbst unsere Existenz auffassen wollen. Daß wir selbst von der Frage unserer Existenz bewegt werden, ist dabei freilich die Voraussetzung. Dann aber wird die Befragung der Geschichte nicht zur Bereicherung eines zeitlosen Wissens führen, sondern zu einer Begegnung mit der Geschichte, die selbst ein zeitlicher Vorgang ist; das wäre ein Dialog mit der Geschichte.

Im übrigen ist über die folgende Darstellung nur wenig zu sagen. /13/ Ihr Gegenstand ist also nicht das Leben oder die Persönlichkeit Jesu, sondern nur seine „Lehre", seine Verkündigung. So wenig wir vom Leben und der Persönlichkeit wissen – von seiner Verkündigung wissen wir so viel, daß wir uns ein zusammenhängendes Bild machen können. Indessen ist auch hier bei dem Charakter unserer Quellen äußerste Vorsicht geboten. Was uns die Quellen bieten, ist ja zunächst die Verkündigung der Gemeinde, die sie freilich zum größten Teil auf Jesus zurückführt. Das beweist aber natürlich nicht, daß alle Worte, die sie ihm in den Mund legt, wirklich von ihm gesprochen worden sind. Bei vielen Worten läßt sich der Nachweis führen, daß sie vielmehr erst in der Gemeinde entstanden sind, bei anderen, daß sie von der Gemeinde bearbeitet sind. Die kritische Forschung zeigt, daß die ganze Überlieferung von Jesus, die in den drei synoptischen Evangelien des Matthäus, Markus und Lukas vorliegt, in eine Reihe von Schichten zerfällt, die im groben ziemlich sicher voneinander gesondert werden können, deren Trennung in manchen Einzelheiten aber schwierig und zweifelhaft ist. Das Johannesevangelium kommt als Quelle für die Verkündigung Jesu wohl überhaupt nicht in Betracht und ist deshalb in der folgenden Darstellung gar nicht berücksichtigt worden. Die Trennung jener Schichten in den synoptischen Evangelien nun geht zunächst von der Tatsache aus, daß diese Evangelien griechisch innerhalb des hellenistischen Christentums verfaßt sind, während Jesus und die älteste Gemeinde in Palästina ihren Platz hatten und aramäisch sprachen. Alles, was in den Synoptikern aus sprachlichen oder sachlichen Gründen nur im hellenistischen Christentum entstanden sein kann, scheidet deshalb als Quelle für die Verkündigung Jesu aus. Die kritische Analyse zeigt aber, daß der wesentliche Bestand dieser drei Evangelien aus der aramäischen Überlieferung der ältesten palästinensischen Gemeinde übernommen worden ist. Innerhalb dieses Bestandes nur lassen sich wieder verschiedene Schichten unterscheiden, indem das, was spezifische Interessen der Gemeinde verrät oder die Züge einer fortgeschrittenen Entwicklung trägt, als sekundär ausgeschieden werden muß. Man kommt so mittels der kritischen Analyse zu einer ältesten Schicht, auch wenn man diese nur mit relativer Sicherheit abgrenzen kann. Natürlich hat man erst recht keine Sicherheit, daß die Worte dieser ältesten Schicht wirklich von Jesus gesprochen sind. Es wäre möglich, daß auch die Entstehung der ältesten Schicht schon auf einen komplizierten historischen Prozeß zurückgeht, den wir nicht mehr zu erkennen vermögen. Zwar /14/ ist der Zweifel, ob Jesus wirklich existiert hat, unbegründet und keines Wortes der Widerlegung wert. Daß er als Urheber hinter der geschichtlichen Bewegung steht, deren erstes greifbares Stadium die älteste palästinensische Gemeinde darstellt, ist völlig deutlich. Aber wie weit die Gemeinde das Bild von ihm und seiner Verkündigung objektiv treu bewahrt hat, ist eine andere Frage. Für denjenigen, dessen Interesse die Persönlichkeit Jesu ist, ist diese Sachlage bedrückend oder vernichtend; für unseren Zweck ist sie nicht von wesentlicher Bedeutung. Denn der Komplex von Gedanken, der in jener ältesten Schicht der Überlieferung vorliegt, ist der Gegenstand unserer Darstellung. Er begegnet uns zunächst als ein Traditionsstück, das aus der Vergangenheit zu uns gelangt ist, und in seiner Befragung suchen wir die Begegnung mit der Geschichte. Als der Träger dieser Gedanken wird uns von der Überlieferung Jesus genannt; nach überwiegender Wahrscheinlichkeit war er es wirklich. Sollte es anders gewesen sein, so ändert sich damit das, was in dieser Überlieferung gesagt ist, in keiner Weise. So sehe ich auch keinen Anlaß, der folgenden Darstellung nicht den Titel der Verkündigung Jesu zu geben und von Jesus als dem Verkünder zu reden. Wer dieses „Jesus" für sich immer in Anführungsstriche setzen und nur als abkürzende Bezeichnung für das geschichtliche Phänomen gelten lassen will, um das wir uns bemühen, dem ist es unbenommen. Ich darf nur noch bemerken, daß ich im folgenden nur in seltenen Fällen kritisch-analytische Erwägungen mitgeteilt habe; im Zusammenhang habe ich meine kritische Analyse der synoptischen Evangelien gegeben in meinem Buche „Die Geschichte der synoptischen Tradition".

Die folgende Darstellung der Verkündigung Jesu bewegt sich nach einer vorausgeschickten zeitgeschichtlichen Orientierung in drei Kreisen, die um den gleichen Mittelpunkt liegen. In jedem Kreis handelt es sich letztlich um das Gleiche und um das Ganze. Das kann freilich erst völlig deutlich werden im dritten, engsten Kreise, und wiederum ist dieser erst verständlich, wenn man durch die beiden äußeren Kreise hindurchgeschritten ist.

Die Übersetzung der evangelischen Texte schließt sich oft an die von J. Wellhausen an.

Endlich will ich bemerken, daß es sich hier nicht um besonders komplizierte und schwierige Dinge handelt, sondern um höchst einfache – soweit es sich um ein theoretisches Begreifen handelt. Es ist freilich zuzugeben, daß auch das Begreifen einfacher Dinge Schwierigkeiten machen kann, was dann aber nicht im Wesen der Dinge /15/ begründet ist, sondern darin, daß wir das einfache Sehen verlernt haben und zu sehr mit Voraussetzungen belastet sind. Dies ist in der Tat für unsere eigene zeitgeschichtliche Situation charakteristisch, und sofern die folgenden Ausführungen sich bemühen, für den Verfasser wie für die Leser die richtige Sehweise zu gewinnen, mögen sie manchem schwierig vorkommen. Irre ich mich darin, dann um so besser. Ist es aber so, so möge man bedenken, daß es keinen Wert hat, sich die Sache leichter zu machen, als sie angesichts unserer geistigen Verfassung ist. Die eigentliche Schwierigkeit aber liegt nicht im theoretischen Begreifen, in der Aufnahme des Folgenden als einer „Betrachtung", sondern in der wirklichen Begegnung mit dem Gegenstand. Nun, für eine große Sache darf man es sich schon etwas kosten lassen, und so ist es mir schon lieber, einen Leser abzuschrecken, als ihn anzulocken, wenn er es sich nichts kosten lassen will.

Rudolf Bultmann, Jesus (UTB 1272), Tübingen: © J.C.B. Mohr (Paul Siebeck) 1983 (¹1926), S. 7–15.

4 Die „neue Frage" nach dem historischen Jesus

In Deutschland war es – wie bereits gesagt – aufgrund des beherrschenden Einflusses der Bultmann-Schule weithin zu einem Erliegen der historischen Jesusforschung gekommen. So bemerkte GÜNTHER BORNKAMM 1956 im Vorwort zu seinem Jesusbuch: „Wissenschaftliche Darstellungen der Geschichte und Botschaft Jesu von Nazareth haben – mindestens in Deutschland – durch viele Jahrzehnte fast ganz gefehlt."[1] Dies findet seinen Niederschlag auch darin, dass in der Theologischen Rundschau 1917 zum letzten Mal ein Literaturbericht über „Leben und Lehre Jesu" aus der Feder von HANS WINDISCH erschien, bevor WERNER GEORG KÜMMEL erst 1965/66 über „Jesusforschung seit 1950" in dieser Zeitschrift referierte.[2] Freilich „ist die Jesusforschung in der deutschsprachigen evangelischen Theologie seit dem Ende des 1. Weltkrieges [...] keineswegs ganz aufgegeben worden"[3]. Man denke insbesondere an einen Forscher wie JOACHIM JEREMIAS (1900–1979)[4], der mit seinem Buch „Jerusalem zur Zeit Jesu"[5] einen wichtigen Beitrag zum Studium der Umwelt Jesu leistete und in seinen Untersuchungen zu den Abendmahlsworten[6] und Gleichnissen Jesu[7] sowie in zahlreichen Einzelstudien[8] den Versuch unternahm, das „Urgestein der Überlieferung"[9] sichtbar zu machen, indem er spätere Zusätze und Interpretamente ausschied. Von großem Einfluss bis in die Gegenwart ist Jeremias' Deutung der Basileia-Verkündigung Jesu als Ansage des Anbruchs der Heilszeit[10], womit Jesus eine sich realisierende Eschatologie vertreten habe. Jesu Verkündigung betrachtete Jere-

---

1 GÜNTHER BORNKAMM, Jesus von Nazareth (UB 19), Stuttgart ¹⁵1995 (¹1956), S. 7.
2 Vgl. WERNER GEORG KÜMMEL, Vierzig Jahre Jesusforschung (1950–1990), hg.v. Helmut Merklein (BBB 91), Weinheim 1994, S. 1.
3 Ebd.
4 Vgl. EDUARD LOHSE, Die Vollmacht des Menschensohnes. Nachruf auf Joachim Jeremias, in: ders., Die Vielfalt des Neuen Testaments. Exegetische Studien zur Theologie des Neuen Testaments, Bd. 2, Göttingen 1982, S. 215–220; MARTINA JANSSEN, Art. Jeremias, Joachim, in: Michaela Bauks, Klaus Koenen u. Stefan Alkier (Hg.), Das wissenschaftliche Bibellexikon im Internet (WiBiLex), Stuttgart 2010.
5 JOACHIM JEREMIAS, Jerusalem zur Zeit Jesu. Eine kulturgeschichtliche Untersuchung zur neutestamentlichen Zeitgeschichte, Göttingen ³1962 (¹1923–1937).
6 JOACHIM JEREMIAS, Die Abendmahlsworte Jesu, Göttingen ⁴1967 (¹1935).
7 JOACHIM JEREMIAS, Die Gleichnisse Jesu, Göttingen ⁹1977 (¹1947).
8 Vgl. z.B. JOACHIM JEREMIAS, Das Vater-Unser im Lichte der neueren Forschung (1962), in: ders. ABBA. Studien zur neutestamentlichen Theologie und Zeitgeschichte, Göttingen 1966, S. 152–171 (s.u. S. 327–345).
9 JOACHIM JEREMIAS, Neutestamentliche Theologie. Erster Teil: Die Verkündigung Jesu, Göttingen ⁴1988 (¹1971), S. 294.
10 Vgl. a.a.O., S. 110.

mias als den Ruf, auf den die Kirche mit ihrem Glaubenszeugnis geantwortet habe[11].

In diesem Zusammenhang sei auch auf die von jüdischen Gelehrten seit den 1920er Jahren betriebene Jesusforschung hingewiesen.[12] Als ein maßgeblicher Beitrag darf hier das zuerst 1922 auf Hebräisch und 1930 auf Deutsch erschienene Werk „Jesus von Nazareth" von JOSEPH KLAUSNER (1874–1958)[13] gelten. Mit diesem Buch wollte der Jerusalemer Professor für hebräische Literatur einen Beitrag zur Lösung des Problems leisten, weshalb das jüdische Volk überwiegend Jesu Lehre nicht angenommen hat, obwohl Jesus „in jeder Beziehung Jude war"[14]. Allein der „wissenschaftlichen Wahrheit" verpflichtet, möchte Klausner als Historiker klären, „was in Jesus vom damaligen Judentum und dem der früheren Geschlechter lebte und was in ihm dem Judentum seiner Zeit und dem der früheren und damit zugleich dem der künftigen Geschlechter entgegengesetzt war"[15]. Um ein zutreffendes Bild des historischen Jesus zeichnen zu können, hielt er es für erforderlich, auch das politische, wirtschaftliche und geistige Leben Israels zur Zeit des zweiten Tempels darzustellen, das Jesu Erscheinung „überhaupt erst ermöglicht" habe.[16]

Jesu Wirkung erklärte Klausner zum einen mit dessen Persönlichkeit, die er als „bescheiden und demütig, sanft und friedliebend und außergewöhnlich duldsam"[17] charakterisierte, zugleich aber mit einem Glauben an die eigene Mission ausgestattet, „der an Selbstverherrlichung grenzt"[18]. Zum anderen unterstrich er Jesu Meisterschaft, seine sittliche Lehre in einprägsamen Gleichnissen und Sprüchen zu vermitteln.[19] Schließlich habe die Tragik des Kreuzestodes „sowohl der Persönlichkeit als auch ihrer Lehre eine Krone himmlischen Glanzes" verliehen.[20]

Auch weiterhin setzte man sich von jüdischer Seite mit dem historischen Jesus auseinander. An Forschern seien genannt: LEO BAECK (1873–1956), MARTIN

---

11 Vgl. a.a.O., S. 295.
12 Vgl. ERNST LUDWIG EHRLICH, Art. Jesus Christus IX. Judentum, in: TRE 17, Berlin / New York 1988, S. 68–71; WALTER HOMOLKA, Jesus von Nazareth im Spiegel jüdischer Forschung (Jüdische Miniaturen, Bd. 85), Berlin ²2010.
13 JOSEPH KLAUSNER, Jesus von Nazareth. Seine Zeit, sein Leben und seine Lehre, Jerusalem ³1952 (Berlin ¹1930).
14 A.a.O., S. 7.
15 A.a.O., S. 8f.
16 S. a.a.O., S. 10.
17 A.a.O., S. 566 (s.u. S. 305).
18 Ebd. (s.u. S. 306).
19 Vgl. a.a.O., S. 568–570 (s.u. S. 308f.).
20 S. a.a.O., S. 571 (s.u. S. 310).

BUBER (1878–1965), HANS-JOACHIM SCHOEPS (1909–1980), SCHALOM BEN CHORIN (1913–1999), DAVID FLUSSER (1917–2000) und PINCHAS LAPIDE (1922–1997).

Die sogenannte „neue Frage" nach dem historischen Jesus eröffnete ERNST KÄSEMANN (1906–1998)[21] mit seinem Vortrag „Das Problem des historischen Jesus"[22], den er auf der Tagung „Alter Marburger" am 20. Oktober 1953 in Jugenheim an der Bergstraße hielt. Darin übte Käsemann Kritik an der theologischen Position seines Lehrers RUDOLF BULTMANN, der christlichen Glauben als Glaube an den erhöhten Herrn bestimmte, wobei dem historischen Jesus keine grundlegende Bedeutung zukomme.[23]

Die von KÄSEMANN eingeleitete neue Phase der Jesusforschung ist also in erster Linie theologisch motiviert. Käsemann zufolge muss sich für den Theologen die „Frage eines angemessenen Verständnisses von Geschichte und Geschichtlichkeit [...] notwendig und exemplarisch zu dem Problem des historischen Jesus und seiner Bedeutung für den Glauben konkretisieren"[24]. Dabei stimmte Käsemann mit BULTMANN durchaus darin überein, dass uns Jesus im Neuen Testament nicht begegnet, „wie er an und für sich gewesen ist, sondern als der Herr der an ihn glaubenden Gemeinde"[25]. Jedoch beurteilte KÄSEMANN die Frage nach dem historischen Jesus als theologisch notwendig, insofern die Evangelien ihr Kerygma „dem irdischen Jesus zuschreiben und ihm deshalb unverkennbar ausgezeichnete Autorität beimessen"[26]. Käsemanns Anliegen war es, „Verbindung und Spannung zwischen der Predigt Jesu und der seiner Gemeinde"[27] aufzuzeigen: „Die Frage nach dem historischen Jesus ist legitim die Frage nach der Kontinuität des Evangeliums in der Diskontinuität der Zeiten und in der Variation des Kerygmas."[28] Nur so glaubte er, der Verwechslung des Kerygmas mit einem Mythos wehren zu können.

Die „neue Frage" konzentrierte sich weitgehend auf die Verkündigung Jesu, offenbar weil man überzeugt war, hier am ehesten auf authentische Überlieferung

---

21 Vgl. zum Folgenden FRIEDERIKE PORTENHAUSER, Wider den Stachel löcken. Der Briefwechsel zwischen Rudolf Bultmann und Ernst Käsemann und die Frage nach dem historischen Jesus, in: Martin Bauspieß / Christoph Landmesser / Friederike Portenhauser (Hg.), Theologie und Wirklichkeit. Diskussionen der Bultmann-Schule (Theologie Interdisziplinär, Bd. 12), Neukirchen-Vluyn 2011, S. 87–124.
22 ERNST KÄSEMANN, Das Problem des historischen Jesus (1954), in: ders., Exegetische Versuche und Besinnungen, Bd. I, Göttingen ⁶1970, S. 187–214.
23 Vgl. a.a.O., S. 188 (s.u. S. 313).
24 A.a.O., S. 189 (s.u. S. 314).
25 A.a.O., S. 194.
26 A.a.O., S. 195.
27 A.a.O., S. 213 (s.u. S. 324).
28 Ebd. (s.u. S. 324).

zu stoßen. Käsemann machte auf die Schwierigkeit aufmerksam, dass es – sieht man einmal vom Gleichnisstoff ab – kein formales Kriterium gibt, um zwischen authentischer und nichtauthentischer Jesusüberlieferung zu unterscheiden[29]. In seinem Jugenheimer Vortrag formulierte er das Dissimilaritäts- bzw. Differenzkriterium, das für die „neue Frage" nach dem historischen Jesus bestimmend werden sollte:

> „Einigermaßen sicheren Boden haben wir nur in einem einzigen Fall unter den Füßen, wenn nämlich Tradition aus irgendwelchen Gründen weder aus dem Judentum abgeleitet noch der Urchristenheit zugeschrieben werden kann, speziell dann, wenn die Judenchristenheit ihr überkommenes Gut als zu kühn gemildert oder umgebogen hat."[30]

Die Problematik dieses Kriteriums brachte Käsemann schon damals zum Ausdruck, wenn er darauf hinwies, „daß man von hier aus keine Klarheit über das erhält, was Jesus mit seiner palästinischen Umwelt und seiner späteren Gemeinde verbunden hat"[31]. Weiterhin ist zu bedenken, dass man das Dissimilaritätskriterium weiter oder enger fassen kann, was zu voneinander abweichenden Echtheits- bzw. Unechtheitsurteilen führt.

Mit der Anwendung des Dissimilaritätskriteriums ging bei Käsemann die Verwendung des Frühjudentums – bzw. nach damaligem Sprachgebrauch: des „Spätjudentums" – als einer dunklen Folie einher, von der sich die Verkündigung Jesu um so leuchtender abheben ließ. Auch viele andere Forscher der „neuen Frage" sind ähnlich verfahren.

Bereits drei Jahre nach Käsemanns bahnbrechendem Vortrag erschien das Jesusbuch[32] von GÜNTHER BORNKAMM (1905–1990)[33], das unter den Jesusbüchern der „neuen Frage" die weiteste Verbreitung erfahren hat. Das theologische Anliegen, das der Heidelberger Neutestamentler mit seinem Jesusbuch verband, tritt in den folgenden Sätzen des Vorworts deutlich hervor:

---

29 Vgl. a.a.O., S. 204 (s.u. S. 316).
30 A.a.O., S. 205 (s.u. S. 317).
31 Ebd. (s.u. S. 317). – Vgl. dazu GERD THEISSEN / DAGMAR WINTER, Die Kriterienfrage in der Jesusforschung. Vom Differenzkriterium zum Plausibilitätskriterium (NTOA 34), Freiburg, Schweiz / Göttingen 1997; ALBRECHT SCRIBA, Echtheitskriterien der Jesus-Forschung. Kritische Revision und konstruktiver Neuansatz (THEOS 74), Hamburg 2007, S. 34–58.
32 G. BORNKAMM, Jesus von Nazareth (s. Anm. 1).
33 Vgl. FERDINAND HAHN, Günther Bornkamm (1905–1990), in: Cilliers Breytenbach / Rudolf Hoppe (Hg.), Neutestamentliche Wissenschaft nach 1945. Hauptvertreter der deutschsprachigen Exegese in der Darstellung ihrer Schüler, Neukirchen-Vluyn 2008, S. 137–145; GERD THEISSEN, Neutestamentliche Wissenschaft vor und nach 1945: Karl Georg Kuhn und Günther Bornkamm (Schriften der Philosophisch-historischen Klasse der Heidelberger Akademie der Wissenschaften, Bd. 47), Heidelberg 2009, bes. S. 151–238.

"Viele sind der Meinung, der Weg der historisch-kritischen Forschung habe sich vor diesem Gegenstand als Irrweg erwiesen und sollte endgültig aufgegeben werden. Ich teile diese Meinung nicht und kann schon gar nicht einsehen, daß er notwendig ein Weg des Unglaubens sei und der Glaube auf ihn verzichten müsse, ja auch nur verzichten könne. Wie sollte gerade der Glaube sich mit bloßer Überlieferung zufriedengeben können, und wäre es die in den Evangelien niedergeschriebene? Er muß sie durchbrechen und hinter sie zurückfragen, um der Sache selbst ansichtig zu werden und vielleicht von ihr her auch die Überlieferung neu zu verstehen und wiederzugewinnen. In dieser Bemühung trifft er mit jedem zusammen, dem es zunächst nur einfach und ernsthaft um geschichtliche Erkenntnis geht. Gewiß kann und soll sich der Glaube nicht von Wandel und Unsicherheit historischer Forschung abhängig machen – das von ihm zu fordern, wäre vermessen und töricht –, aber niemand sollte die Hilfe der historischen Forschung zur Aufhellung der Wahrheit verachten, an der jedem von uns gelegen sein muß."[34]

Ähnlich wie bei seinem Lehrer BULTMANN steht auch in BORNKAMMS Jesusbuch die Verkündigung Jesu im Zentrum, wobei auch bei Bornkamm zwischen einer eschatologischen („Der Anbruch der Herrschaft Gottes") und einer sittlichen Verkündigung („Der Wille Gottes") unterschieden wird. Anders als BULTMANN wertete BORNKAMM die Quellen auch daraufhin aus, was diese über Jesu Person und Lebensgang historisch zu erkennen geben. Und so folgen in Bornkamms Darstellung auf Jesu Verkündigung des Willens Gottes ein Kapitel über „Jüngerschaft" sowie ein weiteres über „Jesu Weg nach Jerusalem. Leiden und Tod". In welchem Verhältnis Jesu Verkündigung und die christliche Osterbotschaft zueinander stehen, auch diesem Problem stellte sich Bornkamm, indem er zunächst die Messiasfrage erörterte und schließlich die Themen Auferstehung, Kirche und Bekenntnis behandelte. Als grundlegende Einsichten ergaben sich für Bornkamm:

„Verkündigung und Anspruch Jesu, daß in ihm selbst und seinem Wirken die Herrschaft Gottes anbricht und hier die Entscheidung fällt für Heil und Gericht, und damit zugleich das Besondere und Einmalige seines Verhältnisses zum Vater, das viele seiner Worte aussprechen – alles das ist in die messianischen Namen, die die Gemeinde ihm gibt, mit eingegangen. Gleichwohl gehört zu diesem Besonderen, daß der irdische Jesus keinen dieser Titel selbst für sich in Anspruch nahm. [...]

Durch die Osterereignisse und die Gewißheit der Auferstehung Jesu Christi von den Toten wurde der Verkündiger des kommenden Gottesreiches [...] zum Verkündigten, der zum Glauben Rufende zum Inhalt des Glaubens. Jesu Wort und das Evangelium von Jesus Christus sind zu einer Einheit geworden."[35]

---

[34] G. BORNKAMM, Jesus von Nazareth (s. Anm. 1), S. 7.
[35] A.a.O., S. 153. 166.

In seinem 1969 veröffentlichten Jesusbuch[36] ging es HERBERT BRAUN (1903–1991)[37] um die Beantwortung der Frage: „Wer war Jesus von Nazareth?" – und zwar unter Absehung „von den Titeln, die Jesus im Laufe der Entstehung der neutestamentlichen Schriften und auch danach noch erhalten hat"[38]. Mit nüchterner historischer Kritik lenkte Braun damit wieder zu einer theologisch-liberalen Position zurück. In diesem Sinne ist auch seine programmatische Aussage zu verstehen: „Der wirkliche Mensch Jesus ist die eindeutige Basis des Neuen Testamentes."[39]

Jesu Autorität machte Braun in dessem Reden und Handeln fest, insofern dadurch dem erwachsenen Menschen in ungezwungener Weise Zustimmung abgewonnen werde.[40] Ähnlich wie ALBERT SCHWEITZER[41] definierte BRAUN die Jesus zukommende Autorität als „eine Autorität im Dialog, eine Autorität mit Auswahl"[42]. Jesus könne nämlich keine pauschale Autorität zukommen, habe er sich doch in seiner eschatologischen Naherwartung geirrt.[43]

Sowohl die dogmatische Ausgestaltung des Weges Jesu von der Präexistenz, über die Inkarnation, die Auferstehung bis zur Himmelfahrt als auch die christologischen Titulaturen beurteilte Braun als zeitgebundene Formen, um Jesu Autorität in seinen Worten und seinem Verhalten zum Ausdruck zu bringen.[44] So schlüssig dieser hermeneutische Ansatz zunächst erscheinen mag, ob er sich über die synoptischen Evangelien hinaus auch auf das Johannesevangelium und die Paulusbriefe anwenden lässt, dürfte fraglich sein. Nicht nur ist hier der Abstand zum historischen Jesus beträchtlich, sondern auch Jesu Auferstehung ist für Johannes und Paulus mehr und anderes als eine bloße Ausdrucksform für die Autorität Jesu.

---

36 HERBERT BRAUN, Jesus – der Mann aus Nazareth und seine Zeit [1969]. Um 12 Kapitel erweiterte Studienausgabe, Stuttgart 1984.
37 Vgl. THEODOR LORENZMEIER, Exegese und Hermeneutik. Eine vergleichende Darstellung der Theologie Rudolf Bultmanns, Herbert Brauns und Gerhard Ebelings, Hamburg 1968; WILLY SCHOTTROFF, Herbert Braun. Eine theologische Biographie (1983), in: ders., Das Reich Gottes und der Menschen. Studien über das Verhältnis der christlichen Theologie zum Judentum (ACJD 19), München 1991, S. 195–229.
38 H. BRAUN, Jesus – der Mann aus Nazareth und seine Zeit (s. Anm. 36), S. 11.
39 Ebd.
40 Vgl. a.a.O., S. 117f. (s.u. S. 347).
41 Vgl. ALBERT SCHWEITZER, Geschichte der Leben-Jesu-Forschung (UTB 1302), Tübingen ^{9}1984 (^{2}1913), S. 628 (s.o. S. 283).
42 H. BRAUN, Jesus – der Mann aus Nazareth und seine Zeit (s. Anm. 36), S. 118 (s.u. S. 348).
43 Vgl. ebd. (s.u. S. 348).
44 Vgl. a.a.O., S. 123–125 (s.u. S. 351–353).

Die von den Forschern der „neuen Frage" – genannt seien noch ERNST FUCHS (1903–1983), GERHARD EBELING (1912–2001) und HANS CONZELMANN (1915–1989) – entworfenen Jesusbilder stehen in der Gefahr, die historisch-empirische Perspektive mit der des Glaubens zu vermischen, wenn sie mit Hilfe des Dissimilaritätskriteriums den historischen Jesus vom zeitgeschichtlichen Kontext isolieren[45]. Dass sie dieser Gefahr erlegen seien, wie CHRISTIAN DANZ behauptet[46], dürfte entschieden zu weit gehen. Am wenigsten trifft dies wohl für BRAUN zu.

Aufgaben:

1. Worin besteht das theologische Anliegen der „neuen Frage" nach dem historischen Jesus?
2. Stellen Sie die Problematik des Dissimilaritätskriteriums dar.
3. In welcher Weise kommt dem historischen Jesus Autorität zu? Diskutieren Sie die beiden theologischen Positionen von Ernst Käsemann und Herbert Braun.

---

45 Vgl. CHRISTIAN DANZ, Grundprobleme der Christologie (UTB 3911), Tübingen 2013, S. 29f.
46 Vgl. ebd.

Joseph Klausner
4.1 Jesus von Nazareth.
Seine Zeit, sein Leben und seine Lehre, 1930 / 1952

VII. Jesu Charakter und das Geheimnis seiner Wirkung

Jesu Einfluß auf seine Jünger und Anhänger war außergewöhnlich groß. In Galiläa folgten ihm ganze Volksmassen. Seine Jünger ließen seinetwegen alles im Stich und zogen mit ihm bis an den gefahrvollsten Ort – bis nach Jerusalem. Sie blieben ihm im Leben und auch nach seinem schrecklichen Tode treu, bewahrten jedes seiner Worte wie eine kostbare Perle – selbst Gleichnisse, die sie nicht verstanden, oder Redewendungen, die ihnen rätselhaft blieben. Sein geistiges Bild verklärte sich ihnen im Laufe der Zeit immer mehr und wurde immer erhabener, bis es schließlich dem einer Gottheit glich. Nie ist derartiges in historischer Zeit und bei einem Volke von hoher zweitausendjähriger Kultur einem anderen Sterblichen geschehen.

Worin liegt das Geheimnis dieser außergewöhnlichen Wirkung? Die Antwort auf diese Frage ist in der komplizierten Persönlichkeit Jesu und in der Art und Weise zu finden, in der er seine Lehre vortrug.

Nicht nur durch Vorzüge zeichnet sich der große Mensch aus, sondern auch durch Fehler, die sich bei einer gewissen proportionalen Zusammensetzung gleichfalls in Vorzüge verwandeln können. Und Jesus war, wie jeder große Mann, ein Mensch widersprechendster Gegensätze. Gerade sie aber weckten Erstaunen, Begeisterung und Bewunderung[1]. /566/

Einerseits war Jesus bescheiden und demütig, sanft und friedliebend und außergewöhnlich duldsam. Er sagte von sich selbst, daß er gekommen sei, um zu „dienen", und nicht um zu herrschen. In einem Augenblick tiefsten Schmerzes spricht er davon, daß „der Fuchs eine Höhle, der Vogel ein Nest habe, der Menschensohn aber nichts, wohin er sein Haupt legen könne". Er gibt zu, daß ihm manches verborgen sei, das nur sein Vater im Himmel kenne. Er kann im Reiche des Messias keine Throne vergeben: das kann nur Gott allein. Sündigt ein Mensch

---

[1] Über den Charakter Jesu s. *J. Ninck*, Jesus als Charakter, 2. Aufl., Leipzig 1910; *W. Bousset*, Jesus (Religionsgesch. Volksbücher, hrg. v. F. M. Schiele, 3. Aufl., Tübingen 1907); *O. Holtzmann*, War Jesus Ekstatiker?, Tübingen und Leipzig 1903; *K. Weidel*, Jesu Persönlichkeit, Halle 1908; *F. Peabody*, Jésus Christ et la Question morale, Paris 1909, S. 47–80.

gegen ihn, den Menschensohn, kann ihm verziehen werden, wenn er nur nicht gegen den Heiligen Geist sündigte.

Andererseits besitzt jedoch Jesus einen Glauben an seine Mission, der an Selbstverherrlichung grenzt. Er steht von allen Sterblichen Gott am nächsten und wird eines Tages zur Rechten Gottes sitzen. Er ist größer als König Salomo, größer als der Prophet Jona und größer als der Tempel. Johannes der Täufer war der Größte seiner Zeit, doch Jesus ist noch unvergleichlich größer als er.

So stark war der Glaube Jesu an sich selbst, daß er sich allmählich für autoritativer hielt als die Größten in Israel, Moses eingeschlossen. Er pflegte zu sagen: „Von den Älteren ist gesagt worden ... ich aber sage euch ..." Bekanntlich wirkt eine Überzeugung nie stärker, als wenn ihr Träger von tiefem Selbstvertrauen durchdrungen ist. Wer fest genug an sich selbst glaubt, wird auch andere zwingen können, an ihn zu glauben, so fest wie an Gott. Und wenn auch übertriebenes Selbstvertrauen abstoßend wirken kann, so war ja doch Jesus zugleich so milde, demütig und friedfertig, daß jenes nicht immer und nicht allzu stark zur Geltung kam.

Jesus war ein „Volksmann". Seine Gleichnisse waren höchst populär und z. T. mit denen der Talmudisten identisch[2]. Fast alle sind dem Dorf- oder Kleinstadtleben entnommen. Jesus benahm sich /567/ wie ein einfacher Mann, wie ein galiläischer Handwerker. Gerade diese Einfachheit, Volkstümlichkeit, Schlichtheit in allem, was er tat und sagte, machten ihn anziehend. Er liebte die Lilien des Feldes in ihrer Farbenpracht und die Vögel, die für zwei Heller verkauft werden. Er sah es gern, wenn man ihm kleine Kinder zuführte, denn „ihrer ist das Himmelreich". Der Hahnenschrei, die Henne und ihre Küchlein, das Abendrot am Himmel und sein vormorgendliches Dunkel, all das fand einen Platz in seinen Gleichnissen und Sprüchen.

Andererseits ist er keineswegs ein „Am-haarez". Er kennt die Bibel wie die besten Pharisäer, und auch die Methode der pharisäischen Schriftauslegung ist ihm vertraut. Er ist von den großen Gedanken der Propheten und Psalmen durchdrungen und versteht sie für seine geistigen Ziele zu benutzen, sie zu erklären, zu ergänzen und seinen Ideen anzupassen. Er kennt auch die Traditionen der Ältesten, die Regeln der Pharisäer und die Worte der Schriftgelehrten. Auch

---

[2] *G. Dalman*, Jesus – Jeschua, Leipzig 1922, S. 200–214. Ein Beispiel sei hier angeführt: Matth. 10, 29–31 (Lukas 12, 6–7): „Kauft man nicht zwei Sperlinge für einen Pfennig? Dennoch fällt deren keiner auf die Erde ohne euren Vater" ... Das findet sich viermal im Talmud und Midrasch (Jer. Schebiith 9, 1: Genes. Rabba c. 79; Kohel. Rabba zu גומץ חופר; Esther Rabba zu ושתי המלכה, und lautet: „Kein Vogel wird ohne den Himmel (Gott) gefangen, wie erst die Seele eines Menschen?" Dieser Volksspruch ist also der alten hebräischen Literatur und dem Evangelium gemeinsam.

das hatte seine Wirkung auf die Jünger. Für die einfachen Galiläer, die „Amme-Haarez", die Frauen, die Fischer, die Bauern und die kleinen Beamten seines Gefolges war er ein großer „Rabbi". Auch die Pharisäer konnten seine Lehre nicht gänzlich unbeachtet lassen. Er verstand durchaus, mit ihnen zu diskutieren und wußte sie auf Grund von Schriftstellen oder nachbiblischen Vorschriften zu widerlegen. Dies hat sicherlich auf seine Jünger und z. T. thorakundigen Anhänger besonderen Eindruck gemacht, denn sonst hätten sie seine oft ungewöhnlich tiefen und schwer faßlichen Auseinandersetzungen, Gleichnisse und Aussprüche nicht behalten können.

Jesus ist also ein pharisäischer „Rabbi", aber doch kein Halachist, sondern ein Haggadist. Er sammelt die Armen und Bedrückten um sich und sagt ihnen, daß „sein Joch sanft und seine Last leicht" sei[3]. Er fühlt Mitleid mit dem einfachen Volk, das „wie die Schafe sei, die keinen Hirten haben"[4]; er steht auch außerhalb der drei Parteien seiner Tage und ist weder ein vollkommener Pharisäer, noch ein Sadduzäer oder Essäer. Andererseits fordert er, /568/ daß der Mensch um seinetwillen alles aufgebe – Familie, Haus, Besitz und sogar sein eigenes Selbst („Er soll auch seine Seele hassen"), denn nur wer dazu fähig ist, sei als sein Jünger geeignet, in das Gottesreich zu kommen und der Tage des Messias teilhaftig zu werden. Diese liebreiche Beziehung zu seinen Anhängern einerseits und die Strenge der sittlichen Forderung andererseits waren ganz dazu angetan, auf die Menschen zu wirken und sie für das Neue zu begeistern, das zugleich so leicht und so schwer war.

Jesus ist nachgiebig, versöhnlich und milde, verzeiht seinen Jüngern, wenn sie leichte oder auch schwerere Vergehen begangen haben, und nimmt es überhaupt nicht sehr genau mit den Sündern: weiß er doch, daß „der Geist willig ist, doch das Fleisch schwach". Andererseits kommt es auch vor, daß er zuerst aufbraust, in den schärfsten Tönen anklagt und zurechtweist. So ruft er seinem Lieblingsjünger *Simon Petrus*, den er eben noch einen „starken Felsen" genannt hatte, die schroffen Worte zu: „Weiche von mir, du Satan!". Er droht den Frevlern mit dem Feuer der Hölle, mit äußerster Finsternis, mit Jammern und Zähneknirschen, verflucht die Städte Kapernaum, Bethsaida und Chorazin, wendet sich gegen die Pharisäer in den allerschärfsten Ausdrücken, die in ihrer Verallgemeinerung durchaus ungerecht sind. Er verwirft nicht einmal Gewaltanwendung und jagt die Wechsler und Taubenhändler aus dem Tempelbezirk.

---

3 Matth. 11, 28–30.
4 Markus 6, 34; Matth. 9, 36; 14, 14; 15, 32. Wir führen hier nicht alle einschlägigen Stellen an, da die meisten schon in den früheren Teilen des Buches zitiert wurden.

Diese beiden Extreme, äußerste Herzensgüte und heftigste Verbitterung, nähern seinen Charakter dem der Propheten – doch besaß er weder deren politischen Weitblick noch ihre Gabe, das Volk mit göttlichen Worten zu trösten. Aber die Vereinigung dieser beiden Gegensätze in einem Manne ist das Zeichen des Großen. Nur jemand, der groß war im Vergeben wie im Zurechtweisen, konnte einen so unauslöschlichen Eindruck machen auf alle, die mit ihm in Berührung kamen.

Schließlich ist Jesus einerseits ein Mann der Wirklichkeit und besitzt viel Sinn für die Realitäten. Seine Gleichnisse und Aussprüche beweisen zur Genüge, daß er Leben und Welt kennt. Er weiß seinen Feinden und Verfolgern aus dem Wege zu gehen, wenn es nötig ist, er kann ausweichende Antworten finden (z. B. in den Fragen des Tributs an den Kaiser oder seiner Vollmacht für die „Reinigung des Tempels"), und spricht zuweilen mit einer leichten, /569/ vernichtenden Ironie, die an Schärfe und Klarheit nicht ihresgleichen hat.

Auf der andern Seite jedoch glaubt er wie ein Visionär an das Übernatürliche. Er hält sich für den Messias und bleibt trotz aller Enttäuschungen bis zu seinem letzten Tage bei dieser Überzeugung. Er glaubt, Wunder verrichten und einmal der „Kraft" (Gott) zur Rechten sitzen zu können. Er ist überzeugt, daß „Himmel und Erde vergehen werden, seine Worte aber werden nicht vergehen"[5]. Selbst als er vor dem Hohenpriester und vor Pontius Pilatus steht und sein Urteil erwartet, ist er von seiner Messianität in einem übernatürlichen Sinne überzeugt. Nicht umsonst hielten ihn Mutter und Bruder für „von Sinnen". Das einfache Volk konnte die Quelle dieses sonderbaren Glaubens nicht verstehen. Die Schriftgelehrten suchten sie beim Beelzebub, und die Bewohner von Nazareth spotteten über die Wundertaten dieses Zimmermanns und Zimmermannssohnes, dessen Geschwister unter ihnen wohnten. Doch wirkt nichts so sehr auf die Gemüter, als der mystische Glaube eines Menschen, der sonst in den Dingen des täglichen Lebens völlig besonnen, ja scharfsinnig und gescheit ist.

Wer nichts ist als Visionär und Mystiker, wirkt nur auf Männer mit gleich starker visionärer Kraft, und sein Einfluß geht bald vorüber. Wer nichts als Lebensklugheit und Sinn für praktische Fragen besitzt, wirkt nur auf die Vernunft, während das Herz unberührt bleibt; nie aber wurde in dieser Welt etwas Großes vollbracht, woran nicht das Herz begeisterten Anteil nahm. Nur wo mystischer Glaube mit praktischem Verstande gepaart ist, entsteht eine starke, dauernde Wirkung. Eine solche Doppelnatur war Jesus von Nazareth, und sie gerade wirkte auf seine Anhänger und durch deren Vermittlung auf die folgenden Generationen.

Das ist das Geheimnis seines Einflusses. Die Gegensätzlichkeiten in seinem Charakter, seine positiven und negativen Eigenschaften, seine Härte und seine

---

5 Markus 13, 31; Matth. 24, 35; Lukas 21, 33.

Milde, sein klarer Blick und seine dunklen Visionen – all das zusammen verlieh ihm eine Kraft und Wirkung, die in der Geschichte der Menschheit ohne Beispiel sind.

Aber auch die *Methode seiner Lehre* hat einen Anteil an dieser Wirkung. Wie ein Prophet trat er mit der größten Autorität auf /570/ und stützte sich nur selten auf die Schrift. Wie ein pharisäischer „Schriftgelehrter" redete er in Gleichnissen und scharfsinnigen Sprüchen. Er war ein *großer Künstler* des Gleichnisses. Seine Vergleiche sind schön, kurz, volkstümlich, dem täglichen Leben entnommen und geben eine in der Form einfache, doch inhaltlich tiefe sittliche Belehrung. Diese Mischung, – und vielleicht gerade die Schwierigkeit des letzten Verständnisses, zog die einfachen Galiläer an, die zwar nicht alles *verstanden*, aber doch den großen Wert *fühlten*, der sich unter der Einkleidung verbarg.

Zu den Gleichnissen kommen noch seine wunderbaren *Sprüche*. Auch sie sind kurz, doch scharf, schneidend; sie dringen wie spitze Pfeile in die Herzen ein und werden zu unvergeßlichen, volkstümlichen Epigrammen und Sprichwörtern. Deshalb konnten auch seine Jünger die meisten seiner Sprüche beinahe unverändert so aufbewahren, wie er sie geäußert hat, denn fast alle tragen sie den Stempel seiner großen, einzigartigen Persönlichkeit und verraten nichts davon, daß sie durch viele verschiedene Jünger auf uns gekommen sind. Einige seien hier angeführt:

„Nicht die Gesunden, die Kranken bedürfen des Arztes."
„Laßt die Toten ihre Toten begraben!"
„Blinde Führer der Blinden."
„Die eine Mücke durchseihen und ein Kamel verschlucken!"
„Übertünchte Gräber."
„Es ist leichter, daß ein Kamel durch ein Nadelöhr geht, als daß ein Reicher ins Himmelreich kommt."
„Der Reiche gibt Almosen von seinem Überfluß und die Witwe von ihrem Mangel."
„Der Geist ist willig, doch das Fleisch ist schwach."
„Wer frei von Sünden ist, werfe den ersten Stein."
„Besser geben als nehmen!"

Es gibt noch sehr viele dieser Art. Wer erkennt nicht in ihnen einen einzigartigen und außergewöhnlichen Menschen, begabt mit einer großartigen Fähigkeit, das Wesentliche, den Kern der Sache zu erfassen und ihn in einem kurzen, scharfen Spruch so auszudrücken, daß ihr ganzer Sinn umschlossen ist und unvergeßliche Schlüsse sich dem Hörer aufdrängen?

Diese Lehrmethode erklärt, in Verbindung mit seinem komplizierten Charakter, warum Jesu Lehre nicht vergessen wurde und /571/ die Grundlage zu einem neuen Glauben werden konnte, obwohl sie selbst nichts Neues enthält – d. h. nichts, was nicht schon im Judentum enthalten war – wenn sie allerdings auch durch ihre Anordnung und Zusammensetzung neuartig wirkt. Die Persönlichkeit des Lehrers vereinigt sich hier mit der Lehre, die selbst ja zumeist nicht der Theorie entstammte, sondern seiner eigenen Praxis: sie entstand anläßlich eines Zufalls, einer Gelegenheit, eines Zusammentreffens oder nur einer Frage, auf die sofort die treffende Antwort folgte.

Und die Tragik seines schrecklichen Todes schließlich, der zu Unrecht (wenn auch in Übereinstimmung mit der formalen Gerichtsbarkeit seiner Zeit) über Jesus kam, verlieh sowohl der Persönlichkeit als auch ihrer Lehre eine Krone himmlischen Glanzes. Und dazu kam später die Legende von seiner Auferstehung, die alles verklärte, alle Fehler verwischte, alle Tugenden markanter machte – und Jesus, der Jude, wurde halb Jude, halb Heide, so daß er jene übernatürliche Stellung einzunehmen begann, die er bis heute unter Millionen Menschen innehat. /572/

VIII. Schluss:
Was bedeutet Jesus für die Juden?

Es gibt keine Seite in diesem Buche, keinen Schritt in der Lebensgeschichte Jesu und keine Zeile in der Darstellung seiner Lehre, die nicht den Stempel des prophetischen und pharisäischen Judentums und das Siegel des Landes Palästina kurz vor der Zerstörung des Zweiten Tempels trügen. Es scheint deshalb überflüssig, zu fragen: Was bedeutete Jesus für die Juden? „Jesus war kein Christ sondern Jude"[6], sagt Wellhausen. Und so ist seine Lebensgeschichte die eines der bemerkenswertesten Juden einer langen Epoche, und seine Lehre ein jüdisches Gedankensystem bedeutender Art, sowohl in der Wahrheit ihrer Inhalte wie in der Schwärmerei ihres Ausdrucks.

„Jesus war kein Christ" – aber er *wurde* doch ein Christ. Seine Geschichte und seine Lehre sind heute getrennt von denen des Volkes Israel. Das jüdische Volk hat seine Lehre nicht angenommen, und seine Jünger und Anhänger haben bis auf den heutigen Tag die Juden und das Judentum verspottet und verfolgt.

Und trotzdem läßt sich keine Darstellung der Geschichte des jüdischen Volkes in der Zeit des Zweiten Tempels denken, die nicht auch die Geschichte Jesu und eine Würdigung seiner Lehre einschlösse. Was ist also Jesus für die *Juden unserer Tage*?

Von einem allgemein-menschlichen Gesichtspunkte aus ist er gewiß „ein Licht den Völkern". Seine Jünger haben die Lehre Israels, wenn auch in ver-

---

6 J. *Wellhausen*, Einleitung in die drei ersten Evangelien, Berlin 1905, S. 113.

stümmelter und unvollkommener Form, unter die Heiden aller Erdteile getragen. Diese welthistorische Bedeutung Jesu und seiner Lehre kann kein Jude leugnen. Und in der Tat /573/ haben weder *Maimonides* noch *Jehuda Halevi* dieses Moment außer acht gelassen.

Von einem national-jüdischen Gesichtspunkt aus ist es allerdings schwieriger, Jesu Bedeutung abzuschätzen. Er war zwar selbst gefühlsmäßig zweifellos Nationaljude und sogar ein extremer Nationalist: das zeigen seine scharfe Antwort an die Kanaaniterin, seine verächtliche Einstellung zu „Heide und Zöllner", die auszeichnenden Ausdrücke: „Sohn Abrahams" und „Tochter Abrahams"[7], seine starke Liebe zu Jerusalem und seine Hingabe für die „verlorenen Schafe aus dem Hause Israel". Trotz alledem aber war etwas in ihm, aus dem sich *„Un-Judentum"* entwickelte.

Was ist also Jesus dem jüdischen Volk unserer Tage?

Für das jüdische Volk kann er natürlich weder ein Gott noch Gottes Sohn im Sinne des Trinitätsdogmas sein: beides ist für den Juden nicht nur blasphemisch, sondern auch unbegreifbar. Auch der Messias kann er dem jüdischen Volk nicht sein: das Gottesreich, die „Tage des Messias", sind ihm immer noch nicht gekommen. Ebensowenig kann er als „Prophet" anerkannt werden: dazu fehlte ihm das politische Verständnis und die Gabe der nationalen Tröstung und Aufrichtung. Er ist für das jüdische Volk kein Gesetzgeber oder Religionsstifter und wollte ja auch selber beides nicht sein. Er ist auch kein wirklicher „Tannaite" oder pharisäischer „Rabbi" gewesen, denn er war ja ein Gegner der Pharisäer und würdigte die positive Seite ihres Wirkens nicht genügend: ihre Bemühung um die Erfassung des ganzen nationalen Lebens und um die Stärkung der nationalen Existenz.

Doch ist Jesus für das jüdische Volk *ein Lehrer hoher Sittlichkeit und ein Gleichnisredner ersten Ranges*. Er ist geradezu *der* Lehrer der Sittlichkeit, die für ihn im religiösen Bereiche alles bedeutete[8]. Zwar wurde seine Ethik infolge ihrer

---

[7] Lukas 19, 9; 13, 16; vgl. „Sohn unseres Vaters Abraham" (Tos. Chagiga 2, 1) und „Tochter unseres Vaters Abraham" (b. Chagiga 3 a); Pesikta Rabbati, Hachodesch, c. 15 (ed. Friedmann 73 b).

[8] Die Worte: „Er ist geradezu der Lehrer der Sittlichkeit" haben in den verschiedensten Kreisen Proteste und Erbitterung erregt. Doch sind sie bereits in meinem Buche „Historia Jisraelith", III, S. 225–226, genügend erklärt worden. Zur Zeit des Zweiten Tempels standen viele falsche Messiasse auf, die sämtlich nach ihrem gewaltsamen Tode vergessen wurden und nichts Schöpferisches leisten konnten, da es ihnen nicht gelang, das Volk von der römischen Knechtschaft zu befreien und die Erlösung herbeizuführen. Auch Jesus hat das Volk nicht politisch erlöst und die „Tage des Messias" nicht herbeigeführt, und auch er ist eines grausamen

extremen Ein- /574/ stellung nur ein Ideal für Einzelne, ein Vorklang der künftigen Welt: der „Tage des Messias", wenn das „Ende" über die „alte Welt" und die gegenwärtige Gesellschaftsordnung hereingebrochen sein wird. Sie ist keine Ethik für die Völker und Ordnungen dieser Welt, innerhalb deren die Menschen den Weg zu der messianischen Zukunft der Propheten und dem „Reich des Allmächtigen" des Talmud beschreiten können. Dieses jüdische Ideal ist allerdings „von dieser Welt" und wird sich nur allmählich und im Laufe vieler Generationen verwirklichen lassen.

Doch ist seine Sittenlehre eine erhabene, gewählter und originaler in der Form als jedes andere hebräische ethische System. Auch seine wunderbaren Gleichnisse stehen ohne Beispiel da. Der Scharfsinn und die Kürze seiner Sprüche und wirkungsvollen Parabeln machen seine Ideen in außergewöhnlichem Maße zum Eigentum aller. Und wenn einst der Tag kommen wird, wo diese Ethik die Hülle ihrer mystischen und mirakelhaften Umkleidung abstreift, dann wird Jesu Buch der Ethik einer der erlesensten Schätze der jüdischen Literatur aller Zeiten sein.

Joseph Klausner, Jesus von Nazareth. Seine Zeit, sein Leben und seine Lehre, Jerusalem: © The Jewish Publishing House ³1952 (Berlin ¹1930), S. 565–574.

---

und schimpflichen Todes gestorben – warum ist er nicht gleichfalls der Vergessenheit anheimgefallen? Warum ward sein Name und Gedächtnis, wenn auch nicht ohne sonderbare Verzerrungen, zur Grundlage einer neuen Religion, die nun schon bald zwei Jahrtausende Bestand hat? Die Stunde für einen solchen neuen Glauben war allerdings günstig infolge der innerjüdischen Entwicklung einerseits, der des Hellenismus und der orientalischen Mysterienkulte andererseits, und schließlich infolge der starken Sehnsucht nach einer geistigen Erlösung, die damals die Heiden ergriffen hatte. Aber die Frage bleibt: warum hing sich dieser Glaube gerade an Jesus? Die Antwort lautet: weil alle anderen falschen Messiasse ihre Erlösungshoffnung nicht so stark und eindeutig auf eine ethische Grundlage stellten wie Jesus. Deshalb bleibt die Bedeutung seiner Sittenlehre bestehen, auch nachdem sein Messiastum Schiffbruch erlitten hat, und sie rettete seinen Namen und sein Andenken bei seinen Jüngern auch als Messias und Erlöser (eine Vorstellung, deren die damalige Heidenwelt, wie gesagt, auf das dringendste bedurfte). *In diesem Sinne* ist Jesus „geradezu *der* Lehrer der Sittlichkeit", dessen Ethik allerdings, abgesehen von ihrer Form und Anordnung, nichts grundsätzlich Neues bringt, wie ich wenige Seiten vorher betont habe (S. 571, Z. 1–3). Wozu also die Aufregung?

Ernst Käsemann
4.2 Das Problem des historischen Jesus, 1954

1. Zur gegenwärtigen Lage. Daß die alte Frage nach dem historischen Jesus in der deutschen Arbeit am NT während der letzten Generation relativ stark in den Hintergrund getreten ist, gehört zu den Kennzeichen des in dieser Zeit erfolgten Umbruches. Ist doch der Werdegang unserer Disziplin seit rund zweihundert Jahren von dieser Frage eingeleitet, vorwärtsgetrieben und zentral bestimmt worden. Im wesentlichen beruhte es auf zwei Sachverhalten, daß das Problem /188/ nach dem ersten Weltkrieg, wenn auch nicht völlig gelöst, so doch zu einem gewissen Abschluß gebracht zu sein schien. Die Auseinandersetzung der dialektischen Theologie mit dem Liberalismus und die gleichzeitige Neubesinnung auf die reformatorische Botschaft ließen eine Verkürzung und Verbiegung des Evangeliums dort erblicken, wo man die Frage nach dem historischen Jesus als für Theologie und Verkündigung ausschlaggebend behandelte. Zugleich wies die formgeschichtliche Arbeit nach, daß die von den Synoptikern dargebotene Botschaft Jesu größtenteils nicht authentisch, sondern Ausprägung des urchristlichen Gemeindeglaubens in seinen verschiedenen Stadien ist. Aus dem Sachverhalt, daß wir echte Jesusüberlieferung nur in die Predigt der Urchristenheit eingebettet und von dieser überlagert überkommen haben, folgerte man, der eigentliche Träger und Gestalter des Evangeliums sei der Osterglaube. Radikal hat Bultmann die Konsequenzen aus dieser Feststellung gezogen. Schon in seinem Jesusbuche stützte er sich nicht mehr ausschließlich auf jenes Gut, dessen Authentie seine Geschichte der synoptischen Tradition unangetastet ließ, sondern fragte bloß nach der ältesten Schicht urchristlicher Verkündigung, in welcher Jesuspredigt und deren Spiegelung im Gemeindekerygma faktisch verschmelzen und zweifellos bewußt und gewollt auch nicht mehr exakt von Bultmann geschieden werden. In seinem Werk über das Urchristentum im Rahmen der antiken Religionen hat er dann die Darstellung Jesu in die Schilderung des Spätjudentums einbezogen und dementsprechend die Neutestamentliche Theologie als Entfaltung der urchristlichen Botschaft entworfen, wobei die Verkündigung Jesu einzig als deren Voraussetzung erscheint. Das besagt doch wohl, daß christlicher Glaube hier als Glaube an den erhöhten Kyrios verstanden wird, für welchen der historische Jesus als solcher konstitutive Bedeutung nicht mehr besitzt.

Zu einer Auseinandersetzung ist es an dieser Stelle bisher nicht recht gekommen. Das dürfte nicht zuletzt damit zusammenhängen, daß Kritik sich alsbald auch gegen M. Kählers Buch „Der sogenannte historische Jesus und der geschichtliche, biblische Christus" wenden muß, das nach 60 Jahren an Aktualität noch kaum eingebüßt hat und trotz aller Angriffe und vieler möglicher Bedenken auch nicht wirklich widerlegt ist. Im Grunde hat Bultmann die Thesen dieses Buches nur auf seine Weise untermauert und präzisiert. Die unverkennbare Verlegenheit der zugleich exegetisch und systematisch der Kritik ausgesetzten Apologetik hat aber eine Generation hindurch lähmend gewirkt. Dieser Zustand nähert sich offensichtlich heute seinem Ende. Der alte Streit flammt erneut auf, und er wird wahrscheinlich deutliche Fronten bilden, wie wir sie trotz aller Spannungen und Differenzen zwischen den deutschen Neutestamentlern /189/ in den Nachkriegsjahren kaum gekannt haben. Wissenschaft bewegt sich ja in Antithesen vorwärts, und Bultmanns Radikalität fordert eine Reaktion geradezu heraus. Darüber hinaus beschäftigt uns aber gegenwärtig ohne Ausnahme die Frage eines angemessenen Verständnisses von Geschichte und Geschichtlichkeit, die sich beim Theologen notwendig und exemplarisch zu dem Problem des historischen Jesus und seiner Bedeutung für den Glauben konkretisieren muß. Drei Ansatzpunkte bestimmen die Kritik im einzelnen: Zunächst bemüht man sich um den Nachweis, daß die Synoptiker sehr viel mehr authentische Überlieferung enthalten, als die Gegenseite wahrhaben will. Zweitens verteidigt man insbesondere die Zuverlässigkeit, wenn nicht der ganzen, so doch der ältesten Passions- und Ostertradition in den Evangelien. Beide Male leitet das Interesse, einer Auseinanderreißung oder gar Antithese von Kerygma und Überlieferung entgegenzuwirken. Man möchte grundsätzlich daran festhalten, daß das Kerygma auch die Weitergabe von Tatsachen, wie sie durch die Tradition vermittelt werden, einschließt. Dabei ist man drittens zu der systematischen Konzeption einer der Weltgeschichte parallelen, in sie eingebetteten, von ihr jedoch auch ablösbaren Heilsgeschichte mit eigenen Gesetzen und eigener Kontinuität, dargestellt in der Geschichte des Glaubens und der Kirche als der neuen Gotteswelt, gelangt.

Unsere Situation wird also dadurch gekennzeichnet, daß die genuin liberale Frage nach dem historischen Jesus wieder zunehmend an theologischem Gewicht gewinnt, paradoxerweise freilich in einer Zeit, in welcher der Liberalismus kirchlich weitgehend ausgeschaltet ist, und im Gegenschlag zu einer auf dem Boden des Liberalismus erwachsenen historischen und theologischen Kritik. Diese Vertauschung der Fronten gehört sicherlich zu den reizvollsten und aufschlußreichsten Begebenheiten der jüngsten Theologiegeschichte: 200 Jahre lang hat kritische Forschung den historischen Jesus aus den Fesseln kirchlicher Dogmatik zu befreien gesucht, um am Wegende zu erkennen, daß solcher Versuch von vornherein zum Scheitern verurteilt war, weil wir nur durch die urchristliche Predigt und die damit verknüpfte kirchliche Dogmatik überhaupt etwas von dem historischen Jesus erfahren und diesen gar nicht mehr säuberlich und einigermaßen ausreichend vom gepredigten und geglaubten abheben können. Im gleichen Augenblick schwenkt aber auch der bisherige Gegner dieser Kritik offensichtlich in der Befürchtung um, daß nun radikaler Skepsis erst recht die Türen geöffnet werden könnten und mit der Preisgabe des direkten Zugriffes nach der Historie die Geschichtlichkeit der Offenbarung selbst in Gefahr geriete. Sie will er mit dem Nachweis des tatsächlichen Geschehens und der Glaubwürdigkeit der Tradition verteidigen. Er folgt auch darin den Fußtapfen der Kritik, die /190/ ja zuerst das Thema der Geschichte aufgegriffen hatte, nämlich um es dem Dogma entgegenstellen zu können.

Allerdings wäre es nicht gut, wollte man sich mit dem Faktum der überraschenden Frontvertauschung derart abfinden, daß man nicht wenigstens nach der etwaigen inneren Notwendigkeit dieser Entwicklung fragte. Es könnte sich ja so verhalten, daß jeder der beiden miteinander ringenden Gegner für sich ein unaufgebbares Interesse verfolgte und beide insofern mehr als bloß Gegner, nämlich Partner eines echten theologischen Gespräches wären. Eine solche Annahme berührt noch nicht das Urteil über Recht und Unrecht der jeweils bezogenen Position im einzelnen, sondern setzt einfach die Dialektik bestimmter Sachverhalte voraus, die in der Diskussion das Gegeneinander verschiedener Standpunkte erzeugt. Der Überbetonung des einen Aspektes tritt dann diejenige des anderen entgegen, und der Stellungswechsel des einen Partners zieht, sofern das Gespräch nicht sinnlos geführt wurde, den des andern nach sich. Ob solche Annahme sich halten läßt, muß aus einer Untersuchung des zugrunde liegenden Tatbestandes hervorgehen. Wir fragen darum zunächst nach der Bedeutsamkeit der Historie im Rahmen der uns vorliegenden Geschichte.

[...]

5. Die Verlegenheit der historisch-kritischen Methode gegenüber unserm Problem. Es wird nützlich sein, wenn wir uns einen kurzen Augenblick lang darauf besinnen, wie sehr sich das Problem für uns radikalisiert hat. Denn unsere Evangelien waren ja noch des guten Glaubens, weithin zuverlässige Tradition über den irdischen Herrn zu besitzen. Die historische Kritik hat uns diesen guten Glauben zerschlagen. Wir können nicht mehr die Zuverlässigkeit der synoptischen Überlieferung über Jesus im allgemeinen voraussetzen. Mehr noch, mit kritischen Korrekturen der Tradition allein ist hier auch nicht mehr zu helfen. Auf Grund der formgeschichtlichen Arbeit hat sich unsere Fragestellung derart zugespitzt und erweitert, daß wir nicht mehr die etwaige Unechtheit, sondern gerade umgekehrt die Echtheit des Einzelgutes zu prüfen und glaubhaft zu machen haben. Nicht das Recht der Kritik, sondern ihre Grenze ist heute zu beweisen. Wenn man gewöhnlich das erste vorzieht, so bedeutet das nicht nur ein grundsätzliches /204/ Übersehen des Sachverhaltes, daß uns die Evangelien primär das urchristliche Kerygma und bloß darin eingebettet einzelne Worte und Taten Jesu bieten, sondern ebenso, daß man mit solcher Kritik nur zu einer Korrektur und Modifikation des Kerygmas, keineswegs aber zu Wort und Tat des irdischen Jesus selbst gelangt. Die unvermeidliche Folge ist dann ein bestürzendes Durcheinander von angeblich zuverlässigen Jesusbildern: Bald erscheint er als Rabbi, bald als Weisheitslehrer, bald als Prophet, dann wieder als derjenige, der sich als Menschensohn oder Gottesknecht verstanden hat, eine apokalyptische oder verwirklichte Eschatologie vertrat oder je etwas von all dem vermischen kann. Was die Wunder-, Passions- und Ostergeschichten anlangt, so stehen alle Möglichkeiten zwischen völliger Skepsis, vorsichtig mildernder Kritik und größtem Zutrauen offen. In der Tat läßt sich das alles verteidigen, solange man der Tradition zunächst einmal Glauben zu schenken bereit ist, weil das alles tatsächlich in der Tradition enthalten ist. Nur kommt man auf diese Weise schwerlich weiter als zu einem persönlich befriedigenden Urteil im allgemeinen Chaos. Allein radikale Kritik vermag deshalb der mit oder gegen unsern Willen erwachsenen Lage, den in ihr aufgebrochenen grundsätzlichen Fragen und den uns damit gestellten Aufgaben gerecht zu werden. Dabei wird unter radikal natürlich nicht der wilde Drang zum Extrem, sondern die Aufgeschlossenheit allein gegenüber der Sachproblematik verstanden.

Doch befindet sich auch diese Kritik in den größten methodischen Schwierigkeiten, weil wir, vom Gleichnisstoff abgesehen, schlechterdings keinerlei formale Kriterien zur Herausstellung des authentischen Jesusgutes besitzen. Es gibt solche Kriterien für palästinische und hellenistische Tradition, für das Weisheitswort, den Prophetenspruch, für rabbinische Lehre, Gemeindeordnungen, apokalyptische Weissagungen und was man sonst hier anführen mag. Gerade die Formgeschichte hat uns dafür die besten Dienste geleistet. Völlig im Stich läßt aber auch sie uns, wenn wir nach formalen Kennzeichen des authentischen Jesusgutes fragen. Das kann nicht anders sein, da sie um den Sitz im Leben von Erzählungsgattungen, nicht jedoch um das bemüht ist, was man historische Individualität nennen mag. Ihre Hilfe besteht einzig darin, daß sie als authentisch ausschließt, was nach seinem Sitz im Leben dafür nicht in Betracht kommen kann.

Nicht sehr anders verhält es sich mit den Kriterien auf Grund der urchristlichen Chronologie und der Vorstellungsinhalte. Wir können uns zwar eine einigermaßen ausreichende Anschauung über die Ablösung des nachösterlichen Enthusiasmus durch einen christlichen Rabbinat und über die weitere Entwicklung bis hin zum Frühkatholizismus verschaffen, so vieles dabei im einzelnen auch unklar bleiben /205/ wird. Doch ist uns gerade die älteste Phase, auf deren Abhebung gegenüber der Jesustradition alles ankäme, unverhältnismäßig dunkel, besonders in ihrer Soteriologie und Ekklesiologie. Daraus resultiert eine nicht abreißende Auseinandersetzung z. B. über die Fragen, ob bereits Jesus Gemeinde gegründet und Sakramente eingesetzt habe oder nicht. Erschwert wird diese Lage noch durch den Umstand, daß wir zwischen palästinischem und hellenistischem Judenchristentum ebensowenig exakt zu unterscheiden vermögen, wie wir umgekehrt beides einfach identifizieren dürfen. Entsprechend mag man der von Lohmeyer vorgenommenen Differenzierung zwischen Jerusalem und Galiläa höchst skeptisch gegenüberstehen, ohne doch das damit aufgeworfene Problem als schon erledigt zu betrachten. Denn die Gemeindeverfassung wird tatsächlich in der Hauptstadt anders ausgesehen haben als in der Provinz.

Weil es sich so verhält, stehen wir vor einer Fülle von Rätseln: Seit wann konkurrieren die Hellenisten und Palästiner von Apg. 6 miteinander, welche Rolle hat Petrus wirklich gespielt, wie ist es zu seiner Ablösung durch Jakobus gekommen, was besagen all diese Dinge für den Gang der urchristlichen Missionsgeschichte? Solange diese Probleme nicht halbwegs entschieden sind, besteht wenig Aussicht, zu einer größeren Verständigung bei der Aufgliederung und Zuordnung des synoptischen Stoffes in seinen ältesten Teilen zu gelangen, wie sich etwa an der Analyse von Mt. 23, der Petrustradition, dem Wort vom Lösegeld, dem Gebet am Schluß von Mt. 11 zeigen ließe, von den Passions- und Ostergeschichten ganz zu schweigen. Doch kann ich nicht zu sehr in die Einzelheiten gehen, weil uns das ins Endlose führen würde. Es sollte nur in wenigen groben Strichen die Verlegenheit der kritischen Forschung charakterisiert werden. Sie besteht darin, daß die historische Glaubwürdigkeit der synoptischen Tradition auf der ganzen Linie zweifelhaft geworden ist, wir jedoch für die Herausstellung authentischen Jesusgutes weithin noch einer wesentlichen Voraussetzung, nämlich des Überblicks über das älteste urchristliche Stadium, und fast gänzlich ausreichender und stichhaltiger Kriterien ermangeln. Einigermaßen sicheren Boden haben wir nur in einem einzigen Fall unter den Füßen, wenn nämlich Tradition aus irgendwelchen Gründen weder aus dem Judentum abgeleitet noch der Urchristenheit zugeschrieben werden kann, speziell dann, wenn die Judenchristenheit ihr überkommenes Gut als zu kühn gemildert oder umgebogen hat. Solches Gut wollen wir abschließend nun noch auszugsweise betrachten. Allerdings müssen wir uns dabei von vornherein dessen bewußt sein, daß man von hier aus keine Klarheit über das erhält, was Jesus mit seiner palästinischen Umwelt und seiner späteren Gemeinde verbunden hat. Da bleiben die Grenzen für verschie- /206/ denste Hypothesen weit offen. Immerhin ist es für uns ja fast noch wichtiger, wenn wir zu Gesicht bekommen, was ihn von Gegnern und Freunden trennte.

6. Die Eigenart der Sendung Jesu. Wie auf Vollständigkeit muß im folgenden auch auf Auseinandersetzung mit abweichenden Meinungen verzichtet werden. Ich begnüge mich mit der thetischen Herausstellung des mir persönlich wesentlich Erscheinenden. Einig ist sich wohl die gesamte Exegese darin, daß an der Authentie der ersten, zweiten und vierten Antithese der Bergpredigt nicht gezweifelt werden kann. Tatsächlich gehören diese Worte zum Erstaunlichsten in den Evangelien überhaupt. Sie überbieten formal den Wortlaut der Thora so, wie es ein den Schriftsinn interpretierender Rabbi auch tun könnte. Entscheidend ist jedoch, daß mit dem ἐγὼ δὲ λέγω eine Autorität beansprucht wird, welche neben und gegen diejenige des Moses tritt. Wer aber Autorität neben und gegen Moses beansprucht, hat sich faktisch über Moses gestellt und aufgehört, ein Rabbi zu sein, dem ja immer nur von Moses abgeleitete Autorität zukommt. Daß sich Rabbinen gegeneinander mit solchem „Ich aber sage" abgrenzen, ist nur eine formale Parallele, weil hier eben nicht ein anderer Rabbi, sondern die Schrift und Moses selber das Gegenüber bilden. Dazu gibt es keine Parallelen auf jüdischem Boden und kann es sie nicht geben. Denn der Jude, der tut, was hier geschieht, hat sich aus dem Verband des Judentums gelöst oder – er bringt die messianische Thora und ist der Messias. Denn auch der Prophet steht nicht neben, sondern unter Moses. Die Unerhörtheit des Wortes bezeugt seine Echtheit. Sie beweist zweitens, daß Jesus wohl wie ein Rabbi oder Prophet aufgetreten sein mag, sein Anspruch jedoch den jedes Rabbi und Propheten überschreitet, und drittens, daß man ihn nicht der Darstellung spätjüdischer Frömmigkeit einordnen darf. Er ist wohl Jude gewesen und setzt spätjüdische Frömmigkeit voraus, aber er zerbricht gleichzeitig mit seinem Anspruch diese Sphäre. Die einzige Kategorie, die seinem Anspruch gerecht wird, ist völlig unabhängig davon, ob er sie selber benutzt und gefordert hat oder nicht, diejenige, welche seine Jünger ihm denn auch beigemessen haben, nämlich die des Messias.

Unsere Stelle steht in den Synoptikern nicht vereinzelt. Das gleiche dialektische Verhältnis zum Gesetz, das nach dem Gotteswillen fragt und darüber den Buchstaben des Gesetzes zerbricht, spiegelt sich in der Stellungnahme zum Sabbatgebot und den Reinigkeitsvorschriften. Dabei wird man schwerlich sagen dürfen, Jesus habe die Thora als solche nicht angetastet, sondern ihre Forderung nur radikalisiert. Matthäus hat es allerdings wohl schon so verstanden. Aber die Geschichte des Evangeliums ist immer zugleich eine Geschichte der Mißverständnisse, wie sich gerade von den Synoptikern her nicht selten /207/ dartun läßt. Und die Hoheit Jesu tritt dann am deutlichsten zutage, wenn seine ersten Jünger schon meinten, seine Worte abschwächen und korrigieren zu müssen, weil sie ihn anders nicht ertragen konnten. Höchst interessant ist in dieser Beziehung die Perikope vom Ährenraufen in Mk. 2, 23 ff. Nur Markus bringt den Satz, daß der Sabbat um des Menschen, nicht der Mensch um des Sabbats willen geschaffen sei. Alle Synoptiker fahren dann fort, der Menschensohn sei der Herr auch des Sabbats. Es liegt auf der Hand, daß diese beiden Worte sich stoßen, und ebenso, daß nur das erste in den Gang des bis dahin ja nicht christologisch orientierten Gespräches paßt. Vielleicht darf man schon hier anmerken, daß es durchaus fraglich ist, ob Jesus bereits den Menschensohntitel für sich beansprucht hat. Bultmann hat darum den allerdings recht bedenklichen Vorschlag gemacht, das Menschensohnprädikat als einen Fehler der Übersetzung aus dem Aramäischen anzusehen. Ursprünglich sei vom Menschenkinde, also vom Menschen schlechthin gesprochen worden. Auch er hält also den Skopus des ersten Satzes für richtig. Das wird man schließlich von da aus begründen, daß das Wort von der Freiheit des Menschensohnes eine deutliche Einschränkung und Abschwächung des ersten darstellt. Dann liegt jedoch die Annahme nahe, daß die Gemeinde solche Abschwächung vorgenommen hat, weil sie wohl ihrem Herrn, nicht aber jedermann die von ihm ergriffene Freiheit zubilligen konnte. Sie fühlte sich durch das Gesetz stärker gebunden als er und nahm ihre Freiheit, wie die folgende Perikope von der Sabbatheilung dartut, nur in Ausnahmefällen in Anspruch, nicht in der von ihm geschenkten Grundsätzlichkeit und uneingeschränkten Verantwortung. Die Größe seiner Gabe ließ sie erschrecken.

Der gleiche Vorgang läßt sich auch beim Streit um das Reinheitsgesetz beobachten. Wieder hat Matthäus offensichtlich gemeint, Jesu Angriff gälte nur dem Rabbinat und Pharisäismus mit ihren Verschärfungen der Thoraforderung. Aber wer bestreitet, daß die Unreinheit von außen auf den Menschen eindringt, trifft die Voraussetzungen und den Wortlaut der Thora und die Autorität des Moses selbst. Er trifft darüber hinaus die Voraussetzungen des gesamten antiken Kultwesens mit seiner Opfer- und Sühnepraxis. Anders gesprochen: Er hebt die für die gesamte Antike grundlegende Unterscheidung zwischen dem Temenos, dem heiligen Bezirk, und der Profanität auf und kann sich deshalb den Sündern zugesellen. Des Menschen Herz entläßt für Jesus die Unreinheit in die Welt. Daß des Menschen Herz rein und frei werde, ist die Erlösung der Welt und der Beginn des gottwohlgefälligen Opfers, des wahren Gottesdienstes, wie es zumal die paulinische Paränese entfalten wird. Endlich zerschlägt Jesus mit diesem Worte die Grundlagen der antiken Dämonologie, /208/ die ja auf der Auffassung beruht, daß der Mensch von den Mächten der Welt bedroht wird und darüber die Bedrohung der Welt durch den Menschen zutiefst verkennen läßt. Es wird zwar durchaus glaubhaft von der Heilung Dämonischer durch Jesus berichtet, und er selber hat nach dem kaum in seiner Authentie bezweifelten Spruch Mk. 3,27; Mt. 12,28 solche Vollmacht für sich in Anspruch genommen. Alles kommt aber darauf an, in welchem Sinne er das tat, nämlich ob als Magier, der die Welt verteufelt sein läßt und einen metaphysischen Dualismus behauptet, oder als derjenige, welcher um die Bosheit des Menschenherzens und seine dämonische Kraft weiß und dieses Herz für Gott beschlagnahmt. Es ist keine Frage, daß Jesus keinen metaphysischen Dualismus vertreten hat – wie könnte er sonst als Weisheitslehrer geschildert werden? – und sich nicht zur Bekämpfung des Teufels, sondern zum Dienst am Menschen gesandt wußte. Doch mag das genügen, um unser erstes Ergebnis zu formulieren: Jesus hat mit einer unerhörten Souveränität am Wortlaut der Thora und der Autorität des Moses vorübergehen können. Diese Souveränität erschüttert nicht nur die Grundlagen des Spätjudentums und verursacht darum entscheidend seinen Tod, sondern hebt darüber hinaus die Weltanschauung der Antike mit ihrer Antithese von kultisch und profan und ihrer Dämonologie aus den Angeln.

Man kann das nicht konstatieren, ohne in lebhafte Zweifel gegenüber dem so überaus gängigen Bilde des Frommen etwa gar aus dem Kreise der Anawim zu geraten, welcher Tag und Nacht die Schrift studiert und in ihr das Modell seines Weges als Gottesknecht oder leidender Messias beschrieben findet. Wir haben keinen Anlaß, die Vertrautheit Jesu mit dem Alten Testament fraglich zu nennen, die man bei jedem frommen Juden voraussetzen darf. Etwas anderes aber ist es, ob man sie zum ausschlaggebenden Faktor seines Handelns macht. Dem steht manches im Wege. Was hätte eigentlich den doch sehr wahrscheinlichen Bruch mit seiner Familie veranlaßt, wenn es sich so verhalten hätte, und was ihn, sicherlich zuverlässig, zur Johannestaufe getrieben? Auf jeden Fall scheint sein Verhältnis zur Thora und zu Moses solche Anschauung nicht gerade zu empfehlen. Daß Matthäus und die ihm vorausgehende Tradition ihre Gründe hatten, Jesus als Rabbi zu zeichnen, wurde schon festgestellt. Aber davon abgesehen, daß man so leicht ja nicht zum Rabbi wurde und der Rabbinat sich kaum mit der Täuferbewegung eingelassen hat, gab es niemals einen Rabbi anders als in der Autorität des Moses. Die meisten Schriftzitate in den Evangelien sind denn auch eindeutig der Gemeindetheologie entwachsen. Auffällig ist schließlich, daß der synoptische Jesus sich zum mindesten an zwei Punkten erheblich wie vom Bilde des Rabbi so auch von demjenigen des jüdischen Musterfrommen unter- /209/ scheidet. Da ist einmal das merkwürdige Gewicht, das auf seine Darstellung als Weisheitslehrer gelegt wird. Von vornherein sei zugestanden, daß sich die Authentie des damit in den Blick gefaßten Gutes besonders schwer behaupten läßt, da es sich weitgehend ja um volkstümliche Vorstellungen und um Sprichworte handelt. Immerhin sind einige Sprüche so paradox formuliert oder zusammengestellt, daß eben das für Echtheit sprechen könnte. Um zwei Beispiele zu nennen: Das Logion Mt. 10,26 f. Par. mit seiner Aufforderung, das heimlich Gehörte von den Dächern herabzuschreien, wird von Bultmann auf ein Sprichwort zurückgeführt, das zur Vorsicht mahnt, weil Heimlichkeiten selten heimlich gehalten werden können. Wenn das richtig ist, so entsteht jedoch das Problem, wie es hier zur Umkehrung der Warnung in eine Aufforderung gekommen ist. Sollte der Sinn des jetzigen Spruches etwa sein, in der letzten Zeit müsse man Vorsicht gerade über Bord werfen, so würde das trefflich mit dem Worte über das Nichtsorgen in Mt. 6,25 ff. übereinstimmen. Auch dort wird ja Tradition des jüdischen Vorsehungsglaubens höchst seltsam umgebogen. Weil es jetzt nach der Gottesherrschaft zu trachten gilt, kann, darf und muß man sorglos leben und der Fürsorge Gottes gewiß sein. Diejenigen, die nach Mt. 10 als die Sterbenden im untergehenden Äon stehen, dürfen und müssen die Gottvertrauenden sein. Alles zu lassen ist die Kehrseite des alles Erhaltens. Wie immer es sich damit aber verhält, jedenfalls verträgt sich die

Zeichnung des Weisheitslehrers nur schlecht mit derjenigen des Rabbi, weil der erste aus einer Unmittelbarkeit der Anschauung lebt, wie wir sie auch aus Jesu Gleichnissen kennen, während der andere ja durch die Reflexion und die Bindung an die Schrift bestimmt wird.

Diese Beobachtung gewinnt freilich volle Bedeutung erst durch eine zweite. Das bereits zitierte Wort Mt. 12,28 läßt Jesus die Überwindung der Dämonen auf den ihn erfüllenden Gottesgeist zurückführen. Es mag dahingestellt bleiben, ob solche Formulierung von Jesus selber stammt. Zweifellos ist aber, daß er sich als inspiriert verstand. Das wird man vor allem dem merkwürdigen Gebrauch des Amen am Anfang gewichtiger Logien entnehmen, der von den Evangelisten so treulich bewahrt worden ist. Zunächst ist Amen ja eine Responsion. Auch wenn man nicht so weit gehen will wie Schlatter, der von hier aus Jesu Worte als Wiedergabe der zu ihm redenden Gottesstimme verstehen konnte, drückt das vorangesetzte Amen doch eine Versicherung aus, welche einer eidlichen Beteuerung gleichkommt, und bezeichnet es eine höchste und unmittelbare Gewißheit, wie sie durch Inspiration vermittelt wird. Aus dieser Gewißheit heraus sind die Antithesen der Bergpredigt gesprochen, wird das Sabbatgebot und das Reinheitsgesetz angetastet, entspringt das dialektische Verhältnis /210/ zur Schrift, das in ihr unter Übergehung des Wortlautes den Willen Gottes suchen läßt, wird die Forderung der sehenden Liebe erhoben, welche derjenigen des blinden Gehorsams im Rabbinat entgegengestellt ist. In dieser unmittelbaren Gewißheit, Gottes Willen zu kennen und zu verkündigen, die sich mit der unmittelbaren und unbefangenen Anschauung des Weisheitslehrers vereint und die letzte vielleicht erst ermöglicht, unterscheidet sich Jesus vom Rabbinat. Gleichgültig ob er die Vokabel verwandt hat oder nicht, er muß sich als Werkzeug des lebendigen Gottesgeistes verstanden haben, den das Judentum von der Endzeit erwartete.

Es liegt nahe, ihn darum einen Propheten zu nennen. Doch reicht das keineswegs aus. Kein Prophet konnte sich der Autorität des Moses entziehen, ohne zum Lügenpropheten zu werden. Vor allem kommt aber keinem Propheten die eschatologische Bedeutung zu, die Jesus offensichtlich seinem Tun beigemessen hat. Am aufschlußreichsten erscheint mir hier das vielumrätselte Logion Mt. 11, 12f., nach welchem die Gottesherrschaft von den Tagen des Täufers an bis jetzt Gewalt erleidet und, wie man nach meiner Meinung allein verstehen darf, von Gewalttätern gehemmt wird. Schon solche Vorstellung ist sonderbar genug. Denn was ist es um die Gottesherrschaft, der das widerfährt? Lukas hat sich bereits diese Frage vorgelegt und, weil er sie nicht zu beantworten wußte, den Sinn geändert. Im Blick auf die Weltmission läßt er Jesus verkündigen, daß jeder in das Reich gezwungen würde. Aber auch Matthäus weiß mit dem Worte nichts Rechtes mehr anzufangen. Darum stellt er den bei Lukas noch ursprünglich vorangehenden Satz „das Gesetz und die Propheten reichen bis Johannes" als Bindeglied zu der folgenden Ausführung über den Täufer als den wiederkehrenden Elias. Die Geschichte des Wortes zeigt, daß es sich um älteste, den Evangelisten schon nicht mehr verständliche Tradition handelt. Der Inhalt aber spricht eindeutig dafür, daß das Logion authentisch ist. Denn in ihm wird die Heilsperiode des AT mit dem Täufer abgeschlossen, der selber schon einer neuen Epoche angehört und nicht mehr zu den Propheten gezählt wird. Für diese Epoche gilt, daß die Gottesherrschaft angebrochen, aber noch gehindert ist. Der Täufer hat sie eingeleitet, also die Wende der Äonen heraufgeführt. Und doch steht auch er noch im Schatten dessen, der jetzt spricht und sein „bis heute" sagt. Wer anders als Jesus selbst kann derart auf die abgeschlossene Heilsperiode des AT zurückblicken, den Täufer nicht etwa zum Vorläufer degradieren, wie es dann die gesamte christliche Gemeinde und das ganze NT getan haben, sondern auf seine Seite ziehen und ihn, für spätere christliche Ohren ungeheuerlich, den neuen Äon einleiten lassen? Wer ist dann jedoch derjenige, der dem Täufer diese Gerechtigkeit widerfahren /211/ läßt und doch für sich eine von Johannes noch nicht besessene Sendung in Anspruch nimmt? Offenbar der, welcher mit seinem Evangelium die Gottesherrschaft bringt, und solche Gottesherrschaft kann eben deshalb noch gehindert und weggerissen werden, weil sie in der bloßen Gestalt des Evangeliums erscheint.

Jesus hat gemeint, daß mit seinem Worte die Basileia zu seinen Hörern komme. Hat er sich also als Messias verstanden? Diese Frage läßt sich in Kürze nur abtun, wenn man an dieser Stelle einfach seine persönliche Ansicht äußert. Ich bin davon überzeugt, daß es keinerlei Beweismöglichkeit für die Bejahung der Frage gibt. Alle Stellen, in denen irgendein Messiasprädikat erscheint, halte ich für Gemeindekerygma. Nicht einmal das Wort Mk. 8,38 vermag ich als echt anzuerkennen, nach welchem der Menschensohn sich dessen schämen wird, der sich hier sein und seiner Worte geschämt hat. Denn dieser Spruch hat den eigenartigen Charakter der palästinischen Prophetenrede bewahrt, welche Sätze heiligen Rechtes für die Gemeinde verkündigt und an die irdische Bedingung im eschatologischen Futur himmlische Verheißung oder göttlichen Fluch knüpft. Das heißt dann auch, daß Jesus nicht mit einem von sich verschiedenen Menschensohn gerechnet hat, wie Bultmann es annimmt. Wie sollte es auch um einen solchen bestellt sein, wenn bereits der Täufer die Äonenwende eingeleitet hat und seinerseits doch im Schatten Jesu steht? Das Menschensohnprädikat dürfte die Christologie und Apokalyptik der nachösterlichen Christenheit spiegeln und von da in die Jesusüberlieferung geraten sein, die heute so viele Worte christlicher Prophetie, ursprünglich als Stimme des erhöhten Herrn gesprochen, umfaßt. Wenn es sich jedoch wirklich so verhält und Jesus nie ausdrücklich Anspruch auf Messianität erhoben hat, so wäre das außerordentlich charakteristisch. Er unterschiede sich damit ebenso von der spätjüdischen Erwartung wie von der Verkündigung seiner eigenen Gemeinde. Er hätte nicht ein Zukunftsbild entworfen, sondern das in der Gegenwart Nötige getan und nicht seine Person, sondern seinen Auftrag in den Mittelpunkt seiner Predigt gestellt. Seine Gemeinde hätte aber gerade damit die Eigenart seiner Sendung als verstanden bezeugt, daß sie seiner Verkündigung mit ihrem Bekenntnis zum Messias und Gottessohn antwortete.

Unsere Untersuchung hat uns dahin geführt, die Eigenart des irdischen Jesus in seiner Predigt zu erblicken und seine sonst erkennbaren Taten wie sein Geschick von dieser Predigt aus zu verstehen. Das schwere Problem, wieweit diese Predigt von apokalyptischer Erwartung bestimmt gewesen sei, kann hier nur gestreift werden. Schwer ist dieses Problem wieder deshalb, weil sich Authentie kaum mit Sicherheit dort nachweisen läßt, wo Übereinstimmung mit dem /212/ Spätjudentum und der nachösterlichen Gemeinde besteht. Immerhin wird man im Widerspruch zu der Überspitzung Dodds und seiner Behauptung von der verwirklichten Eschatologie wohl einräumen müssen, daß Jesus von der Zukunft der Gottesherrschaft gesprochen hat. Es fragt sich nur, in welchem Sinn er es tat. Das ergibt sich jedoch von da aus, daß mit Jesu Wort die Basileia als sich auf Erden Bahn brechend, den Menschen vor ihre Gegenwart und in die Entscheidung zwischen Gehorsam und Ungehorsam stellend erscheint. Ihre Kraft vertreibt die Dämonen, und ihre Herrschaft lohnt jedes Opfer. Ihr Zeichen ist die Liebe derer, die vergeben können, weil Gott seinen Feinden vergibt, und vergeben müssen, wenn ihnen Vergebung zuteil werden soll. Jesus hat nicht die verwirklichte, sondern, wie E. Haenchen formulierte, die sich von jetzt ab verwirklichende Gottesherrschaft gepredigt. Das bestätigen vor allem die Gleichnisse, deren Klarheit und Geschlossenheit von den Parallelen im Rabbinat ebenso deutlich abstechen, wie sie von der späteren Gemeinde nicht mehr erreicht worden sind. Auf sie können wir uns freilich nur dann stützen, wenn wir an dem so notwendigen und verdienstvollen Werke Jülichers in einer Hinsicht Kritik üben. Man darf die Gleichnisse nämlich nicht so von der sonstigen Verkündigung Jesu isolieren, daß man ihre Auslegung allein auf das tertium comparationis stellt. Anders kann man der so häufig an Jülicher gerügten Moralisierung tatsächlich nicht entgehen, und bringt uns die Unkenntnis über die Situation, in die sie hineingesprochen worden sind, in die größte Verlegenheit. Aber wenn wir die Ursprungssituation der Gleichnisse zumeist auch nicht kennen, so kennen wir doch ihren Sprecher so weit, daß wir um die eschatologische Ausrichtung seiner Botschaft wissen, und dürfen davon unter gar keinen Umständen abstrahieren. Denn Jesus kam nicht, um allgemeine religiöse oder moralische Wahrheiten zu verkündigen, sondern um zu sagen, wie es sich mit der angebrochenen Basileia verhält, daß nämlich Gott dem Menschen in Gnade und Forderung nahegekommen sei. Er brachte und lebte die Freiheit der Kinder Gottes, die Kinder und frei nur bleiben, solange sie im Vater ihren Herrn finden.

7. Schluß. Was ist der Sinn dieser mehr als flüchtigen Skizze, die sorgfältig und einigermaßen vollständig auszuführen den Rahmen eines Einzelvortrages bei weitem sprengen würde? Bin ich nun nicht doch auf den Weg zurückgeraten, dessen Problematik aufzuweisen mein ursprüngliches Anliegen war? Ergeben sich nun nicht doch einige Schwerpunkte, von denen her man erneut, wenngleich in äußerster Vorsicht und Zurückhaltung, so etwas wie ein Leben Jesu rekonstruieren könnte? Ich würde eine solche Meinung als Mißverständnis ablehnen. Bei einem Leben Jesu kann man schlechterdings /213/ nicht auf äußere und innere Entwicklung verzichten. Von der letzten wissen wir jedoch gar nichts, von der ersten fast gar nichts außer dem Wege, der von Galiläa nach Jerusalem, von der Predigt des nahen Gottes in den Haß des offiziellen Judentums und die Hinrichtung durch die Römer führte. Nur Phantasie kann sich zutrauen, aus diesen kümmerlichen Anhaltspunkten das Geflecht einer auch im einzelnen nach Ursache und Wirkung bestimmbaren Historie herauszuspinnen.

Umgekehrt kann ich allerdings auch nicht zugeben, daß angesichts dieses Sachverhaltes Resignation und Skepsis das letzte Wort behalten und zum Desinteressement am irdischen Jesus führen dürften. Damit würde nicht nur das urchristliche Anliegen der Identität des erhöhten mit dem erniedrigten Herrn verkannt oder doketistisch entleert, sondern auch übersehen, daß es nun doch Stücke in der synoptischen Überlieferung gibt, welche der Historiker als authentisch einfach anzuerkennen hat, wenn er Historiker bleiben will. Worum es mir geht, ist der Aufweis, daß aus dem Dunkel der Historie Jesu charakteristische Züge seiner Verkündigung verhältnismäßig scharf erkennbar heraustreten und die Urchristenheit ihre eigene Botschaft damit vereinte. Die Problematik unseres Problems besteht darin, daß der erhöhte Herr das Bild des irdischen fast aufgesogen hat und die Gemeinde dennoch die Identität des erhöhten mit dem irdischen behauptet. Die Lösung dieser Problematik aber kann nach unsern Feststellungen aussichtsvoll nicht von vermeintlich historischen bruta facta, sondern einzig von der Verbindung und Spannung zwischen der Predigt Jesu und der seiner Gemeinde her angegriffen werden. Die Frage nach dem historischen Jesus ist legitim die Frage nach der Kontinuität des Evangeliums in der Diskontinuität der Zeiten und in der Variation des Kerygmas. Solcher Frage haben wir uns zu stellen und darin das Recht der liberalen Leben-Jesu-Forschung zu sehen, deren Fragestellung wir nicht mehr teilen. Die Predigt der Kirche mag sich anonym vollziehen. Bei ihr kommt es nicht auf die Person, sondern auf die Botschaft an. Aber das Evangelium selber ist nicht anonym, oder es wird in Moralismus und Mystik führen. Das Evangelium ist an den gebunden, der sich vor und nach Ostern den Seinigen als Herr offenbarte, indem er sie vor den nahen Gott und damit in die Freiheit und Verantwortung des Glaubens stellte. Er tat es einst ohne jede ausweisbare Legitimation und selbst ohne den Anspruch, der Messias zu sein, und tat es doch in der

Vollmacht dessen, den das vierte Evangelium den eingeborenen Sohn nennt. Man kann ihn deshalb weder religionsgeschichtlich noch psychologisch noch historisch letztlich einordnen. Wenn irgendwo, dann gilt von ihm geschichtliche Kontingenz. Das Problem des historischen Jesus ist insofern nicht unsere Erfindung, sondern das Rätsel, das er /214/ selber uns aufgibt. Der Historiker mag dieses Rätsel feststellen, aber er löst es nicht. Gelöst wird es allein von denen, die seit Kreuz und Auferstehung ihn als den bekennen, der er irdisch nicht zu sein beanspruchte und doch schon wurde, nämlich als ihren Herrn und den Bringer der Freiheit der Gotteskinder, welche das Korrelat der Gottesherrschaft ist. Denn seiner Kontingenz entspricht diejenige des Glaubens, für den sich die Geschichte Jesu neu ereignet, nun als die Geschichte des erhöhten und gepredigten Herrn und doch wie einst als irdische Geschichte, in welcher der Zuspruch und Anspruch des Evangeliums begegnet.

Ernst Käsemann, Das Problem des historischen Jesus [Vortrag auf der Tagung alter Marburger am 20.10.1953 in Jugenheim], in: ZThK 51 (1954), S. 125–153 = ders., Exegetische Versuche und Besinnungen, Bd. 1, Göttingen: © Vandenhoeck & Ruprecht GmbH & Co. KG ⁶1970, S. (187–214) 187–190, 203–214.

Joachim Jeremias
4.3 Das Vater-Unser im Lichte der neueren Forschung*, 1962

I. Das Vater-Unser in der ältesten Kirche

In der Passions- und Osterzeit des Jahres 350 hielt ein Jerusalemer Presbyter, Cyrill mit Namen, der ein Jahr darauf zum Bischof geweiht wurde, in der Grabeskirche seine berühmten 24 Katechesen. Diese Katechesen des Cyrill von Jerusalem, die uns durch das Stenogramm eines Hörers erhalten geblieben sind, zerfallen in zwei Teile. Diejenigen des ersten Teils bereiteten die Taufbewerber auf die Taufe vor, die sie in der Osternacht empfangen sollten; im Mittelpunkt dieser praebaptismalen Katechesen stand die Auslegung des Glaubensbekenntnisses. Die letzten fünf Katechesen sind dagegen nach der Taufe ge- /153/ halten, in der Osterwoche. Diese postbaptismalen Katechesen belehrten die Neugetauften über die Sakramente, die sie empfangen hatten; sie hießen deshalb „mystagogische Katechesen". In der letzten der mystagogischen Katechesen erläutert Cyrill seinen Hörern die Liturgie des Abendmahlsgottesdienstes, insbesondere die dabei gesprochenen Gebete. Zu ihnen gehört auch das Vater-Unser.

Diese letzte (24.) Katechese des Cyrill von Jerusalem ist der älteste Beleg dafür, daß das Vater-Unser regelmäßig im Gottesdienst verwendet wurde. Dabei ist die Stelle des Gottesdienstes zu beachten, an der das Vater-Unser gebetet wurde: es geschah unmittelbar vor der Kommunion. Als Bestandteil der Abendmahlsliturgie gehörte das Vater-Unser zu demjenigen Teil des Gottesdienstes, an dem nur die Getauften teilnehmen durften, zu der sogenannten missa fidelium.

---

* Calwer Hefte 50, Stuttgart 1962 = ³1965, 30 S. (S. 30 Anmerkungen). – Literatur: P. Fiebig, Das Vaterunser, Gütersloh 1927. – E. Lohmeyer, Das Vater-unser, Göttingen 1946 = ⁵1962 (Lohmeyers Bemerkungen zur aramäischen Urform sind allerdings unhaltbar). – T. W. Manson, The Lord's Prayer, Bulletin of the John Rylands Library 38 (1955/56), S. 99–113. 436–488. – H. Schürmann, Das Gebet des Herrn, Leipzig 1957. – Zur Frage nach dem aramäischen Urtext: C. C. Torrey, The Translations made from the Original Aramaic Gospels, in: Studies in the History of Religions Presented to C. H. Toy, New York 1912, S. 309–317. – C. F. Burney, The Poetry of Our Lord, Oxford 1925, S. 112f. – G. Dalman, Die Worte Jesu I², Leipzig 1930, S. 283–365. – E. Littmann, Torreys Buch über die vier Evangelien, ZNW 34 (1935), S. 20–34, besonders S. 29f. – K. G. Kuhn, Achtzehngebet und Vaterunser und der Reim (WUNT 1), Tübingen 1950.

Was wir für Jerusalem feststellten, gilt für die ganze alte Kirche. Überall war das Vater-Unser Bestandteil der Abendmahlsfeier und überall gehörte es, zusammen mit dem Glaubensbekenntnis, zu denjenigen Stücken, in denen die Taufbewerber unterrichtet wurden, entweder vor der Taufe oder, wie wir bei Cyrill sahen, in den Tagen unmittelbar nach der Taufe. Bitte für Bitte wurde das Herrengebet erläutert und sodann das Ganze in einer Ansprache zusammengefaßt. So lernten die Taufbewerber bzw. die Neugetauften das Vater-Unser auswendig. Sie durften es erstmalig in ihrem ersten Abendmahlsgottesdienst mitbeten, der sich an die Taufe anschloß. Weil das Vorrecht, das Vater-Unser zu beten, den getauften Gliedern der Kirche vorbehalten war, hieß es das „Gebet der Glaubenden".

Gehen wir weiter zurück. Es scheint auf den ersten Blick, als ob wir ein ganz anderes Bild erhalten, wenn wir uns der Didache, der Zwölf-Apostel-Lehre, zuwenden, der ältesten Kirchenordnung, deren Grundstock von ihrem neuesten Kommentator – vielleicht etwas allzu optimistisch – der Zeit um 50–70 n.Chr. zugewiesen wird[1], aber wohl doch noch in das erste nachchristliche Jahrhundert gehört. In der Didache wird das Vater-Unser in Kap. 8,2 wörtlich zitiert, eingeleitet durch die Wendung: „Ihr sollt nicht beten wie die Heuchler, sondern wie es der Herr in seinem Evangelium befohlen hat, so sollt ihr beten." Abgeschlossen wird das Vater-Unser durch eine zweigliedrige Doxologie: „Denn dein ist die Kraft und die Herrlichkeit in Ewigkeit." Es folgt dann in Kap. 8,3 die Anweisung: „Dreimal täglich sollt ihr so beten." Hier, in der Frühzeit, wird also der regelmäßige Gebrauch des Vater-Unsers vorausgesetzt, ohne daß ein Zusammenhang mit den Sakramenten sichtbar wird. Indes, dieser Eindruck ist falsch. /154/ Dies wird deutlich, wenn man auf die Stelle achtet, an der das Vater-Unser in der Didache steht[2]. Die Didache beginnt in Kap. 1–6 mit der Belehrung über die beiden Wege, den Weg zum Leben und den Weg zum Tode; diese Belehrung gehörte offenbar zum Unterricht der Taufbewerber. Kap. 7 handelt dann von der Taufe, und jetzt erst folgen diejenigen Abschnitte, die für die Getauften wichtig sind: Fasten und Beten (einschließlich Vater-Unser) in Kap. 8, das Herrenmahl in Kap. 9–10 und Kirchenorganisation und Kirchenzucht in Kap. 11–15. Für unsere Betrachtung ist wichtig, daß Vater-Unser und Herrenmahl auf die Taufe folgen. Damit bestätigt sich, was wir eingangs feststellten: in der alten Kirche war das Vater-Unser – wie

---

[1] J.-P. Audet, La Didachè. Instructions des Apôtres (Études bibliques), Paris 1958, S. 219.
[2] A. Seeberg, Die vierte Bitte des Vaterunsers, Rostock 1914, S. 13f.; T. W. Manson, The Lord's Prayer, S. 101f.

wir jetzt hinzufügen können, schon seit dem ersten Jahrhundert – nur für diejenigen bestimmt, die Vollglieder der Kirche waren[3].

Wir stehen vor einem wichtigen Tatbestand: Während wir gewohnt sind, das Vater-Unser als selbstverständlichen Allgemeinbesitz aller zu betrachten, war es in der ältesten Kirche anders. Damals gehörte das Vater-Unser zu den heiligsten Schätzen der Kirche, die nur ihren Vollgliedern vorbehalten waren und den Draußenstehenden nicht preisgegeben wurden. Es war ein Vorrecht, das Gebet des Herrn sprechen zu dürfen. Mit welcher Scheu und Ehrfurcht man das Vater-Unser umgab, das zeigen besonders deutlich die in alte Zeit zurückgehenden Einleitungsformeln, die wir sowohl in den Liturgien des Ostens wie in denen des Westens finden. Im Osten betet der Priester in der sogenannten Chrysostomus-Liturgie, der auch heute noch bei den griechisch- und russisch-orthodoxen Christen gebräuchlichen Form des Abendmahlsgottesdienstes, zur Einleitung des Vater-Unsers: „Und würdige uns, o Herr, daß wir es freudig und unvermessen wagen, dich, den himmlischen Gott, als Vater anzurufen und zu sprechen: Unser Vater." Ähnlich heißt es im Westen in der römischen Messe: „Wir wagen es zu sagen (audemus dicere): Unser Vater."

Diese scheue Ehrfurcht vor dem Vater-Unser ist ein Besitz der alten Kirche gewesen, der uns heute leider weithin verlorengegangen ist. Das sollte uns beunruhigen. Wir wollen uns daher die Frage stellen, ob wir noch ermitteln können, weshalb die älteste Kirche das Vater-Unser mit solcher Ehrfurcht umgab, daß sie sagte: „Wir wagen es zu sagen: Unser Vater." Vielleicht ahnen wir wieder etwas vom Grund dieser Scheu, wenn wir, so gut wir können, mit Hilfe der Ergebnisse der neueren neutestamentlichen Forschung zu ermitteln suchen, wie Jesus selbst die Worte des Vater-Unsers gemeint hat. /155/

II. Der älteste Text des Vater-Unsers

Zunächst müssen wir eine Vorfrage klären, nämlich die Frage nach dem ältesten Text des Vater-Unsers. Das Vater-Unser ist uns im Neuen Testament an zwei Stellen überliefert: bei Matthäus in der Bergpredigt (Mt. 6,9–13) und bei Lukas im 11. Kapitel (Lk. 11,2–4). In den älteren Ausgaben der Lutherbibel stimmen die beiden Fassungen (bis auf geringfügige Abweichungen und das Fehlen der Doxologie bei Lukas) miteinander überein. In der neuen revidierten Lutherbibel, in

---

[3] Vgl. [J. Jeremias,] Das tägliche Gebet im Leben Jesu und in der ältesten Kirche ([in: ders., ABBA. Studien zur neutestamentlichen Theologie und Zeitgeschichte, Göttingen 1966,] S. 67–80).

der Zürcher Bibel und in der neuen englischen Bibelübersetzung lesen wir dagegen Lk. 11,2–4 eine Fassung des Vater-Unsers, die kürzer ist als diejenige des Matthäus. Bekanntlich ist in den letzten 120 Jahren die Erforschung des ältesten Textes des Neuen Testaments zunächst in Deutschland, dann in England, und in jüngster Zeit auch in Amerika, mit großer Energie betrieben worden. Anlaß dazu gab die Entdeckung zahlreicher, zum Teil sehr alter Handschriften des Neuen Testaments; im Jahre 1963 belief sich die Zahl allein der griechischen Handschriften des Neuen Testaments auf 4903. Durch Vergleich und Gruppierung derselben gelang es, einen älteren Text zu erarbeiten, als Luther ihn besaß. Während Luther etwa die Textgestalt vorlag, wie sie sich Ende des 4. Jahrhunderts in der byzantinischen Kirche herausgebildet hatte, kennen wir heute den Text etwa des 2. Jahrhunderts, und man wird ohne Übertreibung sagen können, daß dieses Forschungskapitel im wesentlichen abgeschlossen ist und wir heute den bestmöglichen Text des Neuen Testaments wiedergewonnen haben. Hinsichtlich des Vater-Unsers war folgendes das Ergebnis: Zur Zeit der Abfassung des Matthäus- und Lukasevangeliums, also um 75–85 n.Chr., wurde das Vater-Unser in zwei Fassungen überliefert, die im Entscheidenden miteinander übereinstimmten, sich aber dadurch unterschieden, daß die eine länger (Mt. 6,9–13, mit unwesentlichen Abweichungen auch Did. 8,2), die andere kürzer (Lk. 11,2–4) war.

Während die Matthäus-Fassung mit der uns geläufigen 7-Bitten-Fassung übereinstimmt (nur die Doxologie fehlte, darüber s.u. S. 170f.), hat die Lukas-Fassung nach den ältesten Handschriften nur 5 Bitten. Sie lautet:

Vater,
Geheiligt werde dein Name.
Dein Reich komme.
Unser Brot für morgen gib uns jeden Tag.
Und vergib uns unsre Sünden, denn auch wir vergeben einem jeden,
    der uns etwas schuldig ist.
Und laß uns nicht der Versuchung anheimfallen. /156/

Zwei Fragen erheben sich angesichts dieser Feststellung: 1. Wie kommt es, daß das Vater-Unser um 75 n.Chr. in zwei voneinander abweichenden Fassungen überliefert und gebetet wurde? Und 2. Welche der beiden Fassungen hat als die ursprüngliche zu gelten?

1. Die zwei Fassungen

Die Antwort auf die erste Frage, wie es sich erklärt, daß das Vater-Unser in zwei Fassungen umlief, ergibt sich, wenn wir den Zusammenhang betrachten, in dem das Vater-Unser bei Matthäus und Lukas steht. Bei beiden Evangelisten steht nämlich das Vater-Unser mit Worten Jesu zusammen, die vom Gebet handeln.

Bei Matthäus lesen wir in dem Abschnitt 6,1–18 eine Auseinandersetzung mit der Frömmigkeitsübung der pharisäischen Laienkreise. Der Herr tadelt es, daß sie ihr Almosengeben (6,2–4), ihr Beten (6,5.6) und ihr Fasten (6,16–18) in der Öffentlichkeit zur Schau und damit in den Dienst ihres Geltungsbedürfnisses und ihrer Eitelkeit stellen. Demgegenüber fordert er von seinen Jüngern, daß ihr Almosengeben, ihr Beten und Fasten im Verborgenen geschehen soll, so daß nur Gott es sieht. Die drei Abschnitte sind symmetrisch aufgebaut: jeweils wird in zwei Wenn-Sätzen falsches und rechtes Handeln einander gegenübergestellt. Der mittlere Abschnitt, der vom Beten handelt (6,5.6), ist nun aber durch drei weitere Worte Jesu über das Beten erweitert, so daß folgender Zusammenhang entstand: a) Den Grundstock bildete die Mahnung Jesu, daß die Jünger es nicht so machen sollen wie die Pharisäer, die es so einrichten, daß sie sich mitten im Marktgewühle befinden, wenn Trompetenstöße vom Tempel her die Gebetsstunde ankündigen, so daß sie, scheinbar überrascht, im Menschengedränge beten müssen; nein, Jesu Jünger sollen hinter verschlossener Tür beten, und wäre es in einem so profanen Raum wie der Vorratskammer [„Kämmerlein"] (6,5.6). b) Hieran ist die Mahnung Jesu geknüpft, nicht zu plappern wie die Heiden; als Kinder des himmlischen Vaters haben seine Jünger es nicht nötig, viele Worte zu machen (6,7.8). c) Es folgt das Vater-Unser als ein Beispiel für kurzes Beten (6,9–13); in der Tat unterscheidet sich das Herrengebet von den meisten Gebeten des Spätjudentums durch seine Kürze. d) Betont am Schluß steht ein Wort Jesu über die rechte Gebetsgesinnung, das an die Vergebungsbitte anknüpft: Nur wer bereit ist, selbst zu vergeben, hat das Recht, Gott um Vergebung zu bitten (6,14.15). Wir haben also in Mt. 6,5–15 einen Gebetskatechismus aus Worten Jesu vor uns, der im Unterricht der Neugetauften verwendet worden sein wird.

Auch bei Lukas steht das Vater-Unser in einem solchen Gebetskatechismus (Lk. 11,1–13). Wir ersehen daraus, wie wichtig es der /157/ ältesten Kirche war, ihre Glieder zum rechten Beten zu erziehen. Bei Lukas ist der Gebetskatechismus jedoch ganz anderer Art als bei Matthäus. Er ist ebenfalls vierteilig: a) Vorangestellt ist das Bild des betenden Herrn als Vorbild alles christlichen Betens und die Bitte der Jünger: „Herr, lehre uns beten" (11,1); Jesus erfüllt diese Bitte mit dem Vater-Unser (11,2–4). b) Hieran schließt sich das Gleichnis vom bittenden Freund, das im jetzigen Zusammenhang eine Mahnung darstellt, am Gebet anzuhalten, auch wenn es nicht gleich erhört wird (11,5–8). c) Es folgt die gleiche Mahnung im

Imperativ: „Bittet, so wird euch gegeben" (11,9.10), und den Abschluß bildet d) das Bildwort vom Vater, der seinen Kindern gute Gaben gibt (11,11–13).

Die Verschiedenheit dieser beiden Anleitungen zum Beten erklärt sich daraus, daß sie für ganz verschiedene Menschen bestimmt sind. Der Gebetskatechismus des Matthäus redet Menschen an, die von Kindheit an zu beten gelernt haben, deren Beten aber in Gefahr steht, zur Routine zu werden. Der lukanische Gebetskatechismus hingegen redet Menschen an, die erst das Beten lernen müssen und denen Mut zum Beten gemacht werden muß. Kein Zweifel: Matthäus überliefert uns einen für Judenchristen, Lukas einen für Heidenchristen bestimmten Gebetsunterricht. Um 75 n.Chr. ist also das Vater-Unser in der gesamten Christenheit fester Bestandteil der Gebetsunterweisung, sowohl in der judenchristlichen wie in der heidenchristlichen Kirche. Beide Kirchen, so verschieden ihre Lage auch war, waren darin einig, daß ein Christ am Vater-Unser beten lernte.

Für unsere Frage, wie es sich erklärt, daß wir bei Matthäus und Lukas zwei voneinander abweichende Fassungen des Vater-Unsers vorfinden, ergibt sich, daß die Abweichungen keinesfalls auf die Eigenwilligkeit der Evangelisten zurückgeführt werden dürfen – kein Autor hätte es gewagt, das Herrengebet willkürlich zu verändern –, sondern daß sich die Abweichungen aus dem verschiedenen „Sitz im Leben" erklären: Wir haben den Gebetswortlaut zweier Kirchen vor uns. Jeder der Evangelisten überliefert uns den Wortlaut des Vater-Unsers so, wie es zu seiner Zeit in seiner Kirche gebetet wurde.

2. Die ursprüngliche Fassung

Jetzt können wir die zweite Frage beantworten: Welche der beiden Fassungen hat als die ursprüngliche zu gelten?

Vergleichen wir die beiden Fassungen miteinander, so ergibt sich als der auffälligste Unterschied, daß die lukanische Fassung (s.o. S. 155) kürzer ist als die des Matthäus, und zwar an drei Stellen. Zunächst: Die Anrede lautet bei Lukas ganz kurz „Vater", oder richtiger: „lieber Vater"; sodann: bei Matthäus folgt auf die beiden ersten /158/ Bitten, die Du-Bitten, noch eine dritte Du-Bitte: „Dein Wille geschehe wie im Himmel, so auch auf Erden"; und schließlich: bei Matthäus wird die letzte Bitte „und laß uns nicht der Versuchung anheimfallen" noch durch eine Antithese fortgeführt: „sondern erlöse uns von dem Bösen." Die entscheidende Feststellung, die sich bei dem Vergleich der beiden Fassungen ergibt, ist damit aber noch nicht genannt. Sie lautet: die lukanische Kurzform ist in der Matthäus-Fassung vollständig enthalten. Nach allem, was wir über die Gesetzmäßigkeit der Überlieferung liturgischer Texte wissen, hat in einem solchen Fall, in dem die kürzere Fassung in der längeren enthalten ist, die kürzere als die ursprüngliche zu gelten. Wer sollte es gewagt haben, zwei Bitten des Vater-Unsers zu streichen, wenn sie zum ältesten Überlieferungsbestand gehörten? Dagegen ist das Umgekehrte, daß liturgische Texte in der Frühzeit, ehe eine Verfestigung der Formulierung eintritt, ausgestaltet, erweitert, angereichert werden, vielfältig belegt. Dieser Schluß, daß die Matthäus-Fassung eine Erweiterung darstellt, wird durch weitere Beobachtungen bestätigt. Einmal finden sich die drei Matthäus-Überschüsse jeweils am Schluß, nämlich am Schluß der Anrede, am Schluß der Du-Bitten und am Schluß der Wir-Bitten; das entspricht genau dem, was wir auch sonst beim Wachstum liturgischer Texte beobachten: sie lieben den volltönenden Abschluß. Weiter ist bezeichnend, daß bei Matthäus der stilistische Aufbau stärker durchgegliedert ist: den drei Wir-Bitten (die 6. und 7. Matthäus-Bitte hat man als eine Bitte empfunden) entsprechen bei ihm drei Du-Bitten; und die bei Lukas durch ihre Kürze abrupt wirkende dritte Wir-Bitte ist bei Matthäus in der Länge und Zweiteiligkeit den beiden ersten Wir-Bitten angeglichen (über die Zweiteiligkeit der Brotbitte s.u. S. 159. 161). Dieses Bestreben, den Gleichklang der Glieder (Parallelismus membrorum) herzustellen, ist ein Kennzeichen der liturgischen Überlieferung; man kann das besonders gut am Vergleich der verschiedenen Fassungen des Einsetzungsberichtes des Abendmahls beobachten. Schließlich spricht für die Ursprünglichkeit der Lukas-Fassung auch die Wiederkehr der kurzen Anrede „lieber Vater" (Abba) in den Gebeten der ältesten Christen, wie wir aus Röm. 8,15 und Gal. 4,6 sehen; Matthäus hat eine volltönende Anrede „unser Vater, der du im Himmel bist", wie sie frommer jüdisch-palästinischer Sitte entsprach.

So werden wir also in dem gemeinsamen Bestand, d. h. in der Lukas-Fassung, den ältesten Text zu erblicken haben. Die heidenchristliche Kirche hat ihn uns aufbewahrt, während die judenchristliche Kirche, die aus einer Welt reicher liturgischer Schätze und vielfältiger liturgischer Gebetsübung kam, das Vater-Unser ausgestaltete. Weil der von Matthäus überlieferte Text der reicher ausgestaltete war, hat er sich /159/ sehr bald in der ganzen Kirche durchgesetzt; wir sahen S. 155, daß auch die Didache ihn bietet. Freilich wird man hier mit Schlüssen vorsichtig sein müssen. Die Möglichkeit, daß Jesus selbst bei verschiedenen Gelegenheiten seinen Jüngern das Vater-Unser in verschiedener Fassung – einer kürzeren und einer etwas längeren – gegebenen haben könnte, ist nicht von vornherein auszuschließen.

Mit alledem ist nun aber die Frage nach der ursprünglichen Fassung des Vater-Unsers noch nicht vollständig beantwortet. Wir haben bisher nur auf die verschiedene Länge der beiden Fassungen geachtet; diese weisen jedoch auch im gemeinsamen Wortlaut einige – freilich nicht sehr bedeutsame – Unterschiede auf, und zwar im zweiten Teil, in den Wir-Bitten. Diesen Unterschieden müssen wir uns noch kurz zuwenden.

Die *Brotbitte* lautet bei Matthäus: „Unser Brot für morgen gib uns heute", wobei die Gegenüberstellung „morgen – heute", wie wir noch sehen werden, den ganzen Ton trägt. Bei Lukas heißt es dagegen: „Unser Brot für morgen gib uns jeden Tag." Das „heute" ist also auf jeden Tag ausgedehnt; die Bitte ist dadurch erweitert, was zur Folge hatte, daß die Antithese „morgen – heute" fortfiel; außerdem mußte im Griechischen das Wort „gib" mit dem Imperativ des Präsens ausgedrückt werden, während sonst durchweg im Vater-Unser der Imperativ der Vergangenheit (Aorist) steht. Aus alledem ergibt sich, daß die Matthäus-Fassung der Brotbitte die ältere ist. In der *Vergebungsbitte* heißt es bei Matthäus: „Vergib uns unsere Schulden", bei Lukas dagegen: Vergib uns unsere Sünden." Nun muß man wissen, daß es eine Eigenart der Muttersprache Jesu, des Aramäischen, ist, daß man für Sünde das Wort „ḥoba" gebrauchte, das eigentlich die Geldschuld bezeichnet. Matthäus übersetzt das Wort ganz wörtlich mit „Schulden" und läßt auf diese Weise erkennen, daß das Vater-Unser auf einen aramäischen Wortlaut zurückgeht. In der lukanischen Fassung ist das Wort „Schulden", das im Griechischen zur Bezeichnung der Sünde unbekannt war, durch das geläufige griechische Wort für Sünde ersetzt; sie läßt aber im Nachsatz („denn auch wir vergeben einem jeden, der uns etwas schuldig ist") erkennen, daß es auch im Vordersatz ursprünglich „Schulden" hieß. Auch in diesem Fall hat also Matthäus den älteren Wortlaut. Das gleiche Bild ergibt sich, wenn man noch einen letzten Unterschied im Wortlaut ins Auge faßt. Bei Matthäus lesen wir (wörtlich übersetzt): „wie auch wir denen vergeben *haben*, die uns etwas schuldig sind", während es bei Lukas heißt: „denn auch wir *vergeben* einem jeden, der uns etwas schuldig ist." Wenn wir fragen, welche Formulierung die ältere ist (die Vergangenheitsform des Matthäus oder die Gegenwartsform des Lukas), so ist davon auszugehen, daß Matthäus die schwierigere Fassung bietet; denn sein Wortlaut („wie wir vergeben *haben*") könnte den irrigen Anschein er- /160/ wecken, als ob unser Vergeben nicht nur dem Vergeben Gottes vorausgehen müsse, sondern als ob es geradezu das Vorbild darstelle für Gottes Vergebung: vergib uns so, wie wir vergeben haben. In Wahrheit liegt jedoch der Vergangenheitsform des Matthäus im Aramäischen ein sogenanntes Perfectum praesens zugrunde, das eine hier und jetzt eintretende Handlung bezeichnet. Die richtige Übersetzung der Matthäus-Fassung hat also zu lauten: „wie auch wir *hiermit* denen vergeben, die uns etwas schuldig sind." Die lukanische Fassung hat durch die Wahl des Präsens bei den griechisch sprechenden Christen ein Mißverständnis ausschließen wollen, indem sie (sachlich richtig) sagt: „denn auch wir vergeben einem jeden, der uns etwas schuldig ist." Außerdem ist in der von Lukas gebotenen Fassung die Vergebungsbitte durch den Zusatz „einem jeden" erweitert, der eine Verschärfung darstellt, indem er betont, daß es keine Ausnahme geben dürfe bei unserem Vergeben.

Der Vergleich des Wortlautes der beiden Fassungen des Vater-Unsers zeigt also, daß die von Lukas überlieferte gegenüber derjenigen des Matthäus an einigen Stellen leicht dem griechischen Sprachgebrauch angeglichen ist. Aufs Ganze gesehen ist unser Ergebnis dahin zusammenzufassen, daß die Lukas-Fassung in bezug auf die *Länge* die älteste Form erhalten hat, daß der Matthäus-Text jedoch hinsichtlich des gemeinsamen *Wortlautes* ursprünglicher ist.

Bei der Betrachtung der Vergebungsbitte hatten wir eben gesehen, daß Matthäus durch die Wendung „unsere Schulden" zu erkennen gibt, daß das Vater-Unser, das uns ja nur griechisch erhalten ist, auf einen aramäischen Urtext zurückgeht. Diese Feststellung wird, wie wir noch sehen werden, dadurch bestätigt, daß die beiden Du-Bitten an ein aramäisches Gebet, das Qaddiš, anknüpfen. Versucht man, das Vater-Unser in die Muttersprache Jesu zurückzuübersetzen, so ergibt sich, daß es, ähnlich wie der Psalter, stilistisch in liturgischer Sprache gehalten ist. Auch der Leser des folgenden Rückübersetzungsversuches, dem die semitischen Sprachen nicht vertraut sind, kann mühelos die Kennzeichen dieser feierlichen Sprache erkennen: den Aufbau im Parallelismus und den Zweiheber-Rhythmus; auch der Reim in der 2. und 4. Zeile wird kaum Zufall sein.

Folgendermaßen etwa hat das Vater-Unser in Jesu Munde geklungen (die Akzente kennzeichnen den Zweiheber-Rhythmus):

'Abbá
jitqaddáš š^{e}mák / teté malkuták
laḥmán d^{e}limḥár / hab lán joma dén
uš^{e}boq lán ḥobaín / k^{e}diš^{e}báqnan l^{e}ḥajjabaín
w^{e}la' ta'elínnan l^{e}nisjón. /161/

III. Der Sinn des Vater-Unsers

Lukas berichtet uns, daß Jesus das Vater-Unser den Jüngern aus einem ganz bestimmten Anlaß gegeben habe: „Einmal betete Jesus an einer Stätte. Als er sein Gebet beendet hatte, sagte einer seiner Jünger zu ihm: ‚Herr, lehre uns beten, wie Johannes seine Jünger lehrte'" (Lk. 11,1). Daß der ungenannte Jünger sich auf das Vorbild des Täufers beruft, ist deshalb wichtig für das Verständnis des Vater-Unsers, weil wir wissen, daß zur Zeit Jesu die eigene Gebetssitte und Gebetsordnung Kennzeichen der einzelnen religiösen Gruppen waren. So war es bei den Pharisäern, bei den Essenern und, wie wir aus Lk. 11,1 erfahren, auch bei den

Johannesjüngern⁴. Die besondere Gebetssitte war Ausdruck des besonderen Gottesverhältnisses, das die einzelnen zusammenschloß. Die Bitte Lk. 11,1 zeigt also, daß die Jünger Jesu sich als die Gemeinde der Heilszeit wußten und daß sie von Jesus ein Gebet erbitten, das sie zusammenschließen und kennzeichnen soll, indem es ihr zentrales Anliegen zum Ausdruck bringt. In der Tat ist das Vater-Unser die klarste und trotz ihrer Knappheit inhaltreichste Zusammenfassung der Verkündigung Jesu, die wir besitzen. Mit der Übergabe des Vater-Unsers an die Jünger beginnt das Beten in Jesu Namen (Joh. 14,13 f.; 15,16; 16,23)⁵.

Die Gliederung des Vater-Unsers ist schlicht und durchsichtig. Wir geben noch einmal den vermutlich ältesten Wortlaut (Kurzfassung nach Lukas, aber bei den geringfügigen Abweichungen Wortlaut nach Matthäus):

Lieber Vater,
Geheiligt werde dein Name.
Dein Reich komme.
Unser Brot für morgen
    gib uns heute.
Und vergib uns unsere Schulden,
    wie auch wir hiermit unseren Schuldnern vergeben.
Und laß uns nicht der Versuchung anheimfallen.

Danach ist der Aufbau: 1. die Anrede; 2. zwei (bei Matthäus: drei) Du-Bitten im Parallelismus; 3. zwei Wir-Bitten im Parallelismus; 4. die Schlußbitte. Dabei achten wir auf eine scheinbar unbedeutende Kleinigkeit: Während die beiden Du-Bitten ohne ein „und" nebeneinandergestellt sind, sind die beiden parallelen Wir-Bitten durch ein „und" verbunden. /162/

1. Die Anrede „Lieber Vater"⁶

Wenn man die Geschichte der Anrede Gottes als Vater von ihren ältesten Anfängen an verfolgt, hat man das Gefühl, in ein Bergwerk zu steigen, in dem sich immer wieder unerwartete und neue Schächte in der Tiefe auftun. Es ist erstaunlich, wenn man sieht, daß schon im Alten Orient, und zwar bereits im 3. und 2. Jahrtausend v. Chr., die Gottheit als Vater angeredet wurde. In Gebeten der Sumerer, lange vor den

---

4 Vgl. Anm. 3.
5 K. H. Rengstorf, Das Evangelium nach Lukas (NTD 3)⁹, Göttingen 1962, S. 144.
6 Ausführlich untersucht in [J. Jeremias,] Abba ([in: ders., ABBA (s. Anm. 3),] S. 15–67), S. 56–67.

Tagen des Mose und der Propheten, finden wir zuerst die Vater-Anrede, und schon hier bezeichnet das Wort „Vater" die Gottheit nicht nur als Ahnherrn des Königs und des Volkes und als mächtigen Gebieter, sondern auch als den „barmherzigen, gnädigen Vater, in dessen Hand das Leben des ganzen Landes liegt" (Hymnus aus Ur an den Mondgott Sin). Das Wort „Vater" in der Anwendung auf Gott umschließt also für den Orientalen seit ältester Zeit etwas von dem, was bei uns die Mutter bedeutet.

Wenn wir uns dem Alten Testament zuwenden, so finden wir, daß Gott nur selten als Vater bezeichnet wird, nämlich nur an 14, freilich sehr wichtigen Stellen. Gott ist Israels Vater, jetzt aber nicht mehr mythologisch als der Ahnherr, sondern als der, der Israel befreite, errettete und erwählte, durch mächtige Taten in der Geschichte. Ihre volle Entfaltung erfährt die Vater-Bezeichnung Gottes im Alten Testament aber erst in der prophetischen Botschaft. Immer wieder müssen die Propheten das Gottesvolk anklagen, daß es Gott nicht die Ehre gegeben hat, die ein Sohn seinem Vater schuldig ist:

> „Ein Sohn ehrt seinen Vater
>   und ein Diener seinen Herrn.
> Nun wohl, wenn ich Vater bin, wo ist meine Ehre?
>   Und wenn ich Herr bin, wo ist die Furcht vor mir?
>   – spricht der Herr Zebaoth" (Mal. 1,6; vgl. Dt. 32,5.6; Jer. 3,19 f.).

Israels Antwort auf diese Klage ist das Bekenntnis der Sünde und der immer wiederholte Schrei: „Du bist doch unser Vater" (Jes. 63,15 f.; 64,7 f.; Jer. 3,4). Gottes Antwort auf diesen Schrei ist eine unbegreifliche Vergebung:

> „Ist nicht Ephraim mein teurer Sohn,
>   ist er nicht mein Lieblingskind? ...
> Mein Herz stürmt ihm entgegen,
>   ich muß mich seiner erbarmen,
>   – spricht der Herr" (Jer. 31,20).

Kann es Tieferes geben als dieses Muß des unbegreiflichen vergebenden Erbarmens? /163/

Wenn wir uns der Verkündigung Jesu zuwenden, so muß die Antwort lauten: Ja, hier stehen wir vor etwas völlig Neuem, dem Wort „Abba". Aus dem Gethsemane-Gebet Mk. 14,36 erfahren wir, daß Jesus Gott mit diesem Wort angeredet hat, und diese Angabe wird nicht nur durch Röm. 8,15 und Gal. 4,6 bestätigt, sondern auch durch ein merkwürdiges Schwanken des Vokativs „Vater" im griechischen Text der Evangelien, das sich nur durch ein an allen Stellen zugrunde liegendes aramäisches „Abba" erklären läßt. Eine Überprüfung der noch wenig erforschten großen und reichen jüdischen Gebetsliteratur führt zu dem Ergebnis, daß sich nirgendwo in ihr ein Beleg für die Gottesanrede „Abba" findet. Wie erklärt sich das? Die Kirchenväter Chrysostomus, Theodor von Mopsuestia und Theodoret von Cyrus, die aus Antiochia stammten, wo die Bevölkerung den westsyrischen Dialekt des Aramäischen sprach, bezeugen übereinstimmend, daß „Abba" die Anrede des Kleinkindes an den Vater war[7]. Der Talmud bestätigt das, wenn er sagt: „Wenn ein Kind den Geschmack des Getreides kostet (d. h. wenn es entwöhnt wird), lernt es ‚abba' und ‚imma' (‚lieber Vater', ‚liebe Mutter') sagen."[8] „Abba, imma" sind also die ersten Laute, die das Kind plappert. „Abba" war familiäre Sprache, ein Alltagswort. Niemand würde es gewagt haben, Gott so anzureden. Jesus tut es immer, in allen seinen Gebeten, die uns überliefert sind, mit alleiniger Ausnahme des Kreuzesrufes „Mein Gott, mein Gott, warum hast du mich verlassen" (Mk. 15,34; Mt. 27,46), in dem die Gottesanrede durch das Schriftzitat Ps. 22,2 vorgegeben war. Jesus hat also mit Gott so geredet wie das Kind mit seinem Vater, so schlicht, so innig, so geborgen. Aus Mt. 11,27 ersehen wir, daß Jesus die Gottesanrede „Abba" als Ausdruck seiner einzigartigen, ihm vom Vater geschenkten Gotteserkenntnis und Vollmacht ansah. In diesem „Abba" äußert sich das letzte Geheimnis seiner Sendung. Er, dem der Vater die volle Gotteserkenntnis geschenkt hatte, hatte das messianische Vorrecht, ihn mit der vertraulichen Sohnesanrede anzureden. Dieses „Abba" ist ipsissima vox Iesu[9] und enthält im Kern seinen Sendungsanspruch und seine Botschaft.

Aber auch damit ist das Allerletzte noch nicht gesagt. Im Vater-Unser ermächtigt Jesus seine Jünger, ihm das „Abba" nachzusprechen. Er gibt ihnen Anteil an seiner Sohnesstellung und ermächtigt sie, als seine Jünger mit ihrem himmlischen Vater so vertrauensvoll zu reden, wie das Kind mit seinem Vater. Ja, er geht so weit zu sagen, daß erst das neue Kindesverhältnis die Tür zur Gottesherrschaft öffnet: „Amen, /164/ ich sage euch: Wenn ihr nicht wieder[10] wie Kinder werdet, so werdet ihr nicht Einlaß finden in die Königsherrschaft Gottes" (Mt. 18, 3). Kinder können „Abba" sagen! Nur wer sich das kindliche Vertrauen, das in dem Wort „Abba" liegt, schenken läßt, findet zur Königsherrschaft Gottes. So hat auch der Apostel Paulus es verstanden, wenn er zweimal sagt, daß es das Zeichen der Kindschaft und des Geistbesitzes sei, daß ein Mensch ruft: „Abba, lieber Vater" (Röm. 8,15; Gal. 4,6). Vielleicht ahnen wir an dieser Stelle etwas davon, warum das

---

7 Die Stellen s.o. [J. Jeremias, ABBA (s. Anm. 3),] S. 61 Anm. 41.
8 b. Ber. 40a; b. Sanh. 70b.
9 Vgl. Kennzeichen der ipsissima vox Jesu, in: Synoptische Studien Alfred Wikenhauser zum siebzigsten Geburtstag dargebracht, München 1954, S. 86–93 (o. [J. Jeremias, ABBA (s. Anm. 3),] S. 145–152).
10 So dürfte vom Aramäischen her zu übersetzen sein. Möglich bleibt die uns geläufige Übersetzung: „Wenn ihr nicht umkehrt und wie die Kinder werdet."

Sprechen des Vater-Unsers für die älteste Kirche nicht selbstverständlich war und warum sie mit solcher Scheu und Ehrfurcht sagte: „Würdige uns, o Herr, daß wir es freudig und unvermessen wagen, dich, den himmlischen Gott, als Vater anzurufen und zu sprechen: Unser Vater."

2. Die beiden Du-Bitten

Die ersten Worte, die das Kind zu seinem himmlischen Vater sagt, lauten: „Geheiligt werde dein Name. Dein Reich komme." Diese beiden Bitten sind nicht nur formal parallel gebaut, sondern entsprechen einander auch inhaltlich. Sie knüpfen an das Qaddiš an, das Heilig-Gebet, ein altes aramäisches Gebet, mit dem der Synagogengottesdienst schloß und das Jesus wahrscheinlich seit Kindestagen geläufig war. Die mutmaßlich älteste Fassung dieses (später erweiterten) Gebetes lautet:

> Verherrlicht und geheiligt werde sein großer Name
>> in der Welt, die er nach seinem Willen schuf.
>
> Es herrsche seine Königsherrschaft
>> zu euren Lebzeiten und in euren Tagen und zu Lebzeiten des ganzen Hauses Israel in Eile und Bälde.
>
> Und darauf saget: Amen.

Aus der Anknüpfung an das Qaddiš wird es sich erklären, daß die beiden Du-Bitten (im Unterschied zu den zwei parallelen Wir-Bitten) unverbunden nebeneinander stehen; denn im ältesten Text des Qaddiš scheinen die beiden Bitten um die Heiligung des Namens und das Kommen des Reiches nicht durch ein „und" verbunden gewesen zu sein.

Der Vergleich mit dem Qaddiš zeigt, daß die beiden Bitten die Offenbarung der endzeitlichen Königsherrschaft Gottes erflehen. Zu jedem Herrschaftsantritt eines irdischen Herrschers gehört die Huldigung in Wort und Geste. So wird es sein, wenn Gott seine Herrschaft antritt. Dann wird man ihm huldigen mit der Heiligung seines Namens: „Heilig, heilig, heilig ist der Herr, der allmächtige Gott, der da war, /165/ der da ist und der da kommt" (Offb. 4,8), und dann wird sich ihm, dem König der Könige, alles zu Füßen werfen: „Wir danken dir, Herr, allmächtiger Gott, der da ist und der da war, daß du deine gewaltige Macht gebraucht hast und König geworden bist" (Offb. 11,17). Beide Du-Bitten, denen bei Matthäus noch eine dritte, inhaltlich gleichbedeutende hinzugefügt ist („Dein Wille geschehe wie im Himmel, so auch auf Erden"), erflehen also die Endvollendung, die Stunde, in der Gottes entheiligter und mißbrauchter Name verherrlicht werden wird und seine Herrschaft sich offenbaren wird, nach der Verheißung: „Ich will meinen großen

Namen, der unter den Heiden entheiligt ist, weil ihr ihn unter ihnen entheiligt habt, wieder zu Ehren bringen, damit die Heiden erkennen, daß ich der Herr bin – spricht Gott der Herr –, wenn ich mich vor ihren Augen an euch als der Heilige erweise" (Ez. 36,23). Diese Bitten sind ein Ruf aus der Tiefe der Not. Aus einer Welt, die versklavt ist unter die Herrschaft des Bösen und in der Christus und Antichristus im Kampfe stehen, rufen die Jünger Jesu nach der Offenbarung der Herrlichkeit Gottes. Zugleich aber sind diese Bitten ein Ausdruck absoluter Gewißheit. Wer so betet, macht Ernst mit Gottes Verheißung und gibt sich in unbeirrbarem Vertrauen ganz in Gottes Hände. Er weiß: „Du wirst dein herrlich Werk vollenden." Es sind dieselben Worte, wie die jüdische Gemeinde sie in der Synagoge betet, wenn sie am Schluß des Gottesdienstes das Qaddiš spricht, und doch besteht ein großer Unterschied. Im Qaddiš betet eine Gemeinde, die im Dunkel der gegenwärtigen Welt steht, um die Vollendung; im Vater-Unser betet mit dem gleichen Wortlaut eine Gemeinde, die weiß, daß die Wende schon angebrochen ist, weil Gott sein gnädiges Werk der Erlösung schon begonnen hat, eine Gemeinde, die jetzt nur noch um die volle Offenbarung dessen, was ihr geschenkt ist, fleht.

3. Die beiden Wir-Bitten

Auch die Brotbitte und die Vergebungsbitte gehören aufs engste zusammen. Das zeigt sich schon formal darin, daß beide, im Unterschied zu den Du-Bitten, zweigliedrig sind. Wenn es richtig ist, daß die beiden Du-Bitten an das Qaddiš anknüpfen, so ergibt sich, daß der Ton ganz auf dem Neuen liegt, das Jesus hinzufügt, eben auf den beiden Wir-Bitten. Sie bilden das Kernstück des Vater-Unsers, auf das die beiden Du-Bitten hinführen wollen.

Die erste der beiden Wir-Bitten bittet um das tägliche Brot. Das griechische Wort *epiousios*, das Luther mit „täglich" wiedergegeben hat, ist Gegenstand einer langen und noch immer nicht abgeschlossenen Diskussion gewesen. Unseres Erachtens ist es entscheidend, daß der Kirchenvater Hieronymus uns berichtet, daß in dem aramäischen /166/ Nazaräerevangelium das Wort *maḥar* (morgen) stand, daß hier also vom Brot für morgen die Rede war[11]. Nun ist allerdings dieses Nazaräerevangelium nicht etwa älter als unsere drei ersten Evangelien, vielmehr beruht es auf unserem Matthäusevangelium. Trotzdem muß der aramäische Wortlaut des Vater-Unsers im Nazaräerevangelium („Brot für morgen") älter sein als unsere Evangelien. Denn das Vater-Unser ist in Palästina in ununterbrochener

---

11 Matthäuskomm. zu 6,11 (E. Klostermann, Apocrypha II³, Kleine Texte 8, Berlin 1929, S. 7).

Übung im 1. Jahrhundert aramäisch gebetet worden, und ein Übersetzer des Matthäusevangeliums ins Aramäische hat das Vater-Unser natürlich nicht wie den übrigen Text übersetzt, sondern das Herrengebet so niedergeschrieben, wie er es täglich betete. Mit anderen Worten, die aramäisch redenden Judenchristen, unter denen das Herrengebet in seinem ursprünglichen aramäischen Wortlaut seit den Tagen Jesu fortlebte, haben gebetet: „Unser Brot für morgen gib uns heute." Hieronymus sagt uns aber noch mehr. Er fügt hinzu, wie die Wendung „Brot für morgen" verstanden wurde. Er sagt: „In dem sogenannten Hebräer[d.i. Nazaräer]- evangelium ... habe ich gefunden: ‚maḥar', das heißt, ‚für morgen', so daß der Sinn ist: Unser morgiges, das heißt zukünftiges Brot gib uns heute." In der Tat bezeichnet das Wort „morgen" im Spätjudentum nicht nur den nächsten Tag, sondern auch den großen Morgen, nämlich die Endvollendung. Nun wissen wir aus den alten Übersetzungen des Vater-Unsers, daß das „Brot für morgen" in der alten Kirche, und zwar sowohl im Osten wie im Westen, weithin, wenn nicht überwiegend, in dem Sinn „Brot der Heilszeit", „Brot des Lebens", „himmlisches Manna" verstanden worden ist. Lebensbrot und Lebenswasser sind seit Urzeiten Symbole des Paradieses, Umschreibung der Fülle aller leiblichen und geistlichen Gaben Gottes. Dieses Lebensbrot ist gemeint, wenn Jesus davon redet, daß er in der Vollendung mit seinen Jüngern essen und trinken werde (Lk. 22,30), daß er sich gürten und die Seinen bei Tisch bedienen werde (Lk. 12,37) mit dem gebrochenen Brot und dem gesegneten Kelch (vgl. Mt. 26,29). Die eschatologische Ausrichtung aller übrigen Bitten des Vater-Unsers spricht dafür, daß auch die Brotbitte eschatologischen Sinn hat, d. h. daß sie das Lebensbrot erfleht.

Vielleicht sind wir befremdet, ja enttäuscht. So vielen Menschen ist es wichtig, daß wenigstens *eine* Bitte des Vater-Unsers in den schlichten Alltag führt. Soll uns das genommen werden? Ist das nicht eine Verarmung? In Wahrheit bedeutet die Deutung der Brotbitte auf das Lebensbrot eine große Bereicherung. Es wäre ein grobes Mißverständnis, wenn man annehmen wollte, daß hier in der Denkweise der griechi- /167/ schen Philosophie vergeistigt und zwischen irdischem und himmlischem Brot unterschieden würde. Für Jesus waren irdisches Brot und Lebensbrot nichts Gegensätzliches. Im Bereich der Königsherrschaft Gottes sah er alles Irdische als geheiligt an. Seine Jünger gehören der neuen Welt Gottes an; sie sind der Welt des Todes entrissen (Mt. 8,22). Das wirkt sich in ihrem Leben bis in die letzten Bereiche aus. Es zeigt sich in ihren Worten (5,21 f.33 – 37), es zeigt sich in ihren Blicken (5,28), es zeigt sich in der Art, wie sie die Menschen auf der Straße grüßen (5,47), es zeigt sich auch in ihrem Essen und Trinken. Für Jesu Jünger gibt es nicht mehr reine oder unreine Speisen. „Nichts, was der Mensch ißt, kann ihn verunreinigen" (Mk. 7,15); alles, was Gott darreicht, ist gesegnet. Man kann sich diese Heiligung des Lebens am besten klarmachen an den Mahlzeiten Jesu. Das Brot, das er darreichte, wenn er mit den Zöllnern und Sündern zu Tische lag, war alltägliches Brot und doch mehr: Lebensbrot. Das Brot, das er den Seinen beim letzten Mahl brach, war irdisches Brot und doch mehr: sein für die vielen in den Tod gegebener Leib, Anteilgabe an der Sühnkraft seines Todes. Jede Mahlzeit seiner Jünger mit ihm war ein gewöhnliches Essen und doch mehr: Heilsmahl, Messiasmahl, Abbild und Vorweggabe des Vollendungsmahles, weil er der Hausherr war. So war es noch in der Urgemeinde: Ihre täglichen gemeinschaftlichen Mahlzeiten waren gewöhnliche Sättigungsmahlzeiten und doch zugleich „Herrenmahl" (1.Kor. 11,20), das Gemeinschaft mit Ihm vermittelte und die am Tisch Sitzenden zur Gemeinschaft untereinander zusammenschloß (10,16 f.).

So ist auch die Bitte um das „Brot für morgen" gemeint. Sie reißt nicht den Alltag und die Königsherrschaft Gottes auseinander, sondern sie umfaßt die Totalität des Lebens. Sie umgreift alles, was Jesu Jünger brauchen für Leib und Seele. Sie schließt das tägliche Brot mit ein, aber sie begnügt sich nicht mit ihm. Sie erbittet, daß in der Profanität des Alltags die Kräfte und Gaben der kommenden Welt Gottes wirksam sein mögen in allem, was Jesu Jünger tun in Wort und Werk. Man kann geradezu sagen: Die Bitte um das Lebensbrot erfleht die Heiligung des Alltags.

Erst wenn man erkannt hat, daß die Brotbitte um das Brot im Vollsinn bittet, um das Lebensbrot, kommt der Gegensatz „morgen – heute" zur vollen Geltung. Dieses „heute", das am Ende der Bitte steht, hat den ganzen Ton. In einer Welt der Gottesferne und des Hungerns und Dürstens dürfen Jesu Jünger es wagen, dieses „heute" zu sprechen: Jetzt schon, hier schon, heute schon gib uns das Lebensbrot. Jesus gibt ihnen als den Kindern Gottes die Vollmacht, nach der Vollendungsherrlichkeit zu greifen und sie herabzuholen, herabzuglauben, herabzubeten in ihr armes Leben – jetzt schon, hier schon, heute. /168/

Jetzt schon – das ist auch der Sinn der Vergebungsbitte: „Vergib uns unsere Schulden, wie auch wir hiermit unseren Schuldigern vergeben." Diese Bitte blickt auf die große Abrechnung, der die Welt entgegengeht, die Enthüllung der Majestät Gottes im Endgericht. Jesu Jünger wissen um ihre Verstrickung in Sünde und Schuld; sie wissen, daß nur Gottes gnädige Vergebung sie retten kann. Aber sie erbitten sie nicht nur für die Stunde des letzten Gerichtes, sondern wieder bitten sie, daß ihnen Gott heute schon die Vergebung schenken möge. Sie stehen ja als Jesu Jünger in der Heilszeit. Messiaszeit ist Vergebungszeit, Vergebung ist die Gabe der Heilszeit schlechthin. Gib sie uns, lieber Vater, heute schon, hier schon!

Auch die zweite Wir-Bitte ist wie die Brotbitte zweigliedrig. Sie hat einen Nachsatz, der in ganz auffälliger Weise auf das menschliche Tun Bezug nimmt. Das geschieht nur an dieser Stelle im Vater-Unser; man sieht daran, wie wichtig dieser Nachsatz Jesus gewesen ist. Wir haben S. 159 f. schon gesehen, daß er vom Aramäischen her übersetzt werden muß: „wie auch wir *hiermit* unseren Schuldnern vergeben." Das ist eine Selbsterinnerung des Beters an sein Vergeben. Immer wieder hat Jesus es ja ausgesprochen, daß man Gott nicht um Vergebung bitten kann, wenn man nicht selbst bereit ist zu vergeben. „Wenn ihr steht und betet, so vergebt dem, gegen den ihr etwas auf dem Herzen habt, damit auch euer himmlischer Vater euch eure Verfehlungen vergeben kann" (Mk. 11,25). Mt. 5,23f. geht Jesus sogar so weit, daß er sagt, der Jünger solle die Darbringung des Opfers, mit der er Gottes Vergebung erfleht, unterbrechen, wenn ihm einfällt, daß sein Bruder etwas gegen ihn auf dem Herzen hat, und sich mit dem Bruder aussöhnen, ehe er die Opferhandlung beendet. Jesus will damit sagen, daß die Bitte um die Vergebung Gottes unwahrhaftig ist und von Gott nicht erhört werden kann, wenn man selbst nicht zuvor das Verhältnis zum Bruder bereinigt hat. Die Vergebungsbereitschaft ist gewissermaßen die Hand, die Jesu Jünger nach der Vergebung ausstrecken. Sie sagen: Wir gehören ja der Messiaszeit an, der Vergebungszeit, und wir sind bereit, die Vergebung, die wir empfangen, weiterzugeben. Nun schenke uns, lieber Vater, die Gabe der Heilszeit, deine Vergebung – jetzt schon, heute schon, hier schon.

Erst wenn man erkannt hat, daß die beiden Wir-Bitten auf die Vollendung ausgerichtet sind und ihre Gaben in die Gegenwart herabflehen, erst dann wird die Verklammerung der beiden Du-Bitten mit den beiden Wir-Bitten ganz deutlich. Die beiden Wir-Bitten sind die Aktualisierung der Du-Bitten. Die Du-Bitten erflehen die Offenbarung der Herrlichkeit Gottes, und die beiden Wir-Bitten wagen es, diese Vollendung jetzt schon und hier schon herabzubitten. /169/

4. Der Abschluß: Die Bitte um Bewahrung

Bis jetzt waren die Bitten, sowohl die beiden Du-Bitten als auch die beiden Wir-Bitten, einander parallel; die beiden Wir-Bitten waren außerdem auch in sich zweigliedrig. Schon formal wirkt daher die einzeilige Schlußbitte abrupt und hart. Sie fällt auch dadurch aus dem Rahmen des Bisherigen, daß sie als einzige Bitte negativ formuliert ist. All das ist Absicht; diese Bitte *soll* hart und abrupt wirken, das zeigt ihr Inhalt.

Zwei Bemerkungen zum Wortlaut müssen hier vorangestellt werden. Die erste betrifft das Verbum. Der griechische Text (wörtlich: „und führe uns nicht in Versuchung") könnte so klingen, als ob Gott uns versuche. Schon Jakobus hat dieses Verständnis scharf abgewiesen, wenn er – wahrscheinlich mit direktem Bezug auf unsere Bitte – sagt: „Niemand sage, wenn er versucht wird: ich werde von Gott versucht; denn Gott ist nicht zum Bösen versuchbar und versucht selbst niemanden" (Jak. 1,13). Wie das Verbum in Wahrheit gemeint ist, zeigt ein sehr altes jüdisches Abendgebet, das Jesus gekannt haben könnte und an das er dann vielleicht direkt anknüpft; in ihm heißt es (fast wörtlich übrigens ebenso im Morgengebet):

> Leite meinen Fuß nicht in die Gewalt der Sünde
> und bring mich nicht in die Gewalt der Schuld
> und nicht in die Gewalt der Versuchung
> und nicht in die Gewalt von Schändlichem[12].

Sowohl das Nebeneinander von Sünde, Schuld, Versuchung und Schändlichem als auch die Wendung „in die Gewalt bringen" zeigen, daß das jüdische Abendgebet nicht an ein unmittelbares Handeln Gottes, sondern an seine Zulassung denkt (um den grammatischen Fachausdruck zu gebrauchen: das Kausativum hat hier eine permissive Nuance). Der Sinn ist also: „Laß nicht zu, daß ich in die Hände von Sünde, Schuld, Versuchung und Schändlichem falle." Dieses Abendgebet bittet also um die Bewahrung vor dem *Erliegen* in der Versuchung, und so wird auch die Schlußbitte des Vater-Unsers gemeint sein. Wir haben daher übersetzt: „Laß uns nicht der Versuchung anheimfallen." Daß es in der Tat in der Schlußbitte des Vater-Unsers nicht um Bewahrung *vor* der Versuchung, sondern um Bewahrung *in* der Versuchung geht, wird durch ein altes außerkanonisches Jesuswort bestätigt, das Jesus nach alter Überlieferung am letzten Abend vor dem Gebet in Gethsemane gesagt hat: „Niemand kann das Himmelreich erlangen, der nicht durch die Versuchung ging."[13] Hier wird /170/ ausdrücklich gesagt, daß keinem Jünger Jesu die Erprobung durch die Versuchung erspart bleibt; nur die Überwindung hat die Verheißung. Auch dieses Wort spricht dafür, daß die Schlußbitte des Vater-Unsers nicht darum bittet, daß dem Beter die Versuchung erspart bleiben möge, sondern daß Gott ihm helfen möge, sie zu überwinden. Das wird vollends deutlich, wenn wir – zweitens – fragen, was das Wort „Versuchung" bedeutet. Dieses Wort denkt nicht an die kleinen Versuchungen des Alltags, sondern an die große Endversuchung, die vor der Tür steht und die über die Welt gehen wird, an die Enthüllung des Geheimnisses der Bosheit, an die Offenbarung des Antichristus, an den Greuel der Verödung, Satan an Gottes Statt, an die letzte Verfolgung und Erprobung der Heiligen Gottes durch Pseudopropheten und falsche Heilande. Die endzeitliche Anfechtung heißt: Abfall! Wer kann entrinnen?

Die Schlußbitte des Vater-Unsers besagt also: O Herr, bewahre uns davor, daß wir abfallen. So hat auch die Matthäus-Überlieferung diese Bitte verstanden, wenn sie die Bitte um die endgültige Errettung von der Macht des Bösen, die den

---

[12] b. Ber. 60b.
[13] Vgl. J. Jeremias, Unbekannte Jesusworte³, Gütersloh 1963, S. 71–73.

Menschen in das ewige Verderben stürzen will, anfügt: „sondern erlöse uns von dem Bösen."

Jetzt verstehen wir vielleicht, warum die Schlußbitte so kurz und hart ist. Jesus hat seine Jünger aufgerufen, um die Vollendung zu bitten, in der Gottes Name geheiligt wird und seine Herrschaft regiert. Mehr, er hat sie ermutigt, die Gaben der Heilszeit schon jetzt in ihr armes Leben herabzubitten. Aber mit der Nüchternheit, die alle seine Worte kennzeichnet, warnt er seine Jünger vor der Gefahr der Schwärmerei, wenn er sie mit der Schlußbitte abrupt in die Realität ihres bedrohten Daseins zurückruft. Diese Schlußbitte ist ein Schrei aus der Tiefe der Not, ein weithallender Hilferuf des bedrängten Beters[14]: Lieber Vater, dies eine gewähre uns, bewahre uns davor, daß wir an dir irr werden. Es ist gewiß kein Zufall, daß diese Schlußbitte keine Parallele im Alten Testament hat.

Die Doxologie „Denn dein ist das Reich und die Kraft und die Herrlichkeit in Ewigkeit. Amen" fehlt bei Lukas völlig, bei Matthäus in den ältesten Handschriften; sie begegnet zuerst in der Didache (s. o. S. 153). Der Schluß wäre jedoch völlig verfehlt, daß das Vater-Unser je ohne abschließenden Lobpreis Gottes gebetet worden wäre. Es ist im palästinischen Raum ganz undenkbar, daß ein Gebet mit dem Wort „Versuchung" endete. Nun muß man wissen, daß es im Judentum üblich war, daß zahlreiche Gebete mit einem „Siegel" beendet wurden, einem vom Beter frei formulierten Lobspruch[15]. So hat es /171/ ohne Frage auch beim Vater-Unser Jesus gemeint und in der ältesten Zeit die Gemeinde gehandhabt: daß das Vater-Unser mit einem „Siegel", d. h. einer vom Beter frei formulierten Doxologie, abschloß.

Will man den Versuch wagen, das unerschöpfliche Geheimnis der wenigen Sätze des Herrengebets in *einem* Ausdruck zusammenzufassen, so ist dazu am ehesten eine Wendung geeignet, die die neutestamentliche Forschung der letzten Jahrzehnte stark beschäftigt hat: sich realisierende Eschatologie. Diese Wendung bezeichnet die sich verwirklichende Heilszeit, die vorweggeschenkte Vollendung, den Einbruch der Gegenwart Gottes in unser Leben. Wo Menschen es wagen, im Namen Jesu ihren himmlischen Vater in kindlichem Vertrauen zu bitten, daß er seine Herrlichkeit offenbaren möge und daß er ihnen heute schon und hier schon das Lebensbrot und die Tilgung der Schulden schenken möge, da verwirklicht sich schon jetzt, inmitten der ständigen Bedrohung durch Versagen und Abfall, die königliche Herrschaft Gottes über das Leben seiner Kinder.

---

14 Vgl. H. Schürmann, Das Gebet des Herrn, Leipzig 1957, S. 90.
15 A. Schlatter, Der Evangelist Matthäus, Stuttgart 1929 = ⁶1963, S. 217.

Joachim Jeremias, Das Vater-Unser im Lichte der neueren Forschung (1962), in: ders., ABBA. Studien zur neutestamentlichen Theologie und Zeitgeschichte, Göttingen: © Vandenhoeck & Ruprecht 1966, S. 152–171.

Herbert Braun
4.4 Jesus – der Mann aus Nazareth und seine Zeit, 1969

12. Die Autorität Jesu

Wie kommt Jesus dazu, dem Menschen so, wie es die bisherigen Ausführungen darlegten, Gehorsam abzuverlangen und die Menschen zu solch einem Gehorsam zugleich zu ermächtigen und zu ermutigen? Woher nimmt er die Autorität zu einer so hochgradigen Forderung der Nächstenliebe und zu solch einem zugleich anstößigen und helfenden, die Schwachen und Deklassierten ermutigenden Verkehr mit den Menschen? Die übliche Antwort ist ja bekannt: er konnte das, weil er Gottes Sohn war, was sich daran zeigte, daß er auferstanden ist; er konnte das als eben *diese* Person, die eben *diesen* Weg vom Himmel über die Erde und dann wieder in die Himmelswelt zurücklegte. Man kann dieselbe Frage auch in einer andern Weise stellen. Wir haben bisher über den *historischen* Jesus gesprochen, über eine Größe der vergangenen Geschichte; die Tätigkeitswörter unserer Darstellung wechselten daher zwischen der Vergangenheits- und Gegenwartsform. Inwiefern kann Jesus uns in unserer heutigen Gegenwart in Verantwortung nehmen und uns heute Hilfe leisten, er, die Gestalt einer um neunzehn Jahrhunderte zurückliegenden Vergangenheit? Wiederum scheint die übliche und bekannte Antwort sich anzubieten: weil er, als der Sohn Gottes, den der Tod nicht halten konnte, überzeitliche Mächtigkeit besitzt. Wer in dieser Richtung denkt, gründet die Autorität Jesu auf seine der Zeit entnommene Göttlichkeit.

Und doch läßt sich, scheint mir, zeigen: eine in dieser Weise begründete Autorität Jesu entspricht nicht dem wirklichen Begriff von Autorität überhaupt; die Autoritätsgewinnung ist im Falle Jesu denn auch nicht in dem Sinn dieser üblichen Antwort verlaufen.

Eine Autorität, die wirklich das ist, was der Name besagt, bindet den Menschen nicht bloß durch Sitte, Gewohnheit und Recht. Sie ist Autorität dadurch, daß sie dem Menschen, jedenfalls dem Erwachsenen, ungezwungen Zustim- /118/ mung abgewinnt und abnötigt. Das geschieht dadurch, daß sie einen Inhalt vertritt. Dieser Inhalt ist imstande, den Hörenden ohne Zwang zu binden und so dem Sprechenden Autorität zu verschaffen. Autorität lebt also von dem Inhalt, den sie vertritt. Eine Begründung für sie außerhalb des von ihr vertretenen Inhaltes gibt es nicht. Ist die Autorität nicht kraft der von ihr vertretenen Inhalte vorhanden, so gibt es keine Gründe außerhalb ihrer, mittels deren sie aufgerichtet werden könnte. Autorität lebt davon, daß sie als Autorität tätig ist. Ein Verweis auf etwas außerhalb ihrer kann sie weder zustande bringen noch sie außer Kurs setzen.

So verhielt es sich historisch auch mit der Autorität, die Jesus unter seinen Anhängern und Hörern gewann. Er vertrat und lebte all die Dinge, über die wir bisher sprachen. Das gewann ihm Herz und Gewissen seiner Hörer. Sie konnten sich dem, was er wollte, nicht entziehen. Wer sich dem, was er wollte, entgegensetzte, tat es um den Preis, daß die innere Stimme nicht zum Schweigen zu bringen war, die da sagte: Er hat aber *doch* recht. So stellen es auch die Evangelien dar, wenn sie die Betroffenheit der Hörer zeichnen: „Er lehrte wie einer, der Vollmacht besitzt" (Matth. 7,29 Par.).

In dieser Weise kann Jesus auch heute dort, wo das zum Ausdruck kommt, was er will, Autorität werden. Er wird es nicht dadurch, daß man ihn anpreist. Es muß nur das, was er zu sagen hat und was sein Tun ausmacht, richtig zu Worte kommen. Darum kann es sich nicht um eine Pauschal-Autorität handeln, die seiner Person oder auch nur dem gesamten Umkreis seiner eigenen und der späteren unter seinem Namen überlieferten Worte zukäme. Es ist eine Autorität, die den Hörer hier und da bindet; ihn aber dort und anderswo – zum Beispiel auf dem Gebiet seiner End- und Naherwartung – nicht binden kann, ja nicht binden darf. Gerade wenn von wirklicher, das heißt von einer überzeugte Zustimmung einschließenden Autorität die Rede ist, kann das Ja des Hörers zur Autorität Jesu kein Blankoscheck sein, in den jedes beliebige Jesuswort eingesetzt werden darf. Gerade wenn es um echte Autorität gehen soll, bleibt es eine Autorität im Dialog, eine Autorität mit Auswahl. Die Kirche sollte der vorzügliche Ort sein, an dem solch eine Autorität Jesu entsteht. Die Aufgabe der Kirche ist es, die Autorität Jesu heute in rechter Weise zu Worte kommen zu /119/ lassen und, im tätigen mitmenschlichen Ja zu den Schwachen und Deklassierten, zu einem Hören hier und da auf diese Autorität und zu einem Wandel in der Offenheit für den schwachen Mitmenschen zu ermutigen und zu ermächtigen. So sollte die Kirche keine Furcht davor haben, daß es sich dabei um eine Autorität mit Auswahl handelt; also um eine Autorität, die im Dialog jeweils neu bejaht und auf Grund ihrer inhaltlichen Überzeugungskraft gewählt wird. Der Mensch lebt nicht von einem kompletten und durchdachten System ethischer Werte; er lebt davon, daß er hier und da in schlichter Mitmenschlichkeit, allem Bösen und allen Miseren zum Trotz, zum Weiterleben immer wieder ermutigt wird. Wo das geschieht, da wird der Wille und das Verhalten Jesu vollstreckt. Da wird Jesus – in aller Bruchstückhaftigkeit – auch heute zur Autorität.

Jede Autorität schafft sich Bezeichnungen, Titel und Vorstellungsreihen, durch die die Anwesenheit von Autorität angezeigt werden soll. Man muß hier nur sehr genau achtgeben. Nicht die Titel schaffen die Autorität, sondern die Autorität benutzt Bezeichnungen und Titel. Für einen gewissen Zeitraum können zwar Titel und Bezeichnungen eine scheinbare Autorität auch dort hervorbringen, wo die Träger der wirklichen Autorität entbehren. Aber von Dauer ist solch eine geborgte Autorität nicht; in Kürze bricht sie zusammen, wo nicht eine wirkliche Autorität hinter der Fassade steht. Kein Lehrer gewinnt dadurch, daß er Lehrer ist, anhaltende Autorität; besitzt er selber aber Autorität, so wird er sie als Lehrer ausüben können. Man muß also genau unterscheiden zwischen der Autorität, die vorhanden ist, und zwischen der jeweiligen Ausdrucksform, in die die Anwesenheit einer Autorität gekleidet wird.

Diese Vorüberlegungen können uns dazu verhelfen, den Entwicklungsprozeß zu verstehen, in dessen Verlauf die Autorität Jesu Ausdruck und Form gewann. Das Ursprüngliche, die Betätigung der Autorität, liegt auf der Ebene des historischen Lebens Jesu. In diesem Stadium gab es für die Autorität Jesu keine außergewöhnlichen Titel (wie Messias oder Gottessohn) und Vorstellungsreihen (wie Auferstehung und Rückkehr in die Himmelswelt). Da war einfach einer da, der lehrte „mit Vollmacht". Mit wachsendem Abstand von dieser Ebene des historischen Lebens werden für die Autori- /120/ tät Jesu dann aber immer höher greifende Ausdrucksformen gewählt. Wir gehen diese Formen nun nacheinander durch.

Die älteste Berichterstattung nimmt die Autorität Jesu als einfach gegeben noch so selbstverständlich hin, daß sie ihn noch zeichnen kann als einen, der die Bezeichnung „gütig" als Anrede abweist (Mark. 10,17 f.; Luk. 18,18 f.). Dann aber wird die Person Jesu – als Ausdruck seiner Autorität – so wichtig, daß der erste Evangelist diese Abweisung im Munde Jesu nicht mehr ertragen kann (Matth. 19,16 f.). Der Jesus der älteren, der Markus-Tradition, vollzieht seine helfenden Taten noch in einer magienahen Atmosphäre. Dann aber wird diese Unbefangenheit als für seine Autorität schädlich empfunden; nun, im ersten Evangelium, heilt er durch das Wort, und das massiv Magische verschwindet aus den Texten [...]. Die Autorität wird von der Ebene tätigen Handelns auf seine Person übertragen. Der Jesus der ältesten Traditionsschicht fordert den rechten Gehorsam bis zur Drangabe des Lebens, ohne seine Person als Begründung in diese Forderung einzubringen. Die Späteren formulieren: es ist eine Drangabe des Lebens um Jesu willen gemeint [...]. Der Jesus, der hilft und fordert und ermächtigt, wird zu dem Jesus, der dies Tun programmatisch als den Sinn seiner Sendung proklamiert [...]. Die Wichtigkeit und Bedeutungsschwere des Lehrens und Tuns Jesu, die zunächst einfach da ist, wächst sich aus zur Wichtigkeit und Bedeutung seiner Person. Die Bedeutung seiner Person, das ist jetzt der Ausdruck für seine Autorität; die Autorität ist bei dieser Verschiebung nun natürlich auf dem Wege, einen umfassenden, ausnahmslosen Charakter zu gewinnen. Sie hört auf, Autorität im Dialog, Autorität mit Auswahl zu sein.

Im Laufe dieser Entwicklung wird die Autorität Jesu in zweierlei Weise ausgedrückt: man spricht einmal von dem Weg Jesu, den er nach seinem Tode ging, dann auch von der Existenz, die vor seinem irdischen Leben lag; und man bejaht zweitens seine Autorität in der Weise, daß man ihm bestimmte Titel und Würdebezeichnungen verleiht. Beide Ausdrucksformen für Jesu Autorität hängen eng miteinander zusammen. Wenn wir sie hier *nach*einander durchdenken, so dient dies Nacheinander lediglich dem Zweck besserer Einsichtigkeit. /121/

Der Weg Jesu wird nun zum Ausdruck für seine Autorität. Die entscheidende Wende ist die Überzeugung seiner Anhänger, Jesus sei nach seinem Kreuzestode nicht im Tode geblieben. Eine alte Tradition, die auf die jüdischen Christen zurückgehen wird, berichtet von Visionen, in denen der Auferstandene seinen Anhängern erschien (1. Kor. 15,5 – 8). Es werden Einzelvisionen (Kephas – Petrus, Jakobus und Paulus) sowie Gruppenvisionen (die Zwölf, fünfhundert Gläubige, alle Apostel) genannt. Die Tradition über eine Vision des Jakobus ist im Neuen Testament sonst ganz verschwunden; die über die Vision des Petrus hat im Neuen Testament sonst nur noch geringe Spuren hinterlassen (Luk. 24,34; Joh. 21,1–14; Luk. 5,1–11). Der Zeitpunkt der einzelnen Visionen bleibt in 1. Kor. 15,5 – 8 völlig unbestimmt. Wir werden nicht fehlgehen, wenn wir für das Nacheinander dieser sechs Visionen einen Zeitraum von mehreren Jahren annehmen. Denn als Paulus seine Christusvision hatte, die sechste in 1. Kor. 15,5 – 8, existierte die Urgemeinde schon eine längere Zeit. Vor allem aber: das, was dem Paulus in dieser seiner Vision widerfuhr, war nach der Darstellung der Apostelgeschichte (9,3) eine Vision vom Himmel her, über die er selber auch in nicht massiver Weise als über einen Vorgang „in ihm" (Gal. 1,16) sprechen kann. Das heißt aber, in diesen Berichten von dem erscheinenden lebendigen Jesus spielt das Grab Jesu, seine Öffnung und das Geschick des Leichnams Jesu keine Rolle. Mit dieser Visionstradition ist zwar die Tradition verknüpft, Jesus sei nach seinem Tode auferstanden (1. Kor. 15,4). Aber die Datierung schwankt zwischen „am dritten Tage" (l. Kor. 15,4; Matth. 16,21; 17,23; 20,19; Luk. 9,22; 18,33) und „nach drei Tagen" (Mark. 8,31; 9,31;10,34); was nicht unbedingt einen Widerspruch darstellen muß, wenn man, nach antiker Weise, den ersten Tag mitzählt. Auch in dieser Tradition von Jesu Auferstehung wird zunächst nicht ausdrücklich berichtet, daß der Leichnam Jesu aus dem Grab verschwunden sei. Ja es scheint eine alte Tradition gegeben zu haben, die spricht – unter Übergehung des Grabes und der drei Tage – davon, daß der Gekreuzigte erhöht worden sei (Phil. 2,9; Hebr. 1,3 und im Hebräerbrief öfter), ohne daß seine Auferstehung dabei ausdrücklich erwähnt wird. Erst im weiteren Verlauf der Tradition gewinnt das Grab für die Auferstehungsbotschaft Be- /122/ deutung, Jesus sagt in allen drei Synoptikern dreimal seinen Tod und seine Auferstehung voraus [...], die

Frauen finden das Grab leer, erzählen das aber nicht weiter (Mark. 16,1–8). Nach dem Lukas-Evangelium berichten die Frauen es dann doch weiter (24,1–11), und Matthäus (28,1–10) verknüpft die Geschichte von den Frauen, die das Grab leer finden, sogar mit einer Vision Jesu vor eben diesen Frauen am leeren Grabe, ja mit der Teilnahme einer römischen Grabeswache, also Jesus fernstehender Dritter, an den Begleitumständen von Jesu Auferstehung. Für Paulus ist, entgegen den Evangelienschlüssen, die Auferstehung Jesu wichtig, weil sie, als Ereignis der Endzeit, die nahe Auferstehung der Glaubenden einleitet; Jesus ist für ihn das Urbild des Menschen (in der theologischen Fachsprache: der Urmensch), der den Weg der Seinen, ihnen vorausgehend, bestimmt. Schließlich bleibt es nicht bei der Auferstehung, nachdem sie im Verlauf der Tradition als Hervorgehen aus dem Grabe verstanden ist. Denn nun wird einer so verstandenen Auferstehung das Verlassen der Erde noch hinzugefügt. Nach dem Lukas-Evangelium (24,50–53) fährt Jesus in die Himmelswelt auf noch am Auferstehungstage; nach dem jetzigen, vielleicht nicht ursprünglichen Anfang der Apostelgeschichte (1,3) findet die Himmelfahrt statt, nachdem der Auferstandene noch vierzig Tage lang mit den Seinen Umgang gehabt und sie unterwiesen hat.

Es liegt auf der Hand, daß der Entwicklungsweg dieser vielfach verschlungenen Tradition von uns historisch im einzelnen nicht genau und verläßlich nachgezeichnet werden kann. Wir werden uns diese ganze in sich nicht widerspruchsfreie Vorstellungswelt der alten Christen nach der weltanschaulichen Seite hin heute kaum zu eigen machen können. Und dies um so weniger, als wir wissen, ähnliche Dinge wurden in der Antike von Naturgottheiten, Heroen, großen Philosophen und bedeutenden Herrschern berichtet [...]. Original christlich ist nicht der Umstand, daß *diese* Vorstellungswelt von Auferstehung und Auffahrt auf Jesus angewendet wird. Bedeutsam ist vielmehr, daß diese Vorstellungswelt auf *Jesus* angewendet wird. Der Glaube an die Auferstehung ist eine altchristliche Ausdrucksform, und zwar eine umweltbedingte Ausdrucksform, für die Autorität, die Jesus über jene Menschen gewonnen hat. Wir heute /123/ werden diese Ausdrucksform nicht als für uns verbindlich empfinden können. Die mit dieser Ausdrucksform gemeinte Autorität Jesu kann für uns aber sehr wohl verbindlich werden.

Der Weg Jesu kann im Neuen Testament nun auch noch für die Zeit vor seinem Erdenleben ausgemalt werden; sozusagen nach der entgegengesetzten Richtung hin wie bei Auferstehung und Auffahrt. Über die im Neuen Testament nur vereinzelt begegnende Vorstellung von seiner wunderbaren Geburt aus der Jungfrau sprachen wir schon [...]. Ja der Weg Jesu kann nun zurückverfolgt werden bis in die Himmelswelt: vor seiner Menschwerdung war er dort bei Gott und stieg, von Gott entsendet, zur Erde herab, seine himmlisch-göttliche Wesenheit ablegend (Phil. 2,6–7; Gal. 4,4). Vor seiner Menschwerdung war er das göttliche Wort, der

„Logos", durch den die Welt geschaffen wurde (Joh. 1,3; Hebr. 1,2), der dann, als das Licht der Welt, Mensch wird und die rechte Kunde von Gott bringt (Joh. 1,1–18). Auch für diese Vorstellungsreihe stehen religiöse Vorstellungen der urchristlichen Umwelt Modell [...].

Neben diesem Weg Jesu – aus der Himmelswelt durch den Tod zurück in die Himmelswelt – als einem Ausdruck für die Autorität Jesu begegnet eine sichtbar immer höher greifende Titulierung Jesu. Sie dient dem gleichen Ziel: man will die Autorität Jesu mittels der gewichtigsten Titel, die man zur Verfügung hat, unterstreichen. Den Anfang der Entwicklung machen jüdische Hoheitstitel; die ersten Anhänger Jesu waren ja Judenchristen. So wird Jesus hier, zugleich mit der Entstehung des Osterglaubens, mit dem höchsten Titel benannt, den das Judentum zu vergeben hat: er ist der Messias. Zunächst nicht der Messias, der schon da war; sondern *der* Messias, der in Bälde, am nahen Ende der Tage [...], kommen wird. Als Messias ist er dann der Davidssproß, in Bethlehem geboren; ja er kann, nach jüdischem Glauben, eben als Messias auch Gottessohn heißen. Er wird mit dem Menschensohn gleichgesetzt, auf den er, predigend, zunächst als auf eine andere, von ihm unterschiedene Person hinwies [...]. Als die Botschaft dann hellenistisch-orientalischen, nichtjüdischen Menschen verkündigt wurde, änderten sich auch die Ausdrucksformen für die Autorität Jesu. Alte Formen fielen fort: Paulus zum Bei- /124/ spiel spricht nicht mehr von Jesus als dem Menschensohn. Andere alte Formen gewannen einen neuen Inhalt: aus dem Bekenntnis „Jesus ist der Messias" wurde auf griechischem Boden, mittels der Übersetzung von „Messias" durch „Christus", nun der Eigenname „Jesus Christus". Der Gottessohn, im jüdischen Glauben mit dem Messias gleichgesetzt und Gott untergeordnet, gewinnt nun auf griechischem Boden, in Anlehnung an religiös außerchristliche Denk- und Sprechweise, stärkere göttliche Würde. Vor allem treten nun neue Titel auf: Jesus als der Kyrios, der Herr, ist jetzt, entsprechend der hellenistisch-religiösen Denkweise, ein gottheitliches Wesen; „Herr" besagt nun mehr als die alte jüdische Höflichkeitsanrede „Herr", die Jesus zunächst nur als Richter oder König bezeichnet. Ähnlich wie Kyrios ist „Logos" in Joh. 1,1 solch eine gottheitliche Bezeichnung. Die Auswechselbarkeit der verschiedenen Titel, je nach der religiösen Umwelt, in welcher die Sache Jesu vertreten wird, zeigt aber klar an: es hängt nicht an der mit den Titeln verbundenen Vorstellungswelt im einzelnen. Die Titel sind Hinweise, sind Ausdrucksformen. Sie können die Autorität Jesu nicht begründen; sie wollen die Autorität Jesu aber aussagen und auf sie hinweisen.

So kommt also alles darauf an, einen Unterschied zu machen zwischen der Autorität, die Worte und Verhaltungsweise Jesu über einen Menschen gewinnen können, und den mancherlei Möglichkeiten, in denen solch eine Autorität Jesu zu den Zeiten des Neuen Testamentes und später ihren Ausdruck gefunden hat. Diese Unterscheidung zwischen dem Vorhandensein der Autorität und ihren Ausdrucksformen ist angesichts unserer heutigen geistigen Situation eminent wichtig. Wo ein Mensch der Antike von dem, was Jesus will, überzeugt wurde, konnte er für diese seine Überzeugung ohne Denkschwierigkeiten zu den Ausdrucksmitteln greifen, die Neues Testament und Kirche ihm damals darboten; das heißt zu den Titulaturen für Jesus und zu den Vorstellungen über den Weg, der Jesus von der Himmelswelt über die Erde durch Tod und Auferstehung in die himmlische Existenz zurückführte. Wir heute können nun zwar genauso wie die alten Christen von der Autorität eines Wortes oder einer Verhaltensweise Jesu überzeugt werden. Wir sind heute aber nicht mehr imstande, solche unsere /125/ Überzeugung in den religiösen und weltanschaulichen Formen des Neuen Testamentes auszudrücken. Daher sollten wir uns hüten, die Christlichkeit eines Menschen danach zu befragen und zu beurteilen, ob er – um die beiden beliebtesten Testfragen herauszugreifen – Jesus für Gottes Sohn hält und ob er an Jesu Auferstehung glaubt. Und selber in dieser Weise befragt, sollten wir nicht ängstlich zurückweichen, sondern sollten klar antworten: In dem wörtlichen Sinne, in dem diese Titel im Neuen Testament gebraucht werden, kann ich sie nicht übernehmen. Das Neue Testament verpflichtet mich dazu auch gar nicht, denn schon auf seinem eigenen Boden findet eine Entwicklung statt – wir skizzierten sie ja soeben kurz –, die von einer Anerkennung der Autorität Jesu ohne jede Titulierung führt zu einer Reihe einander ablösender oder ergänzender Titulaturen und zu einem immer durchgebildeteren System von Vorstellungen über den Weg Jesu. Wollte ich sie annehmen, so müßte ich mit ihnen antike Denk- und Vorstellungsformen annehmen. Und das kann ich nicht. Ich kann aber verstehen, daß man damals diese Ausdrucksformen für die Autorität Jesu wählte. Und ich bin mit jenen alten Christen darin einig, daß Jesu Handeln und Worte – nicht pauschal, aber in bestimmten und wichtigen Punkten – für mich Autorität geworden sind.

Solch ein Bekenntnis wird der Einrede ausgesetzt sein: Das ist aber zu wenig. Der Einreder will sicher in guter Absicht der Autorität Jesu beistehen. Gerade darum sollte er hier innehalten. Das, was er als die notwendige Komplettierung jenem angeblichen „Zuwenig" gern hinzugefügt sähe, ist nämlich eine geistlich nicht ungefährliche Sache. Der Einreder möchte den Schritt von der hier und da akzeptierten Autorität des Handelns und Redens Jesu zu einer Total-Anerkennung Jesu vollzogen sehen, die sich in den neutestamentlich vorgegebenen dogmatischen Formen ausspricht. Er passe aber auf, daß er bei diesem seinem Bestreben nicht an entscheidender Stelle mit dem Neuen Testament selber in Konflikt gerät! Es gibt eine Pauschalanerkennung des Kyrios, des Herrn Jesus, die in seinem Namen predigt, religiöse Erlebnisse weitergibt und Hilfe spendet, die aber gleichwohl nichts wert ist, weil sie am Tun des Rechten vorbeigeht: so läßt die Gemeinde Jesus warnen (Matth. 7,21–23). Es gibt eine dogmatisch korrekte Anerken- /126/ nung Jesu und des Evangeliums, die bei aller Korrektheit einen

„andern Jesus" und ein „anderes Evangelium" im Sinne hat, weil solch eine Anerkennung von dem eigenen religiösen Kraftgefühl lebt; so stellt Paulus gegenüber den Irrlehrern des zweiten Korintherbriefes (11,4) fest. Das Neue Testament weiß um die geistliche Gefährdung derer, die den Unterschied nicht wahrhaben wollen zwischen einer dogmatisch korrekten Pauschalanerkennung Jesu und jener Autorität, die Wort und Handeln Jesu konkret über den Menschen gewinnen können.

Herbert Braun, Jesus – der Mann aus Nazareth und seine Zeit [1969]. Um 12 Kapitel erweiterte Studienausgabe, Stuttgart: © Kreuz Verlag 1984, S. 117–126.

5 Die „dritte Frage" nach dem historischen Jesus

Im Rückblick kann das 1973 erschienene Buch „Jesus the Jew. A Historian's Reading of the Gospels"[1] von GEZA VERMES (1924–2013) als Beginn der später so bezeichneten „dritten Frage" nach dem historischen Jesus bzw. des „third quest" for the historical Jesus betrachtet werden. Den Ausgangspunkt der Untersuchung bildet die Einsicht, dass Jesus Jude und nicht Christ war.[2] Vermes ging es ausschließlich darum, die historische Wahrheit über den Juden Jesus zu ergründen.[3] Er stellte deshalb „den Jesus der Evangelien in den Rahmen der geographischen und historischen Gegebenheiten und der charismatisch-religiösen Bewegungen des Judentums des ersten Jahrhunderts"[4]. Vermes beschrieb Jesus von Nazareth als einen Repräsentanten des palästinischen Judentums, und zwar als einen „galiläische[n] Chassid"[5], der als charismatischer Lehrer, Heiler und Exorzist aufgetreten sei.[6]

War es für die „neue Frage" nach dem historischen Jesus kennzeichnend, Jesus vom Judentum seiner Zeit abzugrenzen, folgte die Forschung der „dritten Frage" Vermes in der Zielsetzung, Jesus aus seinem jüdischen Kontext zu verstehen. Von großer Bedeutung war hier die Erweiterung der Quellenbasis, insbesondere durch die Auswertung der Texte von Qumran.

Als profundem Kenner der Qumran-Texte gelang es HARTMUT STEGEMANN (1933–2005), Jesu Reich-Gottes-Botschaft von ihren religionsgeschichtlichen Voraussetzungen her historisch sachgemäß zu erfassen. Die Ausgangsbasis für seine Jesus-Darstellung bilden die Hauptdaten von Jesu Erdendasein: neben der Kreuzigung durch die Römer insbesondere die Taufe durch Johannes.[7] Da die Jesusüberlieferung von einer Distanzierung Jesu gegenüber Johannes dem Täufer nichts weiß, folgerte Stegemann daraus, dass Jesus „das Selbstverständnis und die Zukunftsperspektive des Täufers vorbehaltlos bejaht"[8] habe. Was nun die für Jesus charakteristische Botschaft vom Reich Gottes betrifft, „daß das Reich Gottes die *Satansherrschaft* in der Welt ablöst und daß es bereits *gegenwärtig* ansatzweise wirksam wird", dafür fand Stegemann Parallelen „weder in Qumran-Texten noch

---

1 GEZA VERMES, Jesus the Jew. A Historian's Reading of the Gospels, London 1973.
2 Vgl. GEZA VERMES, Jesus the Jew [1974], in: ders., Jesus in his Jewish Context, London 2003, S. (1–13) 1 (s.u. S. 367).
3 Vgl. ebd. (s.u. S. 367).
4 GEZA VERMES, Jesus der Jude. Ein Historiker liest die Evangelien, übers. v. Alexander Samely, bearb. v. Volker Hampel, Neukirchen-Vluyn 1993, S. V.
5 Ebd.
6 Vgl. G. VERMES, Jesus the Jew (s. Anm. 2), S. 5 (s.u. S. 371).
7 Vgl. HARTMUT STEGEMANN, Die Essener, Qumran, Johannes der Täufer und Jesus, Freiburg i. Br. ^{10}2007 (^{1}1993), S. 316 (s.u. S. 444f.).
8 A.a.O., S. 317 (s.u. S. 445).

in anderer jüdischer Literatur"⁹. Jedoch konnte Stegemann zeigen, dass Jesus mit seiner Verkündigung der sich prozesshaft durchsetzenden Gottesherrschaft sich an Vorstellungsweisen orientierte, wie sie auch in Qumran-Texten begegnen.¹⁰

Wie INGO BROER (geb. 1943) in seinem Aufsatz „Jesus und die Tora" gezeigt hat, vollzog sich die Wende von der „zweiten" zur „dritten" Frage nach dem historischen Jesus in Bezug auf die Bestimmung des Verhältnisses Jesu zum jüdischen Gesetz so, dass der sich außerhalb des Gesetzes stellende Jesus von „dem im Rahmen des Gesetzes verbleibenden" abgelöst wurde.¹¹ Dies war dadurch möglich, dass man vonseiten der neueren Forschung für das Frühjudentum eine große Bandbreite von Gesetzesinterpretationen voraussetzte. Allerdings wies Broer die Annahme zurück, „dass damals alles und jedes erlaubt war"¹². Vielmehr sei nur das erlaubt bzw. geboten gewesen, was sich in den Auseinandersetzungen der Rabbinenschulen durchgesetzt habe.¹³ Ähnlich wie bereits BRAUN kam auch BROER zu dem Ergebnis, dass der historische Jesus ethische Weisungen verschärft, aber Sabbatbestimmungen und Reinheitsgebote erleichtert habe.¹⁴ Dass Jesus Kritik am Gesetz geübt habe, ergibt sich für Broer aus der Wirkungsgeschichte der Botschaft Jesu: Sowohl bei der Verfolgung von Jesusanhängern in Damaskus, an der Paulus beteiligt war, als auch bei der von Stephanus sei es von der Sache her um Gesetzeskonflikte gegangen.¹⁵ Jesu kritischen Umgang mit der Thora erklärte Broer schließlich aus Jesu Gewissheit der Barmherzigkeit Gottes und der Nähe der Gottesherrschaft.¹⁶

Während bei der „neuen Frage" vor allem die Echtheit von Jesusworten diskutiert wurde, wandte man bei der „dritten Frage" die Authentizitätskriterien auf die von Jesus überlieferten Worte und Taten an.¹⁷ Weiterhin wurde das Differenz- bzw. Dissimilaritätskriterium der Kritik unterzogen, die entweder zu dessen Aufgabe oder zumindest zu dessen Korrektur führte. So sprach JOHN P. MEIER (geb. 1942) vom Diskontinuitätskriterium und sah dieses erfüllt, wenn die betreffende Art Jesu zu reden oder zu handeln sich im Vergleich zum damaligen Judentum bzw. zum frühen Christentum als deutlich charakteristisch oder un-

---

9 A.a.O., S. 321 (s.u. S. 448).
10 Vgl. a.a.O., S. 330f. (s.u. S. 455f.).
11 Siehe INGO BROER, Jesus und die Tora, in: Ludger Schenke u.a. (Hg.), Jesus von Nazaret – Spuren und Konturen, Stuttgart 2004, S. (216–254) 227 (s.u. S. 606).
12 A.a.O., S. 227 (s.u. S. 607).
13 Vgl. ebd. (s.u. S. 607).
14 Vgl. a.a.O., S. 237 (s.u. S. 622).
15 Vgl. a.a.O., S. 252 (s.u. S. 643).
16 Vgl. a.a.O., S. 253f. (s.u. S. 644f.).
17 Vgl. JOHN P. MEIER, A Marginal Jew. Rethinking the Historical Jesus, Bd. 1: The Problem and the Person, New York / London / Toronto / Sydney / Auckland 1991, S. 168, Anm. 8 (s.u. S. 420).

üblich erweist.¹⁸ Oder man denke an das von GERD THEISSEN (geb. 1943) entwickelte „historische Plausibilitätskriterium"¹⁹. Theißen hält zum einen solche Jesusüberlieferungen für authentisch, die sich in voneinander unabhängigen Quellen finden und darüber hinaus Züge enthalten, die zu Jesusbildern des frühen Christentums in Spannung stehen. Zum anderen beurteilt er jene Jesusüberlieferungen als echt, die sich in das jüdische Lebensumfeld Jesu einfügen und sich dabei als etwas Besonderes, nicht aber unbedingt als unableitbar erkennen lassen.

Unter den Authentizitätskriterien wird bei der „dritten Frage" dem Kriterium der vielfachen Bezeugung ein hoher Stellenwert zuerkannt. Als authentisch werden diesem zufolge solche Worte oder Taten Jesu beurteilt, die in mehr als einer unabhängigen literarischen Quelle bezeugt sind und/oder in mehr als einer literarischen Form oder Gattung vorkommen.²⁰ So erklärte MEIER das Kriterium der vielfachen Bezeugung als das wichtigste Kriterium bei der Untersuchung der Wundertaten Jesu.²¹ Dass der historische Jesus Taten vollbracht hat, die von ihm und anderen als Wunder angesehen wurden, schloss Meier aus deren vielfachen Bezeugung in voneinander unabhängigen literarischen Quellen (Markus, Q, matthäisches und lukanisches Sondergut, Johannes, Josephus) und verschiedenen Formen (Exorzismen, Heilungen einschließlich Totenerweckungen, Naturwunder).²² Durch Jesu Deutungen seiner Wundertaten in Mk 3,27 parr., Lk 11,20 par. und Mt 11,5f. par. sah Meier darüber hinaus noch das Kriterium der Kohärenz erfüllt.²³

Mit dem Bestreben, den historischen Jesus im Frühjudentum zu verorten, verbindet sich häufig ein sozialgeschichtliches Interesse. LUISE SCHOTTROFF (geb. 1934) und WOLFGANG STEGEMANN (geb. 1945) verfolgten mit ihrem Buch „Jesus von Nazareth – Hoffnung der Armen" das Ziel, „die sozialgeschichtliche Dimension der Nachfolge Jesu genauer in den Blick zu bekommen"²⁴. Dabei galt

---

18 Vgl. a.a.O., S. 174 (s.u. S. 427).
19 Vgl. GERD THEISSEN / ANNETTE MERZ, Der historische Jesus. Ein Lehrbuch, Göttingen ⁴2011 (¹1996), S. 118; DERS. / DAGMAR WINTER, Die Kriterienfrage in der Jesusforschung. Vom Differenzkriterium zum Plausibilitätskriterium (NTOA 34), Freiburg, Schweiz / Göttingen 1997, S. 176–217.
20 Vgl. J. P. MEIER, A Marginal Jew, Bd. 1 (s. Anm. 17), S. 174 (s.u. S. 427).
21 Vgl. JOHN P. MEIER, A Marginal Jew. Rethinking the Historical Jesus, Bd. 2: Mentor, Message, and Miracles, New York / London / Toronto / Sydney / Auckland 1994, S. 619 (s.u. S. 479).
22 Vgl. a.a.O., S. 619–622 (s.u. S. 479–486).
23 Vgl. a.a.O., S. 622 (s.u. S. 486).
24 LUISE SCHOTTROFF / WOLFGANG STEGEMANN, Jesus von Nazareth – Hoffnung der Armen, Stuttgart / Berlin / Köln ³1990 (¹1978), S. 14 (s.u. S. 386).

ihr Forschungsinteresse nicht einem von seinen Nachfolgern abgehobenen „genialen Heros", sondern der „ältesten Jesusbewegung"[25].

RICHARD A. HORSLEY (geb. 1939) wandte sich gegen BULTMANNs existentiale Interpretation des Neuen Testaments, die die konkrete geschichtliche Lebenswirklichkeit auf ein „Selbstverständnis" verkürze.[26] Vielmehr eigne Jesu Reich-Gottes-Predigt eine politische Dimension, insofern sich Jesu Hoffnung darauf gerichtet habe, dass Gott den dämonischen und politischen Mächten ein Ende bereiten werde, um dadurch eine Erneuerung des individuellen und sozialen Lebens zu ermöglichen.[27] Der „These vom politischen Missverständnis des Wirkens Jesu" setzte THEISSEN die „These einer gewaltlosen Symbolpolitik" entgegen, „die sich an einem alternativen antiken Herrschaftsideal orientiert und dies Herrschaftsideal allen zugänglich macht"[28]. Mit der Einsetzung der zwölf Jünger zu Regenten der zwölf Stämme Israels habe Jesus eine „Gegenregierung zu allen existierenden Herrschaftsstrukturen" gebildet; weiterhin habe er mit seinem Einzug in Jerusalem und der Tempelreinigung sowohl dem politischen als auch dem religiösen Machtsystem die Legitimation entzogen.[29] Jesu „Leitbild" erkannte Theißen im „Ideal des humanen Herrschers", was er mit dem Feindesliebegebot (Lk 6,27f.32–36 par. Mt 5,43–48), der „Mahnung zum Herrschen durch Dienst" (Mk 10,42–44) und der Seligpreisung der Friedensstifter (Mt 5,9) begründete.[30]

In Verbindung mit der sozialgeschichtlichen Fragestellung steht die Frage nach dem Verhältnis Jesu zu den Frauen. Hier hat HELGA MELZER-KELLER (geb. 1967) eine eingehende Untersuchung vorgelegt, deren Ergebnis nicht nur den in der traditionellen, sondern auch den in der feministischen Exegese verbreiteten Auffassungen widerspricht. Melzer-Keller zufolge sei es dem historischen Jesus nämlich nicht darum gegangen, „Position und Ansehen der Frauen in der patriarchalen Gesellschaft seiner Zeit zu heben oder die Frauen aus den herrschenden Strukturen zu befreien und ein neues Modell einer partnerschaftlichen Nachfolgegemeinschaft zu etablieren"[31]. Damit wird freilich nicht bestritten, „daß Jesus

---

25 A.a.O., S. 10 (s.u. S. 382).
26 Vgl. RICHARD A. HORSLEY, Jesus and the Spiral of Violence. Popular Jewish Resistance in Roman Palestine, San Francisco 1987, S. 151f. (s.u. S. 391f.).
27 Vgl. a.a.O., S. 157 (s.u. S. 396).
28 GERD THEISSEN, Die politische Dimension des Wirkens Jesu, in: Wolfgang Stegemann / Bruce J. Malina / Gerd Theißen (Hg.), Jesus in neuen Kontexten, Stuttgart 2002, S. (112–122) 114 (s.u. S. 538).
29 S. a.a.O., S. 120 (s.u. S. 547f.).
30 Vgl. a.a.O., S. 121f. (s.u. S. 449f.).
31 HELGA MELZER-KELLER, Jesus und die Frauen. Eine Verhältnisbestimmung nach den synoptischen Überlieferungen (HBS 14), Freiburg i.Br. / Basel / Wien / Barcelona / Rom / New York 1997, S. 443 (s.u. S. 519).

sich Frauen gegenüber unbefangen verhielt, daß er sie ansprach und heilte und daß sie selbstverständlich auch zur Jesusgruppe gehörten"³². Ganz im Sinne der „dritten Frage" wandte sich Melzer-Keller dagegen, das zeitgenössische Judentum als frauenfeindlich zu diffamieren und als Negativfolie zu missbrauchen.³³

Im Rahmen der „dritten Frage" wird speziell von nordamerikanischen Forschern – wie etwa JOHN DOMINIC CROSSAN (geb. 1934)³⁴, HELMUT KOESTER (geb. 1926)³⁵ und die Mitglieder des „Jesus-Seminars" – den apokryphen Evangelienüberlieferungen eine hohe Bedeutung für die Rekonstruktion von Botschaft und Wirken des historischen Jesus zugeschrieben. Dies gilt insbesondere für das Thomasevangelium. Zwar muss im Einzelfall jeweils untersucht werden, ob das Thomasevangelium eine ursprünglichere Fassung eines synoptischen Jesuslogions bewahrt hat oder ein von den Synoptikern nicht bezeugtes Logion dieses Evangeliums begründet auf Jesus selbst zurückgeführt werden kann, aufs Ganze gesehen aber lässt das Thomasevangelium nicht auf eine frühere Schicht der Jesustradition schließen.³⁶ Wie JÖRG FREY (geb. 1962) und JENS SCHRÖTER (geb. 1961) zu Recht bemerkt haben, steht nämlich hinter solchen Versuchen, im Thomasevangelium eine im Vergleich zur synoptischen Tradition ältere Überlieferung zu erschließen, das „dogmatische" Interesse, Jesus „ganz uneschatologisch" zu interpretieren, „als ein[en] für kulturelle und gesellschaftliche Fragen aufgeschlossene[n] Lehrer oder sozialkritische[n] Volksprediger"³⁷.

Nicht nur apokryphe Evangelienüberlieferungen, sondern auch archäologische Entdeckungen werden bei der „dritten Frage" für den Kontext des Lebens Jesu herangezogen. CROSSAN und JONATHAN L. REED (geb. 1963) sprechen geradezu von einem „Ausgraben Jesu"³⁸. Zu den „zehn wichtigsten archäologischen Entde-

---

32 Ebd. (s.u. S. 519).
33 Vgl. a.a.O., S. 444 (s.u. S. 520 f.).
34 Vgl. JOHN DOMINIC CROSSAN, The Historical Jesus. The Life of a Mediterranean Jewish Peasant, San Francisco 1991 (dt.: Der historische Jesus. Aus dem Englischen von Peter Hahlbrock, München 1994).
35 Vgl. HELMUT KOESTER, Ancient Christian Gospels. Their History and Development, Philadelphia / London 1990.
36 Vgl. JÖRG FREY u. JENS SCHRÖTER, Jesus in apokryphen Evangelienüberlieferungen. Zum Thema und zur Konzeption des vorliegenden Bandes, in: dies. (Hg., unter Mitarb. v. Jakob Spaeth), Jesus in apokryphen Evangelienüberlieferungen. Beiträge zu außerkanonischen Jesusüberlieferungen aus verschiedenen Sprach- und Kulturtraditionen (WUNT 254), Tübingen 2010, S. (3–30) 6f. (s.u. S. 702f.).
37 A.a.O., S. 7f. (s.u. S. 703f.).
38 JOHN DOMINIC CROSSAN / JONATHAN L. REED, Excavating Jesus. Beneath the Stones, Behind the Texts, San Francisco 2001 (dt.: Jesus ausgraben. Zwischen den Steinen – hinter den Texten. Aus dem Englischen übers. v. Claudia Krülls-Hepermann, Düsseldorf 2003 (s.u. S. 553–558). – Vgl. auch STEFAN ALKIER / JÜRGEN ZANGENBERG (Hg., unter Mitarb. v. Kristina Dronsch u.

ckungen für das Ausgraben Jesu rechneten sie u. a. das Ossarium des Hohenpriesters Kajaphas, die Caesarea-Inschrift des Präfekten Pontius Pilatus, das Haus des Apostels Petrus in Kafarnaum, ein Fischerboot aus der Zeit Jesu vom See Genezareth und das Skelett eines gekreuzigten Menschen mit Namen Yehohanan.[39] Der Abschnitt „Der Galiläer"[40] aus dem Jesusbuch von SCHRÖTER lässt erkennen, wie archäologische Forschungen helfen können, Jesu Auftreten und Botschaft aus ihrem historischen Kontext besser zu verstehen.

SEAN FREYNE (1935–2013) unterstrich in seinem Buch „Jesus, a Jewish Galilean" von 2004, dass – im Unterschied zur Biblischen Archäologie des 20. Jahrhunderts – die für die neueste Jesusforschung relevante „New Eastern Archaeology" menschliches Wirken auch aus seiner Verbindung mit der natürlichen Lebensumwelt begreift.[41] Was Jesu Lebenswelt betrifft, müsse neben den ökonomischen und sozialen Faktoren auch die menschliche Einbindung in die Öko- und Bioatmosphäre berücksichtigt werden.[42] Jesu Gleichnisse sah Freyne geprägt durch die volkstümliche Weisheit, die der Mann aus Nazareth mit seiner bäuerlich geprägten, von der Natur abhängigen Hörerschaft teilte.[43] Außerdem erkannte Freyne einen Zusammenhang zwischen Jesu „Exodus" aus der „Wüste", in der er sich als Täuferschüler aufgehalten hatte, in ein von Gott „potentiell" gesegnetes Land mit Jesu Reich-Gottes-Botschaft.[44] Ähnlich urteilte bereits STEGEMANN:

> „Johannes taufte jenseits des Jordans mit Blick auf das Heilige Land als künftigen Heilsbereich. Alle „Dämonenaustreibungen" Jesu, mit denen in den Evangelien Ortsangaben verbunden sind, ereigneten sich *innerhalb* der im Alten Testament beschriebenen Grenzen des Heiligen Landes, das Gott nun offenkundig wieder zu seinem unbestreitbaren Eigentum machte."[45]

Michael Schneider), Zeichen aus Text und Stein. Studien auf dem Weg zu einer Archäologie des Neuen Testaments (TANZ 42), Tübingen 2003; MAX KÜCHLER / KARL MATTHIAS SCHMIDT (Hg.), Texte – Fakten – Artefakte. Beiträge zur Bedeutung der Archäologie für die neutestamentliche Forschung, Fribourg / Göttingen 2006; JAMES H. CHARLESWORTH (Hg.), Jesus and Archaeology, Grand Rapids / Cambridge 2006.

39 Vgl. J. D. CROSSAN / J. L. REED, Jesus ausgraben, S. 12 (s.u. S. 553).
40 JENS SCHRÖTER, Jesus von Nazaret. Jude aus Galiläa – Retter der Welt (Biblische Gestalten, Bd. 15), Leipzig ⁵2013 (¹2006), S. 79–105 (s.u. S. 683–698).
41 Vgl. SEAN FREYNE, Jesus, a Jewish Galilean. A new reading of the Jesus-story, London / New York 2004, S. 25 (s.u. S. 648).
42 Vgl. ebd. (s.u. S. 648).
43 Vgl. a.a.O., S. 36 (s.u. S. 659).
44 Vgl. a.a.O., S. 42f. (s.u. S. 665).
45 H. STEGEMANN, Die Essener, Qumran, Johannes der Täufer und Jesus (s. Anm. 7), S. 328 (s.u. S. 453f.).

JAMES D. G. DUNN (geb. 1939) teilt zwar das die „dritte Frage" kennzeichnende Anliegen, den historischen Jesus in das Judentum einzuordnen, aber mit seinem Ansatz des „erinnerten Jesus" geht er doch darüber hinaus. In seinem Buch „Jesus Remembered" machte er sich das von N. T. WRIGHT formulierte „criterion of double similarity" zu eigen, das dem Dissimilaritätskriterium direkt entgegengesetzt ist.[46] Auch wenn er sich der anachronistischen Redeweise bewusst ist, so bezeichnete DUNN Jesus als „founder of Christianity", der sowohl zur jüdischen Religion als auch zu dem, was auf ihn folgte, sich in Kontinuität befinde.[47] Aus der Lehrer-Schüler-Relation leitete er ab, dass die Jünger sich verpflichtet fühlten, Jesu Lehre zu erinnern.[48] Folgerichtig sind für Dunn die beiden wichtigsten Motive des Neuen Testaments die des Zeugnisgebens und des Erinnerns.[49]

Gegenüber der klassischen Formgeschichte machte Dunn im Anschluss an KENNETH BAILEY geltend, dass die mündliche Überlieferung anderen Gesetzen folge als die Edition und redaktionelle Bearbeitung von Texten.[50] Als den gesamten Überlieferungsprozess maßgeblich prägend beurteilte er den Eindruck („impact"), den bereits der historische Jesus durch seine Taten und Worte auf die ihm nachfolgenden Jünger gemacht habe.[51] Für DUNN existiert aber nicht ein „single original impact", den der Historiker zu rekonstruieren hätte.[52] Nicht der historische Jesus ist Gegenstand seiner Forschung, sondern der erinnerte Jesus: „The remembered Jesus may be a synthesis of the several impacts made on and disciple responses made by Jesus' earliest witnesses [...]."[53] Konsequente historische Forschung wird jedoch – das ist gegen Dunns Ansatz einzuwenden – nicht beim erinnerten Jesus stehenbleiben, sondern nach dem historischen Jesus zurückfragen, ohne die damit verbundenen methodischen Probleme in Abrede stellen zu wollen.

In seinem Aufsatz „Anfänge der Jesusüberlieferung" plädierte SCHRÖTER dafür, bei der historischen Jesusfrage mit der biographisch erinnernden Erzählüberlieferung einzusetzen und in diese „die Wortüberlieferung *historisch* einzu-

---

46 Siehe JAMES D. G. DUNN, Christianity in the Making, Bd. 1: Jesus Remembered, Grand Rapids, Michigan / Cambridge, U.K. 2003, S. 174 mit Anm. 4 (s.u. S. 559f.).
47 Vgl. ebd. (s.u. S. 559).
48 Vgl. a.a.O., S. 177 (s.u. S. 562f.).
49 Vgl. a.a.O., S. 177–180 (s.u. S. 563–566).
50 Vgl. CARSTEN CLAUSSEN, Vom historischen Jesus zum erinnerten Jesus. Der erinnerte Jesus als neues Paradigma der Jesusforschung, in: ZNT 20 (10. Jg. 2007), S. (2–17) 11–14.
51 Vgl. J. D. G. DUNN, Christianity in the Making, Bd. 1 (s. Anm. 46), S. 241 (s.u. S. 575).
52 S. ebd. (s.u. S. 576).
53 A.a.O., S. 242 (s.u. S. 576).

ordnen"⁵⁴. Nur indem man die Wort- mit der Erzählüberlieferung verbindet, komme man „zu einem historisch plausiblen Bild von den Anfängen der Jesusüberlieferung"⁵⁵. Freilich muss dabei berücksichtigt werden, dass die Jesusgeschichten im Laufe des Traditionsprozesses offenbar stärkeren Veränderungen unterlagen, als dies für die Jesuslogien anzunehmen ist. Im Blick auf die Wundergeschichten bemerkte THEISSEN:

> „Der Optimismus der klassischen Formgeschichte, die *mündliche Vorgeschichte* der Wundergeschichten noch rekonstruieren zu können, wurde durch die Erkenntnis relativiert, daß jeder Erzähler, der das Inventar der Motive, Themen und Aufbaustrukturen urchristlicher Wundergeschichten kennt, jeweils neue Wundergeschichten aufgrund seiner Erzählkompetenz schaffen kann [...]."⁵⁶

Zur Lösung des Problems der Menschensohnworte in den Evangelien legte P. MAURICE CASEY (geb. 1942) 1991 einen diskutablen Vorschlag vor: Beim Begriff „Menschensohn" handele es sich um eine Übersetzung des aramäischen Ausdrucks *bar nash* oder *bar nasha*. Diesen habe Jesus nicht als Titel verwendet, sondern in bescheidener Weise damit sich selbst oder eine Gruppe unter Einschluss der eigenen Person bezeichnet.⁵⁷ Während Casey die Worte von der Parusie des Menschensohns als Gemeindebildungen erklärte,⁵⁸ führte er die übrigen Menschensohnworte auf den historischen Jesus zurück – so auch drei Leidensweissagungen: Mk 14,21, eine Urfassung von Mk 8,31 und Mk 10,45.⁵⁹ Ob allerdings seine Beweisführung für die Authentizität dieser Logien überzeugen kann, dürfte zumindest fraglich sein.

---

54 JENS SCHRÖTER, Anfänge der Jesusüberlieferung. Überlieferungsgeschichtliche Beobachtungen zu einem Bereich urchristlicher Theologiegeschichte (2004), in: ders., Von Jesus zum Neuen Testament. Studien zur urchristlichen Theologiegeschichte und zur Entstehung des neutestamentlichen Kanons (WUNT 204), Tübingen 2007, S. (81–104) 102.
55 A.a.O., S. 104.
56 GERD THEISSEN, Die Erforschung der synoptischen Tradition seit R. Bultmann. Ein Überblick über die formgeschichtliche Arbeit im 20. Jahrhundert, in: Rudolf Bultmann, Die Geschichte der synoptischen Tradition. Mit einem Nachwort von Gerd Theißen (FRLANT 29), Göttingen ¹⁰1995, S. (409–452) 437 f.
57 Vgl. P. MAURICE CASEY, From Jewish Prophet to Gentile God: The Origins and Development of New Testament Christology, Cambridge / Louisville 1991, S. 47 f. (s.u. S. 407 f.).
58 Vgl. a.a.O., S. 52–54 (s.u. S. 413–415).
59 Vgl. a.a.O., S. 49–52 (s.u. S. 408–413).

In seiner Untersuchung „Gottesherrschaft und Endgericht in der Verkündigung Jesu"[60] stellte sich WERNER ZAGER (geb. 1959) der grundsätzlichen Frage, ob der historische Jesus ein künftig bevorstehendes Endgericht verkündigt hat. Auf der Basis der markinischen Jesusüberlieferung einschließlich der Q-Parallelen konnte er zeigen, dass für den historischen Jesus „das Sich-Durchsetzen von Gottes Königsherrschaft durch *Gottes richterliches Einschreiten* ermöglicht wird"[61]. So habe Jesus den von ihm geschauten Satanssturz (Lk 10,18) nicht nur als Anbruch des eschatologischen Gerichts, sondern auch als Anbruch der sich prozesshaft ereignenden eschatologischen Gottesherrschaft begriffen.[62] Darüber hinaus hat ULRICH B. MÜLLER (geb. 1938) Jesu Heilsverkündigung als Antwort auf das Problem des Ausbleibens des von Johannes dem Täufer als unmittelbar bevorstehend angesagten Feuergerichts verständlich gemacht.[63] Die gegen Ende seines Wirkens erfahrene Ablehnung in Israel habe bei Jesus den in Lk 12,49f. geäußerten Wunsch ausgelöst, „das Gerichtshandeln Gottes denen gegenüber in Gang zu bringen, die sich dem Heilsangebot der Gottesherrschaft verschlossen haben"[64].

Wer die im vorliegenden Studienbuch zusammengestellten Texte aus vier Jahrhunderten Jesusforschung, die eine repräsentative Auswahl darstellen, gründlich liest und durchdenkt, dürfte schwerlich wie KLAUS WENGST zu dem Ergebnis kommen, dass es bei der Suche nach dem historischen Jesus „keinen Fortschritt, sondern immer wieder nur erneutes Scheitern" gibt, dass solche Suche „immer wieder ein Chaos von Jesusbildern" gebracht hat.[65] Wie in jeder Wissenschaft vollziehen sich Fortschritte nicht in einer geradlinigen Bewegung. So ist es auch

---

60 WERNER ZAGER, Gottesherrschaft und Endgericht in der Verkündigung Jesu. Eine Untersuchung zur markinischen Jesusüberlieferung einschließlich der Q-Parallelen (BZNW 82), Berlin / New York 1996.
61 A.a.O., S. 314 (s.u. S. 511).
62 Vgl. a.a.O., S. 312. 314 (s.u. S. 510. 512).– Ferner hat ZAGER in seinem Aufsatz „Wie kam es im Urchristentum zur Deutung des Todes Jesu als Sühnegeschehen? Eine Auseinandersetzung mit Peter Stuhlmachers Entwurf einer ‚Biblischen Theologie des Neuen Testaments'" (in: ZNW 87 [1996], S. 165–186) detailliert begründet, weshalb der historische Jesus seinen Tod nicht als Sühnegeschehen begriffen hat. Vielmehr handele es sich um eine frühe urchristliche Deutung, um das σκάνδαλον des Kreuzestodes „zu überwinden und in einen höheren Sinn aufzuheben" (a.a.O., S. 183).
63 Vgl. ULRICH B. MÜLLER, Jesu Heilsverkündigung und das Problem der Gerichtsverzögerung, in: ZNW 102 (2011), S. 1–18 (s.u. S. 709–728).
64 A.a.O., S. 17 (s.u. S. 726).
65 Siehe KLAUS WENGST, Der wirkliche Jesus? Eine Streitschrift über die historisch wenig ergiebige und theologisch sinnlose Suche nach dem „historischen" Jesus, Stuttgart 2013, S. 303. 306.

immer wieder notwendig, das bisher Erreichte sich zu vergegenwärtigen, übergangene Fragestellungen und unberücksichtigt gebliebene Einsichten neu zur Geltung zu bringen. Eine Rückkehr zu überholten Positionen – wie etwa die von MARTIN KÄHLER – kann zwar vorkommen – wie bei WENGST –, wird sich aber kaum behaupten können. Dass Hypothesen entwickelt werden, die der Kritik nicht standhalten – wie z. B. die eines „non-eschatological Jesus" – und daher zurückgenommen werden müssen, dient letztlich dem Fortschritt der Forschung.

Die beiden „Leben Jesu in Kurzfassung" von GERD THEISSEN / ANNETTE MERZ[66] und GERD LÜDEMANN (geb. 1946)[67] sind Zeugnisse dafür, dass sich innerhalb der Jesusforschung – trotz unterschiedlicher theologischer Standpunkte – in vielen Fragen durchaus Konsense erzielen lassen.

Aufgaben:

1. Inwiefern hat Geza Vermes einen neuen Ansatz bei der Rückfrage nach dem historischen Jesus begründet und damit die „dritte Frage" initiiert?
2. War Jesus ein politischer Revolutionär? Diskutieren Sie die Beiträge von Richard A. Horsley, Gerd Theißen und Jens Schröter.
3. Welche Fortschritte brachte die „dritte Frage" nach dem historischen Jesus im Vergleich zur „zweiten"? Welche Defizite sind erkennbar?
4. Welche Bedeutung haben die Qumran-Texte für ein historisch angemessenes Verständnis Jesu?
5. Inwiefern hat die Jesusforschung der „dritten Frage" dazu geführt, Jesu Verhältnis zur Thora frei von antijudaistischen Vorurteilen neu zu bestimmen?
6. Welche theologischen Voraussetzungen und Interessen sind bei den Vertretern der „dritten Frage" auszumachen?
7. Welche theologische Relevanz kommt der historischen Rückfrage nach Jesus zu?

---

66 G. THEISSEN / A. MERZ, Der historische Jesus (s. Anm. 19), S. 493–496 (s.u. S. 505–508).
67 GERD LÜDEMANN, Jesus nach 2000 Jahren: Was er wirklich sagte und tat, Lüneburg ³2012 (¹2000), S. 573–582 (s.u. S. 527–534).

Geza Vermes
5.1 Jesus the Jew, 1974

'Jesus the Jew' – which is also the title of a book I have written[1] – is an emotionally charged synonym for the Jesus of history as opposed to the divine Christ of the Christian faith that simply re-states the obvious fact, still hard for many Christians and even some Jews to accept, that Jesus was a Jew and not a Christian. It implies a renewed quest for the historical figure reputed to be the founder of Christianity.

In one respect this search is surprising: namely that it has been undertaken at all. In another, it is unusual: that it has been made without – so far as I am consciously aware – any ulterior motive. My intention has been to reach for the historical truth, for the sake, at the most, of putting the record straight; but definitely not in order to demonstrate some theological preconception.

Let me develop these two points.

If, in continuity with medieval Jewish tradition, I had set out to prove that Yeshu was not only a false Messiah, but also a heretic, a seducer and a sorcerer, my research would have been prejudiced from the start. Even if I had chosen as my target the more trendy effort of yesterday, the 'repatriation of Jesus into the Jewish people' – *Heimholung Jesu in das jüdische Volk* – it is unlikely to have led to an untendentious enquiry, to an analysis of the available evidence without fear and favour, *sine ira et studio*.

By the same token, when a committed Christian embarks on such a task with a mind already persuaded by the dogmatic suppositions of his church which postulate that Jesus was not only the true Messiah, but the only begotten Son of God – that is so say, God himself – he is bound to read the gospels in a particular manner and to attribute the maximum possible Christian traditional significance even to the most neutral sentence, one that in any other context he would not even be tempted to interpret that way.

My purpose, both in the written and the verbal examination of 'Jesus the Jew', has been to look into the past for some trace of the features of the first-century Galilean, before he had been proclaimed either the second /2/ Person of the Holy Trinity, or the apostate and bogey man of Jewish popular thought.

---

[1] Geza Vermes, *Jesus the Jew: A Historian's Reading of the Gospels*, 1973, ²1976, 1981, 1983, 1994, 2001.

Strangely enough, because of the special nature of the Gospels, a large group of Christians, including such opposing factions as the out-and-out fundamentalists and the highly sophisticated New Testament critics, would consider a historical enquiry of this sort *ipso facto* doomed to failure. Our knowledge of Jesus – they would claim – depends one hundred per cent on the New Testament: writings that were never intended as history but as a record of the faith of Jesus' first followers. The fundamentalists deduce from these premises that the pure truth embedded in the Gospels is accessible only to those who share the evangelists' outlook. Those who do not do so are – to quote a letter published in the *Guardian*[2] – 'still in the night ... and so (have) no title to write about things which are only known to (initiates)'.

At the other extreme stands the leading spokesman of the weightiest contemporary school of New Testament scholarship, Rudolf Bultmann. Instead of asserting with the fundamentalists that no quest for the historical Jesus *should* be attempted, Bultmann is firmly convinced that no such quest *can* be initiated. 'I do indeed think', he writes, 'that we can know now almost nothing concerning the life and personality of Jesus, since the early Christian sources show no interest in either.'[3]

Against both these viewpoints, and against Christian and Jewish denominational bias, I seek to re-assert in my whole approach to this problem the inalienable right of the historian to pursue a course independent of beliefs. Yet I will at the same time try to indicate that, despite widespread academic skepticism, our considerably increased knowledge of the Palestinian-Jewish realities of the time of Jesus enables us to extract historically reliable information even from non-historical sources such as the gospels.

In fact, with the discovery and study of the Dead Sea Scrolls and other archaeological treasures, and the corresponding improvement in our understanding of the ideas, doctrines, methods of teaching, languages and culture of the Jews of New Testament times, it is now possible, not simply to place Jesus in relief against this setting, as students of the Jewish background of Christianity pride themselves on doing, but to insert him fair and square within first-century Jewish life itself. The questions then to be asked are where he fits into it, and whether the added substance and clarity gained from immersing him in historical reality confers credibility on the patchy Gospel picture.

Let us begin then by selecting a few non-controversial facts concerning Jesus' life and activity, and endeavour to build on these foundations. /3/

---

[2] The *Guardian*, 10 October 1969.
[3] Rudolf Bultmann, *Jesus and the Word*, 1962, p. 14. (He died in 1976.)

Jesus lived in Galilee, a province governed during his lifetime, not by the Romans, but by a son of Herod the Great. His home-town was Nazareth, an insignificant place not referred to by Josephus, the Mishnah or the Talmud, and first mentioned outside the New Testament in an inscription from Caesarea, dating to the third or fourth century. Whether he was born there or somewhere else is uncertain. The Bethlehem legend is in any case highly suspect.

As for the date of his birth, this 'is not truly a historical problem', writes one of the greatest living experts in antiquity, Sir Ronald Syme.[4] The year of Jesus' death is also absent from the sources. Nevertheless the general chronological context is clearly defined. He was crucified under Pontius Pilate, the prefect of Judaea from 26 to 36 CE; his public ministry is said to have taken place shortly after the fifteenth year of Tiberius (28/29 CE), when John the Baptist inaugurated his crusade of repentance. Whether Jesus taught for one, two or three years, his execution in Jerusalem must have occurred in the early thirties of the first century.

He was fairly young when he died. Luke reports that he was approximately thirty years old when he joined John the Baptist (Luke 3.23). Also one of the few points on which Matthew and Luke, the only two evangelists to elaborate on the events preceding and following Jesus' birth, agree is in dating them to the days of King Herod of Judaea (Matt. 2.1–16; Luke 1.15) – who died in the spring of 4 BCE.

Let me try to sketch the world of Jesus' youth and early manhood in the second and third decades of the first century. In distant Rome, Tiberius reigned supreme. Valerius Gratus and Pontius Pilate were governing Judaea. Joseph Caiaphas was high priest of the Jews, the president of the Jerusalem Sanhedrin, and the head of the Sadducees. Hillel and Shammai, the leaders of the most influential Pharisaic schools, were possibly still alive, and during the life-time of Jesus, Gamaliel the Elder became Hillel's successor. Not far from Jerusalem, a few miles south of Jericho, on the shore of the Dead Sea, the ascetic Essenes were worshipping God in holy withdrawal and planning the conversion of the rest of Jewry to the true Judaism known only to them, the followers of the Teacher of Righteousness. And in neighbouring Egypt, in Alexandria, the philosopher Philo was busy harmonizing the Jewish life-style with the wisdom of Greece, a dream cherished by the civilized Jews of the Diaspora.

In Galilee, the tetrarch Herod Antipas remained lord of life and death and continued to hope (in vain) that one day the emperor might end his humiliation by granting him the title of king. At the same time, following the upheaval that

---

4 Syme, 'The Titulus Tiburtinus', *Vestigia*, vol. 17, p. 600.

accompanied the tax registration or census ordered in 6 ce by the legate of Syria, Publius Sulpicius Quirinius, Judas the Galilean /4/ and his sons were stimulating the revolutionary tendencies of the uncouth Northerners, tendencies which had resulted in the foundation of the Zealot movement.

Such was the general ambience in which the personality and character of Jesus the Jew were formed. We know nothing concrete, however, about his education and training, his contacts, or the influences to which he may have been subjected; for, quite apart from the unhistorical nature of the stories relating to his infancy and childhood, the internal between his twelfth year and the start of his public ministry is wrapped in total silence by the four evangelists.

Jesus spent not only his early years, but also the greatest part of his public life in Galilee. If we adopt the chronology of the Synoptic Gospels (Matthew, Mark and Luke) with their one-year ministry, apart from brief excursions to Phoenicia (now Lebanon) and Perea (or present day northern Transjordan), he left his province only once – for the fateful journey to Jerusalem at Passover. But even if the longer time-table of John's Fourth Gospel is followed, the Judaean stays of Jesus corresponded to the mandatory pilgrimages to the Temple, and as such were of short duration. Therefore, if we are to understand him, it is into the Galilean world that we must look.

The Galilee of Jesus, especially his own part of it, Lower Galilee around the Lake of Gennesaret, was a rich and mostly agricultural country. The inhabitants were proud of their independence and jealous of their Jewishness, in which regard, despite doubts often expressed by Judaeans, they considered themselves second to none. They were also brave and tough. Josephus, the commander-in-chief of the region during the first Jewish War, praises their courage, and describes them as people 'from infancy inured to war' (*BJ* iii.41).

In effect, in the mountains of Upper Galilee, rebellion against the government – any government, Hasmonean, Herodian, Roman – was endemic between the middle of the first century BCE and 70 CE, from Ezekias, the *archilēstēs* (the chief brigand or revolutionary) whose uprising was put down by the young Herod, through the arch-Zealot Judas the Galilean and his rebellious sons, to John the son of Levi from Gush Halav and his 'Galilean contingent', notorious in besieged Jerusalem for their 'mischievous ingenuity and audacity' (*BJ* iv.558) at the time of the 66–70 CE war. In short, the Galileans were admired as staunch fighters by those who sympathized with their rebellious aims; those who did not, thought of them as dangerous hot-heads.

In Jerusalem, and in Judaean circles, they had also the reputation of being an unsophisticated people. In rabbinic parlance, a Galilean is usual- /5/ ly referred to as *Gelili shoteh*, stupid Galilean. He is presented as a typical 'peasant', a boor, a *'am ha-arez*, a religiously uneducated person. Cut off from the Temple and the study centres of Jerusalem, Galilean popular religion appears to have depended – until the arrival at Usha, in the late 130s CE, of the rabbinic academy expelled from Yavneh – not so much on the authority of the priests or on the scholarship of scribes, as on the magnetism of their local saints like Jesus' younger contemporary, Hanina ben Dosa, the celebrated miracle-worker.

These lengthy preliminaries done with, it is time now to turn to the gospels to make our acquaintance with Jesus the Jew, or more exactly, Jesus the *Galilean* Jew. I intend to leave to one side the speculations of the early Christians concerning the various divinely contrived roles of Messiah, Lord, Son of God, etc. that their Master was believed to have fulfilled before or after his death. Instead, I will rely on those simple accounts of the first three Gospels which suggest that Jesus impressed his countrymen, and acquired fame among them, chiefly as a charismatic teacher, healer and exorcist. I should specify at once, however, that my purpose is not to discuss his teachings. Few, in any case, will contest that his message was essentially Jewish, or that on certain controversial issues, for example whether the dead would rise again, he voiced the opinion of the Pharisees.

His renown, the evangelists proclaim, had spread throughout Galilee. According to Mark, when Jesus and his disciples disembarked from their boat on Lake Kinneret,

> he was immediately recognized; and the people scoured the whole country-side and brought the sick on stretchers to any place where he was reported to be. Wherever he went, to farmsteads, villages or towns, they laid out the sick in the market places and begged him to let them simply touch the edge of his cloak; and all who touched him were cured. (Mark 6.54–56)

Similarly, Mark, referring to events in Capernaum, writes:

> They brought to him all who were ill and possessed by devils ... He healed many who suffered from various diseases, and drove out many devils. (Mark 1.33–34)

And both Luke and Mark report Jesus himself as saying:

> Today and tomorrow, I shall be casting out devils and working cures. (Luke 13.32)

And /6/

> It is not the healthy that need a doctor but the sick; I did not come to invite virtuous people but sinners. (Mark 2.17)

My twentieth-century readers may wonder whether such a person should not properly be classified as a crank. We must, however, bear in mind, firstly that it is anachronistic and, in consequence, wrong to judge the first century by twentieth-century criteria, and secondly, that even in modern times, faith-healers and *Wunderrebbe* and their secular counterparts in the field of medicine, can and do obtain parallel therapeutic results where the individuals who ask for their help are animated by sufficient faith.

To assess correctly Jesus' healing and exorcistic activities, it is necessary to know that in bygone ages the Jews understood that a relationship existed between sickness, the devil and sin. As a logical counterpart to such a concept of ill-health, it was in consequence believed until as late as the third century BCE that recourse to the services of a physician demonstrated a lack of faith since healing was a monopoly of God. The only intermediaries thought licit between God and the sick were men of God, such as the prophets Elijah und Elisha. By the beginning of the second pre-Christian century, however, the physician's office was made more or less respectable by the requirement that he, too, should be personally holy. The Wisdom writer, Jesus ben Sira, advised the devout when sick to pray, repent, and send gifts to the Temple, and subsequently to call in the physician, who would ask God for insight into the cause of the sickness and for the treatment needed to remedy it. As Ecclesiasticus words it:

> The Lord has imparted knowledge to men
> that by the use of His marvels He may win praise;
> by employing them, the doctor relieves pain. (Ecclus. 38.6–7)

Jesus' healing gifts are never attributed to the study of physical or mental disease, or to any acquired knowledge of cures, but to some mysterious power that emanated from him and was transmitted to the sick by contact with his person, or even with his clothes. In the episode of the crippled woman who was bent double and unable to hold herself upright, we read that

> He laid his hands on her, and at once she straightened up and began to praise God. (Luke 13.13)

Sometimes touch and command went together. A deaf-mute was cured when Jesus placed his own saliva on the sufferer's tongue and ordered his ears to unblock, saying:

> Ephphatha (*'eppatah*): Be opened! (Mark 7.33–34) /7/

There is nevertheless one story in which Jesus performs a cure in *absentia*, that is to say without being anywhere within sight, let alone within touching distance, of the sick man. Matthew's account of the episode reads:

> When (Jesus) had entered Capernaum a centurion came up to ask his help.
> Sir – he said – a boy of mine lies at home paralysed ...
> Jesus said, I will come and cure him.
> Sir, – replied the centurion – who am I to have you under my roof? You need only say a word and the boy will be cured. I know, for I am myself under orders, with soldiers under me. I say to one, Go! and he goes; to another, Come here! and he comes; and to my servant, Do this! and he does it.
> Jesus heard him with astonishment, and said to the people following him,
> I tell you this: nowhere, even in Israel, have I found such a faith.
> Then he said to the centurion,
> Go home now. Because of the faith, so let it be.
> At that moment the boy recovered. (Matt. 8.5–13)

I quote this in full not only because of its intrinsic interest, but also in order to compare it with a Talmudic report concerning one of the famous deeds of Jesus' compatriot, Hanina ben Dosa. It will be seen from the second story how closely the two tales coincide.

> It happened that when Rabban Gamaliel's son fell ill, he sent two of his pupils to R. Hanina ben Dosa that he might pray for him. When he saw them, he went to the upper room and prayed. When he came down, he said to them,
> Go, for the fever has left him.
> They said to him,
> Are you a prophet?
> He said to them,
> I am not a prophet, neither am I a prophet's son, but this is how I am blessed: if my prayer is fluent in my mouth, I know that the sick man is favoured; if not, I know that the disease is fatal.
> They sat down, wrote and noted the hour. When they came to Rabban Gamaliel, he said to them,
> By heaven! You have neither detracted from it, nor added to it, but this is how it happened. It was at that hour that the fever left him and he asked us for water to drink. (bBer. 34b) /8/

Instead of ascribing physical and mental illness to natural causes, Jesus' contemporaries saw the former as a divine punishment for sin instigated by the devil, and the latter as resulting from a direct demonic possession. Therefore, by expelling and controlling these evil spirits, the exorcist was believed to be acting as God's agent in the work of liberation, healing and pardon.

Jesus was an exorcist, but not a professional one: he did not use incantations such as those apparently composed by King Solomon,[5] or foul-smelling substances intolerable even to the most firmly ensconced of demons. He did not go in for producing smoke, as young Tobit did, by burning the heart and the liver of a fish (Tobit 8.2), or for holding under the noses of the possessed the Solomonic *baaras* root, the stink of which, so Josephus assures us, drew the demon out through the nostrils.[6] Instead, Jesus confronted with great authority and dignity the demoniacs (lunatics, epileptics, and the like) and commanded the devil to depart. This act is usually said to have been followed by relief, and at least a temporary remission of the symptoms. (Even in the Gospels, the demons seem to have had an uncanny facility for finding their way back to their former habitats (Matt. 12.34–44).) So – we read in Mark.

> [Jesus and his disciples] came to the other side of the lake, into the country of the Gerasenes. As he stepped ashore, a man possessed by an unclean spirit came up to him from among the tombs where he had his dwelling. He could no longer be controlled; even chains were useless; he had often been fettered and chained up, but he had snapped his chains and broken the fetters. No one was strong enough to master him. And so, unceasingly, night and day, he would cry aloud among the tombs and on the hill-sides and cut himself with stones. When he saw Jesus in the distance, he ran and flung himself down before him, shouting loudly, ...
>   In God's name, do not torment me!
> For Jesus was already saying to him,
>   Out, unclean spirit, come out of this man!
> ... The people ... came to Jesus and saw the madman who had been possessed ... sitting there clothed and in his right mind; and they were afraid. (Mark 5.1–15)

Once more I must parallel the Gospel narrative with one concerning Hanina ben Dosa and his encounter with the queen of the demons.

> Let no man go out alone at night ... for Agrath daughter of Mahlath and eighteen myriads of destroying angels are on the prowl, and each of /9/ them is empowered to strike ... Once she met R. Hanina ben Dosa and said to him,
>   Had there been no commendation from heaven, 'Take heed of R. Hanina ben Dosa ...', I would have harmed you.
> He said to her,
>   Since I am so highly esteemed in heaven, I decree that you shall never again pass through an inhabited place. (*bPes.* 112b)

---

5 *Jewish Antiquities*, viii, 45.
6 *Jewish Antiquities*, viii, 46–47.

Jesus, curing the sick and overpowering the forces of evil with the immediacy of the Galilean holy man, was seen as a dispenser of health, one of the greatest blessings expected at the end of time, when 'the blind man's eyes shall be opened and the ears of the deaf unstopped'; when 'the lame man shall leap like a deer, and the tongue of the dumb shout aloud' (Isa. 35.5–6).

But in this chain of cause and effect, linking, in the mind of the ancients, sickness to the devil, one more element remains, namely sin. Besides healing the flesh and exorcizing the mind, the holy man had one other task to perform: the forgiveness of sin. Here is the famous story of the paralytic brought to Jesus in Capernaum.

> Four men were carrying him, but because of the crowd they could not get him near. So they opened up the roof over the place where Jesus was ... and they lowered the stretcher on which the paralysed man was lying. When Jesus saw their faith, he said to the paralysed man,
>   My son, your sins are forgiven.
> Now there were some lawyers sitting there and they thought to themselves.
>   Why does the fellow talk like this? This is blasphemy! Who but God alone can forgive sins?
> Jesus knew in his own mind that this is what they were thinking, and said to them,
>   Why do you harbour thoughts like these? Is it easier to say to this paralysed man, 'Your sins are forgiven', or to say, 'Stand up, take your bed and walk'? But to convince you that the son of man has right on earth to forgive sins – he turned to the paralysed man –
>   I say to you, stand up, take your bed and go home!
> And he got up, and at once took his stretcher and went out in full view of them all. (Mark 2.3–12)

'My son, your sins are forgiven' is of course not the language of experts in the law; but neither is it blasphemy. On the contrary, absolution from the guilt of wrong-doing appears to have been part and parcel of the charismatic style; this is well illustrated in an important Dead Sea Scrolls /10/ fragment, the Prayer of Nabonidus, which depicts a Jewish exorcist as having pardoned the Babylonian king's sins, thus curing him of his seven years' illness. In the somewhat elastic, but extraordinarily perspective religious terminology of Jesus and the spiritual men of his age, 'to heal', 'to expel demons' and 'to forgive sins' were interchangeable synonyms. Indeed, the language and behaviour of Jesus is reminiscent of holy men of ages even earlier than his own, and it need cause little surprise to read in Matthew that he was known as 'the prophet Jesus from Nazareth in Galilee' (Matt. 21.11), and that his Galilean admirers believed he might be one of the biblical prophets, or Jeremiah, or Elijah *redivivus* (Matt. 16.14). In fact, it could be advanced that, if he modelled himself on anyone at all, it was precisely on Elijah and Elisha, as the following argument with the people of his hometown Nazareth, would seem to bear out:

> Jesus said,
> No doubt you will quote the proverb to me, 'Physician, heal yourself!' and say, 'We have heard of all your doings in Capernaum; do the same here, in your own home town.' I tell you this – he went on – no prophet is recognized in his own country. There were many widows in Israel, you may be sure, in Elijah's time ... yet it was to none of these that Elijah was sent, but to a widow at Sarepta in the territory of Sidon. Again in the time of the prophet Elisha there were many lepers in Israel, and not one of them was healed, but only Naaman, the Syrian. (Luke 4.23–26)

Jesus was a Galilean Hasid: there, as I see it, lie his greatness, and also the germ of his tragedy. That he had his share of the notorious Galilean chauvinism would seem clear from the xenophobic statements attributed to him. As one review of *Jesus the Jew* puts it – a review written, interestingly enough, by the Gardening correspondent of the *Financial Times*! – 'Once he called us "dogs" and "swine" and he forbade the Twelve to proclaim the gospel to ... Gentiles.'[7] But Jesus was also, and above all, an exemplary representative of the fresh and simple religiousness for which the Palestinian North was noted.

And it was in this respect that he cannot have been greatly loved by the Pharisees: in his lack of expertise, and perhaps even interest, in halakhic matters, common to Galileans in general; in his tolerance of deliberate neglect in regard to certain traditional – though not, it should be emphasized, biblical – customs by his followers; in his table-fellowship with publicans and whores; and last but not least, in the spiritual authority explicitly or implicitly presumed to underpin his charismatic activities, an authority impossible to check, as can be done when teachings are handed /11/ down from master to disciple. Not that there appears to have been any fundamental disagreement between Jesus and the Pharisees on any basic issue, but whereas Jesus, the preacher of *teshuvah*, of repentance, felt free rhetorically to overemphasize the ethical as compared with the ritual – like certain of the prophets before him – he perhaps could be criticized for not paying enough attention to those needs of society which are met by organized religion. As a matter of fact, this Pharisaic insistence on the necessity of faithfulness towards religious observances as well as of a high standard of ethics, has as it were been vindicated by a Christian *halakhah*, evolved over the centuries, that is scarcely less detailed and casuistical than our Talmudic legislation!

---

7 *Financial Times*, 1 February 1974.

Nevertheless, the conflict between Jesus of Galilee and the Pharisees of his time would, in normal circumstances, merely have resembled the infighting of factions belonging to the same religious body, like that between Karaites and Rabbanites in the Middle Ages, or between the orthodox and progressive branches of Judaism in modern times.[8]

But in the first century circumstances were not normal. An eschatological and politico-religious fever was always close to the point of eruption, if it had not already exploded, and Galilee was a hotbed of nationalist ferment. Incidentally, there is no evidence, in my reading of the Gospels, that would point to any particular involvement by Jesus in the revolutionary affairs of the Zealots, though it is likely that some of his followers may have been committed to them and have longed to proclaim him as King Messiah destined to liberate his oppressed nation.

But for the representatives of the establishment – Herod Antipas in Galilee, and the chief priests and their council in Jerusalem – the prime unenviable task was to maintain law and order and thus avert a major catastrophe. In their eyes, revolutionary propaganda was not only against the law of the Roman provincial administration, but also murderously foolish, contrary to the national interest, and liable to expose to the vengeance of the invincible emperor not only those actively implicated, but countless thousands of their innocent compatriots. They had to be silenced one way or another, by persuasion or by force, before it was too late. As the high priest is reported to have said of Jesus – and it is immaterial whether he did so or not – 'It is more to your interest that one man should die for the people, than that the whole nation should be destroyed' (John 11.50). Such indeed must have been the attitude of mind of the establishment. Not only actual, but even potential leadership of a revolutionary movement called for alertness and vigilance. John the Baptist, who according to Josephus was 'a good man' and 'exhorted the Jews to live righteous lives', became suspect in Herod's eyes because of an 'eloquence' /12/ which might 'lead to some form of sedition ... Herod decided therefore that it would be much better to strike first and be rid of him before his work led to an uprising'.[9] Jesus, I believe, was the victim of a similar preventative measure devised by the Sadducean rulers in the 'general interest'.

As Jesus hung dying on a Roman cross, under a *titulus* which read, Jesus of Nazareth, king of the Jews, he cried out with a loud voice:

---

[8] It may come as a surprise to many that at the time of the birth of Jesus, the Pharisaic confraternity numbered according to Josephus (*Jewish Antiquities*, xvii, 42), only a little over six thousand members, as against four thousand Essenes (ibid., xviii, 20), whereas the total Jewish population of Palestine is estimated to have amounted to two and a half million.
[9] *Jewish Antiquities*, xviii, 117–118.

Eloi eloi lema shevaqtani?
'My God, my God, why have you forsaken me?' (Mark 15,34)

Nothing, to my mind, epitomizes more sharply the tragedy of Jesus the Jew, misunderstood by friend and foe alike, than this perplexed cry from the cross. Nor was this the end of it. For throughout the centuries, as age followed age, Christians and Jews allowed it to continue and worsen. His adherents transformed this lover and worshipper of his Father in heaven into an object of worship himself, a god; and his own people, under the pressures of persecution at the hands of those adherents, mistakenly attributed to Jesus Christian beliefs and dogmas, many of which – I feel quite sure – would have filled this Galilean Hasid with stupefaction, anger and deepest grief.

I recognize that this sketchy portrait, and even the somewhat more detailed one given in my book, *Jesus the Jew*, does him – and you – less than justice. In particular, no biography of a teacher of the past can come alive if it is unaccompanied by a discussion of his essential message. As the Dean of Christ Church told me the other day in front of Thornton's bookshop in the Broad:

> My dear fellow, you are like an examination candidate who must answer several connected questions. So far you've only dealt with the first one: 'What kind of a Jew was Jesus?' You have advanced a theory. But I won't know whether it's true or not until you reveal your solution to the remaining parts of the puzzle.

Henry Chadwick was, of course, correct; *Jesus the Jew*, whether printed or spoken, is but the first part of a trilogy. I have the title for the second part: The *Gospel of Jesus the Jew*. But the rest has still to be written! The third will explore the metamorphosis of Jesus the Jew into the Christ of Christianity in the works of Paul, John and the rest of the New Testament writers. In the meanwhile I must accept that some of my readers will prefer to suspend judgement on my assessment of this remarkable man.

As I have already said, I began my search for the Jesus of history for its own sake, to prove that, by employing the right methods, something of the /13/ authentic image of the Master from Galilee can be recovered from the dark historical past. To my surprise and pleasure, however, at least one of my readers feels that the work may have some interesting side-effects. It has been said of *Jesus the Jew* by an anonymous reviewer that it

> poses a challenge to Christianity, though it may not be its primary purpose, or intended at all. The implied challenge is that, if Christians wish to return to the historical Jesus, they

must also return, in some measure, to the Judaism in which he lived and moved and had his being.[10]

Rather less sure, but still encouraging, David Daube, perhaps the most influential Jewish voice on this subject, after assessing the book's contribution to the 'quest for the historical framework of Jesus's activity' and 'for his own concept of his vocation', goes on:

> Whether it will do much towards removing ill-will and distrust may be doubted. These attitudes are largely independent of scholarly data. Still with luck, it may do a little. The present climate gives some ground for hope.[11]

On the Christian side, reactions have been varied.

'Vermes's own "historian's reading of the Gospels" ... is presented lucidly, persuasively and with humour' – writes William Horbury of Cambridge – 'but its cheerful elimination of *mysterium Christi* again and again raises the question whether the author is not neglecting evidence that cries out for historical interpretation.'[12]

A well-known English Jesuit, the late Father Thomas Corbishley, described *Jesus the Jew* as 'overcrowded' and its learning as 'oppressive'.[13] And one of his less prominent brethren finds, rather depressingly – in a review entitled 'Minus the Resurrection' – that this 'learned but tedious book' is a 'disappointment'.[14] An American Bible expert, reacting sharply to my comment that professional New Testament scholars often wear the blinkers of their trade, concludes his piece with the words: 'Jesus the Jew deserves better than this.'[15] A French lady, writing in an extreme right wing periodical, calls the book 'scandaleux et blasphématoire'.[16] On the other hand, the editor of a French theological quarterly ends his positive evaluation with an exclamation: 'Jésus ne sera plus le même pour moi après la lecture de (ce) livre.'[17]

---

10 *The Times Literary Supplement*, 7 December 1973.
11 *JJS* 25, 1974, p. 336.
12 *Theology* 77, 1974, p. 277. The same journal carried a rejoinder to Horbury by A. E. Harvey (pp. 376–77).
13 *The Tablet*, 8 December 1974, p. 1179.
14 *The Month*, January 1974.
15 L. E. Keck, *JBL* 95, 1975, p. 509.
16 D(enise) J(udant), *La Pensée catholique*, no. 176, 1978, p. 88.
17 Michel Bouttier, *Etudes théologiques et religieuses* 54, 1979, p. 299.

In general, however, Christian academic opinion has been sympathetic yet not wholly convinced. As A. R. C. Leaney has put it in Oxford's own *Journal of Theological Studies:*

The result is valuable contribution to scholarship, but it is hard to assess exactly how successful it is.[18]

Geza Vermes, Jesus the Jew [Delivered as the twenty-first Claude Goldsmid Montefiore Lecture at the Liberal Jewish Synagogue in London on 14 November 1974], in: ders., Jesus in his Jewish Context, London: © SCM Press 2003, S. 1–13.

---

18 *JTS* 25, 1974, p. 489.

Luise Schottroff / Wolfgang Stegemann
5.2 Historischer Jesus oder älteste Jesustradition, 1978

1. Was kann man über den historischen Jesus sagen?

Einerseits kann man sehr wenig über den historischen Jesus sagen, vor allem wenn man auf möglichst wortgetreue Zitate (verba ipsissima) und gesicherte historische Details aus ist. Das historisch sicherste und eindeutigste Geschehen, das uns von Jesus überliefert ist, ist sein Tod am Kreuz. Auch ein skeptischer Historiker wird nicht daran zweifeln, daß Jesus, ein Jude in dem damals von Römern beherrschten Israel, eine religiöse Bewegung um sich sammelte und dann durch die Römer am Kreuz hingerichtet wurde, wohl auch auf Betreiben einiger mächtiger Führer des jüdischen Volkes. Dieser Tod ist – als bloßes Faktum – durchaus ein eindeutiges Geschehen. Jesus wurde als politische Gefahr empfunden. Das Kreuz war für die Römer ein Instrument der politischen Disziplinierung der unruhigen jüdischen Bevölkerung. Gekreuzigt wurden z. B. politisch aktive Einzelpersonen, Kriegsgefangene und Flüchtlinge, die aus der eingeschlossenen, verhungernden Stadt Jerusalem herauszukommen versuchten.[1] R. Bultmann formulierte, Jesus sei gekreuzigt worden „auf Grund eines Mißverständnisses seines Wirkens als eines politischen".[2] Bultmann formulierte dies so, weil er zu Recht annahm, daß die Jesusbewegung keine expliziten politischen Ziele und Aktivitäten in Angriff nahm. Seine Formulierung ist jedoch insofern unzutreffend, als eine Bewegung wie die der Nachfolger Jesu für die politischen Führer dieses Landes als politische Gefahr wirken mußte. Ein Mißverständnis war sein Tod wohl nicht.

Abgesehen vom Kreuzestod Jesu sind kaum gesicherte historische Details über den historischen Jesus aussagbar. Vor allem ist es nahezu vergeblich, für einzelne *Worte* Jesu in der Tradition der Evangelien den Nachweis historischer „Echtheit"

---

[1] Z.B. Josephus, Bell 5,449–451: Massenkreuzigung von jüdischen Flüchtlingen durch Titus vor Jerusalem; Josephus, Bell 2,75 (Ant 17,295): Massenkreuzigung von 2000 Aufständischen durch Varus; Bell 2,241 (Ant 20,129): Kriegsgefangene in Caesarea durch Quadratus. Für weitere Informationen s. M. Hengel, Mors turpissima crucis, in: Rechtfertigung, Festschrift für E. Käsemann, Tübingen 1976, S. 125–184.
[2] R. Bultmann, Das Verhältnis der urchristlichen Christusbotschaft zum historischen Jesus, in: Exegetica, Tübingen 1967, S. 453.

führen zu wollen. Vergeblich, weil die synoptischen Evangelien vom geglaubten Jesus reden, nicht aber vom „historischen" Jesus in einem modernen Sinn. /10/

Einerseits sind also kaum historisch gesicherte *Details* über Jesus feststellbar. *Andererseits kann man jedoch viel historisch Zuverlässiges über Jesus aussagen*, wenn man ihn nicht mehr isoliert von den Menschen, die sich zuerst als seine Nachfolger begriffen haben, von seinen Jüngern zu seinen Lebzeiten und auch in der ersten Zeit nach seinem Tode. Wenn man Jesus im Zusammenhang der ältesten Jesusbewegung begreift, lassen sich auch über ihn eine Menge historischer Rückschlüsse begründen. Historisch betrachtet läßt sich Jesus von seinen Nachfolgern nicht isolieren – und theologisch ist das nur gut. Die Alternative echt = historischer Jesus – unecht = Gemeindebildung, die lange Zeit die Evangelienforschung bestimmt hat – und der wir wesentliche Fortschritte der Evangelienforschung verdanken –, sollte den Umgang mit den Quellen nicht mehr bestimmen. Auch aus theologischen Gründen: Denn diese Alternative versucht Jesus auszugrenzen, ihn abzuheben von seinen Nachfolgern, ihn abzuheben vom Judentum, bis er auf dem einsamen Podest des genialen Heros steht, dessen Genialität um so deutlicher wird, je weniger er mit den Menschen seiner Umgebung gemein hat. Jesus ist grundsätzlich nicht abgrenzbar gegen bestimmte Gruppen im jüdischen Volk und er ist vor allem nicht abgrenzbar gegen seine ersten Nachfolger. Er war einer von diesen Juden, die in der ersten Hälfte des ersten Jahrhunderts anfingen, auf eine ganz besondere und folgenreiche Weise die Königsherrschaft Gottes zu verkünden. Statt vom historischen Jesus sollte man also in Zusammenhängen, in denen es um *historische* Sachverhalte geht, besser von der ältesten Jesusbewegung reden und – im Blick auf die Quellen – von der ältesten Jesustradition. In *theologischen* Zusammenhängen kann man getrost die abgekürzte Redeweise „Jesus" beibehalten.

Was kann man also unter dieser Voraussetzung über den historischen Jesus sagen? Er war vermutlich der Initiator einer Sammlungsbewegung von armen Juden, deren Lebensmöglichkeiten und Überlebenschancen gering waren, wenn man ihre reale Situation betrachtet. Jesus aber war – wohl von Anfang an – selbst nicht nur der Verkünder der nahen Königsherrschaft Gottes, sondern auch Symbol der Hoffnung, Verkündiger und Verkündigter zugleich. Der historische Jesus und der geglaubte Jesus (der historische Jesus und der kerygmatische Christus) lassen sich nicht voneinander trennen. Jesusworte der ältesten Jesustradition sind zugleich auch schon immer Worte *über Jesus*. Man kann sich das an einem Beispiel klarmachen: „Selig sind die Armen." Dieser Satz begegnet im Munde Jesu und beschreibt seine Zuwendung zu den Armen. Gleichzeitig sagt er aber auch etwas *über* Jesus aus: Die Verhei- /11/ ßung Jesajas (Jes 61,1ff.) ist durch Jesu Kommen erfüllt. Schon die Jesustradition ist also auch christologische Jesustradition.

2. Die historische und theologische Aufgabe

a) Sinn und Möglichkeit historischer Rekonstruktion

Jesusbilder – als Bilder des historischen Jesus – haben oft durch ihre Variabilität je nach Standort des Betrachters zu einer Art historischen Zynismus geführt. Dies kann zur Folge haben, daß man den Umgang mit der historischen Vergangenheit für sinnlos und vergeblich hält. Das in der Kirche verbreitete Desinteresse an der Bibelwissenschaft ist sicher auch von Bibelwissenschaftlern verschuldet, aber das ist nicht das entscheidende Problem. Entscheidend ist, daß der Umgang mit der biblischen Tradition für etwas Sekundäres gehalten wird. Ob man nun bestimmte humanitäre Ziele hat und diese nachträglich in der Bibel wiederfindet, oder ob man ein bestimmtes Bild vom Glauben hat und seine entsprechenden religiösen Interessen aus der Bibel rechtfertigt, beidemal kommt der Bibel nur eine sekundäre Bedeutung zu, beidemal nimmt man zunächst nur sich ernst, um dann auch noch die Bibel für seine Anliegen einzuspannen.

Die Resignation gegenüber historischer Arbeit und gegenüber der Bedeutung der biblischen Inhalte für heute ist falsch, vorschnell, unbegründet, letztlich ist sie gottlos, weil man durch diese Resignation anderen Menschen nichts mehr zutraut: Den Menschen z. B. der ältesten Jesusbewegung, von deren Hoffnung wir heute lernen könnten, wenn wir uns nur auf sie einlassen würden.

So wie wir Menschen in der Gegenwart die Ehre antun, sie so genau, konkret und ernsthaft wie möglich verstehen zu wollen, so sollten wir auch Menschen der näheren oder ferneren Vergangenheit begegnen. Und dazu ist historische Arbeit erforderlich. Also behaupten wir: Es bedürfe der Bibelwissenschaft, um die Nachfolge Jesu heute leben zu können? – Das wäre absurd. Aber wir behaupten, daß die Nachfolge Jesu heute nicht zu lösen ist vom Hören auf die Worte über Jesus und die Jesusnachfolger damals. Und daraus ergibt sich zwangsläufig ein historisches Interesse. Denn wer will nicht wissen, wie es wirklich damals war, wenn er sieht, daß die Evangelien (z. B.) uns etwas zu sagen haben, das wir nicht schon immer wissen?

Natürlich ist nicht zu leugnen, daß der gegenwärtige Standort des Auslegers den Dialog mit der Geschichte beeinflußt. Aber es gibt nicht beliebig viele Interpretationen, beliebig manipulierbare Tra- / 12/ dition – sondern es gibt auch die historische Evidenz einer Interpretation – wohl um so mehr, je deutlicher auch die Voraussetzungen, die der Interpret mitbringt, benannt werden.

b) Die Methode des Umgangs mit den Evangelien

Wie wir dazu gekommen sind, die Evangelien als Dokumente des Jesusglaubens zu begreifen, denen man nicht gerecht wird, wenn man aus ihnen einen historischen Jesus herauszufiltern versucht, sollten wir in den wichtigsten Etappen benennen. Natürlich hätte man das schon bei M. Kähler[3] lesen können und hat es auch gelesen, aber nicht akzeptiert. Denn die exegetische Wissenschaft hat in ihrer „formgeschichtlichen" Epoche zwar die Rekonstruktion des *Lebens* Jesu als unmöglich erwiesen, freilich in ihren wichtigsten Vertretern sich nicht gescheut, bestimmte Logien Jesu für authentisch zu halten. Die Frage nach dem historischen Jesus hielten wir mit E. Käsemann[4] für möglich und theologisch für unerläßlich, um nicht auf eine „theologia gloriae" zuzugehen, die das Menschsein Jesu unwichtig findet. Jedoch – je mehr die redaktionsgeschichtliche Arbeit an den Evangelien zunahm, um so deutlicher wurde, daß die Evangelien nicht aus Sammlungen von Worten des historischen Jesus entstanden sind, sondern als Darstellungen von *Erfahrungen in der Nachfolge Jesu* in verschiedenen historischen Etappen des frühen Christentums. Die Konturen der Evangelisten (Mk, Lk, Mt) wurden immer deutlicher, auch als „Verfasser" von Jesustradition kamen sie für einzelne Passagen in Frage. Die theologische Kontur der Logienquelle und die christologischen Implikationen auch der ältesten Jesustradition wurden immer klarer. Dadurch wurde der Versuch, „Echtheit" zu beweisen, geradezu zu einem Laokoonkampf, und die Inhalte der synoptischen Tradition wurden dabei immer unsichtbarer. Hinzu kam eine theologische Veränderung: Wir lernten Jesus als Mensch unter Menschen zu begreifen, als Bruder Jesus. Dies half uns mehr, christlichen Glauben für uns als wahrhaftige Lebensmöglichkeit anzusehen, als wenn wir Jesus als fernen Gott, Messias, Gottessohn bekennen, zu dem man aufschaut und von dem man nichts lernt, es sei denn, den ungeheuren Abstand zwischen ihm und uns. Besonders anschaulich sieht man das an den Forderungen seiner Bergpredigt: Je göttlicher er ist, desto unerfüllbarer werden sie für uns Sünder. Es sind also zwei Voraussetzungen, die zur hier beschriebenen Art des Umgangs mit den Evangelien geführt haben:
1. Die Einsicht, daß die Evangelien in allen ihren Bestandteilen von der Nachfolge Jesu reden, nicht aber vom *historischen* Jesus in einem modernen Sinne. /13/

---

3 M. Kähler, Der sogenannte historische Jesus und der geschichtliche, biblische Christus (1892), München, 4. Aufl. 1969.
4 E. Käsemann, Das Problem des historischen Jesus, in: Exegetische Versuche und Besinnungen, Bd. 1, Göttingen 1960, S. 187 ff.

2. Auch Jesus als Symbol christlichen Glaubens, als Hoffnungssymbol, ist ein Mensch unter Menschen, der Bruder – nicht ein metaphysisches Wesen.

Methodisch heißt das: Man erfaßt die Evangelien als Produkt einer Geschichte der *Jesusbewegung*. Man geht dabei nicht vom Echten zum Unechten, sondern von älteren zu jüngeren Bestandteilen. Für das Vorgehen am Einzeltext empfiehlt sich sogar die umgekehrte Reihenfolge: Von der jüngsten Schicht rückwärts zu gehen. Also z. B. zu überlegen: Was ist auf der Ebene des Lukasevangeliums der Sinn dieses oder jenes Wortes Jesu, läßt sich das Wort in ältere Tradition zurückverfolgen, läßt sich dort sein literarischer und gesellschaftlicher Kontext ermitteln? Die wichtigsten historischen Etappen der Jesusbewegung, die hinter den Evangelien steht, sind literarisch faßbar als:
a) Die älteste Jesustradition
b) Die Logienquelle (Q)
c) Das Markusevangelium
d) Das Lukasevangelium
e) Das Matthäusevangelium.

Sie repräsentieren fünf verschiedene theologische Entwürfe, aber auch fünf sehr unterschiedliche historische Situationen. Zweifellos ließe sich dieses Bild auch noch wieder weiter differenzieren, aber diese fünf Schichten sind wohl die wichtigsten Etappen in der Geschichte der Jesusbewegung. Entgegen lange geübten kirchlichen und zum Teil auch wissenschaftlichen Gewohnheiten haben wir inzwischen damit angefangen, die Evangelien als literarische Gesamtwerke zu lesen, also z. B. das gesamte Lukasevangelium zu lesen. Vergleichbares gilt für die älteste Jesustradition wie für die Logienquelle. Auf diese Weise bekommen wir das theologische Anliegen einer solchen Schicht bzw. eines Evangeliums insgesamt in den Blick.

c) Die sozialgeschichtliche Frage

Doch um die Nachfolge Jesu in den verschiedenen historischen Stadien zu verstehen, muß man auch die Welt kennen, in der sie sich abspielt. Dazu gehört: Die religiöse Umwelt, die politische Situation – aber auch die soziale Situation der entsprechenden Gesellschaft. Während für den religionsgeschichtlichen Vergleich und für die politische Einordnung in den meisten Fällen ausgezeichnete Hilfsmittel zur Verfügung stehen, ist die Kenntnis der sozialen Verhältnisse in vieler Hinsicht ein offenes Problem. In diesen Fragen sind noch so viele Aufgaben zu bewältigen, daß man nur hoffen kann, daß sich immer mehr Menschen für diese

Arbeit /14/ begeistern. Aber auch hier kann man an Forschungstradition anknüpfen, allerdings vor allem an Forschungen aus der Zeit Ende des 19. Jahrhunderts bis Anfang des 20. Jahrhunderts. L. Friedländer und A. v. Harnack[5] sind hier als Beispiele zu nennen.

Aus der Forschung der letzten Jahrzehnte sind vor allem die Arbeiten von J. Jeremias von großer Bedeutung.[6] Entscheidende Hilfsmittel bietet die neuere Forschung außerhalb der Theologie: Z. B. von Althistorikern und Rechtshistorikern. Methodisch kann man an die Formgeschichte anknüpfen. Allerdings ist auch in der älteren Formgeschichte bis auf wenige Ausnahmen die Frage nach dem „Sitz im Leben" zu sehr auf das „Leben" im Zusammenhang religiöser und literarischer Institutionen eingeschränkt worden (Kult- und Pflegeort der Überlieferung im gottesdienstlichen Leben usw.). Bei der Suche nach dem „Sitz im Leben" muß man aber auch das Leben in seinen wirtschaftlichen und sozialen Bedingungen berücksichtigen.

Die sozialgeschichtliche Fragestellung hat nicht nur das Ziel, das Bild der Vergangenheit bunter zu machen. Ihr eigentlicher Grund ist ein theologischer. Jesusnachfolge ist ein Weg, der Menschen zusammengeführt hat, die in Not waren. Diese Not ist damals wie heute auch die Not, die Unterdrückung, Haß, Gewalt und Ausbeutung erzeugen. Wer Jesusnachfolge auf ein Geschehen in den Herzen, den Köpfen und in den privaten zwischenmenschlichen Bezügen konzentriert, *beschränkt* die Jesusnachfolge, verharmlost Jesus. F. Belo[7] hat ein anschauliches Bild für die Nachfolge Jesu gebraucht: Sie sei eine Praxis der Hände, der Füße und der Augen. Die Praxis der Hände ist die tätige Liebe, sie nimmt die ökonomische Situation der Menschen und ihre Ursachen ernst. Die Praxis der Füße ist die Brüderlichkeit, sie drückt die politische Dimension der Hoffnung aus. Die Brüderlichkeit erträgt es nicht, wenn Menschen unfrei gehalten werden. Die Praxis der Augen ist die Kritikfähigkeit und Hellsichtigkeit des Glaubens, die die vielfältigen Lügen der Ideologien der Macht durchschaut.

Wir verstehen dieses Buch als einen notwendigerweise unvollständigen Versuch, die sozialgeschichtliche Dimension der Nachfolge Jesu genauer in den Blick zu bekommen. Man mag dieses Buch in jeder Hinsicht kritisieren, unsere Absicht ist erreicht, wenn andere, die die Mängel dieses Buches beklagen, sich nicht auf Klagen beschränken, sondern weiterarbeiten an der sozialgeschichtli-

---

5 L. Friedländer, Darstellungen aus der Sittengeschichte Roms, Bd. 1–4, Leipzig, 10. Aufl. 1922 (Nachdruck Aalen 1964); – A. v. Harnack, Die Mission und Ausbreitung des Christentums, Bd. 1–2, Leipzig, 4. Aufl. 1924.
6 Besonders J. Jeremias, Jerusalem zur Zeit Jesu, Göttingen, 3. Aufl. 1969.
7 F. Belo, Lecture matérialiste de l'évangile de Marc, Paris, 3. Aufl. 1976, S. 327 ff. Vgl. G. Casalis, Theologia Practica 13, 1978, S. 61 ff.

chen Aufgabe. Diese Aufgabe entsteht, sobald die Jesusnachfolge praktisch wird. Da ist man dankbar für Informationen, wie denn wohl unsere Brüder in den Anfängen des Christentums konkret ihren Weg gegangen sind.

Begründung der Auswahl unserer Fragestellungen: Wir befragen vor allem Texte, die zu sozialen Problemen Stellung beziehen, weil sie sowohl in der ältesten Tradition als auch in der Logienquelle und im Lukasevangelium von der dort vertretenen Sache her den Schwerpunkt bilden. Natürlich muß diese Tradition im Blick auf den theologischen Gesamtentwurf des jeweiligen Kontextes behandelt werden. Doch wird hier nicht jeweils eine Gesamtdarstellung (älteste Tradition, Q, Lk) angestrebt.[8]

Luise Schottroff / Wolfgang Stegemann, Jesus von Nazareth – Hoffnung der Armen, Stuttgart / Berlin / Köln: © W. Kohlhammer ³1990 (¹1978), S. 9–14.

---

[8] Es wäre natürlich wichtig, auch Mk und Mt auf die Eigenart ihres Weges in der Jesusnachfolge hin zu analysieren. Dies würde aber den Umfang dieses Buches zu sehr erweitern.

Richard A. Horsley
5.3 Abandoning the Unhistorical Quest for an Apolitical Jesus, 1987

Toward a More Comprehensive and Concrete Approach

The standard picture of Jesus the advocate of nonviolence, as presented in books and articles in biblical studies and religious ethics is no longer historically credible. This situation calls not only for a new and more critical examination of the gospel evidence for Jesus' practice and preaching, but for an equally critical reassessment of our own assumptions and approaches to Jesus through that evidence.

Of Foils and False Starts

The portrait of Jesus as a sober prophet of nonviolence has been sketched with the Zealots movement as a foil. "The Zealots," one of the four principal parties or sects of "Judaism" and a prominent force in the society motivated by a fanatical zeal for the Law, were busy advocating violent revolt, indeed a "messianic holy war" against the Romans. Diametrically and directly opposed to "the Zealots," Jesus, understood as an apolitical religious teacher addressing the individual, taught "love your enemies," understood as nonviolence, and "turn the other cheek," understood as nonresistance vis-à-vis the Romans. He even purposely associated with tax collectors, who were despised by the Jews generally as hopeless sinners, and whom the fanatical "Zealots" would avoid absolutely as collaborators with the alien enemy. The fact that Jesus was executed as a political criminal is explained away by the claim that the charges brought against him in his trial were false. He was innocent, it is said. After all, when asked about paying the Roman tribute, which was sharply opposed by "the Zealots," he had declared "render unto Caesar." And what might have appeared as an attack on /150/ the Temple was really just a "cleansing," a purification, or a final call for repentance in anticipation of the coming of the kingdom he had been proclaiming. Virtually all the components of this picture are historically invalid or inaccurate as they stand in most of the scholarly and popular literature, and the foil on which the whole picture depends is now known to be without historical basis. Thus it is necessary to reexamine these, along with many other aspects of Jesus' ministry, in order to understand how Jesus dealt with the reality of violence. Before proceeding with such a reexamination, however, it would be well critically to review some of the approaches and assumptions typical of standard biblical studies.

At the outset we must abandon an approach that asks "What does Jesus (or the Gospel) say about violence or nonviolence?" An examination of the theme of "love" or of "peace" in the gospel tradition might seem to offer an appropriate approach to Jesus' "teaching" with regard to violence. But neither of these themes is all that important in the gospel tradition. Although "love" is a prominent theme in John's Gospel, 1 John, and Paul's letters, the term occurs relatively infrequently in the synoptic tradition. The group of sayings headed by "love your enemies" in the Sermon on the Mount (Matthew) and Sermon on the Plain (Luke), of course, have been extensively used in connection with the issue of violence/nonviolence, as well as in connection with the historical question of the Jews' response to Roman rule. But there is no indication in the Gospels that loving one's enemies had any reference to the Romans or that turning the other cheek pertained to nonresistance to foreign political domination.[1] Among other occurrences of "love" in the synoptic tradition, the principal passage that might have some relevance, albeit indirect, is the redactional phrase in Mark 10:21 that Jesus "loved" the rich man who asked how to inherit eternal life (but was unable to relinquish his great wealth): i.e., Jesus loved the rich man whom he and others had reason to resent. Exploration of the "love" theme simply does not generate much direct illumination on the issue of Jesus and violence.

Examination of the theme of "peace" might produce more of relevance to the issue of violence, but only indirectly. Only rarely in its /151/ relatively infrequent occurrences in the gospel tradition does the Greek term *eirene*, usually translated "peace," mean the absence of conflict, violence, or war. In the most significant of those occurrences, Matt 10:34 and Luke 12:51, Jesus declares that he came "not to bring peace but a sword." Otherwise *eirene* occurs primarily in Luke, where it means something like "salvation" in a comprehensive sense. Like the Hebrew term *shalom*, for example, in the later sections of Isaiah (e.g., 48:18; 52:7; 54:10; 59:8; 60:17–18), where "peace" is parallel to "justice" or "righteousness" and has the sense of liberation from imperial oppression, *eirene* bears a sense of justice and liberation in Luke. A passage in Josephus provides a sense of

---

[1] See R. A. Horsley, "Ethics and Exegesis: 'Love Your Enemies' and The Doctrine of Non-Violence," *JAAR* 54 (1986) 3–31.

the connotations of "peace" as the absence of conflict or war, in contrast with the liberation for the lowly that came with Jesus in Luke: Josephus says that in response to the sharply repressive violence unleashed by the Roman governor Florus, the chief priests and most powerful men, "being men of position and owners of property, were desirous of peace" (*War* 2.336–338). Unfortunately for the concern to find in Jesus a teacher of "love of enemies" in the sense of a nonviolent stance toward political enemies and a preacher of peace in the sense of an absence of conflict, thematic study of "love" or "peace" is not very fruitful. Besides being far broader and more concrete, our approach must move beyond the quest for what Jesus may have said about a particular issue.

Modern Assumptions versus Historical Realities

In broadening and concretizing our approach it will be necessary to take into consideration and make critical allowances for some of our more determinative modern assumptions about reality. In post-Enlightenment Western culture generally there is a strong bias toward individualism. This bias is unusually determinative in philosophy, theology, and religious studies. It may well be legitimate to acquiesce in that individualism in our various apologetic hermeneutical attempts to make historical texts and events meaningful for modern "individuals." But the concern for contemporarily relevant interpretation seriously affects the selection of data and methods of historical investigation. The extensive influence and intensive resonance of Bultmann's /152/ "demythologizing" and his existentialist interpretation in New Testament studies well illustrates this problem.[2] What in the discourse of Jesus or in Jewish apocalyptic literature was an understanding of a whole life-world, of society and history as the context of people's own personal and community life, became reduced to "self-understanding." Jesus' message that the kingdom of God was at hand became reduced in its implication to the necessity of individuals to *decide* (!) about one's own "authentic existence." Correspondingly, the broader concern of Jesus and his followers for community life, as well as the historical context of Jewish Palestine, were left relatively unexplored. The method of "formcriticism," which ostensibly promised a genuine sociological investigation of the historical context of gospel traditions, stopped short with contexts such as preaching and teaching – interestingly enough, contexts more appropriate to decision about individual existence. Far

---

[2] R. Bultmann, *Jesus Christ and Mythology* (New York: Scribners, 1958); *Jesus and the Word* (New York: Scribners, 1958; orig. 1926).

from existentialist interpretation's being a special problem, it is merely a symptom of an important underlying assumption that has strongly influenced our understanding of Jesus.

Integrally related to the modern individualistic focus is our assumption that religion is an area of life separable from the more material or social areas such as economics and politics. This is also part of modern Western culture, in which there has been a tacit agreement since the Enlightenment ("strangle the last king in the entrails of the last priest") that "religion" and "politics" should not interfere in each other's respective spheres. Indeed, in modern industrialized society we do in fact presuppose a considerable degree of institutionalized "structural differentiation" among the interrelated spheres of life. Of course this historical development has also tended to mean the reduction of "religion" to individual inner experience along with what takes place in churches or synagogues. Accordingly we have tended to read and interpret the Bible, particularly the New Testament, as if it dealt primarily or only with "religious" life. Of course, there was no such concept as "religion" when the materials in the Bible originated or were written.[3] More important, in traditional historical societies there was no separation of life into different areas such as "religion" and "politics" and "economics." Yet, in accordance with the modern as- /153/ sumption that "religion" is a separate area of life, New Testament scholars often interpret Jesus as utterly apolitical.[4]

The Bible, however, whether Old or New Testament, whether we refer to the priestly writers of the Torah or Jesus and the gospel tradition, exhibits no separation of "religious" and "political" or other areas of life. In historical biblical narratives about early Israel, for example, it is unavoidably clear that Yahweh was understood as the king of Israel, so that Israel should not have any human king "like all the nations" (Judges 8:22–23; 1 Samuel 8:4–7). In second Temple times, the income of the priestly aristocracy, and the basis of their wealth and power, was provided by the tithes and offerings given to "the god who is in Jerusalem" (Ezra 1:3; Nehemiah 10:32–39; 12:44–47; 13:10–14). The high priest was simultaneously the political head of the society, a Persian or Hellenistic imperial official, and the principal beneficiary of the tithes and sacrifices owed to God. As Josephus says, following the reign of the Herodian client kings the "con-

---

[3] See W. C. Smith, *The Meaning and End of Religion* (New York: Mentor, 1964), ch. 2.

[4] See, e.g., the influential books, G. Bornkamm, *Jesus of Nazareth* (New York: Harper, 1960, etc.), e.g., 66–67, 121–123; J. Jeremias, *New Testament Theology* (London: SCM, 1971), e.g., 71–72, 122–123, 228–229. Proclaimed explicitly by O. Cullmann, *Jesus and the Revolutionaries* (New York: Harper & Row, 1970), 1–10. More critical historical awareness, e.g., in W. D. Davies, *The Gospel and the Land* (Berkeley: University of California Press, 1974), 344.

stitution" of Judea again "became an aristocracy, and the high priests were entrusted with the leadership of the nation" (*Ant.* 20.251). There is no reason to believe, no evidence that Jesus and his followers or the gospel tradition were only or even primarily "religious" in their concerns. The evidence in the gospel tradition – e. g., the political symbol of "the kingdom of God" as his central message, the healing of bodies as well as souls as the activity for which he was most renowned – rather confirms the opposite: that Jesus was concerned with the whole of life, in all its dimensions.

Besides our modern individualism and our assumption that "religion" is somehow separate from the other dimensions of life such as "politics," we must take into account our own idealist orientation toward reality. It is understandable that people focused on religion and other cultural expressions should have idealist assumptions. In biblical studies and theology we have been working primarily with words, symbols, ideas, stories, and, through it all, texts. Our primary task is to glean new or renewed meaning from those texts, symbols, or ideas. It is a fundamental conviction in biblical literature and a basic commitment of faith for Jews and Christians, however, that meaning is incar- /154/ nate, as it were, in historical life: in material, personal, social particulars. Thus, simply in order to be faithful to the material we are investigating and interpreting we must become far more concrete than is our habit. Serious commitment to becoming more concrete will have wide-ranging implications for historical inquiry into Jesus' practice, preaching, and effects.

For example, what if "Jesus of Nazareth" actually spent some of his formative years in Nazareth, which was a few miles from the small "city" of Sepphoris in Galilee. The Sepphoris area was the center of the popular movement that had acclaimed Judas, son of the brigand-chief Hezekiah, as its "king" in 4 B.C.E. When the Romans reconquered the area they devastated Sepphoris itself and sold the people into slavery (Josephus, *War* 2.56, 68; *Ant.* 17.271–272, 289). Sepphoris was then reconstructed as a Hellenistic city, with new, presumably Greek-speaking, inhabitants. If there was still sharp opposition between the people of Sepphoris and the Galileans in the surrounding area in 66–67 (*War* 2.511; 3.30–34, 59–62; *Life* 373–395), then there must have been a good deal of conflict between Galilean villagers and the alien city in their midst earlier in the first-century as well. Thus memories of struggles to regain their autonomy and of renewed devastation and enslavement by the Romans, along with continuing conflict with an alien city to which they were subordinated, were probably important factors in the lives of Jewish villagers in the area.

In our idealist orientation and procedure we take seriously the importance of cultural factors such as the influence of foreign ideas, even when the influence is supposedly operating in a situation centuries removed from the original impulse.

We "explain" images such as "one like a son of man" and "the ancient of days" as derived from "Canaanite myth." Or we "explain" apocalyptic dualism as "Iranian" influence. However, not only might those images no longer be expressions of a "mythic" view of reality; more importantly, they may be rooted in the concrete social-historical situation of the people responsible for the vision in Daniel 7. Or, not only might the dualism not be derived from Iran; but even if borrowed it may be, more importantly, an expression of Palestinian Jews' sense of being caught in the intensely conflictual situation of domination by foreign empires. Demon-possession may /155/ have more to do with the concrete political-economic-religious realities of the then-current imperial situation than with the transmission of particular cultural content, such as ideas of dualism.

Further examples: the crucifixion, central religious symbol for Christians, was a form of execution that the Romans used for those who disrupted the *pax Romana*. Compared with other issues, relatively little attention has been given to why, concretely, Jesus may have been crucified. Finally, eating and hunger are important themes in the gospel tradition. To be sure, people "do not live by bread alone." Considering the importance of the imagery of debt in Jesus' parables, however, it should be considered that sayings such as "blessed are you who hunger now, for you shall be satisfied" or "give us our bread for subsistence" had concrete as well as "spiritual" reference in Jesus' ministry. Or, to remind ourselves of the wider dimensions of concrete considerations, Jesus and his followers are significantly portrayed as eating together in memory and anticipation of God's historical activity of liberation and renewal.

Closely related to the concern for becoming more concrete is the recognition of social diversity and class conflict. In this connection the problematic assumption to be taken into account is less our belief that there is no such conflict in our own social experience than our habit of generalizing from the written sources, on which we are so dependent, to the society in general that we are dealing with. We thus constantly deal in abstractions such as "Judaism" or "apocalypticism," and we tend to proceed as if *everyone* in ancient society thought in the way manifested in our sources. The latter, of course, were produced by a literate elite who were more than likely being supported by the rulers. The vast majority of people in any premodern agrarian society could not write and left no records other than artifacts that can be unearthed by archaeologists, or stories that have been edited by the elite. Biblical narratives and prophecies and the gospel traditions, of course, are highly unusual as historical documents because they contain so much from popular culture and express the concerns of ordinary, illiterate people – concerns that may well conflict with views expressed in other literary sources. /156/

The Content and Orientation of the Gospel Tradition

Not Peace but Conflict

The gospel tradition is full of conflict. Often the conflict is violent. All three synoptic Gospels begin and end with conflict, the most prominent being the crucifixion of Jesus by the Romans, followed by his vindication in the resurrection. The enemies of God and of the people are the authors of the conflict and violence in some cases. At the beginning of the story in Matthew stands Herod's massacre of the innocents (Matthew 2:16). But God or Jesus himself also brings about or provokes conflict, sometimes violent. At the beginning of the story in Luke, Mary sings of God as "put[ting] down the mighty from their thrones and exalt[ing] those of low degree" (Luke 1:52). In Jesus' first action after calling some disciples in Mark, the unclean spirit cries out, "What have you to do with us, Jesus of Nazareth? Have you come to destroy us?" (Mark 1:24). Now it has become a standard generalization that our Gospels are, among other things, apologetic documents that have toned down the conflict, especially with the Romans. Yet the intensity and variety of conflict that runs through the gospel tradition is still overwhelming.

The situation in which Jesus heals and preaches is pervaded by conflict, some of it explicit, much of it implicit in stories and sayings. Most obvious, perhaps, is the conflict between rich and poor or between the rulers and the people. More particularly Herod Antipas arrests and then executes John the Baptist; the Pharisees keep Jesus under close surveillance; and finally the high priests and their governing council arrest him and hand him over to the Romans for execution.

Far from avoiding or transcending such conflicts, however, Jesus himself enters into them and even exacerbates or escalates them. He offers the kingdom of God to the poor and pronounces woes against the rich (Luke 6:20–24). Not only does he carry out actions that irritate the Pharisees, but he then criticizes them sharply and even pronounces judgmental woes against them as well (Luke 11:37–52). When certain villages do not respond to his message of the kingdom, he announces /157/ their condemnation. When told that Herod Antipas wants to kill him, he declares that he will continue his objectionable activities (Luke 13:31–33). Finally, following what appears to have been a highly provocative "messianic demonstration" at his entry into Jerusalem, he disrupts business in the Temple courtyard and not only challenges the authority of the chief priests but tells a parable clearly indicating their imminent judgment by God (Mark 12:1–12 and parallels). It is difficult to imagine more provocative behavior from a popular prophet. The only prophets from the biblical tradition to match or outdo Jesus were Elijah and Elisha, who were busily engaged in fomenting popular revolution against Ahab's oppressive regime. In terms of the spiral of violence, it is clear in the gospel tradition that Jesus directly and sharply opposed the oppression of the ruling groups and that he virtually invited their action in suppressing him.

Was Jesus, however, simply another popular prophet engaged in resisting injustice and oppression? Or are there aspects of the gospel tradition indicating that Jesus engaged more fundamentally in a revolt against the powers controlling the imperial situation in Palestine? Further, did Jesus simply move into the fourth stage of the spiral of violence, or did he in some way transcend or avoid violence while still catalyzing a revolution against the established order? These are the overarching questions that will be pursued in the next several chapters. Prior to more detailed exploration of gospel traditions leading toward a more precise and concrete understanding of Jesus' practice and preaching, we can first determine more generally that Jesus and perhaps some of his Jewish contemporaries as well were engaged in more than resistance to oppression.

Jesus and the Revolutionary Perspective of Jewish Apocalypticism

Jesus' overall perspective was that God was bringing an end to the demonic and political powers dominating his society so that a renewal of individual and social life would be possible. This is a perspective he shared with and probably acquired from the contemporary Jewish apocalyptic orientation. Until recently such a statement might have seemed utterly ridiculous in the field of biblical studies, which has /158/ viewed apocalypticism as alienated from history. Thus an explication of the statement should include an examination of how biblical studies have been decisively affected by the problematic modern assumptions mentioned above. If we can move beyond the previous understanding that has been limited by certain modern presuppositions, then it would be possible to discern that the "revelations" received by Jewish visionaries in late second Temple times were "revolutionary," at least in perspective.

Jesus preached that the kingdom of God was at hand. Since the turn of the century, beginning with the ground-breaking study of Johannes Weiss as popularized by Albert Schweitzer and especially through the pervasive influence of Rudolf Bultmann, Jesus' preaching of the kingdom of God has been understood against the background of Jewish apocalypticism.[5] "Jesus' message is connected with the hope ... documented by the *apocalyptic* literature, a hope which awaits salvation not from a miraculous change in historical (i.e., political and social) conditions, but from a cosmic catastrophe which will do away with all conditions of the present world as it is."[6] "The Kingdom of God ... is that *eschatological* deliverance which ends everything earthly. ... It is wholly supernatural. ... Whoever seeks it must realize that he cuts himself off from the world."[7] Now it is evident to anyone who sensitively or critically reads much of the synoptic Gospels and/or sections of the Book of Daniel or *1 Enoch* that such bizarre descriptions constitute a gross distortion of both Jesus' preaching and Jewish apocalyptic literature. How can we explain that precisely the supposedly supercritical biblical scholarship can have been dominated by such a view for a half century or more? Here, in fact, is a prime example of how our rather nonhistorical view of Jesus as well as of Jewish apocalyptic literature is rooted in certain distinctive presuppositions of modern religious scholarship that we are now only beginning to recognize and take into account.

It would seem fairly clear what happened. Reading literature that portrays God as dramatically effecting the replacement of an old order with a new order, but assuming that this "revelatory" literature is only or primarily religious and not political-economic, we have emphasized the cosmic and supernatural imagery in which that dramatic replace- /159/ ment is portrayed. The effect is to divert attention from the social-political-economic dimensions in this literature and to find in Jesus' message not a hope for any "change in historical (i.e., political and social) conditions," but an end of the present world in "cosmic catastrophe." Correspondingly the discovery of the dramatic transformative aspects and implications of the kingdom of God in Jesus' preaching, far from challenging the individualism of ethical liberalism, in effect intensified it, particularly in Bultmann's demythologizing interpretation and nonethical existentialism. Since the kingdom of God was wholly superhistorical and supernatural, since it brought the End, people and their activities were no longer of any significance, but only God's power. Jesus' preaching of the kingdom brought people face to face with Eternity. The only appropriate response was decision about one's individual "authenticity." Ironic as it might seem, the understanding of Jesus' preaching of the kingdom in terms of cosmic catastrophe led to apolitical quietism.

---

5 J. Weiss, *Jesus' Proclamation of the Kingdom of God* (Philadelphia: Fortress, 1971; orig. 1892); A. Schweitzer, *The Quest of the Historical Jesus* (New York: Macmillan, 1961; orig. 1906), esp. ch. 19.
6 R. Bultmann, *New Testament Theology*, 2 vols. (New York: Scribners, 1951–1955) 1.4.
7 Bultmann, *Jesus and the Word*, 35–37.

What would appear as the overall thrust or perspective of apocalyptic literature and the preaching of Jesus, however, if we read them not only (a) less literally but with greater appreciation of the distinctive function of apocalyptic imagery, and (b) less doctrinally as a synthesis of theological ideas, but also (c) without imposing the modern separation between religion and social-political life? As was noted in the last chapter, recent studies of apocalyptic literature have provided us a sense of particular documents far more precise than that available a few decades ago.[8] Combining that more precise sense of particular documents with a more concrete sense of the referents of visionary imagery, we can take a more realistic look at the transformation portrayed in key apocalyptic texts. In Daniel 7, although some of the imagery had a background in Canaanite cosmogonic myth centuries earlier, it is used in a vision portraying a judgment scene in heaven, the point of which turns out to be that political dominion is about to be taken away from the oppressive Seleucid regime and the kingdom given to "the people of the saints of the Most High." In Daniel 10–12, the battles led by the heavenly prince Michael are clearly for the sake of the people caught in desperate historical circumstances. The language of the end refers not to the end of history or of creation but to the resolution of the historical /160/ crisis, and the main hope is for the deliverance of the people by the (divine) defeat of the Seleucid imperial forces.[9]

In each of these sections from apocalyptic literature prior to the time of Jesus the focus is on the judgment or defeat of oppressive historical enemies and the vindication and restoration of the people in independence and righteousness under God's rule. The enemies, moreover, are easily identifiable as the regime of Antiochus Epiphanes or the Roman empire and/or the Jewish ruling group collaborating with the imperial regime. What earlier biblical scholarship labeled as expectations of "cosmic catastrophe" typical of Jewish apocalypticism would be called, in ordinary contemporary language, eager hopes for anti-imperial revolution to be effected by God.

---

[8] See [Horsley, *Jesus and the Spiral of Violence*,] ch. 5, nn. 19 + 30.
[9] Illustrations of such a less literalistic doctrinal and more concrete contextual reading of key apocalyptic texts could be multiplied. For example: in The Apocalypse of Weeks, 1 Enoch 93 and 91, the "new heaven" of the tenth week seems subordinate to the real fulfillment, the perpetuation of "goodness and righteousness" (i.e., societal life the way God wills it) during "weeks without number forever"; in Assumption of Moses 10 the imagery of "cosmic catastrophe" and the elimination of Satan used in connection with God's kingdom appearing throughout all the creation serves as a vivid expression of how fantastic will be God's vindication and restoration of his people against their oppressive enemies, probably the Romans.

Jesus' proclamation and practice of the kingdom of God indeed belonged in the milieu of Jewish apocalypticism. But far from being an expectation of an imminent cosmic catastrophe, it was the conviction that God was now driving Satan from control over personal and historical life, making possible the renewal of the people Israel. The presence of the kingdom of God meant the termination of the old order.

The Charges against Jesus Not Totally False

Did Jesus' own activities match his revolutionary perspective? In being crucified, he was executed as a political agitator or criminal. The inscription on the cross, supposedly giving the reason for his execution, also indicates that the Roman and/or Jewish officials viewed him as an actual or potential revolutionary: "Jesus of Nazareth King of the Jews." Much standard interpretation of Jesus and the Gospels, however, understands the charges brought against Jesus as false, his crucifixion as resulting from the hostility of the Jewish rulers who manipulated both the crowds and the Roman governor Pilate, and Jesus himself as "innocent." Sometimes the latter claim is qualified to allow that Jesus' ministry was indeed a threat of some sort to the Jewish ruling groups, although by no means revolutionary, and that the Gospels, in attempting to have Jesus appear unthreatening to the Roman order (especially after the Jewish revolt of 66–70), wove apologetic themes and elements into their accounts, particularly the passion narratives. /161/

Claims that the charges against Jesus were totally false and that Jesus was innocent, however, do not hold up to closer reading of the gospel texts. Moreover, even though the Gospels themselves have, as commonly agreed, overlaid the earlier traditions with a clearly apologetic layer, they still present Jesus as proclaiming and symbolically acting out the judgmental termination of the old order and the inauguration of the new. This can be discerned very clearly both in Mark, the earliest Gospel, and in Luke, supposedly the most politically apologetic.

The Gospel of Mark may not be sophisticated literature. But the story Mark tells may be more complex and subtle than has often been allowed. A clearly awkward insertion or addition may indicate more than simply the author's editorial clumsiness. In his account of Jesus' trial before the Sanhedrin, the Jewish aristocratic governing council dominated by the high priests, Mark explains that although sought, incriminating testimony against Jesus could not be found; he then says that many bore false witness but their witness could not agree; he then again says that some bore false witness about his claim to destroy and rebuild the Temple, yet their testimony did not agree (Mark 14:55–59). Moreover, in citing Jesus' claim to destroy and rebuild the Temple, Mark adds the phrases "made with hands" and "not made with hands," which are neither in Matthew's parallel nor in the mockery against Jesus on the cross about having made this same threat against the Temple (Mark 14:58; cf. 15:29 and Matt 26:61). We are left wondering if the falsity of the witnesses lay in their duplicitous intention or in their testimony. And why the explanatory phrases about the Temple that soften the severity of the charge? Awkward editing, to be sure, but likely intended to indicate something to the reader.

Mark is almost certainly presenting the events as having more than one level of significance. Yes, Jesus was convicted on the charge of threatening destruction of the Temple on testimony brought by "false witnesses." At a deeper level, however, the charge was true, as can be discerned by seeing the account of the trial in the context of the overall story.[10] Earlier in the narrative Jesus had dramatically disrupted activities in the Temple courtyard (Mark 11:15–19) and had predicted the destruction of the Temple (Mark 13:2). Then, following his condemnation and execution for threatening destruction of the Temple, the /162/ curtain of the Temple's inner court is rent in two, a clear sign of the impending destruction of the Temple. Mark intends the reader to understand the charge as true in terms of what is ultimately happening in these events, despite the apparently trumped-up character of the charge. Now, it would strain credibility to claim that Jesus originally was absolutely innocent of having said or done anything threatening to the Temple, and that Mark (or pre-Marcan tradition) invented the idea of the false charge as part of an apologetic strategy to place the blame for Jesus' crucifixion on the Jews. Moreover, the original motivation for the apology would virtually disappear on such a reconstruction. We must rather believe that it was firmly embedded historical tradition that Jesus had threatened the Temple in some way and that, although Mark provided an apologetic overlay of the "false witnesses" and ridiculous trial, he was also both transmitting and affirming that Jesus' actions and words (including his death at the hands of the ruling powers) meant the end of the old order.

Luke both elaborates on the charge brought against Jesus and adds apologetic touches to further soften the apparent Roman responsibility for Jesus' crucifixion. To Mark's brief account of the trial before Pilate, Luke adds the further accusations that Jesus had been "perverting our nation" and "stirring up the people," as well as "forbidding us to give tribute to Caesar" (Luke 23:2, 5). Luke then

---

10 See, e. g., D. Juel, *Messiah and Temple* (SBLDS 31; Missoula: Scholars, 1977), 122–23, 138, 212–13; J. R. Donahue, *Are You the Christ?* (Missoula: Scholars, 1973), 73–75.

seemingly counters the accusations by having Pilate declare three times that he finds no crime deserving death in Jesus (Luke 23:4, 14, 22). But this does not mean that in the Gospel as a whole Luke presents Jesus as innocent of the charges against him. The usual "proof-text" that Jesus was "innocent" (Luke 23:47) involves Luke's deliberate alteration of Mark and thus provides no historical evidence about Jesus' ministry. It is not clear, moreover, even at the Lucan level, how *dikaios* should be translated. Reading it as "innocent" would make a certain amount of sense, considering that it is a declaration by a Roman centurion. But the reading "surely this man was righteous" would fit well with Luke's overall interpretation of the historical-soteriological significance of Jesus as the prophet-messiah sent to Israel and then, although martyred, vindicated by God as "the righteous one." Might Luke have intended a double meaning? /163/ In any case, even if "innocent" was the only sense intended, it would be Luke's own apologetic twist.

In the rest of the Gospel, however, Luke portrays Jesus in such a way that at least two of the three principal charges brought against him in the trial before Pilate ring true. Unclear, without further investigation, is whether Jesus was guilty of having forbidden the people to pay tribute. That Jesus was the annointed king, son of God, is clear at several points in Luke, including Jesus' baptism and "triumphal entry" (Luke 1:32; 3:21–22; 9:20; 19:37–38; cf. 23:36–37). Most prominent are Luke's portrayals of Jesus' "stirring up the people." From the beginning of his ministry in Galilee, the crowd "presse[s] upon him to hear the word of God" or "to be healed" (Luke 5:1–3,15), while the scribes and Pharisees look on suspiciously. As Jesus moves toward Jerusalem, the crowds increase, as do the tensions between him and the Pharisees. Once in Jerusalem, he moves directly into the symbolic and material center of the society, the power base of the ruling aristocracy: "He was teaching daily in the Temple: The chief priests and the scribes and all the principal men of the society sought to destroy him; but they did not find anything they could do, for all the people hung upon his word" (Luke 19:47–48). The same opposition between Jesus and the people on the one side and the chief priests and other rulers on the other continues in a stand-off in the city until he is finally arrested (e. g., Luke 20:6, 19; 21:37–38; 22:2). Jesus was indeed, especially from the rulers' point of view, "perverting our nation." Far from blaming "the Jews" generally for the crucifixion of Jesus, Luke's Gospel portrays a virtual class conflict between Jesus and the people on the one side and the Jewish rulers on the other. Nor did Luke invent this conflict, which is deeply rooted in the earliest gospel traditions. If Luke was attempting to soften the responsibility of the Roman officials for Jesus' death, he would hardly have created the element of class conflict, which was just as threatening to the Roman order as a popular provincial agitator.

It should thus be clear that the synoptic Gospels do not portray Jesus as "innocent" and innocuous. In fact they indicate rather clearly that Jesus had threatened the Temple, that he was understood as an annointed king, and that he had "stirred up" the people. Given their clear /164/ apologetic concerns vis-à-vis the Romans, it is difficult to imagine that the evangelists would have created such elements themselves. They must rather be presenting, with various adaptations and twists of their own, fundamental features of the ministry of Jesus. Indeed, the latter judgment is confirmed by the considerable amount of early or "authentic" material in the gospel tradition that has Jesus prophesying against the Temple, condemning the rulers, or lamenting over an imminently desolate Jerusalem. Such material will be examined more closely in the following chapters. At this point it is important simply to recognize that even our apologetic Gospels present a Jesus whose actions as well as perspective appear to have been revolutionary. Apparently he did not simply protest against or resist the oppressive features of the established order in Jewish Palestine; he articulated and acted upon his anticipation that God was now bringing an end to that order with the coming of the kingdom.

Procedure

Attempting to understand Jesus in concrete social-historical context and without abstracting a separate "religious" dimension from the whole fabric of historical life may involve a serious departure from much previous biblical scholarship. Yet there are many scholarly treatments that can be followed and built upon as we move toward more comprehensive approaches. For example, we can follow Wilder in appreciating the special symbolic character of apocalyptic imagery, although not those who forget the realities of the earthly circumstance.[11] We can follow Weiss in appreciating that God reigns, but not those who forget that the kingdom of God is concerned with people in society.[12] We can follow Yoder in appreciating Jesus' nonviolence, but not those who forget about the politics of Jesus.[13]

Our fundamental mode of procedure will be critical probing of the synoptic tradition of Jesus' practice and preaching. We will be presupposing the standard solution to the "synoptic problem" (the relationship between our Gospels), ac-

---

[11] A. N. Wilder, "Eschatological Imagery and Earthly Circumstance," *NTS* 5 (1959) 229–45.
[12] J. Weiss, *Jesus' Proclamation of the Kingdom of God*.
[13] J. H. Yoder, *The Politics of Jesus* (Grand Rapids: Eerdmans, 1972).

cording to which Mark was the first Gospel written, while Matthew and Luke both followed Mark and drew on a common "sayings source," "Q," besides each having his own special material. In our critical probing of the Jesus traditions we will /165/ be relying upon the method and results of form-criticism, as adapted by more recent reflection.[14] More particularly we will be attempting to explore the social context of both the origin and the transmission of Jesus' sayings and doings. It is virtually certain that Jesus did not speak and act in anticipation of his ministry's being "written up" into literature to be read. Rather, as the Gospels portray him, he moves from place to place speaking to people and acting in particular social contexts. Yet we must work through written texts to even begin to approach the origin and/or oral transmission of Jesus' sayings or reports of his actions. The analysis of such once-oral materials is hardly an exact science; criteria and techniques are hotly debated, and few are still under any illusions about reaching the precise words of Jesus. But in dealing with once-oral materials we are in a social situation, and this has certain implications that critics are only beginning to recognize.

We have been aware for some time that the words and deeds of Jesus (and other such figures) transmitted to us depend upon and involve the active role of people who heard and witnessed Jesus. More than that, however, what was remembered was remembered because it was significant for the people who remembered it. It is perhaps not too strong a statement to say that "what lives on in memory is what is necessary for present life."[15] Indeed, in contrast with the way in which we ordinarily experience the effect of the written word, "spoken words can produce the actuality of what they refer to in the midst of people."[16] Recognition of this possible effect or function of the spoken word in concrete situations will be important not only in working our way through the transmissions of gospel materials, but in our assessing the point and effects of Jesus' ministry in certain important connections.

The transmission as well as the origin of sayings and doings in an oral culture also involves concrete social context. Bultmann and other early form-critics held that the tradition of Jesus' words and deeds really began after the dramatic break and creative impulse constituted by the Easter experience of Jesus' closest

---

14 Bultmann, *History of the Synoptic Tradition* (London: Blackwell, 1963); and more recently, see esp. E. Güttgemanns, *Candid Questions Concerning Gospel Form Criticism* (PTMS 26; Pittsburgh: Pickwick, 1979); W. H. Kelber, *The Oral and Written Gospel* (Philadelphia: Fortress, 1983); J. G. Gager, "The Gospel and Jesus: Some Doubts about Methods," *JR* 54 (1974) 244–72. Further references in Kelber.
15 Kelber, *The Oral and Written Gospel*, 15.
16 Kelber, *The Oral and Written Gospel*, 19.

followers. But much of the Jesus material has hardly been affected by the experience of Jesus resurrected and exalted. Indeed it has been argued that much of what is now in the synoptic tradition was transmitted by followers of Jesus who were not involved in, effected by, or interested in the resurrection.[17] We /166/ must take far more seriously than did Bultmann and early form-critics the concrete social context of oral transmission. Like the initial memory of sayings and doings, the continuing transmission of oral traditions depends upon social relevancy. This means, moreover, that the transmission of stories and sayings in the gospel tradition cannot be confined to a few leaders (disciples, teachers, or "itinerant charismatics"); the "common folk" cannot be ruled out.[18] In pursuit of the unfulfilled promise of "form-criticism" – assimilating much of the criticism of and adaptation of this method – we will be attempting throughout the explorations below to approach the context indicated in the content of reliable Jesus traditions.

Richard A. Horsley, Jesus and the Spiral of Violence. Popular Jewish Resistance in Roman Palestine, San Francisco: Harper & Row 1987, S. 149–166. From JESUS AND THE SPIRAL OF VIOLENCE. Copyright © 1987 by Richard A. Horsley. All rights reserved. Reprinted by arrangement with HarperOne, an imprint of HarperCollins Publishers.

---

17 H. Koester, "One Jesus, Four Primitive Gospels," *HTR* 61 (1968) 203–47.
18 Kelber, *The Oral and Written Gospel*, 20–24; and contra G. Theissen, *The Sociology of Early Palestinian Christianity* (Philadelphia: Fortress, 1978) and "Itinerant Radicalism: The Tradition of Jesus' Sayings from the Perspective of the Sociology of Literature," *The Bible and Liberation: A Radical Religion Reader*, ed. N. Gottwald and A. C. Wire (Berkeley, 1976) 73–83.

P. Maurice Casey
5.4 Son of Man, 1991

The term "son of man" is of fundamental importance for our understanding both of Jesus himself and of the christology of the earliest church.[1] As the Gospels now stand it is much the commonest title of Jesus, and it is the term which he characteristically uses to refer to himself. It occurs 69 times in the synoptic Gospels, and 13 times in John. Our oldest Gospel has 14 examples in the teaching of Jesus, and when all parallels are discounted, the three synoptic Gospels still produce 38 independent sayings. At least some of them must go back to Jesus, for the following reasons. The term occurs very frequently; it is found in all Gospel sources – Mark, Q, the separate traditions of both Matthew /47/ and Luke, John, and some non-canonical traditions; the early sources attribute it almost exclusively to Jesus himself; it is not normal Greek, a fact which we can explain only if it originated as a translation of the Aramaic expression *bar nash* or *bar nasha;* and the early church did not use it in any of its confessions nor in any New Testament epistle. This combination of reasons should be regarded as decisive: Jesus certainly used the term "son of man."

---

[1] For recent surveys, J. D. G. Dunn, [[*Christology in the Making: A New Testament Inquiry into the Origins of the Doctrine of the Incarnation* (1980)]], chap. 3; W. O. Walker, "The Son of Man: Some Recent Developments," *CBQ* 45, 1983, 584–607; J. R. Donahue, "Recent Studies on the Origin of 'Son of Man' in the Gospels," *CBQ* 48, 1986, 484–98. Of the massive secondary literature, cf. especially G. Vermes, "The Use of *br nš/br nš*' in Jewish Aramaic," Appendix E in M. Black, *An Aramaic Approach to the Gospels and Acts* (3rd ed., 1967) 310–28; G. Vermes, *Post-Biblical Jewish Studies* (1975) 147–65; P. M. Casey, [[*Son of Man: The Interpretation and Influence of Daniel 7* (1979)]]; R. Kearns, *Vorfragen zur Christologie* (3 vols. 1978–82); B. Lindars, *Jesus Son of Man* (1983); M. Müller, *Der Menschensohn in den Evangelien* (1984); M. Müller, "The Expression 'the Son of Man' as Used by Jesus," *StTh* 38, 1984, 47–64; O. Betz, *Jesus und das Danielbuch. II. Die Menschensohnworte Jesu und die Zukunftserwartung des Paulus (Daniel 7,13–14)* (1985); P. M. Casey, "The Jackals and the Son of Man," *JSNT* 23, 1985, 3–22; R. Kearns, *Das Traditionsgefüge um den Menschensohn.* Ursprünglicher Gehalt und älteste Veränderung im Urchristentum (1986); G. Schwarz, *Jesus, "der Menschensohn"* (1986); P. M. Casey, "General, Generic and Indefinite. The Use of the Term 'Son of Man' in Aramaic Sources and in the Teaching of Jesus," *JSNT* 29, 1987, 21–56; A. Y. Collins, "The Origin of the Designation of Jesus as 'Son of Man,'" *HThR* 80, 1987, 391–407; R. Kearns, *Die Entchristologisierung des Menschensohnes. Die Übertragung des Traditionsgefüges um den Menschensohn auf Jesus* (1988); V. Hampel, *Menschensohn und historischer Jesus: Ein Rätselwort als Schlüssel zum messianischen Selbstverständnis Jesu* (1990); P. M. Casey, "Method in Our Madness and Madness in Their Methods: Some Approaches to the Son of Man Problem in Recent Scholarship," *JSNT* (1991).

So far, so good, but we cannot go further without meeting serious problems. The Aramaic term *bar nash(a)*, "son of man," was a normal term for "man"; further, it now seems clear that it was not also a title in the Judaism of the time of Jesus.[2] The mere fact that it was a normal term for man means that sentences containing *bar nash(a)* would not have sufficient referring power to denote a single individual, unless the context made this reference clear. This means that *bar nash(a)* was a generally unlikely term for an author or a social group to select for use as a major title. The general improbability that *bar nash(a)* would be selected for use as a messianic title is supported by the empirical data: there is no satisfactory documentary evidence that any social group took this improbable step.

In the Gospels, however, the term "son of man" does not function as a normal term for "man" at all: it functions as a title, and it generally refers to Jesus alone. Jesus cannot have used the term like this. If it was not a title, he cannot have used it to refer to a known figure, "the Son of Man," whether he is supposed to have identified himself with such a figure or not. Nor can he have produced it as a title for the first time. The fact that it was a normal term for "man" means that he is unlikely to have wanted to use it as a title. Had he used it as a title, he would have had to make it clear from the context that he was doing so, but the "son of man" sayings in the Gospels do not do this. Had he been obscure enough to use it as a sort of title without making clear that he was doing so, his sentences would not have made proper sense or would have made the wrong sense, his disciples would have been puzzled, and we should have traces of this in the tradition.[3] In fact, some "son of man" sayings are not satisfactory sentences when they are reconstructed in the original Aramaic, but people appear to understand them without difficulty as references to Jesus alone.

Mark 8:31 illustrates several of these points: "And he began to teach them that the son of man must suffer many things, and be rejected by the elders and the chief priests and the scribes, and be killed, and after three days rise. And he spoke the word openly." This saying cannot be turned into a satisfactory Aramaic sentence. It contains a general term for man which does not refer clearly to Jesus, yet it makes precise reference to the elders and chief priests and scribes, that is, to the specific circumstances of Jesus' death and not to the death of men in general. Peter is none the less portrayed as understanding this saying very clearly. "And Peter took him on one side and began to rebuke him. But he turned

---

[2] This is still controversial, but the matter is too complicated to enter into here, and I have discussed it elsewhere: *Son of Man*, esp. chaps. 2 and 5. On the *Similitudes of Enoch*, [[see Casey, *From Jewish Prophet to Gentile God*, 87–88]].

[3] For more detailed discussion of these effects, with reconstruction of possible and impossible Aramaic sentences, Casey, *JSNT* 29, 1987, 21–56, esp. 34–36, 47–50.

and, seeing his disciples, rebuked Peter and said, 'Get behind me, Satan, for your mind is not set on the will of God but on the concerns of men." So serious a criticism of Peter would not be found in Mark's Gospel if it did not represent approximately what Jesus said. But if Peter's reaction is authentic, he must have had something like Mark 8:31 to react to. There are, therefore, good /48/ reasons why Mark 8:31 must be authentic, and good reasons why it cannot be. This is how the "son of man" problem has appeared insoluble, with the straightforward application of apparently firm criteria leading to opposite conclusions from the equally straightforward application of other apparently firm criteria.

The key to a solution was provided by Vermes in his seminal paper, first published in 1967.[4] Vermes argued that, in addition to being a normal term for "man," the Aramaic *bar nasha*, "son of man," was also a conventional substitute for the first person pronoun, "I." This would, in a sense, solve the problem, in that it would explain why Jesus used the term "son of man" to refer to himself. Vermes' interpretation of the Aramaic evidence has not, however, convinced most scholars who can read the Aramaic sources. Also, if this were no more than a well-established Aramaic idiom, we might reasonably have expected bilingual translators to render *bar nash(a)* with the Greek word for "I," but there are only two known examples of this (Matt 10:32–33) to set against all the "son of man" sayings in the Gospels. I have therefore proposed a more complex theory which is partly based on the evidence which Vermes collected and presented.[5] The rest of this discussion is an updated summary of this theory.

Genuine sayings will be examined first. These belong to an Aramaic idiom, in accordance with which a speaker might use a general statement primarily in order to say something about himself. In general, he might do this in order to avoid sounding arrogant, self-centred, unusual or humiliated. We have similar idioms in English, using "a man," "we," "you," "one," "everyone" and other terms of this kind. Aramaic examples include a saying of R. Simeon ben Yohai, who lived in a cave for 13 years at the end of the Bar-Cochba revolt. When he was wondering whether it was safe to come out, he saw birds being hunted. Some were captured, others escaped, and he declared, "A bird is not caught without the will of heaven; how much less the soul of a son of man" (*Gen. Rab.* 79:6). R. Simeon then emerged from the cave. It follows that he intended to apply the statement to himself, but it does not follow that it is nothing more than a substitute for the first person pronoun. On the contrary, the first sentence, "A bird is not caught without the will of heaven," is quite clearly a general state-

---

4 Vermes, op. cit.
5 Casey, op. cit.; cf. especially Lindars, op. cit.; Müller, op. cit.

ment: the second must be interpreted in the same way, because we already know that "son of man" was a general term for "man," and this ensures that "how much less the soul of a son of man" balances and follows from the general statement about birds. The general statement may be used to refer to more people than the speaker. In this version of the story, R. Simeon has his son with him, and since they both emerge from the cave, the general statement is clearly intended to refer to them both. The idiom may therefore be defined as follows: In Aramaic, a speaker might use a general statement, in which the general term was *bar nash(a)*, "son of man," in order to say something about himself or a group of people including himself. He would normally do so in order to avoid being and sounding unduly arrogant, self-centred or humiliated.

Aramaic examples of this idiom may use either the indefinite state, *bar nash*, or the definite state, *bar nasha*. Examples translated into Greek in the Gospels consequently use the Greek definite article, which may be either genuinely /49/ definite, the equivalent of the English definite article "the," or it may be generic. Owing to differences in the structure of Greek and Aramaic, this results in two articles in Greek, one before "son" and one before "man." In the following examples from the Gospels, I use the indefinite English article "a" to make the point that the original sayings were general statements: there is no way that they can be translated without some distortion of this kind.[6] The conventional use of "the" for the first article, before "son," is merely a conventional distortion. I follow the convention of omitting the second article, before "man," for this is clearly generic.

This idiom accounts for about a dozen sayings in the synoptic Gospels. One of the more straightforward examples is Mark 2:28, which concludes a dispute between Jesus and the Pharisees.[7] Some of Jesus' disciples had been going along a path through the fields, plucking the grains of corn, an action to be expected of poor and hungry people taking *peah*. Jesus' disciples were however doing this on the sabbath, and for this reason the Pharisees objected. Jesus warded off the Pharisees' criticism with two arguments, the second of which may be rendered, "The Sabbath was created for man, not man for the Sabbath. So, you see, a son of man is master even of the Sabbath!" The general nature of Mark 2:28 is guaranteed by the general statement of 2:27. This idiom, in which a general statement is deliberately used to divert attention from the speaker, is the only use of "son of man" that makes proper sense of both sentences. Otherwise,

---

[6] For detailed discussion, *JSNT* 29, 1987, 27–34.
[7] For detailed discussion of this pericope, P. M. Casey, "Culture and Historicity: The Plucking of the Grain (Mark 2:23–28)," *NTS* 23, 1988, 1–23.

the statement that a son of man, or the Son of Man, is lord or master of the sabbath does not follow from the obviously general declaration that the sabbath was created for man, not man for the sabbath. This declaration looks back to God's purpose at creation, when he made man effectively lord of the creation, provided that he remains obedient to God (cf. Gen 1:26, 28; Ps 8:6–9; 2 Esd 6:54; 2 Bar 14:18). Thus the general statement of Mark 2:28 includes the disciples, who as masters of the sabbath were entitled to take *peah* on it. It is an indirect way of making clear that Jesus did have the authority to take the halakhic decision that they were entitled to take *peah* on the sabbath. Jesus' general statement is a dramatic one, but no more dramatic than that of Rabbi Aqiba, who settled another small point of sabbath law with the declaration "Profane the Sabbath, and don't depend on people" (*b. Šabb.* 118a / *b. Pesaḥ.* 112a). Thus at Mark 2:28 Jesus declared his right to fend off unwanted sabbath *halakhah*, indirectly claiming his prophetic ability to interpret the will of God, but not using any christological title.

A more serious conflict with orthodox Jews arose over Jesus' healing ministry. Scribes who came from Jerusalem accused him of casting out demons by means of Beelzebub. Jesus replied in a number of sharp sayings, one of which may be reconstructed from the differing versions in Mark and Q, the strongest possible combination of sources for a dispute which followed inevitably from the differing life-stances of Jesus and the most orthodox Jews: "Everyone who speaks a word against a son of man shall be forgiven, and everyone who speaks a word against the Spirit of holiness shall not be forgiven" (cf. Mark 3:28, Matt 12:32/Luke 12:10).[8]

Jesus was famous for his preaching of forgiveness to sinners, and the first part /50/ of this saying, "Everyone who speaks a word against a son of man shall be forgiven," has a straightforward general level of meaning. At the same time, this part of the saying was spoken with reference to Jesus himself, and therefore appears to offer forgiveness even to his most vigorous opponents. In fact it sets up the second part, in which the orthodox attack on his healing ministry is repudiated in the strongest possible terms, yet without directly mentioning it. "Everyone who speaks a word against the Spirit of holiness" refers to anyone who criticizes God in action. This is precisely what Jesus believed that orthodox Jews were doing when they accused him of casting out demons by means of Beelzebub. Jesus effectively told them that they had committed an un-

---

8 For an Aramaic reconstruction and discussion, Casey, *Son of Man*, 230–31; Lindars, op. cit., 34–38, 178–81; Casey, *JSNT* 29, 1987, 36–37. For an explanation of the conflict between Jesus and orthodox Jews, [see Casey, *From Jewish Prophet to Gentile God*, 62–64]].

forgivable sin. His use of indirect expressions, "everyone" instead of "you" or "scribes and Pharisees," "son of man" instead of "me," "the Spirit of holiness" instead of "God, who has given me power to cast out these demons," all are due to the highly charged nature of the situation, which led Jesus to eschew direct polemic, and to make a statement which would have commanded widespread agreement at its general level. Its application to him will not have been in doubt, and, as at Mark 2:28, there is an implicit claim that Jesus, unlike his orthodox opponents, was acting with divine authority, a fundamental claim made without the use of any christological title.

Another saying which can be reconstructed from varying forms in Mark and Q also dealt with commitment and opposition to Jesus' ministry. "Everyone who confesses me before men, a son of man will confess him before the angels of God, and everyone who denies me before men, a son of man will deny him before the angels of God" (cf. Luke 12:8–9/Matt 10:32–33, Mark 8:38).[9] This saying uses the imagery of the divine court. It was conceived in terms modelled on a human court, so it assumes that individual people stand up and testify for or against anyone who is judged. The saying is more direct than the previous example, in that Jesus uses the first person pronoun for himself as the object of witness, but he uses a general statement to say indirectly that he will respond to earthly witness now by speaking for or against people when the divine court meets. Thus the saying indirectly assumes, without using any title, that Jesus will soon be one of the most powerful people in the universe, but he avoided saying this directly by making a general statement, which assimilates his position in the divine court to that of a witness like everyone else.

One of the Q examples of this idiom belongs to a more mundane level of experience: "Jackals have holes, and the birds of the air have roosts, but a son of man has nowhere to lay his head" (Matt 8:20/Luke 9:58).[10] This saying belongs to the migratory phase of Jesus' ministry, and contrasts the divine provision of natural haunts for animals with the lack of such provision for men, who have to build houses to live in. The reference will have been in the first place to Jesus himself, for he had nowhere to go as he moved about, and he could not provide for his disciples. This would be a humiliating thing to say, and consequently Jesus used an indirect way of saying it. The general level of the saying also takes in the disciples, especially the one who had just declared that he would follow Jesus wherever he went (Matt 8:19/Luke 9:57).

---

9 For an Aramaic reconstruction and discussion, Casey, *Son of Man*, 161–64; Lindars, op. cit., 48–56, 181–84; Casey, *ExpT* 96, 1985, 235–36.
10 For an Aramaic reconstruction, with full critical discussion, Casey, *JSNT* 23, 1985, 3–22.

These four examples illustrate Jesus' use of this idiom. He used it in the same /51/ way as such idioms generally are used, to declare his own exalted status and function only indirectly, and to avoid direct mention of a humiliating situation. Both these feelings were involved in his predictions of his death and resurrection.[11] It is simplest to start at the Last Supper, where Mark 14:21 goes straight back into Aramaic without much modification: "A son of man goes as it is written of him, but woe to that man by whom a son of man is betrayed: it would be good for that man if he had not been born." The first general statement, "a son of man goes as it is written of him" depends on the universal fact that people die, recorded in scriptural passages such as Gen 3:19 and Isa 40:6. At this general level, the "son of man" statement is obviously true, and the function of its being obviously true was to make it easier for his disciples to accept the application of it to Jesus himself. At a second level, the saying is a prediction of Jesus' forthcoming death. There should be no doubt that Jesus did interpret scriptural passages of himself and his ministry, though we do not have much reliable evidence as to which ones. It is not difficult to suggest some possible interpretations.[12] For example, Mark 14:18 implies the use of Psalm 41, and Jesus might have seen God's support and vindication of him in this understanding of the Hebrew text of Ps 118:14–17: "The Lord is my strength and song, and he is for me, for Jesus. ... The right hand of the Lord raises up. ... I shall not die because I shall live." This was one of the psalms set for singing at Passover (cf. Mark 14:26).

The first part of Mark 14:21 also helps to set up the condemnation of Judas Iscariot. This begins with a second "son of man" saying: "Woe to that man by whom a son of man is betrayed." This can be understood as a general condemnation of traitors, a highly functional level of meaning because it would command almost universal assent. The application of this saying to Jesus himself will however have been perfectly clear. The verse ends with a quite indirect condemnation of Judas: "it would be good for him if that man had not been born." This is also perfectly comprehensible in the general terms of the previous sentence – it is generally accepted that traitors should come to a sticky end. Throughout this verse, the general level of meaning functions to enable the vigorous condemnation of Judas Iscariot to be accepted without objection, and the references to Jesus' own death are made easier to mention by means of the two idiomatic uses of the term "son of man."

---

[11] For detailed discussion, including reconstruction of Aramaic originals, Casey, *JSNT* 29, 1987, 40–49.

[12] Cf. Casey, *JSNT* 29, 1987, 41.

We can now return to Mark 8:31. It is not possible to reconstruct a satisfactory Aramaic version of this. The editing of the predictions by Matthew and Luke shows a pronounced tendency to expand them with reminiscences of the passion, and we may suspect the same tendency in some of the other predictions in Mark, notably 10:33–34. We must therefore see whether we can reconstruct an original general statement which could have been modified in the same way to produce Mark 8:31. I have suggested something on the following lines: "A son of man will die, and after three days he will rise." This is a sound general statement. The first part of it is obviously true, because we all die, and this is the key to its function. It is because we all know that all of us die that Jesus' first effort to tell the disciples that he intended to die is couched in such a general form. In this situation, reference to resurrection was essential. Death might be /52/ interpreted as rejection by God: resurrection was the culturally relevant form of vindication. "After three days" is both a general term for a short interval, and long enough, in a literal sense, to ensure that he was really dead.[13] When this prediction was translated into Greek, "die" was rendered as "be killed" because Jesus was killed. The rest of Mark 8:31 consists of details added from the events themselves, or from scripture.

A third authentic prediction of Jesus' death is to be found at Mark 10:45: "a son of man comes not to be served but to serve, that is, to give his life as a ransom for many."[14] In Aramaic, "come" was used with reference to the purpose of life, and "give one's life" could cover devoting or risking one's life, not only being killed. The saying has a general level of meaning which fits well into its context: the purpose of life is service, even to the point of death. The application to Jesus will also have been clear, the idiomatic use of "son of man" being set up in the context. Jesus had just predicted his death indirectly at Mark 10:38, when he challenged the sons of Zebedee, "Can you drink the cup which I drink, or be baptised with the baptism with which I am baptised?" Since they accepted this challenge, the "son of man" saying necessarily includes a reference to them as well, but this in no way undermines its clarity as a prediction of Jesus' death.

This gives us three authentic "son of man" predictions from which Mark 9:31 and 10:33–34 have been formed. This mixing in the tradition is understandable, for the clarification of sayings by means of scripture, tradition and the actual events was natural in a culture accustomed to midrashic expansion. Mark needed to record predictions of Jesus' death. It was a drastic event which could have been interpreted as God's condemnation of him: the only alternative to that view

---

13 See further [[in Casey, *From Jewish Prophet to Gentile God*, 64–68]].
14 For an Aramaic reconstruction, with critical discussion, Casey, *JSNT* 29, 1987, 42–43.

was the positive evaluation of it that we find in the early church. We must deduce from the arrangement of Jesus' teaching in Mark's Gospel that Mark did not know when most of the teaching was given. He therefore placed the predictions which he had, and perhaps developed and clarified, at regular stages in the build-up towards the final events. Thus the additional and clarified predictions have an excellent *Sitz im Leben* in the post-Easter church, which needed their content, and in the composition of Mark's Gospel, which needed the dramatic build-up of the series. The "son of man" passion predictions therefore give us two insights. They show us part of the origin of christology in Jesus' declaration of his forthcoming death, its significance as an atoning sacrifice, and his confidence in his vindication by God. The second insight is into the work of the early church, who took up the predictions in the light of scripture and subsequent events, expanding them in the manner of Jewish *midrash* to make their meaning clearer, and arranging them in a feasible sequence in the structure of our earliest Gospel.

The predictions of the parousia give us more insight into the work of the early church. Some are patently not authentic. For example, Luke 17:24 cannot be reconstructed in feasible Aramaic. There are however predictions of the parousia which make use of Dan 7:13, and the authenticity of some of them must be seriously considered. Mark 14:62 is usually regarded as the outstanding example. In response to the High Priest's question, Jesus replied, "I am, and you will see the Son of Man sitting on the right of Power and coming with the clouds /53/ of heaven." Here Dan 7:13 is combined with Ps 110:1, and perhaps with Zech 12:10. While the Aramaic is not that of the idiom which we have largely been considering, it is feasible Aramaic. A virtual quotation from a scriptural text referred by a speaker to himself cannot be excluded as unidiomatic in a culture where it was relatively normal to apply scriptural texts to contemporary and future events. The saying should none the less be regarded as the midrashic work of the early church, for reasons which I have set out at length elsewhere and summarize now.[15]

Firstly, this is one of a small group of sayings which speak of the "Son of Man coming." Only this group of parousia sayings can be authentic, because only if there is a clear reference to the scriptural text (Dan 7:13) can the Aramaic be regarded as feasible. Further, if a large group of such sayings are regarded as authentic, we cannot explain why the expectation of the kingdom of God and the parousia of the Son of Man are always separate, except in the editorial work of

---

[15] Casey, *Son of Man*, chap. 8, esp. pp. 182–83, 213–18. A hypothetical Aramaic reconstruction is given on p. 178.

Matthew (Matt 13:41; 16:28). On this ground also, therefore, the group of authentic sayings must be small. Furthermore, half of this small group of sayings must be secondary for quite separate reasons. Matt 16:28 is one such saying: "Amen, I tell you, there are some of those standing here who will not taste death until they see the Son of Man coming in his kingdom." This is an edited version of Mark 9:1. The earlier Marcan saying does not contain the term "son of man," and Matthew's editorial work has produced the combination of son of man and kingdom that we would expect in the teaching of Jesus if this group of sayings were authentic. When other sayings are removed for detailed reasons of this kind,[16] we are left with only four (Mark 13:26, 14:62; Matt 24:44/Luke 12:40; Matt 10:23).

The next peculiarity is the purely scriptural basis of Jesus' references. Several New Testament writers refer to the second coming of Jesus in a variety of ways, but in the synoptic Gospels, where the influence of Dan 7:13 is clearly found (Mark 13:26/Matt 24:30, Mark 14:62/Matt 26:64), this event is almost invariably referred to in terms of "the Son of Man" coming. This consistency is striking, and can be explained only by the influence of this text. But we cannot explain why the Jesus of history should depart from his normal practice of teaching clearly with authority, whether openly to the crowds or in private to the disciples, in favour of indirect references to a scriptural text which he is never said to have quoted. We should not connect this with any motif of secrecy, because the Gospel writers do not treat these sayings as in any way ambiguous. Further, in Aramaic as in Greek and English, these sayings could not easily be understood as references to Jesus, who would have had to explain at some stage that it was his own coming to which he was referring. But of confusion and explanation there is no trace. Two of these sayings are not just references to one biblical text: Mark 13:26 and 14:62 lie in combinations of Old Testament allusions, a mode of preaching not generally characteristic of our records of the teaching of Jesus. Nor can we explain why the predictions of Jesus' second coming are never associated with the predictions of his resurrection. Both sets of predictions declare God's forthcoming vindication of him – why does the Son of Man never rise from the dead *and* come on the clouds of heaven? /54/

On the other hand, all these sayings have an excellent *Sitz im Leben* in the early church. We know from Acts and the epistles that they eagerly awaited his return, and that they searched the scriptures for evidence and interpretation of the events of salvation history. We have seen that there is other evidence that they produced some sayings of this group. For example, the same evidence which shows that Matt 16:28 is not in its present form an authentic saying of

---

16 Mark 8:38c; Matt 25:31; Luke 18:8; Casey, *Son of Man,* 161–64, 190–91, 196–97, 201–2.

Jesus, also demonstrates that it was produced by Matthew. The group of parousia sayings which cannot be reconstructed in feasible Aramaic are important again here too. The evidence which shows that Luke 17:24 is not an authentic saying of Jesus, also shows that the early church secondarily attributed to Jesus a "son of man" saying which predicts his parousia. The same goes for all sayings in this group.

There are additional reasons for doubting the authenticity of Mark 14:62, the saying most frequently defended, and containing perhaps the clearest reference to Dan 7:13. It occurs in the context of equally unsatisfactory use of the terms "messiah" and "son of the Blessed," and it does not give grounds for conviction on the legal charge of blasphemy indicated at Mark 14:63–64. It has also a particularly good *Sitz im Leben* in the Gospel of Mark. It brings the messianic secret to an end, declaring Jesus' future vindication with all three of the major christological titles used by St. Mark.[17] It explains that Jesus was wickedly condemned because he said who he really was and how God would vindicate him, and it thereby condemns his judges. We must conclude that Mark 14:62 and the other "son of man" parousia sayings were produced by the early church. In these sayings, "son of man" is a title. A Greek-speaking audience would understand it as indicating that Jesus was the outstanding member of mankind, and with "son of God" in the tradition, the understanding of "son of man" as a reference to Christ's human nature could not fail to occur eventually. Christians who did not speak Aramaic would be likely to assume that the term "son of man" was a title in the translated versions of authentic sayings too.

P. Maurice Casey, From Jewish Prophet to Gentile God: The Origins and Development of New Testament Christology (Edward Cadbury Lectures at the University of Birmingham, 1985/86) Cambridge: © James Clarke and Co. Ltd / Lutterworth Press 1991, S. 46–54 (56).

---

17 Cf. [[Casey, *From Jewish Prophet to Gentile God*,]] 43.

John P. Meier
5.5 Criteria: How Do We Decide What Comes from Jesus?, 1991

In the previous chapters we have seen that, in our quest for the historical Jesus, we are dependent, for the most part, on the four canonical Gospels. Since these Gospels are suffused with the Easter faith of the early Church and were written from forty to seventy years after the events narrated, we are left asking: How can we distinguish what comes from Jesus (Stage I, roughly A.D. 28–30) from what was created by the oral tradition of the early Church (Stage II, roughly A.D. 30–70) and what was produced by the editorial work (redaction) of the evangelists (Stage III, roughly A.D. 70–100)?[1] All too often, popular books on Jesus pick and choose among the Gospel stories in a haphazard way, the authors deciding at any given moment that what strikes them as reasonable or plausible is therefore historical.[2] More technical books usually enunciate rules for judging the Gospel material ("criteria of historicity"), but the rules sometimes seem to be forgotten when the Gospel pericopes are treated in detail.[3] In this chapter, I will spell out which rules of judgment (i.e., "criteria") are helpful in reaching a decision about what material comes from the historical Jesus.[4]

---

1 This is a schematic statement of the problem. The actual situation was naturally much more complex: e.g., some disciples of Jesus may have begun to collect and arrange sayings of Jesus even before his death (Stage I), and the oral tradition continued to develop during the period of the redaction of the Gospels (Stage III).

2 Even the fine book by the historian Michael Grant does not entirely escape this tendency; see his *Jesus. An Historian's Review of the Gospels* (New York: Scribner's, 1977); the appendix outlining his approach to criteria (pp. 197–204) is disappointing. Still weaker in the area of criteria is James Breech's *The Silence of Jesus. The Authentic Voice of the Historical Man* (Philadelphia: Fortress, 1983). While the book does at times use familiar criteria (embarrassment, discontinuity), the argument largely depends on scholarly consensus combined with aesthetic intuition about literature. The results cannot help but be highly subjective.

3 This is even the case with the judicious work of B. F. Meyer, *The Aims of Jesus* (London: SCM, 1979). The first part of the book (pp. 23–113) spells out method and "indices" of judgment with great care; but, as the book proceeds, more and more of the redactional theology of the evangelists is declared to come from the historical Jesus, leaving one wondering how useful the indices really are.

4 René Latourelle ("Critères d'authenticité historique des Evangiles," *Greg* 55 [1974] 609–37, esp. 618) rightly warns against confusing criteria with proof. Criteria are rules or norms that are applied to the Gospel material to arrive at a judgment.

Granted the nature of ancient history in general and the nature of the Gospels in particular, the criteria of historicity will usually produce judgments that are only more or less probable; certainty is rarely to be had.[5] Indeed, since in the quest for the historical Jesus almost anything is possible, the function of the criteria is to pass from the merely possible to the really probable, to inspect various probabilities, and to decide /168/ which candidate is most probable. Ordinarily, the criteria cannot hope to do more.[6]

Scholars seem to vie with one another to see who can compile the longest list of criteria.[7] Sometimes a subtle apologetic motive may be at work: so

---

5 In the quest for the historical Jesus, sometimes certainty is more easily had about "secondary" circumstances than about the words and deeds of Jesus himself. For example, the converging evidence of the Four Gospels and the Acts of the Apostles, Josephus, Philo, Tacitus, and the Caesarea Maritima inscription (found in 1961) makes it at least morally, if not physically, certain that Pontius Pilate was the Roman governor of Judea in A.D. 28–30. Even here, though, moral certitude is really just a very high degree of probability. The fact of Pilate's governorship is not absolutely or metaphysically certain, for it is not theoretically or metaphysically impossible that Josephus is mistaken or that the references to Pilate in Philo are Christian interpolations or that the Caesarea Maritima inscription is a fraud. But since any of these possibilities (not to mention all of them together) is so extremely unlikely, we are justified in considering our conclusion morally certain, especially since, in daily life, we constantly make firm theoretical judgments and practical decisions on the basis of high probability. Any talk about "proof" of authentic Jesus material must be understood within this context of a range of probabilities.

6 Sometimes scholars seek to distinguish between "criteria" and "indices" or even to substitute the word "index" for "criterion"; see, e.g., Latourelle, "Critères d'authenticité historique des Evangiles"; Meyer, *The Aims of Jesus*, 86; and Rainer Riesner, *Jesus als Lehrer* (WUNT, 2d series, 7; Tübingen: Mohr [Siebeck], 1981) 86–96, esp. 86–87; Francesco Lambiasi, *L'autenticità storica dei vangeli* (Studi biblici 4; 2d ed.; Bologna: EDB, 1986) 189–90. However, scholars favoring some sort of distinction do not always agree among themselves as to what constitutes the distinction. Sometimes "criterion" indicates what allows a fairly certain judgment, while "index" suggests a lower level of probability (so Latourelle; Lambiasi adds a third category, namely "motive," an argument that indicates verisimilitude). Others use indices for individual observations relevant to the question of authenticity, while criteria refer to more general rules (so Riesner). Meyer prefers to drop the language of "criteria" in favor of "indices." Personally, I see no great value in the various distinctions or changes in terminology. My own view is that our judgments about authenticity deal for the most part with a range of probabilities; I do not claim that the use of the criteria I propose will generate absolute certitude. Hence, I see no need to distinguish "criteria" from "indices"; the former term will be used throughout what follows.

7 The reader who follows up the bibliographical references will soon discover a wearisome repetition in much of the literature. I have therefore restricted the bibliography to a few contributions that say all that need be said on the issue. In addition to the works of Latourelle, Riesner, and Meyer, see Charles E. Carlston, "A *Positive* Criterion of Authenticity," *BR* 7 (1962) 33–44; Harvey K. McArthur, "A Survey of Recent Gospel Research," *Int* 18 (1964) 39–55, esp. 47–51; idem, "The Burden of Proof in Historical Jesus Research," *ExpTim* 82 (1970–71) 116–19;

many criteria surely guarantee the results of our quest! More sober scholars, instead, are no doubt seeking as many controls as possible over the difficult material. Often, however, what is naturally a single criterion is "chopped up" to create a number of criteria; and what are at best secondary, if not dubious, criteria are mixed in with truly useful ones. I agree with Occam that categories are not to be multiplied without necessity. Hence I prefer to distill five "primary" criteria from the many suggested. After we have looked at these five, we will consider five "secondary" (some would say "dubious") criteria; some of these secondary

---

William O. Walker, "The Quest for the Historical Jesus: A Discussion of Methodology," *ATR* 51 (1969) 38–56; Morna D. Hooker, "Christology and Methodology," *NTS* 17 (1970–71) 480–87; idem, "On Using the Wrong Tool," *Theology* 75 (1972) 570–81; Rudolf Pesch, *Jesu ureigene Taten?* (QD 52; Freiburg/Basel/Vienna: Herder, 1970) esp. pp. 135–58; D. G. A. Calvert, "An Examination of the Criteria for Distinguishing the Authentic Words of Jesus," *NTS* 18 (1971–72) 209–19; Fritzleo Lentzen-Deis, "Kriterien für die historische Beurteilung der Jesusüberlieferung in den Evangelien," *Rückfrage nach Jesus* (QD 63; Freiburg/Basel/Vienna: Herder, 1974) 78–117; Neil J. McEleney, "Authenticating Criteria and Mark 7:1–23," *CBQ* 34 (1972) 431–60; Francesco Lambiasi, *Criteri di autenticità storica dei Vangeli sinottici. Rassegna storica e tentativo di sistematizzazione dei contributi di criteriologia degli ultimi venti anni (1954–1974)* (dissertation; Rome: Gregorian University, 1974); idem, *L'autenticità storica dei vangeli. Studio di criteriologia* (Studi biblici; 2d ed.; Bologna: EDB, 1986); idem, *Gesù di Nazaret. Una verifica storica* (Fame della Parola; Monferrato: Marietti, 1983) 63–68; Edward Schillebeeckx, *Jesus*[. *Die Geschichte von einem Lebenden*, Freiburg: Herder, 1975] 81–100; Joseph A. Fitzmyer, "Methodology in the Study of the Aramaic Substratum of Jesus' Sayings in the New Testament," *Jésus aux origines de la christologie* (BETL 40; ed. J. Dupont; Leuven: Leuven University; Gembloux: Duculot, 1975) 73–102; Ernst Käsemann, "Die neue Jesus-Frage," *Jésus aux origines de la christologie* (BETL 40; ed. J. Dupont; Leuven: Leuven University; Gembloux: Duculot, 1975) 47–57; D. Lührmann, "Die Frage nach Kriterien für ursprüngliche Jesusworte – eine Problemskizze," *Jésus aux origines de la christologie* (BETL 40; ed. J. Dupont; Leuven: Leuven University; Gembloux: Duculot, 1975) 59–72; David L. Mealand, "The Dissimilarity Test," *SJT* 31 (1978) 41–50; Helge Kjaer Nielsen, "Kriterien zur Bestimmung authentischer Jesusworte," *Studien zum Neuen Testament und seiner Umwelt* 4 (1979) 5–26; Robert H. Stein, "The 'Criteria' for Authenticity," *Gospel Perspectives. Vol. I*, ed. R. France and D. Wenham (Sheffield: JSOT, 1980) 225–63; Reginald Fuller, "The Criterion of Dissimilarity: The Wrong Tool?" *Christological Perspectives* (H. K. McArthur Festschrift; ed. R. Berkey and S. Edwards; New York: Pilgrim, 1982) 42–48; Giuseppe Ghiberti, "Überlegungen zum neueren Stand der Leben-Jesu-Forschung," *MTZ* 33 (1982) 99–115; E. Earle Ellis, "Gospels Criticism: A Perspective on the State of the Art," *Das Evangelium und die Evangelien* (WUNT 28; ed. P. Stuhlmacher; Tübingen: Mohr [Siebeck], 1983) 27–54; J. Breech, *The Silence of Jesus: The Authentic Voice of the Historical Man* (Philadelphia: Fortress, 1983), 9, 22–26, 66–85; Dennis Polkow, "Method and Criteria for Historical Jesus Research," *Society of Biblical Literature Seminar Papers* 26 (1987) 336–56; M. Eugene Boring, "The Historical-Critical Method's 'Criteria of Authenticity': The Beatitudes in Q and Thomas as a Test Case," *The Historical Jesus and the Rejected Gospels* (Semeia 44; ed. Charles W. Hedrick; Atlanta: Scholars, 1988) 9–44. For a history of the development of thought about the criteria, see Francesco Lambiasi, *L'autenticità storica dei vangeli* (Bologna: Ed. Dehoniane, 1978) 19–110.

criteria may at times offer post-factum confirmation of decisions we have already reached on the basis of the five primary criteria.

Primary Criteria

1. The Criterion of Embarrassment

The criterion of "embarrassment" (so Schillebeeckx) or "contradiction" (so Meyer) focuses on actions or sayings[8] of Jesus that would have embarrassed or created difficulty for the early Church. The point of the criterion is that the early Church would hardly have gone out of its way to create material that only embarrassed its creator or weakened its position in arguments with opponents. Rather, embarrassing material coming from Jesus would naturally be either suppressed or softened in later stages of the Gospel tradition, and often such progressive suppression or softening can be traced through the Four Gospels.[9]

A prime example is the baptism of the supposedly superior and sinless Jesus by his supposed inferior, John the Baptist, who proclaimed "a baptism of repentance for the forgiveness of sins."[10] Mysterious, laconic, stark Mark recounts the event with no theological explanation as to why the superior sinless one submits to a baptism meant for sinners (Mark 1:4–11). Matthew introduces a dialogue between the Baptist and Jesus prior to the baptism; the Baptist openly confesses his unworthiness to /169/ baptize his superior and gives way only when Jesus com-

---

[8] While the criteria are usually aimed at the sayings of Jesus in particular, it must be remembered that they can also be applied to the actions of Jesus. In some forms of the quest, the actions of Jesus and their relation to his sayings are almost ignored. Morton Smith (*Jesus the Magician* [New York: Harper & Row, 1978]), E. P. Sanders (*Jesus and Judaism* [Philadelphia: Fortress, 1985]), and Joseph A. Fitzmyer ("Methodology," 73) rightly protest against this one-sided emphasis. As Nielsen ("Kriterien," 21) notes, the tradition of words and the tradition of works can act as a reciprocal check. For one reason why the sayings tradition tends to be emphasized, see D. Lührmann, "Die Frage" 64–65.

[9] This phenomenon is sometimes listed as the separate criterion of either "modification" or "tendencies of the developing Synoptic tradition." What I think valid in these two suggested criteria I have subsumed under the criterion of embarrassment. For the criterion of modification, see Walker, "The Quest for the Historical Jesus," 48; Boring, "The Historical-Critical Method's 'Criteria of Authenticity,'" 21. The criterion is usually attributed to Ernst Käsemann, "The Problem of the Historical Jesus," *Essays on New Testament Themes* (SBT 41; London: SCM, 1964) 15–47, esp. 37.

[10] On the baptism of Jesus as a test case for the criterion of embarrassment, see Breech, *The Silence of Jesus*, 22–24.

mands him to do so in order that God's saving plan may be fulfilled (Matt 3:13–17, a passage marked by language typical of the evangelist). Luke finds a striking solution to the problem by narrating the Baptist's imprisonment by Herod before relating the baptism of Jesus; Luke's version never tells us who baptized Jesus (Luke 3:19–22). The radical Fourth Evangelist, John, locked as he is in a struggle with latter-day disciples of the Baptist who refuse to recognize Jesus as the Messiah, takes the radical expedient of suppressing the baptism of Jesus by the Baptist altogether; the event simply never occurs in John's Gospel. We still hear of the Father's witness to Jesus and the Spirit's descent upon Jesus, but we are never told when this theophany occurs (John 1:29–34). Quite plainly, the early Church was "stuck with" an event in Jesus' life that it found increasingly embarrassing, that it tried to explain away by various means, and that John the Evangelist finally erased from his Gospel. It is highly unlikely that the Church went out of its way to create the cause of its own embarrassment.

A similar case is the affirmation by Jesus that, despite the Gospels' claim that he is the Son who can predict the events at the end of time, including his own coming on the clouds of heaven, he does not know the exact day or hour of the end. Almost at the conclusion of the eschatological discourse in Mark 13, Jesus says: "But concerning that day or hour no one knows, neither the angels in heaven, nor the Son, but only the Father" (Mark 13:32). It is not surprising that a few later Greek manuscripts simply dropped the words "nor the Son" from the saying in Mark.[11] A significantly larger number of manuscripts omit "nor the Son" in the parallel verse in Matthew (Matt 24:36), which was more widely used in the patristic Church than Mark – hence the desire to suppress the embarrassing phrase especially in Matthew.[12] The saying is simply not taken over by Luke. In John, not only is there nothing similar, but the Fourth Evangelist goes out of his way to stress that Jesus knows all things present and future and is never taken by surprise (see, e.g., John 5:6; 6:6; 8:14; 9:3; 11:11–15; 13:1–3, 11). Once again, it is highly unlikely that the Church would have taken pains to invent a saying that emphasized the ignorance of its risen Lord, only to turn around and seek to suppress it.

An intriguing corollary arises from these cases of "embarrassment." All too often the oral tradition of the early Church is depicted as a game of "anything goes," with charismatic prophets uttering anything or everything as the words of the Lord Jesus and storytellers creating ac- /170/ counts of miracles and exor-

---

[11] The few manuscripts that omit "nor the Son" in Mark include codex X (10th century).

[12] The manuscripts that drop "nor the Son" in the Matthean version of the saying include the codices K, L, W, and the vast majority of later texts; the first scribe who sought to correct this text in codex Sinaiticus also omitted the phrase.

cisms according to Jewish and pagan models. The evangelists would simply have crowned this wildly creative process by molding the oral tradition according to their own redactional theology. One would get the impression that throughout the first Christian generation there were no eyewitnesses to act as a check on fertile imaginations, no original-disciples-now-become-leaders who might exercise some control over the developing tradition, and no striking deeds and sayings of Jesus that stuck willy-nilly in people's memories. The fact that embarrassing material is found as late as the redaction of the Gospels reminds us that beside a creative thrust there was also a conservative force in the Gospel tradition.[13] Indeed, so conservative was this force that a string of embarrassing events (e.g., baptism by John, betrayal by Judas, denial by Peter, crucifixion by the Romans) called forth agonized and varied theological reflection, but not, in most cases, convenient amnesia.[14] In this sense, the criterion of embarrassment has an importance for the historian far beyond the individual data it may help verify.

Like all the criteria we will examine, however, the criterion of embarrassment has its limitations and must always be used in concert with the other criteria. One built-in limitation to the criterion of embarrassment is that clear-cut cases of such embarrassment are not numerous in the Gospel tradition; and a full portrait of Jesus could never be drawn with so few strokes. Another limitation stems from the fact that what we today might consider an embarrassment to the early Church was not necessarily an embarrassment in its own eyes. A prime example is Jesus' "cry of dereliction" from the cross: "My God, my God, why have you forsaken me?" (Mark 15:34; Matt 27:46; the words are a citation of Ps 22:1). At first glance, this seems a clear case of embarrassment; the unedifying groan is replaced in Luke by Christ's trustful commendation of his spirit to the Father (Luke 23:46) and in John by a cry of triumph, "It is accomplished!" (John 19:30).

But the matter is not so simple. True, the cry of dereliction does not fit the later theological agendas of Luke or John. But form-critical studies of the Passion Narrative show that the earliest stages of the passion tradition used the OT

---

[13] As Stein ("The 'Criteria' for Authenticity," 227) notes, another indication of the conservative force of the Jesus tradition is that several of the major problems that the early Church encountered never show up in the sayings of Jesus; a glaring case is the absence of any explicit pronouncement of Jesus on the question of circumcision for Gentiles. In an letter to me dated Oct. 13, 1990, David Noel Freedman points out an OT analogy. From the viewpoint of the Deuteronomistic Historian(s), Hezekiah and Josiah were the two best kings of Judah after David. Their military defeats, which raise questions about Yahweh's rewarding of the just, are not denied but rather explained theologically in somewhat contorted fashion.

[14] My proviso "in most cases" takes cognizance of the Fourth Gospel's suppression of the baptism of Jesus.

psalms of lamentation, especially the psalms of the suffering just man, as a primary tool for theological interpretation of the narrative.[15] By telling the story of Jesus' passion in the words of these psalms, the narrative presented Jesus as the one who fulfilled the OT pattern of the just man afflicted and put to death by evildoers, but vindicated and raised up by God. Allusions to, rather than direct quota- /171/ tions of, these psalms are woven throughout the Passion Narrative. A good example is the dividing of Jesus' garments. The words of Psalm 22:19 are made part of the narrative in Mark 15:24, Matt 27:35, and Luke 23:34; only John marks off the words as a citation of Scripture (John 19:24).

Therefore, it is not very surprising, from a form-critical point of view, that the dramatic first words of Psalm 22 supply the climax of the crucifixion and Jesus' last words in Mark's Gospel. The cry is by no means so unedifying or even scandalous as moderns might think. The OT psalms of lamentation regularly direct forceful complaints to God; their strong – to our ears, irreverent – address to God expresses neither doubt nor despair, but the pain of one who fully trusts that a strangely silent God can act to save if he so chooses. The very bitterness of the complaint paradoxically reaffirms the closeness the petitioner feels to this God he dares confront with such boldness. From the Babylonian exile to Auschwitz, pious Jews have used the words of Psalm 22 and other laments without being accused by their fellow religionists of impiety or despair.

Granted the roots of the Passion Narrative in the psalms of lamentation, as well as the bold address to God in those psalms – well understood by early Christian Jews but often misunderstood since – there is no reason for thinking that the earliest Christians (Jews who knew their Scriptures well) would have found the "cry of dereliction" at all embarrassing. Whether or not Jesus actually spoke Ps 22:1 on the cross, the criterion of embarrassment, taken in isolation, cannot establish the historicity of those words. It is not impossible that all of the "seven last words" – including the "cry of dereliction" – represent the theological inter-

---

15 See, e.g., C. H. Dodd, *According to the Scriptures* (London: Collins, Fontana, 1965) 96–103. Eduard Schweizer *(Lordship and Discipleship* [SBT 28; Naperville, IL: Allenson, 1960] 34) holds that "to the early Church the first book of the Passion of Jesus was formed by the Psalms of the suffering of the Righteous One. This is even true of the Gospel according to John. ..." While Lothar Ruppert criticizes Schweizer for an undifferentiated, homogenized treatment of OT, pseudepigraphic, and rabbinic texts, his own thesis supports the basic point I am making. See Ruppert's *Jesus als der leidende Gerechte?* (SBS 59; Stuttgart: KBW, 1972) 58: "... the motif of the suffering just man is dominant in the older form of the Passion Narrative. ... The motif points us ... to the tradition of the primitive community." This monograph is in turn an expanded form of the last chapter of another work by Ruppert, *Der leidende Gerechte* (FB 5; Würzburg: Echter/KBW, 1972). Rudolf Pesch has accepted this theory in his treatment of the Passion Narrative in Mark; see his *Das Markusevangelium. II. Teil* (HTKNT II/2; Freiburg/Basel/Wien: Herder, 1977) 25.

pretation of the early Church and the evangelists. But that is a question we will have to face later. The point here is that the criterion of embarrassment – like any other criterion – must not be invoked facilely or in isolation.

2. The Criterion of Discontinuity

Closely allied to the criterion of embarrassment,[16] the criterion of discontinuity (also labeled dissimilarity, originality, or dual irreducibility) focuses on words or deeds of Jesus that cannot be derived either from Judaism at the time of Jesus or from the early Church after him.[17] Examples often given are his sweeping prohibition of all oaths (Matt /172/ 5:34, 37; but cf. Jas 5:12), his rejection of voluntary fasting for his disciples (Mark 2:18–22 parr.), and possibly his total prohibition of divorce (Mark 10:2–12 par.; Luke 16:18 par.).

This criterion is at once the most promising and the most troublesome. Norman Perrin hails it as the fundamental criterion, the basis of all reconstructions, since it gives us an assured minimum of material to work with.[18] But the criterion is not without its detractors. Morna Hooker complains that the criterion presupposes what we do not possess: a sure and full knowledge of what Judaism at the time of Jesus and Christianity right after him were like, and what they could or would not say.[19]

Her objection does remind us of the healthy modesty required of any historian delving into the religious scene of 1st-century Palestine. Yet historical-critical work of the last two centuries has made notable advances in our understanding of 1st-century Judaism and Christianity. Moreover, one cannot overlook the glaring difference between knowledge about Jesus on the one hand and knowledge about 1st-century Judaism and Christianity on the other. We do have 1st-century documents coming directly from the latter movements – Qumran, Josephus, and Philo for Judaism, most of the NT for Christianity – to say nothing of important

---

16 Allied, but not reducible to discontinuity; in this I disagree with Polkow, "Method and Criteria," 341.
17 In his masterful essay ("The Historical-Critical Method's 'Criteria of Authenticity,'" 17–21), Boring highlights the methodological problem of whether we should speak of material that *can* be derived from Judaism or Christianity or material that *must* be so derived. I think it is preferable to speak in terms of "can."
18 [N.] Perrin, *Rediscovering the Teaching of Jesus* [London: SCM, 1967] 39–43.
19 Hooker, "Christology and Methodology," 480–87; idem, "On Using the Wrong Tool," 570–81. Ellis ("Gospels Criticism," 31) complains that the criterion of discontinuity assumes "that a Gospel traditioner or a Christian prophetic oracle could not have used a unique idea or expression. ..."

archaeological finds. We have no such documents coming directly from Jesus. Indeed, Professor Hooker's own work on the Son of Man title presupposes that we know something about early Judaism and Christianity and can apply such knowledge to outstanding problems. No doubt our present-day judgments will need correction by future generations of scholars. But if we were to wait until we possessed a fullness of knowledge that excluded later revision, we would postpone all NT scholarship until the parousia.[20]

A more serious objection is that the criterion of discontinuity, instead of giving us an assured minimum about Jesus, winds up giving us a caricature by divorcing Jesus from the Judaism that influenced him and from the Church that he influenced. Jesus was a 1st-century Jew whose deeds and sayings the early Church revered and handed on.[21] A complete rupture with religious history just before or just after him is a priori unlikely. Indeed, if he had been so "discontinuous," unique, cut off from the flow of history before and after him, he would have been unintelligible to practically everyone. To be an effective teacher (which Jesus seems to have been by almost every scholar's admission) means adapting oneself to the concepts and positions of one's audience, even if one's purpose is to change those concepts and positions. No matter how /173/ original Jesus was, to be a successful teacher and communicator he would have had to submit himself to the constraints of communication, the constraints of his historical situation.[22] To paint a portrait of Jesus completely divorced from or opposed to 1st-century Judaism and Christianity is simply to place him outside of history.

Imagine, for the sake of argument, that in the 16th century Martin Luther had delivered all his teachings orally and that they had been written down

---

[20] For critiques of Hooker's position, see Mealand, "The Dissimilarity Test," 41–50; Nielsen, "Kriterien," 10–11.

[21] The emphasis on Jesus' connections with the Judaism of his time is common in scholarship today and is well documented by Daniel J. Harrington, "The Jewishness of Jesus: Facing Some Problems," *CBQ* 49 (1987) 1–13. – It is curious that even skeptical scholars use the language of "handing on the Jesus tradition" and engage in tradition criticism. Yet if there really was a complete rupture in history between Jesus and the earliest Christians, there can be no talk of handing on tradition. However one defines the exact relationship between Jesus and the early Church, it is a fact of history, disputed by almost no scholar, that shortly after the death of Jesus some Jews, including people who had been his closest followers during his public ministry, gathered together to revere and celebrate him as Messiah and Lord, to recall and hand on his teachings, and to spread his teachings among other Jews.

[22] This point is argued at length by A. E. Harvey, *Jesus and the Constraints of History* (Philadelphia: Westminster, 1982); see in particular pp. 1–10. The failure to appreciate this point is one of the weaknesses of Breech's *The Silence of Jesus* (see, e.g., p. 10).

only later on by his disciples. If we excluded from the record of Luther's words and deeds everything that could be paralleled in late medieval Catholic authors before him or in 17th-century Lutheran theologians after him, how much would remain – and would it give anything like a representative portrait of Luther?

Hence, while the criterion of discontinuity is useful, we must guard against the presupposition that it will automatically give us what was central to or at least fairly representative of Jesus' teaching. By focusing narrowly upon what may have been Jesus' "idiosyncrasies," it is always in danger of highlighting what was striking but possibly peripheral in his message.[23] Especially with this criterion, complementary and balancing insights from other criteria are vital.

Of course, the same need for balance and correction holds true for the emphasis on Jesus' historical continuity with Judaism and early Christianity. In the case of Judaism in particular, we always have to pose the question: With what sort or branch or tendency of Judaism was Jesus "continuous" in a given saying or action? Moreover, just as we are not to decide that Jesus *must* have been discontinuous with the Judaism of his day in this or that matter, so we cannot decide a priori that he *must* have been in agreement with Judaism in all things. History does have its Luthers and Spinozas. One is surprised, for instance, to read E. P. Sanders's summary judgment on the historicity of Jesus' statement that all foods are clean (Mark 7:15). Without going into detailed arguments, Sanders simply declares: "In this case the saying attributed to Jesus ... appears to me to be too revolutionary to have been said by Jesus himself."[24] In a sense, Sanders simply takes Perrin's view of the primacy of the criterion of discontinuity and stands it on its head. Instead of "if it is discontinuous, it must be from Jesus," we now have "if it is discontinuous, it cannot be from Jesus." Obviously, dogmatism in either direction must give way to a careful testing of claims in each case.

A further problem that often bedevils the criterion of discontinuity is a terminological one. Scholars will claim that this criterion isolates what is "unique" to Jesus. "Uniqueness" is a slippery concept in histori- /174/ cal investigation. In some sense, Beethoven may be hailed as a "unique genius" in music, but that hardly means that individual aspects of his music cannot be found in composers like Bach before him or Mahler after him. Indeed, while it is hard enough for an individual like Beethoven to be "uniquely" different from anyone who has pre-

---

[23] So rightly Walker, "The Quest for the Historical Jesus," 48: "Unique features are not necessarily the most characteristic features ..."; cf. Boring, "The Historical-Critical Method's 'Criteria of Authenticity,'" 21. We might add that even what was strikingly characteristic about Jesus' message may not have been at the very heart of his message.

[24] E. P. Sanders, *Jewish Law from Jesus to the Mishnah. Five Studies* (London: SCM; Philadelphia: Trinity, 1990) 28.

ceded him, it is asking far too much to require as well that he be "uniquely" different from all who follow. The gifted individual could hardly control that, and the more outstanding he was, the more likely he would be to have imitators.[25] Perhaps Beethoven's uniqueness is to be located instead in the special configuration of his personality, talent, production, and career, seen as a whole in a particular historical context, rather than in any one aspect of his work, seen in isolation.

Something similar might be said of the uniqueness of Jesus. When dealing with an individual saying or deed of Jesus, perhaps it is better to speak of what is "strikingly characteristic" or "unusual" in Jesus' style of speaking or acting, instead of claiming uniqueness at every turn. This distinction is especially important when we treat such characteristic phrases as "Amen, I say to you" or "Abba" addressed to God in prayer. Since we are not terribly well informed about popular Jewish-Aramaic religious practices and vocabulary in early 1st-century Galilee, modesty in advancing claims is advisable. Similarly, when we deal with the public actions of Jesus, it may be wiser to speak of "the sort of things Jesus did" (e.g., exorcisms, faith healings) instead of asserting that a particular story tells us precisely what Jesus did on one particular occasion. The same distinction can be applied to the sayings tradition taken as a whole. We can have some hope of learning the basic message of Jesus, the "kind of thing" he usually or typically said (the *ipsissima vox*).[26] Rarely if ever can we claim to recover his exact words (the *ipsissima verba*).

3. The Criterion of Multiple Attestation

The criterion of multiple attestation (or "the cross section") focuses on those sayings or deeds of Jesus that are attested in more than one independent literary source (e.g., Mark, Q, Paul, John) and/or in more than one literary form or genre (e.g., parable, dispute story, miracle story, prophecy, aphorism).[27] The

---

[25] This problem was pointed out to me in a letter by David Noel Freedman, dated Oct. 15, 1990. For Freedman, to be unique, "it would be enough to be markedly different from those who preceded. What happened afterwards would not affect that status."

[26] See Stein, "The 'Criteria' for Authenticity," 228–29.

[27] The qualification "independent" is important. The mere fact that Peter's confession that Jesus is the Messiah is recorded in Mark, Matthew, and Luke does not satisfy the criterion of multiple attestation, since both Matthew and Luke are dependent on Mark for the basic narrative (though Matthew may be relying on a separate tradition for Jesus' praise and commission of Peter in 16:17–19). There is only one *independent* source for the core of the story. If the focus were

force of this criterion is increased if a given motif or theme is found in both different literary sources and different literary forms.[28] One reason that critics so readily affirm that Jesus did speak in some sense of the kingdom of God (or kingdom of /175/ heaven) is that the phrase is found in Mark, Q, special Matthean tradition, special Lucan tradition, and John,[29] with echoes in Paul, despite the fact that "kingdom of God" is not Paul's preferred way of speaking.[30] At the same time, the phrase is found in various literary genres (e.g., parable, beatitude, prayer, aphorism, miracle story). Granted this wide sweep of witnesses in different sources and genres, coming largely from the first Christian generation, it becomes extremely difficult to claim that such material is simply the creation of the Church.[31]

When one moves from general motifs and phrases to precise sayings and deeds, one cannot usually expect such a broad range of attestation. Still, such key sayings as Jesus' words over the bread and wine at the Last Supper (Mark 14:22–25; 1 Cor 11:23–26; cf. John 6:51–58) and his prohibition of divorce (Mark 10:11–12; Luke 16:18 [= Q]; 1 Cor 7:10–11) are found in two or three independent sources.[32] Then, too, we may find "cross-referencing" between sayings

---

broadened to "some sort of confession that Peter addresses to Jesus at a critical moment in the public ministry," then John 6:66–71 could be used; but we could no longer speak of Peter's confession of faith in Jesus precisely as the Messiah; both the location and the content of the confession in John's Gospel are different.

28 Some count multiple attestation in sources and multiple attestation in forms as two different criteria. Like Polkow ("Method and Criteria," 341), I think that they are better dealt with together under one criterion.

29 Once again I must stress that I do not accept the a priori exclusion of John from consideration as a possible source for knowledge of the historical Jesus; see Walker, "The Quest for the Historical Jesus," 54.

30 Those who accept the Coptic *Gospel of Thomas* as another independent source would naturally add it to this list (so Boring, "The Historical-Critical Method's 'Criteria of Authenticity,'" 13, 25–28; more cautiously, McArthur, "The Burden of Proof," 118). For my skepticism on this subject, see my remarks on the *Gospel of Thomas* under my treatment of the Nag Hammadi material as a source of knowledge of the historical Jesus (chap. 5, section 3).

31 McArthur ("The Burden of Proof," 118) claims that the following motifs are witnessed to by all four strands of the Synoptic tradition (i.e., Mark, Q, M, and L): Jesus' proclamation of the kingdom of God, the presence of disciples around Jesus, healing miracles, a link with John the Baptist, use of parables, concern for outcasts, especially tax collectors and sinners, a radical ethic, emphasis on the love commandment, a demand that the disciples practice forgiveness, clashes with his contemporaries over Sabbath observance, sayings about the Son of Man, and the Hebrew word "Amen" used to introduce Jesus' sayings.

32 I do not bother to list the "peeling away" of additions and modifications made by the oral tradition and the final redactor, since I consider such judgments a necessary part of the use of the criterion of multiple attestation. One would like to say that such judgments are simply

dealing with a particular topic and actions of Jesus that also touch on that topic – e.g., sayings about the destruction of the Jerusalem temple and Jesus' prophetic "cleansing" of the temple. The example of the destruction of the temple is all the more forceful when we notice that both sayings and dramatic action are witnessed in more than one source and context (e.g., Mark 13:2; 14:58; John 2:14–22, esp. v 19).

Harvey K. McArthur was so taken with the force of the criterion of multiple attestation that he asserted that it was "the most objective" criterion and should be given first place.[33] Yet even McArthur admitted that multiple attestation was not an infallible indicator of historicity. In an individual case it is not a priori impossible that a saying invented early on by a Christian community or prophet met the needs of the Church so perfectly that it rapidly entered into a number of different strands of tradition.[34] Then, too, the mere fact that a saying occurs only in one source is no proof that it was not spoken by Jesus.[35] For example, the Aramaic invocation *Abba* ("my own dear Father") occurs on the lips of Jesus only once in all four Gospels (Mark 14:36), yet many critics ascribe it on other grounds to the historical Jesus. Once again, we are reminded that no criterion can be used mechanically and in isolation; a convergence of different criteria is the best indicator of historicity. /176/

"preliminary criteria" that precede the use of the "primary criteria" (so Polkow, "Method and Criteria," 342–45). But actual practice of the historical-critical method shows that all the way through the process one is constantly testing and revising one's judgments about modifications made by the oral tradition and the redactor.

33 McArthur, "A Survey of Recent Gospel Research," 48; idem, "The Burden of Proof," 118. He makes the statement about giving it first place in conscious opposition to Perrin's emphasis on the criterion of discontinuity. In agreement with McArthur's view is Stein, "Criteria," 230.

34 G. Petzke puts it quite bluntly in his article, "Die historische Frage nach den Wundertaten Jesu," *NTS* 22 (1975–76) 180–204, esp. 183: there is no reason to think that something is more reliable historically because it is reported "a number of times" (*mehrfach*). Petzke's use of phrases like "a number of times" and "multiple appearances in early Christian tradition" points to a weakness in his argument. Petzke does not seem to take seriously enough the weight of a plurality of early *independent* literary sources and a plurality of literary genres, all acting as vehicles of a single given tradition. At one point, with a rhetorical wave of the hand, he dismisses the question of attestation in a number of independent traditions by observing that we cannot be certain about which early Christian sources were independent. Yet he himself proceeds to analyze the story of the cure of the "lunatic boy" (Mark 9:14–29 parr.) with the tool of the two-source theory.

35 So rightly Polkow, "Method and Criteria," 351.

4. The Criterion of Coherence

The criterion of coherence (or consistency or conformity) can be brought into play only after a certain amount of historical material has been isolated by the previous criteria. The criterion of coherence holds that other sayings and deeds of Jesus that fit in well with the preliminary "data base" established by using our first three criteria have a good chance of being historical (e.g., sayings concerning the coming of the kingdom of God or disputes with adversaries over legal observance). As can be readily seen, this criterion, by its very nature, is less probative than the three on which it depends.[36] Since we should not conceive of the earliest Christians as totally cut off or different from Jesus himself, there is no reason why they could not have created sayings that echoed faithfully his own "authentic" words. In a loose sense such derived sayings could be considered "authentic" insofar as they convey the message of the historical Jesus;[37] but they cannot be considered "authentic" in the technical sense, i.e., actually coming from Jesus himself.[38]

Despite this limitation, the criterion of coherence has a certain positive use, namely, broadening an already established data base. One must, however, be wary of using it negatively, i.e., declaring a saying or action inauthentic because it does not seem to be consistent with words or deeds of Jesus already declared authentic on other grounds. Jesus would hardly be unique among the great thinkers or leaders of world history if his sayings and actions did not always seem totally consistent to us.[39] Moreover, we must remember that ancient Semitic thought, much more than our Western tradition of Aristotelian logic, delighted in paradoxical statements that held opposites in tension. (Even in our own day,

---

[36] Obviously, the conclusions drawn by the criterion of coherence are as good as the data base on which they depend. Carlston, a great proponent of the positive use of this criterion, uses it to discern authentic parables of Jesus: they will fit reasonably well into the eschatologically based demand for repentance that was characteristic of Jesus' message ("A *Positive* Criterion," 33–34). That is fine, provided one does not agree with revisionist exegetes who claim that Jesus' basic message was not essentially eschatological (e.g., Marcus J. Borg) or that repentance did not play a large role in Jesus' preaching (e.g., E. P. Sanders). Thus, one sees the vital importance of being as certain as possible about the data base created by the first three criteria before one proceeds to the criterion of coherence.

[37] Nielsen, "Kriterien," 14.

[38] I should make clear that it is in this technical and restricted sense that I use the word "authentic" when discussing criteria of historicity; cf. Stein, "The 'Criteria' for Authenticity," 228. The word must not be taken to mean that, from the viewpoint of faith, what the oral tradition or final redaction contributed to our Gospels is any less inspired, normative, or true.

[39] Cf. Hooker, "Christology and Methodology," 483; Stein, "The 'Criteria' for Authenticity," 250.

American and European professors are often befuddled when they find out that students from Asia, while fiercely intelligent, may not subscribe to the Western philosophical principle of noncontradiction.) Then, too, Jesus was a popular preacher addressing a wide range of audiences on particular occasions with great oral skill; we should hardly seek in the various expressions of his teaching the type of systematic presentation expected of a written treatise.[40] Hence the debate between those scholars who stress the eschatological nature of Jesus' core message and those who portray Jesus teaching a wisdom tradition bereft of any eschatological slant may be misplaced. There is no reason why the preaching of Jesus may not have contained elements of both apocalyptic eschatology /177/ and traditional Israelite wisdom. Both Jesus and his contemporaries might have been surprised by the charge (a very modern academic one) that such a message would be inconsistent or incoherent. In short, the criterion of coherence has a certain positive value; but its negative use, to exclude material as inauthentic, must be approached very cautiously.

5. The Criterion of Rejection and Execution

The criterion of Jesus' rejection and execution is notably different from the first four criteria.[41] It does not directly indicate whether an individual saying or deed of Jesus is authentic. Rather, it directs our attention to the historical fact that Jesus met a violent end at the hands of Jewish and Roman officials and then asks us what historical words and deeds of Jesus can explain his trial and crucifixion as "King of the Jews."[42] While I do not agree with those who turn Jesus into a violent revolutionary or political agitator, scholars who favor a revolutionary Jesus do have a point. A tweedy poetaster who spent his time spinning out parables and Japanese koans, a literary aesthete who toyed with 1st-century deconstructionism, or a bland Jesus who simply told people to look at the lilies of

---

40 These considerations should make one wary about declaring a priori that Jesus could not possibly have spoken of the kingdom of God as both present and future or that he could not possibly have prophesied both a coming kingdom and a coming Son of Man. It is a matter of fact that the evangelists, and probably the gospel traditions before them, did just that. Nor are Paul's authentic letters totally devoid of paradoxes that strike some as blatant contradictions.
41 Hence I would not say that it is simply "the resultant historical data shown by Dissimilarity ..., Modification ..., Embarrassment ..., Incongruity ..., and Hermeneutical Potential ..." (Polkow, "Method and Criteria," 340). On p. 341, Polkow finally lists execution as merely a variation of discontinuity (or dissimilarity); cf. Lührmann, "Die Frage," 68.
42 On this criterion, see Schillebeeckx, *Jesus*, 97; cf. Walker, "The Quest for the Historical Jesus," 55.

the field – such a Jesus would threaten no one, just as the university professors who create him threaten no one. The historical Jesus did threaten, disturb, and infuriate people – from interpreters of the Law through the Jerusalem priestly aristocracy to the Roman prefect who finally tried and crucified him. This emphasis on Jesus' violent end is not simply a focus imposed on the data by Christian theology. To outsiders like Josephus, Tacitus, and Lucian of Samosata,[43] one of the most striking things about Jesus was his crucifixion or execution by Rome. A Jesus whose words and deeds would not alienate people, especially powerful people, is not the historical Jesus. /178/

Secondary (or dubious) Criteria

6. The Criterion of Traces of Aramaic

Joachim Jeremias and many of his disciples point to traces of Aramaic vocabulary, grammar, syntax, rhythm, and rhyme in the Greek version of the sayings of Jesus as signs of an authentic saying. Used negatively, this criterion would cast doubt on a saying that could not be easily retroverted from Greek into Aramaic.[44] At first glance, this criterion seems scientific, since it rests on a vast fund of philological data developed in the 20th century by such experts in Aramaic as Jeremias, Matthew Black, Geza Vermes, and Joseph Fitzmyer.

Yet this criterion is not without serious problems. First of all, a good number of the earliest Christians were Palestinian Jews whose native tongue was the same Aramaic Jesus spoke. These Aramaic-speaking Christian Jews continued to exist in Palestine throughout the 1st century. Presumably, if Christians elsewhere in the Mediterranean world developed and sometimes created words of Jesus, Aramaic-speaking Jews in Palestine did the same.[45] Suppose, then, that some scholars are trying to discover an Aramaic substratum beneath a particular Greek saying in our Gospels. Even if they succeed, how – simply on the grounds of the Aramaic – are they to distinguish a saying first spoken in Aramaic by Jesus

---

43 See the treatment of their statements in Chapters 3 and 4.
44 While Jesus may have known and even used some Greek (e. g., during his trial before Pilate), there is no indication that the sayings tradition in our Gospels was rooted, even in part, in sayings spoken by Jesus in Greek (so rightly Fitzmyer, "Methodology," 87). For a general overview of languages used in Palestine at the time of Jesus, see Joseph A. Fitzmyer, "The Languages of Palestine in the First Century A.D.," *A Wandering Aramean. Collected Aramaic Essays* (SBLMS 25; Missoula, MT: Scholars, 1979) 29–56; cf. below, pp. 255–68.
45 For a similar observation, see Walker, "The Quest for the Historical Jesus," 43.

in A.D. 29 from a saying first spoken in Aramaic by a Christian Jew in A.D. 33? The mere fact that the saying has an Aramaic substratum gives no criterion for making such a distinction. The problem is complicated still further by the fact that the Jerusalem church was both Aramaic- and Greek-speaking from its beginning (cf. the Hellenists in Acts 6). The translation of Jesus' sayings into Greek is therefore not something that happened only at a later stage of the tradition.[46]

Secondly, the mere fact that a particular Greek saying can be retroverted into Aramaic with ease – or, on the other hand, only with great difficulty – does not give us a sure indication that the saying existed originally in Aramaic or originally in Greek. One Aramaic saying might be translated with great skill into elegant Greek, the translator aiming at sense-equivalence rather than a word-for-word rendering.[47] /179/ Another Aramaic saying might be translated by another translator in a very literalistic, wooden fashion. The ease with which the two sayings could be retroverted into Aramaic might lead the unwary critic to judge quite wrongly that the first saying did not exist in Aramaic while the second did. Compounding the problem is that many Greek-speaking Christians knew very well the Greek translation of the Old Testament, the Septuagint, and could imitate the biblical Greek of the Septuagint, thus giving their original Greek composition a Semitic tone. This may have been the case with the Gospel of Luke.[48] Confusing the situation still further is the fact that scholars have become increasingly aware in recent decades that usages in the NT that we once considered "Semitisms" (i. e., vocabulary or grammar showing Hebrew or Aramaic influence) may actually reflect the normal koine Greek of the less educated level of the population.[49]

---

[46] Riesner, *Jesus als Lehrer*, 93.

[47] One must be especially sensitive to this possibility in the case of a saying that occurs only in Matthew or Luke. It is not impossible that an Aramaic saying was first translated into rough, Semitic Greek during the oral stage of the special Lucan tradition and then was given a more elegant Greek from Luke incorporated it into his Gospel; cf. Riesner, *Jesus als Lehrer*, 93.

[48] While not claiming to decide all instances once and for all, Fitzmyer seems to lean in the direction of explaining Luke's "Semitisms," especially his "Hebraisms," by reckoning "with a great deal of influence from the LXX" (Joseph A. Fitzmyer, *The Gospel According to Luke (I-IX)* [AB 28; Garden City, NY: Doubleday, 1981] 125).

[49] So Walker, "The Quest for the Historical Jesus," 44; cf. Fitzmyer, "Methodology," 95 (citing R. M. Grant, *A Historical Introduction to the New Testament* [New York: Harper & Row, 1963] 41); idem, "The Study of the Aramaic Background of the New Testament," *A Wandering Aramean* (SBLMS 25; Missoula, MT: Scholars, 1979) 1–27, esp. 10–15. The question of the existence and extent of Semitisms (both Hebrew and Aramaic) in the NT is hotly debated today. For a short history of the debate, see Elliott C. Maloney, *Semitic Interference in Marcan Syntax* (SBLDS 51; Chico, CA: Scholars, 1981) 1–25. Maloney's conclusions summarized on pp. 244–45, show how complex and varied Semitic influence may be. In particular, he notes "that much grammatical

Jeremias tries to mount a particular form of the "Aramaic argument" by pointing out that Jesus tended to deliver his teaching in Aramaic sayings that had a distinctive rhythm, that employed rhetorical tools like antithetic parallelism, alliteration, assonance, and paronomasia, and that employed the passive voice to avoid the frequent mention of God's name ("the divine passive").[50] While all this may be true, we again run into methodological problems. First, Jeremias' argument cannot entirely avoid being circular. He can tell us what is characteristic of Jesus' sayings only if from the start he can presume that a certain amount of sayings are authentic and then proceed to abstract from them the characteristics he lists. To be sure, such a list could legitimately arise from a lengthy process of isolating, collating, and examining authentic sayings of Jesus from a stylistic viewpoint. But such a list cannot be the starting point for deciding which sayings are authentic, for it would be presuming what is to be proven.[51] Second, if the list does reflect striking characteristics of Jesus' speech, would it be all that unusual if early Christian Jewish teachers and preachers in Palestine imitated the style of their master? Or did Jesus have a monopoly on rhythmic speech and antithetic parallelism in 1st-century Palestine? Was Jesus the only gifted and imaginative teacher among Jews and Christian Jews during this period? The same sort of questions may be asked about the supposed "poetic" quality of Jesus' Aramaic, all the more so since we are poorly informed about what 1st-century Palestinian Aramaic poetry looked like.[52]

At best, then, this criterion of Aramaic traces can provide additional support for an argument for historicity – but only when the material in /180/ question has already given indications of being authentic on the grounds of other criteria.

---

usage in Marcan Greek which various authors have claimed to be the result of Semitic interference is, in fact, quite possible in Hellenistic Greek. ... On the other hand, certain constructions which various authors have argued are acceptable in Greek have been shown to be quite abnormal, or even totally unattested in Hellenistic Greek, whereas their appearance in Semitic is normal (sometimes only possible). These are true Semitisms" (pp. 244–45).

[50] Joachim Jeremias, *New Testament Theology. Part One. The Proclamation of Jesus* (London: SCM, 1971) 3–29.

[51] If these linguistic characteristics were first abstracted from sayings that had been declared authentic on other grounds, and if these characteristics were then applied to a new group of sayings to judge their authenticity, we would have a form of the criterion of coherence. Even then, however, the second methodological problem I indicate in the text would remain.

[52] Fitzmyer, "Methodology," 97–98.

7. The Criterion of Palestinian Environment

A criterion much like the Aramaic one, this criterion of Palestinian environment affirms that sayings of Jesus that reflect concrete customs, beliefs, judicial procedures, commercial and agricultural practices, or social and political conditions in 1st-century Palestine have a good chance of being authentic. Put negatively, a saying that reflects social, political, economic, or religious conditions that existed only outside Palestine or only after the death of Jesus is to be considered inauthentic. This criterion is much more useful in its negative guise. To take a well-known example that applies the criterion theologically rather than socially: parables that reflect concern about the delay of Jesus' parousia, the mission of the Church to the Gentiles, or rules for Church leadership and discipline are post-Easter creations, at least in their final, Gospel form.[53]

The positive use of this criterion is more problematic, for the same reasons mentioned under the Aramaic criterion. The Palestine inhabited by Christian Jews in A.D. 33 was not all that different from the Palestine inhabited by Jesus in A.D. 29. Pilate remained prefect in Judea until A.D. 36, Herod remained tetrarch in Galilee until A.D. 39, and Caiaphas remained high priest until A.D. 36 or 37. Basic commercial, social, and religious conditions naturally remained much longer. Hence, the Palestine reflected in sayings created by Christian Jews in A.D. 33 would hardly differ from the Palestine reflected in the sayings of Jesus in A.D. 29.[54]

8. The Criterion of Vividness of Narration

In the narratives of the Gospels, liveliness and concrete details – especially when the details are not relevant to the main point of the story – are sometimes taken to be indicators of an eyewitness report. Although he was not as uncritical in using this criterion as some of his followers, Vincent Taylor inclined to accept

---

[53] See, e.g., the treatment of Joachim Jeremias, *The Parables of Jesus* (rev. ed.; London: SCM, 1969) 48–66. Of course, it is possible that behind the final form of such Gospel parables a scholar might discover, by means of form criticism, an earlier form without these ecclesiastical interests.

[54] See also the observations of Walker ("The Quest for the Historical Jesus," 44), who adds: "Many apparent reflections of Palestinian life, however, may be derived from the Old Testament or other Jewish literature or reflect merely an acquaintance of sorts with the area on the part of a writer or transmitter of the tradition."

vivid, concrete details in Mark's Gospel as signs of high historical value.⁵⁵ Faithful to the early oral tradition, Mark had the special advantage of hearing Peter's preach- /181/ ing.⁵⁶ Taylor himself is aware of the basic objection to this criterion: any skilled narrator can confer vividness on any story, however unhistorical. If liveliness and concrete details were in themselves proofs of historicity, many great novels would have to be declared history books.⁵⁷

In reply to this objection, Taylor first admits that some concrete details may indeed be the result of Marcan redaction. But Taylor goes on to make two points: (1) Some of the details seem to serve no point in the narrative and apparently are included by Mark simply because they were in the tradition. (2) More importantly, a number of key episodes in the Gospel, episodes ripe for dramatic exploitation, are surprisingly jejune and bereft of concrete details: e. g., the choice of the Twelve (3:13–19b), the suspicion held by Jesus' family that he has gone insane (3:21), the plot by the priests (14:1–2), and the treachery of Judas (14:10–11). Taylor argues that the presence of these terse though important narratives shows that Mark did not indulge in massive creative rewriting; on the whole, some narratives are laconic and others detailed because that is the way they were in the early oral tradition that Mark has faithfully followed.⁵⁸

Taylor's arguments do not seem as strong today as they might have appeared in the early fifties. Redaction criticism and contemporary narrative criticism have taught us to appreciate Mark as a talented author who may have his own theological and artistic reasons for alternating sparse and detailed narratives.⁵⁹ More-

---

55 Vincent Taylor, *The Gospel According to St. Mark* (2d ed.; London: Macmillan; New York: St. Martin's, 1966) 135–49.
56 Ibid., 148. Other conservative commentators take a similar tack; see, e. g., William L. Lane, *The Gospel According to Mark* (NICNT; Grand Rapids: Eerdmans, 1974) 10–12. Mark's dependence on Peter is also defended by Martin Hengel, *Studies in the Gospel of Mark* (Philadelphia: Fortress, 1985) 50–53.
57 What makes the question even more complex is that what we consider a key sign of a historical novel – the creation of dialogue or the use of nonhistorical characters – was permissible in ancient historical writings. Hence the lines between what we would consider history and the historical novel are blurred in ancient literature.
58 This image of Mark as a conservative redactor of large amounts of early tradition has been revivified and pushed to the extreme by Rudolf Pesch, *Das Markusevangelium* (HTKNT II/1–2; Freiburg/Basel/Wien: Herder, 1976, 1977); see, e. g., 1. 63–67; 2. 1–25.
59 In sharp opposition to the picture of Mark as a conservative redactor are the redaction-critical approaches represented by most of the authors in Werner H. Kelber, ed., *The Passion in Mark* (Philadelphia: Fortress, 1976), and the rhetorical, narrative, and structural approaches represented by, e. g., Joanna Dewey, *Markan Public Debate* (SBLDS 48; Chico, CA: Scholars, 1980); Robert M. Fowler, *Loaves and Fishes* (SBLDS 54; Chico, CA: Scholars, 1981); Jack Dean Kingsbury, *The Christology of Mark's Gospel* (Philadelphia: Fortress, 1983); Vernon K. Robbins,

over, not all critics would concede Mark's direct dependence on the preaching of Peter. If instead Mark is simply passing on oral traditions that come to him from many sources, can we not attribute the liveliness of some pericopes to the skill of certain early Christian preachers or storytellers, with the irrelevant details being explained by the untidy nature of oral as opposed to written composition? *Perhaps* the vividness of narration gets us behind Mark to his oral tradition. But does it get us back to Jesus himself?

A further problem arises from the succinct narratives that Taylor also finds in Mark. The terse, streamlined nature of particular dispute stories, miracle stories, and pronouncement stories may result, not from their unhistorical nature, but from the very fact that they fit well into a particular form or genre. This neat "fit" may have caused some historical events to have been "slimmed down" to the "bare bones" of a particular genre in the oral tradition. In short, just as vividness in itself does not prove historicity, so too a pale skeletal narrative is not necessarily unhistorical.

Thus, as with the other secondary criteria we have seen so far, this /182/ criterion can never serve as the main argument for historicity. At best, it may support the impression already created by one or more of the primary criteria.

9. The Criterion of the Tendencies of the Developing Synoptic Tradition

At this point we begin to consider criteria that, in my view, are highly questionable. The form critics like Bultmann thought they could isolate the laws of development within the Synoptic tradition. For instance, as the Synoptic tradition developed from Mark to Matthew and Luke, there supposedly was a tendency to make details more concrete, to add proper names to the narrative, to turn indirect discourse into direct quotation, and to eliminate Aramaic words and constructions. Bultmann suggested that, once these laws governing the transmission of tradition were discovered by analyzing changes in the Synoptic Gospels, they could be applied to the development of the tradition redacted by Mark and Q.[60]

Jesus the Teacher (Philadelphia: Fortress, 1984); and Elizabeth Struthers Malbon, *Narrative Space and Mythic Meaning in Mark* (San Francisco: Harper & Row, 1986).
60 Rudolf Bultmann, "The New Approach to the Synoptic Problem," *Existence and Faith* (Meridian Books; Cleveland/New York: World, 1960) 34–54, esp. 41–42 (= *JR* 6 [1926] 337–62); similarly in his "The Study of the Synoptic Gospels," Rudolf Bultmann and Karl Kundsin, *Form Criticism* (New York: Harper & Row, 1962) 32–35; and in his *The History of the Synoptic Tradition*, 307–17 (= *Die Geschichte der synoptischen Tradition*, 335–46).

By extension, some critics have suggested, these laws might help us reconstruct original events or sayings coming from Jesus.

However, the whole attempt to formulate laws of the developing Synoptic tradition and then to apply them to the earlier oral tradition is dubious. First of all, one cannot establish that such firm laws exist. As E. P. Sanders has pointed out, we can find examples of the tradition becoming longer and shorter, of discourse becoming both direct and indirect, and of proper names being dropped as well as added. The tendencies run in both directions.[61] Moreover, even if we could discover firm laws among the Synoptic Gospels, we would still be dealing with redaction of the written Gospel of Mark by two other writers, Matthew and Luke. Whether and to what degree such laws would apply to the pre-Marcan oral stage of the gospel tradition is by no means clear.[62] In my opinion, the one negative use that can be made of a criterion based on "tendencies" is to discern the redactional tendency of each evangelist and to exclude from consideration those sayings or narratives which are massively suffused with the characteristic vocabulary and theology of the evangelist. /183/

10. The Criterion of Historical Presumption

This criterion brings us squarely into the debate about where the "burden of proof" lies: on the side of the critic who denies historicity or on the side of the critic who affirms it? Critics who stress the decades between the original events and the writing of our Gospels, as well as the obvious cases of modifications or creations by the oral tradition or the evangelists, conclude that anyone claiming to isolate an authentic saying or action of Jesus must bear the burden of proof.[63] On the opposite side, critics who stress that eyewitnesses of Jesus' ministry were the leaders in the early Church and that in any historical investigation credence is given to early historical reports until the opposite is proven conclude

---

61 E. P. Sanders, *The Tendencies of the Synoptic Tradition* (SNTSMS 9; Cambridge: Cambridge University, 1969).
62 On the whole problem of the difference between oral and written tradition, see Werner H. Kelber, *The Oral and the Written Gospel* (Philadelphia: Fortress, 1983). I think, however, that Kelber exaggerates the gap between the oral and written forms of the Gospel.
63 So Perrin, *Rediscovering the Teaching of Jesus*, 39: "... the nature of the synoptic tradition is such that the burden of proof will be upon the claim to authenticity" (this statement is set entirely in italics in Perrin's book). McArthur ("The Burden of Proof," 118–19) attempts a compromise stance: Initially the burden is on the person affirming historicity; but if a particular motif is supported by three or four Synoptic sources (multiple attestation), then the burden shifts to the person denying historicity.

that the burden of proof is on those who wish to discredit a particular saying or event as inauthentic ("in dubio pro tradito"). This is called by Neil J. McEleney the criterion of historical presumption.[64] If accepted, it could cut the Gordian knot in cases where the arguments are finely balanced and the final result seems to be permanent doubt.

However, common sense and the rules of logical argument seem to be on the side of critics like Willi Marxsen and Ben Meyer, who state the obvious: the burden of proof is simply on anyone who tries to prove anything.[65] In effect, this means that critics must allow a galling but realistic third column for a vote of "not clear" *(non liquet)*. There will always be some difficult cases in which no criterion applies or in which different criteria apply but point in opposite directions. Such conundrums cannot be resolved by the *deus ex machina* of the criterion of historical presumption. In the convoluted case of the canonical Gospels, such a criterion simply does not exist.[66]

---

64 McEleney, "Authenticating Criteria," 445–48; cf. Ellis, "Gospels Criticism," 32. McEleney's easy and undifferentiated use of the terms "reporter" and "history" (pp. 446–47) while discussing the Gospels does not inspire confidence. As Latourelle correctly observes ("Critères d'authenticité," 618), this "criterion" actually expresses an attitude of the exegete vis-à-vis the text rather than a criterion; similarly, Lambiasi, *L'autenticità storica dei vangeli*, 101, 137–38.

65 See Meyer, *The Aims of Jesus*, 83 and 277 n. 8, where he quotes Willi Marxsen, *The Beginnings of Christology: A Study of Its Problems* (Philadelphia: Fortress, 1969) 8. Hooker ("Christology," 485) expresses herself in a similar fashion, though she tends to dismiss the whole problem as not very profitable. This commonsense approach seems preferable to the subtle distinction Lambiasi tries to make between skeptical-systematic doubt and methodological-dynamic doubt *(L'autenticità storica dei vangeli*, 229).

66 Latourelle ("Critères d'authenticité," 628) claims that the most important of the fundamental criteria, though often ignored, is the criterion of "necessary explanation" *(explication nécessaire)*. Actually, instead of being a precise criterion for judging the special material of the Four Gospels, this "criterion" is more like the "argument to the best explanation," which is one of the basic forms of all historical argumentation (McCullagh, *Justifying Historical Descriptions*, 15–44). In a similar vein, Lambiasi (*L'authenticià storica dei vangeli*, 140) considers the criterion of necessary explanation to be basically the principle of the sufficient reason, a transcendent philosophical principle. But even if one accepts Latourelle's conception of this criterion of necessary explanation, the criterion is not of much use for the project that lies immediately ahead of us in this book: (1) The criterion of necessary explanation seeks to give a coherent and sufficient explanation of a considerable ensemble of facts or data. But most of this book will consist of sifting bit by bit through individual sayings, deeds, and motifs contained in the Gospels. One hopes that a moderate amount of fairly certain data will emerge; but the criterion, if useful at all, will be useful only at the end of this process. (2) The criterion seeks to group all the facts into a harmonious whole. This goal, however, presumes a coherence among the data that may be verified at the end of the process, but methodologically cannot be presumed at the beginning. (3) A review of a representative sample of books on the historical Jesus shows that

Conclusion

Our survey indicates that five suggested criteria of historicity or authenticity are really valuable and deserve to be ranked as primary criteria: embarrassment, discontinuity, multiple attestation in sources or forms, coherence, and Jesus' rejection and execution. I have stressed the limitations and problems inherent in each criterion lest any single criterion /184/ seem a magic key unlocking all doors. Only a careful use of a number of criteria in tandem, with allowances for mutual correction, can produce convincing results.[67]

Despite their exaltation in some quarters, the criteria of Aramaic traces, Palestinian environment, and vividness of narrative cannot yield probative arguments on their own, even when all three are taken together. They can act as secondary, supportive criteria, reinforcing the impressions gained from one or more

---

exegetes of every stripe claim that they have found the true coherent explanation that illuminates all the facts about Jesus: he was an apocalyptic fanatic (Albert Schweitzer), a rabbi and prophet who issued the call to existential decision (Rudolf Bultmann), a gay antinomian magician (Morton Smith), a catalyst of nonviolent social revolution (Richard A. Horsley), or a charismatic man of the Spirit who founded a revitalization movement (Marcus J. Borg) – to name but a few "necessary explanations." Every author just named would claim that he has provided a coherent explanation to cover all the data he considers historical. If one is to argue with the varied explanations of these authors, one must first move back to their judgments about the historicity of individual pieces of the Jesus tradition, about the interpretation of the individual pieces, and only then move on to debate the meaning of the whole. (4) When Latourelle applies the criterion of necessary explanation, he seems to be already operating as a theologian in the area of fundamental theology or apologetics. That is a legitimate undertaking, but it must follow upon, not precede, the tedious work of the historian and exegete. We are all attracted by calls to a "holistic" approach (so Walker, "The Quest for the Historical Jesus," 54–56). But until we have at least a vague idea of what parts might qualify as belonging to the historical whole, a "holistic" approach remains a distant ideal.

67 I have omitted from consideration two further criteria suggested by Boring ("The Historical-Critical Method's 'Criteria of Authenticity,'" 23–24): (1) plausible *Traditionsgeschichte* and (2) hermeneutical potential. (1) The criterion of plausible *Traditionsgeschichte* seeks to draw up a genealogy of the various forms of a saying. While this is a laudable goal, I do not think it a practical one for many of the sayings in the Jesus tradition. Even when attempted, the reconstruction of the tradition history must remain very hypothetical. (2) The criterion of hermeneutical potential looks at the variety of forms generated by the original form and asks what this original must have been in order to generate such variety. Again, the quest is a valid and laudable one; but, granted the paucity of data, I feel that the results must be highly subjective and hardly probative.

of the primary criteria. Finally, the criteria of the tendencies of the Synoptic tradition and historical presumption are, for all practical purposes, useless.[68]

As many a weary quester has remarked before, the use of the valid criteria is more an art than a science, requiring sensitivity to the individual case rather than mechanical implementation.[69] It can never be said too many times that such an art usually yields only varying degrees of probability, not absolute certitude. But, as we have already seen, such judgments of probability are common in any investigation of ancient history, and the quest for the historical Jesus cannot apply for a special exemption. Since moral certitude is nothing but a very high degree of probability, and since we run most of our lives and make many of our theoretical and practical judgments on the basis of moral certitude, we need not feel that the results of our quest will be unusually fragile or uncertain. They are no more fragile or uncertain than many other parts of our lives.[70]

John P. Meier, A Marginal Jew. Rethinking the Historical Jesus, Volume 1: The Problem and the Person, New York / London / Toronto / Sydney / Auckland: Doubleday / © Yale University Press 1991, S. 167–184 (195).

---

68 The one exception here is the negative use of the criterion of an evangelist's redactional tendencies.
69 So, e.g., McArthur, "A Survey," 47; Walker, "The Quest for the Historical Jesus," 53 (who extends the observation to historiography in general); and Boring, "The Historical-Critical Method's 'Criteria of Authenticity,'" 35–36.
70 I might add here that, naturally, any scholar must be in dialogue with his or her peers and be respectfully attentive to their consensus on the authenticity of various Gospel material. However, I would not be willing, as Polkow is ("Method and Criteria," 355), to elevate scholarly consensus to another criterion. It should be noted in fairness to Polkow that he stresses that scholarly consensus can only be a corroborative criterion and can be used only when all else is said and done. I wonder, though, whether it is properly a criterion at all. A scholar must be prepared at any moment, because of the force of data and arguments, to go against a scholarly consensus on any issue. The heavy reliance on scholarly consensus from the very start weakens the whole approach of Breech (*The Silence of Jesus*, 9).

Hartmut Stegemann
5.6 Die Essener, Qumran, Johannes der Täufer und Jesus, 1993 / 2007

9. Jesus

Als erster Forscher der Neuzeit hat Johann Georg Wachter in seinem 1713 verfaßten zweibändigen Werk „De primordiis Christianae religionis" („Die Anfänge der christlichen Religion") Jesus mit den Essenern in Verbindung gebracht, deren Ausbildung er z.B. die Fähigkeit zum Vollbringen seiner Wundertaten verdankt haben soll. Seither hat jedes Jahrhundert eine Mehrzahl ebenso phantasiereicher, mitunter mehrbändiger Werke zu dem offenkundig reizvollen Sujet „Jesus als Essener" hervorgebracht, bis hin zur Veröffentlichung angeblich lange verschollener, teilweise von Jesus selbst formulierter Essener-Texte, bei denen es sich aber erkennbar um Produkte erst des 20. Jahrhunderts handelt.

Inzwischen sind die üppig aus dem Nährboden essenischer Schriftrollen-Fragmente sprießenden *Qumran*-Spekulationen zum Lieblingsfutter jener Schafe geworden, die auf dieser blütenreichen Aue genüßlich weitergrasen. Auf dem deutschen Buchmarkt zeigt sich gesteigertes Leserinteresse für Essenisches stets erst dann, wenn der Buchtitel damit Jesus verbindet, auch wenn er im Buchinhalt kaum eine Rolle spielt wie in der „Verschlußsache Jesus" von Baigent und Leigh oder in „Jesus und die Urchristen" von Eisenman und Wise. Wenige aus ihren textlichen Zusammenhängen herausgelöste, oft genug auch noch ignorant interpretierte Satzteile und Einzelwörter suggerieren in solchen Machwerken Verbindungen, die es historisch nie gegeben hat. Scheinbare Ähnlichkeiten werden so stilisiert, daß sie wie klare Übereinstimmungen wirken. Der „Jesus" solcher Bücher ist ebenso eine aus zufällig aufgelesenen Mosaiksteinchen zusammengefügte Kunstfigur wie ihr mit heißer Nadel zusammengeschusterter Flickenteppich angeblicher Wahrheiten über „Qum- /315/ ran" oder „die Essener". Mit einstigen Realitäten hat das alles so gut wie gar nichts zu tun.

Leider sind aber alle Bemühungen, über *Jesus* noch Verläßliches in Erfahrung zu bringen, vielfältig erschwert. Erst Jahrzehnte nach seinem Erdendasein haben im fernen Syrien, Kleinasien oder Rom vier Evangelisten anhand ihnen noch erreichbarer Traditionsstoffe nach bestem Vermögen Darstellungen der Erdenzeit Jesu geschaffen, die von der Kirche in ihren Kanon aufgenommen worden sind. Sie sind die einzigen Quellen, aus denen sich noch Verläßliches über Jesus entnehmen läßt. Der Kirche ist dabei stets bewußt geblieben, daß Jesus nur durch die vielfach unterschiedliche *Viergestalt des Evangeliums* hindurch erfaßt werden kann.

Die Darstellung der Evangelisten in der Kirchenmalerei zeigt bis heute, wie um 400 n.Chr. der Kirchenvater Hieronymus sie in Aufnahme biblischer Symbole (Ez 1,10; Offb 4,7) angesichts der unterschiedlichen Texte am Anfang ihrer Werke verschiedenartig charakterisiert hat. Wegen des Stammbaums Jesu zu Beginn wird dem Matthäus das Symbol „Mensch" zugeordnet, dem Markus wegen seiner Eröffnung mit dem Täufer als Rufer in der Wüste das Symbol „Löwe", dem Lukas wegen des in seiner Anfangsszene opfernden Zacharias das Symbol „Stier" und dem Johannes wegen des Höhenfluges seiner Theologie – „Am Anfang war das Wort" – das Symbol „Adler". Dasselbe gilt für die Abschlüsse und für die weiteren Inhalte der Evangelien. Sie lassen sich nicht zu einem völlig einheitlichen Gesamtbild ineinanderfügen.

Seit Jahrhunderten sind die divergierenden Jesus-Darstellungen der Evangelien miteinander verglichen worden, um herauszufinden, was im Kern auf Jesus selbst zurückgehen könnte und was späteren Gestaltungen zuzurechnen ist. Trotz aller Mühen zeichnet sich nur in wenigen Fragen ein Konsens der Forscher ab. Tatsächlich gibt es heute fast ebenso viele Auffassungen vom „echten" Jesus wie an der Suche nach ihm Beteiligte.

Aus dem reichhaltigen Angebot dieses Supermarktes von Meinungen über Jesus bedient sich ein jeder Dilettant nach seinem eigenen Geschmack. Für alle nur möglichen Qumran- und Essener-Vergleiche gibt es in den Evangelien irgend etwas scheinbar Passendes, das irgendeiner der zahllosen Forscher seinem „ech- /316/ ten" Jesus zugedacht hat – falls überhaupt nach begründeten Meinungen gefragt wird und nicht völlig unkritische Selbstbedienung im Rahmen der Evangelien stattfindet. Mit derartigen Auswahlverfahren aber läßt sich gar nichts beweisen.

Deshalb kann es niemandem, der sich zur Bedeutung der Qumran-Funde für das Verständnis Jesu äußern möchte, erspart bleiben, zunächst darüber Auskunft zu geben, wie sich seiner eigenen Quellenanalyse gemäß Jesus einst dargestellt hat, wenigstens soweit dies für die Frage nach Verbindungen mit Qumran und den Essenern von Bedeutung ist. Man kann nicht einfach von Qumran-Befunden her nach Vergleichbarem in der Evangelienüberlieferung suchen und dies spontan für Jesus beanspruchen, sondern man muß umgekehrt fragen, ob eindeutig für Jesus Beanspruchbares seinerseits Bezüge zu den Qumran-Funden erkennen läßt.

Viele Neutestamentler sind heutzutage freilich wegen der Vielgestaltigkeit der Evangelien-Überlieferungen skeptisch, daß es überhaupt noch möglich sei, für Jesus Beanspruchbares eindeutig zu sichern. Doch es kann gelingen, wenn man nicht bei sporadischen Elementen der Jesus-Überlieferung einsetzt, sondern beim

Kernbestand dessen, was die Evangelien als Hauptdaten seines Erdendaseins überliefert und als seine Äußerungen dazu in Beziehung gesetzt haben. Unternimmt man dies gründlich, dann wird zugleich deutlich, ob Verbindungen zwischen Jesus und den Essenern bestanden haben.

Das Reich Gottes

Abgesehen von seiner Kreuzigung durch die Römer ist *die Taufe Jesu durch Johannes* die bestbezeugte Tatsache seines gesamten Erdendaseins und deshalb auch der beste Ansatzpunkt für alle weitergehenden Rückfragen nach Jesus. Erst als ein von Johannes Getaufter begann Jesus seine in den Evangelien dargestellte öffentliche Wirksamkeit. Nie hat Jesus sich vom Täufer distanziert, sondern ganz im Gegenteil dessen für alle Zeiten bleibende Bedeutung unmißverständlich hervorgehoben (Mk 9,9–13; Mt 17,9–13; 11,7–11a; Lk 7,24–28a). /317/

Diesen Vorgaben entsprechend haben auch alle Evangelien Johannes den Täufer grundlegend und positiv in ihre Jesus-Darstellungen einbezogen, und zwar nicht nur seine *Person*, sondern auch Kernstücke seiner *Botschaft*. Deswegen ist weiterhin davon auszugehen, daß auch Jesus persönlich das Selbstverständnis und die Zukunftsperspektive des Täufers vorbehaltlos bejaht und – ganz ebenso wie andere von Johannes Getaufte – Endgericht wie Heilszeit als unmittelbar bevorstehend erwartet hat. Insbesondere die von Johannes angesagte *Nähe* des Endes der noch bestehenden Verhältnisse dürfte für *jeden* der von ihm Getauften grundsätzliche Positionsänderungen ausgeschlossen haben.

Um so überraschender ist, daß im Zentrum der *Jesus*-Überlieferung ein Begriff erscheint, der in der Botschaft des *Täufers* völlig fehlte, nämlich *das Reich Gottes* oder – in der Ausdrucksweise des Matthäusevangeliums – *das Himmelreich*. Erst später ist dessen Ankündigung auch dem Johannes in den Mund gelegt worden, um die Botschaft des Täufers als prinzipiell mit derjenigen Jesu übereinstimmend darzustellen (Mt 3,2; vgl. 4,17 und Mk 1,15). Der Täufer selbst aber hat den Begriff Reich Gottes nie verwendet. Auch die Sachzusammenhänge, in denen die Jesus-Überlieferung ihn schwerpunktmäßig bietet, nämlich das Weichen von Dämonen und eine Reihe von Gleichnissen (z. B. Mk 4; Mt 13; Lk 13,18–21), haben in der Täufer-Überlieferung gar keine Entsprechungen.

Im Verhältnis zu dem vom Täufer unmittelbar Vorgegebenen muß es deshalb etwas völlig *Neues* gewesen sein, das für Jesus als *das Reich Gottes* Gestalt gewann. Dieses Neue erst hat die in den Evangelien bezeugte relative Eigenständigkeit Jesu gegenüber Johannes bewirkt. Es ist auch die Ursache dafür, daß *das Christentum eine eigenständige Religion* geworden ist, weder eine bloße Weiterführung des

Täuferwirkens noch einfach eine weitere Ausgestaltung anderer im damaligen Judentum bereits vorhandener religiöser Ansätze.

Selbstverständlich war Jesus *Jude* und das Christentum im Ansatz eine *innerjüdische* Angelegenheit. Es geht überhaupt nicht darum, diese unbezweifelbaren Konditionen indirekt fragwürdig zu machen. Dennoch ist unverkennbar, daß das Christentum sich /318/ von Voraussetzungen her entwickelt hat, die über die *Vorgaben* im Judentum der Zeit Jesu *hinausgehen*. Es war aber nicht erst Paulus, der in dieser Hinsicht entscheidend Neues gebracht hätte und dem deshalb oft eine Entfremdung des Christentums vom Judentum vorgeworfen wird, sondern *Jesus* mit dem, was er das Reich Gottes genannt hat.

Seltsamerweise wird heute kaum noch danach gefragt, was Jesus zu seiner dem Täufer gegenüber eigenständigen Rede vom Reich Gottes veranlaßt haben mag und damit zugleich die Entstehung des Christentums als einer neuen Religion entscheidend bedingt hat. Meist begnügt man sich damit, die vielfältige Art, in der Jesus vom Reich Gottes sprach, im Gesamtzusammenhang der Evangelienüberlieferung zu beschreiben, Bedeutungsmöglichkeiten seiner Gleichnisse nachzugehen oder den in allen Evangelien vorhandenen Anspruch Jesu, selbst der Herrscher im Reich Gottes zu sein (siehe unten S. 342), auf seine möglichen Sachgehalte hin zu untersuchen.

Unterschwellig wirken dabei jahrhundertealte psychologische Erklärungsmodelle weiter, Jesus sei z. B. durch die Entdeckung ihm innewohnender übernatürlicher Kräfte oder unter dem Eindruck der suggestiven Massenwirkung seiner Verkündigung im Laufe der Zeit zu der Überzeugung gelangt, der Messias, Sohn Gottes oder „der Menschensohn" zu sein. Dementsprechend habe er das – schon gegenwärtige oder erst künftige – Reich Gottes als den ihm gemäßen messianischen Herrschaftsbereich (vgl. Psalmen Salomos 17) betrachtet, wenn nicht gar predigthaft bereits durch das Sprachgeschehen seiner Gleichnisreden wirksam werden lassen. Die von Jesus selbst so stark betonte Bedeutung *Johannes' des Täufers* für sein gesamtes Wirken wird bei allen solchen Konstruktionen und Erörterungen seltsamerweise völlig mißachtet; bestenfalls wird gelegentlich die *Gerichtsbotschaft* des Täufers als Negativfolie für Jesu *Heilsverkündigung* genutzt.

Historisch betrachtet gibt es nur drei Möglichkeiten, das Zustandekommen der besonderen Rede Jesu vom Reich Gottes nach seiner Taufe durch Johannes zu erklären. Entweder (1) hatte Jesus ein eigenständiges *Berufungserlebnis*, das ihn zum Propheten des Reiches Gottes hat werden lassen, oder (2) der Sprachgebrauch sei- /319/ ner *religiösen Umwelt* war so massiv durch die Rede vom Reich Gottes geprägt, daß Jesus sich durch die Verwendung dieses Begriffes am besten verständlich machen konnte, oder (3) es kam zu *Ereignissen*, die über vom Täufer Formuliertes hinausgingen und die von Jesus als Reich-Gottes-Geschehen gedeutet wurden. Nur die Evangelienüberlieferung und die – durch die Qumran-

Funde erheblich vermehrten – Quellen aus dem religiösen Umfeld Jesu können freilich noch entscheiden, welche dieser Erklärungsmöglichkeiten sachlich zutrifft.

(1) Schon das älteste der vier Evangelien schildert ein eigenständiges *Berufungserlebnis* Jesu, und zwar noch während der gerade von Johannes Getaufte aus dem Wasser stieg (Mk 1,10 – 11). Vom Reich Gottes, dessen Prophet Jesus fortan sein solle, steht hier aber nichts. Vielmehr wird statt dessen *die Gottessohnschaft Jesu* als geistgewirkt und gottgewollt begründet und die Taufsituation als deren wirksames Inkrafttreten bewertet, wie es gleich anschließend die Versuchung Jesu in der Wüste als erste Bewährungsprobe seiner Gottessohnschaft demonstriert (Mk 1,12 – 13).

Die anderen Evangelisten haben es vorgezogen, Jesu Gottessohnschaft als bereits vom Mutterleibe an (Mt 1,18 – 25; Lk 1,26 – 38) oder schon vor Erschaffung der Welt (Joh 1,1 – 3.18) gegeben darzustellen, so daß bei ihnen die Ereignisse im Zusammenhang mit der Taufsituation den Charakter einer Berufungsvision verloren haben. Diese Änderungen waren nicht zuletzt deshalb möglich, weil die von Markus als persönliches Erlebnis Jesu geschilderte Berufung kein Eigenbericht Jesu im Ich-Stil war, sondern ein theologischen Interessen dienender Fremdbericht, zudem ohne Benennung von Zeugen.

Historisch betrachtet bietet die Darstellung des Markus unüberwindliche Schwierigkeiten. Hätte Jesus bereits bei seiner Taufe durch Johannes ein eigenes prophetisches Berufungserlebnis gehabt, wäre er also fast im gleichen Augenblick ein Jünger des Täufers und ein diesem gegenüber eigenständiger Prophet geworden, dann wären Jesu eigene Äußerungen über die besondere Bedeutung des Johannes – warum denn sollte er als „der Bedeutendste aller Menschen" (Mt 11,11a; Lk 7,28a) gelten? – und alle Mühen sogar noch der Evangelisten, ihn zum bloßen Vorläufer und Weg- /320/ bereiter Jesu zu degradieren, völlig unverständlich, von mehrfachen Hinweisen auf eine Zugehörigkeit Jesu zum Jüngerkreis des Täufers (z. B. seine Kennzeichnung als Nazarener bzw. Nazoräer) oder überhaupt auf sein Getauftwordensein ganz abgesehen.

Andererseits kann es auch kein *späteres* Berufungserlebnis Jesu einige Zeit nach seiner Taufe gegeben haben. Die relative Spärlichkeit uns noch erhaltener Täuferüberlieferung und die Tendenz des frühen Christentums, deren Urheber Jesus gegenüber herabzusetzen, machen es verständlich, wenn im Fall des Propheten *Johannes* kein Berufungsbericht mehr erhalten ist. Angesicht des Umfangs der *Jesus*-Überlieferung in den Evangelien hingegen müßte sich mindestens eine Spur von einem derart denkwürdigen Ereignis erhalten haben, zumal es keinem Christen widerstrebt hätte, einen Bericht über eine Berufung Jesu durch Gott selbst zum Verkünder seines Reiches aufzunehmen und weiterzugeben.

So führt denn kein Weg an der Feststellung vorbei, daß es nie ein besonderes Berufungserlebnis Jesu gegeben hat, auf das sich seine eigenständige Rede vom Reich Gottes zurückführen ließe.

(2) Was die *religiöse Umwelt* Jesu anbetrifft, so läßt sich anhand der Qumran-Funde nun endlich beweisen, daß Jesus auch den Essenern nicht zu verdanken hatte, was er über das Reich Gottes gesagt hat. Gegenwärtig wieder beliebte Mutmaßungen wie die, Jesus habe sicherlich mehrere Lebensjahre in Qumran verbracht, weil manche Aussagen der Bergpredigt Befunden in Qumran-Texten ähnelten, helfen auch in diesem Falle nicht weiter. In den Qumran-Texten kommt das Reich Gottes – oder die Königsherrschaft Gottes – nämlich ebenso spärlich vor wie im Alten Testament und in anderer vorchristlich-jüdischer Literatur. Außerdem handelt es sich in diesen Fällen fast ausschließlich um *die immerwährende himmlische Herrschaft Gottes über die ganze Welt* seit ihrer Erschaffung bis in alle Ewigkeit, ohne daß wesentliche Bezüge zu *aktuellem Geschehen* im Himmel oder auf Erden dabei mit im Blick wären.

Nur selten findet sich im vor-christlichen Judentum wenigstens die Erwartung, das Reich Gottes werde sich *künftig weltweit durchsetzen*. Dann sind es aber – wie im biblischen *Daniel-Buch* (Dan 2,31–45) oder wie in der ihm zeitgenössischen *Kriegsregel* /321/ aus den Qumran-Funden – *politische* Größen wie die Israel unterjochenden Reiche der Babylonier, Perser, Seleukiden oder Römer, deren Macht künftig gebrochen werden und an deren Stelle das Reich Gottes eintreten soll. Die beiden für die *Jesus*-Überlieferung charakteristischen Aspekte, daß das Reich Gottes die *Satansherrschaft* in der Welt ablöst und daß es bereits *gegenwärtig* ansatzweise wirksam wird, finden sich weder in Qumran-Texten noch in anderer jüdischer Literatur, soweit sie einwandfrei aus vor-christlicher Zeit stammt.

An diesem Punkt muß man noch etwas weiter greifen, um den Vorwurf auszuschließen, allzusehr auf einen bestimmten *Begriff* fixiert zu sein und breitere Verständnismöglichkeiten aus dem Blick zu verlieren. Deshalb ist es erforderlich, nach dem *Eingreifen Gottes in das Weltgeschehen* überhaupt zu fragen. Christen stellen sich ja gerne vor, Gott müsse ständig in das Weltgeschehen eingreifen, sobald es seinem Willen irgendwo zuwiderläuft. Im Judentum der Zeit Jesu aber herrschten andere Auffassungen.

Damals ging man allgemein – die Essener eingeschlossen – davon aus, alles *aktive Handeln* Gottes im Himmel wie auf Erden beschränke sich auf Vergangenheit und Zukunft. In der *Vergangenheit* hatte Gott die Welt erschaffen, das Volk Israel eigenhändig aus Ägypten herausgeführt, dem Mose auf dem Berge Sinai die Tora ausgehändigt und schließlich auf Erden durch seinen Geist den Propheten eingegeben, was sie in ihre Bücher schrieben, einschließlich der Drohung, Israel aus dem Heiligen Lande zu verbannen, wenn es dem Sinaibund nicht treu bliebe. So geschah es zuletzt dem Propheten Maleachi ausgangs des 6. Jh. v. Chr., dem Gott auch die letzten Weisungen für die Zukunft anvertraute. Erst in dieser von ihm selbst prophezeiten *Zukunft* werde Gott wieder aktiv in das Weltgeschehen eingreifen, nämlich zum Endgericht schreiten, alles Widergöttliche in der Welt vernichten und seine Herrschermacht konkurrenzfrei etablieren. In der *Zwischenzeit* griff Gott nicht unmittelbar in das Weltgeschehen ein, sondern lenkte es nur *indirekt* durch Engel, durch die einst gegebenen Offenbarungen seines Willens und allen Zukunftsgeschehens in den auf der Erde vorhandenen Büchern des Mose und der /322/ Propheten sowie durch die Etablierung von Herrschaftssystemen wie der aufeinanderfolgenden Fremdherrschaften über Israel als ständiger Strafen für das weiterhin sündige Gottesvolk.

Nur um *indirektes* Erdenwirken Gottes in der Zeit zwischen den letzten Schriftpropheten der Vergangenheit und künftigem Endgericht handelt es sich auch bei einigen Befunden in den Qumran-Texten, die oft anders interpretiert werden. So rühmen vom Lehrer der Gerechtigkeit verfaßte Hymnen, wie Gott deren Autor vor seinen Feinden bewahrt, ihn als Repräsentanten des Gottesbundes bestätigt und dadurch die Weiterexistenz des Gottesvolkes ermöglicht habe (1Q Hodajot II-IX). Um die gleichen Sachverhalte geht es, wenn ein späterer Qumran-Text formuliert, Gott selbst habe den Lehrer der Gerechtigkeit erwählt und dazu eingesetzt, die heilige Gemeinschaft des wiedervereinigten Gottesvolkes dauerhaft zu etablieren und in rechter Weise zu leiten (4Q pPs^a 1–10,III, 15–17). Das ist *indirekte Lenkung* irdischen Geschehens und *Bewahrung* durch Gott, wie sie z. B. auch in den Makkabäerbüchern vielfältig geschildert wird, nicht aber *die aktive Durchsetzung* der Macht Gottes auf Erden als fortan allein bestimmender Größe.

Erst in Verbindung mit dem *künftigen* Endgericht erwarteten wie alle Juden auch die Essener erneutes *Schöpferhandeln Gottes auf Erden* durch die Wirkkraft seines heiligen Geistes (1Q S IV, 18–23). Zwar preisen insbesondere Gemeindehymnen aus den Qumran-Funden Gott vielfach dafür, daß er schon in der Gegenwart Menschen durch die Gabe des heiligen Geistes zu Einsichten befähigt habe, die dem natürlichen Menschengeist verschlossen sind (1Q H I.XII-XVIII). Doch handelt es sich dabei weder um eine Vorwegnahme der künftigen Geistesgabe beim Endgericht (Joel 3,1–5; vgl. Apg 2,17–21) noch um ein unmittelbares Eingreifen Gottes in das Innere irdischer Menschen, sondern um die Erfahrung *himmlischer Erleuchtung* durch die Anwesenheit von *Engeln* in der kultisch versammelten Gemeinde und durch das Studium der geoffenbarten biblischen *Schriften*, der Tora und der Prophetenbücher, deren *Offenbarungsgehalt* die Gabe des heiligen Geistes in sich schließt (vgl. Ps 119,18). Als einst von Gottes Geist Gesalbte sind die alttestamentlichen Pro- /323/ pheten durch ihre *Schriften* die wahren „Messiasse" der Gegenwart bis zum künftigen Endgericht.

Weder essenische Auffassungen vom Gotteshandeln noch alttestamentliche oder anderweitig im damaligen Judentum feststellbare Befunde können Jesu Art, vom Gottesreich zu sprechen, zustande gebracht haben. Es muß *mehr* dahinterstecken als eine über die Formulierungsweisen der Täuferbotschaft hinausgehende bloße Sprachmanier, etwas, dessen *Eigendynamik* zugleich die Eigenständigkeit Jesu gegenüber dem Täufer bewirkt hat. Die religiöse Umwelt hat es Jesus nicht vorgegeben.

(3) Die einzige begründbare Erklärungsmöglichkeit für das Zustandekommen der Rede Jesu vom Reich Gottes bleibt somit, daß einige Zeit *nach* seiner Taufe durch Johannes *Ereignisse* stattfanden, deren *Zeuge* Jesus wurde, die er als aktuelles Gegenwartshandeln Gottes betrachtete und *bezeugte*, und die er von sich aus als „das Reich Gottes" *interpretierte*.

Der von Jesus in seiner aramäischen Muttersprache verwendete Begriff *malkuta d'alaha* kann je nach Kontext *das Reich Gottes* (im Unterschied zu anderen vorhandenen Reichen), *die Gottesherrschaft* (im Sinne ihrer aktiven Durchsetzung gegen andere Gewalten) oder *den Herrschaftsbereich Gottes* (im Sinne von Gott bereits eroberter Bereiche in den Himmelswelten, auf Erden und in der Unterwelt) bezeichnen. Deshalb ist es schwierig, eine einheitliche Wiedergabeweise dafür zu finden.

Am einfachsten bleibt es, den Ausdruck *Reich Gottes* beizubehalten in dem Bewußtsein, daß Jesus damit meist die aktuelle Herrschaftsdurchsetzung Gottes meinte, mitunter auch den dadurch bereits entstandenen Herrschaftsbereich Gottes, relativ selten das Gegenüber zu anderen bestehenden Reichen – und wenn, dann nicht ein politisches Gegenüber zum Römerreich, sondern den Gegensatz zum bisherigen Reich der Satansherrschaft. Sagt man statt dessen *Himmelreich*, dann ist im Rahmen der Worte Jesu zumeist an genau die gleichen Sachverhalte zu denken, nicht an einen Bereich jenseits dieser Welt, sondern an die Herrschaftsdurchsetzung des Himmels (= Gottes) insbesondere auch im irdischen Bereich.

Den Vorstellungshintergrund für Jesu Rede vom Reich Gottes /324/ beleuchtet am kräftigsten seine Feststellung „Ich sah den Satan wie eine Sternschnuppe aus dem Himmel gefallen" (Lk 10,18; vgl. Joh 12,31; Offb 12,7–12). Gott hat also den Satan aus dessen bisherigem Machtzentrum in den Himmelswelten hinausgeworfen und bereits mit der Durchsetzung seiner *alleinigen* Herrschaft in aller Welt begonnen. Die seit dem Sündenfall (Gen 3) herrschende Macht des Bösen muß von jetzt an der stärkeren Gewalt Gottes weichen (vgl. Mk 3,23–27; Mt 12,25–29; Lk 11,17–22).

Wie die im Himmel begonnene Machtdurchsetzung Gottes sich auf Erden fortsetzte, zeigen die Wunderberichte der Evangelien. Alle diese Wundertaten gelten als von *Jesus* vollbracht. Doch zeigen sich auffällige Unterschiede.

Mitunter wird Jesus als ein von göttlichen Kräften erfüllter Wundermann dargestellt, z. B. bei der Heilung einer vom Blutfluß geplagten Frau (Mk 5,25–34), beim Wandeln auf der Oberfläche des Sees Gennesaret (Mk 6,45–52) oder bei der Umwandlung von Wasser in Wein (Joh 2,1–10). Sehr viel öfter aber erscheint Jesus eher als bloßer *Mittler* himmlischer Gotteskraft, auch wenn dies meistens nur noch nebenbei oder indirekt aus den überlieferten Darstellungen hervorgeht.

Schon nach der ersten Wundertat Jesu, die Markus mitteilt, fragen die Anwesenden nicht: „Was ist das für ein erstaunlicher Mensch, der solche Wunderkraft hat?" (vgl. Mk 4,41), sondern „Was hat das Geschehene zu bedeuten?" (Mk 1,27), als ginge es nicht um den Wundertäter, sondern um ein ihm gegenüber eigenständiges Machtereignis.

Jesus stillte nach Art des Gottesmannes Elischa (2 Kön 4,42–44) den Hunger Tausender mit wenigen Broten und Fischen (Mk 6,30–44; 8,1–9; Joh 6,5–13). Doch ist es nicht so, daß die Hungergefühle aller Anwesenden auf wunderbare Weise durch ganz geringe Nahrungsmengen vergehen. Sondern am Ende der Mahlzeit bleibt viel mehr übrig, als anfangs überhaupt da war, ohne daß Jesus vor Beginn der Austeilung die geringe Menge verfügbarer Speise zureichend vervielfacht hätte. Es ist ein himmlisches Wundergeschehen auf Erden in Verbindung mit Jesus, keine durch Jesus innewohnende Kräfte bewirkte Wundertat. /325/

Noch deutlicher wird das Gotteshandeln im Wundergeschehen bei *Krankenheilungen*, wenn z. B. Jesus einen Gelähmten heilt und die Anwesenden nicht ihn, sondern *Gott* dafür preisen (Mk 2,12). Der von einer ganzen Dämonenlegion Befreite soll nicht *Jesus* dankbar sein, sondern seiner Familie daheim berichten, was *Gott* als „der (alleinige) Herr für dich getan und wie er Erbarmen mit dir gehabt hat" (Mk 5,19). Auch heilt Jesus die Kranken oft durch eine bloße Geste (Mk 1,31) oder mit einer zusätzlichen Aufforderung (z. B. Mk 1,41–42; 5,41–42). In allen diesen Darstellungen verfährt Jesus nicht wie damalige jüdische Krankenheiler, die mit Wundermedizin, Ölsalbung, Handauflegung oder Gebeten Heilung bewirkten (vgl. auch Jak 5,13–18), sondern *vermittelt* nur die Kraft *Gottes* als des eigentlichen Wundertäters.

Boten des Täufers, die Jesus fragen sollten, ob er der als Kommender Angekündigte sei, verwies er auf das, „was ihr hört und seht: Blinde erlangen ihr Augenlicht wieder, Lahme ihr Gehvermögen, Aussätzige werden rein, Ertaubte können wieder hören, Verstorbene werden auferweckt und Arme erreicht frohe Kunde" (Mt 11,4–5; vgl. Lk 7,22). Der Kontext zeigt, daß diese Hinweise *Jesus* als den vom Täufer Angesagten bestätigen sollen. Dennoch verweist er fast wie ein persönlich Unbeteiligter auf gegenwärtig Geschehendes, dessen hintergründiger Urheber Gott selbst zu sein scheint. Lukas hat dieses Problem empfunden und Jesus rasch noch in Gegenwart der Täuferboten einige Wunder vollbringen lassen (Lk 7,21). Warum aber hatte nicht bereits der von Matthäus und Lukas rezipierte Traditionsstoff dieses wunderbare Geschehen eindeutig als persönliches Handeln Jesu dargestellt?

Am deutlichsten wird das Gotteshandeln im Wundergeschehen um Jesus bei den *Dämonenaustreibungen*. Ein unreiner Geist gehorcht dem bloßen Ausfahrbefehl Jesu (Mk 1,23–27), ebenso eine ganze Legion von Dämonen nach dem Angebot eines Ausweichquartiers (Mk 5,1–20); oder ein Dämon jener allerhartnäckigsten Sorte, die Epilepsie verursacht, weicht aus einem Knaben nach bloßem Geheiß Jesu (Mk 9,14–27). Man spricht in diesen Fällen meist von *Exorzismen* Jesu und betrachtet ihn wie einen der damaligen Exorzisten. Diese aber wirkten in völlig anderer Manier. /326/

Flavius Josephus schildert höchst anschaulich ein selbsterlebtes Beispiel. Er war persönlich anwesend, als 67 oder 68 n. Chr. der jüdische Exorzist Eleazar in Palästina dem künftigen Kaiser Vespasian und seinem Gefolge eine Dämonenaustreibung nach üblicher Praxis vorführte. „Er hielt unter die Nase des Besessenen einen Ring, in den eine von jenen Wurzeln eingearbeitet war, welche (der König) Salomo (in seinen Exorzismusanweisungen als wirkkräftig) angegeben hatte, ließ den Kranken daran riechen und zog so den bösen Geist (der sich gierig in den magischen Ring verbissen hatte) durch die Nase heraus. Der Besessene fiel sogleich zu Boden. Daraufhin befahl Eleazar – den Namen Salomos und von jenem verfaßte (magische) Sprüche rezitierend – dem Dämon, nie wieder in diesen Menschen zurückzukehren." Anschließend demonstrierte Eleazar den Umstehenden die Tatsache, daß der Dämon wirklich den Besessenen verlassen hatte, dadurch, daß er den Dämon ein in der Nähe bereitgestelltes Wasserbehältnis umstoßen ließ (Antiquitates 8, 46–48).

Für die Essener haben derartige Exorzismen stets zu ihrer Krankenheilungspraxis gehört. Aus den Qumran-Funden stammen eine Schriftrolle mit vier Psalmen, die König David als zur Austreibung böser Geister wirksames Instrument verfaßt haben soll (11Q Apokryphe Psalmen[a]), sowie eine umfangreiche Sammlung von Beschwörungshymnen für den gleichen Zweck (4Q 510 und 511). Allgemein im Gebrauch waren im damaligen Judentum außerdem magische Schalen, deren heilkräftige Inschriften und Symbole hineingegossenes Wasser in eine die Dämonen vertreibende Medizin verwandelten, sowie Beschwörungsformulare voller Götter- und Engelnamen samt mythologischen Bezugnahmen, derer magischer Kraft die Dämonen bei rechter Anwendung nicht standzuhalten vermochten.

Nie hingegen verfuhr *Jesus* wie die Exorzisten. Er benutzte weder die Namen Gottes noch die von Engeln, weder magische Gebete noch magische Riten, weder davidische noch salomonische Beschwörungstexte, benötigte auch keinerlei Gerätschaften wie magische Schalen oder Ringe. Das zeigen die Wunderberichte der Evangelien in aller Deutlichkeit. /327/

Es ist auch kein Zufall, daß viele der Jesus-Wunder – die Speisevermehrungen, die Austreibung einer ganzen Legion von Dämonen, das Weichen der Epilepsie oder gar die Wiederbelebungen eindeutig Verstorbener (vor allem Joh 11,1–44) – gar nicht zum üblichen Repertoire damaliger Wunderheiler oder Exorzisten gehörten. Sie gingen über deren berufliche Fähigkeiten weit hinaus. Es sind vielmehr echte *Gottes*-Wunder, die in diesen Berichten als durch Jesus vollbracht dargestellt worden sind. Für diese Arten von Wunder gab es keinerlei Technik, die Jesus von den Essenern oder anderen Zeitgenossen hätte erlernen können.

Angesichts des über alles Übliche weit hinausgehenden Wundergeschehens haben jüdische Zeitgenossen Jesus vorgeworfen, es müsse *die große Macht des Satans selbst* sein, die das Weichen auch der allerschlimmsten Dämonen ohne erkennbare Hilfsmittel bewirke. Jesus hielt ihnen entgegen, die Annahme sei doch widersinnig, der Satan zerstöre selbst seine eigene Macht. Außerdem gebe es ja auch bei ihnen Leute, die Dämonen austrieben unter Beanspruchung höherer Mächte, die mitnichten solche des *Satans* seien. Freilich bewirkten sie vergleichsweise Geringes. „Wenn *ich* hingegen die Dämonen durch den Finger Gottes austreibe, dann (zeigt sich darin, daß) *das Reich Gottes* bereits zu euch gelangt ist" (Lk 11,15–20; vgl. Mt 12,24–28; Mk 3,22–26).

Matthäus 12,28 steht anstelle des „Fingers Gottes" der „Geist Gottes". Der Sache nach ist das kein wesentlicher Unterschied. Der Geist Gottes wird hier genauso als die bereits auf Erden wirksame, aktive Macht Gottes selbst verstanden wie der „Finger Gottes" bei den Mose-Wundern in Ägypten (Ex 8,15). Der „Finger Gottes" ist die zurückhaltendste Möglichkeit, menschlicher Vorstellungsweise entsprechend Gottes *eigenes* Eingreifen in irdisches Geschehen zu formulieren. Kräftiger brachte dies einst das Bild zum Ausdruck, Gott habe „mit starker Hand und hocherhobenem Arm" das Volk Israel aus Ägypten herausgeführt (z.B. Dtn 4,34; 5,15; 7,19).

Für Jesus waren die *Ereignisse*, daß Dämonen *ohne jedwede Art von Exorzismus* wichen, eindeutiges Zeichen dafür, daß Gott selbst wieder auf Erden wirkte. Die von der Zukunft erwartete Herrschaftsdurchsetzung Gottes in der Welt begann, das vom /328/ Täufer angesagte Geschehen setzte tatsächlich ein. Besser und rascher konnten sich die Ankündigungen des Propheten Johannes gar nicht erfüllen. Das Reich Gottes nahm seinen Anfang sichtbar vor allen Augen.

Die Wunderüberlieferungen der Evangelien zeigen somit in mannigfacher Weise und hinreichender Deutlichkeit, daß (3) *Ereignisse seines eigenen Erfahrungsbereiches* Jesu Rede vom Reich Gottes veranlaßt haben, die er weder (1) einem Berufungserlebnis noch (2) der Sprach- und Anschauungsgewalt seiner Umwelt verdankte. Die Essener hatten in diesem Zusammenhang keinerlei erkennbare Bedeutung. Nur Jesu Konnex zu Johannes dem Täufer wirkte sich weitergehend aus, und zwar ebenso grundlegend wie fruchtbar.

Johannes taufte jenseits des Jordans mit Blick auf das Heilige Land als künftigen Heilsbereich. Alle „Dämonenaustreibungen" Jesu, mit denen in den

Evangelien Ortsangaben verbunden sind, ereigneten sich *innerhalb* der im Alten Testament beschriebenen Grenzen des Heiligen Landes, das Gott nun offenkundig wieder zu seinem unbestreitbaren Eigentum machte. Wie sein Wort vom „Finger Gottes" und die Wunderberichte der Evangelien zeigen, ging Jesus zwar davon aus, persönlich in dieses Gotteshandeln einbezogen zu sein, betrachtete es aber nicht als von ihm selbst bewirkt oder grundsätzlich an seine Person gebunden. Vielmehr war er dessen gewiß, daß allerorten im Heiligen Land Gleiches geschähe, nämlich daß ohne die Anwendung exorzistischer Praktiken Dämonen wichen.

In diesem Sinne schickte er Leute in beliebige Ortschaften, um auch anderweitig derartiges Geschehen zu beobachten. Wenn sie gefragt würden, wie solch wunderbare Ereignisse zu erklären seien, sollten sie den dortigen Einwohnern sagen, das Reich Gottes sei da. In der Darstellung der Evangelien sind daraus regelrechte Jüngeraussendungen mit dem Auftrag Jesu zu Dämonenaustreibungen geworden (Mk 6,6b-13; Mt 9,36 – 11,1; Lk 9,1 – 6; 10,1 – 12; vgl. besonders Mk 3,15; Mt 10,7 – 8; Lk 9,2; 10,11), die in vielfältiger Weise von den missionarischen Auffassungen und Erfahrungen des frühen Christentums mitgeprägt sind. *Gegenläufig* zu den späteren Darstellungsinteressen betrachtet, verweisen /329/ diese Jüngeraussendungen aber vor allem darauf, daß für Jesus das Reich-Gottes-Geschehen seiner Gegenwart weit über seine persönlichen Erfahrungsmöglichkeiten hinausreichte. Er selbst war *Zeuge* dafür, offenbar *der erste*. Die Jesus seit seiner Taufe durch Johannes bewußte *Nähe* aktiven Gotteshandelns auf Erden dürfte seinen Blick für dessen allererste Symptome entscheidend geschärft haben. Zugleich aber war Jesus von vornherein der entscheidende *Interpret* solcher Ereignisse als *Taten Gottes*, in denen *das Reich Gottes* sich irdisch durchzusetzen begann.

Diese *Interpretation* allgemein feststellbarer Ereignisse durch Jesus hielten Zeitgenossen für äußerst fragwürdig. Man könne doch nicht aus dem Weichen einiger Dämonen die Schlußfolgerung ziehen, darin zeige sich bereits das Reich Gottes. Dieses sei bekanntlich viel gewaltiger, müsse bei seinem Kommen den ganzen Erdkreis in seinen Grundfesten erschüttern. Dem hielt Jesus entgegen, offenkundig verhalte es sich mit dem Reich Gottes nicht anders als wie mit einem winzigen Senfkorn, in dem doch zugleich eine mächtige Senfstaude steckt, oder wie mit einer geringen Portion Sauerteig, die zugleich die Kraft in sich hat, einen riesigen Mehlhaufen zu durchsäuern (Mk 4,30 – 32; Mt 13,31 – 33; Lk 13,18 – 21).

In den *Evangelien* veranschaulichen diese Gleichnisse jetzt allegorisch das Wachstum der Kirche von kleinsten Anfängen bis zur Einbeziehung der großen Heidenwelt. Für *Jesus* ging es statt dessen um den *Kontrast* zwischen der unsichtbaren, aber gewaltigen Macht des Reiches Gottes und den vergleichsweise winzigen, allerdings bereits sichtbaren und charakteristischen Symptomen seines Wirksamwerdens auf Erden. Heute würde man vielleicht andere Bilder für solch einen Kontrast wählen, etwa einen nur mikroskopisch feststellbaren Aids-Virus, der den damit Infizierten bereits einen toten Mann sein läßt, oder eine rein optisch unscheinbare Zahl auf einem Bankkonto, die dessen Inhaber als Millionär erweist. Der Kontrast veranschaulicht, daß es um die *Qualität* der feststellbaren Symptome geht, nicht um einen mengenmäßigen Nachweis. Schon das Weichen *eines einzigen* Dämons zeigt, daß Gott seine Herrschaft durchsetzt, wenn offenkundig niemand anders – etwa ein Exorzist – es bewirkt hat. /330/

Für Jesus war wichtig, daß *menschliche Aktivitäten* im Zusammenhang mit dem Reich Gottes ohnehin nicht gefragt waren. Es verhalte sich mit dem Reich Gottes wie mit einem bereits besäten Acker, der sich schließlich ganz von allein als reifes Getreidefeld darstellt, ohne daß sich zwischendurch jemand darum gekümmert hätte (Mk 4,26–28). *Wie* Gott seine Herrschaft durchsetzte, womit er begann und was er als Nächstes tat, mußte dessen eigene Angelegenheit bleiben und war jeglichem Einfluß menschlicherseits entzogen. Der einmal in Gang gekommene Prozeß war unaufhaltsam und unumkehrbar. Niemand und nichts konnte mächtiger sein als Gott, der seine Herrschergewalt jetzt auf Erden durchzusetzen begann. *Jesus* wollte nie das Reich Gottes *herbeiführen*; nur begann es, *sich insbesondere durch ihn zu ereignen.*

Das Endgericht

Viele Jesus-Forscher gehen davon aus, Jesu Rede vom Reich Gottes habe sich grundsätzlich auf die – wenn auch nahe – *Zukunft* bezogen, weil vor dem Anbruch des Reiches Gottes erst noch das Endgericht stattfinden müsse. Andere meinen, für Jesus habe das vom Täufer angesagte Endgericht nur noch geringe oder gar keine Bedeutung mehr gehabt; *statt dessen* habe er das Reich Gottes verkündet oder es zum neuen Schwerpunkt seiner eigenen Belehrungen gemacht. Beiden Betrachtungsweisen ist gemeinsam, daß ihnen das Reich Gottes als eine grundsätzlich *positive* Größe gilt, die vom Endgericht als der *negativen* Seite künftigen Gotteshandelns scharf getrennt werden müsse.

Für die Klärung dieser Probleme der Jesus-Überlieferung bringen *die Qumran-Texte* endlich entscheidende Verständnishilfen. Zunächst haben sie in erfreulichem Maße das Befundmaterial für die schon immer bekannte Betrachtungsweise vermehrt, daß *alle* Menschen in das Endgericht einbezogen werden und erst dort die *endgültige* Trennung zwischen Guten und Bösen stattfindet. Wichtiger noch ist ein Sachverhalt, den man bereits durch das Jubiläenbuch oder Henoch-Schriften, ja sogar durch die biblischen Propheten hätte kennen können, den aber erst die Qumran-Funde /331/ hinreichend deutlich vor Augen führen, nämlich die *Dauer* des Endgerichts und sein Verhältnis zur *Heilszeit*.

Im Melchisedek-Midrasch aus den Qumran-Funden dauert das Endgericht sieben Jahre. Die Kriegsregel stellt die künftige Auseinandersetzung zwischen Licht und Finsternis als ein insgesamt vierzigjähriges Geschehen dar, in dessen Verlauf alles Böse in der Welt Zug um Zug vernichtet wird und das Gute entsprechend zunehmend Boden gewinnt; dieser Vorgang gilt zugleich als Vollzug des Endgerichts durch Gott. Auch in denjenigen Qumran-Texten, die das Endgericht einseitig als *Bestrafung der Frevler* sehen, der die Gerechten entnommen sind oder bei der sie auf der Seite Gottes mitwirken, handelt es sich um einen langwierigen Vorgang, in dessen Verlauf das Gute sich mehr und mehr durchsetzt.

Vor allem die Tatsache, daß in Fortführung biblischen Sprachgebrauchs das Endgericht auch als *der Tag* Gottes bezeichnet werden kann, hat dazu geführt, es sozusagen als einen schlagartigen Abbruch der bisherigen Verhältnisse in der Welt zu betrachten, nach dem dann anderntags die Heilszeit anfängt. Tatsächlich beginnen aber in diesen – für das palästinische Judentum der Zeit Jesu charakteristischen – Vorstellungskonzepten Heilszeit und Endgericht *gleichzeitig*. Es bedarf eines lange dauernden Prozesses sukzessiver Durchsetzung des Reiches Gottes, bis es schließlich endgültig obsiegt haben wird. Doch breitet es sich bis dahin ständig weiter aus, verdrängt und vernichtet das Böse in der Welt Schritt für Schritt und bezieht fortlaufend weitere Menschen in den ständig wachsenden Heilsbereich ein, bis dieser schließlich vollendet sein wird und es nichts Böses mehr gibt.

An diesen Vorstellungsweisen hat sich auch Jesus orientiert. Für ihn war das Reich Gottes nicht eine *statische* Größe, die entweder schon vollkommen da ist oder als Ganzes erst noch kommen wird, sondern eine *dynamische* Größe, deren Wirken an einem bestimmten Punkt beginnt und erst in fernerer Zeit ihre Vollendung erreicht. So hat er Menschen, die die *Anfänge* des Reiches Gottes miterlebten, verheißen: „Wahrlich, ich sage euch: Einige von denen, die hier stehen, werden noch vor dem Ende ihrer Lebensdauer das Reich Gottes als in seiner ganzen Macht gekommen sehen" (Mk 9,1). /332/

Solch ein Wort eröffnet die Perspektive eines halben Jahrhunderts, innerhalb dessen um 70 n.Chr. Markus sein Evangelium fertigstellte, so daß es ihm kein Problem bereitete, dieses Jesus-Wort aufzunehmen. Die später schreibenden Evangelisten Matthäus und Lukas haben es leicht modifiziert beibehalten (Mt 16,28; Lk 9,27), es freilich durch den weiteren Kontext neu interpretiert. Entscheidend ist, daß Jesus hier klar unterschieden hat zwischen einem bereits konstatierbaren *Beginn* des Reiches Gottes auf Erden und seiner erst künftigen *Vollendung*, und daß Jesus davon ausging, nur *einige* seiner Zeitgenossen könnten diese noch erleben. Die volle Machtdurchsetzung Gottes in der Welt mußte also noch erhebliche Zeit beanspruchen.

Zugleich mit der Heilszeit, deren Anfang im Weichen von Dämonen vor der Macht Gottes handgreiflich wurde, hatte für Jesus auch *das Endgericht* begonnen.

Es war für ihn *fester Bestandteil des Reiches Gottes*, das als Durchsetzung des alleinigen Herrschaftsanspruches Gottes in der Welt ja ebenso die Vernichtung alles Widergöttlichen wie Heilsgewährung für Gott Wohlgefällige in sich schloß.

Diese *negative* Seite des Reiches Gottes in der Jesus-Überlieferung wird oft verkannt. Meist wird nur der *Heils*aspekt wahrgenommen, als handele es sich beim Reich Gottes durchweg um die barmherzige, gnadenreiche und liebevolle Zuwendung Gottes zu der ansonsten vom Untergang bedrohten Menschheit. Gott sei für Jesus ausschließlich der gütige Vater gewesen, zu dem er ein besonders inniges Vertrauensverhältnis gehabt habe. Die Gottesanrede '*Abba*, „lieber Vater", die dies belegen soll, war aber nicht auf seine Person beschränkt, sondern stammt aus dem Gebet, das Jesus seinen *Jüngern* gegeben hat, die Gott in dieser Weise anrufen sollten, nämlich aus dem Vaterunser (Mt 6,9 – 13; Lk 11,2 – 4; vgl. Röm 8,15; Gal 4,6). Die Jünger waren aber – ebenso wie Jesus – bereits in den *Heils*bereich des Gotteshandelns einbezogen, standen also nur für einen *Teil* dessen, was das Reich Gottes viel umfassender bedeutete. Diese Seite darf nicht verabsolutiert werden.

Für *Jesus* handelte bei der Durchsetzung seines Reiches der gleiche Gott, wie ihn die Tora und die Prophetenbücher offenbart hatten, der ebenso Leben gab wie Tod, Krankheit wie deren Hei- /333/ -lung, Hoffnung wie Verderben, Segen ebenso wie Fluch. Wo immer das Reich Gottes auf Erden Gestalt gewann, wurde es zwar den einen zum langersehnten Heil, zugleich aber anderen zum qualvollen Ende und ewiger Vernichtung.

Zeitgenossen hielten Jesus entgegen, für Israel als erwähltes Volk Gottes müsse das Zustandekommen seines Reiches ausschließlich *positiv* sein, der gleichzeitige Schrecken des Endgerichts nur andere treffen. Jesus verwies sie auf das *biblische* Bild des Handelns Gottes. Wo immer das Reich Gottes Menschen erfasse, verhalte es sich wie mit dem Inhalt eines Schleppnetzes beim Fischfang, von dem erfahrungsgemäß stets nur ein Teil für Nahrungszwecke brauchbar ist, anderes Abfall (Mt 13,47 – 48), wie mit einem Kornfeld, auf dem außer dem Getreide stets auch Unkraut gedeiht (Mt 13,24 – 30), oder wie mit der Saat auf einem Acker, die üblicherweise zum Teil von Vögeln aufgepickt wird, zum Teil keinen hinreichenden Wurzelboden findet, zum Teil auch vom Unkraut erstickt wird, so daß niemals *alle* Saatkörner den erwünschten dreißig-, sechzig- oder gar hundertfachen Ertrag bringen (Mk 4,3 – 8; Mt 13,3 – 8; Lk 8,5 – 8; vgl. Gen 26,12).

In den Evangelien sind auch diese Gleichnisse von allegorischen Deutungen begleitet und mitgeprägt, die sie jetzt auf Jesu eigenes Wirken und auf die christliche Mission beziehen. Jesus selbst aber wollte mit diesen Vergleichen vor allem sagen, daß Gott *auch mit Israel* nicht anders verfahre, als er stets gehandelt hatte, das Reich Gottes also auch für Israel nur teilweise Heil, teilweise hingegen Vernichtung bringe.

Die *Essener* gingen davon aus, nur die Mitglieder ihrer Union und andere, ohne eigene Schuld – vor allem von den Pharisäern – verführte Fromme (4Q pNah III, 4–8; vgl. CD XX, 22–25) würden Gottes Endgericht überstehen, alle sonstigen Juden ebenso wie nicht zur Umkehr bereite Heiden darin umkommen. Jesus hat diese Auffassung im Grundsatz geteilt, für den von Israel verbleibenden Rest aber nicht die gleichen Grenzen gezogen wie die Essener. Für Jesus traf die Auswahl Gott selbst in eigener Vollmacht, und zwar offenkundig in einer Weise, die mit den herkömmlichen Frömmigkeitsnormen oft genug schlechterdings unvereinbar war. /334/

Die eindrucksvollsten Erfahrungen machte Jesus im Zusammenhang mit *Frauen*. Sie galten wegen der Hauptschuld Evas am Sündenfall im Paradies (Gen 3) als besonders schuldbeladen und waren religiös generell disqualifiziert. Nach verbreiteter Auffassung hatten sie weder eine Seele noch Anteil am ewigen Leben. Deshalb pflegten später fromme Juden Gott dafür zu danken, daß er sie nicht als Frauen hatte auf die Welt kommen lassen.

Nun geschah es aber, daß sogar aus *Frauen* die Dämonen wichen, und zwar aus zahlreichen, darunter eine Johanna, Gemahlin des herodianischen Höflings Chuzas, und eine Frau namens Susanna. Sieben Dämonen auf einmal gar waren aus einer Maria ausgefahren, die aus Magdala am Westufer des Sees Gennesaret stammte, offenbar eine besonders arge Sünderin, die nach allgemeiner Einschätzung nun wirklich keinerlei Gnadenerweis Gottes zu erwarten hatte. Weil diese Frauen fortan Jesus und seine Anhängerschaft finanziell unterstützten, ist zu vermuten, daß die Dämonen in *deren* Beisein von ihnen gewichen waren. Ausdrücklich festgestellt wird das allerdings nicht (Lk 8,2–3).

Die volle Tragweite dessen, was sich für Jesus im Weichen von Dämonen ereignete, wird aber erst deutlich, wenn man sich vor Augen hält, daß damals im Volksglauben des palästinischen Judentums *alle* Krankheiten auf *das Wirken von Dämonen* zurückgeführt wurden. Beispielsweise galt die Malaria, von der Jesus die Schwiegermutter des Petrus durch bloßes Handergreifen und Aufrichten vom Krankenlager befreite, als Befallensein vom Fieberdämon, der sie beim Zugriff Jesu spontan verließ (Mk 1,29–31; Mt 8,14–15; vgl. Lk 4,38–39).

Anfällig für Krankheiten wurde man insbesondere durch Sündigen. Wer sich bewußt oder unbewußt gegen Gottes Gebote vergangen hatte, von dem zog er seine schützende Hand – oder die Schutzengel – zurück, so daß die Dämonen einziehen konnten. Je schwerer die Sünde war, desto stärker oder zahlreicher waren die Dämonen. In diesem Sinne galten Krankheiten *als Strafen Gottes* für unvergebene Sünden, Krankenheilungen als im Grunde unerlaubte Eingriffe in das Strafen Gottes.

Nun aber war es *Gott selbst*, der Kranke auf der Stelle genesen, auch die schlimmsten Dämonen aus Besessenen weichen ließ, /335/ ohne daß diese zuvor ihre Sünden bereut oder gar Sündenvergebung empfangen hätten. Der Grundkonnex zwischen Krankheit und Sünde wird aber deutlich, wenn Jesus einem Gelähmten seine Sünden vergibt und dieser daraufhin geheilt von dannen schreitet (Mk 2,1–12; Mt 9,1–8; Lk 5,17–26).

Die Sündenvergebung, die Johannes erst nach vollzogener Umkehr für das *künftige* Endgericht gewährleistete, kam jetzt *im Vollzug des Endgerichts* sichtlich auch solchen zugute, die gar nicht von Johannes getauft worden waren. Jedenfalls werden in den Evangelien Dämonenaustreibungen und andere Krankenheilungen nie mit der Johannes-Taufe in Verbindung gebracht. Falls Jesus im Rahmen seines Wirkens selbst getauft hat (Joh 3,22.26; 4,1), erscheint sein Taufen doch nirgendwo als Krankenheilungen oder Dämonenaustreibungen begleitende Handlung.

Was hier geschah, war *eigenmächtiges Handeln Gottes* an Menschen, die dies in keiner Weise verdient hatten. Gerade auch dort erwies Gott seine unbegrenzte Macht, wo er nach allen bekannten Frömmigkeitsnormen längst alles an den Satan verloren hatte. Es ging bei diesem Geschehen nicht primär um Hilfe für anders nicht mehr rettbare Menschen, sondern vor allem um den *Machterweis Gottes* an Kernpunkten bisheriger *Satansmacht*, um die Durchsetzung des Reiches Gottes gegen die Weltherrschaft des Bösen, wo es Menschen in seiner Gewalt hatte.

Von diesem Hintergrund her wird freilich zugleich verständlich, warum sich in dem eroberten Herrschaftsbereich Gottes so viele Menschen ansammelten, die niemand dort erwartet hätte. Jesus hat diesen auffälligen Sachverhalt in seinen Gleichnissen vom verlorenen Schaf, von der verlorenen Drachme und vom verlorenen Sohn verdeutlicht (Mt 18,12–14; Lk 15,3–32), von *Zöllnern* und *Huren* gesagt, daß sie *vor* den Hohenpriestern und Ältesten in das Reich Gottes hineingehen (Mt 21,31; vgl. 21,23), ja sogar *Heiden* hineingelangten, während viele Juden ausgeschlossen blieben (Mt 8,11–12; Lk 13,28–29). Wenn es auch nur *eines* Beweises dafür bedürfte, daß Jesus kein Essener war, dann erbrächte ihn jedes dieser Gleichnisse oder Worte, die allem widersprechen, was den Essenern heilig war.

Ebenso wie Johannes *jeden* taufte, der die Umkehr vollzogen /336/ hatte, betrachtete auch Jesus *niemanden* als prinzipiell vom Heil ausgeschlossen. Gott selbst hatte bereits Frauen und andere, heillos von Dämonen Besessene in seinen Herrschaftsbereich einbezogen. Für alle anderen kam es darauf an, die Zeichen der Zeit zu erkennen (vgl. „Die Zeit ist erfüllt" Mk 1,15) und sich vorbehaltlos auf den alleinigen Herrschaftsanspruch Gottes einzulassen.

Niemand bedurfte dafür irgendwelcher *Vorleistungen*. Wie die religiös völlig unqualifizierten Kinder zu sein, galt Jesus als die beste aller denkbaren Zugangsvoraussetzungen (Mk 10,14; Mt 19,14; Lk 18,16; vgl. Joh 3,3.5). Wer an seinem Reichtum hing (Mk 10,25; Mt 19,24; Lk 18,25; vgl. Mk 10,21–22; Mt 19,21–22; Lk 18,22–23) oder die Vorsorge für den Lebensunterhalt, also die materielle Zukunftssicherung, als das Wichtigste betrachtete (Mt 6,25–34; Lk 12,13–34), hatte keine Chance.

Wer aber die Segensfülle erkannte, die sich im Herrschaftsbereich Gottes jedem eröffnete, der sich seinem Herrschaftsanspruch vorbehaltlos stellte, würde alles auf eine Karte setzen, um daran teilzuhaben. Jesus verglich seine Gegenwartssituation mit der eines Lohnarbeiters in der Landwirtschaft, der selbstverständlich alles drangibt für den Ankauf eines fremden Ackers, in dem er einen Schatz entdeckt hat (Mt 13,44), ebenso wie ein geschäftstüchtiger Händler für den Erwerb einer besonders kostbaren Perle, deren Besitz die Konkurrenz ausschaltete und unübertrefflichen Gewinn versprach (Mt 13,45–46), oder mit der eines fristlos gekündigten kaufmännischen Verwalters, der rasch noch Schuldnern seines Betriebes erhebliche Vermögensvorteile zuschanzt, um anschließend von deren Provision gut leben zu können (Lk 16,1–7).

Solche Handlungsweisen waren zwar unmoralisch, aber nicht strafbar, in der Alltagspraxis durchaus gängig. Jesus empfahl sie nicht zur Nachahmung, sondern benutzte deren Kenntnis als jedem verständliche Beispiele für *Totaleinsatz in kritischen Entscheidungssituationen*, wie sie gegenwärtig mit der alle bisherigen Orientierungen entwertenden *Gleichzeitigkeit* von endgültiger Vernichtung und Heilseröffnung im Reich-Gottes-Geschehen für jedermann gegeben war. /337/

Die Veränderung aller bisherigen Konditionen für den Heilszugang war auch der Anlaß für jene *Zeichenhandlung Jesu*, bei der er einige Händler vom Vorhof des Jerusalemer Tempels verjagte sowie Tische von Geldwechslern und Taubenverkäufern umwarf (Mk 11,15–17; Mt 21,12–13; Lk 19,45–46; Joh 2,13–16). Es ist nicht mehr feststellbar und auch nicht sonderlich wichtig, ob diese Zeichenhandlung kurz nach Beginn der öffentlichen Wirksamkeit Jesu (so Joh), gegen deren Ende (so Mk, Mt, Lk) oder irgendwann in der Zwischenzeit stattgefunden hat. Sie war jedenfalls weder ein politisches Fanal zum Aufstand gegen die Römer noch eine Drohung gegen die Tempelhierarchie, sondern besagte, daß der bislang so wichtige *Opferkult* nunmehr jegliche Funktion verloren habe, weil Gott bereits damit begann, seine Herrschaft völlig unabhängig davon durchzusetzen. Die Essener boykottierten zwar ebenfalls den Opferkult in Jerusalem, hielten aber stets daran fest, daß sogar in der künftigen Heilszeit Tempel und Opfer unerläßlich seien. Jesus und die Essener trennten auch in der Wertung des Opferkultes Welten voneinander.

Jesus sah im weiteren Verlauf des bereits beginnenden Endgerichts nicht nur das Schicksal des Jerusalemer Tempels als schon besiegelt an (Mk 13,1–2; Mt 24,1–2; Lk 21,5–6), sondern ebenso das Schicksal von Orten wie Chorazin, Betsaida und Kafarnaum, deren Bewohner mehrheitlich die bei ihnen geschehenen Wunder nicht als Zeichen für den Anbruch des Reiches Gottes akzeptierten (Mt 11,21–24; Lk 10,13–15; vgl. Mt 10,11–15). Doch lehnte Jesus es ab, den Tod von Menschen bei politischen Auseinandersetzungen oder beim Einsturz eines altersmorschen Turmes am Schiloach-Teich zu Jerusalem als aktuelles Gerichtsurteil Gottes zu bewerten (Lk 13,1-5). Für ihn richtete Gott, indem er Menschen auch weiterhin der Gewalt des Satans und seiner Dämonen überließ, die erst bei *Vollendung* der Heilszeit als Strafwerkzeuge Gottes endgültig ausgedient haben würden. In diesem Punkte wären die Essener ausnahmsweise gleicher Meinung gewesen wie Jesus. Doch brauchte er sie nicht danach zu fragen; denn in dieser Hinsicht hatten fast alle Juden die gleiche Ansicht.

Zeitgenossen, die Jesus nicht glauben mochten, das Weichen von Dämonen ohne Exorzismus, die Genesung Kranker ohne die /338/ üblichen Mittel der Heilkunst oder die Umkehr von Zöllnern, Huren und anderen Nichtswürdigen zu einer gottwohlgefälligen Lebensweise ohne die Gewährung besonderer Anreize seien offenkundige Zeichen gegenwärtiger Machtdurchsetzung Gottes, haben Jesus mehrfach dazu aufgefordert, zum Erweis der Richtigkeit seiner Betrachtungsweise doch selbst einmal ein Wunder zu vollbringen. Jesus hat sich stets geweigert, solchen *Zeichenforderungen* nachzukommen (Mk 8,11-13; Mt 12,38-39; 16,1-4; Lk 11,16.29; Joh 6,30; vgl. 2,18), ebenso wie ihn der Bericht seiner Versuchung durch den Satan als jeglicher Wundertat abhold darstellt (Mt 4,1-11; Lk 4,1-12).

Wäre Jesus, auf diese Zeichenforderungen eingegangen, dann hätte er sich damit als *ein Prophet* dargestellt. Der letztmögliche aller Propheten aber war nach Meinung Jesu Johannes der Täufer, dessen Aussagen sich gerade erfüllten (Mt 11,13-14; vgl. Lk 16,16). Weiterer Wunderzeichen als der in Erfüllung der Johannes-Prophetie geschehenden bedurfte es nun wahrlich nicht. Jesus selbst hat sich niemals als zum Propheten berufen betrachtet.

Die Tragweite der *Ablehnung jeglicher Zeichenforderung* durch Jesus wird meist verkannt. Der Sache nach bedeutet sie nichts anderes, als daß Jesus sich stets geweigert hat, auch nur ein einziges Wunder zu tun. Die Evangelien aber sind voller Berichte über eigenständig bewirkte Wundertaten Jesu.

Kompromisse zwischen diesen konträren Sachverhalten hat vor allem das Johannesevangelium zu finden versucht, indem es z. B. Jesus die Forderung seiner Mutter, durch ein Wunder weiteren Wein zu beschaffen, schroff ablehnen, ihn dann aber dennoch das Wunder vollziehen läßt, nun allerdings in eigener Kompetenz (Joh 2,3-9).

Tatsächlich hat Jesus nie von sich aus ein Wunder getan; statt dessen war er von himmlischem Wundergeschehen in reichster Fülle umgeben. Für Jesus war solches Wundergeschehen stets machtvolles *Gottes*handeln, das in seiner Gegenwart geschah, in das er sich einbezogen sah, das er bezeugte und das er als sich gerade auch *durch ihn* ereignendes Reich-Gottes-Geschehen interpretierte. Wegen dieser festen *Verbindung* seiner Person mit dem /339/ aktuellen Wundergeschehen, das während seiner Erdenzeit einsetzte, wurde Jesus zunehmend auch als *eigenständiger* Wundertäter *dargestellt*, ja als von göttlicher Kraft erfüllter Wundermann, der geradezu wie ein neuer Gott auf Erden wirkte.

Der Auffassung, die Jesus selbst von sich gehabt hat, entspricht diese Darstellungsweise freilich überhaupt nicht. Sogar noch die Wunderberichte der Evangelien enthalten ja vielerlei Elemente, die auf *Gott* als den eigentlich gemeinten Wundertäter verwiesen. Die Ablehnung sämtlicher Zeichenforderungen durch Jesus zeigt die dahinterstehende Realität. Zugleich aber macht die grundlegende Verbindung des machtvollen Wundergeschehens im Anbruch des Reiches Gottes gerade mit dem Auftreten Jesu nachvollziehbar, daß es zunehmend als Wirkung seiner eigenen Person verstanden und beschrieben worden ist.

Dem Sachverhalt nach ist es durchaus richtig, Jesus in die wirkende Gottesmacht einzubeziehen, ihn konsequenterweise als Gottessohn zu bezeichnen oder zu sagen, daß Gott selbst in der Person Jesu handelnd irdisch in Erscheinung getreten ist. So war es ja tatsächlich. Wer im nachhinein behauptet, Jesus sei nur ein Mensch gewesen wie jeder andere auch und mitnichten der Gottessohn, der negiert damit genau jenes *Gotteshandeln*, für das Jesus mit seiner ganzen Person eintrat und mit dem das Christentum begann. Ein solcher Leugner der Gottessohnschaft Jesu könnte sich nicht einmal mit historischer „Richtigkeit" brüsten; denn er wäre von der eigenen Auffassung Jesu so fern wie nur möglich. Die *Person Jesu* ist fest verankert in dem, was damals als Eingreifen *Gottes* in die von der Macht des Bösen versklavte Welt geschah, und unauflöslich mit den sonstigen Personen wie mit den Orten jenes Geschehens verbunden, in dem Gott selbst als Richtender und zugleich Erlösender seine Herrschaft auf Erden durchzusetzen begonnen hat.

Als Jesus einst seine Jünger fragte, für wen sie ihn hielten, antwortete Simon Petrus als ihr Sprecher: „Du bist der Messias!" (Mk 8,29; vgl. Mt 16,16; Lk 9,20; Joh 6,68–69). Jesus verbot seinen Jüngern zunächst die Weiterverbreitung dieser Ansicht, weil sie nur die halbe Wahrheit war. Deren andere Hälfte war sein bevorstehendes Leiden, Sterben und Auferstehen, dessen Bedeutung /340/ den Jüngern erst im nachhinein verständlich werden konnte (Mk 8,30–33; 9,9–10; vgl. Mt 16,20–23; 17,9; Lk 9,21–22).

Diese andere Hälfte des Erdendaseins Jesu ist für sein *Gesamtverständnis* ebenso unverzichtbar wie sein machtvolles Wirken als Gottessohn. Die Kirche hat diesem von Anfang an grundlegenden Sachverhalt später in der Zwei-Naturen-Lehre, die Christus zugleich als wahren Gott und wahren Menschen formuliert, bekenntnismäßig adäquaten Ausdruck verliehen.

Die Rede vom „sterbenden Messias" ist, zumindest was die Evangelien anbetrifft, allerdings unsachgemäß, weil in deren Rahmen Jesus als Leidender, Sterbender und Auferstehender nicht als *der Messias*, sondern als *der Men-*

schensohn gekennzeichnet wird (Mk 8,31; 9,31; 10,33 – 34; Mt 17,22 – 23; 20,18 – 19; Lk 9,22.44; 18,31– 32; vgl. Joh 3,13 – 14; 6,53.62; 8,28; 12,23.34; 13,31).

Zum besseren Verständnis dieser *christologischen* Aussagen tragen die Qumran-Funde leider gar nichts bei. Die Bezeichnung *der Menschensohn* fehlt in ihrem Rahmen gänzlich. Auch von einem leidenden, sterbenden oder auferstehenden *Messias* findet sich hier nichts. Vor Jahrzehnten galt es als eine die Grundfesten des Christentums erschütternde Sensation, daß einige Zeilen des Habakuk-Kommentars als Vorwegnahme von Leiden und Kreuzigung Jesu durch den Lehrer der Gerechtigkeit interpretiert wurden; tatsächlich bezieht sich der Text aber auf den schmählichen Tod des Makkabäers Jonatan in der Hand seiner Feinde (1Q pHab VIII, 13-IX, 2; vgl. Josephus, Bellum 1,49). Die messianische Version der Kriegsregel aus den Qumran-Funden erwähnt die künftige Vollstreckung eines Todesurteils durch den Messias, nicht – wie gern behauptet – dessen eigenen Tod (4Q 285 7,4). Der in den Qumran-Texten mitunter auch für das Auftreten künftiger Heilspersonen wie des Messias verwendete hebräische Terminus 'amad bezeichnet sozusagen deren Dienstantritt, nicht eine Auferstehung von den Toten. Die Vorstellung eines leidenden, sterbenden oder auferstehenden Messias war den Essenern ebenso fremd wie dem gesamten Judentum der vor-christlichen Zeit.

Wenn Petrus als Sprecher der Jünger Jesus als *den Messias* kennzeichnete (Mk 8,29), dann bezog er sich damit auf die im Markusevangelium zuvor geschilderten Wundertaten Jesu, die ihn als /341/ *Gottessohn* dargestellt und benannt hatten (vgl. Mk 3,11; 5,7). Das ist eine *christliche* Neuprägung der bisherigen Vorstellung vom königlichen Messias, die anschließend im Matthäusevangelium durch die Kennzeichnung vor allem des *Wundertäters* Jesus als Davidssohn (Mt 9,27; 15,22; 20,30 – 31; vgl. Mk 10,47– 48; Lk 18,38 – 39) ihren stärksten Ausdruck erfahren hat.

Im vor-christlichen Judentum – einschließlich der Qumran-Texte – galt der Messias nie als Wundertäter. Auch der von Eisenman und Wise irrigerweise als „messianisch" beanspruchte Text 4Q 521 berichtet über keinerlei Wundertaten des *Messias*, sondern rühmt *Gott* als künftigen Wundertäter bis hin zur Auferweckung der Verstorbenen (4Q 521 2,II, 4 – 15).

Auch wurde der Messias *im vor-christlichen Judentum* niemals als *Gottessohn* bezeichnet. Der neuerdings mehrfach als Beleg dafür herangezogene „Gottessohntext" 4Q 246 kritisiert nur den Seleukidenkönig Antiochos IV. Epiphanes wegen seiner Anmaßung, als „Sohn Gottes" und „Sohn des Allerhöchsten" gelten zu wollen (4Q 246 I, 9-II, 1). Das ist zwar der erste Beleg aus vor-christlicher Zeit für das *sprachliche* Vorkommen der Bezeichnung „Sohn des Allerhöchsten", wie sie in der Ankündigung der Geburt Jesu begegnet (Lk 1,32), ist aber der damaligen *jüdischen* Messianologie ganz fremd. Das Verständnis des *Messias* einerseits als Gottessohn, andererseits als Wundertäter ist genuin *christlich* und erst im Zusammenhang mit der Auffassung und der Darstellung *Jesu* als eines *Wundertäters* aufgekommen.

Die Messiasdarstellungen und -erwartungen der Qumran-Texte haben mit Jesus gar nichts zu tun. Erst in späten Stadien der Evangeliengestaltung hat die Art der Jesus-Darstellung auch Züge aufgenommen, die Messiasbefunden in den Qumran-Texten – ebenso in anderen jüdischen Texten wie Psalmen Salomos 17 – entsprechen, wo der Messias als Gottes Statthalter auf Erden die Feinde des Gottesvolkes niederringt und damit dem Reich Gottes zum Siege verhilft. Die Zeit des Wirkens des Messias ist dabei identisch mit der vieljährigen Phase vom Beginn des Endgerichtes bis zur Vollendung der Heilszeit, die somit ein *messianisches Zwi-* /342/ *schenreich* zwischen ungebrochener Satansherrschaft und alleiniger Gottesherrschaft in der Welt ist.

In den Evangelien findet sich Entsprechendes, wenn Jesus nicht auf *das Reich Gottes* hinweist, sondern dessen Gestaltwerdung als *mein Reich* bezeichnet (Mt 16,18; 20,21; Lk 22,29 – 30; Joh 18,36; vgl. Mk 11,10; Lk 23,42). Die Herrschaft Jesu ist auch mitgemeint, wo im Matthäusevangelium vom *Himmelreich* als der *gemeinsamen Macht Gottes und Christi* die Rede ist (Mt 3,2; 4,17 usw.) oder diese gemeinsame Herrschaftsausübung einfach *das Reich* genannt wird (Mt 4,23; 9,35; 13,19; 24,14). Als besonderer Herrschaftsbereich Jesu – dem Ausdruck nach als des Menschensohnes, dem Sinne nach aber als des Messias – ist die ganze Welt im Blick in der allegorischen Deutung des Gleichnisses vom Unkraut Mt 13,36 – 43 (vgl. 16,28). Der älteste Befund dieser Art ist 1 Korinther 15,23 – 28, wo Jesus als der erhöhte Christus und Gottessohn alle noch in der Welt vorhandenen widergöttlichen Mächte, Gewalten und Kräfte, als letzte von allen den Tod, niederringt, bis seine messianische Aufgabe künftig einmal erfüllt ist und nur noch Gott herrscht.

Die Qumran-Texte zeigen jetzt deutlicher, als es zuvor schon bekannt war, daß im damaligen Judentum der königliche Messias als künftige Heilsgestalt nur für die *Zwischenzeit* vom Beginn des Endgerichts bis zur Heilsvollendung bedeutsam war. In Aussagen über die anschließende, von allem Bösen freie Heilszeit kommt er nie vor, ebensowenig in den Heilszeitdarstellungen anderer jüdischer Schriften aus eindeutig *vor-christlicher* Zeit. Die Messiaszeit betrachtete man damals noch nicht als die eigentliche Heilszeit, sondern nur als die zeitlich begrenzte Phase vom Beginn des künftigen Heilshandelns Gottes bis zu dessen voller Durchsetzung.

Die vieljährige Spanne der Messiaszeit dachte man freilich stets im Rahmen der natürlichen Lebenserwartung eines Mannes, der der königliche Messias als leiblicher Nachkomme Davids ja sein mußte. Weil Gott ihn schützte, lag jeder Gedanke an ein Sterben des Messias vor Vollendung seiner Aufgabe völlig fern. Erst das Todesschicksal Jesu *vor* der Vollendung des Reiches Gottes auf Erden hat *bei den Christen* die bisherige Messiasvorstellung verändert und erstmals den

Gedanken an einen „sterbenden Messias" /343/ bewirkt. Nie zuvor im Judentum galt der Messias als wirklich gekommen oder hatte gar ein entsprechendes Geschick. Deshalb kann auch kein weiteres Herumstöbern in Qumran-Fragmenten solche Auffassungen vom „getöteten Messias" zutage fördern.

Die Prophetenbücher

Tatsächliche Bedeutung gewann für Jesus und die Anfänge des Christentums hingegen dasjenige Verständnis der biblischen Prophetenbücher, das der Lehrer der Gerechtigkeit erstmals aufgebracht hatte, das für die Essener bestimmend geworden war und das sich durch deren Einfluß in der breiten Bevölkerung Palästinas weithin durchgesetzt hatte. Schon Johannes den Täufer hatte es mitbestimmt. Jesus und die frühen Christen nahmen es auf und bezogen die Zukunftsvoraussagen der biblischen Propheten nunmehr auf die vom Täufer angesagten Verhältnisse *ihrer eigenen Zeit* als Anbruch des Reiches Gottes auf Erden.

Jesu Antwort auf die Anfrage des Täufers (Mt 11,5; Lk 7,22) ist nichts anderes als der Hinweis darauf, daß nunmehr vor aller Augen und Ohren geschah, was die Propheten für die *Heilszeit* angekündigt hatten. Es ging bei dieser Antwort nicht darum, möglichst vollständig aufzulisten, welche Arten von Wundern im Zusammenhang mit Jesus bereits geschehen waren. Die für Jesus so wichtige Weichen von Dämonen wird ja gar nicht erwähnt. Andererseits gipfelt die Aufzählung in der frohen Kunde, die Arme erreicht hat, was nicht zu der Art der anderen Wunder paßt.

Den gemeinsamen Sinn dieser Hinweise erschließt *das Buch Jesaja*. Gott hatte durch diesen Propheten mitgeteilt, in der künftigen Heilszeit würden Blinde ihr Augenlicht wiedererlangen, Lahme ihr Gehvermögen, Ertaubte ihr Gehör, Verstorbene würden auferstehen und Arme frohe Kunde empfangen (Jes 26,19; 29,18– 19; 35,5– 6; 42,18; 61,1). Das alles geschah *jetzt*, was bewies, daß die für Jesaja noch in weiter Ferne liegende, vom Täufer aber als dicht bevorstehend angesagte Heilszeit tatsächlich begonnen hatte. Nur die Reinigung vom Aussatz findet sich nicht wört- /344/ lich im Jesaja-Text, sondern nimmt allgemeinere Heilungszusagen Gottes auf (Jes 30,26; 57,18; vgl. 2 Kön 5,1– 27).

Auf Heilsansagen des Propheten Jesaja bezieht sich auch der Kernbestand der *Seligpreisungen* Jesu in der Bergpredigt und in der Feldrede. Die Seligpreisung der Armen, denen jetzt das Reich Gottes gehört, und die der Trauernden, die jetzt endlich Trost empfangen werden (Mt 5,3– 4; Lk 6,20b.21b), beziehen sich auf Jesaja 61,1– 2; die Seligpreisung der Hungernden, die nun endlich satt werden sollen (Mt 5,6; Lk 6,21a), gilt den in Jesaja 55,1– 2 (vgl. 49,10) Genannten. Denen, die bislang nur zu bedauern waren, kann man jetzt dazu gratulieren, daß sie als Arme, Trauernde und Hungerleidende genau diejenigen sind, denen Gott durch Jesaja für die Heilszeit nicht nur ein Ende ihrer Leiden, sondern überreiches Wohlergehen verbindlich zugesagt hatte.

Die Evangelien und die weiteren Teile des Neuen Testaments sind voller Bezüge auf alttestamentliche Befunde, die dem Nachweis dienen, daß mit der Erdenzeit Jesu das angekündigte Heilswirken Gottes in der Welt ebenso wie die Vernichtung des Bösen bereits begonnen haben.

Didaktisch besonders eindrücklich führt dieses Verständnis der biblischen Prophetenbücher das *Matthäusevangelium* vor Augen, wenn es neben vielen anderen christlichen Heilsgegebenheiten insbesondere auch jede wichtige *Station des Erdendaseins Jesu* mit einer darauf hinweisenden Schriftstelle versieht. Gemäß Jesaja 7,14 empfing ihn eine Jungfrau (Mt 1,22–23), gemäß Micha 5,1 ward er zu Betlehem geboren (Mt 2,5–6), gemäß Hosea 11,1 mußte er aus Ägypten zurückkehren (Mt 2,15), nachdem gemäß Jeremia 31,15 die Klage über den Kindermord des Herodes in seinem Geburtsort Betlehem erschollen war (Mt 2,17–18). Anschließend gelangte Jesus gemäß einer Weissagung „durch die Propheten" nach Nazaret (Mt 2,23), bis er schließlich gemäß Jesaja 8,23–9,1 in Kafarnaum seinen endgültigen Heimatort fand (Mt 4,13–16; vgl. 9,1; 17,24).

Nirgends sonst im Neuen Testament wird so deutlich wie hier, daß es nicht nur die gleiche Art des Schriftverständnisses, sondern auch die gleiche Auslegungsmethode wie in den Midraschim und in den Prophetenkommentaren aus den Qumran-Funden ist, die /345/ wir nunmehr im frühen Christentum vorfinden. Nur haben die Christen jetzt auf Jesus und das mit ihm angebrochene Reich-Gottes-Geschehen bezogen, was die Essener ein bis zwei Jahrhunderte vor der Erdenzeit Jesu noch als prophetische Hinweise Gottes auf ihre eigenen Zeitverhältnisse betrachtet hatten.

Die Tora

Die Weissagungen der biblischen *Propheten* konnten sich erfüllen. Damit hatten deren Schriften ihr Abfassungsziel erreicht und dienten im wesentlichen nur noch der Legitimation tatsächlich eingetretener Verhältnisse als von Gott längst angekündigt.

Anders stand es mit dem Hauptstück des alttestamentlichen Kanons, nämlich der *Tora*. Schon den Essenern galt sie, wie allen Juden ihrer Zeit, als unveränderliche und bis in alle Ewigkeit fortbestehende Größe. Rabbinen vertraten später die Ansicht, sogar Gott selbst droben im Himmel könne seine Zeit mit nichts

Besserem verbringen als mit dem ständigen Studium dieser Grundordnung der gesamten Schöpfung.

Für *Jesus* veränderte das Reich-Gottes-Geschehen, wie er es erfuhr, das gesamte bisherige Verständnis der Tora, aber nicht aufgrund spekulativer Erwägungen, sondern aus gegebenem Anlaß.

Auch am *Sabbat* wichen Dämonen ohne Exorzismus, also durch aktives Gotteshandeln, oder gesundeten durch Einwirken Gottes spontan Kranke mit chronischen Leiden, deren Heilung problemlos bis zu einem der folgenden Werktage aufschiebbar gewesen wäre (Mk 1,21–27; 3,1–5; Mt 12,9–13; Lk 6,6–10; 13,10–17; 14,1–6; Joh 5,1–9; 9,1–14).

In dem vierzig Jahre währenden Vernichtungskampf Gottes, der Engel und der Menschen gegen das Böse in der Welt, wie ihn die Kriegsregel aus den Qumran-Funden schildert, ruht der Kampf in jedem siebten Jahr (1Q M II, 8–9), weil die Anordnungen der Tora zum Erlaßjahr (Lev 25,1–7; Dtn 15) dies in Verbindung mit dem Verbot jeglicher Arbeit am Sabbat im Dekalog (Ex 20,8–11; Dtn 5,12–15) verlangten. Vor allem aber hatte Gott selbst bereits /346/ bei Erschaffung der Welt den Sabbat grundsätzlich als allgemeinen Ruhetag geheiligt (Gen 2,1–3).

Plötzlich aber war Gott sogar *am Sabbat* tätig, hielt im Vernichtungskampf gegen das Böse in der Welt die einst verordneten Ruhepausen selber nicht mehr ein. In der Makkabäerzeit hatten sich fromme Juden lieber von ihren Feinden wehrlos hinmetzeln lassen, als durch Einsatz ihrer Verteidigungswaffen ihr Leben zu retten (1 Makk 2,29–38). Jetzt führte Gott seinen Kampf gegen das Böse auch am Sabbat fort, und dies sogar noch als *Angriffskrieg*, wo doch nichts zum Verzicht auf kurze Ruhepausen nötigte.

Dieser schwer verständliche Sachverhalt brachte Jesus dazu, die in der biblischen Schöpfungsdarstellung (Gen 1–2) festgelegte Gottes-, Welt- und Menschenordnung mit neuen Augen zu betrachten. Bereits am ersten Tag der Welt hatte Gott das Licht erschaffen, die seiner Ausstrahlung dienenden Himmelskörper – Sonne, Mond und Sterne – aber erst am vierten Tag (Gen 1,3–5.14–19). Nicht anders stand es dann wohl auch mit dem Sabbat, der dem am sechsten Tag erschaffenen Menschen nachträglich hinzugefügt worden war (Gen 1,26–2,4).

Das Sabbatgebot konnte bei dieser Betrachtungsweise keine bestimmende Macht mehr über den Menschen haben. Sondern wie das Licht die ihm dienenden Himmelskörper dominiert, so folglich auch der Mensch den ihm dienenden Sabbat. „Der Sabbat ist für den Menschen da, nicht der Mensch für den Sabbat", lautet dieses neue Schriftverständnis im Munde Jesu (Mk 2,27). Dieses neue Toraverständnis war Jesus nicht durch anderer Leute Bibelstudium und fremde Exegetenkunst zugekommen; sondern es wurde ihm aufgenötigt durch Gottes eigene Aktivitäten am Sabbat, die Umdenken verlangten.

Die Tora enthielt allerdings nicht nur vielfältige Anweisungen für menschliches Handeln. Sondern in der Tora hatte Gott sich zugleich seiner ganzen Eigenart nach geoffenbart. Nie konnte Gott entgegen der Selbstoffenbarung seiner Eigenart in der Tora handeln. Diese war, was Gottes Handlungsweisen anbetraf, unveränderlich, wie es seine eigene Feststellung „Ich erweise mich *stets* als der Gleiche, als der ich mich *immer* erweise" (Ex 3,14) un- /347/ übersehbar verlangte. Deshalb zwang die mit dem gewohnten Schriftverständnis unvereinbare Art offenkundigen Handelns Gottes Jesus dazu, die Tora mit anderen Augen zu lesen. Es galt, nicht nur *die Prophetenschriften*, sondern auch *die Tora* vom aktuellen Reich-Gottes-Geschehen her neu zu begreifen und sie als im Einklang damit stehend zu erfassen.

Den nächsten Verständnisschritt Jesu brachte *das Weichen von Dämonen aus Frauen*. Es zeigte, daß der Fluch des Sündenfalls (Gen 3) nicht mehr generell auf den Frauen lastete, sondern wieder Verhältnisse eintraten, wie sie *vor* dem Sündenfall bestanden hatten. Als Gott nach der Erschaffung der Menschen rückblickend sein bisheriges Schöpfungswerk betrachtete, hatte er festgestellt: „Es ist (alles) sehr gut (gelungen)!" (Gen 1,31). Diese positive Wertung schloß die Frauen als Werk der Schöpfung uneingeschränkt mit ein. Daraus folgerte Jesus, daß im gegenwärtigen Reich-Gottes-Geschehen die *Wiederherstellung der* vor dem Sündenfall bestehenden *Schöpfungsordnung* zustande kam, die bereits mit dem Wirken Johannes' des Täufers begonnen hatte (Mk 9,11–13; Mt 17,10–13) und sich nun mit der vorbehaltlosen Einbeziehung auch von Frauen in den entstehenden Heilsbereich durch Gottes eigenes Handeln in besonderer Weise fortsetzte.

Der dritte und wirkungsreichste Schritt auf dem Wege zu einem neuen Toraverständnis war, daß Jesus nunmehr dazu überging, die Verhältnisse in dem durch Gottes Handeln zustande kommenden Herrschaftsbereich *grundsätzlich* als denjenigen vor dem Sündenfall entsprechend zu betrachten. Wo die Macht der Sünde gebrochen, alles Böse gewichen war, herrschte nur noch Gott allein, wie es einst zu Beginn der Weltgeschichte gewesen war. Widergöttliches gab es hier nicht mehr.

Der Fluch über den Mann bei der Vertreibung aus dem Paradies, künftig nur noch durch harte Arbeit hinreichenden Lebensunterhalt zu finden (Gen 3,17–19), hatte im neu entstehenden Herrschaftsbereich Gottes seine Wirksamkeit verloren. So wie Gott den Menschen einst im Paradies alles für ihren Lebensunterhalt Erforderliche reichlich zur Verfügung gestellt hatte (Gen 2,8–9), geschah es nun erneut. Gott gewährte freigebig *das tägliche Brot* denen, die ihn darum baten (Mt 6,11; Lk 11,3), versorgte /348/ sie auch ohne ihrer Hände Arbeit reichlicher als die Vögel unter dem Himmel und die Blumen auf den Feldern (Mt 6,25–34; Lk 12,22–31) und ließ Jesus in den Augen der Leute geradezu wie einen Prasser und Weinsäufer im Kreise Wohlhabender erscheinen (Mt 11,19; Lk 7,34), ohne daß er sich um seinen täglichen Lebensunterhalt bemüht hätte. Jesus hat das gegenwärtige Dasein im neuen Herrschaftsbereich Gottes mit der Üppigkeit eines nach orientalischer Manier vieltägigen, gastfreien Hochzeitsfestes verglichen, bei dem alle überreichlich bewirtet werden und niemand fastet (Mk 2,19; Mt 9,15; Lk 5,34). So geht es auch dort zu, wo das Böse gewichen ist und Gott seine Herrschaft bereits durchgesetzt hat (vgl. auch Lk 23,42–43; Joh 6,22–59). Die *Fastengebote* der Tora waren im Heilsbereich überflüssig geworden.

Im Paradies hatte es noch nichts Unreines gegeben. Die *Reinheitsgebote* der Tora, die Verbote des Genusses unreiner Tiere, die rituellen Tauchbäder der Essener und zahlreiche Verhaltensmaßregeln des Alltagslebens dienten den Zwecken, Unreinheit fernzuhalten oder eingebüßte Reinheit wiederherzustellen. Gott hatte Israel die Tora großenteils speziell deshalb gegeben, um dem Gottesvolk inmitten einer von der Macht der Sünde geprägten und von Unreinheit bedrohten Welt ein reines und heiliges Leben zu ermöglichen. Im gegenwärtig entstehenden Herrschaftsbereich Gottes auf Erden aber gab es keine physische Unreinheit mehr (Mk 7,1–23; Mt 15,1–20).

Damit erledigten sich alle Reinheitsvorschriften und Speisetabus, wie es ebenso keiner der Sündentilgung dienender *Opfer* mehr bedurfte (Mk 11,15–17; Mt 21,12–13; Lk 19,45–46; Joh 2,13–16). Die ersten Opferdarbringungen der Menschheitsgeschichte waren diejenigen von Kain und Abel nach der Vertreibung aus dem Paradies, deren Gaben der Arbeit beim Ackerbau und in der Viehzucht entstammten (Gen 4,3–5). Herrschten wieder die Verhältnisse der Zeit zuvor, wo Gott selbst alle Nahrung spendete, gab es keinerlei Grund und Anlaß mehr für derartige Opferdarbringungen.

Jesus hat nie *die Tora* kritisiert. Doch waren große Teile des einst unverzichtbar Wichtigen nunmehr überflüssig geworden. Das betraf auch Regeln wie diejenige, *im Scheidungsfall* die Frau mit einer /349/ Besitzurkunde auszustatten, die ihr finanzielle Unabhängigkeit bot oder die Wiederheirat erleichterte (Dtn 24,1). Die Essener hatten vor allem aus Genesis 1,27 das Prinzip ihrer lebenslangen Einzigehe hergeleitet, aber die in der Tora ausdrücklich eingeräumte Möglichkeit der Scheidung keineswegs ausgeschlossen. Jesus hingegen folgerte aus den Gegebenheiten *vor* dem Sündenfall, daß die paarweise Existenz der Menschen als *ursprüngliche Schöpfungsordnung* unverbrüchlich gelten müsse, Ehescheidung oder gar Wiederheirat auch im Falle von Frauen demgemäß im Herrschaftsbereich Gottes nicht mehr möglich seien (Mk 10,2–12; Mt 5,31–32; 19,3–12; 1 Kor 7,10–11). Damit entfiel jeglicher Anlaß für die Ausfertigung von Scheidungsurkunden.

Wie diese Beispiele zeigen, hat Jesus die Tora keineswegs abgeschafft. Vielmehr erfüllte sich für ihn *die Prophetie Gottes durch Mose* entsprechend derjenigen durch die anderen Schriftpropheten. Auch die Tora hatte jetzt das ihr von Gott als ihrem Urheber stets zugedachte Ziel erreicht. Die Bergpredigt Jesu faßt dieses neue

Schriftverständnis in die Worte: „Denkt nicht, ich sei gekommen, um die Tora oder die Prophetenschriften aufzulösen: Ich bin nicht gekommen, um (sie) aufzulösen, sondern um (sie) zu erfüllen!" (Mt 5,17). Kein noch so kleiner Buchstabenbestandteil der Tora darf im Rahmen dieser Erfüllung verändert werden; sie ist und bleibt in allen ihren Bestandteilen für immer Gottes Wort (Mt 5,18–19; Lk 16,17). Doch wurde für Jesus in ihrer *Erfüllung* die *Schöpfungs-Tora* (Gen 1–2) zum allein noch maßgeblichen Kriterium der gesamten *weiteren Sinai-Tora* (Gen 3 – Dtn 34), deren Charakter sich dadurch völlig veränderte.

Alle nunmehr überflüssigen Einzelbestimmungen der Tora für Tempel, Priesterschaft, Opfer, Reinheit, Speisetabus usw. zeigen im Rahmen dieser Erfüllung *weiterhin* die immerwährende Barmherzigkeit Gottes, durch die er sein Volk Israel während der Zeit der Satansmacht in der Welt vor allem Schaden bewahrt hatte. Die Umsicht, die Gott dabei walten ließ, die Segenskraft, die darin zum Wirken kam, und die Treue, die er seinem auf dem Sinai gestifteten Bund mit Israel nicht zuletzt dadurch gewährt hatte, daß er seine Heilszusagen tatsächlich erfüllte, wirken unverbrüchlich weiter im nunmehr anbrechenden und der Vollendung zuschrei- /350/ tenden Reich-Gottes-Geschehen. Jesu Zeugnis ist der Garant dafür. Nichts Wesentliches ändert sich, nur daß alles bislang dem Widerstand gegen die Macht des Satans Dienende seine Schuldigkeit getan hat, wo auch immer die Macht des Satans bereits gebrochen ist und Gott alleine herrscht. Die Waffen haben ausgedient, wo der Kampf beendet ist und Gott gesiegt hat. Aber sie zeigen weiterhin jedem die unvergleichliche Macht Gottes, mit der er schon Israel aus Ägypten befreit und in das Heilige Land gebracht hatte, in dem nun die endgültige Durchsetzung der Gottesherrschaft auf Erden begann.

Darüber hinaus erfüllte sich für Jesus die Tora im nunmehr uneingeschränkten *Wirksamwerden der Schöpfungsordnung*, die weitaus strengere Anforderungen geltend macht als die Regelungen Gottes für die Zeit der Satansherrschaft nach dem Sündenfall. *Im Reich Gottes herrscht der Weltenschöpfer absolut*. Seine *eigene* Gerechtigkeit ist hier die größte aller Heilsgaben (vgl. Röm 3,21), verlangt aber auch von den Menschen, denen sie zugekommen ist, mehr als nur das Befolgen einzelner Vorschriften. „Wenn eure Gerechtigkeit nicht weitaus größer ist als die der Schriftgelehrten und Pharisäer, werdet ihr nicht in das Himmelreich kommen", lautet Jesu entsprechende Maßgabe in der Bergpredigt (Mt 5,20). Die Essener waren hier voll mitbetroffen. Wie aber stellt sich die größere Gerechtigkeit von *Menschen*, die Gott in seinen Herrschaftsbereich einbezogen hat, konkret dar?

Am deutlichsten spiegelt sich die neue Ordnung des Reiches Gottes in Jesu Umgang mit dem *Dekalog* (Ex 20,2–17; Dtn 5,6–21). Wo Gott seine Herrschaft endgültig durchgesetzt hatte und ständig anwesend war, mußte ohnehin niemand mehr vom Verehren fremder Götter, vom Mißbrauch des Gottesnamens für magische Zwecke wie Exorzismen oder vom Herstellen von Götzenbildern abgehalten werden; das alles hatte sich nunmehr erledigt. Doch waren die vom Gerichtszorn Gottes verschonten Menschen nun wieder zur anfänglichen *Gottesebenbildlichkeit* (Gen 1,27) zurückgekehrt. Deshalb mußte ihnen nicht nur der Gedanke an *Mord* fernliegen (Ex 20,13; Dtn 5,17), sondern bereits der mit dem neuen Gottesverhältnis unvereinbare *Zorn* gegenüber anderen (Mt 5,21–26; vgl. Mt 18,23–35; 1 Joh 3,15), der /351/ schon Kain zum Brudermord an Abel getrieben hatte (Gen 4,5–6). Zum *Ehebruch* (Ex 20,14; Dtn 5,18) konnte es niemals mehr kommen, wo die lebenslange paarweise Existenz der Menschen (Gen 1,27) unverbrüchlich feststand und ganz von selbst jedes Begehren nach der Ehefrau eines anderen ausschloß (Mt 5,27–30). Das wechselseitige Vertrauensverhältnis im Reich Gottes, wie es im Paradies zwischen Adam und Eva vor dem Sündenfall bestanden hatte (Gen 2,23–25), ließ *Falschaussagen* gegenüber anderen (Ex 20,16; Dtn 5,20) gar nicht mehr zu und erübrigte damit zugleich jegliche Art von Eiden (Mt 5,33–37).

So war für Jesus im Herrschaftsbereich Gottes sogar der Dekalog erfüllt und damit überflüssig geworden. Doch zeigt sich an diesem Beispiel am deutlichsten, daß Jesus die Gebote Gottes keinesfalls abgeschafft wissen wollte, sondern den darin für Grenzerfahrungen Israels im Kampf gegen das Böse formulierten Gotteswillen mit den gleichen Sachbezügen nur noch viel schärfer faßte. Sein Toraverständnis ließ alles hinter sich, was, vom Ereignis des Reich-Gottes-Geschehens her betrachtet, überholt war, *erfüllte die Tora aber zugleich mit neuer Wirkkraft*, die viel weiter reichte als zuvor von anderen in bloßer *Auslegung* der Tora Formuliertes.

Das Markusevangelium hat diese Besonderheit Jesu im Rahmen seines ersten Berichtes über dessen öffentliches Auftreten, einer Dämonenaustreibung am Sabbat in der Synagoge von Kafarnaum (Mk 1,21–27), auf die für Jesu gesamte Wirksamkeit geltende Formel gebracht: „Alle staunten aufs höchste über seine Lehre; denn er belehrte sie nicht nach Art der Schriftgelehrten, sondern in Vollmacht" (Mk 1,22; vgl. 1,27; 11,27–33).

Ergebnis

Die Evangelienüberlieferung läßt alle wesentlichen Züge Jesu und seines Wirkens noch klar erkennen. Es ergibt sich ein umfassendes und in sich geschlossenes Bild. Es zeigt, daß Jesus alles andere gewesen ist als ein Parteigänger der Zeloten oder sonstiger jüdischer Freiheitskämpfer gegen die Römermacht, wie es die „Verschlußsache Jesus" und andere Bücher solcher Art nahezulegen versuchen. Wenn Jesus gesagt hat: „Denkt nicht, ich sei gekom- /352/ men, um Frieden auf die Erde zu bringen: Ich bin nicht gekommen, um Frieden zu bringen, sondern das

Schwert" (Mt 10,34; vgl. Lk 12,51), dann ging es ihm nicht um politischen Kampf, sondern um den *Anbruch des Reiches Gottes*. Es war eben nicht nur Rettung von Menschen aus der Macht des Satans, sondern zugleich eine kämpferische Auseinandersetzung Gottes mit der Satansmacht, deren als *Endgericht* vollzogene Vernichtung wie jeder Krieg auch Leiden und Tod mit sich brachte. Doch traf im Umfeld Jesu diese Vernichtung insbesondere sündige Mitglieder des Gottesvolkes, nicht die heidnischen Römer. Zu solchen konnte Jesus ein völlig anderes Verhältnis haben (Mt 8,5–13; Lk 7,1–10).

Mit den *Essenern* teilte Jesus *die Hochschätzung der Tora und der biblischen Prophetenschriften*. Doch bezog er sie auf ganz andere Verhältnisse, als die Essener es damals taten, und ging vor allem in der Tora-Auslegung Wege, die weder die Essener noch andere Juden vor ihm jemals in vergleichbarer Weise beschritten hatten. Das bei Jesus entscheidend *Neue*, aus dem das Christentum hervorgegangen ist, war das zugleich als Endgericht und Heilszeitbeginn eintretende *Reich Gottes*, das sich konkret als *aktives Erdenhandeln Gottes* darstellte und in das Jesus von allem Anfang an einbezogen war. Johannes der Täufer hatte es kurz zuvor machtvoll angesagt. Jetzt vollzog sich das Angesagte, erfüllte Tora und Propheten und führte auf einen Weg, den kein Mensch zuvor kennengelernt hatte.

Hier wirkten nicht mehr Menschen oder der Satan, sondern erstmals seit der Zeit der biblischen Propheten wieder *Gott „mit eigener Hand": Er allein* begann *von sich aus* damit, aus seiner Allmacht heraus alles Widergöttliche in der Welt zu vernichten. *Er* machte *Jesus* zum maßgeblichen *Werkzeug* seines erneuten Heilshandelns und führte sein Werk über Jesu Kreuzestod hinaus fort, indem er Jesus von den Toten auferweckte und ihn zum erhöhten Menschensohn einsetzte, um das während der Erdenzeit Jesu Begonnene durch ihn als Christus und Gottessohn für alle Menschen und für alle Zeiten zu vollenden. Das ist die *Grundorientierung* allen *christlichen Glaubens:* erneutes, eigenmächtiges *Handeln Gottes* durch Jesus zum Heil aller Menschen.

Hartmut Stegemann, Die Essener, Qumran, Johannes der Täufer und Jesus. Nachwort von Gert Jeremias, Freiburg i.Br.: © Verlag Herder GmbH [10]2007 ([1]1993), S. 314–352.

John P. Meier
5.7 The Historicity of Jesus' Miracles: The Global Question, 1994

I. The Global Question of Historicity

At long last we come to the miracles of Jesus as narrated in the Four Gospels. As I emphasized throughout Chapter 17, when it comes to the miracles of Jesus, the focus of my historical quest is – and must be – a narrow one. I do not claim to be able to decide the theological question of whether particular extraordinary deeds done by Jesus were actually miracles, i.e., direct acts of God accomplishing what no ordinary human being could accomplish. As I have indicated, I think that such a judgment ("this particular act is a miracle performed directly by God") goes beyond what any historian can legitimately assert within the limits of his or her own discipline.

Rather, my quest seeks to remain within the realm of what, at least in principle, is verifiable by historical research. Hence I ask: Given the fact of the many miracle stories present in the Four Gospels, are there reasons for thinking that at least the core of some of these stories goes back to the time and ministry of Jesus himself? In other words, did the historical Jesus actually perform certain startling, extraordinary deeds (e.g., supposed healings or exorcisms) that were considered by himself and his audience to be miracles? Or did such reports come entirely from the creative imagination of the early church, as it remembered the deeds of Jesus in the light of such OT figures as Elijah and Elisha and as it proclaimed these deeds in a highly competitive religious "marketplace" that extolled Jewish and pagan miracle-workers? Was it the missionary needs of the early church that created Jesus' miracles and read them back into a miracle-free ministry of the historical Jesus?

Such a scenario was suggested by a number of questers in the 19th century and by some historians of religion in the early 20th century. The judgment of Wilhelm Bousset in his highly influential work *Kyrios Christos*, published in 1913, may stand for many others: "We are still able to see clearly how the earliest tradition of Jesus' life was still relatively free from the miraculous."[1] Actually, such a miracle-free Jesus has been the holy grail sought by many /618/ questers from

---

[1] W. Bousset, *Kyrios Christos* (Nashville/New York: Abingdon, 1970, German original 1913) 98.

the Enlightenment onwards. It has been reinvented at various times by American thinkers from Thomas Jefferson to present-day popularizers, who share Jefferson's ignorance of historical-critical exegesis but lack his brilliance.[2] That a depiction of Jesus minus miracles runs completely counter to the empirical data in the Gospels makes no difference to a public that enjoys regularly remaking Jesus in its own image and likeness.[3]

---

[2] The first printed edition of the fuller compilation of Jefferson's excerpts from the Four Gospels was Thomas Jefferson, *The Life and Morals of Jesus of Nazareth* (Washington, DC: Government Printing Office, 1904). The edition has a short introduction to the history of the work by Cyrus Adler. For present-day research, though, one should go to Dickinson W. Adams (ed.), *Jefferson's Extracts from the Gospels. "The Philosophy of Jesus" and "The Life and Morals of Jesus"* (Princeton: Princeton University, 1983). In his helpful introduction (pp. 3–42), Dickinson points out that many people confuse two different works of Jefferson, his earlier and shorter "The Philosophy of Jesus," compiled in 1804, and the later and more elaborate "The Life and Morals of Jesus," written in 1819–1820. The first compilation, "The Philosophy of Jesus," has unfortunately disappeared, though Dickinson is able from various sources to offer a hypothetical reconstruction on pp. 60–105. It focused on the moral precepts of Jesus, while the longer cento, "The Life and Morals of Jesus," "gives attention to the details of his career as well as of his doctrine" (p. 30). One guiding principle of both compilations – witnessing to the heavy influence of Enlightenment rationalism on Jefferson's religious positions – was that all miracles were to be excised. This leads to some decisions about the inclusion or exclusion of material that strike anyone schooled in historical-critical exegesis as curious. In "The Life and Morals of Jesus," for example, parts of the Lucan Infancy Narrative (basically chap. 2) are kept, including the journey to Bethlehem for the census and the visit of the 12-year-old Jesus to the temple, but with all the miraculous elements excluded. Some instances of prophecy apparently did not fall under the ban of the miraculous, since Jesus still prophesies imminent and distant events. Strange to say, we find a passing reference to Jesus' mighty deeds (*dynameis*), which in the language of the Synoptics means his miracles. Sometimes the introduction or "setup" to a miracle is kept, while the miracle itself is omitted (so, e.g., John 9:1–3, the introduction to the healing of the man born blind, with John 10:1, the beginning of the Good Shepherd discourse, immediately following). In a way, it is fitting that in our own day Stephen Mitchell harks back to Jefferson's digest of the Gospels when he presents his own truncated Jesus in *The Gospel According to Jesus. A New Translation and Guide to His Essential Teaching for Believers and Unbelievers* (New York: HarperCollins, 1991). For all the differences between the two – Mitchell's Jesus reflects an intriguing mix of Asian religions and San Francisco Bay Area New Ageism – they both demonstrate what happens when Jesus is tailored to one's personal wishes and the *Zeitgeist* instead of being studied with the use of historical-critical criteria that allow for some control and check of claims on the level playing field of scholarly investigation.

[3] Blomberg ("Concluding Reflections on Miracles and Gospel Perspectives," *Gospel Perspectives. The Miracles of Jesus. Volume 6* [ed. David Wenham and Craig Blomberg; Sheffield: JSOT, 1986] 443–57, esp. 446) thinks that "the nineteenth-century liberal quest for a miracle-free layer of Christian tradition has been all but abandoned." That may indeed be true of responsible exegetes, but some authors are ruled more by the laws of Madison Avenue than by the laws of evidence.

Bultmann and his followers were not so uncritical. They did not completely deny the presence of alleged miracles in the ministry of the historical Jesus, but miracles were definitely pushed to the sidelines in their presentations of the Nazarene.[4] It is against the background of this tendency to sweep embarrassing

---

[4] In his early *Jesus and the Word* (originally published in 1926), Bultmann spent some 5 pages (pp. 123–28) out of 154 pages (according to the pagination of the English translation) on "belief in miracles." Actually, little more than a page is devoted to Jesus' performance of miracles. The rest of the section is given over to Bultmann's theological observations about Jesus' idea of God as remote yet near, the omnipotence of the miracle-working God who is nevertheless always active in the everyday world, and universally valid propositions about God versus God's omnipotence as "I experience this power in my own life" (p. 126). Thus, most of the treatment is really a mini-treatise of systematic theology in an existentialistic and dialectical mode. Bultmann's depiction of the historical Jesus becomes even more bereft of miracles in the sketch of Jesus' message that opens his *Theology of the New Testament* (2 vols.; London: SCM, 1952, 1955, originally 1948–53) 1. 3–32; there is not even a separate section on the question. One reason for this relative absence of miracles in Bultmann's portraits of Jesus can be seen in the titles of his treatments: *Jesus and the Word* and "The Message of Jesus." The specific deeds of Jesus tend to disappear behind the "naked word" of Jesus' message – which is characteristic of Bultmann's whole theological program.

This tendency to give short shrift to Jesus' miracles is likewise found in post-Bultmannians like Herbert Braun, who in his *Jesus of Nazareth. The Man and His Time* (Philadelphia: Fortress, 1979, originally 1969) devotes some 3 pages (pp. 28–31) out of 137 pages to Jesus' miracles. Hans Conzelmann may have set a record in this regard by dedicating one paragraph (plus scattered passing references) to miracles in his article on Jesus in the 3d edition of *Die Religion in Geschichte und Gegenwart* (1959); the English translation by John Reumann (*Jesus* [Philadelphia: Fortress, 1973]) comes to 96 pages of text (the paragraph on miracles is on p. 55). Even though the "new quest" for the historical Jesus produced a more expansive and confident treatment in Günther Bornkamm's *Jesus of Nazareth* (New York: Harper & Row, 1960, originally 1956), the proportion of pages given over to Jesus' miracles is still remarkably small. There is no separate section that deals with miracles; out of a text of 231 pages, only some 3 pages, within a section on "faith and prayer" (pp. 129–37), treat directly of Jesus' miracles (pp. 130–33). An even more skeptical attitude toward the Gospel tradition of Jesus' miracles can be seen in Gerd Petzke's "Die historische Frage nach den Wundertaten Jesu, dargestellt am Beispiel des Exorzismus Mark. IX. 14–29 par," *NTS* 22 (1975–76) 180–204, esp. 198–204; this attitude stems in turn from his hypercritical approach to the question of the criteria of historicity (pp. 182–84).

It is interesting to note that in this regard Martin Dibelius differed from Bultmann and many of his followers. In the 122 pages of his short sketch *Jesus* (Sammlung Göschen 1130; 4th ed.; ed. Werner Georg Kümmel; Berlin: de Gruyter, 1966, originally 1939), Dibelius dedicates a whole chapter (pp. 62–73) to Jesus' miracles, understood as "signs of the kingdom." One wonders if it is specifically against Bultmann's approach that Dibelius writes: "But, to be sure, he [Jesus] *has* taken action, he has intervened in the realm of illness as in the realm of unrighteousness and has fought against the way this world runs. He has not only spoken of the coming kingdom of God, but he has also brought its promises as well as its demands near to human beings – by his action, by his judgment, admonition, and healing" (p. 72).

miracles under the Heideggerian rug that the reaction of scholars like Morton Smith and E. P. Sanders can be appreciated. As I have suggested above, many of Smith's claims about "Jesus the magician" are questionable. But Smith and Sanders are certainly correct in censuring an overemphasis on the words of Jesus to the neglect of his striking deeds, including his supposed miracles. Even before we get to the application of the criteria of historicity, the sheer massiveness of the miracle traditions in the Four Gospels makes sweeping them under a respectable modern carpet unacceptable.

It is difficult to give precise statistics on how many separate miracle stories there are in the Gospels, since scholars do not always agree on which pericope should be counted as a separate story and which pericope is just a literary parallel or variant of a story present in another Gospel. At any rate, the numerical overview supplied by David E. Aune gives a good sense of the enormous and all-pervading presence of miracles in the Four Gospels.[5] According to Aune's tally (which does not count parallels separately), there are accounts of six exorcisms, seventeen healings (including three stories of raising the dead), and eight so-called nature miracles (namely, the stilling of the storm, the feeding of the five thousand, the feeding of the four thousand, the walking on the water, the cursing of the fig tree, the coin in the fish's mouth, the miraculous catch of fish, and the changing of water into wine at Cana).[6] Many of these accounts have one or more parallels in other Gospels.

---

[5] One should remember that, at this point in his treatment, Aune is counting not separate historical events but separate literary accounts.

[6] What follows is the full enumeration David E. Aune ("Magic in Early Christianity," *ANRW* II.23.2, 1980, [1507–57] 1523–24 nn. 67, 68, and 69) supplies, divided according to traditional form-critical categories (with slight editorial modifications and corrections introduced):
(A) six exorcisms: (1) the demoniac in the synagogue (Mark 1:23–28 || Luke 4:33–37); (2) the Gerasene (or Gadarene) demoniac (Mark 5:1–20 || Matt 8:28–34 || Luke 8:26–39); (3) the daughter of the Syrophoenician (or Canaanite) woman (Mark 7:24–30 || Matt 15:21–28); (4) the demoniac boy and his father (Mark 9:14–29 || Matt 17:14–21 || Luke 9:37–43); (5) the dumb demoniac (Matt 9:32–34); (6) the blind and dumb demoniac (Matt 12:22–23 || Luke 11:14–15; cf. Mark 3:22). Some might count only five exorcisms because they consider Matt 9:32–34 to be simply a redactional variant, a shadowy twin or doublet of Matt 12:22–24.
(B) seventeen healings: (1) Peter's mother-in-law (Mark 1:29–31 || Matt 8:14–15 || Luke 4:38–39); (2) the leper (Mark 1:40–45 || Matt 8:1–4 || Luke 5:12–16); (3) the paralytic (Mark 2:1–12 || Matt 9:1–8 || Luke 5:17–26); (4) the man with the withered hand (Mark 3:1–6 || Matt 12:9–14 || Luke 6:6–11); (5) the daughter of Jairus (Mark 5:21–24,35–43 || Matt 9:18–19,23–26 || Luke 8:40–42,49–56); (6) the woman with the hemorrhage (Mark 5:25–34 || Matt 9:20–22 || Luke 8:43–48); (7) the deaf mute (Mark 7:31–36); (8) the blind man near Bethsaida (Mark 8:22–26); (9) blind Bartimaeus (Mark 10:46–52 || Matt 20:29–34 [cf. the doublet in Matt 9:27–31] || Luke 18:35–43); (10) the young man at Nain (Luke 7:11–17); (11) the woman bent over (Luke 13:10–17); (12) the ten

lepers (Luke 17:11–19); (13) the man with dropsy (Luke 14:1–6); (14) the paralytic by the pool (John 5:1–9); (15) the raising of Lazarus (John 11); (16) the man born blind (John 9); (17) the centurion's servant (Matt 8:5–13 || Luke 7:1–10 || John 4:46–54). Some might count John 4:46–54 separately.

(C) eight so-called nature miracles: (1) the stilling of the storm (Mark 4:35–41 || Matt 8:23–27 || Luke 8:22–25); (2) the feeding of the five thousand (Mark 6:32–44 || Matt 14:13–21 || Luke 9:10–17); (3) the feeding of the four thousand (Mark 8:1–10 || Matt 15:32–39); (4) walking on the water (Mark 6:45–52 || Matt 14:22–33 || John 6:16–21); (5) the cursing of the fig tree (Mark 11:12–14, 20–26 || Matt 21:18–22); (6) the coin in the fish's mouth (Matt 17:24–27); (7) the miraculous catch of fish (Luke 5:1–11; cf. John 21:1–14); (8) changing water into wine (John 2:1–11).

A number of difficulties are masked by this neat schema. (1) Since Mark and Matthew obviously consider the feeding of the five thousand and the feeding of the four thousand as different events in their narratives, they are counted as separate accounts from a literary point of view. The common opinion is that actually they are variants of the same basic tradition or event, with the two variants perhaps already being enshrined in two parallel cycles of stories prior to Mark. For the position favoring two variants in the pre-Marcan tradition, see Karl Kertelge, *Die Wunder Jesu im Markusevangelium. Eine redaktionsgeschichtliche Untersuchung* (SANT 23; München: Kösel, 1970) 127–50; Dietrich-Alex Koch, *Die Bedeutung der Wundererzählungen für die Christologie des Markusevangeliums* (BZNW 42; Berlin/New York: de Gruyter, 1975) 99–112; for the opposite view that the feeding of the five thousand is Mark's redactional composition based on the traditional story of the feeding of the four thousand, see Robert M. Fowler, *Loaves and Fishes* (SBLDS 54; Chico, CA: Scholars, 1981). (2) Another difficulty in counting the miracle stories according to the three traditional categories of form criticism (exorcisms, healings, and nature miracles) is that the redaction of a particular evangelist may move a story from one category to another. For instance, the healing of Simon Peter's mother-in-law belongs to the category of healing miracles in Mark 1:30–31; but Luke's redaction pushes it in the direction of an exorcism (Luke 4:38–39: Simon's mother-in-law was "restrained" or "in the grip of" a high fever; "standing over her, he [Jesus] *rebuked* the fever and it left her"). On this see H. van der Loos, *The Miracles of Jesus* (NovTSup 9; Leiden: Brill, 1965) 552; Heinz Schürmann, *Das Lukasevangelium. I. Teil* (HTKNT III/1; Freiburg/Basel/Wien: Herder, 1969) 252; Joseph A. Fitzmyer, *The Gospel According to Luke (I-IX)* [AB 28; Garden City, NY: Doubleday, 1981] 548. (3) A third difficulty is the problem of where to put accounts of raising the dead. Here they have been counted with healing miracles as extreme examples of healing; that is the form they most clearly resemble. But it would be conceivable to place them among nature miracles instead. So as not to complicate this initial overview, for the time being I will leave accounts of raising the dead in the category of healings. However, for the sake of clarity, I will treat the miracles of raising the dead as a distinct category when we come to the detailed analysis of individual narratives. (4) A fourth and massive difficulty is the very validity of the category "nature miracles." As will become clear when this subject is treated in detail, I do not think that "nature miracle" constitutes a valid category. Moreover, at least one of the "miracles" listed in that category is never narrated as such (i.e., the coin in the fish's mouth). Once again, in the main text I accept the traditional classification for the moment so as not to present the reader with too many complications in the initial overview and inventory of Gospel miracles.

To the full narratives of miracles many other Gospel verses referring to miracles can be added. The Synoptics give a number of summary statements about Jesus' miracle-working, thus creating the impression that many more miracles were performed than are narrated in the text.[7] There are also allusions to individual miracles that are not narrated in full: e.g., we are told only in passing that Jesus cast seven demons out of Mary Magdalene (Luke 8:2; cf. Mark 16:9).[8] In commissioning his disciples, Jesus gives them the power to exorcise and/or heal (Matt 10:1 parr.); other passages mention in passing that the disciples performed or failed to perform miracles (Luke 9:6; 10:17–20; Mark 3:15; 9:18,28,38). In addition to his miracle-working, Jesus demonstrates more-than-human knowledge of the past, present, and future (e.g., John 1:48; Mark 2:8; 14:12–16). Besides all the narrative material, there are various sayings in which Jesus comments on his miraculous activity and indicates its ultimate significance within his overall message and ministry. Finally, the accusa- /619/ tion by some of his adversaries that his exorcisms show that he is in league with Beelzebul is a backhanded admission that he performed deeds not easily explained by ordinary human means.

The mere recitation of this catalogue is not meant to be a proof that all of the items listed here are historical. The summary accounts of Jesus' wonderworking activity and various references to his more-than-human knowledge no doubt come from the evangelists, and certain full-length stories may indeed be Christian creations. But the enormous amount of data does serve to give one an initial, healthy suspicion of any attempt to dismiss or play down such a large (and

---

[7] Aune's list ("Magic in Early Christianity," 1524 n. 70) of summaries includes (with some editorial modifications): (1) Mark 1:32–34 || Matt 8:16 || Luke 4:40–41; (2) Mark 1:39 || Matt 4:23–24 [cf. the parallel statement in Matt 9:35]; (3) Mark 3:10–12 || Luke 6:17–19 [cf. Matt 12:15–16]; (4) Mark 6:55–56 || Matt 14:35–36. Since the notices are often very brief, it is difficult at times to know what should be considered the parallel of what.

[8] Luke 8:2–3 first speaks in general of "some women who had been healed of evil spirits and illnesses." Then the passage mentions in particular "Mary called the Magdalene, from whom seven demons had come forth." Verse 3 then continues: "and Joanna, the wife of Chuza, Herod's steward, and Susanna, and many other [women] ...." Presumably Joanna and Susanna had been cured by Jesus, but whether the cure concerned demonic possession or just physical illness is not specified. Also, whether the "many other" women are to be understood likewise as beneficiaries of Jesus' exorcising or healing power is not completely clear from the loose syntax of the text. Fitzmyer (*The Gospel According to Luke*, 1. 697–98) takes the "some" of v 2 and the "many others" of v 3 to refer to the same group of women cured by Jesus, and he is probably right.

It is possible that various references to Jesus' escape from the hostile attacks or intentions of his enemies (e.g., Luke 4:29–30; John 7:44; 8:20) should also be taken as miraculous, but the matter is not clear in the texts.

to some academicians embarrassing) corpus of material with an airy wave of the existentialist hand. At first glance, the material seems simply too mammoth and omnipresent in the various strata of the Gospel tradition to be purely the creation of the early church. To move beyond mere general impressions, though, we must apply the criteria of historicity to the miracle traditions.[9]

II. The Criteria of Historicity and the Global Question

Before employing the criteria on individual narratives or sayings, we should first apply them to the miracle traditions of the Gospel taken as a whole to answer the global question: Did the historical Jesus perform extraordinary deeds deemed by his contemporaries as well as by himself to be miracles? As we shall see, the criteria of multiple attestation and coherence will be of pivotal importance in providing an answer to this question, while the other criteria will simply give secondary support.

(1) The single most important criterion in the investigation of Jesus' miracles is the criterion of *multiple attestation of sources and forms*. (a) As for multiple *sources*, the evidence is overwhelming. Every Gospel source (Mark, Q, M, L, and John), every evangelist in his redactional summaries, and Josephus to boot affirm the miracle-working activity of Jesus.[10] Indeed, each Gospel source does so more than once, and some do it repeatedly.

---

[9] See the explanation of the criteria of historicity in *A Marginal Jew*, 1. 167–95.
[10] The reader will notice that certain alleged witnesses are absent from my list: the *True Discourse* (*Alēthēs logos*) of the pagan polemicist Celsus, the Jewish interlocutor in Justin Martyr's *Dialogue with Trypho*, and various passages in the rabbinic literature (the latter two sources are cited as witnesses, e.g., by Franz Mussner, *Die Wunder Jesu. Eine Hinführung* [Schriften zur Katechetik 10; München: Kösel, 1967] 29–30). In all these later documents we supposedly find references to Jesus performing miracles, usually in the form of an accusation that he practiced magic. If these accusations represented truly independent testimony about Jesus of Nazareth, they would indeed be useful in an argument from multiple attestation of sources. However, as I argued in Volume One of *A Marginal Jew* (93–98, 223–25), what is said about Jesus in these documents, dating from roughly the middle of the 2d century and later, most probably reflects knowledge of and reaction to the Christian Gospels or Christian oral proclamation. There is no solid evidence that what Celsus or the rabbinic sources say about Jesus goes back by way of an independent stream of tradition to the historical Jesus. Indeed, in the case of the rabbinic texts, scholars have questioned whether the wonder-worker referred to in the passages usually cited was originally Jesus of Nazareth, or whether such an identification was made secondarily. The failure to take the problem of independent sources seriously greatly weakens the whole argument of Morton Smith in his *Jesus the Magician*.

To take Mark as a prime example: by Alan Richardson's count, some 209 verses of a total 666 (counting up through Mark 16:8) deal directly or indirectly with miracles.[11] That is a little over 31 percent of the total material in the Gospel. Indeed, if one takes just the first ten chapters of the Gospel (i.e., omitting the Passion Narrative in the broad sense of the term), some 200 out of 425 verses deal directly or indirectly with miracles, in other words, 47 percent.[12]

Mark apparently inherited miracle stories from many different streams of first-generation Christian tradition.[13] We find blocks of miracle stories (e.g., the stilling of the storm, the exorcism of the Gerasene demoniac, and the raising of the daughter of Jairus with the healing of the woman with the hemor- /620/ rhage in 4:35–5:43), individual miracle stories surrounded by other types of material (e.g., the demoniac boy in 9:14–29), miracle stories embedded in larger cycles of stories (e.g., the two multiplications of loaves within the socalled "bread section" of Mark [6:7–8:21]),[14] and individual miracles perhaps already embed-

---

11 Alan Richardson, *The Miracle-Stories of the Gospels* (London: SCM, 1941) 36; similarly, Paul J. Achtemeier, "Person and Deed. Jesus and the Storm-Tossed Sea," *Int* 16 (1962) 169–76, esp. 169.
12 Even if we adopt the more stringent mode of counting used by Kertelge (*Die Wunder Jesu*, 40), the results are still impressive. Kertelge includes in his count only individual, full-dress narratives of Jesus' miracles occurring during the public ministry in Mark's Gospel. He does not include narratives that have some miraculous features, but are not in his view full-fledged miracle stories (e.g., the finding of the ass for Jesus to ride on as he enters Jerusalem in 11:2–6; the cursing of the fig tree in 11:12–14,20). Granted these restrictions, all the Marcan miracle stories occur in the first ten chapters of the Gospel. They take up 156 verses; if one adds the 13 verses of the summary accounts, two-fifths of Mark 1–10 is made up of miracle stories.
13 On tradition and redaction in the Marcan miracle stories, see Kertelge, *Die Wunder Jesu*, 45–49; Koch, *Die Bedeutung*, 8–41. While both authors accept the idea of pre-Marcan miracle stories that Mark took over and redacted, Kertelge is more open to the possibility, even probability, of pre-Marcan collections of miracle stories. For instance, he holds that the miracle stories in Mark 4–5 "were probably already transmitted as a unit prior to Mark" (p. 90). In contrast, Koch thinks that sufficient indications of written collections of miracle stories in the pre-Marcan tradition are lacking (pp. 30–39). I find Kertelge's arguments more persuasive. The probability of pre-Marcan collections has received great support from the work of Paul J. Achtemeier; see, e.g., "Toward the Isolation of Pre-Markan Miracle Catenae", *JBL* 89 (1970) 265–91; "The Origin and Function of the Pre-Marcan Miracle Catenae," *JBL* 91 (1972) 198–221; "'He Taught Them Many Things': Reflections on Marcan Christology," *CBQ* 42 (1980) 465–81.
14 Mark 6:7–8:21 is called the "bread section" because most pericopes in this section of Mark have at least a passing reference to a loaf or loaves of bread (*artos*), a word that is rare elsewhere in the Gospel. Before the bread section begins, the word for a loaf of bread (*artos*) occurs only in Mark 2:26 and 3:20. Once the bread section begins, *artos* occurs 18 times: 6:8,37,38,41(*bis*),44,52; 7:2,5,27; 8:4,5,6,14(*bis*),16,17,19. After the bread section concludes, *artos* never appears again in Mark's Gospel, with the sole exception of Jesus' symbolic action with the bread at the Last Supper (14:22). The first multiplication of loaves marks the beginning of the bread section, the

ded in a primitive pre-Marcan passion tradition (e.g., the healing of the blind Bartimaeus in 10:46–52; the cursing of the fig tree in 11:12–14,20–25).

The style and tone of the miracle stories are hardly uniform. Some of the narratives are remarkably long and circumstantial (e.g., the Gerasene demoniac, the demoniac boy); others are quite laconic (e.g., the healing of Simon Peter's mother-in-law in 1:30–31). A few give names of persons and places (Jairus, who asks that his sick daughter be healed; Bartimaeus, the blind beggar near Jericho), but the majority name neither the petitioner(s) nor the beneficiary nor the exact location of the miracle. Mark also includes displays of Jesus' miraculous knowledge (e.g., the prediction of future events and the end of the world throughout chap. 13; the prediction of the betrayal by Judas and the denial by Peter in 14:18–21,29–31).

Although Mark contains much less discourse material than Matthew, Luke, or John, he does at times present Jesus speaking about miracles: the Beelzebul dispute (3:20–30), the commissioning of his disciples to perform cures and exorcisms (6:7,13), and the question about the exorcist who uses Jesus' name although he is not a disciple (9:38–40). When one looks at this vast array of disparate streams of miracle traditions in the first Christian generation, some already grouped in collections, some still stray bits of material, Mark alone – writing as he does at the end of the first Christian generation – constitutes a fair refutation of the idea that the miracle traditions were totally the creation of the early church after Jesus' death.

Mark, however, does not stand alone in his testimony to the Gospel miracle tradition. Quite different in form and content from Mark is the Q tradition, which is made up almost entirely of sayings. But even Q contains one miracle story, the healing of the centurion's servant (Matt 8:5–13 par.), which has a distant parallel in the story of the healing of the royal official's son in John 4:46–54. Various sayings of Jesus also testify to Q's knowledge of his miracles: e.g., the references to exorcism in the Beelzebul dispute (Matt 12:22–32 par.), the list of various miracles (notably omitting exorcisms) in Jesus' reply to the Baptist (Matt 11:5–6 par.),

---

second multiplication of loaves its center, and Jesus' reminder to the disciples about the two multiplications its conclusion. The strange trait of the constantly repeated *artos* may reflect a mnemonic device in the oral stage of the tradition, though a redactional technique or theological program of Mark cannot be excluded. For the view that the bread section came to Mark in a relatively fixed form (simpler than the redactional forms we have in our Gospels, but with the majority of the pericopes already in their present order), see Lucien Cerfaux, "La section des pains (*Mc* VI,31-VIII,26; *Mt* XIV,13-XVI,12)," *Synoptische Studien* (Alfred Wikenhauser Festschrift; München: Zink, 1953) 64–77, esp. 64; cf. Ernst Lohmeyer, *Das Evangelium des Markus* (MeyerK 1/2; 17th ed.; Göttingen: Vandenhoeck & Ruprecht, 1967) 121.

and the woes spoken against the cities of Galilee that did not believe Jesus despite his miracles (Matt 11:20–24 par.). Given its great emphasis on eschatological prophecy, Q, not surprisingly, highlights Jesus' knowledge of the future in various eschatological prophecies and parables. The Q version of the missionary discourse shows Jesus commissioning his disciples to perform miracles in imitation of his own ministry (Matt 10:8 || Luke 10:9).[15]

The special traditions of both Matthew and Luke likewise know of miracles performed by Jesus during his public ministry.[16] Miracles unique to Matthew are relatively few: e.g., Peter finding the coin in the mouth of the fish (Matt /621/ 17:27) and Peter walking on the water (Matt 14:28–31).[17] The special Lucan tradition has notably more examples: the miraculous catch of fish (5:1–11; cf. John

---

15 The agreement of Matthew and Luke in joining the two themes of the disciples' performing miracles and their proclaiming the kingdom (Matt 10:7–8 || Luke 10:9) argues for some mention of miracle-working by the disciples in the Q form of the missionary discourse. Unfortunately, the differences between Matthew and Luke make a sure reconstruction of the Q text difficult. Rudolf Laufen (*Die Doppelüberlieferungen der Logienquelle und des Markusevangeliums* [BBB 54; Königstein: Hanstein, 1980], 221–24) argues for the Lucan wording as the original Q form: "... and heal the sick in it [i.e., the city you enter] and say to them: 'The kingdom of God has drawn near to you'"; similarly, Siegfried Schulz, *Q. Die Spruchquelle der Evangelisten* (Zürich: Theologischer Verlag, 1972), 406–8. John S. Kloppenborg (*The Formation of Q* [Philadelphia: Fortress, 1987] 116) makes the interesting observation: "More importantly, Q [= Luke] 10:9 ... associate[s] the display of the miraculous with the manifestation of the kingdom"; see also p. 248. A stronger formulation of this insight is given by Migaku Sato (*Q und Prophetie. Studien zur Gattungs- und Traditionsgeschichte der Quelle Q* [WUNT 2/29; Tübingen: Mohr (Siebeck), 1988] 312), who notes how Luke 10:9 par. depicts a prophetic symbol that communicates the reality it symbolizes. Those healed are immediately told the eschatological interpretation of their healing: "The kingdom of God has drawn near to you"; similarly, Athanasius Polag, *Die Christologie der Logienquelle* (WMANT 45; Neukirchen-Vluyn: Neukirchener Verlag, 1977) 50. See also M. Eugene Boring, *The Continuing Voice of Jesus. Christian Prophecy and the Gospel Tradition* (2d ed.; Louisville: Westminster/John Knox Press, 1991), 208–9. Dieter Lührmann (*Die Redaktion der Logienquelle* [WMANT 33; Neukirchen-Vluyn: Neukirchener Verlag, 1969] 59) thinks that Mark's emphasis on exorcisms in the missionary discourse (Mark 6:7,13) is more original than Q's emphasis on healings.

16 Because our concern is the question of the miracles reputed to have been performed by the historical Jesus during his public ministry, the special traditions of the Infancy Narratives of Matthew and Luke are not considered here.

17 It may not be totally accidental that some of the miracles unique to Matthew feature Peter, either positively or negatively. I do not include here miracles in Matthew that seem derived not from special tradition but rather from Matthew's redactional activity. For example, the healing of the two blind men in 9:27–31 seems to be a pale reflection of Mark's story of Bartimaeus, which has as its more direct Matthean parallel the healing of two blind men on the road from Jericho to Jerusalem in Matt 19:29–34. Some might prefer to put Peter's walking on the water into this category of Matthean redactional creations.

21:1–14), the raising of the widow's son at Nain (7:11–17), the exorcism of seven demons from Mary Magdalene and the healing of other women (8:2–3; cf. Mark 16:9), the healing of the bent-over woman (13:10–17), the healing of the man with dropsy (14:1–6), the cleansing of the ten lepers (17:11–19), and perhaps Jesus' escape from his murderous townspeople (4:29–30).

Since I judge John's Gospel to be literarily independent of the Synoptics, his distinct miracle tradition must be given separate treatment as an important witness. Most of the same types of miracle stories are present, some with parallels in the Synoptics: healings, including a healing from a distance (the royal official's son), raising the dead (Lazarus), and nature miracles (multiplication of loaves, walking on the water, changing water into wine). Exorcisms, however, are remarkably absent, perhaps because of John's particular theological outlook.[18] John's theological outlook also dictates that the miracles with parallels in the Synoptics become even more massive and overwhelming (e.g., healing a man who was *born* blind; raising Lazarus after he has been in the tomb for four days). John's high christology also emphasizes Jesus' miraculous knowledge of the past, present, and future, as well as his corresponding ability to control both conversations and the flow of events (notably in the Passion Narrative).

Yet despite the strong Johannine language and theology that pervade the miracle stories of the Fourth Gospel, source and form criticism indicate that behind the present Gospel pericopes lie earlier, more primitive forms of the miracle stories.[19] Indeed, some of the miracle stories have preserved the basic length and

---

18 Two possible reasons for the omission of exorcisms by John are: (1) John's high christology of the eternal Word made flesh would sit uneasily with Jesus engaging in sometimes lengthy battles and negotiations with demons (who, after all, are only minions of Satan, Jesus' true adversary); (2) John's realized eschatology sees Jesus' exaltation and death on the cross as the grand cosmic exorcism that once and for all casts Satan out of the world that he once controlled. Notice the exorcism-language in Jesus' prediction of his death in John 12:21: "Now shall the ruler of this world be cast out (*ekblēthēsetai exō*)."

19 See, e.g., the different reconstructions of the earlier form(s) of the Lazarus story in Wilhelm Wilkens, "Die Erweckung des Lazarus," *TZ* 15 (1959) 22–39, esp. 25–29; Schnackenburg, *Das Johannesevangelium*, 2. 398–402; W. Nicol, *The Sēmeia in the Fourth Gospel. Tradition and Redaction* (NovTSup 32; Leiden: Brill, 1972) 37–39, 109–10; Werner Stenger, "Die Auferweckung des Lazarus (Joh 11, 1–45). Vorlage und johanneische Redaktion," *TTZ* 83 (1974) 17–37, esp. 19–28; Jacob Kremer, *Lazarus. Die Geschichte einer Auferstehung. Text, Wirkungsgeschichte und Botschaft von Joh 11, 1–46* (Stuttgart: KBW, 1985); Urban C. von Wahlde, *The Earliest Version of John's Gospel* (Wilmington: Michael Glazier, 1989) 116–23; Robert T. Fortna, *The Fourth Gospel and Its Predecessor* (Philadelphia: Fortress, 1988) 94–109. As the reader might expect, these exegetes do not agree among themselves on the exact reconstruction of a pre-Johannine source of the Lazarus story. Kremer (*Lazarus*, 108) in particular remains doubtful about whether the wording of the pre-Johannine source can be abstracted from the present Gospel. But, in a sense,

form that their parallels have in the Synoptics: e.g., the healing of the royal official's son, the multiplication of loaves, and the walking on the water. In other words, John's miracle stories were not created out of whole cloth by the Evangelist, as the stories that have a parallel in Mark or Q clearly demonstrate.[20]

Finally, there is the independent attestation of Josephus in the authentic core of his *Testimonium Flavianum* (*Ant.* 18:3.3 §63–64): "At this time [i.e., the rule of Pontius Pilate as prefect of Judea] there appeared Jesus, a wise man. For he was a doer of startling deeds, a teacher of people who receive the truth with pleasure. And he gained a following both among many Jews and among many of Gentile origin." As we saw in Volume One,[21] there is a careful development of thought in this presentation. Josephus first gives Jesus the generic title of "wise man" (*sophos anēr*). Then he unpacks that title by enumerating what would be its major components in the eyes of a Greco-Roman audience: (1) Jesus worked "startling deeds" (*paradoxa*), a word Josephus also uses of the miracles worked by the prophet Elisha (*Ant.* 9.7.6 §182).[22] (2) Jesus taught people who were searching for the truth. (3) Jesus' miraculous deeds and powerful teaching attracted a large following of both Jews and Gentiles. In short, Jesus was a charismatic leader whose special powers of miracle-working and /622/ teaching were acknowledged and ratified by his followers. Apart from the idea of attracting many Gen-

---

that is not the important point. As Kremer himself goes on to assert (p. 109), there are sufficient indications in the text to affirm that the tradition about Lazarus is not a pure creation of the early church or a historicizing of the parable of Lazarus and the rich man (Luke 16:19–31), but rather goes back to an extraordinary event that took place during the ministry of Jesus. As we shall see, the one exception to my claim that John has not simply created miracle stories is the first Cana miracle.

20 That Jesus performed miracles during his public ministry is also affirmed by Peter's missionary sermons in Acts 2:22; 10:38. This may be put down simply to Luke's knowledge of the miracle traditions in Mark, Q, and L. However, those who think that Luke drew upon a special source for the missionary sermons in Acts would see here another independent witness to Jesus' miracle-working activity. Ulrich Wilckens (*Die Missionsreden der Apostelgeschichte* [WMANT 5; 3d ed.; Neukirchen-Vluyn: Neukirchener Verlag, 1974] 109) thinks that Acts 10:38 is a Lucan composition and does not reflect any source beyond the Third Gospel. Gerhard Schneider (*Die Apostelgeschichte. II. Teil* [HTKNT V/2; Freiburg/Basel/Wien: Herder, 1982] 63), however, judges it most likely that Peter's speech to Cornelius in 10:34–43 reflects a traditional missionary sermon to Jews or at least the basic structure of such a sermon. As for Acts 2:22–23, Wilckens (p. 126) insists that the present formulation and theology is Lucan, but allows that Luke has taken up some traditional motifs. More strongly in favor of pre-Lucan Christian tradition in Acts 2:22 and 10:38 is Mussner, *Die Wunder Jesu*, 31–32 (see the further literature cited there).
21 *A Marginal Jew*, 1. 56–88, esp. 61–62 and 81.
22 The word *paradoxa* is used only once in the NT, of the miracle of Jesus' healing of the paralytic in Luke 5:26.

tiles during his lifetime, this bundle of assertions gives exactly the same configuration of Jesus' ministry as do the Gospels. Rarely does attestation of Gospel tradition by multiple literary witnesses reach out to encompass so many different sources, including a non-Christian one. But such is the case here, and the attestation includes a reference to Jesus' alleged miracles.

(b) As our inventory of sources has already revealed, the multiple attestation of Jesus' miracles involves not only multiple sources but also *multiple literary forms*. The narratives comprise three major literary forms: exorcisms, healings (including stories of raising the dead), and nature miracles.[23] Alongside these

---

[23] For convenience' sake and for the time being, I retain this traditional division of Gospel miracles into three form-critical categories; this division is used by many scholars, including notably Aune, "Magic in Early Christianity," 1523–24. For the sake of clarity, though, I will treat miracles of raising the dead as a distinct category when we come to the detailed examination of individual pericopes. The whole concept of one category called "nature miracles" will demand further probing when we come to an examination of such miracles in detail.

Bultmann's overall division of miracle stories consists simply of healings and nature miracles, exorcisms being subsumed under the former (*Geschichte*, 223–33). Yet when he comes to listing Jewish and pagan parallels, he uses a fourfold division: exorcisms, "other healings," raising the dead, and nature miracles (ibid., 247–53) – a division that I will adopt for my separate chapters. The same four types, though without a strict enumeration as four, are found in Dibelius's treatment of "tales" (*Novellen*) in his *Die Formgeschichte des Evangeliums* (5th ed.; Tübingen: Mohr Siebeck, 1966) 66–100. The problems connected with these and other form-critical classifications of the Gospel miracles are discussed by Kertelge, *Die Wunder Jesu*, 40–45. Obviously, no matter what the mode of classification and division adopted, we are dealing to a certain degree with convenient conventions.

A much more exhaustive catalog of "persons" or "characters" (e.g., miracle-worker, sick person), "motifs" (e.g., the coming of the miracle-worker, description of the distress, resistance of the demon, touch of the miracle-worker), and "themes" (form-critical categories for the pericope as a whole) has been drawn up by Theissen in his *Urchristliche Wundergeschichten*, 11–128. He distinguishes six "themes": exorcisms, healings, epiphany (the divinity is seen not simply in his activity or effects but in person; hence, Jesus walking on the water), rescue miracles (e.g., the stilling of the storm), gift miracles (e.g., the feeding of the five thousand, changing water into wine), and rule miracles (miracles that enforce sacred demands, e.g., the healings on the Sabbath and the consequent disputes).

Since my purpose in this chapter is a summary overview of all the Gospel miracles and not a detailed theoretical study in form, redaction, or literary criticism, I do not tarry here over the question of which form-critical categories are best. The three traditional ones will serve our purposes well enough for the moment. As I have indicated, I will sort out miracles of raising the dead as a distinct category when we come to detailed analysis of individual narratives. The question of whether there is such a category as "nature miracles" will be treated when we take up the stories usually lumped under that label. As for the basic grid or form of a miracle story, the generic structure of the miracle stories sketched by Kertelge (*Die Wunder Jesu*, 44) is easily adapted to the details of individual stories: (1) the exposition or setup, i.e., the circumstances

narratives and the evangelists' summary statements about miracles stand various references to miracles in the sayings tradition. These sayings about miracles reflect in turn a number of different form-critical categories: e. g., the parable of the strong man (Mark 3:27 parr.); the dispute story in which Jesus answers the charge of being in league with Beelzebul with two conditional sentences (Matt 12:27–28 parr.), one a rhetorical question, the other a declaration of fact; Jesus' mandate to his disciples within the missionary discourse to heal and exorcise (Mark 6:7,13; Luke 10:9 par.); sayings that display Jesus' miraculous knowledge of past, present, and future (John 4:17–18,21; 2:23–25); general biographical statements that summarize his own activity in terms of miracle-working (Luke 13:32; Matt 11:5–6 par.), and his instruction concerning the exorcist who is not one of his disciples (Mark 9:38–40).

In short, multiple sources intertwine with multiple forms to give abundant testimony that the historical Jesus performed deeds deemed by himself and others to be miracles. If the multiple attestation of sources and forms does not produce reliable results here, it should be dropped as a criterion of historicity. For hardly any other type of Gospel material enjoys greater multiple attestation than do Jesus' miracles.

(2) The multiple attestation of both sources and forms, of both narratives and sayings, naturally leads to the next criterion: *coherence*. Our initial inventory of narratives and sayings has made it clear that we have here a grand example of various actions and sayings of Jesus converging, meshing, and mutually supporting each other. For instance, the various narratives of exorcisms cry out for some explanation. What do these strange events mean within the larger context of Jesus' ministry? In the sayings material of both Mark and Q the answer is given. The exorcisms are dramatic presentations and partial realizations of God's eschatological triumph over Satan and the powers of evil through the actions of Jesus. They are a preliminary experience of the future kingdom of God, already present and victorious to some degree in Jesus' ministry (Mark 3:27 parr.; Luke 11:20 par.). Similarly, the various narratives of healing, especially prominent in the Marcan and the special L traditions, receive their interpretation in

---

that lead up to the miracle (e. g., the description of the desperate situation or pressing need, the request for help or healing, the approach of Jesus or the petitioner, the audience); (2) the intervention of the miracle-worker (usually a word, sometimes a touch or other gesture), along with attestation and confirmation of the miracle; (3) the result of the miracle, often expressed in terms of the impression made on bystanders (e. g., astonishment, bewilderment, a "choral conclusion" of praise) and/or the spread of the report of the miracle and Jesus' fame. In some stories, the confirmation of the miracle seems to belong instead to the third part.

a Q saying, Jesus' response to the Baptist: the miracles fulfill the prophecies of Isaiah concerning the time of Israel's definitive salvation. Hence they are also an implicit call to believe in the message /623/ and mission of the miracle-worker (Matt 11:5–6 par.). If we turn to John's Gospel, we see a similar pattern, though the material there is often quite different. Even though the symbolic "signs" (i.e., miracles) and the lengthy discourses in the Fourth Gospel may come at least in part from different Johannine sources, certain discourses comment perfectly on certain signs (e. g., the bread of life discourse in 6:34–51 vis-à-vis the multiplication of loaves in 6:1–15).

What is remarkable in all this is how deeds and sayings cut across different sources and form-critical categories to create a meaningful whole. This neat, elegant, and unforced "fit" of the deeds and sayings of Jesus, coming from many different sources, argues eloquently for a basic historical fact: Jesus did perform deeds that he and some of his contemporaries considered miracles.

The argument from coherence may be approached from another angle as well, namely, the success of Jesus in gaining large numbers of followers. All Four Gospels as well as Josephus speak of the large following that Jesus attracted, and all Four Gospels agree with Josephus in identifying the powerful combination of miracles and teaching as the cause of the attraction. Morton Smith was right to emphasize Jesus' miracles as a major reason why so many people flocked to him,[24] though he was wrong to play down or ignore the power of Jesus' teachings to draw people as well. In this, Smith seems to have momentarily overlooked the case of John the Baptist. After all, John the Baptist was able to attract many followers simply by his fiery eschatological preaching and his special rite of baptism, without the added support of miracles.

Yet there was a notable difference between the long-term impact of the Baptist and that of Jesus. After the Baptist's death, his followers did not continue to grow into a religious movement that in due time swept the Greco-Roman world. Followers remained, revering the Baptist's memory and practices. But by the early 2d century A. D. any cohesive group that could have claimed an organic connection with the historical Baptist seems to have passed from the scene. In contrast, the movement that had begun to sprout up around the historical Jesus continued to grow – amid many sea changes – throughout the 1st century and beyond. Not entirely by coincidence, the post-Easter "Jesus movement" claimed the same sort of ability to work miracles that Jesus had claimed for himself during his lifetime. This continued claim to work miracles may help to explain the continued growth, instead of a tapering off, of the group that emerged from

---

[24] See, e. g., Smith, *Jesus the Magician*, 8–20.

Jesus' ministry. In short, while miracles are not strictly necessary to explain the success of Jesus in attracting many followers, his execution at the hands of Pilate, and the ongoing success of the church in attracting more followers, the presence of the miraculous in the mission of both Jesus and the early church coheres well with Jesus' temporary and the church's permanent success.

(3) As we might expect from all that we saw in the section on miracles and ancient minds, the criterion of *discontinuity* is useful only to a very limited degree. In the Greco-Roman world, there were many traditions about miracles /624/ in both pagan and Jewish literature. Hence the bare idea that Jesus worked miracles is hardly discontinuous with surrounding pagan and Jewish culture.

Yet some aspects of the Gospel miracle traditions do stand out as unusual, not to say unique. (For substantiation of what I say here, see the excursus at the end of Chapter 18.) First of all, the early dating of the literary testimony to Jesus' miracles, i.e., the closeness of the dates of the written documents to the alleged miracles of Jesus' life, is almost unparalleled for the period. The common opinion of scholars places the writing of both Mark and the hypothetical Q document somewhere around A.D. 70. Thus, only about 40 years separates the supposed events from their being fixed in writing.

By way of comparison, we know very little about the 1st-century pagan miracle-worker Apollonius of Tyana prior to the writing of his biography by Philostratus in the early 3d century. To complicate matters further, the question of whether Philostratus had access to a firsthand source as he claimed (i.e., the diary of Damis, a disciple of Apollonius) or whether Philostratus simply created a good deal of the material himself is still debated by scholars. As I indicate in the excursus, invention by Philostratus seems the more likely solution.

Likewise, Jewish holy men (*ḥăsîdîm*) from Galilee, like Ḥoni the Circle-Drawer and Ḥanina ben-Dosa, have miracles attributed to them in the rabbinic literature. Thus, they might supply intriguing parallels to traditions of Jesus as a Galilean holy man and miracle-worker. Such, at least, has been the contention of scholars like Vermes and Crossan. The problem is that such holy miracle-workers are only fleetingly mentioned in the Mishna, the earliest rabbinic corpus, which was written some 200 years after Ḥoni lived.[25] No indication that these holy men

---

[25] Anton Vögtle ("The Miracles of Jesus against their Contemporary Background," *Jesus in his Time* [ed. H. J. Schultz; London: SPCK, 1971] 97–98) remarks on the stories of Jewish miracle-workers of the Roman period: "It must be said that apart from practices connected with exorcism ... we hear next to nothing of miracle workers and specific miracle stories from Jewish Palestine in the time of Jesus and his disciples. Jewish tradition first tells of scribes who perform miracles from the period around A.D. 70 onwards and especially in the second and subsequent centuries." Even here, one may question whether it is best to speak of "*scribes* who *perform* miracles

came from Galilee exists in the earliest stages of the traditions. The traditions then develop further into the Talmuds (5th–6th centuries), but the historical value of these later traditions is extremely doubtful.

Moreover, the nature of these stories in the rabbinic sources is notably different from the miracle stories in the Gospels. The usual rabbinic context is that a holy man is asked to pray for some blessing (e.g., rain or a healing). His prayers are then regularly or infallibly answered.[26] This is not exactly the same thing as Jesus curing diseases, exorcising demons, raising the dead, or calming a storm with a mere word or touch. In other words, in the earliest rabbinic traditions, Ḥoni and Ḥanina are not, strictly speaking, miracle-*workers*. Then, too, the emphasis on faith (e.g., "your faith has saved you"), which is found in many Gospel miracle stories of healing or exorcism or in their larger context, is for the most part lacking in pagan or Jewish parallels.[27]

Still more to the point: the overall configuration, pattern, or *Gestalt* of Jesus as popular preacher and teller of parables, *plus* authoritative interpreter of the Law and teacher of morality, *plus* proclaimer and realizer of the eschatological kingdom of God, *plus* miracle-worker actualizing his own proclamation has no adequate parallel in either the pagan or the Jewish literature of the time. As I have already suggested, when the prickly question of the "uniqueness" of Jesus /625/ is raised, his uniqueness is best discussed not in terms of any individual aspect of his ministry taken in isolation but rather in terms of the total

---

..." (emphasis mine). For the reasons for questioning this phrasing, see the excursus at the end of Chapter 18.

26 Vögtle ("The Miracles of Jesus," 99) comments on the rabbinic miracles: "... perhaps more striking still, the supposed miracles such as healings, raisings of the dead, and punishment miracles are regarded as answers to prayer or else as the results of occult knowledge and complicated magical practices. This can be seen particularly in charms uttered over the sick-bed and in exorcisms."

27 See the remarks of Norman Perrin (*Rediscovering the Teaching of Jesus* [London: SCM, 1967] 130–42) and his comparison of the Gospel miracle stories with pagan and Jewish parallels. Speaking of the pagan Hellenistic miracle stories, Perrin remarks that the use of "faith" in the Gospel miracle stories "is not only completely absent from these stories, it is also without parallel anywhere in the Hellenistic literature" (p. 134). Perrin likewise claims that the emphasis on faith is "completely missing" in the rabbinic stories of exorcism. "Power over the demons is an attribute of a particular rabbi, or it is granted in answer to prayer or as a reward for a meritorious act. ... the same thing is true if all types of miracle stories [in the rabbinic literature] are considered" (pp. 135–36). The use of "faith" in the Gospel miracle stories should also be distinguished from the specific Christian use of "faith" for faith in the God who raised Jesus from the dead or faith in the Lord Jesus Christ. In the miracle stories, faith seems to carry the simpler sense of belief in Jesus' power to heal or exorcise; it is never specified as faith "in Jesus."

configuration of his words and deeds. If the criterion of discontinuity applies at all to the miracles of Jesus, it is only in this larger context or configuration.

It should be noted that a few Greco-Roman writers do stand fairly close to at least some of the supposedly miraculous events they narrate: Josephus, Suetonius, and Tacitus. In none of their works, though, do these authors focus upon any one miracle-worker for an extensive narrative of his miracle-working activity. For instance, Josephus recounts all sorts of miracles, prodigies, portents, and prophecies in his voluminous writings. Yet, when dealing with the 1st century A.D., there is no detailed treatment of any one miracle-worker's career. In particular, one should observe that the various Jewish "sign prophets" who gather followers in Palestine with promises of deliverance and who therefore call Rome's wrath down upon their heads, are said by Josephus to promise their supporters signs and wonders in the near future. Josephus never says that the sign prophets themselves actually perform such signs before the Roman authorities intervene.

As for Suetonius and Tacitus, their most famous narrative of miracle-working is the half-humorous account of Vespasian in Alexandria, as he is journeying back to Rome to assume the role of emperor. Vespasian is asked by a blind man and a man with a maimed foot (or hand) to heal them both. At first Vespasian refuses, but after consultation with his entourage and with doctors, who hold out some hope for a cure in both cases, Vespasian finally decides to give it "the old college try." He seems to engage in a sort of Blaise-Pascal wager: he cannot lose anything by the attempt, and he might gain something. The two men are healed. Suetonius and Tacitus seem to tell the whole story with a twinkle in their eyes and smiles on their lips, an attitude probably shared by Vespasian. The whole event looks like a 1st-century equivalent of a "photo opportunity" staged by Vespasian's P.R. team to give the new emperor divine legitimacy – courtesy of the god Serapion, who supposedly commanded the two men to go to Vespasian. Again, both in content and in form, we are far from the miracle traditions of the Four Gospels – to say nothing of the overall pattern of Jesus' ministry, into which his miracles fit.

(4) Like the criterion of discontinuity, the criterion of embarrassment applies only to a very limited degree. The Mark and Q versions of the Beelzebul dispute (Mark 3:20–30; Matt 12:22–32 par.) indicate that at times Jesus' exorcisms exposed him to the charge of being in league with the devil, a charge he proceeds to rebut with various arguments. It seems unlikely that the church would have gone out of its way to create such a story, which places Jesus – to say the least – in an ambiguous light. That the charge was made only on some specific occasion(s) may be reflected in the fact that it is not present in all exorcism stories and is never applied to Jesus' miracles in general.

(5) To what extent does the criterion of Jesus' rejection and execution support the tradition that he was thought to work miracles? To answer that question adequately we will have to wait until we treat the historical problems /626/ surrounding Jesus' arrest, trial(s), and crucifixion.[28] A few general points, though, may be made here. Some scholars look to Jesus' miracles as a major explanation of why he was finally executed.[29] Magic, so the explanation goes, was illegal in the Roman Empire, and so the miracles of Jesus, a nonconformist often in conflict with religious authorities, would naturally take on the air of illegality, a sort of religious banditry that attacked the authority and legitimacy of the Jerusalem priests and their temple. Paul Hollenbach even goes further and combines acritical exegesis with various sociological and psychological theories to maintain that it was Jesus' exorcisms in particular that led the public authorities to consider him dangerous to the status quo and so execute him: "... Jesus' first exorcism led inevitably to his crucifixion."[30]

---

[28] I purposely use the word "trial(s)" to indicate the uncertainty of scholars over whether Jesus had one or more trials. Indeed, the question can be raised whether we should speak of "trials" at all rather than of some more informal sort of judicial hearing(s). Hence the use of the term "trial(s)" here is to be understood as studied ambiguity, not as an attempt to solve the problem early on.

[29] See, e.g., John Dominic Crossan's equation of magic with banditry (*The Historical Jesus: The Life of a Mediterranean Jewish Peasant* [San Francisco: Harper, 1991] 305) and his view (dependent on Jonathan Smith) that the temple and the magician were characteristic antinomies of Late Antiquity (pp. 354–55). Crossan begins his chapter on Jesus' death and burial by stressing that Jesus the itinerant magician fits this antinomy vis-à-vis the temple localized in Jerusalem. Thus, "no matter ... what Jesus thought, said, or did about the Temple, he was its functional opponent, alternative, and substitute" (p. 355). Even apart from the question of the illegality of magic in the Roman Empire, this may be too sweeping a generalization. Not all miracle-workers or magicians in the Greco-Roman world were necessarily opposed to traditional temples. Perhaps one of the more likely traditions about Apollonius of Tyana, an itinerant miracle-worker of the 1st century A.D., is that he had an antiquarian interest (not unlike the Emperor Claudius) in restoring proper cultic usages in temples.

[30] Paul W. Hollenbach, "Jesus, Demoniacs, and Public Authorities: A Socio-Historical Study," *JAAR* 49 (1981) 567–88; the quotation is from p. 583. Hollenbach's uncritical use of texts from the Four Gospels leaves one breathless. Most of the texts are treated like videotape replays of historical events (including the words of the demoniacs as well as the words of Jesus), with practically no questions of form, source, and redaction criticism – to say nothing of the criteria of historicity – being treated. Even the plain statements of certain texts are garbled. For example, on p. 582 Hollenbach speaks of the Pharisees (considered public authorities in early 1st-century Galilee!) accusing Jesus of witchcraft and being a demoniac. As evidence Hollenbach cites Mark 3:22, which speaks not of Pharisees but of "the scribes who had come down from Jerusalem." Such arbitrary use of Gospel texts is common throughout the article. Various sayings of Jesus (e.g., Luke 13:31–33), taken as historical without any argumentation, are declared to

Now, it is true that, in principle, magic was illegal in the Roman Empire. However, what exactly qualified as magic was not spelled out in extensive detail by the laws of the time. In practice, a great deal was left to the discretion of the local magistrates. As a rough rule of thumb one can say that only "black magic," i.e., those secret arts used to harm others, usually would be punished if brought to the attention of the authorities. Those engaged in more benign practices were ordinarily left unmolested.[31] Since the Gospels record no miracle of Jesus that directly harms or punishes a person,[32] indeed since the Gospel miracles are almost

---

come from particular times and places in Jesus' ministry, as though Karl Ludwig Schmidt had never shown in his *Der Rahmen der Geschichte Jesu* (. *Literarkritische Untersuchungen zur ältesten Jesusüberlieferung* [Berlin: Trowitzsch, 1919]) that the temporal-spatial framework of the Gospel narratives of the public ministry is largely a redactional creation. Unfortunately, this sort of carelessness in treating the texts of the Gospels – to say nothing of a lack of methodological rigor – is typical of the whole article. Equally problematic is the mixture of political, sociological, and psychological theories to explain why the public authorities would view Jesus' exorcisms in particular as a danger to public order, when other Jews were also performing exorcisms. Hollenbach never notices that his theory about exorcisms being a major cause of Jesus' execution runs into a glaring difficulty if one takes the Gospel texts and scene-settings as literally as he does: all the exorcism stories are set in Galilee, the region of Tyre, or the region of the Decapolis. None is ever reported as taking place in Judea in general or Jerusalem in particular; yet it is the cooperation of the Judean officials Caiaphas and Pilate that brings Jesus to execution in Jerusalem, not in Galilee. Given Hollenbach's presuppositions and mode of reading Gospel texts, it is hard to believe that the major motivating force leading Judean officials to put Jesus to death was his performance of exorcisms, which never occurred in their jurisdiction.
31 On the question of the illegality of magic, see C. R. Phillips III, "*Nullum Crimen sine Lege:* Socioreligious Sanctions on Magic," *Magika Hiera. Ancient Greek Magic and Religion* (ed. Christopher A. Faraone and Dirk Obbink; New York/Oxford: Oxford University, 1991) 260–76; Alan F. Segal, "Hellenistic Magic: Some Questions of Definition," *Studies in Gnosticism and Hellenistic Religion* (Gilles Quispel Festschrift; ed. R. van den Broek and M. J. Vermaseren; Leiden: Brill 1981) 349–375, esp. 356–58. As noted above, Alexander of Abonuteichos, a famous "magician" of the 2d century A.D., had patrons among the high and mighty in Roman government – including, if we may trust Lucian, the Emperor Marcus Aurelius.
32 My formulation is carefully chosen: "... the Gospels record no miracle of Jesus that directly harms or punishes a person. ..." In two cases one presumes – though the narrative never speaks of or reflects upon the problem – that some owner of property was indirectly injured by having a piece of property destroyed as the result of a miracle. The two cases are (1) the herd of about 2,000 swine, into which the demons that had possessed the Gerasene demoniac enter, causing the swine to rush into the Sea of Galilee and perish (Mark 5:11–13 parr.), and (2) the fig tree that withers after Jesus curses it for having no fruit when he was hungry (Mark 11:12–14,20–26 par.). While the two stories raise many intriguing questions for form and redaction critics, to say nothing of theologians concerned with social justice, they hold no great interest for scholars in quest of the historical Jesus. Exegetes of various stripes, who differ notably among themselves in attempts to reconstruct hypothetical original events behind the present stories, concur in the

view that both anecdotes (i.e., the drowning of the swine and the cursing of the fig tree) do not go back to the historical Jesus, at least in their present form. Rather, they represent later legendary developments or reinterpretations of earlier tradition. For a brief treatment of both stories, see Vögtle, "The Miracles of Jesus," 103–4.

I will take up both cases in detail in subsequent chapters on exorcisms (for the swine incident) and the so-called nature miracles (for the cursing of the fig tree). For the time being, the following observations may suffice. A useful catalog of opinions on the "swine saga" in the story of the Gerasene demoniac can be found in John F. Craghan, "The Gerasene Demoniac," *CBQ* 30 (1968) 522–36, esp. 522–24. Various literary and form-critical considerations (tensions and reduplications within Mark 5:1–20, the disruption of the ordinary form-critical contours of an exorcism story, differing vocabulary, midrashic and symbolic motifs) argue for an earlier form of the story of the Gerasene demoniac without the swine saga. Those who favor the secondary nature of the swine saga include Craghan, "The Gerasene Demoniac," 526, 533 (a "midrashic" element); Rudolf Pesch, *Das Markusevangelium. I. Teil* (HTKNT II/1; Freiburg/Basel/Wien: Herder, 1976) 284, 292–93; Robert Allison Guelich, *Mark 1–8:26* (World Biblical Commentary 34 A; Dallas: Word, 1989) 273, 282. Rudolf Bultmann (*Die Geschichte der synoptischen Tradition* [FRLANT 29; 8th ed.; Göttingen: Vandenhoeck & Ruprecht, 1970 224–25), on the other hand, thinks that the story of the Gerasene demoniac is basically all of a piece, but that it is probably an anecdote taken over by Christians and attributed to Jesus. Similarly, Martin Dibelius (*Die Formgeschichte des Evangeliums* [5th ed.; Tübingen: Mohr (Siebeck), 1966] 86–87) suggests that the story originally told of a Jewish exorcist in a pagan country and was later transferred to Jesus. Trying to hold on to the historicity of the whole of Mark 5:1–20, Vincent Taylor (*The Gospel According to St. Mark* [2d ed.; London: Macmillan; New York: St. Martin's, 1966) 282–83) has recourse to the "psychologizing" or "rationalistic" solution of Johannes Weiss: the paroxysm of the demoniac as he was being exorcised frightened the swine into a stampede. Whatever one thinks of such an attempt to save the swine saga for history, the upshot is still the same as far as we are concerned: the anecdote of the demons asking and Jesus allowing them to enter the swine (with the swine's destruction resulting from Jesus' permission of the transfer) is still a secondary interpretation of the original event. On all this, see my treatment of the Gerasene demoniac below.

As for the cursing of the fig tree, even Taylor (*The Gospel According to St. Mark*, 458–59), who is generally so favorable to historicity, admits that "many modern commentators deny the historical character of the incident." He allows one of two possible origins to the anecdote: (1) the narrative grew out of the parable of the unfruitful fig tree in Luke 13:6–9 or some similar parable that was transformed into a factual story (a possibility allowed by Bultmann, *Geschichte*, 246; similarly Dibelius, *Die Formgeschichte des Evangeliums*, 103; Vögtle, "The Miracles of Jesus," 103; Günther Bornkamm, "*Pneuma alalon*. Eine Studie zum Markusevangelium," *Geschichte und Glaube. Zweiter Teil. Gesammelte Aufsätze Band IV* [BEvT 53; München: Kaiser, 1971] 21–36, esp. 22 n. 3); or (2) "in primitive Christian tradition a popular legend came to be attached to a withered fig tree on the way to Jerusalem." For the possibility that the story originally belonged to another setting and has secondarily been transferred to the present Marcan context, see Wendy J. Cotter, "'For It Was Not the Season for Figs,'" *CBQ* 48 (1986) 62–66, esp. 63 and n. 7. Joachim Jeremias (*New Testament Theology. Part One: The Proclamation of Jesus* [London: SCM, 1971], 87) attempts to avoid the basic difficulty of the story by seeking refuge in his favorite

entirely beneficent in their effects, it is difficult to see how deeds like healing the sick and freeing people from the power of demons could be considered criminal.

---

escape hatch, a mistranslation of the Aramaic. According to Jeremias, Jesus originally said: "No one *will* ever eat fruit from you again [because the end will have come before it is ripe]" as an announcement of the nearness of the end; but this prophecy was transformed in the later tradition into a curse. In contrast, Ernst Haenchen's trenchant judgment does not mince words (*Der Weg Jesu. Eine Erklärung des Markus-Evangeliums und der kanonischen Parallelen* [2d ed.; Berlin: de Gruyter, 1968] 381): "Here if anywhere we are in the realm of a later legend." Among serious historical-critical exegetes of the present day Rudolf Pesch (*Das Markusevangelium. II. Teil* [HTKNT II/2; Freiburg/Basel/Wien: Herder, 1977] 189–201) stands in the minority by maintaining the historicity of the event as narrated. His curious position is an unfortunate corollary of his insistence on an extensive pre-Marcan Passion Narrative that supposedly stems from the Jerusalem church and is historically quite reliable. Ben Witherington (*The Christology of Jesus* [Minneapolis: Fortress, 1990] 173–75) joins Pesch in upholding the historicity of the event, but sees it as a prophetic-symbolic action, something that Pesch denies. Pesch and Witherington really have no answer to the observation that nowhere else in the Four Gospels does the Jesus of the earthly ministry utter a curse or perform a punitive or intentionally destructive miracle, while such phenomena proliferate in the Christian apocrypha (e. g., the *Infancy Gospel of Thomas*). It is telling that even such a zealous defender of the historicity of Jesus' miracles as van der Loos (*The Miracles of Jesus*, 688–98) concludes that we have here a story that arose out of various OT texts and/or words of Jesus.

Both stories seem to be symbolic, at least in their present redactional forms: (1) The precise rationale for the swine saga is disputed among exegetes, but in my view the point is that Jesus outwits the demons of Gerasa at their own game. He seems at first to accede to their request to transfer to the swine, which would allow them to remain in the largely pagan region of the Decapolis. However, the demons wind up being tricked. Even the swine, unclean animals according to Jewish purity laws, cannot abide the presence of the demons and so rush to destroy themselves (and, symbolically, consign the demons to the great abyss of chaos, their proper home) in the sea. Thus, the story of the exorcism of one disturbed Gentile becomes a symbol of the expulsion of the power of evil from Gentile territory. Mark's community would probably see in the anecdote a symbol of the gospel of Jesus Christ triumphing over and expelling the powers of darkness from the Gentile world (so Craghan, "The Gerasene Demoniac," 532–36; Pesch, *Das Markusevangelium*, 1. 293–94; Guelich, *Mark 1–8:26*, 283). (2) Framing as it does Mark's account of the "cleansing" (i.e., the symbolic prophecy of the destruction) of the Jerusalem temple, the cursing of the fig tree symbolizes, in the eyes of Mark and his community, the fate that awaits the temple and its authorities because of their failure to respond to Jesus' call by producing the "fruits" of faith and repentance (cf. Mark 1:15), despite a great show of religious activity (symbolized by the leaves). Crossan (*The Historical Jesus*, 357), along with many other critics (e. g., Bornkamm, "*Pneuma alalon*," 22 n. 3), is quite right to see this symbolism in the story, at least on the Marcan level; Pesch is unconvincing and unrepresentative in denying it. If, from the time of their initial formulation, these two stories were weighty symbols of the destiny of the Gentiles and the Jerusalem temple respectively, it is no wonder that the concrete, pragmatic question of the injury done to the owner of the swine or the fig tree never surfaced in the Gospel tradition.

The one possible exception, as we have seen, was the practice of exorcism, which caused some Jews – we cannot say historically who or how many – to accuse Jesus of being in league with Beelzebul.

Significantly, when we examine the various traditions of Jesus' trial(s) and the different charges laid against him, there is practically no indication that miracles were the main reason for his condemnation and execution.[33] This is all the more curious, since all the evangelists are at pains to tie their Gospels together as literary works having coherent plots by signaling early on in their stories that Jesus' miracles caused various parties to plot his death (e.g., Mark 3:6; Matt 12:14; more mildly, Luke 6:11; John 5:18, with increasing vehemence throughout the rest of the public ministry).[34] Yet, when we finally do come to the arrest and trial(s) of Jesus, we hear nothing about miracles as a reason for execution. In the various versions of Jesus' trial(s), we hear of some accusations that are more directly christological and possibly Christian (he claims to be the Messiah, the Son of God, the Son of Man [Mark 14:61–62 parr.]), some accusations that are more directly political and aimed at gaining Pilate's attention (he claims to be the King of the Jews and thus a rival to Caesar, he stirs up or corrupts the people by his teaching, he forbids payment of taxes to Caesar [Mark 15:2 parr.; Luke 23:2–3]), and some inquiries that are simply vague (the high priest interrogates Jesus about his teaching and his disciples [John 18:19]). Interestingly, nowhere in the widely varying versions of Jesus' trial(s) and the charges brought against him is there a single explicit word about his miracles.[35]

---

33 I stress that here I am simply examining the various accounts of Jesus' trial(s) in the Four Gospels as they stand, with no attempt to reconstruct what exactly was the historical course of events between Jesus' arrest and his crucifixion. All I wish to point out here is that none of the accounts of Jesus' trial(s) gives any reason for thinking that his miracles were a major motivating force for his arrest and execution.

34 For the important part that controversies arising from healing stories play in this connection, see Anitra Bingham Kolenkow, "Healing Controversy as a Tie between Miracle and Passion Material for a Proto-Gospel," *JBL* 95 (1976) 623–38.

35 As I have already noted, the closest we get to the idea that a miracle of Jesus is the immediate cause of his death is the aftermath of the Lazarus story in John 11:45–53; 12:10–11. Yet even in this case (1) as soon as the second half of the Gospel (the so-called Book of Glory or Book of the Passion) begins in chap. 13, the raising of Lazarus as the precise motivating force for Jesus' arrest and death disappears; (2) the statements in 11:45–53; 12:10–11 are suffused with Johannine theology; I doubt that many critics would want to use them to reconstruct the historical causes of Jesus' arrest and execution. Raymond Edward Brown (*The Gospel According to John [I-XII]* [AncB 29 A; New Haven/Garden City, N.Y.: Yale University Press/Doubleday, 1966] 430) states that "while the basic story behind the Lazarus account may stem from early tradition, its causal relationship to the death of Jesus is more a question of Johannine pedagogical and theological purpose than of historical reminiscence; and this explains why no such causal

This has to strike us as very strange after our survey of the massive presence /627/ of miracles in each Gospel's picture of Jesus' public ministry and after we have seen that the evangelists themselves assert early on in their stories that certain groups seek Jesus' death because of some miracle he has performed. In a way, there is a curious sense of disconnectedness between a major element of the narrative of the public ministry (i.e., the miracles, at times unleashing plans to kill Jesus) and the accusations against Jesus at his trial(s). Hence, at least at this stage of our inquiry, and simply on the basis of the varying ways in which all Four Gospels describe the trial(s) of Jesus, we can find no evidence suggesting that Jesus' miracles, taken by themselves, constituted the major reason why Jesus was arrested, condemned, and crucified.

In my opinion, though, we should leave open the possibility that the miracles were an "aggravating circumstance" leading to Jesus' death. This is not the place to engage in detailed argumentation about who was involved in Jesus' arrest and trial(s) and why. For the moment, and simply for the sake of argument, I accept as historical the point on which Josephus in his *Testimonium Flavianum* agrees with all Four Gospels (*Ant*. 18.3.3 §64): "... Pilate, because of an accusation made [or possibly: an indictment brought] by the leading men among us, condemned him to the cross. ..." That is to say, Pilate, who as the Roman prefect of the province of Judea had supreme power of life and death over provincials, exercised it by crucifying Jesus. He did so after "the leading men [literally: the first men] among us," no doubt the high priest and other officials around him, including perhaps some of the lay aristocrats, brought some charge or indictment against Jesus to Pilate's attention.

That Joseph Caiaphas the high priest and Pilate the prefect would have worked hand in glove in solving the problem named Jesus is hardly surprising. It was no accident that the remarkably long tenures in office of both rulers roughly coincided: Caiaphas from A.D. 18 to 36 and Pilate from 26 to 36.[36] Caia-

---

connection is found in the Synoptic tradition. A miracle story that was once transmitted without fixed context or chronological sequence has been used in one of the later stages in Johannine editing as an ending to the public ministry of Jesus." A similar position on the causal connection found in John is held by Rudolf Schnackenburg (*Das Johannesevangelium. II. Teil* [2d ed.; HTKNT IV/2; Freiburg/Basel/Wien 1977] 446–47, 464), who remarks on John 12:10–11: "The brief statement belongs not to a historical report but only to the dramatic presentation" (p. 464).

[36] What appears to be the family tomb of the high priest Joseph Caiaphas was discovered in 1990 by Israeli archaeologists digging in the Peace Forest located south of the Old City of Jerusalem. For a report on the burial cave, see Zvi Greenhut, "Burial Cave of the Caiaphas Family," *BARev* 18/5 (1992) 28–36; for a report on the relevant inscriptions, see Ronny Reich, "Caiaphas [sic] Name Inscribed on Bone Box," ibid., pp. 38–44, 76. Two ossuaries (rectangular boxes containing bones placed there for secondary burial) are involved. The more simply des-

phas enjoyed the longest tenure of any Jewish high priest in the 1st century A.D., and Pilate was either the longest or the second-longest ruling prefect of Judea.[37] Their cagey cooperation, beneficial to both rulers if not always to their subjects, was one of the more successful examples of Rome's attempt to govern local populations in the East through their native aristocracies, with ultimate power naturally kept in Roman hands.[38]

---

igned ossuary has the name Caiaphas inscribed on its narrow side. The inscription is made up of only three letters: *qp'*, probably = *Qafa'*. The second ossuary, the most beautifully decorated in the burial cave, bears two inscriptions with some form of the name Caiaphas. On the narrow side of the ossuary is found: *yhwsp br qp'*, probably = Joseph son of Qafa'. In this inscription the family name is spelled exactly as it was on the other ossuary, i.e., with only three letters. The undecorated long rear side of this second ossuary has the other form of basically the same inscription, but this time with a *yod* (or possibly a *waw*) in the family name: *yhwsp br qyp'*, probably = Joseph son of Qayafa'. Reich (p. 41) observes that this inscription does not necessarily indicate that Caiaphas was Joseph's father. "Caiaphas" could have been simply a family nickname, acquired by some ancestor and then passed down in the family. Since "Joseph" and "Simon" seem to have been the two most popular Jewish names among Palestinian males of the period, a prominent person named Joseph would find a family nickname a useful specification. Reich also suggests that the remains of a man about 60 years old found in the highly decorated ossuary are those of Joseph Caiaphas. (As an aside, it may be noted that the NT refers to this person only as Caiaphas; fittingly, it is Josephus who tells us that Caiaphas' proper name was Joseph [*Ant.* 18.2.2 §35; 18.4.3 §95].) For other reports of the discovery, see *The New York Times*, pp. A1 and A10, and *The Washington Post*, p. A3, both for August 14, 1992. See also James H. Charlesworth, "Caiaphas, Pilate, and Jesus' Trial," *Explorations* 7/1 (1993) 3–4.

37 The longest ruling prefect/procurator may have been Pilate's predecessor, Valerius Gratus (ruled A.D. 15–26). However, since the exact dates of assuming and leaving the post of prefect are not absolutely certain in the case of either Valerius Gratus or Pontius Pilate, the matter remains unclear. On the importance of the high priest as the middleman between the Roman prefect and the Jewish people, see Ed P. Sanders, *Judaism. Practice and Belief, 63 BCE–66 CE* (London: SCM, 1992) 321–25; on p. 323 Sanders states flatly: "The most successful high priest during the Roman period was Joseph Caiaphas. ..." Sanders goes on to observe that "the impression given by Josephus is that during the periods of direct Roman rule the high priests tried to be honest brokers, mediating between the prefect or procurator and the people" (p. 326). Richard Horsley (*Jesus and the Spiral of Violence* [San Francisco: Harper & Row, 1987] 9–15) sees in Rome's use of the Jewish high priest and the indigenous aristocracy a typical example of how an imperial power rules in a "colonial" situation. However, Horsley's picture of the situation in Palestine between the removal of the Jewish ethnarch Archelaus (a.d. 6) and the accession of King Agrippa I (reigned over the reconstituted kingdom of Herod the Great A.D. 41–44) may be too negative. As the lengthy tenures of Caiaphas and Pilate indicate (not to mention the still lengthier reign of Herod Antipas from 4 B.C. to A.D. 39), the system – however oppressive and intolerable by our 20th-century standards – basically worked from A.D. 6 to 41 – at least by 1st-century standards.

38 Naturally such a statement goes against the received opinion of Pilate as political monster and Caiaphas as corrupt cleric. Such portraits owe more to the religious sensitivities of Jews and

But, if Caiaphas and the aristocratic rulers around him in Jerusalem brought accusations against Jesus before Pilate, why did they do so? As opposed to whatever was the wording of the accusation they presented to Pilate (probably something to do with claiming to be "the King of the Jews"), what was the real reason why they found Jesus disturbing and wished to be rid of him? A detailed discussion must be left to a later chapter, but for the moment I would simply offer the following hypothesis.

I think it is a basic mistake to ask what was *the* reason why Caiaphas wanted Jesus arrested and executed. I propose that Jesus was arrested for no one reason but rather for a convergence of reasons. Here we come back to the point I made above: the importance of keeping in mind the total configuration, pattern, or *Gestalt* of Jesus' ministry. The "imploding" reasons that moved Caia- /628/ phas to action no doubt included: Jesus' proclamation that the definitive kingdom of God was soon to come and would put an end to the present state of affairs in the world in general and Israel in particular, when Israel would be restored to its glory and reconstituted as the twelve tribes in the end time; his claim to teach authoritatively the will of God for people's lives, even when this seemed in individual instances to run counter to provisions in the Law of Moses; his ability to attract a large following, and perhaps his decision to form a stable inner circle of 12 disciples, representing the 12 patriarchs and the 12 tribes of a restored Israel; his practice of a special rite of baptism to admit persons into his group of disciples; and his freewheeling personal conduct that expressed itself in table fellowship with toll collectors and sinners.

Taken together, this was disturbing enough. If one adds to this volatile mix the likelihood that at least some of Jesus' followers believed him to be descended

---

Christians than they do to a sober analysis of the complex political and religious situation of early 1st-century Palestine. In his book *Judaism. Practice and Belief*, Sanders has rendered scholarship a great service by questioning the commonly received presumptions (1) that the priestly aristocracy in Jerusalem was entirely corrupt, hated by the people, impotent vis-à-vis other groups, and dominated by the Pharisees, (2) that all the Roman prefects were incompetent monsters, and (3) that all Palestinian Jews were constantly on the brink of revolt from A.D. 6 to 41. In this, Sanders supplies a good antidote to the exaggerations in Horsley's *Jesus and the Spiral of Violence* and Martin Goodman's *The Ruling Class of Judea. The Origins of the Jewish Revolt against Rome A.D. 66–70* (Cambridge/New York: Cambridge University, 1987). Needless to say, no scholar wants to go to the opposite extreme and propose Pilate for canonization (although that has been done in some Eastern churches!). Nevertheless, attempts at a more balanced assessment of Pilate can be found in recent works like Brian C. McGing, "Pontius Pilate and the Sources," *CBQ* 53 (1991) 416–38; cf. the magisterial study of Jean-Pierre Lémonon, *Pilate et le gouvernement de la Judée. Textes et monuments* (EBib; Paris: Gabalda, 1981).

from King David[39] and that they therefore took him to be the Davidic Messiah expected by some pious Jews, and if one allows further that Jesus had at times spoken at least in veiled fashion of his own future role in the eschatological drama, perhaps even using special titles or self-designations, the mix becomes positively explosive. If one then accepts the basic historicity of the so-called triumphal entry into Jerusalem (Mark 11:1–11 parr.) and the so-called cleansing of the temple (actually a prophetic sign of its coming destruction, Mark 11:15–19 parr.), we have the match set to the barrel of gasoline. If one proceeds to add to all this the fact that Jesus performed actions deemed to be miracles, actions meant to be both a partial realization of the coming kingdom and a legitimation of his claim on Israel, actions that would naturally stir up great excitement among the people, the miracles would take on – in the eyes of the aristocratic priest-rulers in Jerusalem – a much more ominous and dangerous coloration than they would have if seen in isolation. I suggest, therefore, that it may have been as an aggravating circumstance rather than as the major cause that the miracles played a part in leading Jesus to Calvary.

With this, all five primary criteria of authenticity have been canvassed. When we turn to the secondary criteria, we quickly see that they offer only spotty support at best. A few points, though, are worth noting. For instance, while most miracle stories in the Gospels have been schematized and generalized by the time they reach the evangelists and therefore present us with anonymous persons acting in nameless settings, a few of the stories retain traces of their original Aramaic language and local Palestinian color. For example, two of the rare cases of Jesus' words being preserved in Aramaic occur in Marcan miracle stories: *talitha koum* ("little girl, arise"), spoken to the daughter of Jairus (Mark 5:41), and *ephphatha* ("be opened"), spoken when Jesus heals the deaf man with a speech impediment (7:34).

Similarly, there are a few exceptions to the general rule that in the full-length miracle stories the only actors who regularly have names are Jesus and his closest disciples.[40] Apart from the disciples who belong to the circle of the Twelve,

---

[39] For the reasons for thinking that the idea of Jesus' Davidic descent goes back to his own lifetime, see *A Marginal Jew*, 1. 216–19.
[40] My formulation is carefully chosen. (1) In a few instances people are named in a passing reference (so Mary Magdalene, Joanna, the wife of Chuza, and Susanna, recipients of Jesus' exorcisms and/or healings in Luke 8:2–3), but do not appear in any fulllength miracle story. (2) In certain stories some or all of the twelve disciples are prominent as petitioners or recipients. So, for instance, one presumes that Simon, Andrew, James, and John (listed in Mark 1:29 as entering the house of Simon) are to be included in the understood subject "they" when we are told that "they speak" to Jesus about Simon's mother-in-law in Mark 1:30 (cf. Luke 4:38). The disciples in general are petitioners and/or recipients in the nature miracles of the stilling of the

petitioners and recipients of miracles are usually anonymous. Hence people like Jairus, the ruler of the synagogue (Mark 5:22), Bartimaeus the blind /629/ beggar on the road from Jericho to Jerusalem (Mark 10:46), and Lazarus of Bethany (John 11:1) stand out in the normally faceless and nameless miracle stories of all Four Gospels. The mentioning of their names is especially remarkable when one considers some of the lengthy, detailed miracle stories, at times with geographical names attached, that do not preserve the name of the recipient of the miracle: e.g., the lengthy stories of the Gerasene demoniac (Mark 5:1–20 parr.), the demoniac boy and his distraught father (Mark 9:14–29 parr.), and the man born blind, who dominates the narrative throughout the whole of John 9. Likewise, it is surprising that petitioners with relatively high social status, e.g., the centurion in Matt 8:5 par. and the royal official in John 4:46, are not mentioned by name, even though the venue of their petitions (Capernaum and Cana respectively) are.

Needless to say, the mere fact of individuals being named does not guarantee the story's historicity; one must allow for legend-building in the Gospel tradition. Indeed, as E. P. Sanders has long since pointed out, one cannot speak globally of *the* tendencies of the Synoptic tradition; tendencies such as lengthening and shortening the tradition, adding or dropping proper names, in fact go in both directions.[41] However, in the very limited compass of the miracle stories of the four canonical Gospels, there does seem to be a pronounced tendency not to preserve proper names of petitioners or recipients except for the twelve disciples. Indeed, what is especially remarkable, in the light of the increase of proper names in later Christian legends, is that no such tendency to add proper names exists in the Synoptic miracle stories as we move from the narratives in Mark to their parallels in Matthew and Luke. Matthew, in particular, tends to omit the names Mark has. Hence one should take seriously the unusual characteristic of the presence of proper names in a few of the Gospel miracle stories.

For instance, in the Synoptic Gospels, the only individual who is directly named as the petitioner for a healing or exorcism of another person is Jairus,

---

storm and the walking on the water. They also act as go-betweens and presumably share in the benefit of the multiplication of loaves (in John 6:7–8, Philip and Andrew, "the brother of Simon Peter," are singled out). Simon Peter is singled out in a number of miracles, notably nature miracles and notably in Matthew: he is empowered (initially) to walk on the water with Jesus (Matt 14:28–31) and is instructed by Jesus to find the coin for the temple tax in the mouth of a fish (Matt 17:27; the actual carrying out of this command is never narrated). Simon Peter is also the focus of the story of the miraculous catch of fish in Luke 5:1–11 (cf. John 21:1–14).

41 See E. P. Sanders, *The Tendencies of the Synoptic Tradition* (SNTSMS 9; Cambridge: Cambridge University, 1969).

"one of the rulers of the synagogue" (Mark 5:22).[42] The fact that "one of the rulers of the synagogue" (*heis tōn archisynagōgōn*) is put in such a favorable light may itself be significant. Matthew, for whom "the synagogue" has come to represent the Jewish adversaries of the Christian church, pointedly drops not only the petitioner's proper name but also his specific office; he becomes simply and vaguely "a ruler" (*archōn heis*, Matt 9:18).[43] Mark, and apparently the tradition before him, as yet felt no difficulty in presenting a leader of a synagogue, known by name, who requests and receives a particularly astounding miracle from Jesus.

To move from petitioner to beneficiary: Bartimaeus is the only recipient of a healing or exorcism in the full-length miracle stories of the Synoptics who is directly named. As a matter of fact, he also represents the rare conjunction of a personal name and a place name (Jericho, which Jesus has just left as he travels up to Jerusalem for the fateful Passover of his death). The conjunction of personal name, place name, and at least a rough time designation (near the Passover of Jesus' death) is otherwise unheard of in the Synoptic miracle sto- /630/ ries. The only miracle story in John's Gospel that is similar in this respect is the raising of Lazarus, where the recipient (Lazarus), the petitioners (Martha and Mary), the place (Bethany), and the time (roughly close to the Passover of Jesus' death) are all indicated. With this one exception, the miracle stories in John are as anonymous (especially with regard to the name of the beneficiary) as most of the Synoptic examples.[44] All in all, then, there is an amazing scarcity of personal names

---

42 The absence of "Jairus by name" (*onomati Iaïros*) in the Codex Bezae and some manuscripts of the Old Latin, plus other more dubious considerations (e. g., the name Jairus is not repeated in the narrative and is lacking in the Matthean parallel), led Bultmann (*Geschichte*, 230), Schmidt (*Der Rahmen der Geschichte Jesu*, 147), and Taylor (*The Gospel According to St. Mark*, 287) to suggest that these words were either a later interpolation in Mark 5:22 or a secondary addition to the oral tradition that Mark received. A lengthy and convincing refutation of the view that these words are not original in the text of Mark is given by Bruce M. Metzger, *A Textual Commentary on the Greek New Testament* [London: United Bible Society, 1975] 85–86 (cf. Guelich, *Mark 1–8:26*, 290 n. c); the textual evidence is overwhelmingly in favor of keeping *onomati Iaïros*. The presumption that the presence of a proper name is ipso facto a sign of a secondary expansion of the original form of a story is called into question by the vast majority of Synoptic miracle stories, especially when one compares the Matthean and Lucan versions to the Marcan ones.

43 Luke follows Mark in keeping both the proper name and the specific office, though in place of Mark's *heis tōn archisynagōgōn* he has the clearer and simpler *archōn tēs synagōgēs* in Luke 8:41, while keeping Mark's *archisynagōgou* in Luke 8:49 || Mark 5:35. The title seems to refer to a lay leader, probably elected, who made arrangements for the synagogue service and saw to the maintenance of the building.

44 Since we are dealing throughout with the quest for the historical Jesus, the question of the resurrection of Jesus, the resurrection appearances, and any miracles accompanying them lies outside the scope of our inquiry. As noted above, Jesus' resurrection and his resurrection ap-in the Gospels' miracle stories, even when the narratives are otherwise lengthy and detailed. Thus, the few times the name of a petitioner or recipient of a miracle is mentioned may point to a historical remembrance. But at best this is a secondary and supporting criterion; no argument for historicity can be built on it alone.

III. Conclusion to the Global Question

To sum up: the historical fact that Jesus performed extraordinary deeds deemed by himself and others to be miracles is supported most impressively by the criterion of multiple attestation of sources and forms and the criterion of coherence. The miracle traditions about Jesus' public ministry are already so widely attested in various sources and literary forms by the end of the first Christian generation that total fabrication by the early church is, practically speaking, impossible. Other literary sources from the second and third generation – M, L, John, and Josephus – only confirm this impression. The criterion of coherence likewise supports historicity; the neat fit between the words and deeds of Jesus emanating from many different sources is striking.

In contrast, the other primary criteria (discontinuity, embarrassment, rejection and execution) supply at best only partial or weak arguments. Similarly, the secondary criteria of Aramaic usage, Palestinian color, and tendencies of the miracle tradition within the Four Gospels give at best only "after-the-fact" support. That is to say, granted the weighty and convincing evidence from the criteria of multiple attestation and coherence, the other criteria all point in the same direction of historicity. Put negatively, none of the other criteria runs counter to the two decisive criteria; all give at least weak backing.

The curious upshot of our investigation is that, viewed globally, the tradition of Jesus' miracles is more firmly supported by the criteria of historicity than are a number of other well-known and often readily accepted traditions about his life and ministry (e. g., his status as a carpenter, his use of '*abbā* in prayer, his own prayer in Gethsemane before his arrest). Put dramatically but with not too much exaggeration: if the miracle tradition from Jesus' public ministry were to be rejected *in toto* as unhistorical, so should every other Gospel tradition about him. For if the criteria of historicity do not work in the case of the miracle tradi-

---

pearances do not fall under the working definition of miracle adopted in the first section of this chapter. In any case, it seems reasonable to suppose that the stories concerning the resurrection and the resurrection appearances had a different sort of tradition history than did the miracle stories connected with the public ministry.

tion, where multiple attestation is so massive and coherence so impressive, there is no reason to expect them to work elsewhere. /631/ The quest would simply have to be abandoned. Needless to say, that is not the conclusion we have reached here.

Having answered the global question of historicity, we now turn to the much more difficult question: the historicity (in the modest sense defined above) of all the individual miracle stories in the Four Gospels.

John P. Meier, A Marginal Jew. Rethinking the Historical Jesus, Volume 2: Mentor, Message, and Miracles, New York / London / Toronto / Sydney / Auckland: Doubleday / © Yale University Press 1994, S. 617–631 (645).

Gerd Theißen / Annette Merz
5.8 Der historische Jesus. Ein Lehrbuch, 1996

Rückblick: Ein Leben Jesu in Kurzfassung

Historische Wissenschaft erzählt nicht, was geschehen ist, sondern reflektiert über Quellen, Forschungslagen, Methoden und Probleme. Und doch handelt Geschichtswissenschaft letztlich von Ereignissen, die sich erzählen lassen – auch wenn jede Erzählung verkürzt. Daher sei am Ende eine kurze Erzählung gewagt: ein Leben Jesu in Kurzfassung, zu dem man das ganze vorhergehende Buch als Einleitung mit Fragezeichen, Vorbehalten und Alternativen betrachten kann. Wir geben diese Zusammenfassung mit großem Zögern. Wichtiger als die hier angedeuteten Ergebnisse sind uns die Probleme, die hinter ihnen stehen; wichtiger als die Antworten der Jesusforschung die Fragen, die zu ihnen führen. Unsere Antwort auf die Frage: Wer war Jesus? würde als Kurzerzählung zur Zeit so lauten:

Jesus wurde kurz vor Ende der Regierungszeit Herodes I. (37–4 v.Chr.) als Sohn des Holz- und Steinarbeiters Joseph und seiner Frau Maria in Nazareth geboren. Er hatte mehrere Brüder und Schwestern. Die Namen der Brüder sind teilweise bekannt. Er muß eine elementare jüdische Bildung besessen haben, war mit den großen religiösen Traditionen seines Volkes vertraut, lehrte in Synagogen und wurde in der Zeit seines öffentlichen Wirkens „Rabbi" genannt.

In den 20er Jahren des 1. Jh. n.Chr. schloß er sich der Bewegung Johannes des Täufers an, der alle Israeliten zur Umkehr aufrief und durch eine Taufe im Jordan Rettung im unmittelbar bevorstehenden Gericht Gottes versprach. Der Täufer bot dadurch in ritueller Form Sündenvergebung – unabhängig von den Sühnemöglichkeiten des Tempels – an. Das war ein Mißtrauensvotum gegen die zentrale religiöse Institution des Judentums. Sie war ineffektiv geworden. Auch Jesus ließ sich von Johannes taufen. Wie alle anderen hat auch er seine Sünden bekannt. Wie alle anderen hat auch er mit dem nahen Gericht Gottes gerechnet.

Jesus trat bald unabhängig vom Täufer auf – mit einer verwandten Botschaft, betonte aber stärker die Gnade Gottes, die allen Menschen noch eine Chance und Zeit läßt. Vielleicht verarbeitete Jesus so die Erfahrung, daß das vom Täufer angekündigte Gericht nicht unmittelbar hereinbrach. Die Welt existierte weiter; schon das war ein Zeichen der Gnade Gottes. Jesu Grundgewißheit war in der Tat, daß eine endgültige Wende zum Guten geschehen war. Der Satan war besiegt, das

Böse grundsätzlich überwunden. Man konnte es in Exorzismen erleben, bei denen die Dämonen fliehen mußten.

Mit dieser Botschaft zog Jesus als heimatloser Wanderprediger durch Palästina mit Schwerpunkt in kleinen Orten am Nordwesten des galiläischen Sees. Aus dem einfachen Volk, aus Fischern und Bauern, wählte er zwölf Jünger mit Petrus an der Spitze aus, Repräsentanten der zwölf Stämme Israels, mit denen er das bald wiederhergestellte Israel „regieren" wollte. Was ihm vorschwebte, war eine Art „repräsentative Volksherrschaft". Außerdem begleiteten ihn andere aus dem Volk, darunter auch Frauen, was für einen jüdischen Lehrer ungewöhnlich war. Maria Magdalena hatte unter ihnen eine besondere Stellung. Seine Familie hielt ihn zeitweilig für verrückt, auch wenn sie später, nach seinem Tode, zu seinen Anhängern gehörte. /494/

Im Zentrum der Botschaft Jesu stand der jüdische Gottesglaube: Gott war für ihn eine ungeheure ethische Energie, die bald zur Rettung der Armen, Schwachen und Kranken die Welt verwandeln werde, die aber für alle, die sich nicht von ihr ergreifen ließen, zum „Höllenfeuer" des Gerichts werden konnte. Jeder hatte die Wahl. Jeder hatte eine Chance, gerade die, die nach religiösen Maßstäben Versager und Verlierer waren. Jesus suchte die Gemeinschaft mit ihnen, den „Zöllnern und Sündern". Prostituierten traute er mehr Offenheit für seine Botschaft zu als den Frommen. Er vertraute auf seine Macht, Menschen zur Umkehr zu bewegen. Einen Nachweis der Umkehr verlangte er nicht, auch keine Taufe. Gottes Güte war ihm ohne solche Riten gewiß.

In seinem Gottesbild verband er zwei traditionelle Bilder in neuer Weise. Gott war ihm Vater und König. Aber er sprach nie von ihm als König, sondern immer nur von seinem „Königtum". Er vertraute darauf, daß sich die Güte des Vaters in seiner Königsherrschaft durchsetzen würde und daß dieser Prozeß in der Gegenwart begann. Das verkündigte er durch Worte und Taten.

Unter seinen Worten beeindruckten vor allem die Gleichnisse, kleine poetische Erzählungen, die auch einfachen Menschen zugänglich waren, in denen er ihnen jedoch ein „aristokratisches" Selbstbewußtsein einschärfte: Alle hatten eine unendliche Verantwortung vor Gott, alle durften im Blick darauf ihr ganzes Leben riskieren. Heil und Unheil waren jetzt nahe.

Gleichzeitig wirkte er als charismatischer Heiler. Menschen strömten zu ihm, um von seiner Heilgabe zu profitieren. Er sah in diesen Heilungen Zeichen der schon beginnenden Gottesherrschaft und zugleich Ausdruck der Kraft menschlichen Glaubens. Schon früh traute man ihm unglaubliche Sachen zu: Die Fama vom Wundertäter Jesus machte sich schon zu seinen Lebzeiten gegenüber der Realität selbständig, wenn man z. B. von wunderbaren Brotvermehrungen erzählte.

Die große Verwandlung der Welt durch Gott sollte auch den menschlichen Willen verändern: Jesu ethische Lehre war der Entwurf eines ganz vom göttlichen Willen bestimmten Menschen. Er verschärfte die universalen Aspekte der jüdischen Thora und ging „liberal" mit jenen rituellen Aspekten um, die Juden von Heiden unterschieden. Aber er blieb in all seinen Lehren auf dem Boden der Thora. Ins Zentrum seiner Ethik rückte er das Gebot der Gottes- und Nächstenliebe, radikalisierte es jedoch zur Verpflichtung, auch die Feinde, die Fremden und die religiös Deklassierten zu lieben. Bei rituellen Fragen war er demonstrativ nicht-fundamentalistisch: Beim Sabbat dehnte er die anerkannten Ausnahmeregelungen vom Fall der Lebensrettung auf Fälle der Lebensförderung aus. Seine Skepsis gegenüber der Unterscheidung von reinen und unreinen Dingen, die von Gott trennen können, hat er zum Ausdruck gebracht, ohne daraus konkrete Verhaltenskonsequenzen für die Gegenwart zu ziehen. Seine Vision von der zukünftigen Gottesherrschaft bestand auf jeden Fall in einem großen gemeinsamen Mahl, bei dem Juden und Heiden nicht mehr durch Speise- und Reinheitsgebote getrennt wurden.

Was er für alle lehrte, ist zu unterscheiden von Anforderungen an seine Nachfolger und Nachfolgerinnen: Hier konnte er im Einzelfall Verstöße gegen die Thora fordern, auch die Mißachtung des Elterngebots und (wahrscheinlich) der Reinheitsgebote. Hier verlangte er eine radikale Ethik der Freiheit von Familie, Besitz, Heimat und Sicherheit. Als Wanderprediger konnte er sich mit seinen Anhängern der domestizierenden Macht alltäglicher Pflichten entziehen. /495/

Durch Lehre und Leben erregte er Aufmerksamkeit und Widerspruch. Mit den Pharisäern diskutierte er über sein Verhalten – gerade deshalb, weil er ihnen in Vielem nahestand. Beide wollten vom Willen Gottes her das ganze Leben durchdringen, stritten aber über den Weg. Solch ein Streit schuf keine Todfeindschaft. Zum Verhängnis wurde Jesus erst seine Kritik am Tempel, als er zum Passa nach Jerusalem zog. Schon der Täufer hatte dem Tempel indirekt Legitimation entzogen. Jesus aber griff ihn direkt an: Er weissagte, daß Gott einen neuen Tempel an die Stelle des alten setzen werde. Durch eine symbolische Handlung, die sog. Tempelreinigung, störte er den Tempelkult und provozierte bewußt die mit dem Tempel verbundene Aristokratie. Für seine Jünger setzte er (als Ersatz für die Opferriten im Tempel?) beim letzten gemeinsamen Mahl einen neuen Ritus ein: ein schlichtes Essen, das er einen Tag vor dem Beginn des Passafestes in Erwartung einer dramatischen Zuspitzung des Konfliktes mit der Jerusalemer Aristokratie mit ihnen zusammen einnahm. Wahrscheinlich schwankte er (wie im Gethsemanegebet in einer poetisch verdichteten Szene zum Ausdruck kommt) zwischen Todeserwartung und der Hoffnung, daß Gott doch noch vor seinem Tode eingreifen und seine Herrschaft verwirklichen werde. Judas, einer aus dem engsten Jüngerkreis, verriet seinen Aufenthaltsort, so daß er nachts ohne Aufsehen verhaftet werden konnte. Die Aristokratie, die ihn inhaftierte, schritt gegen ihn wegen seiner

Tempelkritik ein, klagte ihn aber vor Pilatus wegen des politischen Verbrechens an, als Königsprätendent nach der Macht gegriffen zu haben. In der Tat erwarteten viele im Volk und unter seinen Anhängern, daß er der königliche Messias sein werde, der Israel zu neuer Macht führen werde. Jesus hat sich vor Pilatus von dieser Erwartung nicht distanziert. Er konnte es auch nicht. Denn er war überzeugt, daß Gott durch ihn die große Wende zugunsten Israels und der Welt durchführen werde. Als politischer Unruhestifter wurde er verurteilt und zusammen mit zwei Banditen (sehr wahrscheinlich im April 30 n.Chr.) gekreuzigt. Seine Jünger waren geflohen. Einige Jüngerinnen aber waren mutiger und erlebten die Kreuzigung von fern.

Nach seinem Tod erschien er zunächst entweder Petrus oder Maria Magdalena, dann mehreren Jüngern zusammen. Sie kamen zu der Überzeugung, daß er lebendig war. Ihre Erwartung, daß Gott endgültig zugunsten des Heils eingreifen werde, war anders in Erfüllung gegangen, als sie erhofft hatten. Sie mußten das ganze Geschick Jesu und seine Person neu deuten. Sie erkannten: Er war der Messias, aber er war, womit sie nicht gerechnet hatten, ein leidender Messias. Sie erinnerten sich: Jesus hatte von sich als „dem Menschen" gesprochen – gerade dann, wenn er mit allzu hohen Erwartungen an sich konfrontiert war. Er hatte dem allgemeinen Begriff des „Menschen" eine messianische Würde gegeben und gehofft, in die Rolle dieses „Menschen" hineinzuwachsen und sie in naher Zukunft auszufüllen. Jetzt sahen sie: Er war „der Mensch", dem Gott nach einer Weissagung in Dan 7 alle Macht im Himmel und auf Erden geben wird. Für sie rückte Jesus an die Seite Gottes. Der christliche Glaube war als eine Variante des Judentums geboren: ein messianisches Judentum, das sich erst im Laufe des 1. Jh. nach und nach von seiner Mutterreligion trennte.

So weit unser Versuch einer kurzen Erzählung von Jesus. Erzählungen begründen Identität. Die Erzählung von Jesus ist die Grundlage christlicher Identität. Wenn unsere Erzählung zutrifft, dann muß sich das Selbstverständnis des Christentums in einem Punkte verändern. Jesus gehört geschichtlich und theologisch ins Judentum. /496/ Durch Juden, die an ihn glaubten, wurde er gleichzeitig zum Grund des Christentums. Er gehört somit heute zwei Religionen an, die sich erst nach seinem Tode auseinander entwickelten. Ihr gemeinsames Thema ist das Leben im Dialog mit dem einen und einzigen Gott und die ethische Verantwortung für Welt und Gesellschaft. Ein Christentum, das sich in der Nachfolge Jesu um beides bemüht, kann sich selbst nur treu bleiben, wenn es seinen jüdischen Wurzeln treu bleibt, wenn es seine soziale Verantwortung wahrnimmt und wenn es die Jesusüberlieferung als Chance begreift, den Dialog mit Gott immer wieder neu zu beginnen.

Gerd Theißen / Annette Merz, Der historische Jesus. Ein Lehrbuch, Göttingen: © Vandenhoeck & Ruprecht GmbH & Co. KG ⁴2011 (¹1996), S. 493–496.

Werner Zager
5.9 Gottesherrschaft und Endgericht in der Verkündigung Jesu. Eine Untersuchung zur markinischen Jesusüberlieferung einschließlich der Q-Parallelen, 1996

Kapitel VI:
Hat der historische Jesus ein künftig bevorstehendes Endgericht verkündigt?

Die Ausgangsfrage, ob der historische Jesus ein künftig bevorstehendes Endgericht verkündigt hat, kann aufgrund der innerhalb der Textuntersuchungen als authentisch erkannten Endgerichtsaussagen eindeutig bejaht werden. Im folgenden wird nun dargelegt, wie der historische Jesus in seinem Verkündigen und Wirken Basileia und eschatologisches Gericht zur Sprache gebracht und aufeinander bezogen hat.

1. Den Mittelpunkt von Verkündigung und Wirken des historischen Jesus bildete das Kommen der eschatologischen *Gottesherrschaft*.

1.1. Damit befand er sich durchaus in der Nachfolge Johannes des Täufers, dessen Botschaft und Umkehr-Taufe durchdrungen waren einerseits von der akuten Naherwartung des für Israel unmittelbar bevorstehenden Endgerichts, andererseits zugleich von der Hoffnung auf die endgültige irdische Manifestation der Herrschermacht Gottes (Lk [Q] 3,17).

1.2. Bei aller Kontinuität zum Täufer vollzog Jesus gegenüber dessen Botschaft aber einen „theologische[n] Paradigmenwechsel": Stand in der Verkündigung des Täufers das nahe Gericht im Zentrum, so war es bei Jesus das andringende und sich bereits realisierende Heil der Gottesherrschaft[1]. „Zwar weiß auch Jesus um die Sünde Israels; er teilt die Prämisse des Täufers, daß alle umkommen, wenn sie nicht umkehren (Lk 13,3.5). Doch konkretisiert sich diese Umkehr nicht in der Übernahme des Gerichts wie bei der Taufe des Johannes, sondern in der Annahme der Heilsbotschaft."[2]

---

1 Siehe HELMUT MERKLEIN, Gericht und Heil. Zur heilsamen Funktion des Gerichts bei Johannes dem Täufer, Jesus und Paulus, in: JBTh 5 (1990), S. (71–92) 77.
2 Ebd.

1.3. Die von Jesus und wohl auch von seinen Jüngern proklamierte Gottesherrschaft ist aber – anders als beim Täufer – kein rein zukünftiges Geschehen, auch nicht lediglich ein solches, das nur nahe herbeigekommen ist. Vielmehr ist es in Jesu Gegenwart bereits angebrochen, während dessen machtvolles Hereinbrechen allerdings noch aussteht (vgl. Lk [Q] 10,9; 11,20; Mk 9,1[3]). Das zeigen auch Jesu Gleichnisse vom viererlei Acker (Mk 4,3–8 parr), vom zuversichtlichen Sämann (Mk 4,26–29), vom Senf- /312/ korn (Mk 4,30–32 bzw. Lk [Q] 13,18 f) und vom Sauerteig (Lk [Q] 13,20 f). Der kleine, unscheinbare Anfang der Gottesherrschaft verbürgt ihre absolute, unbestrittene, sich in Kürze ereignende Durchsetzung[4]. Schon erfolgter Anbruch und noch ausstehende Vollendung der Basileia werden durch einen Prozeß verknüpft, der als ganzer streng endzeitlich zu verstehen ist.

1.4. Den Sturz Satans aus dem Himmel, den Jesus schaute (Lk 10,18), begriff er als Anbruch der Gottesherrschaft[5]. Nach Jesu Auffassung hatte Gott als der „Stärkere" den „Starken", den Satan, im entscheidenden Kampf besiegt, gefesselt und aus seiner himmlischen Position verstoßen. Deshalb konnte er ihm nun durch von Jesus, den Jüngern[6] oder von anderen[7] ausgeführte Exorzismen das Rüstzeug – nämlich die Dämonen – wegnehmen bzw. die Menschen von Dämonen befreien (vgl. Lk [Q] 11,21 f; Mk 3,27)[8].

---

3 Zur Rekonstruktion und Authentizität einer Urfassung von Mk 9,1 vgl. ALOYSIUS M. AMBROZIC, St. Mark's Concept of the kingdom of God: A Redaction Critical Study of the References to the Kingdom of God in the Second Gospel, Diss. theol. masch. Würzburg 1970, S. 218–239; s. auch KURT ERLEMANN, Naherwartung und Parusieverzögerung im Neuen Testament. Ein Beitrag zur Frage religiöser Zeiterfahrung (TANZ 17), Tübingen/Basel 1995, S. 128 f.
4 Die Vollendung der Gottesherrschaft erwartete Jesus nach Mk 9,1 innerhalb seiner Generation (vgl. auch K. ERLEMANN, Naherwartung, S. 175).
5 Apk 12,10 kann als erhellender Kommentar zu Jesu Vision gelten.
6 Vgl. Mk 6,7.13; Mt 10,8; Lk 10,17.
7 Vgl. Lk (Q) 11,19; s. auch Mk 9,38–40.
8 Vgl. JOHANNES WEISS/WILHELM BOUSSET, Die drei älteren Evangelien (SNT 1), Göttingen ³1917, S. 316. – Die hier gegebene Deutung will die „Sachaussage" aus den beiden vom Bildmaterial her jeweils etwas anders gelagerten Fassungen der Allegorie von der Überwindung des Starken herausstellen: Während in Mk 3,27 (par Mt 12,29) von einem Hausbesitzer die Rede ist, der überfallen und ausgeraubt wird, wird in Lk 11,21 f (Q) ein Burgherr von einem Feind besiegt und entwaffnet (vgl. GERHARD SCHNEIDER, Das Evangelium nach Lukas, Bd. 2: Kapitel 11–24 [ÖTK III/2], Gütersloh/Würzburg 1977, S. 266). Wenn auch WALTER GRUNDMANNS Behauptung zu widersprechen ist, daß Jesus sich mit dem ἰσχυρότερος (Lk 11,22) identifiziert (s. WALTER GRUNDMANN, Art. ἰσχύω κτλ., in: ThWNT III, Stuttgart 1938, S. [400–405] 403,3–23. 404,19–28) und den Satan in der Versuchung (Mt 4,1–11 par) besiegt habe (a.a.O., S. 404,32 f), behält seine Begründung für die Rückführung des Logions von der Überwindung des Starken – ob nun in der Q- oder in der Markus-Fassung – ihre Gültigkeit: „In der Gemeindetheologie gilt als Sieg über die satanisch-dämonischen Mächte Tod und Auferstehung Jesu. In unserem Logion hingegen ist der entscheidende Sieg bereits vorausgesetzt ..., und Jesu ganze Tätigkeit gleicht dem Raub der

1.5. Jesu Mahlgemeinschaften mit Zöllnern und Sündern[9] sind Zeichen der anbrechenden Gottesherrschaft, deren Heil allen gilt, sofern sie sich ihr nicht verweigern. In diesen Mahlzeiten kündigte sich für Jesus bereits das Heilsmahl im Reich Gottes an[10]. /313/

1.6. Die von Jesus gepredigte Gottesherrschaft kann in ihrer Vollendungsgestalt mit der Wendung des Paulus aus I Kor 15,28 charakterisiert werden, daß „Gott alles in allem" sei, also als die universale Verwirklichung der Königsherrschaft Gottes (Reich Gottes als Heilsbereich). Damit verband der historische Jesus sehr konkrete Vorstellungen, die nicht abgeschwächt werden dürfen, indem man sie auf bloße Bilder und Metaphern reduziert. So wird er sich nicht nur die Gehenna als Feuerhölle vorgestellt haben, sondern auch das Reich Gottes, gewissermaßen deren positives Pendant (Mk 9,43*.45.47), wohl ganz konkret als Israel mit seinem Zentrum Jerusalem umfassende Größe – ohne damit eine weltweite Verwirklichung der absoluten Herrschaft Gottes auszuschließen[11]. Mit solcher Hoffnung stand Jesus durchaus in Übereinstimmung mit Johannes dem Täufer wie überhaupt weiten Teilen des Judentums seiner Zeit. Von seiner Auffassung der Basileia her ist es nur folgerichtig, wenn Jesus mit seinen Jüngern nach Jerusalem zog, um auch und gerade hier den Anbruch der Gottesherrschaft anzusagen. Denn an diesem Ort sollte sich ja in Kürze der machtvolle Hereinbruch der Gottesherrschaft ereignen: die Verwirklichung des Gottesreiches, einhergehend mit der endgültigen Aussschaltung alles Bösen[12].

2. Der historische Jesus teilte mit dem antiken Judentum die Anschauung, daß das Sich-Durchsetzen von Gottes Königsherrschaft durch *Gottes richterliches Einschreiten* ermöglicht wird.

Beute. Sie besteht darin, die vom Satan Beherrschten und Gebundenen zu lösen, die Gottesherrschaft vorwärts zu tragen, die Satansherrschaft zur Enthüllung zu zwingen, sie dadurch zu überwinden und zu zerstören." (a.a.O., S. 404,30–37)

9 Vgl. Mk 2,15–17 par Mt 9,10–13/Lk 5,29–32; Lk 15,2; 19,5–7; s. auch Mt 11,19a.b par Lk 7,34. Obwohl die genannten Texte keine Erinnerungen an konkrete Begebenheiten enthalten, spiegeln sie dennoch das Typische an Jesu Verhalten wider (vgl. HERBERT BRAUN, Jesus – der Mann aus Nazareth und seine Zeit. Um 12 Kapitel erweiterte Studienausgabe, Stuttgart 1984, S. 114f; s. auch JÜRGEN BECKER, Jesus von Nazaret, Berlin/New York 1996, S. 194–211).

10 Vgl. Mk 14,25; Lk 14,16–24 par Mt 22,2–10; Lk 15,22–32. – Vgl. dazu JOACHIM JEREMIAS, Neutestamentliche Theologie. Erster Teil: Die Verkündigung Jesu, Gütersloh ²1973 (¹1971), S. 116f.

11 Zu Recht betont MICHAEL WOLTER die Zusammengehörigkeit von Israelzentrik und Universalität in Jesu Reich-Gottes-Verkündigung (vgl. MICHAEL WOLTER, „Was heisset nu Gottes reich?", in: ZNW 86 [1995], S. [5–19] 12f).

12 Vgl. dazu neben Lk 19,11 auch MTeh 146,9: „Die Gerechten u[nd] die Gottlosen werden (in der Endzeit) nach Jerusalem kommen; wenn sie dorthin gelangt sind, läßt Gott die Gerechten in den Gan Eden eintreten; aber 'den Weg der Gottlosen lenkt er ab' Ps 146,9 u[nd] läßt sie auf dem Weg zum Gehinnom gehn." (zit. nach: BILL. IV/2, S. 1151 Anm. h)

2.1. So sah er in seiner Gegenwart nicht nur Gottes Herrschaft Platz greifen, sondern zugleich auch Gottes Gericht.

2.1.1. Letzteres warf seine Schatten bereits dadurch voraus, daß er den Reichen und denen, die in der Gesellschaft das Sagen hatten und dabei die Armen unterdrückten, den Ausschluß aus dem Reich Gottes ankündigte (Mk 10,25.31*). Das angedrohte Nicht-Hineinkommen in die Basileia ist gleichzusetzen mit dem Hineingeworfenwerden in die Gehenna (vgl. Mk 9,43*.45.47).

2.1.2. Ferner – falls die Missionsinstruktion Lk (Q) 10,8a.9 – 11a authentisch ist – verstand der historische Jesus das Staubabschütteln seiner Sendboten als Gerichtsgeschehen: Indem die Boten die Stadt verlassen, in der sie abgewiesen wurden, und jegliche Gemeinschaft mit deren Bewohnern auf- /314/ kündigen, werden diese vom Heil der Gottesherrschaft ausgeschlossen. Die Stadt ist dem Vernichtungsgericht preisgegeben.

2.1.3. Nicht zuletzt bedeuten die Dämonenaustreibungen – von ihm selbst oder von seinen Jüngern vorgenommen – nicht nur Verwirklichung der Herrschaft Gottes (Lk [Q] 11,20), sondern – indem Satans Herrschaft beschnitten wird – zugleich Vollzug eschatologischen Gerichtsgeschehens.

2.2. Der Sturz Satans aus dem Himmel und seine damit verbundene Fesselung sind als Gerichtshandeln Gottes zu verstehen[13], als Anbruch des eschatologischen Gerichts, der zugleich Anbruch der eschatologischen Gottesherrschaft ist. Jedoch bedeutet die Fesselung nur die Vorstufe für die Auslieferung an die ewige Verdammnis in der Gehenna, die im noch ausstehenden Akt des Endgerichts stattfinden wird[14]. Die hier erfolgende end- /315/ gültige Ausschaltung Satans und aller

---

[13] Zur Verbindung von Himmelssturz bzw. Verwehrung des Hinaufstiegs in den Himmel und Fesselung s. äthHen 88,3 bzw. 14,5.

[14] Vgl. äthHen 10,4 – 6; 13,1 bzw. 88,1 (Fesselung Asasels in einem Loch in der Wüste von Dudael bzw. im Abgrund bis zum Tag des Endgerichts, an dem er in die Feuerglut gestoßen wird); äthHen 14,5 bzw. 88,3 (Bindung der gefallenen Engel bzw. der in äthHen 88,3 mit diesen identischen Sterne auf Erden [bis zum Endgericht]) in Verbindung mit äthHen 54,4 – 6; 55,3 f (am Tag des Endgerichts wird das Heer Asasels in den brennenden Feuerofen geworfen); äthHen 10,11 – 14 (Bindung Semjasas und seiner Genossen, die sich mit den Frauen verbunden haben, für 70 Geschlechter unter die Hügel der Erde bis zum Endgericht, in dem sie verurteilt und danach in den Abgrund des Feuers gebracht werden); äthHen 90,23 (die 70 Völkerengel, d. h. die depotenzierten Heidengötter, stehen beim Endgericht gebunden vor dem Thron Gottes, bevor sie in den Feuerpfuhl geworfen werden [äthHen 90,26]); äthHen 18,11 – 16; 21,1 – 6; 90,24 (die ungehorsamen Sterne werden für 10.000 Jahre an einem feurigen Strafort bis zum Tag des Endgerichts gefangen gehalten werden, an dem auch sie dem Feuerpfuhl überantwortet werden); äthHen 19,1 – 3; 21,7 – 10 (einen ähnlich vorläufigen Strafort bzw. Gefängnis wie für die Sterne gibt es auch für die gefallenen Engel); Jub 5,6 (Bindung der gefallenen Engel in den Tiefen der Erde, wohl in Analogie zu den Riesen in Jub 5,10 bis zum Endgericht); Jub 5,10 (Bindung der Riesen in den Tiefen der Erde bis zum Endgericht); Jub 10,5 – 9.11 (Fesselung von neun Zehntel der

widergöttlichen Mächte wird die völlige Durchsetzung der Gottesherrschaft auf Erden mit sich bringen, die Verwirklichung des Reiches Gottes – entsprechend AssMos 10,1: „Und dann wird seine [sc. des Herrn = Gottes, W.Z.] Herrschaft über seine ganze Schöpfung erscheinen, und dann wird der Teufel nicht mehr sein, und die Traurigkeit wird mit ihm hinweggenommen sein."[15] So oder ähnlich dürfte es sich der historische Jesus vorgestellt haben.

2.3. Der letzte, umfassende Gerichtsakt, der den eschatologischen Prozeß der sich in Heil und Gericht durchsetzenden Gottesherrschaft zum Abschluß bringen wird, wird darüber entscheiden, wer in das Reich Gottes, in das ewiges Leben eröffnende endzeitliche Paradies, hineinkommt, und wer in die Gehenna, in das ewige Feuer, geworfen werden wird. Für den historischen Jesus bedeutete nämlich die endzeitliche Gottesherrschaft die Rückkehr des paradiesischen Heilszustandes: Gottes unmittelbare und alles bestimmende heilvolle Präsenz in der Welt. Der Teilnahme am Reich Gottes steht die Überantwortung an die Gehenna gegenüber, die sich Jesus als ewige Verdammnis vorgestellt hat (Mt 18,34).

2.4. Nach der Erwartung des historischen Jesus wird sich im Endgericht eine grundsätzliche Umkehrung von unten und oben vollziehen. Die Armen bzw. diejenigen, die in der Gesellschaft als die „Letzten" galten, werden am Reich Gottes teilhaben; dagegen werden die Reichen bzw. diejenigen, die als die „Ersten" angesehen wurden, vom Endheil ausgeschlossen werden (Mk 10,25.31*; Lk [Q] 6,20b.21).

Dämonen am Ort des Gerichts, wahrscheinlich wieder wie in Jub 5,10 bis zum Endgericht); syrBar 56,13/1 Petr 3,19.20a/Jud 6/II Petr 2,4 (Fesselung bzw. Gefangenschaft der gefallenen Engel – bis zum Endgericht, so explizit in Jud und II Petr); Apk 20,1–3.7–10 (der Drache, d.h. der Satan, wird für 1000 Jahre gebunden und in den Abyssos – wo nach Apk 9,2–22 böse Geister verwahrt werden – geworfen, bevor er nach kurzer Loslassung für alle Ewigkeit in den Feuer- und Schwefelpfuhl kommt).
Zur Vorstellung der Bindung von bösen Engeln oder des Teufels vgl. auch Apk 9,14 (vier am Euphrat gebundene Engel, die über dämonische Streitkräfte verfügen) und Jub 48,15.18 (vorübergehende Fesselung Mastemas [zu dieser Satansbezeichnung vgl. KLAUS BERGER, Das Buch der Jubiläen (JSHRZ II/3), Gütersloh 1981, S. 379f Anm. 8a] während des Auszugs aus Ägypten). Im Unterschied zu den bisher angeführten Belegen scheint in der in das Testament Levi eingefügten jüdischen Apokalypse TestLev 18,10–14 (vgl. JÜRGEN BECKER, Die Testamente der zwölf Patriarchen [JSHRZ III/1], Gütersloh 1974, S. 61 Anm. 10a) auf die Bindung von Gottes Gegenspieler – hier Beliar genannt (s. dazu J. BECKER, a.a.O., S. 37 Anm. 7c) – kein Endgericht mehr zu folgen.
15 Zit. nach: EGON BRANDENBURGER, Himmelfahrt Moses (JSHRZ V/2), Gütersloh 1976, S. 76. – Vgl. auch Jub 23,29.

3. Die Endgerichtsverkündigung des historischen Jesus möchte zur *Umkehr* aufrufen, zur konsequenten Verwirklichung des ursprünglichen Schöpferwillens Gottes[16].

3.1. So sprach Jesus etwa den Reichen als solchen die Teilhabe am Reich Gottes rigoros ab (Mk 10,25), um sie aufzurütteln und ihnen eine letzte Heilschance zu eröffnen, wenn sie sich von ihrem Reichtum trennten.

3.2. Nach Jesu Verkündigung darf nur derjenige im Endgericht mit Gottes Erbarmen rechnen, der selbst seinem Mitmenschen gegenüber zur Vergebung bereit war und diesem Barmherzigkeit erwiesen hat (Mt 18,23b-34; vgl. auch Mk 4,24c bzw. Lk [Q] 6,38c). Dabei begriff der historische Jesus die durch sein Wort und Verhalten zur Sprache gebrachte Barmherzigkeit Gottes als verpflichtendes Vorbild (vgl. Mt 18,32f).

3.3. Weiterhin mahnte Jesus – negativen und positiven Ausgang des eschatologischen Gerichts einander kontrastierend – eindringlich dazu, die einmal getroffene Entscheidung für die Gottesherrschaft durchzuhalten und /316/ allen Verführungen zum Ungehorsam gegenüber dem von ihm verkündeten Willen Gottes entschlossen zu widerstehen (Mk 9,43*.45.47).

4. Schließlich fungiert Jesu Rede vom Endgericht als *Zuspruch und Trost* für die Armen und in der Gesellschaft am Rande Stehenden: Ihnen wird das Endgericht die Befreiung von ihren Bedrückern und die volle Teilhabe am Reich Gottes bringen (Mk 10,31*).

5. Wenn auch der historische Jesus den Akzent klar auf das Heilsangebot der Gottesherrschaft gelegt hat und bei ihm dem gegenüber die Thematisierung des Endgerichts zurücktrat, bedeutete für ihn nichtsdestoweniger das bereits anhebende und sich in einem zukünftigen endgültigen Akt ereignende Endgericht die notwendige Voraussetzung des Reiches Gottes. Für den historischen Jesus *gehörten Herrschaft Gottes und Endgericht untrennbar zusammen.*

Ausblick

Die vorliegende Untersuchung hat ergeben, daß für Jesu Reich-Gottes-Botschaft der endgerichtliche Horizont konstitutiv ist. Diese Einsicht ist nicht zuletzt gegenüber dem in neuerer Zeit besonders im Bereich der amerikanischen Forschung unternommenen Versuch zur Geltung zu bringen, die Verkündigung des histori-

---

16 Vgl. Udo Schnelle, Jesus, ein Jude aus Galiläa, in: BZ.NF 32 (1988), S. (107–113) 109–113.

schen Jesus ohne Verbindung zu frühjüdischer Eschatologie zu rekonstruieren[17]. Doch ein solcher „non-eschatological Jesus", der hier gezeichnet wird, kann nur eine Wunschvorstellung sein, die keinen wirklichen Anhalt an den Quellen besitzt[18].

Zwar ist das Bemühen von seiten der Theologie berechtigt, die Botschaft Jesu auch dem modernen und aufgeklärten Zeitgenossen nahezubringen. Das darf aber nicht zur Verzerrung der Historie führen. Denn: „Die Ehrfurcht vor der Wahrheit – und auch die historische Wahrheit hat Anspruch auf Ehrfurcht – gebietet, daß wir die Dinge nehmen, wie sie sind, und die Schwierigkeiten, so schmerzlich sie für uns sind, anerkennen."[19] So müssen wir rückhaltlos gelten lassen: Der historische Jesus war erfüllt von einer drängenden Naherwartung von Reich Gottes und Endgericht. Und er hat sich in dieser Naherwartung geirrt. Erkennt man dies an, fällt es schwer – ja, ist es letztlich unmöglich –, wie Jesus die Geschichte als Prozeß der sukzessiven Durchsetzung von Gottes Herrschaft zu deuten – selbst wenn man noch so sehr deren Verborgenheit in diesem Prozeß betont. Überhaupt gehört der Gedanke, daß Gott unmittelbar in die Geschichte einwirke, – ebenso wie Vorstellungen von Satan, Dämonen und Gehenna – einem vergangenen mythischen Weltbild an, das nicht mehr das unsrige ist. /318/

Verantwortliche theologische Rede wird daher das letzte Gericht nicht mehr als Abschluß der Weltgeschichte verstehen können, sondern als individuelles,

---

[17] Vgl. etwa MARCUS J. BORG, Conflict, Holiness and Politics in the Teaching of Jesus (SBEC 5), Lewiston/New York/Queenston, Ontario 1984; DERS., A Temperate Case for a Non-Eschatological Jesus, in: Forum: Foundations & Facets 2/3 (1986), S. 81–102; DERS., An Orthodoxy Re-Considered – The 'End-of-the-World-Jesus', in: The Glory of Christ in the New Testament (Studies in Christology in Memory of George Bradford Caird), hg.v. L. D. Hurst u. N. T. Wright, Oxford 1987, S. 207–217; DERS., Jesus, der neue Mensch [Übers. von: Jesus a New Vision – Spirit, Culture and the Life of Discipleship, 1991], Freiburg/Basel/Wien 1993; JOHN DOMINIC CROSSAN, The Historical Jesus: The Life of a Mediterranean Jewish Peasant, San Francisco 1991 (dt. Übers.: Der historische Jesus, München 1994); ROBERT W. FUNK/ROY W. HOOVER, and the JESUS SEMINAR, The Five Gospels: The Search for the Authentic Words of Jesus, New York 1993; BURTON L. MACK, A Myth of Innocence: Mark and Christian Origins, Philadelphia 1988; WILLEM S. VORSTER, Jesus: Eschatological Prophet and/or Wisdom Teacher?, in: HTS 47 (1991), S. 526–542; s. auch HELMUT MERKEL, Die Gottesherrschaft in der Verkündigung Jesu, in: Martin Hengel u. Anna Maria Schwemer (Hg.), Königsherrschaft Gottes und himmlischer Kult im Judentum, Urchristentum und in der hellenistischen Welt (WUNT 55), Tübingen 1991, S. 119–161; WALTER SIMONIS, Jesus von Nazareth. Seine Botschaft vom Reich Gottes und der Glaube der Urgemeinde. Historisch-kritische Erhellung der Ursprünge des Christentums, Düsseldorf 1985.

[18] Vgl. dazu die treffenden Bemerkungen von HELMUT KÖSTER, Jesus the Victim, in: JBL 111 (1992), S. (3–15) 7.14.

[19] ALBERT SCHWEITZER, Die Religion im heutigen Geistesleben, Hibbert-Vorlesungen 1934 (masch. Ms. v. J. Zürcher), S. 192.

postmortales Zur-Verantwortung-Ziehen des einzelnen Menschen. SOPHIE SCHOLL schrieb in ihr Tagebuch: „... muß nicht jeder Mensch, einerlei in welcher Zeit er lebt, dauernd damit rechnen, im nächsten Augenblick von Gott zur Rechenschaft gezogen zu werden?"[20]

Auch unabhängig vom Problem des vorausgesetzten Weltbildes ist theologische Sachkritik an der von Jesus selbst geteilten Auffassung einer ewigen Höllenqual als des negativen Gerichtsausgangs zu üben: Die Vorstellung einer endlosen Pein verträgt sich nicht mit der Botschaft von der Liebe als Gottes Wesen. Den negativen Gerichtsausgang wird man theologisch nicht als endlose Qual, sondern vielmehr als „Nicht-Teilhabe" am ewigen Leben zu deuten haben, insofern den Betreffenden dann keinerlei Existenz mehr zukommen wird[21].

Fragen wir nach dem, was von der Endgerichtsverkündigung des historischen Jesus für den christlichen Glauben in der Moderne Gültigkeit beanspruchen kann, so sind dies vor allem folgende vier Momente:

1. Die bereits im Urchristentum einsetzende, sich immer mehr verstärkende Tendenz, Jesus zu vergöttlichen und ausschließlich ihn als Weltrichter anzusehen, widerspricht dem Selbstverständnis des historischen Jesus. Demgegenüber gilt es, die *Theozentrik* der Verkündigung Jesu ernstzunehmen: Allein Gott ist der Richter, vor dem sich alle zu verantworten haben.

2. Maßstab des zu erwartenden Gerichts bilden weder ein Katalog verbindlicher Glaubenssätze noch ein göttlicher Gesetzeskodex. Vielmehr wird entsprechend der Verkündigung Jesu sich der Ausgang des Gerichts an zwei Punkten entscheiden: Hat der Mensch die ihm von Gott zugesagte Vergebung angenommen, d. h., hat er sich selbst als sündhaft und als auf Gottes Vergebung angewiesen erkannt und sich mit leeren Händen dessen *Barmherzigkeit* anvertraut?[22] Und hat der Mensch die Barmherzigkeit, die er von Gott unverdient geschenkt bekommen hatte, an seine Mitmenschen weitergegeben?[23]

3. Die Erwartung eines göttlichen Gerichts stellt den einzelnen Menschen also sehr deutlich in die *Verantwortung* für sein Denken und Verhalten, aus der ihn niemand und nichts entlassen kann. In einer Andacht über Lk 12,4 drückt WIL-

---

20 Zit. nach: INGE SCHOLL, Die Weiße Rose. Erweiterte Neuausgabe, Frankfurt a.M. 1993, S. 53. – Vgl. auch GERHARD LOHFINKS „Ansatz der Eschata im Tod": GERHARD LOHFINK, Zur Möglichkeit christlicher Naherwartung, in: Gisbert Greshake/Gerhard Lohfink, Naherwartung – Auferstehung – Unsterblichkeit. Untersuchungen zur christlichen Eschatologie (QD 71), Freiburg/Basel/Wien ⁴1982, S. 38–81.
21 Vgl. etwa EDWARD SCHILLEBEECKX, Menschen. Die Geschichte von Gott, Freiburg/Basel/Wien 1990, S. 180f.
22 Vgl. die Parabel von Pharisäer und Zöllner (Lk 18,10–14a).
23 Vgl. die Parabel vom unbarmherzigen Knecht (Mt 18,23–34).

HELM BOUSSET dies so aus: „Wir sind hier auf /319/ Erden eine kurze Spanne Zeit, um für die Ewigkeit reif zu werden. Wir sollen Gott über alle Dinge lieben und vertrauen, wir sollen ihn aber auch über alle Dinge fürchten."[24]

4. Für den Gottesglauben ist der Gerichtsgedanke unverzichtbar, da nur so Gottes *Gerechtigkeit* gewahrt werden kann, die das Gute ins Recht setzt und dem Bösen das Recht auf Existenz entzieht. Gottes Gericht wird die von MAX HORKHEIMER eindrucksvoll zur Sprache gebrachte zutiefst menschliche Sehnsucht stillen, „daß der Mörder über sein Opfer nicht endgültig triumphieren möge"[25]. Als der Volksgerichtshof unter Vorsitz seines Präsidenten Roland Freisler am 22. Februar 1943 Hans und Sophie Scholl und Christoph Probst zum Tode verurteilte, rief der Vater der beiden Geschwister Scholl in den Gerichtssaal die Worte: „Es gibt noch eine andere Gerechtigkeit."[26]

Werner Zager, Gottesherrschaft und Endgericht in der Verkündigung Jesu. Eine Untersuchung zur markinischen Jesusüberlieferung einschließlich der Q-Parallelen (BZNW 82), Berlin / New York: Walter de Gruyter 1996, S. 311–319.

---

[24] WILHELM BOUSSET, Gott – der Richter, in: ders., Wir heißen Euch hoffen! Betrachtungen über den Sinn des Lebens, hg.v. Marie Bousset, Gießen 1923, S. (75–77) 76.
[25] Zit. nach: JAN M. LOCHMAN, Angst vor dem Jüngsten Gericht?, in: ThZ 49 (1993), S. (77–88) 88.
[26] Zit. nach: I. SCHOLL, Die Weiße Rose, S. 62.

Helga Melzer-Keller
5.10 Jesus und die Frauen.
Eine Verhältnisbestimmung nach den synoptischen Überlieferungen, 1997

Schluß

Am Ende unserer Analyse der synoptischen Evangelien steht die nüchterne Feststellung, daß es dem „historischen Jesus" nicht explizit darum ging, Position und Ansehen der Frauen in der patriarchalen Gesellschaft seiner Zeit zu heben oder die Frauen aus den herrschenden Strukturen zu befreien und ein neues Modell einer partnerschaftlichen Nachfolgegemeinschaft zu etablieren. Im einzelnen zeigte sich, daß er die patriarchale Ehe nicht wirksam relativierte, sondern in erster Linie bestätigte und festigte, und die herkömmlichen Rollenmuster nicht kritisierte, sondern rezipierte. Mit diesem Ergebnis wenden wir uns gegen ein sowohl in der traditionellen Exegese verbreitetes Urteil als auch gegen eine breite Front feministisch-exegetischer Arbeiten[1].

Zwar kamen auch wir zu dem Schluß, daß Jesus sich Frauen gegenüber unbefangen verhielt, daß er sie ansprach und heilte und daß sie selbstverständlich auch zur Jesusgruppe gehörten – und eine derartige Einschätzung verleiht Jesus aus Frauenperspektive durchaus sympathische Züge. Doch angesichts dieser spärlichen Informationen, die die Jesuserzählungen über den „historischen Jesus" und die Frauen noch hergeben, ist die Schlußfolgerung, Jesus sei „als nichtpatriarchaler Mann" aufgetreten[2], äußerst fragwürdig. Besonders problematisch ist es, aufgrund der Beobachtung, daß Jesus „niemals etwas sagte oder tat, das darauf hinweisen würde, er trete dafür ein, Frauen als prinzipiell minderwertig Männern gegenüber zu behandeln, sondern daß er im Gegenteil Dinge sagte und tat, die darauf hindeuten, daß er Frauen als Männern gleichwertig betrachtete",

---

1 In unserer Linie lediglich [H.] CANCIK, [Die neutestamentlichen] Aussagen [über Geschlechtlichkeit, Ehe, Frau. Ihr religionsgeschichtlicher und soziologischer Ort, in: DERS. u. a., Zum Thema Frau in Kirche und Gesellschaft. Zur Unmündigkeit verurteilt?, Stuttgart 1972, (9–46)] 18–23.
2 [L.] SCHOTTROFF, Jesus [von Nazareth aus sozialgeschichtlicher und feministischer Perspektive, in: DIES., Befreiungserfahrungen. Studien zur Sozialgeschichte des Neuen Testaments (TB 82), München 1990, (264–274)] 272.

die plakative und provokative Behauptung aufzustellen, daß Jesus ein „Feminist" gewesen sei[3]. Denn unter einem solchen ist laut DUDEN ein Mensch zu verstehen, der „von den Bedürfnissen der Frau ausgehend, eine grundlegende Veränderung der gesellschaftlichen Normen (z.B. der traditionellen Rollenverteilung) und der patriarchalischen Kultur anstrebt"[4]; das aber war bei Jesus – wie gesagt – keineswegs der Fall. Jesu Verhalten mag wohl implizit so etwas wie /444/ einen „Antipatriarchalismus" und eine „Frauenfreundlichkeit" enthalten haben, zielte ausdrücklich aber sicher nicht darauf ab[5].

Wir können allenfalls festhalten, daß Jesus sich vor allem zu den Armen und den in der Gesellschaft Marginalisierten gesandt wußte – und *insofern* auch zu den Frauen; denn „im ersten nachchristlichen Jahrhundert" waren „die meisten der Armen und Hungernden Frauen". Diese Tatsache zwingt allerdings nicht zu einer Identifikation von „ökonomischer Ausbeutung" und „patriarchaler Unterdrückung" sowie zu einer Gleichsetzung von Jesu Option für die Armen mit einem bewußten Einsatz für eine „Befreiung aus patriarchalen Strukturen"[6]. Daher können wir Jesu Nachfolgebewegung wohl im sozialen, nicht aber im geschlechtsspezifischen Sinne als „egalitär" bezeichnen[7].

Darüberhinaus konnten wir nicht bestätigen, daß Jesus sich mit seinem Verhalten von seiner jüdischen Umwelt in einer positiven Weise abgehoben habe. Die These, daß Jesus sich als nicht-animoser Mann von seiner Umwelt unterschieden habe, benutzt in der Regel ein pauschal und betulich frauenfeindlich gezeichnetes Judentum als eindrückliche Negativ-Folie für einen sich davon positiv abhebenden „ganz anderen" Jesus; und die überaus häufig anzutreffende Feststellung, Jesus habe den Frauen ihre Würde „zurückgegeben",

---

3 [L.] SWIDLER, Der umstrittene Jesus[, Stuttgart 1991,] 77; siehe auch DERS., [Jesu] Begegnung [mit Frauen: Jesus als Feminist, in: E. MOLTMANN-WENDEL (Hg.), Menschenrechte für die Frau. Christliche Initiativen zur Frauenbefreiung (GT.S 12), München 1974, (130–146)] 132; DERS., Jesus was a Feminist[, in: SEAJT 13 (1971), (102–110)] 102; [M. L.] COOK, [The] Image [of Jesus as Liberating for Women, in: ChiSt 27 (1988), (136–150)] 136; [A.] CRAIG FAXON, Women [and Jesus, Philadelphia, PA 1973,] 101.
4 DUDEN Bd. 5: Fremdwörterbuch[, Mannheim ⁴1982,] 247, Stichwort „Feminismus".
5 In diesem Sinne auch [E. u. F.] STAGG, Woman [in the World of Jesus, Philadelphia, PA 1978,] 106: „It probably does not do justice to Jesus to say that he was a ‚woman liberator'. He came to liberate the human being."
6 So jedoch [E.] SCHÜSSLER FIORENZA, [Zu ihrem] Gedächtnis [... Eine feministisch-theologische Rekonstruktion der christlichen Ursprünge, dt. von C. SCHAUMBERGER, Gütersloh ²1993,] 189–192, hier 189f.
7 So auch [L.] SCHOTTROFF, Frauen in der Nachfolge Jesu [in neutestamentlicher Zeit, in: DIES., Befreiungserfahrungen. Studien zur Sozialgeschichte des Neuen Testaments (TB 82), München 1990, (96–133)] 109.112f.

basiert auf der fragwürdigen Voraussetzung, daß den Frauen in der jüdischen Gesellschaft ihre Würde genommen worden sei. Derartige Darstellungen erliegen dem Fehlurteil, daß die patriarchale Gesellschaftsstruktur des Judentums mit einer tiefsitzenden Frauenverachtung und kollektiven Frauenunterdrückung verbunden gewesen sei. Nicht ohne Grund wird gegen diese Darstellungen daher schon seit längerer Zeit der Vorwurf des Antijudaismus erhoben[8]. Sie verkennen, daß Jesus als Jude im Kontext anderer frühjüdischer prophetisch-charismatischer Bewegungen begriffen werden muß, in denen die Anwesenheit und Beteiligung von Frauen ebenfalls nichts Ungewöhnliches war. Wenn man Jesus daher so etwas wie eine Unbefangenheit im Umgang mit Frauen nachsagen will, liefert man damit letztlich einen Beleg „for liberal Jewish gender convention before the destruction of the temple"[9]. /445/

Die verschiedenen Gemeinden, in die wir über die Gemeindeüberlieferungen, die Logienquelle und die Evangelien des Markus, des Matthäus und des Lukas Einblick erhielten, bewegten sich durchaus in der Linie des „historischen Jesus": wie er zeigten sie kein explizites Interesse an einer Emanzipation und Gleichstellung der Frauen und stellten den besonderen Autoritäts- und Führungsanspruch des männlichen Zwölfergremiums sowie die patriarchale Familienstruktur als grundlegende Organisationsform des gesellschaftlichen wie auch gemeindlichen Lebens nicht in Frage. Außerdem verstanden sie alle Jesu Verurteilung der Ehescheidung nicht im Sinne einer Weisung zum Schutz der Frau. Zugleich aber zeugen alle Zeugnisse davon, daß Frauen in den verschiedenen Gemeinden selbstverständlich präsent und am Gemeindeleben nicht unerheblich beteiligt

---

8 Dazu siehe [A.] ANGERSTORFER, Wovon befreite [Jesus die jüdische Frau? Rückfrage an neutestamentliche Exegese, Befreiungstheologie und feministische Theologie, in: KuI 8 (1993)] 161–173; [B. J.] BROOTEN, Jüdinnen [zur Zeit Jesu. Ein Plädoyer für Differenzierung, in: DIES., N. GREINACHER (Hg.), Frauen in der Männerkirche (GT.P 40), München / Mainz 1982,] 141–148; DIES., [Jewish Women's] History [in the Roman Period. A Task for Christian Theology, in: HThR 79 (1986)] 22–30; [K. VON] KELLENBACH, Anti-Judaism [in Feminist Religious Writings (AAR. Cultural Criticism Series 1), Atlanta, GA 1994,] 57–63; [A.-J.] LEVINE, Second Temple Judaism[, Jesus, and Women: Yeast of Eden, in: Biblical Interpretation 2 (1994), (8–33)] 8–13; [J.] PLASKOW, Anti-Judaism [in Feminist Christian Interpretation, in: E. SCHÜSSLER FIORENZA (Hg.), Searching the Scriptures I, New York 1993,] 117–129; DIES., Blaming [Jews for Inventing Patriarchy, in: Lilith 7 (1980), 11f.] 11; DIES., [Christian] Feminism [and Anti-Judaism, in: CrossCurr 28 (1978)] 306–309. Siehe auch [S.] HEINE, [Die feministische] Diffamierung [von Juden, in: C. KOHN-LEY, I. KOROTIN (Hg.), Der feministische „Sündenfall"? Antisemitische Vorurteile in der Frauenbewegung, Wien 1994,] 15–59.
9 KELLENBACH, Anti-Judaism 62. Siehe auch ANGERSTORFER, Wovon befreite ... 171: „Der Jude Jesus geht mit Frauen ganz normal um"; „die Rollen der Frau dürften im Judentum und Christentum in etwa gleich gewesen sein".

waren. Insofern besteht zwischen ihnen und dem „historischen Jesus" eine gewisse Kontinuität.

Dennoch haben wir im Verlauf unserer Arbeit festgestellt, daß die Gemeinden und die Evangelisten im Umgang mit den ihnen überkommenen Traditionen zum Thema „Jesus und die Frauen" ein durchaus eigenes Profil erkennen lassen; im einzelnen fielen der Stellenwert und die Spielräume, die den Frauen eingeräumt wurden, sehr unterschiedlich aus. Offenbar konnten die Gemeinden und die Evangelisten nicht zuletzt deshalb so frei und kreativ mit den ihnen überlieferten Frauentraditionen umgehen, weil ihnen keine konkreten Weisungen Jesu zur Rolle der Frau und zu einer neuen Verhältnisbestimmung der Geschlechter vorgegeben waren.

Alle Überlieferungen zeigen sich maßgeblich durch den sozio-kulturellen Kontext bestimmt, dem sie entstammen. Dabei müssen wir den jüdischen und den römisch-hellenistischen Kulturkreis voneinander unterscheiden. So war das judenchristliche Matthäusevangelium an den Frauen um Jesus und am Verhältnis Jesu zu Frauen am wenigsten interessiert, und im großen und ganzen stellte es die patriarchalen Normen nicht in Frage. In den hellenistischen Evangelien des Markus und des Lukas spielten Frauen dagegen eine bedeutendere Rolle, auch wenn die beiden Evangelisten die patriarchale Grundordnung weiterhin in Geltung beließen. Während es aber Markus um eine deutliche Humanisierung der Verhältnisse zu tun war, war Lukas um eine Eingrenzung weiblicher Zuständigkeiten bemüht; gleichzeitig zeigte Lukas, indem er die Frauen für ein funktionierendes Gemeindeleben einspannte, sich sehr pragmatisch veranlagt. Die Vielfalt der markinischen Glaubensvorbilder konzentrier- /446/ te Lukas auf die eine Person der Mutter Jesu. Es ist daher durchaus naheliegend, daß er die von ihm befürwortete Abdrängung der Frauen durch eine Forcierung der Mariologie kompensierte.

Eine Entwicklung vom Besseren zum Schlechteren ist allenfalls zwischen dem Markus- und dem Lukasevangelium feststellbar. Ansonsten aber ist eine durchgängige, glatte Entwicklungslinie vom „historischen Jesus" bis hin zu den jüngsten Evangelien nicht auszumachen. Daher können wir der in der feministisch-exegetischen Literatur weitverbreiteten Idealisierung des „goldenen Zeitalters" Jesu, auf das dann ein Rückfall in patriarchale Strukturen, eine „Re-Patriarchalisierung", erfolgt sei[10], nicht zustimmen. Ohne leugnen zu wollen, daß sich

---

10 Siehe z. B. [E.-M.] JODL, Frauen [um Jesus – und wie es anders kam: Paulus, in: KBRS 141 (1985)] 328 f.; [I.] RAMING, [Von der] Freiheit [des Evangeliums zur versteinerten Männerkirche, in: B. J. BROOTEN, N. GREINACHER (Hg.), Frauen in der Männerkirche (GT.P 40), München / Mainz 1982,] 9 – 21; [E.] SCHÜSSLER FIORENZA, [Die] Rolle [der Frau in der urchristlichen Bewegung, in: Conc(D) 12 (1976)] 3 – 9.

mit der Ausbildung und zunehmenden Etablierung fester Gemeindestrukturen eine hierarchisch-patriarchale Organisationsform durchsetzte, die eine Abdrängung und zunehmende Unterdrückung von Frauen mit sich brachte (siehe Lukas), ist es doch fatal, die von Armut und sozialer Entwurzelung geprägte charismatisch-prophetische Wanderbewegung Jesu mit hochgespannten feministischen Träumen zu überfrachten und die Geschichte der frühen Christenheit als eine der Dekadenz und des „Sündenfalls" engzuführen[11].

Erstaunlich ist, daß wir mit unseren Ergebnissen einer Auslegungstradition widersprechen, die sowohl von traditionellen Exegeten als auch von feministischen Exegetinnen und Theologinnen einstimmig getragen wird. Beide verfolgen mit der Etablierung eines frauenfreundlichen Jesus – bewußt oder unbewußt – sehr unterschiedliche Interessen.

So scheint die traditionelle, von Männern getragene Exegese den „Frauenfreund Jesus", der sich so glanzvoll vom Judentum seiner Tage abgehoben habe, unterschwellig dazu zu benutzen, die in den Kirchen nicht besonders gut bestellte Position der Frauen als eine im Vergleich zu dem, was angeblich vorher war, enorm verbesserte schönzufärben. Außerdem kann mit dem Hinweis auf die von Jesus „wiederhergestellte" Würde der Frau und eine von ihm verfochtene Gleich*wert*igkeit der Geschlechter sehr leicht von einer heute *de facto* mangelhaften Gleich*berech*tigung abgelenkt werden. Die Rede vom „Frauenfreund" Jesus verschleiert dann, daß allerorten noch immer patriarchale Strukturen vorherrschen und daß zur tatsächlichen „Befreiung" der Frauen noch ein echter Handlungsbedarf besteht. Doch denjenigen, die sich in einem patriarchalen System auf der Seite der „Herren" befinden, stellt sich die /447/ Frage nach einer Veränderung des *status quo* in der Regel nicht. Vor allem die Tatsache, daß das Verbot der Ehescheidung als *der* frauenbefreiende Akt Jesu schlechthin gefeiert wird, kann darauf hinweisen, daß die Betreffenden die Ehe in ihrer durch die Jahrhunderte hindurch und vielerorten auch heute noch gängigen patriarchalen Ausprägung – wahrscheinlich ohne sich dessen bewußt zu sein – für den der Frau angemessenen Lebensrahmen halten.

Den feministischen Arbeiten ist dagegen das Interesse abzuspüren, heutige Bemühungen um eine Frauenemanzipation auf den „historischen Jesus" zurückzuführen und in seiner Autorität zu verankern. Mit der damit verbundenen allzu optimistischen Charakterisierung Jesu als einen sich vom Judentum positiv abhebenden „Frauenbefreier" in einer idealen Anfangszeit und einer allzu sicheren Bestimmung seiner Absicht, ein antipatriarchales, geschwisterliches

---

11 In diesem Sinne auch [L.] SCHOTTROFF, [S. SCHROER, M.-T. WACKER, Feministische] Exegese. Forschungserträge zur Bibel aus der Perspektive von Frauen, Darmstadt 1995,] 197 f.

Ethos zu etablieren, ist jedoch die Gefahr verbunden, heutige Probleme und Fragestellungen in einer Weise an die antiken Texte heranzutragen, die diesen als solchen nicht gerecht wird. Derart von der Perspektive und den Absichten der heutigen RezipientInnen bestimmt, gerät die Exegese leicht zur „Eisegese". In diesem Zusammenhang hat bereits SUSANNE HEINE zu Recht darauf hingewiesen, daß „Jesus schon in vielerlei Hinsicht Einzigartigkeit im historischen Sinne zugesprochen worden ist" und daß der Versuch, Jesus zum Freund der Frauen zu stilisieren, notwendig genauso zum Scheitern verurteilt ist wie alle früheren Versuche, den „historischen Jesus" für diverse Gegenwartsanliegen in Anspruch zu nehmen[12]. Zudem ist es problematisch, die Denk- und Lebensweise des „historischen Jesus" mit Begriffen wie „integriert", „androgyn" oder „partnerschaftlich" zu beschreiben, die unserer Wirklichkeitserfahrung und -wahrnehmung heute, nicht aber der antiker Menschen entspringen[13]. Die Bemühungen feministischer Theologie, ihre Anliegen neutestamentlich zu untermauern, stoßen hier auf deutliche Grenzen. Werden diese Grenzen übersehen oder gar bewußt übergangen, läuft feministische Theologie Gefahr, ideologisch vorentschiedenen Fehlschlüssen zu erliegen. Und sie tut sich selbst und ihren Zielen damit keinen Gefallen.

Am Thema „Jesus und die Frauen" zeigt sich somit in einer besonders brisanten Weise, wie sehr die Gesinnung und die Interessen der jeweiligen ExegetInnen und TheologInnen das von ihnen entworfene Jesusbild bestimmen. Es ist daher unabdingbar, sich immer wieder Rechenschaft abzulegen über den eigenen Kontext, in dem man sich befindet und der /448/ das eigene Weltbild bestimmt, über den eigenen Standpunkt zum behandelten Thema und über die damit verbundenen eigenen Absichten.

Mit unserer Demontage des Bildes vom „Frauenbefreier" Jesus und vom „idealen Anfang" – das sei abschließend betont – soll es keineswegs darum gehen, feministische Bemühungen um eine Wiederentdeckung frauenbefreiender neutestamentlicher Traditionen zu untergraben oder *ad absurdum* zu führen[14]. Es

---

12 [S.] HEINE, Frauen [der frühen Christenheit. Zur historischen Kritik einer feministischen Theologie, Göttingen ³1990,] 61 Punkt 1.
13 Dazu siehe auch HEINE, Frauen 61 Punkt 2.
14 Das ist etwa der Fall bei [B.] WITHERINGTON, Women in the Ministry of Jesus[. A Study of Jesus' Attitudes to Women and their Roles as Reflected in His Earthly Life (MSSNTS 51), Cambridge 1984,] 126, der das sogenannte „Liebespatriarchat", mit dessen Hilfe durch die Jahrhunderte hindurch die Herrschaft von Männern über Frauen legitimiert wurde, auf den irdischen Jesus zurückführt und in der Folge, ebd. 129–131, sogar Paulus und selbst die nachpaulinische patriarchale Haustafelethik an eine vermeintliche Willensrichtung Jesu rückbindet: „He (sc. Jesus) was attempting to reform, not to reject, the patriarchal framework under which He operated." Demgegenüber haben wir aufzuzeigen versucht, daß es Jesus *überhaupt nicht* um die

ist jedoch wichtig, darauf hinzuweisen, daß Jesus als Jude in seinem zeitgeschichtlichen Kontext begriffen werden muß und daß es von vornherein problematisch ist, bei ihm konkrete Antworten auf aktuelle Zeitfragen zu suchen.

Daher ist erstens in Frage zu stellen, ob sich Frauen in ihren Freiheitskämpfen heute überhaupt auf einen „frauenbefreienden" Jesus und einen idealen Anfang berufen können *müssen*. Das Anliegen der Frauenbewegung, die die Menschenrechte für die bisher vernachlässigte weibliche Hälfte der Menschheit einklagt, ist klar und einsichtig genug, als daß es sich zwanghaft von einer Option des „historischen Jesus" für die Frauen herleiten und von ihm aus seine Rechtfertigung finden müßte. Letztlich geht es also darum, daß die Frauen sich von der permanenten Selbstbeschränkung durch eine Bindung an vermeintliche Autoritäten zu mehr Freiheit in der Verfechtung des feministischen Anliegens befreien.

Zweitens ist es immerhin möglich, die allgemeinen Impulse, die Jesus gesetzt hat, bis in unsere Gegenwart hinein auszuziehen und aus ihnen praktische Konsequenzen auch für sehr spezielle Probleme zu ziehen. So kann die Tatsache, daß es Jesus stets um den armen und kranken, marginalisierten und verachteten *Menschen* ging und um die Gleichbedürftigkeit und Gleichheit aller vor Gott, für eine Verfechtung des feministischen Anliegens durchaus eine hinreichende Grundlage darstellen. Und insofern Jesus für die Armen und Entrechteten Partei ergriff, können Frauen, die – was ihre Teilhabe an den ökonomischen Ressourcen und /449/ ihre gesellschaftlich-rechtliche Stellung angeht – heute noch immer in der zweiten Reihe stehen, sich durchaus auf ihn berufen.

Im Umgang mit den Jesustraditionen können die Gemeinden und Evangelisten uns in gewisser Weise ein Vorbild sein; denn sie hielten an den überkommenen Jesustraditionen nicht im Sinne historischer, ein- für allemal gegebener Weisungen fest, sondern sie gingen frei und kreativ mit ihnen um – entsprechend ihrer eigenen Perspektive und den jeweiligen Erfordernissen ihrer Zeit sowie ihres sozio-kulturellen Umfelds. In diesem Sinne ist es ohne Frage angebracht, auf neutestamentliche Frauentraditionen zurückzugreifen und ihre Kraft – wenn nicht als Berichte über den „historischen Jesus", so doch als des immer aktuellen Wortes Gottes – für feministisch-befreiungstheologische Anliegen zu nutzen[15].

Frauen ging – daß er das patriarchale Gesellschaftssystem also weder aufheben noch – wie WITHERINGTON meint – im Sinne des letztlich frauenunterdrückenden „Liebespatriarchats" „reformieren" wollte. Nicht ernstzunehmen ist der Versuch, von [H.] MYNAREK, Jesus [und die Frauen. Das Liebesleben des Nazareners, Frankfurt a.M. 1995], Jesus zu einem sexbesessenen Macho zu stilisieren.

15 Siehe beispielsweise die aktuellen Bezüge zur Situation von Frauen in Japan und Indien heute in den Arbeiten von [H.] KINUKAWA, Women [and Jesus in Mark. A Japanese Feminist

Helga Melzer-Keller, Jesus und die Frauen. Eine Verhältnisbestimmung nach den synoptischen Überlieferungen (Herders biblische Studien, Bd. 14), Freiburg i.Br. / Basel / Wien / Barcelona / Rom / New York: © Verlag Herder GmbH 1997, S. 443–449.

Perspective (The Bible & Liberation Series), Maryknoll, NY 1994]; [G.] MANGATT, [Jesus'] Option [for Women, in: Jeevadhara 21 (1991)] 161–175.

Gerd Lüdemann
5.11 Jesus nach 2000 Jahren. Was er wirklich sagte und tat, 2000 / 2012

Kurzvita Jesu

Jesus stammt vom Dorf. Denn die Welt seiner Gleichnisse ist durch ein ländliches Milieu geprägt. Jesus kennt den Sämann auf dem Acker (Mk 4,3–8), er sieht den Hirten mit seiner Herde (Lk 15,4–6), die Vögel unter dem Himmel (Mt 6,26) und die Lilien auf dem Felde (Mt 6,28). Selbst das winzige Senfkorn im Garten wird dem Dorfmenschen Jesus zum Bild für das sichere Kommen des Reiches Gottes (Mk 4,30–32).

Aufgewachsen ist Jesus im Kreis von mehr als fünf Geschwistern, wohl als der Älteste, im galiläischen Dorf Nazareth. Seine Muttersprache war Aramäisch, was nicht ausschließt, daß er einige Brocken Griechisch verstanden hat. Von seinem Vater lernte er den Beruf des Handwerkers. Lesen und schreiben konnte er, wie die meisten seiner Zeitgenossen, nicht. Doch war die heimatliche Synagoge neben dem Elternhaus der Ort seiner religiösen Erziehung. Hier und bei anderen Gelegenheiten lernte er Partien aus der Thora: Gebote, prophetische Weisungen und Voraussagen sowie spannende Geschichten aus den Schriften, beispielsweise die Erzählungen von den Wunderpropheten Elia und Elisa, die viele fromme Gemüter der damaligen Zeit erhitzten.

Die Grenzen seines damaligen Umfelds werden durch einen Vergleich mit dem Apostel Paulus sichtbar, der gleichaltrig mit ihm war. Paulus kam nicht vom Dorf, sondern war ein Städter. Das weisen wiederum die von ihm gebrauchten Bilder aus. Seine Briefe zeigen das Leben in der Stadt mit ihren Krämerbuden (2Kor 2,17), an denen vorbei der Erzieher (Gal 3,24f) mit seinen Zöglingen an der Hand zur Schule geht, und die Straße, durch die sich der feierliche Triumphzug bewegt (vgl. 2Kor 2,14). Oft entnimmt Paulus seine Bilder dem Leben der Soldaten (2Kor /574/ 10,3–5), und selbst ihre Trompeten dienen ihm zum Vergleich. Ebenso benutzt er Entsprechungen aus dem Rechtsleben (Gal 3,17), ja sogar aus dem Theater (1Kor 4,9) und von den Wettspielen her (1Kor 9,14ff) für seine Argumentation. Jesus dagegen hat wohl niemals ein Theater oder eine Arena gesehen. Dabei war die von griechischer Kultur geprägte Stadt Sepphoris, wo er beispielsweise als Handwerker Arbeit gefunden hätte, keine fünf Kilometer von Nazareth entfernt. Im Gegensatz zu Jesus konnte Paulus lesen und schreiben und hatte zusätzlich sowohl eine jüdische als auch eine griechische Ausbildung erhalten. Aramäisch beherrschte er zwar auch, doch seine Muttersprache war Griechisch. Als römischer Bürger war er mit zahlreichen Privilegien ausgestattet. Von Herkunft und Bildung her standen sich in Paulus und Jesus Welt und Provinz gegenüber. Bei einer persönlichen Begegnung hätten sie sich vermutlich wenig zu sagen gewußt. Die sozialen Barrieren wären der Kommunikation nicht förderlich gewesen. Vielleicht hätte Paulus gegenüber einem solchen Naturburschen wie Jesus aus Galiläa lediglich geschmunzelt, womöglich aber auch nur mit den Achseln gezuckt. Jesus wäre es umgekehrt kaum anders gegangen. Die hochgestelzte theologische Argumentation des Paulus hätte er ohnehin nicht verstanden. Denn die schulmäßige, strenge Auslegung von Geboten, Propheten und Schriften mit all ihren kniffligen Unterscheidungen wäre nicht nach seinem Geschmack gewesen.

Aber trotz aller Unterschiede haben die beiden auch Gemeinsamkeiten. Jesus und Paulus waren entschiedene Juden, die stolz auf ihren Gott waren, den Vater, der Himmel und Erde geschaffen und der Israel erwählt hat. Beide lebten in der Gewißheit, daß Gott Jerusalem zum Mittelpunkt der Erde bestimmt hatte. Hier sollte am Ende der Tage der „Retter" kommen, und hier wurden, von Gott angeordnet, die Opfer für die Sünden der Juden dargebracht. Gleichzeitig hielten die wiederum von Gott angeordneten großen Feste wie Passah, Pfingsten und Laubhüttenfest den Zyklus des Jahres zusammen. Dieses Grundgerüst religiöser Überzeugungen hatten Jesus und Paulus mit den meisten anderen Juden gemeinsam. Zusätzlich mag man noch bemerken, daß sowohl Jesus als auch Paulus die Spezialbegabung /575/ besaßen, Dämonen auszutreiben, und daß beide meinten, Kontakt zum Teufel zu haben.

Es gibt im Leben eines jeden Menschen Besonderheiten, die von Naturanlagen bis hin zu Schicksalsschlägen reichen. Bei Paulus war es wahrscheinlich eine Krankheit, die ihn bis zum Ende seines Lebens plagte und die ihn offenbar für ekstatische Erfahrungen besonders geeignet machte. Er spricht in Andeutungen hierüber als den Pfahl im Fleisch, den Engel des Satans, der ihn – natürlich auf Geheiß Gottes – mit Faustschlägen bearbeitet (2Kor 12,7). Jesus war mit einem ungleich schwereren Makel behaftet, der auch über seiner Mutter Maria lag. Jesus, ihr ältestes Kind, war nämlich unter dubiosen Umständen gezeugt worden. Heißt er in der ältesten Quelle verächtlich „Sohn der Maria" (Mk 6,3), so erkennt die Geburtsgeschichte des Mt (1,18–25) das Fehlen eines Vaters an und schiebt sofort den Heiligen Geist als Erzeuger nach. Gleichzeitig wird Maria gegenüber dem Vorwurf unsittlichen Verhaltens in Schutz genommen, denn auch die Ahnfrauen des Messias seien in unsittliche Dinge verwickelt gewesen (Mt 1,2–17). Aber all dies habe Gott nicht von seinem Plan abgebracht, aus dem Geschlecht dieser anrüchigen Frauen den Messias und Gottessohn erstehen zu lassen: Jesus, den Sohn Marias.

Doch ist theologische Deutung auf goldenem Grund eines. Etwas anderes ist die teilweise brutale Geschichte im Staub dieser Erde, und die bekam Jesus in verstärktem Maße zu spüren. Er wurde seit seinem Auftreten in seiner Heimat Nazareth angegriffen unter Hinweis darauf, daß er ein Bastard ohne rechten Vater sei. Daher das Hohnwort „Sohn der Maria". Die spätere Adoption durch Joseph – lange vor Jesu öffentlichem Auftreten – änderte nichts daran, daß Jesus durch diesen Schatten in seiner Herkunft stigmatisiert wurde. Er lernte also früher oder später, was es heißt, als Sohn einer Hure zu gelten. Vielleicht lag hier eine der Wurzeln für seine spätere Zuwendung zum verachteten Volk: zu Huren, Zöllnern und Sündern. Und möglicherweise erklärt sich von hier aus sein zerstörtes Verhältnis zu seiner eigenen leiblichen Familie. Denn nach dem offenbar frühen Tod seines Adoptivvaters hätte er sich als Ältester normalerweise um die Familie, insbesondere seine Mutter, /576/ kümmern müssen. Doch die Quellen sprechen hier eine andere Sprache. Das vierte Gebot, das die Ehrung von Vater und Mutter vorschrieb, galt für Jesus nicht mehr. Er wählte den Weg der radikalen Trennung.

Nun reichen Neigungen und Verletzungen noch nicht aus, um eine Bewegung ins Leben zu rufen. Es müssen weitere Gründe und Anregungen durch andere Menschen hinzukommen. Das wurde für Jesus in der Gestalt Johannes des Täufers Wirklichkeit.

Johannes der Täufer stand in einer langen Reihe von jüdischen Unheilspropheten, die zur Umkehr angesichts des bevorstehenden Tages Gottes mahnten. Zugleich verband er seine Gerichtspredigt mit der Ansage einer Sündenvergebung, die allen jenen zuteil werden sollte, die sich von ihm taufen ließen. Damit sei gewährleistet, daß sie dem kommenden Zorn entgehen könnten. Seine Predigt zündete wie der Blitz und führte zahlreiche Juden zu ihm an den Jordan. Unter ihnen war der Galiläer Jesus von Nazareth, den es in den Süden verschlagen hatte. Auch in ihm brach sich eine bohrende Unruhe Bahn, und sie fand eine vorläufige Beruhigung im Umkreis des Täufers. Mit dem Anschluß an ihn hatte Jesus eine neue Familie gefunden, die sich von seiner leiblichen Familie sehr unterschied. Er gehörte nun zu einer Gruppe von Asketen, die Gott allein gehorsam sein wollten und ihm dafür dankten, daß er ihnen eine letzte Frist zur Umkehr geschenkt hatte.

Die Mitglieder der Priesteraristokratie in Jerusalem dürften über den Sonderling am Jordan und seine Anhänger irritiert gewesen sein. War nicht ihnen allein von Gott selbst Aufsicht, Verwaltung und Durchführung der sühnewirkenden Opfer anvertraut worden? Aber solange der Tempel nicht unmittelbar gefährdet war, ließ man die exotisch anmutende Täufersekte am Jordan gewähren. Außerdem gab es auch damals inspirierte Propheten in Hülle und Fülle, die einmal dies, das andere Mal das behaupteten. Aber gefährlich war Johannes schon. Mochte man mit seiner indirekten Tempelkritik noch klarkommen, so wurde es für die Machthaber brenzlig, als seine Gerichtspredigt auf den politischen Bereich übergriff. Das bekam der Landes- /577/ herr Jesu, Herodes Antipas, zu spüren, der daraufhin Johannes kurzerhand als einen Aufrührer hinrichten ließ.

Wie lange sich Jesus in der Umgebung des Täufers aufhielt, wissen wir nicht. Allerdings ist sicher, daß er sich nicht erst nach der Hinrichtung des Johannes von ihm ablöste. Vielmehr zeigt die Rivalität zwischen Jesus- und Johannesjüngern, daß Jesus schon vor dem Tod des Täufers eigene Wege gegangen sein muß. Das ist nicht im Sinne eines Traditionsabbruches zu verstehen, sondern als Weiterführung oder Zuspitzung der Täuferpredigt durch Jesus. Dieser Aufbruch war bei Jesus mit dreierlei verbunden: *Erstens* behagte ihm auf Dauer die asketische Grundhaltung des Johannes nicht. Dem entspricht, daß er *zweitens* die ungeheure Erfahrung des Reiches Gottes machte, das in der allen zugänglichen Tischgemeinschaft Jesu vorabgebildet wurde. Und *drittens* wurde ihm die Fähigkeit zur Heilung eine umstürzende Erfahrung, die er sogar mit der Ankunft des Gottesreiches verband.

Wie sich die drei genannten Punkte chronologisch und sachlich zueinander verhalten, ist nicht mehr aufzuklären. Wichtig bleibt die Beobachtung, daß keine der drei Besonderheiten sich für Johannes belegen läßt, so daß von einem echten Neuanfang zu sprechen ist, der ein neues Stadium in Jesu Wirksamkeit einleitete. Allerdings blieben wesentliche Züge der Verkündigung Johannes des Täufers Bestandteil der religiösen Überzeugung Jesu: zum einen das unmittelbar bevorstehende Endgericht, sodann der unerbittliche Ernst in der Auslegung und Befolgung des Willens Gottes. Schließlich blieb Jesus ebenso wie Johannes unverheiratet. In dieser Gemeinsamkeit trafen die beiden mit dem Apostel Paulus überein. Dies verdient um so mehr Aufmerksamkeit, als die Zeugung von Nachkommen Pflicht eines jeden männlichen Juden war.

Jesu neuentdeckte Fähigkeit zur Heilung sprach sich in Galiläa bald herum. Seine Exorzismen, in denen er psychisch Kranke heilte, sind die am besten bezeugten Wundertaten im Neuen Testament. Nerven- und Geisteskrankheiten wurden damals auf die Besessenheit durch Dämonen zurückgeführt. Als Oberster dieser bösen Geister galt Satan. Jesus verlieh dem Kampf gegen ihn Realität. Er sah in Vorwegnahme des Reiches Gottes den /578/ Satan wie einen Blitz vom Himmel fallen (Lk 10,18) und war damit stärker als dieser selbst geworden. Er konnte daher Männer, Frauen und Kinder heilen, indem er sie der Herrschaft des Teufels mit der Zusage der Vergebung der Sünden entriß. Krankheit und Sünde bildeten für ihn einen unzerreißbaren Zusammenhang. Auch darin war ihm Paulus ähnlich. Dieser konnte sich die zahlreichen Krankheitsfälle in der Gemeinde von Korinth nur durch den sündhaften Mißbrauch des Abendmahls erklären (1Kor 11,29–30).

Das Reich Gottes verband sich für Jesus aber nicht nur mit Heilungen und der Befreiung von Krankheiten und Bösem jeglicher Art. Entscheidend war vielmehr die Erwartung der universalen Herrschaft Gottes, an der Jesus zusammen mit den

Zwölf beteiligt sein sollte. Dieser Erwartung lag die tollkühne Hoffnung zugrunde, daß am bald eintretenden Ende der Zeiten, wenn Gott sein Reich herbeiführen werde, auch jene zehn Stämme wiederhergestellt würden, die 700 Jahre zuvor von den Assyrern zerrieben worden waren. Von ihnen waren zur Zeit Jesu nur die beiden Stämme Juda und Benjamin übriggeblieben. Am Abschluß der Geschichte, so Jesus, werde jeder einzelne seiner zwölf Jünger einen dieser Stämme richten (Mt 19,28). Die Würde, neben Gott und seinem Auserwählten in richterlicher Funktion tätig zu sein, war kaum zu überbieten. Doch hat auch der Apostel Paulus ähnliches erhofft. Er verlangte von den Gemeindegliedern in Korinth, nicht gegeneinander zu prozessieren, da sie selbst, jeder einzelne, über Engel richten würden (1Kor 6). Hier sehen wir in das Herz der frühen Christen und der von Jesus gesammelten Gemeinde förmlich hinein. Nicht Vernunft oder Überlegung, sondern die Aussicht auf Anteilhabe an Gottes Herrschaft waren die Wurzeln ihres Glaubens. Und diese Herrschaft erstreckte sich nicht auf die Menschen allein. Sie umfaßte vielmehr den ganzen Kosmos, den es in die von Gott gewollte, schöne Ordnung zurückzubringen galt. Selbstverständlich war das alles von einem jüdischen Blickwinkel aus gedacht, denn ausschließlich um das jüdische Volk samt dem neuen Jerusalem im Mittelpunkt ging es; die übrigen Völker waren zumeist nur Anrainergruppen. Glühende Hoffnung erfüllte Jesus, daß Gott demnächst seine Zusage einlösen werde. Und /579/ im Laufe seines Auftretens – nach der Ablösung von Johannes dem Täufer – gewann er die Überzeugung, daß er selbst die bedeutendste Rolle in diesem Enddrama zu spielen habe. Auch hier ist die Parallele zu Paulus frappierend und erhellend, denn auch dieser meinte wenige Jahre später, dort die Hauptperson zu sein, wo es um die endzeitliche Eingliederung der Heiden in das Gottesreich ging (vgl. Röm 11,13–36).

Jesu Leben war in seiner entscheidenden Phase geprägt von dem felsenfesten Glauben, im Namen Gottes dessen Gesetz vollgültig auslegen zu müssen. Zu weiten Teilen war seine Thorainterpretation als Verschärfung des Willens Gottes wahrzunehmen. So verbot er die Ehescheidung unter Berufung auf die gute Schöpfung Gottes, bei der Mann und Frau in der Ehe unwiderruflich *ein* Fleisch geworden seien (Mk 10,9.11). Das Liebesgebot spitzte er zur Forderung der Feindesliebe zu (Mt 5,44a). Das Richten (Mt 7,1) und Schwören (Mt 5,34a) verbot er. Ab und zu reduzierte er das Gesetz und setzte dadurch die Speisegesetze faktisch außer Kraft (Mk 7,15), beim Sabbat spitzte er es auf den Menschen zu (Mk 2,27). Aber all das, was – modern gesprochen – nach Autonomie aussah, war gegründet in Theonomie. Jesus konnte diese freien und gleichzeitig radikalen Interpretationen des Gesetzes nur durchführen, weil er dazu von Gott, den er ebenso wie später Paulus (Röm 8,15) liebevoll als Abba (= Papa) anredete (Lk 11,2), die Vollmacht erhalten hatte. An diesem Punkt waren Jesus und sein göttlicher Vater fast eins, und das mußte für die jüdischen Zuhörer sehr anstößig sein.

Dämonenaustreiber und Gesetzesausleger war er, aber gleichzeitig auch ein Dichter und Weisheitslehrer. Jesus erzählte spannende Geschichten von Betrügern und sah in ihrer realistischen Einschätzung der jeweiligen Situation ein Vorbild für sich und seine eigenen Jünger. In moralischer Hinsicht ähnelte sein Leben selbst dem eines unmoralischen Helden, um so mehr, als er wegen seiner Wanderschaft keine Einkünfte hatte, sondern sich von Sympathisanten aushalten ließ oder einfach auf Gott vertraute. In seine Erzählungen waren Klugheitsregeln eingebettet, die man eher von Philosophen erwartet hätte. In anderen Gleichnissen veranschaulichte er, wie Gott sein Reich /580/ herbeiführen werde, nämlich leise und gleichzeitig doch unwiderstehlich. Wieder andere Gleichnisse legen schlagend dar, wie Gott das Verlorene sucht. Jesus lieferte in seinem Leben den Kommentar dazu: Er war oft zu Gast bei Zöllnern und Huren. Manchmal bekamen seine Gleichnisse auch einen drohenden Klang: Am Ende wird Gericht sein, und Gott wird seine Feinde vernichten. Gleichzeitig wendet Gott dann das Schicksal der Armen, Hungernden und Weinenden zum Guten, wie die Seligpreisungen der Bergpredigt eindrucksvoll darlegen.

Man hat gefragt, wie sich die quasi zeitlosen Weisheitsregeln bei Jesus zu jenen Stücken verhalten, die von einer ungebrochenen Naherwartung zeugen. Manche hauen den Knoten mitten durch und erklären das eine für echt und das andere für unecht. So entsteht dann wenigstens ein für uns heute verständlicher Jesus. Aber das ist wahrscheinlich zu modern gedacht. Was wir nicht zusammenbringen können, gilt für einen Menschen des ersten Jahrhunderts noch lange nicht. Jesu Zeitgenosse Paulus ist für das Beieinander von zeitloser Weisheit und ungestümer Naherwartung ein schlagendes Beispiel. Er war davon überzeugt, das Kommen seines Herrn Jesus auf den Wolken des Himmels noch selbst zu erleben, und wollte, wie in einem Fiebertraum befangen, das gesamte römische Weltreich noch vor der Wiederkunft Jesu missionieren. Doch finden sich bei ihm gleichzeitig quasi zeitlose Ausführungen darüber, daß die menschliche Weisheit vor Gott Torheit sei (1Kor 1,18 – 2,16), und er selbst hat der Nachwelt das schöne Lied von der Liebe überliefert, das keinerlei Naherwartung kennt. In 1Kor 13 spricht er davon, daß die Liebe größer sei als die Hoffnung (auf das Ende) und größer auch als der Glaube (an Christus, der die Naherwartung erst ermöglicht hat). Daraus folgt: Bei Jesus ebenso wie bei Paulus stehen Naherwartung, Weisheitslehre und Ethik gegen alle moderne Logik nebeneinander. Wahrscheinlich hat bei Jesus die Naherwartung die Überhand gehabt, wie sich aus der Betrachtung der letzten Tage seines Lebens noch ergeben wird.

Jesus hatte in Galiläa große Erfolge erlebt. Die Massen waren ihm zugetan. Nun zog es ihn nach Jerusalem. Dort wollte er Volk und Führung zur Umkehr aufrufen. Er marschierte nach Jeru- /581/ salem, begleitet von einer Schar von Jüngern und Jüngerinnen. In einer Symbolhandlung gab er im Tempelvorhof seiner Hoffnung auf den neuen Tempel dadurch Ausdruck, daß er einige Tische der Wechsler und Verkäufer umstieß. Das konnte ihm die jüdische Aristokratie nicht verzeihen. Was nun kam, war nichts im Verhältnis zu den gelegentlichen Auseinandersetzungen zwischen Pharisäern und Jesus in Galiläa. Ging es dort im wesentlichen um Sticheleien, so wurde es in Jerusalem bald ernst. Jesus wurde als politischer König der Juden verleumdet, und Pilatus machte kurzen Prozeß. Offenbar hatte Jesus seine Jünger schlecht darauf vorbereitet. Andernfalls wären sie nicht alle geflohen. Spätestens am Kreuz wurde Jesus zum Opfer inmitten von Verbrechern. Er litt hier für etwas, was er gar nicht wollte. Es war anders gekommen, als er es seinen Jüngern und dem jüdischen Volk gesagt hatte. Wahrscheinlich hat er das aber so gar nicht wahrgenommen. Hier hilft noch einmal der Blick auf den Apostel Paulus: Als dieser infolge des Todes einzelner Gemeindeglieder merkte, daß die Wiederkunft Jesu ausblieb, gab er nicht etwa seinen Glauben auf, sondern hielt um so stärker an ihm fest. Nun kam er zu der Überzeugung, daß er, ob er lebe oder sterbe, dem „Herrrn" gehöre. So wird wohl auch Jesus am Kreuzesbalken in Ergebung gegenüber seinem Vater gedacht und gefühlt haben. Kein Glaube kann je durch die Realität, von Argumenten ganz zu schweigen, widerlegt werden.

Die Nachgeschichte Jesu gehört in gebotener Kürze auch zu seinem Leben dazu, und zwar deshalb, weil wir ausschließlich ihretwegen überhaupt noch etwas von ihm wissen. Die sich mit Leidenschaft auf Jesus berufenden Jünger haben aus Jesus, dem Juden, einen Problemfall ersten Ranges gemacht. Bald nach seinem Tod behaupteten sie nämlich, Jesus sei von den Toten erweckt worden und werde als Gottessohn, als Retter, als Christus, als der Menschensohn auf den Wolken des Himmels wiederkommen. Doch es kam noch stärker: Anhänger Jesu trieben in seinem Namen Dämonen aus und vollbrachten ähnliche Wunder wie er. Ja, manche dienten sogar als Sprachrohr des auferweckten Jesus und gaben stellvertretend für ihn, erfüllt vom heiligen Geist, Antworten auf Probleme in den Gemeinden. Den vorläufigen Gipfel bildete die Bekehrung des Christenver- /582/ folgers Paulus, der durch den Auftrag des himmlischen Christus der Heidenmission den entscheidenden Impuls vermittelte und sie im großen Stil organisierte.

Was nun folgte, war eine Konfusion ohnegleichen, an deren Ende die fast ausschließlich aus Heiden bestehende Kirche Jesu Christi stand, die Jesu Volksgenossen unverzüglich als Gottesmörder abstempelte. Die mit der „Auferstehung" Jesu einsetzende Springflut bizarrer Deutungen des Alten Testaments war nicht mehr aufzuhalten. Überall brachen die Dämme der Vernunft, die bisher religiöse Allmachtsphantasien einigermaßen in Schach gehalten hatten. An vielen Stellen des Alten Testaments – so die Christen – hatte Gott bereits von Christus geredet und dessen Kommen angekündigt. Ja, bereits zu Beginn der Weltgeschichte stand Christus Gott zur Seite. War es schon eine Tragödie, wie der vollmächtige Exorzist, der Gesetzesausleger, der Prophet, der Poet und der Weisheitslehrer Jesus in Jerusalem einer politischen Intrige zum Opfer fiel, so gilt das potenziert von der Art und Weise, wie Jesus in der Kirchengeschichte bis heute interpretiert und für die Zwecke der jeweiligen Menschen mißbraucht wurde.

Trotzdem bleibt die Frage: Was bedeutet er für die Gegenwart, wenn einmal seine kirchliche Verbrämung als Maskerade erkannt ist? Meine Einschätzung ist: Jesus war eine sympathische, naturwüchsige Gestalt, ein Mensch mit Humor und Witz, über den ich manchmal schmunzele. An der Ernsthaftigkeit seines eigenen Lebensentwurfes an den Rändern der jüdischen Gesellschaft seiner Tage ist kein vernünftiger Zweifel möglich. Jesus ist das Beispiel eines Menschen, der ernst damit macht, einen einmal eingeschlagenen Weg bis zum Ende zu gehen. Aber bei seiner Gesetzesauslegung, welche die Thora gleichzeitig verschärft und aushebelt, wird er mir zuweilen zu ernsthaft, und in seinem Schwärmertum, das die Vernunft mit Füßen tritt, kann ich ihn nicht mehr ernst nehmen, denn das von ihm angekündigte Reich Gottes ist ausgeblieben. Schließlich: In seinem vertrauten Umgang mit Gott wirkt Jesus auf mich geradezu lächerlich, denn damit verbreitete auch er die Unsitte vieler religiöser Menschen: sich selbst als Mittelpunkt der Welt zu sehen.

Gerd Lüdemann, Jesus nach 2000 Jahren: Was er wirklich sagte und tat, Lüneburg: zu Klampen, 3., verb. Aufl. 2012 (1. Aufl. 2000), S. 573–582.

Gerd Theißen
5.12 Die politische Dimension des Wirkens Jesu, 2002

Ulrich Duchrow zum 65. Geburtstag

Wie politisch war Jesus? Diese Frage wird verschieden beantwortet, je nachdem, ob man einen weiteren oder engeren Politikbegriff zugrunde legt. Die Antike kennt nur den weiteren Begriff. Politik ist bei Aristoteles die Aufgabe, das gute Leben in einem Gemeinwesen zu verwirklichen. In der Gegenwart begegnet oft ein engerer Politikbegriff ohne diese normative Ausrichtung: Politik ist die Kunst des Machterwerbs und der Machterhaltung.[1] Aber das weitere Verständnis von Politik wirkt fort.[2] Wenn gefragt wird: Wie politisch war Jesus?, wird in der Regel der engere Politikbegriff zugrunde gelegt. Es wird gefragt: Wurde er als politischer Aufrührer hingerichtet? Planten er und seine Jünger eine Revolution? usw.[3]

Man kann gegen die Anwendung des engeren Politikbegriffs auf Jesus einwenden, dass er eine für die damaligen Zeiten unhistorische Trennung von Religion und Politik suggeriert. Die Trennung von Religion und Politik kam erst in der Neuzeit voll zum Durchbruch. In der Antike herrscht der weitere Politikbegriff vor. Dennoch plädiere ich dafür, zunächst von einem engeren Politikbegriff auszugehen: Wenn wir nämlich eine Verbindung von Jesus mit Machtpolitik im engeren

---

1 Vgl. V. Sellin, Art. Politik, in: Geschichtliche Grundbegriffe 4, Stuttgart 1978, 789–874, 790: „Aristoteles bestimmt die Politik in ihrer höchsten Form als die Aufgabe, das gute und tugendhafte Leben der Bürger zu verwirklichen. Die Geschichte des Politikbegriffs in der Neuzeit ist die Geschichte der Auseinandersetzung dieses aristotelischen Verständnisses mit der zuerst von Macchiavelli begründeten Auffassung, demzufolge Politik nichts anderes ist als die Kunst des Machterwerbs und der Machtbehauptung, ohne Bindung an einen bestimmten Zweck der staatlichen Gemeinschaft."
2 Man unterscheidet: 1. „Polity" als das politische System, das Gemeinwesen, 2. „Politics" als prozedurale Durchsetzung des politischen Willens, 3. „Policy" als die Ziele und Werte, die dabei durchgesetzt werden. Der engere Politikbegriff betrifft nur die „Politics", der weitere auch „Polity" und „Policy". Vgl. H. Münkler, Art. Politik/Politologie, TRE 27 (1997), 1–6, 1.
3 Zu den verschiedenen Varianten der These, Jesus sei Revolutionär gewesen, vgl. E. Bammel, The Revolution Theory from Reimarus to Brandon, in ders. / C.F.D. Moule, Jesus and the Politics of His Day, Cambridge 1984, 11–68.

Sinne nachweisen können, so gilt eine solche Verbindung erst recht für den weiteren Politikbegriff.[4] Was aber ist Politik?

Max Weber definiert *Politik* als „Streben nach Machtanteil oder nach Beeinflussung der Machtverteilung, sei es zwischen Staaten, sei es innerhalb eines Staates zwischen den Menschengruppen, die er umschließt"[5]. Damit folgt er der Tradition des engeren Politikbegriffs. Sofern er vom Politiker jedoch eine Verantwortungsethik verlangt,[6] die sich am Wohl des Ganzen orientiert, folgt er auch dem weiteren Politikbegriff. Im Zentrum des Politischen steht bei ihm jedoch das Problem der Macht. Was aber ist Macht?

Macht ist für Max Weber „jede Chance, innerhalb einer sozialen Beziehung den eigenen Willen auch gegen Widerstreben durchzusetzen, gleichviel worauf diese Chance beruht"[7]. Um seinen Willen gegenüber einem anderen durchzusetzen, gibt es grundsätzlich drei Möglichkeiten:[8] /113/

1) Utilitaristische Macht: Man kann andere durch *Vorteile* dafür gewinnen, den eigenen Willen zu erfüllen. Man kann sie bezahlen, beschenken, fördern.

2) Koerzitive Macht: Macht kann sich auf *Gewalt* gründen, die Schaden androhen oder zufügen kann. Politiker streben daher immer die Kontrolle über die Zwangsmittel des Staates, über Polizei und Heer, an. Aber kein Staat kann auf Dauer ausschließlich auf Gewalt basieren.[9]

3) Persuasive Macht: Man kann schließlich andere Menschen dafür gewinnen, den eigenen Willen auszuführen, indem man sie überzeugt. *Überzeugungen* sind bei jeder Form legitimer Machtausübung im Spiel. Denn Legitimität zeichnet sich dadurch aus, dass die Machtausübung von den Beherrschten anerkannt wird.

---

[4] Eine andere Entscheidung trifft M.J. Borg, Jesus in Contemporary Scholarship, Valley Forge 1994, 97–126, 98: „If ‚politics' is used in the narrow sense, then Jesus was basically nonpolitical. ... Yet, as I shall argue, Jesus both challenged the existing social order and advocated an alternative. ... This is ‚political' in the broad sense of the word. Indeed, in this broader sense, much of the biblical tradition is political."

[5] M. Weber, Wirtschaft und Gesellschaft. Grundriß der verstehenden Soziologie, Tübingen ⁵1976, 822.

[6] Vgl. M. Weber, Der Beruf zur Politik, in: ders., Soziologie. Weltgeschichtliche Analysen. Politik, hg.v. J. Winckelmann, Stuttgart ³1964, 167–185.

[7] M. Weber, Wirtschaft und Gesellschaft (s. Anm. 5), 28.

[8] Die folgende Unterscheidung stammt von A. Etzioni, The Active Society. A Theory of Societal and Political Processes, London 1968, 357f.

[9] Tayllerand wird der treffende Ausspruch zugeschrieben: „Man kann mit Bajonetten vieles machen, man kann nur nicht auf ihnen sitzen."

Macht wird zur Herrschaft, wenn sie als legitim anerkannt wird. *Herrschaft* ist die „Chance, für einen Befehl bestimmten Inhalts bei angebbaren Personen Gehorsam zu finden" (M. Weber).[10] Max Weber unterscheidet drei Legitimationsformen: eine charismatische, traditionale und eine bürokratische.[11]
1) *Charisma* ist dadurch definiert, dass ein Mensch Anerkennung bei seinen Anhängern findet – auch ohne Stütze in Traditionen, Institutionen und ohne Zwangsmittel.
2) *Tradition* (etwa dynastische Abstammung) schafft Anerkennung, die sich nicht erst mit Gewalt durchsetzen muss, sondern schon immer anerkannt wurde.
3) *Bürokratie* legitimiert sich dadurch, dass sie willkürliche Herrschaft durch Regeln einschränkt.

Dabei gilt: Je größer die Legitimität der Macht, um so mehr können Gewalt und Gewaltandrohung zurücktreten. Oder anders ausgedrückt: Je mehr man mit Hilfe von Überzeugungen Menschen dazu bewegt, etwas zu tun, um so mehr kann man auf Vorteile und Zwang verzichten. Bei Jesus tritt uns nun ein ganz besonderer Typ von Machtausübung entgegen:
1) Jesus bezahlt niemanden. Aber er verheißt Vorteile – in dieser und in der neuen Welt. Er übt dadurch heils-utilitaristische Macht aus.
2) Er lehnt koerzitive Gewalt dezidiert ab, ist aber demonstrativ bereit, zum Opfer von Gewalt und Aggression zu werden. Sein Charisma wird durch *Selbststigmatisierung* gewonnen.[12] Charismatiker übernehmen manchmal Außenseiterrollen ohne Chance auf soziale Anerkennung bei der Mehrheit. Überstehen sie die Ablehnung durch die Mehrheit, üben sie um so größeren Einfluss bei ihren Anhängern aus.
3) Schließlich beeinflusst Jesus andere Menschen durch Überzeugung. Sein Charisma ist in der „Herrschaft Gottes" begründet: im Glauben an den einen und einzigen Gott, der sich bald durchsetzen wird. Bei der Ankündigung und Durchsetzung dieser Herrschaft setzt er auch symbolische Handlungen ein. An die Stelle der Gewaltpolitik tritt „*Symbolpolitik*".[13]

---

10 M. Weber, Wirtschaft und Gesellschaft (s. Anm. 5), 28.
11 Daneben kennt er manchmal als besondere Form die „demokratische" Herrschaft.
12 Vgl. H. Mödritzer, Stigma und Charisma im Neuen Testament und seiner Umwelt, Göttingen 1994.
13 Vgl. zur Symbolpolitik A. Dörner, Politischer Mythos und symbolische Politik. Sinnstiftung durch symbolische Formen am Beispiel des Herrmannsmythos, Opladen 1995.

Wir können nach diesen begrifflichen Unterscheidungen[14] folgende vier Thesen aufstellen: /114/

1) Jesus zog politische Erwartungen auf sich. Er aktivierte in seiner Umgebung die Hoffnung, er werde als Messias *Herrschaft* ausüben. Er wurde wegen diesen von ihm geweckten Heilserwartungen gekreuzigt – aufgrund der politischen Beschuldigung, er sei der König der Juden, der Messias. Dass er sich selbst als messianischer Herrscher verstanden hat, ist damit nicht gesagt.

2) Die zweite These steht dazu in Spannung: Jesus hat Zwang und *Gewalt* abgelehnt, wurde aber am Ende seines Lebens selbst Opfer politischer Gewalt. Wir finden bei ihm ein oppositionelles Verhältnis zur Machtausübung durch Gewalt. Daher sehen manche in Jesus einen Vertreter apolitischer Gesinnungsethik.[15] Aber damit ist nicht alles gesagt.

3) Die dritte These lautet: Der Widerspruch zwischen der von Jesus erwarteten politischen Herrschaft und seinem apolitischen Verhältnis zur Gewalt lässt sich nicht durch die These lösen, Jesus selbst sei unpolitisch gewesen und nur aufgrund eines *politischen Missverständnisses* gekreuzigt worden. Jesus ersetzte vielmehr Gewaltpolitik durch *Symbolpolitik*.

4) Die vierte These ordnet diese gewaltreduzierende Politik in antike Traditionen ein – nämlich in ein humanes *Herrscherideal*, das auch in der Antike die Selbstbeschränkung der Macht forderte. Das Besondere der Jesusverkündigung ist, dass er dies Ideal eines humanen Herrschers zum Leitbild einer Ethik für kleine Leute machte.

Der These vom politischen Missverständnis des Wirkens Jesu möchte ich also die These einer gewaltlosen Symbolpolitik Jesu entgegensetzen, die sich an einem alternativen antiken Herrschaftsideal orientiert und dies Herrschaftsideal allen zugänglich macht. Wir fänden dann bei Jesus ein politisches Paradox. Denn es gibt keine Politik ohne (latente) Gewaltanwendung, aber alle zivilen Bemühungen um Politik haben zum Ziel, den Anteil der Gewalt in der Politik zurückzudrängen. Jesus gehört in die Geschichte dieser Bemühung.

---

14 Für eine Analyse des Verhältnisses von Jesus und Politik benutzt N.A. Røsæg, Jesus from Galilee and Political Power. A socio-historical investigation, Diss. theol. Oslo 1990 (unveröffentlichtes Manuskript) vier Kategorien: „1.) ‚demands'/‚benefits', 2.) ‚sanctions', 3.) ‚personal positions' (institutions, roles), and 4.) ‚Ideology' (the issue of legitimacy)" (S. viii). Wenn ich sie den oben skizzierten Kategorien zuordne, so sind 1.) Wohltaten utilitaristische Macht, 2.) Sanktionen koerzitive Macht, 3.) Personen und Rollen werden durch die verschiedenen Formen von Herrschaftsausübung geschaffen: Charismatiker, dynastische Herrscher, Bürokraten, 4.) Generalisierte und abstrakte Macht ist „persuasive Macht" oder Herrschaftslegitimation.
15 So etwa M. Weber, Der Beruf zur Politik (s. Anm. 6).

Alle Arbeiten über den historischen Jesus sind freilich mit einer großen Unsicherheit behaftet. Bei allen Traditionen wird diskutiert, ob sie echt sind. Niemand kann diese Diskussion definitiv abschließen. Wer will, kann die folgenden Ausführungen daher als eine Analyse der ältesten Jesustraditionen lesen – und dabei in der Schwebe halten, ob diese Jesustraditionen von Jesus geprägt oder von der Imagination des Urchristentums geschaffen wurden. Eine einfache Überlegung weist jedoch auf einen politischen „Rahmen" des Wirkens Jesu. Trotz aller Skepsis gibt es zwei sichere Eckdaten: die Taufe Jesu und sein Ende am Kreuz.[16] Beide bereiteten den ersten Christen Schwierigkeiten. Die Taufe legte den Gedanken nahe, dass sich Jesus als ein sündiger Mensch verstanden hat, der zur Vergebung seiner Sünden auf eine Wassertaufe angewiesen war, und dass Johannes der Täufer ihm übergeordnet war.[17] Noch anstößiger war das Kreuz. Es war nicht leicht, jemanden als göttlichen Erlöser zu predigen, der durch Kreuzigung hingerichtet worden war. Beide Eckdaten haben eine politische Dimension. Jesus begann als Schüler des Täufers, der aus politischen Gründen umgebracht wurde (Jos ant 18,116–119). Und er endete am Kreuz – aufgrund der Anklage, er habe als „König der Juden" nach der politischen Macht gegriffen. Wenn die Eckdaten eine politische Dimension haben, kann dann das Wirken Jesu zwischen ihnen ganz unpolitisch gewesen sein? Die Frage ist doch eher: In welchem Sinne war es politisch? /115/

1. Jesus und die Erwartung seiner messianischen Herrschaft

Historische Forschung hat herausgearbeitet, dass es im Judentum sehr verschiedene Messiasvorstellungen gab und keineswegs alle Juden einen Messias erwarteten.[18] Um so erstaunlicher ist ein zweifacher Konsens im Urchristentum: 1. Das

---

16 Vgl. A. Scriba, Kriterien der Jesus-Forschung. Darstellung und Kritik mit einer neuen Rekonstruktion des Wirkens Jesu, HabSchr. Universität Mainz 1998 [= Echtheitskriterien der Jesus-Forschung. Kritische Revision und konstruktiver Neuansatz, THEOS, Bd. 74, Hamburg 2007], der ein Kriterium der „Datenauswertung" einführen will, d.h. der Auswertung gesicherter Eckdaten wie Taufe und Kreuz.
17 Vgl. die apologetischen Motive im Bericht über Jesu Taufe in Mt 3,13–17 (der Täufer lehnt es ab, Jesus zu taufen, da er umgekehrt auf dessen Taufe angewiesen sei). Im Ebionäerevangelium (Frgm. 3) kniet der Täufer vor Jesus nieder. In Joh 1,29ff kommt Jesus zwar mit Sünde beladen zum Täufer – aber es sind nicht seine Sünden, sondern die der Welt. Im Nazaräerevangelium (Frgm. 2) betont Jesus, dass er nicht auf Sündenvergebung angewiesen sei. Vgl. G. Theißen/A. Merz, Der historische Jesus. Ein Lehrbuch, Göttingen 1996 ²1997, 193f.
18 Vgl. J.H. Charlesworth (Hg.), The Messiah. Developments in Earliest Judaism and Christianity, Minneapolis 1992. Ferner der Sammelband: Der Messias, JBTh 8 (1993) mit vielen Beiträgen.

Urchristentum bezeichnet Jesus einmütig als Messias (griechisch: Χριστός).[19] Selbst Josephus nennt ihn den „so genannten Christus" (ant 20,200). „Christus" wurde bald zum Eigennamen, auch wenn der Name Christus mit der numinosen Aura des „Gesalbtseins" verbunden blieb.[20] 2. Der Christustitel wird in den Evangelien immer als königlicher Messias verstanden – als „König der Juden", nicht als prophetischer oder priesterlicher Messias.[21] Das ist keineswegs selbstverständlich, da der Messiastitel zu seiner Zeit noch sehr offen war.

Dennoch war es in der vorigen Generation fast Konsens, dass Jesus sich nicht für den Messias gehalten habe. Erst durch die Ostererscheinungen sei er in den Augen seiner Jünger zum Messias geworden. Das Messiasbekenntnis des Petrus sei Rückprojektion österlichen Glaubens in die vorösterliche Zeit.[22] Jedoch sprechen einige Argumente für seine Authentizität:

- Wir haben historisch keine Analogien dafür, dass jemand durch Erscheinungen nach seinem Tod zum Messias wird, wohl aber dafür, dass jemand zu Lebzeiten von einem anderen zum Messias erklärt wird. Rabbi Akiba erklärte Bar Kochba zum Messias (j.Taan. IV, 68d). Josephus sah im römischen Kaiser Vespasian die messianischen Hoffnungen erfüllt – und erklärte ihn zum Weltherrscher (bell 3, 401f). Die Pseudomessiasse in Mk 13,21f werden durch andere Menschen zum Messias erklärt, die sagen: Siehe, er ist hier, er ist dort. Warum soll da nicht auch ein Anhänger Jesu wie Petrus diesen zum Messias

---

[19] Eine Ausnahme ist das Thomasevangelium. Im ThomEv fehlt der Begriff „Messias". Da dieser Begriff meist im Munde anderer Menschen in den anderen Evangelien begegnet und das ThomEv weithin aus Worten Jesu besteht, ist das Fehlen des Messiasbegriffs nicht überzubewerten.

[20] Vgl. M. Karrer, Der Gesalbte. Die Grundlagen des Christustitels, Göttingen 1991: Antiken Menschen war die Zuordnung von Dingen und Personen zu Gott durch Salbung vertraut. Der „Gesalbte" deutet auf eine Nähe zu Gott. Das Allerheiligste ist „das Gesalbte" (nach Dan 9,24–27 LXX). Richtig ist: Wenn Jesus der gesalbte „Messias" ist, ist er der „gottnahe König" Israels – im Unterschied zu allen gottlosen Herrschern. Aber er ist ein *König*.

[21] Dies wird (1.) durch die Verbindung der Jesustradition mit dem Davidssohntitel (vgl. Röm 1,3f; Mk 10,47f) und (2.) in der Passionsgeschichte deutlich: Jesus bekennt vor seinen Richtern im Synhedrium, dass er der „Christus, der Sohn des Hochgelobten" ist (Mk 14,61f), wird aber als „König" vor Pilatus verhört (15,2ff). Der Gekreuzigte wird als „Christus, der König Israels" (Mk 15,32 parr.) verspottet. Der königliche Charakter der Messianität ist so selbstverständlich vorausgesetzt, dass er nicht erläutert werden muss.

[22] So die These von R. Bultmann, Die Frage nach dem messianischen Bewußtsein Jesu und das Petrus-Bekenntnis, ZNW 19 (1919/20) 165–174 = ders., Exegetica. Aufsätze zur Erforschung des Neuen Testaments, Tübingen 1967, 1–9.

erklärt haben? Zumal der Messiasbegriff fast durchgehend im Munde anderer Menschen in den Evangelien erscheint.[23]
- Hinsichtlich der Messianität Jesu sind sich Anhänger wie Gegner einig. Petrus bekennt ihn im Namen aller Jünger als Messias (Mk 8,29). Das Volk erwartet mit seinem Einzug in Jerusalem die „Herrschaft unseres Vaters David" (Mk 11,10). Die Römer richten ihn als „König der Juden" hin – was als „Messias Israels" aufgegriffen wird (Mk 15,26.32). /116/ Wo Anhänger und Gegner übereinstimmen, dürfte man der historischen Wahrheit nahe kommen.
- Es gab in der damaligen Zeit im Volk Erwartungen eines populären Königs, auch wenn wir nicht sicher sind, ob diese Könige und Königsprätendenten „Messias" genannt wurden oder sich selbst so nannten. Im so genannten Räuberkrieg 4 v.Chr. (Jos ant 17,269-285) traten Simon und Athronges als populäre Könige auf, während Judas, der Sohn des Hezekias (bzw. Judas Galilaios) eher ein Lehrer war, der die Theokratie Gottes lehrte – nicht aber seine eigene Herrschaft anstrebte (bell 2,56). Dass vergleichbare Erwartungen eines populären Königs zu Jesu Lebzeiten erneut aufflammten, ist historisch möglich.
- Wenn Jesus in seinem Jüngerkreis mit Messiaserwartungen konfrontiert wurde, so musste er damit rechnen, dass sie an einen Messias im politischen Sinne dachten, der Israel befreien würde. Er könnte diese Erwartung zurückgewiesen haben. Messiasbekenntnis und Satanswort könnten ursprünglich zusammengehören.[24] Jesus hätte dann die irdische Gesinnung des

---

23 Die wenigen Ausnahmen sind: (1.) Zwei Worte des irdischen Jesus: Die Mahnung, Jünger zu unterstützen, weil sie Christus angehören (Mk 9,41 ohne Parallele) und die Davidssohnfrage (Mk 12,35 mit Parallelen), in der Jesus allgemein vom Messias spricht; (2.) Worte des Erhöhten, der die Jünger über die Notwendigkeit des Leidens des Messias belehrt (Lk 24,26.46) bzw. im hohepriesterlichen Gebet seine Sendung und den christlichen Glauben in der Rückschau zusammenfasst (Joh 17,3). Das hohepriesterliche Gebet gehört zwar der äußeren Situation nach vor die Passion, der inneren Situation nach aber ist es nach dem Verlassen der Welt gesprochen (vgl. Joh 17,11).
24 Für sie kann man anführen: 1. In Joh 6,66 – 71 folgt das Satanswort auf das Petrusbekenntnis, bezieht sich aber auf Judas. Die Parallele im ThomEv enthält ein schwaches Echo einer abweisenden Reaktion Jesu auf das Bekenntnis des Thomas: „*Ich bin nicht dein Meister ...*" Dann spricht Jesus heimlich drei Worte zu Thomas. Thomas sagt darüber: „Wenn ich euch eins der Worte sage, die er mir gesagt hat, *werdet ihr Steine nehmen (und) auf mich werfen, und Feuer wird kommen aus den Steinen (und) euch verbrennen*" (ThomEv 13). Aus der Abweisung durch Jesus ist eine antizipierte Abweisung durch die anderen Jünger geworden. 2. Die jetzige Trennung von Messiasbekenntnis des Petrus und Satanswort lässt sich als mk Redaktion begreifen, die Schweigegebot (Mk 8,30) und Leidensweissagung (Mk 8,31) eingeschoben hat. – Die These von einer Zusammengehörigkeit von Messiasbekenntnis und Satanswort wurde von E. Dinkler, Petrusbekenntnis und Satanswort. Das Problem der Messianität Jesu, in: ders. (Hg.), Zeit und

Petrus zurückgewiesen – nicht aber den Messiastitel als solchen: „Weiche von mir, Satan, denn du *sinnst* (φρονεῖς) nicht, was göttlich, sondern was menschlich ist" (Mk 8,33).

- Wir haben im vorchristlichen Judentum keinen Beleg für einen leidenden Messias. Das stimmt mit dem Befund im Neuen Testament überein: Die Emmausjünger lernen erst durch den Auferstandenen, dass der Messias leiden muss (Lk 24,26.46). Wenn der traditionelle Messiasbegriff einen Messias *ohne* Leid meint, so ist sehr viel wahrscheinlicher, dass dieser Messiasbegriff *vor* Jesu Leiden an ihn herangetragen worden ist, als dass er *nach* seinem Tod auf ihn übertragen wurde – zu einer Zeit, als die Jünger und Zeitgenossen Jesu nicht mehr auf einen Messias hoffen konnten, der sich im irdischen Sinne durchsetzen werde. Denn warum sollten sie angesichts des Kreuzes ein Motiv gehabt haben, die Vorstellung eines siegreichen Königs auf Jesus zu übertragen – und diesen Messiasbegriff ausgerechnet mit dem Leiden und der Passion Jesu zu verbinden?[25] Wahrscheinlich war der Messiasbegriff schon vorher mit Jesus verbunden und hat in Prozess und Passion eine entscheidende Rolle gespielt. Die traditionelle Messiasvorstellung (aus PsSal 17/18) dürfte somit erst durch Prozess und Hinrichtung Jesu zur Vorstellung vom scheiternden Messias umgeprägt worden sein.

Wenn Anhänger in Jesus den königlichen Messias erhofften, so war das in der damaligen Zeit eine politische Erwartung. Der Messias war nach PsSal 17 ein Davidide, der die Feinde aus dem Land treiben sollte. Jesus ist mit der Beschuldigung, er sei solch ein „Messias", ein Königsprätendent, hingerichtet worden. Daraus kann man m. E. folgern: Er hat sich vor Pilatus nicht von dieser Erwartung distanziert. Hätte er dies (vor Zeugen) getan, so hätten sich die ersten Christen im 1. Jh. damit gewiss auseinandersetzen müssen. Aber hat Jesus selbst sich deswegen als ein Messiasprätendent verstanden?[26] Erwartete er nicht einzig und allein /117/ die „Herrschaft Gottes"? Lehnte er nicht Gewaltausübung ab? Ist das nicht zutiefst unpolitisch? Denn Gewalt gehört nun einmal zur politischen Herrschaft!

Geschichte. FS R. Bultmann, Tübingen 1964, 127–153 = ders., Signum Crucis. Aufsätze zum Neuen Testament und zur christlichen Archäologie, Tübingen 1967, 283–312, und F. Hahn, Christologische Hoheitstitel. Ihre Geschichte im frühen Christentum, Göttingen 1963 [5]1995, 226–230, vertreten.

25 Diese Verbindung findet sich sowohl in der Passionsgeschichte als auch in der wohl vorpaulinischen Formelsprache bei Paulus: vgl. Röm 5,8.6; 14,15; 1Kor 8,11; 1Thess 5,10; Gal 2,21, dazu 1Kor 15,3b-5.

26 So M. Hengel, Jesus, der Messias Israels. Zum Streit über das „messianische Sendungsbewußtsein" Jesu, in: I. Gruenwald u. a. (Hg.), Messiah and Christos. FS D. Flusser, Tübingen 1992, 155–176.

2. Jesus und die Ablehnung von Gewaltpolitik

Die Gebote der Bergpredigt zu Gewaltverzicht und Feindesliebe gelten oft als Inbegriff des Unpolitischen.[27] Sie sind ein direkter Widerspruch gegen das, was manche für das Wesen des Politischen halten: die Möglichkeit, Gewalt anzuwenden und die Unterscheidung von Freund und Feind (C. Schmitt).[28] Aber ist nicht auch der Widerspruch zum Politischen indirekt „politisch"? Und ist nicht indirekt politisch auch, dass die Feindesliebe nicht nur den persönlichen Feind,[29] sondern jeden Feind meint:

1) Das Feindesliebegebot der Bergpredigt nennt Gruppen. Das Nächstenliebegebot wird (in Übereinstimmung mit Lev 19,18) zwar im Singular formuliert: „Ihr habt gehört, dass gesagt ist: *Du* sollst deinen Nächsten lieben und *deinen* Feind hassen" (Mt 5,43). Dann aber heißt es im Plural: *„Liebet eure Feinde!"* (5,44). Dieser Wechsel vom Singular zum Plural entsteht erst durch die matthäische Kombination der (sekundären) antithetischen Form mit dem Gebot der Feindesliebe. Wie war es aber bei Jesus selbst? Auch hier wäre der Plural auffällig. Weishheitliche Mahnungen sind weitgehend im Singular formuliert. So auch die Mahnung zur Feindesliebe in Prov 25,21: „Hungert deinen Feind, so speise ihn mit Brot ..." (vgl. Röm 12,20).[30] Hätte Jesus wirklich nur den Gegner im Dorfleben gemeint, hätte der Singular nahe gelegen.

2) Das Feindesliebegebot setzt voraus, dass die angeredeten Feinde Macht haben. Sie können verfolgen. Denn Matthäus fügt hinzu: „und bittet für die, die euch verfolgen" (Mt 5,44). Verfolgung umfasst immer Gewalt.[31] Es muss sich um Feinde handeln, die direkt oder indirekt politische Macht besitzen. Auch hier begegnet das Stichwort „verfolgen" nur bei Matthäus (vgl. Lk 6,27). Wieder müssen wir fragen: Lässt sich etwas über das vormatthäische Verständnis der Feindesliebe sagen? Was haben die Hörer Jesu unter „Feinden" verstanden?

---

27 Vgl. M. Weber, Der Beruf zur Politik (s. Anm. 6), 173 f: „Denn wenn es in Konsequenz der akosmistischen Liebesethik heißt: ‚dem Übel nicht widerstehen mit Gewalt', – so gilt für den Politiker umgekehrt der Satz: du *sollst* dem Übel gewaltsam widerstehen, sonst – bist du für seine Überhandnahme *verantwortlich."*
28 So C. Schmitt, Der Begriff des Politischen, Archiv für Sozialwissenschaft und Sozialpolitik 58, 1–33 = Berlin 1963 (als Einzelschrift).
29 So vor allem R.A. Horsley, Ethics and Exegesis: ‚Love your enemies' and the Doctrine of Nonviolence, JAAR 54 (1986), 3–31, der Jesus in Bemühungen einordnet, das soziale Leben in den Dörfern Galiläas zu erneuern.
30 Auch die Mahnung des Bundesbuches, dem Vieh des Feindes zu helfen, ist im Singular formuliert (Ex 23,4f).
31 Vgl. „verfolgen" in Mt 10,23 und 23,34: Verfolgung meint die Vertreibung aus einer Stadt in die andere. In 23,34 steht das Verb neben töten, kreuzigen und geißeln.

Haben sie den „Gegner" (ἐχθρός; inimicus) vom Staatsfeind (πολέμιος; hostis) unterschieden?[32] Wohl kaum. In der kurz vor dem Auftreten Jesu (neu?) herausgegebenen Himmelfahrt Mose sind die Feinde eindeutig Heiden, an denen sich Gott mit dem Kommen seiner Herrschaft rächen wird (AssMos 10,2.10 vgl. 10,7). Nationale „Feinde" (ἐχθροί) sind auch im Benedictus des Zacharias gemeint (Lk 1,74).

Aber finden wir nicht auch bei Jesus versteckte Züge, die auf Gewaltbereitschaft hinweisen? Hinweise auf Formen von Zwang und Gewalt? Die Indizien, die man dafür anführt, überzeugen nicht.

Gewiss heißt ein Anhänger Jesu *Simon der Zelot* (Lk 6,15; Apg 1,13). Aber selbst wenn damit jene Gruppe von „Zeloten" gemeint sein soll, die bei Josephus erst 40 Jahre später im /118/ Tempel von Jerusalem als dessen Verteidiger hervortritt, kann man daraus nicht schließen, seine Anhänger seien bewaffnete Widerstandskämpfer gewesen. Wenn in einer Gruppe einer „der Araber" heißt, sind die anderen sicher keine Araber. Wenn einer „der Zelot" heißt, folgt daraus, dass alle anderen es wohl nicht waren.

Gewiss gibt es die Überlieferung von den *zwei Schwertern* (Lk 22,38), in der die strengen Ausrüstungsregeln von Lk 9,3 und 10,4 relativiert werden. Anstatt auf einen Stab zu verzichten (Lk 9,3),[33] sollen sie von jetzt ab ein Schwert mit sich führen. Das war auch bei den Essenern Reiseausstattung (Jos bell 2,125 f). Lk sagt: Von jetzt ab sollen die christlichen Missionare nicht mehr als schutzlose Bettler durch die Lande ziehen. Hinzu kommt ein apologetischer Sinn. Nur bei Lukas wird Jesus vor Pilatus wegen eines Aufruhrs angeklagt (Lk 23,2). Der Leser des Lukasevangeliums soll von vornherein wissen, dass diese Vorwürfe absurd sind. Er weiß ja aufgrund der Episode mit den zwei Schwertern: Mehr als zwei Schwerter hatten die Jünger nicht. Damit kann man keine Rebellion machen, wohl aber erklären, warum Jesus irrtümlich „unter die Übeltäter" gerechnet wurde (Lk 22,37 = Jes 53,12).

Gewiss gibt es die so genannte *Tempelreinigung*, in der Jesus Gewalt anwendet. Aber das ist eine prophetische symbolische Handlung, welche die Botschaft vom Ende dieses Tempels und von einem wunderbaren neuen Tempel unterstreichen soll. Die Propheten haben in ihren Symbolhandlungen getan, was sie sonst für verwerflich hielten. Wenn Jesus bei einer prophetischen Symbolhandlung Gewalt anwendet, fordert er so wenig zur Gewalt auf, wie Hosea zum Ehebruch aufruft,

---

32 Vgl. W. Foerster, Art. ἐχθρός, ThWNT 2 (1935), 810–815, 811: ἐχθρός sehe „mehr auf den persönlichen Gegensatz". Aber beides kann synonym in den späten Schriften der LXX nebeneinander begegnen (vgl. z. B. 1Makk 14,31 und 34 u. ö.).
33 Mk 6,8 konzediert dagegen einen Stab.

wenn er eine Ehebrecherin heiratet. Hosea wollte durch seine provokative Handlung Gottes Treue zu seinem „ehebrecherischen" Volk demonstrieren. Jesus wollte durch seine Tempelreinigung ein Gericht über den Tempel und einen neuen Tempel ankündigen.

Unser vorläufiges Ergebnis ist: Jesus vertrat demonstrativ Gewaltlosigkeit, weckte aber gleichzeitig die Erwartung, ein messianischer Herrscher zu sein. Darin liegt ein Widerspruch: Herrschaft (auch eine messianische Herrschaft) stützt sich latent immer auf Gewalt. Lässt sich dieser Widerspruch durch die Annahme erklären, dass Jesus tief unpolitisch war – so unpolitisch, dass ihm die Unvereinbarkeit von Gewaltlosigkeit und politischer Herrschaft gar nicht bewusst war? Oder wurde er von seiner Umgebung (von Anhängern und Gegnern) politisch missverstanden? Oder war er in anderer Weise politisch?

3. Die These von der Symbolpolitik Jesu

Die Annahme ist weit verbreitet, Jesus sei gegen seinen Willen politisch missverstanden worden: „He (sc. Jesus) rejected the way of violent revolution and so disappointed the hopes of many of his own followers; but because he excited – perhaps contrary to his own intention – messianic hopes, he was executed by the authorities as a potential danger to the stability of the social order."[34] Ist solch ein politisches Missverständnis historisch möglich? Zwei Analogien könnte man nennen: das Bild Johannes des Täufers[35] und des Aufrührers Judas, des Sohnes des Hezekias, bei Josephus.

Nach den Evangelien wird der Täufer hingerichtet, weil er Herodes Antipas wegen seiner ungesetzlichen Ehe kritisiert. Josephus schreibt Antipas dagegen politische Motive für die Hinrichtung des Täufers zu: Er habe gefürchtet, „sein (Johannes') übergroßer Einfluss auf /119/ die Menschen könnte zu einer Art Aufstand führen" (ant 18,118). Die Evangelien stellen den Täufer zweifellos unpolitischer dar, als er es nach Josephus war. Hat deshalb Josephus (bzw. Antipas) den Täufer politisch missverstanden – während die Evangelien ihn zutreffend als unpolitische Gestalt darstellen? Eher war es umgekehrt: In den Evangelien ist die politische Dimension des Täufers zurückgetreten.[36] Und wäre dann nicht auch für

---

34 R.B. Hays, The Moral Vision of the New Testament, San Francisco 1996, 164.
35 So R.B. Hays, a.a.O., 165.
36 Die Kritik an der Ehe des Antipas hatte natürlich eine politische Dimension – nach außen und innen. Da Herodes Antipas um seiner Ehe mit Herodias willen seine erste Frau, eine Nabatäerprinzessin, verstoßen wollte, floh diese zu ihrem Vater – der später Antipas eine vernichtende Niederlage zufügt, die das Volk als Strafe für den Mord an Johannes den Täufer

das Bild Jesu in den Evangelien zu vermuten, dass seine politischen Züge in den Evangelien verblasst sind?

Der zweite Beleg wurde bisher noch nicht berücksichtigt. Josephus stellt sowohl im Bellum Judaicum als auch in den Antiquitates Judas, den Sohn des Hezekias, als einen Aufrührer dar, der nach dem Tod Herodes I. zusammen mit anderen Aufstandsführern das Land ins Chaos stürzte. Aber es gibt einen bezeichnenden Unterschied. Nach dem Bellum griff Judas alle an, die nach der Herrschaft strebten (bell 2,56). Nach den später geschriebenen Antiquitates griff Judas selbst nach der Herrschaft. Das heißt, Josephus schreibt ihm genau jene Ambition zu, die er nach dem Bellum bei anderen bekämpft: die Ambition auf königliche Macht (vgl. bell 2,56 mit ant 17,272). Wenn man diesem Judas dieselbe Lehre zuschreibt wie Judas Galilaios, mit dem er vielleicht sogar identisch ist,[37] so kann man den Widerspruch leicht auflösen: Judas Galilaios war ein radikaltheokratischer Lehrer, der die Gottesherrschaft durchsetzen wollte. Sein Credo war: Gott allein solle herrschen – und nicht die Römer. Er strebte Gottes Herrschaft an, nicht seine eigene. Deshalb bekämpfte er (nach dem Bellum) alle anderen, die nach eigener Herrschaft strebten. In den Antiquitates aber wird er unter mehrere Königsprätendenten eingeordnet, die nach eigener königlicher Macht strebten, weil das Volk keinen eigenen König hatte (ant 17,277). Wir hätten also eine Verschiebung vom Kämpfer für die Gottesherrschaft zum Aufrührer, der nach seiner eigenen Herrschaft griff. Könnte Analoges nicht auch für Jesus gelten? Er verkündigte die Gottesherrschaft – und das wurde als Streben nach eigener Herrschaft verstanden. Wenn Josephus den Aufstandsführer Judas in dieser Weise missverstand – um wie viel mehr musste Pilatus Jesus in dieser Weise missverstehen! Der Unterschied zu Judas Galilaios bleibt natürlich: Dieser kämpfte für die Gottesherrschaft.[38] Jesus predigte sie. Aber war die Predigt von der Gottesherrschaft schon deshalb unpolitisch, weil sich die Gottesherrschaft ohne Gewalt

---

interpretiert. Noch bedenklicher waren die Folgen nach innen: Der Landesfürst (zumindest aber Herodias) geriet in den Ruf, die jüdische Tradition verlassen zu wollen. Der Täufer artikulierte die Unzufriedenheit mit dem herodäischen Fürstenhaus, die im ganzen Volk verbreitet war. Vgl. G. Theißen, Lokalkolorit und Zeitgeschichte in den synoptischen Evangelien. Ein Beitrag zur Geschichte der synoptischen Tradition, Fribourg/Göttingen 1989, 85–102.

37 Für die Identifizierung spricht sich mit guten Gründen M. Hengel, Die Zeloten. Untersuchungen zur jüdischen Freiheitsbewegung in der Zeit von Herodes I. bis 70 n.Chr., Leiden/Köln ²1976, 337ff, aus. Gegen sie D.M. Rhoads, Israel in Revolution, 6–74 C.E. A Political History Based on the Writings of Josephus, Philadelphia 1976, 50f.

38 Aber auch Judas Galilaios war in erster Linie ein Lehrer. Josephus nennt ihn einen σοφιστής, einen Lehrer (bell 2,118), der eine eigene „Philosophie" begründet habe (ant 18,9). Von kriegerischen Handlungen hören wir nichts. Man müsste ihn aber von Judas, dem Sohn des Hezekias, unterscheiden, der in kriegerische Handlungen verstrickt war.

durchsetzen sollte? Konnte sich ein politischer Wille nicht auch noch auf andere Weise durchsetzen? Die Antwort darauf gibt die These von der Symbolpolitik Jesu.

Die Zeit Jesu war in der Tat voll von symbolpolitischen Auseinandersetzungen:[39] Die Herrscher versuchten durch Symbole behutsam eine Akkulturation an die pagane, hellenistische Welt herbeizuführen. Herodes Antipas nannte seine Hauptstadt Tiberias, baute sie auf einem Friedhof, ließ Tierbilder in seinem Palast aufstellen. Pilatus versuchte, Schilder mit Kaiseremblemen in Jerusalem einzuführen und prägte Münzen mit heidnischen Kultsymbolen. /120/ Gleichzeitig traten im Volk Propheten auf, die in Symbolhandlungen eine Opposition gegen diese Akkulturation an die fremde Kultur zum Ausdruck brachten:

Der *Täufer* proklamiert kurz vor dem Auftreten Jesu eine einmalige Taufe, um die Unreinheit von Land und Leuten zu nehmen – das wirkt wie ein richtiger Kontrast zur Sorglosigkeit, mit der sich Herodes Antipas über die Reinheitsbestimmungen beim Bau seiner Hauptstadt hinwegsetzte (ant 18,36–38). Die Spannungen zwischen Antipas und dem Täufer sind bekannt. Der Täufer wird von Herodes Antipas umgebracht.

Ein *samaritanischer Prophet* (ant 18,85) verheißt kurz nach dem Auftreten Jesu, dass man auf dem Garizim die verschollenen Tempelgeräte wiederfinden werde, die Mose dort verborgen haben soll. Hier wird der Traum von einer Erneuerung des einheimischen Kultes neu belebt. Auch das wirkt wie ein Kontrast zu den heidnischen Kultgeräten, die Pilatus auf seinen Münzen prägte. Ist es ein Zufall, dass dieser samaritanische Prophet von Pilatus umgebracht wird?

Zeitlich zwischen dem Täufer und dem Samaritaner trat Jesus auf. Er vollzieht mehrere Handlungen mit symbolpolitischem Sinn.

In seinen *Exorzismen* sieht Jesus die Königsherrschaft Gottes zum Durchbruch kommen. Sonst bedeutete die Königsherrschaft Gottes meist einen Sieg über die Heiden. Hier wird dies zu einem Sieg über die Dämonen. Aber stecken hinter den Dämonen nicht die fremden Mächte? Ein Dämon in einer (zweifellos mit fiktiven Elementen durchdrungenen) Jesusüberlieferung nennt sich stolz „Legion" (Mk 5,9).

Wenn Jesus *zwölf Jünger* ernennt, damit sie die zwölf Stämme Israels regieren sollen – so bildet er eine Gegenregierung zu allen existierenden Herrschaftsstrukturen, sei es zu den Resten autonomer jüdischer Verwaltung um den Hohepriester, sei es zu der römischen Provinzialregierung. Er ernennt einfache

---

39 Vgl. G. Theißen, Jesus und die symbolpolitischen Konflikte seiner Zeit. Sozialgeschichtliche Aspekte der Jesusforschung, EvTh 57 (1997), 378–400.

Menschen aus dem Volk zu Herrschern über das wiederhergestellte Israel (vgl. Mk 3,13–19 parr; Mt 19,28–29 par).[40]

Wenn Jesus beim *Einzug in Jerusalem* als „König" (oder als Repräsentant der „Königsherrschaft unseres Vaters David") begrüßt wird, so enthält diese Erzählung (unabhängig davon, wie historisch sie ist[41]) eine Opposition gegen den Einzug des Präfekten zu allen großen Tempelfeiern.[42] Daher wird betont, dass hier die eigene Herrschaft – die Herrschaft *unseres* Vaters David kommt.

Wenn Jesus in der *Tempelreinigung* mit einer prophetischen symbolischen Handlung das Ende des Tempels weissagt, so ist das ein Protest gegen die Herrschaft der damaligen Priesteraristokratie – und wird auch als Protest verstanden. Jesus entzieht damit dem Tempel religiöse Legitimität. Und er wird wegen seiner Tempelreinigung nach der Passionsgeschichte vor dem Synhedrium verhört.

Mit dem Einzug in Jerusalem und der Tempelreinigung wird ein Konflikt sowohl mit dem politischen als auch mit dem religiösen Machtsystem angezeigt. Auch wenn keines von beiden direkt angegriffen wird, so wird doch beiden Legitimation entzogen. Wir können daher vorläufig zusammenfassen: Auch wenn Jesus keinen gewaltsamen Umsturz plante, ist es kein Missverständnis, wenn ihm seine Anhänger und Gegner politische Intentionen unterstellten. Er lehnte Gewaltpolitik ab – war aber ein Meister der Symbolpolitik. War er also /121/ doch ein Herrscher? Ein Herrscher, der paradoxerweise auf Gewalt verzichten wollte? Aber war eine solche Herrschergestalt in der Antike überhaupt vorstellbar? Damit kommen wir zum letzten Punkt:

---

40 Für die Authentizität plädiert E.P. Sanders, Jesus and Judaism, Philadelphia 1985, 98–106. Bei einer nachösterlichen Entstehung des Logions kann man sich kaum vorstellen, dass allen Zwölfen – einschließlich Judas – eine Ehrenstellung in der neuen Welt zugesprochen worden wäre.

41 Gegen die Historizität der Perikope wird oft eingewandt, es sei unverständlich, dass die Römer nicht eingegriffen haben. Aber ob die Römer in einem (auf einem Esel einreitenden) Pilger einen Messiasprätendenten erkennen konnten, ist fraglich. So vertraut waren sie gewiss nicht mit der Symbolsprache des Judentums. Zu bedenken ist auch: Anders als andere Begebenheiten vollzog sich der Einzug in Jerusalem in aller Öffentlichkeit.

42 Vgl. P.B. Duff, The march of the divine warrior and the advent of the Greco-Roman king. Mark's account of Jesus' entry into Jerusalem, JBL 111 (1992), 55–71; B. Kinman, Jesus' „Triumphal Entry" in the Light of the Pilate's, NTS 40 (1994), 442–448; ders., Jesus' Entry into Jerusalem. In the Context of Lukan theology and the Politics of his Day, Leiden/New York/Köln 1995.

4. Jesus und ein alternatives antikes Herrschaftsideal

Jesus greift ein humanes antikes Herrschaftsideal auf, um es für seine Anhänger zum Leitbild zu machen. Es handelt sich um Erwartungen an einen humanen Herrscher – ohne Zwang und Unterdrückung. Das sei an drei Traditionen gezeigt: am Gebot der Feindesliebe, an der Mahnung zum Herrschen durch Dienst und an der Seligpreisung der Friedensstifter.

Das *Feindesliebegebot* basiert auf einem politischen Ideal: dem Ideal des humanen Herrschers, der großzügig mit seinen Gegnern umgeht.[43] Die nächsten Analogien zur Feindesliebe finden sich in einem dem spartanischen König Ariston zugeschriebenen Spruch. Erzählt wird, jemand habe den Grundsatz eines Vorgängers gelobt, dass ein guter König den Freunden Gutes tun müsse, den Feinden aber Böses. Darauf habe Ariston geantwortet: „Wieviel besser ist es, Freund, den Freunden Gutes zu tun, die Feinde aber zu Freunden zu machen" (Plutarch Mor 218 A). Dieses humane Königsideal war auch im Judentum bekannt. Der Aristeasbrief enthält viele Sprüche von der notwendigen Selbstbeschränkung der Macht des Königs, von seiner Milde gegenüber Gegnern. Die Jesusüberlieferung greift solche Traditionen auf, überträgt sie aber auf einfache Menschen: Einfache Menschen ohne politische Macht sollen sich so verhalten wie Herrscher, die durch Großzügigkeit mehr gewinnen als verlieren. Auch sie sollen Feindesliebe üben: die clementia Caesaris. Und auch sie werden dadurch „Söhne Gottes" – werden also wie antike Herrscher genannt. Dass eine solche Verwendung des Sohn-Gottes-Titels im Judentum Analogien nur in der Weisheit hat, passt ins Bild. Denn der Weise ist König. Im vermeintlichen Widerspruch gegen alle Politik steckt also mehr „Politisches", als man zunächst denkt. Aber es ist eine Politik der demonstrativen Gewaltlosigkeit. Es ist eine Art Antipolitik.

Eine solche antipolitische Bezugnahme auf die Politik wird bewusst im *Zebedaidengespräch* formuliert. Jesus sagt hier seinen Jüngern: „Ihr wisst, die als Herrscher gelten, halten ihre Völker nieder, und ihre Mächtigen tun ihnen Gewalt an. Aber so ist es unter euch nicht; sondern wer groß sein will unter euch, der soll euer Diener sein; und wer unter euch der Erste sein will, der soll aller Sklave sein" (Mk 10,42–44). Hier kontrastiert Jesus expressis verbis ein hartes machtpolitisches Herrscherideal der Antike mit jener Herrschaft, die unter seinen Anhängern gelten soll: einer Herrschaft, welche die Form des Dienens annimmt.[44] Aber auch damit vertritt er kein unpolitisches Ideal. Im Gegenteil. Es gibt in der Antike eine Tra-

---

[43] Grundlegend dazu L. Schottroff, Gewaltverzicht und Feindesliebe in der urchristlichen Jesustradition, Mt 5,38–48/Lk 6,27–36, in: Jesus Christus in Historie und Theologie. FS H. Conzelmann, Tübingen 1975, 197–222.

[44] Vgl. O. Wischmeyer, Herrschen als Dienen – Mk 10,41–45, ZNW 90 (1999), 28–44.

dition von einem humanen Herrscher, der seine Herrschaft sogar als „Dienst" oder Sklaverei auffassen kann.[45] Der König Antigonos Gonatas soll seinem Sohn vorgehalten haben: „Weißt Du nicht, dass die Königsherrschaft ein ehrenvoller Sklaven- /122/ dienst ist (eine ἔνδοξος δουλεία)?" (Aelian, var hist 2,20). Es ist natürlich auch ein politisches Faktum, dass einfache Menschen in der Jesusüberlieferung in die Rolle solcher humanen Herrscher treten sollen!

Schließlich sei noch die *Seligpreisung der Friedensstifter* genannt. „Selig sind die Frieden machen, denn sie werden Söhne Gottes genannt werden" (Mt 5,9). Auch dazu finden wir Parallelen in Aussagen von Herrschern und Königen.[46] Als der kriegerische König Demetrios Poliorketes im Jahre 291/290 v. Chr. in Athen einrückte, wurde er mit den Worten begrüßt: „Du Sohn des mächtigen Gottes" und man bat ihn: „Zuerst schaff Frieden, Liebster, denn Herr bist du" (FrGrHi 76 F 13). Herrscher werden Söhne Gottes genannt – und gleichzeitig ist der Begriff „Friedensstifter" für sie belegbar. Dio Cassius nennt Caesar einen „Friedensstifter" (εἰρηνοποιός; vgl. 44,49,2). Augustus gilt in der Inschrift von Priene als der, „der den Kriegen ein Ende macht und den Frieden ordnet".

Wir können unser bisheriges Bild ergänzen: Jesus wird mit messianischen Herrschaftserwartungen konfrontiert. Er widerspricht ihnen durch Ablehnung von Zwangspolitik, bedient sich aber der Mittel von Symbolpolitik. Er überträgt Herrschererwartungen auf seine Jünger: Sie sollen die zwölf Stämme Israels regieren und einem humanen Herrscherideal entsprechen – kleine Könige sein, die gegenüber ihren Feinden großzügig sind, die Herrschaft als Dienst verstehen und Frieden stiften. In all dem aber verwirklicht sich nicht die Herrschaft Jesu, sondern die Herrschaft Gottes.

Es bleibt die grundlegende Aporie (der Widerspruch) menschlicher Herrschaft: Ohne gewaltbereite Macht kann das Gute nicht durchgesetzt werden. Durch Gewalt aber wird das Gute kompromittiert. Jesus und seine Bewegung

---

[45] Bei *Plato* (gest. 348/7) findet sich zum ersten Mal der Topos, dass Herrscher in Wirklichkeit Diener seien: „Die Leute aber, die heutzutage ‚Herrscher' genannt werden, habe ich Diener (ὑπηρέτας) der Gesetze genannt, nicht um neue Ausdrücke zu prägen, sondern ich glaube, mehr als von allem andern hängt davon für einen Staat seine Erhaltung und das Gegenteil ab. Denn in einem Staat, in welchem das Gesetz geknechtet und machtlos ist, einem solchen sehe ich den Untergang bevorstehen. In welchem es aber Gebieter über die Herrschenden (δεσπότης τῶν ἀρχόντων) und die Herrschenden Sklaven des Gesetzes sind (δοῦλοι τοῦ νόμου), dem Staat sehe ich Fortbestand und alle Güter zuteil werden, welche die Götter je Staaten verliehen haben" (leg 4,715 c–d). *Seneca* greift in seiner programmatischen Schrift für Nero, de clementia, diesen Topos wieder auf. Er spricht davon, dass Herrschaft eine „servitus nobilis" ist (clem III,6,1): Er interpretiert ihn aber um. Der Herrscher darf nicht alles, was ein Privatmann darf.
[46] So die These von H. Windisch, Friedensbringer – Gottessöhne. Eine religionsgeschichtliche Interpretation der 7. Seligpreisung, ZNW 24 (1925), 240–260.

träumten von einer humanen Herrschaft, deren Durchsetzung sie von Gott erwarten, der seine Herrschaft so gewaltlos wie das Wachsen der Pflanzen durchsetzt. Aber Jesus und seine Anhänger bleiben nicht passiv. Sie werden beteiligt an der Verwirklichung des Reiches Gottes – durch demonstrativen Gewaltverzicht, durch symbolpolitische Handlungen und durch ihre Beteiligung an einer humanen Herrschaft: Sie selbst sind in ihrem Leben kleine „Herrscher".

Wir stoßen dabei auf eine politische Grundaporie. Ohne Politik gibt es kein gutes Leben. Das hat Aristoteles klar gesehen. Aber Politik ist Auseinandersetzung um Machterwerb und Machterhaltung. Das hat Macchiavelli gelehrt. Das Dilemma ist: „Power corrupts. Absolute power corrupts absolutely" (Lord Acton). Jesus hat es allein der Macht des Absoluten zugetraut, diese Aporie zu lösen. In Erwartung der Herrschaft Gottes hat er auch politisch gewirkt. Dabei ist bei ihm das Ziel aller zivilen Bemühungen in der Politik erkennbar, die Gewalt in der Politik zurückzudrängen und zu zähmen. Jesus gehört in den Diskurs der Menschheit um Macht und Gewalt. Sein politisches Handeln will Gewalt minimieren, führt den Kampf um die Macht mit legitimierender und delegitimierender Symbolpolitik und will auch die Machtlosen zum Subjekt von Macht erheben. Sein Wirken hat eine politische Dimension – und das gilt sogar dann, wenn man den engeren Politikbegriff zugrunde legt.

Gerd Theißen, Die politische Dimension des Wirkens Jesu, in: Wolfgang Stegemann / Bruce J. Malina / Gerd Theißen (Hg.), Jesus in neuen Kontexten, Stuttgart: © W. Kohlhammer Verlag 2002, S. 112–122.

John Dominic Crossan / Jonathan L. Reed
5.13 Die zehn wichtigsten Entdeckungen für das Ausgraben Jesu, 2003

Das vorliegende Buch verfolgt das Interesse, in Steinen und Texten zu graben, um die Welt und das Leben Jesu zu rekonstruieren. Die archäologische und die exegetische Ausgrabung setzen beide eine genaue Prüfung, Identifikation, Rekonstruktion und vor allem Interpretation voraus. Steine können nicht zu uns sprechen, ohne dass sie interpretiert werden müssten. Aber auch Texte können dies nicht. Sehr häufig ist ihre Interpretation sogar noch umstrittener. Wenden wir uns einleitend den zehn wichtigsten archäologischen und den zehn wichtigsten exegetischen Entdeckungen zu.

Archäologische Entdeckungen

Die zehn wichtigsten archäologischen Entdeckungen beziehen sich auf Gegenstände und Orte. Die ersten fünf betreffen Gegenstände, die in Beziehung zu den Evangelien stehen und Aufschlüsse über die Welt, in der sie entstanden sind, geben. Die nächsten fünf Entdeckungen betreffen Paarbeziehungen, die jeweils ein bestimmtes Phänomen deutlicher beleuchten als ihre jeweiligen Elemente: das römisch-herodianische Königreich in der Heimat der Juden, der jüdische Widerstand gegen Rom, das jüdische Stadtleben und vor allem die jüdische Religion und ihre Reinheitsvorschriften. Die zehnte Entdeckung beruht auf einem Set, dessen Bedeutung sich nicht aus einer isoliert betrachteten Kategorie, sondern aus der Vielzahl unterschiedlicher Kategorien und deren Kombinationen erschließt.

1. *Das Ossarium des Hohenpriesters Kajaphas*
2. *Die Inschrift des Präfekten Pontius Pilatus*
3. *Das Haus des Apostels Petrus in Kafarnaum*
4. *Das Fischerboot vom See Gennesaret*
5. *Das Skelett des gekreuzigten Yehohanan*
6. *Caesarea am Meer und Jerusalem: Städte von Herodes dem Großen* /13/
7. *Sepphoris und Tiberias: Städte von Herodes Antipas*
8. *Masada und Qumran: Monumente jüdischen Widerstands*
9. *Gamla und Yodefat: nördlich gelegene jüdische Städte aus dem ersten Jahrhundert*

10. Steinerne Krüge und verputzte, mit Stufen ausgestattete Becken: jüdische Religion

1. *Das Ossarium des Kajaphas.* Im November 1990 stießen Bauarbeiter, die eine Wasseranlage im südlich der Jerusalemer Altstadt zwischen Haas Tayelet und Abu Tor gelegenen Wald des Friedens bauten, auf eine Grabkammer, die seit dem Krieg gegen Rom im Jahr 70 n.Chr. versiegelt war. Auf ein verziertes Ossarium aus weichem Kalkstein, in dem nach der Verwesung des Fleisches die Knochen der Verstorbenen erneut bestattet worden waren, war in aramäischer Sprache der Name *Kajaphas* eingeritzt worden. Der Name Kajaphas und die Namen der mit ihm in einer Grabkammer beerdigten Familienmitglieder zeugen davon, dass das schmale Schachtgrab die Familienruhestätte für den Hohenpriester Kajaphas war, der wegen seiner Rolle bei der Kreuzigung Jesu in Matthäus 26 und Johannes 18 namentlich erwähnt wird. Hier wird also eine direkte Beziehung zu den in den Evangelien enthaltenen Berichten von der Hinrichtung Jesu hergestellt.

2. *Die Inschrift des Pilatus.* 1962 legten italienische Archäologen, als sie Sand und überwuchernden Pflanzenwuchs von den Ruinen des Theaters in Caesarea entfernten, einer Stadt, die lange Sitz der römischen Herrschaft am östlichen Mittelmeerufer war, eine Inschrifttafel frei, auf der der Name Pontius Pilatus steht. Diese Tafel war bei der Renovierung des Theaters im vierten Jahrhundert n.Chr. umgedreht und wieder benutzt worden. Laut der lateinischen Inschrift hatte Pilatus ein *Tiberium*, ein zu Ehren des römischen Imperators Tiberius errichtetes öffentliches Bauwerk eröffnet. Die Stadt selbst war zu Ehren seines Vorgängers Caesar Augustus errichtet worden. Der Fund der Inschrifttafel setzte wissenschaftlichen Kontroversen über Pilatus' exakten Titel und seine politische Macht ein Ende, da sie ihn als einen Präfekten und nicht als einen untergeordneten Prokurator bezeichnete. Bedeutender ist diese Inschrifttafel aber, weil sie das erste materiell greifbare Zeugnis einer wichtigen Gestalt des Neuen Testaments darstellt.

3. *Das Haus des Apostels Petrus.* 1906 wurden Überreste eines /14/ achteckigen Gebäudes auf einem Stück Land, das unter franziskanischer Kustodie stand, freigelegt. Es handelte sich um die byzantinische Kirche, zu der das Haus des ersten Apostels, von dem in antiken Pilgerberichten die Rede ist, umgebaut worden war. Von 1968 bis 1985 arbeiteten die franziskanischen Archäologen Virgilio Corbo und Stanislao Loffreda in und um den achteckigen Bau und gruben seine Schichten aus. Eine achteckige Kirche wurde im fünften Jahrhundert n.Chr. auf einer auf das vierte Jahrhundert datierten Hauskirche erbaut, die auf einem einfachen, im ersten Jahrhundert v.Chr. erbauten Hofhaus lag. Im zweiten Jahrhundert waren Gebete in aramäischer, hebräischer, griechischer, lateinischer und syrischer Sprache in den Putz eines Raumes geritzt worden. Dass er keine häus-

lichen Gebrauchsgegenstände enthielt und mehrere Male verputzt worden war, deutet darauf hin, dass die ersten Generationen der Christen dem Raum einige Bedeutung beigemessen haben. Daraus schlossen die Archäologen, dass es *das Haus des Apostels Petrus* war.

4. *Das Boot vom See Gennesaret.* Nach mehreren Dürren Mitte der achtziger Jahre des 20. Jahrhunderts war der Wasserstand des Sees Gennesaret dramatisch gesunken. Als im Januar 1986 der niedrigste Stand erreicht war, entdeckten zwei Angehörige des Kibbuz Ginnosar die Umrisse eines Bootes, das zuvor im Schlamm begraben gewesen war. Das Wasser und der Schlamm hatten das Boot erhalten lassen, aber bei seiner Bergung hatten die Konservatoren gegen das wieder steigende Wasser anzukämpfen. Ein Erdwall und Wasserpumpen hielten das Wasser fern, sodass das Boot ans Ufer befördert werden konnte. Heute befindet sich das etwa 2,40 Meter breite und 8 Meter lange Boot in einem klimatisierten Museumsraum. Töpfe und Lampen im Inneren des Bootes erlaubten, es auf das erste Jahrhundert n.Chr. zu datieren. Diese zeitliche Bestimmung wurde durch eine Radiokarbondatierung der Holzplanken bestätigt. Es handelte sich um ein Boot aus der Zeit Jesu, um einen Bootstyp, der damals zum Fischen und Überqueren des Sees benutzt worden war. Es konnte etwa dreizehn Menschen aufnehmen. Heute wird es das *„Jesusboot"* genannt.

5. *Der gekreuzigte Mann.* Im Juni 1968 grub Vassilios Tzaferis von der *Israel Antiquities Authority* nordöstlich von Jerusalem an einem Ort namens Givat Hamivtar einige Grabstätten aus. In dieser Totenstadt wurde ein aus Stein gehauenes Familiengrab aus dem ersten Jahrhundert mit fünf Ossarien entdeckt, von denen eines die Kno- /15/ chen von zwei Männern und einem kleinen Kind enthielt. Der rechte Fersenknochen einer der Männer, der ca. 1,65 m groß und Mitte zwanzig war, war mit einem ca. 11 cm langen Nagel durchbohrt worden. An der Außenseite seiner Ferse war ein schmales Holzbrett angenagelt worden. Der Nagel hatte sich beim Einschlagen in das harte Olivenholz verbogen und konnte nach dem Tod nicht entfernt werden, sodass das Holzbrett nach der Abnahme vom Kreuz noch an seinem Körper verblieb. Die Arme des Mannes waren am Querbalken nicht angenagelt, sondern festgebunden worden. Seine Beine waren nicht gebrochen. Entgegen der üblichen Praxis war seine Leiche vom Kreuz abgenommen und in einem Familiengrab bestattet worden. Das Ossarium wies den Namen des Verstorbenen, *des gekreuzigten Mannes* auf: Yehohanan (hebräisch und aramäisch für Johannes).

6. *Caesarea am Meer und Jerusalem.* Ausgrabungen aus mehr als zwanzig Jahren in Caesarea und um den Tempel von Jerusalem haben so viele Gegenstände ans Licht gebracht, dass mit ihnen ganze Museen gefüllt werden könnten. Die bemerkenswertesten Funde sind die monumentalen Bauten, die Herodes der Große hatte errichten lassen (37–4 v.Chr.). Sie sind das architektonische Erbe

seines Königreiches. Caesarea wurde zur belebtesten und modernsten Hafenstadt des östlichen Mittelmeerraums umgestaltet. Die mit prächtigen Tempeln zu Ehren des Kaisers Augustus und der Göttin Roma geschmückte Stadt wurde nach dem Caesar benannt. Außerdem ließ Herodes den Jüdischen Tempel verschönern und erweitern. Er machte den Tempelberg zur größten monumentalen Plattform des Römischen Reiches. Aus massiven Quadersteinen, beeindruckenden Säulengängen und reich verzierten Säulen ließ er erschaffen, was antike Augenzeugen als das schönste Bauwerk der Welt beschrieben. Diese Vorhaben bezeugten sichtbar Verbundenheit mit Rom wie Verehrung des Gottes der Juden. Vor allem aber huldigten sie seiner Person und seiner Herrschaft.

7. *Sepphoris und Tiberias.* Wie sein Vater regierte Herodes Antipas als Klientel Roms (4 v.Chr.–39 n.Chr.), aber nicht als König, sondern als Tetrach, und auch nicht über das gesamte jüdische Land, sondern nur über Galiläa und Peräa. Auch er ließ Städte erbauen, allerdings nicht in dem Umfang und der Größe wie sein Vater. Herodes Antipas war weder so reich noch so mächtig wie Herodes der Große. Aber mit der Erbauung von Sepphoris und Tiberias, einer Stadt, die /16/ ihren Namen zu Ehren des römischen Kaisers trug, urbanisierte er Galiläa. Tiberias ist heute ein expandierendes Seebad, das nur in begrenztem Umfang Ausgrabungsarbeiten zulässt. Die Ruinen von Sepphoris konnten aber in den vergangenen Jahrzehnten von vier Teams ausgegraben werden, weil sie sich an nicht besiedelter Stelle befanden. Spektakuläre Entdeckungen aus der gesamten römischen Zeit wie ein Theater im römischen Stil, ein eindrucksvoller unterirdischer Aquädukt und das Dionysos-Mosaik werfen die Frage auf, in welchem Ausmaß Antipas der jüdischen Bevölkerung eine griechisch-römische Architektur und seine Vorstellungen von der Errichtung eines Königreiches in Galiläa aufzwang. Immerhin war Sepphoris nur 4 Meilen von Nazaret, dem Heimatdorf Jesu, entfernt.

8. *Masada und Qumran.* Zwei etwas von der Westküste des Toten Meeres entfernt liegende Orte, die in den fünfziger bzw. sechziger Jahren ausgegraben wurden, zeugen von jüdischem Widerstand gegen Rom im ersten Jahrhundert n. Chr. Masada, eine auf einem Felsen gelegene Palast-Festung, die Herodes der Große erbauen ließ, wurde von jüdischen Sikariern zu Beginn der Revolte im Jahr 66 n.Chr. eingenommen und fiel etwa vier Jahre nach der Zerstörung des Tempels im Jahr 70 n.Chr. an die römischen Legionen. Die archäologische Entdeckung römischer Belagerungswerke und der Bericht des jüdischen Historikers Flavius Josephus über den Selbstmord der Sikarier demonstrieren deutlich ihren gewaltsamen Widerstand gegen die römische Vorherrschaft. Chirbet Qumran, eine klosterähnliche Anlage, birgt die Überreste eines gewaltfreien Widerstands einer jüdischen Gruppierung, welcher der Rückzug (in ein kontemplatives Leben), das Studium und die Ausrichtung an Reinheitsvorschriften als Waffen gegen fremde Einflüsse und moralischen Verfall dienten.

9. *Yodefat und Gamla.* Im Jahr 67 n.Chr. wurden zwei Dörfer von römischen Legionen zerstört. Das eine befand sich auf einem Hügel in Untergaliläa, das andere auf einem Felsen der Golanhöhen. Diese Dörfer wurden im vergangenen Jahrhundert von israelischen Archäologen ausgegraben. Bestätigt wurde nicht nur ihr katastrophales Ende, wie es von Flavius Josephus berichtet wird. Vielmehr legten Moti Aviam in Yodefat und Shmarya Gutmann in Gamla auch Verteidigungswaffen und Gegenstände aus dem Alltagsleben frei. Keines der beiden Dörfer wird in den Evangelien erwähnt. Daher wurde auch keine Gedächtniskirche, kein Kloster und kein Heiligtum in /17/ den beiden Dörfern erbaut. Ironischerweise ist gerade diesem Umstand eine archäologische Momentaufnahme jüdischen Lebens zu Zeiten Jesu zu verdanken.

10. *Steinkrüge und rituelle Becken.* Steinkrüge unterschiedlicher Form und Größe aus weichem, weißen Kalkstein, und in das Muttergestein gemeißelte und verputzte, mit Stufen versehene Becken, die so genannten *Mikwen* (Singular: *Mikwe*), die in diesem Buch als Ritualbäder bezeichnet werden, wurden in Galiläa und Judäa, vor allem in der Umgebung von Jerusalem, also überall dort, wo Jesus sich aufhielt, gefunden. Diese Gegenstände zeugen davon, dass die Juden eine eigene Identität ausgebildet hatten. Sowohl die steinernen Krüge als auch die Ritualbäder stehen in Zusammenhang mit jüdischen Reinheitsvorstellungen. Keiner dieser Gegenstände wird in den Evangelien an zentraler Stelle aufgeführt. Die steinernen Krüge werden beiläufig in der Erzählung von der Hochzeit in Kana (Johannes 2:6) erwähnt. Dass sie in den archäologischen Schichten jener Zeit dominieren, verrät uns viel darüber, was in den Evangelien in Bezug auf die jüdische Religion und die Besonderheit der jüdischen Identität zu Zeiten Jesu als selbstverständlich vorausgesetzt wird.

Die genannten zehn Entdeckungen und die noch kommenden müssen in ihren archäologischen Gesamtkontext gestellt werden. Manchmal wird ein Fund auf Grund der in seiner Nähe ausgegrabenen Gegenstände, zum Beispiel einer kleinen Bronzemünze, die neben dem Fund lag, oder einiger Tonscherben, die unter dem Fund lagen, zu einer großen Entdeckung. Scheinbar wertlose Gegenstände gewinnen durch den Vergleich mit allen anderen antiken Münzen und Tonwaren an Bedeutung. Sie erlauben es, den in Frage stehenden Gegenstand zu datieren und in einen Kontext einzuordnen, der ihn nicht nur zu einer unter vielen anderen Entdeckungen, sondern ihn unter Umständen zu einer der für den Moment zehn wichtigsten Entdeckungen werden lässt.

John Dominic Crossan / Jonathan L. Reed, Jesus ausgraben. Zwischen den Steinen – hinter den Texten. Aus dem Englischen übersetzt von Claudia Krülls-Hepermann, Düsseldorf: Patmos 2003, S. 12–17. Originaltitel: Excavating Jesus. Beneath the Stones, Behind the Texts, San Francisco: Harper 2001. From EXCAVATING JESUS: *Beneath the Stones, Behind the*

Texts. Revised and updated. Copyright © 2001 by John Dominic Crossan and Jonathan L. Reed. All rights reserved. Reprinted by arrangement with HarperOne, an imprint of HarperCollins Publishers.

James D. G. Dunn
5.14 Christianity in the Making, Volume 1: Jesus Remembered, 2003

8.1. Jesus the Founder of Christianity[1]

We have already noted the irony that for most of its existence, the 'quest of the historical Jesus' was not historical enough in that it attempted to distance Jesus, by one means or another, from his historical context as a Jew. As many of the rationalists, savaged by Strauss, had attempted to 'save' the miracle-working Jesus by allowing a little bit of miracle, so most of the Liberals had attempted to 'save' the real Jesus by 'inoculating' the quest with a little bit of history. At the same time, the other strand in 'life of Jesus' research, from Reimarus to the neo-Liberals, has attempted to 'save' Jesus from Christian dogma by distancing him from the movement which followed his death and which became Christianity. In the most common scenario, it was Paul who counts (or is to be blamed!) as the real founder of Christianity.[2] This has been one of the real peculiarities of the quest, that it has attempted to find a Jesus who was neither a Jew nor founder of Christianity, or who was contingently one but not the other.[3] But in seeking to avoid the Christianized Jesus as well as the Jewish Jesus, all that remained, all that could remain, was the idiosyncratic Jesus, who could hardly be other than an enigma to Jew and Christian alike, and who reflected little more than the quester's own idiosyncracies.

In fact, the obvious way forward is simply to reverse the logic. If the starting assumption of a fair degree of continuity between Jesus and his native religion has *a priori* persuasiveness, then it can hardly make less sense to assume a

---

[1] For convenience I use the title of [C. H.] Dodd, [*The*] *Founder* [*of Christianity* (London: Collins, 1971)], similarly B. F. Meyer, 'Jesus Christ', *ABD* 3.795, though of course, the use of 'Christianity' as a term for what Jesus 'founded' is anachronistic.
[2] See again Wrede cited above chapter 1 at n. 18 [W. Wrede, *Paul* (1904; ET Boston: Beacon, 1908) 180].
[3] The attitude was typified by the second quest's criteria of double dissimilarity which set the distinctiveness of Jesus over against both Judaism and church. T. Holmén, 'Doubts about Double Dissimilarity: Restructuring the Main Criterion of Jesus-of-History Research', in: [B.] Chilton and [C. A.] Evans, eds., *Authenticating the Words of Jesus* [(NTTS 28.1; Leiden: Brill, 1999)] 47–80, argues that 'dissimilarity to Christianity alone suffices as an argument for authenticity' (74–75).

fair degree of continuity between Jesus and what followed.[4] The initial considerations here are straightforward.

a. The Sociological Logic

Several indicators have long been familiar. For one thing, it has long been recognized that the historian needs to envisage a Jesus who is 'big' enough to explain the beginnings of Christianity.[5] For another, the first followers of Jesus were /175/ known as 'Nazarenes' (Acts 24.5), which can be explained only by the fact that they saw themselves and were seen as followers of 'Jesus the Nazarene'; and then as 'Christians' (Acts 11.26), which again must be because they were known to be followers of the one they called the 'Christ'. Moreover, Jesus is explicitly referred to once or twice in the early tradition as the 'foundation' (*themelion*), which Paul laid (including Jesus tradition?),[6] and on which the Corinthians were to build their discipleship (1 Cor. 3.10 – 14); or as the 'corner stone' (*akrogōniaios*) which began the building and established its orientation (Eph. 2.20; 1 Pet. 2.6).[7]

Sociological reflection on what this self-identification on the part of the Christians would have involved yields further fruit. Here, after all, were small house groups who designated themselves by reference to Jesus the Christ, or Christ Jesus. Sociology and social anthropology teach us that such groups would almost certainly have required a foundation story (or stories) to explain, to themselves as well as to others, why they had formed distinct social groupings, why they were designated as 'Nazarenes' and 'Christians'. It is hardly likely that a bare kerygmatic formula like 1 Cor. 15.3 – 8 would have provided sufficient

---

4 Cf. Wright's argument for a criterion of double similarity (above chapter 5 n. 132 ["Characteristic of the third quest is Wright's insistence that the much-discussed 'criterion of double dissimilarity' must be complemented by a 'criterion of double similarity: when something can be seen to be credible ... within first-century Judaism, and credible as the implied starting point ... of something in later Christianity, there is a strong possibility of our being in touch with the genuine history of Jesus' (N. T. Wright, *Jesus and the Victory of God* (London: SPCK, 1996) 132)."].
5 [E. P.] Sanders put the point well by referring to the second half of 'Klausner's test': a good hypothesis regarding Jesus will explain why the movement initiated by him eventually broke with Judaism (*Jesus [and Judaism* [London: SCM, 1985]] 18). Wright reiterates the point in his own terms: e. g., 'Jesus must be understood as a comprehensible and yet, so to speak, crucifiable first-century Jew, whatever the theological or hermeneutical consequences' (*Jesus*, 86).
6 See below §8.1b-e.
7 The term *akrogōniaios* designates 'the foundation stone at its farthest corner, with which a building is begun – it firmly fixes its site and determines its direction' (H. Krämer, *EDNT* 1.268).

material for self-identification.⁸ Even the initiatory myths of the mystery cults told more elaborate stories.⁹ Stories of such diverse figures as Jeremiah and Diogenes were preserved by their disciples as part of the legitimation for their own commitment.¹⁰ And if Moses is to be regarded as the nearest equivalent (as founder of the religion of Israel), then we need simply recall that Exodus to Deuteronomy are framed and interspersed by the story of Moses' life. Of course, counter-examples can be named: we know very little of Qumran's Teacher of Righteousness.¹¹ On the other hand, the Teacher of Righteousness never gave his /176/ name to the movement he initiated, whereas the first Christians could explain themselves only by reference to him whom they called '(the) Christ'. But if the Gospels tell us anything they surely tell us that the first Christians felt the need to explain themselves by telling stories about Jesus, what he said and what he did.¹²

b. Teachers and Tradition

This *a priori* logic is supported by the evidence that the passing on of *tradition* was part of church founding from the first. Paul was careful to refer his churches back to such foundation traditions on several occasions;¹³ the evidence is hardly to be explained as references solely to kerygmatic or confessional formulae. Rather, we find that it includes community tradition (1 Cor. 11.2, 23), teaching on how the new converts should live (e.g., Phil. 4.9; 1 Thess. 4.1; 2 Thess. 3.6),

---

8 Against those who assume that the kerygma of cross and resurrection not only overshadowed the traditions of Jesus' pre-Good Friday ministry but also in effect expunged them from the corporate memory.
9 See, e.g., Plutarch's treatment of the myth of Isis and Osiris, J. G. Griffiths, *Plutarch's de Iside et Osiride* (Cardiff: University of Wales, 1970).
10 Jeremiah, e.g., 1.1–10 (dates and call); 19.14–20.6; 28; 32; 36–42. Dio Chrysostom, *Sixth Discourse: Diogenes, or on Tyranny* (Loeb 1.250–83); Diogenes Laertius, *Lives* 6.20–81.
11 The basic treatment is still G. Jeremias, *Der Lehrer der Gerechtigkeit* (SUNT 2; Göttingen: Vandenhoeck & Ruprecht, 1963).
12 [C. F. D.] Moule is one of remarkably few who recognized this fundamental (human) need in his *The Birth of the New Testament* [(London: Black, 1962, 1981, 3rd ed.)], chs. 3–6, each entitled 'The Church Explains Itself' in different ways.
13 1 Cor. 11.2, 23; 15.1–3; Phil. 4.9; Col. 2.6–7; 1 Thess. 4.1; 2 Thess. 2.15; 3.6.

and traditions of Jesus in accordance with which they should conduct their lives (Col. 2.6–7; *kata Christon* in 2.8).[14]

If further confirmation is needed, it is provided by the prominence of *teachers* within the earliest Christian churches.[15] Teachers, indeed, seem to have been the first regularly paid ministry within the earliest Christian movement (Gal. 6.6; *Did.* 13.2). Why teachers? Why else than to serve as the congregation's repository of oral tradition? What else would Christian teachers teach? A Christian interpretation of the Scriptures, no doubt. But also, we can surely safely assume, the traditions which distinguished house churches from local house synagogues or other religious, trade, or burial societies.[16]

We should pause at this point to recall just how crucial teachers were to ancient communities. All who read these pages will have been bred to a society /177/ long accustomed to being able to rely on textbooks, encyclopaedias, and other reference works. But an ancient oral society had few if any such resources and had to rely instead on individuals whose role in their community was to function as what Jan Vansina describes as 'a walking reference library'.[17]

Nor should it be forgotten that, at least according to the tradition, Jesus himself was regarded as a 'teacher' (*didaskalos*),[18] and was so regarded by his disciples.[19] Jesus may even have regarded himself as such (Matt. 10.24–25/ Luke 6.40). That the disciples of Jesus are consistently called 'disciples', that is 'those taught, learners' (Hebrew *talmidim*; Greek *mathētai*) – should also be

---

14 See my *Colossians and Philemon* (NIGTC; Grand Rapids: Eerdmans, 1996) 138–41, 151; and further my [*The*] *Theology of Paul* [*the Apostle*, (Grand Rapids: Eerdmans/Edinburgh: Clark, 1998)] 194–95.
15 Acts 13.1; Rom. 12.7; 1 Cor. 12.28–29; Eph. 4.11; Heb. 5.12; Jas. 3.1; *Did.* 15.1–2.
16 See also A. F. Zimmermann, *Die urchristlichen Lehrer* (WUNT 2.12; Tübingen: Mohr Siebeck, 1984), though he pushes too hard his thesis that in the early community (*Urgemeinde*) the teachers formed a Jewish-Christian-Pharisaic circle. From what we know of more formal teaching in the schools, we can be sure that oral instruction was the predominant means: 'it is the "living voice" of the teacher that has priority' (L. C. A. Alexander, 'The Living Voice: Scepticism Towards the Written Word in Early Christianity and in Graeco-Roman Texts', in: D. J. A. Clines, et al., eds., *The Bible in Three Dimensions: Essays in Celebration of Forty Years of Biblical Studies in the University of Sheffield* [Sheffield: Sheffield Academic, 1990] 221–47 [here 244]).
17 J. Vansina, *Oral Tradition as History* (Madison: University of Wisconsin, 1985) 37.
18 Mark 5.35/Luke 8.49; Mark 9.17/Luke 9.38; Mark 10. 17/Matt. 19.16/Luke 18.18; Mark 10.20; Mark 12.14, 19, 32/Matt. 22.16, 24, 36/Luke 20.21, 28, 39; Matt. 8.19; 9.11; 12.38; 17.24; Luke 7.40; 10.25; 11.45; 12.13; 19.39.
19 Mark 4.38; 9.38; 10.35; 13.1/Luke 21.7; Mark 14.14/Matt. 26.18/Luke 22.11; though it is noticeable that Matthew and Luke seem to have avoided the term (for the most part) on the lips of the disciples, presumably as not being sufficiently exalted.

included.[20] The relation between Jesus and his disciples was remembered as one between teacher and taught, with the implication that, as such, the disciples understood themselves to be committed to remember their teacher's teaching.[21]

c. Witnessing and Remembering

Two important motifs in the NT also confirm the importance for the first Christians of retelling the story of Jesus and of taking steps actively to recall what Jesus said and did.

One is the motif of *'bearing witness'*. The motif is particularly prominent in Acts and John. In Acts it is stressed that the role of the first disciples (or apostles in particular) was to be 'witnesses' (*martyres*) of Jesus (1.8). Particularly in mind were the events of Jesus' crucifixion and resurrection (2.32; 3.15; 5.32; 10.41; 13.31).[22] But it is clear from 1.22 and 10.37-39 that Luke understood the witnessing to include Jesus' ministry 'beginning from the baptism of John'. Paul preeminently is presented as a 'witness' of Jesus (22.15, 18; 23.11; 26.16). In John's Gospel the importance of witness-bearing to Jesus is equally stressed. /178/ John the Baptist is the model witness (1.7-8, 15, 19, 32, 34; 3.26, 28; 5.32), but also the woman at the well (4.39) and the crowd (12.17). The immediate disciples have a special responsibility to bear witness (*martyreō*) to Jesus, assisted by the Spirit (15.26-27), a responsibility which the Evangelist was deemed to be carrying out by means of his Gospel (19.35; 21.24).[23]

The motif runs over into the Johannine epistles (1 John 1.2; 4.14), where it is strengthened by two complementary motifs. One is the 'from the beginning' (*ap' archēs*) theme: what is borne witness to is 'that which was from the beginning' (1.1), what the witnesses heard 'from the beginning' (2.24), particularly the command to love one another (2.7; 3.11; 2 John 5-6); in John 15.26-27 it is made clear that 'from the beginning' embraces the whole of the original disciples' time with Jesus (as with Acts 1.22). Luke had the same concern when he promised to nar-

---

20 *Mathētēs* ('disciple') is used frequently in the Gospels – Matthew 73, Mark 46, Luke 37, John 78.
21 R. Riesner, *Jesus als Lehrer* (WUNT 2.7; Tübingen: Mohr Siebeck, 1981) has particularly emphasized this feature of the tradition (particularly 246-66, 357-79, 408-53); also 'Jesus as Preacher and Teacher', in: [H.] Wansbrough, ed., *Jesus and the Oral Gospel Tradition* [(JSNTS 64; Sheffield: Sheffield Academic, 1991)] 185-210.
22 The implication of 1 Cor. 15.6 is that most of the 'more than five hundred' to whom Jesus had appeared were still alive, and thus able to confirm the witness of the kerygma.
23 Note also 1 Pet. 5.1; Rev. 1.2, 9; 6.9; 12.11, 17; 19.10; 20.4.

rate what had been 'delivered to us by those who from the beginning were eyewitnesses[24] and ministers of the word' (Luke 1.1–2; cf. Mark 1.1).[25]

The other complementary theme emphasizes the importance of a continuity of 'hearing' from first disciples to converts, and of the converts both retaining what they had 'heard' and living in accord with it – again not only in the Johannine epistles,[26] but also in Heb. 2.1, 3 and in the later Paulines.[27] All this indicates a strong sense within first-century Christianity of the need to ensure a continuity of tradition from first witnesses to subsequent disciples and of a life lived in consistency with that tradition.

More striking still is the motif of *'remembering'*, also important for identity formation.[28] Already Paul stresses the importance of his converts remembering him and the 'traditions' which he taught them (1 Cor. 11.2; 2 Thess. 2.5). And close to the heart of the Lord's Supper tradition which Paul passed on was the exhortation to remember Christ – 'Do this in remembrance of me' (*eis tēn emēn anamnēsin*) (1 Cor. 11.24–25; Luke 22.19) – by no means a merely cognitive act of recollection.[29] 2 Timothy retains the motif with reference to well-established /179/ traditions (2.8, 14), the first (2.8) echoing the (presumably well-known) formula with which Paul reassured the Roman believers regarding his own gospel (Rom. 1.3–4).[30] The importance of post-Easter believers remembering Jesus' words is a repeated theme in Luke-Acts and John;[31] the equivalence of John 14.26 and 15.27 indicates that 'remembering all I have said to you', and 'witnesses with

---

24 S. Byrskog, *Story as History – History as Story: The Gospel Tradition in the Context of Ancient Oral History* (WUNT 123; Tübingen: Mohr Siebeck, 2000) has given particular emphasis to the importance of eyewitness testimony ('autopsy') as source for the Gospel traditions (see, e. g., 69–70, 103–104, 106–107, 162, 247, 292).
25 It is often noted that use of 'the word' (*logos*) in Luke 1.2 approaches the Johannine concept of Jesus as 'the word' (John 1.14; 1 John 1.1).
26 1 John 1.1, 3, 5; 2.24; 3.11; 2 John 6.
27 Particularly Eph. 4.21; 2 Tim. 1.13; 2.2.
28 [J.] Schröter draws on J. Assmann, *Das kulturelle Gedächtnis: Schrift, Erinnerung und politische Identität in frühen Hochkulturen* (München[: C.H. Beck], 1992) in stressing 'the concept of remembering as an identity-establishing and thus also cultural phenomenon' (*Erinnerung [an Jesu Worte. Studien zur Rezeption der Logienüberlieferung in Markus, Q und Thomas* [WMANT 76; Neukirchen-Vluyn: Neukirchener, 1997]] 462–63).
29 See particularly O. Hofius, 'The Lord's Supper and the Lord's Supper Tradition: Reflections on 1 Corinthians 11.23b-25', in: B. F. Meyer, ed., *One Loaf, One Cup: Ecumenical Studies of 1 Cor. 11 and Other Eucharistic Texts* (Macon, Ga.: Mercer University, 1993) 75–115 (here 103–11); W. Schrage, *Der erste Brief an die Korinther* (EKK VII, 4 vols.; Zürich: Benziger, 1991, 1995, 1999, 2001) 3.41–42.
30 For more detail see my *Romans* (WBC 38; Dallas: Word, 1988) 5–6.
31 Luke 24.6, 8; Acts 11.16; 20.35; John 2.22; 12.16; 14.26; 15.20; 16.4.

me from the beginning', are two sides of the same coin. 2 Peter confirms that remembering the teaching first given was a central concern in early Christianity (1.15; 3.2); similarly Rev. 3.3. *1 Clement* uses the phrase 'remember(ing) the words of the Lord Jesus' to introduce a brief catena of Jesus' sayings on two occasions (13.1–2; 46.7–8), as does Polycarp with a similar introductory formula, 'remembering what the Lord taught when he said' (*Phil.* 2.3). Here we should also simply note the famous Papias tradition, which repeatedly emphasises the importance of 'remembering' in the transmission of the earliest traditions stemming from the first disciples (Eusebius, *HE* 3.39.3–4, 15; 6.14.6), and Justin's concern to 'bring to remembrance' teachings of Jesus (*Dial.* 18.1; *1 Apol.* 14.4).[32]

Cameron argues that 'the formulaic employment of this term ("remembering") to introduce collections of sayings of Jesus is a practice which began with the relatively free production of sayings traditions ...'.[33] And it is certainly true that the motif includes some freedom in the transmission of the sayings in view.[34] But the idea of remembering Jesus tradition is as early as our earliest references to such tradition (Paul). And it is notable that John, despite his freedom in producing dialogues of Jesus, seems for the most part to have restricted the remembering motif to sayings which have clear Synoptic parallels, that is, which were well rooted in Jesus tradition.[35] It is more likely, then, that the use of the motif in the /180/ *Apocryphon of James* (Cameron's main focus) was an attempt to manipulate a well-established and deeply rooted concern (to remember Jesus' teaching) by using it to commend a sayings tradition laced with 'secret' (Gnostic) elements.[36]

In short, the witnessing and remembering motifs strengthen the impression that more or less from the first those who established new churches would have

---

32 As is well known, Justin called the Gospels 'memoirs, recollections (*apomnēmoneumata*)' of the apostles (*1. Apol.* 66.3; *Dial.* 100.4). The point was properly emphasized in a neglected essay by N. A. Dahl, 'Anamnesis: Memory and Commemoration in Early Christianity' (1946), *Jesus in the Memory of the Early Church* (Minneapolis: Augsburg, 1976) 11–29.
33 [R. Cameron,] *Sayings Traditions* [*in the Apocryphon of James* (Philadelphia: Fortress, 1984)] ch. 3 (here 112).
34 Cf. [H.] Koester, *Ancient Christian Gospels*[*: Their History and Development* (London: SCM, 1990)] 70. But Cameron also notes Polycarp's 'tendency to bring such collections into conformity with the written gospels of his church' (*Sayings Traditions* 113); or, once again, is it rather the case that the tradition was known in variant forms?
35 John 2.19–22 (Mark 14.58 par.); John 12.14–16 (Mark 11.1–10 pars.); John 15.20 (Matt. 10.24–25); the only exception is John 16.4.
36 'Now the twelve disciples [were] sitting all together at [the same time], and remembering what the Savior had said to each one of them, whether secretly or openly, they were setting it down in books' (*Apoc. Jas.* 2.1 Cameron).

taken care to provide and build a foundation of Jesus tradition. Particularly important for Gentiles taking on a wholly new life-style and social identity would be guidelines and models for the different character of conduct now expected from them. Such guidelines and models were evidently provided by a solid basis of Jesus tradition which they were expected to remember, to take in and live out.

d. Apostolic Custodians

The idea of the 'apostles' as themselves the foundation of the church, or of the new Jerusalem, appears already in Eph. 2.20 and Rev. 21.14. More striking is the fact that a clear emphasis of the early chapters of Acts is the role of the apostles as ensuring continuity between what Jesus had taught and the expanding mission of the movement reinvigorated afresh at Pentecost. The implication of the opening words is that Acts is a continuation of 'all that Jesus began to do and teach' as recorded in 'the first part of his work', the Gospel of Luke (Acts 1.1). The instruction given to the apostles (1.2), the implication continues, had just the same continuity in view.[37] Hence, when the traitor Judas is replaced by a new twelfth apostle, the criterion for his election is that he should have been one of their number throughout the ministry of Jesus, 'beginning from the baptism of John' (1.21–22). Hence also the emphasis in 2.42, where the first mark of the new post-Pentecost community is its continuation in and firm attachment to (*proskartereō*) 'the teaching of the apostles'.

Such an emphasis might be regarded as a late perspective, when, arguably, continuity questions would have become (more) important. But there are indications that such continuity was seen as important from the first. These indications focus on the importance of Peter, James, and John to which our texts testify. They were evidently reckoned as the first men among the leaders of the initial Jerusalem community (Acts 1.13) – Peter certainly (1.15; 2.14; 5.1–10, 15, 29), /181/ with John as his faithful shadow (3.1–11; 4.13, 19; 8.14), and James by implication (12.2). Fortunately for any concerned at such over-dependence on Acts, Paul's testimony confirms that a Jerusalem triumvirate (with James the brother of Jesus replacing James the executed brother of John) were generally accounted 'pillars' (Gal. 2.9). The imagery clearly implies that already, within twenty years of the beginnings of the new movement, these three were seen as strong

---

[37] More than any other Evangelist, Luke emphasizes the role of the disciples as 'apostles' (Luke 6.13; 9.10; 17.5; 22.14; 24.10).

supports on which the new community (temple?) was being built.[38] This correlates well with the remembrance of the Jesus tradition that Peter and the brothers Zebedee had been closest to Jesus[39] and thus were accounted principal witnesses to and custodians of Jesus' heritage.

Paul's concept of apostleship is somewhat different from Luke's. But it coheres to the extent that Paul regarded his apostolic role to consist particularly in founding churches (Rom. 15.20; 1 Cor. 3.10; 9.1–2). And, as we have seen, a fundamental part of that role was to pass on foundation tradition (above §8.1b).

e. How the Jesus Tradition Was Used

The circumstantial and cumulative evidence cited above is not usually given the weight I am placing upon it, because Paul in particular seems to show so little interest in the ministry of Jesus and so little knowledge of Jesus tradition.[40] We cannot assume that he ever encountered Jesus personally or had been in Jerusalem during the time of Jesus' mission.[41] On the other hand, Paul would surely have used the two weeks spent in Peter's company (three years after his conversion) to fill out his knowledge of Jesus and of the traditions of Jesus' mission and teaching from Jesus' leading disciple (Gal. 1.18).[42] Nevertheless, the fact remains that Paul cites Jesus explicitly on only three occasions, all curiously in 1 Corinthians (7.10–11; 9.14; 11.23–25), though he also implies that had he known Jesus tradition relevant to other issues of community discipline he would /182/ have cited it (1 Cor. 7.25; 14.37).[43] At the same time, there are various echoes of Synoptic

---

38 See my *The Partings of the Ways between Christianity and Judaism* (London: SCM, 1991) 60.
39 Mark 5.37/Luke 8.51; Mark 9.2 pars.; 13.3; 14.33/Matt. 26.37.
40 [R. W.] Funk, e.g., stands in a line of argument stretching from Reimarus and through Baur in claiming that Paul was 'alienated from the original disciples and, as a consequence, from the written gospel tradition' (*Honest [to Jesus* [San Francisco: Harper, 1996]] 36).
41 At the same time, it can scarcely be credited that Paul received his training as a Pharisee away from Jerusalem; if so, given the timescale between Jesus' death and Paul's conversion (perhaps only two years), the probability that he was indeed present in Jerusalem during the climax of Jesus' mission becomes quite strong. The evaluation of this possibility still suffers from the influence of the reading of 2 Cor. 5.16 common in the early decades of the twentieth century (see Dunn, *Theology of Paul* 184–85).
42 See again my *Theology of Paul* 188.
43 1. Thess. 4,15–17 is also frequently taken as a deliberate citation of a Jesus saying, though I doubt it (see my *Theology of Paul* 303–304).

tradition in Paul's letters,[44] but none which he refers explicitly to Jesus; nor does he cite Jesus' authority to give the teaching more weight.

Does this evidence suggest Paul's own lack of interest in 'remembering' what Jesus said and that it was Jesus who said it? Those who argue for an affirmative answer seem to forget that the pattern we find in Paul's letters is repeated elsewhere within earliest Christianity, particularly in the letters of James and 1 Peter.[45] /183/

---

44 Arguably among the most striking are:

Rom. 1.16	Mark 8.38/Luke 9.26
Rom. 2.1/14.10	Luke 6.37/Matt. 7.1–2
Rom. 8.15–17/Gal. 4.4–6	Abba
Rom. 12.14	Luke 6.27–28/Matt. 5.44
Rom. 12.17/1 Thess. 5.15	Matt. 5.39/Luke 6.29
Rom. 12.18	Mark 9.50
Rom. 13.7	Mark 12.17 pars.
Rom. 13.9	Mark 12.31 pars.
Rom. 14.13	Mark 9.42 pars
Rom. 14.14	Mark 7.15
Rom. 14.17	kingdom of God
I Cor. 2.7	Matt. 13.35
1 Cor. 13.2	Matt. 17.20
1 Thess. 5.2, 4	Matt. 24.43/Luke 12.39
1 Thess. 5.13	Mark 9.50

On the Romans passages see my *Romans* (WBC 38; Dallas: Word, 1988) *ad loc.*; see also Koester, *Ancient Christian Gospels* 52–57; other bibliography in my *Theology of Paul* 182. On the possibility that Paul knew Q (material) see [D. C.] Allison, [*The*] *Jesus Tradition* [*in* Q (Harrisburg: Trinity, 1997)] 54–60 (with further bibliography). For Colossians see Col. 2.22 (Mark 7.7/Matt. 15.9); 3.13 (Matt. 6.12, 14–15; 18.23–35); 4.2 (Mark 13.35, 37; Matt. 24.42; 25.13).

45

James	1.5	Luke 11.9/Matt. 7.7
	2.5	Luke 6.20b/Matt. 5.3
	4.9	Luke 6.21b/Matt. 5.4
	4.10	Luke 14.11/Matt. 23.12
	5.1	Luke 6.24–25
	5.2–3a	Matt. 6.20/Luke 12.33b
	5.12	Matt. 5.34–37
1 Peter	2.12b	Matt. 5.16b
	2.19–20	Luke 6.32–33/Matt. 5.46–47
	3.9, 16	Luke 6.28/Matt. 5.44
	3.14	Matt. 5.10
	4.14	Luke 6.22/Matt. 5.11

Only occasionally is Jesus cited as the authority for the sayings quoted.[46] Usually the teaching which echoes the Jesus tradition is simply part of more extensive paraenesis, without explicit attribution to Jesus.

What are we to make of this? Given that James and 1 Peter probably take us into the second generation of Christianity, when the Synoptic tradition and the Synoptic Gospels themselves would be becoming known, it is very unlikely that in every case the authors were unaware that the teaching originated with Jesus. More plausible is the suggestion I have made elsewhere,[47] that we see in these data one of the ways the Jesus tradition was remembered and used. It is generally recognized that when groups become established over a lengthy period they develop in effect their own identity- and boundary-forming language, that is, at the very least, the use of abbreviations, a kind of shorthand and code words which help bond them as a group and distinguish insiders from outsiders (who do not know the language).[48] The whole point is that in in-group dialogue such inreferences are *not* explained; on the contrary, it is the recognition of the code word or allusion which gives the insider-language its bonding effect; to unpack the reference or allusion (for a stranger) in effect breaks the bond and lets the outsider into the group's inner world.[49] My suggestion, then, is that the Jesus tradition formed such an insider's language among the earliest Christian communities; Paul's use of it in Romans (to a church he had never visited) im-

---

For convenience I follow Koester's analysis (*Ancient Christian Gospels* 63–75). We should also note that 1 John must have known and valued the Johannine Jesus tradition; but we would hardly know it from 1 John itself! On 'The Sayings of Jesus in the Letter of James' see W. H. Wachob and L. T. Johnson in: [B.] Chilton and [C. A.] Evans, eds., *Authenticating the Words of Jesus* [(NTTS 28.2; Leiden: Brill, 1999)] 431–50.

46 Acts 20.35; 1 Clem. 13.1–2; 46.7–8.

47 See my 'Jesus Tradition in Paul', in: [B.] Chilton and [C. A.] Evans, *Studying the Historical Jesus*[: *Evaluations of the State of Current Research* (Leiden: Brill, 1994)] 155–78 (particularly 176–78); also *Theology of Paul* 651–53.

48 This would fit with the suggestions that the writers were able to draw on collections of sayings like those in the Lukan 'Sermon on the Plain' used for catechetical purposes (cf. D. C. Allison, 'The Pauline Epistles and the Synoptic Gospels: The Pattern of the Parallels', *NTS* 28 [1982] 1–32; Koester, *Ancient Christian Gospels* 54, 65–68). *Didache* perhaps indicates a pattern more widely followed: under the heading of 'the Lord's teaching' (1.1) extensive teaching is then given with only occasional reference to Jesus as its source; see also W. Rordorf, 'Does the *Didache* Contain Jesus Tradition Independently of the Synoptic Gospels?', in: [H.] Wansbrough, ed., *Jesus* [*and the Oral Gospel Tradition*] 394–423; I. Henderson, '*Didache* and Orality in Synoptic Comparison', *JBL* 111 (1992) 283–306; J. A. Draper, 'The Jesus Tradition in the *Didache*', in: J. A. Draper, ed., *The Didache in Modern Research* (Leiden: Brill, 1996) 72–91; also [J. D.] Crossan's analysis in: [*The*] *Birth* [*of Christianity* (San Francisco: Harper, 1998)] 387–95.

49 See also Allison, *Jesus Tradition in Q* 111–19.

plies his confidence that this language was a language common to all Christian churches, given by the founding apostle when he/she passed on the Jesus tradition to the new foundation (§§8.1a and b above).⁵⁰ In terms of the argument to be developed /184/ below, we have to assume a wider knowledge of the Jesus story among the recipients of Paul's letters, which his auditors would be able to draw upon to bridge the 'gaps of indeterminacy' in his letters.⁵¹

In short, the fact that almost all the references to Jesus tradition in the writings of earliest Christianity are in the form of allusion and echo should be taken to confirm (1) that such letters were not regarded as the medium of initial instruction on Jesus tradition to new churches, and (2) that churches could be assumed to have a relatively extensive knowledge of Jesus tradition, presumably passed on to them when they were first established.⁵²

f. The Gospels as Biographies

Bultmann led questers up another false trail by his strong assertion that 'There is no historical-biographical interest in the Gospels'.⁵³ The influence of this view, that the Gospels are not biographies of Jesus, persists to the present day.⁵⁴ However, it is too little recalled that on this point Bultmann was reacting against the Liberal questers' confidence that they could penetrate back into Jesus' self-consciousness and could trace the development of his self-understanding as

---

50 In the treatments cited above (n. 47) I also observe that in the only two passages where Paul cites the authority of Jesus in paraenesis (1 Cor. 7.10–11; 9.14) he goes on to qualify that teaching in some way; ironically he has to cite Jesus explicitly precisely *because* he is qualifying what Jesus was known to have said. In contrast, the allusive reminder of Jesus' teaching elsewhere effectively indicates that the authority of that teaching required neither justification nor qualification.
51 The growing recognition that Paul's letters depend in at least some measure for their coherence on underlying 'stories' which he assumed is indicated by B. W. Longenecker, ed., *Narrative Dynamics in Paul: A Critical Assessment* (Louisville: Westminster John Knox, 2002).
52 See further C. F. D. Moule, 'Jesus in New Testament Kerygma' (1970), *Essays in New Testament Interpretation* (Cambridge: Cambridge University, 1982) 37–49, who quotes J. Munck with effect: 'It is important at the outset to realize that though we have none of Paul's sermons, they must have differed in form at least from his letters' (41 n. 12).
53 [R.] Bultmann, [*The*] *History* [*of the Synoptic Tradition* (1921; ET Oxford: Blackwell, 1963)] 372.
54 Albrecht Dihle begins his article on 'The Gospels and Greek Biography' in: [P.] Stuhlmacher, ed., *The Gospel and the Gospels* [(Grand Rapids: Eerdmans, 1991)] 361–86, by recalling that 'every theological student is warned in his first semester against reading the four canonical Gospels as biographies of Jesus' (361).

Messiah (messianic self-consciousness).[55] Kähler had already responded to the Liberal questers by observing that the real sources for such attempts were the questers' own imaginations, an unfortunate extension of the historical principle /185/ of analogy. The point was, as Kähler makes clear, that the original questers were attempting to write biographies on the model of the nineteenth-century biography, with its interest in the personal life and development of the biographical subject.[56] So what Bultmann was actually decrying was the attempt to write a *modern* biography of Jesus.

Since the 1970s, however, the question of the Gospels' genre has come under increasingly close scrutiny, and it has become much clearer that the Gospels are in fact very similar in type to *ancient* biographies (Greek *bioi*; Latin *vitae*).[57] That is, their interest was not the modern one of analysing the subject's inner life and tracing how an individual's character developed over time. Rather, the ancient view was that character was fixed and unchanging;[58] and the biographer's concern was to portray the chosen subject's character by narrating his words and deeds.[59] Which is just what we find in the Synoptic (indeed all the canonical) Gospels,[60] though not, it should be noted, in the other Gospels now frequently drawn into the neo-Liberal quest. Moreover, it is clear that common purposes of ancient *bioi* were to provide examples for their readers to emulate, to give information about their subject, to preserve his memory, and to defend and promote his reputation.[61] Here again the Gospels fit the broad genre remarkably well.[62] Of course, it remains true that the Gospels were never simply biographical; they were propaganda; they were kerygma. But then neither were ancient biographies wholly dispassionate and objective (any more than modern biogra-

---

55 Hence Bultmann's much quoted view 'that we can know almost nothing concerning the life and personality of Jesus, since the early Christian sources show no interest in either' (cited above §5.3 at n. 36 [R. Bultmann, *Jesus and the Word* (1926; ET New York: Scribners, 1935) 8]).
56 [M.] Kähler, [*The So-Called*] *Historical Jesus* [*and the Historic Biblical Christ* (1892; ET Philadelphia: Fortress, 1964)] 55, 63.
57 See particularly D. [E.] Aune, *The New Testament in Its Literary Environment* (Philadelphia: Westminster, 1987) chs. 1 and 2; R. A. Burridge, *What Are the Gospels? A Comparison with Graeco-Roman Biography* (SNTSMS 70; Cambridge: Cambridge University, 1992), both with further bibliography; Burridge reviews the earlier protests against the critical dogma (the Gospels not biographies) in ch. 4; D. Frickenschmidt, *Evangelium als Biographie. Die vier Evangelien im Rahmen antiker Erzählkunst* (Tübingen: Francke, 1997).
58 Aune, *Literary* 28, 63; though note also Burridge, *Gospels* 183–84.
59 Aune, *Literary* 30; Burridge, *Gospels* 144, 150–52, 176–77, 186–88.
60 Aune, *Literary* 57; Burridge, *Gospels* particularly 205–206, 211–12.
61 Aune, *Literary* 36, 62; Burridge, *Gospels* 150–52, 186–88.
62 D. E. Aune, *The New Testament in Its Literary Environment* 57–58; R. A. Burridge, *What Are the Gospels?* 214–17.

phies).⁶³In other words, the overlap between Gospel and ancient biography remains substantial and significant.

In short, the genre itself tells us at once that there was a considerable historical interest in the formulating, retelling, and collecting into Gospel format of the material which now comprises the Synoptic Gospels.⁶⁴ This should hardly /186/ surprise us. As Richard Burridge points out: 'biography is a type of writing which occurs naturally among groups of people who have formed around a certain charismatic teacher or leader, seeking to follow after him'. And later on he quotes Momigliano's comment that 'The educated man of the Hellenistic world was curious about the lives of famous people'.⁶⁵ Which brings us back more or less to where we started.

To sum up, there is substantial circumstantial evidence on two points. First, that the earliest churches would have wanted to remember and actually did remember and refer to Jesus tradition, provided for them as foundational tradition by their founding apostle(s). And second, that the Gospels attest to a lively interest among the first Christians in knowing about Jesus, in preserving, promoting, and defending the memory of his mission and in learning from his example. [...]

8.6. Oral Transmission

In the light of the above we can begin to sketch in the likely process of traditioning in the case of the Jesus tradition.¹ The fact that it coheres so well with the 'in

---

63 Recall again the attempts to 'explain' Hitler.
64 F. G. Downing has argued that in terms of the features of the ancient *bios* (biography) adduced by Burridge, Q itself can be designated a *bios* ('Genre for Q and a Socio-Cultural Context for Q: Comparing Sorts of Similarities with Sets of Differences', *JSNT* 55 [1994] 3–26, reprinted in: F. G. Downing, *Doing Things with Words in the First Christian Century* [JSNTS 200; Sheffield: Sheffield Academic, 2000] 95–117). [J. S.] Kloppenborg Verbin is sympathetic (*Excavating Q[: The History and the Setting of the Sayings Gospel* [Minneapolis: Fortress, 2000]] 161–62, 380); in Aune's terms, 'Q would have strong biographical tendencies' (406 n. 74).
65 Burridge, *Gospels* 80–81, 150–51.
1 B. W. Henaut, *Oral Tradition and the Gospels: The Problem of Mark 4* (JSNTS 82; Sheffield: JSOT, 1993) is tendentiously concerned to argue the virtual impossibility of recovering any oral tradition behind the Gospels: all differences, no matter how great, can be explained in terms of literary redaction, and oral tradition was wholly fluid and contingent on the particularities of each performance. But his conception of the oral tradition process is questionable – as though it were a matter of recovering a history of tradition through a set of sequential performances (e. g., 118; here we see the problem in talking of 'oral transmission'). And he gives too little thought to what the stabilities of oral remembrances of Jesus might be as distinct from those in the epics

principle' sketch of §6.5 ["History, Hermeneutics and Faith"] and the a priori considerations of §§8.1–2 ["Jesus the Founder of Christianity" / "The Influence of Prophecy"] is significant. /239/

a. In the Beginning

In the beginning, already during Jesus' own ministry, as soon as disciples began to gather round him, we can envisage initial impressions and memories being shared among the group. 'Do you remember what he did/said when he ...?' must have been a question often asked as the embryonic community began to feel and express its distinctiveness.[2] No doubt in similar ways their village communities had celebrated their identity and history in regular, even nightly gatherings. And as soon as the disciples of Jesus began to perceive themselves as (a) distinctive group(s) we may assume that the same impulse characteristic of oral and village culture would have asserted itself. As Jesus' immediate group moved around Galilee, encountering potential and then resident groups of disciples or sympathisers in various villages, the natural impulse would be the same. We can assume, of course, that Jesus was giving fresh teaching (as well as repeat teaching) all the while. But in more reflective gatherings, or when Jesus was absent, the impulse to tell again what had made the greatest impact on them would presumably reassert itself.[3]

Three features of this initial stage of the process are worth noting. First, if Bailey's anecdotal accounts bring us closer than any other to the oral culture of Galilee in the second quarter of the first century CE, then we may assume

---

and sagas studied by Parry and Lord. H. W. Hollander, 'The Words of Jesus: From Oral Tradition to Written Record in Paul and Q', *NovT* 42 (2000) 340–57, follows Henaut uncritically (351–55): he has no conception of tradition as reflecting/embodying the impact of anything Jesus said or did; and he thinks of oral tradition as essentially casual, without any conception that tradition could have a role in forming community identity and thus be important to such communities.

2 Cf. [R. W.] Funk, [*The*] *Acts of Jesus*[: *The Search for the Authentic Deeds of Jesus* (San Francisco: Harper, 1998)]: 'The followers of Jesus no doubt began to repeat his witticisms and parables during his lifetime. They soon began to recount stories about him ...' (2).

3 [L. E.] Keck objects to speaking of Jesus as starting a 'movement' – 'an anachronistic modern invention, the "secular" alternative to the idea that Jesus founded the church' (*Who Is Jesus? History in the Perfect Tense* [Columbia: University of South Carolina, 2000] 48–50). But he is over-reacting to claims that Jesus sought to reform society and hardly does justice to the group dynamics set in motion by a mission such as Luke reports (Luke 8.1–3). Was the impact made by Jesus always individual and never involved groups other than the core disciples? Keck evidently envisages only a latent impact triggered into effect by subsequent post-Easter evangelism.

that the traditioning process *began* with the initiating word and/or act of Jesus. That is to say, the impact made by Jesus would not be something which was only put into traditional form (days, months, or years) later. The impact would *include* the formation of the tradition to recall what had made that impact. In making its impact the impacting word or event *became* the tradition of that word or event.[4] The stimulus of some word/story, the excitement (wonder, surprise) of some event would be expressed in the initial shared reaction;[5] the structure, the identifying elements and the key words (core or climax) would be articulated in oral form in /240/ the immediate recognition of the significance of what had been said or happened. Thus established more or less immediately, these features would then be the constants, the stable themes which successive retellings could elaborate and round which different performances could build their variations, as judged appropriate in the different circumstances.[6] Subsequently we may imagine a group of disciples meeting and requesting, for example, to hear again about the centurion of Capernaum, or about the widow and the treasury, or what it was that Jesus said about the tunic and the cloak, or about who is greater, or about the brother who sins.[7] In response to which a senior disciple would tell again the appropriate story or teaching in whatever variant words and detail he or she judged appropriate for the occasion, with sufficient corporate memory ready to protest if one of the key elements was missed out or varied too much. All this is wholly consistent with the character of the data reviewed above.[8]

---

[4] Cf. C. K. Barrett, *Jesus and the Gospel Tradition* (London: SPCK, 1967): '...the tradition originated rather in the impression made by a charismatic person than in sayings learnt by rote'; 'it was preserved because it could not be forgotten' (10, 16).

[5] Or should we be determined, come what may, to find a Jesus (reconstruct a 'historical Jesus') who neither stimulated nor excited?

[6] Funk agrees: under the heading 'Performance as gist; nucleus as core', he observes the 'general rule in the study of folklore that oral storytellers reproduce the gist of stories in their oral performances ... [the Synoptic Evangelists] tend to reproduce the nucleus of a story – the core event – with greater fidelity than the introduction or conclusion. ... As a consequence, historical reminiscence is likely to be found in the nucleus of stories, if anywhere ...' (*Acts of Jesus* 26). Cf. B. Witherington, *The Christology of Jesus* (Minneapolis: Fortress, 1990) 7–22.

[7] It is hardly realistic to assume that the only initial memories were of Jesus' teaching, and thus to deduce that stories about events during Jesus' ministry were not part of the Jesus tradition from the first and only emerged as a subsequent 'narrativization' of themes from the sayings tradition; *pace* W. E. Arnal, 'Major Episodes in the Biography of Jesus: An Assessment of the Historicity of the Narrative Tradition', *TJT* 13 (1997) 201–26.

[8] [J. D.] Crossan argues that the continuity between Jesus and his subsequent followers was 'not in mnemonics but in mimetics, not in remembrance but in imitation' ('Itinerants and Householders [in the Earliest Jesus Movement', in: W. E. Arnal and M. Desjardins, eds., *Whose His-*

It also follows, second, that those accustomed to the prevalent individualism of contemporary culture (and faith) need to make a conscious effort to appreciate that the impact made by Jesus in the beginning was not a series of disparate reactions of independent individuals.[9] Were that so we might well wonder how any commonality of tradition could emerge as individuals began to share their memories, perhaps only after a lengthy period. Postmodern pluralism would have been rampant from the first! But tradition-forming is a *communal* process, /241/ not least because such tradition is often constitutive of the community as community.[10] As it was a shared experience of the impact made by Jesus which first drew individuals into discipleship, so it was the formulation of these impacts in shared words which no doubt helped bond them together as a community of disciples.[11] 'Already the pre-Easter circle of disciples was a "confessing community" *(Bekenntnisgemeinschaft)* of committed disciples *(nachfol-*

---

torical Jesus? [Waterloo: Wilfried Laurier University, 1997] 7–24,] 16), as though the two formed an antithetical either-or, and as though the mimesis recalled a lifestyle somehow independent of the teaching which had provided the theological rationale for that lifestyle. There is more substance, however, in his subsequent observation that 'it is the continuity of life-style between Jesus and itinerants that gives the oral tradition its validity' (16).

9 Cf. [R. A.] Horsley's scathing critique of Liberalism's focus on the individual and of [B. L.] Mack's [*The*] *Lost Gospel*[: *The Book of Q and Christian Origins*, San Francisco: Harper, 1993] ([R. A.] Horsley and [J. A.] Draper, *Whoever* [*Hears You Hears Me: Prophets, Performance, and Tradition in Q* [Harrisburg: Trinity, 1999]] 15–22). Elsewhere [J. D.] Crossan ([*The*] *Birth of Christianity* [, San Francisco: Harper, 1998,] 49–93) and [R. W.] Funk (*Honest* [*to Jesus*, San Francisco: Harper, 1996,] 244) also seem to think of oral tradition solely in terms of individuals' casual recollection.

10 [G.] Strecker reminds us that the concept 'Sitz im Leben' ('setting in life') is primarily a sociological category: 'The "Sitz im Leben" of a text is generally to be sought in the life of the community, especially in the worship and in the catechetical instruction. In distinction to the literary tradition (*Tradition*), the oral tradition (*Überlieferung*) is primarily prescribed for performance in the Christian community and structured accordingly' ('Schriftlichkeit [oder Mündlichkeit der synoptischen Tradition?, in: *The Four Gospels 1992*. FS F. Neirynck, ed. by F. Van Segbroeck, et al., Leuven: Leuven University, 1992, 159–72,] 163; also 169); cf. [J. S.] Kloppenborg's recognition that the concerns of Q were community-oriented ('Literary Convention[, Self-Evidence and the Social History of the Q People', *Semeia* 55 [1992] 77–102,] 86–91).

11 This is not to deny that stories about Jesus would have circulated outside the early Christian communities. But I reject the implication of [É.] Trocmé [*Jesus and His Contemporaries* (London: SCM, 1973) 104] and [G.] Theissen that Mark or others had to go outside the Christian storytelling and traditioning processes in order to find miracle stories about Jesus; so explicitly Theissen – 'Their "tellers" are not a special group within the Christian community, but people in the community at large ...' ([G. Theissen, *The*] *Gospels in Context*[: *Social and Political History in the Synoptic Tradition* [Minneapolis: Fortress, 1991]] 103). But absence of 'specifically Christian motifs' need indicate only that the tradition was maintained without 'specifically Christian' elaboration through the time that it was written down.

genden Jüngern), who confessed Jesus as the final revealer and interpreter of the word of God'.[12]

At the same time, the points made in §6.5 should not be forgotten. The character of the tradition as shared memory means that in many instances we do not know precisely what it was that Jesus did or said. What we have in the Jesus tradition is the consistent and coherent features of the shared impact made by his deeds and words, not the objective deeds and words of Jesus as such. What we have are examples of oral retelling of that shared tradition, retellings which evince the flexibility and elaboration of oral performances. There is surely a Jesus who made such impact, the remembered Jesus, but not an original pure form,[13] not a single original impact to which the historian has to try to reach /242/ back to in each case.[14] The remembered Jesus may be a synthesis of the several impacts made on and disciple responses made by Jesus' earliest witnesses, but the synthesis was already firm in the first flowering of the tradition.[15]

---

12 [H.] Schürmann, *Jesus*[. *Gestalt und Geheimnis* (Paderborn: Bonifatius, 1994)] 429; followed by [P.] Stuhlmacher, *Biblische Theologie* [*des Neuen Testaments*, Bd. 1: *Grundlegung von Jesus zu Paulus* (Göttingen: Vandenhoeck & Ruprecht, 1992)] 44–45. In his most recent contribution on Q, [J. S.] Kloppenborg Verbin explicitly accepts 'the fundamental conservatism of the compositional process' (in debate with Kelber and Schröter), agrees that ancient composition was 'consistently oral and collaborative' (citing Downing), and speaks of 'the "canon" of what was sayable of Jesus' ('Discursive Practices in the Sayings Gospel Q and the Quest of the Historical Jesus', in: [A.] Lindemann, ed., *The Sayings Source Q* [*and the Historical Jesus* [Leuven: Leuven University, 2001]] 149–90 [here 169–74]).

13 If Jesus told at least some of his parables and delivered some of his teaching on more than one occasion, then neither was there a single original context for such teaching. J. Liebenberg, *The Language of the Kingdom and Jesus* (BZNW 102; Berlin: de Gruyter, 2001) points out that the polyvalency of the parables subverts all attempts to identify an original meaning or context (508–13); see also his earlier critique of Bultmann's concept of an original form or *selbständige Traditionsstücke* 'as if one could pinpoint elements in the synoptic tradition which were originally created to exist in and for themselves' (432–48). He also challenges the 'dictum in New Testament scholarship that the first transmitters of these stories [parables] were unable to understand them and therefore almost by necessity had to change them in order to make them intelligible for themselves and/or their readers/listeners' (82). But he does not give enough weight to the degree to which parables' narrative structure and context of use (as well as what he calls their 'generic-level structures') evidently functioned to limit their polyvalency and to provide the communities with guidelines on how the parable should be heard (cf. particularly 445–46, 499–503).

14 [J. S.] Kloppenborg speaks appropriately of the 'performative diversity at the earliest stages of the Jesus tradition' ('[The] Sayings Gospel Q [and the Quest of the Historical Jesus]', *HTR* 89 [1996] 307–44,] 334).

15 A. Goshen-Gottstein, 'Hillel and Jesus: Are Comparisons Possible?', in: J. H. Charlesworth and L. L. Johns, eds., *Hillel and Jesus* (Minneapolis: Fortress, 1997) 31–55, notes the lack of

Third, it follows also and is perhaps worth repeating that the traditioning process should not be conceived of as initially casual and only taken seriously by the first disciples in the post-Easter situation. As just implied, community formation was already at an embryonic stage from the first call of Jesus' immediate circle of disciples; 'formative tradition' would have had an indispensable part in that process.[16] To the extent that the shared impact of Jesus, the shared disciple-response, bonded into groups of disciples or adherents those thus responsive to Jesus' mission, to that extent the dynamics of group formation would be operative. In that process it is scarcely conceivable that the shared memories of what Jesus had said and done (already 'Jesus tradition'!) did not play an important part, both in constituting the groups' identity (what other distinguishing features had they?), and in outlining the boundaries which marked them off as groups (however informal) from their fellow Jews (here, no doubt, the pronouncement and controversy stories had an early, even pre-Easter role; why not?).

Nor should we forget the continuing role of eyewitness tradents, of those rec-
/243/ ognized from the first as apostles or otherwise authoritative bearers of the Jesus tradition (§8.1d). Such indications as there are from the pre-Pauline and early Pauline period suggest already fairly extensive outreach by such figures, both establishing and linking new churches, and a general concern to ensure that a foundation of authoritative tradition was well laid in each case.[17] In focusing particular attention on the communal character of the early traditioning process we should not discount the more traditional emphasis on the individual

---

biographical interest in rabbinic tradition in regard to the rabbis (cf. the Teacher of Righteousness), who were not remembered for their lives or example, and whose teaching was remembered only as part of a much larger, collective enterprise. In contrast, it is evident that Jesus was remembered as the beginning of a new line of tradition (not just as one sage among others), and the impact of his life as well as his teaching resulted in his actions as well as his words being remembered and gave the Jesus tradition a biographical dimension from the start (see also §8.1f above).

16 Cf. the picture which P. S. Alexander, 'Orality in Pharisaic-Rabbinic Judaism at the Turn of the Eras', in: [H.] Wansbrough, ed., *Jesus [and the Oral Gospel Tradition* (JSNTS 64; Sheffield: Sheffield Academic, 1991)] 159–84, adduces for the disciple-circle round a rabbi in the early tannaitic period forming a small, quasi-religious community, eating communally, sharing a common purse, and being taught by the rabbi (166–67), a picture which may not be as anachronistic as might at first appear (182–84).

17 Paul himself provides the best evidence in each case: he is able to take it for granted, as widely accepted, that an 'apostle' is a church-founder (particularly 1 Cor. 9.1–2); the implication of such passages as Acts 9.32–43; 15.3 and Gal. 1.22 is that the earliest churches already formed a network; and the indications of such passages as 1 Cor. 11.2; 15.1–3 and Gal. 1.18 confirm the importance of basic instruction in what was already designated tradition.

figure of authority respected for his or her own association with Jesus during the days of his mission.[18]

Within the Jesus tradition itself we should recall the clear memory that Jesus sent out his disciples as an extension of his own mission (Mark 6.7–13 pars.).[19] Mark tells us that the twelve were chosen 'to be with him and that he might send them out to preach ...' (Mark 3.14). What would they have said when they preached? The implication of the text is clear, and the inference from the fact of a shared mission hard to avoid, that their preaching would have at least included teaching which Jesus had given them.[20] Also that Jesus would have taught them what to say – not in a verbatim mode, but in a mode which would convey the disciple-effecting impact which they themselves had experienced. We may be confident that a good deal at least of the retellings of Jesus tradition now in the Synoptic Gospels were already beginning to take shape in that early pre-Easter preaching of the first disciples.[21] /244/

---

[18] In personal correspondence Richard Bauckham emphasizes the significance of Byrskog's work at this point.

[19] On historicity, see particularly [J. P.] Meier, [A] *Marginal Jew*[, Vol.] 3[: *Companions and Competitors* (New York: Doubleday, 2001)], 154–63. We noted earlier that a strong body of opinion regarding Q sees the earliest stage of its collection/composition (Q¹?) as intended to provide guidance for itinerant missionaries on the pattern of Jesus' own mission; similarly [H.] Schürmann, '[Die] vorösterlichen Anfänge [der Logientradition. Versuch eines formgeschichtlichen Zugangs zum Leben Jesu', in: H. Ristow and K. Matthiae, eds., *Der historische Jesus und der kerygmatische Christus* (Berlin: Evangelische Verlagsanstalt, 1962)] 342–70.

[20] [G.] Theissen envisages the disciple missionaries as messengers of Jesus because they passed on Jesus' words ('[The] Wandering Radicals[: Light Shed by the Sociology of Literature on the Early Transmission of Jesus Sayings', in: *Social Reality and the Early Christians* [Minneapolis: Augsburg Fortress, 1992] 33–59,] 42–43).

[21] The point has been argued by E. E. Ellis on several occasions, most recently in 'The Historical Jesus and the Gospels', in: J. Ådna, et al., eds., *Evangelium – Schriftauslegung – Kirche*, FS P. Stuhlmacher (Tübingen: Mohr Siebeck, 1997) 94–106, reprinted in his *Christ and the Future in New Testament History* (NovTSup 97; Leiden: Brill, 2000) 3–19; also *The Making of the New Testament Documents* (Leiden: Brill, 1999) 20–27; but he weakens his case by unnecessarily questioning whether there was an initial oral stage of transmission (*Christ* 13–14) and arguing for 'at least some written transmission from the beginning' (*Making* 24), that is, already during Jesus' ministry (*Christ* 15–16; *Making* 32, 352). Similarly A. Millard, *Reading and Writing in the Time of Jesus* (BS 69; Sheffield: Sheffield Academic, 2000) argues that notes may well have been made by one or more of the literate among Jesus' hearers which could have served as sources for Mark (223–29); though he also observes that Paul shows no awareness of any written records of Jesus' mission (211). Ellis's conception of oral transmission is very restricted to a choice between 'folkloric origin' and the 'controlled and cultivated process' of the rabbinic schools (*Christ* 14–15; cf. Millard, *Reading and Writing* 185–92); and neither seems to be aware of Bailey's contribution. See also n. 1 above. I have already pointed out (n. 138 above [S. Byrskog, a pupil of B. Ger-

This is *not* to accept Theissen's thesis that the Jesus tradition was the preserve of wandering charismatics, and that they were primarily responsible for maintaining and circulating it. As already observed, community formation and tradition formation go hand in hand. And the Q material, on which the thesis is principally based, itself betrays settings for the tradition in towns and villages.[22] In this particular phase of discussion, there is a danger of thinking of the tradition in effect simply as 'gospel' and of its transmission simply in terms of evangelistic preaching.[23] But as early form critics recognized, the Jesus traditions are traditions which have come down to us because they were in regular and repeated use. That is, the principal conduit for their transmission was not a single, once-only proclamation by evangelists in missionary situations, but the communities which had been called into existence by such preaching, which identified themselves by reference to such tradition, and which referred to the tradition in their regular gatherings to inform and guide their common life and in relation to their neighbours. It was this breadth of tradition which provided the context of reception for individual performances of items of the tradition, shaping the congregation's 'horizon of expectation' and enabling them to fill in the 'gaps of indeterminacy'.[24] This I believe is a fair statement of what

---

hardsson, has developed a different model to bridge the gap between original events and Gospel accounts – the model of oral history (*Story as History – History as Story: The Gospel Tradition in the Context of Ancient Oral History*, WUNT 123, Tübingen: Mohr Siebeck, 2000, 46). But the model assumes later historians (like Luke) seeking out and inquiring of those, like Peter, the women at the cross and tomb, and the family of Jesus (65–91), who could remember the original events and exchanges (cf. Luke 1.1–4). Byrskog, in fact, has no real conception of or indeed role for oral transmission as itself the bridging process.]) that Byrskog's use of 'oral history' as an analogy to the process resulting in the Gospels seems effectively to ignore the likelihood or character of an oral stage such as is envisaged here.

22 Peter Richardson concludes his study of 'First-Century Houses and Q's Setting', in: D. G. Horrell and C. M. Tuckett, eds., *Christology, Controversy and Community*, FS D. R. Catchpole (NovTSup 99; Brill: Leiden, 2000) 63–83: 'Q was set naturally in towns [and cities?], not within the activities of wandering charismatics' (83).

23 To be fair, [J. D.] Crossan in particular sees 'the primary crucible for the tradition of Jesus sayings' in 'the delicate interaction between itinerant and householder' ('Itinerants and Householders [in the Earliest Jesus Movement', in: W. E. Arnal and M. Desjardins, eds., *Whose Historical Jesus?* [Waterloo, Ontario: Wilfried Laurier University, 1997] 7–24,] 24); but insofar as the thesis applies to Q, the hypothesized tension between itinerants and householders is provided more by the hypothesis than by the text.

24 See also [F.] Vouga, 'Mündliche Tradition[, soziale Kontrolle und Literatur als theologischer Protest', in: G. Sellin and F. Vouga, eds., *Logos und Buchstabe. Mündlichkeit und Schriftlichkeit im Judentum und Christentum der Antike* (Tübingen: Francke, 1997) 195–206,] 198–202, who draws particularly on [J.] Vansina's *Oral Tradition as History* [(Madison, Wisconsin: University of Wisconsin, 1985)]. [J.] Liebenberg consistently speaks of different 'performances' of the parables – e.

must have been the case, which remains persuasive even if we do not know how extensive was the body of Jesus tradition held by individual communities; the influx of new converts, the reception of further tradition and the creative reworking of the tradition already received need not modify the basic picture to any significant extent.

Did Easter and the transition from Galilean village to Hellenistic city, from /245/ Aramaic to Greek not make any difference, then? Yes, of course it did. Easter shaped the perspective within which this first tradition was remembered. The transition from village to city shaped the tradition for changing circumstances. The transition from Aramaic to Greek (already implied by the description of 'Hellenists' = Greek-speakers in Acts 6.1) would introduce the shifts in nuance which any translation involves.[25] But the oral Jesus tradition itself provided the continuity, the living link back to the ministry of Jesus, and it was no doubt treasured for that very reason; the very character of the tradition, retaining as it does so many of its Galilean village[26] and pre-Easter themes,[27] not to mention its Aramaic resonances, makes that point clear enough. Here again we may learn from postmodernism's emphasis on the reception rather than the composition of text. If it is indeed the case that the hearer fills in the 'gaps in signification' from the tradition (Iser), that an audience interprets a particular performance from their shared knowledge (Foley), then we can be fairly confident that the Jesus tradition was an essential part of that shared knowledge, enabling the hearers in church gatherings to 'plug in' to particular performances of the oral tradition and to exercise some control over its development. We see this happening, I have already suggested, in the variations Paul plays upon several elements in the Jesus tradition which he echoes in his letters (§8.1e above).

---

g., of the sower ([*The*] *Language* [*of the Kingdom and Jesus* [BZNW 102; Berlin: de Gruyter, 2001]] 350–414).

25 It is not necessary to assume that the 'Hellenists' emerged only after Easter; there may have been Greek-speaking disciples during Jesus' Galilean and Jerusalem missions (cf. Mark 7.26; John 12.20–22) and traditions already being transposed into Greek. The only formal difference in the traditioning process itself seems to have been the emergence of the recognized role of *teacher* (§8.1b), with the implication of a more structured ordering of the tradition as indicated in §8.6b below.

26 A repeated emphasis of [R. A.] Horsley and [J. A.] Draper, *Whoever* [*Hears You Hears Me: Prophets, Performance, and Tradition in Q* (Harrisburg: Trinity, 1999)]; see also G. Theissen, *Lokalkolorit und Zeitgeschichte in den Evangelien: Ein Beitrag zur Geschichte der synoptischen Tradition* (NTOA 8; Freiburg, Schweiz: Universitätsverlag, 1989), who, as the subtitle implies, explores the issue as a way of illuminating the period of oral tradition (1–16, and ch. 1).

27 See again Schürmann, '[Die] vorösterlichen Anfänge [der Logientradition]'.

b. Tradition Sequences

Another questionable assumption which has dominated the discussion since the early form critics is that in the initial stage of the traditioning process the tradition consisted of individual units.[28] That may indeed have been the case for the /246/ very beginning of the process, and the *Gospel of Thomas* gives it some credibility for the continuing tradition. But editorial fingerprints on collections of Jesus tradition in the present Synoptics do not constitute sufficient evidence that each of the collections was first composed by those who thus handled them. There is also good evidence of sayings being grouped and stories linked from what may have been a very early stage of the transmission process – even, in some cases, that Jesus may have taught in connected sequences which have been preserved. To group similar teachings and episodes would be an obvious mnemonic and didactic device for both teachers and taught, storytellers and regular hearers, more or less from the beginning.[29]

We may think, for example, of the sequence of beatitudes brought together in oral tradition or Q (Matt. 5.3, 4, 6, 11, 12/Luke 6.20b, 21b, 21a, 22, 23), and elaborated differently by Matthew and Luke (Matt. 5.3–12, Luke 6.20b-26). Or Jesus' responses to would-be disciples (Matt. 8.19–22/Luke 9.57–62).[30] Or the sequence of mini-parables (the wedding guests, new and old cloth, new and old wineskins) in Mark 2.18–22 (followed by Matt. 9.14–17 and Luke 5.33–39). Or the sequence of teaching on the cost of discipleship and danger of loss (Mark 8.34–38;

---

[28] [J. S.] Kloppenborg, following in the train of successive form-critical analyses, perceives the composition process as 'the juxtaposition of originally independent units' ([*The*] *Formation* [*of Q* [Philadelphia: Fortress, 1987]] 98). Similarly E. P. Sanders takes it for granted that in the beginning 'preachers and teachers used a small unit of material' (*The Historical Figure of Jesus* [London: Penguin, 1993] 59). [R. W.] Funk assumes that 'the imprint of orality' is evident only in 'short, provocative, memorable, oft-repeated phrases, sentences, and stories' – 'a sixth pillar of modern gospel scholarship' ([R. W. Funk and R. W. Hoover, eds., *The*] *Five Gospels*[: *The Search for the Authentic Words of Jesus* [New York: Macmillan, 1993]] 4); 'only sayings that were short, pithy, and memorable were likely to survive' (*Honest* [*to Jesus* [San Francisco: Harper, 1996]] 40, 127–29; similarly *Acts of Jesus* 26). This assumption predetermines that 'the Jesus whom historians seek' will be found only in such brief sayings and stories. He lists 101 words (and deeds) judged to be 'authentic' in his *Honest* 326–35.

[29] Here again I should perhaps stress that I am thinking not just of the more formal occasions of retelling and reteaching in 'cult narrative' and catechism, well indicated by [C. F. D.] Moule, [*The*] *Birth* [*of the New Testament*, London: Black, 1962, 1981, 3rd ed.], and H. Koester, 'Written Gospels or Oral Tradition?', *JBL* 113 (1994) 293–97 (here 293–94).

[30] Or indeed any of the six clusters identified by Kloppenborg as belonging to Q^1, which I have already suggested are better understood as different traditional materials grouped by teachers for purposes of more effective and coherent teaching than as a single 'stratum'.

again followed by Matt. 16.24–27 and Luke 9.23–26), where Q/oral tradition has also preserved the sayings separately.[31] Similarly with the sequence of sayings about light and judgment in Mark 4.21–25 (followed by Luke 8.16–18), with equivalents scattered in Q and the *Gospel of Thomas*.[32]

We will have occasion to analyse some of the most fascinating of the sequences later on: the 'parables of crisis' in Matt. 24.42–25.13 pars. (§12.4g), Jesus and the Baptist in Matt. 11.2–19 par. (§12.5c), and Jesus' teaching on his ex- /247/ orcisms in Matt. 12.24–45 pars. (§ 12.5d). Even more fascinating, but almost impossible to set out in tabular form, is the tradition of the sending out of the disciples on mission, where it is evident from Mark 6.7–13 and the parallels in Matt. 9.37–10.1, 7–16 and Luke 9.1–6; 10.1–12 that there were at least two variations, one used by Mark and another oral (Q?) version.[33] The variations make it probable that the material was used and re-used, probably beginning with Jesus' own instructions for mission, but developed and elaborated in terms of subsequent experience of early Christian mission.[34]

As for Q itself, we may recall the earlier observation that it is almost impossible to devise a secure method for distinguishing redaction from (initial) composition in a hypothetically reconstructed document. The point can be pushed further by arguing that Q was itself composed as a sequence of discourses. But Kloppenborg's finding that Q's sayings have been gathered into 'coherent or topical groupings' is also to the point.[35] And the composition of Mark itself can be understood as setting in appropriate sequence a number of groupings already familiar in the oral traditioning process:[36]

---

[31] Matt. 10.38/Luke 14.27; Matt. 10.39/Luke 17.33; Matt. 10.33/Luke 12.9.
[32] Matt. 5.15/Luke 11.33/*GTh* 33.2; Matt. 10.26/Luke 12.2/*GTh* 5.2, 6.4; Matt. 7.2/ Luke 6.38b; Matt. 25.29/Luke 19.26/*GTh* 41. See [J. D.] Crossan, *Fragments*[: *The Aphorisms of Jesus* (San Francisco: Harper and Row, 1983]) ch. 5; M. Ebner, *Jesus – ein Weisheitslehrer? Synoptische Weisheitslogien im Traditionsprozess* (Freiburg: Herder, 1998), ch. 1.
[33] See particularly [J.] Schröter, *Erinnerung* [*an Jesu Worte. Studien zur Rezeption der Logienüberlieferung in Markus, Q und Thomas* (WMANT 76; Neukirchen-Vluyn: Neukirchener, 1997)] 211, 236–37. On the possibility that Paul knew a form of the missionary discourse related to Q 10.2–16 see especially [D. C.] Allison, [*The*] *Jesus Tradition in Q* [(Harrisburg: Trinity, 1997)] 105–11.
[34] See the qualification in [J. S.] Kloppenborg Verbin, *Excavating Q*[: *The History and the Setting of the Sayings Gospel* (Minneapolis: Fortress, 2000)] 183; also M. Hengel, *The Charismatic Leader and His Followers* (Edinburgh: Clark, 1981) 74–76. Does the fact that *Thomas* has only two disjoint parallels (*GTh* 14.2/Luke 10.8–9; *GTh* 73/Matt.9.37–38/Luke 10.2) imply a fading of a compulsion to mission?
[35] *Formation* 90–92; *Excavating Q* 168–69, 206–209.
[36] Cf. particularly, H. W. Kuhn, *Ältere Sammlungen im Markusevangelium* (Göttingen: Vandenhoeck & Ruprecht, 1971). Worthy of note is [A. B.] Lord's observation that 'Oral traditional composers think in terms of blocks and series of blocks of tradition' ('The Gospels as Oral

24 hours in the ministry of Jesus	Mark 1.21-38
Jesus in controversy (in Galilee)	Mark 2.1-3.6
Parables of Jesus	Mark 4.2-33
Miracles of Jesus round the lake	Mark 4.35-5.43; 6.32-52
Marriage, children, and discipleship	Mark 10.2-31
Jesus in controversy (in Jerusalem)	Mark 12.13-37
The little apocalypse	Mark 13.1-32
The passion narrative	Mark 14.1-15.47

Of course most of this is unavoidably speculative, even more so if we were to guess at whether and how passages like Mark 4.2-33 (parables of Jesus) and Mark 13.1-32 (the little apocalypse) grew by a process of aggregation from ear- /248/ lier, smaller groupings. The point is that we should not assume that such compositional procedures came into the process only at a later stage of the process or only when the tradition was written down.

c. Not Layers but Performances

One of the most important conclusions to emerge from this review of the oral character of so much of the Jesus tradition, and of the likely processes of oral transmission, is that the perspective which has dominated the study of the history of Synoptic tradition is simply wrong-headed. Bultmann laid out the playing field by conceiving of the Jesus tradition as 'composed of a series of layers'.[37] The consequence of this literary paradigm was that each retelling of episodes or parts of the Jesus tradition was bound to be conceived on the analogy of an editor editing a literary text. Each retelling was like a new (edited) edition. And so the impression of each retelling as another layer superimposed upon earlier layers became almost inescapable, especially when the literary imagery was integrated with the archaeological image of the ancient tell, where research proceeds by digging down through the historical layers.[38] The consequence has been widespread disillusion at the prospect of ever being able successfully to strip off

---

Traditional Literature', in: [W. O.] Walker, ed., [The] Relationships [among the Gospels [San Antonio: Trinity University, 1978]] 59).

37 [R.] Bultmann, *Jesus [and the Word* (1926; ET New York: Scribners, 1935)] 12-13.

38 As again by [J. D.] Crossan in his talk of 'scientific stratigraphy' ([The] *Historical Jesus[: The Life of a Mediterranean Jewish Peasant* [San Francisco: Harper, 1991]] xxviii, xxxi-xxxii). Bruce Chilton made an earlier protest against this 'literary fallacy' – *The Temple of Jesus: His Sacrificial Program within a Cultural History of Sacrifice* (University Park: Pennsylvania State University, 1992) 114-15, 120, referring to his *Profiles of a Rabbi: Synoptic Opportunities in Reading about Jesus* (BJS 177; Atlanta: Scholars, 1989).

the successive layers of editing to leave some primary layer exposed clearly to view. Equally inevitable from such a perspective were the suspicion and scepticism met by any bold enough to claim that they had been successful in their literary archaeology and had actually uncovered a large area of Jesus' bedrock teaching.

But the imagery is simply inappropriate.[39] An oral retelling of a tradition is not at all like a new literary edition. It has not worked on or from a previous retelling. How could it? The previous retelling was not 'there' as a text to be consulted. And in the retelling the retold tradition did not come into existence as a kind of artefact, to be examined as by an editor and re-edited for the next retell- /249/ ing. In oral transmission a tradition is performed, not edited. And as we have seen, performance includes both elements of stability and elements of variability – stability of subject and theme, of key details or core exchanges, variability in the supporting details and the particular emphases to be drawn out. That is a very different perspective. And it allows, indeed requires, rather different conclusions. These include the likelihood that the stabilities of the tradition were sufficiently maintained and the variabilities of the retellings subject to sufficient control for the substance of the tradition, and often actual words of Jesus which made the first tradition-forming impact, to continue as integral parts of the living tradition, for at least as long as it took for the Synoptic tradition to be written down. In other words, whereas the concept of literary *layers* implies increasing remoteness from an 'original', 'pure', or 'authentic' layer, the concept of *performance* allows a directness, even an immediacy of interaction, with a living theme and core even when variously embroidered in various retellings.[40]

The concept of oral transmission, as illustrated from the Synoptic tradition itself, therefore, does not encourage either the scepticism which has come to af-

---

39 Cf. Liebenberg: 'Although it is true that all one has to work with are the canonical and non-canonical gospel texts, it remains methodologically unsound to work with a theory of the gospel tradition which gives pride of place to these texts, when it is known that they came into being in a predominantly oral milieu, and more significantly, that the first twenty to thirty years after the life of Jesus the stories and aphorisms attributed to him were transmitted and performed orally' (*Language* 518).

40 I have struggled to find a suitable image to replace that of 'layers' (edited editions), and played with the model of forms somewhat like space satellites circling round the remembered Jesus, with the forms of the 60s and 70s not necessarily further from Jesus than those of 40s and 50s. The image is not very good, but it can be elaborated to depict John's Gospel as on a higher orbit, or to include the possibility of forms drifting out of the gravity of the remembered Jesus or being caught by a countervailing gravity. The earlier image of a trajectory could be fitted to this also – e.g., Q material on a trajectory leading to a *Gospel of Thomas* no longer held within the original gravity field.

flict the 'quest of the historical Jesus' or the lopsided findings of the neo-Liberal questers. Rather it points a clear middle way between a model of memorization by rote on the one hand and any impression of oral transmission as a series of evanescent reminiscences of some or several retellings on the other. It encourages neither those who are content with nothing short of the historicity of every detail and word of the text nor those who can see and hear nothing other than the faith of the early churches. It encourages us rather to see and hear the Synoptic tradition as the repertoire of the early churches when they recalled the Jesus who had called their first leaders and predecessors to discipleship and celebrated again the powerful impact of his life and teaching.

d. Oral Tradition to Written Gospel

We need not follow the course of oral transmission beyond the transition from oral tradition to written Gospel. The significance of that transition can be exaggerated, as we noted above in reviewing the work of Kelber (§8.3f): Jesus tradi- /250/ tion did not cease to circulate in oral form simply because it had been written down; hearings of a Gospel being read would be part of the oral/aural transmission, to be retold in further circles of orality;[41] the written text was still fluid, still living tradition.[42] But there are two other aspects, misleading impressions or unexamined assumptions, which have encouraged false perspectives on the subject and which should be highlighted here.

One is the impression that the oral Jesus tradition was like two (or several) narrow streams which were wholly absorbed into the written Gospels through their sources. So much of the focus in Gospel research has been on the question of sources for the Gospels that it has been natural, I suppose, for oral tradition to be conceived simply as source material for the Gospels, without any real attempt being made to conceptualize what oral communities were like and how the oral tradition functioned prior to and independently of written collections and Gospels. As already noted, some narrative criticism and some discussions of Synoptic pericopes at times almost seem to assume that when a copy of Mark or Matthew or Luke was initially received by any church, that was the first time the church had heard the Jesus tradition contained therein. But this is to ignore or

---

41 As [H.] Koester was already pointing out in his first monograph (*Synoptische Überlieferung* [*bei den apostolischen Vätern*, Berlin: Akademie-Verlag, 1957]).

42 See particularly D. C. Parker, *The Living Text of the Gospels* (Cambridge: Cambridge University, 1997), whose warning against searching for an original text mirrors the warning of specialists in oral tradition against searching for an original form.

forget one of the key insights of form criticism in the beginning, namely the recognition that the tradition took various forms because the forms reflected the way the tradition was being used in the first churches. In fact, it is almost self-evident that the Synoptists proceeded by gathering and ordering Jesus tradition which had already been in circulation, that is, had already been well enough known to various churches, for at least some years if not decades. Where else did the Evangelists find the tradition? Stored up, unused, in an old box at the back of some teacher's house? Stored up, unrehearsed, in the failing memory of an old apostle? Hardly! On the contrary, it is much more likely that when the Synoptic Gospels were first received by various churches, these churches *already* possessed (in communal oral memory or in written form) their own versions of much of the material. They would be able to compare the Evangelist's version of much of the tradition with their own versions. This conclusion ties in well with the considerations adduced above (§8.1). And as we have seen above, the divergences between different versions of the Synoptic tradition imply a lively and flexible oral tradition known to the Evangelists and presumably also to the churches with which they were associated.

This line of thought links in with the other assumption which has become debilitatingly pervasive: that each document belongs to and represents the views /251/ of only one community, and that the tensions within and among documents indicate rival camps and already different Christianities. The assumption derives again from the first insights of form criticism: that the forms of the tradition reflect the interests of the churches which used them. This was reinforced by the sociological perspective of the final quarter of the twentieth century: literature as the expression not so much of a single mind as of a social context. But these insights have been narrowed (and distorted) in a quite extraordinary way, to claim in effect that each text was written by and for a particular community – a Q community, a Mark community, a Matthean community, and so on.[43] I have already challenged this assumption with regard to Q, and by implication for the Gospels generally. But the assumption covers also the streams of tradition which entered into the Gospels. The assumption, in other

---

[43] R. Bauckham, 'For Whom Were the Gospels Written?', in: R. Bauckham, ed., *The Gospels for All Christians: Rethinking the Gospel Audiences* (Grand Rapids: Eerdmans, 1998), provides a number of examples (13–22). He suspects that 'those who no longer think it possible to use the Gospels to reconstruct the historical Jesus compensate for this loss by using them to reconstruct the communities that produced the Gospels' (20). See also S. C. Barton's strictures in the same volume ('Can We Identify the Gospel Audiences?', *Gospels for All Christians* 173–94) on the use of 'community' and on our ability to identify beyond generalizations the social context in which the Gospels were written.

words, is of differing and conflicting streams of tradition more or less from the first, celebrating in effect different Jesuses – a prophetic and/or apocalyptic Jesus, Jesus the wisdom teacher, the Jesus of aretalogies (divine man), and so on.[44] /252/

Richard Bauckham has recently challenged this assumption with regard to the written Gospels. His counter-thesis is that 'the Gospels were written for general circulation around the churches and so envisaged a very general Christian audience. Their implied readership is not specific but indefinite: any and every Christian community in the late first-century Roman Empire'.[45] The claim may be stated in an exaggerated form (for *all* Christians?), but we should not discount the likelihood that Evangelists wrote out of their more local experience primarily with a view to a much larger circle of churches, in Syria-Cilicia, for example. And Bauckham needs to give more weight to the likelihood that particular communities were the Evangelist's *source* for Jesus tradition, as distinct from communities as the Evangelist's *target* in writing his Gospel. But he is justified in dismissing the idea that the Evangelist would have written his Gospel for the

---

[44] Cf. particularly [H.] Koester, 'One Jesus and Four Primitive Gospels'[, in: J. M. Robinson and H. Koester, *Trajectories through Early Christianity* (Philadelphia: Fortress, 1971 [1965]) 158–204]; also 'The Structure and Criteria of Early Christian Beliefs', in: Robinson and Koester, *Trajectories* 205–31; [D.] Lührmann, [*Die*] *Redaktion* [*der Logienquelle* (WMANT 33; Neukirchen-Vluyn: Neukirchener, 1969)] 95–96; [B. L.] Mack, [*The Christian*] *Myth*[: *Origins, Logic and Legacy* (New York: Continuum, 2001)] 83–97. Koester's reflections on 'The Historical Jesus and the Historical Situation of the Quest: An Epilogue', in: [B.] Chilton and [C. A.] Evans, eds., *Studying the Historical Jesus*[: *Evalutations of the State of Current Research* (Leiden: Brill, 1994)] 535–45, exemplifies how dubious the reasoning has become: (1) 'The history of Christian beginnings *demonstrates* that it was most effective to establish and to nurture the community of the new age without any recourse to the life and work of Jesus of Nazareth' ('Historical Jesus' 535, my emphasis). *Assumption:* 'the community of the new age' did not know or value any Jesus tradition. (2) 'There were followers of Jesus, who were not included in the circle of those churches for which the central ritual and the story of Jesus' suffering and death was the unifying principle. Instead, they believed that their salvation was mediated through the words of wisdom that Jesus had spoken. In the Synoptic Sayings Source a community appears that had combined this belief in Jesus with the expectation of his return as the Son of Man' ('Historical Jesus' 537). *Assumptions:* one document per church; silence regarding means ignorance of or opposition to; differing emphases are irreconcilable in a single document. (3) Some of those addressed in 1 Corinthians seem to have understood Jesus' sayings 'as the saving message of a great wisdom teacher'; the earliest compositional strata of Q seem to have understood 'Jesus' words of wisdom as a revelation providing life and freedom' ('Historical Jesus' 540). *Assumptions:* Corinthian 'wisdom' was based on Jesus' teaching, and implies a christology; 1 Corinthians 1–4 requires more than a rhetorical and socio-political understanding of that wisdom; Q wisdom was soteriological rather than paraenetic.

[45] Bauckham, 'For Whom?' 1.

community in which he lived.⁴⁶ And he rightly challenges any suggestion that the tradition-stock available to anyone Evangelist was limited to his own community or circle of churches.⁴⁷

The point here is that Bauckham is certainly correct to highlight the evidence that the first churches were by no means as isolated from one another and at odds with one another as has been so often assumed. If Paul's letters (and Acts) are any guide, the first churches consisted rather of 'a network of communities in constant communication', linked by messengers, letters, and visits by leading figures in the new movement.⁴⁸ This ties in with what was noted above: that church founding included the initial communication of foundation tradition and that Paul could assume common tradition, including knowledge of Jesus tradition, even in a church which he had never previously visited (Rome). And though there were indeed severe tensions between Paul and the Jerusalem leadership, Paul still regarded the lines of continuity between the churches in Judea and those of the Gentile mission as a matter of first importance.⁴⁹ In short, the suggestion that there were churches who knew only one stream of tradition – Jesus only as a miracle worker, or only as a wisdom teacher, etc. – has been given far /253/ too much uncritical credence in scholarly discussions on the Gospels and ought to have been dismissed a lot sooner.

8.7. In Summary

This has been a lengthy chapter, so let me sum up what has emerged about the Jesus tradition prior to its being written down.

First (§8.1), I noted the strong circumstantial case for the view that, from the beginning, new converts would have wanted to know about Jesus, that no church would have been established without its store of foundation (including Jesus)

---

46 Bauckham, 'For Whom?' 28–30; 'Why should he go to the considerable trouble of writing a Gospel for a community to which he was regularly preaching?' (29).
47 In private correspondence.
48 Bauckham, 'For Whom?' 30–44; also M. B. Thompson, 'The Holy Internet: Communication between Churches in the First Christian Generation', in: [R.] Bauckham, ed., [*The*] *Gospels* [*for All Christians: Rethinking the Gospel Audiences* (Grand Rapids: Eerdmans, 1998)] 49–70. Bauckham justifiably asks, 'Why do scholars so readily assume that the author of a Gospel would be someone who had spent all his Christian life attached to the same Christian community?' (36). Bauckham's thesis has now been criticized by D. C. Sim, 'The Gospels for All Christians? A Response to Richard Bauckham', *JSNT* 84 (2001) 3–27.
49 Gal. 1.22; 1 Thess. 2.14; 2 Cor. 1.16.

tradition, and that the churches were organised to maintain and to pass on that tradition. The importance of remembering Jesus and learning about him and of responsible teachers is attested as early as we can reach back into earliest Christianity, in Jewish as well as Gentile churches. The apparent silence of Paul and the character of the Gospels themselves provide no substantive counter-argument.

Second (§8.2), the assumption that prophecy within the earliest churches would have added substantial material to the Jesus tradition has been misleading. It is not borne out to any great extent by what we know of early church prophetic activity. On the contrary, recognition of the danger of *false* prophecy would almost certainly have been as widespread as prophecy itself, and the first churches would probably have been alert to the danger of accepting any prophetic utterance which was out of harmony with the Jesus tradition already received.

When we turned, third (§8.3), to examine the relevance of oral tradition to our quest, we noted the widespread recognition among specialists in orality of the character of oral transmission as a mix of stable themes and flexibility, of fixed and variable elements in oral retelling. But we also noted that such insights have hardly begun to be exploited adequately in the treatment of Jesus tradition as oral tradition. However, Bailey's observations, drawn from his experience of oral traditioning processes in Middle Eastern village life, have highlighted points of potential importance, particularly the rationale which, in the cases in point, determined the distinction between the more fixed elements and constant themes on the one hand, and the flexible and variable elements on the other. Where stories or teaching was important for the community's identity and life there would be a concern to maintain the core or key features, however varied other details (less important to the story's or teaching's point) in successive retellings.

Our own examination, fourth (§§8.4, 5), of the Jesus tradition itself confirmed the relevance of the oral paradigm and the danger of assuming (consciously or otherwise) the literary paradigm. The findings did not call into serious question the priority of Mark or the existence of a document Q. But, in each of the examples marshalled, the degree of variation between clearly parallel tra- /254/ ditions and the inconsequential character of so much of the variations have hardly encouraged an explanation in terms of literary dependence (on Mark or Q) or of literary editing. Rather, the combination of stability and flexibility positively cried out to be recognized as typically oral in character. That probably implies in at least some cases that the variation was due to knowledge and use of the same tradition in oral mode, as part of the community tradition familiar to Matthew and Luke. And even if a pericope was derived from Mark or Q, the retelling by Matthew or Luke is itself better described as in oral mode, maintaining the character of an oral retelling more than of a literary editing.[50]

In both cases (narratives and teachings) we also noted (1) a concern to remember the things Jesus had done and said. The discipleship and embryonic communities which had been formed and shaped by the impact of Jesus' life and message would naturally have celebrated that tradition as central to their own identity as disciples and churches. We noted also (2) that the memories consisted in stories and teachings whose own identity was focused in particular themes and/or particular words and phrases – usually those said by Jesus himself. And (3) that the variations and developments were not linear or cumulative in character, but the variations of oral performance. The material examined indicated neither concern to preserve some kind of literalistic historicity of detail, nor any readiness to flood the tradition with Jewish wisdom or prophetic utterance.

Finally (§8.6), we have observed that the pattern of the oral traditioning process was probably established more or less from the beginning (before the first Easter) and was probably maintained in character through to (and beyond) the writing down of the tradition. The first impact (sequence of impacts) made by Jesus resulted in the formation of tradition, which was itself formative and constitutive of community/church through Easter, beyond Galilee and into Greek, and was preserved and celebrated through regular performance (whether in communal or specifically liturgical gatherings) or reviewed for apologetic or catechetical purposes. In other words, what we today are confronted with in the Gospels is not the top layer (last edition) of a series of increasingly impenetrable layers, but the living tradition of Christian celebration which takes us with surprising immediacy to the heart of the first memories of Jesus.

On the basis of all this we can begin to build a portrayal of the remembered Jesus, of the impact made by his words and deeds on the first disciples as that impact was 'translated' into oral tradition and as it was passed down in oral performance within the earliest circles of disciples and the churches, to be enshrined in due course in the written Synoptic tradition.

James D. G. Dunn, Christianity in the Making, Volume 1: Jesus Remembered, Grand Rapids, Michigan: © Wm. B. Eerdmans Publishing Company, S. 174–186. 238–254. Reprinted by permission of the publisher; all rights reserved.

---

[50] R. F. Person, 'The Ancient Israelite Scribe as Performer', *JBL* 117 (1998) 601–609, argues that the scribes understood their task as re-presenting the dynamic tradition of their communities, as illustrated from some of the scribal interventions in 1 QIsa^a.

Ingo Broer
5.15 Jesus und die Tora, 2004

Literatur: R.P. BOOTH, Jesus and the Laws of Purity. Tradition History and Legal History in Mark 7 (JSNT.S 13), Sheffield 1986.– I. BROER (Hg.), Jesus und das jüdische Gesetz, Stuttgart u. a. 1992.– D.M. COHN-SHERBOK, An Analysis of Jesus' Arguments Concerning the Plucking of Grain on the Sabbath, in: C.A. EVANS/ST.E. PORTER (Hg.), The Historical Jesus. A Sheffield Reader, Sheffield 1995, 131–139.– G. DAUTZENBERG, Jesus und die Tora, in: E. ZENGER (Hg.), Die Tora als Kanon für Juden und Christen, Freiburg u. a. 1996, 345–378.– J.D.G. DUNN, Jesus and the Constraint of Law: JSNT 17 (1983) 10–18.– D.J. HARRINGTON, The Jewishness of Jesus. Facing some Problems: CBQ 49 (1987) 1–13.– M. HENGEL, Jesus und die Tora: ThB 9 (1978) 152–172.– A. ITO, The Question of the Authenticity of the Ban on Swearing (Matthew 5.33–37), in: C.A. EVANS/ST.E. PORTER (Hg.), The Historical Jesus. A Sheffield Reader, Sheffield 1995, 140–147.– M. LIMBECK, Vom rechten Gebrauch des Gesetzes: JBT 4 (1989) 151–169.– J. MAIER, Jesus von Nazaret und sein Verhältnis zum Judentum. Aus der Sicht eines Judaisten, in: W.P. ECKERT/H.H. HENRIX (Hg.), Jesu Jude-Sein als Zugang zum Judentum. Eine Handreichung für Religionsunterricht und Erwachsenenbildung, Aachen 1976, 69–113.– D. MARGUERAT, Jésus et la loi dans la mémoire des premiers chrétiens, in: D. MARGUERAT/J. ZUMSTEIN (Hg.), La mémoire et le temps. Melanges offerts à P. Bonnard, Genf 1991, 55–74.– H. MERKEL, The Opposition between Jesus and Judaism, in: E. BAMMEL/C.F.D. MOULE (Hg.), Jesus and the Politics of his Day, Cambridge 1984, 129–144.– D.J. Moo, Jesus and the Authority of the Mosaic Law, in: C.A. EVANS/ST.E. PORTER (Hg.), The Historical Jesus. A Sheffield Reader, Sheffield 1995, 83–128.– U.B. MÜLLER, Zur Rezeption gesetzeskritischer Jesusüberlieferung im frühen Christentum: NTS 27 (1981) 158–185.– K. MÜLLER, Forschungsgeschichtliche Anmerkungen zum Thema „Jesus von Nazareth und das Gesetz", in: W. KRAUS/O. MERK/M. KARRER (Hg.), Kirche und Volk Gottes (FS J. Roloff), Neukirchen-Vluyn 2000, 58–77.– E.P. SANDERS, Jewish Law from Jesus to Mishnah, London/Philadelphia 1990.– R. SMEND/U. LUZ, Gesetz, Stuttgart u. a. 1981.

Zahlreiche Weisungen in den Evangelien beschäftigen sich mit der Frage, wie die Menschen leben sollen. Dies geschieht nicht nur in weisheitlichen Worten, sondern auch in paränetischen Gleichnissen, in Mahn- und Bildworten, konkreten Ge- und Verboten (z. B. Mk 10,21) sowie in grundsätzlichen Weisungen (z. B. Mk 10,9) und in Gesetzesworten. Dabei scheint sich Jesus z. T. gegen den im Alten Testament geoffenbarten Gotteswillen zu stellen, in einigen Texten ist dieser Gegensatz sogar ausdrücklich hervorgehoben wie z. B. in den Antithesen. Das ist angesichts der Bedeutung des Gesetzes im damaligen Judentum besonders auffällig. Deswegen spielt die Frage nach dem Verhältnis Jesu zum alttestamentlich-jüdischen Gesetz bei der Rückfrage nach Jesus eine wichtige Rolle. Sie ist zugleich sehr stark belastet, weswegen zunächst einige Vorfragen erörtert werden müssen.

Das christliche Verständnis des alttestamentlich-jüdischen Gesetzes hat sich im Laufe der Auslegungsgeschichte mehrfach entscheidend verändert. Es versteht sich von selbst, dass davon die Bestimmung des Verhältnisses Jesu zum jüdischen Gesetz nicht unbeeinflusst bleiben konnte. Ähnliches gilt für das jüdische Verständnis des Gesetzes zur Zeit Jesu. Wenn Jesus im Kontext des Judentums zu sehen und aufgrund des Plausibilitätskriteriums eine wie auch immer geartete Kontinuität mit dem Judentum anzunehmen ist, dann ist Jesu Verständnis des Gesetzes nicht unabhängig von dessen Verständnis in seiner Umgebung zu erheben. Deswegen nähern wir uns dem Gesetzesverständnis Jesu in drei Schritten. Zunächst gehen wir auf den Wandel des jüdischen Gesetzesverständnisses in der christlichen Exegese im auslaufen- /217/ den 19. Jahrhundert ein und beschreiben dessen inzwischen erkannte Problematik. Anschließend versuchen wir, knapp das Gesetzesverständnis im Judentum zur Zeit Jesu zu skizzieren, um uns dann in einem dritten Schritt den gesetzlichen Weisungen Jesu zu nähern.

1. Das Gesetzesverständnis des Judentums in der christlichen Exegese

1.1 Das Verständnis des nachexilischen Judentums als Religion des Gesetzes

Die alttestamentlich-jüdische Religion in ihrer Gesamtheit wurde jahrhundertelang von Juden und Christen als Religion des Gesetzes verstanden, wobei die Christen stärker als die Juden den legalistischen Charakter betonten. Durch die einflussreichen Arbeiten von J. Wellhausen und F. Weber hat sich diese Einschätzung im 19. Jahrhundert dramatisch gewandelt und diese, stark auf das Gesetz abhebende christliche Einschätzung der alttestamentlichen Religion wurde auf die nachexilische Periode verschoben.

Nach Wellhausen ist das Gesetz ein spätes, nachexilisches Produkt, mit dem eine völlig neue Phase der israelitischen Religionsgeschichte einsetzt, nämlich die des Judentums, die nicht mit dem übrigen Alten Testament gleichgesetzt werden darf. Im Judentum steht nicht mehr wie vor dem Exil die Erwählung Israels an erster Stelle, sondern man wird eigentlich erst durch die Befolgung des Gesetzes zum Juden. Von einer gnadenhaften Erwählung, deren Zeichen das Gesetz ist, ist hier nicht mehr die Rede. Gleichzeitig betonte Wellhausen auch den heteronomen Charakter der Gesetzesforderungen. Diese gelten also nicht, weil sie in sich einsichtig sind und etwa ein hohes Gut schützen, sondern sie gelten ausschließlich, weil Gott sie in Kraft gesetzt hat.

Diese Darstellung des Alten Testaments und des Judentums war außerordentlich einflussreich, hat die alttestamentliche Exegese fast bis zum Ende des 20. Jahrhunderts stark geprägt und führte dazu, dass man Israel und Judentum auseinandergerissen hat. Israel wurde mit der Zeit vor dem Exil identifiziert und positiv gesehen, während das Judentum als Degenerationserscheinung Israels betrachtet und durchgehend negativ bewertet wurde. Deswegen bezeichnete man diese Epoche auch als „Spätjudentum".[1]

1.2 Die Einseitigkeit der Bewertung des Judentums durch Wellhausen

Die weitreichende Übernahme dieser von Wellhausen grundgelegten Perspektive hängt sicher auch damit zusammen, dass Wellhausen einige Dinge durchaus richtig gesehen, sie aber einseitig oder falsch zugeordnet hat.

1. So ist die beherrschende Stellung des Gesetzes im Alten Testament sicher ein spätes Phänomen. Die vorexilischen Propheten z. B. nehmen selten oder gar nicht auf „das Gesetz" Bezug, und zahlreiche gesetzliche Partien des Pentateuchs sind jung. Allerdings ist die Behauptung Wellhausens, die Propheten hätten gar kein göttliches Gesetz gekannt, in der Folgezeit mehrfach angezweifelt worden. Dass die Propheten „das Gesetz" nicht kannten, bedeutet im übrigen nicht, dass sie keine göttlichen Weisungen und auch nicht, dass sie nicht den Begriff der Tora gekannt hätten. Autoritative Weisung, z.T. mit Berufung auf göttlichen Ursprung dieser Weisung, war den Propheten ebenso bekannt (Hos 4,6) wie der Begriff der Tora. Dieser bezeichnete aber bei den Propheten die einzelne Weisung in Form eines prophetischen Wortes, kann jedoch auch die gesamte prophetische Botschaft meinen und als Bezeichnung für die Gesamtheit der Willenskundgebungen Jahwes dienen, die auch schon in schriftlicher Form vorgestellt wird (vgl. Hos /218/ 8,12). Hieran konnte die spätere, umfassende Gesetzes-Vorstellung in Israel anknüpfen, wie sie sich erstmals im Buch Deuteronomium mit dem Begriff Tora verbindet und die die gesamte Willensoffenbarung Gottes am Sinai meint.[2] Stand

---

[1] Vgl. dazu K. Müller, Das Judentum in der religionsgeschichtlichen Arbeit am Neuen Testament, Frankfurt/Bern 1983, Kap. 4–6.
[2] Die Septuaginta gibt das hebräische Wort Tora fast immer mit nomos (Gesetz) wieder, gebraucht diesen Terminus aber auch für andere hebräische Wörter und kennt andere (aber nur an wenigen Stellen) Übersetzungen für Tora. Schon daraus wird deutlich, dass die Begriffe Tora und Gesetz nicht deckungsgleich sind und dass die Gleichsetzung der Tora mit Legalismus keineswegs berechtigt ist, wenn es auch zugegebenermaßen Belege gibt, die in diese Richtung weisen. Vor allem in den älteren Teilen des Alten Testaments meint Tora eine konkrete *Weisung* Gottes, die keineswegs notwendig an eine gesetzliche Form gebunden ist und die neben rechtlichen auch kultische, rituelle oder ethische Aspekte enthalten kann. Das Gemeinsame

aber Gottes Weisung in den älteren Geschichtswerken noch deutlich im Zusammenhang mit der Erwählung und Rettung Israels durch Jahwe, so erhält schon in den jüngeren Schichten des Alten Testaments das Gesetz eine selbständigere Funktion. Die Offenbarung des Gesetzes am Sinai wird in der Priesterschrift zum heilsgeschichtlichen Grunddatum, und von daher bestehen die Möglichkeit und die Gefahr, es zu verabsolutieren und es als allein entscheidenden Faktor im Verhältnis zwischen Gott und Israel anzusehen.

2. Der gnadenhafte Charakter der Erwählung – auch wahrscheinlich ein erst kurz vor dem Exil entstandener Begriff – wird in der mit Judentum bezeichneten Phase Israels nicht so hervorgehoben, wie wir uns das wünschen würden. Gebot und Erwählungsgedanke stehen nebeneinander und gehören zusammen, ohne dass sich eine eindeutige Vorrangstellung ergibt. Dieses Nebeneinander wird in Traditionen deutlich, die sich vielfältig in der späteren jüdischen Literatur finden und die zu dem Missverständnis einer gesetzlichen Religion führen konnten, z. B.:

> *Unter einer Bedingung habe ich euch aus dem Lande Ägypten geführt, unter der Bedingung, dass ihr euch selbst hingebet, meinen Namen zu heiligen.* (SifreLev 22,33 [403a]/Bill. I 416)

> *So beobachtet denn meine Satzungen und meine Rechte; wenn der Mensch sie tut, so wird er durch sie leben.* (Sanh 74a/Bill. I 414)

Diese Formulierungen bedeuten aber nicht, dass der Mensch sich das Heil selbst verdienen muss, indem er „Werke des Gesetzes" tut, wie im Gefolge Wellhausens häufig verstanden wurde, obwohl die gewählten Worte dies zu insinuieren scheinen. Denn im Judentum wird Gottes erlösendes Handeln und die menschliche Antwort im Tun als eine untrennbare Einheit verstanden. Dass dies so ist, wird an der zuerst zitierten Stelle durch die Fortsetzung deutlich, wo es heißt:

> *denn wer sich zum Joch der Gebote bekennt, der bekennt sich zum Auszug aus Ägypten, und wer das Joch der Gebote verleugnet, der verleugnet den Auszug aus Ägypten.*

Durch die Anerkennung des Gesetzes und durch dessen Befolgung bekennt der Israelit sich zum Auszug aus Ägypten, dem Inbegriff des Heilshandelns Jahwes an Israel (vgl. Ex 20,2; Hos 11,1). Der Gehorsam gegenüber dem Gesetz ist also Folge und Konsequenz des vorangehenden Heilshandelns Jahwes an Israel. Zwar kann man zu Recht darauf hinweisen, dass das Wort Bund, bei dem Gottes Initiative als erwählendes Handeln im Vordergrund steht, in der rabbinischen Literatur nicht

---

dieser Weisungen ist die göttliche Autorität. In den jüngeren Schriften des Alten Testaments nähert sich der Begriff Tora der Bedeutung „Lehre" oder „Unterweisung" an. Ein „gesetzliches" Verständnis des alttestamentlichen Gesetzesbegriffes wird dem Alten Testament also nicht gerecht.

häufig begegnet, aber das hängt nach den Untersuchungen von E.P. Sanders damit zusammen, dass der Gedanke des Bundes in dieser Literatur vorausgesetzt wird und dass diese ganz von der Frage beherrscht wird, wie man in Gottes Bund bleiben und wie man die Verpflichtungen des /219/ Bundes, sprich die gesetzlichen Gebote, erfüllen kann. Mag die Arbeit von E.P. Sanders auch den Gedanken des Bleibens in Gottes Erwählung etwas zu stark hervorheben, so ist damit doch nach fast einhelliger Ansicht der Exegeten etwas Zutreffendes gesehen, trotz der zuzugestehenden Kritik, dass an das Judentum hier unter paulinisch-christlicher Perspektive herangegangen wird.

Das Bild des gerechten Richters, der nur prüft, ob er schwarze oder rote Zahlen vorfindet, ist also nicht das Gottesbild des nachexilischen Israel! Demgemäß können Erwählung und endgültige Rettung nicht verdient werden, sondern sie sind abhängig von Gottes Gnade.[3] Aus der rabbinischen Literatur weisen in diese Richtung z. B. folgende Aussprüche:

> *Gott wollte Israel Frömmigkeit zukommen lassen; darum mehrte er ihnen Tora und Gebote.* (Mak 23b)

> *Seid nicht wie Diener, die dem Herrn dienen, in der Absicht Lohn zu erhalten, sondern seid wie Diener, die dem Herrn dienen, ohne die Absicht Lohn zu erhalten; nur die Ehrfurcht vor dem Himmel sei über euch.* (Abot I 3)

3. Dass das von Wellhausen vorgetragene Bild des nachexilischen Israel so nicht zutrifft, ist besonders schön an einigen Texten aus Qumran erkennbar, die freilich erst nach dem Zweiten Weltkrieg entdeckt worden sind, so dass Wellhausen sie nicht kennen konnte. Hier ist der Gedanke der Rettung des Sünders durch Jahwe als Geschenk, also nicht aufgrund eigener Verdienste, vielfältig belegt. Zwei Zitate müssen hier genügen:

> *Ich aber, wenn ich wanke, so sind Gottes Gnadenerweise meine Hilfe auf ewig. Und wenn ich strauchle durch die Bosheit meines Fleisches, so besteht meine Gerechtigkeit durch die Gerechtigkeit Gottes in Ewigkeit ... durch seine Gnadenerweise kommt meine Gerechtigkeit ... durch den Reichtum seiner Güte sühnt er alle meine Sünden, und durch seine Gerechtigkeit reinigt er mich von aller Unreinheit des Menschen und von der Sünde der Menschenkinder.* (1 QS XI 11–15)

> *Durch deinen Zorn kommen alle Plagegerichte und durch deine Güte die Fülle der Vergebungen ... Um deiner Ehre willen hast du den Menschen von Sünde gereinigt, dass er sich heilige für dich von allen unreinen Gräueln und von schuldhafter Untat.* (1 QH XI 8–11)

---

[3] E.P. Sanders, Paul and Palestinian Judaism, London 1977, passim, Zusammenfassung 418–422 (deutsche Übersetzung 397–400).

Gerade an dieser letzten Stelle kommt das Ineinander von Erlösung und Heiligung sehr schön zum Ausdruck. Aber auch die zuerst genannte Stelle aus der Gemeinderegel bringt das zur Sprache, wenn sie fortfährt:

> Gepriesen seist du, mein Gott, der du zur Erkenntnis auftust das Herz deines Knechtes. Leite durch Gerechtigkeit all seine Werke und richte den Sohn deiner Wahrheit auf, wie du Wohlgefallen hast an den Auserwählten der Menschheit, dass sie stehen vor dir auf ewig. Denn ohne dich wird kein Wandel vollkommen, und ohne dein Wohlgefallen geschieht nichts. (1 QS XI 15–17)

4. Der Eindruck des heteronomen Gesetzes hängt damit zusammen, dass auch nach Ansicht der damaligen Schriftgelehrten nicht alle Forderungen des Gesetzes einsichtig gemacht werden können. Für die Frage nach den Gründen der Ge- und Verbote gibt es im frühen rabbinischen Judentum eine Reihe von Belegen, dabei standen v. a. die Reinheitsgesetze und die rituelle Schlachtung im Vordergrund des Interesses. Z.T. wird die Kenntnis der Gründe für die Tora sogar als gefährlich angesehen (Sanh 21b/Bill. I 660). Da die Gesetze nach jüdischem Verständnis gleichwohl aber immer zu halten sind, wird /220/ ihre Verbindlichkeit nicht auf ihre Einsichtigkeit oder auf den Schutz bestimmter Werte, sondern auf den Willen Gottes zurückgeführt. Es geht beim Gesetz letztlich nicht um den Wert, den das Gesetz schützt, sondern um den Gehorsam des Menschen gegenüber Gott. Deswegen kann es in einer berühmten Formulierung auch heißen:

> Bei eurem Leben, nicht der Tote verunreinigt, noch reinigt das Wasser; aber es ist eine Bestimmung des Königs aller Könige ... (Pesiq 40b/Bill. IV,1 524)

Noch deutlicher in die Schranken gewiesen wird der nach den Gründen für das Gesetz fragende Mensch von folgender Formulierung:

> Du denkst vielleicht, dies (z.B. das Verbot des Essens von Schweinefleisch etc.) sei etwas Sinnloses, so heißt es: Ich bin der Herr, ich, der Herr, habe es zur Satzung gemacht, und dir steht es nicht zu, darüber nachzudenken. (Joma 67b)

Dass diese Art, das Gesetz auch bei uneinsichtigen Forderungen zu verteidigen, dem autonomen Subjekt der Neuzeit Probleme macht, nimmt nicht wunder. Aber der Ernst, mit dem sich der alttestamentlich-jüdische Mensch in diesen Formulierungen dem Willen Gottes unterwirft, mag vom Standpunkt des autonomen Subjekts vielleicht auch nicht zutreffend gewürdigt werden können. Interessant ist immerhin, dass es Traditionen gibt, wonach der Messias die Gründe für die Gesetze offenlegen wird. Offensichtlich rechnen also zumindest diese Traditionen mit der prinzipiellen Einsichtigkeit der Gesetze und führen die Tatsache, dass sie den Menschen als uneinsichtig erscheinen, auf deren beschränkte Erkenntnis zurück.

Nach dieser Frontbegradigung können wir uns nun dem Gesetzesverständnis des Frühjudentums, wie man diese Epoche in bewusster Abwendung vom früher gebrauchten Terminus Spätjudentum inzwischen nennt, zuwenden, wobei das bereits Ausgeführte nicht noch einmal wiederholt werden muss. Angesichts der traditionellen perspektivischen Verengungen des christlichen Blickes auf das jüdische Gesetz wird es kaum gelingen, das Gesetzesverständnis des Judentums völlig nach dessen eigenem Selbstverständnis zu erarbeiten.

2. Das Gesetz zur Zeit Jesu – Versuch einer Annäherung

Ist eine Darstellung der jüdischen Ansichten zum Gesetz für eine Darstellung des Verhältnisses Jesu zum jüdischen Gesetz notwendig, so muss man sich darüber im Klaren sein, dass uns dieses Verständnis nicht klar vor Augen liegt. Diese Tatsache wird schon daran deutlich, dass nicht einmal in der Frage der zugrundezulegenden Quellen Einigkeit besteht. Während viele neben den Schriften aus Qumran und den Apokryphen auch die tannaitische Literatur als Quelle für das Judentum von 200 v. bis 70 n. Chr. heranziehen, betont z. B. K. Müller, dass die zuverlässigste und wichtigste Quelle für das Judentum zur Zeit Jesu immer noch Josephus ist und dass eine Berücksichtigung der tannaitischen Literatur nur in die Irre führen kann.[4] Darüber hinaus sind uns natürlich bei weitem nicht alle Gesetzesvorschriften, sondern vor allem solche Traditionen überliefert, die innerjüdisch kontrovers waren oder Bedeutung für die Abgrenzung gegen Nichtjuden hatten. Die Überlieferung ist also einseitig und ausgewählt. Angesichts dessen ist jeder Darstellungsversuch hypothetisch. /221/

2.1 Das Verständnis des Gesetzes in den einzelnen jüdischen Gruppen

Das Judentum zur Zeit Jesu war äußerst vielgestaltig und über das Gesetzesverständnis bestand keineswegs Einigkeit. Häufig in der Literatur anzutreffen ist die auf Josephus zurückgehende Behauptung, der Unterschied zwischen Pharisäern

---

[4] So K. Müller in zahlreichen Veröffentlichungen, vgl. z. B. Gesetz und Gesetzeserfüllung im Frühjudentum, in: K. Kertelge (Hg.), Das Gesetz im Neuen Testament (QD 108), Freiburg u. a. 1986, 11–27, 21.24.

und Sadduzäern habe darin bestanden, dass nur erstere eine mündliche Tora neben der schriftlichen angenommen hätten:

> Für jetzt will ich nur noch bemerken, dass die Pharisäer dem Volke durch mündliche Überlieferung viele Gebote aufbewahrt haben, welche in die Gesetzgebung des Mose nicht aufgenommen sind. Diese Gebote nun verwirft die Sekte der Sadduzäer und behauptet, das allein sei maßgebend, was geschrieben stehe, während die mündliche Überlieferung der Vorfahren keine Gültigkeit habe. Über diesen Punkt entstanden oft heftige Streitigkeiten, wobei die Sadduzäer nur die Reichen, die Pharisäer aber die große Menge des Volkes auf ihrer Seite hatten. (ant. XIII 10,5 f. § 288.297 f.)

Diese Feststellung dürfte so nicht zutreffen, weil auch die Sadduzäer zumindest in beschränktem Umfang die Möglichkeit gehabt haben müssen, die geoffenbarte, verschriftlichte und damit festliegende Tora an die Verhältnisse der Gegenwart anzupassen. Zugleich ist die Frage, ob die Pharisäer die mündliche Tora wirklich der schriftlichen gleichstellten, neuerdings umstritten. In jedem Fall gilt: Wer immer das ganze Leben unter den Willen Gottes stellen wollte, musste in vielen Fragen über den in der Schrift geäußerten Gotteswillen hinausgehen. Die Vorschriften der mündlichen Tora werden der schriftlichen Tora bei den Pharisäern vielleicht nicht gleichgestellt, sie werden aber bei ihnen und wohl auch bei den Sadduzäern Autorität besessen haben, da sich beide Gruppen sonst diese Anpassungsleistung der Tora an die Gegenwart gleich hätten sparen können. Deswegen heißt es:

> Die Tora, ihre Halakot, ihre Einzelbestimmungen und ihre Erklärungen sind durch Mose vom Sinai gegeben worden. (SifreDeut 11,22 § 48 [84b])

Zwischen den einzelnen jüdischen Gruppen (Pharisäern, Sadduzäern, Essenern, apokalyptischen Kreisen) haben also erhebliche theologische Unterschiede bestanden und diese haben sich keineswegs nur auf das Verständnis des Gesetzes oder seine Anwendung auf die gegenwärtigen Verhältnisse bezogen. Diese Differenzen bestanden aber nicht nur zwischen den einzelnen Gruppen, sondern sogar innerhalb dieser Gruppen selbst gab es heftige Auseinandersetzungen um die zutreffende Auslegung und Anwendung des Gesetzes, die anscheinend kurz vor Ausbruch des jüdischen Krieges bis zur Tötung der Andersmeinenden (der eigenen religiösen Gruppe!) führen konnten,[5] was allerdings auch wieder nicht als der Normalfall angesehen werden darf. Wir wissen z. B., dass die Frage nach dem

---

5 Vgl. M. Hengel, Die Zeloten. Untersuchungen zur jüdischen Freiheitsbewegung in der Zeit von Herodes I. bis 70 n. Chr. (AGSU I), Leiden/Köln 1961, 207 und die zahlreichen Belege bei J. Becker, Jesus von Nazaret, Berlin/New York 1996, 342 und Anm. 66 sowie unten Anm. 16.

zureichenden Grund für eine Ehescheidung zwischen den (zu den Pharisäern gehörenden) Rabbinen Hillel und Schammai und deren Schulen kontrovers war – um nur dieses Beispiel zu nennen. Die Unterschiede waren gravierend, wie man daran sehen kann, dass in unserem Beispiel die Haltung Hillels praktisch auf eine Scheidung aus beliebigem Grund hinausläuft, während die Haltung Schammais und seiner Schule die Scheidung weitestgehend ausschließt und nur bei vorangegangenem Ehebruch erlaubt. /222/

2.2 Die besondere Betonung des Gesetzes seit dem Exil

Das Gesetz trat als Folge des Deuteronomiums mit dem Exil in einer Weise in den Vordergrund, wie das vorexilisch nicht der Fall war, und bildet den Schwerpunkt der Auseinandersetzungen zwischen den einzelnen jüdischen Richtungen. Darin kommt zum Ausdruck, dass das Gesetz in allen jüdischen Richtungen die Grundlage für die Existenz des Volkes Israel im Alltag darstellte.

2.3 Der Zusammenhang des mündlichen Gesetzes mit der schriftlichen Tora

Der Weg, wie es zu einzelnen, gesetzlichen Bestimmungen der mündlichen Tora gekommen ist, steht uns nicht deutlich vor Augen. Es gibt im damaligen Judentum selbst schon zwei Auffassungen darüber. Nach der einen ist die mündliche Tora dem Moses am Sinai übergeben, nach der anderen ist die mündliche Tora in der schriftlichen angedeutet und durch Auslegung erschlossen worden. Letztere Auffassung trifft aber keinesfalls zu. Viele Bestimmungen haben nur eine sehr lockere Beziehung zur Tora und können nicht als wirkliche Auslegung der Tora verstanden werden. Nicht nur die als Offenbarung Gottes verstandene Tempelrolle aus Qumran und das Jubiläenbuch enthalten sogar eine ganze Reihe von Bestimmungen gegen die Tora, so dass man die Tempelrolle z. B. als Ergänzung des Pentateuchs oder als dessen eschatologisches Gegenstück bezeichnet hat. „Die Anbindung der Halacha an die Tora bleibt unter inhaltlicher Rücksicht vage und letztlich unerfindlich."[6]

---

[6] K. Müller, Beobachtungen zum Verhältnis von Tora und Halacha in frühjüdischen Quellen, in: I. Broer (Hg.), Jesus* 105–134, 117. Zustimmend zu dieser Sicht M. Hengel/R. Deines, E.P. Sanders' „Common Judaism". Jesus und die Pharisäer, in: M. Hengel, Judaica et Hellenistica, Tübingen 1996, 392–479, 411 (Anm. 51). 422 (Anm. 79). 423. 424 (und Anm. 86). Vgl. auch ebda. 413 (Anm. 53) den Hinweis auf W. Bacher, Die exegetische Terminologie der jüdischen Traditionsliteratur I: Die bibelexegetische Terminologie der Tannaiten, Leipzig 1899 (Neudruck Hildesheim

Offensichtlich waren es doch die Situationen, von denen die Notwendigkeit einer Um-Interpretation der Tora oder neuer gesetzlicher Regelungen ausging, und der Zusammenhang der jeweils gefundenen Lösung mit dem am Sinai geoffenbarten Gesetz wurde eher flexibel gehandhabt. Dass man die neuen Bestimmungen primär durch Interpretation der alten gefunden hätte, wird man sicher nicht sagen können.

Die „faktisch richtige Praxis der Torah (gewährt) den rechten Einblick ‚ins Buch des Mose und in die Bücher der Propheten und in Davids Psalmen und in die Praktiken jeder Generation' ... (vgl. 4QMMT=4Q397 Frg. 14 – 21,10 – 11). Nicht die Exegese vermittelt die richtige Praxis, sondern umgekehrt: die richtige Praxis, der richtige Standpunkt innerhalb der tatsächlichen Torahfrömmigkeit, ist entscheidend für das Verständnis von autoritativen Texten,"[7] „der Offenbarungsvorgang erstreckt sich durch die ganze alttestamentliche Geschichte hindurch bis zu den Rabbinen selbst ... alles, was zu einer konkreten Entscheidung im Fortgang der Geschichte Israels nötig war und ist, das wurde bereits mit der Offenbarung am Sinai gegeben, auch wenn jede Zeit neu herausfinden muss, was in ihr in besonderer Weise gilt."[8]

Dass man sich im übrigen des unterschiedlichen Zusammenhangs der einzelnen Bestimmungen der mündlichen Tora mit der schriftlichen Tora bewusst war, zeigt die folgende Unterscheidung: /223/

> *Die Auflösung von Gelübden schwebt in der Luft und hat nichts, worauf es sich stützen könnte. Die Gesetze über den Sabbath, über die Festopfer und über die Veruntreuungen sind wie Berge, die an einem Haar hängen; nur wenig in der Schrift (behandelt), sind zahlreich ihre Bestimmungen. Das Zivilrecht, (die Gesetze über den) Tempeldienst, (die Gesetze über) Reinheit und Unreinheit und die Inzestgesetze haben, worauf sie sich stützen; sie sind Kernstücke der Tora.*
> (Hag I 8)[9]

Gleichwohl bleibt der Gedanke der Übergabe der neuen Gebote an Moses am Sinai, die dann von Generation zu Generation mündlich weitergegeben worden sein sollen, bemerkenswert. Er verleiht den neuen Geboten in der pharisäisch-rabbi-

---

u. a. 1990) 42, der die Halacha erklärt als „die normirte religiöse Satzung, die geltende Vorschrift ohne Rücksicht auf ihre Herleitung aus der Heiligen Schrift" sowie die dort vertretene Ansicht, „dass die Halakha, über die ein Konsens besteht und die bekannt ist, die Auslegung der Tora bestimmt, also nicht die Tora das Kriterium für die Halakha ist, sondern geradezu umgekehrt".
7 J. Maier, Die Tempelrolle vom Toten Meer und das ‚Neue Jerusalem' (UTB 829), München/Basel ³1997, 35.
8 M. Hengel/R. Deines, E.P. Sanders' „Common Judaism" 434.
9 Vgl. dazu E. Schürer/G. Vermes, A History of the Jewish people in the age of Jesus Christ II, Edinburgh 1995, 341 und Anm. 7; M. Hengel/R. Deines, E.P. Sanders' „Common Judaism" 423 f.

nischen Richtung göttliche Autorität. Auffällig ist in diesem Zusammenhang, dass offensichtlich die neuen, der mündlichen Tora zuzurechnenden Gebote zumindest teilweise stärker betont wurden als die der Tora selbst, denn es heißt in einer Überlieferung: „(Die Auflehnung) gegen die Worte der Schriftgelehrten wiegt schwerer als die gegen die Worte der Tora" (mSanh 11,3). Es ist die Frage, ob diese Überordnung primär pädagogische Bedeutung trägt, um eine Gleichstellung der Weisungen der Schriftgelehrten mit denen der Tora zu erreichen, oder ob man in ihnen die authentische Interpretation der Tora für die jeweilige Gegenwart sah und sie deswegen stärker betonte als die Tora selbst, die je und je auf Interpretation angewiesen war.

2.4 Die Präexistenz der Tora

Die Tora wurde Israel zwar erst am Sinai geoffenbart, sie wurde aber bereits vor der Schöpfung von Gott geschaffen und war Werkzeug und Plan Gottes bei der Schöpfung. Deswegen wurden am letzten Schöpfungstag auch bereits die Schrift, Schreibzeug und Tafeln geschaffen (vgl. Abot 5,6). Die Tora ist das der Welt zugrunde liegende Prinzip, sie ist ihr Bauplan und war von Anfang an für Israel bestimmt.

> *Geliebt sind die Israeliten; denn es ist ihnen ein Werkzeug gegeben worden, mit dem die Welt erschaffen wurde. Mehr Liebe ist: Es ist ihnen kundgetan, dass ihnen ein Werkzeug gegeben wurde, mit dem die Welt erschaffen worden ist.* (Abot III 14)

Das bedeutet freilich nicht, wie wir bereits gesehen haben (s. o. in diesem Kapitel unter 1.2 die Stelle Joma 67b), dass nach dem Verständnis der Rabbinen die Tora im Sinne eines Naturgesetzes mit Hilfe der natürlichen Vernunft erkennbar wäre. Das gilt für diesen Äon gerade nicht. Das zuletzt genannte Stück aus den sog. „Sprüchen der Väter" (Abot) zeigt zugleich, dass Israel das Gesetz der Liebe Gottes verdankt, was uns zu einer weiteren wichtigen Bestimmung des jüdischen Gesetzesverständnisses führt.

2.5 Die Gabe der Tora als Privileg Israels und die Erfüllung um ihrer selbst willen

Das Gesetz ist für Israel keine Bürde und Last, sondern Gottes gute Gabe für die Erwählten. Es ist geradezu Israels Privileg, den im Gesetz niedergelegten Willen Gottes zu kennen und diesen zu befolgen. Der Erwählung durch Gott muss Israel in seinem Verhalten entsprechen. So unbefangen die Rabbinen über Belohnung und

Strafe reden, so sehr soll das Gesetz nicht aus Angst vor Strafe oder aus Hoffnung auf Belohnung befolgt werden. Wir haben bereits ein Beispiel zitiert, wo der Gesetzesgehorsam um des Lohnes willen abgelehnt wird (s. o. unter Nr. 1.2 Abot I 3). In derselben Schrift findet sich auch noch folgender Beleg: *„Jeder, der aus den Worten der Tora Nutzen ziehen /224/ will, nimmt sein Leben fort aus der Welt"* (Abot IV 5b). Die Freude an der Tora und die Liebe Gottes zu seinem Volk, der Israel das Gesetz verdankt, kommen in folgendem Zitat zum Ausdruck:

> *Deshalb, Jahve unser Gott, bei unsrem Liegen und bei unsrem Aufstehn sinnen wir nach über deine Satzungen und freuen uns über die Worte deiner Tora und über deine Gebote immer und ewiglich; denn sie sind unser Leben ... Und deine Liebe mögest du in alle Ewigkeiten nicht von uns weichen lassen. Gepriesen seist du Jahve, der sein Volk liebhat.* (Bar Berak 11b,11/Bill. IV,1 193f.)

2.6 Die Unaufhebbarkeit der Tora und ihre Anpassung an neue Gegebenheiten

So vielfältig die Tora durch Interpretation und Anpassung verändert werden kann, aufgehoben werden kann sie eigentlich nicht bzw. nur in ganz wenigen, eng umgrenzten Fällen, wenn die Erfüllung des Gesetzes aufgrund der (gewandelten) Verhältnisse nicht mehr möglich ist oder wenn ein Widerspruch zur Tora selbst besteht. Wie pragmatisch „das Judentum" in solchen Fragen allerdings vorging, zeigt eine Geschichte, die noch zum Kanon des Alten Testaments (zumindestens der Katholiken) gehört, 1 Makk 2,27–42. Hier erklären ausgerechnet die Anhänger des Mattatias, der noch unmittelbar vorher in 1,19f. den Abfall von der Religion seiner Väter entschieden abgelehnt und sich zum „Bund unserer Väter" bekannt hatte:

> *Sie sagten zueinander: Wenn wir alle so handeln, wie unsere Brüder gehandelt haben (die sich am Sabbat nicht gegen ihre Feinde gewehrt haben), und nicht gegen die fremden Völker für unser Leben und für unsere Gesetze kämpfen, dann vertilgen sie uns bald von der Erde. Und sie beschlossen noch am gleichen Tag: Wenn uns jemand am Sabbat angreift, werden wir gegen ihn kämpfen, damit wir nicht alle umkommen wie unsere Brüder in den Höhlen. Damals schloss sich ihnen auch die Gemeinschaft der Hasidäer an; das waren tapfere Männer aus Israel, die alle dem Gesetz treu ergeben waren.* (1 Makk 2,40–42. Vgl. auch Josephus, ant. XII 6,2 § 274; XIV 4,2 § 63; bell. Iud. I 7,3 § 146)

Damit wird nicht eigentlich ein neues Gebot geschaffen oder ein altes erleichtert, sondern das Verständnis des Sabbatsgebots mit seinem Arbeitsverbot wird entsprechend den vorangegangenen Erfahrungen geändert, indem Kriegführen für den Fall eines Angriffs nicht mehr als Arbeit verstanden wird. Das kurz nach der makkabäischen Erhebung entstandene Jubiläenbuch sieht das in 50,12f. ganz anders, belegt den Frevler gegen den Sabbat sogar mit dem Tod und zeigt so deutlich, dass aus bestimmten Situationen keineswegs immer die gleichen Interpretationen resultieren. Es heißt dort:

> Und jeder Mensch, der eine Arbeit tut und auch der, der einen Weg geht, und auch der, der den Acker bebaut, sowohl wenn es in seinem Hause als auch wenn es an jedem Ort ist, und auch der, der Feuer anzündet, und auch der, der Lasten auf jegliches Tier, und auch der, der im Schiff das Meer bereist, und jeder Mensch, der jemanden schlägt und tötet, und auch der, der ein Vieh schlachtet und einen Vogel, und auch der, der fängt, wenn es ein Tier und ein Vogel und wenn es ein Fisch ist, und auch der, der fastet und Krieg macht am Tag des Sabbats, und ein Mensch, der jegliches davon tut am Tage des Sabbats, soll sterben, damit die Kinder Israels Sabbat feiern gemäß den Geboten der Sabbate des Landes ... (JSHRZ II 555f.; vgl. auch Jub 2,17–33)

Auch der Messias wird keine neue Tora bringen. Allenfalls am Rande des Judentums ist die Vorstellung belegt, dass der Messias einige Gebote verändern wird. Dass er die Gründe für die Gebote offenlegen wird, hatten wir schon gesehen (s. o. unter 1). /225/

2.7 Die gleiche Bedeutung aller Gebote der Tora

Alle Gebote sind gleich wichtig, und dementsprechend sind auch alle zu halten, denn nicht nur die ganze Tora stammt von Gott, sondern auch jeder einzelne Buchstabe. Eine Zusammenfassung des Gesetzes wird deswegen in der Regel ebenso abgelehnt wie eine systematische Unterscheidung zwischen wichtigen und unwichtigen Geboten.

> Wer sagt: Ich habe die ganze Tora auf mich genommen, ausgenommen dieses Wort, von dem gilt: ‚Denn das Wort des Herrn hat er verachtet' (Num 15,31).
>
> Wer sagt: Der Heilige sagte die ganze Tora mit eigenem Munde,
> aber dieses Wort sagte Mose mit eigenem Munde. ‚Denn das Wort des Herrn hat er verachtet'.
> (Num 15,31) (SifreNum 15,31)

Leichter verständlich wird diese prinzipielle Gleichstellung aller Gebote, wenn man ein anderes rabbinisches Axiom bedenkt, das zugleich den großen Ernst, mit dem die Rabbinen der Sünde begegneten, beleuchtet:

> Der Anfang der Sünde gleicht dem Faden der Spinne und zuletzt wird die Sünde wie Wagenseile. (SifreNum 15,30f. § 112 [33a]/Bill. I 1011)

Es ist typisch für die Rabbinen und gleichzeitig für uns schwer begreiflich, dass trotz dieser betonten Gleichwertigkeit aller Gebote an einigen Stellen nun doch wieder eine Abstufung vorgenommen und dem Götzendienst eine besondere Rolle zugewiesen wird:

> Die Schrift sagt: und wenn ihr euch unvorsätzlich vergeht, und alle diese Gebote zu befolgen unterlasset (Num 15,22), und das Gesetz vom Götzendienste ist es, das alle anderen Gesetze aufwiegt. In der Schule R. Jismaels wurde erklärt: Die Schrift sagt: die der Herr euch durch Mose befohlen hat (Num 15,22f.), und das Gesetz vom Götzendienste ist es, das der Herr selbst gesprochen und durch Mose befohlen hat. R. Jismael lehrte nämlich: (Die Worte) ‚Ich' und ‚du sollst nicht haben', haben wir von der Allmacht selbst gehört. (Horajoth 8a)

Dazu passt, dass trotz der erwähnten Ablehnung von Zusammenfassungen des Gesetzes gelegentlich durchaus Formulierungen zusammenfassenden Charakters überliefert werden. Bekannt ist insbesondere eine Episode, die wiederum die Unterschiede zwischen den Schulen Hillels und Schammais illustriert:

> Ein andermal kam ein Heide vor Schammai und sprach zu ihm: Mache mich zu einem Proselyten unter der Bedingung, dass du mich die ganze Tora lehrst, während ich auf einem Fuß stehe. Er jagte ihn mit einem Messstock fort, den er in seiner Hand hatte. Darauf trat vor Hillel, der ihn als Proselyten annahm. Hillel sprach zu ihm: ‚Was dir unliebsam ist, das tu auch deinem Nächsten nicht. Dies ist die ganze Tora, das andre ist ihre Auslegung; geh hin und lerne das.' (Schab 31a/Bill. 1357)

2.8 Die große Bedeutung der kultischen Gebote

Das Kultgesetz spielte eine wichtige Rolle und man darf seine Bedeutung nicht unterschätzen. Den Rang des Kultgesetzes kann man zum einen daran erkennen, dass selbst Philo, der als Diaspora-Jude ohne lebendiges Verhältnis zum Opfer dieses Gesetz allegorisch auf Tugenden auslegt, daneben aber an dessen wörtlichem Verständnis festhält,[10] zum anderen daran, dass die den Tempelkult betreffenden Gesetze auch nach der /226/ Zerstörung des Tempels weiter gepflegt wurden. Auch versuchten die Pharisäer, obwohl sie Laien waren, die von den Priestern nur während der Zeit ihres Dienstes in Jerusalem geforderte Reinheit zu leben. Das Judentum sah im Kultgesetz gewissermaßen eines seiner Identitäts-

---

[10] Migr. Abr. 89–93, vgl. z. B.: „... dass das Beschneiden das Abschneiden der Lüste und aller Leidenschaften und die Beseitigung gottloser Gedanken anzeigt ..., sollen wir doch nicht das betreffs der Beschneidung gegebene Gesetz abschaffen." (92, zitiert n. Bill. III 388). Das schließt nicht aus, dass eine Reihe anderer hellenistisch beeinflusster jüdischer Autoren die Bedeutung dieser Vorschriften eher herunterspielte, vgl. J.J. Collins, Between Athens and Jerusalem, New York 1986, 143; K. Berger, Die Gesetzesauslegung Jesu. Ihr historischer Hintergrund im Judentum und im Alten Testament, T. 1: Markus und Parallelen (WMANT 40), Neukirchen-Vluyn 1972, 39.

merkmale, insofern es sich durch dieses von den Heiden unterschied und vor jeglichem Synkretismus bewahrt wurde.

3. Jesus und das Gesetz

War schon die Frage nach dem Verständnis des alttestamentlichen und des frühjüdischen Gesetzes stark von Vorurteilen oder Grundeinstellungen der Exegeten geprägt, so gilt dies ebenso für die Frage nach der Rolle des Gesetzes in der Verkündigung Jesu. Hier prallen die Ansichten der einzelnen Forscher ungewöhnlich heftig aufeinander, was sicher nicht nur in einer unterschiedlichen Beurteilung der in Frage kommenden Textstellen, sondern auch in einer unterschiedlichen Einschätzung der Person Jesu und seines Verhältnisses zum Judentum seinen Grund hat. Dass es bei dieser Frage nicht nur um Jesu Verhalten dem Gesetz gegenüber geht, ist u.a. daran erkennbar, dass einige Autoren Jesu Verhältnis zum Gesetz als messianisch betrachten und darin zumindest eine der Ursachen für die Spannungen zwischen Jesus und der jüdischen Obrigkeit und damit letztlich für Jesu Tod finden.[11]

Hinter allen Entscheidungen in dieser Frage steht eine Fülle von Einzeluntersuchungen zu den in Frage kommenden Stellen, die hier nicht detailliert dargelegt werden können. Das leuchtet angesichts der Tatsache, dass die Gesetzesfrage in der Jesusforschung von deren Beginn bei H.S. Reimarus an eine wichtige Rolle gespielt hat, unmittelbar ein. Im Einzelnen lassen sich mindestens drei verschiedene Grundauffassungen erkennen.[12] Diese lauten in ihrem zeitlichen Ablauf wie folgt, wobei vor allem die zuletzt genannte in den letzten Jahren erheblich an Zuwachs gewonnen hat:

a) Jesus hat das Gesetz grundsätzlich als Norm akzeptiert, es aber in einzelnen Fragen als nicht mehr dem Gotteswillen entsprechend betrachtet und deswegen eine andere, vom Gesetz abweichende Praxis befürwortet.
b) Jesus hat das Gesetz grundsätzlich in Frage gestellt, es stellt für ihn und seine Nachfolger keine verbindliche Verhaltensnorm mehr dar.
c) Jesu Weisungen bleiben vollkommen innerhalb des vom Gesetz vorgegebenen Rahmens.

Zwischen den einzelnen Autoren der jeweiligen Gruppe gibt es noch zahlreiche Unterschiede, die z.B. zu c) die Meinung einschließen, „dass die Frage ‚Jesus und

---

11 Vgl. die bei I. Broer, Jesus* 61–63 beispielhaft genannten Autoren.
12 Eine detailliertere Bearbeitung der Forschungsgeschichte findet sich bei D.J. Moo, Jesus* 85f.

die Tora' die Anfangsstadien der neutestamentlichen Überlieferung und der Jesustradition kaum beschäftigt hat." Dann hätten wir es hier – je nach der Bedeutung von „kaum" – also mit einer erst spät(er) aufgetauchten, auf hellenistischem Boden entstandenen Fragestellung zu tun. Der historische Jesus hätte danach keine Torakritik erhoben, „im Gehorsam gegenüber der Tora gelebt", und eine „positive Beschreibung eines aus dem palästinischen Gesetzesgehorsam herausragenden Verhältnisses zur Tora" ist nicht möglich.[13]

Jesu Verhältnis zum Gesetz kann aber auch auf andere Art und Weise beschrieben werden. So soll Jesus sich zwar treu an die schriftliche, weniger treu aber an die münd- /227/ liche Tora gehalten haben, oder er soll das ethische Gesetz verschärft, die Reinheitsgebote aber relativiert haben, ohne letztere grundsätzlich außer Kraft zu setzen.[14]

Bevor an Einzelstellen oder Argumente herangegangen wird, ist festzuhalten, dass die Wende vom sich außerhalb des Gesetzes stellenden zu dem im Rahmen des Gesetzes verbleibenden Jesus der Wende von der „zweiten" zur „dritten Frage" nach Jesus entspricht und dass das jeweilige Verständnis des Verhältnisses Jesu zum Gesetz mit den jeweiligen Grundentscheidungen übereinstimmt. Wir haben im ersten Kapitel gesehen, dass das Interesse der „zweiten Frage" trotz der Zweiseitigkeit des Unähnlichkeitskriteriums einseitig an der Abgrenzung Jesu vom Judentum hing und dass die „dritte Frage" grundsätzlich das Verbleiben Jesu innerhalb des Judentums hervorhebt.[15]

Die These von der Offenheit der Gesetzesinterpretation im vorrabbinischen Judentum und die Einholung Jesu ins Judentum durch die „dritte Frage" konvergieren ebenfalls. Innerhalb des vom Judentum Vorgegebenen ist für unser Verständnis fast alles möglich, insofern wir den Vorgang, wie es zu einzelnen, vom Wortlaut des Gesetzes abweichenden bzw. ihm widersprechenden Torainterpretationen gekommen ist, in der Regel nicht nachvollziehen können. Zugleich ist aber gerade auch die diese Gegensätze zulassende Offenheit des Judentums der Ermöglichungsgrund dafür, Jesus und andere „originelle" Juden weiterhin innerhalb des Judentums zu verorten. Das bedeutet gleichwohl nicht, dass die uns überlieferten, eine erhebliche Spannbreite zeigenden Traditionen sich innerhalb des damaligen Judentums ohne Konflikte ausgebildet hätten. Zwar sind für uns im Rückblick sozusagen alle Interpretationen des Gesetzes möglich – das gilt aber

---

13 G. Dautzenberg, Jesus* 372f. 375.
14 Vgl. zu Letzterem G. Theißen/A. Merz, Der historische Jesus. Ein Lehrbuch, Göttingen ³2001, 322ff.; J. Becker, Jesus von Nazaret, Berlin/New York 1996, 364.
15 Vgl. oben Kap. 1 [I. Broer, Die Bedeutung der historischen Rückfrage nach Jesus und die Frage nach deren Methodik, in: L. Schenke u.a. (Hg.), Jesus von Nazaret – Spuren und Konturen, Stuttgart 2004, 19–41].

nicht für die in diesen Prozess damals Involvierten! Sonst sind die Auseinandersetzungen der Rabbinen, die gelegentlich bis zur Tötung der Andersdenkenden führen konnten,[16] nicht verstehbar. D.h. die Tatsache, dass aus dem damaligen Judentum zahlreiche, für unser Verständnis aus der schriftlichen Tora nicht ableitbare oder ihr gar widersprechende Halakot überliefert sind, bedeutet nicht, dass damals alles und jedes erlaubt war, sondern erlaubt bzw. geboten war sozusagen, was sich im „Kampf" der Rabbinenschulen durchgesetzt hat, unabhängig von der Nähe oder Ferne zum Wortlaut der Tora.

Bei der Frage nach dem Verhältnis Jesu zum Gesetz geht es im Übrigen keineswegs ausschließlich um die Frage, ob Jesus nach Ansicht seiner damaligen Zeitgenossen innerhalb oder außerhalb des jüdischen Gesetzesverständnisses stand, sondern auch darum, welche ethischen Weisungen er in seiner Lehre vertreten und wie er diese begründet hat. Allerdings ist diese Frage wiederum nicht deswegen zu stellen, weil die Christen für alle Zeiten an die Weisungen Jesu gebunden wären. Denn ebenso wenig wie die Urgemeinde ein historisches Bewusstsein im Sinne der Moderne ausgebildet hat – wie sollte sie auch? –, hat sie sich auch von Anfang an nicht *sklavisch* an die Weisungen Jesu gehalten, sondern seine Worte und seine Praxis kraft der eigenen Vollmacht und Einsicht selbständig nach den jeweiligen Bedürfnissen interpretiert. Man vergleiche nur den mühsam errungenen Übergang zur Heidenmission und den Wandel der Praxis der Ehescheidung von der paulinischen, vormarkinischen über die markinische bis zur mat- /228/ thäischen Praxis (s. dazu unten 3.3.4). Insofern unterscheidet sich die Praxis der Urgemeinde im Umgang mit den Worten Jesu nur wenig von dem der Rabbinen mit der Tora.

---

16 Vgl. jSchab 3c,34ff. Bar. nach R. Jehoschua b. Onia: „Die Schüler des Hauses Schammai standen unten (am Hause) und richteten ein Blutbad an unter den Schülern des Hauses Hillel." In Schab 17a ist der Vorgang nur leicht angedeutet. Cf. oben Anm. 5 und P.J. Tomson, Paul and the Jewish Law (CRINT III/1), Assen u.a. 1990, 173–177; M. Hengel/R. Deines, E.P. Sanders' „Common Judaism" 400f. 437; J. Becker, Jesus 342. Dass abweichende Frömmigkeitsformen Anlass zu Verfolgung und Tod werden konnten, wird nicht nur an Paulus deutlich, sondern beispielsweise auch in 1 Makk 2,24f.; 3,5, an der Hinrichtung des Herrenbruders Jakobus in Ios. ant. 20,9,1 § 200 und an der Hinrichtung des Stephanus nach Apg 7,54–8,1a. Vgl. auch noch 4Q171 IV,7–9.

3.1 Grundsätzlicher Bruch mit dem Gesetz?

Die vom Kriterium der „historischen Kontextplausibilität"[17] geforderte Originalität wäre sicherlich am größten, wenn das schwierige und äußerst umstrittene Wort Lk 16,16, der sog. Stürmerspruch, im Sinne eines Bruchs Jesu mit Gesetz und Schrift zu verstehen und nicht im matthäischen Verständnis auszulegen wäre, wie es viele Exegeten implizit tun. Aber das entscheidende „*... bis hin zu Johannes haben alle Propheten und das Gesetz* geweissagt" (Mt 11,13 par. Lk 16,16a) steht bei Lk gerade nicht, bei dem der im Griechischen verblose Satz doch im Sinne von „sind, gelten" zu deuten ist („Das Gesetz und die Propheten sind/gelten bis zu Johannes"), und die lukanische Version wird in der Regel als die ursprüngliche angesehen. Dann wäre hier das Ende der Epoche des Gesetzes und der Propheten von Jesus angesagt, und Jesus würde damit deutlich der Meinung des gesamten Judentums widersprechen.[18] Sehen wir davon ab, dass diese Ansicht der „dritten Frage" schon im Ansatz widerspricht! Gegen eine Authentizität in diesem Sinne sprechen auch andere Gründe, zum einen, dass Jesus sich mit dieser Aussage völlig um seine Wirkung innerhalb des Judentums gebracht hätte, insofern die Aufhebung des Gesetzes innerjüdisch unmöglich war, zum anderen wäre bei einem solchen grundsätzlichen Bruch mit dem Judentum durch den historischen Jesus die Entwicklung der Urgemeinde, die zunächst ganz im Judentum verblieb und nicht einmal Heiden ohne Beschneidung aufnehmen wollte, unverständlich. Eine solche grundsätzliche Außerkraftsetzung von Gesetz und Propheten kann also nicht vom historischen Jesus stammen, und wir müssen für die Frage nach Jesu Verhältnis zum Gesetz zwar nach originellen, aber letztlich innerhalb des Judentums verbleibenden Worten Jesu suchen, wenn die Entwicklung der Botschaft Jesu in Israel und die der Urgemeinde verstehbar bleiben soll. Jesus hat bis zu seinem Tode offensichtlich nicht mit dem Judentum gebrochen, wenn er vielleicht auch

---

17 So G. Theißen/D. Winter, Die Kriterienfrage in der Jesusforschung (NTOA 34), Freiburg CH/Göttingen 1997, 216.
18 Anders u. a. J. Schröter, Jesus und die Anfänge der Christologie, Neukirchen 2001, 123 ff., der 128 als Argument für die Ursprünglichkeit der matthäischen Formulierung u. a. auf die Ungewöhnlichkeit der Reihenfolge von „die Propheten und das Gesetz" in Mt 11,12 hinweist, die im übrigen Neuen Testament nicht belegt ist. Unbeschadet einer Würdigung der übrigen Argumente ist dieser Hinweis m. E. kaum akzeptabel, da diese Reihenfolge eindeutig inhaltlich bedingt und von dem dazu gehörigen Verb „prophezeien" abhängig ist, wie in der Q-Forschung schon lange beobachtet worden ist, vgl. S. Schulz, Q. Die Spruchquelle der Evangelisten, Zürich 1972, 261. Vgl. zu Lk 16,16 auch H. Löhr, Jesus und der Nomos aus der Sicht des entstehenden Christentums, in: J. Schröter/R. Brucker (Hg.), Der historische Jesus. Tendenzen und Perspektiven der gegenwärtigen Forschung (BZNW 114), Berlin/New York 2002, 337–354, 341. Sein Hinweis auf Justin dürfte allerdings kaum ausreichen, um das genannte Verständnis von Lk 16,16 in Frage zu stellen.

mit seinen Worten gelegentlich bis an die Grenze dessen gegangen ist, was innerhalb des damaligen Judentums noch möglich war. Dabei dürfen wir uns diese Grenze, wenn wir an die Propheten denken, nicht zu eng vorstellen und so Jesus implizit einfach wie einen der damaligen Rabbinen ansehen. Gegen ein solches Verständnis spricht schon die Wirkungsgeschichte, die zwar viele Ursachen haben mag, den entscheidenden Anstoß aber nicht irgendeiner Größe des Urchristentums, sondern dem historischen Jesus verdankt. Dagegen spricht aber auch die Vielfalt der Meinungen im damaligen Judentum, die – nach Meinung der jeweiligen Gegner! – bis zur Überschreitung des Judentums führen und dann von seiten der Gegner Konsequenzen bis zum Tod zeitigen konnte.

Das Gleiche dürfte auch für die Kritik Jesu an der Kult- und Reinheitstora gelten. Welche Kritik auch immer der historische Jesus an einzelnen Bestimmungen der Kult- /229/ und Reinheitsgebote geübt haben wird, eine Aussage wie Mk 7,15 kann jedenfalls nicht als grundsätzliche Abschaffung der Reinheitsvorschriften durch Jesus gelten. Denn die Trennung zwischen sittlichen und kultischen Geboten war im Judentum nicht so scharf, wie wir uns das gelegentlich vorstellen. Das zeigen schon die zehn Gebote, die ja nicht einfach nur sittliche Gebote beinhalten (vgl. die ersten vier). Zwischen sittlichen Geboten und solchen der Reinheitstora gab es vielmehr mannigfache Überschneidungen, insofern zahlreiche rituelle Gebote auch Konsequenzen auf dem Gebiet der Moral hatten. So hatte z. B. das Zehntgebot durchaus moralische Implikationen, es diente der Versorgung der Priester, Leviten und der Armen, wenn das auch nicht der im Alten Testament genannte Erstzweck war. Ein grundsätzlicher Angriff auf die Reinheitsgebote wäre von den Juden zur Zeit Jesu als Angriff auf die gesamte Tora verstanden worden, denn beide Arten von Gesetzen stammen von demselben Gott und fordern Gehorsam. Wenn also Mk 7,15 ein historischer Kern zugrunde liegen sollte, was unter 3.5 zu erörtern sein wird, dann dürfte dieser Kern nicht als grundsätzliche Abschaffung der Reinheitstora gemeint gewesen sein. Die Trennung zwischen sittlichen und rituellen Geboten und die Abschaffung der letzteren durch Jesus atmet doch wohl (zu) stark den Geist der Moderne, der zu vielen dieser Gebote keinen oder nur einen eher schwierigen Zugang hat.

3.2 Die Verschärfung der Forderungen des Gesetzes in den Antithesen (Mt 5,21–48)[19]

Stark betont ist die Originalität Jesu schon sprachlich in den Antithesen und hier wurden die erste, zweite und vierte Antithese häufig auf den historischen Jesus zurückgeführt. Allerdings gibt es insgesamt keine Antithese, die nicht im Laufe der Forschung schon dem historischen Jesus zu-, aber auch abgesprochen wurde. Weit über den Rahmen der Fachwissenschaft hinaus bekannt ist das Urteil Ernst Käsemanns zu den Antithesen:

> „Einig ist sich wohl die gesamte Exegese darin, dass an der Authentie der ersten, zweiten und vierten Antithese der Bergpredigt nicht gezweifelt werden kann. Tatsächlich gehören diese Worte zum Erstaunlichsten in den Evangelien überhaupt. Sie überbieten formal den Wortlaut der Thora so, wie es ein den Schriftsinn interpretierender Rabbi auch könnte. Entscheidend ist jedoch, dass mit dem ‚ich aber sage euch' eine Autorität beansprucht wird, welche neben und gegen diejenige des Moses tritt. Wer aber Autorität neben und gegen Moses beansprucht, hat sich faktisch über Moses gestellt und aufgehört, ein Rabbi zu sein, dem ja immer nur von Moses abgeleitete Autorität zukommt ... Dazu gibt es keine Parallele auf jüdischem Boden und kann es sie nicht geben. Denn der Jude, der tut, was hier geschieht, hat sich aus dem Verband des Judentums gelöst oder – er bringt die messianische Thora und ist der Messias."[20]

So weit geht heutige Exegese allerdings in der Regel nicht mehr. Zahlreiche Autoren betonen die Originalität vor allem der Antithesen I und II und weisen diese dem historischen Jesus zu, aber sie gehen nicht so weit zu behaupten, dass es dazu überhaupt keine Parallelen aus dem Judentum gäbe, wie es früher häufig vertreten wurde. Die von Käsemann u.a. noch für original gehaltene Antithese vom Schwören wird heute in der Regel nicht mehr auf Jesus zurückgeführt.[21] Sowohl zur Warnung vor dem Zorn als auch /230/ zu der vor dem lüsternen Blick sind

---

19 Die Literatur hierzu ist Legion. Vgl. nur L. Schenke, „Ich aber sage euch ...". Die Bedeutung der Antithesen Jesu, in: A. Franz (Hg.), Streit am Tisch des Wortes? Zur Deutung und Bedeutung des Alten Testamentes und seiner Verwendung in der Liturgie, St. Ottilien 1997, 403–422; G. Röhser, Jesus – der wahre „Schriftgelehrte". Ein Beitrag zum Problem der „Toraverschärfung" in den Antithesen der Bergpredigt: ZNW 86 (1995) 20–33; D. Sänger, Schriftauslegung im Horizont der Gottesherrschaft. Die Antithesen der Bergpredigt (Mt 5,21–48) und die Verkündigung Jesu, in: H. Deuser/G. Schmalenberg (Hg.), Christlicher Glaube und religiöse Bildung, Gießen 1995, 75–109.
20 E. Käsemann, Das Problem des historischen Jesus, in: ders., Exegetische Versuche und Besinnungen I, Göttingen ³1964, 187–214, 206.
21 Vgl. B. Kollmann, Erwägungen zur Reichweite des Schwurverbots Jesu (Mt 5,34): ZNW 92 (2001) 20–32, 20.

Parallelen aus dem Judentum bekannt.[22] Aber was man als Originalität Jesu bezeichnet, ist ja zu Recht nicht mehr identisch mit „im Judentum nicht belegt" oder gar „innerhalb des Judentums nicht möglich", insofern kann man es bei dieser Auskunft nicht belassen. Zum Zornverbot und zum Verbot des Schwörens ist oben von D. Zeller schon einiges gesagt worden.[23] Da die Ergebnisse der Rückfrage bei der ersten und zweiten Antithese weitgehend identisch sind, behandeln wir nur die erste. Die Ergebnisse sind auf die zweite übertragbar.

Die Antithese vom Töten (Mt 5,21–26)

Zur ersten Antithese gehört eine Anzahl von unterschiedlichen Stücken, die ursprünglich nicht zusammen überliefert worden sind. Darauf weist schon die Tatsache hin, dass Mt 5,25f. eine Parallele in Lk 12,58f. hat und damit aus Q stammen dürfte, während die übrigen Verse Sondergut des Matthäus sind. Auch V. 23f. gehört nicht ursprünglich zu dem Vorangehenden, da es hier nicht um das in 5,21f. ausgesprochene Zornverbot geht, sondern um die Versöhnung mit einem Zornigen aus Anlass eines Tempelopfers. V. 23f. enthält also keine Demonstration des vorangehenden Zornverbots, sondern schildert einen Spezialfall, der weit über das in der ersten Antithese Geforderte hinausgeht. Der Stoff dürfte als Erläuterung des Zornverbots hier eingefügt worden sein. Ob Mt 5,21f. ursprünglich so lautet hat, wie wir heute den Text lesen, oder ob hier das Ergebnis eines Wachstumsprozesses vorliegt, ist in der Exegese umstritten, kann aber für unsere Zwecke auf sich beruhen. Denn die Frage, ob der auf die Antithese *„Jeder, der seinem Bruder auch nur zürnt, soll dem Gericht verfallen sein"* folgende Text ursprünglich ist oder nicht, ist für die Zuweisung des Stoffes der Antithese an Jesus nicht entscheidend und gibt dem Sinn des Ganzen auch keine neue Wendung. Deswegen müssen hier auch andere Lösungen dieses Problems nicht erörtert werden. Der übernommene Aramaismus „raka" (Dummkopf) in Mt 5,22b zeigt, dass ggf. die Ergänzung des antithetischen Stoffes noch in der aramäisch sprechenden Urgemeinde und damit sehr früh vorgenommen worden ist. Der vorangehende Stoff (5,22a) muss deswegen zumindest gleich alt oder älter sein, stammt also mindestens auch aus der aramäisch sprechenden Urgemeinde.

Dass die Anti-These sich gegen das Gesetz richtet, sollte angesichts des Zitats aus dem Dekalog (Ex 20,13; Dtn 5,17) in der These keinem Zweifel unterliegen. In

---

22 Vgl. dazu U. Luz, Das Evangelium nach Matthäus (Mt 1–7) EKK I/1, Zürich u. a. ⁵2002, 338f. 351f.; I. Broer, Freiheit vom Gesetz und Radikalisierung des Gesetzes (SBS 98), Stuttgart 1980, 81ff.
23 Vgl. oben Kap. 8 [D. Zeller, Jesu weisheitliche Ethik, in: L. Schenke u. a. (Hg.), Jesus von Nazaret – Spuren und Konturen, Stuttgart 2004, 193–215].

welchem Verhältnis These und Anti-These zueinander stehen, wird unterschiedlich beschrieben, es geht in jedem Falle um eine Vorverlegung der nach der alttestamentlichen Tradition auf Tötung stehenden Strafe. Insofern dürften die Termini Verschärfung oder Radikalisierung das Verhältnis von These und Anti-These in Mt 5,21 f. durchaus zutreffend beschreiben.

Auffällig ist die Art und Weise, wie das Verbot des Zornes mit dem Tötungsverbot in einen Zusammenhang gebracht wird. Denn dass die beiden „Sünden" zusammengehören, dass nicht erst das Umbringen eines Menschen von Gott sanktioniert ist, wird ja nicht sachlich, aufgrund übereinstimmender Merkmale, sondern dadurch erreicht, dass beiden Vergehen dieselbe Strafbestimmung zugewiesen wird. In der Literatur wird dazu immer wieder gesagt, bei dieser, die beiden Verbote verbindenden Sanktion „soll dem Gericht verfallen sein" handele es sich um eine Zusammenfassung der alttestamentlichen Strafbestimmungen für Mord, wie sie in Gen 9,6; Ex 21,12 f.; Lev 24,17.21; Num 35,16 – 18 vorliegen. Das wird man so nicht einfach sagen können, denn an den genann- /231/ ten Stellen heißt es schlicht und einfach, dass der Mörder sterben soll.[24] Dahinter mag zwar ein förmliches Verfahren stehen, aber von einem Spielraum bei der Verurteilung, der bei einer Übergabe an das Gericht immerhin möglich bleibt, wird nichts erkennbar. In Ex 21 und Num 35 wird allerdings im Anschluss daran die Frage erörtert, was mit dem geschehen soll, der unabsichtlich einen Menschen getötet hat, und an der zuletzt genannten Stelle wird der Fall an die „Gemeindeversammlung" verwiesen, die den Verursacher in seine Freistadt zurückbringen lassen soll. Von einem Urteilsspruch oder Gerichtshof – je nachdem, wie man das griechische *krisis* in Mt 5,21 f. übersetzen will, wobei die Fortführung mit dem Hohen Rat für letzteres Verständnis spricht – ist an den genannten Stellen nicht die Rede. Der Sprachgebrauch der Septuaginta zeigt vielmehr, dass das oben mit „verfallen" wiedergegebene griechische Wort *enochos* geradezu als Synonym für die Todesstrafe gebraucht werden kann (vgl. Ex 22,3; Lev 20,9.11 f.13.16). Ein schöner Beleg dafür ist Num 35,26 f., wo davon gesprochen wird, dass der Bluträcher unschuldig ist, d. h. weil er nur einen vorangegangenen Mord rächt, nicht der Todesstrafe unterliegt:

> *Wenn der, der getötet hat, das Gebiet der Asylstadt verlässt, in die er geflohen ist, und der Bluträcher ihn außerhalb seiner Asylstadt trifft, darf dieser den, der getötet hat, umbringen; dadurch entsteht ihm keine Blutschuld* (Septuaginta wörtlich: *er ist nicht schuldig*).

---

24 Von daher mag es kommen, dass man gelegentlich die Übersetzung des Nachsatzes „*jeder, der seinem Bruder zürnt, soll dem Gericht verfallen sein*" als Abschwächung beurteilt, weil in Mt 5,21 f. angeblich Zorn und Hass als *todeswürdiges* Vergehen gesehen werden (vgl. Chr. Dietzfelbinger, Die Antithesen der Bergpredigt [ThEx 186], München 1975, 15). Das scheint mir eine Übertreibung zu sein.

Auch in Jos 2,19 taucht der Begriff zweimal im Zusammenhang mit der Blutschuld auf. Dasselbe gilt für Dtn 19,10. Allerdings zeigen Hiob 15,5 und 1 Makk 14,45, dass das Wort auch im einfachen Sinn von „*schuldig*" gebraucht werden kann und nicht auf den Zusammenhang mit der Todesstrafe beschränkt wird. Nennen so die genannten Gesetzesbestimmungen für Mord die Todesstrafe und taucht das Adjektiv „*verfallen*" sehr häufig in der Septuaginta im Zusammenhang mit der Todesstrafe auf, so verweist die Wendung in Mt 5,21c.22a „*dem Gericht verfallen*" eindeutig auf einen gesetzlichen Zusammenhang. Dieser wird aber sogleich wieder gesprengt, da jedermann weiß, dass Zorn nicht justitiabel ist. Die im Vergleich zu den genannten alttestamentlichen Belegen, die den Tod als Strafe für Mord fordern, etwas offenere Formel in Mt 5,22 („*soll dem Gericht verfallen*") könnte insofern bewusst gewählt sein. Sie ermöglicht mit Hilfe derselben Sanktionierung die Gleichstellung von Mord und Zorn, ohne die im Alten Testament als Strafe für Mord vorgesehene Tötung zu nennen, die als Sanktion für Zorn kaum Chancen auf Akzeptanz gefunden hätte.

Für die Rückführung auf den historischen Jesus sind zwei Fragen auseinanderzuhalten, die der antithetischen Form und die des Inhalts. In der Regel werden diese freilich miteinander verbunden, insofern ausgeführt wird, die Anti-These könne ohne die vorausgehende These nicht existiert haben, da sie nur in Beziehung zur These verständlich sei.[25] Das hat G. Strecker m. E. zu Recht eine Geschmacksfrage genannt.[26] Wie der Satz „Wer (immer) tötet, ist dem Gericht verfallen" innerhalb eines entsprechenden Kontextes durchaus selbständig stehen kann, so auch der Satz „Wer (immer) zürnt, ist dem Gericht verfallen". Das lässt sich im übrigen schön an dem Mischna-Traktat Abot II 10b zeigen, wo es heißt: /232/

> *Rabbi Eliezer sprach: Die Ehre deines Genossen sei dir so lieb wie deine eigene. Werde nicht leicht zornig. Bekehre dich einen Tag vor deinem Tode.*

Auf die antithetische Form und die damit verbundene Behauptung, der antithetische Teil der ersten Antithese könne nicht allein stehen, wird man die Zuweisung an den historischen Jesus deswegen kaum stützen können. Damit ist allerdings keineswegs erwiesen, dass die antithetische Form nicht von Jesus stammt, aber es sind doch immerhin Zweifel daran möglich. Denn die starke Betonung der Rolle Jesu in den Antithesen und die schon durch die sprachliche Form betonte Ent-

---

25 Klassisch belegt bei R. Bultmann, Geschichte der synoptischen Tradition (FRLANT 29), Göttingen [10]1995, 143 f.
26 G. Strecker, Die Antithesen der Bergpredigt: ZNW 69 (1978) 36–72, 41. Ähnlich H. Merklein, Die Gottesherrschaft als Handlungsprinzip (fzb 34), Würzburg [3]1984, 259.

gegensetzung zum Gesetz könnte auch ein Ausdruck der zunehmenden christologischen Würde Jesu und damit späteren Ursprungs sein.[27] Gleichwohl dürfen deswegen nicht alle Stellen der Evangelien, die eine besondere Autorität Jesu zur Sprache bringen, dem historischen Jesus abgesprochen werden, da es eine Reihe von Hinweisen gibt, dass Jesus sich durchaus durch eine besondere Autorität ausgezeichnet hat. Es sei hier nur an die Tatsache erinnert, dass die neutestamentlichen Wundergeschichten im Gegensatz zu denen der Rabbinen Jesu Tun nicht als Gebetserhörung darstellen und dass Entscheidungen der Toraauslegung in der Jesustradition im Gegensatz zu den Rabbinen nicht mit Hilfe von Autoritäten und deren Toraauslegungen abgesichert werden. Dies alles auf die nachfolgende Christologisierung zu schieben, wäre historisch unplausibel, viel wahrscheinlicher ist, dass die Christologisierung auch einen Anhalt am historischen Jesus hatte und dieser dürfte gerade in der besonderen Souveränität seines Auftretens gelegen haben. Kann so das *„ich aber sage euch"* mit der oben erwähnten Begründung nicht dem historischen Jesus zugesprochen werden, so heißt das noch lange nicht, dass es ihm mit Sicherheit abgesprochen werden kann. Die Argumentation führt hier eher dazu, die Frage des jesuanischen Ursprungs der antithetischen Form und deren Einleitung offenzulassen.

Dann bleibt die Frage zu klären, ob der Inhalt der ersten Antithese die Zuweisung an Jesus zu rechtfertigen vermag, Zum Verbot des Zornes gibt es zahlreiche jüdische Parallelen, vor allem in der Weisheitsliteratur. Das Testament Dan, eine Schrift aus den Testamenten der 12 Patriarchen, ist sogar mehr oder weniger ganz dem Thema Zorn gewidmet. Beispielhaft seien hier einige Belege aus der Weisheit genannt:

Der Mensch verharrt im Zorn gegen den anderen, vom Herrn aber sucht er Heilung zu erlangen?
... Obwohl er nur ein Wesen aus Fleisch ist, verharrt er im Groll, wer wird da seine Sünden vergeben? (Sir 28,3.5)

Der Zornige handelt töricht, der Ränkeschmied ist verhasst. (Spr 14,17)

Ein aufbrausender Mensch erregt Streit, ein Jähzorniger begeht viele Sünden. (Spr 29,22)

Maßlosigkeit ziemt dem Menschen nicht, frecher Zorn nicht dem von einer Frau Geborenen. (Sir 10,18)

---

27 Die Ansicht, die Antithetik lasse sich schon deswegen nicht auf die Gemeinde zurückführen, da diese „nach Ausweis der Traditionsgeschichte (vgl. Mt 5,17!) eher die Tendenz hat, die Weisungen Jesu als Auslegung der Tora zu verstehen" (so H. Merklein, Jesu Botschaft von der Gottesherrschaft [SBS 111], Stuttgart ²1984, 108), ist doch etwas zu forsch. Immerhin ging der Zug der Traditionsentwicklung insgesamt genau in die andere Richtung.

Von den Rabbinen sind u. a. folgende Sätze bekannt, die in der Sache der Anti-These Mt 5,22 ganz ähnlich sind:

> *Wer seinen Nächsten hasst, siehe, der gehört zu den Blutvergießern, denn es heißt Dt 19,11 ...* (Derek Erez 10/Bill. I 282)
>
> *Wer das Angesicht seines Nächsten öffentlich beschämt (z. B. durch kränkende Worte), der ist wie einer, der Blut vergießt.* (BM 58b/Bill. I 282) /233/

Diese ähnlichen Aussagen kennen natürlich auch die Verteidiger der Historizität der ersten Antithese. So sagt z. B. J. Becker: „Blickt man nun auf die frühjüdischen Aussagen im allgemeinen, wird man sagen, dass auch das Frühjudentum Weisungen kennt, die in die gleiche Richtung zielen ... Der inhaltlichen Intention nach sagt Jesus insofern also nichts Neues."[28] Wenn diese Autoren die erste Antithese dennoch Jesus zuschreiben, hat das andere Gründe. Zum einen wird inhaltlich argumentiert: Die Parallelität der Aussage Jesu über den Zorn mit den Aussagen der Rabbinen geht nicht ganz auf. Jesu Rede verbleibt im Grundsätzlichen und stellt keine konkreten Gemeinschaftsregeln auf, wie die Rabbinen es tun. Jesus gibt im Gegensatz zu den Rabbinen auch keine individuellen Hilfen für den Umgang mit dem Zorn. Das dürfte mit der grundsätzlich neuen Situation zusammenhängen, die Jesus sieht und in der er steht. Die Nähe der Gottesherrschaft lässt es nicht mehr zu, dem Tötungs- und dem Zornverbot irgendwelche Grenzen zu setzen, bis wohin sie gelten und ab wo sie nicht mehr gelten – negatives soziales Verhalten ist angesichts der Nähe der Gottesherrschaft grundsätzlich vorbei. Die Nähe der Gottesherrschaft setzt neue Lebensbedingungen, und diese Antithese verbleibt ganz und gar in der Linie dieser neuen Lebensbedingungen.

Das zweite Argument ist eher formalen Charakters und setzt die antithetische Formulierung voraus. Während im Judentum Gesetz und (weisheitliche) Paränese in einer Linie gesehen werden, stellt Jesus hier seine paränetische Weisung dem Gesetz gegenüber. „Die alttestamentliche Rechtsordnung ist zuwenig radikal und entspricht dem Willen Gottes noch nicht voll; die radikal formulierte weisheitliche Mahnung aber ist sein eigentlicher Wille."[29] Ist so die erste Antithese – und das gilt für die zweite ebenso – vor allem wegen der jüdischen Parallelen nicht über jeden Zweifel erhaben, so lassen sich, wie dargelegt, doch einige Argumente vortragen, die die Zuweisung dieser Antithese an den historischen Jesus plausibel erscheinen lassen.

---

[28] Jesus 363; ähnlich H. Merklein, Gottesherrschaft 260; U. Luz, Matthäus I^5 338 f. Vgl. zum Folgenden Becker und Luz.
[29] U. Luz, Matthäus I^5 340.

3.3 Jesus und die Ehescheidung[30]

3.3.1 Die vielfältige Überlieferung von Jesusworten zur Ehescheidung

Das Wort von der Ehescheidung lautet in der lukanischen Fassung, die häufig als der Logienquelle Q am nächsten stehende angesehen wird:

> *Wer seine Frau aus der Ehe entlässt*
> *und eine andere heiratet,*
> *begeht Ehebruch;*
> *auch wer eine Frau heiratet,*
> *die von ihrem Mann aus der Ehe entlassen worden ist,*
> *begeht Ehebruch.* (Lk 16,18)

Das Ehescheidungslogion Jesu begegnet darüber hinaus im Neuen Testament zumindest in zwei, wenn nicht in drei weiteren, *alten* und *voneinander unabhängigen* Traditionsschichten. Diese unterscheiden sich charakteristisch voneinander und kommen zumindest teilweise für eine Rückführung auf den historischen Jesus in Frage. Nach dem Kriterium der doppelten Unähnlichkeit wäre eine solche Rückführung auf /234/ Jesus schwierig, aber wohl nicht unmöglich. Denn das Judentum kennt ein solch striktes Ehescheidungsverbot nicht, und die christlichen Gemeinden des frühen ersten Jahrhunderts haben schon bald Schwierigkeiten mit diesem strikten Verbot bekommen und deswegen Ausnahmen zugelassen. Diese Entwicklung müssen wir uns etwas genauer ansehen. Wenden wir uns zuerst dem Judentum zu.

3.3.2 Die Ehescheidung im Judentum zur Zeit Jesu

In Qumran ist zwar nicht ein Scheidungsverbot, wohl aber die Forderung nach lebenslanger Einehe belegt (CD 4,20 – 5,2; 11QTR 57,17 f. in Bezug auf den König), und dieser Anspruch läuft im Prinzip auf ein Ehescheidungsverbot bzw. zumindest auf ein Wiederheiratsverbot hinaus, wie man leicht sehen kann, wenn man sich die Formulierung in CD 4,20b anschaut:

---

[30] Lit.: F. Kleinschmidt, Ehefragen im Neuen Testament, Frankfurt/Main u.a. 1998; H. Frankemölle, Ehescheidung und Wiederverheiratung von Geschiedenen im Neuen Testament, in: Th. Schneider (Hg.), Geschieden – Wiederverheiratet – Abgewiesen? (QD 157), Freiburg u.a. 1995, 28 – 50; M. Theobald, Jesu Wort von der Ehescheidung. Gesetz oder Evangelium?: ThQ 175 (1995) 109 – 124; D. Brewer, Jewish Women Divorcing their Husbands in Early Judaism: The Background to Papyrus Se'elim 13: HTR 92 (1999) 349 – 357; R. Brody, Evidence for Divorce by Jewish Women?: JJS 50 (1999) 230 – 234.

Sie wurden auf zweierlei Weise gefangen in Unzucht:
Sich zu nehmen zwei Frauen in ihrem Leben;
doch die Grundlage der Schöpfung ist (Gen 1,27):
als (ein) Männliches und (ein) Weibliches hat Er sie geschaffen.

Aber andere Stellen aus der Qumranbibliothek (CD 13,17 und 11QTR 54,4) erlauben die Ehescheidung oder setzen sie zumindest voraus, so dass von einer einheitlich vertretenen Unauflöslichkeit der Ehe in Qumran keinesfalls die Rede sein kann. Nach J. Maier berührt sogar keiner der beiden oben für ein Ehescheidungsverbot herangezogenen Texte CD 4,20 und 11QTR 57 die Frage der Ehescheidung.[31] Wenn diese Ansicht richtig wäre, gäbe es in der Qumrangruppe keine Parallele zum Ehescheidungsverbot Jesu. Dass Ehescheidungen dort aber zumindest anerkannt waren, dürfte aufgrund von CD 13,17 und 11 QTR 54,4 keinem Zweifel unterliegen. Denn dass auf die Scheidung keine Wiederheirat folgen durfte, wie vereinzelt in der Literatur vermutet wurde,[32] wird an den entsprechenden Stellen mit keiner Silbe angedeutet.

Im übrigen Judentum zur Zeit Jesu gab es zwar eine generelle Tendenz zur Eindämmung der Ehescheidung (vgl. Sir 7,26; 23,22–24), an die Jesus bei seinem evtl. Scheidungsverbot anknüpfen konnte, die Frage der grundsätzlichen Erlaubtheit der Ehescheidung war aber nicht umstritten. Allenfalls die Frage nach dem zureichenden Grund der Ehescheidung unterlag der Diskussion. Selbst wenn der nicht sicher zu lesende Text in Mal 2,15 f. im Sinne von „*ich hasse Scheidung*" zu verstehen und dort eine Parallele zum jesuanischen Ehescheidungsverbot vorhanden wäre, was keineswegs sicher ist,[33] so haben die Rabbinen der späteren Zeit in dieser Stelle gerade nicht ein Ehescheidungsverbot für Israel, sondern ein besonderes Privileg Israels gesehen:

In Israel habe ich Scheidung gegeben,
aber nicht habe ich Scheidung unter den Völkern der Welt gegeben. (pQid 1,58c,16/Bill. I 312)

Insofern unterscheidet sich das jesuanische Verbot der Ehescheidung charakteristisch vom damaligen Judentum. /235/

---

31 Die Tempelrolle vom Toten Meer und das „Neue Jerusalem" (UTB 829), München/Basel ³1997, 249. G. Brin, Divorce at Qumran, in: M. Bernstein/F.G. Martinez/J. Kampen (Hg.), Legal Texts and Legal Issues. FS J.M. Baumgarten, Leiden u. a. 1997, 231–244, 244 kommt dagegen zu dem Ergebnis, dass die Ehescheidung bei den Qumranleuten ohne allen Zweifel existiert hat und CD 4,20 f. entsprechend interpretiert werden muss.
32 F. Kleinschmidt, Ehefragen 201.
33 Vgl. zu dieser Stelle, zu ihrer Wiedergabe in den Qumranschriften und zur Frage der Ehescheidung in Qumran G. Brin, Divorce 232–238.

3.3.3 Die Frage nach dem ältesten Wortlaut der Weisung Jesu zur Ehescheidung

Bevor der Umgang der ersten Christen mit dem jesuanischen Ehescheidungsverbot im Hinblick auf das Unähnlichkeitskriterium bzw. die Tendenzwidrigkeit betrachtet werden kann, ist zunächst die Frage zu stellen, wie dieses Verbot Jesu überhaupt ausgesehen hat. Denn die alten, für den historischen Jesus in Frage kommenden Formulierungen unterscheiden sich darin, dass Jesus entweder die Entlassung der Ehefrau bzw. die Trennung von ihr untersagt (vgl. Mk 10,9; Mt 5,32a; 1 Kor 7,10 f.) oder aber (nur) die Wiederheirat (Mt 5,32b; Mk 10,11 f.; Lk 16,18). Beide Traditionslinien werden in der Literatur auf Jesus zurückgeführt.

Die Entscheidung der Frage nach der ursprünglichen Fassung ist für das Verständnis der Intention Jesu insofern von Bedeutung, als die Ursprünglichkeit des Verbots (nur) der Wiederheirat deutlich machen würde, dass Jesus sich bei dieser Regelung nicht einfach von der benachteiligten Lage der Frauen hätte leiten lassen, unbeschadet der Tatsache, dass Jesus sonst durchaus den in Israel (und in der Antike überhaupt) benachteiligten und diskriminierten[34] Frauen in ungewohnter Weise entgegenkam. Denn eine Wiederheirat war für die geschiedene Frau mit einer erheblichen Besserung ihres Status verbunden, da sie nach der Scheidung in den Haushalt ihrer Eltern (vgl. Lev 22,13), bzw., wenn diese verstorben waren, in den ihres Bruders zurückkehrte, was für sie mit erheblichen Unannehmlichkeiten und Abhängigkeiten verbunden gewesen sein wird.

Die Schwierigkeit, in der Frage der ursprünglichen Fassung des Ehescheidungs-Verbotes zu einer Entscheidung zu kommen, besteht u. a. darin, dass die ursprüngliche Situation, in der Jesus dieses Scheidungsverbot ausgesprochen hat, nicht mehr erkennbar ist. Denn die antithetische Stellung des Scheidungsverbotes zum Gebot der Ausstellung des Scheidebriefes in Mt 5,31 f. ist vermutlich nicht ursprünglich und auch die Mk-Tradition 10,1–9 wird häufig im Verhältnis zu Mk 10,11 f. als jünger eingestuft und wegen ihrer wörtlichen Benutzung der Septuaginta in 10,4.6–7 auf das hellenistische Judenchristentum zurückgeführt. Deswegen ist der Rekurs auf die Schöpfungsordnung in Mk 10,1–9 nicht unbedingt jesuanisch und das Trennungsverbot in Mk 10,9, in dem diese Perikope gipfelt und dessen Formulierung Parallelen zu 1 Kor 7,10 aufweist, kann trotz der gegenteiligen Behauptung in der Literatur kaum unabhängig vom Gesamtkontext überliefert worden sein.

Ob das Wort in bibelgriechischem Milieu überhaupt verständlich gewesen und auf die Ehe bezogen worden wäre, wenn es selbständig und vom jetzigen markinischen Kontext unabhängig überliefert worden wäre, ist darüber hinaus einigermaßen zweifelhaft. Denn die griechische Übersetzung des Alten Testaments

---

[34] Vgl. die von Luz, Matthäus I⁵ 352 angegebenen Belege.

kennt das hier für die Ehe gebrauchte Wort *suzeugnimi/verbinden* im Ehezusammenhang überhaupt nicht, und in den Apokryphen begegnet es nur einmal und zudem noch in pejorativem Sinn (*„Denn in dir hat sich frevelhaft die Mutter mit dem Sohne vermischt, und die Tochter mit ihrem Erzeuger sich als Braut verbunden"*: Sib V 390f.). Allerdings wurde das Wort in der paganen Gräzität einschlägig gebraucht, und auch Josephus kennt es. Insofern erscheint auf jüdischem Hintergrund eine isolierte, vom vorangehenden (späten) Kontext unabhängige Überlieferung dieses Jesuswortes nicht ohne weiteres plausibel, wenn auch nicht völlig unmöglich.

Wichtigster Zeuge für ein Scheidungs- (und nicht Wiederheirats-)Verbot Jesu bleibt dann Paulus. Dass dieser aber in 1 Kor 7,10f. nach Anführung des jesuanischen Scheidungsverbotes sogleich das Unverheiratetbleiben nach ggf. erfolgter Trennung gewissermaßen als Rückzugslinie anführt, dürfte doch dafür sprechen, dass der eigentliche Kern des Scheidungsverbotes Jesu unabhängig von seinem genauen Wortlaut im Wie- /236/ derheiratsverbot gesehen wurde und dass die späteren Formulierungen, die nicht auf das Scheidungs-, sondern auf das Wiederheiratsverbot abheben, nur eine Explikation des Kerns dessen sind, was Jesus gemeint hat. Aus der paulinischen Formulierung in 1 Kor 7,11 lässt sich jedenfalls nicht zwingend ableiten, dass der Kern des jesuanischen Gebotes das Zusammenbleiben und die Versöhnung der entzweiten Eheleute sozusagen um jeden Preis ist, so gut dieser Gedanke im Hinblick auf übriges Jesusgut zum historischen Jesus passen würde (vgl. nur Mt 5,23f.). Dass die Versöhnung nicht der eigentliche Skopus der jesuanischen Weisung zur Frage der Ehescheidung ist, ergibt sich m.E. schon daraus, dass Paulus der einzige Zeuge dafür ist und auch bei ihm die Aufforderung zur Versöhnung erst nach der Forderung, fürderhin unverheiratet zu bleiben, erfolgt. Die Gesamtheit der Jesus-Äußerungen zur Frage der Ehescheidung im Neuen Testament begünstigt also nicht folgende Sicht der Entwicklung: Der zu radikalen Lösungen neigende Jesus hat den Eheleuten verboten, sich zu trennen, während die Christen des ersten Jahrhunderts aus pragmatischen Gründen daraus ein Wiederheiratsverbot gemacht haben. Vielmehr dürfte von Anfang an der Aspekt der Wiederheirat zumindest mit im Blickpunkt gestanden haben. Für diese Sicht spricht m.E. auch Mt 5,32a, wo die Entlassung ja im Hinblick auf die Gefahr des Ehebruchs durch Wiederheirat untersagt wird, wie der Schluss von 5,32 zeigt.

Dass Jesus damit eine von den Äußerungen des damaligen Judentums erheblich abweichende Ansicht vorgetragen hat, unterliegt nach dem oben unter 3.3.2 Vorgetragenen keinem Zweifel. Bevor wir das Ehescheidungsverbot aber endgültig dem historischen Jesus zuweisen, müssen wir noch die Urgemeinde in den Blick nehmen – es könnte ja immerhin sein, dass die Urgemeinde bei ihrer

Absetzbewegung vom offiziellen Judentum erst solche radikalen Forderungen „erfunden" hat, um ihre Trennung zu legitimieren.

3.3.4 Die Ehescheidung in der Kirche des ersten Jahrhunderts

Hier können wir uns sehr kurz fassen, weil auch unter katholischen Exegeten inzwischen weitestgehend Einigkeit herrscht, dass die matthäischen Formulierungen in 5,32 und 19,9 eine Ausnahmeregelung beinhalten und auf einer späteren Entwicklung basieren, die die Weisung Jesu den Gegebenheiten des täglichen Lebens anpassen will. Der Weg vom absoluten Scheidungsverbot zu einem solchen mit Ausnahmen ist auch leichter vorstellbar als der umgekehrte Weg. Darüber hinaus dürfte Lk 16,18 die ursprünglichere Fassung des Mt 5,32 zugrundeliegenden Q-Logions sein. Auch Paulus hält in 1 Kor 7 das Ehescheidungsverbot nicht vollkommen durch, wenn er in V. 15 gestattet, dass Christen sich dem Wunsch des nicht-christlichen Ehepartners auf Scheidung nicht versagen sollen. Zwar redet Paulus in diesem Zusammenhang nicht zugleich auch von der Erlaubnis zur Wiederheirat, und katholische Exegeten sind hier vielleicht allzu schnell bereit, in dieser Stelle eine neutestamentliche Rechtfertigung der kirchenrechtlichen Praxis des Privilegium Paulinum zu finden.[35] Aber wenn das Nicht-mehr-Gebundensein von V. 15 sich auf die Ehe bzw. das Scheidungsverbot von V. 10 und den Ehepartner bezieht, dann entfällt der Grund für das Wiederheiratsverbot, nämlich das Gebundensein. Darüber hinaus kann auch darauf hingewiesen werden, dass Paulus in V. 11 für den Fall der Trennung von christlichen Ehepartnern ausdrücklich auf die Konsequenz des Verbotes einer neuen Ehe hinweist, was bei der Trennung des christlichen Ehepartners von einem Nichtchristen in V. 15 gerade nicht der Fall ist. Des weiteren kann für dieses Verständnis angeführt werden, dass Paulus sich die Erwähnung die- /237/ ses Spezialfalls hätte ersparen können, wenn er auch für diesen keine andere Regel als die von V. 10 gelten lassen wollte. Insofern verdient die traditionelle Auslegung, die für den Fall eines Scheidungsbegehrens des nichtchristliehen Partners Paulus nicht am Verbot der Wiederheirat festhalten lässt, m.E. deutlich den Vorzug.

Sowohl diese Regelung des Paulus als auch die Ausnahmeregelung des Matthäus, die mit der Praxis seiner Gemeinde übereingestimmt haben dürfte, zeigen, dass die ersten Gemeinden das Verbot Jesu schon bald nicht mehr in seiner ganzen Schärfe praktiziert und Ausnahmen zugelassen haben.

---

35 Vgl. die Diskussion bei W. Schrage, Der erste Korintberbrief (1 Kor 6,12–11,16) (EKK VII/2), Zürich u.a. 1995, 109–112 sowie H. Merklein, Der erste Brief an die Korinther (Kapitel 5,1–11,1) (ÖTK 7/2), Gütersloh/Würzburg 2000, 122f.

3.3.5 Das Ehescheidungsverbot als Wort des historischen Jesus

Damit sind die in Kapitel 1 unter 2.2.5 genannten Kriterien für die Zuweisung eines Wortes an den historischen Jesus erfüllt: Die Frage der Ehescheidung wurde im Judentum zur Zeit Jesu diskutiert, die von Jesus getroffene Entscheidung kommt in mehreren alten, voneinander unabhängigen Überlieferungen zum Tragen und unterscheidet sich charakteristisch sowohl von den Aussagen des Judentums als auch von der Praxis der jungen Kirche. Damit ergibt sich mit hoher Sicherheit, dass die Forderung, auf Ehescheidung mit Wiederheirat zu verzichten, vom historischen Jesus stammt.

3.3.6 Die Weisung Jesu zur Ehescheidung und das jüdische Gesetz

Die Erlaubtheit der Ehescheidung in Israel war den Verfassern der gesetzlichen Bestimmungen des Alten Testaments so selbstverständlich, dass sie keine entsprechende Bestimmung in die Tora übernommen haben. Dort ist nur der Spezialfall geregelt, dass ein Mann seine geschiedene Frau nicht wieder heiraten darf, wenn sie nach der Scheidung eine weitere Ehe eingegangen ist (Dtn 24,1–4). Insofern widerspricht die Weisung Jesu der gesetzlichen *Praxis*, wie man sie damals im Judentum allgemein verstand. Ob aber Jesus seine Weisung als gesetzhaft verstanden und ob er dem Gesetz widersprechen wollte, wie es etwa in Mk 10,1–9 dargestellt ist, oder ob Jesus eher eine Mahnung gegeben hat, wie die Anhänger seiner Bewegung leben sollen, lässt sich angesichts der dargestellten Unsicherheit des Wortlauts und der unklaren Entstehungssituation der Perikope nicht mehr feststellen. Allerdings zeigen die Formulierungen des Scheidungsverbotes in den Evangelien mit *„jeder, der"* oder *„wer auch immer"* nach Ausweis des Sprachgebrauchs der Septuaginta,[36] dass spätestens hier das Scheidungsverbot als Gesetz verstanden ist.

Wie aktuell Jesu Entscheidung in Sachen Ehescheidung war, wissen wir nicht, weil wir zu wenig über die Scheidungszahlen in der damaligen Zeit wissen. Wenn man sich die Diskussion zwischen Hillel und Schammai anschaut (vgl. dazu oben 2.1), wobei ersterer schon das Anbrennenlassen der Suppe als hinreichenden Grund für die Entlassung der Ehefrau bezeichnet, könnte man den Eindruck haben, Scheidung sei damals mindestens so häufig an der Tagesordnung gewesen wie heute. Das dürfte aber für das ländliche

---

[36] Vgl. etwa Gen 26,11; Ex 12,15.19; 19,12; 31,14f.: *„Jeder, der"* mit folgender Strafformel parallel zu Lk 16,18 und Ex 30,33.38; Lev 20,13; 24,18.21 – eine Mt 5,32; 19,9; Mk 10,11 parallele Formulierung, die im Deutschen mit *„Wer (das und das tut)"* wiedergegeben wird, mit folgender Strafformel.

Galiläa nicht zutreffen, eher dürften Scheidungen in der ganz kleinen Oberschicht der großen Städte verbreitet gewesen sein.

Aber Jesus hat nicht nur Möglichkeiten, die das alttestamentliche Gesetz vorsah, untersagt bzw. die allgemeine Praxis des Gesetzes im Judentum seiner Zeit nicht nur verschärft wie bei der Ehescheidung, sondern er scheint sie auch erleichtert zu haben. Nach einigen Exegeten hat er sie teilweise sogar außer Kraft gesetzt. Dies gilt für die Sabbatbestimmungen und die Reinheitsgebote. Diesen müssen wir uns nun zuwenden. Wir beginnen mit dem Sabbatgebot. /238/

3.4 Jesus und der Sabbat[37]

In den Evangelien finden sich zahlreiche Stellungnahmen Jesu zum Sabbatgebot. Wenn man von den Parallelüberlieferungen der Seitenreferenten zu Markus absieht, so handelt es sich v. a. um Mk 2,23 – 28; 3,1 – 6; Lk 13,10 – 17 und 14,1 – 6. In Joh 5,9 – 18; 7,15 – 24 und 9,13 – 17 ist das Sabbatmotiv entweder nachträglich eingetragen oder die Perikope gibt sich aus anderen Gründen als späte Entwicklung zu erkennen, so dass auf die johanneischen Überlieferungen für die Rückfrage nach Jesu Verhältnis zum Sabbat verzichtet werden kann und muss. Das Gleiche gilt für die nur in dem aus dem fünften Jahrhundert stammenden Codex Bezae Cantabrigiensis überlieferte Lesart in Lk 6,5:

---

[37] Lit.: L. Doering, Schabbat. Sabbathalacha und -praxis im antiken Judentum und Urchristentum (TSAJ 78), Tübingen 1999; W. Kahl, Ist es erlaubt, am Sabbat Leben zu retten oder zu töten? (Marc. 3:4). Lebensbewahrung am Sabbat im Kontext der Schriften vom Toten Meer und der Mischna: NT 40 (1998) 313 – 335; A. Lindemann, Jesus und der Sabbat. Zum literarischen Charakter der Erzählung Mk 3,1 – 6, in: S. Maser/E. Schlarb (Hg.), Text und Geschichte. Facetten theologischen Arbeitens aus dem Freundes- und Schülerkreis. FS D. Lührmann, Marburg 1999, 122 – 135; B. Schaller, Jesus und der Sabbat (Franz-Delitzsch-Vorlesung 1992), Münster 1994 = L. Döring/A. Steudel (Hg.), B. Schaller, Fundamenta Judaica. Studien zum antiken Judentum und zum Neuen Testament (StUNT 25), Göttingen 2001, 125 – 147; S.-O. Back, Jesus of Nazareth and the Sabbat Commandment, Åbo 1995; F. Neirynck, Jesus and the Sabbath, in: ders., Evangelica (BEThL 60), Leuven 1982, 637 – 680; E. Spier, Der Sabbat (Das Judentum Bd. I), Berlin 1989; Y.-E. Yang, Jesus and the Sabbath in Matthew's Gospel (JSNT.S 139), Sheffield 1997; B. Kollmann, Jesus und die Christen als Wundertäter (FRLANT 170), Göttingen 1996; G. Robinson, The Origin and Development of the Old Testament Sabbath, Frankfurt 1988.

> Am selben Tag sah er einen, der am Sabbat arbeitete, und sagte zu ihm: Mensch, wenn du weißt, was du tust, bist du selig wenn du es aber nicht weißt, bist du verflucht und ein Übertreter des Gesetzes.[38]

Zu beachten sind allerdings noch einige Einzelworte, von denen für unsere Frage freilich nur die von Bedeutung sind, in denen es um eine Auseinandersetzung um den Sabbat geht. Dies sind: Mt 12,5.11 und 24,20. Sabbatfragen sind somit relativ häufig in den Evangelien überliefert. Das könnte auch ein Zeichen für die große Bedeutung des Sabbats im nachexilischen Judentum sein. Neben der Beschneidung ist das Halten des Sabbats *das* Unterscheidungsmerkmal Israels von den Völkern. Die Institution Sabbat ist Zeichen der Erwählung Israels von Seiten Jahwes. Der Sabbat dient somit der Abgrenzung von den Heiden und der Stabilisierung der eigenen Identität.

3.4.1 Der Sabbat im Alten Testament

Die große Wertschätzung des Sabbats im Judentum kommt schon darin zum Ausdruck, dass das Sabbatgebot in beiden Fassungen des Dekalogs angeführt wird. Beide gebieten die Heiligung des Sabbats, begründen dieses Gebot aber unterschiedlich. Ex 20,8–11 greift auf den Schöpfungsbericht der Priesterschrift mit der Ruhe Gottes vom Schöpfungswerk am siebten Tag zurück, während Dtn 5,12–15 heilsgeschichtlich mit der Herausführung Israels aus Ägypten argumentiert. Die Forderungen sind jeweils dieselben: Heiligung des Sabbats, Arbeitsruhe für die Israeliten, ihre Sklaven, ihr Vieh und die bei ihnen wohnenden Fremden. Zwar wissen wir nicht, wie es zu der Einrichtung des Sabbats in Israel gekommen ist und woher dessen Name stammt, und auch die Entwicklung der Begehung dieses Tages im Laufe der israelitischen Geschichte ist nicht in allen Einzelheiten bekannt, aber es ist insgesamt doch deutlich, dass im Exil das Halten des Sabbatgebotes ebenso wie die Beschneidung zur Abgrenzung von den Andersgläubigen besondere Beachtung fand und dass diese auch in der nachexilischen Zeit zentrale Punk- /239/ te der Beobachtung des Gesetzes blieben. Deswegen wird die Einhaltung des Sabbatgebotes genauer festgelegt und z. B. das Tragen von Lasten (Jer 17,21f.24.27), das Beladen von Lasttieren (Neh 13,15–22), das Anzünden von Feuer (Ex 35,3) oder das Abhalten von Geschäften (Jes 58,13) untersagt. Das Halten des Sabbats kann zum Inbegriff für das Halten des Gesetzes überhaupt werden, wie Jes 56,4f. zeigt:

---

38 Vgl. dazu nur L. Doering, Schabbat 440, der die Authentie dieses Wortes als „nahezu chancenlos" bezeichnet. Das Logion schlage mit der Bindung der Billigung der Sabbatübertretung an das Wissen einen Ton an, der beim historischen Jesus nicht zu finden sei.

Denn so spricht der Herr: Den Verschnittenen, die meine Sabbate halten, die gerne tun, was mir gefällt, und an meinem Bund festhalten, ihnen allen errichte ich in meinem Haus und in meinen Mauern ein Denkmal, ich gebe ihnen einen Namen, der mehr wert ist als Söhne und Töchter: Einen ewigen Namen gebe ich ihnen, der niemals ausgetilgt wird.

Zugleich werden für den Sabbat auch besondere Opfervorschriften (Num 28,9f.; 1 Chr 23,31; 2 Chr 8,13; 31,3; Ez 45,17; 46,1–12) erlassen und bestimmte Zeremonien am Tempel (Wechsel der Schaubrote und der Tempelwache Lev 24,5–9; 2 Kön 11,5–9) vorgesehen. Auch dies zeigt die besondere Bedeutung, die diesem Tag zugeschrieben wird.

3.4.2 Der Sabbat im Judentum zur Zeit Jesu

Gesetzliche Bestimmungen müssen zu allen Zeiten den jeweiligen Erfordernissen angepasst werden, wenn sie nicht obsolet werden sollen. Das gilt erst recht, wenn es sich um heilige Bestimmungen handelt. Solche Modifikationen gingen damals genauso wie heute nicht ohne Kontroversen zwischen den einzelnen Gruppen, aber auch unter den Protagonisten derselben Gruppe ab.[39] Man denke nur, um eine kirchliche Frage der jüngeren Vergangenheit zu nennen, an die vielfältigen unterschiedlichen Ansichten zur Frage des Amtes für Frauen innerhalb der einzelnen christlichen Denominationen, die ja auch durch die Einführung des Amtes der Pfarrerin bzw. Nichteinführung keineswegs beendet worden sind. Eine solche im Einzelnen kontroverse Entwicklung, verbunden mit den entsprechenden Auseinandersetzungen, gab es auch im damaligen Judentum über die Beobachtung des Sabbats, speziell über die Frage der Einhaltung des Ruhegebots.

An dem oben unter 2.6 erwähnten Beispiel von 1 Makk 2,27–42 haben wir bereits eine Änderung der Sabbatpraxis beobachten können. Diese Änderung erscheint uns heute als notwendig, für die Juden der damaligen Zeit war sie aber offensichtlich keineswegs zwingend, sonst hätten sie sich nicht vorher im Krieg am Sabbat ruhig verhalten und hätten sich nicht einfach abschlachten lassen. Auch wurde die getroffene Regelung keineswegs von allen Juden akzeptiert (s. weiter unten).

Die am Sabbat verbotenen 39 Arbeiten werden in Schab VII 2 systematisiert (vgl. auch Schab XII und XIII). Dazu gehören naturgemäß alle mit der Landwirtschaft verbundenen Tätigkeiten wie Säen, Pflügen, aber auch Schlachten, Bauen und Wollverarbeitung. Weit darüber hinaus geht für unser Verständnis das Verbot, einen Knoten zu knüpfen oder ihn zu lösen, zwei Stiche zu nähen oder das Tragen eines Gegenstandes von einem Gebiet in ein anderes. Verbote zur Heiltätigkeit am

---

39 Vgl. dazu auch das oben unter 2.1 Gesagte.

Sabbat finden sich u. a. in Schab XXII 6. Dass auch das Beten für einen Kranken am Sabbat untersagt werden kann, ist auffällig, ebenso das Besuchsverbot am Sabbat (TSchab 16,22; Schab 12a.b).

Es könnte sein, dass die Ansicht der Rabbinen, die die Einhaltung des Sabbatgebots ganz wesentlich beeinflusst hat, dass nämlich Lebensgefahr den Sabbat verdrängt, im Zusammenhang mit der im Rahmen der makkabäischen Erhebung getroffenen Entscheidung[40] entstanden ist (s.o. unter 2.6). Jedenfalls hängt das, was weiterhin im Hin- /240/ blick auf den Sabbat diskutiert wird, häufig mit der Frage zusammen, ob Lebensgefahr vorliegt bzw. wo diese anfängt, weil Lebensgefahr Grund genug für die Außerkraftsetzung des sabbatlichen Ruhegebotes ist:

> *Woher entnehme ich, dass Lebensgefahr den Sabbat verdrängt? ... Wenn schon die Beschneidung, die doch nur ein einziges von den Gliedern betrifft, den Sabbat verdrängt, um wie viel mehr gilt dies für den (Erhalt des) ganzen Körper(s).* (Mekhilta d'Rabbi Ismael zu Ex 31,12 zitiert nach Schaller, Sabbat 23)

So werden u. a. folgende Fragen von den Rabbinen diskutiert: Unter welchen Bedingungen darf man am Sabbat einem Kranken helfen, ob und wieweit darf man sich um einen in Gefahr befindlichen Menschen bzw. um ein in Gefahr befindliches Tier kümmern, muss der Arzt sich an die Begrenzung des Sabbatweges halten, darf man das gebrochene Körperglied eines Kindes richten?[41] Die Ergebnisse des Nachdenkens über diese Fragen waren keineswegs einhellig. Als besonders auffällig galt lange Zeit der Dissens zwischen den Überlieferungen der Rabbinen und der vermeintlichen Praxis in Qumran. Während die Rabbinen dafür eintreten, dass man am Sabbat in Lebensgefahr befindlichen Menschen und Tieren helfen[42] darf, galt in Qumran die Vorschrift:

> *Niemand leiste einem Vieh Geburtshilfe am Sabbattag ... Und fällt es in eine Zisterne oder in eine Grube, soll man es nicht am Sabbat heraufholen ... Und jede Menschenseele, die in*

---

[40] Diese Entscheidung wurde keineswegs von allen entscheidenden Gruppen mitgetragen. Die Essener z. B. waren strenger. Vgl. dazu L. Doering, Schabbat 546 u. ö., nach dem es in Palästina auch weiterhin Gruppen gab, die die alte Haltung gegenüber dem Sabbat beibehielten.

[41] Vgl. nur Schab XVIII 3; XXII 6; TSchab 15,11–15; CD 11,9 f.; weitere Belege bei Bill. I 623 ff.

[42] Die Rabbinen sind sich über die Art der Hilfe freilich nicht einig. Die Strengeren erlauben die Versorgung des Tieres, verbieten aber, es heraufzuholen, was die weniger Strengen möglicherweise erlauben, bSchab 128b (Bill. I 629; vgl. aber L. Doering, Schabbat 459 f.: „Kein anderer frühjüdischer Sabbattext vertritt eine der hier vorausgesetzten Praxis entsprechende Halacha! ... Vielmehr liegt hier wohl eine *erleichternde Praxis in (klein-)bäuerlichem Milieu* vor, in dem man bereit ist, die Sabbatheiligung zugunsten der Abwendung wirtschaftlicher Einbußen zurückzustellen. Möglicherweise deutet diese pragmatische Position auf Galiläa als Entstehungsort.").

(Wasser) eine Wasserstelle und in ein Bassin fällt, (die) hole niemand mit einer Leiter oder (mit) einem Strick oder einem Gerät herauf. (CD XI 13–17)[43]

Hinsichtlich der Hilfe für Tiere besteht zwischen den Rabbinen und den Qumranleuten in der Tat ein Dissens. Erstere erlauben die Hilfe für Tiere bei der Geburt (mSchab 18,3), letztere nicht. Dasselbe gilt für ins Wasser gefallene Tiere (Schab 128b). Nahm man früher diesen Unterschied zwischen Rabbinen und Qumranleuten auch bei Menschen an, so hat sich das Verständnis dieser Stelle aufgrund von 4Q 265 Frg. 2i,4–8 (6,6 f.) erheblich verändert. CD XI 16 f. wird nun nicht mehr als Verbot jeglicher Hilfe für ins Wasser gefallene Menschen gedeutet, weil der Schwerpunkt des Verbots in dem Einsatz von Geräten zur Rettung gesehen wird. Dieser ist verboten, nicht aber die Rettung von Hand oder mit Hilfe des eigenen Kleides, wie 4Q 265 zeigt:

> *(...) und wenn es ein Menschenleben ist, das gefallen ist ins Wasser [am Tag] des Sabbats, lasse er ihm sein Kleid hinab, um ihn damit heraufzuholen, aber ein Gerät trage er nicht.*[44] /241/

CD XI 13–17 bleibt so Beleg für Differenzen zwischen der Regelung des Sabbats in Qumran und der durch die Rabbinen. Allerdings bezieht sich diese Differenz nicht mehr auf die Hilfe für Menschen, sondern nur auf die für Tiere. Insgesamt ist die Sabbatregelung in Qumran wesentlich rigider als in der Mischna.[45]

Auch zwischen den Pharisäern, die die Befolgung des Sabbats durch die Erleichterung des Ruhegebotes gerade ermöglichen wollten, und den Sadduzäern bestanden Unterschiede hinsichtlich der Sabbatobservanz (Erub VI 2; vgl. auch CD XI 8). Dasselbe gilt sogar für die einzelnen Schulen innerhalb der Pharisäer (Schab I 4–8).

Dass uns viele der die Einhaltung des Sabbats betreffenden und von den Rabbinen behandelten Probleme, wie z. B. ob man am Sabbat ein Tier anbinden

---

[43] Allerdings ist der Text an dieser Stelle so unsicher, dass andere Übersetzer hier eine Erlaubnis und nicht ein Verbot ausgesprochen finden. Vgl. dazu u. a. Y.-E. Yang, Jesus 65 Anm. 49 sowie 67 f. und W. Kahl, Ist es erlaubt 318 ff., nach dem gilt: „Das Verbot in bezug auf die Rettung eines Menschen am Sabbat bezieht sich hingegen nur auf die Mittel der Intervention: Der verunglückte Mensch soll nicht mittels einer Leiter, eines Stricks oder eines Geräts (...) geborgen werden. Die Hilfeleistung als solche wird aber nicht in Abrede gestellt, sondern selbstverständlich vorausgesetzt und gefordert."

[44] Die Übersetzung dieser in der Ausgabe von Maier nicht enthaltenen Stelle folgt L. Doering, Schabbat 232; vgl. auch W. Kahl, Ist es erlaubt 322.

[45] Das gilt für die Sabbatregelungen, nicht aber für die Strafe bei deren Übertretung. Denn hier fordert die Mischna anders als die Qumrantexte die Steinigung dessen, der willentlich den Sabbat entweiht. Vgl. dazu W. Kahl, Ist es erlaubt 332.

darf, ob und wie man sabbatgemäß ein Tier tränken darf, und die getroffenen Antworten künstlich vorkommen, ist nicht zu bestreiten. Das Gleiche gilt, um nur noch ein Beispiel zu nennen, für die Ermöglichung kleinerer medizinischer Behandlungen. Indem man sie als normale Körperpflege deklarierte und nicht als besonderen Eingriff zur Gesundung, waren sie erlaubt.[46] Aber eine religiöse Praxis, die diskutiert, welche Teile der Messe zur vollgültigen Erfüllung des Sonntagsgebotes notwendig sind, ist davon nicht so weit entfernt, dass sie sich darüber erheben dürfte.

3.4.3 Die Sabbatpraxis Jesu

In diesem Umfeld bewegte sich Jesus, und die Evangelien erwecken den Eindruck, als habe Jesus in Sabbatfragen eine charakteristische, sich vom übrigen Judentum unterscheidende Haltung eingenommen, indem er am Sabbat Kranke geheilt hat, die schon lange krank waren und sich keineswegs in Lebensgefahr befanden. Es ist ausgesprochen auffällig, dass es sich bei den oben genannten Sabbatperikopen, sogar bei denen des Johannesevangeliums, mit der Ausnahme von Mk 2,23–28, ausschließlich um Heilungswundergeschichten handelt.

Zunächst wird man unbeschadet aller anderen Fragen festhalten können, dass Jesus den Sabbat gerade nicht, wie früher häufig vertreten wurde, grundsätzlich außer Kraft gesetzt hat. Denn es gehört zur Eigenart aller oben genannten Sabbatperikopen, dass Jesus Argumente anführt, die sein konkretes Verhalten rechtfertigen. Würde er den Sabbat grundsätzlich nicht akzeptieren, so könnte er sich eine einzelne Rechtfertigung seines Verhaltens ersparen und auf die grundsätzliche Außerkraftsetzung des Sabbats hinweisen. Gerade die Rechtfertigung des jeweiligen Handelns Jesu am Sabbat zeigt, dass Jesus den Sabbat grundsätzlich anerkennt, aber aus dieser Anerkennung andere Konsequenzen zieht als seine Gegner. Des weiteren ist deutlich, dass Jesus nicht den von den Rabbinen praktizierten und jeweils ad hoc interpretierten Grundsatz *„jede Lebensgefahr verdrängt den Sabbat"*[47] zur Rechtfertigung seines Verhaltens heranzieht – mit Ausnahme vielleicht des Logions Mk 3,4 –, sondern in der Regel mit einem bei den Rabbinen häufig angewendeten Schluss vom Kleineren auf das Größere seine Gegner von der Gesetzeskonformität seines Handelns am Sabbat zu überzeugen versucht.

Ihr Heuchler! Bindet nicht jeder von euch am Sabbat seinen Ochsen oder seinen Esel von der Krippe los und führt ihn zur Tränke?

---

[46] Vgl. nur Bill. II 199f., aber auch I 622ff.
[47] Joma VIII 6 u.ö. (Bill. I 624f.).

> *Diese Tochter Abrahams aber, die der Satan schon seit achtzehn Jahren gefesselt hielt, sollte am Sabbat nicht davon befreit werden dürfen?* (Lk 13,15 f.) /242/

> *Wer von euch wird seinen Sohn oder seinen Ochsen, der in den Brunnen fällt, nicht sofort herausziehen, auch am Sabbat?* (Lk 14,5)

> *Oder habt ihr nicht im Gesetz gelesen, dass am Sabbat die Priester im Tempel den Sabbat entweihen, ohne sich schuldig zu machen?* (Mt 12,5)

Im folgenden Sabbatwort Jesu wird die Lebensgefahr jedenfalls erwähnt:

> *Was ist am Sabbat erlaubt: Gutes zu tun oder Böses, ein Leben zu retten oder es zu vernichten?* (Mk 3,4)

Es gibt nach Jesu Worten in den Evangelien einfach Notwendigkeiten, die von der durch die Rabbinen entfalteten Sabbathalacha nicht erfasst werden und dieser übergeordnet sind. Trotz der Ermäßigung des Sabbatanspruches durch die rabbinische Maxime, dass jede Lebensgefahr den Sabbat verdrängt, treffen die von Jesus angesprochenen Juden den wahren Sinn des Sabbats immer noch nicht. Deshalb wirkt er am Sabbat, was nach Ansicht der Rabbinen verboten ist.

Nun können freilich nicht alle Sabbatperikopen der Evangelien für den historischen Jesus herangezogen werden. Es ist schon häufig darauf aufmerksam gemacht worden, dass diese in starkem Maße typisiert und stilisiert sind. „In ihnen werden die Gegner Jesu möglichst krass und Jesus möglichst souverän gezeichnet. Es sind Geschichten mit klaren Feind- und Freundbildern."[48] So werden z.B. die beiden Perikopen des lukanischen Sondergutes in der Regel als späte Bildungen betrachtet. Man kann das an der Künstlichkeit erkennen, mit der in Lk 13,12.16 die Heilung der gekrümmten Frau beschrieben wird, die damit offensichtlich an das entscheidende Wort Jesu in V. 15 von der „*Losbindung*" von Ochse und Esel von der Krippe angepasst werden soll – freilich ist das Vorliegen desselben Wortes bzw. eines Kompositums in den drei Versen in den deutschen Übersetzungen in der Regel nicht erkennbar. Am besten ist dies noch in der Übersetzung von F. Stier nachvollziehbar. Die entscheidenden Passagen lauten dort:

> *Frau, du bist deine Krankheit los!* (V. 12)

> *Macht nicht jeder von euch am Sabbat seinen Ochsen oder Esel vom Futtertrog los ...* (V. 15)

> *Aber diese, eine Tochter Abrahams ... die sollte am Sabbattag nicht gelöst werden dürfen von dieser Fessel?* (V. 16)

---

48 B. Schaller, Jesus 20.

Der in der rabbinischen Literatur verbreitete Schluss vom Kleineren zum Größeren als Mittel der Plausibilität soll hier also mit Hilfe des Wortes „*Lösen*" erreicht werden, das zwar für das Losbinden eines Tieres, nicht aber für die Heilung eines Menschen passt.

Darüber hinaus finden sich weitere Ungereimtheiten, wie z. B. der Umstand, dass der Synagogenvorsteher zwar über Jesus wegen der Sabbatheilung empört ist, sich aber ausgerechnet an die Menge wendet und diese auffordert, sich nur an den übrigen Tagen heilen zu lassen. Obwohl nur von dem Synagogenvorsteher als Gegner der Heilungen die Rede ist, redet Jesus in V. 15 eine Mehrheit von Gegnern an. Ist die genaue Anpassung der VV. 12.15 und 16 ein Zeichen für eine starke Stilisierung der Geschichte, so zeigen die Ungereimtheiten, dass dies kaum eine Geschichte aus einem Wurf und erst recht kein historisches Protokoll einer Begebenheit aus dem Leben Jesu ist. Vielmehr hat diese Perikope in ihrer lukanischen Gestalt bereits eine längere Entwicklungsgeschichte hinter sich. Deswegen wird die Geschichte meist als jüngere Bildung in der nachösterlichen Gemeinde angesehen, was Reflexionen über zugrundeliegende Krankheiten in der Literatur merkwürdigerweise nicht ausschließt.[49] /243/

Auch Lk 14,1–6 wird als später Bericht angesehen. Trotz dieser kritischen Beurteilung der Perikope wird allerdings sehr häufig an der Ursprünglichkeit und Authentizität des Sabbatwortes Jesu in 14,5 festgehalten. Diese divergierende Beurteilung von Geschichte und jesuanischem Sabbatwort in Lk 14,1–6 ist geradezu symptomatisch für die übrigen Sabbatperikopen in den Evangelien. Sie werden durchweg als späte oder jüngere Bildungen beurteilt, einzig Mk 3,1–6 wird zugetraut, auf eine historische Situation im Leben Jesu zurückzugehen. Das bedeutet aber nicht, dass auch die in diesen Perikopen verarbeiteten jesuanischen Sabbatworte auf die Gemeinde zurückgeführt werden, im Gegenteil, sie werden ebenso wie Lk 14,5[50] häufig als authentisch angesehen – mit der bereits erwähnten Ausnahme Lk 13,15.[51]

Offensichtlich geht man in der Exegese davon aus, in der Urgemeinde wären mehrere solcher von Jesus stammenden Worte getreu überliefert worden und später habe man diese Worte aufgegriffen und zu ihnen sogar mehr oder weniger passende Geschichten „erfunden". Ob das ein einleuchtendes Modell der Entstehung der Sabbatperikopen ist, erscheint doch sehr fraglich. Gegen diese Sicht

---

49 Vgl. F. Bovon, Das Evangelium nach Lukas (Lk 9,51–14,35) (EKK III/2), Zürich u. a. 1996, 407.
50 Eine Liste der Zeugen für Authentizität findet sich bei L. Doering, Schabbat 460 Anm. 352. Doering selbst plädiert (461) für eine Bildung von Mt 12,11 par Lk 14,5 durch „Judenchristen in innergemeindlichen Diskussionen".
51 Allerdings hält B. Kollmann, Jesus 250, an der möglichen Echtheit des Wortes Lk 13,15 fest. Anders u. a. L. Doering, Schabbat 466 f.

spricht vor allem: Soweit wir die Traditionsgewohnheiten der Urgemeinde kennen, hatte diese kein historisches, quasi archivarisches Interesse an den Worten Jesu, sondern tradierte die Worte, die für sie und ihr Leben von Bedeutung waren.[52] Geht man insofern einmal davon aus, dass ein aktuelles Interesse der Urgemeinde an der Sabbatfrage bestand und dass die Worte Jesu deswegen überliefert wurden, so ist zu fragen, warum dann nicht auch die Geschichten, zu denen sie ursprünglich einmal gehörten, mit überliefert wurden? Denn dass diese Worte situationslos entstanden sind, ist praktisch unmöglich. Oder lassen sich Gründe nennen, warum diese Worte, die in einer Situation entstanden, ohne die Situation überliefert wurden, sozusagen als „free floating logion"?[53] Dann müssen freilich besondere Gründe benennbar sein, die später dazu geführt haben, dass nun die Situation wieder sozusagen aus der Phantasie und dann sogar einigermaßen passend hinzugefügt wurde.[54]

Die Vorstellungen der Exegese von der Entstehung der Sabbatperikopen sind so nicht unproblematisch. Man wird jedoch festhalten können, dass die meisten Sabbatworte /244/ Jesu – mit Ausnahme von Lk 13,15 und Mk 2,27[55] – den im ersten

---

[52] G. Dautzenberg, Jesus* 364 ist allerdings der Ansicht, die alte Jesusüberlieferung sei einzig und allein von missionarischen Interessen geleitet gewesen, weswegen er viele der für die Gesetzesfrage wichtigen Traditionen der Spannung zwischen Juden- und Heidenchristentum zuordnet (vgl. 355. 362). „Aus der Sicht der partiellen Annäherung an das jüdische Leben ergaben sich die Probleme, inwieweit der Sabbat (Dekalog) und die jüdischen Speisegebote verbindlich seien" (369).

[53] Vgl. dazu F. Neirynck, Jesus 674; nach L. Doering, Schabbat 413, spricht einiges dafür, dass Mk 2,27(f.) „ein *ursprünglich kontextlos überliefertes Logion* ist"; vgl. auch 416. – Wenn Matthäus das Wort 12,11 nicht aus einer Perikope entnommen und neu in den Kontext von Mk 3,1–6 eingesetzt hat, wäre das freilich ein Beispiel für diese häufig in der Literatur vertretene These.

[54] Die Unsicherheit der Forschung in dieser Frage wird schön verdeutlicht durch die Bemerkung Lohses zu Mk 3,4: „Dieses (sc. Logion) weist vielmehr auf eine Situation in der Wirksamkeit Jesu zurück, *die etwa der Mc 3.1–5 geschilderten Szene entsprochen haben mag.*" (E. Lohse, Jesu Worte über den Sabbat, in: W. Eltester (Hg.), Judentum, Urchristentum, Kirche. FS J. Jeremias, Berlin ²1964, 79–89, 84; Hervorhebung I.B.) Nach L. Doering, Schabbat 417, soll das Jesuswort Mk 2,27 ursprünglich im Zusammenhang einer Heilung entstanden sein, da einerseits die Szene Mk 2,23ff. nicht authentisch ist und andererseits Heilungen „die einzigen überlieferten Sabbattätigkeiten darstellen, für die die Verankerung im Leben Jesu sicher ist". Auch Lk 14,5 soll ursprünglich einmal unabhängig von seinem jetzigen Kontext überliefert worden sein und dann den Anlass zu der Parallelbildung zu Mk 3,1–6 gegeben haben, in der es jetzt steht (L. Doering, Schabbat 462).

[55] Wegen der Rabbi Schime'on b. M'nasja zugeschriebenen Parallele in MekhEx 31,13 (109b) par bJoma 85b „*... euch ist der Sabbat übergeben, und nicht seid ihr dem Sabbat übergeben*" (Bill. I 623; II 5), die schwierig zu datieren ist, sollte Mk 2,27 bei der Beurteilung des Verhältnisses Jesu zum Sabbat trotz der respektablen Liste der Befürworter der Authentizität dieses Wortes (vgl. L. Doering, Schabbat 414 Anm. 91) besser außen vor bleiben. Damit soll nicht gesagt werden, dass

Kapitel dargelegten Kriterien für Jesusworte entsprechen und insofern gute Chancen haben, vom historischen Jesus zu stammen. Von da aus müssen die dazu gehörigen Geschichten noch einmal genauer daraufhin geprüft werden, ob deren von der Formgeschichte geprägtes Entstehungsbild – freie Bildung aufgrund des überlieferten echten Jesuswortes – das letzte Wort in dieser Sache ist.

Dass die Sabbatworte Jesu den geforderten Kriterien entsprechen, lässt sich schön zeigen: Sie finden sich in verschiedenen, voneinander unabhängigen Überlieferungen, nämlich, wenn man vom Johannesevangelium einmal absieht, im Markusevangelium und im lukanischen Sondergut (vgl. auch Mt 12,11 f.) und spiegeln deutlich eine jüdische Fragestellung wider. Darüber hinaus tragen sie innerhalb des Judentums einen originellen Charakter, da sie sich erheblich von dem unterscheiden, was im Rahmen des Judentums zur Sabbatobservanz vorgetragen wurde. Das gilt nach meinem Urteil kaum für Mk 2,27, wohl aber für Mk 3,4[56] und Lk 14,5 par Mt 12,11 f. So verbleibt von den vier Kriterien allein noch die Tendenzsprödigkeit gegenüber dem Urchristentum. Diese festzustellen ist insofern schwierig, als die ersten Christen dem Sabbat gegenüber wohl keine einheitliche Stellung bezogen haben. Wir haben davon auszugehen, dass die Urgemeinde in Jerusalem sich an die jüdische Sabbatpraxis gehalten hat. Dafür spricht, dass die vermutlich aus Palästina stammenden Gegner des Paulus in Galatien die Einhaltung des Sabbats gefordert haben (Gal 4,10). Auch Röm 14,5 f. ist Hinweis darauf, dass es Streitigkeiten gab, ob der Sabbat gehalten werden muss

---

dieses Wort Jesus abgesprochen werden muss, wohl aber, dass unsere Kriterien nicht zureichen, es für Jesus zu sichern. Die Versuche, zwischen dem rabbinischen Verständnis dieses Wortes und dem Jesu zu differenzieren und letzteres trotz der rabbinischen Parallele für den historischen Jesus durch schöpfungstheologische Profilierung (vgl. die Angaben bei B. Schaller, Jesus 13 ff., J. Becker, Jesus 374 f. und v. a. L. Doering, Schabbat 416 ff.) aufgrund der Tendenzsprödigkeit zu retten, sind m. E. problematisch, da weder die herangezogenen Parallelen 1 Kor 11,9; 2 Makk 5,19 noch der Hinweis auf die schöpfungstheologische Argumentation in Mk 10,6 f. verfangen. Letztere Stelle unterliegt wegen des LXX-Zitats erheblichen Bedenken (s. o. unter 3.3.3), in 1 Kor 11 ist deutlich mit dem Verb „*schaffen*" auf die Schöpfung angezielt, in 2 Makk geht es um die Erwählung. Wie schwer es ist, dem kleinen Wörtchen *egeneto* in Mk 2,27 diese Last aufzubürden, zeigen schon die unterschiedlichen Übersetzungen: „*geschaffen worden*" (Zürcher); „*gemacht worden*" (Gnilka); „*ist da*" (Lührmann); „*ist geworden*" (Pesch; Schweizer). Allerdings ist Gen 2,4aLXX ein wichtiger Zeuge für die Bedeutung „*geschaffen worden*" von *egeneto*. – Aus dem Auslassen des Wortes Mk 2,27 durch die Seitenreferenten lässt sich für die Frage der Authentizität nichts gewinnen, das Gleiche gilt für die Rahmung durch die VV. 25 f.28. – Vgl. dazu auch die Kritik von G. Dautzenberg, Jesus* 357 f., der im übrigen die Entstehung der ganzen Perikope in eine heidenchristliche oder gemischte Gemeinde außerhalb Palästinas verlegt.

56 Dass die Kritik G. Dautzenbergs, Jesus* 350 f., an Mk 3,4, die Alternative, Gutes zu tun oder Böses und vor allem die von Leben retten und töten, gehe weit über die Situation hinaus, in vollem Maße zutrifft, scheint mir keineswegs ausgemacht zu sein.

oder nicht. Kol 2,16 dagegen kann aufgrund der späten Entstehung dieses Briefes für die erste Zeit nicht in Anspruch genommen werden, ist vielmehr als Zeichen dafür zu werten, dass die Auseinandersetzungen um die Sabbatfrage sich nicht so schnell erledigt haben. Die genannten Stellen zeigen gleichzeitig, dass Paulus und das von ihm gegründete Heidenchristentum die jüdische Praxis nicht übernommen haben. Zwischen dem Judenchristentum und dem paulinisch geprägten Heidenchristentum ging es dabei nicht um die Frage, welche der Bestimmungen der Sabbathalacha beachtet werden muss und welche nicht, sondern um die Frage, ob der Sabbat überhaupt gehalten werden muss. Insofern die Sabbatperikopen /245/ der Evangelien mit den angesprochenen Jesusworten nicht die Frage des „Ob", sondern nur die des „Wie" diskutieren, lassen sich diese jedenfalls nicht der Diskussion zwischen Juden- und Heidenchristentum zuweisen, die diese Frage weit hinter sich ließ. Dies spricht angesichts des Eintretens der Urgemeinde für das Gesetz für eine Tendenzsprödigkeit der diskutierten sabbatkritischen Worte Jesu auch gegenüber dem Urchristentum, so weit wir in dieses noch hineinschauen können. Darüber hinaus spricht die Originalität der Jesus zugeschriebenen Weisungen innerhalb des Judentums dafür, sie auch *der* bekannten originellen Größe der Jesusbewegung zuzusprechen, nämlich Jesus selbst.

3.5 Jesus und die jüdische Reinheitstora[57]

3.5.1 Die Reinheitsforderungen im Alten Testament und im Judentum

Die Unterscheidung von „rein" und „unrein" findet sich nicht nur in Israel, sondern in zahlreichen alten Religionen und hängt offensichtlich eng mit der Heiligkeit Gottes zusammen. Dem heiligen Gott kann sich nur nähern, wer rein ist (vgl.

---

57 Ältere Literatur v. a. zu Mk 7 findet sich außer in den Jesusbüchern und Kommentaren bei R. P. Booth, Jesus*; J.D.G. Dunn, Jesus and Purity: An Ongoing Debate: NTS 48 (2002) 449–467; H. Räisänen, Jesus and the Food Laws: Reflections on Mark 7,15, in: ders., The Torah and Christ, Helsinki 1986, 219–241; vgl. auch ders., Zur Herkunft von Mk 7,15, ebda. 209–218; J. Marcus, Scripture and Tradition in Mark 7, in: C.M. Tuckett (Hg.), The Scriptures in the Gospels (BEThL 131), Leuven 1997, 177–195; I.M. Blecker, Rituelle Reinheit vor und nach der Zerstörung des Zweiten Tempels. Essenische, pharisäische und jesuanische Reinheitsvorstellungen im Vergleich, in: A. Leinhäupl-Wilke/S. Lücking (Hg.), Fremde Zeichen. Neutestamentliche Texte in der Konfrontation der Kulturen. FS K. Löning, Münster 1998, 25–40; C. Focant, Le rapport à la loi dans l'évangile de Marc: RTL 27 (1996) 281–308; D. Neufeld, Jesus' Eating Transgressions and Social Impropriety in the Gospel of Mark: BTB 30 (2000) 15–26; G. Theißen, Das Reinheitslogion Mk 7,15 und die Trennung von Juden und Christen, in: K. Wengst/G. Saß (Hg.), Ja und nein. Christliche Theologie im Angesicht Israels. FS Wolfgang Schrage, Neukirchen-Vluyn 1998, 235–251.

Lev 11,45 f.). Dementsprechend entscheidet die Reinheit des Menschen über seine Kultfähigkeit, zugleich aber auch über seine Gemeinschaftsfähigkeit, da sich die Unreinheit durch Berührung überträgt. Trotz dieser Verbreitung des Reinheitsdenkens wird man nicht davon ausgehen können, dass zur Zeit Jesu die jüdischen Reinheitsgebote allgemein verstanden wurden. Denn im Aristeasbrief heißt es:

> *Ich glaube nämlich, dass viele gern wissen möchten, was es mit den Bestimmungen in der Gesetzgebung über Speisen und Getränke sowie über die als unrein angesehenen Tiere auf sich hat. Wir fragten nämlich, weswegen man glaube, manche (Tiere) verunreinigten durch (ihren) Genuss und manche sogar schon durch die (bloße) Berührung, wo die Schöpfung doch eine Einheit sei ...* (Arist 128 f.)

Zwar sind die Kategorien „rein" und „unrein" in Israel nicht erst nachexilisch belegt, aber die Tatsache, dass die übergroße Mehrzahl der Belege im Alten Testament nachexilisch ist, zeigt, dass der Reinheitsgedanke ebenso wie der Toragedanke nach dem Exil stark an Bedeutung gewonnen hat. Er spielte in der makkabäischen Erhebung nach Ausweis von 1 Makk 1,62 f.; 2 Makk 5,27; 6,18 f. eine bedeutende Rolle. Nicht umsonst sagt das vermutlich zum Ausgang des ersten Jahrhunderts n. Chr. entstandene vierte Makkabäerbuch in 5,19, das Essen von Unreinem sei keine kleine Sünde. Die große, für uns heute freilich kaum noch nachvollziehbare Bedeutung der Reinheitsgebote im Judentum kommt auch darin zum Ausdruck, dass der ganze letzte Teil der Mischna Reinheitsfragen gewidmet ist. Auch die vielen Mikwen (Tauchbäder für rituelle Reinigung), die man in Jerusalemer Häusern der herodianischen Zeit gefunden hat, sprechen eine /246/ eindeutige Sprache. Es war auch keineswegs nur der Tempeldienst, der Reinheit erforderte, sondern ebenso Gebet, Studium der Tora oder jede andere Art von Gottesdienst.

Zumindest in der Zeit vor der Zerstörung Jerusalems werden Reinheitsfragen bei den einzelnen jüdischen Gruppen allerdings eine etwas unterschiedliche Rolle gespielt haben. Nicht alle Juden werden z. B. die Reinheitsbestimmungen so betont haben, wie es bei den Qumranleuten der Fall war, die in ihren eigenen Reihen noch verschiedene Abstufungen der Reinheit unterschieden. Auch die Pharisäer dürften sich in ihrem Streben nach Reinheit von der großen Mehrheit des Volkes unterschieden haben.

Die wichtigsten Vorschriften hinsichtlich der Reinheit sind für Israel in Lev 11–15 dargelegt (vgl. auch noch Dtn 14,3–21). Dort wird ganz Unterschiedliches genannt: die für den Verzehr verbotenen Tiere; dass Berührung von toten Tieren verunreinigt, und zwar nicht nur die Menschen, sondern auch die Gegenstände, die mit den toten Tieren in Berührung kommen; die Unreinheit der Wöchnerin und die von aussätzigen Menschen sowie Kleidern, Häusern etc.; Körperausfluss, Samenerguss und Menstruation verunreinigen, auch alle Gegenstände und Personen, die die Verunreinigten irgendwie berühren, werden unrein. Dort werden auch die für die Reinigung des betreffenden Menschen oder Gegenstandes notwendigen Rituale genannt, soweit diese möglich ist: Waschungen und Abwarten des Sonnenunterganges, teilweise sind auch Opfer notwendig. Nach den Vorschriften der Mischna dürfen sich Aussätzige nur außerhalb ummauerter Städte aufhalten,[58] Tote dürfen nur aus der Stadt hinaus-, nicht aber wieder hineingetragen werden und Ausflussbehaftete dürfen den Tempelberg nicht betreten (Kelim I 5–9). Auch von Heiden gekaufte oder übernommene Gegenstände sind unrein – eine Vorschrift, die den Kontakt zwischen Juden und Heiden in der Diaspora sicher nicht gerade begünstigt hat. Man unterscheidet zwischen dem Unreinheitsherd (z. B. einem durch die Berührung mit einem Toten Verunreinigten, z. T. auch der Tote selber, totes Vieh) und den durch die Berührung mit Unreinem Infizierten. Dabei werden verschiedene Grade der Unreinheit erkannt. Menschen und Kleider z. B. können nur unmittelbar von einem Unreinheitsherd infiziert werden, während Speisen und Getränke z. B. auch von einem im zweiten Grade unreinem Gegenstand verunreinigt werden. So können bis zu zehn Grade von Unreinheit unterschieden werden.

Das in Mk 7,2 ff. allen Juden zugeschriebene Waschen der Hände vor dem Essen ist nicht nur hier, sondern auch im Aristeasbrief belegt. Diese Stelle ist freilich nicht typisch für das Verständnis der Reinheitsgebote im palästinischen Judentum, eher schon für das alexandrinische.

> Wie es aber bei allen Juden Brauch ist, wuschen sie sich die Hände im Meer und wandten sich, sobald sie zu Gott gebetet hatten, der Lektüre und Interpretation der einzelnen Stellen zu. Dazu stellte ich auch die Frage, warum sie sich erst die Hände waschen und dann beten. Und sie erläuterten, dass sie damit bezeugten, nichts Schlechtes getan zu haben – denn jede Tätigkeit geschieht vermittels der Hände –, indem sie in schöner und frommer Weise alles auf Gerechtigkeit und Wahrheit bezogen. (Arist 305 f.; vgl. auch Sib. III 592) /247/

Das Waschen der Hände ist biblisch nicht geboten und dürfte damals trotz der genannten Zeugen keineswegs von „allen Juden" praktiziert worden sein, im Gegenteil, es dürfte sich eher um eine wenig verbreitete Praxis, allerdings mit

---

[58] Vgl. auch Josephus, CAp I 31 § 281; ant. III 11,3 § 261; bell. Iud. V 5,6 § 227. Neg 13,12 ist freilich der Synagogenbesuch von Aussätzigen vorausgesetzt. Die Tatsache, dass sich Kelim 1,5–9 und Negaim 13,12 zusammen in demselben Seder Taharuth finden, zeigt deutlich, dass man den strengen Ausschluss der Aussätzigen aus den Städten jedenfalls nicht ohne weiteres als eine essenische Auslegungstradition ansehen kann, „die derart rigoros nie in Geltung stand". So M. Wohlers, „Aussätzige reinigt" (Mt 10,8), in: St. Maser /E. Schlarb (Hg.), Text und Geschichte. FS D. Lührmann, Marburg 1999, 294–304, 299. Vgl. auch noch 11QTR 45,17 f.; 48,14–49,4, wonach den Aussätzigen nur die Jerusalemer Tempelstadt verschlossen bleibt.

zunehmender Tendenz, gehandelt haben. Im Zustande der Unreinheit Worte der Tora auszusprechen, scheuten sich die Rabbinen normalerweise (bBer 22a). Daneben wurden aber die Reinheitsgebote von den Propheten und Weisheitslehrern auch in übertragenem Sinn verstanden. So kann in Spr 20,9; Sir 38,10 und Ijob 4,17 der Gedanke der Reinheit vor Gott im Sinne der Gerechtigkeit vor Gott verstanden werden, wie es auch im Aristeasbrief der Fall ist.

3.5.2 Die Reinheitsforderungen des Judentums und der historische Jesus

Dass Jesus mit den Bestimmungen der Reinheitstora in Berührung gekommen ist, kann angesichts der Tatsache, dass diese das tägliche Leben der Juden erheblich beeinflusste, nicht bestritten werden. Allerdings ist erstaunlich, wie wenig Reinheitsfragen in den Evangelien eine Rolle spielen. Die Zahl der Belege ist zwar etwa mit der der Sabbatkonflikte vergleichbar, aber die Sabbatproblematik konnte nur an jedem 7. Tag Bedeutung erlangen, während Reinheitsfragen an jedem Tag entstehen konnten. Von daher ist die Bedeutung der Auseinandersetzung um die Reinheitsfragen in der Jesustradition mit der um den Sabbat nicht vergleichbar. Die Frage der Reinheitsgebote in der Jesusbewegung wird ausdrücklich diskutiert in Mk 7,1–23, sie spielt aber auch in folgenden Perikopen eine Rolle: Bei der Heilung des Aussätzigen Mk 1,40–45; im Jünger-Aussendungsbefehl Mt 10,8; in der Antwort Jesu an die Jünger des Johannes Mt 11,5 par.; in der antipharisäischen Rede Mt 23,25f. sowie in der Heilung der zehn Aussätzigen Lk 17,11–19. Lk 10,7f. müssen sich keineswegs notwendig auf den Reinheitsgedanken beziehen, „denn es handelt sich ja nicht um heidnische, sondern um israelitische Häuser!"[59] Die Originalität von Logion 14[60] des Thomas-Evangeliums unterliegt erheblichen Zweifeln.

Da sich die erzählenden Aussätzigen-Texte und auch die Worte Jesu, in denen Aussätzige vorkommen, nicht historisch für Jesus sichern lassen,[61] ist die Frage nach der Verletzung der Reinheitstora allein auf Mt 23,25f. und Mk 7,15 zurückverwiesen. Das zeigt schon, dass nur ein kleiner Teil der Reinheitstora betroffen ist

---

59 S. Schulz, Q, 417.
60 „*Und wenn ihr hineingeht in irgend ein Land und wandert in den Gegenden und man euch aufnimmt, esst das, was man euch vorsetzen wird. Die, welche krank sind unter ihnen, heilt. Denn was hineingehen wird in euren Mund, wird euch nicht beflecken; aber das, was herausgeht aus eurem Mund, das ist es, was euch beflecken wird.*"
61 Vgl. R. Pesch, Jesu ureigene Taten? (QD 52), Freiburg u.a. 1970; anders freilich J.P. Meier, A Marginal Jew. Rethinking the Historical Jesus II, New York 1994, 698–706; A. Vögtle, Wunder und Wort in urchristlicher Glaubenswerbung, in: ders., Das Evangelium und die Evangelien, Düsseldorf 1971, 219–242.

und dass Jesus diese nicht insgesamt abgelehnt hat. Beide Traditionen werden hoch kontrovers beurteilt.

Das Logion Mt 23,25 f.[62] wird nur vom ersten Evangelisten als Weheruf tradiert. Lukas überliefert den Spruch in 11,39–41 teilweise sehr ähnlich, weicht allerdings unter anderem dadurch ab, dass er ihn nur an die Pharisäer adressiert (statt der bei Matthäus genannten Schriftgelehrten und Pharisäer) und das Innere auf die Pharisäer deutet. Dementsprechend handelt dann auch V. 41 bei Lukas ganz von den Pharisäern. Obwohl Lukas sich damit von der ursprünglich in Aussicht genommenen Situation sicher schon weiter entfernt als Matthäus, der bei den Gefäßen verbleibt und keine Übertragung auf die Pharisäer (und Schriftgelehrten) vornimmt, ist die Rekonstruktion des ursprünglichen Wortlautes schwierig, weil auch die matthäische Fassung nicht ohne Probleme ist. Denn in dem Nachsatz in V. 25b erwartet man nicht nur als Gegensatz zum Vorange- /248/ henden „ihr reinigt das Innere nicht", sondern auch, dass, wenn schon so fortgefahren werden soll, wie Matthäus es tut, das Innere von Becher und Schüssel voll ist von Unreinheit, und nicht von Raub und Maßlosigkeit. In Anlehnung an das internationale Q-Projekt kann man folgende Fassung als Q-Fassung ansehen:

> Wehe euch Pharisäern, denn ihr reinigt die Außenseite des Bechers und der Schüssel, innen aber sind sie voll von Raub und Gier. 41 Reinigt ... den Inhalt des Bechers und ... auch sein Äußeres wird rein.

Diese Fassung bleibt nahe beim Text des Matthäus und entspricht so den oben vorgetragenen Überlegungen. Allerdings muss auch hier V. 41 letztlich übertragen verstanden werden, da die implizierte Logik bei Schüssel und Becher versagt. Diese werden durch Reinigung des Inneren außen keineswegs sauber. Offensichtlich steht hinter diesem Wort derselbe Gedanke, der sich auch in Mk 7,20–23 zeigt, dass nämlich das Innere des Menschen über seine Reinheit entscheidet und nicht das Äußere. Der fünfte Weheruf ist also auch bei Matthäus letztlich auf den Menschen übertragen worden.

Das Logion spiegelt offensichtlich eine jüdische Fragestellung, denn die Reinheit der Gefäße ist in Lev 11,33–34 und Num 19,15 geregelt und die Frage, ob äußere Unreinheit eines Gefäßes auch dessen Inhalt unrein macht, spielte bei den Rabbinen eine Rolle. Der Zusammenhang von innerer und äußerer Reinheit beim Menschen wird in Ps 24,4 und Sir 38,10 angesprochen. Angesichts der Nähe des Wortes zu Mk 7,20–23, einem Stück, das in der Regel auf den hellenistischen Raum und die Urchristenheit zurückgeführt wird, wird man mit der Rückführung auf den

---

[62] Vgl. dazu D. Kosch, Die eschatologische Tora des Menschensohnes, Freiburg (Schweiz)/Göttingen 1989, 104–111.131–141.

historischen Jesus aber vorsichtig sein müssen. Mit dem konstatierten Vorrang des Inneren vor dem Äußeren besteht eine deutliche Ähnlichkeit des fünften Weherufs zu Mk 7,15.

Auch dieses Wort wird von den Exegeten ähnlich beurteilt wie die Sabbatworte, es soll ursprünglich isoliert überliefert und erst nachträglich in den nun bei Markus wiedergegebenen Zusammenhang eingeführt worden sein. An dieser Vorstellung von zahlreichen, ursprünglich selbständig überlieferten Worten Jesu, die erst nachträglich in einen gut passenden Kontext eingefügt worden sind, haben wir bereits bei den Sabbatworten Zweifel angemeldet. Diese sind auch hier angebracht.

Das Wort Mk 7,15 bestreitet nicht die Gültigkeit der gesamten Reinheitstora, wohl aber eines ihrer wesentlichen Teile. Denn es hebt die Unterscheidung zwischen reinen und unreinen Speisen auf und erklärt alle Nahrungsmittel für rein. Verunreinigung durch Berührung kommt in Mk 7,4 zwar indirekt vor, wird aber nicht näher angesprochen und insofern auch in der Perikope nicht berücksichtigt.

Nichts, was von außen in den Menschen hineinkommt,
kann ihn unrein machen,
sondern was aus dem Menschen herauskommt,
das macht ihn unrein. (Mk 7,15)

Auch wenn der Nachdruck dieses Wortes auf dessen zweiter Hälfte liegt und somit die Ablehnung der Unreinheit von Nahrungsmitteln nicht im Vordergrund steht, so ist doch nicht zu bestreiten, dass die Unreinheit von Speisen und deren Vermögen, ihre Unreinheit auf Menschen zu übertragen, hier abgelehnt wird. Solche Nichtbeachtung von Reinheitsfragen würde gut zu dem Verhalten passen, das wir sonst von Jesus kennen. Wie kann sich der, der sich der Kranken und Sünder annimmt, der bei seinen Mahlzeiten unorthodoxe Besuche macht und auch Frauen in seiner Umgebung zulässt, streng an die Reinheitshalacha halten? Demgemäß gibt es eine lange Liste hochangesehener Zeugen, die für die Echtheit dieses Wortes plädieren, auch wenn nicht alle hierin unein- /249/ geschränkt die Beseitigung der biblischen Speisegebote ausgedrückt finden.[63] Jedoch sind in der Diskussion auch Einwände gegen die Echtheit vorgetragen worden: Zum einen ist darauf hingewiesen worden, dass die Autoren, die das Wort für Jesus beanspruchen, seinen Wortlaut leicht korrigieren müssen,[64] zum anderen aber und

---

63 Vgl. dazu H. Räisänen, Food Laws 219.224 f.
64 Vgl. J. Becker, Jesus 382, der den Plural in V. 15b an den Singular in V. 15a anpasst. Zum Folgenden s. H. Räisänen, Food Laws 234 ff.; ders., Herkunft 212 ff. und die dort genannten Autoren.

gravierender, dass in der Urchristenheit genau diese Frage aufbrach, längere Zeit kontrovers behandelt und im Laufe der Diskussion darüber nirgendwo ein Jesuswort zur Entscheidung herangezogen wurde. Nicht erst Räisänen hat darauf hingewiesen, dass Paulus, wenn er ein solches Wort gekannt hätte, dieses im antiochenischen Konflikt und in der Auseinandersetzung mit den Judaisten in Galatien mit Sicherheit als Argument herangezogen hätte und dass Lukas sich das ganze Arrangement von Apg 10 und 15 hätte sparen können, wenn er Mk 7,1–23 in sein Evangelium übernommen hätte.[65] Nun muss Paulus dieses Wort nicht notwendig gekannt haben, damit es dem historischen Jesus zugewiesen werden kann, aber dass dieses Jesus-Wort in der gesamten Diskussion um die Beachtung der Reinheitstora zwischen Paulus und den Judaisten keine Rolle spielt, ist doch ein schwer wiegendes Argument nicht nur gegen dessen hohes Alter, sondern auch gegen dessen weite Verbreitung. Schließlich ist auch wenigstens zu erwähnen, dass es bei Platon einen ähnlichen Gedankengang gibt, den Philo von Alexandrien übernommen, der also ins hellenistische Judentum Eingang gefunden hat.

> *Die Kraft unseres Mundes aber statteten unsere Ausstatter im Interesse der notwendigen und der besten Dinge mit Zähnen, einer Zunge und Lippen aus, so wie sie jetzt eingerichtet ist; sie schufen den Eingang um der notwendigen Dinge willen, den Ausgang aber wegen der besten. Denn notwendig ist alles, was da eingeht, da es dem Körper Nahrung gibt; der ihm entströmende und der Vernunft dienstbare Fluss der Rede ist aber unter allen Flüssen der schönste und beste.* (Platon, Timaios 75d-e; vgl. Philo opif. mundi 119)

Da wirklich durchschlagende Argumente nicht erkennbar sind und die Autoren sich im Anblick der vorgetragenen Argumente unterschiedlich entscheiden, scheint es mir angemessen zu sein, gegenwärtig diese Frage als unentschieden anzusehen. Es kann sein, dass Jesus Kritik an der Reinheitshalacha des Judentums angebracht hat, ja man kann sogar sagen, es wäre angesichts seines Sabbatverhaltens und seines Verhältnisses zum Gesetz überraschend, wenn er es nicht getan hätte, aber die überlieferten, die jüdische Reinheitshalacha kritisierenden Jesusworte lassen eine sichere Feststellung ihrer Abstammung vom historischen Jesus nicht zu, und es gibt darüber hinaus Argumente dagegen, v. a. aus der Wirkungsgeschichte, die sich nicht leicht entkräften lassen.

Zu dem Offenlassen des Verhältnisses Jesu zur Reinheitshalacha passt auch, dass wir bei dem Komplex der Worte um „rein" und „unrein" Probleme mit der Tendenzsprödigkeit zur Urgemeinde bekommen. Bei den Sabbatworten konnten

---

65 Vgl. dazu J. Wehnert, Die Reinheit des ‚christlichen Gottesvolkes' aus Juden und Heiden (FRLANT 173), Göttingen 1997, 81 f. Wehnert vermutet, dass Lukas Mk 7,1 ff. ausgelassen hat, weil die Bestimmungen des Apostdekrets nicht zu dieser Tradition gepasst hätten.

wir festhalten, dass diese insofern quer zur urgemeindlichen Diskussion liegen, als sie grundsätzlich am Sabbat festhalten und nur die Grenze der Sabbatbeobachtung verschieben wollen, während in der Urgemeinde die Diskussion schon bald um die Sabbatbeobachtung überhaupt ging. Diese Tendenzsprödigkeit ist in der Diskussion der Reinheitsfrage nicht zu erkennen, denn Mk 7,15 zielt ebenso wie Apg 10,9–16; 11,4–10 und Gal 2,11–13 auf /250/ eine Beseitigung der Reinheitstora, zumindest was die Speisen angeht, und liegt so voll im Trend dessen, was wir in der Urgemeinde finden.

3.6 Die Gültigkeit des Zehntgebotes

3.6.1 Zur ursprünglichen Gestalt und zur sprachlichen Form von Mt 23,23f.[66]

Jesus spricht diese Verpflichtung nur in Mt 23,23f., dem vierten Weheruf, an, der aus der Logienquelle Q stammt. Die Übereinstimmungen zwischen Matthäus und Lukas in diesem Logion sind erheblich. Meist wird die matthäische Form von V. 23 bis auf die von Matthäus typisierte Form der Anrede und den Zusatz „das Schwerere im Gesetz" als ursprünglicher angesehen und das Q-Logion etwa wie folgt rekonstruiert:

> Wehe euch Pharisäern, denn ihr verzehntet die Minze, den Dill und den Kümmel und lasst das Recht, die Barmherzigkeit und die Treue außer acht. Dies aber sollte man tun und jenes nicht lassen.

Das letzte Sätzchen war zwar bereits in Q vorhanden, dürfte aber nicht ursprünglich zu dem Weheruf gehört haben, obwohl es durchaus auf der Linie des vorangehenden Werufs verbleibt, der sich ja nicht schlechthin gegen das Verzehnten der genannten Gewürze wendet, sondern das Ungleichgewicht in den Blick nimmt, nämlich über dem Verzehnten die ethischen Normen des Gesetzes zu vernachlässigen.[67] Das abschließende Wort entspricht in seiner Tendenz Koh 7,18: „Es ist am besten, wenn du an dem einen festhältst, aber auch das andere nicht loslässt." Die Kritik des ursprünglichen Wortes richtet sich nicht gegen das Verzehnten schlechthin, sondern gegen das Ernstnehmen dieser Bestimmungen bei gleichzeitiger Vernachlässigung von Recht, Barmherzigkeit und Treue. Das Wort von den blinden Blindenführern in Mt 23,24 hat bei Lukas keine Parallele, könnte aber vormatthäisch sein.

---

66 Vgl. zum Folgenden die gründliche Analyse bei D. Kosch, Tora 111–118.141–159.
67 Zu den Gründen vgl. Kosch, Tora 116f.

Bei der prophetischen Redeform des Wehe, die in der alttestamentlichen Totenklage wurzelt, die in Q aber modifiziert übernommen worden ist, kann das „Wehe" unterschiedliche Funktionen tragen. In dem Logion Mt 23,23 dürfte es sich weniger um einen definitiven Fluch als um eine harsche Drohung handeln, die die Hörer aufschrecken lassen will, auf Umkehr zielt und dazu konkret den Weg weist. Die Form dient hier also eindeutig der Sache.

3.6.2 Die Verzehntungspraxis im zeitgenössischen Judentum

Das Verzehnten spielte im Judentum zur Zeit Jesu eine große Rolle, wie schon die umfangreichen und detaillierten Vorschriften in der Mischna zeigen. Diese sind gegenüber den entsprechenden Vorschriften der Bibel verfeinert, ausgeweitet und verschärft. Nach der Mischna ist alles, was in der Erde zum Essen angebaut wird, zu verzehnten, während Dtn 14,22f. nur den Ertrag an Korn, Wein und Öl dafür vorsieht. Dabei reichte es übrigens nicht, die Früchte einmal zugunsten der Leviten und Priester zu verzehnten, wie es in Num 18,21–32 vorgesehen ist, sondern in Anlehnung an Dtn 14,22–27 wurde ein zweiter Zehnter für die Wallfahrtsfeste vorgesehen. Zu diesem ersten und zweiten Zehnten kam im dritten und sechsten Jahr nach einem Sabbatjahr noch der Armenzehnt, der nach anderer Überlieferung aber nicht zusätzlich zum ersten und zweiten Zehnten abzugeben war, sondern anstelle des zweiten erhoben wurde. Wenn uns das Verzehnten auch fremd ist, so ist bei dessen Bewertung zu beachten, dass darin ein Bekenntnis zu Jahwe als demjenigen, der Israel das Land gegeben und die Fruchtbarkeit gewährt hat, enthalten ist. /251/

3.6.3 Zur Intention von Mt 23,23

Unser Spruch wendet sich nun nicht gegen diese sehr detaillierte Regelung insgesamt und auch nicht gegen einzelne Vorschriften. Er will vielmehr auf der einen Seite durch die Anführung der Verzehntungspflicht selbst von Gewürzen die Reichweite der Verzehntungspflicht demonstrieren und dieser auf der anderen Seite die ethischen Gebote der Tora gegenüberstellen. Durch diese Gegenüberstellung will das Logion deutlich machen, dass die Beachtung der Verzehntungsvorschriften und die Vernachlässigung der ethischen Gebote nicht zusammenpassen.

Das Logion stammt eindeutig aus einem jüdischen/judenchristlichen Kontext, in dem sich die Gemeinde an die Verzehntungsvorschriften hält, was für die große Masse des jüdischen Volkes sicher nicht einfach vorausgesetzt werden kann,[68] da dieses Gebot eine schwere Last für die Bevölkerung darstellte, insbesondere für die Kleinbauern in Galiläa. Die Betonung der ethischen Pflichten unter Hintanstellung des Kultes entspricht im übrigen ganz der prophetischen Kritik in Israel, wie sie etwa bei Jesaja zu finden ist, der in 1,10–17 darauf hinweist, dass Opfer und Gebet solange bei Gott nichts vermögen, als die Vernachlässigung der ethischen Verpflichtungen andauert. Diese Linie ist bei Hosea noch deutlicher ausgezogen, da bei ihm das Opfer insgesamt abgelehnt wird. Nicht umsonst zitiert Matthäus in 9,13 und 12,7 Hos 6,6:

> Liebe will ich, nicht Schlachtopfer, Gotteserkenntnis statt Brandopfer.

3.6.4 Mt 23,23 als Wort des historischen Jesus?

Die Tatsache, dass Matthäus eindeutig sekundär einige Weherufe geschaffen hat, lässt sich gegen die Herkunft dieses Weherufs von Jesus nicht anführen, da dieser bei Matthäus und Lukas bereits die Form eines Weherufs aufweist und insofern schon in Q diese Form gehabt hat. Allein die Zugehörigkeit zur Gattung Weheruf erlaubt die Zuweisung dieses Spruches an Jesus ebenfalls nicht, da die Zuweisung anderer Weherufe an den historischen Jesus nicht zweifelsfrei erwiesen werden kann.[69] Die Mahnung verbleibt eindeutig im Rahmen des Judentums und weist als Charakteristikum auf, dass sie das Halten der ethischen Gebote einschärft. Der besondere Nachdruck auf dem Recht und vor allem auf der Barmherzigkeit entspricht dem, was bereits Jesaja gefordert hat:

> Hört auf, vor meinen Augen Böses zu tun! Lernt Gutes zu tun! Sorgt für das Recht! Helft den Unterdrückten! Verschafft den Waisen Recht, tretet ein für die Witwen! (Jes 1,16f.)

Auch Micha fordert „Recht und Erbarmen" (6,8), der Autor des Sprüchebuches „Liebe und Treue" (Spr 14,22; vgl. auch Hos 4,1; Sach 7,9; 8,16; Jer 9,23; 1QS 1,5; 5,3f.; 8,2). Insofern ist dem Q-Spruch eine besondere Tendenz innerhalb des damaligen Judentums in Richtung des Differenzkriteriums nicht eigen, zumal er der Neigung im damaligen Judentum, bei den Gesetzen nicht zu differenzieren und sie alle für gleich wichtig zu halten, nicht direkt widerspricht. Allerdings lässt das Logion implizit durchaus eine Rangordnung erkennen und würde sehr gut zu dem passen, was wir sonst von Jesus wissen, da eine besondere Betonung der Nächstenliebe

---

68 Vgl. dazu u.a. Kerit 1,7, wo diskutiert wird, was eine Frau tun soll, die nach fünf Geburten zum ersten Mal das an sich nach jeder Geburt vorgeschriebene Reinigungsopfer darzubringen in der Lage ist. Auch die deuteronomische Vorschrift, dass alle jüdischen Männer dreimal jährlich zu den Wallfahrtsfesten Jerusalem besuchen müssen, ist kaum allgemein eingehalten worden.
69 Vgl. dazu D. Kosch, Tora 146ff.

und deren Ausweitung auf die Feinde ein Charakteristikum Jesu darstellt. Deswegen kann man dieses Wort zumindest der Sache nach auf Jesus zurückführen.
/252/

3.7 Das Gesetz in der Verkündigung Jesu

Unsere Rückfrage nach dem Umgang Jesu mit dem alttestamentlich-jüdischen Gesetz hat ergeben, dass die Auslegung des Gesetzes nicht im Mittelpunkt der Verkündigung Jesu gestanden hat, wie es etwa bei den Rabbinen der Fall war. Jesus wird sich sicher in vielen Punkten an die Bestimmungen des Gesetzes gehalten haben (vgl. nur die Synagogenbesuche am Sabbat). Dies besonders zu erwähnen, lag nicht im Interesse der Evangelisten. An einigen Gesetzesbestimmungen hat Jesus aber auch Kritik geübt und sich nicht nur praktisch über sie hinweggesetzt, sondern diese Praxis auch ausdrücklich gerechtfertigt. Diese Kritik hat er möglicherweise sogar in gesetzlicher Form zum Ausdruck gebracht. Jedenfalls legt dies die Formulierung der ersten und zweiten Antithese nahe. Beim Verbot des Tötens und des Ehebruchs hat Jesus die Grenze des von Gott Gewollten weit nach vorne verschoben und schon den Zorn und den begehrlichen Blick als dem Willen Gottes widersprechend untersagt. Ob Jesus diese Gebote wörtlich verstanden oder eher in übertragenem Sinn gemeint hat, muss hier nicht diskutiert werden. Vor allem für den Zorn, der ja unwillkürlich im Menschen hochkommt, müsste das überlegt werden. Jesus würde sich dann weniger gegen das Entstehen des Zornes als gegen das freie Laufenlassen des Zornes wenden. Aber nicht nur im Blick auf Zorn und Ehebruch hat Jesus Verschärfungen vorgenommen, sondern auch in der Ehescheidungshalacha. Wenn Jesus schließlich die Nachfolge für wichtiger hält als die vom Gesetz gebotene Verpflichtung gegenüber den Eltern (Mt 8,21 f.), so verletzt er nach jüdischer Ansicht ebenfalls Gottes Gesetz.

In andere Richtung liefen die Weisungen Jesu bei der jüdischen Sabbatpraxis. Diese verschärft Jesus nicht wie die zuvor genannten Gesetzesbestimmungen, sondern er mildert sie ab. Um der Menschen willen darf von der Sabbathalacha abgewichen werden, die Lebensgefahr ist dabei nicht entscheidend. Dabei fällt auf, dass Jesus keine Regel aufstellt, wie weit man hier seiner Meinung nach gehen darf, wenn nicht doch Mk 2,27 von Jesus stammt, was positiv nachzuweisen Schwierigkeiten bereitet. Aber selbst wenn diese Weisung vom historischen Jesus stammen sollte, würde sie doch noch weiten Spielraum eröffnen und kann deswegen jedenfalls nicht als besonders konkrete Regel angesehen werden. Ob die Kritik an den Reinheitsbestimmungen in den Evangelien vom historischen Jesus stammt, haben wir offengelassen.

Ein wichtiger Punkt, der unser Ergebnis, dass Jesus zumindest an einzelnen Punkten Kritik an Bestimmungen des Gesetzes vorgetragen hat, grundsätzlich bestätigt, ist hier noch nachzutragen. Wir haben bei der Frage nach der Kritik Jesu an den Reinheitsbestimmungen mit der Wirkungsgeschichte argumentiert. Diese ließ die Rückführung der Kritik an der Reinheitshalacha auf Jesus eher als schwierig erscheinen. Die Wirkungsgeschichte der Botschaft Jesu in der frühen Kirche spricht nun aber eindeutig dafür, dass Jesus Kritik am Gesetz geübt hat. Denn nur wenige Jahre nach der Kreuzigung Jesu – die Exegeten sprechen sehr häufig von einer Zeitspanne von zwei bis drei Jahren – verfolgt Paulus die Anhänger der Jesusbotschaft in Damaskus. Da Paulus in Gal 1,13 und Phil 3,6, wo er hierauf zu sprechen kommt, jeweils auch seinen Eifer für das Gesetz erwähnt, ist es sehr wahrscheinlich, dass es auch bei der Verfolgung der Jesusbewegung in Damaskus um Gesetzesfragen ging. Dafür spricht auch die Verfolgung des Stephanus. Andere Gründe für die Verfolgung des Stephanus und für die paulinische Aktion anzunehmen, wie etwa die Verehrung eines Gekreuzigten als Bedrohung des Gesetzes, erscheinen eher unwahrscheinlich. Offensichtlich gab es schon bald nach Jesu Kreuzigung nicht nur eine Gemeindegruppe in Damaskus, sondern diese hielt auch nicht mehr so am Gesetz fest, wie ein frommer Jude sich das vorstellte. Da solche, so früh erfolgte Abweichung vom Gesetz gegen Jesu Intention wenig wahrscheinlich ist, ist sie als Hinweis für eine gewisse Torakritik von Seiten des historischen Jesus zu werten. Vermut- /253/ lich hat die gesetzeskonforme Haltung der Gruppe um Petrus und Jakobus und die weniger gesetzeskonforme Haltung der anderen Gruppe, die schon bald nicht nur nach Damaskus, sondern auch nach Antiochien ging, in einer unterschiedlichen Betonung bestimmter Elemente der Verkündigung Jesu ihren Grund. Nahmen die einen Jesu Treue zum Gesetz auf, so knüpften die anderen eher an seine Gesetzeskritik an.

3.8 Die Gründe für Jesu kritischen Umgang mit dem Gesetz

Des weiteren ist festzuhalten: Wenn Jesus zu Fragen des Gesetzes Stellung nahm, so begründete er seine Entscheidungen in der Regel nicht mit einem Hinweis auf die Schrift oder andere Auslegungsgrößen, er sagte auch nicht wie die Propheten *„So spricht der Herr"*, sondern er sagte seine Meinung ohne jegliche weitere Absicherung, offenbar aus eigener Autorität. Dazu passt, dass er ja auch seine Wunder nicht als Gebetserhörungen, sondern kraft eigenen Zuspruchs wirkte. Am deutlichsten kommt diese Autorität in den Antithesen zum Ausdruck, soweit sich diese auf den historischen Jesus zurückführen lassen. Insofern sich diese nicht gegen Ansichten von Rabbinen, sondern gegen die Tora selbst richten, sind sie lebendiger Hinweis darauf, dass jegliche Interpretation des Jesusphänomens, das

Jesus über den Leisten der Rabbiner schlägt, zu kurz greift. Augenscheinlich war Jesus der Ansicht, einen eigenständigen, von der Schrift und ihrer damaligen Auslegung unabhängigen Zugang zu Gottes Willen zu haben, der ihm diese, vom damaligen Judentum abweichenden Stellungnahmen vom Gesetz und von dessen rabbinischer Interpretation ermöglichte. Worin diese unmittelbare Einsicht in Gottes Willen begründet war und wann sie ihren Anfang nahm, wissen wir nicht. Es wird eher nicht die Taufe durch Johannes gewesen sein, in der Jesus seine Sendung erfuhr, da Jesus aller Wahrscheinlichkeit nach im Anschluss an die Taufe noch einige Zeit bei Johannes als dessen Jünger geblieben ist und dies unerklärbar wäre, wenn er sein „Berufungserlebnis" damals schon hinter sich gehabt hätte. Wahrscheinlicher ist, dass Lukas in 10,18 dieses Ereignis meint und dass dies die Verabschiedung vom Täufer und seinen Jüngern zur Folge hatte. Über dessen genauen Inhalt erfahren wir freilich aus der Lukasstelle nur sehr wenig.

Wichtiger Pfeiler dieser Einsicht in Gottes Willen wird Gottes Barmherzigkeit gewesen sein, die sich in einigen zentralen Gleichnissen widerspiegelt (Lk 15,11–32; 18,9–14; Mt 18,23–35; 20,1–11) und die als Motiv hinter Jesu Sabbatweisungen stehen dürfte. Diese Barmherzigkeit Gottes stand dem historischen Jesus offenbar so lebendig vor Augen – man könnte auch sagen, sie stand so im Mittelpunkt seines Bewusstseins – dass er die Härten,[70] die die rabbinische Gesetzesdiskussion im Laufe der Zeit gezeitigt hatte, für unangemessen hielt und deswegen für sich und seine Nachfolger demonstrativ „außer Kraft setzte" – das ergibt sich aus den Sabbatworten und nicht nur aus den diese umgebenden (möglicherweise sekundären) Kontexten. Diese Sabbatworte zeigen im übrigen auch, dass die Erkenntnis, wie der Sabbat nach Jesu Verständnis gottgemäß zu feiern ist, ihnen vorausliegt. Die Worte Jesu über den Sabbat verdeutlichen nur seine Erkenntnis und wollen diese den Menschen verständlich machen. Die Einsicht Jesu in den Willen Gottes über den Sabbat ist unabhängig von diesen Worten.

Dieser unmittelbare Zugang zum Willen Gottes wird in seinem Verbot der Ehescheidung noch deutlicher, da dieses unerhört im damaligen Judentum ist und sich auf nichts stützen kann, auf die Schrift nicht, und auch nicht auf die von den Rabbinen überlieferten Traditionen. Es basiert ausschließlich auf Jesu Autorität, und Jesus trifft diese Ent- /254/ scheidung, weil er sie dem Willen Gottes für angemessener hält als die in seiner Umgebung gültige Praxis.

Ein weiterer Grund für Jesu Umgang mit dem Gesetz und seinen Forderungen liegt in der Nähe der Gottesherrschaft. Wenn und insofern das zur Herrschaft

---

[70] Gesetze bringen, soweit sie Einschränkungen vornehmen, zumindest in bestimmter Perspektive immer Härten mit sich. Deswegen kann man ihnen nicht die Härte, sondern nur die unangemessene Härte vorwerfen, die naturgemäß eine Frage der Perspektive ist.

Kommen Gottes von Jesus nicht nur angekündigt wird, sondern sich auch zeichenhaft in seinem Tun bereits realisiert, können die alten Maßstäbe nicht mehr das letzte Wort zum Willen Gottes sein. Gottes Herrschaft heißt eschatologische Zuwendung Gottes zu den Menschen, bei Jesus konkret Hinwendung Gottes zu Israel. Diese Zuwendung setzt den Menschen instand und fordert ihn zugleich, nun aber nicht zur Erfüllung dessen, was in Israel mehr oder weniger allgemein akzeptiert war, sondern die neue Situation stellt auch neue Anforderungen, die mit der Kritik Jesu an den alten Zuständen zusammenhängen, ohne dass Jesu Weisung nun aus einem allgemeinen Prinzip abgeleitet werden kann. Das geht schon deswegen nicht, weil er teils toraverschärfend, teils aber auch toraentschärfend interveniert. Daher verweisen auch die aus der Nähe der Gottesherrschaft sich ergebenden, von der damaligen jüdischen (mehrheitlichen) Praxis abweichenden Weisungen Jesu auf seine Einsicht in den Willen Gottes, die er offensichtlich zusammen mit der Erkenntnis vom nahen Kommen Gottes zum Antritt seiner Herrschaft erlangt hat.

Ingo Broer, Jesus und die Tora, in: Ludger Schenke u. a. (Hg.), Jesus von Nazaret – Spuren und Konturen, Stuttgart: © W. Kohlhammer 2004, S. 216–254.

Sean Freyne
5.16 Jesus and the Ecology of Galilee, 2004

> Three regions are recognised as regards the law of removal ... The Galilee is divided into upper Galilee, lower Galilee and the Valley. From Kfar Hananiah and northward, all places where the sycamore does not grow are regarded as upper Galilee. And from Kfar Hananiah and southwards, all places where the sycamores do grow are regarded as lower Galilee. And the region of Tiberias is regarded as the Valley. (M.Sheb. 9.2)

This brief description of Galilean sub-regions is taken from the tractate *Shebiith* (seventh year offerings) of the Mishnah, the Jewish law-book compiled in the second century CE. The tractate deals with the various obligations associated with the seventh year, when according to Biblical law the land was to be left fallow. The statement cited here occurs in a discussion of when precisely harvesting must cease so that the farmers would not be seen to be in violation of the seventh year regulations. Since harvest-time differed from one region to another on the basis of local climatic conditions, it was important to define those regions precisely. This vignette illustrates well how closely Jewish religious attitudes were related to the variations of the seasons and the natural conditions of the land. None of the gospel writers mention these regional variations with regard to Jesus' public ministry, yet it would appear that they are familiar with the changing landscape of Galilee also, as we shall see. On the other hand, Josephus, our other main literary source for Galilee in the Roman period, signals the regional differences, even though his main interest is on the region as a whole, the governership of which he had taken over in 66 CE on behalf of the Jewish revolutionary council.

In the light of the discussion in the previous chapter regarding current trends in historical Jesus research, it is somewhat surprising that very little has been written about his attitudes to the natural environment. As was noted previously, a concern with the social /25/ aspect of Jesus' ministry has replaced the dominant religious interest of a previous generation. Such a climate, one might have expected, would have meant that ecological issues in the ministry of Jesus would have been a focus of scholarly attention. Ironically, however, the change of perspective, though fuelled by concerns about justice for the marginalized, did not include eco-justice within its purview, despite the fact that clear evidence from third-world situations points to a direct link between despoliation of the natural environment by western commercial interests and the erosion of the traditional way of life of exploited peoples. The obvious explanation for these omissions in the past is that Biblical scholarship was mainly concerned with the divine-human message of the Biblical books. Salvation history was the dominant focus for various theologies of both the Old and New Testaments, produced by Christian scholars, and the natural world was of no particular interest or importance within the dominant European theological paradigms of the twentieth century.[1] Creation was subordinated to redemption and what distinguished Israel from her neighbours, it was claimed, was the rejection of the nature divinities of the surrounding peoples in favour of a God who was Lord of history.[2] The archaeology of Israel had not yet achieved the independent status it has today when its chief dialogue partners are not only social scientists, but also botanists, geologists, chemists and other material scientists. Biblical Archaeology in Palestine was formerly conducted as a service to Biblical studies, often of a conservative theological nature, whereas Near Eastern Archaeology, the preferred description of this branch of the discipline today, employs all manner of scientific analysis of the material remains of sites in order to understand aspects of humans' engagement with the natural world as well as with one other.[3]

More recently, the various social scientific models employed by Biblical scholars for understanding the world of Jesus have largely concentrated on economic and social factors, failing to take account of human connectivity with the eco- and bio-spheres. The interest in Jesus as a social revolutionary has led to an incomplete picture insofar as it ignores aspects of his respect for the natural environment also. While the recovery of his programme of inclusion of the marginalized has increasingly also included discussion of the role of women,[4] it is still based on models that do not take sufficient account of the challenge that gender analysis poses to the stereotyping of women and nature, and therefore does not

---

[1] Gerhard von Rad, *Old Testament Theology*, 2 vols., English translation, D. M. G. Stalker, Edinburgh: Oliver and Boyd, 1962, especially vol. I, and Oscar Cullmann, *Salvation in History*, English translation, Sidney G. Sowers, London: SCM Press, 1967, are influential examples of the concern with salvation history in both Old and New Testament studies.

[2] As a representative of the influential Albright School, which combined biblical interpretation and archaeological investigation to highlight Israel's uniqueness, see George Ernest Wright, *The Old Testament Against its Environment*, London: SCM Press, 1950.

[3] Arlene Miller Rosen, 'Paleoenvironmental Reconstruction', in Eric M. Meyers ed., *The Oxford Encyclopaedia of Archaeology in the Near East*, 5 vols., New York and Oxford: Oxford University Press, 1997, vol. 4, 200–205, is a good introduction to these developments in archaeology today with further bibliography.

[4] Elizabeth Schüssler Fiorenza, *Jesus, Miriam's Child, Sophia's Prophet: Critical Issues in Feminist Christology*, New York: Crossroad, 1994; Ingrid Rosa Kitzberger ed., *Transformative Encounters. Jesus and Women Re-viewed*, Leiden: Brill, 2000; Kathleen E. Corley, *Women and the Historical Jesus. Feminist Myths of Christian Origins*, Santa Rosa, CA: Polebridge Press, 2002.

explore /26/ the possible ecological implications of Jesus' challenge to his contemporaries in this regard also.[5] This calls for an exploration of the extent to which Jesus is indebted to those aspects of his inherited tradition that include an understanding of the earth as God's creation, and the implications of such a perspective for human interaction in his view. In responding to a question by a rich young man, Jesus is reported to have combined Israel's distinctive understanding of God, based on the *Shema'* (Deut. 6.4), with the Genesis idea of a good God: 'Why call me good? One is good, God' (Mk. 10.17). Did this awareness of the goodness of God as expressed in creation (Gen. 1) make him more sensitive to the natural world also, and if so, how did this awareness affect his understanding of the way that humans should behave towards one another and towards the gifts of the earth? The rich young man is advised to be rid of his possessions and follow Jesus' itinerant lifestyle. Are there ecological as well as social implications in this advice?

In discussing Jesus' attitude to the earth in the context of the Galilean environment, it is important to bear in mind the idea of place, not as a closed container in which human life is determined by the physical environment, but as negotiated space, as touched upon in the previous chapter. This is particularly important in the case of ecological discussions where the temptation of a romantic understanding of nature and its influence can lead to very distorted and determinist views of human nature. A classic example of this attitude in regard to Jesus and Galilee is that of Renan, who, we have seen, equated landscape and human characteristics in an alarming manner. Describing the influence of lower Galilee on Jesus' views, he writes in the same vein:

> Such was the horizon of Jesus. This enchanted circle, the cradle of the kingdom of God, was for years his world. Even in later life he departed but little beyond the familiar limits of his childhood. For yonder, northwards, a glimpse is caught, almost on the flank of Hermon ... And here southwards the more sombre aspect of those Samaritan hills foreshadows the dreariness of Judea beyond, parched as by a scorching wind of desolation and death.[6]

No less fanciful is the description of geographer George Adam Smith. Commenting on the plentiful water supply of the Galilean region, he writes: /27/

---

5 For a discussion of the connection between the instrumentalizing of nature and the domination of women in western thought, see ecofeminist philosopher Val Plumwood, *Feminism and the Mastery of Nature*, London and New York: Routledge, 1993, 41–68 (46f.).
6 Ernest Renan, *Vie de Jésus*, Paris 1863, 39.

> The difference in this respect (supply of water) between Galilee and Judea is just the difference between their names – the one liquid and musical like running waters, the other dry and dull like the fall of your horse's hoof on her blistered and muffled rock.[7]

Neither view has any place in a discussion of Jesus and the Galilean environment, especially when they are couched in such anti-Semitic terms. The focus here is on the two-way interaction between the natural environment and human cultivation in first-century Galilee, and the impact which this might have had on Jesus' own reactions to what he experienced in that environment and his consequent understanding of God's call to him. In order, to evaluate properly his response, however, it is necessary first to come to an appreciation of the manner in which the inherited traditions of Israel viewed the gifts of the earth.

Ecological Factors and Human Culture

The Genesis accounts of creation set the tone for Israelite views about the earth and human relations with it, even though one finds elsewhere, especially in poetic contexts, traces of different mythological ideas of Yahweh restraining the waters of the deep and overcoming the monsters that continue to threaten earth life.[8] The opening chapters of Genesis, however, provide a more ideal, if static view of creation: Gen. 1.1–2, 4 deals with God's ordering of the heavens and the earth in the six days of creation, and Gen. 2.5–24 describes the state of the first couple before and after the expulsion from the garden of Eden. The account of the creation of humankind (*adam*) in the first Genesis version would appear to give humans a dominant role over the animal and plant life, irrespective of what the precise meaning of the Hebrew verbs translated as 'have dominion' and 'subdue' (Gen. 1.26, 28) may be, since only humankind, both male and female, are said to be made in the image of God (Gen. 1.26, 27). This is usually described as the Priestly account, suggesting that the rest of the created world is oriented to human use, since humans are God's represen-

---

[7] George Adam Smith, *The Historical Geography of the Holy Land*, London, 1924, 273.
[8] Ps. 74.13–14, 19; 89.9–10; 104.26; Isa. 27.1; Job 3.8; 7.12; 40.25f. In the Babylonian mythology of the Enuma Elish, Tiamat (the Deep) co-operated in the birth of the Gods only to be ousted in a revolt of the younger gods, led by Marduk. She responds by the creation of monsters but they were not able to defeat Marduk. The extent of the influence of this myth on the Israelite creation traditions is debated among scholars, even though there appears to be a shared world-view.

tatives on the earth, while also emphasizing that all of nature is the result of God's creative word, and therefore expressive of God's goodness.

By contrast, the second, or Yahwistic account touches only briefly on the details of the creation of the universe, focusing its attention instead on the two different conditions of humans – the blessings of /28/ Eden before they disobey God's command and the curse of hard labour and toil with which they are afflicted after having been put out of the garden. Here the idea of the human struggle with the environment finds expression in the difficulties encountered both in generating life and in sustaining it. As the narrative of the primordial history unfolds, this struggle leads to violence and bloodshed, so that 'the wickedness of man was great upon the earth' (Gen. 6.5). The flood narrative which follows might appear to signal the return of the primordial chaos as the waters of the deep engulf the earth, leading to the destruction 'of every living thing from the face of the earth' – all, that is, except Noah and those with him in the ark (Gen. 7.23). However, Yahweh repents, promising never again to threaten the order he originally established: 'As long as the earth remains, sowing and reaping, cold and heat, summer and winter, day and night shall cease no more.' Yahweh makes 'an eternal covenant' not merely with Noah's descendants but 'with every living creature to be found with you ... There shall be no flood to destroy the earth again' (Gen. 8.22–9.11). Thus, when the next great act of human hubris occurs with the erection of the tower of Babel, Yahweh is true to his word. Humankind are scattered over the face of the earth, so that they no longer could understand each other, but 'the eternal covenant' with the earth is maintained. The call of Abraham to mediate the divine blessings to all 'the nations of the earth' now defines the future of both humankind and the earth, also. The 'eternal covenant' is still intact and God's blessings will endure (Gen. 15.18; 17.1–8).[9]

When the two accounts of creation in the opening chapters of Genesis are read within this broader context of the primeval history as a whole, the human dominance over the material world that is apparently suggested is considerably curtailed. The larger context shows that the redactors of the Pentateuch were deeply conscious of the fractured and ambiguous situation in which humans find themselves in their relationship with the natural world. As 'earth-creatures' they are an integral part of the material world, sharing with animals, birds and fishes the breath of life that permeates God's whole creation, and yet that world in all its animal and plant diversity appeared to have been ordered for human good. The invitation to Adam to name the animals in the second account

---

[9] Claus Westermann, *Genesis 1–11. A Commentary*, Minneapolis: Augsburg Press, 1984; Bernhard Anderson ed., *Creation in the Old Testament*, London: SPCK, 1984.

seems to go even further, a sign of the divine condescension in 'the hierarchy of creation' that allows humans to complete God's creative word. Disobedience has turned what was intended as a blessing into a /29/ curse, resulting in alienation between them and the earth and between humans themselves, when harmony and bliss was their intended lot. These stories anticipate Israel's story, as this will unfold in the subsequent narrative of her precarious occupation of the land. Thus in the accounts of the tribal blessings (Gen. 49; Deut. 33), animal traits can be freely employed to describe the tribes' varied characteristics and their struggles to establish themselves within their allotted territories, without any pejorative intent. The different blessings that sea, mountain and plain have to offer various tribes are fully acknowledged, while also proving to be highly ambiguous, as it turns out.

Whereas previously, scholars have understood the descriptions of the tribal characteristics as reflecting the conditions that obtained in early Israel with the shift from the nomadic to the settled way of life, more recent scholarship points to a later date of composition. Israel's occupation of the allotted land continued to be precarious over the centuries, as various imperial powers – Assyrians, Babylonians, Persians, Greeks – had all controlled Israel at various junctures of her history. It was as a response to the continued threat posed by this history that the mythical stories of creation were intended to function, offering consolation and reassurance to those whose position seemed to be highly precarious, caught between the poles of stability and ruin, creation and devastation. In detecting various aspects of the conquering nations' mythical world-views in the Israelite creation and flood accounts, scholars have by implication pointed to the way in which Israel had co-opted the stories of her conquerors to respond to the human and national crises that she was experiencing through their domination. An essential component of the reassurance that these stories offered was the acceptance that it was Yahweh, not Tiamat, Marduk or Assur, that had created the world, and that his original intention, manifested to Israel through liberation from slavery in Egypt, was to maintain the good earth that he had created, despite human wickedness. The earth and its blessings were the guarantee of Yahweh's continued favour, his eternal covenant. It behoved Israel to respect that earth, and this was enshrined in her law codes.

The Ecology of the Promised Land

As the home of the northern tribes, Galilee was the first region to suffer at the hands of the Assyrian ruler Tiglathpilesar III in 731 BCE, /30/ and it was only natural that the blessings of the land and the awareness of its variegated and distinctive natural features were more keenly felt. This situation may well be reflected in the book of Deuteronomy, where the author portrays Yahweh as the warrior Lord who is the rightful owner of the whole land, having driven out the previous owners (the Canaanites and others) in order to bequeath it to Israel in a divinely sanctioned treaty. The richness and fertility of the land is stressed in order to entice Israel to observe the conditions of the treaty, foremost of which is the rejection of any other gods except Yahweh alone.[10] Two aspects of the treatment are highly significant for our inquiry into possible ecological dimensions of Jesus' career. These are the contrasts drawn between Israel and Egypt on the one hand, and that between the conditions of life in the promised land and those that obtained in the desert on the other. It seems possible to detect behind both contrasts echoes of the creation stories, and their underlying theological concerns.

> The land which you are about to enter to occupy is not like the land of Egypt, from which you have come, where you sow your seed and irrigate with the foot, like a garden of vegetables; but the land which you are crossing over to possess is a land of hills and valleys, watered by rain from heaven, a land which the Lord your God cares for; for the eyes of the Lord your God are always upon it, from the beginning of the year to the end of the year. (Deut. 11.10–12)

Once Israel has entered into the land (the book is an address of Moses, set in a desert context), her life will be blessed because she will have inherited a blessed land in terms of its natural resources. In particular the importance of water for human life is underlined, and the contrast with Egypt in that regard is sharply drawn. There, human labour is required for irrigation in order to cultivate a garden of vegetables, but in Israel the rain comes as a gift from heaven and the earth drinks it up, since God cares for the land and that care is the source of its fruitfulness for Israel, 'a land flowing with milk and honey' (Exod. 3.8; Deut. 6.3; 11.8).[11] In this perspective the land is not cursed and there is no sense of the labour and toil that is to be the lot of humans according to the Genesis account of the expulsion of Adam and Eve from the garden of Eden (Gen. 3.1–17). This fertile land is pure gift. However, the presence of the desert always looms close at hand, should Israel disobey the covenant demands.

The contrast between life and death, blessing and curse, which is laid before the people at the end of the book (Deut. 30.15–20) can /31/ equally be expressed

---

10 Norman C. Habel, *The Land is Mine. Six Biblical Ideologies*, Overtures to Biblical Theology, Minneapolis: Fortress Press, 1995, 17–36.
11 Oded Borowski, *Agriculture in Iron Age Israel*, Boston, MA: American School of Oriental Research, 2002, 127.

in the contrast between the land of Israel and the desert. In a remarkably lyrical description of the land, north and south, both its natural fertility and its geological texture, the Deuteronomist draws this contrast as follows:

> For the Lord, your God, is bringing you into a good land, a land with flowing streams, with springs and underground waters welling up in valleys and hills, a land of wheat and barley, of vines and fig trees and pomegranates, a land of olive trees and honey, a land where you may eat bread without scarcity, where you will lack nothing, a land whose stones are iron, and from whose hills you may mine copper. You shall eat your fill and bless the Lord your God for the good land he has given you. Take care that you do not forget the Lord your God by failing to observe his laws, his ordinances and his statues ... When all that you have has multiplied, do not exalt yourself forgetting the Lord your God who brought you out of Egypt ... who led you through the great and terrible wilderness, an arid wasteland full of snakes and scorpions. He made water flow for you from flint rock and fed you in the wilderness with manna, that your ancestors did not know in order to humble you and to test you and in the end to do you good. (Deut. 8.11–16)

The richness of the land can be a temptation to Israel to forget that Yahweh was the donor, however. Such forgetfulness will bring down a curse, not only on the Israelites, but on the land itself. Wasteland conditions will be established and the land will cease to produce its fruits no matter how much they toil; they shall neither drink the wine nor anoint themselves with the oil, both highly pertinent crops in a Galilean situation (Deut. 28.38–40). Later, another set of stark images is employed to underline the permanent devastation of the land: succeeding generations will suffer from the ecological conditions which Israel's sinfulness will have brought about: 'all its soil burned out by sulphur and salt, nothing planted, nothing sprouting, unable to support any vegetation, like the destruction of Sodom and Gomorrah' (Deut. 29.21–23).

While the Deuteronomist's description of the ecological conditions suggest a northern colouring, prompted possibly by the Assyrian devastation, the Priestly Code in Leviticus chapters 17–26 dates from the time of the exile, when Judah had suffered a similar fate to the north at the hands of the Babylonians. Again, however, it is possible to detect a similar process at work, namely, an idealized picture of conditions in the land and the Israelites' relationship with it compensating for the sense of loss that had been experienced in /32/ exile, and the changing social conditions that this had brought about. Central to the legislation is the idea that Yahweh is the owner of the land and Israelites are tenants with the somewhat restricted rights of aliens (*gerim*, Lev. 25.23). The basis for Yahweh's ownership is not, as in Deuteronomy, one of conquest, but rather the claim that the land is temple-land that belongs to the deity, and therefore shares in the holiness of Yahweh who is present in his temple and throughout his land. The emphasis, therefore, is not on the natural fertility of the land but on its holiness, and Yahweh's ownership has to be asserted every fiftieth year, when, in addition to the regular cycle of a seventh year Sabbatical, a special Jubilee year has to be observed at the end of seven sabbatical cycles.[12]

It is against this background that the regulations for the Sabbath and Jubilee years (Lev. 25.1–55) must be understood which reflect a major development from previous legislation to do with the land and its produce. While the Deuteronomic Code also dealt with the Sabbath (but not the Jubilee) year, the emphasis was on the obligation to care for the poor by the remission of debt (Deut. 15.1–11), not on the relationship with the land. In Leviticus, however, this aspect of restoration of right relationships within the community is associated with the Jubilee, or fiftieth year, where it is extended to the return of property acquired since the previous Jubilee to its original owners and the freeing of Israelite slaves (Lev. 25.8–55).

Concern for the earth is developed in quite a radical way in the legislation for the sabbatical year in this Code (Lev. 25.1–7). The more ancient law of leaving a fallow field every seventh year, which was designed to assist the poor and the wild animals (Exod. 23.10–11), is radically transformed so that the Israelite peasants should not perform any agricultural activity at all in the seventh year. The reason for this is that the land itself must rest by being returned to its owner, Yahweh. The motivation is religious rather than humanitarian or ecological, as in the Exodus law, therefore. Commenting on this legislation, Norman Habel insightfully remarks:

> The link between Israel's obedience and a future in the land is a common theme elsewhere, but here the focus is on the land itself playing a role, yielding or not yielding its produce, depending on the relationships of the Israelites to their land-owner ... The land is a living reality with rights to be respected.'[13]

While the land will enjoy its Sabbath from human cultivation of any kind, human and animal needs will be taken care of. To the /33/ question: 'What shall we eat in this seventh year if we do not sow or harvest the produce?', Yahweh replies that his blessing will ensure a plentiful supply in the sixth year to cover that year, the seventh or sabbatical year and the eight year, until the new harvest arrived, 'since the land will yield its fruit, and you will eat your fill and live securely' (Lev. 25.19). Such a utopian plan was totally dependent on Israel's obedience to Yahweh as the land-owner, but also on the belief that the land itself would do his bidding because it shared his holiness. As a practical

---

12 Habel, *The Land is Mine*, 97–114.
13 *The Land is Mine*, 103 f.

programme it would, if enacted, have wrought havoc to a peasant economy, given the diversified ecological situation within the land, and in the light of the obligation to pay tribute in kind to foreign overlords.

Prophets and the Natural Environment of Israel

While the Deuteronomic and Levitical law codes give two different, though highly pertinent views of the role of the natural world in Israel's life and destiny, the prophets are also deeply conscious of the rich symbolism of the natural world as expressive of Yahweh's relations with Israel, when describing both present infidelity and future restoration. Surprisingly, Hosea can view the desert as a place of refreshment (Hos. 1–3), but more typically both he and Amos view the future restoration in terms of a renewal of the natural beauty of the earth and the rich abundance of the harvest (Hos. 14.6–7; Amos 9.13–15). Jeremiah also employs these same images for the restoration to come (Jer. 24.6; 31.27–28; 32.41). This prophet has deeply personal feelings for the land's pollution and its suffering because of the sins of the people: 'I am in anguish, I writhe in pain, my heart is throbbing', he declares, as he relates his vision of apocalyptic destruction of the creation: the earth is a formless void, the lights of the heavens have gone out, the mountains are quaking and the birds of the air have vanished, as Yahweh prepares to execute his judgement (Jer. 4.19–31).

Isaiah also relies on images from the world of nature and the animal kingdom to describe both the desolation of judgement and the renewal to come. Judah's land is desolate as after the fall of Sodom; Zion is left like an abandoned lean-to in a vineyard (Isa. 1.7–9), and the vineyard itself (Judah) will be devastated, so that thorns and weeds will grow where once the hoe was used to till the vine (Isa. 5.1–5; 7.23–25). He reserves his most vivid use of the imagery of natural devastation for the punishment of enemy nations: /34/ Babylon will be ravaged so that even a nomad will not pitch his tent there and jackals will roam through its once splendid palaces (Isa. 13.19–22); Edom is turned into a wasteland (Isa. 34). Yet future restoration has an Eden-like quality, a restoration of the original harmony both in natural world and in humans' relations with it (Isa. 11.1–9).

For both parts of the Hebrew Bible – the Law and the Prophets – human life and the life of animals and plants are inextricably bound together for good and ill. God's eternal covenant (*berit olam*) embraces both animal and plant life (Gen. 8.22–23) as well as human (Gen. 17). It is a gratuitous gift from God, whereas his covenant with Israel is conditional on observance of the pattern which Yahweh had established in the creation and which was expressed in God's resting on the Sabbath (Exod. 31.13–17). In all pre-industrial societies human life is heavily dependent on the fruitfulness of the earth, giving people a deep sense of bonding with the natural environment. However, the Israelite experience went deeper still because of the belief that the earth was Yahweh's alone, since he had created it and seen that it was good. Israel stood between a blessed and a blighted land, between Eden and Sodom, depending on its willingness to acknowledge its total indebtedness to Yahweh as expressed in the covenant stipulations. While Yahweh's use of the natural world to punish and reward Israel might appear capricious and even devaluing of the earth, the assurance of the new creation of which Isaiah in particular speaks (Isa. 65.17; 66.22) and which finds its way into the New Testament through Paul (Rm. 8.18–25), indicates that in the Biblical perspective human redemption can only be considered in conjunction with the redemption of the earth itself This was the case because human life could not be considered apart from earth life. Both shared the same fate, because both were inextricably bound together as expressions of God's creative goodness.

Wisdom and Creation

The Israelite tradition as received by Jesus had, in addition to the Law and the Prophets, another highly significant strand, that of Wisdom, which, like the Mesopotamian creation myths, was also derived from the larger international environment. Here the notion of creation as expressive of divine wisdom provides a more stable view of the natural world than that presented by the mythic pattern of the conflict between good and evil affecting the material universe /35/ also. While the Israelite wisdom tradition bears all the hallmarks of its international provenance, at its higher level it has been thoroughly integrated into Israel's theological framework, especially in terms of the personification of Wisdom as Yahweh's helpmate in creation (Prov. 8.22–31), and through its identification with the Torah of Moses (Sir. 24.27). The links between Wisdom and Apocalyptic are also well established in Daniel and 1 Enoch, pointing to wisdom as heavenly and esoteric, calling for divine revelation in order to unlock its secrets.

We shall have occasion to discuss these aspects of the Wisdom tradition in later chapters, but here it is popular wisdom, exemplified particularly by the proverb or gnomic saying, which is of special interest. The fact that this type of wisdom could be incorporated into the scheme of higher wisdom with its creation-centred perspective, suggests that the rhythms of the created world were a primary source of its inspiration. As in all peasant societies, Israelites also had to rely on their powers of observation in coping with the everyday problems of home and field, sky and earth. Wisdom, honed down to short, pithy statements that encapsulated a lot of human experiences and experiments in dealing with everyday problems, offered practical advice for living. As Gerhard von Rad puts it, even seemingly 'naive observations have an involved intellectual pre-history'.[14] This was based on the observation and contemplation of a large number of similar occurrences, giving rise to an awareness of certain patterns both in nature and in human life. Knowledge of these was important if one was to negotiate successfully the difficulties that are encountered in the course of the everyday. However, these patterns were never understood as laws by which the hidden meaning of the world could be discovered. Human life and natural life often replicated each other, so that likenesses are easily observable: 'Clouds and winds and yet no rain. So is a man who boasts of gifts and never gives' (Prov. 25.14). Because life is mysterious and there are no laws governing it in the way that the Greeks could speak of a law of nature, there is a certain playfulness about the popular wisdom tradition, an ability to observe the ironies of life and learn from them. Thus the riddle, presenting some enigmatic problem was a favoured form, as the story of the Queen of Sheba's visit to Solomon, mentioned by Jesus (Mt. 12.42; Lk. 11.31), famously illustrates (1 Kgs. 10). There was a serious side to this style, however, since it was intended to engage the hearer in an active discovery of the underlying truth. Unlike the higher wisdom of the scribes or the /36/ revealed wisdom of the seer, popular wisdom did not presuppose a school setting but could be pursued at any level and in any context, because the raw material of life's struggles was all that was required.

Because the Israelite doctrine of creation did not understand the world as a free-standing entity, but as an extension of Yahweh's self-disclosure, popular wisdom could be easily fitted into more theological modes of thought and discourse. For such a mentality the insights into the working of the world attained through popular wisdom are nothing short of the disclosure of the God-self that lies behind and beyond those patterns, and makes their operation both possible and intelligible. Faith in the creator God identifies the presence of God in the seemingly most insignificant and mundane aspects of the creation. Longer poems can bring this characteristic Hebraic insight to a more profound expression in a striking manner. In these instances the centrality of the human person within the creation is emphasized as in Sirach (Sir. 16.24–18.14; 42.13–43.33), whereas at other times the variety of the natural world itself becomes the object of the poets' contemplation (Pss. 19; 104; Job 38.1–39.30). Yet behind these extended compositions lies a poetic imagination that operates with the single in-

---

14 Von Rad, *Old Testament Theology*, I, 418–441 (419).

sight that Israel's proverbial tradition had captured in a profoundly simple manner.

Paul of Tarsus, with his two-culture background, expressed this understanding in his adaptation of the traditional *Shema'* prayer (Deut. 6.4): everything that exists has come *from* the one God and exists *for* the one God. To this basic Jewish formulation, Christ as the one *through* whom are all things and *through* whom they exist, is added, without any sense of disloyalty to his ancestral piety (1 Cor. 8.6). The Greek philosophical colouring is apparent in the use of prepositions to express causality, but the possibility of including Jesus Christ in the formula as the instrumental cause of creation arose from the creation theology of the Wisdom tradition, that could speak of Lady Wisdom being present with the creator in the foundation of the world (Prov. 8.22–31). What Paul's cosmopolitanism could express in this way for his Corinthian congregation who claimed wisdom for themselves (cf. 1 Cor. 1.24), Jesus' parabolic discourse could articulate more concretely in and through the popular wisdom of his Galilean peasant audiences who lived close to nature and depended on it for their subsistence. /37/

Jesus and the Micro-Ecologies of Galilee

The discussion of the ecological aspects of the Hebrew Scriptures provides a rich set of images reflecting the nature of the land, its diverse landscapes and its varied floral and faunal life. Despite their different perspectives all strands of the tradition share a common understanding that the natural world is an expression of Yahweh's creative power as 'Lord of Heaven and Earth'. Indeed when one reads the Hebrew Scriptures with a view to their appreciation of the natural world it is impossible to agree with the charge that Israel's monotheistic faith as expressed in these writings contributed to the de-sacralization of nature.[15] Despite the changes of political regimes over the centuries and the attendant social and cultural upheavals, it still remains true that the inherited religious attitudes with regard to the world of nature remained alive and operative and continued to shape Israel's sense of her own destiny. The Rabbinic movement of the second century CE produced the Mishnah, which has been described by Jewish scholar Jacob Neusner as the work of scribes based on the perspective of priests, but reflecting the social world of peasant householders living in the land and respon-

---

15 Lynn White Jr, 'The Historical Roots of our Ecological Crisis', *Science* 155 (1967) 1203–1207, reprinted in S. Gottlieb ed., *The Sacred Earth. Religion, Nature and the Environment*, London: Routledge, 1996, 183–193.

sible for the maintenance of purity as this was defined in the Biblical laws, especially the Holiness Code of Leviticus.[16] This emphasis becomes evident in the amount of attention that is paid to agricultural matters in the first two divisions of the Mishnah, those of Appointed Times and Agriculture. Undoubtedly, Jewish farmers like others in the Near East were familiar with Greek and Roman technical knowledge in agricultural matters – as the archaeological record clearly indicates – yet the religious thinkers continued to develop the ideas that had been prompted by the Scriptural views on the obligations surrounding agricultural produce in maintaining the holiness of Yahweh's land.[17]

The Jesus-movement could equally be described as originating within a similar social matrix, but with rather different concerns. It too was heir to the Scriptural views of nature as God's creation and operated within the village, as distinct from the urban culture of Galilee. The fact that it was not concerned with the holiness of the land as defined later by the Rabbis, does not mean that either Jesus or his first followers had abandoned the sense of God's presence to them in their everyday world of plants, animals, natural environment and the processes of life and death that the agricultural cycle of the year proclaimed. Because the gospels are the narrative accounts of /38/ aspects of Jesus' life as he engaged with humans, and are, presumably, written for a largely urban clientele towards the end of the first century, one might easily get the impression that at best the natural world provided a background, a ready-made source of images for Jesus' theocentric and anthropocentric message, and that nature as such was of little consequence to his concerns.

However, that would be a superficial reading, given Jesus' rich heritage of seeing human life within the context of all life, and his deep sense of God as the creator of heaven and earth and all that is in them. The importance of Jesus' belief in the creator God is something that we shall encounter in more detail in later chapters. Here one only needs to recall those aspects of his piety that are expressed in the few recorded addresses of Jesus to his God: 'Abba/Father' (Lk. 11.2; Mt. 6.10) and 'I thank thee Father, Lord of heaven and earth' (Lk. 10.21; Mt. 11.25). The address to God as Father, while coming under criticism from a modern feminist perspective, needs to be understood in the context of Jesus' own situation where the notion of kinship is central to his understanding of his community. The role of father is that of provider of the necessities of life, thus making it a suitable image for God as creator and sustainer of all life. 'Lord

---

[16] Jacob Neusner, *Judaism. The Evidence of the Mishnah*, Chicago: Chicago University Press, 1981, 230–239.
[17] Alan Avery-Peck, *Mishnah's Division of Agriculture. A History and Theology of Seder Zeraim*, Brown Judaic Series 79, Chico, Cal: Scholars Press, 1985, 15–20.

of heaven and earth', likewise, has clear allusions to Yahweh's creator-role against the backdrop of the Genesis story of God creating the heavens and the earth (Isa. 40.12; 42.5; 48.13).

Ancient observers of Palestine such as Strabo and Pliny were more conscious of any unusual features of the flora and fauna or the landscape, the former mentioning that the precious balsam tree grew in the Plain of Genneserath (though he may have confused this with lake Huleh to the north), and the latter noting the hot springs of Tiberias.[18] However, it is the Jewish historian Josephus who gives the most detailed statement of the relationship between landscape and people in regard to Galilee of Jesus' day. After outlining the political boundaries of the first century, he writes as follows:

> With this limited area, and although surrounded by such powerful nations, the two Galilees have always resisted any hostile invasion, for the inhabitants are from infancy inured to war, and have at all times been numerous; never did the men lack courage nor the country men. For the land is everywhere so rich in soil and pasturage and produces such a variety of trees that even the most indolent are tempted by these facilities to engage in agriculture. In fact it has all been cultivated by the inhabitants and there is not a single portion left /39/ waste. The cities too are plentiful and because of the richness of the soil the villages everywhere are so densely populated that even the smallest of them has a population of over fifteen thousand inhabitants. (JW 3.41–43)

Even allowing for Josephus' well-known penchant for exaggeration, his account of the links between Galilee's fertility and its dense population is a good example of the interaction between place and people that modern social theory highlights. His basic description of Galilee when he was in charge of the first revolt in the region in 66/67 CE is borne out by modern geological studies of rock and soil formation as well as by archaeological surveys of the dense settlement pattern in the countryside.[19] In the more mountainous region of upper Galilee aerial photography has shown the outlines of extensive terracing of the slopes where the vine and the olive were cultivated, suggesting high-density population and intensive cultivation. This aspect of Galilean life is reflected in place names such as Gush ha-lab (Gischala), 'the valley of the olive', and Beth ha-kerem, 'the house of the vine'. Josephus describes Gischala as 'rich in olive oil' as he tells the story of John's shameful exploitation of his

---

18 Menahem Stern, *Greek and Latin Authors on Jews and Judaism*, 3 vols., Jerusalem: The Israel Academy of Sciences and Humanities, 1976–84, vol. I, 288 and 469.
19 R. Frankel, N. Getzov, M. Aviam, A. Degani, *Settlement Dynamics and Regional Diversity in Ancient Upper Galilee*, IAA Reports, 14, Jerusalem: Israel Antiquities Authority, 2001, 1–8, especially 2f. on aerial photography of the region.

co-religionists in Caesarea by selling them oil produced in the region at double the going rate (*JW* 2.590–592).

Unfortunately, the gospels are not as specific as Josephus with regard to Galilean geography in their telling of the story of Jesus. Nevertheless, expressions such as 'throughout all Galilee', 'the surrounding territory of Galilee' and 'through cities and towns' which are employed to describe the movements of Jesus in the region, all reflect a generally accepted view that his was an itinerant ministry, which was replicated in the sending of the disciples to the towns and villages also. When some actual places are mentioned as, for example, Mk. 7.31, the evangelists have sometimes been accused of ignorance of, or misinformation about Galilean topography.[20] In making such judgements scholars are operating with our present maps of Galilee in mind. However, recent attention to peasant ways of viewing the world from a local perspective that has only a limited knowledge of or interest in regions lying beyond the periphery of their immediate locale, casts a different light on gospel geography.[21]

The Sea/Lake of Gennesareth is undoubtedly the centre of the Galilean action, even though all the gospels seem to have much more detailed information of Judean and Jerusalemite topography. Nazareth is firmly established in the traditions as Jesus' home-town /40/ (*patris*) even though Caphernaum can be described as his own city (*ten idian polin*, Mt. 9.1; cf. Mk. 2.1). While the Fourth Gospel highlights Jesus' visits to Cana (2.1, 12; 4.43f.) it also recognizes the tradition about Caphernaum (Jn. 2.12). The earliest topographical references to Jesus' public ministry are probably the Q sayings condemning the towns of Bethsaida, Corazin and Caphernaum because of their refusal to repent (Mt. 11.20–24; Lk. 10.13–15). Other stories such as the healing of the Gadarene demoniac (Mk. 5.1–19); the encounter with the Syro-Phoenician woman (Mk. 7.24–29) and the discussion with the disciples in the region of Caesarea Philippi about his identity (Mk. 8.27–30), all suggest that Jesus' travels took him through different sub-regions of Galilee – towards the coastal plain, upper Galilee and across the Lake to the Golan region, each ecologically as well as politically and culturally diverse.

One plausible view of this outline presentation in terms of the historical Jesus, which will be explored further in the following chapter, is to recognize

---

20 F. Lang, '"Über Sidon mitten ins Gebiet der Dekapolis". Geographie und Theologie in Markus 7, 31', *ZDPV* 94 (1978) 145–160; T. Schmeller, 'Jesus im Umland Galilaas: Zu den markinischen Berichten vom Aufenthalt Jesu in den Gebieten von Tyros, Caesarea Philippi und der Dekapolis', *BZ* 38 (1994) 44–66.
21 Dean W. Chapman, 'Locating the Gospel of Mark: A Model of Agrarian Geography', *BTB* 25 (1995) 24–37.

here the contours of a scheme that seeks to represent Jesus as having covered all regions of the northern part of the inherited land of Israel, inspired by his ideas and hopes of Jewish restoration eschatology. With this working hypothesis it is interesting to pose the question as to how Jesus might have reacted to the different natural, as distinct from cultural environments that he would have encountered on his travels. These different subregions had given rise to different modes of human interaction with, and opinions about the natural world. How might his experience of and reflections on these regional variations have coloured his actual sense of his ministry and mission in the light of the received tradition? We shall follow him on some of these movements seeking to discern in the recorded sayings and deeds some of his responses to the changing natural environment he would have encountered on such journeys.

From the Desert to Lower Galilee

The earliest phase of Jesus' public ministry that historians can reliably trace is that of a close connection with John the Baptist and his call for repentance together with a ministry of baptism beyond the Jordan. The Fourth Gospel is the most explicit in that it speaks of Jesus also engaging in a ministry like John's (Jn. 3.21). The Q document is an important earlier witness to Jesus' avowed /41/ admiration for John and his lifestyle: 'Of those born of women there is no one greater than John' (Mt. 11.11; Lk. 7.28). In both Mark and Q John is represented as a 'desert figure' living on 'locusts and wild honey' and far removed from the urban lifestyle of Herodian elites. John's gospel locates him along the Jordan, at Aenon, near Salim, whose location is unknown, or more generally in Perea (Jn. 3.22 – 24; 10.40 – 42). Josephus would seem to support this latter location by declaring that John was imprisoned in Machaerus, a fortress east of the Dead Sea. The two traditions (Q/Mark and John/Josephus) can be easily harmonized, once 'the desert' is understood in terms of the Judean desert, where indeed, human life, either nomadic or sedentary, was sustainable, as the residents of Qumran and other figures such as Josephus' teacher Bannus, testify. Two different Hebrew terms – *arabah* and *midbar* – are translated as *eremos*/desert and they can refer either to a desert in the strict sense or to a wilderness where there is little or no human habitation. Either landscape contrasts sharply with the arable land of either the coastal plain or the central highlands, and Josephus' remark that the Jordan river wanders through much desert (*eremian*) on its way from the Lake of Gennesareth to the Dead Sea (*JW* 3.515) allows for plenty of latitude in determining the theatre of John's and Jesus' activity.[22]

In Jewish religious memory the desert had particular associations to do with Israel's origins when Yahweh was close to them in their wanderings, but also as a place where Israel had put Yahweh to the test, because of the dangers, real and mythological, that were associated with such a barren location. Then, as now, the desert, though threatening in terms of human survival, was a place that facilitated a deeper encounter with the self and the discovery of a new purpose, freed as one was from the encumbrance of life as lived in 'the real world'. It was natural, therefore, that various Jewish dissidents are to be found in the desert as part of their protest against the existing religious establishment, the Qumran Essenes being the foremost example from the first century CE. Significantly, the evangelists seem to be conscious of this dimension of Jesus' own personal story when they present him at prayer, typically in a desert or lonely place. In their view, like Elijah before him (1 Kgs. 19.8), he had never totally abandoned that primal location and could return there as his own needs demanded.[23]

If Jesus had been a disciple of John's and had shared his desert experience, his return to Galilee marked a very definite shift of environment, therefore. The distinction between upper and lower /42/ Galilee suggested by the Mishnah is based on natural features to do with the sycamore that is most frequently associated with the Shephelah region in the south, according to the literary sources (1 Kgs. 10.27; 2 Chron. 1.15; Amos 7.14), but is mentioned for the Carmel region also.[24] In fact the Shephelah and the Nazareth range both share the same type of rock – semi-pervious chalk and marl which produces soil-cover to the top as well as springs. In this respect the Nazareth hills differ from the other three ranges (Tiran, Yotvath and Shagor ranges) which divide lower Galilee into a series of valleys running in an east/west direction. These three more northerly ridges consist of hard and craggy limestone from the Cenomanian age and are uninviting for human habitation. Springs are to be found on or near the floors of the valleys. This means that the basins between the ridges are fertile with deep soil suitable for cereals and other crops, most famously, the Bet Netofah plain. Consequently, the settlements are all located close to natural springs, the result of minor faulting, or man-made cisterns. The Nazareth ridge, by con-

---

22 For a detailed discussion of all aspects of Jesus' relations to John see John P. Meier, *A Marginal Jew*, vol. II, New York: Bantam Doubleday Dell, 1994, 19–236, especially 42–56.
23 Sean Freyne, 'Jesus, Prayer and Politics', in: L. Hogan and B. Fitzgerald eds., *Between Poetry and Politics*, Dublin: Columba Press, 2003, 67–85.
24 Borowski, *Agriculture in Iron Age Israel*, 128f.

trast, has villages, including Nazareth itself situated near the summit, because of the possibility of cultivation that it offers right to the top of the range.[25]

The question has been raised, but to my mind not adequately answered, as to why Jesus' ministry took on a very different style and strategy to that of his erstwhile mentor, John, once he arrived in Galilee.[26] One element of an adequate answer must surely be this shift of environment, once this is not understood romantically as in the nineteenth century, but in terms of the ways in which human life was lived and had adapted in the different habitats. The contrast for human living between what the Deuteronomist describes as 'the arid wasteland with fiery snakes and scorpions' and 'the land with flowing streams and with springs and underground waters welling up in valleys and hills' (Deut. 8.7–15; 11.13–17) must have been blindingly obvious. The extent to which such an 'exodus' experience might possibly have caused him to reflect again on his understanding of God's call and his own role, especially in the light of the inherited belief in the gift of the land, cannot be properly assessed in isolation from other aspects of his ministry. Yet, it seems altogether plausible to suggest that the contrasting experience of the *potential blessedness* of life in the land, must have touched him to the point of re-evaluating the present as a graced moment rather than one of awaiting God's imminent judgement, cathartic though the /43/ desert environment had been viewed by various Jewish reformers, before and after him.

The phrase *potential blessedness* in that suggestion is crucial, since the effects of Herodian rule in Galilee as elsewhere meant that the resources of the land were not equally shared by all its inhabitants as was intended in the Deuteronomic and Levitical ideals. A different /44/ and more immediate challenge was posed, namely, to raise an awareness of how the present as lived in the land was such a distortion of the original vision, and to offer an alternative that might be different, indeed may we say, messianic. Jesus may have left the desert conditions behind him when he returned to the environs of lower Galilee, but he brought with him values that were reflected in his erstwhile mentor, John's, diet, namely, locusts and wild honey. On his return to Galilee Jesus' lifestyle was inferior to that of the animal and bird world: 'Foxes have holes and the birds of the air have nests, but the Son of Man has nowhere to lay his head' (Mt. 8.20; Lk. 9.58). Neither sought the comfort of familial homes, not to speak of royal palaces, and in true prophetic manner both sought to challenge not just in words, but in lifestyle also, the prevailing values of the culture.

---

25 D. H. K. Amiram, 'Sites and Settlements in the Mountains of Lower Galilee', *IEJ* 6 (1956) 69–77.
26 Murphy-O'Connor, 'John the Baptist and Jesus', *NTS* 36 (1990) 359–374.

Recent excavations in the grounds of the Scottish Hospital suggest that Nazareth was a farming settlement in the Roman period. The excavated farm shows considerable human development in terms of watch-towers, terracing, grape presses and a field irrigation system. This was supplied by water flowing in a nearby wadi, which originated in a spring higher up the hill.[27] Presumably this would be typical of other villages in the neighbourhood, all of which were situated on the ridge because of the good soil-cover and the plentiful supply of springs on the summit. The village culture that such an environment created was that of small-scale farming with peasant land-owners and their families the most common type of resident. These settlements represent Jewish colonization of the Galilee from the mid-second century BCE, in the wake of the Hasmonean expansion.[28] In order to ease the population pressures in the south, allotted land was granted to army veterans and others willing to migrate north in the newly (re)captured territories deemed to have been part of the ancestral land. Such settlers remained staunchly Jewish and pro-Hasmonean and never willingly accepted the Herodians or their lifestyle. The Nazareth farm project supports the idea that they were not just mere subsistence farmers, but like all colonizers in the Mediterranean as elsewhere, worked the land intensively, participated in the redistributive system and were able to support a relatively comfortable lifestyle. The main crops would be the traditional Mediterranean ones of cereals (mainly wheat and maize), olives, figs and grapes. This should not obscure the fact that their way of life was still precarious, and heavily dependent on factors outside their control such as annual variations in the weather /45/ patterns and demands on their resources from passing armies or other impositions by absent rulers.

In Jesus' day the rebuilding of Sepphoris 'as the ornament of all Galilee' inevitably put extra pressure on the traditional way of life of the peasant landowners in the villages in its immediate vicinity, such as Nazareth. Human as well as natural resources, including, or especially the water, were required to maintain the luxurious and decorative lifestyle of the urban elites, with their fine garments and royal palaces, adorned with fountains and bath houses. It was from such people that John the Baptist had maintained his distance, accord-

---

27 As reported privately by Mr. Ros Voss, the archaeologist, conducting the excavation, 1999.
28 Jonathan L. Reed, *Archaeology and the Galilean Jesus. A Re-examination of the Evidence*, Harrisburg: Trinity, 2000, especially 23–61. M. Aviam, 'The Hasmonean Dynasty's Activities in Galilee', in: id., *Jews, Pagans and Christians in the Galilee*, Rochester, NY: University of Rochester Press, 2004, 41–50.

ing to Jesus' characterization (Mt. 11.8; Lk. 7.25).[29] Payment of the tribute that was due to Rome in addition to Antipas' personal allowance of 200 talents, required that the land should be intensively cultivated and harvested each year. Several of Jesus' sayings echo this constant struggle of the peasant with the elements, expressed in typical proverbial form:

> Are grapes gathered from thorns or figs from thistles? (Mt. 7.16; Lk. 6.48)
>
> The rains came and the wind blew and they beat upon that house. (Mt. 7.25/Lk. 6.48)
>
> God makes his sun to rise on the wicked and the good, and the rain to fall on the just and the unjust alike. (Mt. 5.45; Lk. 6.35)
>
> In the evening you say it will be fine weather for the sky is red and in the morning it will be stormy today because the sky is red. (Mt. 16.2–3; Lk. 12.54)
>
> The ravens do not have to sow or reap or gather into barns. (Mt. 6.20; Lk. 12.24)

As the demands coming from the centre grew, the margins for the smaller landowners and their families were reduced, driving many of them to penury and brigandage. This pattern led in turn to the development of larger estates which were located in the better agricultural land of the plains of Jezreel to the south and the Bet Netofa valley to the north of the Nazareth ridge, as well as in upper Galilee.[30] Such a conclusion is corroborated by various literary references and clearly reflected in Jesus' parables. 'The land of a rich man produced a good harvest', demanding that he extend his storage capacity, according to Luke (12.16–20). Josephus speaks of the imperial granaries in upper Galilee, which were the envy of a local entrepreneur, John of Gischala, whose designs he was able to foil (*Life*, 71–73). On another occasion he describes how he himself was /46/ able to confiscate a large quantity of grain belonging to Queen Bernike, an Herodian princess, 'which had been collected in the neighbouring villages and stored for her at Besara', a village on the borders of lower Galilee and the territory of Ptolemais/Acco (*Life*, 119f.). Both incidents indicate how middle men or self-appointed leaders stood to gain from getting their hands on produce which had been collected from the peasants, either as part of the tribute due to Rome, or from private estates. The gospel parables are also highly informative about the diverse types associated with these estates – absentee landlords, farm stewards, slaves, hired servants and day labourers, often recruited or pos-

---

29 Sean Freyne, 'Jesus and the Urban Culture of Galilee', in: *Galilee and Gospel, Selected Essays*, WUNT 215, Tübingen: J. C. B. Mohr, 2000, 183–207.
30 David Fiensy, *The Social History of Palestine in the Herodian Period*, Lewiston, NY: Edwin Mellon Press, 1991.

sibly press-ganged from the surrounding villages, such as those on the Nazareth ridge.

As noted above, this rapidly changing economic situation inevitably also brought about a change of values among this ever-increasing group of deprived and harassed small land-owners. The system of tithes and other agricultural offerings had been devised to underline Yahweh's ultimate ownership of the land, but they also helped to highlight the sacral character of the land and its produce and the need to care for it as part of God's creation. The loss of land lead to an erosion of such values. The supplanting of a mode of production based on trust in Yahweh's seasonal blessings to Israel, for one driven by greed, opulence and exploitation, inevitably fractured the tenuous connection between land, people and religious concerns. Elites, on the other hand, had no particular attachment to the land other than to exploit its resources to the maximum, literally and metaphorically draining it.

The elaborate water system at Sepphoris, which still today beggars belief in terms of its range and technical sophistication, is a classic example of elite attitudes to natural resources. Human manipulation of the environment for their own needs could occur without any consideration either of its impact on the local water supply of the land-owners of the Nazareth ridge, or their value system. This would have prompted Jewish peasants to view the plentiful supply as a gift from a caring God, not the result of human resourcefulness – the land soaking up the seasonal rains 'which welled up again in valleys and hills' (Deut. 8.7). In all, 13.5 kilometres of aqueducts have been uncovered, dating from the first and second centuries CE, which together carried some 4300 cubic metres of water into a large underground reservoir that has been hewn out of the soft local rock to bedrock. The earlier part of this system certainly dates from Antipas' reign and carried water from two springs at the foot of /47/ Mt. Yedaya, near to the sites of two local villages.[31] We can only speculate how this development affected the lives of the local villagers, but presumably it made extra demands in the need to draw water or be dependent on what could be gathered in cisterns in the rainy season.

It was to hard-pressed people such as these villagers that Jesus' declarations of beatitude were addressed and intended as good news: 'Blessed are the poor'; 'Blessed are those who are hungry now'; 'Blessed are those who weep now' (Mt. 5.2–8; Lk. 6.20–21). These sayings seek to reassure people who have to face the prospect of being reduced to conditions of impoverishment, hunger

---

[31] Z. Tzuk, 'The Water Installations at Sepphoris', in: Rebecca Martin Nagy ed., *Sepphoris in Galilee. Cross-Currents of Culture*, Winona Lake: Eisenbrauns, 1996, 45–50.

and mourning, and who felt the right to rail against such conditions in the light of the promise of 'a land flowing with milk and honey'. The promise that had been made to their ancestors was now being enjoyed by outsiders – veterans of Herod the Great's armies and other pro-Herodian favourites who had been given shares in the best land of the country as a reward for their loyalty. To name this situation a blessing, and not a curse, as the Deuteronomic theology would have suggested, called for a bold religious imagination. Jesus' call for unconditional trust in the heavenly Father in the face of deep anxieties about food, drink and clothing – the very basics of human life – was indeed a strange demand (Mt. 6.25–34; Lk. 12.22–31). The rhetoric of the passage, expressing the anxiety in the form of a question: 'What shall we eat, what shall we drink, wherewith shall be clothed?' as well as the circumstances, have clear echoes of the Sabbatical year question of the Israelites (Lev. 25.20). In that context, as now also with Jesus, the answer is to examine the way in which Yahweh shows his care by ensuring the fruitfulness of nature for all his creatures.

Jesus invites his audience to consider the lilies of the field whose lives are so brief, and the birds of the air who are deemed of little value because their number is so great. Yet in both cases God cares for their needs. Within this 'chain of being' humans may have a special place, but that should not lead them to ignore God's care for the apparently least and most insignificant elements of his created world, of which they also are a part.[32] It is surely significant that the occupations mentioned here – agricultural activities of sowing, reaping and gathering into barns, on the one hand, and domestic chores of toiling and spinning, on the other – reflect the village economy of Nazareth and other such places. Jesus may not have actually declared the Jubilee in his hometown in the manner that /48/ Luke suggests (cf. Lk. 4.16–30), but sayings such as these together with his itinerant lifestyle clearly pointed to the Jubilee and Sabbatical values. These expressed a total confidence in God's care when faced with the demands of the urban economy, which was eroding the lifestyle of the Galilean villagers and generating deep anxiety. The people of Nazareth were unimpressed with his wisdom, we are told, describing him as a 'craftsman' (*tekton*), and thereby disqualifying him as a source of wisdom according to the system of Jerusalem and its scribes (Mk. 6.2–4; Sir. 38.24–39). Yet, the source of his wisdom would appear to have been a deep appreciation of the natural world and its processes

---

32 Adrian M. Leske, 'Mt 6, 25–34: Human Anxiety and the Natural World', in: Norman C. Habel and Vicki Balabanski eds., *The Earth Story in the New Testament*, The Earth Bible, vol. 5, London and New York: Sheffield Academic Press, 2002, 15–27.

reflected on in the light of the Hebrew Scriptures and the creator God of which they spoke.

From Nazareth to Caphernaum

Jesus' option for the lake-front rather than the home-town of Nazareth and its environs, as the principal site of his ministry represented a major shift of micro-regions and by implication of human cultural activity in relation to the eco- and bio-spheres of Galilee. The reasons for the choice are unclear and it would be entering the realm of the speculative to be definitive on the matter, though several possible suggestions can be put forward: acquaintance with some of the Baptist's disciples from Bethsaida; rejection by his own people; searching for suitable labour; option for a more open, cosmopolitan environment; avoidance of Herodian presence at Sepphoris, close to Nazareth; a healer in search of suitable air and water ... For purposes of this chapter it is more important to reflect on the implications of the change of environment for Jesus' own response in the light of the particular ecological conditions in each sub-region and the ways in which humans had adapted to these.

The Valley region, which in the Mishnah is linked with the district of Tiberias, should be extended to include the whole surround of the Lake, which was deemed to be an important natural resource, according to the tribal blessings (Deut. 33.23). Unlike the Dead Sea farther south, which was also below sea level, the Lake of Gennesareth and its immediate surrounds were blessed by a plentiful supply of water by the various streams that flowed from both upper Galilee on the western side, and from the Golan on the east, as well as by numerous springs. The Jordan river, whose headstreams originated in the foothills of Mt. Hermon, provided a direct /49/ ecological link with the storied mountain to the north. Flowing south, the river passes through the Huleh basin which is described as a marshy area of Lake Semechonitis, and afterwards it descends rapidly through a deep gorge before entering the Lake of Gennesareth below the town of Bethsaida/Julias (JW 3.515).[33]

The Valley differed from both upper and lower Galilee in that its rock formation consisted of basalt, due to the more recent volcanic activity, which had caused the rift valley from Lebanon to the gulf of Akaba. This type of rock produces rich and fertile soil, thereby creating another highly distinctive micro-ecology within Galilee, something that Josephus was well aware of when he de-

---

[33] Denis Baly, *The Geography of the Bible*, New York: Harper and Row, 1957, 191–210.

scribes the fertility of the Plain of Gennesareth in such glowing terms (*JW* 3. 516 – 521). In this small area the natural fertility of the soil, combined with the plentiful supply of water and the very warm temperature to produce every kind of fruit and plant. Indeed Josephus could be accused of sharing the Romantics' view of the region when he writes: 'One might say that nature had taken pride in thus assembling the most discordant species in a single spot, and that by a happy rivalry, each of the seasons wished to claim this region for her own.'

A move to the lake-front entailed very definite ecological and climatic changes from that of the Nazareth area, therefore, even though the political presence of the Herodians was never far away, with the founding of Tiberias close to the hot springs beside the Lake in 19 CE. It is noteworthy that while allotments of land were granted to those who were compelled to dwell in the new city, presumably as the service personnel for the elite, the upper, Herodian class owned estates across the Jordan in the fertile Golan region (*JA* 18.36 – 38; *Life*, 33). This is significant information, since it suggests that despite Josephus' glowing description of the fertility of the Gennesareth plain, cereal-producing land was at a premium on the south-western side where the nearby hills come close to the shore. This points to a mixed and diversified economy, one based on the traditional agricultural patterns, making due allowances for the distinctive ecological features already discussed, on the one hand, and the fish industry associated with the Lake, on the other. As an outsider to this region, Jesus had no stake in either, but as a *tekton* or craftsman there would undoubtedly have been plenty of demand for his skills, especially in the boat-building industry that must have been flourishing in the region. However, it is as a prophetic figure, who challenges the values of both farmers and fishermen, that he appears in the gospel narratives. James and John, the sons of Zebedee, and /50/ the brothers Peter and Andrew, were summoned to abandon their family fishing enterprises and join his permanent retinue as a new form of family (Mk. 1.16 – 20; 3.31 – 35). The inhabitants of Capernaum, Corazin and Bethsaida, all three settlements located on the fringes of the fertile plain at the north-west corner of the Lake, were upbraided for their refusal to respond to his call to adopt a different set of values to govern their lifestyle (Lk. 10.13 – 15; Mt. 11.20 – 24).

The names of two of the places associated with Jesus' followers, Bethsaida and Magdala, indicate their association with fishing, and in addition Tarichaeae, the Greek name for Magdala, refers to the industry of salting fish. Furthermore, surveys around the Lake reveal abundant remains of harbours, break-waters and fish pools datable to the Roman period.³⁴ In addition to the gospels, other literary evidence also stresses the fish industry. Thus Strabo (*Geographica* XVI. 2, 45) mentions the salting of fish at Tarichaeae as well as the fruit-bearing trees in the region, and Josephus reports that 'the lake contains species of fish, different in taste and appearance from those found elsewhere' (*JW* 3.509). He later mentions the fact that a fish found in the lakes near Alexandria, the *Coracin* (apparently a type of eel) is found in a spring nearby, and that because of the similarity some people think that this is a tributary of the Nile (*JW* 3.520).

Reference to the Nile is interesting in this context, since papyrological evidence from Ptolemaic Egypt indicates that the fish trade was highly developed and tightly controlled by the royal authorities there, suggesting that it was an important source of revenue. Since we also know from the Zenon papyri, dating to the middle of the third century BCE, that the Ptolemaic regime introduced new techniques of viticulture at the estate of Bethanath in the Bet Netofa valley in lower Galilee, it is highly likely that it was in that same period that Magdala (Migdal Nun) the House of Fish became Tarichaeae, the Fish-Salting Centre.³⁵ A dedicatory inscription from an association of fishermen from the harbour of Ephesus indicates the social standing and the economic significance of such centres and those who manned them. A fishing customshouse is dedicated to the emperor Claudius, his mother and wife, as well as the peoples of Rome and Ephesus, by the fishermen and the fish-sellers of the city from their own resources. A long list of names is attached indicating the amount given by each and the items for which the donations were given.³⁶ From this list it can be inferred that this was an impressive building, and while Tarichaeae was /51/ unlikely to be in a position to compete with Ephesus in this regard it does indicate the social standing and the affluence of those engaged in the industry.

The view of Ferdinand Braudel that fish did not play an important part in the economic life of the Mediterranean generally because 'the waters were geologically too old ... biologically exhausted' has been vigorously challenged by a recent provocative study of the Mediterranean region by Horden and Purcell.³⁷

---

34 Mendel Nun, *Ancient Anchorages and Harbours around the Sea of Galilee*, Kibbuz Ein Gev: Kinnereth Sailing Company, 1988.
35 On the impact of the Ptolemaic administration on Galilee in the third century BCE, see Victor Tcherikover, *Palestine under the Ptolemies. A Contribution to the Study of the Zenon Papyri*, Mizraim, vols. IV and V, New York: G. E. Stechert, 1937.
36 Graham Horsley, 'A Fishing Cartel in First-Century Ephesos', in id., *New Documents Illustrating Early Christianity*, 5 (1989) Macquarrie University, Sydney: The Ancient History Research Centre, 1989, 95–114.
37 Peregrine Horden and Nicholas Purcell, *The Corrupting Sea. A Study of Mediterranean History*, Oxford: Blackwell, 2000, 190–197.

They suggest that the marginal nature of much of life in the Mediterranean, especially in the east, where the Fertile Crescent is a narrow strip between sea and desert, challenged human resourcefulness in many different ways. This factor can be easily underestimated in our modern perspective. Once this wider canvass is employed, however, the significance of the salted fish industry takes on entirely new dimensions. The possibility created by the technique of salting fish for export to various markets such as Rome was highly important for local economies. A surplus could be treated as the equivalent of a cash crop and consequently the technique was practised widely from the Black Sea to Spain in the west, and in the Orontes basin in the east. Tarichaeae falls within this network and its impact on the Galilean environment must be assessed in that wider context. 'Salt is good' is a saying attributed to Jesus in relation to his own message (Mt. 5.13; Mk. 9.59), but its value was viewed very differently, one suspects, by those of his hearers who were directly or indirectly engaged in this thriving industry around the Lake. Tarichaeae was merely the depot and outlet for much of their labour, and ancillary industries such as ceramic-making, boat building and repairing, sail making, and salt collection were all dependent on its continued success.[38]

What would Jesus' likely reaction have been to this developed natural resource close to the heartland of Galilee? It might appear that he would have approved of the resourcefulness that could exploit the natural produce of the land for human living, an excellent example of progress as 'dominion' in accordance with the first Genesis account of creation. The blessings of the tribes as articulated in the Scriptures highlighted this natural fertility of the different regions, including the lake. Yet there were dangers attached, as in the case of those tribes who did put the enjoyment of the fruits of the earth and sea before their Israelite identity (Asher and Dan, Judg. 5.17). The imagery of fish and fishing does not figure as prominently as do those taken from agriculture in the Jesus /52/ tradition. In addition to the call to the first followers to 'become fishers of men' (Mk. 1.19), fish are mentioned together with bread as the staple diet of the average small householder who was likely to have made up the bulk of Jesus' audiences (Mt. 7.9–11; Lk. 11.11–13). Furthermore, the net cast into the sea occurs, at least in Matthew's gospel, side by side with images of the merchant in search of fine pearls and the hidden treasure in the field, to describe the mysterious and surprising nature of the kingdom of God (Mt. 13.44–49).

---

38 For discussion of the fish industry on the Sea of Galilee, see K. C. Hanson and Douglas Oakman, *Palestine in the Time of Jesus. Social Structures and Social Conflicts*, Minneapolis: Fortress Press, 1998, 106–110.

The call to the disciples to leave their boats and nets to follow him on a greater errand as 'fishers of men', even when couched in the language of their erstwhile activity, suggests that for Jesus there were more important tasks than those of the everyday, however laudable and necessary these may have been. There is no condemnation of fishing or the fish industry, only the call to view their association with him in terms that would be understandable to those familiar with such an enterprise. What prompted that call and how might we explain the ready response, as described in the Synoptic gospels? Was it perhaps that the lifestyle of fishermen was more in tune with his own itinerant mode (Mt. 8.20; Lk. 9.58) than that of peasant farmers, tied to the land and still seeking to maintain the essential link between ownership of land and blessedness, in accordance with Israel's founding story? Or was it the fact that fishing was a relatively lucrative occupation that caused Jesus to challenge these people and their commercial values, or did a possible shared background in the circles of John the Baptist, as suggested in John's gospel, play any role in their readiness to choose another way? Despite Josephus' linking of the sailors of Tiberias with the destitute class of the city (*Life*, 33), one suspects that Galilean fishermen in general were far from the bottom rung of the social ladder of Roman society. Indeed Mark suggests as much by mentioning that Zebedee had 'hired servants', suggesting a commercial rather than a subsistence occupation (Mk. 1.20). Furthermore, the fish industry presumably involved women as well as men in various aspects of the salting process. Their presence in Jesus' permanent retinue, notably the Magdalene, Mary, might well be related to the fact that she and the other 'Galilean women' were engaged in chores other than the purely domestic, making it easier for them to join a wandering charismatic prophet.[39]

There is, however, another aspect of Jesus' activity by the sea which is at least worth considering before following him further on his journeys. Gerd Theissen has noted the sense of 'local colouring' /53/ that is involved in describing this inland mass of water (12 kilometres wide by 20 kilometres long) as a sea rather than a lake.[40] Both Luke and Josephus with their greater sense of the importance of the Mediterranean, speak consistently of this as a lake/*limne* rather than following Mark (and Matthew) in speaking of the Sea of Galilee, or simply the Sea (nineteen times in all). While the expression 'Sea of Galilee' is undoubtedly a translation of the Hebrew *yam kinnereth* or *yam ha-galil*, there is, according to Theissen, a further dimension to this usage, namely, the sense that the

---

[39] Marianne Sawicki, *Crossing Galilee*, Harrisburg: Trinity, 2000, 143–153.
[40] Gerd Theissen, '"Meer" und "See" in den Evangelien: Ein Beitrag zur Lokalkoloritforschung', *Studien zum Neuen Testament und seiner Umwelt*, 10 (1985) 5–25.

Great Sea, the Mediterranean, had little significance for the peasant population of Galilee, landlocked as their region was by the powerful presence of the Phoenicians who had controlled the Mediterranean for generations.

Within such a perspective, which Jesus would have shared, the Sea of Galilee could take on definite symbolic significance also. Mark or his sources certainly think so with his two stories of the Gadarene demoniac (Mk. 5.1–19) and the stilling of the storm (Mk. 4.31–34), both reflecting the mythological sense of the Deep where evil monsters dwell, which Yahweh as creator God had conquered and could contain in check (Isa. 27.1; Ps. 74.13; 89.5–11). This reflects a very old and widespread Ancient Near Eastern mythological point of view, expressed most famously in the Enuma Elish epic, and undoubtedly passed on orally in popular tradition. Wherever people lived in an environment dominated by water and had to struggle with the possibilities and dangers that such a location offered, the threat of the Deep was present. The more the natural resources of the Sea of Galilee could be exploited for human need, the more such mythological ideas were likely to recede in people's consciousness. Yet for Jesus, behind such 'ancient' and 'outmoded' notions there was a more important truth, namely, his belief in the creator God, whom he dared to call *Abba*/Father, and whose care for all his creation, expressed in overcoming of the chaos that constantly threatened, was a central element of his Jewish faith and hope.

The Surrounding Region of Galilee

The third 'journey' on which it is proposed to follow Jesus in the ecological tour of Galilee is that which took him to the surrounding regions (*perichoron*) of Galilee, and which Mark has described rather awkwardly at 7.31. Such a journey would inevitably have taken Jesus to upper Galilee, a region whose physical contours and resultant /54/ climate is quite distinctive from that of lower Galilee and the Valley, as was acknowledged in the Mishnaic passage cited at the outset of this chapter. Whereas none of the ranges in lower Galilee exceeds 1000 feet, those of upper Galilee reach to more than 2000 feet. The highest peaks are those in the south, where the Meiron massif rises to almost 4000 feet above the Beth ha-Kerem valley that marks the northern extent of lower Galilee and through which the Acco/Tiberias road ran in antiquity. The rock formation of upper Galilee is the same as that of the three most northerly ridges of lower Galilee, namely, Cenomanian limestone and dolmen. Because of the height of the mountains and the inclination of the hills there is a plentiful rainfall, however.[41] The fact that the southern escarpment with its rugged and barren features is the highest point in upper Galilee means that there is a striking and sudden change in the landscape as one ascends north of Kfar Hananya, 'above which the sycamores do not grow'. In upper Galilee further faulting in a north/south direction creates a number of hills and valleys, sloping west towards the coastal plain and south towards the rift valley. As a result of these features, communications between upper Galilean villages is somewhat more restricted than in lower Galilee, and the area was never subjected to the same degree of urbanization in the Roman period.

A journey from lower to upper Galilee in antiquity would have either involved travelling through the narrow gorges of the Jordan rift, or via the steep climb through the Meiron pass above Kfar Hananya. The political boundary with Tyre varied at different periods and in Jesus' day it seems to have been as far south as Qadesh, so that effectively for him to reach the region of Tyre would have involved going through upper Galilee. Despite these political issues, the region formed a natural hinterland for Tyre, and had a ready outlet for its grain, wine and oil produce, as we shall discuss more fully in the next chapter. The plentiful rainfall ensures excellent crops in the well-sheltered valleys, but this would have had to be collected in cisterns during the rainy season, as the hard limestone made it difficult to locate the springs at the higher levels. Effectively, the tradition suggests that Jesus moved in non-Jewish territories, but it is more reserved in its declaration that he crossed the Jew/Gentile divide, as the story of his dialogue with the Syro-Phoenician woman indicates (Mk. 7.24–30).

These encounters took him not just to different micro-ecological regions, but also to areas where traditional human engagement with, and appreciation of the environment was different to that which /55/ obtained, at least in principle, in the Israelite/Jewish territory. This difference was expressed most obviously in the variety of different deities, some local, some universal, worshipped in these regions, many of them having a background as nature deities, even when they bore Greek names. Recent study of Israelite origins in relation to their Canaanite predecessors in the land, especially in the light of the discovery of the Ugaritic texts from Ras Shamra, suggest that the break with the older culture of 'nature religions' was not as sharp as the Deuteronomist had hoped for,

---

41 Denis Baly, *The Geography of the Bible. A study in historical geography*, New York: Harper, 1957, 152–163; Sean Freyne, *Galilee from Alexander the Great to Hadrian, 323 B.C.E. to 135 C.E. A study of Second Temple Judaism*, Wilmington: Glazier, 1980, 9–16.

or was recognized by an earlier generation of scholars dealing with the emergence of early Israel in the region.[42]

In the ancient Mediterranean world generally the landscape provided the key to the religious concerns of the locals. The distinctiveness of such natural features as springs, caves, groves, rivers and mountain tops, were all deemed to be different, and the otherness of such places constituted them as holy, suitable dwelling places of some god, nymph or spirit whose patronage it was important for humans to cultivate.[43] Among the Greeks this primitive sense of nature itself as divine was developed from the cosmological speculations of Plato and Aristotle and found its clearest expression among the Stoics.[44] Indeed there is abundant evidence that Hellenistic Judaism was able to incorporate such ideas into its own theological framework without any danger of assimilation, especially in contexts where the notion of God as creator is being developed, as in the case of Jesus' Jerusalem namesake, Jesus ben Sirach, who combines the older mythological notions of the Deep, already discussed, with the more contemporary philosophical discussions, when he writes:

> By his [God's] plan he stilled the deep and planted islands in it. Those who sail the sea tell of its dangers, and we marvel at what we hear. In it are strange and marvellous creatures, all kinds of living things and huge sea-monsters. Because of him each of his messengers succeeds and by his word all things hold together. We could say more but could never say enough. Let the final word be: He is the all [*to pan estin autos*]. (Sir. 43.23–27)

Jesus was unlikely to have been touched by such academic formulations, yet at a popular level this idea of the sacredness of nature was part of the religious and social *koine* of the East for millennia. A journey to the villages of Caesarea Philippi involved entering a region in upper Galilee dominated by belief in the Greek /56/ god Pan, whose worship had been associated with a cave at the southern foothills of Mt. Hermon for over two centuries at least. Pan, as his Greek name indicates, had universal features, which Ben Sira may well have been alluding to in the passage just cited, suggesting that it was the Hebrew God of creation who really deserved the epithet 'the *All/Pan*', since Yahweh was the creator of heaven and earth and all that was in them. In Greek myth Pan was associated with the countryside, in particular the guardian of shepherds and flocks, and

---

[42] Mark Smith, 'Ugaritic Studies and Israelite Religion: A Retrospective View', *Near Eastern Archaeology* (formerly *Biblical Archaeology*) 65 (2002) 17–29.
[43] Peregrine Horden and Nicholas Purcell, *The Corrupting Sea*, Oxford: Blackwell, 2000, 403–460.
[44] Mary Beagon, *Roman Nature. The Thought of Pliny the Elder*, Oxford: Clarendon Press, 1992, 26–34.

also, as the inventor of the seven-reed pipe, the patron of merry-making and the outdoor life. As such he was often associated with Dionysus, the Greek god of wine, who, like Pan could easily embody much older traits as a vegetation deity and whose cult was widely diffused in the Near East, including the surrounding region of Galilee. There may well be an allusion to the activities of the devotees of both deities in Jesus' well-known contrast between his own more joyful and open lifestyle and that of the ascetic John the Baptist: 'This generation is like children shouting at each other sitting in the market-place: "we *piped* to you and you would not *dance*; we sang dirges for you and you would not mourn."' While John's lifestyle may have been ascetic, Jesus' was such that he could be described, probably by his enemies, as 'a *wine-drinker* and a glutton, a friend of tax-collectors and prostitutes' (Mt. 11.16–19; Lk. 7.31–35). There are echoes here of both Pan and Dionysus, and the festive merrymaking of their devotees.[45]

In the next chapter there will be occasion to discuss more fully the cultural and religious implications of a journey in this region. Here the concern is to suggest possible associations between the Jesus tradition and the ecology of this most northerly region of the Promised Land, dominated as it was by Mt. Hermon, which reaches to over 8000 feet at his highest point. In ecological terms Hermon was the source of the Valley's most important natural resource, namely water. This fact was well known to Roman writers such as Tacitus (*Histories*, V, 6), and Pliny (*Nat. Hist.*, V, 16). In describing the Lake of Gennesareth Josephus speaks about the excellent properties of its *water*, 'sweet to the taste', excellent to drink, and pure, because of sandy beaches (*JW* 3.506). Later in the same passage he refers to the 'genial' quality of the *air* in the region (*ton aeron eukrasia*) (*JW* 3.519). This combination of water and air recalls the title of one of the most widely read books in antiquity, Hippocrates' *Airs, Waters, Places*, a work which recommended that any physician should check the quality of both the water and the air when he goes /57/ to visit a place, since these are extremely important for good health. One is tempted to ask whether Jesus' healing ministry, attested in all the gospels, might have given him a special appreciation of the climatic conditions of the Lake area, and the quality of its water, prompting a visit to its source.[46]

Josephus certainly makes the direct link with the quality of the water in the lake and Hermon as its source, noting its cool temperature: 'It becomes as cold

---

[45] Sean Freyne, 'Jesus the Wine-Drinker: A Friend of Women', in: *Galilee and Gospel*, 271–286.
[46] Hippocrates, *Airs, Waters, Places*, Loeb Classical Library, Cambridge, MA: Harvard University Press, 1923.

as snow when one has exposed it to the air, as the people of the country are accustomed to do during the summer nights.' He then interrupts his description of the lake and its immediate environs to describe at some length the efforts of Herod Philip, the tetrarch of the Golan region, to ascertain the true source of the river Jordan. By a curious test he was able to demonstrate to the natives that its origin was not, as was thought by the ancients, the pool of Pan, but another spring named Phiale some distance away to the east, on the road to Trachonitis (JW 3.506–515). The significance of this anecdote is uncertain and one could easily read too much into it. However, one explanation could well be that in seeking a suitable water supply for nearby Caesarea Philippi, Philip sought to convince the natives that the Jordan did not in fact originate in the pool of Pan, possibly because of their reluctance to tamper with the waters issuing from this sacred spring with its healing properties.

As in the case of Sepphoris already discussed, Jesus visits the villages of Caesarea Philippi but not the city itself. This is consistent with Mark's view at least, that he was reluctant to become directly embroiled in the politics of urbanization and the damage that was being wrought to the fabric of village life, even when his own lifestyle and actions were a direct challenge to the values of such an ethos. His visit to the region may be understood, in part at least, as arising out of an appreciation for the recognized source of Galilee's perceived fertility. There may well have been other factors at work in Jesus' journey to the north, which will be investigated later. However, from an ecological perspective, it is important to realize that Hermon was a 'sacred mountain' for Jews as well as for pagans in the region. The fact that others who did not belong to his tradition had also found reason to name the god of this region as 'the most high and holy one'[47] need not preclude Jesus also from recognizing with the Psalmist that Hermon (together with Tabor, a sacred mountain at the other end of Galilee with earlier pagan associations also, Deut. 33.19; Hos. 5.1) 'could praise his God, the maker of /58/ heaven and earth' (Ps. 89.13), and send its 'dew to water Zion' (Ps. 133.3). Sites such as Hermon and Thabor could give rise to lively religious competition in antiquity, precisely because of their special physical appearance, but also because of the natural resource that Hermon's snows brought to Galilee.

---

[47] This inscription was discovered by the explorer Sir Charles Warren in 1870 and published by the French explorer, Ch. Clérmont-Ganneau, 'Le Mont Hermon et son dieu d'après une inscription inédite', *Receuil d'Archeologie Orientale* 5 (1903) 346–366. The Christian writer, Eusebius (fourth century CE), mentions continued pagan practice there in his day. The identity of the God in question is uncertain, but Zeus, the head of the Greek pantheon or Helios the Sun god, are two possibilities.

This reading of Jesus' journey to upper Galilee in the context of the mythic understanding of the natural world and its most outstanding physical features raises the issue already touched on regarding the de-sacralization of nature in the Judeo-Christian tradition. The suggestion that Jesus too might have been attracted to the Hermon region because of its dominating physical and natural presence is not intended to imply that he was tolerant of the worship of gods other than Yahweh. Jesus was no easy syncretist, and his trust in Yahweh the creator God of heaven and earth precludes any such implication. Belief in a creator God does not mean, however, that respect for the gifts of nature was somehow diminished. As we have seen, Jesus' trust in Yahweh's graciousness was grounded in the gift of the fertility of the earth and his conviction of God's care for even the smallest and most insignificant of his creatures. The fact that his permanent retinue of followers was recruited from the Valley region put him in touch with their lifestyle in and around the lake and must have made him conscious of the blessing of water for human life. It also provided a rich field of symbolic associations for speaking about the God of Israel and his graciousness to its people. The poets of Israel, Prophets such as Jeremiah, Isaiah and Ezekiel, and the Psalmists, were deeply conscious of the blessing of rain, dew, spring and snow. Yahweh had saved the ancestors in the desert by making water gush forth from the rock, and future redemption could equally be described in terms of the gifts of abundance and fruitfulness that the gift of water in its various forms made possible. Yet there was also a real consciousness of the threat of the Deep. With such a wealth of imagery based on water it is surprising that it does not feature more prominently in Jesus' images of God's presence in the land. Yet the recognition that all life in a thirsty land was so dependent on water ensured that behind the many other images, which Jesus used for God's presence and God's activity, the reality and importance of water could never be ignored.

The parables are, perhaps, the most characteristic of the speech forms that Jesus employed, and it has long been acknowledged that they provide a rich field for investigating both Jesus' own religious imagination and the everyday world of his Galilean life. As noted in /59/ passing already, the various characters of the parables give us an insight into several different Galilean social situations, even when it is acknowledged that the realism of the stories is fictional rather than historical. None of them has a specific location, but it is surprising that, apart from the one story of the net cast into the sea (Mt. 13.47 f.), all the other settings are more typical of the lower Galilean social situation than the lakeshore and its presumed activities. It is the nature parables, and the mysterious, yet benign sense of the earth, that are of most immediate interest for ecological considerations, especially in view of their links with popular wisdom and its connection with a sense of the nearness of God within the everyday patterns of life.

Part of the genius of Jesus' parable-making is his ability to take everyday experiences, such as sowing and reaping, and weave these into narratives that are at one and the same time highly realistic in terms of his hearers' world and their experiences *and* deeply resonant of Yahweh's activity on behalf of Israel as this had been described in the psalms and the prophets. For his peasant hearers their everyday work and experiences were being elevated to a symbolic level with reference to God's caring presence to Israel, as was the case also with the proverbial wisdom in the Hebrew Scriptures. The element of surprise and dislocation that many of these stories contain was intended to challenge the hearers to reconsider their understanding of God and his dealings with Israel, and to experience his presence in the world of the everyday, the world of home, village, field, sky and mountain. The parables of Jesus are such successful religious metaphors because they are the product of a religious imagination that is deeply grounded in the world of nature and the human struggle with it, and at the same time deeply rooted in the traditions of Israel which speak of God as creator of heaven and earth and all that is in them.

Sean Freyne, Jesus, a Jewish Galilean. A new reading of the Jesus-story, London / New York:
© T & T Clark International 2004, S. 24–59.

Jens Schröter
5.17 Jesus von Nazaret.
Jude aus Galiläa – Retter der Welt, 2006

B. 1. Ein Jude aus Galiläa – Der historische Kontext Jesu

1.2 Der Galiläer

Die galiläische Herkunft Jesu wurde in unterschiedlicher Weise zur Deutung seiner Person und seines Auftretens herangezogen. Jesus aus Galiläa – daraus wurde im 19. Jahrhundert die romantische Vorstellung einer ländlichen Idylle, in der sich Gott in seinem Sohn offenbart und die im Gegensatz sowohl zum Alten Testament als auch zur späteren Geschichte des Christentums steht. Am Beginn des 20. Jahrhunderts wurde Jesus mit Berufung auf seine galiläische Herkunft aus seinem jüdischen Kontext gelöst. Galiläa sei /80/ multiethnisches, überwiegend nichtjüdisches Gebiet, Jesus deshalb vermutlich kein Jude gewesen. Diese These wurde einst im Kontext nationalsozialistischer Rassenideologie vertreten. Sie wird aber auch in neuerer Zeit wieder bemüht – nunmehr, um den Worten Jesu das Flair einer weltläufigen popularphilosophischen Lehre zu geben. Die Anfänge des Christentums werden dabei aus dem Judentum herausgelöst und auf eine Gruppe von Jesusnachfolgern zurückgeführt, in der sich sowohl Juden als auch Heiden befunden hätten.[1] Jesus der Galiläer – das spielt schließlich auch dort eine Rolle, wo es um die Einordnung seines Auftretens in die sozialen und politischen Verhältnisse geht. Galiläa erscheint dabei zuweilen als Ort sozialer Unruhen und Hort des Widerstandskampfes gegen die römische Herrschaft. Die Wirksamkeit Jesu wird vor dem Hintergrund einer angespannten politischen Lage verstanden, innerhalb derer er Partei für die Armen und Unterdrückten ergriffen und sich gegen die sozial und politisch Mächtigen gewandt habe.

Bei allen diesen Bildern besteht die Gefahr, dass die eigenen Verhältnisse in die Zeit Jesu zurückprojiziert werden, das als politisch oder sozial erstrebenswert Erachtete auch als Intention Jesu ausgegeben wird. Die neueren Forschungen zum antiken Galiläa zeigen indes, dass keines dieser Bilder einer näheren Prüfung standhält. Die Erforschung des Herkunfts- und wichtigsten Wirkungsgebietes Jesu

---

[1] So BURTON L. MACK, The Lost Gospel: The Book of Q and Christian Origins, San Francisco 1993.

in den zurückliegenden Jahrzehnten hat vielmehr zu ganz anderen Ergebnissen geführt. Von besonderer Bedeutung sind dabei die Ausgrabungskampagnen, die seit den siebziger Jahren des 20. Jahrhunderts unter Leitung amerikanischer und israelischer Forscher durchgeführt wurden. /81/

Die Evangelien geben nur spärliche Hinweise auf das Umfeld Jesu. Geographische und klimatische Bedingungen, politische und soziale Verhältnisse treten nur am Rand in den Blick. Anders als z. B. bei dem jüdischen Historiker Flavius Josephus findet sich im Neuen Testament keine Beschreibung der Landschaften Galiläas oder der politischen und ökonomischen Verhältnisse zur Zeit Jesu.[2] Derartige Informationen sind oft nur indirekten Bemerkungen zu entnehmen, so etwa, wenn die Berufe von in die Nachfolge Gerufenen genannt werden oder Herodes Antipas als Widersacher Jesu und Johannes des Täufers in den Blick tritt.

Gleichwohl vermitteln die erwähnten Orte und Personen ein Bild vom geographischen und historischen Kontext Jesu: Genannt werden Kafarnaum, Chorazin und Betsaida (Lk 10,13/Mt 11,21), in Mk 8,10 auch Dalmanuta (offenbar an der Nordwestseite des Sees Gennesaret gelegen)[3], Maria, die zum engeren Umfeld Jesu gehört, stammt aus Magdala. Alle diese Orte liegen in unmittelbarer Nähe des galiläischen Sees und bilden das Zentrum des Wirkens Jesu. Genannt werden des Weiteren Kana, wo Jesus nach Joh 2 Wasser in Wein verwandelt, sowie Nain, wo nach Lk 7,11–17 ein junger Mann vom Tod erweckt wird. Beide Orte liegen in Untergaliläa, nördlich bzw. südöstlich von Nazaret.

Die geschilderten Szenen spielen häufig unter freiem Himmel: Jesus geht am See entlang, wandert mit seinen Jüngern durch Felder oder überquert den See. Mitunter geht er auch in Synagogen und Privathäuser. Was haben wir uns darunter vorzustellen? /82/

Exkurs: Synagogen und Wohnhäuser in Galiläa

Bei „Synagogen" muss es sich nicht notwendig um Gebäude handeln. Das Wort bezeichnet zunächst (wie auch das hebräische „Knesset") eine Versammlung und ist von daher dann auch auf die Gebäude übertragen worden, in denen sie stattfinden. Stellen wie Apg 13,43 („Als sich die Synagoge auflöste ...") und Jak 2,2 („Wenn in eure Synagoge ein Mann mit einem goldenen Ring und prächtiger Kleidung hineinkommt ...") zeigen, dass im Neuen Testament „Synagoge" auch „Versammlung" heißen und sogar für christliche Versammlungen verwendet

---

2 Vgl. SEAN FREYNE, Galilee, Jesus and the Gospels. Literary Approaches and Historical Investigations, Philadelphia 1988, 35.
3 Vgl. JAMES F. STRANGE, Dalmanutha, ABD 2, 4.

werden konnte. In neuerer Zeit hat es deshalb eine Diskussion darüber gegeben, ob die Evangelien mit „Synagogen" in der Regel Versammlungen bezeichnen. Lukas könnte dann bereits spätere Verhältnisse in die Zeit Jesu zurückprojizieren, wenn er ein Synagogengebäude in Nazaret voraussetzt (4,16–30) und vom Bau einer Synagoge in Kafarnaum spricht (7,5). Dafür könnte auch der archäologische Befund sprechen, denn bislang ist in Galiläa keine Synagoge aus dem 1. Jahrhundert gefunden worden.[4] Folgt man dieser Sicht, wären Gebäude für jüdische Versammlungen bis ins 1. Jahrhundert nur außerhalb Palästinas, also in der Diaspora, anzutreffen gewesen, wo sie zumeist „Gebetsstätte" („Proseuche") hießen, wogegen sich in Judäa und Galiläa entsprechende Gebäude nicht sicher nachweisen lassen.

Allerdings sind in Gamla, einem ca. 10 km nordöstlich des Sees Gennesaret gelegenen Ort, der zur Zeit Jesu zum Herrschaftsgebiet des Herodessohnes /83/ Philippus gehörte, sowie in Judäa (auf der Festung Masada und im Herodeion, evtl. auch in Jericho) Reste von Versammlungsgebäuden aus der Zeit vor der Zerstörung des Jerusalemer Tempels im Jahr 70 ausgegraben worden. Wichtig ist weiter die südlich der Jerusalemer Altstadt gefundene Theodotosinschrift. In dieser aus den dreißiger oder vierziger Jahren des 1. Jahrhunderts stammenden Inschrift gibt ein gewisser Theodotos kund, dass er die Synagoge, an der sie angebracht war, zur Verlesung des Gesetzes, zur Unterweisung in den Geboten sowie als Herberge für Fremde habe errichten lassen. Die Existenz einer Synagoge in unmittelbarer Umgebung des Tempels erklärt sich daher, dass in Jerusalem Juden aus der Diaspora lebten, die Versammlungen in ihren eigenen Muttersprachen abhielten. Wenn in Apg 6,9 verschiedene Gruppen von Diasporajuden erwähnt werden, die in Jerusalem ihre eigenen Synagogen hatten, ist dies also historisch durchaus plausibel. /84/

Anders als für Judäa kann für das Galiläa der Zeit Jesu die Existenz von Synagogengebäuden demnach nicht mit Sicherheit nachgewiesen, allerdings auch nicht ausgeschlossen werden. Zu beachten ist dabei, dass die Synagogen verschiedenen Zwecken des öffentlichen Lebens dienten, also nicht nur Orte religiöser Versammlungen waren. Es ist deshalb möglich, dass die Verfasser der Evangelien mit der Bemerkung, Jesus habe in ganz Galiläa in „ihren Synagogen" gepredigt (Mk 1,39; Mt 4,23; Lk 4,15), an entsprechende Gebäude gedacht haben und dies zumindest für einige Orte auch historisch zutreffend ist. Sicher ist es

---

4 Vgl. JOHN D. CROSSAN / JONATHAN L. REED, Jesus ausgraben. Zwischen den Texten – hinter den Steinen, Düsseldorf 2003, 40f. 114–116. Die entsprechenden in Nazaret und Kafarnaum gefundenen Gebäude stammen aus dem 4. Jahrhundert.

freilich nicht: Sie könnten auch Versammlungen meinen oder die Existenz von Synagogengebäuden unzutreffenderweise voraussetzen.

Was die Wohnhäuser betrifft, sind für Galiläa verschiedene Typen archäologisch nachgewiesen worden. Villen und größere Bauernhäuser spiegeln die Lebenswelt wider, die auch in Gleichnissen wie demjenigen vom reichen Kornbauern aus Lk 12, vom Weinbergbesitzer aus Mk 12 und EvThom 65, vom Hausherrn, der Tagelöhner beschäftigt, aus Mt 20 und von einem Menschen, der ein großes Gastmahl veranstaltet (Lk 14 [Q]; EvThom 64), vorausgesetzt ist. Für das unmittelbare Umfeld des Wirkens Jesu von Bedeutung sind sodann die für die Mittelschicht und die einfache Bevölkerung vorauszusetzenden Häuser. Die Familien in den Dörfern Galiläas lebten entweder in Einzelhäusern mit zwei oder mehr Räumen oder in aus mehreren Häusern bestehenden Anlagen, die um einen oder mehrere Innenhöfe herum gebaut waren. Zu diesem letzteren Typ gehört das sog. „Haus des Petrus":[5] /85/

In Kafarnaum wurden unter einer Kirche aus dem 5. Jahrhundert Überreste von Wohnhäusern gefunden, deren älteste Bestandteile bis ins 1. Jahrhundert zurückgehen. Eines von diesen wurde bereits in der zweiten Hälfte des 1. Jahrhunderts für Zusammenkünfte hergerichtet. Da es sich, wie Zeichnungen und Inschriften aus dem 3.–5. Jahrhundert belegen, um ein von Christen genutztes Gebäude gehandelt hat, wird mitunter vermutet, es könnte sich dabei um das in den Evangelien erwähnte Haus (der Frau) des Petrus handeln, das den Christen bereits im 1. Jahrhundert als Versammlungsraum gedient hätte und später zu einer Kirche umgebaut worden wäre.

Unabhängig davon, ob dies zutrifft, vermittelt der archäologische Befund aus Kafarnaum ein Bild von Wohnhäusern in einem für die galiläische Wirksamkeit Jesu charakteristischen Ort. Er zeigt, dass die Anhänger Jesu weder zu den Wohlhabenden noch zu den Armen gehörten, sondern aus der gewöhnlichen Dorfbevölkerung stammten. Der Befund wirft auch Licht auf eine Szene wie diejenige in Mk 2,1–12: Dort wird berichtet, dass man einen Gelähmten zu Jesus bringt, wegen der Menge vor der Tür aber nicht zu ihm vordringen kann und deshalb das Dach aufgräbt, um ihn von oben vor Jesus herabzulassen. Mit dem erwähnten Platz vor der Tür könnte an einen Innenhof gedacht sein, auf dem sich die Menge versammelte, weil Jesus anwesend war. Das Aufgraben des Daches passt gut zu dem Befund, dass die Dächer der Häuser aus Lehm und Schilf bestanden. /86/

---

5 Vgl. VIRGILIO C. CORBO, Capernaum, ABD 1, 866–869; STANISLAO LOFFREDA, Capernaum, OEANE 1, 1997, 416–419; STANISLAO LOFFREDA / VASSILIOS TZAFERIS, Capernaum, NEAEHL 1, 1993, 291–296. Kafarnaum wurde 1894 von den Franziskanern erworben, die hier zwischen 1968 und 1986 mehrere Ausgrabungskampagnen durchführten.

Kafarnaum liegt an der Nordwestseite des Sees Gennesaret und zählte zur Zeit Jesu zwischen 600 und 1500 Einwohner.[6] Die Lage an der Grenze zwischen Galiläa und der nordöstlich angrenzenden Gaulanitis, dem Gebiet des Philippus (dem heutigen Golan), erklärt, warum Mk 2,14 zufolge dort eine Zollstation existierte und Jesus nach Lk 7,2 in Kafarnaum auf einen Hauptmann trifft. Dem MkEv zufolge beginnt dort Jesu öffentliches Wirken (1,21), etwas später (1,29–31) geht er mit Simon und Andreas in deren Haus und heilt dort die Schwiegermutter des Simon.[7] Auch später wird gelegentlich erwähnt, dass sich Jesus in Kafarnaum in dem bzw. in einem Haus aufhält.[8] Damit ist vielleicht das Haus des Simon bzw. seiner Frau gemeint, in dem Jesus gewohnt haben könnte, wenn er sich in Kafarnaum aufhielt. Matthäus berichtet sogar von einem regelrechten „Umzug" Jesu: Mt 4,13 zufolge verlässt Jesus Nazaret, um fortan in Kafarnaum zu wohnen, das in Mt 9,1 sogar „seine Stadt" heißt.[9] Die Vorstellung, Kafarnaum sei das Zentrum des galiläischen Wirkens Jesu gewesen, ist historisch allerdings zu hinterfragen. /87/

Die Personen in seinem Umfeld konkretisieren das Bild: Die zuerst berufenen Jünger sind Fischer vom See Gennesaret (Mk 1,16–20), in Mk 2,14 begegnet ein Zöllner mit Namen Levi (in Mt 9,9 heißt er Matthäus), in Mt 8 und Lk 7 trifft Jesus in Kafarnaum auf einen Hauptmann, der Lk 7,5 zufolge dem jüdischen Volk sogar die dortige Synagoge gestiftet hat. Des Öfteren wird einfach die Volksmenge erwähnt, die sich versammelt, wenn bekannt wird, dass Jesus anwesend ist.

Auch Gegner Jesu treten ins Bild und geben zu erkennen, dass sein Wirken von Vertretern der jüdischen „Religionsparteien" skeptisch betrachtet wird und sogar dazu führt, dass sie ihn beseitigen wollen. In Galiläa trifft er auf Pharisäer und Schriftgelehrte, bei Matthäus treten gelegentlich auch die Sadduzäer auf, die bei Markus und Lukas erst in Jerusalem begegnen.[10] An zwei Stellen werden Parteigänger des herodianischen Königshauses (die sog. „Herodianer") genannt, die

---

6 Zu Kafarnaum vgl. auch J. D. CROSSAN / J. L. REED, Jesus ausgraben (s. Anm. 4), 102–124; JÜRGEN ZANGENBERG, Kapernaum – Zu Besuch in Jesu „eigener Stadt", in: Gabriele Faßbeck / Sandra Fortner / Andrea Rottloff / Jürgen Zangenberg (Hg.), Leben am See Gennesaret. Kulturgeschichtliche Entdeckungen in einer biblischen Region, Mainz 2003, 99–103.
7 Vermutlich kann man aus dieser Episode entnehmen, dass es sich eigentlich um das Haus der Frau des Simon handelte, Simon also bei der Familie seiner Frau wohnte. Joh 1,44 zufolge stammt Simon selbst aus Betsaida, nordöstlich des Sees Gennesaret.
8 Mk 2,1; 3,20; 7,17; 9,33.
9 Mt bietet hierfür eine heilsgeschichtliche Erklärung: Jesus habe sich in Kafarnaum angesiedelt, damit das Schriftwort (Jes 8,23f.) erfüllt würde, dem zufolge das Land Sebulon und das Land Naphtali ein großes Licht sehen werden (Mt 4,12–16). Kafarnaum liegt im Gebiet von Naphtali.
10 Ob zur Zeit Jesu Pharisäer in Galiläa vorausgesetzt werden können, ist zwar unsicher, aber immerhin möglich, für die Sadduzäer kann es ausgeschlossen werden.

offenbar in ihren Plänen gegen Jesus mit den Pharisäern an einem Strang ziehen.¹¹ Nach dem Tod Herodes des Großen (4 v.Chr.) herrschte in Galiläa sowie in dem östlich des Jordans gelegenen, mit Galiläa geographisch nicht verbundenen Peräa dessen Sohn Antipas. Dieser tritt verschiedentlich in den Blick, ist Jesus aber offenbar nicht direkt begegnet.¹² Er /88/ erfährt allerdings von seinem Wirken, hält es für genauso brisant wie dasjenige Johannes des Täufers und möchte ihn darum ebenfalls aus dem Weg schaffen (Mk 6,14–16; Lk 13,31–33).

Hatte Herodes der Große seine beachtliche Bautätigkeit hauptsächlich auf Judäa und Jerusalem konzentriert,¹³ so initiierte Antipas verschiedene Bauprojekte in Galiläa und belebte damit die Konjunktur. Im Zuge dessen wurden auch die beiden wichtigsten galiläischen Städte – Sepphoris und Tiberias – wiederaufgebaut bzw. neu gegründet.

Sepphoris ist dabei schon aufgrund seiner geographischen Lage ca. 6 km nordwestlich von Nazaret für die Jesusforschung von besonderem Interesse und hat in neuerer Zeit entsprechend große Aufmerksamkeit auf sich gezogen.¹⁴ Zur Zeit Jesu hatte die Stadt eine bewegte Geschichte hinter sich: Nach dem Tod des Herodes organisierte ein Galiläer mit Namen Judas in der Gegend von Sepphoris einen Aufstand, der von einem römischen Heer unter der Führung von Quintilius Varus, dessen Kohorten einige Jahre später im Teutoburger Wald von den Germanen aufgerieben /89/ werden sollten, niedergeschlagen wurde. Im Zuge der Strafaktionen wurde Sepphoris von einer Streitmacht unter Führung seines Sohnes sowie seines Freundes Gajus zerstört.¹⁵

---

11 Mk 3,6; 12,13 par. Mt 22,16.
12 Einzig die lk Passionsgeschichte berichtet von einer solchen Begegnung: In Lk 23,6–12 lässt Pilatus Jesus, als er erfährt, dass er ein Galiläer ist, zu Antipas bringen, der gerade in Jerusalem weilt. Die Historizität dieser Episode ist allerdings unsicher.
13 So ließ Herodes den Jerusalemer Tempel wesentlich erweitern, baute Paläste in Jerusalem und Cäsarea sowie mehrere Festungen, darunter Masada am Toten Meer und das Herodeion. Vgl. MANUEL VOGEL, Herodes. König der Juden, Freund der Römer, BG 5, Leipzig 2002, 180–209.
14 Die Ausgrabungskampagnen in Sepphoris, die seit den achtziger Jahren des 20. Jahrhunderts von der University of South Florida unter Leitung von James F. Strange sowie von dem Joint Sepphoris Project der Duke University und der Hebrew University of Jerusalem unter Leitung von James F. Strange sowie von dem Joint Sepphoris Project der Duke University unter Leitung von Eric M. Meyers, Carol L. Meyers und Ehud Netzer durchgeführt wurden, haben die Forschungen zu Sepphoris auf eine völlig neue Grundlage gestellt. Einen guten Überblick über Sepphoris und seine Bedeutung für die Jesusforschung bieten JONATHAN L. REED, Archaeology and the Galilean Jesus. A Re-Examination of the Evidence, Harrisburg 2000, 103–138 und MARK A. CHANCEY, The Myth of a Gentile Galilee, MSSNTS 118, Cambridge 2002, 69–83.
15 Josephus, Ant. 17,271f. (zum Aufstand des Judas) und 17,289 (zur Zerstörung von Sepphoris) sowie Bell. 2,56.68. Welches Ausmaß die Zerstörung besaß, ist allerdings offen. Josephus übertreibt offenbar, denn bei den Ausgrabungen in Sepphoris traten keine Spuren zutage, die

Antipas hatte also allen Grund, Sepphoris in seine Baupläne einzubeziehen, umso mehr, als Tiberias zu diesem Zeitpunkt noch gar nicht gegründet war. Beim Wiederaufbau wurde Sepphoris zu einer prächtigen Stadt ausgebaut, die Josephus die „Zierde ganz Galiläas" nennt (Ant. 18,27). Einem Handwerker aus Nazaret dürften sich hier gute Arbeits- und Verdienstmöglichkeiten geboten haben. Manchmal wird sogar vermutet, Jesus hätte am Theater mitgebaut, das bei den Ausgrabungen in Sepphoris zum Vorschein kam, und sei auf diese Weise mit griechischer Sprache und Kultur in Berührung gekommen.[16] Das ist allerdings unsicher, denn das Theater wird zumeist in die Zeit nach Jesus datiert.[17] Dessen ungeachtet kann davon ausgegangen werden, dass die ersten Jahrzehnte der Herrschaft des Antipas für Galiläa wirtschaftlichen Aufschwung und damit auch Arbeitsplätze und soziale Sicherheit brachten.[18] Ob – und wenn ja wo – Jesus /90/ seinen Beruf längere Zeit ausgeübt hat, erfahren wir allerdings nicht. Die Quellen interessieren sich für ihn nicht als Handwerker, sondern als Gründer einer Gemeinschaft, die nach der Ordnung des Gottesreiches lebt.

Der geographische Horizont weitet sich durch Episoden, die in den an Galiläa angrenzenden Regionen spielen: Jesus geht in die Dekapolis, den nicht zum jüdischen Gebiet gehörenden, östlich des Jordans gelegenen Städtebund (Mk 5,1– 20; 7,31), in das Gebiet von Tyros und Sidon, also in die westliche Küstenregion (Mk 7,24– 30), sowie in die Gegend von Cäsarea Philippi im Norden (Mk 8,27). Gemeinsam mit Jerusalem und seiner Umgebung, wo sich später die Passionsereignisse abspielen werden, ist damit der geographische Rahmen des Wirkens Jesu abgesteckt.

---

das von ihm behauptete vollständige Niederbrennen der Stadt bestätigen würden. Vgl. ERIC M. MEYERS, Sepphoris at the Eve of the Great Revolt (67– 68 C.E.): Archaeology and Josephus, in: DERS., Galilee through the Centuries. Confluence of Cultures, Winona Lake 1999, 109 – 122: 114; J. L. REED, Archaeology (s. Anm. 14), 117.
16 So vor allem RICHARD BATEY, Jesus and the Theatre, NTS 30, 1984, 563 – 574.
17 Vgl. z. B. J. L. REED, Archaeology (s. Anm. 14), 119: zweite Hälfte 1. Jahrhundert; ERIC M. MEYERS / CAROL L. MEYERS, Sepphoris, OEANE 4, 1997, 527– 536: 533: erste Hälfte 2. Jahrhundert.
18 Vgl. DOUGLAS EDWARDS, The Socio-Economic and Cultural Ethos of the Lower Galilee in the First Century: Implications for the Nascent Jesus Movement, in: LEE I. LEVINE, The Galilee in Late Antiquity, Cambridge (Mass.) / London 1992, 53 – 73: 62– 65. Dagegen besteht kein Anlass, aus den *Bauhandwerkern* Joseph und Jesus *Tagelöhner* zu machen, die zur Wanderschaft gezwungen gewesen seien, um Arbeit zu finden (so aber MARTIN EBNER, Jesus von Nazaret in seiner Zeit. Sozialgeschichtliche Zugänge, SBS 196, Stuttgart 2003, 120 f.). Ein Zusammenhang zwischen der Wanderexistenz Jesu und seinem Beruf wird in den Quellen nirgendwo hergestellt. Auch dass die Familie Jesu keinen Grundbesitz gehabt habe (ebd.), ist eine bloße Vermutung. Die Quellen geben hierüber keine Auskunft.

Herkunft und Anfänge seines Wirkens zeigen Jesus somit als einen galiläischen Juden, der vornehmlich in der Gegend um den See Gennesaret gewirkt hat, aber auch in die umliegenden Gegenden gegangen ist. Was bedeutet dies im Blick auf das kulturelle Milieu seines Wirkens?[19]

Beginnen wir mit einem Blick auf die natürlichen Gegebenheiten. Galiläa ist ein Gebiet mit fruchtbaren Böden. Landwirtschaft, am See Gennesaret auch Fischfang, stellen zur Zeit Jesu eine wichtige Erwerbsquelle dar. Bei Josephus liest sich das so: /91/

> Ganz Galiläa ist fruchtbar und reich an Viehweiden, es ist mit Bäumen aller Art bepflanzt. Von seinem Überfluss werden auch die zur Landarbeit ermutigt, die sonst nur ganz wenig Freude an der Landarbeit haben. Von daher haben seine Bewohner das Land vollkommen bebaut, und es gibt dort überhaupt kein Brachland. Die Städte liegen dicht beieinander, und die Bevölkerung der Dörfer ist überall wegen der Fruchtbarkeit des Bodens zahlreich, dass auch die kleinsten Dörfer wenigstens 15000 Einwohner zählten. (Bell. 3,35.41–43)

Besonders die Gegend um den See, wo sich die galiläische Wirksamkeit Jesu hauptsächlich abgespielt hat, ist fruchtbares Land. Noch einmal Josephus:

> Entlang dem See Gennesar erstreckt sich eine gleichnamige Landschaft von wunderbarer Natur und Schönheit. Wegen der Fettigkeit des Bodens gestattet sie jede Art von Pflanzenwuchs, und ihre Bewohner haben daher in der Tat alles angebaut; das ausgeglichene Klima passt auch für die verschiedenartigsten Gewächse. Nussbäume, die im Vergleich zu allen anderen Pflanzen eine besonders kühle Witterung brauchen, gedeihen dort prächtig in großer Zahl. Daneben stehen Palmen, die Hitze brauchen, ferner Feigen- und Ölbäume unmittelbar dabei, für die ein gemäßigteres Klima angezeigt ist. Man könnte von einem Wettstreit der Natur sprechen, die sich mächtig anstrengt, alle ihre Gegensätze an einem Ort zusammenzuführen, oder von einem edlen Kampf der Jahreszeiten, von denen sich jede um diese Gegend wetteifernd bemüht. Der Boden bringt nicht nur das verschiedenste Obst hervor, das man sich kaum zusammen denken kann, sondern er sorgt auch lange Zeit hindurch für reife Früchte. Die königlichen unter ihnen, Weintrauben und Feigen, beschert er 10 Monate lang ununterbrochen, die übrigen Früchte reifen nach und nach das ganze Jahr hindurch. Denn abgesehen von der milden Witterung trägt zur /92/ Fruchtbarkeit dieser Gegend auch die Bewässerung durch eine sehr kräftige Quelle bei, die von den Einwohnern Kafarnaum genannt wird. (Bell. 3,516–520)

Wenn die ersten Jünger Jesu Fischer vom See Gennesaret sind und in den Gleichnissen der Evangelien ein Sämann, wie von selbst wachsende Saat, ein winziges Senfkorn, das zu einer großen Staude wird, Unkraut unter Weizen, Weinbergbesitzer und Menschen, die im Weinberg arbeiten, begegnen, dann spiegelt sich darin die galiläische Lebenswelt wider.

---

[19] Vgl. hierzu besonders S. Freyne, Galilee, Jesus and the Gospels (s. Anm. 2).

Geographisch unterteilt sich Galiläa in das bergige Obergaliläa im Norden und Untergaliläa im Süden.[20] Untergaliläa kann dabei noch einmal in den hügeligen Westen und die Gegend um den See Gennesaret im Osten eingeteilt werden.[21] Diesen Regionen entsprechen kulturelle Prägungen. Obergaliläa lässt sich als „konservativ, ländlich, semitisch und überwiegend jüdisch" charakterisieren,[22] was für Untergaliläa und die Gegend um den See – das Wirkungsgebiet Jesu – nicht in gleicher Weise zutrifft. Auch hier lebten überwiegend Juden, auch diese Gegend war weithin durch ländliche Gebiete mit kleineren Orten geprägt. Allerdings lagen hier auch die beiden Städte Sepphoris und Tiberias, was sich auf die sozialen und ökonomischen Verhältnisse der Region auswirkte. Der urbane Einfluss darf dabei nicht überschätzt werden, denn es /93/ handelt sich – im Vergleich etwa zu Skythopolis/Bet Shean, Cäsarea maritima oder Tyrus – um Städte mit einer deutlich geringeren Bevölkerung und weniger entwickelten urbanen Strukturen.[23] Beide Städte waren zudem überwiegend jüdisch geprägt, können also nicht für die These eines heidnischen Einflusses in Galiläa angeführt werden.[24]

Gleichwohl haben der Wiederaufbau von Sepphoris und die etwas spätere Gründung von Tiberias[25] das soziale Gefüge der Region verändert. Wie in der Antike üblich, gehörte zu beiden Städten ein Gebiet von Dörfern, in denen die lebensnotwendigen Güter produziert wurden.[26] Die Städte schufen somit ein prosperierendes ökonomisches Umfeld und dienten zugleich als Absatzmärkte für landwirtschaftliche Güter. Auf der anderen Seite entstanden Zwangsarbeits- und Schuldverhältnisse, das Gefälle zwischen Wohlhabenden und Abhängigen ver-

---

20 Diese Einteilung findet sich schon bei Josephus, Bell. 3,35, dann auch in der rabbinischen Literatur (Shevi 9,2). Vgl. weiter ERIC M. MEYERS, Jesus und seine galiläische Lebenswelt, ZNT 1, 1998, 27–39; SEAN FREYNE, Galilee from Alexander the Great to Hadrian 323 B.C.E. to 135 C.E. A Study of Second Temple Judaism, Wilmington / Notre Dame 1980, 9–15.
21 Der Gegend um den See als einem eigenen Kultur- und Lebensraum ist das Buch von GABRIELE FASSBECK / SANDRA FORTNER / ANDREA ROTTLOFF / JÜRGEN ZANGENBERG (Hg.), Leben am See Gennesaret. Kulturgeschichtliche Entdeckungen in einer biblischen Region, Mainz 2003, gewidmet.
22 Vgl. E. M. MEYERS, Jesus und seine galiläische Lebenswelt (s. Anm. 20), 29.
23 J. L. REED schätzt, dass die Bevölkerung von Skythopolis und Cäsarea maritima mindestens doppelt so groß war wie diejenige von Sepphoris und Tiberias. Letztere hätten ihm zufolge ca. 8000–12000 bzw. zwischen 6000 und 12000 Einwohner gehabt: Archaeology (s. Anm. 15), 79–82.94.
24 Vgl. J. L. REED, a.a.O., 125–131; M. A. CHANCEY, Myth (s. Anm. 14), 76–83.
25 Tiberias wurde um das Jahr 20 von Antipas gegründet. Vgl. JAMES F. STRANGE, Tiberias, ABD 6, 547–549.
26 Vgl. SEAN FREYNE, Urban-Rural Relations in First-Century Galilee: Some Suggestions from the Literary Sources, in: DERS., Galilee and Gospel. Collected Essays, WUNT 125, Tübingen 2000, 45–58.

schärfte sich.²⁷ Das Gegenüber von Armen und Reichen in der Jesusüberlieferung erklärt sich vor diesem Hintergrund: Die Armen, Hungernden und Weinenden werden seliggepriesen, der Wüstenprediger Johannes wird /94/ den Reichen in weichen Kleidern, die in Palästen leben, gegenübergestellt, es ist die Rede von Schuldverhältnissen und von Tagelöhnern, die nach Arbeit suchen. Es kann nicht zweifelhaft sein, dass sich hier die Situation in Galiläa unter Antipas widerspiegelt.

Galiläa unterhielt mit den umliegenden Regionen Handelsbeziehungen, die durch ein gut ausgebautes Straßennetz erleichtert wurden. Ein Abzweig der *Via maris*, einer der römischen Hauptverkehrsstraßen, verlief durch Galiläa, verzweigte sich dort noch einmal und band Sepphoris und Tiberias an das internationale Straßennetz an. Auch der Fund von in Tyrus geprägten Münzen in Ober- und Untergaliläa sowie von Keramik aus den galiläischen Dörfern Kefar Hanania (auf der Grenze zwischen Ober- und Untergaliläa) und Shikhin (bei Sepphoris) in verschiedenen Gegenden Galiläas, aber auch im Golan, in Akko und Cäsarea Philippi bestätigt, dass die galiläischen Dörfer in ein weitgespanntes Netz von Verbindungen mit Städten inner- und außerhalb Galiläas eingebunden waren.²⁸ Die Jesusbewegung entstand also in einem jüdischen Gebiet, das von zahlreichen Dörfern und einigen wenigen Städten geprägt war und mit den umliegenden, nichtjüdischen Gebieten in regem Austausch stand.

Die Evangelien vermitteln ein Bild der Verhältnisse zur Zeit Jesu, das sich damit gut vereinbaren lässt: Wenn die Jünger in die Städte (*poleis*) geschickt werden, um dort zu verkündigen (QLk 10,10), wenn Marktplätze (*agorai:* QLk 7,32; 11,43), Straßen (*plateiai:* Mt 6,5; Lk 10,10; 13,26; 14,21), Bankgeschäfte und Schuldverhältnisse (QLk 19,23; Mt 6,12; 18,23–34; Lk 16,3–7), /95/ Kaufleute (Mt 13,45), Gerichte und Gefängnisse (QLk 12,57–59; Mt 18,30) genannt werden, dann deutet dies auf Beziehungen zum städtischen Umfeld der Jesusbewegung hin. Wenn Jesus in die Dekapolis oder in die Küstenregion geht, um auch dort zu wirken, dann ist das in den zwanziger Jahren des 1. Jahrhunderts plausibel, für die Zeit der Entstehung der Evangelien, die in unmittelbarer zeitlicher Nähe bzw. nach dem jüdisch-römischen Krieg der Jahre 66–70 verfasst wurden, dagegen kaum vorstellbar.²⁹ Nimmt man hinzu, dass auch außerhalb der jüdischen Gebiete –

---

27 Vgl. J. L. REED, Archaeology (s. Anm. 15), 77–89; SEAN FREYNE, Jesus and the Urban Culture of Galilee, in: DERS., Galilee and Gospel (s. Anm. 26), 183–207: 190–196.
28 Vgl. SEAN FREYNE, Archaeology and the Historical Jesus, in: DERS., Galilee and Gospel (s. Anm. 26), 160–182, hier 167–170.
29 Vgl. S. FREYNE, Jesus and the Urban Culture of Galilee (s. Anm. 27), 183–207.

etwa in dem zur Dekapolis gehörenden Skythopolis – Juden lebten,[30] gewinnt die Annahme einer Wirksamkeit Jesu in diesen Gegenden zusätzlich an Plausibilität. Wenn die Verfasser der Evangelien in einer veränderten Situation auf das Wirken Jesu zurückblicken, berücksichtigen sie in ihren Darstellungen also die für die damalige Zeit vorauszusetzenden Verhältnisse.

Die Jesusbewegung lässt sich demnach nicht vor dem Hintergrund eines Antagonismus von Stadt und Land erklären.[31] Weder der „ländliche Jesus" noch der Sozialrevolutionär entsprechen dem Bild, das sich aus den neueren Forschungen zu Galiläa ergibt. Zwar ist zutreffend, dass die Beziehungen zwischen den Städten und den ländlichen Gebieten Galiläas nicht auf /96/ einer egalitären Basis verliefen, sondern sich die Lebensbedingungen für die Landbevölkerung durch die Urbanisierungspolitik unter Antipas verschlechterten. Die sich hieraus ergebenden Konflikte spielen für das Auftreten Jesu allerdings nur insofern eine Rolle, als die Politik des Antipas in Konkurrenz zu Jesu Verkündigung des Anspruchs Gottes auf ganz Israel stand. Wenn Jesus in einer Zeichenhandlung zwölf Jünger als seine engsten Nachfolger auswählt und ihnen das Sitzen auf den Thronen Israels verheißt (Mk 3,13–19; Q 22,28–30), wenn er den Anspruch Gottes auf Israel proklamiert und bei seiner Wirksamkeit deshalb das ganze Land im Blick hat, dann wird deutlich, dass die gesellschaftlichen Verhältnisse Galiläas aus einer Perspektive in den Blick treten, die Galiläa als Teil des zu Israel gehörigen Landes betrachtet. Unabhängig hiervon interessieren sich die Evangelien nicht für die politischen oder sozialen Konstellationen Galiläas.

In diesen Zusammenhang gehört auch das auffällige Phänomen, dass weder Sepphoris noch Tiberias in den Evangelien erwähnt werden. In der Forschung werden verschiedene Erklärungen hierfür diskutiert: Eine Annahme besagt, Jesus sei sehr wohl in diese Städte gegangen, die Evangelisten hätten es jedoch aufgrund seines dortigen Misserfolgs nicht berichtet. Diese Lösung ist darin unbefriedigend, dass die Evangelien ansonsten durchaus nicht verschweigen, dass Jesus auf Unglauben und Ablehnung stößt. Eine zweite Möglichkeit wäre: Jesus hat Sepphoris und Tiberias gemieden, weil er sich zur jüdischen Bevölkerung in den Dörfern gesandt wusste, wogegen die hellenistisch geprägten Städte eine ihm fremde

---

30 Auf einem Friedhof nördlich von Skythopolis wurden 30 jüdische Ossuare mit griechischen Inschriften entdeckt. In der Nähe von Jerusalem hat man zudem vier zweisprachige (griechisch-aramäische) Ossuarinschriften aus Skythopolis gefunden. Vgl. D. EDWARDS, Ethos (s. Anm. 18), 70.

31 Die These einer armen Landbevölkerung, die in Spannung zu der in den Städten wohnenden, möglicherweise erst später ins Land gekommenen Führungselite gestanden habe, wurde in neuerer Zeit von RICHARD A. HORSLEY, Galiliee: History, Politics, People,Valley Forge 1995, vertreten.

Kultur repräsentierten. Die hier im Hintergrund stehende These einer Diastase von Stadt und Land, mitunter kombiniert mit „jüdisch versus hellenistisch", /97/ lässt sich nicht aufrechterhalten. Sepphoris war, wie die dortigen Ausgrabungen gezeigt haben, selbst jüdisch geprägt, eine Entgegensetzung von jüdisch und hellenistisch wäre ohnehin anachronistisch.

Gibt es also keinen ersichtlichen Grund, warum die Evangelien ein Aufsuchen der Städte durch Jesus verschwiegen haben sollten, und stellt sich auch die These eines Antagonismus von Stadt und Land als nicht tragfähig heraus, so ist der Grund in der Ausrichtung der Botschaft Jesu selbst zu suchen: Sein Wirken verstand er als Erneuerung Israels, als Sammlung der zum Volk Gottes Gehörenden und als Anbruch der Herrschaft Gottes, die in seinem Handeln bereits jetzt erfahrbar wird. Den Beginn dieser Erneuerung sah er in der Ansage des Heils für die Armen, in der Sättigung der Hungernden und Heilung der Kranken. Dass er Städte dabei nicht prinzipiell mied, zeigt sein Auftreten in Jerusalem, das vor dem Hintergrund der inhaltlichen Ausrichtung seiner Botschaft verständlich wird.

Auch in soziologischer Hinsicht weist die Jesusüberlieferung ein differenzierteres Bild auf: Der in Mk 1,19 f. erwähnte Zebedäus beschäftigt Tagelöhner, Jakobus und Johannes, die in die Gefolgschaft Jesu eintreten, sind also Söhne eines Kleinunternehmers. Fischfang am See Gennesaret war ein durchaus produktiver Erwerbszweig. Darauf könnte auch das oben erwähnte Boot vom See Gennesaret mit seiner beachtlichen Größe hindeuten.[32] Petrus, der, wie wir sahen, im Haus der Familie seiner Frau in Kafarnaum wohnte, sagt in Mk 10,28, dass die Jünger alles verlas- /98/ sen haben, um Jesus nachzufolgen. Konkret sind damit, wie aus der Antwort Jesu hervorgeht, Familie, Häuser und Äcker gemeint. Die Jesusbewegung war keine Armenbewegung vom Land, sondern eine Erneuerungsbewegung, deren engster Kreis aus Personen bestand, die nicht zu den politisch und wirtschaftlich Mächtigen, aber auch nicht zu den Besitzlosen gehörten.

Hinsichtlich der religiösen Verhältnisse ist festzuhalten: Galiläa grenzte im Norden und Westen an die phönizische Küstenebene, im Osten an die Dekapolis, einen Bund hellenistischer Stadtstaaten, der mit Skythopolis und seiner Umgebung sogar in das Gebiet westlich des Jordans hineinragte, im Süden an Samaria. Dessen Bewohner stellten aufgrund der Neuansiedlung von Fremden durch die

---

[32] Es ist allerdings auch möglich, dass das Boot [ein 1986 im See Gennesaret gefundenes, aus dem 1. Jahrhundert stammendes Boot, vermutliche Größe 10 m x 3 m, aufbewahrt in der Allon-Ausstellungshalle des Kibbuz Nof Ginnosar an der Westseite des Sees Gennesaret; W.Z.] erst während des jüdisch-römischen Krieges umgebaut wurde und dabei die aus dem Wrack zu erschließende Größe erhielt. Diese Möglichkeit wird auf den Beschreibungstafeln in der Ausstellungshalle genannt.

Assyrer im 8. vorchristlichen Jahrhundert eine Mischbevölkerung dar, die von den Juden nicht als gleichwertig anerkannt wurde und die eine eigene Übersetzung des jüdischen Gesetzes sowie auf dem Berg Garizim eine eigene Kultstätte besaß, die von den Juden um 112 v. Chr. zerstört wurde.

Die Sonderstellung der Samaritaner spiegelt sich auch im Neuen Testament wider: In Lk 9,51–55 wollen die Jünger Jesu ein ungastliches samaritanisches Dorf am liebsten durch vom Himmel fallendes Feuer vernichten, in Joh 8,48 wird Jesus vorgeworfen, er sei ein Samaritaner und von einem Dämon besessen, beim Gespräch mit der samaritanischen Frau in Joh 4 wird ausdrücklich betont, dass die Juden nicht mit den Samaritanern verkehren. Dass es gerade ein Samaritaner ist, der in dem Gleichnis in Lk 10 dem unter die Räuber Gefallenen hilft – anders als die vom Tempeldienst kommenden Priester und Levit –, stellt deshalb eine besondere Provokation dar. /99/

Galiläa war also vom jüdischen Kernland Judäa im Süden geographisch getrennt, es besaß seine eigene Geschichte, seine Bewohner waren schon durch ihren Akzent von denen aus Judäa zu unterscheiden. Grund /100/ für diese Konstellation war die Neuordnung des östlichen Mittelmeerraums durch den römischen Feldherrn Pompejus. Dieser hatte das jüdische Territorium verkleinert: Sowohl die hellenistischen Städte der Küstenebene als auch diejenigen im östlichen Jordanland (einschließlich des westlich des Jordans gelegenen Skythopolis) gliederte er aus dem jüdischen Territorium aus, das somit noch aus Judäa, Galiläa und Peräa bestand. Nach dem Tod Herodes des Großen wurde dessen Gebiet unter seinen Söhnen aufgeteilt: Antipas herrschte von 4 v. Chr. bis zu seiner Verbannung durch den römischen Kaiser Gajus Caligula 39 n. Chr. über Galiläa und Peräa, Philippus von 4 v. Chr. bis 33 n. Chr. über die nordöstlich an Galiläa angrenzenden Gebiete. Samarien, Judäa und Idumäa wurden zunächst Archelaus, einem dritten Herodessohn, zugewiesen, der jedoch 10 Jahre später aufgrund seiner grausamen Herrschaft von Augustus wieder abgesetzt wurde.[33] Seit 6 n. Chr. stand sein Gebiet unter der Verwaltung eines römischen Präfekten, der in Cäsarea maritima residierte. Dies ist auch der Grund, warum beim Prozess Jesu Pontius Pilatus, der von 26–36 n. Chr. die Präfektur innehatte, den Vorsitz führt und das Todesurteil spricht.

Die geographische Lage Galiläas bedeutet allerdings nicht, dass seine Bewohner deshalb „weniger /101/ jüdisch" gewesen wären als diejenigen Judäas. Eher ist das Gegenteil festzustellen: Die Galiläer legten besonderen Wert auf die

---

33 Die Furcht vor Archelaus wird in Mt 2,22 als Grund für den Umzug von Joseph und seiner Familie nach Galiläa angegeben. Die Ereignisse um seine Absetzung hat Lukas im Gleichnis von den anvertrauten Talenten (Lk 19,11–27) verarbeitet.

strikte Einhaltung der Reinheitsvorschriften. Bemerkenswert ist etwa, dass in dem schon genannten Kefar Hanania Geschirr produziert wurde, das den jüdischen Reinheitsforderungen in besonderer Weise entsprach und deshalb auch in andere Gegenden exportiert wurde. Die bei Josephus zu findende Episode über die List des Johannes von Gischala weist ebenfalls in diese Richtung:

Josephus berichtet, Johannes habe das gesamte Öl aus dem galiläischen Gischala nach Cäsarea Philippi bringen lassen – angeblich weil ihn die dortigen jüdischen Bewohner gebeten hätten, ihnen reines Öl zu verschaffen, damit sie kein griechisches verwenden müssten. In Wahrheit allerdings habe Johannes dies nur vorgetäuscht, weil er wusste, dass er das Öl dort wesentlich gewinnbringender verkaufen könne als in Gischala, wo es nur ein Zehntel des Wertes besaß (Vita 74 f.). Die Episode zeigt, sehen wir einmal von der moralischen Komponente ab, über die sich Josephus entrüstet, dass die Cäsareer offenbar wussten, wohin sie sich wenden müssen, um Öl zu erhalten, das den jüdischen Reinheitsvorschriften entspricht.

Wenn sowohl in Jes 8,23 (vgl. Mt 5,14) als auch in 1Makk 5,15 von einem „Galiläa der Heiden" die Rede ist, darf das also nicht so verstanden werden, als habe es sich bei dem Galiläa zur Zeit Jesu um heidnisches Gebiet gehandelt. Dagegen spricht schon die Geschichte der Region: Die archäologischen Funde haben gezeigt, dass die assyrische Eroberung um 722/21 v.Chr. zu einer nahezu vollständigen Entvölkerung Galiläas geführt hatte. Erst durch das jüdische Geschlecht der Makkabäer, genauer durch Ari- /102/ stobul I. (104–103 v.Chr.), wird Galiläa von den zu dieser Zeit herrschenden Seleukiden zurückerobert und dem jüdischen Gebiet eingegliedert. Damit verbunden ist eine intensive jüdische Besiedlung Galiläas, die durch Ausgrabungen von in dieser Zeit neu entstandenen Siedlungen sowie durch Keramik- und Münzfunde bezeugt wird.[34] Die Vorstellung eines „Galiläa der Heiden" entbehrt also für die Zeit Jesu jeglicher Grundlage.[35] Die genannten Stellen sind vielmehr so zu verstehen, dass Jesaja damit auf die Eroberung des Nordreichs durch die Assyrer anspielt, das 1. Makkabäerbuch mit einer an Jesaja angelehnten, also „biblischen" Wendung den Anspruch auf ganz Israel geltend macht und das MtEv auf die Heidenmission als Konsequenz des Wirkens Jesu vorausblickt. Dass es zur Zeit Jesu einen nennenswerten Anteil an heidnischer Bevölkerung in Galiläa gegeben habe, lässt sich dagegen mit keiner dieser Stellen begründen.

Schließlich ist ein Blick auf die politischen Verhältnisse Palästinas zu werfen. Die Vorstellung von Galiläa als einem Widerstandszentrum im Kampf gegen die

---

34 Vgl. J. L. REED, Archaeology (s. Anm. 15), 28–43.
35 Vgl. M. A. CHANCEY, Myth (s. Anm. 14).

römische Ordnung ist ein Mythos, der bis in neueste Jesusdarstellungen hinein tradiert wird. Er basiert zu einem wesentlichen Teil auf den Angaben des Josephus, der in seiner Darstellung den Eindruck erweckt, als hingen die verschiedenen Aufstände in Galiläa bzw. unter Anführung von Galiläern miteinander zusammen und steuerten direkt auf den Aufruhr der Jahre 66–68 zu. Tatsächlich handelt es sich dabei jedoch um ganz unterschiedliche Ereignisse, die ver- /103/ schiedenen historischen Konstellationen zuzuordnen sind:

Der bereits genannte Aufstand Judas des Galiläers, der nach dem Tod Herodes des Großen bei Sepphoris eine Schar von Anhängern um sich versammelt, das Waffenarsenal der Stadt überfällt und einen Aufstand inszeniert, ist Teil einer ganzen Reihe von Unruhen, die Josephus zufolge nicht nur Galiläa, sondern ganz Palästina erfassten. Als „Räuberhöhle" wird deshalb auch nicht etwa Galiläa, sondern (ganz) Judäa bezeichnet (Ant. 17,285). Wenn um 6 n.Chr. ein Judas (evtl. derselbe wie zuvor) in Judäa gegen die Steuerpflicht agitiert, besagt seine galiläische Herkunft nichts über die dortigen Verhältnisse. Wenn um 44 n.Chr. zwei Söhne des Judas einen Aufstand anführen, liegt dies bereits nach der Zeit Jesu und des Antipas. Für dessen Regierungszeit sind dagegen keine Unruhen belegt. Die Quellen wissen nur von einem Konflikt mit dem Nabatäerkönig Aretas zu berichten, der allerdings erst nach der Zeit Jesu entstand. Innenpolitisch scheint Antipas dagegen Rücksicht auf die jüdische Bevölkerung genommen zu haben: Er errichtete keine heidnischen Tempel, auf den in seiner Regierungszeit geprägten Münzen finden sich keine Götter- oder Kaiserbilder. Während seiner Herrschaft erlebte Galiläa offenbar eine Zeit der Stabilität und des inneren Friedens.[36] Dies änderte /104/ sich erst durch die Ereignisse im Zusammenhang des ersten jüdisch-römischen Krieges (66–70 n.Chr.), in den auch zahlreiche galiläische Orte verwickelt waren.

Zu beachten ist des Weiteren, dass Galiläa – anders als Judäa und Samaria – bis 120 n.Chr. nicht von römischen Truppen besetzt war. Der Widerstand gegen die Fremdherrschaft hatte hier also keinen Nährboden. Dies ist für die Wirksamkeit

---

[36] Auch GERD THEISSEN / ANNETTE MERZ, Der historische Jesus. Ein Lehrbuch, Göttingen 1996 (³2001), 167 konzedieren, dass „gerade die Zeit Jesu relativ friedlich" gewesen sei – wenn „auch in einer von Krisen gezeichneten Zeit". Die Charakterisierung als Krisenzeit gründet darauf, dass die Situation in Galiläa zur Zeit des Antipas – wie bei Josephus – in eine historische Entwicklungslinie eingeordnet wird, die von den Aufständen unter Hiskia, der 47 v.Chr. von Herodes hingerichtet wurde, bis zum jüdisch-römischen Krieg der Jahre 66–70 n.Chr. reicht. Galiläa erscheint dabei als Hort des Widerstandskampfes und Zelotismus, dem sich auch Jesus und seine Anhänger nicht hätten entziehen können. Angesichts der durchaus unterschiedlichen Entwicklungen in Judäa und Galiläa stellt sich das Bild jedoch anders dar. Dass die verschiedenen Aufstände Teil einer zusammenhängenden historischen Entwicklung darstellen, ist keineswegs eindeutig.

Jesu insofern von Bedeutung, als er nicht in einer Region auftrat, die einer unmittelbaren Konfrontation mit den Römern ausgesetzt war.

Fassen wir diesen Befund zusammen, so zeigt sich: Die galiläische Herkunft Jesu bedeutet, dass er einer jüdischen Familie entstammte und in einem jüdisch geprägten Umfeld aufgewachsen ist. Galiläer sprechen einen eigenen Dialekt;[37] sie sind Bewohner einer überwiegend ländlich geprägten Gegend, deren religiöse und politische Führung sich in Jerusalem befindet und deren religiöses Zentrum und häufiges Wallfahrtsziel der dortige Tempel ist. Zur Zeit Jesu war Galiläa von der Politik des Antipas geprägt, der seine jüdische Prägung zwar respektierte, das Land aber von Rom gepachtet hatte und seinerseits weiter verpachtete. Dies war mit der Vorstellung vom Land, das Israel von Gott verliehen wurde und für das ent- /105/ sprechend die Regelungen des israelitischen Rechts zu gelten hatten, unvereinbar. An dieser Stelle sollte sich deshalb ein Konflikt zwischen Antipas und Jesus entzünden, da Jesu Verkündigung des anbrechenden Gottesreiches ein konkurrierendes Modell zur Herrschaft des Antipas darstellte.

Mit den Gründungen von Sepphoris und Tiberias sorgte Antipas für eine wirtschaftliche und kulturelle Belebung. Die oben erwähnten sozialen Spannungen sind vor diesem Hintergrund zu interpretieren. Dass das Auftreten Jesu auch Hoffnungen wecken konnte, die sich auf die Änderung der politischen Ordnung bezogen, ist damit nicht bestritten. Entscheidend war jedoch, dass sich mit seinem Wirken die Hoffnung auf die Erfüllung der prophetischen Verheißungen vom endzeitlichen Frieden verband.

Jens Schröter, Jesus von Nazaret. Jude aus Galiläa – Retter der Welt (Biblische Gestalten, Bd. 15), Leipzig: © Evangelische Verlagsanstalt ^{5}2013 (^{1}2006), S. 79–105.

---

37 Vgl. Mt 26,73: Petrus wird in Jerusalem an seiner Aussprache erkannt.

Jörg Frey / Jens Schröter
5.18 Jesus in apokryphen Evangelienüberlieferungen, 2010

Dass die ins Neue Testament gelangten – also: kanonisch gewordenen[1] – Evangelien nur einen kleinen Ausschnitt aus der frühchristlichen Jesusüberlieferung darstellen, ist seit langem bekannt. Gerade in neuerer Zeit ist der apokryphen Jesusüberlieferung jedoch wieder vermehrt Aufmerksamkeit gewidmet worden.[2] Im Hintergrund steht dabei zum einen das verstärkte Interesse an außerkanonischen Überlieferungen in der historischen Jesusforschung[3], zum anderen generell eine veränderte Sicht auf die Geschichte des frühen Christentums und dessen soziale, regionale und ideelle Differenziertheit, welche die früheren, eher monolithischen und am Bericht der Apostelgeschichte oder der paulinischen Traditionslinie orientierten Sichtweisen abgelöst hat. Hinzu kamen eine Reihe neuer Schriftenfunde, wie die in jüngerer Zeit auch von den Medien und einer breiteren Öffentlichkeit wahrgenommenen Entdeckungen des ‚Unbekannten Berliner Evangeliums', das im angelsächsischen Sprachraum unter dem etwas irre- /4/ führenden Titel ‚Gospel of the Savior' bekannt wurde,[4] sowie des Codex Tchacos

---

[1] Die sehr treffende Redeweise von kanonisch bzw. apokryph *gewordenen* Evangelien hat Dieter Lührmann geprägt. Vgl. D. LÜHRMANN, Fragmente apokryph gewordener Evangelien in griechischer und lateinischer Sprache, Marburg 2000; DERS., Die apokryph gewordenen Evangelien. Studien zu neuen Texten und zu neuen Fragen, NT.S 112, Leiden 2004.
[2] Für einen Überblick vgl. J. SCHRÖTER, Jesus im frühen Christentum. Zur neueren Diskussion über kanonisch und apokryph gewordene Jesusüberlieferungen, VF 51 (2006), 25–41. Dieser Bericht wurde vor der Publikation des Judasevangeliums verfasst, das deshalb noch keine Berücksichtigung finden konnte. S. zuletzt H.-J. KLAUCK, Die apokryphe Bibel, Tria Corda 4, Tübingen 2008, 11–93.
[3] Vgl. programmatisch J. D. CROSSAN, The Historical Jesus. The Life of a Mediterranean Jewish Peasant, San Francisco 1991; doch gehört die Einbeziehung außerkanonischer Texte wie auch archäologischer Daten (so etwa J. H. CHARLESWORTH, Jesus within Judaism. New Light from Exciting Archaeological Discoveries, New York u. a. 1998) generell zur Eigenart des sogenannten ‚Third Quest' der Jesusforschung. Die konkrete historische Auswertung der herangezogenen Daten ist allerdings sehr unterschiedlich.
[4] S. zuerst H.-M. SCHENKE, Das sogenannte ‚Unbekannte Berliner Evangelium' (UBE), ZAC 2 (1998), 199–213, dann die Edition von C. W. HEDRICK / P. MIRECKI, Gospel of the Savior. A New Ancient Gospel, Santa Rosa 1999. Die Reihenfolge der Fragmente wurde gegenüber dieser Ausgabe später korrigiert. Vgl. S. EMMEL, The Recently Published Gospel of the Savior („Unbekanntes Berliner Evangelium"): Righting the Order of Pages and Events, HThR 95 (2002), 45–72;

mit dem Judasevangelium.⁵ Andere Texte wie etwa das koptische Thomasevangelium gehören hingegen schon seit geraumer Zeit zu den viel diskutierten Texten der Jesusüberlieferung außerhalb des Neuen Testaments.⁶ Die intensive, teilweise auch öffentlich geführte Diskussion über die apokryphen Evangelien führt zunächst vor Augen, dass die Deutungen der Gestalt Jesu im antiken Christentum ausgesprochen vielfältig waren. Das Spektrum dieser Deutungen vergrößert sich durch neu bekannt werdende Texte immer weiter.

I. Zur Bedeutung der apokryphen Evangelienüberlieferungen

Anders als in der Medienöffentlichkeit gerne suggeriert, geht es in der Erforschung der apokryph gewordenen Evangelienüberlieferungen allenfalls am Rande um neue Erkenntnisse über den historischen Jesus oder um ein die bisherigen fachwissenschaftlichen Sichtweisen grundlegend in Frage stellendes neues Bild des frühen Christentums.⁷ Solche Erwartungen /5/ werden allerdings fast jedes Mal

---

DERS., Preliminary reedition and translation of the Gospel of the Savior: New Light on the Strasbourg Coptic Gospel and the Stauros Text From Nubia, Apocrypha 14 (2003), 9–53. Zum inzwischen erreichten, völlig veränderten Stand der Diskussion s. JOOST HAGEN[, Ein anderer Kontext für die Berliner und Straßburger „Evangelienfragmente". Das „Evangelium des Erlösers" und andere „Apostelevangelien" in der koptischen Literatur, in: J. Frey / J. Schröter (Hg., unter Mitarbeit von Jakob Spaeth), Jesus in apokryphen Evangelienüberlieferungen. Beiträge zu außerkanonischen Jesusüberlieferungen aus verschiedenen Sprach- und Kulturtraditionen (WUNT 254), Tübingen 2010, 339–371].

5 Vgl. zunächst R. KASSER / M. MEYER / G. WURST (Hg., with additional Commentary by B. D. EHRMAN), The Gospel of Judas from Codex Tchacos, Washington 2006; weiter die Edition von J. BRANKAER / H.-G. BETHGE, Codex Tchacos. Texte und Analysen, TU 161, Berlin / New York 2007; P. NAGEL, Das Evangelium des Judas, ZNW 98 (2007), 213–276. Zum aktuellen Stand der Diskussion s. den Band von E. E. POPKES / G. WURST (Hg.), Judasevangelium und Codex Tchacos. Studien zur religionsgeschichtlichen Verortung einer gnostischen Schriftsammlung, WUNT [297], Tübingen [2012].

6 S. zuletzt die Diskussion in dem Tagungsband J. FREY / E. E. POPKES / J. SCHRÖTER (Hg., unter Mitarbeit von C. JACOBI), Das Thomasevangelium. Entstehung – Rezeption – Theologie, BZNW 157, Berlin / New York 2008, sowie ENNO EDZARD POPKES[, Das Thomasevangelium als *crux interpretum*: die methodischen Ursachen einer diffusen Diskussionslage, in: J. Frey / J. Schröter (Hg.), Jesus in apokryphen Evangelienüberlieferungen (s. Anm. 4), 271–292].

7 Das gilt auch und sogar in besonderer Weise für die Spekulationen von Dan Brown in seinem Bestseller „The Da Vinci Code" (dt.: „Das Sakrileg") und die Gewährsleute, auf die er sich beruft. Aus wissenschaftlicher Sicht erübrigt sich eine ernsthafte Auseinandersetzung mit diesen Thesen. S. dazu jedoch (u. a.) D. L. BOCK, Breaking the Da Vinci Code, Nashville, TN 2004; dt.: DERS., Die Sakrileg-Verschwörung. Fakten und Hintergründe zum Roman von Dan Brown, Gießen ³2006. Bemerkenswert ist insbesondere, dass mit derartigen Phantasien große öffentliche Wir-

geweckt, wenn eine neue, bislang unbekannte Schrift öffentlichkeitswirksam präsentiert wird und mit ihrer Veröffentlichung neuerdings zunehmend auch sehr massive wirtschaftliche Erwartungen befriedigt werden sollen.[8] Doch erscheint die Bedeutung, die den apokryphen Schriften für die Frage nach dem historischen Jesus in Teilen der neueren Forschung vor allem in Nordamerika beigemessen wird,[9] sachlich kaum berechtigt. Dieses Phänomen ist wohl nur in Anbetracht einer spezifischen Form der Bibelfrömmigkeit zu verstehen, der gegenüber neue Funde (oder hypothetische Rekonstruktionen) außerkanonischer Quellen immer wieder die ideale Vorstellung einer ursprünglichen Pluralität[10] wachrufen und sich so zur Legitimation eines ‚undogmatischen', pluralistischen Christentumsverständnisses anbieten.[11]

Ein solches Interesse hat die Suche nach vermeintlich ursprünglicheren Traditionen hinter den synoptischen Evangelien schon im Deismus[12] und in der

---

kung erzielt werden kann. Darin zeigt sich die Notwendigkeit einer seriösen Beschäftigung mit den apokryphen Texten als Grundlage für ein in der Öffentlichkeit zu vertretendes Bild des frühen Christentums.

8 So zuletzt besonders im Rahmen der Veröffentlichung des Judasevangeliums, wo z. B. im deutschen Nachrichtenmagazin ‚Focus' auf dem Titelblatt der Ausgabe vom 26. März 2005 formuliert wurde: „Jahrtausend-Fund. Das Judas-Evangelium – Wissenschaftler enträtseln die wahren Motive des Jesus-Verräters." S. dazu auch KLAUCK, Die apokryphe Bibel (s. Anm. 2), 31–33.

9 S. prononciert J. D. CROSSAN, Four Other Gospels. Shadows on the Contours of the Canon, Minneapolis 1985; DERS., The Historical Jesus (s. Anm. 3).

10 So im formgeschichtlichen Paradigma programmatisch die Studie von H. KOESTER, Ein Jesus und vier ursprüngliche Evangeliengattungen, in: ders. / J. M. Robinson, Entwicklungslinien durch die Welt des frühen Christentums, Tübingen 1971, 147–190, und das dann entfaltete Bild der Evangelienüberlieferung in: DERS., Ancient Christian Gospels. Their History and Development, Philadelphia 1990.

11 Diese Intention ist sehr deutlich erkennbar in E. PAGELS, Beyond Belief. The Secret Gospel of Thomas, New York 2003. Das Buch erschien in Deutsch unter einem noch aggressiveren Titel: DIES., Das Geheimnis des fünften Evangeliums. Warum die Bibel nur die halbe Wahrheit sagt, München 2004. Dabei ist anzumerken, dass die Argumentation mit dem höheren Alter bzw. der jesuanischen ‚Authentizität' der apokryphen Zeugnisse die ‚biblizistische' Argumentation der Gegenseite in gewisser Hinsicht nachbildet – bis hin zum Druck der als wahrscheinlich authentisch angesehenen Jesusworte in roten Lettern in der populären Ausgabe der ‚Five Gospels' (R. T. FUNK / R. W. HOOVER [Hg.], The Five Gospels. The Search for the Authentic Words of Jesus, New York 1993).

12 Die früheste Suche nach einem möglichst ‚ursprünglichen' nazarenischen Christentum lässt sich im Deismus bei John Toland, im Kontext eines antitrinitarischen Denkens nachweisen, s. J. Toland, Nazarenus: or Jewish, Gentile and Mahometan Christianity, London 1718.

Aufklärungstheologie (Lessing, Herder)[13] und dann die weitere Samm- /6/ lung und Erforschung außerkanonischer Jesusworte (Agrapha) begleitet,[14] in deren Zusammenhang dann auch die Entdeckung und Auswertung der heute dem Thomasevangelium zugeordneten Oxyrhynchos-Papyri Nr. 1, 654 und 655 fiel.[15]

Die Frage nach ‚ursprünglicheren' Jesustraditionen, die möglicherweise hinter die Quellen, die aus den kanonischen Evangelien zu erheben sind, zurückreichen und ein in bestimmten Zügen ‚anderes', von der kirchlichen Tradition oder auch der bisherigen historisch-kritischen Rekonstruktion abweichendes Bild des Wirkens und der Lehre Jesu zu zeichnen erlauben, hat nach dem Nag-Hammadi-Fund

---

13 S. etwa G. E. LESSING, Theses aus der Kirchengeschichte (1776), § 38–42, in: L. Zscharnack (Hg.), Lessings Werke, Bd. 21: Theologische Schriften 2, Berlin / Leipzig 1925, 244–250 (248 f.); DERS., Neue Hypothese über die Evangelisten als bloß menschliche Geschichtsschreiber betrachtet (1777/78), in: L. Zscharnack (Hg.), Lessings Werke, Bd. 23: Theologische Schriften 4, Berlin / Leipzig 1925, 120–139, wo Lessing die Notiz des Hieronymus über das „chaldäisch-syrische" Evangelium der Nazarener und die Notiz des Papias über das „hebräische" ursprüngliche Matthäusevangelium aufnimmt; außerdem die Schrift Herders über den Jakobus- und Judasbrief mit einem bemerkenswerten Zwischenstück über eine verloren gegangene judenchristliche Evangelienschrift: J. G. HERDER, Ueber die Briefe zweener Brüder Jesu (1775), in: B. Suphan (Hg.), J. G. HERDER, Sämmtliche Werke, Bd. 7, Berlin 1892, 471–573 (510–527). Zu Lessing s. D. LÜHRMANN, „Wie natürlich sich alles aus einer einzigen Bemerkung ergibt." Die Nazarener, die Logienquelle, der historische Jesus, in: ders., Die apokryph gewordenen Evangelien, NT.S 112, Leiden 2004, 259–283 (259–266); zu Herder s. auch J. FREY, Herder und die Evangelien, in: M. Keßler / V. Leppin (Hg.), Johann Gottfried Herder. Aspekte seines Lebenswerks, AKG 92, Berlin / New York 2005, 47–91 (59–61); zum Hintergrund der Erforschung der judenchristlichen Evangelien s. auch J. FREY, Zur Vielgestaltigkeit judenchristlicher Evangelienüberlieferungen, in: J. Frey / J. Schröter (Hg.), Jesus in apokryphen Evangelienüberlieferungen (s. Anm. 4), 93–137.
14 Der Pionier der Agrapha-Forschung, Alfred Resch, wollte noch ein ‚Urevangelium' rekonstruieren, s. A. RESCH, Agrapha. Ausserkanonische Evangelienfragmente in möglichster Vollständigkeit zusammengestellt und quellenkritisch untersucht, Leipzig 1889, 40–75 (die zweite Auflage von 1906 weicht in Untertitel und Inhalt ab) und DERS., Die Logia Jesu. Nach dem griechischen und hebräischen Text wiederhergestellt, Leipzig 1898. Andere Forscher wie z. B. der antisemitische Philosoph Houston Steward Chamberlain wollten mit Hilfe einer Sammlung von Jesusworten, die aus ihrem narrativen Rahmen herausgelöst wurden, ein allgemeingültiges Jesusbild erheben, das nicht mehr so stark von seinem palästinisch-jüdischen Kolorit bestimmt war (H. S. CHAMBERLAIN, Worte Christi, München 1901).
15 Die früheste Forschung meinte in diesen Papyrusfragmenten noch einen Rest der Logienquelle, aus der Papias geschöpft haben könne, zu finden, oder ordnete sie dem Ägypter-, dem Hebräer- oder dem Ebionäerevangelium zu. S. die Bearbeitung dieser Fragmente in den ersten Auflagen des Hennecke'schen Handbuchs: E. HENNECKE, Versprengte Herrenworte, in: ders. (Hg.), Neutestamentliche Apokryphen, Tübingen 1904, 7–11 (8); DERS., Versprengte Herrenworte, in: ders. (Hg.), Neutestamentliche Apokryphen, Tübingen ²1924, 32–38; H.-C. PUECH, Das Thomasevangelium, in: E. Hennecke / W. Schneemelcher (Hg.), Neutestamentliche Apokryphen, Bd. 1: Evangelien, Tübingen ³1959, 199–223 (214).

und seiner Publikation besonders die Diskussion um das Thomasevangelium begleitet. In diesem zeigt sich für einige Autoren, insbesondere aus der Gruppe des nordamerikanischen ‚Je- /7/ sus-Seminar',[16] eine ursprünglichere Schicht der Jesustradition, die von einer noch unapokalyptischen, ganz präsentischen Eschatologie und noch nicht von der in den Synoptikern bestimmenden Konzentration auf Jesu Tod und seine Deutung bestimmt sei, während die soteriologische Prägung und die apokalyptische Erwartung demgegenüber als eine sekundäre, die rein weisheitliche ältere Tradition überlagernde, ja verfälschende Entwicklung angesehen werden.[17] Mit der historischen Priorisierung dieser vermeintlich „vordogmatische[n]"[18], allerdings nur durch hypothetische Rückschlüsse zu gewinnenden Überlieferungsgeschichte und mit der abweichenden Rekonstruktion des historischen Bildes Jesu verbindet sich in den Kreisen des ‚Jesus-Seminar' ein gegenwartsbezogenes ‚aufklärerisches' Interesse, eine dogmenkritische und darin ihrerseits gleichfalls ‚dogmatisch' zu nennende Option. Jesus soll nicht mehr als weltverneinender Endzeitprophet verstanden werden, sondern ganz uneschatologisch,[19] als /8/ ein für kulturelle und gesellschaftliche Fragen aufge-

---

16 S. grundlegend R. T. FUNK / R. W. HOOVER (Hg.), The Five Gospels. The Search for the Authentic Words of Jesus, New York 1993. Sowohl in dieser Ausgabe als auch bei CROSSAN, The Historical Jesus (s. Anm. 3), 427–450, wird dem Thomasevangelium (und z.T. noch weiteren, erst quellenkritisch hergestellten Texten) die historische Priorität vor den synoptischen Traditionen eingeräumt. Auch bei F. VOUGA, Geschichte des frühen Christentums, Tübingen / Basel 1994, gilt das Thomasevangelium als Zeuge für die Epoche von 30–60 n.Chr.
17 So etwa T. ZÖCKLER, Jesu Lehren im Thomasevangelium, NHMS 47, Leiden u.a. 1999; s. kritisch zur Soteriologie: E. E. POPKES, Die Umdeutung des Todes Jesu im koptischen Thomasevangelium, in: J. Frey / J. Schröter (Hg.), Deutungen des Todes Jesu im Neuen Testament, WUNT 181, Tübingen 2005, 513–543; zur Eschatologie: DERS., Von der Eschatologie zur Protologie: Transformationen apokalyptischer Motive im Thomasevangelium, in: M. Becker / M. Öhler (Hg.), Apokalyptik als Herausforderung neutestamentlicher Theologie, WUNT II/214, Tübingen 2006, 211–233; A. L. A. HOGETERP, The Gospel of Thomas and the Historical Jesus: The Case of Eschatology, in: A. Hilhorst / G. H. van Kooten (Hg.), The Wisdom of Egypt. Jewish, Early Christian, and Gnostic Essays in Honour of Gerard P. Luttikhuizen, AGJU 59, Leiden 2005, 381–396.
18 So R. NORDSIECK, Das Thomas-Evangelium, Neukirchen-Vluyn ²2004, 22, der sich in seiner Bewertung und Kommentierung am deutlichsten der Tendenz zur Frühdatierung dieses Werks anschließt. Zur Kritik s. J. SCHRÖTER, Rez. zu R. Nordsieck, Das Thomas-Evangelium, ThR 70 (2005), 384–388.
19 Zur Konstruktion dieses ‚non-eschatological Jesus' s. M. BORG, A Temperate Case for a Non-Eschatological Jesus, Foundations and Facets Forum 2.3 (1986), 81–102; DERS., Jesus in Contemporary Scholarship, Valley Forge 1994, 47–68. Vorbereitet wurden diese Sichtweisen zunächst durch die Gleichnisdeutung von Norman Perrin (N. PERRIN, Rediscovering the Teaching of Jesus, New York 1967, 202ff. [= dt.: DERS., Was lehrte Jesus wirklich? Rekonstruktion und Deutung, Göttingen 1972, 232ff.]), der in Anlehnung an Bultmann die lineare Zeitkonzeption im

schlossener Lehrer oder sozialkritischer Volksprediger. Damit wandten sich die Mitglieder des ‚Jesus Seminar' dezidiert gegen eine ‚weltabgewandte', auf Zukunfts- und Jenseitsdimensionen gerichtete Frömmigkeit, die den ‚apokalyptischen' Jesus mit seiner End- und Gerichtserwartung ins Zentrum stellte. Im Gegenzug wurde öffentlichkeitswirksam ein ‚anderes' Bild Jesu und damit zugleich ein anderes Christentumsverständnis vertreten,[20] zu dessen Legitimation unter anderem das apokryphe Thomasevangelium beitragen soll. Dies bedeutet zugleich, dass das Interesse an der Applikation bzw. Nicht-Applikation spezifischer Aussagen der kanonischen Tradition die historische Rekonstruktion hier (wie natürlich auch bei den Vertretern gegenteiliger Positionen) beeinflusst.[21] In der Rückfrage nach Jesus zeigt sich dabei wohl deutlicher als anderswo jener hermeneutische Zirkel, auf den bereits Albert Schweitzer aufmerksam gemacht hatte: dass die historisch rekonstruierten Bilder Jesu nur allzu leicht den religiösen und gesellschaftlichen Idealen ihrer Konstrukteure gleichen. Dieser hermeneutische Zirkel ist letztlich unausweichlich. Die traditionelle Priorisierung der kanonischen Tradition unterliegt dieser Gefahr ebenso wie die programmatische Aufwertung außerkanonischer Traditionen. Eine sachgemäße historische Analyse steht damit vor der Aufgabe, gegenüber den Gefahren dieses Zirkels auf *allen* Seiten wachsam

---

Verständnis der Eschatologie Jesu in Frage stellte. Sie wurde dann insbesondere begründet durch quellenkritische Studien vornehmlich zur Logienquelle (J. S. KLOPPENBORG, The Formation of Q, Philadelphia 1987; s. zuletzt J. S. KLOPPENBORG VERBIN, Excavating Q. The History and Setting of the Sayings Gospel, Minneapolis 2000), sowie durch die programmatische Aufwertung korrespondierender außerkanonischer Traditionen, insbesondere des Thomasevangeliums, das dabei zum Hauptzeugen für die früheste Jesusüberlieferung avancierte (s. etwa S. J. PATTERSON, The Gospel of Thomas and Jesus, Sonoma 1993).

20 Insbesondere Markus Borg will Jesus in einen positiveren Bezug zur gegenwärtigen Kultur bringen, als dies möglich wäre, wenn man ihn als einen an Geschichte und Gesellschaft uninteressierten Verkündiger des Weltendes sehen müsste. In den Rekonstruktionen des ‚uneschatologischen' Jesus schwingt so deutlich ein applikatives Interesse mit. Vgl. auch M. BORG., Jesus. A New Vision, San Francisco 1987, 190–204.

21 S. etwa die Kritik bei N. T. WRIGHT, Five Gospels But No Gospel. Jesus and the Seminar, in: B. Chilton/ C. A. Evans (Hg.), Authenticating the Activities of Jesus, NTTS 28,2, Leiden 1999, 83–120 (101f.): „Jesus must not in any way appear to give sanction to contemporary apocalyptic preaching, such as that on offer in the fundamentalist movements against which the Jesus Seminar is reacting so strongly. Jesus must not, therefore, have supposed that the end of the world was at hand, or that God was about to judge people, or that the Son of Man ... would shortly ‚come on the clouds.' All these things form the scriptural basis for much stock-in-trade fundamentalist preaching; the Seminar therefore wishes to rule them out of court. The older flight from apocalyptic was designed to save orthodox Christianity; the newer one is designed to subvert it."

zu sein und den historischen Wert der jeweiligen Überlieferungen methodisch sorgfältig und kritisch zu bestimmen.

Die Diskussion über das Thomasevangelium ist jedoch ein Sonderfall, weil in dieser Spruchsammlung am ehesten noch mit der Möglichkeit alter, evtl. vorsynoptischer Überlieferungsstoffe gerechnet werden kann, auch wenn das Werk im Ganzen – soweit man angesichts des späten Datums der /9/ einzigen vollständigen Version in koptischer Sprache und der deutlich abweichenden griechischen Fragmente überhaupt Aussagen über seine ursprüngliche Fassung und ihren Textbestand machen kann[22] – doch wohl nicht vor dem 2. Jahrhundert anzusetzen ist.[23] Diskutabel – wenngleich nicht sicher zu erweisen – ist das Vorliegen sehr alter Traditionen noch für einige wenige Fragmente der judenchristlichen Überlieferung[24] sowie für wenige andere apokryphe Textstücke oder Agrapha. Darüber hinaus hat die Diskussion in der Fachwelt zu einem weit reichenden Konsens geführt, der besagt, dass die apokryphe Jesusüberlieferung in aller Regel die später ins Neue Testament gelangten Jesuserzählungen voraussetzt, in spezifischer Weise ergänzt und aus neuen Perspektiven interpretiert und weiterführt. Deutlich ist das Interesse der Auffüllung von biographischen ‚Lücken' etwa bei den apokryphen Kindheitsevangelien wie dem Protevangelium Jacobi oder dem Kindheitsevangelium des Thomas, beim Bericht über Jesu Auferstehung im Petrusevangelium oder auch bei einem Text wie den Pilatusakten bzw. dem Nikodemusevangelium. Andere Texte wie z. B. der Papyrus Egerton 2 oder das bei Epiphanius zitierte Evangelium der Ebionäer bieten ‚harmonisierende' Varianten, in denen Aspekte aus unterschiedlichen Quellen verbunden oder erzählerische

---

[22] S. die Argumentation bei E. E. POPKES, Das Menschenbild des Thomasevangeliums. Untersuchungen zu seiner religionsgeschichtlichen und chronologischen Einordnung, WUNT 206, Tübingen 2007, 6 f.; zum Verhältnis zur synoptischen Tradition s. auch J. FREY, Die Lilien und das Gewand. EvThom 36 und 37 als Paradigma für das Verhältnis des Thomasevangeliums zur synoptischen Überlieferung, in: ders. / Popkes / Schröter (Hg., unter Mitarbeit von C. Jacobi), Das Thomasevangelium. Entstehung – Rezeption – Theologie, BZNW 157, Berlin / New York 2008, 122–180.

[23] Zur Einleitung s. J. SCHRÖTER / H.-G. BETHGE, Das Evangelium nach Thomas (NHC II,2), in: H.-M. Schenke u. a. (Hg.), Nag Hammadi Deutsch, Bd. 1, Koptisch-gnostische Schriften II NHC I,1-V,1, GCS.NF 8, Berlin / New York 2001, 124–139 (125); H.-J. KLAUCK, Apokryphe Evangelien. Eine Einführung, Stuttgart 2002, 144 f.; DERS., Die apokryphe Bibel (s. Anm. 2), 61: „erste Hälfte des zweiten Jahrhunderts". Eine noch spätere Ansetzung in die zweite Hälfte des 2. Jahrhunderts vertritt POPKES, Menschenbild (s. Anm. 22), 360–362.

[24] S. schon die kritische Bilanz bei J. FREY, Ein Weg zurück zu den Ursprüngen? Die Fragmente judenchristlicher Evangelienüberlieferungen, BiKi 60 (2005), 75–81, vgl. weiter den Beitrag von *Jörg Frey:* Zur Vielgestaltigkeit judenchristlicher Evangelienüberlieferungen (s. Anm. 13), und seine Bearbeitung der Fragmente judenchristlicher Evangelien in: C. Markschies / J. Schröter (Hg., unter Mitarbeit von A. Heiser), Antike christliche Apokryphen I: Evangelien, Tübingen 2012.

und sachliche ‚Probleme' in einer Weise ‚gelöst' werden, die im weiteren Sinne an die Exegese der Targumim oder Formen des Midrasch erinnert.[25] Eine spezifische ‚Ver- /10/ schiebung' der Perspektive gegenüber den kanonisch gewordenen Berichten zeigt sich in der ‚mystifizierenden' Einleitung des Thomasevangeliums, das bereits in seinem griechischen Text von P. Oxy. 654 explizit die ΛΟΓΟΙ [ΑΠΟΚΡΥΦΟΙ], die „verborgenen Worte" Jesu zu bieten verspricht, deren Deutung zu ergründen ist, und sich so in eine hermeneutische Perspektive der Suche nach einem ‚tieferen Sinn' bzw. höherer Erkenntnis begibt, wie sie in ähnlicher Weise auch bei Clemens von Alexandrien oder Origenes zu finden ist.[26] In anderen, noch stärker gnostisch geprägten Texten oder auch in spezifisch judenchristlichen Umdeutungen der Tradition wie etwa in dem von Epiphanius zitierten Fragment des Ebionäerevangeliums über den Fleischverzicht Johannes des Täufers und Jesu[27] ist die von den älteren Evangelien abweichende, ja diese bewusst korrigierende Perspektive noch deutlicher erkennbar. Eine signifikant differierende Perspektive auf die Geschichte Jesu zeigt sich auch in dem (sehr fragmentarisch erhaltenen) Petrusevangelium: Sie zeigt sich nicht nur in der reduzierten Kenntnis palästinisch-jüdischer Sachverhalte und der gegenüber den kanonischen Evangelien noch gesteigerten Beschuldigung der Juden, sondern auch in der Unmittelbarkeit der Beschreibung der Auferstehung Christi, die die in allen vier kanonischen Evangelien vorliegende Zurückhaltung gegenüber diesem Geschehen aufgegeben hat.[28]

---

25 Hinter diesem Begriff verbirgt sich allerdings eine sehr große Vielfalt von Formen der Auslegung. S. jedoch M. McNamara, Midrash, Apocrypha, Culture Medium and Development of Doctrine. Some Facts in Quest of a Terminology, Apocrypha 6 (1995), 127–164, der Verbindungslinien von den Targumim bis hin zu der Ausgestaltung später christlicher Apokryphen zieht und ein midraschisches Denken auch im frühen Christentum konstatiert. Hier eröffnet sich ein weites Feld für die Forschung, insofern kombinatorische und ‚exegetische' Techniken einen Vergleich zwischen den frühchristlichen Apokryphen und frühjüdischen Texten, etwa des Typus der ‚Rewritten Bible' oder auch den in der LXX oder im Samaritanus wahrnehmbaren ‚exegetischen' Techniken erlauben. S. zur LXX M. Meiser, Historiographische Tendenzen in der LXX, in: J. Frey / C. K. Rothschild / J. Schröter (Hg.), Die Apostelgeschichte im Kontext antiker und frühchristlicher Historiographie, BZNW 162, Berlin / New York 2009, 77–100.
26 Dazu J. Schröter, Die Herausforderung einer theologischen Interpretation des Thomasevangeliums, in: Frey / Popkes / Schröter (Hg., unter Mitarbeit von C. Jacobi), Das Thomasevangelium. Entstehung – Rezeption – Theologie, BZNW 157, Berlin / New York 2008, 435–459 (444–446).
27 Epiph.haer. XXX 13,4f. (GCS 25, 349 Holl): „‚und seine Speise', heißt es, ‚war wilder Honig, dessen Geschmack der des Manna war, wie Kuchen in Öl.'" und Epiph.haer. XXX 22,4 (GCS 25, 363 Holl): „Nicht begehre ich, Fleisch an diesem Passa mit euch zu essen."
28 S. dazu Tobias Nicklas[, Das Petrusevangelium im Rahmen antiker Jesustraditionen, in: J. Frey / J. Schröter (Hg.), Jesus in apokryphen Jesusüberlieferungen (s. Anm. 4), 223–252].

Interessant für die Forschung sind jedoch nicht nur die ‚theologischen' oder ideologischen Tendenzen hinter diesen apokryphen Texten, sondern auch die narrativen und literarischen Techniken der dialogischen Ausgestaltung, legendarischen Ausmalung oder liturgischen Stilisierung, die ihrerseits auf die religiösen und sozialen Kontexte und Profile der Träger dieser Überlieferungen hinweisen. Insofern schmälert die Einsicht, dass die apokryphen Texte allenfalls in wenigen Ausnahmefällen hinter die älteste, /11/ aus den kanonischen Texten zu erhebende Überlieferungsstufe zurückführen, die historische und auch theologische Relevanz dieser Texte in keiner Weise. Diese sind vielmehr ausgesprochen wichtige, in ihrer Bedeutung noch längst nicht ausgelotete Zeugnisse für die Geschichte des antiken und spätantiken Christentums, deren methodologisch reflektierte und interdisziplinär vernetzte Erforschung von größter Bedeutung ist und in vielfältiger Weise neue Perspektiven eröffnet.

Die Bedeutung der apokryphen Jesusüberlieferungen liegt zunächst, allgemein formuliert, darin, dass sie die Breite und Vielfalt der *Rezeption* der Gestalt, des Wirkens und Geschicks Jesu im antiken Christentum vor Augen führen. Sie dokumentieren damit Phänomene und Tendenzen, die wesentlich zur Herausbildung des Christentums in seinen unterschiedlichen Facetten beigetragen haben. Was als besonders zentral oder maßgeblich für die jeweils leitende Konzeption des Christlichen angesehen wurde, musste sich insbesondere in der Gestalt der Überlieferungen über Jesus, seine Geburt, seine Worte und Taten und seine Passion niederschlagen. Insofern bringen die apokryphen Jesustraditionen mehr noch als die Überlieferungen über Apostel und andere Gestalten oder auch als apokalyptische Texte das für die jeweiligen Autoren und Rezipienten Wesentliche zur Sprache. Jesusüberlieferungen sind in besonderer Weise Ausdruck und Vehikel christologischer Sichtweisen und der mit ihnen verknüpften Aspekte von Ethik, Eschatologie etc. Sie sind aber auch – und in vielen apokryphen Texten verstärkt – Spiegel der Religiosität ihrer jeweiligen Trägerkreise und Überlieferungskontexte. Mehr noch als in gelehrten Kommentaren oder theologischen Autorenwerken kommen in ihnen volkstümliche Sichtweisen und Details der konkreten Lebenswelt ihrer Tradenten und Rezipienten zum Ausdruck, die für eine soziologisch und mentalitätsgeschichtlich ausgerichtete Betrachtung des Christentums von entscheidender Bedeutung sind. Obwohl sich die Entstehung und noch mehr die Überlieferung und Rezeption der apokryphen Texte, aus der Perspektive der altkirchlichen Bekenntnisbildung gesehen, häufig eher an den „Rändern" des offiziellen Christentums ereignet hat, muss eine umfassend angelegte Betrachtung der Geschichte des frühen Christentums diesen Entwicklungen, die durch zahlreiche neu entdeckte Texte in den zurückliegenden ca. 120 Jahren immer deutlicher ins Bewusstsein gerückt sind, einen wichtigen Platz innerhalb ihrer Darstellung zukommen lassen. [...]

Jörg Frey / Jens Schröter, Jesus in apokryphen Evangelienüberlieferungen. Zum Thema und zur Konzeption des vorliegenden Bandes, in: Jörg Frey / Jens Schröter (Hg., unter Mitarbeit von Jakob Spaeth), Jesus in apokryphen Evangelienüberlieferungen. Beiträge zu außerkanonischen Jesusüberlieferungen aus verschiedenen Sprach- und Kulturtraditionen (WUNT 254), Tübingen: Mohr Siebeck 2010, S. (3–30) 3–11.

Ulrich B. Müller
5.19 Jesu Heilsverkündigung und das Problem der Gerichtsverzögerung, 2011

I

Über das Thema Parusieverzögerung im Urchristentum hat man in der Forschung zu Recht gründlich diskutiert.[1] Voraussetzung war die Annahme, Johannes der Täufer und Jesus seien von einer starken Naherwartung geprägt, was auch für die Urgemeinde Geltung hatte. Doch bald wurde diese Naherwartung enttäuscht und musste anderen eschatologischen Konzeptionen weichen, die mit einer Dehnung der Zeit rechneten (vgl. schon Mk 9,1; Mt 25,1–13). Gleichwohl wurde die Naherwartung immer wieder neu belebt, was sich im 1. Petrusbrief, besonders aber in der Offenbarung des Johannes zeigt. Das Problem stellte sich aber nicht erst im frühen Christentum. „Schon der Täufer reagierte vielleicht auf die Verzögerung des Endes mit einer Intensivierung der Naherwartung ... Musste Jesus nach ihm neue Wege suchen, weil sich auch die Erwartung des Täufers nicht erfüllte?"[2] Wollen wir dieser Frage nachgehen, legt sich zunächst ein Blick auf das frühe Judentum nahe, das immer wieder vom Problem der Gerichtsverzögerung bedrängt wurde. Dabei zeigt sich, dass das Thema in einigen Schriften kurz anklingen kann, in anderen aber geradezu beherrschend ist.

PsSal 2,25 reagiert auf das Trauma der Eroberung Jerusalems durch Pompejus: „Zögere nicht (μὴ χρονίσῃς), o Gott, die Vergeltung auf ihr Haupt kommen zu lassen ..." SyrBar 20,5 und 48,39 versichern auf ihre Weise, dass „die Zeiten" sich nicht verzögern; kommen wird der Richter und „nicht zögern". Entsprechendes wird bereits in Jes 13,22LXX mit demselben Verbum χρονίζειν thematisiert, das auch im Kontext frühchristlicher Parusieverzögerung Verwendung findet (Mt 24,48; 25,5).

---

[1] Vgl. E. Gräßer, Das Problem der Parusieverzögerung in den synoptischen Evangelien und in der Apostelgeschichte (BZNW 22), Berlin/New York ³1977; ders., Die Naherwartung Jesu (SBS 61), Stuttgart 1973.
[2] G. Theißen /A. Merz, Gerichtsverzögerung und Heilsverkündigung bei Johannes dem Täufer und Jesus, in: G. Theißen, Jesus als historische Gestalt (FRLANT 202), Göttingen 2003, 229–253, hier 229.

In anderen jüdischen Schriften findet sich an zentraler Stelle eine auffällige Verbindung von drängender Naherwartung und dem irritierenden Erlebnis von Gerichtsverzögerung. Gerade das Danielbuch ist dafür ein eindrückliches /2/ Zeugnis. Angesichts des sich verfinsternden Erfahrungshorizonts taucht für die Frommen die dringende Frage auf: „Wie lange noch gilt dieses Gesicht, dass das tägliche Opfer aufgehoben und ein Frevel der Verwüstung aufgestellt ...?"[3] (Dan 8,13). Die erste Antwort rechnet mit 1150 Tagen (8,14). Auf die erneute Frage „Wie lange (steht aus) das Ende dieser wunderbaren Dinge?"(12,6) verlängert sich die Frist auf 1290 Tage (12,11), später dann auf 1335 Tage (12,12). Angesichts dieser Verzögerung fleht der Beter: „Herr, merke auf und handle! Zögere nicht um deinetwillen, mein Gott!" (9,19).

Aufschlussreich sind in diesem Zusammenhang die Qumrantexte. In dem in die Mitte des ersten vorchristlichen Jahrhunderts zu datierenden Kommentar zum Buch Habakuk heißt es: Gott habe dem Lehrer der Gerechtigkeit die Geheimnisse der Prophetenworte kundgetan (1 QpHab 7,4 f.). Allerdings ist aus der Sicht des Kommentars das vom Lehrer berechnete Datum des Endes bereits verstrichen, ohne dass es eingetreten wäre[4]: „... die letzte Zeit zieht sich in die Länge und zögert sich hin über alles, was die Propheten gesagt haben; denn die Geheimnisse Gottes sind wunderbar" (1QpHab 7,7 f.). Dieses Problem hat vorher bereits der eschatologische Midrasch 4QMidrEsch[a.b] zu bewältigen versucht, wenn er „das Ende der Tage", d. h. „die letzte Zeitepoche der von Gott vorher geplanten, in Perioden ablaufenden Geschichte" behandelt[5]. Es galt die Irritationen zu bewältigen, die mit der Verzögerung des zu einem bestimmten Zeitpunkt erwarteten Endes auftreten mussten.[6] Mit Hilfe der Schrift, d. h. Ps 13,2f. und ihren Fragen „Wie lange noch?" hat die essenische Gemeinde ihr Problem zu formulieren versucht[7]. Es geht um die letzte Phase der Geschichte vor dem Beginn der ersehnten Heilszeit. Mit dem Rekurs wiederum auf die Schrift (Dan 11,32b.35; 12,10) hat man Antworten gefunden, die der Vergewisserung der eigenen heilsgeschichtlichen Position dienen konnten (Kol. 4,3 – 4).[8]

Wenige Jahre oder Jahrzehnte vor dem Auftreten Johannes des Täufers und Jesu, d.h. in den Wirren der Zeit der Herodessöhne, sieht der Verfasser der As-

---

3 Vgl. die Übersetzung des schwierigen Textes bei A. Bentzen, Daniel (HAT 19), Tübingen ²1952, 56.
4 A. Steudel, Der Midrasch zur Eschatologie aus der Qumrangemeinde (4 QMidrEsch [a.b]) (STDJ 13), Leiden u. a. 1994, 204.
5 Steudel, ebd.,163.
6 Steudel, ebd., 211.
7 4QMidr 9,8 – 9 bzw. 11,8.
8 Steudel, Midrasch (s. Anm. 4), 211.

sumptio Mosis Zeit und Geschichte dem Ende zueilen. Von der schrecklichen Endperiode sagt der Verfasser: „Von da ab werden die Zeiten ihrem Ende zugehen; plötzlich (wird sich schließen) ihr Lauf, (wenn) vier Stunden (gekommen sind)" (7,1).[9] Allerdings werden noch Rache und Zorn kommen, „wie sie nicht dagewesen sind ... von Weltbeginn an", wenn der endzeitliche Schreckensherrscher auftritt (8,1–5). Man sehnt die Heilswende herbei, die verzieht. /3/ Die Hoffnung geht dahin[10], dass das Martyrium der Söhne des Taxo, der wahren Frommen also, als Mittel tauglich ist, die endgültige Vollzahl der Gerechten zu erfüllen und damit das Gericht Gottes zu beschleunigen: „Denn wenn wir das tun und so sterben, wird unser Blut vor dem Herrn gerächt werden" (9,7). An diese Überzeugung könnte Johannes der Täufer angeknüpft haben, auch wenn seine Naherwartung ungemein dringlicher ist, ja die Zuhörer unmittelbarer mit dem drohenden Gericht Gottes konfrontiert und die Möglichkeit einer Rettung in letzter Minute aufscheint (Q 3,7–9.16–17).

In der Tat kennt Johannes eine Naherwartung, die aufs Schärfste zugespitzt ist: „Schon ist die Axt an die Wurzel der Bäume gelegt ..." (Q 3,9). Das Zeitadverb „schon" und das Bild von der Axt, die bereits an die Wurzel gelegt ist, tragen einen Zeitfaktor ein, der das Gericht Gottes unmittelbar vor sich sieht. Entsprechendes meint das Bild des gedroschenen Getreides auf der Tenne (Q 3,17). Der Bauer – gemeint ist der kommende „Stärkere" – hat bereits die Schaufel in der Hand, um sogleich mit der Trennung von Spreu und Weizen zu beginnen. Die endgültige Scheidung zwischen dem Heilsgeschick der Getauften und dem Strafgericht an allen Übrigen in „unauslöschlichem Feuer" steht unmittelbar bevor. Angesichts einer solchen Nächsterwartung des göttlichen Gerichts musste bei den Anhängern des Täufers, ja bei ihm selbst alsbald eine bedenkliche Verzögerungserfahrung einsetzen. Denn je akuter die Naherwartung, desto schmerzlicher musste die Verzögerungserfahrung ausfallen.

II

Möglicherweise ist dieses Problem in der so genannten Täuferanfrage greifbar (Q 7,18 f.22 f.), wobei die Matthäusversion Mt 11,2–6 am ehesten den Q-Wortlaut er-

---

[9] Textrekonstruktion und Übersetzung nach E. Brandenburger, Himmelfahrt Moses (JSHRZ V/2), Gütersloh 1976, 74.
[10] K. Erlemann, Naherwartung und Parusieverzögerung im Neuen Testament (TANZ 17), Tübingen/Basel 1995, 89.

halten hat.[11] Dabei haben wir wohl von einer einheitlichen Fassung des Textes auszugehen (ursprüngliche Zusammengehörigkeit von Täuferfrage und Jesusantwort), da die erzählerische Exposition nicht nachträglich aus dem Wort Jesu (V. 22f.) erschlossen sein kann, weil die Frage des Täufers und die Antwort Jesu in Spannung zueinander stehen, insofern die Täuferfrage nicht recht zur Antwort passt, weswegen die Frage auch keine zu erwartende Antwort erhält. „Hinzu kommt noch, dass das Wort Jesu in V. 22 nicht für sich stehen kann, sondern nur als Antwort auf eine Frage nach seiner Identität sinnvoll ist. Diese Inkohärenzen sprechen für ein hohes, d.h. vorösterliches Alter der Überlieferung …"[12] Berücksichtigen wir zudem die Besonderheit der Antwort Jesu /4/ in Q 7,22, so fällt die Indirektheit auf, mit der Jesus seinen Anspruch geltend macht (er spricht in V. 22 nicht von sich in der 1. Person), wobei insbesondere die Nähe zu dem sicher authentischen Wort Q 10,23f. auch für Q 7,22 die Ursprünglichkeit nahe legt. Beide Male geht es um das „Sehen" und „Hören" der Taten und Worte Jesu, ohne dass Jesus von sich in der ersten Person spricht. Erst in 7,23 nennt er sich selbst.

Der erste Teil der Frage des Täufers „Bist du der Kommende …" (Q 7,19) meint im lukanischen Kontext den „Stärkeren", d.h. Jesus Christus, von dem Johannes gesagt hat, er komme nach ihm (Lk 3,15–17). In der zugrunde liegenden vorösterlichen Tradition, d.h. wohl im Munde des historischen Täufers, muss diese Frage etwas anderes bedeuten; sie kann jedenfalls nicht Jesus mit dem endzeitlichen Feuertäufer in Verbindung gebracht haben. Denkbar wäre jedoch als ursprüngliche Frage, dass angesichts des Ausbleibens des Feuergerichts Johannes an Jesus die erwartungsvolle Frage nach dem endzeitlichen Boten gestellt habe, der einen Weg vor Gott bahnen solle (Mal 3,1).

Wichtig ist dabei der Zusammenhang, in dem Mal 3,1 von diesem Boten spricht,[13] weil dort das Problem der Gerichtsverzögerung, auf dem die prophetische Ankündigung basiert, einen Hinweis auch auf den Kontext der Täuferfrage geben könnte. Die Kritiker des Propheten fragen skeptisch: „… wo ist denn der Gott des Rechts?" (Mal 2,17). Man verlangt nach dem Gott des Gerichts, weil die Wirklichkeit des Lebens der Erwartung widerspricht, dass die religiös Gleich-

---

11 Vgl. F. Bovon, Das Evangelium nach Lukas, Lk 1,1–9,50 (EKK III/1), Zürich/Neukirchen-Vluyn 1989, 370: Lukas hat erweitert: „Er liebt es, Ereignisse zu veranschaulichen …".
12 M. Wolter, Das Lukasevangelium (HNT 5), Tübingen 2008, 278. Umstritten ist ja die Frage, ob bei der Täuferanfrage ein um das Wort Jesu gebildetes Apophthegma vorliegt. Doch gilt: „Die Schwierigkeiten, einen überzeugenden Sitz im Leben für ein von der Gemeinde gebildetes Apophthegma zu finden, sprechen … gegen Gemeindebildung." U. Luz, Das Evangelium nach Matthäus II (EKK I/2), Zürich/Neukirchen-Vluyn 1990, 166.
13 A. Meinhold, Maleachi (BK XIV/8), Neukirchen-Vluyn 2006, 242–248, hält wohl zu Recht Mal 2,17 + 3,1a.5 für den ursprünglichen Text, der in 3,1b-4 sekundär erweitert wurde.

gültigen das Gericht Gottes zu erwarten hätten. Doch der verheißene Gott ist nicht gekommen; sein Erscheinen bleibt aus. Insofern die Gegner mit dem Verzug des Gerichts argumentieren, versucht der Prophet, gegen diese Position anzugehen. Er weist darauf hin, dass Gott ja schon dabei ist, seinen Boten zu senden, der den Weg vor ihm bahnen soll (Mal 3,1a; vgl. Jes 40,3). „Das sei das Zeichen, daß in kürzester Frist der Allherr selbst erscheinen werde."[14] Wer dieser Bote ist, bleibt allerdings umstritten; der Prophet könnte sich selbst meinen.[15] In jedem Fall will die Antwort in Mal 3,1a der Klage über die Gerichtsverzögerung wehren. Und der sekundäre Einschub von 3,1b-4 bekräftigt mit 3,1b diese Tendenz: „... plötzlich zieht ein zu seinem Tempel der Herr, nach dem ihr verlangt. Und der Bote des Bundes, den ihr begehrt, siehe, er kommt, spricht der Herr Zebaoth". Die Ergänzungen in 3,1b ringen „mit einem offenbar neuerlichen Verzug der angekündigten, durch einen Vorläufer vorzubereitenden Ankunft des Gottes des Rechts"[16], wobei das Adverb „plötzlich" die /5/ Vergewisserungsabsicht unterstreicht und anschließend nochmals die Ankunft jetzt des „Boten des Bundes" mit den Worten „siehe, er kommt" eingeschärft wird. Wenn der nachträgliche Schluss des ganzen Buches in Mal 3,23f. den Boten mit der Gestalt Elias identifiziert, so ist hier die Tendenz spürbar, das Ausbleiben des Eingreifens Gottes erträglich zu machen und die Zeit bis zum ersehnten Ende quasi zu überbrücken. Auf einem entsprechenden Problemhintergrund wird man die Frage des Täufers zu verstehen haben: „Bist du der Kommende ...?" (Q 7,19). Sie könnte auf die Erwartung des Mal 3,1 angekündigten Boten Gottes zielen, von dessen Kommen (nicht Gottes Kommen) der sekundäre Zusatz in V. 1b ausdrücklich sagt: „Siehe, er kommt, spricht der Herr Zebaoth."[17] Entscheidend aber ist das weitere.

Die Fortsetzung der Täuferfrage: „... oder sollen wir auf einen anderen warten?" reflektiert (ähnlich wie Mal 2,17) die Gerichtsverzögerung – eine Erfahrung, die Johannes angesichts des von ihm angedrohten Feuergerichts zu bewältigen hatte. Bezeichnend ist dabei wohl der Ausdruck des Zweifelns, das der Konjunktiv προσδοκῶμεν vielleicht erkennen lässt.[18] Es geht hier nicht um ein banales

---

14 K. Elliger, Das Buch der zwölf kleinen Propheten II (ATD 25), Göttingen ⁶1967, 206, der allerdings nur Mal 3,1bß + 3,3f. für sekundär hält.
15 Elliger, ebd., 206.208.
16 Meinhold, Maleachi (s. Anm. 13), 258.
17 Inwieweit hier wegen Mal 3,23f.; JesSir 48,10 die Eliaerwartung eine Rolle spielt, sei dahingestellt, vgl. M. Öhler, Elia im Neuen Testament (BZNW 88), Berlin/New York 1997, 64. Zu beachten ist gleichwohl die Meinung: Da Johannes der Täufer „sich für den letzten Propheten vor dem Endgericht hielt, liegt es nahe anzunehmen, dass er sich für den in Mal 3,1.23f. angekündigten Elia redivivus hielt, sicher nachweisen lässt es sich aber nicht". G. Theißen / A. Merz, Der historische Jesus, Göttingen ³2001, 192.
18 Vgl. B/D/R § 366.

Warten, sondern um die unsichere Frage, ob sich Warten überhaupt lohnt. Die Täuferfrage steht letztlich in alter prophetischer Tradition, die immer wieder mit dem Verzug der erwarteten Gerichtswende zu kämpfen hatte und deshalb die Mahnung zum Warten und Ausharren aussprach. Ein bekannter Beleg ist Hab 2,3: „Wenn sie verzieht (die Schauung), so warte auf sie; denn sie kommt gewiss und bleibt nicht aus"[19], oder Zeph 3,8: „Darum wartet auf mich ... auf den Tag, da ich aufstehe als Zeuge." Johannes steht also nicht isoliert da, wenn man ihn mit alttestamentlichen Propheten vergleicht; denn die „prophetische Weissagung" (im Falle des Täufers die Ankündigung des Feuergerichts) stand immer schon „vor dem Problem der ‚Verzögerung', das sich bis zur Frage nach der Glaubwürdigkeit ihrer Botschaft steigern konnte."[20] Dieser Problemzusammenhang wird für die weiteren Überlegungen bedeutsam blei- /6/ ben, auch wenn der Versuch, den „Kommenden" aus der Täuferfrage mit der Erwartung des Boten Gottes aus Mal 3,1.23 f. zu verbinden, hypothetisch bleibt.

III

War das Problem der Gerichtsverzögerung im Täuferkreis von Bedeutung, so ist bei Jesus von Nazaret als zeitweiligem Täuferanhänger Entsprechendes anzunehmen. Jesus hat sich von Johannes taufen lassen und damit demonstriert, dass er die Gerichtsankündigung des Täufers zunächst für sich akzeptiert hat. In der Phase seines selbständigen Wirkens hat Jesus wahrscheinlich nicht getauft (anders Joh 3,22, was allerdings 4,2 korrigiert). Man hat den Grund für diesen Verzicht in der Verzögerungsproblematik gesehen, die angesichts der akuten Naherwartung des Täufers einsetzen musste.[21] Nach dieser Meinung bot Johannes seine Taufe als symbolische Ersatzhandlung an, die die Aufrichtigkeit der Umkehr sichern sollte, weil keine Zeit mehr für ethische Taten bestand, insofern das Gericht Gottes unmittelbar bevorstand. „Wenn sich das Ende hinauszögerte, musste der innere Grund für diese symbolische Ersatzhandlung entfallen. Verzichtete Jesus vielleicht

---

19 Zu Hab 2,3 vgl. A. Strobel, Untersuchungen zum eschatologischen Verzögerungsproblem aufgrund der spätjüdisch-urchristlichen Geschichte von Habakuk 2,2ff. (NT.S 2), Leiden/Köln 1961, 273–277. Anders als Strobel, ebd., 53, meint, hat die griechische Texttradition der LXX keine Person (etwa Gott) im Blick, deren Erscheinen sich verzögert, vielmehr ist es der καιρός, dessen gewisses Kommen betont wird (so W. Kraus, Hab 2:3–4 in the Hebrew Tradition and in the Septuagint, with its Reception in the New Testament, in: J. Cook (Hg.), Septuagint and Reception (VT.S 127), Leiden 2009, 101–117, hier 106–110.).
20 H. Wildberger, Jesaja. II. Jesaja 13–27 (BK X/2), Neukirchen-Vluyn 1978, 524, mit Verweis auf Hab 2,3; Ez 7,7 und vor allem Ez 12,21–28; Jes 60,22.
21 Theißen/Merz, Gerichtsverzögerung (s. Anm. 2), 234–236.

deshalb auf die Taufe, weil er überzeugt war, dass Gott den Menschen noch eine Chance und Zeit genug zur Umkehr lässt?"²² Diese Frage weist in die zutreffende Richtung. Wie für den Täufer und andere Täuferanhänger dürfte für Jesus mit dem Ausbleiben des Feuergerichts eine Irritation eingetreten sein. Eine völlige Neuorientierung war vonnöten, die eine bessere Erkenntnis des eschatologischen Geschichtsplans Gottes implizierte. Dabei dürfte das Ausbleiben des Feuergerichts ein erster Hinweis gewesen sein, dass Gott sein endgültiges Gerichtshandeln auf andere Weise als erwartet durchsetzen würde. Und dieser Neueinsatz geschah mit Jesu Vision vom Sturz des Satans aus dem Himmel (Lk 10,18), der anzeigte, dass das Gericht Gottes nicht verzog oder gar ausgeblieben ist, sondern ganz im Gegenteil im Himmel bereits in einem ersten Akt vollzogen ist. Jedenfalls handelt der Visionsbericht Lk 10,18 von einem zurückliegenden himmlischen Geschehen, dessen spezifischer Aussagesinn nach Klärung des ursprünglichen Kontextes deutlich wird. Es lässt sich zeigen, dass der Evangelist Lukas das überlieferte Logion seinerseits bearbeitet hat. Blickt man auf die vom Evangelisten komponierte Einheit Lk 10,17–20, so fallen zwei theozentrisch orientierte Zeilen auf, nämlich V. 18b und V. 20b, während der übrige Zusammenhang, besonders V. 19, eher christologisch bestimmt ist. Die theozentrisch orientierten Aussagen V. 18b und V. 20b zielen auf die Aussage: „Wie der Herabsturz des Satans aus dem Himmel ... auf die Heilsinitiative Gottes zurückgeht, so gilt dies nach Ausweis des Passivum divinum ἐγγέγραπται auch von der Aufnahme der ange- /7/ sprochenen Jünger in die himmlische Bürgerschaft."²³ Dazu steht aber in Spannung „die christologische Perspektive" in V. 19, die die Vollmacht „über alle Macht des Feindes" nicht entsprechend der Aussage von V. 18b auf die himmlische Entmachtung des Satans, sondern auf einen Hoheitsakt Jesu zurückführt.²⁴ In V. 19 äußert sich die lukanische Bearbeitung, die zudem den Anfang von V. 20 anfügt (V. 20a), der die Freudensäußerung der Jünger aus der Einleitung der Erzähleinheit in V. 17 aufnimmt, die ihrerseits auf Lukas zurückgeht.²⁵ Überlieferungsgeschichtlich

---

22 Theißen/Merz, ebd., 235.
23 M. Theobald, „Ich sah den Satan aus dem Himmel stürzen ..." Überlieferungskritische Beobachtungen zu Lk 10,18–20, BZ NF 49 (2005), 174–190, hier 179.
24 Theobald, ebd.
25 Der Evangelist hat das doppelgliedrige Logion so bearbeitet, „dass er seinen Kommentar nicht an das Logion angehängt, sondern diesem eingepflanzt hat", was sich an weiteren Texten als lukanische Eigenart zeigen lässt (Theobald, ebd., 183–185 mit Verweis auf Q 6,27 f.35c-d [vgl. Mt 5,44 f.] oder Q 12,51–53 [vgl. Mt 10,34 f.]). – Zu beachten ist ja, dass der Visionsbericht V. 18 recht unvermittelt auf die Freudensäußerung der Jünger in V. 17 folgt. Ähnlich unvermittelt wirkt die Aussage Jesu in V. 19, die inhaltlich an V. 17 anknüpft, aber auf V. 18 nicht eingeht. V. 20a schließt mit der Korrektur der Freude der Jünger an V. 17 an und nimmt das Thema der Jüngervollmacht über die Dämonen wieder auf, das die Aussagen in V. 17 und 19 prägt. V. 20b aber

vorgegeben[26] bleiben die beiden theozentrisch orientierten Zeilen V. 18b und V. 20b:

> „Ich sah den Satan wie einen Blitz aus dem Himmel stürzen ...
> Freut euch, dass eure Namen im Himmel (jetzt) aufgeschrieben sind."

Die zentrale Aussage des doppelgliedrigen Logion ist klar. Es handelt vom Aufruf zum eschatologischen Jubel, weil der Satan als Ankläger der Menschen aus seiner himmlischen Position gestürzt ist (vgl. Hi 1,6–12; Sach 3,1–4; Offb 12,7–10). Die heilvolle Folge des Satanssturzes ist dabei die Aufzeichnung der Namen derer, die er vor Gott verklagte, im Buch des Lebens (vgl. Dan 12,1). Beide Aspekte meinen Ereignisse im Himmel: Dem Satanssturz aus dem Himmel entspricht die Aufnahme der Namen der Geretteten im himmlischen Bereich. Wessen Name in dem Buch eingeschrieben ist, ist jetzt frei von Schuld[27]. /8/ Das bedeutet: „Der Aufruf zum eschatologischen Jubel *jetzt* gründet ... in einer Vision Jesu, auf die er zurückblickt und deren nachhaltige Bedeutung, doch wohl für Israel, er mit dem Spruch festhalten will: Gott ist endgültig zum Heil seines Volkes entschlossen!"[28] Zwar richtet sich der Text in V. 17 und V. 19 nur an die Jünger Jesu; doch ist das eben die lukanische Redaktion. Im ursprünglichen Munde Jesu sind gewiss seine Zuhörer generell gemeint, d.h. Israel, zu dem sich Jesus gesandt weiß. Seine Botschaft lautet: Gott hat sich zu einem neuen Heilshandeln aufgemacht und Jesu Zuwendung gerade auch Zöllnern und Sündern gegenüber steht unter diesem Vorzeichen (Mk 2,17). In seiner besonderen Prägung passt der Aufruf zur Freude in V. 20 zur sonstigen Verkündigung Jesu; denn als Jubelruf lässt das Doppellogion eine Spruchgattung erkennen, die den Seligpreisungen formal und besonders inhaltlich vergleichbar ist (Q 6,20f.; 10,23f.).

---

formuliert die intendierte positive Aussage zur Freude der Jünger, indem der Satz als Begründung rechter Jüngerfreude einen Sachverhalt nennt, der in V. 17 und 19 fehlt und nur in V. 18b eine Entsprechung hat, nämlich im vorgängigen Handeln Gottes als Grund wahrer Freude. Diese nicht eben glatte Satzfolge bzw. Argumentation ist doch ein Indiz, dass der Evangelist geformte Tradition übernimmt und seinerseits mit V. 19.20a seinen Kommentar in die ursprüngliche Satzfolge V. 18b.20b einschiebt. Anders aber Wolter, LkEv (s. Anm. 12), 385, der von ausgeprägter Kohärenz des Textes spricht, ähnlich S. Gathercole, Jesus' Eschatological Vision of the Fall of Satan: Luke 10,18 Reconsidered, ZNW 94 (2003), 143–163, hier 161–163.

26 So auch U.B. Müller, Jesu eschatologische Überzeugung, seine Gerichtsankündigung und die Zukunft Israels, in: W. Kraus (Hg.), Beiträge zur urchristlichen Theologiegeschichte (BZNW 163), Berlin/New York 2009, 11–35, hier 14–16.

27 Der Spruch folgt alttestamentlicher Tradition, wonach Gott die Namen der Reingewaschenen und Gerechten in das himmlische Buch eintragen lässt (Jes 4,3f.; vgl. Ps 69,28f.; Jub 19,9; äthHen 47,3f.; 104,1).

28 Theobald, „Ich sah ..." (s. Anm. 23), 182.

IV

Die Vision vom himmlischen Satanssturz hat zudem weitergehende Beziehungen zur Verkündigung Jesu. Zu erwähnen ist hier das gewiss authentische Bildwort vom „Starken" Mk 3,27:

> „Niemand kann hineingehen in das Haus des Starken und seine Gefäße rauben, wenn er nicht zuerst den Starken gebunden hat ..."

In Lk 10,18 und Mk 3,27 ist dieselbe Aktion Gottes gemeint, der den „Starken" gebunden hat.[29] So hat man zu Mk 3,27 mit Recht sagen können: „Wie man das Haus eines Starken dann berauben kann, wenn man ihn gefesselt hat, dringt Gott (!) in den Machtbereich des Teufels ein, nachdem er diesen gebunden hat, was hier als ein bereits eingetretenes und vermutlich mit dem Satanssturz Lk 10,18 identisches Ereignis vorausgesetzt ist."[30] Beide Worte unterscheiden sich nur darin, dass sie in unterschiedlichen Zusammenhängen argumentieren, dabei aber dieselbe Aktion Gottes zur Voraussetzung haben. Während Lk 10,18b.20b zum eschatologischen Jubelruf auffordert, weil der Satan als himmlischer Ankläger entmachtet ist, hat Mk 3,27 eine andere Zielrichtung. Das Wort gehört in den Kontext der Exorzismen Jesu und will deren eschatologische Bedeutung plausibel machen. Vor skeptischen Zeitgenossen, die zwar Jesu erfolgreiche Exorzismen gesehen haben, sie aber nicht als Erweis der bereits erfolgten Entmachtung des Satans anerkennen, betont Mk 3,27: „Erst muss der himmlische Repräsentant der Dämonenwelt, gebunden, d. h. überwältigt sein, bevor es möglich ist, das, was ihm zugeordnet ist, seinen ‚Hausrat', die /9/ σκεύη, zu plündern."[31] Von den gelungenen Exorzismen lässt sich zurückschließen – so die weisheitliche Argumentationsweise in Mk 3,27 – auf das primäre Geschehen: „Die Exorzismen setzen die Überwältigung des Satans generell voraus."[32] Mk 3,27 argumentiert auf dem Hintergrund einer jüdisch-apokalyptischen Heilserwartung, wonach Gott den Satan bzw. Beliar zu Beginn der Heilszeit binden wird und so die Schadensmächte

---

[29] Die theozentrische Deutung von Mk 3,27 vertreten und begründen zu Recht Theobald, „Ich sah ..." (s. Anm. 23), 189 f.; M. Ebner, Jesus von Nazaret in seiner Zeit (SBS 196), Stuttgart ² 2004, 140–142.
[30] B. Kollmann, Jesus und die Christen als Wundertäter. Studien zu Magie, Medizin und Schamanismus in Antike und Christentum (FRLANT 170), Göttingen 1996, 191.
[31] M. Ebner, Jesus – ein Weisheitslehrer? Synoptische Weisheitslogien im Traditionsprozess (HBS 15), Freiburg u. a. 1998, 370. Mit dem „Hausrat" könnten die Dämonen gemeint sein oder eher die Besessenen, die der Exorzist dem Satan entreißen kann, wofür der dämonologische Gebrauch des Wortes τὰ σκεύη („Gefäße, Hausrat") in TestNaph 8,6 spricht.
[32] Ebner, ebd., 370.

auf Erden weichen. Die paradiesische Heilszeit setzt danach mit einem besonderen Handeln Gottes ein: „Und er (Gott) wird die Tore des Paradieses öffnen. ... Und Beliar wird von ihm gebunden werden, und er wird seinen Kindern Macht geben, auf die bösen Geister zu treten ..." (TestLevi 18,10 – 13; ähnlich TestDan 5,10 – 12).[33]

Auch sonst sind die Abwesenheit des Bösen bzw. des Satans Eigentümlichkeiten des Eschaton, wobei diese Aspekte immer dominant Israel gelten (Jub 23,29; 50,5; vgl. 46,2). Jüdische Hoffnung findet dann ihren herausragenden Ausdruck in AssMos 10,1: „Und dann wird seine (d.h. Gottes) Herrschaft über die ganze Schöpfung erscheinen, und dann wird der Teufel nicht mehr sein, und die Traurigkeit *(tristitia)* wird mit ihm hinweggenommen sein."

Mit dem Ende des Teufels sind die himmlischen Weichen für den irdischen Durchbruch der Gottesherrschaft gestellt und damit das Ende der *tristitia* angesagt, womit die umfassende Bedrängnis Israels durch die Schadenseinwirkung des Teufels gemeint ist.

Es hat sich gezeigt, dass der Aufruf zum Jubel, dass der Satan als Ankläger von Gott entmachtet ist (Lk 10,18b.20b), und das Argumentationswort Jesu, das die umfassende Bedeutung seiner Exorzismen plausibel machen will (Mk 3,27), denselben Hintergrund haben, die eschatologische Entmachtung des Satans durch Gott. Meint die „Bindung" des Satans in Mk 3,27 eher ein partielles Geschehen, das seine Konsequenz auf Erden betrifft, nämlich Jesu Exorzismen, so spricht der Aufruf zum eschatologischen Jubel die grundlegende Dimension aus, die der Satanssturz hat, wenn er denn die Aufzeichnung der Namen der Geretteten im himmlischen Buch aussagt und – wie wahrscheinlich – Israel meint, das nicht mehr Unheilskollektiv sein soll, sondern im göttlichen Gerichtshandeln ein definitives Heilsangebot erhält. In diesem umfassenden, Israel betreffenden Zusammenhang ist die Vision vom Satanssturz überliefert; seinen ursprünglichen Entstehungskontext hat der Bericht über die Vision aber in der Auseinandersetzung über die Legitimität von Jesu Exorzismen. /10/

V

Jesus hat das göttliche Gerichtshandeln in seinem Visionsbericht beschrieben (Lk 10,18). Dabei ist festzuhalten, dass der Spruch „mit seinem Vergleich der Schnelligkeit und Auffälligkeit des Fallens des Satans mit einem leuchtenden Blitz

---

[33] Rekonstruktion und Übersetzung des Textes bei J. Becker, Die Testamente der zwölf Patriarchen (JSHRZ III/1), Gütersloh 1980, 61 bzw. 95 f.

viel eher auf ein visionäres Erlebnis als auf eine bildliche Redeweise" verweist[34]. Doch wie hat sich diese visionäre Erkenntnis Jesus vermittelt? Wir haben oben bereits die Frage erörtert, wie Jesus die Gerichtsverzögerung gedeutet hat, die mit dem Ausbleiben des Feuergerichts eingetreten ist. Jesus war zunächst von der Richtigkeit der Täuferankündigung vom unmittelbar bevorstehenden Zorngericht überzeugt. Doch hat er in einer Art Lernprozess umdenken können, als die intensive Naherwartung des Täufers fehlschlug.

Wir haben schon gesehen, wie jüdische Kreise mit der jeweiligen Verzögerungserfahrung umgegangen sind. Man konnte das Datum der Heilswende immer weiter hinausschieben (so das Danielbuch). Man konnte sich mit dem unerforschlichen Geheimnis Gottes trösten (1QpHab 7,1–8). Jesus hat wohl eine andere Schlussfolgerung aus der Gerichtsverzögerung gezogen. Wenn alles vom Gericht Gottes bedroht wird und der Vernichtung anheimfallen müsste, so ist das Bestehen der Welt Gnade. „Wenn Gott seine Sonne nach wie vor über Böse und Gute aufgehen lässt, so ist das ein Zeichen seiner Güte."[35] Doch bleibt diese Erklärung noch zu allgemein. Nötig wäre eine ganz spezifische Erfahrung, die Jesus machen konnte, die anderen verschlossen blieb. In diesem Zusammenhang hat man schon lange die Möglichkeit erwogen, Jesu Wundercharisma habe ihm die Gewissheit nahe gelegt, dass der Satan überwunden ist und eine Zeit des Heils beginnt. Man hat gemeint, „dass die Erkenntnis vom Einbruche des Reiches in ihm aufgewacht ist in und mit dem Regewerden seiner charismatischen Kräfte."[36] Jesu Exorzismen seien Handlungen gewesen, die Dämonen ohne jedwede Art exorzistischer Praktiken (wie Beschwörungsformeln, magische Riten oder Gebete) austreiben; als solche außergewöhnlichen Taten waren sie ein „eindeutiges Zeichen dafür, daß Gott selbst wieder auf Erden wirkte".[37] Und in der Tat werden wir dieser Fährte genauer nachgehen müssen, inwiefern Jesu Exorzismen ein konkreter Erfahrungshintergrund für ihn gewesen sind, die ihn zu weit reichenden Schlussfolgerungen befähigt haben. Wir sahen ja schon, dass Jesus nach Aussage von Mk 3,27 argumentiert hat, dass seine Exorzismen die Überwältigung des Satans durch Gott voraussetzen. Doch damit nicht genug! Sein Aufruf zum Jubel Lk 10,18b.20b verweist /11/ auf dieselbe Aktion Gottes, nur dass dieser Text eine andere Tätigkeit

---

[34] U.B. Müller, Vision und Botschaft, in: ders., Christologie und Apokalyptik (ABG 12), Leipzig 2003, 11–14, hier 12f.
[35] Theißen/Merz, Gerichtsverzögerung (s. Anm.2), 253.
[36] R. Otto, Reich Gottes und Menschensohn, München 1934, 83. Nach P.W. Hollenbach, The Conversion of Jesus: From Jesus the Baptizer to Jesus the Healer, ANRW II 25.1 (1982), 196–219, führte die Wundererfahrung zu einer regelrechten „Bekehrung" Jesu.
[37] H. Stegemann, Die Essener, Qumran, Johannes der Täufer und Jesus, Freiburg u.a. 1993, 327f.

des Satans anvisiert, seine Funktion als Ankläger vor Gott. Der Jubelruf stellt die Heilswende in einen umfassenden eschatologischen Horizont. Doch wird sich zeigen, dass die visionäre Erfahrung ihren ursprünglichen Haftpunkt im Zusammenhang der gelungenen Exorzismen gehabt hat. Gerade in diesem für Jesus charakteristischen Erfahrungsbereich konnte sich die Überzeugung verdichten, dass der Satan entmachtet ist, wobei jüdisch-apokalyptische Deutungsmuster hilfreich waren.

VI

Besonderes Gewicht hat in diesem Zusammenhang Jesu Antwort auf die Täuferanfrage in Q 7,18 f.22 f., obwohl oder gerade weil die Antwort Jesu die Exorzismen explizit gar nicht erwähnt. Der Text dürfte auf vorösterlicher Überlieferung basieren und in V. 22 f. ein authentisches Jesuswort enthalten (s. o.). Dieses Wort geht auf die Frage des Täufers nach Jesu Identität „Bist du der Kommende ...?" nicht ausdrücklich ein, insofern die katalogartige Aufzählung der Heilstaten gar nicht Jesus als Subjekt derselben nennt, sondern sich darauf beschränkt, prophetische Heilsverheißungen als in der Gegenwart erfüllt zu proklamieren (Jes 26,19; 29,18; 35,5 f.; 42,7.18; 61,1–3). Erst im Schlusssatz „Selig, wer an mir keinen Anstoß nimmt!" bringt Jesus sich selbst ins Spiel und lässt erkennen, dass er selbst der irdisch Handelnde ist. Gleichwohl ist bedeutsam, dass er sich nicht als eigentlichen Urheber ansieht. Die Heilstaten sind Manifestationen der anbrechenden Heilswende, die ihren Ursprung bei Gott haben, worauf gerade der eindrucksvolle jüdische Paralleltext 4Q 521 verweist, wo entsprechende Heilstaten Gott selbst als Subjekt nennen. Es geht dort um Gottes ewige Königsherrschaft, aufgrund derer er eschatologisch handeln wird: „Er wird Erschlagene heilen und Tote wird er lebendig machen; Armen wird er frohe Botschaft verkünden ..."

Die Zurückhaltung Jesu, sich selbst als Handelnden zu benennen und Gott als Urheber vorauszusetzen, dürfte in der Tat als Indiz dafür gelten, dass diese Machttaten für ihn ein Hinweis waren, dass Gott selbst die Heilswende eingeleitet hat. Der deutliche Verweischarakter der aufgezählten Heilsereignisse ist offenkundig. Ob diese allerdings bzw. sein Wundercharisma Jesu ganz spezielle Überzeugung hervorgerufen haben, dass der Satan von Gott entmachtet ist und gerade deshalb die Heilszeit beginnt[38], ist zunächst unsicher. Denn eine erkennbare Eigenart der Machttaten in Q 7,22, die speziell eine Revision der Schadenseinwirkung des Satans oder der Dämonen nahe legen könnten, ist nicht

---

[38] Vgl. Theißen/Merz, Jesus (s. Anm. 17), 197.

gegeben. Anders wäre es, wenn Dämonenaustreibungen genannt wären, die als Hinweis auf das Ende des Satans Geltung hätten. Doch ist für Jesu Antwort auf die Täuferanfrage auffällig, dass Exorzismen nicht explizit genannt sind. Man kann diesen Sachverhalt damit zu erklären versuchen, dass der Text /12/ keine „summarische Bestandserhebung" intendiere[39], was sicher richtig ist; auch könnten bei den erwähnten Krafttaten die Exorzismen mitgezählt sein. Andererseits wäre die ausdrückliche Erwähnung von Exorzismen in Jesu Antwort auf die Täuferanfrage wohl geradezu kontraproduktiv gewesen, den Fragesteller zu überzeugen, wenn man bedenkt, wie umstritten die Exorzismen Jesu in seiner Umgebung waren. Wir brauchen ja nur den Vorwurf von Gegnern zu beachten, die Jesus vorwerfen: „Er hat Beelzebul und mit dem Herrscher der Dämonen treibt er die Dämonen aus" (Mk 3,22; vgl. Q 11,15).

In der Tat ist das Fehlen der Exorzismen in der Antwort Jesu zunächst nicht sicher zu erklären. Allerdings dürfte der Schlusssatz der Antwort „Selig ist, wer nicht Anstoß nimmt an mir", der gerade in direktem Anschluss an die Aufzählung der Heilstaten erfolgt, in der Hinsicht zu denken geben, dass der mögliche Anstoß gerade angesichts der Krafttaten aktuell werden konnte. Und dabei kommen die Exorzismen in erster Linie in Frage. Dementsprechend wird man sagen können, dass die Seligpreisung, die ja eine Drohung ausspricht, auch für den Vorwurf des Teufelsbündnisses gelte: Wer an Jesus wegen seiner Exorzismen Anstoß nimmt, läuft Gefahr, sein Heil zu verwirken. Grundsätzlich gilt ja: „Der Streit um Jesu Exorzismen war bestimmt kein einmaliges Ereignis, sondern ein Vorgang, der Jesu Wirken über einen längeren Zeitraum hin ... überschattete."[40]

Jesus musste auf diese Problemlage antworten. Dazu sind eine Reihe von Einzel- und Doppelsprüchen überliefert: die Sprüche von der Königsherrschaft und vom Haus (Mk 3,24–26), das Bildwort vom Starken (Mk 3,27) und die klare Aussage von der Gottesherrschaft, die in den Exorzismen Raum gewinnt (Q 11,19– 20). Dabei unterscheidet sich der Doppelspruch Mk 3,24–26 von den anderen dadurch, dass diese davon überzeugt sind, dass Gott mit der Entmachtung des Satans die Dämonenherrschaft im Ansatz längst gebrochen hat, insofern der „Starke" gebunden (Mk 3,27) und die Gottesherrschaft irdisch bereits angekommen ist (Q 11,19–20). Mk 3,24–26 dagegen argumentiert so, „als ob der fortdau-

---

39 J. Becker, Jesus von Nazaret, Berlin/New York 1996, 138. Dass der Sprecher die Heilstaten bewusst auswählt und dementsprechend bestimmte Handlungen eventuell weglässt, zeigt sich daran, dass die Aussage von Jes 61,2, „einen Tag der Vergeltung" auszurufen, als Gerichtsankündigung hier fehlt. Dass die Exorzismen nur deswegen fehlen, weil die prophetischen Verheißungen des AT Exorzismen nicht erwähnen, ist möglich, aber wohl nicht wahrscheinlich.
40 M. Hengel, Der Finger und die Herrschaft Gottes in Lk 11,20, in: R. Kieffer/J. Bergman (Hg.), La Main de Dieu. Die Hand Gottes (WUNT 94), Tübingen 1997, 87–106, hier 96f.

ernde Bestand des dämonischen Reiches ganz selbstverständlich sei und durch die Erfahrung auch noch bestätigt würde."[41] Denn bezogen auf den Beelzebulvorwurf, besagt Mk 3,24–26 lediglich: Wenn Jesus mit dem Herrn der Dämonenwelt paktieren würde, um Dämonen auszutreiben, dann führe er einen Kampf im eigenen Haus bzw. im eigenen Herrschaftsbereich mit der /13/ Konsequenz, dass das Dämonenreich zerfallen würde.[42] Genau dies ist aber nicht der Fall: Das Dämonenreich besteht ja weiterhin.[43] Der Vorwurf gegen Jesus soll sich im Lichte von Mk 3,24–26 als hinfällig erweisen.

Von einer Entmachtung des Satans ist in Mk 3,24–26 überhaupt noch nicht die Rede. Erst der Einzelspruch Mk 3,27 bringt diesen Gedanken ein, wenn er von der „Bindung des Starken" spricht. Am ehesten lässt sich dieser Unterschied dann erklären, wenn man in Mk 3,24–26 eine Argumentation Jesu sieht, die noch nicht von der Überzeugung geprägt ist, dass des Satans Macht bereits erledigt ist. Mk 3,24–26 wäre danach ein frühes Argument Jesu, mit dem er sich gegen den Beelzebulvorwurf wehrt. Der Text würde zeigen, dass Jesu Exorzismen bereits vor seiner visionären Einsicht Lk 10,18 umstritten waren und zu ersten Reaktionen seinerseits geführt haben (Mk 3,24–26).

Mk 3,27 setzt Jesu grundlegende Einsicht über die Entmachtung des Satans voraus (die „Bindung des Starken"). Ähnlich steht es bei Lk 11,19f. Und doch zeigen diese argumentierenden Worte Jesu, dass erfolgreiche Exorzismen nicht eo ipso geeignet waren, den Beginn der eschatologischen Heilswende Skeptikern gegenüber zu demonstrieren; sie setzen ja die bleibende Kritik an Jesu Exorzismen voraus.

VII

Die religiöse Bewertung von Exorzismen war offenbar höchst umstritten. Man konnte diese Handlung als unerlaubte Magie betrachten, als mit der Kraft eines fremden Gottes (Beelzebul) vollzogene Krafttaten.[44] Andererseits konnte man in den gelungenen Dämonenaustreibungen eschatologische Erwartungen als erfüllt

---

41 Ebner, Jesus von Nazaret (s. Anm. 29), 139.
42 Ebner, ebd., 138f.
43 Ganz ähnlich argumentiert U. Luz, MtEv (s. Anm. 12), 255, mit Bezug auf den zu Mk 3,24–26 parallelen Text Mt 12,25f.: „Inhaltlich sind V. 25f. ... schwierig, weil ja Jesus nach seinen eigenen Andeutungen das Reich des Satans zerstörte (vgl. Lk 10,18; Mk 3,27), aber in diesem Logion emphatisch in einer rhetorischen Frage die fortdauernde Existenz des satanischen Reichs voraussetzt."
44 Vgl. Ebner, Jesus von Nazaret (s. Anm. 29), 131–137.

ansehen und Gott selbst am Werke: „Und Beliar wird von ihm (Gott) gebunden werden, und er wird seinen Kindern Macht geben, auf die bösen Geister zu treten" (TestLev 18,22; ähnlich TestDan 5,10 – 12; TestSim 6,5 f.).[45] Die Entscheidung zwischen den beiden höchst konträren Sichtweisen, die Jesus für sich getroffen hat, liegt letztlich in seinem Visionsbericht Lk 10,18 vor, auch wenn der Jubelruf angesichts der himmlischen Entmachtung des Satans (Lk 10,18b.20b) nicht explizit Satan als Herrscher der Dämonen meint, gleichwohl aber das endzeitliche Ende seiner Macht grundsätzlich impliziert ist (vgl. AssMos 10,1). Doch ist der Begriff Entscheidung zwischen den gegensätzlichen Deutungsmustern problematisch, weil viel zu modern. Bei einer visionär vermittelten Einsicht, wie Jesus sie gewonnen hat, wird man berücksichtigen, dass /14/ reflektierende Deutung wie gerade auch kontigentes Widerfahrnis eine wesentliche Rolle beim Zustandekommen der Vision spielen. „Visionen arbeiten ja generell innerhalb eines traditionellen Symbolsystems und mutieren diese Elemente zu einer neuen Konfiguration."[46]

Das in Lk 10,18 vorausgesetzte Symbolsystem handelt von der endzeitlichen Entmachtung des Satans durch Gott (AssMos 10,1), die primär das Ende seiner Funktion als Ankläger vor Gott bedeutet. In der Sachaussage stimmt dabei Lk 10,18 insofern mit Mk 3,27 überein, als beide Male vom gegenwärtig bereits geschehenen Ende des Satans die Rede ist. „Was in Lk 10,18 als Vision versprachlicht ist, wird in Mk 3,27 über die Metaphorik der Plünderung aus erfolgreich verlaufenen Exorzismen *logisch* erschlossen."[47] Eine wesentliche Rolle bei der visionär vermittelten Erkenntnis wird dabei jener jüdischen Erwartung zugekommen sein, wie sie in den TestXII (s. o.) belegt ist, wonach die endzeitliche Entmachtung Beliars bzw. Satans bedeutet, dass den Kindern Gottes Macht über die bösen Geister geschenkt ist.

Die eschatologische Entmachtung des Satans umfasst gleichwohl beide Aspekte: einmal sein Ende als himmlischer Ankläger – zum anderen seine Depotenzierung als Herrscher der Dämonen, was sich für Jesus in den gelungenen Exorzismen erweist. Für jüdisches Denken sind beide Aspekte nicht streng voneinander getrennt.[48] Für Jesus konnte sich die Überzeugung von der „Bindung des

---

45 Rekonstruktion und Übersetzung des Textes nach Becker, TestXII (s. Anm. 33), 61.
46 S. Vollenweider, Ostern – der denkwürdige Ausgang einer Krisenerfahrung, in: ders., Horizonte neutestamentlicher Christologie (WUNT 144), Tübingen 2002, 105 – 123, hier 115.
47 Ebner, Jesus (s. Anm. 31), 371.
48 In der Offb 12,10 – 12 zugrunde liegenden jüdischen Tradition sind beide Aspekte sogar unmittelbar verbunden: von Satan als Ankläger vor Gott ist in V. 10 die Rede, von seiner Schadenseinwirkung auf der Erde im Wehe-Ruf in V. 12. – Jub 10,8; 23,29; 50,5 handeln von der Verderben bringenden Aktion des Fürsten der Geister Mastema bzw. des Satans. Jub 1,20 (Belchor); 48,15.18 (Mastema) handeln zudem von seiner Funktion als Ankläger vor Gott. TestLev

Starken" (Mk 3,27) zur grundlegenden Anschauung vom himmlischen Sturz des Satans steigern (Lk 10,18).

Zudem setzt die volkstümliche Dämonologie voraus, dass dämonische Wesen, von Lichtphänomenen (Meteoren) begleitet, in die Tiefe stürzen (vgl. TestSal 20,16 f.).[49] Das kontingente Widerfahrnis, das die Vision Lk 10,18 generieren half, mag also in einem entsprechenden Erlebnis (dem Fall eines Meteors, der einem Blitz glich) bestanden haben und eine neue Konfiguration, d. h. eine grundlegend neue Einsicht provoziert haben: Der Satan ist wie ein Blitz aus dem Himmel gestürzt; Gott hat ihn als himmlischen Ankläger entmachtet und darüber hinaus seiner Macht über die dämonischen Schadensmächte dieser Welt beraubt. Deshalb sieht Jesus sich durch visionäre Einsicht berechtigt, ge- /15/ genüber Gegnern die Legitimität seiner Exorzismen, ja die eschatologische Bedeutung derselben zu betonen: „Wenn ich aber mit dem Finger Gottes die Dämonen austreibe, dann ist die Gottesherrschaft bei euch angekommen" (Lk 11,20). Das bedeutet: Mit der von Jesus verkündigten Gottesherrschaft ist „die irdische Präsenz des Himmlischen" gemeint; es geht ja darum, „dass eine im Himmel bereits bestehende Wirklichkeit in den Exorzismen Jesu irdische Realität gewinnt."[50] Was AssMos 10,1 verheißen hat, ist Wirklichkeit geworden.

VIII

Bei unseren Überlegungen hat sich gezeigt, dass der ursprüngliche Erfahrungshintergrund der Vision vom Satanssturz im Kontext der Auseinandersetzung um die Legitimität von Jesu Exorzismen zu suchen ist. Doch ist der Visionsbericht selbst in einem anderen Kontext tatsächlich überliefert, nämlich als Begründung für den Aufruf zum eschatologischen Jubel, weil der Satan als himmlischer Ankläger gestürzt ist (Lk 10,18b.20b.). Die Heilswende hat definitiv begonnen – eine Überzeugung, die für Jesus endgültig klarstellte, dass die Gerichtsverzögerung aufgrund des Ausbleibens des Feuergerichts als neue Chance, als Gnadenangebot Gottes zu deuten ist. Mag dieser Aspekt angesichts der erlebten Gerichtsverzögerung anfänglich als bloße Möglichkeit von Jesus wahrgenommen sein, so haben

---

18,12; TestDan 1,7; 5,6f. setzen die Unheil bewirkende Tätigkeit Beliars voraus, während TestLev 5,6; TestDan 6,2 immerhin von einem Engel reden, der für Israel bittend eintritt, was doch bedeutet, dass Beliar als anklagender Gegenspieler vorausgesetzt wird.

[49] S. Vollenweider, „Ich sah den Satan wie einen Blitz vom Himmel fallen" (Lk 10,18), in: ders., Horizonte (s. Anm. 46), 71–87, hier 77 f.

[50] M. Wolter, „Was heisset nu Gottes reich?", in: ders., Theologie und Ethos im frühen Christentum (WUNT 236), Tübingen 2009, 9–30, hier 22.

die gelungenen Exorzismen das Ihre dazu beigetragen, die bloße Möglichkeit zur Gewissheit werden zu lassen. Doch konnte dies nur gelingen, weil die visionäre Erkenntnis als kontingentes Geschehen dieses leistete, das Symbolsystem der endzeitlichen Entmachtung des Satans durch Gott auf Jesu Exorzismen zur Anwendung zu bringen. Vor allem aber hat die visionär vermittelte Einsicht Jesu beim Sturz des Satans an dessen Rolle als Ankläger vor Gott gedacht, weswegen Jesus seine Zuhörer zum eschatologischen Jubel auffordern konnte. Für jüdische Überzeugung sind ja beide Bereiche, in denen der Satan Unheil bringend tätig werden konnte, wie wir gesehen haben, nicht streng voneinander geschieden.[51] Gleichwohl ist zu beachten, dass der Sturz des Satans als himmlischer Ankläger für Jesus auf einen ungleich umfassenderen Horizont abzielt als die „Bindung" des Satans (Mk 3,27) und damit die Austreibung der Dämonen. In der visionären Einsicht in die himmlische Entmachtung des Satans findet sich letztlich also der entscheidende Grund, warum Jesus seine Verzögerungserfahrung so ganz anders als jüdische Zeugen, nämlich als Heilswende für Israel deuten konnte, insofern sich mit der Entmachtung des himmlischen Anklägers der Blick auf den gnädigen Schöpfergott, der sich seiner Geschöpfe erbarmt, neu öffnete.[52] /16/

IX

Das eschatologische Gerichtshandeln Gottes hat mit der Aktion im Himmel (Satanssturz) bereits begonnen. Als der Schöpfergott ist er dabei, seine universale Heilsordnung auf Erden durchzusetzen: In Jesu Wirken ist die Gottesherrschaft – sicherlich partiell – irdische Realität geworden. Sie realisiert sich in Jesu Wundertaten an den Kranken (Lk 11,20) oder den Mahlgemeinschaften, zu denen alle geladen sind, nicht nur Zöllner und Sünder – aber doch gerade auch sie (Mk 2,15–17). Die Gastmähler verwirklichen die Aufnahme der Menschen in die Gottesherrschaft, wobei die älteste Gestalt der Seligpreisungen (Q 6,20f.) mit ihrer Zuwendung zu Armen, Hungernden und Weinenden in die Richtung eines Heilsmahles zielt. Gott der Schöpfer sorgt sich um die natürlichen Bedürfnisse der Menschen, was sie von der Sorge befreit (Q 12,22b-31) und die Gottesherrschaft suchen lässt (Q 12,31).

Doch gilt es hier innezuhalten und die Problematik von Jesu Wirken zu beachten, der er als Repräsentant bzw. Agent der Gottesherrschaft ausgesetzt war. Wenn er die himmlische Entmachtung des Satans ansagte, so bedeutete diese

---

51 Vgl. Anm. 48.
52 Zum Einfluss schöpfungstheologischer Traditionen vgl. Becker, Jesus (s. Anm. 39), 155–168.

Gerichtsaussage gleichzeitig eine Heilsansage an Israel. Doch stand Israel in Gefahr, durch die Reserve gegenüber Jesu Botschaft sich dem Repräsentanten der Gottesherrschaft zu verweigern, sich also zu versagen, Jesu „Wirken als den eschatischen Einbruch der Gottesherrschaft in die Unheilswirklichkeit Israels anzuerkennen."[53] Einerseits ist mit dem Anbruch der Gottesherrschaft die Schwelle zur eschatologischen Heilswende erreicht, so dass von Jesu Wirken der Satz gilt: „... siehe, hier ist mehr als Salomo" – „... siehe, hier ist mehr als Jona" (Q 11,31 f.). Andererseits aber zeigt der unmittelbare Kontext dieser Worte, dass sie der Begründung der Gerichtsansage dienen, weil „diese Generation" sich dem Umkehrruf Jesu verschlossen hat. Zwar hat das eschatologische Gerichtshandeln Gottes das Heil Israels als Ziel. Aber Jesu Zeitgenossen haben sich zum großen Teil abgewandt, weswegen er in den Wehe-Worten gegen die galiläischen Städte (Q 10,13–15) Unheil und Gericht zu verkünden hat. Die Unheilsdimension göttlichen Gerichtshandelns scheint für Jesus gegen Ende seines Wirkens angesichts der erfahrenen Ablehnung dominant geworden zu sein, auch wenn er an der grundsätzlichen Heilsverheißung an Israel festhält, wenn er seinen Jüngern zusagt, über die zwölf Stämme Israels Recht zu sprechen (Q 22,28.30).

Von dieser Unheilsperspektive handelt wohl auch Lk 12,49 f., ein Logion allerdings, dessen Interpretation umstritten ist[54]: /17/

„Feuer auf Erden anzuzünden, bin ich gekommen,
und wie wünschte ich, dass es schon brenne ..."

Es geht um Jesu Sendungsauftrag, das Gerichtshandeln Gottes denen gegenüber in Gang zu bringen, die sich dem Heilsangebot der Gottesherrschaft verschlossen haben, wobei Feuer wohl Gerichtsmotiv ist wie bei Johannes dem Täufer (Q 3,16 f.).[55] Jesu Gerichtsansage hat das anzukündigen, ja in prophetischem Vorgriff in Gang zu bringen, was letztlich Aufgabe des Feuerrichters, d.h. Gottes ist (Q 3,16 f.). Es geht hier nicht um ein zukünftiges Wirken Jesu, sondern um sein gegenwärtiges, wobei das Gerichtsfeuer gemeint ist, wie alttestamentlich-jüdische Paralleltexte zeigen.[56] Hier an das Pfingstgeschehen (Apg 2,3) oder die nach-

---

53 Wolter, „Was heisset ...?" (s. Anm. 50), 26.
54 G. Delling, Βάπτισμα βαπτισθῆναι, in: ders., Studien zum Neuen Testament und zum hellenistischen Judentum, Göttingen 1970, 236–256, Müller, Jesu eschatologische Überzeugung (s. Anm. 26), 11–35, hier 29–32 und U. Luz, Warum zog Jesus nach Jerusalem?, in: J. Schröter/R. Brucker (Hg.), Der historische Jesus (BZNW 114), Berlin/New York 2002, 409–427 halten Lk 12,49 f. für wahrscheinlich authentisch (Luz jedoch eher zögerlich). Anders Wolter, LkEv (s. Anm. 12), 467–469.
55 Müller, Jesu eschatologische Überzeugung (s. Anm. 26), 29 f.
56 Jes 30,27.30; 66,15 f.24; Joel 2,3; Ob 18; Nah 1,6; Ez 30,14–16; Mal 3,19; PsSal 15,4 f.

pfingstliche Christusverkündigung zu denken, legt sich angesichts der semantischen Konnotierung von „Feuer" (= Vernichtung) nicht nahe.[57] Wie Lukas das Logion verstanden hat, ist eine andere Frage.

Bei der Interpretation ist auf den Kontrast in der Bildsprache von V. 49a und 49b zu achten, um das Verhältnis zwischen Jesu Tätigkeit und derjenigen Gottes, ausgedrückt durch das Passivum divinum, zu bestimmen. Es geht um die Spannung zwischen dem Einsatz Jesu und der umfassenden Realisierung durch Gott: Jesu Aufgabe ist es, das Gerichtsfeuer auf Erden anzuzünden (V. 49a) – sein Wunsch geht dahin, dass es lichterloh brennen möge, weil Gott es seinerseits umfassend entfacht hat (V. 49b). Thematisiert ist also die Spannung zwischen Jesu punktuellem Wirken in seinen Gerichtsworten und dem endgültigen Gericht Gottes. Die Bedeutung von ἀνήφθη im Sinne der noch ausstehenden Vollendung durch Gott ergibt sich auch aus der Parallelität mit dem entsprechenden Verbum τελεσθῇ in V. 50, wo es um den endgültigen Vollzug der „Taufe" an Jesus geht. Das heißt also: Das umfassende Gericht Gottes steht noch aus, in Jesu Unheilsansage wird es jedoch in prophetischem Vorgriff initiiert. Darin entspricht Lk 12,49 im Prinzip dem, was Lk 11,20 als Funktion Jesu bestimmt, dass gerade in seinem Wirken die Gottesherrschaft ankommt, dementsprechend aber auch das Unheil göttlichen Gerichtsfeuers, sofern die Menschen sich dem Heil versagen.

Schwierig zu verstehen ist die Fortsetzung des zitierten Wortes in Lk 12,50, die Jesu Gerichtsauftrag auf der Erde mit der Verpflichtung parallelisiert, ein „Untertauchen" auf sich zu nehmen[58], das er dringlich herbei wünscht: „... wie drängt es mich, bis es (endlich) vollzogen ist." Es geht um das Verlangen Jesu, dass Gott das „Untertauchen" an ihm vollzieht (vgl. das Passi- /18/ vum divinum τελεσθῇ).[59] Beide Male, beim „Feuergericht" wie dem „Untergetauchtwerden" geht es um ein vergleichbares Motiv, wobei die Aussagen von V. 49 (Feuer) und V. 50 (bedrohliche Wasserflut) einander „zu einer Einheit" ergänzen, so dass man sagen konnte, das „Feuer" sei „ein Gerichtsgeschehen, in das Jesus selbst einbezogen ist"[60], etwa durch die Möglichkeit seines Todes. Beide Male handelt es sich letztlich um eine

---

57 Anders Wolter, LkEv (s. Anm. 12), 469. Gegen die These, dass derselbe Zeitraum wie in Lk 12,51 im Blick sei, nämlich die Zeit zwischen der Vollendung der „Taufe" Jesu und seinem zukünftigen Kommen, spricht, dass kein nachösterlicher Bezug zu erkennen und Lk 12,49f. zunächst als isoliertes Wort zu interpretieren ist.

58 „Untertauchen" ist wohl eine Metapher für „das Versinken des Menschen im Unheil" (so Delling, Βάπτισμα βαπτισθῆναι [s. Anm. 54], 245).

59 Es geht hier nicht um die Angst vor dem Geschehen, sondern darum, dass Gott es möglichst schnell vollziehen möge (so zu Recht Wolter, LkEv [s. Anm. 12], 469).

60 Delling, Βάπτισμα βαπτισθῆναι [s. Anm. 54], 250, auch Luz, Warum ...? (s. Anm. 54), 424f.

besondere Konkretisierung dessen, was die zweite Vaterunser-Bitte von Gott erfleht: „Deine Herrschaft komme!"(Lk 11,2).[61]

Lk 12,49 f. ist sicherlich ein schwieriges Wort der Jesustradition. Zum Schluss sei nur die Frage gestellt, ob nicht auch dieses Wort unter dem drängenden Einfluss der Erfahrung von Gerichtsverzögerung steht. Geht dieses Wort auf den historischen Jesu zurück (wie wahrscheinlich), so ist es am ehesten gegen Ende seines Wirkens formuliert, als sich die Verweigerung seiner Zeitgenossen immer düsterer abzeichnete. Die Vaterunser-Bitte „Deine Herrschaft komme!" konnte im Blick auf „diese Generation" dann den dringlichen Wunsch nach dem Feuergericht provozieren: „… wie wünschte ich, dass es schon brenne!" Johannes der Täufer hatte den Feuerrichter angekündigt, dieses Gericht war nicht gekommen. Jesus hat den Anbruch göttlichen Gerichtshandelns proklamiert als neue Chance für Israel, „diese Generation" aber hatte sich verweigert. Der Druck immer neuer Verzögerungserfahrung würde ein Wort wie Lk 12,49 f. verständlich machen, so schwierig es uns heute erscheinen mag. Gleichwohl ist festzuhalten, dass der Kreis der Jünger Jesu dazu ausersehen war, Jesu Botschaft weiterzutragen, ja in der vollendeten Gottesherrschaft das Heilsmahl mit Jesus zu feiern (Mk 14,25) und die zwölf Stämme Israels zu richten (Q 22,28.30).

Ulrich B. Müller, Jesu Heilsverkündigung und das Problem der Gerichtsverzögerung, in: Zeitschrift für die neutestamentliche Wissenschaft und die Kunde der älteren Kirche, 102. Bd., Berlin / New York: Walter de Gruyter 2011, S. 1–18.

---

[61] Dieser wahrscheinliche Kontext zeigt, dass Jesu Wunsch in Lk 12,50 weder Ausdruck von Todessehnsucht noch Resignation ist. Der Satz „… wie drängt es mich, bis es (endlich) vollzogen ist" ist eher Artikulation der Ungeduld, dass die Vollendung der Gottesherrschaft noch aussteht. Grundlegend bleibt wohl die Überzeugung Jesu, dass er selbst als Repräsentant der Gottesherrschaft der Vollendung entgegen geht – und sei es durch seinen Tod hindurch. Dafür spricht die parallele Aussage Jesu in Lk 13,32, die im Kern authentisch sein dürfte: „… am dritten (Tag) aber werde ich vollendet." Das Passivum divinum τελειοῦμαι sowie der große Unterschied zu nachösterlichen Passionssummarien in Lk 13,32 dürften dafür sprechen (Becker, Jesus [s. Anm. 29], 415 f.), besonders die Tatsache, dass es unmöglich erscheint, einen plausiblen nachösterlichen Sitz im Leben für Lk 13,31 f. zu ermitteln (Kollmann, Jesus [s. Anm. 30], 188).

Stellenregister

Die kursiv gedruckten Seitenzahlen beziehen sich auf die Anmerkungen.

I. Altes Testament

Genesis
1f. 467, 470
1 649
1,1–2,4 650
1,3–5.14–19 467
1,26–2,4 467
1,26f. 650f.
1,26.28 409, 650f.
1,27 469, 471, 617
1,31 468
2,1–3 467
2,5–24 650
2,8f. 468
2,23–25 471
3 450, 458
3,1–17 653
4,3–5 469
4,5f. 471
6,5 651
7,23 651
8,22–9,11 651
8,22f. 656
9,6 612
15,18 651
17 656
17,1–8 651
26,11 *621*
26,12 457
49 652

Exodus
3,8 653
3,14 468
8,15 453
12,15.19 *621*
19,12 *621*
20,2–17 470
20,2 594
20,8–11 623
20,13 471, 611
20,16 471

21,12f. 612
22,3 612
23,4f. *543*
23,10f. 655
30,33.38 *621*
31,13–17 656
31,14f. *621*
35,3 623

Leviticus
11–15 633f.
11,33f. 636
11,45f. 632f.
17–26 654
19,18 543
20,9.11–13.16 612
20,13 *621*
22,13 618
24,5–9 624
24,17.21 612
24,18.21 *621*
25,1–55 655
25,1–7 467, 655
25,19 655
25,20 669
25,23 654

Numeri
15,22f. 604
15,31 603
18,21–32 640
19,15 636
28,9f. 624
35,16–18 612
35,26f. 612

Deuteronomium
4,34 453
5,6–21 470
5,12–15 467, 623
5,15 453
5,17 471, 611
5,20 471

6,3   653
6,4   649, 659
7,19   453
8,7–15   665
8,11–16   654
11,8   653
11,10–12   653
11,13–17   665
14,3–21   633
14,22–27   640
14,22 f.   640
15,1–11   655
19,10   613
19,11   615
24,1–4   621
24,1   469
28,38–40   654
29,21–23   654
30,15–20   653
32,5 f.   337
33   652
33,19   679
33,23   670

Josua
2,19   613

Richter
5,17   673
8,22 f.   392

1. Samuelbuch
8,4–7   392

1. Königebuch
5,5   165
10   658
10,27   664
19,8   664

2. Königebuch
4,42–44   451
5,21–27   465
11,5–9   624

1. Chronikbuch
23,31   624

2. Chronikbuch
1,15   664
8,13   624
31,3   624

Esra
1,3   392
6,54   409

Nehemia
10,32–39   392
12,44–47   392
13,10–14   392
13,15–22   623

Hiob
1,6–12   716
3,8   *650*
4,17   635
7,12   *650*
15,5   613
38,1–39,30   658
40,25 f.   *650*

Psalmen
8,6–9   409
13,2 f.   710
19   658
22,1   422 f.
22,2   338
22,19   423
24,1   158
24,4   636
69,28 f.   *716*
73,23–28   *180*
73,25   143
74,13 f.19   *650*
74,13   675
89,5–11   675
89,9 f.   *650*
89,13   679
104   658
104,26   *650*
110,1   413
118,14–17   411
119,18   449
125,2   165

133,3   679

Proverbia
8,22–31   657, 659
14,17   614
14,22   641
20,9   635
25,14   658
25,21   543
29,22   614

Kohelet
7,18   639

Jesaja
1,7–9   656
1,10–17   641
4,3 f.   *716*
5,1–5   656
7,14   466
7,23–25   656
8,23–9,1   466
8,23 f.   *687*
8,23   696
11,1–9   656
13,9–22   656
13,22   709
26,19   465, 720
27,1   *650*, 675
29,18 f.   465, 720
30,26   465
35,5 f.   375, 465, 720
40,3   712
40,12   660 f.
42,5   660 f.
42,7   720
42,18   465, 720
48,13   660 f.
48,18   390
49,10   465
52,7   390
53,12   544
54,10   390
55,1 f.   465
56,4 f.   623 f.
57,18   465
58,13   623

59,8   390
60,17 f.   390
60,22   *714*
61,1 ff.   382
61,1–3   720
61,1 f.   465
61,2   *37*
63,15 f.   337
64,7 f.   337
65,17   657
66,22   657

Jeremia
3,4   337
3,19 f.   337
4,19–31   656
9,23   641
17,21 f.24.27   623
24,6   656
31,15   466
31,20   337
31,27 f.   656
32,41   656

Ezechiel
1,10   444
7,7   *714*
12,21–28   *714*
36,23   339 f.
45,17   624
46,1–12   624

Daniel
2,31–45   448
7,13 f.   12
7,13   413 f.
8,13 f.   710
9,19   710
9,24–27   *540*
10–12   398
11,32b   710
12,1   716
12,6   710
12,10   710
12,11 f.   710

Hosea
1–3   656
4,1   641
4,6   593
5,1   679
6,6   641
8,12   593
11,1   466, 594
14,6f.   656

Joel
3,1–5   449

Amos
7,14   664
9,13–15   656

Micha
4,7   11
5,1   466
6,6–8   *180*
6,8   169

Habakuk
2,3   714

Zephanja
3,8   714

Sacharja
3,1–4   716
7,9   641
8,16   641
12,10   413

Maleachi
1,6   337
2,15f.   617
2,17   712f.
3,1   712–714
3,1b-4   *712*, 713
3,23f.   713f.

II. Apokryphen und Pseudepigraphen des Alten Testaments

Tobit
8,2   374

1. Makkabäerbuch
1,19f.   602
1,62f.   633
2,24f.   *607*
2,27–42   602, 624
2,29–38   467
2,40–42   602
3,5   *607*
5,15   696
14,31.34   544
14,45   613

2. Makkabäerbuch
5,27   633
6,18f.   633

4. Makkabäerbuch
5,19   633

Jesus Sirach
7,26   617
10,18   614
16,24–18,14   658
23,22–24   617
24,27   657
28,3.5   614
38,6f.   372
38,10   635f.
38,24–39   669
42,13–43,33   658
43,23–27   677
48,10   *713*

Psalmen Salomos
2,25   709
17f.   542
17   446, 464

Assumptio Mosis
7,1   710f.
8,1–5   711

9,7   711
10   *398*
10,1   *513*, *723*
10,2.10   544
10,7   544

Syrische Baruch-Apokalypse (2. Baruch)
14,18   409
20,5   709
48,39   709
56,13   *513*

4. Esra
6,1   *264*
7   *264*
8,23   *264*
8,44   *264*
13   *264*
56,13   *512*

Äthiopisches Henochbuch (1. Henoch)
10,4–6   *512*
10,11–14   *512*
13,1   *512*
14,5   *512*
18,11–16   *512*
19,1–3   *512*
21,1–6   *512*
21,7–10   *512*
47,3f.   716
54,4–6   *512*
55,3f.   *512*
88,1   *512*
88,3   *512*
90,23   *512*
90,24   *512*
91   *398*
93   *398*
104,1   716

Jubiläenbuch
1,20   *723*
2,17–33   603
5,6   *512*
5,10   *513*
10,5–9.11   *512f.*
10,8   *723*

19,9   716
23,29   *513*, 718, *723*
46,2   718
48,15.18   *513*, *723*
50,5   718, *723*
50,12f.   602f.

Testamente der Zwölf Patriarchen
Simeon 6,5f.   *723*
Levi 5,6   *724*
18,10–14   *513*
18,10–13   718
18,12   *723f.*
18,22   *723*
Dan 1,7   *724*
5,6f.   *724*
5,10–12   718, *723*
6,2   *724*
Naphtali 8,6   717

Testament Salomos
20,16f.   *724*

III. Qumranisches Schrifttum

CD (Damaskusschrift)
4,20–5,2   616
4,20b   616f.
11,8   626
11,9f.   625
11,13–17   625f.
13,17   617
20,22–25   458

1 QH (Loblieder)
1   449
11,8–11   596
12–18   449

1 QM (Kriegsrolle)
2,8f.   467

1 QS = 1 Q28 (Gemeinderegel)
1,5   641
4,18–23   449
5,3f.   641
8,2   641

11,11–15   595f.
11,15–17   596

1 QpHab (Habakuk-Kommentar)
7,1–8   719
7,4f.   710
7,7f.   710
8,13–9,2   463

4 QMidrEsch$^{a.b}$
4,3f.   710
9,8f.   *710*
11,8   *710*

4 QpNah = 4 Q169
3,4–8   458

4 QpPs^a = 4 Q171
3,15–17   449
4,7–9   *607*

4 Q246
1,9–2,1   463

4 Q265
Frg. 2i,4–8 (6,6f.)   626

4 Q285
7,4   463

4 QMMT = 4 Q397
Frg. 14–21,10f.   600

4 Q510   452

4 Q511   452

4 Q521
Frg. 2,2,4–15   463, 720

11 Q Apokryphe Psalmen^a   452

11 QTR = 11 Q19
45,17f.   *634*
48,14–49,4   *634*
54,4   617
57,17f.   616f.

IV. Jüdisch-hellenistische Literatur

Aristeasbrief
128f.   633
305f.   634

Josephus Flavius

Antiquitates Judaicae
8,45   374
8,46f.   374
9,7,6   484
3,261   *634*
12,274   603
13,288   598
13,297f.   598
14,63   603
17,42   *377*
17,269–285   541
17,271f.   393, *688*
17,272   546
17,277   546
17,285   697
17,289   393, *688*
17,295   *381*
18,9   *546*
18,20   *377*
18,27   689
18,35   *497*
18,36–38   547, 671
18,63f.   39, 484, 496
18,85   547
18,95   *497*
18,117f.   *377*
18,118   545
20,129   *381*
20,200   *607*
20,251   393

Contra Apionem
1,281   *634*

De Bello Judaico
1,49   463
1,146   603
2,56   393, 541, 546, *688*
2,68   393, *688*

2,75   *381*
2,118   *546*
2,125 f.   544
2,241   *381*
2,336–338   391
2,511   393
2,590–592   661 f.
3,30–34   393
3,35   690, *691*
3,41–43   661, 690
3,41   370
3,59–62   393
3,401 f.   540
3,506–515   679
3,506   678
3,509   672
3,515   663 f., 670
3,516–521   670 f.
3,516–520   690
3,519   678
3,520   672
4,558   370
5,227   *634*
5,449–451   *381*

Vita Josephi
33   671, 674
71–73   667
74 f.   696
119 f.   667
373–395   393

Philo von Alexandrien

De Migratione Abrahami
89–93   *604*

De Opificio Mundi
119   638

V. Neues Testament

Matthäusevangelium
1,2–17   528
1,18–25   141, 447, 528
1,22 f.   466
2,1–16   369

2,5 f.   466
2,15   466
2,16   395
2,17 f.   466
2,22   *695*
2,23   466
3,2   444, 464
3,7–10   166
3,13–19   693
3,13–17   420 f.
4,1–11   167, 178, 461
4,12–16   *687*
4,13–16   466
4,13   687
4,17   12, 444, 464
4,23   13, 142, 464, 685
5,2–8   668 f.
5,3–12   581
5,3 f.   465, 581
5,3   154, *568*
5,4   *568*
5,6   154, 465, 581
5,7   154
5,9   154, 360, 550
5,10   *568*
5,11   268 f., *568*, 581
5,12   581
5,13   673
5,14   696
5,15   *582*
5,16b   *568*
5,17   470, *614*
5,18 f.   470
5,20   153
5,21–48   610–615
5,21–26   471, 611–615
5,21 f.   153, 341, 611–615
5,23 f.   343, 611, 619
5,25 f.   611
5,27–30   471
5,27 f.   153
5,28   341
5,29 f.   158
5,29   155
5,31 f.   469, 618–620, *621*
5,33–37   341, 471
5,33 f.   153

5,34–37 *568*
5,34 424, 531
5,37 424
5,39 *568*
5,43–48 360
5,43 *176*, 543
5,44f. *715*
5,44 154, *176*, 531, 543, *568*
5,45 667
5,46f. *568*
5,47 341
5,48 34f.
6,2–4 331
6,5–15 331
6,5f. 331
6,7f. 331
6,9–13 149, 329–345, 457
6,10 660
6,11 158, 468
6,12 154, *568*, 692
6,14f. 331, *568*
6,16–18 331
6,20 *568*, 667
6,21 157
6,24 157, *176*
6,25–34 320, 460, 468, 669
6,25 157f.
6,26 159, 527
6,28 150f., 159, 527
6,32 158
6,33 150
7,1f. *568*
7,2 *582*
7,7 *568*
7,9–11 673
7,16 667
7,21–23 353
7,21 161
7,25 667
7,29 348
8,5–13 39, 373, 472, 481, 687
8,5 500
8,11f. 459
8,13 156
8,14f. 458
8,19–22 581
8,19 410, *562*

8,20 268, 410, 665, 674
8,21f. 642
8,22 341
8,29 462f.
9,1–8 459
9,1 466, 662, 687
9,9 687
9,10–13 *511*
9,10 142, 155
9,11 *562*
9,13 641
9,14–17 581
9,15 469
9,18 501
9,27–31 *482*
9,27 463
9,35 464
9,36–11,1 454
9,36 *307*
9,37–10,1 582
9,37f. *582*
10,1 478
10,7–16 582
10,7f. 454
10,7 12
10,8 482, *510*, 635
10,11–15 460
10,23 268, 414, 543
10,24f. 562, *565*
10,26f. 320
10,26 *582*
10,29–31 *306*
10,29f. 149
10,29 150f., 158
10,30 152
10,31 151
10,32f. 407, 410
10,33 268, *582*
10,34f. *715*
10,34 390, 471
10,38 *582*
10,39 151, *582*
11,2–19 582
11,2–6 711f.
11,3 167
11,4f. 451
11,5f. 359, 481, 486f.

11,5 170, 465, 635	13,47f. 457, 680
11,7–11a 444	14,14 *307*
11,8 666f.	14,28–31 482, *500*
11,11 170, 447, 663	14,33 70
11,12f. 321f., 608f.	15,1–20 469
11,12 147	15,3–6 153
11,13f. 461	15,9 *568*
11,16–19 678	15,22 463
11,19 *113*, 268, 468, *511*	15,32 *307*
11,20–24 482, 662, 671	16,1–4 461
11,21 460, 684	16,2f. 667
11,25 660	16,13 *113*
11,27 161f., 338	16,14 375
11,28–30 *307*	16,16 70, 167, 462
11,28 170	16,17–19 *427*
12,5 623, 628	16,18 464
12,7 641	16,20–23 462
12,9–13 467	16,21 350
12,11f. 631	16,24–27 581f.
12,11 623, *629*	16,24 159
12,14 495	16,26 149, 151
12,22–32 481, 490	16,28 413–415, 456, 464
12,24–45 582	17,9–13 444
12,24–28 453	17,9 462
12,25–29 450	17,10–13 468
12,27f. 486	17,22f. 463
12,28 319, 321, 453	17,23 350
12,29 510	17,24 466, *562*
12,32 268, 409	17,27 482, *500*
12,34–44 374	18,3 147, 338
12,38f. 461	18,12–14 459
12,38 *562*	18,23–35 471, *568*, 644
12,40 268	18,23b-34 514, 516, 692
12,42 658	18,34 513
13,1–9 147, 170	19,3–12 469
13,3–8 457	19,9 620, *621*
13,19 464	19,12 155
13,24–30 457	19,13–15 155f.
13,31–33 454	19,14 459
13,31f. 147	19,16f. 349
13,35 *568*	19,16 *562*
13,36–43 464	19,19 154, *176*
13,37 268	19,21f. 459
13,41 268, 413f.	19,21 155
13,44–49 673	19,22 157
13,44 147, 460	19,24 459
13,45f. 147, 460	19,28f. 548

19,28   145, 268, 531
19,29–34   *482*
20,1–16   686
20,1–11   644
20,18f.   463
20,19   350
20,20ff.   12
20,21   464
20,28   170
20,30f.   463
21,11   375
21,12f.   460, 469
21,23   459
21,25   12
21,31   459
22,2–10   *511*
22,16   *562, 688*
22,34–40   153
22,45   167
23,12   *568*
23,23f.   639f.
23,23   175, *176*
23,25f.   635f.
23,34   *543*
24,1f.   460
24,12   *176*
24,14   464
24,30   414
24,35   *308*
24,36   421, *562*
24,42–25,13   *582*
24,42   *568*
24,43   *568*
24,44   268, 414
24,48   709
25,1–13   709
25,5   709
25,13   *568*
25,29   *582*
25,31   268, *414*
26,2   268
26,18   *562*
26,29   12, 341
26,37   *567*
26,39.42   150
26,61   400
26,64   169, 414

26,73   *698*
27,35   423
27,43   171
27,46   17, 338, 422
27,54   105
27,62–66; 28,11–15   19–21, 24f.

Markusevangelium
1,1   *182*, 564
1,4–11   420
1,10f.   447
1,10   69
1,11   69, *182*
1,12f.   447
1,15f.   12f.
1,15   444, 459
1,16–20   671, 687
1,19f.   694
1,19   673
1,20   674
1,21–27   467, 471
1,21   687
1,22   471
1,23–27   452
1,24   395
1,27   451, 471
1,29–31   458, 687
1,29f.   *499*
1,30f.   481
1,31   451
1,33f.   371
1,39   685
1,40–45   635
1,41f.   451
2,1–12   459, 686
2,1   662, *687*
2,3–12   375
2,6   70
2,8   478
2,10   112f., *179*, 268
2,12   451
2,14   687
2,15–17   *511*, 725
2,17   371, 716
2,18–22   581
2,19   469
2,23–28   318f., 622, 627

2,27f.   408f.
2,27   *179*, 467, 531, 630f., 642
2,28   268, 409f.
3,1–6   622, 629, *630*
3,1–5   467
3,4   627, 628, *630*, 631
3,6   70, 495, *688*
3,11   463
3,13–19   436, 548
3,14   578
3,15   454, 478
3,20–30   481, 490
3,20   *687*
3,21   141, 436
3,22–26   453
3,22   70, *491*, 721
3,24–26   721f.
3,27   319, 359, 486, 510, 717f., 721–725
3,28   409
3,31–35   671
4,1–11   *510*
4,2–33   583
4,3–8   457, 510, 527
4,21–25   582
4,24c   514
4,26–29   510
4,26–28   455
4,30–32   454, 510, 527
4,31–34   675
4,35–5,43   480
4,38   *562*
4,41   451
5,1–20   452, *493f.*, 500, 689
5,1–19   662, 675
5,1–15   374
5,7   463
5,9   547
5,11–13   *492*
5,22   500f.
5,25–34   450
5,35   *501, 562*
5,37   *567*
5,41f.   451
5,41   499
6,3   528
6,6b-13   454
6,7–13   578, 582

6,7.13   481, 486, *510*
6,8   *544*
6,14–16   688
6,30–44   451
6,34   *307*
6,45–52   451
6,54–56   371
7,1–23   469, 635, 638
7,2ff.   634
7,7   *568*
7,15   341, 426, 531, *568*, 609, 635, 637–639
7,17   *687*
7,20–23   636
7,24–30   676, 689
7,24–29   662
7,26   *580*
7,31   662, 675, 689
7,33f.   372
7,34   499
8,1–9   451
8,10   684
8,11–13   461
8,27–30   662
8,29   541
8,30–33   462
8,30f.   *541*
8,31   *113*, 266, 350, 364, 406f., 412, 463
8,33   541f.
8,34–38   581f.
8,38   268, 322f., 410, *414, 568*
9,1   414, 456, 510, 709
9,2   *567*
9,9–13   444
9,9f.   462
9,9   268
9,10–13   *510*
9,11–13   468
9,12   268
9,14–29   *429*, 480, 500
9,14–27   452
9,17   *562*
9,18   478
9,28   478
9,31   *113*, 350, 412, 463
9,33   *687*
9,38–40   481, 486, *510*
9,38   478, *562*

9,41 *541*
9,42 *568*
9,43.45.47 512, 514
9,50 *568*
9,59 673
10,1–9 618, 621
10,2–12 424, 469
10,9 531, 591, 618
10,11f. 428, 618
10,11 531, *621*
10,14 459
10,17f. 349
10,17 *562*, 649
10,18 161
10,20 *562*
10,21f. 459
10,21 *176*, 390, 591
10,25.31 512–514
10,25 459
10,28 694
10,33f. *113*, 412, 463
10,34 350
10,35ff. 12
10,35 *562*
10,42–44 360, 549
10,45 268, 364, 412
10,46–52 481
10,46 500
10,47f. 463, 540
11,1–11 499
11,1–10 *565*
11,10 464, 541
11,12–14.20–25 481, *492*
11,15–19 400, 499
11,15–17 460, 469
11,19 *510*
11,25 343
11,27–33 471
11,30 12
12,1–12 395, 686
12,13 *688*
12,14 *562*
12,17 *568*
12,19 *562*
12,28–34 *175f.*, *181*
12,31 *568*
12,32 *562*

12,41–44 169
13,1–32 583
13,1f. 460
13,1 *562*
13,2 400, 429
13,3 *567*
13,21f. 540
13,26 266, *269*, 414
13,31 *308*
13,32 421
13,35.37 *568*
14,1f. 436
14,10f. 436
14,12–16 478
14,14 *562*
14,18–21 481
14,18 411
14,21 *269*, 364, 411
14,22–25 428
14,25 *511*, 728
14,26 155, 411
14,29–31 481
14,33 *567*
14,36 337
14,41 268, *269*
14,55–59 399f.
14,58 400, 429, *565*
14,61f. 495, 540
14,62 *126*, 266, *269*, 413f.
14,63f. 415
15,2ff. 540
15,2 495
15,24 423
15,26.32 541
15,29 400
15,34 17, 338, 378, 422
15,39 105
15,43 12
16,1–8 19, 351
16,4 25
16,9 478, 483
16,11.13 21
16,14 *194*

Lukasevangelium
1,1f. 564
1,2 *564*

1,15 369
1,26-38 447
1,32 401, 463
1,52 395
1,74 544
2,1-21 141
2,25f.38 12
3,7-9 711
3,15-17 712
3,16f. 711, 726f.
3,17 509
3,21f. 401
3,23 369
4,1-12 461
4,15 685
4,16-30 669, 685
4,19 *37*
4,23-26 376
4,29f. *478*, 483
4,32 166
4,38f. 458
4,38 *499*
5,1-11 350, 482, *500*
5,1-3 401
5,15 401
5,17-26 459
5,29-32 *511*
5,33-39 581
5,34 469
6,5 622f.
6,6-10 467
6,11 495
6,13 *566*
6,15 544
6,20-24 395
6,20f. 465, 513, 668f., 716, 725
6,20b-26 581
6,20b *568*, 581
6,21 *568*, 581
6,22 268, *568*, 581
6,23 581
6,24f. *568*
6,27f. 360, *568*, *715*
6,27 543
6,28 *568*
6,29 *568*
6,32-36 360

6,32f. *568*
6,35 667, *715*
6,36 157
6,37 *568*
6,38 514, *582*
6,40 562
6,48 667
7,1ff. 39
7,1-10 472
7,5 685
7,11-17 483, 684
7,18f. 711, 720
7,19 712f.
7,21 451
7,22f. 711f., 720f.
7,22 451, 465, 720f.
7,24-28a 444
7,25 666f.
7,28 447, 663
7,31-35 678
7,33f. 155
7,34 268, 468, *511*
7,38 156
7,40 *562*
8,1-3 155, *573*
8,2f. 458, 478, 483, *499*
8,2 478
8,5-8 457
8,16-18 582
8,49 *501*
9,1-6 454, 582
9,2 12, 454
9,3 544
9,6 478
9,10 *566*
9,20 401, 462
9,21f. 462
9,22 350, 463
9,23-26 581f.
9,26 268, *568*
9,27 456
9,31 *182*
9,38 *562*
9,44 *113*, 463
9,51-18,14 70
9,51-55 695
9,57-62 581

9,57   410
9,58   268, 410, 665, 674
10,1–12   454, 582
10,2   *582*
10,4   544
10,7   156
10,8a.9–11a   512
10,8f.   *582*
10,9   482, 486, 510
10,10   692
10,11   454
10,13–15   460, 662, 671, 726
10,13   684
10,17–20   478, 715f.
10,17   *510*
10,18   450, 510, 530, 715f., 717–720, 722–725
10,20   150, 717–720
10,21   660
10,23f.   712, 716
10,25   *562*
10,27.36f.   154
10,29–37   695
10,38–42   156
11,1–13   331
11,1   149, 331, 335f.
11,2   531, 660, 728
11,2–4   329–345, 457
11,5–8   332
11,9f.   331
11,9   *568*
11,11–13   332, 673
11,15–20   453
11,15   721
11,16   461
11,17–22   450
11,19f.   721f.
11,19   *510*
11,20   359, 486, 510, 512, 724f., 727
11,21f.   510
11,29   461
11,30   268
11,31f.   726
11,31   658
11,33   *582*
11,37–52   395
11,39–41   636

11,42   *176*
11,45   *562*
12,2   *582*
12,4   516
12,6f.   *306*
12,8f.   410
12,8   268
12,9   *582*
12,10   268, 409
12,13–34   460
12,13   *562*
12,16–20   667, 686
12,20   151
12,22–31   468, 669, 725
12,24   667
12,31   725
12,33b   *568*
12,37   341
12,39   *568*
12,40   268, 414
12,49f.   365, 726–728
12,51–53   *715*
12,51   390, 471, *727*
12,54   667
12,57–59   692
12,58f.   611
13,1–5   461
13,3.5   509
13,6–9   *493f.*
13,10–17   467, 483, 622, 628f.
13,13   372
13,15f.   627f.
13,15   630
13,16   *311*
13,18–21   454
13,18f.   510
13,20f.   510
13,26   692
13,28f.   459
13,31–33   395, *491*, 688
13,31f.   *728*
13,32   371, 486
14,1–6   467, 622, 629
14,5   628, *629f.*, 631
14,11   *568*
14,16–24   *511*, 686
14,21   692

14,22   401
14,27   *582*
15,2   *511*
15,3–32   459
15,4–6   527
15,11–32   169, 644
15,22–32   *511*
16,1–7   460
16,3–7   692
16,16   321f., 461, 608f.
16,18   424, 428, 616, 618, 620, *621*
17,5   *566*
17,11–19   483
17,20   12, 145
17,21   114, 144, 146f.
17,22   268
17,24   268, 413
17,26   268
17,30   268
17,33   *582*
18,8   268, *414*
18,9–14   154, 169, 644
18,10–14a   516
18,16   459
18,18f.   349
18,18   *562*
18,22f.   459
18,25   459
18,31f.   463
18,33   350
18,38f.   463
19,5–7   *511*
19,9   *311*
19,10   147, 268
19,11–27   *695*
19,11   12, *511*
19,23   692
19,26   *582*
19,37f.   401
19,39   *562*
19,45f.   460, 469
19,47f.   401
20,4   12
20,6   401
20,19   401
20,21   *562*
20,28   *562*

20,36   *182*
20,39   *562*
21,5f.   460
21,7   *562*
21,33   *308*
21,36   268
21,37f.   401
22,2   401
22,11   *562*
22,14   *566*
22,19   564
22,28–30   693
22,28.30   726, 728
22,29f.   464
22,30   341
22,37   544
22,38   544
22,48   268
23,2f.   495
23,2   400, 544
23,4   401
23,5   400
23,6–12   *688*
23,34   423
23,36f.   401
23,42f.   469
23,42   464
23,46   422
23,47   105, 401
23,50–56   19
23,51   12
24,1–11   19, 351
24,2f.   25
24,6   564
24,7   268
24,8   564
24,10   566
24,21   17f.
24,26   *541*, 542
24,34   350
24,37–41   21
24,46   *541*, 542
24,50–53   351

Johannesevangelium
1   127
1,1–18   352, 447

1,3   352
1,7f.   563
1,13f.   133
1,14   *564*
1,15   563
1,19   563
1,29–34   421
1,32.34   563
1,48   478
2,1–11   156
2,1–10   451
2,1   662
2,3–9   461
2,12   662
2,13–16   460, 469
2,14–22   429
2,18   461
2,19–22   *565*
2,22   *564*
2,23–25   486
3,3.5   459
3,13f.   463
3,21   663
3,22–24   663
3,22   459, 714
3,26   459, 563
3,28   563
4,1–42   695
4,1   459
4,2   714
4,17f.21   486
4,39   563
4,43f.   662
4,46   500
5,1–9   467
5,6   421
5,9–18   622
5,18   495
5,32   563
6,1–15   487
6,5–13   451
6,6   421
6,7f.   *500*
6,22–59   469
6,30   461
6,34–51   487
6,51–58   428

6,53.62   463
6,66–71   428, *541*
6,68f.   462
7,15–24   622
7,44   *478*
8,14   421
8,20   *478*
8,28   463
8,48   695
9,1–14   467
9,1–3   474
9,3   421
9,13–17   622
10,1   *474*
10,40.42   663
11,1–44   453
11,1   500
11,11–15   421
11,45–53   *495f.*
11,50   377
12,10f.   *495f.*
12,14–16   *565*
12,16   *564*
12,17   563
12,20ff.   39
12,20–22   *580*
12,21   *483*
12,23   463
12,25   151
12,31   450
12,34   463
12,49   168
13,1–3   421
13,1   *137*
13,11   421
13,31   463
14,6   170
14,13f.   336
14,15   160
14,26   135, 564f.
15,13   *137*
15,16   336
15,20   *564f.*
15,26f.   563f.
15,27   133, 564f.
16,4   *564f.*
16,12f.   135

16,23   336
16,32   168
17,3   *541*
17,11   *541*
17,20   133
17,24   162
18,8f.   *137*
18,19   495
18,36   464
19,24   423
19,30   422
19,35   563
19,38–42   19
20,1ff.   19f.
20,1   25
20,9   21
20,24ff.   21
21,1–14   350, 482f., *500*
21,1   *194*
21,14   *194*
21,24   563

Acta Apostolorum (Apostelgeschichte)
1,1f.   566
1,3   351
1,6   166
1,8   563
1,13   566
1,15   566
1,21f.   *269*, 566
1,22   563f.
2,1–20   271
2,3   726
2,14   566
2,17–21   449
2,22f.   484
2,32   563
2,36   116, *182*
2,42   566
3,1–11   566
3,15   563
4,13   566
4,19   566
4,32   156
5,1–10   566
5,15   566
5,29   566

5,32   563
6,1   580
6,9   685
7,54–8,1a   *607*
8,14   566
9,3   350
9,32–43   *577*
10,9–16   639
10,37–39   563
10,38   *484*
10,41   563
11,4–10   639
11,26   560
13,1   *562*
13,31   563
13,43   684
15,3   *577*
20,35   *569*
22,3   142
22,15   563
22,18   563
23,11   563
24,5   560
26,16   563

Römerbrief
1,1f.   132
1,3f.   540, 564
1,4   116, *182*
1,16   *568*
2,1   *568*
5,6   *542*
5,8   137, *542*
5,19   *137*
6,5   *138*
8,15–17   *568*
8,15   337f., 457, 531
8,18–25   657
8,27   *183*
8,32–39   137
8,34   132
10,9f.   135
10,10   127
12,7   *562*
12,14   *568*
12,17   *568*
12,18   *568*

12,20   543
13,7   *568*
13,9   *568*
14,5f.   *631*f.
14,10   *568*
14,13   *568*
14,14   *568*
14,15   *542*
14,17   *568*
15,20   567

1. Korintherbrief
1,18–2,6   532
1,24   659
2,7   *568*
3,10–14   560
3,10   567
7,10f.   428, 469, 567, 570, 618f.
7,15   620
7,25   567
8,6   659
8,11   *542*
9,1f.   567
9,5   156
9,14ff.   527
9,14   567, 570
10,16f.   342
10,26   158
11,2   561, 564, *577*
11,20   342
11,23–26   428
11,23–25   567
11,23   *132*, 561
11,24f.   564
11,29f.   530
12,28f.   *562*
13   *176*, 532
13,2   *568*
13,3   159
14,37   567
15,1–3   *561*, *577*
15,3–8   560f.
15,3f.   132, 137
15,3   *132*
15,3b-5   *542*
15,5–8   350
15,6   271, *563*

15,12f.   132
15,23–28   464
15,25f.   139

2. Korintherbrief
1,16   *588*
2,14   527
2,17   527
5,16   38, 135, *567*
5,18f.   132
8,9   131
10,3–5   527
11,4   354
12,7   528
12,9   *167*

Galaterbrief
1,6f.   132
1,13   643
1,16   350
1,18   567, *577*
1,22   *577*, *588*
2,9   566f.
2,11–13   639
2,21   *542*
3,1   *138*
3,17   527
3,24f.   527
4,4   351
4,6   337f., 457
4,10   631
5,13   154, 159

Epheserbrief
1,7   132
2,20   560
4,11   *562*
4,21   564

Philipperbrief
2,5–11   *137*
2,6f.   131, 351
2,9–11   116
2,9   350
3,6   643
3,10f.   *138*
4,9   561

Kolosserbrief
1,13   139
2,6f.   *561*, 562
2,8   562
2,16   632
2,22   *568*
3,13   *568*
4,2   *568*

1. Thessalonicherbrief
2,14   *588*
4,1   561
4,15–17   *567*
5,2   *568*
5,4   *568*
5,10   *542*
5,13   *568*

2. Thessalonicherbrief
2,5   564
2,15   *561*
3,6   561

2. Timotheusbrief
1,13   *564*
2,2   *564*
2,8   *564*
2,14   *564*

Hebräerbrief
1,3   350
2,1.3   *564*
2,17f.   131
4,15f.   *138*
4,15   131f.
5,7f.   131
5,12   *562*
7,26f.   131
12,2f.   131
13,16   159

Jakobusbrief
1,5   *568*
1,13   343
2,2   684
2,5   *568*
3,1   *562*

4,9   *568*
4,10   *568*
5,1   *568*
5,2.3a   *568*
5,12   424, *568*
5,13–18   451

1. Petrusbrief
1,3   135
2,6   560
2,12b   *568*
2,19f.   *568*
3,9.16   *568*
3,14   *568*
3,19.20a   *513*
4,14   *568*
5,1   *563*
5,5   148
5,7   158

2. Petrusbrief
1,15   565
2,4   *513*
3,2   565

1. Johannesbrief
1,1f.   127, 133
1,1   563, *564*
1,2   *563*
1,3   *564*
1,5   *564*
2,1   132
2,7   *563*
2,24   *564*
3,11   *563*, *564*
3,15   471
3,16   137
4,10   137
4,14   *563*
5,4   132

2. Johannesbrief
5f.   *563*
6   *564*

Judasbrief
6   *513*

Johannesapokalypse
1,2   563
1,9   563
3,3   565
4,7   444
4,8   339
6,9   563
9,2–22   513
9,14   513
11,17   339
12,7–12   450
12,7–10   716
12,10–12   *723*
12,10   510
12,11   563
12,17   563
19,10   563
20,1–3   513
20,4   563
20,7–10   513

VI. Neutestamentliche Apokryphen

Brief des Jakobus (NHC I,2)
2,1   565

Sibyllinen
3,592   634
5,390f.   619

Thomas-Evangelium
5,2   *582*
6,4   *582*
13   541
14   635
14,2   *582*
33,2   *582*
41   *582*
64   686
65   686
73   *582*

VII. Apostolische Väter

1. Clemensbrief
13,1f.   565, *569*
46,7f.   565, *569*

Didache
8,2f.   328, 330
13,2   562
15,1f.   *562*

Polykarpbrief
2,3   565

VIII. Kirchenväter, christliche Schriftsteller

Cyrill von Jerusalem

Katechesen
24   327f.

Eusebius von Caesarea

Historia ecclesiastica
3,39,3f.   565
3,39,15   565
6,14,6   565

Justin

1. Apologie
14,4   565
66,3   *565*

Dialog mit Tryphon
18,1   565
100,4   *565*

IX. Rabbinische Literatur

Mischna
mAv 1,3   595
mAv 2,10b   613
mAv 3,14   601
mAv 4,5b   602
mAv 5,6   601
mBH 58b   615
mHag 1,8   600
mHag 4b   *39*
mHor 8a   604
mKel 1,5–9   634
mKer 1,7   *641*
mMak 23b   595

mNeg 13,12 *634*
mSan 11,3 601
mSan 21b 596
mShab 1,4–8 626
mShab 7,2 624
mShab 12f. 624
mShab 12a.b 625
mShab 18,3 *625*, 626
mShab 22,6 625
mShab 31a 604
mShevi 9,2 647
mYom 8,6 *627*
mYom 67b 596

Tosefta
tHag 2,1 *311*
tShab 15,11–15 *625*
tShab 16,22 625

Palästinischer Talmud
yAZ 2,2 *39*
y Ber 11b,11 Bar. 602
yQid 1,58c,16 617
ySan 14,16 *39*
yShab 3c,34ff. Bar. *607*
yShab 14,4 *39*
yShab 17a *607*
yShevi 9,1 *306*
yTaan 4,68d 540

Babylonischer Talmud
bBer 22a 635
bBer 34b 373
bBer 40a *338*
bBer 60b 343f.
bHag 3a *311*
bPes 112a 409
bPes 112b 374
bSan 43a *39*
bSan 67a *39*
bSan 70b *338*
bSan 74a 594
bShab 104b *39*
bShab 116b *39*
bShab 118a 409
bShab 128b *625*, 626
bYom 85b *630*

Bereshit Rabba
79 *306*
79,6 407

Derekh Erets Zutta
10 615

Jalkut Schimoni
zu Sach 14,9 11f.

Mekhilta de Rabbi Yishm'ael
zu Ex 31,12 625
zu Ex 31,13 *630*

Midrash Tehillim (ed. Buber)
146,9 *511*

Pesiqta
40b 596

Pesiqta Rabbati
15 (73b) *311*

Sifra
22,33 (403a) 594

Sifre
Num 15,30f. § 112 (33a) 603
Dtn 11,22 § 48 (84b) 598

X. Pagane antike Literatur

Aelianus

Varia historia
2,20 550

Cassius Dio
44,49,2 550

Platon

Leges
4,715c-d 550

Timaios
75d-e 638

Plinius der Ältere

Naturalis Historia
5,16   678

Plutarch

Moralia
218 A   549

Seneca

De clementia
3,6,1   550

Sueton

Vita Claudii
25   39

Strabon

Geographica
16,2,45   672

Tacitus

Annales
15,45   39

Historiae
5,6   678

Autorenregister

Die kursiv gedruckten Seitenzahlen beziehen sich auf die Anmerkungen.

Achtemeier, Paul J. *480*
Adams, Dickinson W. *474*
Alexander, Loveday C. A. *562*
Alexander, Philip S. *577*
Alkier, Stefan *361f.*
Allison, Dale C. *568f., 582*
Ambrozic, Aloysius M. *510*
Amiram, D. H. K. *665*
Anderson, Bernhard *651*
Angerstorfer, Andreas *521*
Arnal, William Edward *574*
Assmann, Jan *564*
Audet, Jean-Paul *328*
Augustinus 203
Aune, David E. *476f., 478, 485, 571f.*
Avery-Peck, Alan *660*
Aviam, Mordechai *666*

Bacher, Wilhelm *599f.*
Back, Sven-Olav *622*
Baeck, Leo 298
Baigent, Michael *443*
Bailey, Kenneth *363, 589*
Baly, Denis *670, 676*
Bammel, Ernst *535*
Barrett, Charles Kingsley *574*
Barth, Karl 122
Barton, Stephen C. *586*
Batey, Richard *689*
Bauckham, Richard *578, 586, 587f.*
Bauer, Bruno 117
Baumgarten, Michael *83*
Baur, Ferdinand Christian 6–8, 31–38, *567*
Beagon, Mary *677*
Becker, Jürgen *511, 513, 599, 606f., 615, 631, 637, 718, 721, 723, 725, 728*
Belo, Fernando *386*
Ben-Chorin, Schalom *299*
Bentzen, Aage *710*
Berger, Klaus *513, 605*
Bethge, Hans-Gebhard *700, 705*
Betz, Otto *405*
Beyschlag, Willibald *126, 132–135*

Biedermann, Alois Emanuel 241
Black, Matthew *405, 432*
Blecker, Iris Maria *632*
Blomberg, Craig *474*
Bock, Darrell L. *700f.*
Booth, Roger P. *591, 632*
Borg, Marcus. J. *430, 440, 515, 536, 703f.*
Boring, M. Eugene *419f., 424, 426, 428, 440f., 482*
Bornkamm, Günther 297, 300f., *392, 475, 493f.*
Borowski, Oded *653, 664*
Boschwitz, Friedemann *115*
Bousset, Wilhelm 119, 209, 213, 221–235, *305, 473, 510, 516f.*
Bouttier, Michel *379*
Bovon, François *629, 711*
Brandenburger, Egon *513, 711*
Brankaer, Johanna *700*
Braudel, Ferdinand *672*
Braun, Herbert *302f., 347–354, 475, 511*
Breech, James *417, 419f., 425, 441*
Brewer, David *616*
Brin, Gershon *617*
Brody, Robert *616*
Broer, Ingo *358, 591–645*
Brooten, Bernadette J. *521*
Brown, Dan *700*
Brown, Raymond Edward *495f.*
Buber, Martin 298f.
Bultmann, Rudolf 111, 121–123, 287–294, 297, 299, 301, *313f., 318f.,* 322, 360, 368, 381, *391f., 396f., 403f., 437, 440, 475, 485, 493, 501,* 540, *570f., 576, 583f., 613, 703f.*
Burney, Charles Fox *327*
Burridge, Richard A. *571, 572*
Byrskog, Samuel *564, 578f.*

Calvert, David G. A. *419*
Cameron, Ron *565*
Cancik, Hubert *519*
Carlston, Charles E. *418, 430*

Casey, P. Maurice 364, 405–415
Cerfaux, Lucien 481
Chamberlain, Houston Stewart 702
Chancey, Mark A. 688, 696
Chapman, Dean W. 662
Charlesworth, James H. 362, 497, 539, 699
Chilton, Bruce 583
Claussen, Carsten 363
Clérmont-Ganneau, Charles 679
Cohn-Sherbok, Dan 591
Collins, Adela Yarbro 405
Conzelmann, Hans 303, 475
Cook, Michael L. 520
Corbishley, Thomas 379
Corbo, Virgilio 686
Corley, Kathleen E. 648
Cotter, Wendy J. 493
Craghan, John F. 493 f.
Craig Faxon, Alicia 520
Crossan, John Dominic 361 f., 488, 491, 494, 515, 553–558, 574 f., 579, 582 f., 685, 687, 699, 701, 703
Cullmann, Oscar 392, 648

Dahl, Nils Alstrup 565
Dalman, Gustaf 263–265, 306, 327
Danz, Christian 3, 303
Daube, David 379
Dautzenberg, Gerhard 591, 606, 630 f.
Davies, William D. 392
Deines, Roland 599–601, 607
Delling, Gerhard 726 f.
Dewey, Joanna 436
Dibelius, Martin 121 f., 475, 485, 493
Dierken, Jörg 63
Dietzfelbinger, Christian 612
Dihle, Albrecht 570
Dinkler, Erich 541 f.
Dodd, Charles Harold 323, 423, 559
Doering, Lutz 622 f., 625 f., 629–631
Donahue, John R. 400, 405
Dörfler-Dierken, Angelika 63
Dörner, Andreas 537
Dorner, Isaak August 127
Downing, Francis Gerald 572, 576
Draper, Jonathan A. 569, 575, 580
Drescher, Hans-Georg 119

Drews, Arthur 118, 209–219, 280
Duff, Paul Brooks 548
Dunn, James D. G. 363, 405, 559–591, 632

Ebeling, Gerhard 303
Ebner, Martin 582, 689, 717, 722 f.
Eckhart, Meister 240
Edwards, Douglas 689, 693
Eerdmans, Bernardus Dirks 263
Ehrlich, Ernst Ludwig 298
Eisenman, Robert 443, 463
Elliger, Karl 713
Ellis, E. Earle 419, 578
Emmel, Stephen 699 f.
Erasmus von Rotterdam 241
Erlemann, Kurt 509 f., 711
Etzioni, Amitai 536
Ewald, Heinrich 69, 83, 91
Ewald, Paul 129

Faßbeck, Gabriele 691
Fiebig, Paul 327
Fiensy, David 667
Fitzmyer, Joseph A. 419 f., 432, 433 f., 477 f.
Flusser, David 299
Focant, Camille 632
Foerster, Werner 544
Fortna, Robert T. 483
Fortner, Sandra 691
Fowler, Robert M. 436, 477
Franck, Sebastian 240
Frankel, Rafael 661
Frankemölle, Hubert 616
Freedman, David Noel 422, 427
Frey, Jörg 361, 699–708
Freyne, Sean 362, 647–681, 684, 690–692
Frickenschmidt, Dirk 571
Friedländer, Ludwig 386
Fries, Jakob Friedrich 229
Fritzsche, Christian Friedrich 29
Fuchs, Ernst 303
Fuller, Reginald 419
Funk, Robert W. 515, 567, 573–575, 581, 701, 703

Gager, John G. 403
Gathercole, Simon 716

Gerhardsson, Birger 578f.
Gerhardt, Paul 150
Gfrörer, August Friedrich 104
Ghiberti, Giuseppe 419
Gnilka, Joachim 631
Goethe, Johann Wolfgang 233
Goodman, Martin 497
Goshen-Gottstein, Alon 576f.
Grant, Michael 417
Grant, Robert McQueen 433
Gräßer, Erich 120, 709
Greenhut, Zvi 496
Griffiths, John Gwyn 561
Grundmann, Walter 510
Guelich, Robert Allison 493f., 501
Güttgemanns, Erhardt 403

Habel, Norman C. 653, 655
Haeckel, Ernst 218
Haenchen, Ernst 323, 494
Hagen, Joost 700
Hahn, Ferdinand 300, 541f.
Hamann, Johann Georg 144
Hammann, Konrad 121
Hampel, Volker 405
Hanson, Kenneth C. 673
Harnack, Adolf von 113–115, 123, 141–171, 192, 200f., 209, 213, 274, 386
Harnack, Theodosius 133
Harrington, Daniel J. 425, 591
Harvey, Anthony Ernest 425
Hase, Karl von 64–66, 83, 97–108
Hays, Richard B. 545
Hedrick, Charles W. 699
Hegel, Georg Wilhelm Friedrich 5, 241
Heine, Susanne 521, 524
Henaut, Barry W. 572f.
Henderson, Ian H. 569
Hengel, Martin 381, 542, 546, 582, 591, 598–600, 601, 607, 721
Hennecke, Edgar 702
Herbst, Magdalena 64
Herder, Johann Gottfried 702
Herrmann, Wilhelm 136, 242f., 246f., 252, 256
Hilgenfeld Adolf 32, 37, 207f.
Hofius, Otfried 564

Hogeterp, Albert L. A. 703
Hollander, Harm W. 573
Hollenbach, Paul W. 491f.
Holmén, Tom 559
Holtzmann, Heinrich Julius 6f., 61, 67–71
Holtzmann, Oskar 305
Homolka, Walter 298
Hooker, Morna D. 419, 424, 425, 430, 439
Hoover, Roy W. 515, 581, 701, 703
Horbury, William 379
Horden, Peregrine 672f., 677
Horsley, Graham 672
Horsley, Richard A. 360, 366, 389–404, 440, 497f., 543, 575, 580, 693

Ibsen, Henrik 247f.
Ito, Akio 591

Janssen, Martina 297
Jefferson, Thomas 474
Jeremias, Gert 561
Jeremias, Joachim 297f., 327–345, 386, 392, 432, 434, 435, 493f., 511
Jodl, Elisa-Maria 522
Juel, Donald 400
Jülicher, Adolf 323

Kahl, Werner 622, 626
Kähler, Martin 111, 119, 123, 125–138, 313f., 366, 384, 571
Kalthoff, Albert 117f., 197–208, 210, 214
Kant, Immanuel 6, 118, 223, 229, 241, 253f.
Karrer, Martin 540
Käsemann, Ernst 299f., 303, 313–325, 384, 419f., 610
Kasser, Rudolphe 700
Kearns, Rollin 405
Keck, Leander E. 379, 573
Keim, Karl Theodor 83
Kelber, Werner H. 403f., 436, 438, 576, 585
Kellenbach, Katharina von 521
Kertelge, Karl 477, 480, 485f.
Kingsbury, Jack Dean 436
Kinman, Brent 548
Kinukawa, Hisako 525f.
Kitzberger, Ingrid Rosa 648
Klauck, Hans-Josef 699, 701, 705

Klausner, Joseph 298, 305–312
Kleinschmidt, Frank 616f.
Kloppenborg (Verbin), John S. 482, 572, 575f., 581, 582, 704
Klostermann, Erich 340
Koch, Dietrich-Alex 477, 480
Koester, Helmut 361, 404, 515, 565, 569, 581, 585, 587, 701
Kolenkow, Anitra Bingham 495
Kollmann, Bernd 610, 622, 629, 717, 728
Kosch, Daniel 636, 639, 641
Köstlin, Julius 133
Köstlin, Karl Reinhold 32, 34
Krämer, Helmut 560
Kratz, Reinhard G. 115
Kraus, Wolfgang 714
Kremer, Jacob 483f.
Küchler, Max 362
Kuhn, Heinz-Wolfgang 582
Kuhn, Karl Georg 327
Kümmel, Werner Georg 61, 121, 297
Kundsin, Karl 437

Lagarde, Paul de 265
Lambiasi, Francesco 418f., 439
Lämmermann, Godwin 117
Lane, William L. 436
Lang, Friedrich 662
Lange, Dietz 5
Lapide, Pinchas 299
Latourelle, René 417f., 439f.
Laufen, Rudolf 482
Leaney, Alfred Robert Clare 380
Leibniz, Gottfried Wilhelm 241
Leigh, Richard 443
Leipold, Heinrich 111
Lémonon, Jean-Pierre 498
Leske, Adrian M. 669
Lessing, Gotthold Ephraim 3, 51, 197, 223, 229, 241, 247f., 702
Levine, Amy-Jill 521
Liebenberg, Jacobus 576, 579f., 584
Lietzmann, Hans 263
Limbeck, Meinrad 591
Lindars, Barnabas 405, 407
Lindemann, Andreas 622
Link, Hans-Georg 111

Littmann, Enno 327
Lochman, Jan M. 517
Locke, John 241
Loffreda, Stanislao 686
Lohfink, Gerhard 516
Lohmeyer, Ernst 317, 327, 481
Löhr, Hermut 608
Lohse, Eduard 297, 630
Longenecker, Bruce W. 570
Loos, Hendrik van der 477, 494
Lord, Albert Bates 582f.
Lorenzmeier, Theodor 302
Lublinski, Samuel 252
Lücke, Friedrich 32f.
Lüdemann, Gerd 119, 366, 527–534
Lührmann, Dieter 419f., 431, 482, 587, 699, 702
Luther, Martin 127, 133, 148, 273, 330
Luz, Ulrich 591, 611, 615, 618, 711, 722, 726f.

Mack, Burton L. 515, 575, 587, 683
Maier, Johann 591, 600, 617, 626
Malbon, Elizabeth Struthers 437
Maloney, Elliott C. 433f.
Mangatt, George 526
Manson, Thomas Walter 327f.
Marcus, Joel 632
Marguerat, Daniel 591
Marx, Karl 118
Marxsen, Willi 439
McArthur, Harvey K. 418, 428, 429, 438, 441
McCullagh, Christopher Behan 439
McEleney, Neil J. 419, 439
McGing, Brian C. 498
McNamara, Martin 706
Mealand, David L. 419, 425
Mehlhausen, Joachim 117
Meier, John P. 358f., 417–441, 473–503, 578, 635, 664
Meinhold, Arndt 712f.
Meiser, Martin 706
Melzer-Keller, Helga 360f., 519–526
Merk, Otto 119
Merkel, Helmut 515, 591
Merklein, Helmut 509, 613–615, 620
Merz, Annette 61, 359, 366, 505–508, 606, 696, 709, 714, 719f.

Metzger, Bruce M. *501*
Meyer, Arnold *209*
Meyer, Ben F. *417f.*, 420, 439, *559*
Meyer, Marvin *700*
Meyers, Carol L. *689*
Meyers, Eric M. *689*, *691*
Mildenberger, Friedrich *111*
Millard, Alan R. *578*
Mirecki, Paul A. *699*
Mitchell, Stephen *474*
Mödritzer, Helmut *537*
Moo, Douglas J. *591*, *605*
Moule, Charles Francis Digby *561*, *570*, *581*
Mühling, Andreas *121*
Müller, Karlheinz *591*, *593*, *597*, *600*
Müller, Mogens *405*, *407*
Müller, Ulrich B. *365*, *591*, *709–728*
Munck, Johannes *570*
Münkler, Herfried *535*
Murphy-O'Connor, Jerome *665*
Mußner, Franz *479*, *484*
Mynarek, Hubertus *525*

Neander, August *97*, *103*
Neirynck, Frans *622*, *630*
Neufeld, Dietmar *632*
Neusner, Jacob *659f.*
Nicklas, Tobias *706*
Nicol, William *483*
Nielsen, Helge Kjaer *419*, *430*
Ninck, Johannes *305*
Nippold, Friedrich *127*
Nordsieck, Reinhard *703*
Nowak, Kurt *64*
Nun, Mendel *672*

Oakman, Douglas *673*
Öhler, Markus *713*
Olshausen, Hermann *29*, *108*
Otto, Rudolf *719*
Özen, Alf *119*

Pagels, Elaine H. *701*
Parker, David C. *585*
Patterson, Stephen J. *704*
Paulus, Heinrich Eberhard Gottlieb *29*, *265*
Peabody, Francis Greenwood *305*

Perrin, Norman *424*, *429*, *438*, *489*, *703f.*
Person, Raymond Franklin *590*
Pesch, Rudolf *419*, *423*, *436*, *493f.*, *631*, *635*
Petzke, Gerd *429*, *475*
Pfleiderer, Otto *241*
Phillips III, C. R. *492*
Pilick, Eckart *118*
Plaskow, Judith *521*
Plumwood, Val *649*
Polag, Athanasius *482*
Polkow, Dennis *419*, *424*, *428f.*, *431*, *441*
Popkes, Enno Edzard *700*, *703*, *705*
Portenhauser, Friederike *299*
Preyer, Thierry William *107*
Puech, Henri-Charles *702*
Purcell, Nicholas *672f.*, *677*

Rad, Gerhard von *648*, *658*
Räisänen, Heikki *632*, *637*
Raming, Ida *522*
Ratzinger, Joseph *7*
Reed, Jonathan L. *361f.*, *553–558*, *666*, *685*, *687–689*, *691f.*, *696*
Reich, Ronny *496*
Reimarus, Hermann Samuel *3–5*, *8–25*, *54*, *272*, *567*
Reinhard, Franz Volkmar *103*
Renan, Ernest *8*, *39–41*, *51*, *83*, *86*, *90*, *126*, *649*
Rendtorff, Trutz *113*
Rengstorf, Karl Heinrich *336*
Resch, Alfred *702*
Rhoads, David M. *546*
Richardson, Alan *480*
Richardson, Peter *579*
Riesner, Rainer *418*, *433*, *563*
Ritschl, Albrecht *112*, *225*, *242f.*, *246f.*, *256*, *259*
Ritschl, Otto *130*, *133f.*, *136*
Robbins, Vernon K. *436f.*
Robinson, Gnana *622*
Röhser, Günter *610*
Rollmann, Hans *116*
Rordorf, Willy *569*
Røsæg, Nils A. *538*
Rosen, Arlene Miller *648*
Rottloff, Andrea *691*

Ruppert, Lothar 423

Sanders, Ed Parish 420, 426, 430, 438, 476, 497f., 500, 548, 560, 581, 591, 595
Sänger, Dieter 610
Sato, Migaku 482
Sawicki, Marianne 674
Schaller, Berndt 622, 628
Schenke, Hans-Martin 699
Schenke, Ludger 610
Schenkel, Daniel 62f., 66, 73–84, 88, 111
Schillebeeckx, Edward 419, 420, 431, 516
Schlatter, Adolf 345
Schleiermacher, Friedrich Daniel Ernst 29, 62, 81, 198, 223f., 226–228, 242f., 246f., 256, 259, 265
Schmeller, Thomas 662
Schmidt, Johann Michael 119
Schmidt, Karl Ludwig 121, 492, 501
Schmidt, Karl Matthias 362
Schmitt, Carl 543
Schmolze, Gerhard 117
Schnackenburg, Rudolf 483, 496
Schnehen, Wilhelm von 213
Schneider, Gerhard 484, 510
Schnelle, Udo 514
Schoeps, Hans Joachim 299
Scholder, Klaus 7
Scholl, Inge 516f.
Schottroff, Luise 359f., 381–387, 519f., 523, 549
Schottroff, Willy 302
Schrage, Wolfgang 564, 620
Schröter, Jens 361, 363f., 366, 564, 576, 582, 608, 683–708
Schubert, Gotthilf Heinrich von 105
Schulz, Siegfried 482, 608, 635
Schürer, Emil 601
Schürmann, Heinz 327, 345, 477, 576, 578, 580
Schüssler Fiorenza, Elisabeth 520, 522, 648
Schwartz, Eduard 115
Schwarz, Günther 405
Schweitzer, Albert 4, 6–8, 112, 118, 120f., 123, 272, 275–285, 290, 302, 396f., 440, 515
Schweizer, Eduard 423, 631

Scriba, Albrecht 300, 539
Seeberg, Alfred 328
Segal, Alan F. 492
Sellin, Volker 535
Sim, David C. 588
Simonis, Walter 515
Smend, Rudolf 591
Smith, George Adam 649f.
Smith, Mark 677
Smith, Morton 420, 476, 479, 487
Smith, Wilfred Cantwell 392
Smith, William Benjamin 118
Sozzini, Fausto 241
Spier, Erich 622
Spinoza, Baruch de 6, 54f.
Stagg, Evelyn u. Frank 520
Stegemann, Hartmut 357f., 362, 443–472, 719
Stegemann, Wolfgang 359f., 381–387
Stein, Robert H. 419, 422, 427, 429f.
Stenger, Werner 483
Stern, Menahem 661
Steudel, Annette 710
Steudel, Friedrich 213
Storr, Gottlob Christian 265
Strange, James F. 684
Strauß, David Friedrich 4–8, 27–29, 43–57, 61–65, 81–83, 88–91, 107, 126, 129, 198, 241, 271f., 559
Strecker, Georg 575, 613
Strobel, August 714
Stuhlmacher, Peter 576
Swidler, Leonard J. 520
Syme, Ronald 369

Taylor, Vincent 435–437, 493, 501
Tcherikover, Victor 672
Theißen, Gerd 61, 300, 359f., 364, 366, 404, 485, 505–508, 535–551, 575, 578, 579, 580, 606, 608, 632, 674f., 697, 709, 714, 719f.
Theobald, Michael 616, 715–717
Thomasius, Gottfried 133
Thompson, Michael B. 588
Toland, John 701
Tomson, Peter J. 607
Torrey, Charles Cutler 327

Trocmé, Étienne 575
Troeltsch, Ernst 120, 227, 237–261
Tzaferis, Vassilios 686
Tzuk, Tzvika 668

Valerius Maximus 105
Vansina, Jan 562, *579*
Verheule, Anthonie F. *119*
Vermes, Geza 357, 366–380, *405*, 407, 432, 488, *601*
Vogel, Manuel 688
Vögtle, Anton 488 f., *493*, *635*
Vollenweider, Samuel *723 f.*
Vorster, Willem S. 515
Vouga, François *579*

Wacher, Johann Georg 443
Wahlde, Urban C. von 483
Walker, William O., Jr. *405*, *419 f.*, *426*, *428*, *431–433*, *435*, *440 f.*
Weber, Ferdinand 592
Weber, Max 536 f., *538*, *543*
Wehnert, Jürgen *638*
Weidel, Karl 305
Weinel, Heinrich 209
Weiß, Johannes 4, 111 f., 139 f., 221, *272*, 396 f., *402*, *510*
Weiße, Christian Hermann 61, *69*, 271, *272*
Weizsäcker, Carl 63 f., 85–95
Wellhausen, Julius 115 f., 119, 173–185, *193*, 222, 263–274, 310, 592–597
Wengst, Klaus 120, 365 f.

Wernle, Paul 209
Wesseling, Gunther *117*
Westermann, Claus 651
White, Lynn, Jr. *659*
Wilckens, Ulrich 484
Wildberger, Hans *714*
Wilder, Amos N. 402
Wilke, Christian Gottlob 61, *67*
Wilkens, Wilhelm 483
Windisch, Hans 297, *550*
Winter, Dagmar 300, *359*, *608*
Wischmeyer, Oda 549
Wise, Michael Owen 443, 463
Witherington, Ben 494, *524 f.*, *574*
Wohlers, Michael *634*
Wolff, Christian 3
Wolter, Michael 511, *711*, *715 f.*, *724*, *726 f.*
Wrede, William 116 f., 119, 123, 187–195, 222, 277, *559*
Wright, George Ernest 648
Wright, Nicholas T. 363, *560*, *704*
Wurst, Gregor *700*

Yang, Yong-Eui 622, 626
Yoder, John Howard 402

Zager, Werner 7, *65*, *116*, *120*, 365, 509–517
Zahn-Harnack, Agnes von *113*
Zangenberg, Jürgen *361 f.*, *687*, *691*
Zeller, Dieter *611*
Zimmermann, Alfred F. 562
Zöckler, Thomas *703*

Personen- und Sachregister

Die kursiv gedruckten Seitenzahlen beziehen sich auf die Anmerkungen.

Abba   337f.
Akiba, Rabbi   540
Alexander Severus   100
Antithesen   610–615, 642
Apokalyptik   205–208, 396–399, 402
Apokryphe Evangelien   699–708
Apostel   566f.
Archäologie   361f., 553–558
Archelaus, Tetrarch   695
Aristoteles   535, 551, 677
Askese   155–159
Auferstehung Jesu   19–25, 38, 65, 104–108, 181f., 202f., 249, 269–271, 273, 350f.
Authentizitätskriterien   300, 303, 317, 358f., 417–441, 479–503, 592
Autorität Jesu   279, 284, 302, 317f., 347–354, 614, 643f.

Bar Kochba   540
Barmherzigkeit Gottes   644
Becket, Thomas   65
Bekenntnis   135–137
Biographie Jesu   128–130, 141, 570–572
Bund   595

Caligula, Gaius   695
Charakterbild Jesu   62f., 68f., 79, 82–84, 141
Charisma   537
Christologie   159–163
Christus
– biblischer   111, 119, 125–138
– dogmatischer   64, 74–76, 125f.
– idealer   55–57
Christuskult   249–251, 261
Codex Tchacos   699f.
Cyrill von Jerusalem   327f.

Dionysos   679
Dogma   3, 41, 77, 86, 97, 100, 102, 137, 241, 249

Ebionäerevangelium   705
Ehescheidung   616–622

Endgericht s. Gericht
Enthusiasmus   271, 280–282
Entmythologisierung / existenziale Interpretation   391f., 397
Erlösung   215–219, 239, 241, 246f., 657
Erwählung   595, 602
Eschatologie   4, 111f., 120f., 139, 279–282, 345
Essener   s. Qumran
Ethik   114f., 121, 153–159, 311f.
Evangelien   585–588
Evangelium   115, 159f., 170f., 203, 269–274, 324
Exorzismus   374f., 452–454, 458, 461, 530, 719–724

Fastengebote   469
Feindesliebe   543f., 549
Frauen   468, 519–526

Galiläa   647–681, 683–698
Gehorsam gegenüber Gott   596f., 602
Genezareth   670–675, 690
Gericht, Endgericht   177, 365, 449, 455–465, 472, 509–517, 709–728
Gerichtsverzögerung   709–715, 719, 728
Gesetz s. Thora
Gleichnisse   309, 311f., 323, 680f.
Gottesherrschaft s. Reich Gottes
Gotteskindschaft   148–152
Grab Jesu   19–25, 105–108, 350f.

Halacha   376, 599–601
Hanina ben Dosa   371, 373f.
Heilung   371–373
Hellenismus   143
Hermeneutik   97–101, 287–294
Hieronymus   341, 444
Herodes I., d. Gr.   688, 695, 697
Herodes Antipas   545, 684, 688f., 693, 695, 698
Herrschaftsideal   549–551
Hieronymus   341, 444
Hippokrates   678

Historische Kritik 45f., 89, 237f., 245f., 251–256, 315f.
Historismus 225, 228
Historizität Jesu 117–120, 203–219, 221f., 226, 234f., 237–261, 292f.
Horkheimer, Max 517
Humanitätsreligion 55f.

Israel 652–657

Jakobus, Herrenbruder 643
Jehuda Halevi 311
Jesus, der Jude 367–380
Jesus, erinnnerter 363, 564–570, 576, 588–590
Jesus, historischer 3, 5f., 53–55, 57, 125f., 197–201, 213f., 224, 313–315, 365f., 381–384, 539, 663–681, 714–728
Jesusbewegung 660
Jesusmystik 284
Johannes der Täufer 166, 357, 445–447, 505, 529f., 545, 663–667, 710–714
Johannes von Gischala 667
Johannesevangelium 33f., 46, 86
Joseph von Arimathia 104
Josephus, Flavius 39, 359, 369f., 374, 377, *381*, 390–393, *418*, 452, 463, 484, 487, 490, 496, 540f., 545f., 556, 597f., 647, 661f., 667, 670f., 678f., 684, 689, 696f.
Judas, der Galiläer 697
Judas, Sohn des Hezekias 393, 546
Judasevangelium 699f.

Kafarnaum 686f.
Kajaphas 554
Katholizismus 78–80
Kerygma 299, 314f., 324
Kindheitsevangelium des Thomas 705
Kirche 183f., 197, 202–208, 211, 239f., 273f., 348
Kreuzestod Jesu 377f., 381

Leben-Jesu-Forschung 59–108, 120, 127–138, 187–189, 275–285, 324
Lehrer 561–563
Lehrer der Gerechtigkeit 561, 710

Liberale Theologie 197f., 200–203, 209, 222–224, 314f.
Liebe 154f., *175f.*

Macht 536f.
Maria Magdalena 674
Maimonides 311
Markusevangelium 69–71, 189–191
Menschensohn 112f., 115f., 263–269, 322, 364, 405–415, 462f.
Messias 10–19, 36–38, 71, 112f., 115, 161, 163–168, 178, 271f., 274, 318, 322, 324f., 352, 462–465, 507f., 539–542
Messiasgeheimnis 116f., 193–195
Mishna 659f., 664
Monismus 217–219
Moses 561
Muḥammad *265*
Mündliche Überlieferung 402–404, 572–590
Mythos 5f., 27–29, 51f., 255, 270f., 299

Naherwartung 709, 711, 719
Nazareth 369, 505, 527, 529, 662, 664–671, 685, 689
Nikodemus 104
Numa Pompilius 100

Offenbarung 4, 45, 76, 92, 95, 131–133, 137, 140, 227, 232
Opfer 469
Orpheus 100

Pan 677f.
Papyrus Egerton 2 705f.
Paradoxie 152
Paulus, Apostel 182f., 192f., *267*, 527f., 531, 533, 567–570, 619f., 638, 643, 657, 659
Persönlichkeit Jesu 241–243, 257f., 277, 290f., 293, 298, 305–310
Petrus, Apostel 156, 192, 267, 269, 271, 307, 463, 506, 508, 540f., 554f., 567, 643, 686, 694
Pharisäer 174f., 306f., 376f., 597–599, 626, 633
Philippus, Tetrarch 695
Philo von Alexandrien 39, 200, *418*, 604f., 638

Platon 52f., 151, 677
Plinius 661
Politik 536
Pontius Pilatus 104, 362, 508, 547, 554, 695
Prophetenbücher 465f.
Protestantismus 78
Protevangelium Jacobi 705
Prozess Jesu 399–402

Qaddiš 335, 339f.
Qumran, Essener 142, 443–449, 452, 456, 458, 460, 463–466, 472, 595f., 616f., 625f., 633

Raffael 101
Rationalismus 29, 79f.
Reformation 50f.
Reich Gottes 4, 11–18, 64, 112, 114f., 139, 144–148, 173f., 176–178, 273f., 321–323, 339f., 357f., 399, 445–457, 459f., 464, 509–515, 530f., 534, 546f., 644f., 698, 725–728
Reinheitsvorschriften 319f., 469, 632–639, 642f., 695f.
Religion 40f., 49–51, 64f., 92, 143, 152, 154, 223f., 227, 244, 259f.
Religion und Politik 392–394, 396–399, 535
Religionsstifter 232f.

Sabbatgebot 318f., 467, 602f., 622–632, 642, 644
Sadduzäer 174, 598, 626
Samaritaner 695
Satanssturz 510, 530, 715–719, 722–725
Savonarola, Girolamo 65
Scheintodhypothese 65, 106–108
Scholl, Sophie 516f.
Schöpfergott, Schöpfung 648–652, 660f., 679–681
Schöpfungsordnung 468–471
Selbststigmatisierung 537
Sepphoris 393, 527, 556, 668, 670, 679, 688f., 691–694, 697f.
Shakespeare, William 53
Sohn Gottes 161–164, 166–171, 462–464
Sokrates 52f., 100
Sozialgeschichte 359f., 385–387

Stephanus 643
Stoa 677
Strabo 661
Suprarationalismus 29
Symbol 233f., 251–253
Symbolpolitik 537f., 545–548
Synagoge 684–686
Synoptiker 33f., 46, 61, 63, 67–71, 86–88

Tempelaktion 460, 507f., 532f., 544f., 548
Theodotosinschrift 685
Thomasevangelium 703, 705f.
Thora 318–320, 358, 466–471, 531, 534, 591–645
Tiberias 691f.
Tiglathpilesar III. 652f.
Trinität 103

Umwertung der Werte 151
Unbekanntes Berliner Evangelium 699
Unendlicher Wert der Menschenseele 148–152

Vaterunser 327–346
Verkündigung Jesu 144–159
Vernunft 76f.
Vespasian 452, 540
Visionen des Auferstandenen 65, 350f.
Vorsehung Gottes 150–152

Weltanschauung 278–280
Weltverneinung 155–157
Weltvollendung 279, 281–283
Weisheit 320f., 532, 657–659
Wesen des Christentums 31f., 34–38, 113f., 201
Wille Gottes 644f.
Wille Jesu 121, 278f., 282–284
Wunder 45, 49, 52–54, 63, 93f., 451–454, 461f., 473–503

Xenophon 52f.

Zehntgebot 639–642
Zeloten 389
Zeuge 563–565
Zwei-Quellen-Theorie 61

www.ingramcontent.com/pod-product-compliance
Lightning Source LLC
Chambersburg PA
CBHW052037290426
44111CB00011B/1531